Jürg Frischknecht
Peter Haffner
Ueli Haldimann
Peter Niggli

Die unheimlichen Patrioten

Jürg Frischknecht
Peter Haffner
Ueli Haldimann
Peter Niggli

Die unheimlichen Patrioten

Politische Reaktion in der Schweiz
Ein aktuelles Handbuch
mit Nachtrag 1979–84

Limmat Verlag Genossenschaft
Zürich

5. erweiterte Auflage

Umschlag von Urs Husmann unter Verwendung einer Zeichnung von Martial Leiter

ISBN 3 85791 077 1

Inhalt

Inhalt Ergänzungsband 1979–84

Vorwort

Verschwörungstheoretiker, die den Klub der Reaktionäre und Kalten Krieger in der Schweiz als wohlkoordiniertes Rechts-Kartell begreifen, werden von diesem Buch enttäuscht sein. Wir wollten nicht nachweisen, dass all die unheimlichen Patrioten nach der gleichen Melodie tanzen. Unser Interesse galt im Gegenteil den Unterschieden. Wir wollten die Gruppen und Grüppchen am rechten Rand des politischen Spektrums so vorurteilslos wie möglich analysieren – kritisch und differenziert.

Viele der vorgestellten Organisationen sind als politische Bewegungen entstanden, die mit neuen Konzepten bürgerlicher Politik auf bestimmte historische Situationen reagiert haben. Trotz der Bandbreite und dem unterschiedlichen Gewicht ist ihnen gemeinsam, dass sie auf eine tatsächliche oder bloss befürchtete Linksentwicklung reagieren, wobei diese Linksentwicklung von den Patrioten nicht nur bei der Linken, sondern häufig auch im eigenen bürgerlichen Lager geortet wird. Einzelne Gruppen sind bedeutungslos geworden und zur politischen Sekte verkommen. Andere könnten im Zeichen des europaweiten Vormarsches der Reaktion – Margaret Thatcher in Grossbritannien, Kanzlerkandidat Franz Josef Strauss in der BRD – durchaus eine politische Zukunft haben.

Als wir nach der Affäre Cincera diese Arbeit in Angriff nahmen, weil wir die Fixierung auf die Figur Cincera falsch fanden, dachten wir an aktuelle Momentaufnahmen. Während der Arbeit hat die historische Dimension zunehmend an Bedeutung gewonnen. Man kann die vorgestellten Organisationen nicht begreifen, ohne ihrer Entstehungsgeschichte nachzugehen. Bei dieser Arbeit haben wir festgestellt, wie wenig sich die Schulhistoriker mit der Zeit nach 1945 befassen. Wir verstehen dieses Buch deshalb auch als Beitrag zu einem vernachlässigten Kapitel der Zeitgeschichte. Besonders intensiv sind wir der Entstehungsgeschichte des *Schweizerischen Aufklärungs-Dienstes* und damit zahlreicher nahestehender Organisationen der Nachkriegszeit nachgegangen. Wir haben diesen historischen Überblick an den Anfang gestellt. Wer vor allem aktuelle Informationen über bestimmte Gruppen sucht, kann mithilfe des Inhaltsverzeichnisses und des Registers die entsprechenden Seiten aufschlagen. Die einzelnen Kapitel sind auch für sich gelesen verständlich und jeweils mit einer knappen Einleitung versehen.

Wir wollen mit diesem Handbuch Öffentlichkeit herstellen, welche von manchen der porträtierten Gruppen gemieden wird. Wir hoffen, dass es ein Gebrauchsbuch wird für alle, die sich mit Politik befassen oder sich mit Rechtsgruppierungen und ihren Exponenten herumschlagen müssen. Deshalb schrieben wir so konkret wie möglich, und deshalb haben wir auch die Namen jener Personen nicht verschweigen, die in diesen Organisationen den Ton angeben. Mitunter geriet die Menge der Fakten in Konflikt mit einer flüssigen Darstellung. Im Zweifelsfall haben wir uns für die detaillierte Information entschieden.

Wir sind bei unserer Arbeit mit journalistischen Methoden vorgegangen. Zwar haben wir alle uns zugänglichen Unterlagen studiert und fleissig in Bibliotheken gesessen. Aber wir haben auch mit zahllosen Gruppierungen und Personen direkt Kontakt aufgenommen – in Hunderten von Telefoninterviews und in Dutzenden von persönlichen Gesprächen. Einige wenige Personen haben jede Auskunft verweigert – schade für sie und für uns.

Wir haben dieses Buch in Gratis-Arbeit geschrieben und selbst gesetzt. Zahllose Kolleginnen und Kollegen sowie politische Gruppen haben uns mit Informationen und Unterlagen unterstützt. Die umfangreichen Recherchierspesen hat der Förder-Verein der Studienbibliothek zur Geschichte der Arbeiterbewegung übernommen. Ein zweiter Fonds, der aus dem Ertrag des 'DossierCincera' geäufnet werden konnte, hat mit einer Garantie die preisgünstige Produktion des Buches unterstützt. Ihnen allen danken wir.

Zürich, 1. September 1979
Jürg Frischknecht
Peter Haffner
Ueli Haldimann
Peter Niggli

Vorwort zum Ergänzungsteil 1979–84

'Ein aktuelles Handbuch' – mit diesem Anspruch sind wir 1979 angetreten, und als Handbuch sind 'Die unheimlichen Patrioten' offensichtlich genutzt worden. Seit 1983 ist die 4. Auflage des Buchs vergriffen. Ein unveränderter Neudruck schien uns wenig sinnvoll, da viele Informationen nicht mehr à jour sind.

In dieser Situation entschlossen wir uns, einen Ergänzungsteil zu schreiben. Einerseits haben wir die bereits 1979 porträtierten Organisationen auf den aktuellen Stand gebracht. Andererseits stellen wir zahlreiche neu entstandene Gruppierungen ausserhalb der bürgerlichen Parteien erstmals vor. Damit sollen 'Die unheimlichen Patrioten' wieder als aktuelles Handbuch nutzbar sein. Das ist unser Anspruch. Nicht mehr, aber auch nicht weniger. So hätte es den Rahmen dieser Ergänzungsarbeit gesprengt, auch noch eine Analyse der neokonservativen Wende, des Abbröckelns des Konkordanzgedankens und weiterer Entwicklungstendenzen der letzten Jahre zu leisten. Aber es ist natürlich sinnvoll, sich bei der Lektüre zu vergegenwärtigen, dass die hier porträtierten Gruppierungen vor einer bestimmten, sich wandelnden zeitgeschichtlichen Kulisse agieren.

Die 5. Auflage der 'Patrioten' enthält sowohl das bisherige Buch (Informationsstand 1979) wie den Ergänzungsteil (Informationsstand 1984). Die bereits 1979 vorgestellten Gruppierungen kommen also in der Regel zweimal vor. Dabei ist stets zu beachten, dass die Informationen im vorderen Teil auf dem Stand 1979 sind und im hinteren Teil auf dem Stand 1984.

Für jene, die bereits ein Exemplar der 'Patrioten' (1. bis 4. Auflage) besitzen, ist der Ergänzungsteil separat erhältlich. Ein Verzeichnis im Anhang gibt Aufschluss über sämtliche Korrekturen, die wir gegenüber der 1. Auflage vorgenommen haben.

Die beiden Inhaltsverzeichnisse und ein neues Gesamtregister erleichtern das Auffinden der gesuchten Information.

Der vorliegende Ergänzungsteil wäre nicht zustande gekommen ohne die Unterstützung zahlreicher Kolleginnen und Kollegen sowie politisch Interessierter. Ihnen allen danken wir. Mit den porträtierten Organisationen haben wir in der Regel Kontakt aufgenommen. Ein grosser Teil war bereit, Auskunft zu geben. Gruppierungen, die am politischen Leben teilhaben, sind sich gewohnt, dass ihnen ab und zu Fragen gestellt werden. Hingegen neigen Gruppen, die im Abseits stehen, dazu, sich zu verkrampfen und abzuschirmen.

Ein Blick zurück: Verdrängte Lebensgeschichten

Als die 'Patrioten' 1979 erschienen, dominierte in der öffentlichen Reaktion die Entdeckung des politisch unbedeutenden St. Galler Neonazi-Pfarrers Gerd Zikeli. Andere, politisch weit gewichtigere Erkenntnisse wurden dadurch in den Hintergrund gedrängt.

Für uns überraschend war, wie viele Zeitgenossinnen und Zeitgenossen betupft waren, unter dem Begriff des 'Unheimlichen Patrtioten' und erst noch zwischen den gleichen Buchdeckeln wie Neonazis vorzukommen – obschon wir gerade grossen Wert darauf legten, die Unterschiede zwischen den porträtierten Organisationen herauszuarbeiten und obschon sich beileibe nicht alle, die im Buch erwähnt werden, als 'Unheimliche Patrioten' fühlen müssen.

Manche Personen und Gruppen haben offenbar Mühe, sich mit der eigenen Lebensgeschichte auseinanderzusetzen, auch Veränderungen und Wandlungen zu akzeptieren. Verdrängung ist noch immer ein weit verbreitetes Muster, individuell wie gesellschaftlich. Heutige Exponenten patriotischer Gruppen deckten unnötigerweise reflexartig Vorgänger, deren Tun und Lassen sie gar nicht zu verantworten hätten. Daraus resultierten peinliche Versuche des Vertuschens und der Geschichtsklitterung

Besonders anfällig für solche Verdrängungsmanöver, so unsere Erfahrung, sind die Jahre 1933 bis 1945, die in einer Grauzone zwischen Frontismus und Bürgertum durchaus Raum für faschistische Tendenzen boten. Wichtige Industrielle, Offiziere und auch rechsbürgerliche Politiker, die beileibe nicht den Anschluss ans Dritte Reich suchten, liebäugelten dennoch mit einzelnen 'brauchbaren' Bausteinen der faschistischen Gesellschaftstheorie, etwa mit der Zähmung beziehungsweise Zerschlagung der organisierten Arbeiterbewegung. Über diese Grauzone in der Schweiz zu forschen und zu schreiben, ist noch immer mühselig. Die Schweizerische Gesellschaft ist beängstigend geschichtslos, verdrängt ihre Geschichte. Die Vergangenheit der Jahre 1933 bis 1945 wurde nach dem Krieg allzu einfach 'bewältigt'. Ein paar aussätzige Fröntler und die Unterzeichner der anpasserischen *Eingabe der Zweihundert* wurden stellvertretend an den Pranger gestellt – in der irrigen Meinung, ein Phänomen sei damit ausgemerzt und ad acta gelegt.

Die Aneignung der jüngsten Geschichte ist eine Arbeit, die noch vor uns liegt.

Eibel kontra 'Patrioten'-Autoren

Typisch für diese Tendenz zur Verdrängung ist der Prozess wegen Persönlichkeitsverletzung, den Robert Eibel gegen uns Autoren angestrengt hat (übrigens das einzige Gerichtsverfahren gegen das Buch). Im Kern geht es um das von Gerhart Waeger bereits 1971 publizierte Forschungsergebnis, dass ein *Entwurf Allgöwer-Eibel* aus dem Juni 1940 in konkreten Forderungen noch weiter gegangen sei als die berüchtigte *Eingabe der Zweihundert.* Allgöwer hat mit uns an einer öffentlichen Veranstaltung in Basel diskutiert; er war nicht bereit, Eibels Drängen nach einer gemeinsamen Klage nachzugeben. Am Tag, als die Zeitungen im April 1980 Allgöwers Freitod meldeten, gab Eibel seinem Rechtsanwalt per Vollmacht den Auftrag, gegen uns vorzugehen.

Das Zürcher Bezirksgericht hat in erster Instanz die Fakten und Argumente ausgebreitet und geprüft, ob unsere Werturteile vertretbar waren oder nicht. In seinem Urteil vom 17. Juni 1982 hat das Gericht in zwei Punkten Eibel recht gegeben, in drei uns:

1. «Unwahr» und «persönlichkeitsverletzend» sei der Satz: «Mit der Sofid SA, Genf, war Eibel 1974 in einen Finanzskandal verwickelt.»
2. Als «widerrechtliche Wertung» taxierte das Gericht den Zwischentitel «Das *Redressement* tritt das Erbe des frontistischen *Bunds für Volk und Heimat* an». Zwar würden die angeführten Grundlagen der Wertung «im wesentlichen zutreffen», hingegen halte «der daraus gezogene Schluss nicht Stich».
3. «Richtig und wahr» sei folgendes Werturteil: «Er (...) verrichtet die propagandistische Dreckarbeit, zu der die bürgerlichen Volkstribunen in der Öffentlichkeit nicht stehen können.»

4. und 5. «Wahr und richtig» seien auch die zwei eingeklagten Passagen betreffend den *Entwurf Allgöwer-Eibel.*

Eibel hatte vor allem gegen uns geklagt, weil er wegen der historischen Wertungen persönlich beleidigt war. Er zog deshalb das Urteil wegen des vierten und fünften Punkts ans Obergericht weiter, worauf wir Anschlussberufung wegen des zweiten Punkts erklärten.

Das Obergericht hatte keine Lust, wie die Vorinstanz eine Wahrheitsprüfung vorzunehmen. Es suchte einen Ausweg und kam zu folgender, in der Schweiz bisher neuen Theorie: «Geschützt ist nicht ein besonders geartetes, positives oder negatives, allenfalls sogar verfälschtes Ansehen, sondern das aktuelle Ansehen einer Person als solches, ihr Ruf im Zeitpunkt der Persönlichkeitsverletzung. Wird er ohne sachlichen Grund durch die öffentliche Erwähnung von Umständen aus früheren Lebensabschnitten der betreffenden Person, welche in der Öffentlichkeit bereits in Vergessenheit geraten sind, und damit unzumutbar beeinträchtigt, so ist dieses Verhalten widerrechtlich, unbekümmert um den Wahrheitsgehalt der Äusserung.» (Urteil vom 17. April 19984)

In der mündlichen Urteilsberatung hatte Referent Richard Frank zudem erklärt, wir hätten unsere Äusserung «ohne sachlichen Grund» und nicht im Rahmen einer bei Erscheinen des Buchs aktuellen politischen Auseinandersetzung gemacht. Eibel könne «einen Schutz vor der historischen Wahrheit beanspruchen». Und Gerichtspräsident Heinz Bachtler ergänzte, «das Interesse des Klägers an einem intakten Gefühlsleben» sei «höher zu bewerten als das Interesse der Öffentlichkeit an aus der Vergangenheit geholten Vorwürfen».

Damit siegte Eibel vor Obergericht auf der ganzen Linie – mit einer Theorie, die er gar nie geltend gemacht hatte: Er hatte nie «Schutz vor der historischen Wahrheit» beansprucht.

Falls die Theorie des Zürcher Obergerichts rechtskräftig werden sollte, würde dies eine zeitgeschichtliche Forschung und Publizistik in der Schweiz künftig verhindern. Die ersten dreissig oder fünfzig Jahre sind die Archive geschlossen, nachher ist auf die aktuelle Seelenlage von Betroffenen Rücksicht zu nehmen – «unbekümmert um den Wahrheitsgehalt». Wahrheit kennt neuerdings ein Verfalldatum, Anhänger einer stalinistischen Geschichtsumschreibung können sich freuen. Die herrschende Meinung wird unter Denkmalschutz gestellt, abweichende Korrekturen von Geschichtsforschern sind nicht mehr zugelassen. Wir haben dieses folgenschwere Urteil mit Unterstützung der Gewerkschaft VPOD ans Bundesgericht weitergezogen.

In einer öffentlichen Protesterklärung haben zahlreiche Organisationen und Personen auf die Konsequenzen dieses Urteils hingewiesen:

«Die neue Zürcher Rechtsauffassung bringt eine unerträgliche Verschärfung des Persönlichkeitsschutzes zulasten einer unabhängigen Geschichtsschreibung. Neuerdings sollen vergessene Einzelheiten aus dem Leben einer öffentlichen Person «unbekümmert um den Wahrheitsgehalt» nicht mehr statthaft sein, wenn der heutige Ruf dieser Person angekratzt wird. Für eine offene, demokratische Gesellschaft ist ein solcher richterlicher Maulkorb unannhembar, wird doch die öffentliche Meinungsbildung, insbesondere aber der notwendige Diskurs über die eigene Vergangenheit, gefährlich eingeschränkt. Wir begrüssen und unterstützen deshalb, dass dieses folgenschwere Urteil beim Bundesgericht angefochten wird.»

Demokratische Juristen Schweiz (DJS), Verband der Schweizer Journalisten (VSJ), Syndikat Schweizerischer Medienschaffender (SSM), Schweizerische Journalisten Union (SJU), Schweizerisches Filmzentrum, Schweizerischer Filmtechnikerverband (SFTV), Verband Schweizerischer Filmgestalter, Deutschschweizerisches Pen-Zentrum, Schweizer Autorengruppe Olten, Fachverein Geschichte Universität Zürich, Geschichtsladen Zürich, Arbeitnehmer- Radio- und Fernsehbund der Schweiz (ARBUS). Weiter unterzeichneten die Universitätsprofessoren Hans Ulrich Jost, Hans Werner Tobler, Rudolf von Albertini, Ulrich Imhof, Martin Körner, Markus Mattmüller, Bea Mesmer und Heinz E. Herzig sowie zahlreiche Schriftsteller, Journalisten, Gewerkschaftssekretäre, Bundesbeamte und andere Persönlichkeiten des öffentlichen Lebens.

Jean Rodolphe von Salis rechnete dem Obergericht in einer Stellungnahme vor: «Geschichte wird definiert als das Gedächtnis der Menschheit. Ihr Zweck ist, Dinge, 'welche in der Öffentlichkeit bereits in Vergessenheit geraten sind', zu erforschen und mitzuteilen. Der 'Wahrheitsgehalt von Äusserungen' über ein Faktum oder eine Person ist das eigentliche Kriterium für den Wert einer historischen Arbeit. Ein Verbot, einen Wahrheitsgehalt zu veröffentlichen, macht jede Bemühung um Geschichte unmöglich.» Von Salis kündigte an, er werde sich «zu Fragen der neueren Schweizergeschichte öffentlich nicht mehr äussern, falls dieses Urteil Rechtskraft erlangen würde».

Bei der Drucklegung der 5. Auflage stand das Bundesgerichtsurteil noch aus. Wir haben (nicht zuletzt aus finanziellen Gründen) jene Stellen eingeschwärzt, die das Zürcher Obergericht «unbekümmert um den Wahrheitsgehalt» verboten hat. Wir hoffen, die Zensurbalken in einer späteren Auflage wieder entfernen zu können.

Zürich, 15. November 1984

Jürg Frischknecht, Ueli Haldimann, Peter Niggli

Autorenanschrift: c/o Limmat Verlag, 8031 Zürich

Kader der Nation: SAD

Alle wirtschaftlichen und sozialen Probleme der Arbeiterschaft, wofür sich die Arbeiterbewegung in vielen Ländern noch engagiert, scheinen in der Schweiz gelöst. Und seit Jahren stellt sich die Linke in diesem Land insgeheim die Frage, wie hier überhaupt noch Politik gemacht werden könne. Zur Beruhigung sind einige Erklärungen stets parat, die bald den Charakter einer Legende haben werden.

Diese Legende heisst Arbeitsfrieden und 'antikommunistische Tradition'. Sie verstellt oft den Blick für die Frage, weshalb gerade die starken Organisationen der Arbeiterbewegung zu konservativen Verteidigern unserer Gesellschaft geworden sind. Und weshalb der 'Antikommunismus' nicht bloss ein bürgerliches Kampfmittel gegen die linken Parteien und Gewerkschaften geblieben, sondern gerade in der Arbeiterschaft so gut verankert war.

Die Legende pflegt den Arbeitsfrieden und den 'Antikommunismus' als Resultate des 'Integrationsprozesses der Sozialdemokratie in die bürgerliche Gesellschaft' zu analysieren. Darunter werden zwei wesentliche Punkte stillschweigend mitverstanden: dass dieser 'Integrationsprozess' eine einseitige Eingliederung und Unterordnung der Arbeiterorganisationen darstellte und dass er in globo dem bürgerlichen politischen Interesse entsprochen habe.

Wir wenden uns im folgenden der Kehrseite dieses 'Integrationsprozesses' zu: den Auseinandersetzungen im schweizerischen Bürgertum, die Arbeiterbewegung als sozialen und politischen Partner zu akzeptieren — jenen Kreisen, die der schweizerischen Arbeiterbewegung zum Durchbruch mitverholfen haben und an der Lösung der 'sozialen Frage' ein staatspolitisches Interesse hatten. Diese Auseinandersetzungen haben sich auf mehreren Ebenen abgespielt: in den Parteien und Staatsapparaten, unter den Unternehmern und den Ideologen des Vaterlandes.

Uns interessiert hier die Geschichte jener bürgerlichen politischen Bewegungen, die in ihren Höhepunkten die Konzeptemacher und Wegbereiter solcher politischen Veränderungen gegenüber der Arbeiterbewegung waren. Diese Bewegungen lassen sich alle auch als militante 'Antikommunisten' begreifen, die die Machtergreifung einer revolutionären Elite, abgestützt auf die sozialen und politischen Aspirationen der Arbeiterbewegung, auf alle Fälle vehement bekämpfen würden. Es wäre aber falsch, sie deswegen alle unter einen Hut zu stecken.

Im schweizerischen Bürgertum sind nämlich zwei verschiedene, in einem gewissen Mass entgegengesetzte Stränge 'antikommunistischer' Tradition vorhanden — ein älterer, antibolschewistisch-philofaschistischer Strang und eine jüngere, auf die Zusammenarbeit mit der Sozialdemokratie ausgerichtete Strömung.

Der erste Strang bildete sich als Gegenreaktion auf den landesweiten Generalstreik der Arbeiterschaft 1918 und aus Furcht vor einer schweizerischen Revolution. Er fand in den zwanziger Jahren einen rein defensiven Ausdruck in den überall aus dem Boden schiessenden Bürgerwehren, die sich paramilitärischen Übungen widmeten und das Vaterland gegen die internationale bolschewistische Verschwörung hochhielten. Der *Schweizerische Vaterländische Verband* fasste die meisten dieser Bürgerwehren in seinen Reihen zusammen. Aus der westschweizerischen Bürgerwehrbewegung kamen auch die Anstösse zur Gründung einer internationalen, europaweit organisierten antibolschewistischen Internationationalen, der *Entente Internationale Anticommuniste,* die nach ihrem Gründer, dem Genfer Théodore Aubert, auch *Liga Aubert* genannt wurde.

Als offensive Phase dieser antibolschewistischen Bewegung können wir in den dreissiger Jahren den Aufschwung der faschistischen *Fronten* begreifen, die im Selbstverständnis des revolutionsgeängstigten Bürgertums die reine Abwehr der Arbeiterbewegung überwanden. Hielten die *Fronten* nicht das politische Rezept bereit, Arbeiter in ihren Rängen zu organisieren? Und bot nicht die Vorstellung des Ständestaates eine Gewähr, die 'soziale Frage' zu lösen, gleichzeitig den Klassenkampf zu überwinden und den Volkskörper gegen die Subversion revolutionärer Eliten von aussen und von innen zu immunisieren? Zwischen den alten Bürgerwehren, dem *Vaterländischen Verband* und der *Liga Aubert* auf der einen, den *Fronten* auf der andern Seite entstanden im Gefolge mannigfache Sympathien und personelle Verflechtungen.

Mit ihnen verband sich in den dreissiger Jahren eine politische Bewegung unter den schweizerischen Unternehmern, welche ihre Handlungsfreiheit durch die ersten zaghaften wirtschaftlichen Eingriffe des Bundesstaates bedroht sahen und insgesamt den starken sozialdemokratischen Einfluss im Beamtenkörper zum Anlass nahmen, eine antietatistische, auf die Beschneidung staatlicher Einwirkungen gerichtete Politik zu verfolgen. Von ihren Gegnern 'Manchesterliberale' genannt, organisierten sie sich zunächst im *Bund für Volk und Heimat,* der sich an faschistischen Vorbildern orientierte. Als diese an Anziehungskraft zu verlieren begannen und auch der politische Einfluss der *Fronten* abbröckelte, löste sich der *Bund für Volk und Heimat* auf. An seine Stelle trat die *Aktionsgemeinschaft Nationaler Wiederaufbau* oder *Redressement National,* das zusammen mit dem *Bund der Subventionslosen* an der referendumspolitischen Abwehrfront gegen sämtliche Vorstösse der Sozialdemokratie stand.

Der andere Strang entstand in der Vorkriegszeit und während des Zweiten Weltkrieges in starker Opposition zu dieser antibolschewistischen, philofaschistischen Strömung des Bürgertums. Eine junge Generation von Politikern, Militärs, Beamten und Journalisten schloss sich in verschiedenen Widerstandszirkeln gegen die drohende Eingliederung ins Deutsche Reich und gegen die schweizerischen Anpasser zusammen und suchte die Zusammenarbeit mit der Sozialdemokratie und den Gewerkschaften. Die nationale Unabhängigkeit zu erhalten, bedeutete in ihren Augen auch, die Klassenspaltung des Landes zu überwinden, mit den Organisationen der Arbeiterbewegung Lösungen der 'sozialen Frage' zu finden und die wirtschaftlichen und politischen Eliten des Landes zur Verhandlungs- und Gesprächsbereitschaft mit der Arbeiterbewegung zu bringen. Seinen grössten und gewichtigsten organisatorischen Ausdruck fand diese Strömung in der Armeesektion *Heer und Haus,* in welcher Bürgerliche und Sozialdemokraten zusammen in tausenden von Veranstaltungen im ganzen Land den Widerstandswillen der Bevölkerung zu wecken und durch die nüchterne Behandlung brennender sozialer Probleme zu erhalten suchten.

Innerhalb dieser Zusammenarbeit entstanden einige Hoffnungen auf tiefgreifende Umgestaltungen der schweizerischen politischen Landschaft. In den unmittelbaren Nachkriegsjahren tendierten die Köpfe dieser bürgerlichen Strömung auf eine neue linksliberale Kräftegruppierung gegen die traditionellen bürgerlichen Parteien, welchen sie eine grosse Verantwortung an den verhärteten Fronten zur Arbeiterbewegung zuschrieben. Insgesamt fand sich die ganze Strömung, Sozialdemokraten inbegriffen, in Organisationen wieder, welche die Verbindung von nationaler Einheit und sozialem Fortschritt, wie sie der Konzeption von *Heer und Haus* entsprochen hatte, in der Nachkriegszeit aufrechtzuerhalten hofften: In der Deutschschweiz bildete sich in Nachfolge von *Heer und Haus* der *Schweizerische Aufklärungsdienst* (SAD), in der Westschweiz das *Centre d'Etudes et d'Information «Rencontres Suisses».*

Der Ausbruch des Kalten Krieges schob diesen hochfliegenden Plänen einen starken Riegel. Eine Welle der Empörung und Ansätze einer Studentenbewegung gingen 1948 durch die Schweiz, als die Kommunisten in der Tschechoslowakei die Macht übernahmen. Prag 1938, Jahr der Kapitulation vor den Deutschen, und Prag 1948 wurden als Parallelen erlebt, die nationalsozialistische Bedrohung wich der kommunistischen. Anfängliche sozialdemokratische Bemühungen, eine neutralistische, zwischen den Blökken liegende Linie zu verfolgen, brachen unter dem Druck des bürgerlichen Lagers und eigener interner Widerstände, die sich anfangs der fünfziger Jahre in einer systematischen Sonderpolitik des Schweizerischen Metall- und Uhrenarbeiterverbandes äusserten, rasch zusammen. Von einer linksliberalen Neugruppierung bürgerlicher Kräfte konnte ebenfalls keine Rede mehr sein. Die organisatorischen Ansätze dazu brachen in den frühen fünfziger Jahren zusammen. Wie in andern europäischen Ländern bildete sich in diesen Jahren die verhängnisvolle, das politische Leben blockierende Allianz konservativer und liberaler Kräfte heraus.

Eine bedeutsame Besonderheit der Schweiz lag darin, dass die Sozialdemokratie zu diesem Zeitpunkt die wesentlichen Etappen ihrer Einreihung in die politischen und wirtschaftlichen Entscheidungsmechanismen schon hinter sich hatte (Regierungsbeteiligung seit 1943) und sich deshalb diesseits der 'antikommunistischen' Frontlinie befand. Im Bewusstsein der reformfreudigen *Heer-und-Haus*-Generation war so jegliche grundsätzliche Infragestellung der schweizerischen Gesellschaft lediglich noch Ausdruck der neuen Fünften Kolonne – der schwach verankerten kommunistischen Partei der Arbeit (PdA).

Der *Schweizerische Aufklärungs-Dienst* wurde deshalb in seiner sorgfältig gepflegten Über- oder Nichtparteilichkeit zur gewichtigsten 'antikommunistischen' Organisation des Landes, in deren Umkreis allerdings wie die Ratten aus den Löchern die alten antibolschewistischen, philofaschistischen Kreise in neuem, geläuterten Gewande auftauchten: Insbesondere die *Aktion freier Staatsbürger,* eine der effizientesten maccarthistischen Organisationen in der Schweiz, deren heute noch nicht ganz klaren Ursprünge 1948 auf Überreste der *Liga Aubert* und ähnlicher Organisationen zurückgehen.

In seiner Haupterscheinungsform konnte aber der moderne schweizerische 'Antikommunismus' zu Recht die Etikette des Antifaschismus für sich selbst buchen und deshalb quasi als Verkörperung der geradlinigen demokratischen Haltung und der fortschrittlichen Verständigung zwischen Bürgertum und Arbeiterbewegung auftreten. Wie nie zuvor in der Geschichte der Schweiz wurde die Unabhängigkeit der Nation und ihr sozialer Zustand als identisch auch von breiteren Volkskreisen empfunden.

Dieser 'Antikommunismus' mit fortschrittlicher Wurzel war im wesentlichen konservativ, wollte die Schweiz bewahren, so wie sie sich eben gerade aus dem Weltkrieg herausgeschält hatte. Dabei war es von ausschlaggebender Bedeutung, dass die bisher stärkste soziale Bewegung der Schweiz, die Arbeiterbewegung, in dieser Epoche ihre Ziele, soweit konkret, erreicht hatte: durch die Einreihung ihrer Organisationen in die staatlichen und wirtschaftlichen Entscheidungsmechanismen flog das, was die Bewegung ausmachte, faktisch in individuelle Wünsche nach Aufstieg, Glück und Konsum auseinander, während sich die sozialdemokratischen Politiker zur Abstützung ihrer Positionen im Bündnis mit den Bürgerlichen der *Heer-und-Haus*-Generation halten mussten.

Es ist diesem unbeweglichen Zustand zuzuschreiben, dass die Niederschlagung des ungarischen Aufstandes 1956 durch russische Panzer in der Schweiz eine der international gesehen grössten Protestbewegungen auslöste und in einer starken Studentenbewegung kulminierte. Und zwar nicht so, wie es uns die kommunistische Geschichtsschreibung nahelegen will, dass die Ungarn-Bewegung ein typischer Ausdruck des vorherrschenden reaktionären Klimas gewesen sei. Wer die Akten jener Zeit aufmerksam studiert, stellt vieleher fest, welchen Ausbruch an Engagement und Hoffnung auf gesellschaftlich aktives Leben, welchen Bruch mit der schweizerischen Lethargie des 'Alle-Probleme-sind-gelöst' die Ungarnbewegung darstellte.

Das politische Vereinigungsmoment der Bewegung – die Abwehr des sowjetischen Dämons – wirkte allerdings den ursprünglichen Impulsen entgegen. Bald versandete der Elan der verschiedenen Ungarn-Organisationen in der positivistischen Verklärung der Schweiz, während die hergebrachten 'antikommunistischen' Organisationen daraus ihren jungen Nachwuchs rekrutierten. In der Ungarn-Bewegung war fast das gesamte gegenwärtige politische Spektrum vereinigt – vom Zürcher PdA-Gemeinderat Berthold Rothschild über prominente Sozialdemokraten wie Walter Renschler bis zu aktiven Cincera-Freunden. Der einzige organisatorische Ansatz der Ungarn-Bewegung, der bis heute überlebte, ist das *Schweizerische Ostinstitut* in Bern.

Der 'Antikommunismus' als taktische Einheit verschiedenster Organisationen und als idealistisches Vehikel einer neuen Akademiker-Generation begann anfangs der sechziger Jahre mit dem Einschwenken der amerikanischen Aussenpolitik auf die russischen Entspannungsbemühungen auseinanderzubröckeln. Eine neue Strömung intellektueller 'Nonkonformisten' stellte die geistige Enge der glücklos glücklichen Schweiz in Frage und provozierte unter den 'antikommunistischen' Gruppen endlose Diskussionen, wer nun Sekte oder wer ernstzunehmende politische Kraft sei. Nach fünfzehn Jahren Kaltem Krieg, der sich nie zur Bedrohung der Unabhängigkeit der Schweiz ausgewachsen hatte, war die Psychose der Bedrohung überlebt.

Symptomatisch dafür der 'Machtwechsel' im *Schweizerischen Aufklärungs-Dienst* 1963, wo die junge Ungarn-Generation nun antrat, das 'Pro', das Konstruktive, das Zukunftsweisende realisieren zu wollen. Kommissionen für Futurologie wurden geschaffen, die engstirnigsten 'antikommunistischen' Gruppen abgehängt und an einem neuen Rahmen für das alle-umspannende Gespräch gebastelt. Diese Bemühungen gipfelten 1968 in der Gründung des *Forum Helveticum,* einer rund sechzig Verbände umfassenden Dachorganisation, wo sich vom pazifistischen Schweizerischen Friedensrat bis zum *Ostinstitut* alles um die Belange der 'geistigen Landesverteidigung' kümmern sollte – natürlich eine eklatante politische Totgeburt, die ihr Modell aus nostalgischen Erinnerungen an die 'Grosse Einheit' im Krieg bezog.

Andere Organisationen erlebten die sechziger Jahre als eigentliche Existenzkrise. Der maccarthistischen *Aktion freier Staatsbürger* wurde der Finanzhahn abgestellt, die Bemühungen des *Schweizerischen Ostinstituts,* eine eigene Aktivisten-Organisation aufzubauen, scheiterten an mangelndem Publikumsinteresse, und die eifrigen 'antikommunistischen' Kämpfer der Berner Gruppe *Pro Libertate* ernteten nur noch Undank und durften nicht einmal Mitglied des *Forum Helveticum* werden.

Man darf ohne Übertreibung sagen, dass auch für diese Kreise 1968 eine Befreiung darstellte und neue Horizonte aufwies. Sie haben es vielleicht weniger genossen als wir, aber sich umso verbissener der Hygiene gegen die plötzlich überall wimmelnde Subversion gewidmet. Hier entstanden die Anstösse zu einer ganzen Reihe auf die Bewachung der Linken fixierten Gruppen, die personell zum Teil in Kontinuität zur *Aktion freier Staatsbürger* und zur Ungarn-Gruppe *Wahret die Freiheit* standen: so insbesondere das *Institut für politologische Zeitfragen,* von welchem sich 1972 die Cincera-Gruppen abspalteten. Im gleichen Zug, wie die 68er-Hoffnungen in keiner Art und Weise eingelöst werden konnten, wuchsen auch die Voraussetzungen einer neuen konservativen Politik, die nicht mehr an der Verbindung zur Sozialdemokratie festhält, sondern im Gegenteil die wachsende 'Sozialdemokratisierung' unseres Landes bekämpft. Wir behandeln sie in diesem Buch als Lobbys der Neuen Rechten.

Für den *Schweizerischen Aufklärungs-Dienst* begann damit eine schwierige Phase. Sein Elan zur zukunftsweisenden Erneuerung verblasste bei weitem vor dem Aufschwung neuer sozialer Bewegungen in der Schweiz. Und seine Verbindung zur Sozialdemokratie geriet unter die Räder der Auseinandersetzungen in dieser Partei selbst, die ja von allen Parteien weitaus am durchlässigsten Impulse aus den neuen sozialen Bewegungen übernahm. Wenn der SAD in den fünfziger Jahren noch den Präsidenten des Gewerkschaftsbundes als Vorstandsmitglied gewinnen konnte, so wäre heute ein Richard Müller am selben Platz unvorstellbar. Also hält sich der SAD an eine ganz bestimmte, den Arbeitsfrieden und die unbedingte Kollaboration mit den bürgerlichen Parteien bejahende Minderheit der schweizerischen Sozialdemokratie.

Intern drückt sich diese Verengung des SAD-Spektrums im Slogan 'Konzentration der Kräfte' aus, gleichbedeutend mit dem Ende aller futurologischen, modernisierenden Arbeiten und einer bewahrenden Rückwendung zu 'nationalen Fragen' wie Sicherheitspolitik, staatsbürgerliche Bildung oder Weiterentwicklung der Institutionen des Staates.

Als Organisation des Brückenschlags zwischen Bürgerlichen und Sozialdemokraten geschaffen und von der Energie einer politischen Bewegung getragen, ist heute der SAD als Institution auf einem kargen Plätzchen schweizerischer Politik gelandet. Den dürftigen, aber immerhin wachsenden Impulsen des neuen Konservativismus darf er nicht nachgeben, ohne seine überparteiliche Konstruktion zu gefährden. Während er auf der andern Seite die starken, minoritären Anstösse zur Veränderung der schweizerischen Gesellschaft mit dem Misstrauen eines Statthalters der Nation registriert, ohne daraus Impulse empfangen zu können.

Wir werden in einem ersten Kapitel die intime Entstehungsgeschichte des SAD im Zweiten Weltkrieg verfolgen, um uns im folgenden der Entfaltung der 'antikommunistischen Szene' im Kalten Krieg zu widmen. Das dritte Kapitel reisst den aktuellen SAD auf, während wir uns am Schluss gesondert mit der *Aktion freier Staatsbürger* beschäftigen.

Burgfrieden und nationaler Widerstand

Im Sommer 1944 – die deutschen Armeen waren in Russland schon geschlagen und die Alliierten hatten soeben die Invasion Frankreichs begonnen – beschäftigte ein privates Schreiben über die politischen Nachkriegsperspektiven hohe Offiziere der Schweizer Armee.

Ein zweites 1918 verhindern

«Man sagt jetzt oft, in der Schweiz seien soviele soziale Verbesserungen gemacht worden, dass keinerlei Revolutionsgefahr mehr bestehe. Wenn es aber aufgrund des Chaos in Europa unsern revolutionären Rädelsführern gelingt, Unruhen auszulösen, werden diese Sozialmassnahmen lediglich noch einen Tropfen auf einem heissen Stein bedeuten. Eine einzige Sache wird zählen: die schwächliche oder energische Reaktion unseres Volkes gegen die Revolution.» So charakterisierte der Genfer Rechtsanwalt Théodore Aubert in seinem internen Schreiben an die vaterländischen Verbände die politische Lage und «unsere Aufgaben». Ein Exemplar davon liess er dem Armeekommando zustellen und versuchte General Guisan im persönlichen Gespräch davon zu überzeugen, die Armee bzw. ihre Sektion *Heer und Haus* in die geplanten Abwehraktionen zu integrieren.

Guisan erteilte mit Schreiben vom 5. August 1944 dem Generaladjutanten Dollfuss, dem *Heer und Haus* unterstellt war, den Auftrag, sich persönlich in die Pläne Auberts einweihen zu lassen: «Seit zwanzig Jahren hat sich Monsieur Aubert dem Kampf gegen subversive Bewegungen gewidmet und, gestützt auf vergangene Erfahrungen, versucht er gegenwärtig die Mittel zu finden, um unserem Land eine neue Unruheperiode wie nach dem letzten Weltkrieg zu ersparen.» Selbstverständlich, so Guisan, könne sich *Heer und Haus* nicht offiziell und direkt in diesen Abwehraktionen vertreten lassen (BA 27/9055, Brief v. 5.8.44 + Beilagen v. 22.6.44).

Aubert hatte sich in den Tagen des Generalstreikes 1918, als die Truppen General Willes die Arbeitermassen schon 'befriedet' hatten, an die Spitze der Bürgerwehr *Union civique de Genève* gestellt und es in den zwanziger Jahren zum Führer der westschweizerischen Bürgerwehrbewegungen gebracht. Die Abwehr roter Sturmfluten wurde zu seiner Lebensleidenschaft. 1924 gründete er in Paris die *Entente Internationale contre la Troisième Internationale (Liga Aubert* genannt), die eine mehrsprachige Agitationstätigkeit gegen den Bolschewismus in ganz Europa aufbaute. 1932 fusionierte er seine Gewerbler-Verteidigungsorganisation *Union de défense économique* mit der *Ordre politique national* Géo Oltramares, einer an französischen Vorbildern angelehnten faschistischen Organisation. Aubert brachte es 1935 für die fusionierte Organisation *Union Nationale* auf einen Nationalratssitz, wurde als Gast in die liberaldemokratische Fraktion aufgenommen und flog bei den nächsten Wahlen mit dem endgültigen Niedergang der frontistischen Erneuerungsbewegungen wieder raus. Während sich sein Parteifreund Oltramare 1940 nach Paris absetzte und unter dem Pseudonym 'Dieudonné' (Gottesgeschenk) die Propaganda für die deutsche Besatzungsmacht besorgte, pflegte Aubert in Genf weiterhin die Geschäfte der *Entente.*

Mit den Nazis sympathisierte er zumindest soweit, als ihr Ostfeldzug in ihm die Hoffnung weckte, den Bolschewismus endgültig ausrotten zu können. In der zitierten Denkschrift vom 22. Juni 1944 musste Aubert diese Hoffnungen begraben. Mit dem Vormarsch der Roten Armee befürchtete er den Zusammenbruch der politischen und wirtschaftlichen Eliten der umliegenden europäischen Länder und damit einen entscheidenden Vormarsch der kommunistischen Parteien. In der Schweiz stellte Aubert fest, dass «die begründete Abneigung gegen den Nationalsozialismus, die Erleichterung über den Rückzug der deutschen vor der Roten Armee, die Überraschung, die die Stärke derselben bedeutet, die Haltung einer zu grossen Zahl unserer Mitbürger gegenüber der Sowjetunion verändert haben». Es werde deshalb immer wichtiger, «die öffentliche Aufmerksamkeit von der Roten Armee abzulenken... und auf die angloamerikanischen Armeen zu konzentrieren, die zum Preis ihres Blutes, fern der Heimat dafür kämpfen, Europa zu befreien und es auch als einzige wirklich befreien können.»

«Was tun?» überschreibt Aubert die weiteren Kapitel seines Memorandums, um zunächst auf die «widersprüchliche Haltung der sich legal gebenden sozialistischen Partei» aufmerksam zu machen, die zwar die Kommunisten aus den eigenen Reihen ausschlösse, aber zugleich die Legalisierung der kommunistischen Partei verlange. Zudem hätten «alle sozialistischen Chefs, ob revolutionär oder reformistisch, eine gemeinsame Doktrin – den Marxismus. Wenn ihnen die Eroberung der Macht möglich scheint – und es geht ihnen hauptsächlich darum – werden sie (mit den Kommunisten, Verf.) gemeinsame Sache machen.» Diese Stelle hatte General Guisan so gut gefallen, dass er sie gleich doppelt unterstrichen hatte.

Gegenüber dem drohenden Roten Europa, den rührigen Kommunisten und der unzuverlässigen SPS empfahl Aubert eine Aktionsgemeinschaft aller national gesinnten Vereinigungen und bürgerlichen Parteien. Er führte dazu in seinem Dokument die «unmittelbar verfügbaren Kräfte» auf:

– Das Sekretariat der *Entente Internationale Anticommuniste* (E.I.A.) und die Mitglieder der *Schweizerischen Vereinigung der Freunde der E.I.A.*, die allerdings nicht in Gruppen und Sektionen organisiert seien.

– Den *Schweizerischen Vaterländischen Verband* (SVV), ursprünglich die organisatorische Vereinigung der Bürgerwehren nach 1918. «Beide Orga-

nisationen sind im antikommunistischen Kampf spezialisiert», schrieb Aubert, womit sinnigerweise nur die Spitzel- und Nachrichtentätigkeit des SVV gegen die Linke gemeint sein kann, die 1947 aufgeflogen war.
– Die *Schweizerische Mittelpresse,* nach dem Krieg zur *Schweizerischen Politischen Korrespondenz* umbenannt.
– Das *Pressebüro Büchi* in Zürich, zugleich Sekretariat der *Wirtschaftsförderung.*
– Den *Landesverband Freier Schweizer Arbeiter,* ein freisinniges Gewerkschaftsprodukt nach dem Generalstreik, das damals vom FDP-Nationalrat und SVV-Kämpen Ernst Flückiger präsidiert wurde.
– Die katholisch-korporatistische Organisation *Aufgebot* von Dr. Jakob Lorenz, Dozent an der Universität Fribourg.
– Und schliesslich das *Redressement National* (RN), zu dessen Gründungsmitgliedern auch Aubert gehörte.

Unterstützung erhoffte sich Aubert von *Heer und Haus,* den bürgerlichen Parteien, dem Schweizerischen Alpenclub, den Offiziers- und Schützengesellschaften und ähnlichen patriotischen Festungen des Landes. Aus einer Flugschrift der SPS zum Wahlkampf 1943 gehen weitere Details zur Verbindung unter Auberts getreuen Kampftruppen hervor. Danach subventionierte die 1942 von den Wirtschaftsverbänden ins Leben gerufene *Wirtschaftsförderung,* betreut durch das *Büro Büchi,* die *Schweizerische Mittelpresse,* das *Redressement,* die *Liga Aubert* und den *Vaterländischen Verband.* Die führenden Herren der verschiedenen Clubs nahmen zudem persönlich in den Leitungsgremien der befreundeten Organisationen Platz. Aubert war zu dieser Zeit auch Vizepräsident des *Redressement;* Georges Rigassi, Chefredaktor der 'Gazette de Lausanne' und Vorstandsmitglied der *Liga Aubert* befand sich im Zentralkomitee des SVV; der Textilfabrikant Caspar Jenny, einst führendes Mitglied des *Bundes für Volk und Heimat,* Mitorganisator der deutschfreundlichen *Eingabe der Zweihundert* und Vorstandsmitglied der *Liga Aubert,* war Präsident der *Mittelpresse.*

Aubert erwähnte im zitierten Dokument ein sogenanntes «Koordinationskomitee», das die Repräsentanten analoger Organisationen wie der *Entente* umfasse und die eigentliche Regie in den «konterrevolutionären» Vorbereitungen übernommen habe – man darf mit Recht vermuten, dass dieses sich aus dem gleichen Kreis verflochtener Organisationen zusammensetzte.

Im weiteren Verlauf des Dokuments setzte Aubert den Armeeverantwortlichen die zu verfolgende Politik auseinander: Das Koordinationskomitee wolle über «Zeitungsredaktoren, mit welchen unsere Presseorganisationen (das heisst die *Mittelpresse,* Verf.) in direktem Kontakt sind», eine Aufklärungskampagne starten: zugunsten der Westmächte, gegen die Sowjetunion und zur Propagierung der nationalen Werte gegen die Revolution. Das *Büro Büchi* gebe zudem einen regelmässigen Rundbrief an einige hundert politische Persönlichkeiten heraus, der vom *Vaterländischen Verband* unterschrieben und versandt werde. Dann sei das Koordinationskomitee jetzt schon dabei, Bürgerversammlungen vorzubereiten, «die 1918 einen ausgezeichneten Effekt hatten: sie schaffen Zusammenhang und Vertrauen und beeindrucken die mobilisierten Leute». Dazu müssten lokale Redner, Druckorte, Versammlungssäle und natürlich auch Versammlungsschutz organisiert werden. Letzteren Punkt empfahl Aubert der speziellen Obhut der Armee, «falls die Polizei ungenügend wäre». All diese technischen Vorbereitungen seien durch die Stützpunktorganisation des *Vaterländischen Verbandes* übernommen worden.

Mit oder gegen die Arbeiterbewegung?

Generaladjutant Dollfuss lehnte im Brief vom 30. August 1944 an den General jeglichen Kontakt zu Auberts Organisationen ab. Diesem Ablehnungsbescheid war eine längere interne Diskussion in *Heer und Haus* vorausgegangen. Denn Aubert hatte schon anfangs 1944 die Zusammenarbeit mit der welschen Sektion von *Heer und Haus* gesucht. Major Roland Ziegler, Chef *Heer und Haus,* berichtete Dollfuss, für ihn komme eine Zusammenarbeit mit der *Liga Aubert* überhaupt nicht in Frage: «Die *Entente Internationale Anticommuniste* ist im Schweizer Volk bekannt als eine Organisation, die von gewissen kapitalistischen Kreisen zur Bekämpfung des Kommunismus finanziert wird. Alle Massnahmen, die von dieser Stelle aus ergriffen werden, erwecken deshalb in der Arbeiterklasse ein starkes Misstrauen, das den innenpolitischen Kampf nur noch stärker vergiften kann... Ich halte es für meine Pflicht, mit allem Nachdruck auf die schwerwiegenden Folgen hinzuweisen, die sich im Hinblick auf den Ruf der Armee ergeben würden, wenn die Zusammenarbeit zwischen irgendeiner Armeestelle und der *Entente Internationale Anticommuniste* ruchbar werden sollte. Ein wesentliches Ergebnis der Mobilmachungszeit des Zweiten Weltkrieges könnte dadurch in Frage gestellt werden: das Bekenntnis aller Schichten unseres Volkes zur Armee als überparteilichem Instrument des Verteidigungswillens des ganzen Volkes... Ich habe deshalb dem Chef des Departement Romand den Befehl erteilt, diese Aktion der *Entente Internationale Anticommuniste* zu ignorieren.» (BA 27/9302, Brief v. 14.2.45)

Dabei war den führenden Männern von *Heer und Haus* die Sorge, ein weiteres 1918 zu verhindern, keineswegs fremd. Schon 1942 drückte der Chef der welschen Sektion, René Lalive d'Epinay, in einem Rapport vor der Tessiner Sektion seine Angst aus, weil eine «zusammenhängende Sozialpolitik fehlt, was uns zu einer genau so schwerwiegenden Situation wie 1918 führen kann... Bei uns wird man wie in Frankreich sagen: entweder machen die Unternehmer die Revolution, oder die Revolution wird gegen die Unternehmer gemacht. Wir müssen eine 'Elite' schaffen, welche von der

Notwendigkeit des Geistes sozialer Fürsorge überzeugt ist.» (BA 27/9305, Rapp. v. 5.9.42)

Am 29. Februar 1944 referierte Ziegler vor Bundesrat Etter über die «Stimmungslage im Volk». Neben der allgemeinen Abschlaffung nationalen Zusammenhalts, welche mit den Niederlagen der Deutschen ständig anwachse, unterstrich Ziegler: «Die grösste Bedeutung gehört in steigendem Masse dem sozialen Gebiete. Das antikapitalistische Gefühl nimmt in unserem Volk nicht nur in den Arbeiterkreisen zu. Das Wort 'anti-kapitalistisch' ist aber nicht im Sinne des revolutionären Schlagwortes (revolutionär antinational) zu deuten. Es ist darunter vielmehr die Auffassung zu verstehen, dass auch in der Schweiz das soziale Problem energischer angepackt werden soll, und der Arbeiter in ein engeres Verhältnis zum Unternehmer zu bringen ist.» (BA 27/9125)

Während Aubert seine Vereine, die 'nationalen Parteien' und natürlich auch die Armee auf die erneute Konfrontation mit der Arbeiterbewegung vorbereiten wollte, propagierten die Männer von *Heer und Haus* eine Politik sozialer Versöhnung mit der Arbeiterklasse. Explizit wandten sie sich gegen die Spekulation, die Armee, das heisst das Offizierskorps sei gewillt, wieder den bewaffneten Part vaterländischer Rettung zu übernehmen. Lalive d'Epinay geisselte die Ansicht von Genfer Industriellen, dass es «früher oder später zum Zusammenstoss mit der Gefolgschaft Nicoles (Westschweizer Kommunisten, Verf.) kommen muss und dass es in diesem Augenblick Aufgabe der Armee sein wird, die Ruhe aufrechtzuerhalten» als «vollständige Resignation». (BA 27/9302, Rapp. v. 5.2.44) Und Ziegler monierte vor Bundesrat Etter als eine der grossen gegenwärtigen Gefahren, «von einem Einsatz der Armee auf innenpolitischem Gebiet die einzige Rettung zu erhoffen. Es muss mit allen Mitteln vermieden werden, dass die Armee wiederum von einem Teil des Schweizervolkes als Klasseninstrument betrachtet wird.»

«Landi»geist

Diese Auseinandersetzung zwischen *Heer-und-Haus*-Vertretern und Auberts Vereinen ist typisch für die politischen Kämpfe im schweizerischen Bürgertum, die der Zweite Weltkrieg ausgelöst und gelöst hatte. Von den Tagen des Generalstreiks her bestand eine ganze Generation von Politikern, Vereinen und Kampforganisationen, die dem Trauma einer möglichen Revolution verfangen, den aktiven Kampf gegen die Arbeiterbewegung und ihre Organisationen verfolgten. Hierin liegt die politische Wurzel des vorübergehenden Einflusses, den die *Fronten* auf die bürgerlichen Parteien ausübten, und der Faszination, die Hitlerdeutschland auslöste. War das nicht die Lösung des 'sozialen Problems', die Integration der Arbeiter in den Staat samt Ausschaltung der gefährlichen 'marxistischen' Konkurrenz? Statt blosser Abwehr, wenn nötig auch mit der Waffe in der Hand, wie es dem Geist der frühen Bürgerwehren entsprach, versprach der Nationalsozialismus endlich eine offensive konstruktive Politik. Dass die Nazis in der Schweiz bis heute den wohlmeinenden Titel 'Erneuerungsbewegungen' tragen, hängt durchaus damit zusammen: die 'Erneuerung' des politischen, wirtschaftlichen und sozialen Lebens, die Überwindung des 'Liberalkapitalismus' blieb politisches Leitthema bis 1943, als sich langsam die Niederlage der deutschen Armeen abzeichnete.

Dieser Konfrontationspolitik harter Klassenkämpfer wurden im Zuge der aussenpolitischen Bedrohung der Schweiz neue Strategien und politische Konzeptionen entgegengestellt. Die Neugruppierung bürgerlicher Kräfte kündigte sich vor dem Krieg in einer breiten kulturellen Bewegung 'geistiger Landesverteidigung' an, einer Neubesinnung auf die 'nationale Eigenart' der Schweiz, wie sie dann pathetisch im 'Höhenweg der Schweiz' an der Landesausstellung 1939 zum Ausdruck kam. Prominente Intellektuelle überzogen das Land mit Mahnrufen und Gedenkreden, Beschwörungen des Schweizerischen, welches angesichts der völkischen Begründung der umliegenden (faschistischen) Nationalismen durchaus um seine ideologische und politische Existenzberechtigung zu kämpfen hatte.

Einen Versuch zur Organisierung dieser Bemühungen stellte die im Januar 1939 durch den Historiker Karl Meyer gegründete Vereinigung *res publica* dar — ein Intellektuellenclub, der sich der geistigen Landesverteidigung verschrieben hatte. In einer weitsichtigen Vorausnahme künftiger Entwicklungen (und schweizerischer Geschäftsinteressen) schritt *res publica* am 20. Januar 1940 zur Gründung der *Swiss-American Society for Cultural Relations,* deren Sekretär Dietrich Schindler gleich zu einer Goodwill-Tour in die USA aufbrach. *Res publica* wurde von der Zürcher Stadtverwaltung (damals noch rot), den Nordostschweizerischen Kraftwerken und der Nationalbank finanziell unterstützt. In ihren Reihen nahm auch ein Sozialdemokrat Platz, Emil J. Walter.

Aber auch bestandene vaterländische Organisationen wie die *Neue Helvetische Gesellschaft* (NHG), im Volksmund knapp 'Herrenclub' genannt, begannen, sich in geistiger Landesverteidigung zu profilieren und dadurch neue Leute zu rekrutieren. Die NHG war noch im Frontenfrühling von den 'Erneuerern' tief beeindruckt gewesen und hatte die Zusammenarbeit mit der *Neuen Front* Toblers favorisiert. Aber 1933, mit dem Tod ihres alten Zentralpräsidenten Jakob Tanner, beschloss eine Delegiertenversammlung, künftighin die Zusammenarbeit zwischen 'Rechts' und 'Links' zu fördern. 1936 rief sie die Dachorganisation *Forum Helveticum* ins Leben, die den verschiedensten patriotischen Gesellschaften zum Forum nationalen Gedankenaustausches und nationaler Bewahrung werden sollte. Dem Aufruf leistete anfänglich eine sehr heterogene Gesellschaft Folge

Es waren dabei:

— die Jungliberalen und Jungkonservativen (welch letztere noch 1934/35 die Totalrevision der Bundesverfassung unterstützt hatten — ein frontistisches Volksbegehren)
— das *Aufgebot* von Jakob Lorenz, welches uns schon unter Auberts «unmittelbar verfügbaren Kräften» begegnet war
— der *Schweizerische Vaterländische Verband*
— die *Nation,* eine Wochenzeitung, die von Sozialdemokraten und bürgerlichen Kreisen gemeinsam herausgegeben wurde — zur Bekämpfung des Faschismus und zur Erhaltung der Demokratie
— und schliesslich die NHG.

Präsident wurde der Winterthurer Technikumsprofessor Anton Stieger, der 1937 in den Zentralvorstand der NHG gewählt wurde, im Krieg zu den Gründern des *Gotthardbundes* zählte und nach 1945 eine der treibenden Kräfte beim Aufbau des *Schweizerischen Aufklärungs-Dienstes* war.

Das *Forum Helveticum* erhielt Subventionen durch die staatliche Kulturorganisation 'Pro Helvetia', die zur finanziellen Förderung nationaler Kulturproduktion ins Leben gerufen worden war. Das *Forum Helveticum* verstand es in der Folge, einen recht repräsentativen Querschnitt schweizerischer Verbände unter einen Hut zu bringen. 1939 waren dabei: Die schon Genannten ausser dem *Aufgebot,* dessen frontistische Tendenzen nicht mehr tragbar waren; aus dem sozialdemokratischen Lager zusätzlich zur *Nation* die Schweizerische Sozialistische Frauengruppe und die Arbeiterbildungszentrale; sowie die verschiedensten Frauen-, Studenten-, Akademiker-, Lehrer- und anderen Verbände, die sich der Pflege nationaler Werte widmeten und zu überparteilicher Zusammenarbeit von links bis rechts bereit waren. (BA 27/9055, lose undat. Blätter)

Lediglich zur Erinnerung sei festgehalten, dass der kulturellen bürgerlichen Gegenbewegung zum Faschismus handfeste politische Verschiebungen entsprachen. Es gehörte zur zentristischen Politik sozialdemokratischer Führer wie Robert Grimm, Hans Oprecht (VPOD-Sekretär und Parteipräsident von 1936—52) und Walter Bringolf, nach der Machtübernahme Hitlers die fraktionelle Zusammenarbeit mit bürgerlichen Politikern und Organisationen zu begünstigen. Die *Nation* war ein Ausdruck davon und begründete die Zusammenarbeit mit Kreisen der Demokratischen Partei, einem linksfreisinnigen Überbleibsel des 19. Jahrhunderts. Die SP-Strategie war auf ein neues, nicht vom Freisinn dominiertes Machtbündnis mit bürgerlichen Kreisen ausgerichtet, äusserte sich in den Bündnissen um die Kriseninitiative und in der Richtlinienbewegung. Der Freisinn kam dem teilweise entgegen mit dem Vorschlag einer Allparteienkonferenz 1938, nach der Kapitulation des tschechischen Ministerpräsidenten Benesch vor Hitler, entgegen. Im gleichen Zusammenhang entstanden innerhalb des schweizerischen Unternehmertums die Strömungen, die auf die Anerkennung der Arbeiterbewegung als sozialem Auseinandersetzungspartner hinzielten und dem Schweizerischen Metall- und Uhrenarbeiterverband den Abschluss des Arbeitsfriedens ermöglichten.

All diese Bewegungen waren vor dem Krieg noch keineswegs abgesichert und begegneten innerhalb der bürgerlichen politischen Eliten mannigfachem Widerstand. Das *Büro Büchi*, bzw. die *Wirtschaftsförderung*, die *Mittelpresse*, das *Redressement* und Robert Eibels *Elephantenclub* standen in zahlreichen Abstimmungs- und Propagandakämpfen an vorderster Front gegen diese neue Politik der 'Sozialversöhnung' und fanden deshalb leicht die Allianz zu traditionellen vaterländischen Verbänden, welche Aubert unter seinen Verbündeten aufgeführt hatte.

«Nationaler Widerstand»

Der Ausbruch des Krieges und die Eroberung Frankreichs durch Deutschland im Sommer 1940 brachte die wackere Front neuerwachten helvetischen Patriotismus, in welchem auch langsam die Arbeiterbewegung ihr Plätzchen erzwungen hatte, ins Wanken. Bekanntlich folgten sich die anpasserischen und defätistischen Erklärungen Schlag auf Schlag. Das Gefühl, von nun an im Europa Hitlers zu leben, brachte auch diejenigen, die hartnäckig zur Verteidigung der staatlichen Unabhängigkeit der Schweiz entschlossen waren, dazu, sich in einer Zeitenwende und vor grossen innenpolitischen Systemänderungen zu wähnen. Sogar die Sozialdemokratie sprang auf den schnellrollenden Zug neuer Zeiten auf und monierte: «Ob unser Land noch rechtzeitig zur notwendigen Erneuerung durchzustossen vermag, ist zu einer Frage auf Leben und Tod geworden, zu einer zwingenden Alternative, aus der es kein Entrinnen gibt» (*Nation*, 5.9.40), und die SPS-Erklärung vom 18. Juli 1940 meinte: «Die Voraussetzungen der bisherigen traditionellen Neutralitätspolitik sind durch die europäischen Ereignisse zerstört. Eine Neuorientierung der Innen- und Aussenpolitik der Schweiz drängt sich auf.» Walter Bringolf hält in seinen Memoiren schlicht fest, nach Frankreichs Zusammenbruch seien die SP-Stadtsektionen durch grosse Passivität und vorsichtige Zurückhaltung des mittleren Kaders gekennzeichnet gewesen, weshalb man die «Neuorientierung» wohl kaum als starken Willen zu einer sozialistischen Umgestaltung des Landes interpretieren darf.

Es war ein Zeitpunkt, der das Hervortreten neuer Konstellationen und einer neuen 'jungen' Generation bürgerlicher Politiker und Militärs begünstigte: der Wille zum Widerstand, nicht erprobt und in seiner Bedeutung deshalb nicht überprüfbar, kristallisierte sich ausserhalb der traditionellen Institutionen des politischen Lebens. Dem Schweizer Publikum zum grössten Teil verborgen, folgten sich nacheinander die Zirkel 'nationalen Widerstands'.

Fünf Tage nach der Rede Bundesrat Pilet-Golaz' vom 25. Juli 1940

(«Die Ereignisse marschieren schnell; man muss sich ihrem Rhythmus ansen.») wurde der *Gotthardbund* gegründet. «Wir fordern von jedem Eidgenossen eine nie erlahmende und bedingungslose Wehrbereitschaft. Wer nach dem Erfolg des Widerstandes fragt, ist ein Verräter», verlangte ein öffentliches, im ganzen Lande angeschlagenes Plakat. Am 7. September wurde im Bahnhofbuffet Zürich die *Aktion Nationaler Widerstand* aus der Taufe gehoben, zu welcher man sich mit einem persönlichen Gelübde bekannte: «Ich bin entschlossen und bereit, ich gelobe, unter Einsatz von allem und jedem, zu kämpfen für die Freiheit, Ehre und Unabhängigkeit der Schweizerischen Eidgenossenschaft.» Ihre welsche Zweigorganisation *Action de Résistance Nationale* konnte am 23. November 1940 gegründet werden.

In der Armee hatte sich am 21. Juli in Luzern eine Gruppe von Offizieren, die meisten Generalstäbler und Nachrichtendienstoffiziere, zu einem Geheimbund zusammengefunden, welcher sich allfälligen Kapitulationsbefehlen des Bundesrates oder des Generals widersetzen wollte, die Verhaftung der politischen Behörde und die Auslösung militärischer Aktionen für den Fall eines deutschen Einmarsches vorsah. Der *Offiziersbund* flog, in Ermangelung klandestiner Organisationserfahrungen, nach drei Wochen wieder auf – seine Promotoren wurden in einem geheimen Verfahren disziplinarisch bestraft. Ab August 1940 schliesslich fanden sich einzelne Beteiligte an all diesen Widerstandsversuchen zu persönlichen Gesprächen zusammen, die am 12. Januar 1941 in die Gründung der *Eidgenössischen Gemeinschaft* ausmündeten. Um in diesem Gewirr von Widerstandszirkeln durchzublicken, welche bisher nur leicht romantisierende Darstellungen in den sechziger Jahren gefunden hatten, müssen wir die Spuren der einzelnen Akteure im Detail verfolgen.

Hans Hausammann und der Offiziersbund

Vier Tendenzen oder Personenkreise trafen aufeinander: Die SP-Führung um Hans Oprecht und Walter Bringolf, samt ihrem Beziehungsnetz zu den Intellektuellen der 'geistigen Landesverteidigung'; Hans Hausammann und sein Freundeskreis; eine Gruppe junger, ehrgeiziger Politiker und Militärs, die sich, persönlich untereinander verbunden, *Freundeskreis Generation 1910* nannten; und schliesslich eine Aggregation von Einzelkämpfern aus den verschiedensten, auch reaktionärsten Vereinen, die sich auf die personalistische, klassenüberwindende Programmatik von Denis de Rougemont und seinem Zürcher Freund Theophil Spoerry, Dozent an der Universität Zürich, stützten.

Hans Hausammann, in den dreissiger Jahren Pressechef der Schweizerischen Offiziersgesellschaft, hatte ab 1936, im Einvernehmen mit dem Chef des Nachrichtendienstes, Roger Masson, damit begonnen, ein eigenes

Spionage- und Nachrichtennetz in Europa, vor allem in Deutschland aufzubauen. Hans Oprecht versuchte ihn 1938, nachdem sich die SPS voll hinter die Aufrüstung der Armee gestellt hatte, als Militärspezialisten seiner Partei zu gewinnen, welchem Verlangen Hausammann nicht zuletzt auf die Intervention von Bundesrat Minger hin nachgekommen war. Obwohl von seinem politischen Denken her eher ein Rotenfresser, zählte ihn Bringolf später in seinen Memoiren zu seinen persönlichen Freunden.

Hans Hausammann

Hausammann war in die Offiziersverschwörung 1940 verwickelt gewesen. Der Anstoss dazu ging vom Generalstabsmajor Alfred Ernst aus, Chef des 'Büro Deutschland' im Nachrichtendienst der Armee, der sich anfangs Juli an den Instruktionsoffizier Oberst Gustav Däniker sen. wandte mit der Frage, ob er bereit sei, sich an die Spitze einer geheimen Offiziersbewegung zu stellen. Däniker hatte vor dem Krieg eine Gruppe von Offizieren um sich versammelt, welche sich als *Kampfgemeinschaft für Kriegsgenügen* eine Armeereform vornahm, welche den eher desolaten Zustand militärischer Handlungsfähigkeit der Schweiz beheben sollte. Alfred Ernst hatte in dieser Gruppe mitgearbeitet, musste aber jetzt feststellen, dass Däniker, ein Bewunderer der deutschen Nazis, militärischen Widerstand angesichts der vollständigen Umzingelung des Landes «unverantwortlich» fand und auch enge Kontakte zur neuentstandenen *Nationalen Bewegung der Schweiz,* einem Sammelbecken der Fünften Kolonne im Krieg, unterhielt.

Also schritt Alfred Ernst zusammen mit Hans Hausammann und Hauptmann Max Waibel, Chef der Nachrichtensammelstelle, selbst zur Gründung des *Offiziersbunds,* der, alle Aussagen zusammengenommen, rund vierzig Offiziere vereinigte. Darunter auch Instruktionsoffizier Walter Allgöwer und die Milizoffiziere Gerhart Schürch und August Lindt, die Alfred Ernst schon vom *Freundeskreis Generation 1910* her kannte. Der *Offiziersbund* hatte es vor allem den Beziehungen Hausammanns zur SP-Spitze zu verdanken, dass er nach seiner Verhaftung nicht publik wurde, vom General gegenüber dem Bundesrat gedeckt blieb (einzig Minger wurde eingeweiht) und mit symbolischen Disziplinarstrafen ohne Funktionsenthebung davonkam. Obwohl also sehr frühzeitig am Funktionieren verhindert, wirkte der *Offiziersbund* in den folgenden Jahren innerhalb des Nachrichtendienstes quasi auf persönlicher Basis weiter. Diese Vorgänge sind nicht mehr im Detail nachkonstruierbar, aber aus den verschiedensten Polemiken nach dem Krieg geht hervor, dass die Nachrichtenleute um Waibel und Ernst ihre eigene Lobby ausserhalb des Oberbefehls von Roger Masson bildeten, einen Teil der Informationen ihm gegenüber, den sie als politisch unzuverlässig einstuften, auch blockten und statt dessen eng mit

Hausammanns *Büro Ha,* Oprecht und Bringolf und Bundesrat Kobelt in Kontakt standen.

Der Gotthardbund – «eine Tatgemeinschaft neuer Männer»

Zur gleichen Zeit etwa, als sich der *Offiziersbund* formierte, trat der *Gotthardbund* mit Plakaten und ganzseitigen Inseraten erstmals an die Öffentlichkeit. Die Initiative war den Offiziersverschwörern von Anfang an bekannt gewesen: Walter Allgöwer befand sich im ersten Aktionskomitee des *Gotthardbundes,* und Alfred Ernst berappte aus eigenem Sack die Inseratenkampagne, was ihn an die 50 000 Franken kostete. Die Initiative des 34jährigen Schriftstellers und Philosophen Rougemont, der dem Intellektuellenkreis um die Zeitschrift 'Esprit' angehörte, versammelte die widersprechendsten Tendenzen um sich («Wir stammen aus allen Schichten des Volkes und haben früheren Hader und alte Vorurteile überwunden»).

Zu den Initianten gehörten neben dem schon erwähnten Allgöwer vom *Offiziersbund,* Robert Eibel, Geschäftsleiter des *Redressement National;* Christian Gasser, Mitglied des *Bundes der Subventionslosen;* René Leyvraz vom Christlichen Gewerkschaftsbund; Philippe Mottu vom Intellektuellenkreis der *Oxfordgruppe;* Paul Schäfer, Lehrer am Seminar Wettingen und Nationalrat Heinrich Schnyder vom Landesring, sowie der schon erwähnte Professor Theophil Spoerry.

Unter den Unterzeichnern des Aufrufs vom 2. August 1940 finden wir zudem die NHG-Mitglieder Max d'Arcis, Genf, Emil Brunner, einen der aktivsten 'geistigen Landesverteidiger', Wilhelm Gasser, St.Gallen, Anton Stieger, Mitglied des Zentralvorstandes der NHG und Präsident des *Forum Helveticums* und den späteren Gewerbeverbandspräsidenten Karl Hackhofer, Zentralvorstand der NHG, welcher im *Forum-Helveticum*-Vorstand den Schweizerischen Studentenverein vertrat. Des weitern John Brunner von der Handelszentrale Zürich, späteres Mitglied des *Redressement-National*-Vorstandes; Julien Lescaze, den Präsidenten der *Union Corporative Suisse,* einem korporatistischen, in der Westschweiz entstandenen Politclub; sowie den Landesringführer Gottlieb Duttweiler und den späteren Bundesrat Friedrich Wahlen, Leiter der Anbauschlacht im Weltkrieg, für welche der *Gotthardbund* einen besonders grossen Einsatz erbrachte.

Der *Gotthardbund* trat mit dem Anspruch auf, eine «Tatgemeinschaft neuer Männer» zu repräsentieren, «die sich weder in der Verfolgung von Sonderinteressen, noch durch Anlehnung an ausländische Ideologien kompromittiert hatten». Sie verfolgten keineswegs bloss die Ziele unbedingten militärischen Widerstandes, sondern strebten eine eigentliche «politische Erneuerung» an: Aufwertung des Bundesrates zur politischen Führung, Einrichtung einer «Wirtschaftskammer» der repräsentativen Wirtschafts- und Gewerkschaftsverbände, die alle wirtschaftlichen Fragen des Landes «kompetent» behandelt und damit dem Parlament die reine Politik überlässt, Stärkung des Föderalismus und schliesslich die Herausbildung einer «Berufsgemeinschaft» von Arbeitnehmern und Arbeitgebern im Betrieb, wofür sich vor allem Charles F. Ducommun vom Kriegsernährungsamt und Mitarbeiter des Gewerkschaftsbundes stark machte. Der *Gotthardbund* wurde deswegen von den Parteien als politische Konkurrenz empfunden, und die SPS denunzierte ihn mehr oder weniger als eine der alten 'Erneuerungsbewegungen', so vor allem Hans Oprecht am VPOD-Verbandstag 1940.

Wenn diese Einschätzung auch sicher nicht richtig war, so bedeutete doch die Präsenz der Manchesterliberalen Eibel und Gasser, sowie des Philofaschisten Gonzague de Reynold im *Gotthardbund,* der dann allerdings bald ausgebootet wurde, eine starke Belastung gegenüber den andern Widerstandszirkeln und der Sozialdemokratie. Einzig in der Westschweiz gelang es ihm, eine Politik zu entwickeln und einen Ruf zu erwerben, der ihm das Odium extremer Rechtslastigkeit nahm und ihm die Zusammenarbeit mit einzelnen Exponenten der SP und der Gewerkschaften ermöglichte.

Aktion Nationaler Widerstand

Oprecht und Bringolf, in Kenntnis des *Offiziersbundes* und sicher nicht zuletzt, um dem *Gotthardbund* etwas Eigenes entgegenzusetzen, machten sich selbst daran, eine Widerstandsorganisation aufzubauen. Sie benützten dazu ihre Kontakte zu Hausammann auf der einen Seite und zu den bürgerlichen Repräsentanten 'geistiger Landesverteidigung' auf der andern, so dem führenden Kopf der erwähnten Vereinigung *res publica,* dem Historiker Karl Meyer, dem Chefredaktor der 'Basler Nachrichten' Albert Oeri, Hermann Böschenstein von der NZZ und Markus Feldmann von der 'Neuen Berner Zeitung', dem späteren Bundesrat.

Ihren Bemühungen kam entgegen, dass Allgöwer und ein weiteres Mitglied des *Gotthardbundes,* E. Spühler, schon Ende August 1940 mit grossem Krach wieder austraten, voll von Vorwürfen an die autoritäre Bundesleitung, welche umgekehrt Allgöwer die Bemühung, eine neue Partei zu gründen, in die Schuhe schob. Dieser Bruch erlaubte, auch den *Freundeskreis Generation 1910* bzw. den *Offiziersbund* in die neue Organisation einzugliedern, welche am 7. September 1940 als *Aktion Nationaler Widerstand* aus der Taufe gehoben wurde.

Vom *Offiziersbund* beteiligten sich aktiv Allgöwer, Hans Hausammann und Ernst von Schenck, ein Basler Journalist, der ab 1941 im Zentralvorstand der NHG Einsitz nahm, sowie August Lindt. Von der SPS beteiligten sich Oprecht und Bringolf, sowie Max Weber und Emil Klöti, der Zürcher Stadtpräsident. Von bürgerlicher Seite waren die schon erwähnten dabei und zusätzlich der Chef des Zürcher Freisinns Theodor Gut sen., der schon in den dreissiger Jahren den frontistischen Kurs der Stadtzürcher FDP bekämpfte, der Theologe Karl Barth und der Chefredaktor der 'Weltwoche', Karl von Schumacher. Die *Aktion Nationaler Widerstand* brachte es auf etwa 250 Leute (während der *Gotthardbund* 8000 Mitglieder zählte), die sich untereinander, ausser dem Führungskern, nicht kennen sollten. Organisatorisch aktiv waren Ernst von Schenck als Verfasser der anonymen *Informationen der Woche,* welche unter Umgehung der Pressezensur an einen ausgewählten Kreis von Personen verschickt wurden. Dann August Lindt, anfänglich die organisatorische Schaltstelle der *Aktion,* welcher er ab 1941 ein noch grösseres Beziehungsnetz in seiner Funktion als Chef des *Aufklärungsdienstes Zivil* von *Heer und Haus* zur Verfügung stellen konnte. Und schliesslich Hans Oprecht, über dessen Büro im VPOD die Fäden der *Aktion* gelaufen sein sollen. Die *Aktion* blieb rein klandestin und wirkte mehr oder weniger als Pressure Group auf die Behörden – ihre Mitglieder selbst führten soweit möglich die Tätigkeit der ersten Wanderprediger 'geistiger Landesverteidigung' weiter, bis sie mehr oder minder vollständig in den Referentendienst von *Heer und Haus* integriert wurden.

Im November 1940 wurde eine welsche Zweiggruppe der *Aktion* auf die Beine gestellt. Die Initiative ging vom damaligen Gotthardbündler Spühler (zusammen mit Allgöwer ausgetreten), dem General-Motors-Generaldirektor Jean Mussard, dem Generalstabsmajor Robert Frick (späterer Ausbildungschef der Armee) und dem *Nation*-Redaktor O.L. Forel aus. Jean Mussard publizierte im sozialdemokratischen Verlag Emil Oprecht über «Soziale Wirtschaft heute und morgen» und betätigte sich in den Kriegsjahren als begeisterter Propagandist des Arbeitsfriedens aus Unternehmersicht.

Eidgenössische Gemeinschaft – die «junge Elite»

Gegenüber dem *Gotthardbund* repräsentierte die *Aktion Nationaler Widerstand* politisch die schon fast institutionalisierten Burgfriedensbemühungen der SPS und einzelner bürgerlicher Politiker. Sie befriedigte deshalb die jungen Wölfe des *Freundeskreises* nicht restlos, welche sich ab Herbst 1940 in persönlichen Gesprächen zur Vorbereitung eines eigentlichen Think Tanks, einer Studiengruppe zur «Vorbereitung des Neuaufbaus der Eidgenossenschaft» trafen. Ihre Gruppe wurde am 12. Januar 1941 als *Eidgenössische Gemeinschaft* gegründet. Ihr gehörten neben den 'Verschwörern' des *Offiziersbundes* (Alfred Ernst, Walter Allgöwer, Gerhart Schürch und August Lindt) die weiteren 'Freunde' Peter Dürrenmatt, der Berner Universitätsprofessor Paul Hofer, Jugendanwalt Hans Schultz und der erste SAD-Präsident Hans Huber an. Sowie neu Ernst von Schenck und Hans Hausammann.

Die politische Spannbreite der *Eidgenössischen Gemeinschaft* war

Peter Dürrenmatt

beträchtlich. Neben dem linksliberalen Von Schenck befand sich Peter Dürrenmatt, wahrlich kein 'geistiger Landesverteidiger' der ersten Stunde, sondern immer noch Redaktor der *Schweizerischen Mittelpresse,* frisch von Berlin zurückgekommen, wohin ihn die *Mittelpresse* delegiert hatte. Der Funktionär des deutschen Propagandaministeriums, Dr. Hügel, hatte ihm dort eine «loyale Haltung» bescheinigt, was nicht weiter erstaunt, war Dürrenmatt doch in den dreissiger Jahren Sekretär der (italo-)faschistischen *Berner Heimatwehr* und Sekretär des *Bunds für Volk und Heimat.* Trotzdem muss 1940 die 'Wende' gebracht haben, fand er doch nachher «den Weg zu den Fleischtöpfen der Basler Kapitalisten und Bankiers» und wird «sich als Chefredaktor der manchester-liberalen 'Basler Nachrichten' (ab 1949) wohl nur noch an stillen Sonntagsstunden an die Nöte der Berner Bergbauern, an die *Heimatwehr* und an seine faszistische Vergangenheit erinnert» haben, so der Alt-Faschist Hans Zopfi in seinen Lebenserinnerungen.

Die *Eidgenössische Gemeinschaft* arbeitete verschiedenste Reformkonzepte aus: zur Armee, zur Wirtschaftsordnung, zur staatlichen Gliederung überhaupt, und verstand ihre Arbeiten als Vorbereitung zu einer Totalrevision der Bundesverfassung. Ihr Wille zur 'Erneuerung' stand in scharfem Gegensatz zu jenen «verräterischen Erneuerungsbewegungen, die ihre geistigen und finanziellen Propagandamittel vom Ausland oder von desorientierten Industriellen beziehen... diesen Verrätern sagen wir einen erbitterten Kampf an, nicht nur aus Pflicht gegenüber dem Eid, den wir als Soldaten geschworen haben, sondern auch, um die echte nationale Erneuerung zu schützen» (Doktrin Schultz, ein unveröffentlichtes Manuskript, das zusammen mit andern Texten erstmals von Hugo Egli in einer Arbeit über die *Eidgenössische Gemeinschaft* bearbeitet wurde).

«Widerstand und Erneuerung» war deshalb Leitspruch der Gruppe, und ihr Ziel, «einen Zusammenschluss der gesamten jungen Generation», der «jungen Elite» zu erreichen. Gerhart Schürch schrieb in einem internen Text: «Mit Hinblick auf die stets vorhandene Aufgabe der Vorbereitung des Widerstandes bekommt diese Auslese nicht nur das Gewicht einer auf lange Sicht disponierenden Massnahme zur Vorbereitung der Erneuerung, sondern auch das Gewicht einer zuverlässigen Sicherung der entscheidenden Befehlsstellen für den Ernstfall.» Ihre wirtschaftlich-sozialen Vorstellungen variierten den Arbeitsfrieden: soziale Verantwortung und neues Denken der Unternehmer; Offenlegung der Geschäftsführung vor den Arbeitervertretern; genossenschaftliche Betriebsgemeinschaft, die ihre Aufgabe nicht im Profit, sondern in der Deckung des Güterbedarfs der nationalen Gemeinschaft sieht; sowie schliesslich Mitsprache der Berufsverbände in der staatlichen Wirtschaftspolitik. Ein Denken, das ihnen die Zusammenarbeit mit der Sozialdemokratie im 'nationalen Widerstand' ermöglichte und den bürgerlichen Kontrapunkt zu den lauthals auftretenden Manchesterliberalen um das *Redressement National,* den *Elephantenclub* und ähnlichen Vereinen manifestierte.

Heer und Haus: Schmelztiegel einer neuen politischen Elite

Die Blüte 'nationaler Widerstandszirkel' hatte bescheidene öffentliche Auswirkungen. Zwar lernte sich so ein Kreis von Leuten intimer kennen, die sich in den folgenden Jahren politisch gegenseitig stützten, und sofern die Möglichkeiten gegeben waren, die Treppe politischer Ämter aufwärtsstiessen – ganz im Sinne der programmatischen Absicht der *Eidgenössischen Gemeinschaft,* «die wesentlichen Posten im politischen Leben zu besetzen», wie Schürch es formulierte.

Aber der eigentliche Anstoss ihrer Gründung, der rapid sich ausbreitende Defätismus, blieb als Problem im Winter 1940/41 weiter bestehen. Der Schweizerische Gewerkschaftsbund überlegte als erster, wie in einem breiten Massstab der Widerstandswille der Bevölkerung gestärkt werden könne. Im November 1940 fragte er die Armee um die Abordnung von Offizieren an, welche geeignete Vorträge vor allen Gewerkschaftssektionen halten könnten. Dafür wurden Oberst Oskar Frey, Redaktor der 'Schaffhauser Nachrichten' und Mitglied der *Aktion Nationaler Widerstand,* sowie Generalstabsmajor Robert Frick, welscher Mitbegründer der *Action de Résistance Nationale,* eingesetzt.

Im April 1941 befahl Guisan der Generaladjutantur, eine Kampagne zur «Aufklärung der Zivilbevölkerung» vorzubereiten. Die Generaladjutantur konnte dabei auf ihre Sektion *Heer und Haus* zurückgreifen. *Heer und Haus* war 1939 als Truppenunterhaltungsdienst entstanden mit der Zusatzaufgabe, «die vaterländische Gesinnung» und «die Einsicht in die hohe Aufgabe der Armee» zu fördern (Armeebefehl vom 3.11.1939).

Der hohen Aufgabe war *Heer und Haus* anfänglich nicht gerade gewachsen. Die Konzeptionsstreitigkeiten drückten sich in raschen Kommandowechseln aus, für welche vom September 1939 bis in den Mai 1941 sechs Offiziere verbraucht wurden. Am 19. April 1941 tadelte das *Büro Ha* in einem Bericht an den General das miserable Kulturprogramm von *Heer und Haus* und meinte, «für die Leitung der Sektion ist der beste Mann gerade gut genug.» Hausammann beanspruchte später für sich und die *Aktion Nationaler Widerstand,* diesen Mann in der Person Oskar Freys gefunden, vom Posten überzeugt und bei Guisan durchgesetzt zu haben. Er schrieb am 17. Januar 1945: «Man machte sich im Sommer 1940 sofort auf die Socken, rief die *Aktion Nationaler Widerstand* ins Leben, ging von Versammlung zu Versammlung, in alle 'Volkshäuser', zu den Turnern, Schützen, zu Kreti und Pleti, hielt Vorträge, diskutierte nach jedem Vortrag zwei Stunden, drei Stunden, ging nicht aus dem Saal, bevor nicht die Anwesenden aufgepulvert und wieder steif im Rücken waren, Monat nach Monat, oft Abend für Abend, Sonntag um Sonntag. Umgesteckt wurde damit erst, als Oberst Frey die Sektion *Heer und Haus* übernahm. (Sie wissen, wie das vor sich ging).» (BA 27/9316, Brief v. 17.1.45)

Es war so vor sich gegangen, dass die *Aktion Nationaler Widerstand* dem General nicht nur die Reorganisation von *Heer und Haus* suggerierte, sondern an die Spitze dieser Armeesektion auch einen Mann aus ihren Reihen zu plazieren wünschte. So wurde Oskar Frey am 5. Mai 1941 direkt von General Guisan als Chef von *Heer und Haus* eingesetzt. Was nicht ohne Komplikationen ablief, weil Generaladjutant Dollfuss in Ausführung des Generalbefehls vom April schon Major Roland Ziegler mit der Umgestaltung von *Heer und Haus* beauftragt hatte. Dieser wurde dann nach zwei Wochen Wirkungszeit zum Stellvertreter Oskar Freys 'degradiert'.

Oskar Frey

Oskar Frey reorganisierte *Heer und Haus* vollständig: Er richtete neu den *Aufklärungsdienst Zivil* ein, der im Laufe der Kriegsjahre mit rund 200 festen Referenten 3000 zweitägige 'Aufklärungskurse' mit über 448 000 Männern und Frauen im ganzen Lande veranstaltete. Ein Netz von 7000 Korrespondenten informierte den *Aufklärungsdienst Zivil* über die Stimmungslage der Bevölkerung, Gerüchtewellen, Verdächtigungen gegenüber nazifreundlichen Personen, soziale Unzufriedenheit und so weiter. Derselbe Aufklärungsdienst wurde auch bei den stehenden Truppenteilen durchgeführt, unter Beizug eines Kaders von «Verbindungsoffizieren *Heer und Haus*». An die Spitze des deutschschweizerischen *Aufklärungsdienstes Zivil* berief Frey August Lindt, die «organisatorische Schaltstelle» (Bringolf) der *Aktion Nationaler Widerstand* und Mitglied der *Eidgenössischen Gemeinschaft*. Die welsche Abteilung des *Aufklärungsdienstes* leitete René Lalive d'Epinay, Mitglied des *Gotthardbundes* und Mitarbeiter des von Wahlen geleiteten Eidgenössischen Kriegsernährungsamtes.

Ein Grossteil der Referenten *Heer und Haus* rekrutierte sich aus dem Umkreis der Widerstandszirkel, die damit zu offiziösen Funktionen kamen. Für die Durchführung der Kurse wurde allerdings auf grössere Verbände zurückgegriffen: Die Gewerkschaften hatten ihr Kurssystem mit Robert Frick und Oskar Frey schon angepackt. Nun suchte *Heer und Haus* die Zusammenarbeit mit den vor dem Krieg entstandenen Organisationen der 'geistigen Landesverteidigung'. Am 9. Juni 1941 referierte Oskar Frey vor einer Versammlung der Mitgliedverbände des *Forum Helveticum* und rief sie zur Zusammenarbeit bei der Durchführung solcher Aufklärungskurse auf. *Heer und Haus* übernehme die Referentenschulung, und die Armee könne die Teilnehmer zu den Aufklärungskursen militärisch aufbieten, was ihre Verbindlichkeit erhöhe und dem Einzelnen die Kosten spare. (BA 27/9142 Bd.1, Prot.v. 9.6.41) Ein Jahr später anerbot sich die *Neue Helvetische Gesellschaft,* ihre Organisation den Bemühungen des *Aufklärungsdienstes Zivil* ebenfalls zur Verfügung zu stellen. (BA 27/9142 Bd.1, Brief v. 13.7.42))

Die Bedeutung dieser Aufklärungskurse kann man sich nur vergegenwärtigen, wenn man gleichzeitig die Zensur der Zeitungen und des Radios, sowie die ausserordentliche Zurückhaltung der Behörden in ihren offiziellen Mitteilungen berücksichtigt. «Das Schweigen unserer Behörden, mangelnde Aufklärung, das Wissen darum, dass unsere Presse nicht mehr offen schreiben dürfe, führte dazu, dass viele den Behörden und ihrer Presse nicht mehr glaubten und im Vertrauen schwankend wurden», charakterisierte Frey die Notwendigkeit spezieller Aufklärungskurse für die breite Bevölkerung.

Es waren natürlich genau diese Behörden, die gegenüber der neuenAktivität von *Heer und Haus* misstrauisch wurden und eine politische Überschreitung der Kompetenzen der Armee befürchteten. Am 6. Dezember 1941 beanstandete der Vorsteher des Militärdepartementes im Auftrage des Bundesrates die «Unterhaltungstätigkeit und die politische Tätigkeit» von *Heer und Haus*. Oskar Frey replizierte, dass das Departement des Innern eine Anregung von *Heer und Haus* vom Mai 1941, einen zivilen Aufklärungsdienst einzurichten, abgelehnt habe, worauf die Sektion «mit Zustimmung und auf Weisung ihrer vorgesetzten Kommandostellen» die Aufgabe selbst an die Hand genommen habe. «Das Ziel der Kurse besteht darin, ein Gesinnungskader zu schaffen, das nicht nur zur Sache steht, sondern darüber hinaus nach dem Zellensystem breitere Kreise umfasst.» Einwendungen gegen die Kurse seien bis jetzt nur von der frontistischen *Jungbauernbewegung* und allen andern Fronten gekommen. Die Sektion sei heute überzeugt, dass die Durchführung der Kurse durch die Armee das einzig Richtige sei. «Die Arbeiterkreise, welche jetzt aktiv an diesen Kursen mitmachen... würden ab sofort nicht mehr mitmachen, sobald die politische Behörde als Veranstalter auftritt. Die sozialdemokratische Partei, das heisst also die Arbeiterpartei, steht in Opposition zum Bundesrat, an dem sie nicht beteiligt ist. Sie würde bei ziviler Durchführung der Kurse die in denselben gehaltenen Vorträge sofort als Regierungspropaganda betrachten und sich für diese nicht hergeben... Der Armee, die vollständig neutral ist, ist eine solche Aufklärung möglich. Man weiss, dass sie Tatsachen feststellt und erklärt, nicht schön färbt und nicht verschleiert. Mit dieser Begebenheit kann die zivile Behörde nicht rechnen. Wenn wir letzteres melden, so ist dies keinerlei Kritik, sondern einfach eine Tatsache, die vorhanden ist und mit der man deshalb rechnen muss.» (BA 27/9056, Brief v. 15.12.41)

So neutral und unpolitisch, wie sich *Heer und Haus* gab, entsprach es allerdings nicht den Tatsachen. Diese Selbsteinschätzung entsprang dem Bemühen, Brücken zur Arbeiterbewegung zu schlagen und auf enge Parteipolitik zu verzichten, aber auch der Natur der Aufgabe selbst. Als «Gesinnungskader der nationalen Unabhängigkeit» wähnte man sich über Sonder- und Klasseninteressen, was der unmittelbaren politischen Lage allerdings gut entsprach. Soweit noch Zeuegenaussagen vorhanden, waren die Referenten begeistert von ihrer Tätigkeit, vom Kontakt zum 'Volk' und vom nüchternen Widerstandswillen, dem sie begegneten. Die *Heer-und-Haus*-Referenten verstanden sich als Bindeglied zwischen 'Oben' und 'Unten', der durch die Zensur abgeschirmten Welt der politischen Apparate und der durch Verordnungen regierten Bevölkerung. Sie repräsentierten den sozialen Kitt der kapitalistischen Demokratien zwischen den organisierten Klasseninteressen: waren Akademiker, Journalisten, Lehrer, Beamte, Verbandsangestellte und Armeekader.

Aus unserer Analyse der Referentenlisten von *Heer und Haus* geht über ihre Zusammensetzung folgendes hervor (BA 27/9075/93/2/93/5):

Im deutschschweizerischen *Aufklärungsdienst Zivil* dominierten die geistigen Landesverteidiger der ersten Stunde und die Widerständler. Vor allem die *Aktion Nationaler Widerstand,* die mit August Lindt ja auch den organisatorisch entscheidenden Posten besetzt hielt. Der *Gotthardbund* war nur am Rande vertreten: 1942 referierte sein Familientheoretiker Albert Studer-Auer über Familienschutz. Und während der ganzen Kriegsjahre erläuterten Friedrich Wahlen und seine Mitarbeiter Arnold Muggli und Willy Schweizer vom Kriegsernährungsamt, kraft ihres Amtes, den Anbauplan. Alle drei waren auch Mitglieder des *Gotthardbundes.* Dessen Gründungsmitglied John Brunner, Direktor der Schweizerischen Zentrale für Handelsförderung, tauchte einmal auf einer Referentenliste, datiert vom 9. Januar 1942 auf, um dann für immer zu verschwinden: er war Ende 1941 in den Vorstand des *Redressement National* gewählt und damit offensichtlich für die «neutrale, sachliche» Politik von *Heer und Haus* untragbar geworden.

Anders die welsche Sektion des *Aufklärungsdienstes Zivil,* deren Chef René Lalive d'Epinay dem *Gotthardbund* angehörte. Ziegler stellte in einem internen Bericht 1945 fest, Lalive d'Epinay habe in seiner «Begeisterung für den *Gotthardbund* unverhältnismässig stark seine Leute» daraus rekrutiert, was erst auf seine Intervention hin geändert worden sei (BA 27/9/64, Brief v. 23.1.45). Die Welschen haben 1942 im Auftrage von *Heer und Haus* den Aufbau der Tessiner Sektion betreut, die ihre Leute in der grossen Mehrzahl aus der aktiven Tessiner Sektion der NHG rekrutierte.

Zentralpräsident der NHG war während der Kriegsjahre Guido Calgari von Locarno, der auch als *Heer-und-Haus*-Referent wirkte.

Obwohl *Heer und Haus* den Segen der SPS-Parteiführung hatte, waren unter dem Referentenkader Sozialdemokraten und Gewerkschafter nur schwach vertreten. Darunter Ernst Bircher vom Verband der Bekleidungs- und Lederarbeiter, der es später zum SP-Nationalrat und jahrelangen SAD-Vizepräsidenten brachte. Sowie in der Westschweiz Emile Giroud, Sekretär des SMUV und Mitglied des *Gotthardbundes,* der nach dem Krieg den Unternehmern in der Organisation *Rencontres Suisses* die Hand zum 'freundeidgenössischen' Gespräch reichte.

Wendepunkt 1943

Die Kohärenz der politischen Aufgabe, die sich die *Heer-und-Haus*-Leute gestellt hatten, hielt nicht die ganzen Kriegsjahre hindurch bruchlos an. Die Situation extremer äusserer Bedrohung begann sich mit den Niederlagen der deutschen Armeen in Russland zu ändern. 1943 (Stalingrad) stellte auch innenpolitisch einen gewissen Wendepunkt dar, an dem sich die politischen Kräfte schon auf die Niederlage der Nazis und die Nachkriegssituation einzustellen begannen. Die SPS trat 1943 mit ihrem Programm «Die neue Schweiz» zu den eidgenössischen Wahlen an, welches in den Augen bürgerlicher Kräfte weitgehende Sozialisierungsbestrebungen enthielt.

Die Aktivisten um *Heer und Haus* reagierten sofort auf diese neue Situation. Guido Calgari von derTessiner Sektion *Heer und Haus* schrieb in seiner Einladung zur Delegiertenversammlung der NHG vom 19./20. Juni 1943: «Schon stehen... diejenigen auf, die die Umrisse der künftigen Neugestaltung Europas am Horizont erscheinen sehen; Pläne und Vorschläge für eine grössere soziale Gerechtigkeit gewinnen Gestalt... In unserem Land will man die grosse Welt des Proletariats zu einem festen Bestandteil des Staates machen, ihr einen festen Platz bei der Leitung der Wirtschaft einräumen und in ihr – wenn auch nicht mit den Mitteln des Klassenkampfs – den Verantwortungssinn für ihre grosse Sendung entwickeln... Ein neuer Geist einträchtiger Gemeinschaft soll sich entschlossen dem Egoismus der Individuen entgegenstellen und in echt christlichem Verständnis für die vom Glück weniger Begünstigten den Grund für den Fortbestand des Staates legen.»

Das Proletariat zu einer staatstragenden Kraft zu formen, war ein Programm, das nicht jede bürgerliche Kraft auf die eigenen Fahnen schrieb.Es führte im weiteren Umkreis von *Heer und Haus* zu mannigfachen Spannungen, von denen wir zwei typische Fälle herausgreifen.

Im Sommer 1941 erläuterte der Solothurner Verleger Hans Vogt (Vogt-Schild AG) dem Stellvertreter *Heer und Haus* Roland Ziegler den Plan, eine Zeitung zur Stärkung der Verbundenheit von Volk und Armee herauszugeben. Er wünschte dazu einen Verbindungsmann von *Heer und Haus* in der Redaktionskommission und schlug Ziegler vor. Ziegler äusserte Bedenken über den Anstrich von Offizialität, den die neue Zeitung erhalten sollte, und sah darin die Neutralität der Armee und ihrer Sektion *Heer und Haus* gefährdet (BA 27/9117 Bd.1, Brief v. 23.10.43). Trotzdem hielt er sich eine Teilnahme in der Redaktionskommission –nach Absprache mit der Generaladjutantur – offen.

Die Vogt-Schild AG präzisierte ihre Vorstellungen am 12. Dezember 1942 in ihrem Gesuch an die Bundesanwaltschaft (welche unter der Zensur neue Zeitungsprojekte zur Bewilligung zu überprüfen hatte): «Nach Inhalt, Richtung und Zweck soll *Volk und Armee* ein Organ werden, das in erster Linie die Verbindung unseres Volkes mit seiner Armee festigen will. Das neue Organ soll für die vaterländische Gesinnung und die Wehrbereitschaft eintreten. Dabei soll *Volk und Armee* nicht zu einem politischen Kampforgan werden. Eine der Hauptaufgaben sei insbesondere, die nach dem Krieg zu befürchtende Militärdienstmüdigkeit zu bekämpfen.» (BA 27/9117 Bd.1, Antrag EJPD v. 18.1.43) Der Bundesrat bewilligte die neue Zeitung in seiner Sitzung vom 22. Januar 1943.

Die erste Nummer von *Volk und Armee* erschien kurz vor den eidgenössischen Wahlen 1943. Im Inhalt waren unter anderem ein Geleitwort des Generals und eine Kritik am SP-Programm «Die neue Schweiz», vom Solothurner Regierungsrat Oskar Stampfli, Mitglied der Redaktionskommission, verfasst. Roland Ziegler protestierte umgehend, dass ihm nicht, wie verlangt, vor Erscheinen der Zeitung, Probeexemplare zugestellt worden seien, die nochmals eine Richtliniendiskussion ermöglicht hätten. (BA 27/9117 Bd.1, Brief v. 8.10.43) Seine Empörung hatte politische Gründe: August Lindt, Chef des *Aufklärungsdienstes Zivil,* schrieb ihm, aus den Zuschriften von *Heer-und-Haus*-Korrespondenten und aus der Presse gehe hervor, dass *Volk und Armee* auf Ablehnung stosse. Insbesondere der «offiziöse Charakter... die Einmischung der Armee in die Politik... und das Erscheinen der ersten Nummer vor den Nationalratswahlen.» «Reaktionen in sozialdemokratischen Kreisen, die mir mitgeteilt worden sind, lassen es nicht unwahrscheinlich erscheinen, dass die Aktion der Sektion *Heer und Haus* für die Zukunft gefährdet wird, wenn es nicht möglich ist, nachzuweisen, dass keinerlei Beziehungen zu *Volk und Armee* bestehen. Die wichtigste Aufgabe der Orientierungskurse liegt aber gegenwärtig darin, allen Bestrebungen entgegenzuwirken, die auf ein neues 1918 abzielen.» Lindt empfahl Ziegler, unverzüglich aus der Redaktionskommission auszutreten, was dieser sowieso schon in die Wege geleitet hatte (BA 27/9117, undat.Brief v. Lindt an Ziegler). Übrigens war August Lindt von der Vogt-Schild AG als erster «Schriftleiter» von *Volk und Armee* angegangen worden, hatte aber abgelehnt. Die Redaktion der Zeitung hatte schliesslich nach mehreren Anläufen Oberst Oskar Frey übernommen. Dieser war am 31. März 1943 nach langer Krankheit vom Kommando von *Heer und Haus* enthoben worden, auf welchen Posten ihm Roland Ziegler nachfolgte. Die Umstände von Freys Entlassung gaben Anlass zu einer längeren schriftlichen Polemik, da sich Oskar Frey als Opfer einer Intrige wähnte. Dies mag ein zusätzlicher Grund für die schlechten Beziehungen zwischen *Heer und Haus* und *Volk und Armee* gewesen sein.

Sogar das Eidgenössische Justiz- und Polizeidepartement (Bundesrat von Steiger) reklamierte am 11. Oktober 1943, die Bedingungen des Bundesratsbeschlusses seien «offenbar» nicht eingehalten worden. Worauf Hans Vogt replizierte: «Ihre Bemerkung, dass der Inhalt in weitesten Krei-

Armeereformer um Volk und Armee

Im April 1945 starb Oskar Frey, Ex-Leiter der Sektion *Heer und Haus* und Chefredaktor der Zeitung *Volk und Armee*, die aus den Spannungen heraus, die sich 1943 zwischen *Heer und Haus* und dem Verleger Hans Vogt ergeben hatten, etwas abseits der Widerstandskreise gestanden war. Sie rückte nun nach dem Krieg als vorhandenes politisches Instrument in den Gesichtskreis der Berufsoffiziere der *Eidgenössischen Gemeinschaft*, des *Gotthardbundes* und von *Heer und Haus*.

Der Krieg hatte unter den verantwortlichen Offizieren der Armee eine breite Diskussion um ihre Reform ausgelöst, wobei zwei Fragen im Mittelpunkt standen: das Verhältnis zwischen Mannschaft und Kader, und die taktische und operative Einsatzdoktrin der Armee. *Volk und Armee* wurde zum Sprachrohr der Reformer, welche die Abkehr vom «Kastengeist» der Offiziere und mehr Verbundenheit mit der Mannschaft zur Verteidigung des Vaterlandes und mehr soziales Verantwortungsgefühl des Kaders verlangten. Die Reformer waren auch aufgrund des Krieges zur Einschätzung gekommen, dass die Schweizer Armee in ihrer materiellen Begrenztheit nur eine Strategie des langanhaltenden Widerstands, allenfalls sogar einer Kleinkriegsführung durchhalten könne.

In der Februarnummer 1946 stellte die Zeitung fest, das Offizierskorps spalte sich in drei Teile: in die alten konservativen Militärs, die die Schlüsselpositionen besetzt hielten; in eine Minderheit junger, oft subalterner Reformoffiziere und schliesslich in eine unentschiedene, aber eher den Reformern zuneigende Mehrheit. Die Auseinandersetzung wurde stark als Generationenkonflikt empfunden, weshalb Walter Allgöwer, stellvertretend für die Reformer, in der Augustnummer 1946 die «Wiederaufnahme des Gesprächs zwischen den Generationen» forderte.

Im Herbst 1946 schliesslich gelang es den Reformoffizieren, die sich im Widerstand kennengelernt hatten, die Zeitung *Volk und Armee* zu sen Unwillen erregt habe, was das Gegenteil dessen sei, was angekündigt worden war, ist uns absolut unverständlich, – wenn man vom Unwillen der Sozialisten absieht.» (BA 27/9117 Bd.1, Brief v. 13.10.43) Dass vom «Unwillen der Sozialisten» nicht abgesehen werden kann, genau darum ging es allerdings den Männern von *Heer und Haus*.

Ihre politische Linie fand besondere Ausprägungen vor allem in der Westschweiz und stiess deshalb auch dort auf einigen internen Widerstand. René Lalive d'Epinay und seine engsten Mitarbeiter zogen ein spezielles Netz von Kontakten zu Gewerkschaftskreisen und Exponenten linker Parteien auf. Sie pflegten sogar auf Befehl Zieglers inoffizielle Kontakte zu

---

übernehmen. Chefredaktor wurde Gerhart Schürch. Mit ihm nahmen Einsitz in die Redaktionskommission: Walter Allgöwer, *Eidgenössische Gemeinschaft* wie Schürch, und Kurt Vogelsang, Mitglied der Bundesleitung des *Gotthardbundes*. Im Oktober 1946 veröffentlichten Unterstützungsaufruf für *Volk und Armee* begegnen wir vielen alten Bekannten:

Von der *Eidgenössischen Gemeinschaft* unterzeichneten Peter Dürrenmatt, Alfred Ernst, Hans Hausammann und August Lindt, Ex-Leiter des *Aufklärungsdienstes Zivil*. Dann Gustav Egli vom *Forum Helveticum* Winterthur, Hans Fischer, Biel, vom *Gotthardbund,* Philipp Schmid-Ruedin, Generalsekretär des Schweizerischen Kaufmännischen Verbandes und Redaktionsmitglied der *Nation,* Peter Zschokke, Basler Regierungsrat und Leiter der Auslandschweizerkommission der NHG, Markus Feldmann, Berner Regierungsrat und Mitglied des Berner Widerstandszirkel *Freiwilliger Nachrichtendienst,* auch 'Vreneli' genannt, und schliesslich die *Heer-und-Haus*-Referenten Paul Gloor, Bernhard Mayr von Baldegg, Hans Merz und Karl Schmid, Zentralvorstandsmitglied der NHG.

Der Gegenpol zu den Reformern versammelte sich um die *Allgemeine Schweizerische Militärzeitschrift,* die durch die Offiziersgesellschaft betreut wird. Sie warf den Reformern 'Demokratisierungsbestrebungen' in der Armee vor und trat für eine offensive, auf die 'Vernichtung' des Gegners ausgerichtete mobile Verteidigung ein. Die Reformer genossen aber eine gewisse Unterstützung durch den Departementsvorsteher Bundesrat Kobelt und durch den neuen Generalstabschef Louis de Montmollin. Im Leitartikel vom Februar 1950 stellte *Volk und Armee* fest, dass sich die Ansichten der Reformer immer mehr durchgesetzt hätten. Dann stellte die Zeitschrift ohne weitere Begründung ihr Erscheinen ein. Tatsächlich widerspiegelte die neue 'Truppenordnung 51' die neuen Ansichten hinsichtlich Einsatzdoktrin der Armee, während das neue Reglement zur 'Truppenführung 51' nur geringe formale Änderungen in der Mannschaftsleitung verabschiedete.

Repräsentanten der illegalen Nicole-Sozialisten, die sich später mit der KPS zur Partei der Arbeit PdA vereinigten. Roland Ziegler begründete diesen Schritt folgendermassen: «Die sozialen und innerpolitischen Verhältnisse weisen in der welschen Schweiz nicht unwesentliche Unterschiede gegenüber der deutschen Schweiz auf. Während hier bis jetzt... der Kampf der Interessengruppen sich in sachlicher Form abspielte, zeigte das politische Leben der welschen Schweiz Spannungserscheinungen, die einen schärferen Antagonismus zwischen Links und Rechts zutage treten liessen... Der einzig gangbare Weg... lag nicht nur in der üblichen Aufklärung der Arbeiterkreise an sich, sondern es war notwendig, auch sonst mit Arbeiterkreisen, Syndikalisten und ähnlichen Leuten in Verbindung zu treten, um ihre Denkweise und Sorgen kennenzulernen.» (BA 27/9064, Rapp. v. 23.1.45)

Zwischen der patriotischen Abwehr aussenpolitischer Bedrohung und der vermittelnden Beschäftigung mit sozialen Problemen lag ein weiter Weg, den nicht alle *Heer-und-Haus*-Ofiziere mitzumachen verstanden. Im Januar 1944 unterrichtete der Waadtländer Regierungsrat Major Paul de Vallière den Geheimdienstchef der Armee, Roger Masson, über seine Bedenken zur Person Lalive d'Epinays: «Er geht immer mehr nach links, weil er denkt, dass die ganze Welt nach links neigt.» De Vallière begann, ein Sündenregister Lalive d'Epinays zusammenzutragen, seine Mitarbeiter über ihren Chef auszufragen und Verdachtsmomente über die Mitarbeiter von *Heer und Haus* zu sammeln, worüber er Masson ständig auf dem Laufenden hielt.

Schliesslich korrespondierte er zum Thema mit General Guisan, welcher einen Rapport anforderte und diesen zur Untersuchung an die Generaladjutantur weiterleitete: «Auf den ersten Blick glaube ich», so Guisan, «dass die Tendenz von Herrn Lalive d'Epinay umso gefährlicher ist, als sie sich mit der Armee autorisiert und sich unter ihrem Schutz entwickelt.» Falls man Lalive d'Epinay entlassen müsse, solle man vermeiden, «dass diese Geste als ein Zeichen der Feindseligkeit der Armee gegenüber den Arbeiterkreisen aufgefasst werden könnte, deren Geist und Unterstützung uns bis heute den Preis gekostet haben, den Sie kennen.» (BA 27/9064, Brief v. 12.1.45)

Im beigelegten Rapport von Major de Vallière gehört Lalive d'Epinay «zu dieser Kategorie von Intellektuellen, die immer bereit sind, der extremen Linken Konzessionen zu machen und an ihre guten Absichten zu glauben. Er stellt die Erfahrungen nicht in Rechnung; die Lektion von 1918 hat seine Überzeugungen nicht erschüttert.» (BA 27/9064, Rapp. v. 6.1.45) Paul de Vallière hatte am *Heer-und-Haus*-Orientierungskurs in Morges vom 21. Januar 1944 eine Aktion propagiert, die auf den entschiedenen Widerstand Lalive d'Epinays und des ebenfalls anwesenden August Lindt gestossen war. Nach De Vallière sollte eine Anti-Nicole-Propaganda an die

Hand genommen werden, die sich ähnlicher Mittel wie die Nicolisten bediente: Ihm schwebte die Herausgabe einer ganzen Serie 'illegaler', durch *Heer und Haus* fabrizierter Flugschriften vor, wobei er sich vom illegalen Anstrich eine grössere Wirksamkeit in den Arbeiterkreisen versprach. August Lindt, der darüber Ziegler berichtete, wies darauf hin, dass Paul de Vallière vorgab, dieser Frage im Auftrag des Sicherheitschefs der Armee, Roger Masson, nachzugehen. (BA 27/9064, Rapp. v. 23.1.45)

Das Detail ist insofern interessant, als zur selben Zeit auch Théodore Auberts *Entente Internationale Anticommuniste* den genau gleichen Vorschlag an die welsche Sektion *Heer und Haus* richtete (BA 27/9302, Brief v. 14.2.45). Die Vermutung liegt nahe, dass hier ein Zusammenhang besteht, auch wenn er uns nicht weiter dokumentiert ist. Fest steht, dass die *Liga Aubert* und Roger Masson vom Sicherheitsdienst der Armee denselben Vorschlag an *Heer und Haus* machten, und dass Paul de Vallière, der sich dafür verwendete, seine Intrige gegen den 'Linkskurs' von *Heer und Haus* mit Roger Masson abgesprochen hatte. Wir wissen zudem, dass Masson in den frühen fünfziger Jahren als Präsident der *Aktion freier Staatsbürger* fungierte, die im wesentlichen auf Anstoss der Überreste der *Entente Internationale Anticommuniste* entstanden ist.

Die Intrige De Vallières gegen Lalive d'Epinay, die offensichtlich auf ein offenes Ohr bei Guisan stiess, wurde von Roland Ziegler scharf zurückgewiesen: «Wenn unter dem Deckmantel 'konfidentiell' ein Kesseltreiben gegen irgendjemand mit Erfolg durchgeführt werden kann, so kommen wir in die Atmosphäre der Unsicherheit und des Misstrauens... die der Sache abträglich ist und auf die Dauer untragbar werden muss.» (BA 27/9064, Brief v. 6.3.45) Die Angelegenheit kam zu keinem klaren Abschluss: Paul de Vallière trat kurz danach aus formell andern Gründen aus *Heer und Haus* aus. Und René Lalive d'Epinay trat noch vor Ende der Mobilmachung im Auftrage der *Neuen Helvetischen Gesellschaft* eine Reise durch die Auslandschweizerkolonien in Frankreich an.

«Wir haben das Volk, wie wir es formen.» (Hans Hausammann, 17.1.1945)

In den letzten beiden Kriegsjahren drehten sich die internen *Heer-und-Haus*-Diskussionen faktisch ausschliesslich um die Lösung der innenpolitischen und sozialen Nachkriegsprobleme. Diese Männer, die sich mit einem gewissen Recht als Rückgrat nationalen Behauptungswillens verstanden haben, wollten mit dem nahenden Kriegsende nicht einfach von der politischen Bühne abtreten. Ab Sommer 1944 begann der innere Aktivistenkreis die Probleme der Weiterführung oder Auflösung von *Heer und Haus* nach dem Krieg zu diskutieren. Nun war aber der Krieg notwendige Bedingung für die Zusammenarbeit der verschiedenen 'Widerständler' in *Heer und*

Haus gewesen und zugleich Voraussetzung für das Erlebnis von 'Volksverbundenheit', das ihre politischen Ideen bekräftigte.

Diese Voraussetzungen begannen gegen Kriegsende abzubröckeln. Die Realisten stellten ein deutlich geringeres Bedürfnis nach 'Aufklärung' fest. August Lindt rapportierte am 7. Oktober 1944: «Schon heute, wo die Pressezensur eine wesentliche Lockerung erfahren hat, zeigt sich sowohl in der deutschen wie in der welschen und romanischen Schweiz ein geringes Interesse für unsere Kurse. Es ist anzunehmen, dass dieses Interesse in der Nachkriegszeit noch weiter abflauen wird.» (BA 27/9316, Rapp. v. 7.10.44)

Gleichzeitig begannen sich mit der Abschwächung aussenpolitischer Bedrohung die politischen Gemeinsamkeiten der deutsch- und welschschweizerischen Bestrebungen abzuschwächen. René Lalive d'Epinay klagte am 24. November 1944: «Ich habe das Gefühl, dass es möglich ist, die Arbeit (von *Heer und Haus,* Verf.) in der Welschschweiz fortzusetzen, aber ich denke, es wäre bedenklich, in der Deutschschweiz nicht dasselbe zu tun. Nun gibt es aber in der Deutschschweiz nicht dieselbe Bewegung, den selben Willen wie in der Westschweiz, diese Aktivität aufrechtzuerhalten. Man müsste diesen Willen kreieren.» (BA 27/9302, Brief v. 24.11.44)

Am Willen schien es auch im Tessin zu fehlen. Bruno Pedrazzini, Chef der Tessiner Sektion und ab 1945 Vizepräsident der *Neuen Helvetischen Gesellschaft,* rapportierte am 8. September 1944 trocken die Meinung der Tessiner Referenten: «Nach dem Krieg und der Rückkehr normaler Verhältnisse hat die Sektion *Heer und Haus* als solche keine Rechtfertigung mehr. Sie existierte vor dem Krieg nicht, und logischerweise soll sie auch nachher nicht existieren. In einer wirklichen Demokratie gibt es genügend Instrumente, um die öffentliche Meinung zu orientieren und Verantwortungssinn und Disziplin zu entwickeln.» (BA 27/9316, Brief v. 17.1.45)

Kein Wunder, dass solche Meinungen in den Augen anderer Aktivisten von *Heer und Haus* als Laschheit galten. Hans Hausammann protestierte: «Herr Major Ziegler will *Heer und Haus* und die Wirksamkeit dieser Sektion den Verhältnissen anpassen, wie sie sich nach Kriegsschluss ergeben werden. Im Unterschied dazu bin ich der Auffassung, dass wir uns nicht durch die dannzumaligen Gegebenheiten bestimmen lassen dürfen, dass vielmehr wir 'das Gesetz diktieren' müssen. Wir haben das Volk, wie wir es formen. Handeln wir nicht, dann begehen wir den Fehler von 1918, d.h. wir überlassen das Feld wieder dem Zufall und jenen Kräften, die aus guten oder schlechten oder blöden Motiven die Wehranstrengungen zu bremsen trachten.» (BA 27/9316, Brief v. 17.1.45)

Wozu allerdings eine Weiterführung von *Heer und Haus* wirklich dienen sollte, darüber existierten die unterschiedlichsten Meinungen. Arnold Muggli, *Gotthardbund* und Chef des Kriegsernährungsamts, sah für die Nachkriegszeit «so grosse Schwierigkeiten und soziale Spannungen bevor, dass eine Information nach den Methoden von *Heer und Haus* ebenso notwendig wie heute ist.» (BA 27/9302, Brief v. 24.11.44) Diese Auffassung herrschte innerhalb der welschen Sektion vor. Hans Hausammann hingegen oder auch die Schweizerische Offiziersgesellschaft befürchteten einen solch starken Nachkriegspazifismus, dass diesem nach Art der Sektion *Heer und Haus* entgegengetreten werden müsse: «Es muss unserem Volk in jeder geeigneten Weise, unablässig, immer wieder, gegen alle Widerstände, unter Inkaufnahme von Anrempelungen jeglicher Art gesagt werden, dass die Welt nicht abrüstet, dass daher auch wir, wir erst recht nicht, abbauen dürfen... Da Russland nach diesem Krieg seine Wehrmacht nicht ab-, sondern ausbauen wird, fällt es leicht, sehr gewichtige Kreise für die Erhaltung auch der schweizerischen Wehrkraft zu mobilisieren. Die einen nimmt man, indem man ihnen Angst vor den Russen einjagt, die andern, indem man ihnen Russland als Beispiel unter die Nase reibt.» (Hausammann im zit. Brief)

So divergierend die Meinungen waren, so sehr trafen sich die Männer von *Heer und Haus* in einer Art nostalgischer Erinnerung. Die vorwärtsstrebende Generation, die den 'Widerstand' getragen hatte, begann nun schon, vergangenes Erreichtes bewahren zu wollen. René Lalive d'Epinay dürfte in seinem Schlusswort am Schlussrapport der welschen Sektion vom 18. Mai 1945 die Gefühlslage der *Heer-und-Haus*-Aktivisten präzis getroffen haben: «Wie können wir in einer Schweiz, die durch gegensätzliche Ideologien gespalten, neuen Bedrohungen ausgesetzt und jeglichen ausländischen Einflüssen gegenüber durchlässig ist, den Zusammenhalt der Kriegsjahre wieder herstellen? Das ist das zentrale Problem, die Generallinie, die unsere Arbeit inspirieren muss, welche zu machen wir uns vorgenommen haben. Wie können wir allen das Gefühl wiedervermitteln, einer Schicksalsgemeinschaft anzugehören, wie wir es zwischen 1939 und 1943 (!) hatten?» (BA 27/9316, Rapp. v. 22.5.45)

Nachfolgeorganisationen von Heer und Haus

Am Schlussrapport der Sektion *Heer und Haus* vom 21. Juni 1945 in Bern konnten sich die anwesenden Aktivisten auf keinen gemeinsamen Nenner in der Frage der Weiterführung ihrer Aktivitäten einigen. Sie bildeten deshalb einen Ausschuss, der sich damit beschäftigen sollte. Die Welschschweiz vertrat Oberstdivisionär Ernest Grosselin und René Lalive d'Epinay; die Deutschschweiz Major Paul Schäfer, 1940 noch Mitglied der Bundesleitung des *Gotthardbundes*, aus welcher er im Verlaufe der Kriegsjahre zurückgetreten war. Dann Hauptmann im Generalstab Hans Huber von der Frauenfelder Verlegerfamilie, Mitglied der *Eidgenössischen Gemeinschaft* und der nicht mehr existenten *Aktion Nationaler Widerstand*. Und für den Tessin schliesslich Hauptmann Brenno Galli, der spätere Tessiner Ständerat.

Die eigentliche Initiative lag aber nicht in den Händen dieses Ausschusses, sondern ging von verschiedenen Zentren aus. In der Westschweiz vor allem vom Freundeskreis aktiver oder ehemaliger Gotthardbündler um René Lalive d'Epinay. Ihre Absichten gingen dahin, ein Zentrum staatsbürgerlicher Aufklärung zu schaffen, das die soziale Vermittlungs- und Informationstätigkeit der welschen Sektion von *Heer und Haus* weiterführen sollte, eventuell in Verbindung mit einem Schulungszentrum für Kader. In den Diskussionen mit den Deutschschweizern betonten sie, sie hätten zwanzig Jahre sozialen Rückstandes in der Westschweiz erst aufzuholen, deshalb auch die Idee einer Kaderschulung, welche den neuen Geist sozialer Verantwortlichkeit einer jungen Generation welscher Betriebsführer nahebringen sollte. Die Gruppe trat schon 1944 mit einem programmatischen Buch 'Pouvoir et Travail' an die Öffentlichkeit, an welchem der Freundeskreis mitgearbeitet hatte: Lalive d'Epinay; Georges Roulet, in den dreissiger Jahren noch im Gründerkreis des *Redressement National* vertreten, jetzt aber ein Propagandist der «Betriebs- und Berufsgemeinschaft»; der Genfer Arzt Paul Tournier, ebenfalls *Gotthardbund*; sowie Charles F. Ducommun und Emile Giroud (SMUV), beide aktive Mitglieder des *Gotthardbundes*. Die meisten von ihnen waren auch in *Heer und Haus* tätig gewesen – Charles F. Ducommun gehörte dort sogar zu den Opfern der Intrigen gegen Lalive d'Epinays Kurs und war wegen Linkslastigkeit aus dem Referentenkorps entlassen worden (BA 27/9064, Brief Ziegler v. 23.1.45).

Auf ihre Initiative versammelten sich am 28. Oktober 1945 200 ehemalige *Heer-und-Haus*-Referenten zur Gründung der *Association de l'Education Nationale* in Lausanne.

In der Deutschschweiz kamen die Anregungen von drei Seiten: von der *Neuen Helvetischen Gesellschaft*, vom Winterthurer Überbleibsel des *Forum Helveticum* und von Aktiven der *Eidgenössischen Gemeinschaft*.

Die NHG hatte schon am 28. November 1942 ein *Aktionszentrum für nationale Erziehung* ins Leben gerufen, das die Versuche 'geistiger Landesverteidigung' auf eine organisierte Basis heben wollte. Das Sekretariat übernahm Anton Stieger, der Präsident des *Forum Helveticum*, und später Gustav Egli, beide von Winterthur. Die neue Organisation erwies sich allerdings schnell als Totgeburt. Im Herbst 1945 rief deshalb die NHG eine Kommission ins Leben, die eine Weiterführung des *Aktionszentrums*, allenfalls in Zusammenarbeit mit dem *Heer-und-Haus-Ausschuss*, zu prüfen hatte.

Als der Ausschuss am 6. November 1945 zu einer Konferenz mit dem Vorsteher des EMD, Bundesrat Kobelt, zusammentraf, waren aus diesen Gründen auch Vertreter der NHG anwesend. Der Ausschuss referierte seine Ideen eines zivilen Aufklärungsdienstes auf privater Basis, während von seiten der NHG Andreas Brunner die eher dürftige Idee eines 'politischen Katechismus' als Leitfaden staatsbürgerlicher Gesinnung vortrug. Bundesrat Kobelt fand die Initiative der *Heer-und-Haus*-Leute «sehr erfreulich», sah als eigentliche Aufgabe, «den Geist des Wehrwillens aufrechtzuerhalten», manifestierte aber sonst wenig Bereitschaft, seine Behörde aktiv zu involvieren («Mit Parteien und Presse könnte... ein Konflikt entstehen»), weshalb er die ganze Angelegenheit nochmals «eingehender Prüfung» empfahl. (BA 27/9318, Aktennot. z. Konf. v. 6.11.45) Für diese Vorsicht dürfte nicht zuletzt die ablehnende Haltung traditionell eingestellter, hoher Berufsoffiziere ausschlaggebend gewesen sein. So hatte der Ausbildungschef Oberstkorpskommandant Hans Frick in seiner Vernehmlassung zur Weiterführung von *Heer und Haus* seine Bedenken zu einem zivilen Aufklärungsdienst ausgedrückt und hinsichtlich der Fortführung des Orientierungsdienstes in der Armee «mit Nachdruck daran erinnert, dass die Rekrutenschule kein Institut für staatsbürgerliche Schulung, sondern ganz allein die Stätte der Erziehung zum Soldaten ist.» (BA 27/9316, Brief v. 4.4.45) In der Folge der Konferenz ernannte die NHG ihren Vizepräsidenten Bruno Pedrazzini, Ex-Chef der Tessiner Sektion *Heer und Haus,* zum Verbindungsmann mit dem *Heer-und-Haus-Ausschuss,* zog aber schon am 2. März 1946 durch einen Vorstandsbeschluss ihre Bereitschaft zur Mitarbeit zurück.

Lediglich die Winterthurer NHG-Gruppe unter Leitung Gustav Eglis und Anton Stiegers verfolgte das Projekt weiter. Sie veranstaltete am 1. April 1946 eine Tagung des *Forum Helveticum* zur sogenannten Staatskrise, an welcher auch der *Heer-und-Haus*-Ausschuss teilnahm. Staatskrise war der publizistische Slogan, mit welchem 1945/46 vor allem die politischen Kräfte der Linken eine radikale Säuberung der Staatsapparate von nazifreundlichen Elementen verlangten. Dieser Destabilisierung innenpolitischer Verhältnisse stellten sich die bürgerlichen Kreise des 'Widerstandes' vehement entgegen. An dieser Tagung nun, politisch gut eingebettet, wurden die Mitgliedverbände des *Forum Helveticum* angefragt, ob sie die Einrichtung einer privaten Institution, die die Erbschaft des Referentendienstes von *Heer und Haus* übernehmen würde, unterstützen wollten. Diesem Vorschlag wurde am 20. Mai 1946 zugestimmt.

Gerhart Schürch

Ein Ausschuss des *Forum Helveticum* übernahm die Ausarbeitung eines konkreten Projektes. Die Verantwortung dafür trugen Egli und Stieger vom *Forum,* sowie Hans Huber und Gerhart Schürch, die beide in der *Eidgenössischen Gemeinschaft* tätig waren und die Verbindung zu den *Heer-und-Haus*-Kreisen hatten. Faktisch war also zu dieser Zeit der *Heer-und-Haus*-Ausschuss auseinandergeflogen (die Welschen hatten ja schon ihre eigene Institution – die *Association de l'Education Nationale* – gegründet). Gerhart

Schürch arbeitete das Projekt einer Schweizerischen Informationszentrale aus: «Was wir aus den in *Heer und Haus* gemachten Erfahrungen lernen und für uns verwenden wollen, das ist die Erkenntnis, dass es möglich ist, in unserem Volk auf Grund sachlicher Information ein echtes Gespräch zustandezubringen... Weiter wollen wir dem Land eine Equipe von Männern erhalten, die in der Stunde neuer Not wiederum als Kern des Widerstandes dasteht; von Männern, zu denen das Volk Vertrauen hat, weil es sie als redliche Wahrer der sauberen Grundlagen verantwortlicher Zusammenarbeit in einer Demokratie kennenlernte.» 1947 trat diese Schweizerische Informationszentrale in zwei versuchsweisen Veranstaltungen an die Öffentlichkeit, zu welchen alte *Heer-und-Haus*-Bekanntschaften eingeladen waren. Wie während der Kriegsjahre wurde in grossen Tours d'horizons über die aussen- und innenpolitische Lage und die sozialen Probleme referiert. Es sprachen Regierungsrat Peter Zschokke (lib.) aus Basel, Mitglied des Zentralvorstandes der NHG, Peter Dürrenmatt, frischgebackener Chefre-

Widerstandsorganisationen a. D.

Von den 1940 entstandenen Widerstandsorganisationen löste sich während des Krieges lediglich die *Aktion Nationaler Widerstand* auf, deren politisches Konzept weitgehend und viel durchschlagskräftiger durch die Sektion *Heer und Haus* realisiert wurde. Die eher bürgerlich zusammengesetzten Organisationen *Eidgenössische Gemeinschaft* und *Gotthardbund* hingegen hofften, nach dem Krieg mit neuen Zielsetzungen weiterhin eine gewichtige Rolle spielen zu können.

An der Ausschussitzung vom 1./2. September 1945 stellten die führenden Mitglieder der *Eidgenössischen Gemeinschaft* fest, dass ihre Ortsgruppen Bern und Basel «an der Schwelle zur praktischen Politik» stünden. Die Ausschussmitglieder konnten über ein stolzes Netz von Ortsgruppen verfügen: in Bern, Basel, Zürich, Luzern, Neuenburg, Lausanne, Freiburg, Genf und St.Gallen hatte der Berner Ursprungskreis Anhänger gewonnen. Das Resultat war aber faktisch gleich Null. Lediglich die Berner Gruppe konnte sich bis an den Anfang der fünfziger Jahre als ausserparteiliche Bewegung unter dem Namen *Vereinigung für soziale Politik,* in Zusammenarbeit mit den Jungliberalen halten. Ihr führender Kopf Gerhart Schürch, Aktivist auf allen Ebenen (*Volk und Armee,* SAD, NHG) formulierte die politische Leitidee wohl am prägnantesten in seinem *Volk-und-Armee*-Artikel vom Juli 1947: Nach der Volksabstimmung über die Einführung der AHV und die Wirtschaftsartikel in die Bundesverfassung konstatierte er den «Sieg der neuen Mehrheit», die sich im Krieg herausgeschält habe und «überparteilich» und «fortschrittlich-national» eingestellt sei.

daktor der 'Basler Nachrichten' und Mitglied der *Eidgenössischen Gemeinschaft,* sowie Gustav Egli vom *Forum Helveticum,* ebenfalls Zentralvorstandsmitglied der NHG. Das Interesse wurde als genügend gross empfunden, um am 4. Dezember 1947 zur eigentlichen Gründung der deutschschweizerischen Nachfolgeorganisation von *Heer und Haus* zu schreiten: Der *Schweizerische Aufklärungs-Dienst* war geboren.

In der NHG wurde die Gründung des SAD teilweise als Konkurrenzierung der eigenen Bestrebungen empfunden. Die Zürcher Sektion formulierte 1948 in ihrem Bericht an die Zentrale: «Wir bedauern ausdrücklich die Neugründung von Vereinen, die im Sinne der NHG zu arbeiten gedenken, ohne aber das geschichtliche Fundament der NHG zu besitzen.» Damit konnte nur der *Aufklärungs-Dienst* gemeint sein, wobei die Anspielung auf «mangelndes geschichtliches Fundament» natürlich eine wesentliche Tatsache überspielte, die der Zürcher Sektion schon bewusst war. Als sie im Frühjahr 1947 die Krise der NHG reflektierte, stellte sie fest: «Die NHG

Die Hoffnung, die dahinter steckte und die junge Generation bürgerlicher Politiker offensichtlich bewegte, war der Aufbau einer fortschrittlichen Volks- und nicht Klassenpartei. Dazu waren aber die Voraussetzungen – im Gegensatz zum europäischen Ausland – nicht gegeben, da der Krieg zwar schon die politische Elite in Bewegung gebracht hatte, aber im Gegensatz zum Ausland ihre alten Strukturen nicht zerstörte. Zudem hat der Kalte Krieg dem Spielraum für Neuerungen und Veränderungen, der sich im Krieg sogar in der Schweiz eröffnet hatte, ein jähes Ende bereitet. Die Mitglieder der *Eidgenössischen Gemeinschaft* sind im Laufe der fünfziger Jahre nach und nach in die bestehenden Parteien eingetreten und haben dort ihre Karriere weiterverfolgt.

Der *Gotthardbund* führte bis 1950 seine Kampagnenpolitik weiter und hatte in der Westschweiz massgeblich am Aufbau von *Rencontres Suisses* mitgewirkt. 1950 entstanden interne Auseinandersetzungen über Sinn und Zweck einer Weiterführung der im Krieg begründeten Aktivität, wogegen sich vor allem das führende Mitglied der Bundesleitung Adolf Brunner, der spätere Radio-Moderator, stemmte. 1951 übernahm eine teilweise verjüngte Equipe die Geschäfte des *Gotthardbundes,* nun allerdings reduziert: ab und zu eine öffentliche Stellungnahme und den regelmässigen Versand der *Briefe des Gotthardbundes,* die unter der Redaktion des Neuenburger Dozenten Philippe Muller bis 1969, dem Datum der schliesslichen Auflösung des Resthäufleins, herauskamen. Die ursprüngliche Präsenz welscher Gewerkschafter im *Gotthardbund* hörte nach einem scharfen Konflikt zwischen dem Manchesterliberalen Christian Gasser (*Bund der Subventionslosen* im Krieg) und Emile Giroud vom SMUV und Vorstandsmitglied der *Rencontres Suisses* 1950 ziemlich abrupt auf.

---

scheint während dem Zweiten Weltkrieg jenes Feuer nicht entzündet zu haben, welches die Sektion *Heer und Haus* (vielleicht an ihrer Stelle) ihren Angehörenden vermittelte.» Andere NHG-Sektionen, die ein unproblematischeres Verhältnis zur historischen 'Tiefe' ihrer Organisation hatten, berichteten hingegen, wie der SAD in Lücken ihrer eigenen Möglichkeiten sprang. Die Schaffhauser Sektion schrieb 1948: «Da es in der Folge nicht mehr gelingen wollte, einen Referenten an unser Vortragspult zu locken, stellte sich (der Berichterstatter, Verf.) dem neugegründeten SAD... für die Organisation eines ersten Kurses in Schaffhausen zur Verfügung.» Diese Sonderbeziehung zum SAD wurde von der Schaffhauser Gruppe in der Folge weitergepflegt, sie war es auch, die den SAD mit dem neuen Namen «die NHG für jedermann», auch für den kleinen, prägte.

Die Nation als politisches Programm

Resümieren wir nochmals kurz die politischen Grundzüge dieser komplizierten Nachfolgegeschichten. Was im Jahre 1940 als 'nationaler Widerstand' ins Leben gerufen wurde, war in zwei wesentliche Hauptstränge gespalten: den *Gotthardbund* auf der einen Seite, und die *Aktion Nationaler Widerstand* auf der andern, die in ihren Reihen den fehlgeschlagenen *Offiziersbund* und die *Eidgenössische Gemeinschaft* integrierte. Ihre Differenz lag weniger im ideologischen Programm begründet, das auf beiden Seiten nationalen Behauptungswillen mit Anstrengungen, die 'soziale Frage' zu lösen, verband, sondern im unterschiedlichen Verhältnis zur Sozialdemokratie.

Diese Gegensätze konnten mit der Reorganisation der Sektion *Heer und Haus* im Frühjahr 1941 für längere Zeit überwunden werden. In der Zeit absoluter deutscher Vorherrschaft in Europa repräsentierte *Heer und Haus* einen handlungsfähigen Konsens aller Kreise des 'Widerstands'. Die 'Erhaltung der Nation' als Hauptaufgabe fiel aber für *Heer und Haus* schon nach Stalingrad im Januar 1943 dahin. Die realen oder befürchteten sozialen Konflikte wurden weitherum, aber nicht überall zur Priorität Nummer Eins.

Schon hier schälten sich allerdings unterschiedliche Linien in der Welsch- und Deutschschweiz heraus, was zum einen durch die unterschiedlichen Arbeiter-Unternehmer-Beziehungen in beiden Landesteilen, zum andern durch die verschiedene Zusammensetzung der *Heer-und-Haus*-Sektionen begründet war. In der Westschweiz dominierten Männer, die vom *Gotthardbund* herkamen, in der Deutschschweiz hielten Schlüsselfiguren der *Aktion Nationaler Widerstand* die Fäden von *Heer und Haus* in der Hand.

So ergab sich nach dem Krieg das Paradox, dass die *Heer-und-Haus*-Aktivisten in nostalgischer Erinnerung an die 'Grosse Nationale Einheit' der Kriegsjahre verbunden blieben, sich politisch aber nicht mehr recht verstehen konnten. In der Westschweiz dominierte als Aufgabenstellung, die Grundlagen des sozialen Burgfriedens weiter zu befestigen, während die Deutschschweizer ihre Aufgabe eher staatspolitisch in der Befestigung der Nation nach aussen und innen definierten. Deshalb kam es zu getrennten Nachfolgeorganisationen: zur *Association de l'Education Nationale,* später *Rencontres Suisses* genannt, im Welschen, und zum *Schweizerischen Aufklärungs-Dienst* in der Deutschschweiz. Was sich 1945-48 eher noch als getrenntes, aber freundschaftlich verbundenes Marschieren darstellte, wuchs sich im Kalten Krieg faktisch zum Bruch aus: Antikommunismus in der Deutschschweiz, als Fortsetzung des Abwehrkampfes gegen die Nazis empfunden, und patronales Weiterbehandeln 'sozialer Probleme' in der Westschweiz, amüsiert und schockiert zugleich über den sturen Ernst deutschschweizerischen Antikommunismus.

Diese neue Generation vaterländischer Verbände war in scharfer Abgrenzung zu den traditionellen Organisationen der Rechten entstanden, die die politische Szene in den zwanziger und dreissiger Jahren beherrschten. Nach dem Krieg gerieten sie samt und sonders in schwere Krise. 1945 teilte der *Bund der Subventionslosen* seine Auflösung mit, 1947 löste sich der *Schweizerische Vaterländische Verband* im Gefolge eines grossausgeschlachteten Skandals auf. Die *Liga Aubert* rückte mit ihrem Inspirator ins Greisenalter auf (oder ab) und liess 1946 zum letzten Mal von sich hören, und die Frontenszene verdrückte sich einzeln in stilles Privatleben. Lediglich die finanziell gut gespiesenen Organisationen der Manchesterliberalen, wie die *Schweizerische Mittelpresse,* das *Redressement National* und Stehauf-Männchen *Trumpf-Buur-Eibel,* die sich auf reale wirtschaftliche Interessen abstützen konnten, überlebten die kritischen Jahre nach dem Zweiten Weltkrieg. Es passt ins Bild, dass der junge SAD ein Finanzierungsangebot der *Wirtschaftsförderung* ausgeschlagen hat, um «sich mit diesen Kreisen nicht zu kompromittieren» (Hans Huber). Empfand man doch sogar den *Gotthardbund* im SAD als allzu «Blut-und-Boden-verbunden», obwohl die welsche Schwesterorganisation unübersehbare Wurzeln in dieser Organisation hatte.

SAD – «Gegen den roten Totalitarismus»

Der SAD konstituierte sich 1947 für die ersten fünfzehn Jahre als Verein nach dem organisatorischen Modell von *Heer und Haus.* Die Vereinsgeschäfte besorgte ein Leitender Ausschuss mit einem ständigen bezahlten Sekretariat. Es wurden Referentenkurse organisiert und die Referenten wiederum verbreiteten an eigenen öffentlichen Veranstaltungen oder bei befreundeten Organisationen «Aufklärung». Was bei *Heer und Haus* die Korrespondenten waren, stellten im SAD die Mitglieder dar, die immer wieder zur Meldung nützlicher Nachrichten oder 'antischweizerischer' Umtriebe an die Zentrale angehalten wurden.

Eine erste finanzielle Unterstützung erhielt der SAD durch die *Neue Helvetische Gesellschaft,* welche am 16. Oktober 1948 ein zinsloses Darlehen von 5000 Franken gewährte, wofür sich vor allem Gustav Egli, Vizepräsident des SAD und Zentralvorstandsmitglied der NHG, eingesetzt hatte. Zusätzlich ging der SAD auf «organisierten Bettel» (Hans Huber) bei der Schweizerischen Chemischen Gesellschaft, der Schweizerischen Bankiervereinigung, dem Verein Schweizerischer Maschinenindustrieller, dem Verband der konzessionierten Versicherungsgesellschaften, dem Verein schweizerischer Textilindustrieller, dem Schweizerischen Gewerkschaftsbund und dem Schweizerischen Metall- und Uhrenarbeiterverband. Gleichzeitig bemühte man sich, eine Bundessubvention zu erhalten, welche 1950 zum erstenmal ausbezahlt wurde. Bis in die sechziger Jahre reichte diese, zusammen mit den Mitgliederbeiträgen, zur Deckung des SAD-Budgets hin. Zusätzlich erhielten die SAD-Referenten und -Kursbesucher die Vergünstigung von Halbtaxfahrten, also zum Militärtarif, durchs ganze Land.

Philipp Etter

Der Aufbau der Organisation wurde anfänglich durch Bundesrat Etter, ein früheres Mitglied des *Schweizerischen Vaterländischen Verbandes* (Nation, 14.1.48), unterstützt. Sein Departement des Innern händigte der jungen Organisation die Kartei der 7000 *Heer-und-Haus*-Korrespondenten aus. Die Auswertung dieser Kontakte bedeutete die erste Enttäuschung für den SAD. «Leider zeigten schon die ersten Veranstaltungen, zu denen diese Leute eingeladen worden waren, dass sich etliche darunter befanden, welche wohl erbitterte Kämpfer gegen die Nationalsozialisten gewesen waren, aber nicht bereit waren, mit dem gleichen Eifer auch gegen den roten Totalitarismus aufzustehen» (Hans Huber). Der SAD gab dem EDI die Kartei zurück, da man die alten Kämpen nicht nach «Zuverlässigen» und «Unzuverlässigen» durchleuchten wollte. Aus eigener Kraft brachte es der SAD in den fünfziger Jahren auf rund 800 Mitglieder.

Der erste Leitende Ausschuss und das Patronatskomitee des SAD wurden sorgfältig nach Gesichtspunkten der Überparteilichkeit, Überkonfessionalität und einer gewissen sozialen Mischung zusammengestellt: Präsident wurde der Frauenfelder Verleger Hans A. Huber, Vizepräsident der Winterthurer Professor Gustav Egli, womit die beiden Hauptkräfte, die zur Gründung beigetragen hatten – der Winterthurer *Forum Helveticum*-Kreis und *Heer und Haus* beziehungsweise die *Eidgenössische Gemein-*

schaft – repräsentiert waren. Für die Sozialdemokratie nahmen der Berner 'Tagwacht'-Redaktor Alphons Scherrer und der SMUV-Sekretär Georg Jäger aus Arbon Einsitz. Als bekannte Vertreterin katholischer Frauenorganisationen wurde Marguerite Henrici aus Zürich gewählt, die ihrerseits noch den (katholischen) Zürcher Gymnasiallehrer Louis Krattinger für den Vorstand rekrutierte. Dann Jeanne Eder-Schwyzer vom Schweizerischen Verband der Akademikerinnen und 1947 Präsidentin des Internationalen Frauenrates. Jeanne Eder-Schwyzer war schon 1939 in den Vorstand des *Forum Helveticum* delegiert worden und hatte während des Krieges wie Marguerite Henrici aktiv in der *Schweizerischen Frauengruppe für geistige Landesverteidigung* des FHD mitgearbeitet.

Der SAD legte von Anfang an Wert darauf, die Frauen speziell zu organisieren und gründete dazu die *Frauengruppe des SAD,* die immer mit zwei oder drei Frauen im Leitenden Ausschuss repräsentiert war und deren Präsidentin bis 1971 Marguerite Henrici war.

Erster Sekretär des SAD wurde Erwin Oskar Stauffer (*1912), im Krieg offiziell Mitarbeiter des Armeefilmdienstes der Sektion *Heer und Haus,* in Wirklichkeit Leiter der *Spezialabteilung der Sektion Heer und Haus,* die auf Befehl General Guisans vom 4. Januar 1942 speziell zur Abwehr extremistischer Bestrebungen eingerichtet worden war. Diese *Spezialabteilung* arbeitete mit dem Sicherheitsdienst der Armee, der Bundesanwaltschaft und dem Nachrichtendienst der kantonalen Polizeikommandos zusammen. Sie versuchte hauptsächlich in überzeugendem Sinne auf jugendliche Nazi-Gruppen einzuwirken, was überraschend gut gelang. Viele 'Bekehrte' traten daraufhin in Stauffers *Spezialabteilung* mehr oder minder als kleine Anti-Nazi-Spione ein. Einzelne, vor allem im Kanton Zürich, wurden nach erfolgreicher Bearbeitung als Externe in den Dienst der politischen Polizei eingegliedert und widmeten sich in den letzten Kriegsjahren der Aushorchung und Infiltrierung linker Jugendgruppen. Erwin Stauffer heute: Das sei natürlich nicht in seinem Sinne geschehen. (BA 27/9062,9056,9123)

Um die Person Erwin Oskar Stauffers hatte sich ein erster interner Kampf ergeben: Stauffer gehörte zu den engeren Freunden Gustav Eglis und wurde von diesem als Sekretär durchgesetzt, während Hans Huber für seinen Freund aus der *Eidgenössischen Gemeinschaft,* Gerhart Schürch, den Verfasser des ersten SAD-Konzeptes, optierte. Schürch hat seither nie zu den öffentlichen Exponenten des SAD gehört, obwohl er zu den wichtigen Wegbereitern dieser Organisation zählte. Er ist allerdings in der SAD-Parlamentariergruppe, die seit einigen Jahren zu regelmässigen Treffen mit dem Leitenden Ausschuss zusammentrifft. Schürch liess sich, als er den Sekretärposten des SAD nicht erhielt, 1948 in den Zentralvorstand der NHG wählen und brachte es 1949-53 zu deren Präsidenten.

Für das Patronatskomitee 1947 des SAD hatte man sich einen respektablen Kreis von schweizerischen Persönlichkeiten zusammengestellt: Es zeichneten Nationalrat Hans Oprecht, Präsident der SPS, und seine Parteikollegen Walter Bringolf, Robert Bratschi, Präsident des Schweizerischen Gewerkschaftsbundes und Konrad Ilg, der Konstrukteur des Friedensabkommens, sowie Margrith Kissel, Vertreterin der Sozialdemokratischen Frauengruppe im *Forum Helveticum:* also alles Sozialdemokraten, die sich im Umfeld der *Aktion Nationaler Widerstand* bewegt hatten. Dann der populäre Friedrich T. Wahlen, Leiter der 'Anbauschlacht' im Krieg und früher aktives Mitglied des *Gotthardbundes.* Der Basler Regierungsrat Peter Zschokke und der Direktor des Collège Vevey, Georges Michaud, beide im Zentralvorstand der NHG. Der Universitätsprofessor Karl Meyer von Zürich, ein geistiger Landesverteidiger der ersten Stunde und Gründer der während dem Krieg aktiven *res publica.* Und schliesslich die dem Widerstand nahestehenden Militärs Oberstkorpskommandant Hans Frick, Generalstabschef Louis de Montmollin und der Generalstabsoberst und Stratege Karl Schmid, Ordinarius für Literatur an der ETH Zürich.

Rencontres Suisses – die soziale Elite des Landes heranbilden

Die im Herbst 1945 gegründete welsche Nachfolgeorganisation *Association de l'Education Nationale* erarbeitete ihre Arbeitsvorstellungen aufgrund einer breiten Umfrage, aus welcher ihr 10 000 Antworten zukamen. Sie taufte sich danach am 8. September 1946 in *Centre Suisse d'Etude et d'Information — «Rencontres Suisses»* um, in der Absicht, eine Art Clearingstelle «Aller Angehörigen der Elite des Landes» zu werden, die ihre Referenten- und Studiendienste sämtlichen sozialen und kulturellen Vereinigungen zur Verfügung stellt. Die Spannbreite wirklicher Zusammenarbeit reichte von Filmklubs über Erwachsenenbildungsinstitutionen, Jugendparlamente und Frauengruppen bis zu gewerkschaftlichen Organisationen. *Rencontres Suisses* entwickelte sich im Laufe der Jahre quasi zu einem Institut des Studiums sozialer Probleme, das auch einen institutionalisierten Dialog zwischen Unternehmern und Gewerkschaftern in seinen eigenen Reihen pflegte.

Das Organisationsmodell war wie beim SAD ein Abklatsch der Sektion *Heer und Haus.* Der erste Leitende Ausschuss umfasste die verschiedensten politischen Tendenzen der welschen Sektion *Heer und Haus.* Erster Präsident bis 1955 wurde Oberstdivisionär Ernest Grosselin, ehemaliger *Heer-und-Haus*-Referent und Präsident der Waadtländer *Union des Mobilisés* nach dem Krieg. Vizepräsident der Naturwissenschafter Emile Privat, früher ein politischer Gegenspieler Lalive d'Epinays in *Heer und Haus* und in den sechziger Jahren Chef des neuaufgebauten Dienstzweiges *Heer und Haus.* Leiter des Sekretariats wurde der Notar Jean Pavillon und angestellter Sekretär Denis Burnand, der auch gegenwärtig *Rencontres Suisses* sekretarisiert. Weitere Vorstandsmitglieder waren das damalige Mitglied der Bundesleitung des *Gotthardbundes* Charles F. Ducommun, während des Krieges wegen Linkstendenzen aus *Heer und Haus* entfernt, der Ex-Gotthardbündler Lalive d'Epinay, drei Frauen aus verschiedenen Frauenorganisationen, und schliesslich als Spezialität der frühen *Rencontres Suisses* drei als «Arbeiter» gekennzeichnete Vorstandsmitglieder.

Zur Besonderheit von *Rencontres Suisses* gehörte es in diesen frühen Jahren, dass auch deutschschweizerische Persönlichkeiten ihre Tätigkeit unterstützten oder zumindest ihren Namen als Aushängeschild hergaben, die die Tätigkeit des *Schweizerischen Aufklärungs-Dienstes* nie öffentlich unterstützt haben. Dazu gehörten in erster Linie Roland Ziegler, Ex-Chef *Heer und Haus,* der mit Lalive d'Epinays politischen Konzepten nicht zuletzt durch die ständige Abwehr von Intrigen gegen den welschen Sektionschef verbunden war. Dann Fritz Wartenweiler, *Heer-und-Haus*-Referent der ersten Stunde, welcher in den frühen fünfziger Jahren durch die maccarthystische *Aktion freier Staatsbürger* als Kommunistenfreund angeschossen wurde. Oder der sozialdemokratische Bundesstadtredaktor Theo Chopard, Zentralvorstandsmitglied der *Neuen Helvetischen Gesellschaft,* welche ihn 1948 mit der Zusammenstellung einer Konferenz für den Arbeitsfrieden betraute. Und schliesslich, was allerdings weniger erstaunt, der Zürcher Theologe Emil Brunner, der mit den Welschen durch seine Zugehörigkeit zum *Gotthardbund* verbunden war.

Als nuancierte Distanzierungen muss man auch die Abwesenheit anderer organisatorisch bedeutsamer Personen des Widerstandes in den Nachfolgeorganisationen auffassen. An erster Stelle August Lindt, der eigentliche Organisator des *Aufklärungsdienstes Zivil,* der 1945 zum Informationschef der 'Schweizer Spende an das kriegsversehrte Europa' ernannt wurde und später eine diplomatische Karriere begann, die ihn in den sechziger Jahren als Schweizer Botschafter nach Moskau brachte. Oder Ernst von Schenck, der Herausgeber der *Informationen zur Woche* der *Aktion Nationaler Widerstand,* Zentralvorstandsmitglied der NHG bis 1946, der nach dem Krieg in der *Nation* schrieb und als Publizist aktiv an der Aufdeckung der Sympathisantenkreise des Dritten Reichs mitwirkte.

Kalter Krieg – heiss in der Schweiz

Realistischerweise hielt man im weiteren Umkreis von *Heer und Haus* die aussenpolitischen Probleme des Schweizer Staates mit dem Kriegsende 1945 nicht für erledigt. Und das in zweierlei Hinsicht: In den Neuordnungsplänen der kriegführenden angelsächsischen Mächte war die Neutralität der Schweiz keine unveränderliche Grösse, stand sogar im Ruf, indirekt den Nazis wesentliche Dienste geleistet zu haben. Auf der andern Seite war es völlig klar, dass der europäische Kontinent mit dem Verschwinden Frankreichs und Deutschlands als potenter Grossmächte dem Druck der siegreich vorrückenden Russen und Amerikaner mehr oder minder ohnmächtig gegenüberstand.

Die *Neue Helvetische Gesellschaft* veranstaltete am 15./16. April 1944 eine öffentliche Tagung zur «Neutralität in unserer zukünftigen Politik». Hier analysierte der Basler Privatdozent Adolf Gasser, *Heer-und-Haus*-Referent, die internationale Lage nach einem Sieg der Alliierten: «In diesem Fall wird die Welt und damit ein künftiger Völkerbund von einer Hegemonie der vier führenden Weltmächte beherrscht werden. In die Machtsphäre dieser Grossstaaten werden die Kleinstaaten gezogen werden. Sie werden geradezu zur Reibungsfläche werden; die Zerrissenheit Europas wird diese Entwicklung fördern. Ein vollständig in Klein- und Mittelstaaten aufgelöstes Europa neigt dazu, wegen seiner Schwäche der Kampfplatz für die zu erwartenden Auseinandersetzungen der hegemonisierenden Grossmächte zu werden.»

Während in der Schweiz die *Heer-und-Haus*-Generation «das Lebensrecht des Kleinstaates» debattierte, liefen schon die Verhandlungen unter den Alliierten, wie die Kriegsbeute aufzuteilen und die gegenseitigen Interessensphären abgesteckt werden sollten. Im Oktober 1944 einigten sich Churchill und Stalin über die Einflusssphären im Balkan, und im Februar 1945 regelte die Konferenz von Jalta die Abgrenzung des amerikanischen vom russischen Einflussbereich. Es ist begreiflich, wenn der Zürcher Staatsrechtler Werner Kägi in seinen «Richtpunkten der Nachkriegspolitik» zuhanden der NHG 1945 Skepsis gegenüber den geplanten 'Vereinten Nationen' äusserte: «Es hat wirklich keine Eile, einem 'Bunde' beizutreten, der nichts anderes ist als ein Machtsystem in der Hand der 'Grossen Drei'. Das Projekt von Dumbarton Oaks ist für die Kleinstaaten wenig einladend. Auch in Jalta hat man sich bestimmt nicht mit ihren Sorgen befasst.»

Solch vorsichtiger Neutralismus zwischen den Blöcken beherrschte auch das erste Programm-Projekt des SAD, das Gerhart Schürch im Sommer 1946 ausarbeitete: «Mit gedämpfter Hoffnung verfolgen wir die Bemühungen der Siegermächte um den Frieden. Die Politik der Grossen ist vom

Verzicht auf den Einsatz ihrer Gewalt noch weit entfernt. Diese Situation bringt für uns auch heute noch... mindestens eine latente Bedrohung... Dies ist umso deutlicher, als wir der Grenzzone zwischen zwei in vieler Hinsicht entgegengesetzten Interessensphären bedenklich nahe sind.»

So völlig frei von Parteinahme war dieser Neutralismus allerdings nicht. Das öffentliche Prestige der kriegführenden Mächte in der Schweiz war durchaus unterschiedlich. In den internen *Heer-und-Haus*-Berichten tauchte mehrmals die Befürchtung auf, dass der relativen Deutschfreundlichkeit nun eine ebensolche Russlandfreundlichkeit folge. Ein klarer Indikator in diese Richtung war der erstaunliche Aufschwung der PdA unmittelbar nach dem Krieg, die unter der Leitung Karl Hofmaiers einen Kurs auf Integration in die politischen Entscheidungsmechanismen ansteuerte, was entschieden auch durch die reformfreudigsten, das beste Verhältnis zur Sozialdemokratie pflegenden bürgerlichen Strömungen bekämpft wurde. Jedermann war deshalb klar, dass die Politik der PdA nur über wesentliche Verschiebungen der politischen Kräfteverhältnisse zum Ziel kommen könnte.

In diesen Zusammenhang ist der Streit 1945/46 um die «Säuberung» verantwortlicher Positionen von Anhängern des Dritten Reichs zu stellen. Der Ruf nach «Säuberung» entstand im Gefolge einiger krawallartiger antinazistischer Szenen 1945 vor allem in Schaffhausen und im Tessin und interessierte natürlich nicht nur die PdA, sondern auch die SPS, die sich davon einiges politisches Kapital erhoffen durfte. Die ganze Widerstandsgeneration bürgerlicher Politiker stand deshalb dieser Forderung zwiespältig und vermittelnd gegenüber. Die Armeereformer um *Volk und Armee* riefen im September 1945 zornig zu einer ergänzenden «Säuberung nach links» auf, ein Appell, der allerdings verhallte, während die NHG sich am 21. Februar 1946 mit einem Brief an den Bundesrat wandte und Vorschläge zur Wiederherstellung der Öffentlichkeit des politischen Lebens und zur rechtsstaatlichen juristischen Behandlung «aller wirklich Fehlbaren» formulierte. Die mittlerweile publizistisch zur 'Staatskrise' hochstilisierte Affäre endete schliesslich mit der Veröffentlichung der *Eingabe der Zweihundert* durch den Bundesrat, deren Unterzeichner in einem gewissen Masse stellvertretend für alle Nazifreunde den Kopf hinhalten mussten. Wir erinnern uns, dass die entscheidende Tagung des *Forum Helveticum,* die zur Gründung des SAD führte, eben diese 'Staatskrise' zum Thema hatte.

Die Kombination realistischer aussenpolitischer Befürchtungen und innenpolitischer Reibungen stellte einen fruchtbaren Boden dar, die Bemühungen der USA, ihre Kriegsvereinbarungen mit der Sowjetunion zu ihren Gunsten zu revidieren, als Kampf für die Freiheit der Welt propagandistisch zu verankern. Die neue Equipe des Präsidenten Truman («Ich habe es satt, die Sowjets zu verhätscheln») steuerte seit März 1945 einen klaren Kurs auf eine Revision der Jalta- und anderer Weltaufteilungsabkommen an. Der nach dem Krieg nicht wiedergewählte britische Premier Churchill machte sich zum Propagandisten der neuen Politik auf dem europäischen Kontinent. Er intonierte schliesslich den kommenden Kalten Krieg in seiner berühmten Rede in Fulton (Missouri) am 5. März 1946: «Von Stettin an der Ostsee bis Triest an der Adria hat sich ein 'eiserner Vorhang' über den Kontinent herabgesenkt.» Es war wohl seinerzeit nur wenigen bekannt, dass der Nazi-Führer Goebbels diesen Begriff in einer Rede am 23. Februar 1945 als erster geprägt hatte, als er die Jalta-Abkommen, die Churchill mitunterzeichnete, öffentlich verurteilte: «Das Zugeständnis, die Russen Ost- und Südeuropa besetzen zu lassen, führt dazu, dass sich ein eiserner Vorhang über diese Gebiete herabsenkt. Hinter diesem Vorhang wird dann eine Massenabschlachtung von Völkern beginnen, wahrscheinlich unter dem Beifall der Judenpresse in New York.» (John Lukacs, Decline and Rise of Europe, 1955)

Prag 1948: Fortsetzung der Abwehr

Es hat hier keinen Sinn, die Stationen des 'roll-Back' im einzelnen aufzuzeigen. Für die schweizerische Öffentlichkeit entscheidend waren die Verkündung der Truman-Doktrin am 12. März 1947 («Jedes Land, jedes Volk hat sich zwischen zwei 'ways of life' zu entscheiden»), die mitten in die Moskauer Konferenz zur Regelung der deutschen Frage platzte und sie faktisch zum Scheitern brachte. Während die Amerikaner in Griechenland einmarschierten, um die bankrotten Briten im Kampf gegen die kommunistische Aufstandsbewegung abzulösen, griffen die Sowjets in Ungarn durch und liessen die Führer der bürgerlichen Parteien verhaften. Im Mai 1947 wurde der Marshall-Plan als «Gegenoffensive» (so Rostow, Leiter des Politischen Planungsstabes Trumans) zu den russischen Massnahmen in Osteuropa gestartet, worauf die Sowjets im Sommer mit einer ganzen Reihe von Wirtschaftsabkommen mit den von ihnen besetzten Ländern antworteten. Im November 1947 rief Stalin einen neuen internationalen Zusammenschluss einzelner kommunistischer Parteien ins Leben, die Kominform, die in ihrer Gründungserklärung faktisch die Truman-Doktrin für den Ostblock variierte.

Es war die kommunistische Machtergreifung in der Tschechoslowakei im Februar 1948, die neutralistischen Positionen den Boden entzog und den Kalten Krieg in der Schweiz einleitete. Eine Empörungswelle ging durch die schweizerischen Hochschulen: Es folgten sich Kundgebungen in Freiburg, Zürich, Bern, Lausanne und Genf. In Zürich sprach Paul R. Angst, Präsident der Studentenschaft und späterer *Trumpf-Buur*-Eibel-Mitarbeiter, vor 1500 Studenten. Die Kundgebung an der Berner Universität war durch die freisinnige Hochschulgruppe organisiert worden. Hauptredner der 23jährige Politik-Student Peter Sager, späterer Leiter des *Schweizerischen Ost-Institutes,* der das Leitmotiv des künftigen Antikommunismus am prägnantesten formulierte: «Was heute vor sich geht, ist nicht mehr die Auseinandersetzung zwischen zwei Systemen, sondern es ist ein Kampf des Bösen gegen das Gute.» (NZZ, 3.3.48, Nr.460) Eine Woche später lehnten alle Hochschulen geschlossen die Einladung, an der 600-Jahr-Feier der Universität Prag teilzunehmen, ab.

Alle Parteien bis hin zur SPS und gerade tagende Kantons- und Gemeindeparlamente verurteilten den Umsturz in Prag aufs schärfste und oft in apokalyptischer Form. Die NZZ leitartikelte am 7. März 1948, wie man den «Kampf auf Leben und Tod mit den Dämonen des Hitlerismus bestanden» habe, werde man «die teuflische Methodik der 'erweiterten Strategie', mit der freiheitliche Staaten von innen heraus erobert und für die Einordnung in das Hegemoniesystem einer Grossmacht gewonnen werden», zu durchkreuzen wissen.

Oel aufs Feuer der Empörung (und notabene der Demagogie) goss die PdA mit einer öffentlichen Siegesfeier am 27. Februar 1948, an der sie die «Revolution» in der Tschechoslowakei enthusiastisch begrüsste und den tschechischen Kommunistenführer Gottwald per Telegramm zu seinem Triumph beglückwünschte. Als «*P*artei *d*es *A*uslandes» und potentielle Fünfte Kolonne geschmäht, verlor sie innert weniger Wochen ihren politischen Einfluss, der in den eidgenössischen Wahlen 1947 mit 50 000 Wählerstimmen oder fünf Prozent seinen Zenit erreicht hatte.

Prag 1948 gestaltete sich zur eigentlichen innenpolitischen «Abrechnung» (NZZ) – nicht aussenpolitische Bedrohung, sondern die Existenz einer kommunistischen Partei in der Schweiz wurde zum Prüfstein nationaler Gesinnung gemacht. An der Berner Kundgebung wurde eine «unnachsichtige Überwachung aller kommunistischen Elemente in der Schweiz» gefordert, und die vereinigten bürgerlichen Parteien verlangten am 8. März 1948 vom Zürcher Regierungsrat, «mit allen ihm zu Gebote stehenden Mitteln staatszersetzenden Umtrieben rechtzeitig und kompromisslos entgegenzutreten», ein Refrain, der von den meisten, vor allem freisinnigen Parteierklärungen durchs ganze Land hindurch aufgegriffen wurde.

Zufällig, aber günstig gelegen, wurde in jenen Monaten gerade die Staatsschutzgesetzgebung, die bisher durch den Bundesrat auf dem Vollmachtenwege geregelt war, durch die eidgenössischen Kammern einer Überprüfung unterzogen. Am 4. März 1948 warnte die nationalrätliche Vollmachtenkommission unter Leitung des katholisch-konservativen Oberwallisers Escher, ja «keine Lockerung der Staatsschutzbestimmungen eintreten zu lassen, sondern gegebenenfalls dieselben zu verschärfen und in die ordentliche Gesetzgebung überzuführen». An der Eröffnung der Nationalratssession vom 11. März 1948 wurden somit nicht nur die «Parteigänger des Auslandes» (NZZ) exorziert, sondern zudem durch alle Parteien einer Verschärfung des Staatsschutzes gehuldigt. Der zuständige Bundesrat Eduard von Steiger gab in seiner Intervention den Ball an das 'Volk' weiter: «Zum Schweizervolk möchte ich sagen, dass es mit den Staatsschutzbestimmungen nicht getan ist, sondern dass Wachsamkeit überall erforderlich ist.» Zwei Jahre später gab der Bundesrat Weisungen «über die Entlassung unzuverlässiger Elemente aus dem Bundesdienst» heraus und am 5. Januar 1951 traten neue Staatsschutzbestimmungen, die in das schweizerische Strafrecht integriert wurden, in Kraft.

Die Abwehr staatsgefährdender Umtriebe beschäftigte auch die Sitzung der Landesverteidigungskommission vom 24. März 1948, an welcher der EMD-Vorsteher Bundesrat Kobelt formulierte: «Unter den zu treffenden Massnahmen müsste vor allem die Vorbereitung gegen kommunistische Agitation und allfällige Umsturzversuche im eigenen Land gepflegt werden. In erster Linie ist die geistige Landesverteidigung zu fördern durch eine entsprechende Aufklärung der Bevölkerung mittelst Presse, Konferenzen und gegebenenfalls durch eine Wiederbelebung der Tätigkeit der Sektion *Heer und Haus*.» (BA 27/9317) Sowohl Bundesrat von Steigers Erklärung wie Kobelts interne Äusserungen lassen klar erkennen, dass private 'Staatsschutzbemühungen' behördlich abgedeckt, wenn nicht gefördert werden sollten.

Im Konzert allseitiger PdA-Verurteilungen fehlten nuancierte Stellungnahmen nicht. Es ist kein Zufall, wenn die Demokratische Partei (seit den dreissiger Jahren mit der SPS lose verhängt) in ihrer Verurteilung der Ereinisse in der Tschechoslowakei als probates Abwehrmittel allfälliger Umsturzgefahren in der Schweiz die Vollendung des «sozialen Verständigungswerks zwischen allen Kreisen des Volkes» verlangte (NZZ, 3.3.48, Nr.453). Ein Tenor, der auch die Erklärungen der sozialdemokratischen Partei beherrschte, die in der Staatsschutzdebatte im Nationalrat «die Handhabung dieser Bestimmungen... gegen alle Feinde der Demokratie und des wahren sozialen Fortschritts» forderte, eine leere Hoffnung, wie sich in den folgenden Jahren erwies. Die Nuancierungen wurden in der bürgerlichen Presse scharf registriert und dort an den Pranger gestellt, wo eine explizite Verurteilung der PdA durch die SP, wie es in Zürich der Fall war, fehlte.

Besonderem Interesse begegnete in diesen Tagen des 'Prager Frühlings' die Auseinandersetzung über die aussenpolitischen Leitsätze innerhalb der schweizerischen Sozialdemokratie. Die SPS versuchte in der Nachkriegszeit eine neutralistische internationale Politik gegen den «amerikanischen Kapitalismus» und die russische Vormachtpolitik durchzusetzen. Immer noch im Sinne des Programms «Neue Schweiz» setzte sie auf ein sozialistisches Europa, das allein der Rivalität der beiden Blöcke standhalten könne. Noch im Dezember 1947 hatte die schweizerische Parteileitung Zusatzanträge Friedrich Schneiders, eines sozialdemokratischen Förderers des SAD, auch die «russische Expansionspolitik» zu verurteilen, abgelehnt. Die Basler SP-Sektion griff Schneiders Formulierungen auf und brachte sie, gestärkt durch Prag, am Parteikongress vom 17./18. April 1948 wieder zur Sprache. Sie gingen allerdings im rhetorischen Feuerwerk Walter Bringolfs unter, der gegen die «Reaktionäre Wallstreets» und die «Politik der Kominform» polemisierte. Bemerkenswert, dass das historische Bewusstsein über die Zusicherungen, die die westlichen Alliierten Stalin in Jalta, Teheran und Potsdam gegeben hatten und durch die Administration Truman unterlaufen wurden, noch nicht verschwunden war: Zu dieser Zeit bewahrte die SPS wohl als einzige politische Kraft in der Schweiz eine realistische, nicht dämonisierende Einschätzung der Entstehungsgeschichte des Kalten Krieges. Sie war dann allerdings gegen Ende der fünfziger Jahre durch bürgerlichen Druck und auch aus internen Widerständen heraus zur Revision gezwungen.

1948 wurde zum Geburtsjahr neuer politischer Gruppierungen. Schon im Januar hatte Peter Sager «zusammen mit einigen Studenten» den *Freien Korrespondenz-Dienst* (FKD) ins Leben gerufen, zu welchem ihm Markus Feldmann, der spätere Bundesrat, ein respektables, die Verbreitung förderndes Patronatskomitee zusammenstellen half. Sagers FKD ging 1950 ein, wurde von ihm aber bei der Gründung des *Ost-Institutes* wieder unter demselben Namen (und übrigens auch Kürzel) aufgebaut. Dieser Pressedienst verbreitete in der ersten wie zweiten Auflage 'Nachrichten' über die Vorgänge im Ostblock und wird auch heute noch ab und zu in den Schweizer Medien abgedruckt. Dann entstand 1948 auch die maccarthystische Organisation *Aktion freier Staatsbürger*, auf welche wir in einem gesonderten Kapitel eingehen.

Rückblickend ist klar, was sich 1948 in der Schweiz anbahnte. Das erst fünfjährige SPS-Programm «Neue Schweiz» oder auch die linksliberalen Hoffnungen auf eine neue bürgerlich-reformerische Kräftegruppierung, welcher Gerhart Schürch noch 1947 mit seinem Leitartikel in *Volk und Armee* Ausdruck gegegeben hatte, waren schon am Ende angelangt. Im SPS-Geschäftsbericht 1947/48 analysierte Jules Humbert-Droz, dass der Wahlsieg Trumans in den USA, Churchills Europa-Kampagne und das Erstarken De Gaulles in Frankreich «die reaktionären und kapitalistischen Kreise unseres Landes zu vermehrter Aktivität anspornten; dazu trug auch die allgemeine Anti-Sowjet-Kampagne nicht wenig bei, welche in der herausfordernden nationalistischen Politik des Kremls immer wieder neue Nahrung fand.»

Von 1948 an hiess es, alle verändernden Vorstösse vorsichtig auf ihren «kommunistischen Gehalt» abzuhorchen, den nationalen Zusammenschluss gegen die «Partei des Auslandes» nicht anzutasten und die amerikanische Durchdringung des Westens als wesentlicheErfüllung des Freiheitskampfes gegen den Totalitarismus aufzufassen. Es ist bezeichnend, dass in den skandinavischen Ländern, in welchen die Sozialdemokratie eine noch stärkere Stellung als in der Schweiz errungen hatte, die ursprüngliche neutralistische, den Marshallplan mit Misstrauen verfolgende Aussenpolitik nach Prag 1948 vollständig verändert wurde. Dänemark und Norwegen traten der NATO bei und Schweden blieb ihr, im Einverständnis mit den andern, lediglich fern, um keinen Vorwand für eine weitere 'Sowjetisierung' Finnlands zu bieten.

SAD wehrt ab – öffentlich und geheim

Das erste Tätigkeitsjahr des SAD fiel mit dem Ausbruch des Kalten Krieges zusammen. Die vagen Zielvorstellungen, die noch aus dem Erlebnis von *Heer und Haus* abgeleitet waren, erhielten eine neue scharfe Prägnanz. In seinem allgemeinen Gründungsaufruf formulierte der SAD noch: «Die Demokratie ist auf den freien Bürger gestellt. Daran mitzuarbeiten, dass er die nötige Ausrüstung erhält, um seine so wichtige Aufgabe richtig erfüllen, ein guter Soldat der geistigen Landesverteidigung sein zu können: das ist kurz gesagt der Zweck des *Aufklärungs-Dienstes.*» Aber schon die Gründungsversammlung ergänzte das Tätigkeitsprogramm, das noch Gerhart Schürch ausgearbeitet hatte, durch neue einschlägige Punkte: Schulung in psychologischer Kriegsführung, auf welcher man totalitäre Regimes besonders stark glaubte; und Aufklärung über den Kommunismus, also die totalitäre Gefahr, die im Bewusstsein der SAD-Leute den Faschismus ablöste.

Der erste SAD-Präsident Hans Huber skizzierte in seinem geschichtlichen Rückblick «Zwanzig Jahre SAD» die Einschätzung der internationalen Lage, von welcher der SAD ausging: Nach der raschen Demobilisierung der Amerikaner hätten die sowjetischen Streitkräfte ein gefährliches Übergewicht auf dem Kontinent gewonnen. Zudem seien die Russen in den Abkommen von Teheran, Jalta und Potsdam die einzigen gewesen, die ihre Kriegserfolge nach einem klaren Konzept für die Nachkriegszeit konsolidiert hätten, nämlich «die kommunistische Weltrevolution einen Schritt voranzutreiben». Der amerikanische Kriegspräsident Roosevelt habe diese Pläne immer verkannt, und erst die neue Administration Truman habe schliesslich der sukzessiven Bolschewisierung Europas mit dem Marshallplan einen Riegel geschoben.

Allerdings waren auch den Zeitgenossen Informationen zugänglich, die zu einer andern Einschätzung hätten führen können. So besassen die USA das Atomwaffenmonopol und hatten ihre Entschlossenheit, Atomwaffen einzusetzen, auch genügend kundgetan (Hiroshima). Dann bauten sie bis 1949 rund um die Sowjetunion vierhundert Militärstützpunkte auf, die kaum eine beruhigende Wirkung auf die Sowjets ausgeübt haben, und schliesslich waren sie die einzige der Siegermächte, die über einen intakten Industrie- und Finanzapparat verfügte. Die Verteilung der strategischen Kräfte ging vollständig zugunsten der USA.

Zeitgenossen, denen das bewusst war, und die die gewaltigen Zerstörungen der deutschen Kriegführung in Russland aus eigener Anschauung kannten, gab es auch in der Schweiz. Sie machten dem SAD, laut Huber, als «sogenannte Augenzeugen sehr zu schaffen». Er berichtet vom Fall Minister Flückigers, des ersten schweizerischen Gesandten in Moskau, auf dessen »äusserst merkwürdige Ansichten» der SAD anlässlich eines Vortrages Flückigers in Amriswil aufmerksam wurde. Auf Veranlassung des SAD wurde deshalb Flückiger durch die Winterthurer Gruppe der *Neuen Helvetischen Gesellschaft* zu einem Vortrag, quasi also zur geistigen Überprüfung, eingeladen. Die NHG-Gruppe Winterthur wurde seinerzeit von Professor Carl Arbenz, dem Vater des heutigen SAD-Präsidenten Peter Arbenz, geleitet. Flückiger vertrat an dieser Einladung die Meinung, Russland habe noch nie einen Offensivkrieg geführt und werde dies auch nie tun. Und wer behaupte, es wolle einen Krieg, und seine Truppen in Osteuropa seien auf dem Sprung, liege ganz einfach falsch. «Russland hat den Frieden nötig, wegen seiner inneren Sorgen», zitiert Hans Huber aus dem Stenogramm, das er von Flückigers Vortrag anfertigte. Und er kommentiert: «Wenn das ein kompetenter Augenzeuge sagte, der eben erst von Moskau zurückgekehrt war, so musste im Volk der Eindruck entstehen, die Warner im SAD seien weltfremde Phantasten.» Eine richtige Einschätzung Hans Hubers, wobei allerdings nichts mehr zu befürchten war: Prag 1948 hat von der Not einer schlüssigen Beweisführung entbunden.

In der anschliessenden Diskussion wurde Flückiger kräftig in die Zange genommen, was den SAD-Berichterstatter zum Eindruck brachte, Flückiger habe sich der Diskussion fluchtartig entzogen. Wie dem auch sei, ganz grundlos war ein allfälliges Unwohlsein Flückigers in Winterthur nicht. Hans Huber unterrichtete nachträglich Bundesrat Feldmann, einen SAD-Referenten der ersten Jahre, über Flückigers Abweichungen vom nationalen antikommunistischen Konsens, worauf «Flückiger nie mehr als Referent aufgetreten» sei. Detail: Markus Feldmann (BGB) stand dem Eidgenössischen Justiz- und Polizeidepartement vor, das bekanntlich nicht für das Personal der schweizerischen Aussenpolitik zuständig ist, wohl aber für die Bundesanwaltschaft und die politische Polizei.

Die spärlichen Publikationen des SAD im ersten Jahrzehnt waren der Schulung über den Feind gewidmet: Gustav Egli analysierte die philosophischen Grundlagen des «Marxismus-Leninismus», SAD-Sekretär Erwin Oskar Stauffer schrieb ein Büchlein zur «Spionage im Kalten Krieg» und Hans Huber gab den Überblick «Die Kominform: Wesen, Zielsetzung, Aufgabe, Organisation, Taktik und Abwehr» heraus.

Das Programm geschlossener Arbeitstagungen und öffentlicher Kurse war allerdings wesentlich breiter gestreut: Es behandelte in mindestens jährlicher Repetition «die militärpolitische Lage», die «sozialen Probleme der Schweiz» und die «gegenwärtige Wirtschaftslage» sowie natürlich Probleme des Kommunismus.

Die Tätigkeit des SAD blieb nicht auf die öffentliche «Aufklärung» beschränkt. Man empfand sich im Selbstverständnis als zivile Kaderorganisation für den Wiederaufbau einer Sektion *Heer und Haus* im Ernstfall, was zu dieser Zeit, als ein russischer Vormarsch nach Westeuropa befürchtet wurde, entsprechende Konsequenzen hatte. Die Abwehr der Kommunisten im eigenen Land wurde ganz im Sinne der Parlamentsdebatte nach Prag («Wachsamkeit überall erforderlich») an die Hand genommen.

Neben der offiziellen Organisation baute der SAD ein halbkonspiratives «Netz von Vertrauensleuten» auf, «das in kritischen Zeiten hätte wertvolle Dienste leisten sollen» (Hans Huber in seiner SAD-Geschichte). Über Ziel und Zweck dieser Nebenorganisation liegen widersprüchliche Aussagen vor. Nach Huber hätte sie für den Fall einer militärischen Besetzung der Schweiz eine «Mund-zu-Mund-Informationskette» durch das ganze

Der erste Referentenstamm

Für die militärpolitischen Probleme referierte:

Generalstabsoberst Alfred Ernst, späterer Korpskommandant, dem wir schon beim *Offiziersbund* und der *Eidgenössischen Gemeinschaft* begegnet sind, und der sich Ende der vierziger Jahre im Kreis der Armeereformer um *Volk und Armee* bewegte

Generalstabsoberst Robert Frick, späterer Ausbildungschef der Armee, Mitbegründer der *Action de Résistance Nationale* und *Heer-und-Haus*-Referent, trat in der Nachkriegszeit auch an Tagungen der *Rencontres Suisses* auf

Oberst Ernst Hirt, Leiter des militärischen Vorunterrichts, der auch bei *Rencontres Suisses* auftrat und 1951/52 eine wichtige Rolle beim Aufbau des *Bernischen Aufklärungsdienstes für Landesverteidigung* spielte, den er auch kurze Zeit präsidierte

Hauptmann Walter Marty aus Zürich, der für den SAD ein Broschürchen über «1984 – Farm der Tiere» verfasste

Oberstleutnant Alfred Raaflaub†, ein ehemaliger *Heer-und-Haus*-Referent und späterer Direktor der ESSO in der Schweiz

Oberstbrigadier Georg Rutishauser, ehemaliger *Heer-und-Haus*-Referent und Förderer des *Bernischen Aufklärungsdienstes*

ETH-Professor und Generalstabsoberst Karl Schmid†, späterer Präsident des Schweizerischen Wissenschaftsrates, der schon in *Heer und Haus* tätig war

Generalstabsoberst Ernst Uhlmann, späterer Korpskommandant, der sich in den siebziger Jahren auf die Referentenlisten des deutschen Rechtsextremen Karl Friedrich Grau verlor

Land garantieren sollen. Die Organisation habe deshalb eigentlich nur auf dem Papier existiert, wobei der SAD-Sekretär Erwin Stauffer allerdings den Fehler gemacht habe, die «Vertrauensleute» zu gelegentlichen Rapporten zusammenzurufen, wodurch jeder jeden kennenlernte, was die Konspirativität dieser Organisation zerstört und sie damit sinnlos gemacht habe.

Für eine solche «Papier»-Organisation ist allerdings fraglich, weshalb denn neben dem ordentlichen SAD-Mitgliederversand ein vertraulicher regelmässiger Versand an die «Vertrauensleute» ging und was an diesen Rapporten überhaupt zur Sprache gebracht werden konnte.

Als Hinweis auf die wirkliche Tätigkeit dieser Parallelorganisation fassen wir Hans Hubers Charakterisierung der Persönlichkeit Erwin Stauffers auf. Er schreibt in seinem geschichtlichen Rückblick: «Stauffer ist es zu verdanken, wenn wir von allem Anfang an sehr gute Beziehungen zur

---

Für die wirtschaftlichen Probleme referierten:

Dr. Wilhelm Gasser-Stäger, Geschäftsführer der St.Galler Bauernhilfskasse und Zentralvorstandsmitglied der NHG, der ursprünglich den *Gotthardbund* unterstützte

Dr.iur. Fritz Hummler, Sekretär des Schweizerischen Industriellenverbandes und späterer Delegierter des Bundes für Arbeitsbeschaffung, *Heer-und-Haus*-Referent im Krieg

Bundesrat Rodolphe Rubattel, der das 47er Manifest von *Rencontres Suisses* mitunterzeichnete

Dr.phil J.R. Schlittler, Bern, ehemaliger *Heer-und-Haus*-Referent

Dr. Edwin Stopper, späterer Nationalbankpräsident und ehemaliger *Heer-und-Haus*-Referent

Für die sozialen Probleme referierten die sozialdemokratischen Mitglieder des SAD:

Ernst Bircher, Berner Grossrat und Zentralpräsident des VBLA, späterer Nationalrat, einer der ersten *Heer-und-Haus*-Referenten der Sozialdemokraten, und von 1961–73 Vizepräsident des SAD

Tell Bühler, Sekretär des Schweizerischen Eisenbahnerverbandes

Georg Jäger†, Zentralsekretär des SMUV und Zuständiger für die Ostschweizer Sektionen, im Leitenden Ausschuss des SAD von 1957–65

Werner Meier, Sekretär des Schweizerischen Eisenbahnerverbandes und dessen heutiger Präsident, auch ein Mitarbeiter der NHG, in deren Zentralvorstand er 1957 gewählt wurde

Arthur Steiner, Nationalrat, Präsident des Gewerkschaftsbundes und des SMUV, Mitglied des Leitenden Ausschusses des SAD von 1950–58.

Bundespolizei und einigen kantonalen und lokalen Polizeistellen hatten, was im Kampf gegen die Extremisten im eigenen Lager von unschätzbarem Wert war. Ihm gelang es auch, Veranstaltungen der Extremisten zu stören und Aktionen zu durchkreuzen. Das ging schliesslich so weit, dass viele Bürger, welche aus begreiflichen Gründen den Gang zur Polizei scheuten, ihre Verdächtigungen Herrn Stauffer meldeten, so dass er zu einer Clearingstelle zwischen Bevölkerung und Polizeiorganen geworden war.»

Zweierlei kann aus diesem Text herausgelesen werden: Erstens wird kaum der Sekretär in persona «Veranstaltungen gestört» und «Aktionen durchkreuzt» haben, dazu braucht es Leute und eine Organisation. Und zweitens werden nur «Bürger», die Erwin Stauffer von einer ganz bestimmten Seite her kennen, «ihre Verdächtigungen melden». Sie müssen faktisch wissen, dass Stauffer an ihren «Verdächtigungen» interessiert und leistungsfähig genug ist, sie auch zu verwerten. Dieses Image könnte aber nur dann auf Erwin Stauffer fixiert sein, wenn diese Tätigkeit gesondert vom SAD abgewickelt worden wäre.

Davon kann aber keine Rede sein. Am 20. Oktober 1950 wandte sich Hans Huber an den Chef des EMD, Bundesrat Kobelt, mit der Frage, «welche Nachrichtenquellen des EMD für seinen Aufklärungsdienst zur Verfügung gestellt und wie seine Aufklärungstätigkeit mit Ihren Intentionen (das heisst Bundesrat Kobelts Intentionen, Verf.) koordiniert werden könnten.» Generalstabschef Louis de Montmollin, dem diese Anfrage weitergeleitet wurde, gab am 2. November 1950 abschlägigen Bescheid: «Ich beehre mich Ihnen mitzuteilen, dass mir scheint, der von Hans Huber geleitete Aufklärungsdienst wirke vor allem ... in psychologisch/moralischer Richtung, das heisst insbesondere zur Hochhaltung oder gar zur Hebung des Wehrgeistes. 'Nachrichtenquellen' der Generalstabsabteilung hiefür beizuziehen, dürfte kaum möglich sein, da sie anders gearteter Natur sind.» (BA 27/9318). Obwohl dieses Begehren nach nachrichtendienstlicher Zusammenarbeit abgelehnt wurde, pflegte natürlich der SAD Kontakte zu einzelnen Mitgliedern militärischer Abwehrstellen. 1954 referierte Major Koch von der Nachrichtensektion des Generalstabs vor dem SAD, und 1955 schulten Oberst Maurer, Chef des Sicherheitsdienstes der Armee, und Generalstabsmajor Schneeberger die SAD-Referenten über «Ausländische politische Propagandaschriften in der Schweiz».

Wenn uns ein zufälliges Dokument die Bemühungen des SAD um eine Zusammenarbeit mit den Armee-Nachrichtendiensten zeigt, dann sind wohl die «sehr guten Beziehungen zur Bundespolizei» im gleichen Licht zu interpretieren. Nur war der SAD hier erfolgreicher: Der damalige Bupo-

Chef Friedrich Dick ist Mitglied des SAD. Und auch die Kontakte zu den vorgesetzten Stellen funktionierten ausgezeichnet. «Es entstand mit der Zeit ein ausgezeichnetes, eigentliches Vertrauensverhältnis zu Herrn Bundesrat Feldmann, das auch auf seinen Nachfolger, Herrn Bundesrat von Moos, überging» (Hans Huber). Beide Bundesräte waren für die Bundespolizei zuständig.

Markus Feldmann

An den internen Referentenkursen, die der Schulung und Information der Referenten dienten, waren Funktionäre der politischen Polizei gut vertreten. 1948 sprach Bundespolizeikommissar E. Maurer über «Kominform und schweizerische Linksextremisten», 1952 informierte Bundesanwalt Lüthi über die Bundesanwaltschaft, «insbesondere den Staatsschutz», und Bundespolizei-Chef Werner Balsiger über «Stellung und Obliegenheiten der Bundespolizei». Und 1955 gab Bundesanwaltschafts-Adjunkt André Amstein einen Überblick über «Extremistische Umtriebe in der Schweiz». Bei diesen Referaten handelte es sich offensichtlich nicht um philosophische Abhandlungen über Wesen und Ziele des Kommunismus, sondern um die Darbreitung handfester Informationen aus den Spitzel- und Informationsdiensten der politischen Polizei.

Damit können wir zur Frage zurückkommen, worum es sich bei der halbkonspirativen SAD-Parallelorganisation wirklich handelte. Wir vermuten (und Erwin Stauffer hat es bestätigt), dass es nichts anderes war als der Versuch, einen eigenen privaten Nachrichtendienst aufzubauen, der sich der Beobachtung, Bespitzelung und auch der aktiven Behinderung der PdA und deren Umfeld widmete. Das hat «viele Bürger» angezogen, «Verdächtigungen» zu melden, weil man ohnehin schon nach Verdächtigem suchte. Und diese Organisation hatte als «Clearing-Stelle zwischen Bevölkerung und Polizeiorganen» gedient, nicht Stauffer, obwohl er darin, nach seiner 'Antisubversions'-Vergangenheit im Weltkrieg, sicher eine wichtige Rolle gespielt hatte. Klar, dass ein solcher privater Nachrichtendienst ein vertrauliches internes Kommunikationssystem braucht, und ebenfalls logisch, dass seine, sicher freiwilligen Hobbyspione ab und zu zu aufmunternden, motivierenden Rapporten versammelt wurden.

Unsere Vermutung wird durch die Umstände der abrupten Auflösung dieser Parallelorganisation 1957 bekräftigt.

Am 23. März 1957 erschoss sich der damalige sozialdemokratische Bundesanwalt René Dubois. Er war in der Nacht zuvor beschuldigt worden, Hauptverantwortlicher für die Weiterreichung von Bundespolizeiakten an französische Geheimdienststellen zu sein. Ein Zürcher Rechtsanwalt, der Kämpfer der algerischen Freiheitsbewegung betreute, hatte weni-

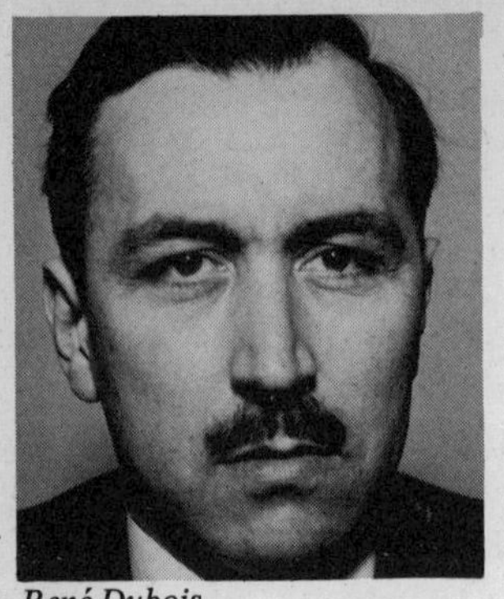
René Dubois

ge Wochen zuvor Bundesrat Feldmann die überzeugenden Beweise vorlegen können, dass sich Material der Bupo in französischen Händen befand. Und die ägyptische Regierung hatte herausgefunden, dass ihr Telephonverkehr mit der Botschaft in Bern abgehorcht wurde und die daraus resultierenden Informationen dem französischen Geheimdienst weitergeleitet wurden. Dubois hatte anfänglich die interne Untersuchung in der Bupo nach dem «Informationsleck» selbst zu leiten. Mitte März meldete die 'Tribune de Genève', Bundespolizeiinspektor Ulrich sei dabei erwischt worden, wie er Kontakte zur französischen Botschaft suchte, und verhaftet worden.In der Nacht vom 22. März 1957 fand die entscheidende Sitzung statt, an welcher Dubois direkt beschuldigt wurde, Informationen des Bundespolizei an den französischen Geheimdienst weitergeleitet zu haben. In der gleichen Nacht beging er Selbstmord.

Sitzungsteilnehmer unter andern waren Hans Huber und Erwin Oskar Stauffer. Die entscheidende Information, die Dubois belastete, war kurze Zeit vorher Stauffer gesteckt worden: Fatalerweise hatte sein Nachrichtendienst dazu geführt, dass er jetzt belastendes Material gegen die befreundete Bundespolizei selbst zugespielt erhielt.

Wenige Zeit später, im Frühsommer 1957, wurde Erwin Stauffer als Sekretär des SAD entlassen und die Parallelorganisation aufgelöst. Weshalb? In der offiziellen SAD-Geschichtsschreibung wird die Sache so dargestellt, dass die leichtfertige Preisgabe der «Konspirativität» der Parallelorganisation durch die Rapporte, die Erwin Stauffer organisierte, zur Auflösung der Organisation gezwungen hätten. «Das Vertrauen, welches die Mitarbeiter (der Parallelorganisation, Verf.) dem SAD geschenkt hatten, und die persönlichen Risiken, welche sie im Ernstfall auf sich zu nehmen bereit gewesen wären, wäre gefährdet worden, so dass dem Präsidenten (Hans Huber, Verf.) nichts anderes übrig blieb, als dem Ganzen ein jähes und für viele eifrige und gutgläubige Leute schmerzliches Ende zu bereiten.» Zur Entlassung Stauffers werden gar keine Gründe angeführt, wohl aber angetönt, dass die Verantwortung, die er für den Aufbau der Parallelorganisation getragen habe, zu seiner Entlassung führte. Die persönlichen Darstellungen hingegen sind widersprüchlich. Hans Huber hat uns überzeugend persönliche Gründe angeführt, die zur Entlassung Stauffers führten. Erwin Stauffer hingegen verknüpfte seine Entlassung mit dem Fall Dubois und der Auflösung der Parallelorganisation, auch wenn er persönliche Gründe als zusätzliches, aber nicht ausschlaggebendes Moment gelten lässt. Nach seiner Aussage habe die Rolle, die er in der Aufdeckung des Falles Dubois gespielt habe, politischen Druck der Bundespolizei und anderer interessierter staatlicher Stellen auf den SAD ausgelöst, seine konkurrenzierende Nachrichtentätigkeit aufzugeben. Erwin Stauffer habe dann stellvertretend für den SAD seinen Kopf für die «Dreckarbeit» hinhalten müssen. Seine Darstellung ist zumindest politisch sehr plausibel. Private «politische Polizeien» werden nur so lange die Deckung durch Staatsstellen geniessen, als sie sich nicht zur Konkurrenz auswachsen und den staatlichen Nachrichtendiensten nicht ins Gehege kommen. Das war aber im Fall Dubois geschehen. Gegen Stauffers Darstellung spricht, dass in allen vorhandenen Schilderungen des Falles Dubois keinerlei Hinweise auf den SAD zu finden sind. André Amstein, Bupo-Chef nach 1962, leugnet sie allerdings auch nicht ab und gibt selbst zu, dass Beziehungen zwischen Bundespolizei und privaten Nachrichtendiensten eben sehr heikel seien, weshalb man die Beziehungen zum SAD eingeschränkt habe.

Für Stauffers Darstellung, die übrigens durch Hans Huber weder bestätigt noch dementiert wurde, gibt es drei indirekte Hinweise: Erstens die auffällige Geheimnistuerei um die Parallelorganisation und ihre wirkliche Tätigkeit; uns wurden Informationen im direkten Gespräch mit den Beteiligten verschwiegen und Sachverhalte verharmlost. Zweitens brechen die Kontakte zu Bundespolizeistellen nach 1957 schlagartig ab. Und drittens spitzt die offizielle SAD-Geschichtsschreibung den gesamten Komplex Nachrichtendienst und Zusammenarbeit mit der Polizei derart auf die Person Stauffers zu, dass man sich des Eindrucks, hier werde ein Sündenbock geschaffen, nicht erwehren kann. Tatsächlich ist es nicht plausibel, dass der Leitende Ausschuss und sein Präsident nicht über Stauffers gesamte Tätigkeit informiert waren. Es wird sogar indirekt zugegeben, wenn geschrieben wird, dass Stauffer für diese Tätigkeiten die Protektion Gustav Eglis im Leitenden Ausschuss genossen habe, während sich der Präsident eher dagegengestellt hätte.

Während die Parallelorganisation aufgelöst wurde, pflegte der SAD ausländische «Antisubversions»-Kontakte, die Erwin Stauffer angeknüpft hatte, auch nach seiner Entlassung weiter. Hans Huber schreibt in seiner SAD-Geschichte: «Es wird wohl von niemandem bestritten werden können, dass die Bundesrepublik Deutschland seit Jahren das eigentliche Experimentierfeld des kommunistischen Ostens für subversive Aktionen ist... Es darf deshalb auch niemanden wundern, wenn der SAD von allem Anfang an Kontakt mit den für die Abwehr zuständigen Stellen in Westdeutschland suchte, um auf diese Weise Anschauungs- und Beweismaterial für die subversive Tätigkeit der Kommunisten im freien Westen zu erhalten.»

Bei diesen Kontakten handelte es sich um den Ostvertriebenen Herrn von Dellinghausen und die Österreicherin Stephanie Krenn, beide für das Bundesministerium für gesamtdeutsche Fragen tätig, um die Berliner Verbindungsleute des betreffenden Ministeriums Herbert Scheffler und Rolf

Buchow alias Erfurth, sowie um J.H. Pfister vom Bundesministerium für Verteidigung. Von Kontakten dieser Leute zur Geheimdienst-Organisation Gehlen könne keine Rede sein, teilte uns Hans Huber mit, der Begriff «Abwehr» in seiner Geschichtsdarstellung sei nicht in diesem Sinne zu verstehen. Stephanie Krenn referierte vor dem SAD 1958 zum Thema «Die geistige Lage der heutigen Jugend», Rolf Erfurth gab 1960 «vertrauliche Informationen» zum «Staatssicherheitsdienst der DDR, Erfahrungen mit Funktionären» zum Besten. Erfurth und Scheffler schulten 1965 die Kommandanten und Dienstchefs der wieder aufgebauten Sektion *Heer und Haus* des FAK 4 über «Erfahrungen mit dem Verhalten kommunistischer Funktionäre und der Bevölkerung der Sowjetzone Deutschlands» und «mit der politischen Abwehr kommunistischer Infiltration». Den selben Kurs hielten sie im gleichen Jahr vor Zürcher Polizeifunktionären. Nachher brechen die Kontakte ab.

Diese Gruppe hatte Erwin Stauffer schon 1950 kennengelernt. In diesem Jahr veranstaltete der *Berliner Landesverband der Vertriebenen,* unterstützt durch das Bundesministerium für gesamtdeutsche Fragen die Ausstellung «Deutsche Heimat im Osten». Neben der Repräsentation der «nach dem Krieg verlorengegangenen Gebiete innerhalb der Grenzen von 1937» sollte eine angegliederte Sonderausstellung die «Beweise für die Bolschewisierung der Sowjetzone» erbringen. Die Ausstellung wanderte durch die ganze Bundesrepublik und wurde von Erwin Stauffer in Konstanz gesehen. Das Interesse des SAD lag sicher in der besonderen «Erfahrung» dieser Gruppe in antisubversiver Tätigkeit, allerdings hatte man so gleichzeitig den Kontakt zu den revanchistischen Kreisen Westdeutschlands geknüpft, die noch während der Kriegsjahre kaum auf der Seite der SAD-Gründer gestanden hätten.

Studentische Ungarn-Bewegung

Drei Jahre nach Stalins Tod und der Auflösung der Kominform 1953 hatte Tauwetter auch die Schweiz erreicht. Antikommunistische Zeitungen kämpften bis 1956 mit Desinteresse beim Abnehmerkreis und der Einhaltung der eigenen Periodizität. Die scharfe Scheidung zwischen «Gut und Böse» (Peter Sager 1948) wurde verwischt, und gegenseitiger Kontakt kam auf offiziöser Ebene langsam ins Rollen. Das wäre wohl rasch weitergegangen, hätte nicht auch Tauwetter die osteuropäischen Länder erreicht. Das grüne Licht, das die russische Parteiführung für die 'Entstalinisierung' der 'Bruderparteien' gab, entwickelte sich in Polen und Ungarn zu mächtigen Volksbewegungen gegen die sowjetische Bevormundung. In Ungarn wurde diese Bewegung im November 1956 mit russischen Panzern zum Schweigen gebracht.

In der Schweiz entwickelte sich eine starke politische Protestbewegung,

Konvoi der studentischen Direkthilfe in Budapest.

hauptsächlich an den Hochschulen von Zürich und Bern verankert, auf den Strassen auch mit Zuzug von Mittelschülern und andern Jugendlichen, die in den meisten ihrer Aktionen durch behördliches und politisches Wohlwollen der Parteien gedeckt wurden. Es kam in Genf, Lausanne, Bern, Basel und Zürich zu tätlichen Angriffen auf PdA- oder sowjetische Einrichtungen im Gefolge von Massendemonstrationen oder in kleinen Einzelaktionen. Sie führten vor allem in der Deutschschweiz zur vollständigen Isolierung der PdA, die in diesem Jahr, nach der Geheimrede Chruschtschews am XX. Parteitag über Stalin und nach Ungarn hunderte ihrer Mitglieder verlor.

Die studentischen Organisationen kristallisierten sich zunächst um die Direktunterstützung der Aufständischen in Ungarn und die Betreuung der Flüchtlinge. Die Initiative dazu kam vom Zürcher Medizinstudenten Erich Ramseier. Sein Vorschlag platzte am 29. Oktober 1956 mitten in die Vorbereitungen zur Zürcher Studentendemonstration, an welcher sich 8000 Personen beteiligten: «Montag, 29. Oktober, 09.30 Uhr, Sekretariat. Es läuft, wie, weiss eigentlich niemand, jeder tut, woran er sich noch gerade erinnert; im Moment ist Balz beim Strasseninspektor oder beim Polizeivorstand, Gil bestellt gerade die Lautsprecheranlage, seine Leute rennen in Uni, Poly und Nebengebäuden herum und verteilen die Flugblätter, welche am Sonntag in grösster Hast verfasst und gedruckt worden sind, Walter Renschler, der seit seinem Auftauchen am Samstagabend der Kopf der Organisation ist (umsonst hat er den Uniball nicht organisiert), ist sonst irgendwo abwesend. Jörg hat sich gerade eingeschlossen und sitzt vor einem fast weissen Blatt, nur ganz oben steht ein Wort: 'Kommilitonen!' Da klopft es an die Türe, herein tritt jemand, der sich als Erich Ramseier, Mediziner im elften

Semester vorstellt und von einer direkten Lastwagenaktion spricht, ein Freund habe Beziehungen zur Shell, und sie stelle eventuell Benzin und Wagen zur Verfügung. Von unserer Aktion weiss er noch nichts.» (Zürcher Student, 5/56)

Walter Renschler

Die Akteure dieser Szene sind Balz Hatt und Walter Renschler, die späteren Verantwortlichen für die *Studentische Direkthilfe Schweiz-Ungarn* (SDSU). Sie durften Lastwagentransporte nach Wien und einmal sogar bis nach Budapest begleiten, wo sie durch Zufall für einige Tage auch das Rot-Kreuz-Lager auf der Halbinsel Csepel betreuten. Dann Jörg Thalmann, damals Präsident des Kleinen Studentenrates, der 1957 die *Studentische Europaaktion* lancierte. Und schliesslich Gilbert Thiel, der die Manifestation vom 29. Oktober initiierte.

Die Aktion der *Studentischen Direkthilfe Schweiz-Ungarn* wurde rasch au f die Hochschulen von Bern und Basel ausgedehnt. Sie führte nicht nur umfangreiche Transporte mit Hilfsgütern in die Auffanglager in Österreich durch, sondern betreute auch in der ersten Zeit ungarische Flüchtlinge in der Schweiz. Am l. Mai 1957 wurden ihre Aktivitäten durch die *Ungarnkommission Zürich* übernommen , die durch die SDSU zusammen mit der offiziellen Hilfsaktion für Flüchtlingsstudenten und den Studentenschaften beider Hochschulen gebildet wurde. Balz Hatt vertrat darin die aufgelöste SDSU, und ihre ersten Sekretäre waren Ex-Aktivisten der SDSU: Thomas Homberger (er leitete einen Vorbereitungskurs der *Direkthilfe),* Emil Jäggi und Elisabeth Iklé, die spätere Gattin des SAD-Präsidenten Hans Kopp, heute erste Vizepräsidentin der *Schweizerischen Staatsbürgerlichen Gesellschaft.*

An der Hochschule Bern bildete sich zusätzlich zur SDSU-Gruppe Bern die *Aktion Niemals Vergessen* (ANV), ursprünglich offiziell durch die Studentenschaft Bern getragen. Die ANV gab ab November 1956 ein monatliches Tagebuchblatt *Niemals Vergessen* heraus, welches an verschiedene Zeitungen verschickt wurde, in der Hoffnung, es abgedruckt zu sehen. Bald allerdings verschwand dieses Tagebuchblatt in die Spalten der einschlägigen antikommunistischen Presse, nachdem es anfänglich noch das Wohlwollen der grossen Presse genossen hatte.

Die ANV griff aber auch handfest ins politische Leben ein. Im November/Dezember 1956 verteilten ihre Mitglieder 15'000 Initialzünder für Molotowcocktails in der Stadt Bern und veranstalteten Übungsschiessen mit Molotows: Man hätte meinen können, die russischen Panzer stünden in Schaffhausen. Während die welsche Presse insgesamt äusserst negativ auf diese Bubenaktion reagierte, stellte sich das Mitteilungsblatt der NHG, die *Information,* unter ihrem Redaktor Dr. Ernst Mörgeli voll hinter diese Aktion. *Information* sah in Zukunft: «So hat jeder Mann, ja auch jede Frau, die Möglichkeit, ganz persönlich für eine Verstärkung der Landesverteidigung zu sorgen – der Karabiner mit der Kriegsmunition und der Molotow-Cocktail gehören nun zur Ausrüstung eines Schweizer Hauses.» (67/56)

Der Schweizerische Unteroffiziersverband beschloss im Gefolge dieser Aktion, eigene Molotowübungen durchzuführen und die Kenntnis panzerbrechender Waffen auch der Bevölkerung beizubringen. Überdies schulten auch einzelne kantonale Polizeikorps und einzelne Wiederholungskurse der Armee ihre Leute an Molotows. Eher anekdotisch sei angefügt, dass Berner

Bern, im Dezember 1956.

Lieber Mitbürger,

Gemahnt durch den heldenhaften Kampf des ungarischen Volkes gegen den kommunistischen Terror und gegen die Unterdrückung durch eine fremde Macht, hat die Aktionsgruppe "Niemals vergessen" der bernischen Studentenschaft beschlossen, nicht nur durch ihre Gesinnung, sondern auch durch konkretes Handeln den Wehrwillen des Schweizervolkes und sein Bekenntnis zu Freiheit und Wahrheit zu stärken.

Als erstes werden an die Studenten und an die Angehörigen höherer Schulen in der ganzen Schweiz Tausende von Molotov-Cocktail Zündern unentgeltlich verteilt. Der Molotov-Cocktail ist eine höchst wirksame, billige und einfach zu handhabende Waffe, die zur Bekämpfung gepanzerter Fahrzeuge eingesetzt wird und auch von Zivilisten leicht hergestellt und benutzt werden kann.

Es ist zu betonen, dass durch diese Aktion nicht bezweckt wird, die Zivilbevölkerung durch Partisanenkampfschulung von vornherein in einem eventuellen Konflikt in die Kriegshandlungen zu verwickeln; es soll nur jedermann die Möglichkeit gegeben werden, in äusserster Notlage der Vernichtung von Familie und Heim nicht machtlos gegenüber zu stehen.

Wir erlauben uns, Ihnen beiliegend einen unserer Molotov-Cocktail Zünder mit Gebrauchsanleitung zu überreichen.

Um aber breitere Volksschichten mit dieser Waffe, welche selbst die russischen Stahlkolosse in Budapest aufhielt, vertraut zu machen, bedarf es bedeutender Mittel; wir wären Ihnen ausserordentlich dankbar, wenn Sie durch eine Spende unsere Bemühungen unterstützen könnten.

Unser Postcheckkonto lautet : "Niemals vergessen", Bern III 7837.

N I E M A L S   V E R G E S S E N !
Studenten der Universität Bern

«In jedem Schrank ein Molotow» (Mörgeli). Flugblatt der Studenten von Niemals Vergessen *zur Verteilung von 15 000 Initialzündern im November/Dezember 1956.*

Studenten aus dem gleichen Kreis den SAD-Sekretär Erwin Stauffer um die Beschaffung scharfer Munition angingen, die sie in Verbandsstoffpäckchen via *Studentische Direkthilfe Schweiz-Ungarn* nach Ungarn schmuggeln wollten. Erwin Stauffer hat abgelehnt.

Die Militanz der Berner führte nicht nur zu Spannungen mit den Zürcher Aktivisten, sondern auch zu einer Geheimniskrämerei vor der Studentenschaft Bern, die immerhin ihren Namen für die *Aktion Niemals Vergessen* hergegeben hatte. Die Studentenschaft Bern beschloss deshalb an ihrer Delegiertenversammlung vom 14. Februar 1957: «Da sich die anwesenden Vertreter des *Niemals Vergessen* weigerten, der Studentenschaft über Rechnungsführung und Tätigkeit Bericht zu erstatten, wird es ihnen inskünftig nicht mehr gestattet, im Namen der Studentenschaft Aufrufe und Berichte zu veröffentlichen.» Was die Delegiertenversammlung nicht hinderte, den ANV-Aktivisten Benno von Wattenwyl in den Vorstand zu wählen. Die ANV arbeitete in den folgenden Jahren sporadisch mit der NHG, dem SAD und der Ungarnneugründung *Pro Libertate* zusammen, und nahm bis anfangs der sechziger Jahre an internen Seminaren von Peter Sagers *Ost-Institut* teil. Am 23. Dezember 1967 erschien das letzte Tagebuchblatt: «Heute erscheint unser letztes. Wir haben beschlossen, unsere Kräfte vermehrt für die Förderung der staatsbürgerlichen Schulung einzusetzen, im Sinne unserer letzten Publikation ('Jugend im Staat - einige Beiträge zum staatsbürgerlichen Unterricht', Bern 1967).»

Im Sinne «staatsbürgerlichen Unterrichts» wandten sich die Hauptaktivisten der ANV folgenden Tätigkeiten zu:

– Benno von Wattenwyl, Mittelschullehrer in Bern, wurde Mitglied des SAD, wo er von 1972 an die Fachequipe für Subversion leitet. Er pflegte mit Cinceras Aussenposten Peter Addor in Bern Kontakte.

– Markus Herzig, Fürsprecher, trat in die *Aargauische Vaterländische Vereinigung* ein, ist dort Vorstandsmitglied, und liess sich 1978 auch in den Zentralvorstand der *Schweizerischen Fernseh- und Radiovereinigung* wählen.

– Und Adrian Gnehm, ebenfalls SAD-Mitglied, wurde dort ab 1971 Leiter der Stabsequipe, die die Sonderaktionen und Studiengruppen des SAD leitet und stimuliert.

Ihr Postfach in Bern vermachten die oder vielleicht auch nur einige der ANV-Aktivisten der bernischen Jugendgruppe *Polygon,* eines cinceristischen Tarnvereins.

Die Mobilisierung der Studenten und die öffentliche Bereitschaft, sich an Ungarn zu erhitzen und den Flüchtlingen zu helfen, sackte schon 1957 zusammen. Im Dezember 1957 beklagte Gian Klainguti im 'Zürcher Student': «Wo ist der studentische Freiheitswillen geblieben?» Und das Editorial im Januar 1958 konstatierte weitgehende «politische Abstinenz» unter den Studenten. So griff Berthold Rothschild, Aktivist der Zürcher SDSU, die Couleur-Studenten an, sich nirgends bei den Ungarnaktivitäten blicken zu lassen, was sofort heftigst zurückgewiesen wurde. Auch bewährte Kämpfer wie die *Aktion freier Staatsbürger* berichteten Ungeheuerliches: «Die Sammler für die Ungarnhilfe wurden an dem Cup-Halbfinal Nordstern gegen Lausanne-Sports am Osterdienstag mit einem Pfeifkonzert und dem Ruf 'Höred emol uf mit dem Seich' empfangen» (NIZ-*Bulletin*, 3/4/57). Ähnliches erlebte die *Aktion Niemals Vergessen*: Sie sammelte an einem Spiel Young Boys-MTK Budapest unter 28'000 Zuschauern lumpige Franken 690.23. Trotzdem hielten Ungarn-Aktionen bis in die früheren sechziger Jahre an, vor allem Sammlungen jeglicher Art, und an Weihnachten jeweils Kerzenverkaufsaktionen, für welche sich Studentinnen einspannen liessen.

Die politischen Köpfe, die mit der Bewegung aufgespült wurden, wandten sich aber, vor allem in Zürich, neuen Tätigkeitsgebieten zu. Im Frühjahr 1957 lancierte Jörg Thalmann (SDSU) die *Studentische Europaaktion* in Zürich. Die Idee eines Vereinigten Europa ist seit dem letzten Weltkrieg immer wieder ab und zu aufgekommen und hatte für ihre Vertreter immer den Sinn einer konkreten politischen Alternative zum Blockkonflikt: Ein vereintes Europa, so die Vorstellung, könnte schliesslich auch die osteuropäischen Länder aus ihrer Beherrschung durch die Sowjetunion herauslösen. Jörg Thalmann formulierte seine Vision: «Es ist kaum auszudenken, was für eine grosse Wirkung von einem starken, geeinigten Europa ausgehen kann, falls wir in Westeuropa das eigene Proletariat durch kühne Massnahmen wieder zu einem positiv eingestellten Teil der Gesellschaft emporheben und dann unablässig und selbstbewusst die Freiheit auch für Osteuropa verlangen. Die Bildung einer solch starken Macht, im geistigen wie auch im materiellen Sinne, ist der einzige Weg, der die Russen zur Aufgabe Osteuropas zwingen kann» (ZS, Januar 57). Die *Studentische Europaaktion* arbeitete mit Studiengruppen, Seminarien und wenigen Öffentlichkeitsveranstaltungen, so der *Europa-Woche* im November 1959. Ihre Tätigkeit stiess nicht gerade auf grosses Echo und schlief 1960 langsam ein.

Jörg Thalmann scheint der Unorthodoxeste im Zürcher Aktivistenkreis gewesen zu sein. Schon im Mai 1957 befürwortete er Kontakte mit polnischen Studenten, was nach der Boykotthysterie, die Ungarn genährt hatte, keine selbstverständliche Sache war. Er wurde dann auch von Walter Renschler und Balz Hatt im Studentenparlament abgeblockt. Nach dem Einschlafen seiner *Europaaktion* gründete Thalmann 1960 die *Studiengemeinschaft für Ostprobleme*, die sich als erstes die Lektüre von Lenins 'Imperialismus, das höchste Stadium des Kapitalismus' vornahm. Thalmann, seit langen Jahren Europa-Korrespondent verschiedener Schweizer Medien in Brüssel und spezialisiert auf europäische Probleme, tauchte in den siebziger Jahren ab und zu als Referent oder Autor des SAD auf, zum Beispiel in der SAD-Broschüre zur Totalrevision der Bundesverfassung

1978.

Ebenfalls vom Zürcher Kreis kamen die Initiativen, sich an den kommunistischen Weltjugendfestivals mit eigenen alternativen Delegationen zu beteiligen. Zu diesem Zweck bildete sich 1959 erstmals für das Wiener Festival die *Aktion Wahret die Freiheit* (AWF), deren erster Präsident Walter Renschler war. Sonst waren dabei Thomas Homberger und Emil Jäggi von der *Ungarn-Kommission*, Balz Hatt und Ullin Streiff, die beide schon in der SDSU aktiv waren, sowie Peter Rosenstock, Rudolf Schilling, Hans Scharpf, Peter Arbenz, Alois Riklin und andere.

Von den Spendern, die zur Finanzierung des Unternehmens angegangen wurden, kam der Druck, sich mit andern Initiativen zu koordinieren. Schliesslich umfasste die Vorbereitungsgruppe neben der AWF die *Aktion Niemals Vergessen*, den *Schweizerischen Aufklärungs-Dienst* (vertreten durch seinen neuen Sekretär Dr. Ernst Mörgeli, Redaktor der NHG-*Information*), die *Aktion freier Staatsbürger* (vertreten durch Albert Münst), sowie Ernst Borer, Vertreter des Christlichen Metallarbeiterverbandes (Borer begann zu dieser Zeit mit seinen zahllosen Komiteegründungen zu Taiwan, Tibet und unterdrückten Menschenrechten im allgemeinen), und Karl Bader, Prokurist der Bank Vontobel & Co., Zürich, welche schon 1956/57 der *Studentischen Direkthilfe* in buchhalterisch-finanziellen Belangen zur Seite gestanden war. Via AFS wurde übrigens auch in der Westschweiz eine ähnliche Gruppierung zusammengestellt.

Festivalbesuche waren schon vor Wien 1959 gepflegt worden, allerdings eher mit einer Aura von Agententätigkeit umgeben. So liess 1955 die *Aktion freier Staatsbürger* ihren «Sonderkorrespondenten» aus Warschau berichten. Wien gab nun die Möglichkeit, ausserhalb der Organisatoren des Festivals eigene Aktivitäten zu entwickeln. Die Schweizer bauten einen Schweizer Pavillon, suchten Kontakte zu Kommunisten und Vertretern der Dritten Welt und propagierten Demokratie und Föderalismus unseres Staatswesens. Innerhalb der Gesamtaktion waren allerdings latente Spannungen vorhanden. Die Zürcher fanden es entscheidend, auf die Dritt-Welt-Delegationen einzuwirken, die man am ehesten noch dem Kommunismus entfremden könne, sofern man entwicklungspolitische Konzepte im Westen entwickle. Die andern Teilnehmer waren eher dem antikommunistischen Kampf verschrieben.

Die Aktion war für genügend erfolgreich befunden worden, um 1962 anlässlich des Festivals in Helsinki wiederholt zu werden. Neuer Präsident der *Aktion Wahret die Freiheit* wurde Hanspeter Ming, Mitglied des katholischen Schweizerischen Studentenvereins, der seit 1960 der *Aktion Neue Welt* angehörte, welche in Zürich ein Clubhaus 'Maccabee' zur Förderung der Freundschaft zwischen schweizerischen und ausländischen, insbesondere Dritt-Welt-Studenten eröffnet hatte.

Nach der Helsinkiaktion schlief die *Aktion Wahret die Freiheit* ein. Ihr finanzieller Überschuss wurde in zwei Fonds geteilt, einer für Entwicklungsstudenten und einer für allfällige weitere Festivalbesuche. Die Unterschrift zum zweiten Fonds hatten Walter Renschler und Karl Bader: ein Detail, das 1977 öffentliche Auferstehung feierte. Hier wurde bekannt, dass Cincera für die Bezahlung seiner Spitzel, die er zu den Weltjugendfestspielen in Ostberlin 1973 schickte, 800 Franken aus dem Restfonds der *Aktion Wahret die Freiheit* entnahm. Aus Cinceras Küche stammte dann eine Notiz im 'Aargauer Tagblatt' vom November 1977, diesen Geldern habe ja auch Walter Renschler, heute SP-Nationalrat und VPOD-Sekretär, zugestimmt. Nach Renschlers Aussage hat es sich allerdings um eine Eigenmächtigkeit Karl Baders gehandelt.

Karl Bader, Hans Scharpf, Balz Hatt und Ernst Borer trafen sich 1965 zusammen mit Robert Vögeli und Albert Münst sowie weiteren Mitgliedern der *Aktion freier Staatsbürger* zur Vorbereitung einer neuen Organisation, die 1966 als *Aktion für freie Demokratie* aus der Taufe gehoben wurde und von welcher sich 1972 Ernst Cincera abspaltete. Balz Hatt ist übrigens in den sechziger Jahren in die *Wirtschaftsförderung* eingetreten, wo er sich – sinnigerweise nach seiner Erfahrung – bis in die Gegenwart mit der Finanzierung politischer Aktionen beschäftigt.

Die «entwicklungspolitische Linie» der *Aktion Wahret die Freiheit* startete im Frühjahr 1960 mit einem Seminar im Knabeninstitut Hof Oberkirch in Kaltbrunn, zu welchem fünfzig Vertreter aus Entwicklungsländern eingeladen waren. Es referierten Dr. Adolf Guggenbühl, Herausgeber des 'Schweizer Spiegels' und einer der Widerständler im Krieg, sowie Dr. Fritz Hummler, SAD-Referent der ersten Stunde und Delegierter für Arbeitsbeschaffung beim Bund. Das Seminar wurde vom *Redressement National* finanziert.

1961 gab Walter Renschler seine Zeitschrift für Entwicklungsfragen, *mondo*, heraus. 1962 wurde er schon als Experte zu einer SAD-Tagung beigezogen zum Thema «Die Entwicklungsländer als Kampffeld der wirtschaftlichen Auseinandersetzungen». Etwa zur gleichen Zeit wurde eine *Schweizerische Kontaktstelle* ins Leben gerufen, welche vor allem Dritt-Welt-Studenten zu betreuen hatte und Jahre später zur offiziellen 'Kommission für Entwicklungshilfe' der Universität Zürich umgewandelt wurde. Ihr erster Leiter war Peter Studer, Chefredaktor des TA seit 1978. Studer referierte 1965 vor dem SAD zum «Stand der kommunistischen Subversionsbestrebungen in den Entwicklungsländern» und blieb auch nachher unter den Referenten des SAD vertreten. Zuletzt sprach er 1976 über «Wesen und Wirkung der Presseerzeugnisse».

Übrigens hat auch Peter Arbenz, SAD-Präsident seit 1973, seine ersten politischen Schritte in Entwicklungspolitik gemacht. Er trat 1963 in das Schweizerische Hilfswerk für aussereuropäische Gebiete ein, später Helvetas genannt, deren Geschäftsleiter er bis 1973 war. Charakteristisch für die

Verknüpfung von Entwicklungsproblematik und Antikommunismus ist, dass Peter Sager in einer Liste befreundeter Organisationen 1961 auch dieses «Hilfswerk» sowie das Zürcher Komitee des HEKS (Aktion Brot für Brüder) aufzählte (*Mitteilungsblatt für die Freunde des SOI*, 6/61).

Aktion «Use mit de Russe»

Ungarn 1956 hatte eine neue politische Generation hervorgebracht, die sich faktisch auf die akademische Jugend beschränkte und in den ersten Jahren ihrer Tätigkeit als Bewegung zusammenhielt. Sie wurde von allen traditionellen antikommunistischen Organisationen umworben. Erst Mitte der sechziger Jahre begann sie sich auseinanderzufächern: Ihre einzelnen Exponenten arbeiteten sich auf dem breitesten politischen Spektrum in die verschiedensten politischen Funktionen hoch.

New World – durch Moralische Aufrüstung verordnet

Frank Buchman

Während der Ungarn-Zeit nahm auch die weltweite Bewegung für *Moralische Aufrüstung* (MRA) mit dem Schweizer Zentrum in Caux VD neue Anläufe, Herzen und (Dumm)Köpfe zu gewinnen. Der Amerikaner Dr. Frank Nathan Daniel Buchman hatte diese Bewegung 1938 in London ins Leben gerufen: auf dem Programm stand die Änderung des Menschen durch Besinnung auf Gott, womit auch «neue Menschen, neue Familien, neue Völker, eine neue Welt» geschaffen werden könnten. Nach dem Krieg verstand sich die MRA als ideologische Alternative zum Kommunismus, als die einzige – ein Anspruch, dessen Erfüllung uns gottlob bis heute versagt blieb.

In der Schweiz hatte 1946 Philippe Mottu mit der Verbreitung von Buchmans Politreligion begonnen. Mottu, ein Mitglied des *Gotthardbundes* und *Heer-und-Haus*-Referent schuf das Zentrum in Caux und suchte auch ständig, sein Werk offiziell anerkennen zu lassen. Rapporte über Besuche hoher Schweizer Offiziere sind uns auch im Bundesarchiv begegnet, wobei es die Militärs nicht an vorsichtiger Skepsis fehlen liessen («nicht immer sympathisch... habe solche Diskussionen aus der Studentenzeit zur Genüge in Erinnerung, die nicht die beste ist», so Oberstdivisionär Brunner am 16. Oktober 1950 an die Zweite Division. (BA 27/9318)

Mitten in der allgemeinen Empörung 1956/57 griffen die traditionellen antikommunistischen Organisationen neben den Studenten und oft mit ihnen zusammen ein – für einzelne Strategen des Kampfs gegen die PdA war es die erste Gelegenheit, Antikommunismus nicht nur journalistisch zu verbreiten, sondern auf eine Massenbewegung abgestützt zum konkreten Angriff überzugehen.

Viele der gewaltsamen Ausschreitungen gegen PdA- und Sowjeteinrichtungen waren spontan zustandegekommen, bei einzelnen war nachgeholfen worden. So verhielt es sich auch mit dem 'Sturm' auf die sowjetische Botschaft am 5. November 1956, welchen die NHG – die Organisatorin der Berner Demonstration – in ihrer *Information* als «spontane anschliessende Demonstration» kennzeichnete (66/56).

Eine besonders aktive Rolle in der Präparation 'spontaner Gewaltakte' spielte die *Aktion freier Staatsbürger,* eine Organisation, die vielen Ungarn-

1959 behauptete die MRA, 120 000 Menschen hätten Caux besucht und seien zu Sendboten der alternativen Ideologie in der ganzen Welt geworden. Eines der beliebtesten Einsatzmittel in den fünfziger Jahren waren weltweite Theatertourneen mit Stücken, die eigens zur moralischen Aufrüstung fabriziert worden waren. Im Juni 1955 startete eine erste solche Weltmission mit 200 Ideologen und Spielern, die in Afrika, Asien und schliesslich Europa ihr Stück «Verschwindende Insel» aufführten. In diesem «ideologischen Singspiel» wurde der brennende Gegensatz zwischen der materialistischen, fröhlichen, freiheitlichen Insel «Ychlibmich» und der disziplinierten, hass- und angsterfüllten Insel «Wia'hassen'oich» demonstriert. Die letztere droht die erstere zu verschlingen, bis diese durch moralische Aufrüstung gerettet werden kann.

Die Schweizer Tournee wurde durch einen Empfang beim Rektor der Universität Bern eröffnet und führte im Herbst 1955 in mehrere Schweizer Stadttheater. Nach Ungarn 1956 tauchten überzeugte Anhänger der MRA an den Universitäten Bern und Zürich auf, die aber typischerweise nicht in die verschiedenen Nach-Ungarn-Aktivitäten integriert waren. Den Höhepunkt ihrer Kampagne erreichte die MRA in der Schweiz 1960/61 – sie bearbeitete unzählige Parlamentarier und Kirchenvertreter, ihren Namen als Aushängeschild herzugeben. Mit der Broschüre «Ideologie und Koexistenz» durfte jeder Schweizer im Sommer 1960 erfahren, was ihn retten kann: die MRA. Diese Broschüre, mit einem warmen Geleitwort des Ex-Generals Guisan versehen, wurde an sämtliche Haushaltungen verteilt, und warnte davor, dass mit dem Anbruch der Koexistenzpolitik lediglich eine neue gefährlichere Etappe des Dritten Weltkrieges begonnen habe: Kommunismus oder MRA.

Die MRA existiert noch heute – eher bescheiden in ihrem Schweizer Zentrum im Grandhotel Mountain House in Caux.

Militanten nicht durchsichtig war und welche wir in einem gesonderten Kapitel etwas beleuchten. Im Jahresbericht 1956 der *Aktion,* der 1957 dem 'Vorwärts' in die Hände fiel, heisst es zu den heissen Momenten des Ungarn-Winters: «Die Aktion 'Use mit de Russe' beabsichtigte, die Empörung der Bevölkerung auf bestimmte Ziele zu lenken und sie aufzufordern, die Konsequenzen auf allen Gebieten, auf denen sich bisher die Zusammenarbeit mit dem Osten bewegt hatte, zu ziehen.» Diese «bestimmten Ziele» waren etwa die sowjetische Botschaft (Slogan der Demonstranten: «Use mit de Russe») oder die sowjetische UNO-Delegation in Genf, deren Galaempfang am Abend des 7. November 1956 durch Demonstranten heimgesucht wurde.

Nachdem in der Öffentlichkeit gewisse Kritik an der 'Russenfeindlichkeit' dieser Aktion geübt worden war, verteidigte sich das *Bulletin* der *Aktion freier Staatsbürger* wie folgt: «Wer hätte gedacht, dass man uns des Russenhasses bezichtigen könnte. Es wäre uns nicht im Traum eingefallen, einen solchen Vorwurf zu erwarten. Gibt es denn überhaupt – abgesehen von den offiziellen und offiziösen Vertretern des sowjetischen Regimes – mehr als eine symbolische Zahl von Russen in unserem Land? Und hatten wir nicht schwarz auf weiss klargemacht, gegen wen sich der Slogan richtete, dass er die sowjetische Botschaft in Bern, die PdA, die Freie Jugend (PdA-Jugendorganisation, Verf.), die GSS (Gesellschaft Schweiz-Sowjetunion, Verf.), Kultur und Volk, kurzum die Auftraggeber im Kreml und ihre Trabanten aufs Korn nehmen wollte? Ob wirklich alle Schweizer lesen können? Um so besser verstehen sie sich jedenfalls aufs Schimpfen und Aufbegehren... Übrigens waren genug Empfänger, die weitere Transparente und sogar Dutzende nachbestellten, die sich begeistert zur Aktion äusserten» (1/2/57).

«use mit de Russe». Spontan gesteuerte Demonstration vor der russischen Botschaft am 5. November 1956

Mit diesem Artikel übernahm die *Aktion freier Staatsbürger* auch die Verantwortung für viele andere dieser «spontanen Demonstrationen» (Angriffe auf die PdA-Druckerei in Genf, ebensolche auf die Pinkus-Buchhandlung und den Literaturvertrieb in Zürich). Da Jugendliche die Ausführenden waren, konnte sie nicht einmal direkt belangt werden – denn hatte sie nicht nur Flugblätter und Transparente verteilt, und standen nicht die AFS-Verantwortlichen Albert Münst in Zürich und Marc Chantre in Genf lediglich als Beobachter herum?

Den Höhepunkt erreichte die Aktion «Use mit de Russe» im Sommer 1957 in Zürich. In diesem Juli fanden in Moskau die Weltjugendfestspiele statt, zu welchen auch eine 350 Mann starke Schweizer Delegation reiste. Vierzehn Tage lang hetzte vor allem die Deutschschweizer Presse gegen die Festivalteilnehmer, wie wenn sie akute Landesverräter mitten im Krieg wären. Zu ihrer Rückkehr in die Schweiz war einiges vorbereitet worden. In der Sonntagsausgabe der NZZ vom 13. August 1957 kündigte Inlandredaktor Dr. Ernst Bieri die Ankunft der Festivalreisenden im Bahnhof Zürich-Enge an: «Man darf gespannt sein, ob die PdA wiederum versuchen wird, der Arbeit von Pressefotografen Hindernisse in den Weg zu legen». Damit sich jeder selbst überzeugen konnte, ob wieder so ein Anschlag auf die Pressefreiheit stattfinde oder nicht, liess die *Aktion freier Staatsbürger* ab sechs Uhr abends eine knappe Mitteilung über die 'Leuchtwanderschrift' am Bahnhofplatz Zürich laufen: «Die Schweizer Moskauwallfahrer kommen heute abend um 22.25 in Zürich-Enge an. Wie wird sie die Zürcher Bevölkerung empfangen?» Der Empfang wurde hitzig – die «Moskauwallfahrer» gerieten unter die Fäuste und Stiefel einiger hundert Jugendlicher, darunter auch Aktivisten der Studentenbewegung, die die Ankömmlinge aus dem Bahnhofareal prügelten. Wie immer in solchen Situationen bekam auch der eine oder andere 'Unschuldige' etwas mit ab – man kann nachträglich nur hoffen, Ernst Bieri habe seinen Fotoapparat nicht vergessen, als er diese ganze Szene vom Bahnhofbuffet aus beobachtete – er wäre in seiner Arbeit kaum behindert worden.

Ernst Bieris Rolle wird verständlicher, wenn man weiss, dass sein Kollege von der Inlandredaktion, Dr. Nicolo Biert, ein Mitglied des Patronatskomitees der *Aktion freier Staatsbürger* war. Ihre Hetze entfalteten sie in einem politischen Klima, wo alle Ungarn-Aktivisten zu schärfsten Massnahmen bereit waren. An der Sitzung des Zürcher Kleinen Studentenrates vom 28. Mai 1957, also vor dem Festival, wurde auf Antrag des Präsidenten Balz Hatt beschlossen, Zürcher Studenten, die nach Moskau pilgerten, allenfalls vor ein studentisches «Ehrengericht» zu ziehen. Dieser Vorschlag wurde an der Sitzung des Grossen Studentenrates vom 15. Juli 1957 durch Walter Renschler wiederholt, dann aber nie realisiert. Ebenfalls nicht durchgeführt, aber beschlossen, wurde ein Antrag Christian Padrutts, des späteren Publizistikprofessoren an der Universität Zürich, eine Liste der

Moskaureisenden im 'Zürcher Student' zu veröffentlichen. Der Verband Schweizerischer Studentenschaften hat sich später im November gleichen Jahres von den Ausschreitungen im Bahnhof Enge distanziert.

Distanzierungen hagelte es nach der Prügelei von allen Seiten, und sogar die NZZ war gezwungen, im August ihre Spalten für Kritiker an den eigenen Hetz- und Pogrommethoden zu öffnen. Nicht ohne Auswirkungen blieb es auch, dass im selben Monat der stellvertretende Einzelrichter des Bezirksgerichts Horgen die sofortige Entfernung des öffentlichen Plakats «Nicht vergessen» anordnete. Auf diesem Plakat wurde Konrad Farner, führendes Mitglied der PdA und wohnhaft in Thalwil ZH, als Promotor der «sowjetischen Tyrannei» vorgestellt und der öffentlichen Ächtung empfohlen. Das Plakat stand bis zu diesem Zeitpunkt im Garten eines Nachbars von Farner und war für alle Passanten sichtbar gewesen.

Die bekannte Hetze gegen Farner begann ein Jahr zuvor am 13. November 1956 ebenfalls mit einem Leitartikel Ernst Bieris in der NZZ: «Vielleicht kann an ihrer Stelle (anstelle von Woog und Bodenmann, zwei PdA-Führer, Verf.) Dr. Konrad Farner Auskunft geben; er ist jetzt zurück aus Berlin und wohnt in Thalwil an der Mühlebachstrasse 11». Nur nebenbei sei darauf hingewiesen, dass der frischgebackene Gemeinderat Dr.theol. Ernst Bieri schon 1948 – nach Prag – Konrad Farner im Gemeinderat angegriffen hatte, weil er durch die Stadtverwaltung mit der Ausstellung zur Hundertjahrfeier der Bundesverfassung betraut worden war. Bieris Leitartikel 1956 fand besseres Gehör als seine Interpellation 1948: Er wurde in Thalwil durch die *Aktion frei sein* aufgegriffen und in eine systematische Verunglimpfungs-, Ächtungs- und Boykottkampagne umgemünzt.

Initiant dieser *Aktion frei sein* war Paul Rütti-Morand, Oberalbis ZH, der im Alleingang von 1951–65 die Zeitschrift *Frei sein* – «Schweizerische», später «Europäische» und schliesslich «Freiheitliche Widerstandsschrift» herausgab. Paul Rütti, in den dreissiger Jahren gelegentliche Zielscheibe von Angriffen frontistischer Zeitungen auf diesen «Sohn eines jüdischen Rabbiners», trat 1940 in den *Gotthardbund* ein. Er gehörte zu jener Generation, für welche Antinazismus und Antikommunismus dasselbe Erlebnis bedeutete. Seine «Widerstandsschrift» gegen den «Imperialkommunismus» wurde in wenigen hundert Exemplaren vertrieben und soll nach eigenen Angaben auch in der BRD, in Schweden und Norwegen gelesen worden sein.

Als Zusammenschluss «antikommunistischer und antinationalsozialistischer Kräfte» wurde in der ersten Nummer 1955 angekündigt, dass Margarete Buber-Neumann von nun an bei *Frei sein* mitarbeiten werde. Margarete Buber-Neumann war die Gattin des führenden deutschen Kommunisten Heinz Neumann gewesen, der 1937 in den stalinschen Säuberungen umgebracht wurde. Sie selbst wurde 1938 in Moskau verhaftet und 1940 an die

Nazis ausgeliefert, die sie ins Konzentrationslager Ravensbrück verlochten. 1948 veröffentlichte sie ihr erstes Buch «Als Gefangene bei Stalin und Hitler», mit welchem sie im Westen rasch bekannt wurde. Ihre erste Vortragstournee in der Schweiz organisierte der SAD 1951. 1950 hatte sie in Deutschland das *Befreiungskomitee für die Opfer totalitärer Willkür* gegründet und gab seit 1951 die Zeitschrift *Aktion* heraus. Deren Mitarbeiter Henri Johansen alias Ernest J. Salter, ebenfalls Ex-KPD, war führendes Mitglied der deutschen antikommunistischen Organisation *Rettet die Freiheit*, wegen welcher er 1959 aus der SPD ausgeschlossen wurde. *Rettet die Freiheit* wurde ab 1974 durch den *Bund freies Deutschland* weitergeführt, zu dessen Gründern Margarete Buber-Neumann gehört. Übrigens referierte Johansen alias Salter 1962 vor dem SAD zum Thema Sowjetunion-China.

Margarete Buber-Neumann

Buber-Neumann veröffentlichte in Paul Rüttis Schrift hauptsächlich zum eigenen Leben oder zu deutschen Fragen, konnte es sich aber nicht verkneifen, im heissen Jahr 1957 die Molotow-Aktion der Berner Studenten gegen Kritiker in der deutschen Presse zu verteidigen. Sie blieb *Frei sein* bis zum Untergang 1965 treu, und wird zusammen mit der ehemaligen Münzenberg-Gefährtin Babette Gross in der Schweizer Rechtsszene gern zitiert und ab und zu neu aufgelegt (anfangs der siebziger Jahre durch das *Institut für politologische Zeitfragen).*

Paul Rüttis Radikalisierung im Jahre 1957 ist nicht vollständig durchschaubar: seine Schrift wählte bis dahin einen eher ruhigen und resignierten Ton und enthielt sich der systematischen Denunziationen, die beispielsweise die *Aktion freier Staatsbürger* pflegte. In einem Leitartikel nach Ungarn 1956 klagte er die Schweizer Regierung an, erneut mit denjenigen zusammenzusitzen, die soeben Ungarn geknebelt hätten, und fragte sich, weshalb der Bundesrat nicht durch eine «umfassende Volksbewegung» zum Rücktritt gezwungen worden sei. Er schloss dort: «Wir müssen den extremen Fanatikern unter den Feinden der Freiheit einen extremen Fanatismus für die Freiheit entgegensetzen und notfalls den Vorwurf auf uns nehmen, wir seien zu radikal. Wir tragen dadurch zumindest zu einem besseren Landesdurchschnitt bei» (1/57).

Diese Vorwürfe hatte er dann mit der Farner-Aktion rasch auf sich und die paar lokalen Bekannten gezogen, die ihn unterstützten. Die *Aktion frei sein* ging mit der Farner-Aktion unter, überlebte aber als Phantom in der Person Paul Rüttis, der bis Mitte der sechziger Jahre am Rande der Koordinationsbemühungen zwischen der *Aktion freier Staatsbürger*, der *Aargauischen Vaterländischen Vereinigung* und *Pro Libertate* auftauchte.

«Wer Osthandel treibt, schadet der Heimat»

Zum vereinigenden Moment aller Organisationen, die aus der Ungarn-Bewegung hervorgingen oder in ihr rekrutierten, entwickelte sich die Anti-Osthandelskampagne, die ihren Höhepunkt mit der 'Weihnachtsaktion' 1961 erreichte und daran auch zugrundeging.

Zur Vorgeschichte sei soviel erwähnt, dass die USA 1948 ein faktisches Exportembargo gegen den Ostblock verhängten, welches sie via Marshallplan-Hilfe auch den westeuropäischen Staaten aufherrschen konnten. Der Bundesrat lenkte auf die amerikanische Embargopolitik im Dezember 1950 ein, als die amerikanischen Behörden begannen, schweizerische Firmen auf schwarze Listen zu setzen, weil sie Osthandel betrieben hatten. Die USA begannen aber ihre Embargopolitik nach dem Koreakrieg wieder zu lockern, und die Schweizer Industrie war seit 1955 auf den osteuropäischen Märkten, wenn auch bescheiden, wieder präsent. Die einschlägigen antikommunistischen Organisationen hatten über all diese Jahre hinweg immer gegen den Osthandel, der als wirtschaftliche Unterstützung des «Imperialkommunismus» aufgefasst wurde, Stellung bezogen, ohne aber konkreten politischen Druck mobilisieren zu können. Erst die Ungarn-Bewegung lieferte neue Voraussetzungen dazu.

Einen Vorgeschmack kommender Ereignisse gab im Juni 1957 die Zürcher Studentendemonstration gegen eine Ausstellung von Zeiss-Produkten (DDR) im Kongresshaus, anlässlich welcher einige 'Kämpfer' auch Tränengas versprühten, was der Ausstellung ein unfreundliches Ende bereitete.

Eine Ermunterung für kommende Aktionen stellte die behördliche Reaktion auf diese sonst im Polizeijargon 'Ausschreitung' genannten Ereignisse dar. Wir lesen in den Protokollen des Kleinen Studentenrates vom 4. Juni 1957, anlässlich einer Unterredung mit dem Rektor sei zugesichert worden: «Das Strafverfahren wegen den anlässlich der Demonstration übertretenen Gesetze wird möglichst mild erfolgen.» Und: «Das Rektorat nimmt keine ablehnende Haltung gegenüber der Demonstration ein.» Erfreulich entwikkelte sich auch der Verkehr mit den Polizeiorganen. Von einer geplanten Wiederholung der Demonstration auf Initiative des VSS-Präsidenten Gottfried Weilenmann wusste Balz Hatt im Grossen Studentenrat vom 15. Juli 1957 zu berichten: «Da die Polizeiorgane zur Veranstaltung sympathisch eingestellt sind, wickelte sich der Verkehr mit ihnen sehr befriedigend ab.» Übrigens: Gottfried Weilenmann hatte seine Sporen vor dem Studium als Praktikant des Erkennungsdienstes der Kantonspolizei Zürich abverdient und die freie Welt an vorderster Front verteidigt, nämlich als Mitglied der Schweizerischen Überwachungskommission in Korea 1953/54.

Zur öffentlichen Gewissensfrage wurde aber der Osthandel erst 1960/61 gemacht. Dass die Macher der öffentlichen Meinung bereit waren, das Thema aufzugreifen, hatte schon die überraschend breite Veröffentlichung des

Tagebuchblattes vom 23. März 1959 der *Aktion Niemals Vergessen* gezeigt. «Mit Beunruhigung» stellten die Berner Studenten fest, dass die Schweizer Teilnahme an der Leipziger Industriemesse um fünfzig Prozent angestiegen sei. Die ANV publizierte die Namen einiger unbedeutender Firmen, die sich dieser Sünde schuldig gemacht hatten, worauf der 'Öffentliche Dienst', Zeitung des VPOD (Sekretär Hans Oprecht), kommentierte: «Es ist bezeichnend für die Praxis der vor allem in der deutschen Schweiz wirkenden antikommunistischen Komitees, dass sie meistens nicht den Mut haben, die grossen schweizerischen Firmen, die schon lange Jahre mit dem Osten einen intensiven Handel pflegen, namentlich zu nennen... Liegt es vielleicht daran, dass gewisse Unterstützungsgelder ausbleiben würden, wenn man die grossen Firmen mit Namen nennen würde?» (17.4.59)

Doch der Mut, diese «Unterstützungsgelder» zu riskieren, sollte sich erst entwickeln. Am 3./4. Oktober 1959 fand in Zürich die entscheidende SAD-Tagung statt, die die Anti-Osthandelskampagne im Grundsatz beschloss und in einen breiteren Rahmen stellte. Der SAD-Tradition gemäss war die Tagung kontradiktorisch aufgezogen: Friedrich Bauer, Vizedirektor des Eidgenössischen Volkswirtschaftsdepartementes (EVD) und der freisinnige Zürcher Kantonsrat Albert Mossdorf votierten für den Osthandel, wenn sie sich dazu auch kriegerischer Worte bedienen mussten, um ihre Position überhaupt schmackhaft machen zu können. So untermauerte Mossdorf seine Position mit dem Argument, dass westliche Ware und westliche Ideen Gift für den Kommunismus seien. Als Gegner des Osthandels traten Richard Daetwiler, Sekretär des *Redressement National* in Zürich, und Peter Sager vom *Schweizerischen Ost-Institut* auf. Das 'Geschäftsblatt' Thun berichtete über den Verlauf der Diskussion: «Es kam deutlich die Auffassung zum Ausdruck, dass der Aussenhandel der Sowjetunion dem Endziel der kommunistischen Ideologie zu dienen hat und dieses Endziel Weltrevolution heisst. Osthandel ist ein politisches Problem, und deshalb muss man ihn aus politischen Überlegungen grundsätzlich ablehnen. Die anschliessenden Verhandlungen dienten der Besprechung der praktischen Massnahmen zu einer von der Tagung einmütig bejahten Aktion.» (12.10.59)

Der Vortrag Sagers («Die Rolle der Wirtschaftspolitik und insbesondere des Aussenhandelsbeziehungen in der sowjetrussischen Weltpolitik») war dabei auf so starken Anklang gestossen, dass ihn der SAD am 30. März 1960 wiederholen liess. Auch sonst wurde Sager («ein immenser Kenner russischer Verhältnisse», St.Galler Tagblatt 1.7.60) mit seinem Vortrag im ganzen Land herumgereicht und durfte sich auch vor Unternehmerkreisen äussern.

Sager führte die Kampagne im *Klaren Blick*, der Zeitung des SOI, 1960/61 weiter und radikalisierte sich zusehends. Im Juni 1960 gab er vor der Ostschweizer *Vereinigung für freies Unternehmertum* noch seiner Meinung Ausdruck, Osthandel könne aus realpolitischen Erwägungen weder völlig abgelehnt, noch befürwortet werden. Im Oktober 1960 schrieb er im *Klaren Blick,* der Osthandel müsse auf dem wirtschaftlich unvermeidlichen Minimum fixiert werden und als politisches Instrument gegen den Ostblock eingesetzt werden. Und auf dem Höhepunkt der 'Weihnachtsaktion', auf die wir noch zurückkommen, fand Sager nur noch den «Einsatz wirtschaftlicher Beziehungen als politische Waffe,... als Bestandteil einer wirtschaftlichen Kriegsführung» für berechtigt (KB, 13.12.61). Hier erst habe das «materielle Gewinnmotiv keine Gültigkeit mehr», weshalb ja auch die Zuständigkeit für Osthandel der einzelnen Unternehmung weggenommen und einer «aus politischer Sicht handelnden Zentralstelle» vorbehalten bleiben müsse.

Den Schweizer Unternehmern, die wie nirgends sonst auf der Welt gewohnt sind, in Ruhe gelassen zu werden, sind die Haare zu Berg gestanden, als sich Sager und Konsorten als zukünftige Leiter eines schweizerischen OsthandelsStaatsmonopols unter ideologischer Fuchtel angepriesen haben. Schon im Mai 1960 liess das Eidgenössische Volkswirtschaftsdepartement verlauten, die Schweiz sei nicht in der Lage, «auf irgendeine Chance, die sich für den Aussenhandel bietet, zu verzichten». Und der Sulzer-Konzern verteidigte sich am 29. September 1961 gegen Angriffe in der Lokalpresse, er könne nicht allein auf Ostkontakte verzichten, während die ganze übrige Welt Osthandel betreibe. Zum Vorschlag der politisch gelenkten Osthandelsbeziehungen, wie ihn vor allem Sager propagierte, stellte die 'Zürcher Woche' knapp fest, das führe zum «bürgerlichen Kommunismus» und sei «ein ausgesprochen bolschewistisches Prinzip».

Während sich die öffentliche Polemik entwickelte, suchte der SAD eine Liste von osthandeltreibenden Firmen sowie importierter Ostwaren zusammenzustellen, was aber nicht recht gelang, weil ihm die notwendigen Informationen verwehrt wurden. Gleichzeitig entwickelte er seine Aktion zunächst auf dem Nebengebiet der kulturellen und sportlichen Ostkontakte.

Entsprechende Tagungen vom 22./23. Oktober 1960 und vom 25. Mai 1961 unterhielten sich über die «Rolle von Wissenschaft, Sport und Kultur in der psychologischen Kriegsführung des Kommunismus», wozu unter anderem Sager, Marcel Meier von der Eidgenössischen Turn- und Sportschule in Magglingen und der Exilrusse Anatole Michailowsky referierten. Michailowsky gehört zu den ständigen ausländischen Referenzfiguren der Schweizer Rechtsszene – er ist auch ganz speziell dazu berufen: Im russischen Bürgerkrieg 1918–21 kämpfte er als Offizier in einer der Weissen Armeen, wurde in den sechziger Jahren zum «ständigen Mitarbeiter» der antikommunistischen Zeitschrift *Diskussion* des Berner Verlegers Hans Feuz und schloss sich ab 1971 der *Europa-Burschenschaft Arminia,* einem Sammelbecken von Nazi-Nostalgikern, an.

An dieser SAD-Tagung wurde nun als Empfehlung beschlossen, dass

Kulturkontakte nur noch auf gegenseitiger Reziprozität beruhen durften: ein russischer Künstler in der Schweiz = ein schweizerischer in Russland. Bezüglich Sportkontakten wurde beschlossen, die Schweiz solle nur noch internationale Anlässe frequentieren, die durch die «internationalen Fachverbände» kontrolliert seien; die Sportler seien darauf «geistig und moralisch gründlich vorzubereiten»; bilaterale Kontakte mit Ostsportlern sollen unterbleiben und schliesslich solle bei internationalen Veranstaltungen in der Schweiz auf das Hissen von Nationalflaggen und Abspielen entsprechender Hymnen verzichtet werden. Der SAD konstatierte in der Rückschau: Der Landesverband für Leibesübungen liess sich «in den folgenden Jahren von diesen Grundsätzen weitgehend leiten» (*Mitteilungen des SAD,* 5/68).

Schwieriger war es, die Anti-Osthandelskampagne über die Pressepolemiken hinaus wirksam zu entfalten. «Weil man sich im Gegensatz zum Sport nicht auf eine das ganze Land umfassende Organisation stützen konnte, war der SAD auf direkte Aktionen in der Öffentlichkeit angewiesen. Es waren wohl einige Zeitungsartikel erschienen, und in einzelnen Firmen war es zu Auseinandersetzungen zwischen Geschäftleitung und Belegschaft gekommen; aber eine allgemeine Verbreitung fanden unsere Erkenntnisse nicht. Deshalb wurde eine Aufklärungskampagne mittels Flugblättern in die Wege geleitet, welche an verschiedenen Orten vor allem Studenten und junge Arbeiter zu weiteren Aktionen veranlassten.» (*Mitteilungen des SAD,* 5/68)

Dass eine «allgemeine Verbreitung der Erkenntnisse» des SAD nicht stattfand, war im wesentlichen seinem politischen Beziehungsnetz zuzuschreiben, das noch von den Ursprüngen her mehr oder minder auf den Kreis freier oder staatlicher (Berufs-)Politiker beschränkt war, aber wenig Fuss in den Wirtschaftsverbänden und dem entsprechenden Staatsapparat – dem Volkswirtschaftsdepartement – gefasst hatte. Deshalb überhaupt die Strategie, mit einem Druck von unten, 'von der Strasse', den eigenen Ideen zum Druchbruch zu verhelfen.

Peter Sager war diese Schwäche der antikommunistischen Organisationen ebenfalls bekannt (eine Ausnahme bildete lediglich die *Aktion freier Staatsbürger,* die aber gerade in der Osthandelskampagne gemessen an ihrem Stil auffällig zurückhaltend agierte): Sager propagierte deshalb von Anfang an «als einzig mögliches Mittel im Kampf gegen den Osthandel... das Mandat des Volkes: jeder einzelne müsse einen politischen Druck gegen jene Unternehmen ausüben, die aus materialistischen Gesichtspunkten dem Osthandel frönen. Erst müssen die Voraussetzungen geschaffen werden, um eine konzessionslose Politik vorzuschlagen», berichtete das 'St.-Galler Tagblatt' vom 1. Juli 1960 über einen Sager-Vortrag. Und auf dem Höhepunkt der 'Weihnachtsaktion' formulierte er: «Um den Osthandel zu bekämpfen, muss man an die staatsbürgerliche Haltung des ganzen Volkes appellieren. Die Unternehmer sollten den Import und Export von und nach dem Ostblock unterlassen, und der Verbraucher sollte dadurch, dass er den Kauf solcher Waren verweigert, die Gewinnaussichten auf Osteinfuhren zerstören.» (KB, 13.12.61)

Es versteht sich von selbst, dass solche «staatsbürgerliche Haltung» nach Organisation verlangt, die die Individuen überhaupt erst in die Erfordernisse «wirtschaftlicher Kriegsführung» einzwängt. Die Unternehmung startete am 13. August 1961 mit einem öffentlichen Osthandelsboykott-Aufruf des SAD, der in Tausenden von Flugblättern in der Deutschschweiz verbreitet wurde. Der Termin kam psychologisch geschickt gelegen: Am gleichen Tag begannen DDR-Soldaten in Ostberlin mit dem Mauerbau. Die SAD-Aktion konnte auf die Überreste der studentischen Ungarn-Bewegung und auf Vertrauensleute des Schweizerischen Metall- und Uhrenarbeiterverbandes (SMUV) zählen.

Der SMUV, Kollektivmitglied des SAD, war seinerzeit durch seinen Zentralsekretär Georg Jäger und den Redaktor der SMUV-Zeitung Werner Peyer im Leitenden Ausschuss des SAD vertreten, und unterstützte den Osthandelsboykott lauthals in der eigenen Presse. Er, der das Arbeitsfriedensabkommen in der Schweiz eingeführt hatte, erwägte nun im höheren Interesse des antikommunistischen Kampfes, nicht gefügige Unternehmer mit Streiks zur Räson zu bringen. Sein Präsident Ernst Wüthrich lamentierte in der SMUV-Zeitung: «Wir bemühen uns seit Jahrzehnten, unsere Mitglieder über die wahren Ansichten des Kommunismus aufzuklären und sie damit gegen die verlockenden Einflüsterungen des Ostens zu immunisieren. Wir finden dabei nicht immer bei allen Arbeitgebern die wünschbare Unterstützung. So sah sich schon unser verstorbener Verbandspräsident Arthur Steiner veranlasst, den Arbeitgebern gegenüber zu erklären: 'Wie wollt ihr Unternehmer von uns verlangen, dass wir die Kommunisten aus unsern Reihen austilgen, wenn ihr gleichzeitig mit dem Osthandel liebäugelt?'» (16.1.62)

Nur nebenbei, Arthur Steiner war 'unvergessliches' Mitglied des Leitenden Ausschusses des SAD von 1950 bis zu seinem Tod 1958.

Im Dezember 1961 startete die Berner *Aktion Niemals Vergessen* ihre 'Weihnachtsaktion' gegen den Verkauf von Christbaumkugeln, die aus dem Ostblock importiert worden waren. In einem Rundbrief forderte sie die betroffenen Warenhäuser auf, diese Christbaumkugeln zurückzuziehen. Bei den nicht Gefügigen empfing für einen Samstagnachmittag lang ein Piquett dieser Jünglinge die Kauflustigen mit Flugblättern und sanfter Gewalt: «Jede Weihnachtskugel bezahlt einen Schuss auf einen Berlin-Flüchtling» und «Keine Ostblockwaren unter unsern Weihnachtsbäumen» stand auf den Flugblättern. Im ANV-Jahresbericht 1962 war stolz geschrieben: «Am Montag darauf hatten sämtliche Geschäfte ihre ostzonalen Christbaumkugeln aus dem Verkehr zurückgezogen.»

Gedenkstein der militanten antikommunistischen Berner Gruppe Pro Libertate *für das letzte, leider gestorbene Bollwerk der freien Welt. An der offiziellen Einweihung nahmen der amerikanische Botschaftsrat Cox, der Berner Regierungsrat Buri, die* Swiss-American-Society *und natürlich als Sprecher Reklamefachmann Max Mössinger, Chef der* Pro Libertate *teil. PL wurde in den späteren Jahren von den modernisierten antikommunistischen Organisationen als zu 'radikal' gemieden. Mit einer Ausnahme: sie geniesst grosse Sympathien in Militärkreisen. 1968 startete PL ihre Kampagne 'Pro Armee' mit der Verteilung entsprechender Kleber und Faltprospekten, die die 'antimilitaristische' Schweizer Armee preisen. Die Kampagne wurde mehrmals neu aufgelegt und geniesst noch heute die volle Aufmerksamkeit der PL-Mitglieder.*

In mehreren andern Städten verteilten Aktivisten der 'Weihnachtsaktion' Kleber für die Ladenbesitzer, auf welchen stand «Wir führen keine Ostwaren». Dumm für solche, die sich diesen Kleber nicht beschafft hatten, sie konnten wüste Szenen erleben wie jene Antiquitätenladenbesitzerin in Thun, die chinesisches Porzellan handelte – allerdings aus dem vorrevolutionären China. Die Kampagne griff auch auf Zürich über, aber ohne Mithilfe des Studentenkreises um die *Aktion Wahret die Freiheit*. Dafür wurde der Corporationenverband als Zusammenschluss aller Farben tragenden Verbindungsstudenten aktiv, der die Ladenbesitzer mit einem Schreiben aufforderte, «ihrer Kundschaft in geeigneter Form zur Kenntnis zu bringen, dass sie keine Produkte aus Ostländern verkaufen.» Beilage: eine Plakette entsprechenden Inhalts.

Zur Unterstützung seiner Militanten liess der SAD ein Mitteilungsblatt zirkulieren, auf welchem eine Liste von 68 Schweizer Firmen figurierte, die an der Industriemesse in Brünn (CSSR) vertreten waren. Diese Liste hatte der SAD Schwarzenbachs *Republikaner* entnommen. Darunter befand sich manches Bollwerk wirtschaftlichen Patriotismus' wie Bührle, Brown Boveri, Georg Fischer oder SIG-Neuhausen, was für den erfreulichen Fortgang der Anti-Osthandelskampagne eher fatale Folgen hatte.

Die Offensive gegen die Osthandelskinderei setzte rasch ein: Zunächst mit einer Erklärung Bundesrat Schaffners (FDP), Vorsteher des Eidgenössischen Volkswirtschaftsdepartementes, welcher am 21. Dezember 1961 vor dem Nationalrat ausführte, dass «unserer Neutralitätspolitik mit der Aufrechterhaltung eines gewissen Handelsstromes mit dem Osten besser gedient ist als mit dessen Abbruch.» Eine Erklärung, welche durch den Vorort des Schweizerischen Handels- und Industrievereins und die Fédération Horlogère energisch unterstützt wurde. Die NZZ zog zur gleichen Zeit im höheren Interesse ihrer Beziehungen zur Wirtschaft Grenzen der Osthandelskampagne, aus der «kein Kreuzzug» gemacht werden dürfe (27.12.61). Zuvor hatte sie unter dem Einfluss der Zürcher FDP, die den SAD-Aufruf übernommen hatte, kräftig auf die Pauke gehauen und der 'Weihnachtsaktion' ihre Unterstützung geboten.

Wie schwierig es für die antikommunistischen Organisationen war, nicht gegen die PdA, sondern gegen die Mächtigen im Lande vorzugehen, zeigte auch das Lavieren der *Neuen Helvetischen Gesellschaft* zur Osthandelskampagne.

Peter Sager versuchte ihr im September 1961 die Aufgabe zuzuschieben, eine politische Kommission – überparteilich, überkonfessionell – einzurichten, die der politischen Vorbereitung seiner zentralen Osthandelsstelle hätte dienen sollen. Und er berichtete auch schon hoffnungsvoll, die NHG habe eine solche Kommission eingerichtet (KB, 13.9.61). In den Akten der NHG lässt sich solches allerdings nicht finden, es sei denn, Sager meinte die Artikel gegen den Osthandel, die Ernst Mörgeli, SAD-Sekretär und Redaktor der NHG-*Information*, in das NHG-Blättchen aufgenommen hatte. Dies trug Mörgeli eine öffentliche Kritik in der 'Tat' vom 21. November 1961 ein: «Die *Information*... identifiziert sich immer stärker mit Parolen und Boykottmassnahmen des *Schweizerischen Aufklärungs-Dienstes*, als ob NHG und SAD irgendwie gleichgeschaltet wären... dies, obwohl unter den der NHG angehörenden Wirtschaftskapitänen zweifellos auch solche mit erheblichen Ost-Umsätzen figurieren... Ein Zweigespann NHG-SAD bedeutet zwar für den SAD einen Gewinn, aber für die NHG einen Substanzverlust, ja sogar das Risiko eines Absturzes in den Graben des McCarthysmus» (*Information*, 117/61).

Im Januar 1962 erschien in der *Information* ein Communiqué, das betonte, die NHG als Organisation habe zum Osthandel keine Stellung bezogen, und sich damit indirekt von Mörgeli distanzierte (118/62). Im Februar wurde angekündigt, der Zentralvorstand werde solche Stellungnahme aber nachholen, worauf man lange nichts mehr hörte, bis im Mai 1962 Zentralpräsident Bruno Pedrazzini salomonisch berichtete, der Zentralvorstand habe sich im Februar 1962 mit Verantwortlichen des Volkswirtschaftsdepartementes und der Industrie über den Osthandel unterhalten, wobei es sich gezeigt habe, «dass es bei der heutigen Kompliziertheit der Probleme besser ist, im kleinern Kreis mit den Verantwortlichen zu diskutieren, als grosse öffentliche Veranstaltungen zu organisieren» (122/62). Damit fiel eine Unterstützung des Osthandelsboykotts durch die NHG – angesichts «grosser Kompliziertheit der Probleme» – ins Wasser. Es wurde zwar noch eine Osthandelskommission ernannt, die dann aber nichts mehr von sich hören liess.

In den späteren Jahren haben die Verantwortlichen der Anti-Osthandelskampagne ein gewisses Bedürfnis, sich von früheren Exzessen zu distanzieren, verspürt. Die *Aktion Niemals Vergessen* erwähnte in ihrem Zehnjahresrückblick 1966 «diese etwas unglückliche Aktion», die «in der Öffentlichkeit masslos aufgebauscht wurde. Man unterschob uns Terrorgesinnung und stempelte die ANV zu einer reaktionären Aktion». Und SAD-Präsident Hans Huber stellte in seinem geschichtlichen Rückblick 1968 fest, «dass es dem SAD fernlag, die Bürger in irgendeiner Form unter Druck zu setzen. Hingegen ging es darum, sie vor einen Gewissensentscheid zu setzen... Wenn trotzdem gewisse Übertreibungen, wie Plakate vor Geschäften, die Ostwaren vertrieben, vorgekommen sind, so haften dafür die betreffenden Personen, und nicht der SAD. Das gleiche ist über die sogenannten 'Gesinnungsdelikte' zu sagen, die der SAD nie postuliert hat, höchstens einzelne Personen, welche sich zu Unrecht auf den SAD beriefen, sowie die zeitweise aus dem Boden schiessenden Splitter-'Organisationen', die mit ihren oft unüberlegt 'extremen' Formulierungen viel Unheil anrichteten.» Peter Sager schliesslich behauptete später von sich, überhaupt nie gegen Osthandel eingestellt gewesen zu sein. Er habe eine viel differenziertere Linie verfolgt. So dürfte also heute überhaupt niemand mehr als Verantwortlicher dieser Aktionen bezeichnet werden.

Modernisierung des Antikommunismus – dem Krisenmanagement entgegen

Mit der Osthandelskampagne hatten die antikommunistischen Bewegungen zu ihrem eigenen Niedergang beigetragen. Anfänglich noch auf die Denunziation der grossen Sowjetunion fixiert, überschlugen sie sich seit der Ungarn-Bewegung in Schlägen gegen den 'inneren Feind', der sich angesichts der unbedeutenden PdA immer mehr ausweitete und schliesslich im eigenen Lager geortet wurde. Der schweizerische Maccarthysmus, immer etwas gebremst durch die schwierigen Beziehungen, die die bürgerlichen Parteien zur SPS in den fünfziger Jahren hatten, wurde nun selbst zur Zielscheibe innenpolitischer Angriffe. Insbesondere entzog sich eine ganze Strömung von Intellektuellen dem Einfluss antikommunistischer Organisationen, der nach 1956 für einige Jahre in der akademischen Welt dominierend war. Als 'Nonkonformisten' bezeichnet und als 'Kryptokommunisten' verdächtigt, unterzogen sie die Schweiz in kultureller und politischer Hinsicht einer scharfen Kritik. Der Typus 'aufbauenden Gesprächs', wie ihn sich die politischen Eliten seit dem Krieg lieferten, wurde deshalb durch mehr polarisierende, widersprüchliche öffentliche Diskussion abgelöst.

Dazu kam, dass die von 1956–63 anhaltenden Auseinandersetzungen um die Aufrüstung der Schweizer Armee, die mit einer Niederlage Bundesrat Chaudets endeten, die Diskussion um eine Staatsreform, um die Beschneidung willkürlicher Handlungsmöglichkeiten der Exekutive auslösten. Einige Korruptionsaffären, die in den fünfziger Jahren geplatzt waren, aber als Einzelfälle ad acta gelegt wurden, erhielten nun ihre zusammenhängende Bedeutung in der Art und Weise, wie Chaudets EMD die Parlamentarier in der Beschaffung der Mirage-Flugzeuge an der Nase herumgeführt hatte. In den Kreisen der *Heer-und-Haus*-Generation entstand der Begriff des 'helvetischen Malaise', Synonym für Verbandokratie, Undurchsichtigkeit der Regierungsgeschäfte und Gefährdung der Demokratie. All dies leitete das Ende des Landi-Geistes zweiter Auflage, wie er sich im Kalten Krieg herausgearbeitet hatte, ein. Auch aussenpolitische Verschiebungen wie der russisch-chinesische Konflikt und die Anfänge der Koexistenzpolitik trugen dazu bei, dass die antikommunistischen Organisationen faktisch zur 'Modernisierung' gezwungen waren – oder zur Sekte verkamen.

'Machtwechsel' im SAD

Der SAD, dessen Mitglieder in die innenpolitischen Konflikte und Verunsicherungen der frühen sechziger Jahre kraft ihrer politischen oder wirtschaftlichen Kaderstellung verwickelt waren, hatte diese 'Modernisierung' am konsequentesten durchgeführt. Im geschichtlichen Rückblick analysierte Hans Huber: «Es darf niemanden wundern, wenn nach der scharfen antikommunistischen Reaktion auf den Ungarnaufstand Ermüdungserscheinungen bei unserem Volk auftraten. Das ist eine natürliche psychologische Reaktion... Genährt wird diese Grundstimmung noch durch die Abnahme der äusseren Bedrohung, angesichts der Spannung zwischen Moskau und Peking, der Risse im Satellitengürtel (wovon anfangs der sechziger Jahre keine Rede sein konnte, Verf.) und der inneren Unruhe bei den Intellektuellen.»

Hans Huber machte sich selbst daran, einen Nachfolger für den Präsidentenposten des SAD zu suchen. Er skizzierte das Pflichtenheft folgendermassen: «Genügten (bisher) ein glühendes Herz und etwas Beredsamkeit, die Mitglieder und Zuhörer an den Kursen immer wieder zu Wachsamkeit und Widerstand aufzurütteln, so bedurfte es für die neuen Aufgaben eines Akademikers (denn die neue Zielsetzung verlangte seriöse Forschungsarbeit), eines Staatsrechtlers (denn es geht heute in erster Linie um innenpolitische und Zukunftsprobleme...), eines jungen Menschen, denn es geht darum, die Schweiz von morgen mitzugestalten.»

Hans W. Kopp

Der neue Mann war Rechtsanwalt Hans W. Kopp (*1931), Zumikon, seit 1961 im Leitenden Ausschuss vertreten und 1963 zum Präsidenten gewählt. Er war in den frühen fünfziger Jahren als Zürcher Rechtsstudent in die *Gruppe der Jungen des SAD* eingetreten und hatte sie auch jahrelang präsidiert. Während sich seine Studienkollegen an Ungarn erhitzten, schloss er seine Doktorarbeit bei Professor Werner Kägi, einem der Starredner an antikommunistischen Meetings, ab. Als er 1963 das Präsidium des SAD übernahm, hatte er sich deshalb mit keiner der «gewissen Übertreibungen», wie Hans Huber die Höhepunkte antikommunistischer Strassenaktionen bezeichnete, kompromittiert.

Kopp präsidierte den SAD bis 1973, blieb aber auch nachher im Leitenden Ausschuss vertreten. In der Öffentlichkeit wurde er als Betreuer der TV-Sendung 'Fernsehstrasse 1–4' bekannt. Seit 1978 präsidiert er als Medienspezialist die Eidgenössische Kommission für ein Gesamtmedienkonzept. Kopp hatte sich neben seinem international arbeitenden Anwaltsbüro ab und zu als Lehrbeauftragter der Universität Zürich für Medienfragen betätigt, weshalb er in der Öffentlichkeit gerne als 'Dozent für Medienrecht' vorgestellt wurde, eine leichte Übertreibung, schaffte er es doch in zehn Jahren auf drei halbjährige Lehraufträge von ein bis zwei Wochenstunden. Immerhin publizierte er 1976 sein Buch 'Information in der Demokratie – Bausteine einer Medienpolitik', in welchem er das «Wächteramt der Medien» verteidigt, gleichzeitig aber moniert: «Verstösse gegen den Persönlichkeitsschutz im weitesten Sinne und die gezielte Anschwärzung und Unterminierung von Staat und Gesellschaft müssten ungleich schärfer als heute verfolgt werden, gleichgültig in welchem Medium sie vorkämen.»

Als aufgeklärter Staatsschützer leitete Hans W. Kopp die aufgeklärte Phase des SAD ein. Die Überwindung primitiver Abwehrhaltung war das Ziel einer Tagungsserie 1963/64, die eine Gesamtschau schweizerischer Probleme und ihrer Lösungen in die Diskussion bringen sollten. Der Zyklus wurde im Februar 1963 mit einer «Standortbestimmung» eröffnet, zu welcher auch Bundesrat Friedrich T. Wahlen das Wort ergriff, derselbe Politiker, mit welchem der SAD noch 1961/62 wegen der Osthandelskampagne in Streit geraten war.

Ein zweiter Zyklus von Tagungen unter dem militärisch klingenden Titel «Unsere Bereitschaft» war 1964–66 der Neudefinition des Verhältnisses zum Kommunismus gewidmet. Hans Kopp formulierte sein diesbezügliches Programm in einer Ansprache an den Leitenden Ausschuss anfangs 1966: «Der Antikommunismus der Zukunft muss je länger, desto mehr vernünftig, positiv und umfassend sein. Ich meine damit folgendes: Antikommunismus hat vernünftig zu sein. Er muss getragen sein von genauer und präziser Sachkenntnis, Pamphlete entwerten sich schnell... Antikommunismus hat positiv zu sein. Das Nein genügt nicht; das Ja ist wichtiger... Antikommunismus hat umfassend zu sein. Die Totalität der Bedrohung verlangt eine Totalität der Abwehr. Alle Lebensbereiche gehören zusammen, keiner lässt sich einfach abtrennen.» *(Mitteilungen des SAD,* 3/66)

Unter diesen Gesichtspunkten führte sich der SAD erstmals eine Analyse Chinas von Lorenz Stucki zu Gemüt, welcher noch 1959 vom *Bulletin* der *Aktion freier Staatsbürger* angegriffen worden war, weil er Kulturkontakte mit dem Osten befürwortete. Andere Referenten versuchten, dem Kommunismus mehr inhaltlich auf die Spur zu kommen, wie der Zürcher Arzt Hans-Konrad Knoepfel, der zu «Totalitarismus in uns selbst – aus der Sicht des Psychiaters» referierte. Eine Sichtweise, die er auch nach 1968 in *Heer-und-Haus*-Referaten auf die «Revolte der Jungen» anzuwenden pflegte.

Der Modernisierungskurs äusserte sich aber nicht nur in veränderten Fragestellungen, welche eine neue Gruppe von Referenten an den SAD zogen, sondern auch personell und organisatorisch. Mit zum Machtwechsel gehörte die Ablösung des Sekretärs Dr. Ernst Mörgeli (*1914) auf Ende

Ernst Mörgeli, noch als 'Spion'

März 1964. Ernst Mörgeli hatte sein Amt 1958 angetreten, nachdem Hans Huber für einige Monate nach der überstürzten Entlassung Stauffers die Geschäfte des SAD selbst geleitet hatte. Mörgeli startete seine politische Karriere 1940 als Verbindungsmann des Nachrichtendienstes der Armee, in welcher Funktion er als Konsulatsangestellter nach Stuttgart geschickt wurde, um das Panoramaheim zu beobachten, die Zentrale der gegen die Schweiz gerichteten deutschen Spionage und das Auffanglager der SS für grossdeutschsüchtige Schweizer. 1942 wurde er von der Gestapo verhaftet und neun Monate später als Resultat der Gespräche zwischen Geheimdienstchef Masson und SS-Brigadeführer Walter Schellenberg in die Schweiz entlassen. Nach Kriegsende bot ihm die *Neue Helvetische Gesellschaft* das Sekretariat der Auslandschweizerkommission an, und ab 1950 redigierte er das Mitteilungsblatt der NHG – die *Information.* Als er das Sekretariat des SAD übernahm, befand er sich im Zentralvorstand der NHG und betrieb weiterhin die Herausgabe der *Information,* was zur erwähnten öffentlichen Kontroverse über die Verflechtung zwischen NHG und SAD geführt hatte. Der 'freiwillige' Abgang Mörgelis vom Sekretariat des SAD erfolgte nicht ohne sanften Druck des SAD-Präsidenten Hans Kopp. Unter anderem hatten auch politische Divergenzen über den Modernisierungskurs eine Rolle gespielt.

Hans Ulmer

Zum neuen Sekretär ab 1964 wurde Hans Ulmer (*1933) aus Uetikon ZH gewählt. Ulmer war vorher Primarlehrer und hatte sich bis 1964 in der FDP engagiert. Als erster Sekretär des SAD ist er vollamtlich tätig. Erst seit seiner Zeit entwickelte deshalb der SAD einen organisatorischen Apparat, der ordnungsgemäss administriert, archiviert und die Fäden der Organisation leitet. Schon 1969 wurde neben den angestellten Hilfskräften ein zweiter halbamtlicher Sekretärposten geschaffen, der sich heute zu einem vollen Posten ausgewachsen hat.

Die nach dem Vorbild von *Heer und Haus* geschaffenen Strukturen und Arbeitsweisen des SAD wurden ebenfalls einer Revision unterzogen. Auffälligster Punkt ist die Vielzahl von Publikationen, die der SAD herausgab, nachdem er jahrelang praktisch nur mündliche Kommunikationssysteme genutzt hatte. Alljährlich erscheinen seit 1961 die *Berichte zur*

Lage der Schweiz, in welchen dem SAD nahestehende Politiker und Wirtschaftsgrössen das innenpolitische Leben der Schweiz kommentieren. Schon 1958 war die Taschenbuchreihe *Schriften des SAD* begonnen worden, mittlerweile auf 15 Bände angewachsen, in welcher zur Hauptsache führende SAD-Leute publizieren. Das erste der Serie unter dem Titel 'Was haben wir zu verteidigen?' war von Werner Kägi und Werner Peyer, einem der SMUV-Funktionäre im SAD-Vorstand, verfasst worden. Dann folgten bis 1962 eine ganze Reihe von Büchern, welche sich mit der damaligen Stossrichtung des SAD gegen Osthandel und Ostkontakte beschäftigten. Sie wurden im Gegensatz zum ersten nicht mehr neu aufgelegt und sind heute im SAD-Versand nicht mehr erhältlich. Unter Kopps Regie kamen die *Arbeitshefte* für den internen Gebrauch hinzu, aufgeteilt in verschiedene Reihen: Reihe W («Wir und die Wege des Weltgeschehens»), Reihe S («Sinn und Sendung der Schweiz»), Reihe A («Argumente, Aktionen, Anleitungen»), Reihe D («Diverse Dokumente und Darstellungen»). Als Fortsetzung des Werks von Stauffer darf man schliesslich die verschiedenen Schriften betrachten, die sich mit allen linken Grüppchen und Aktionen beschäftigen. Doch davon später.

Die Ablösung Mörgelis vom Sekretariat brachte auch einen Wechsel des internen Informationsorgans mit sich. Bis Ende 1964 hatte der SAD seine vereinsinternen Mitteilungen im NHG-Blättchen *Information* veröffentlicht. Jetzt erschienen ab 1965 erstmals die *Mitteilungen des SAD* als eigenes internes Organ. Zum Verständnis sei beigefügt, dass Mörgeli seinen Redaktorenposten bei der *Information* bis in die frühen siebziger Jahre ausübte.

Neu waren auch die «Fachequipen» zu bestimmten Fragen, die an einer Tagung vom 14. Mai 1966 auf der Kyburg ZH ins Leben gerufen wurden. «Jede Equipe übernahm den Auftrag, in ihrem Gebiet eine Bestandesaufnahme und ein Aufzeigen der Entwicklungstrends... zu erarbeiten.» *(Mitteilungen des SAD,* 4/67) Es gab Fachequipen für «Wehrpolitik» (seit 1971 «Fachequipe Gesamtverteidigung»), für «Ostkontakte und Subversion» (später «Subversion und Agitation»), für kirchliche Fragen, Kulturpolitik, europäische Integration, Soziologie und Futurologie.

Letztere repräsentierte die Grundidee Kopps, die hinter dem ganzen Studienunternehmen stand: «Die Frage nach dem Sinn unserer Existenz ist identisch geworden mit der Frage nach unserer Zukunft, es gibt keine glücklichen sechziger Jahre ohne ein energisches Nachholen aller Versäumnisse aus den vierziger und fünfziger Jahren und vor allem ohne die konsequente Einstellung der Optik auf die siebziger Jahre. Innerlich ist die Schweiz 1969 das, was 1979 voraussichtlich aus ihr geworden ist», formulierte er 1969 im «Brief des Präsidenten» an die SAD-Mitglieder.

Geboren wurden aus der Anstrengung einige *Arbeitshefte* und eine futurologische Übersicht über Entwicklungstendenzen in der Schweiz (veröffentlicht in *Mitteilungen des SAD*, 6/69). Der Zukunftshunger hatte seinerzeit auch verwandte Organisationen erfasst wie die *Neue Helvetische Gesellschaft*, welche Ende der sechziger Jahre eine «Prospektivkommission» zum Studium der «Schweiz im Jahr 2000» ins Leben gerufen hatte. Aus solchen Anstössen heraus ist die *Schweizerische Gesellschaft für Zukunftsforschung* entstanden, die bis 1979 von Paul Dubach, NHG, sekretarisiert wurde und bei welcher der SAD Kollektivmitglied.

Alois Riklin

Zur Leitung und Koordination der Fachequipenarbeit wurde ein «wissenschaftlicher Berater» beigezogen und eine «Stabsequipe» aufgebaut. Als «wissenschaftlicher Berater» ist seit 1964 Dr.iur. Alois Riklin (*1935) tätig. Er präsidierte 1959/60 den Schweizerischen Studentenverein, war am Rande bei der *Aktion Wahret die Freiheit* engagiert und arbeitete von 1961–63 im Institut für Sowjetologie in Köln. Riklin begann 1967 eine akademische Karriere in Fribourg und St.Gallen und erwarb schliesslich 1970 den Sessel eines Ordinarius für Politikwissenschaften an der Hochschule St.Gallen. Im selben Jahr wurde er in die Studiengruppe für Aussenpolitik des Eidgenössischen Politischen Departementes aufgenommen. 1971 wählte ihn die SAD-Generalversammlung in den Leitenden Ausschuss.

Die «Stabsequipe» wurde 1965 eingerichtet, zunächst unter der Leitung von lic.oec. Beat Kaufmann, Winterthur, 1967 durch Rechtsanwalt Peter Rosenstock, Zürich, früher Aktivist bei *Wahret die Freiheit*, und Werner Bischofberger ergänzt. Seit 1970 ist Dr. rer.pol. Adrian Gnehm, Magden AG, Chef der Stabsequipe. Gnehm war früher bei *Niemals Vergessen* aktiv und ist seit 1971 Leiter der Abteilung für Wirtschaftsforschung der BBC.

Antikommunistische Einheit zerbröckelt

«Was stellen wir diesem zentral gelenkten, mit allen Mitteln der modernen Technik und Psychologie geführten geistigen Kriege entgegen? Ich will gewiss nicht übertreiben. Die Erfolge dieser Kriegsführung stehen bei uns im Anfangsstadium. Die beständige und besonnene Natur unseres Volkes ist auch für den geistigen Krieg ein harter Boden; aber auch hier gilt der Grundsatz: Wehret den Anfängen!» Das sprach nicht die NZZ, sondern Nationalrat Walter Raissig (FDP, Sekretär des Schweizerischen Hauseigentümerverbandes) am 18. September 1963 zu seinen Ratskollegen, als er ihnen einen Neuanlauf in Sachen 'geistiger Landesverteidigung' ans Herz legen wollte. Ihn sekundierte sein Kollege Joseph Leu (CVP und späteres *Pro-Veritate*-Mitglied), Präsident des Schweizerischen Katholischen

Bauernbundes, welcher eine allgemeine Zersetzung moralischer, sexueller und anderer Sitten feststellte, verursacht durch «zahlreiche Agenten totalitärer Mächte» (nach «zuverlässiger Schätzung» sollten es ihrer 300'000 in der ganzen Welt sein), die «im ununterbrochenen ideologischen Angriff stehen, um aufzuweichen, zu verwirren, zu kompromittieren und zu spalten».

Mit solchen Äusserungen brauchte sich 1963 niemand «kompromittiert» zu fühlen. Die Debatte um die 'geistige Landesverteidigung', in den frühen fünfziger Jahren nur das Minderheitsanliegen der *Heer-und-Haus*-Erben um den SAD, erlebte ihre grosse Renaissance nach dem Ungarnaufstand 1956. Vorerst allerdings nur in politischen Kreisen, aber nicht unter den führenden Militärs. Das EMD unter Paul Chaudet hatte zur Abwehr der «aussenpolitischen Bedrohung» Handfesteres als Geistiges vor: die atomare Bewaffnung der Armee, einen Ausbau der Flugwaffe auf 800 Maschinen (seinerzeit bastelte die Schweizer Industrie an einem eigenen Kampfflugzeug herum) und die Umwandlung der Armee in eine motorisierte Panzerarmee.

Diese Pläne fanden die Unterstützung eines Kreises höchster Offiziere um den Oberstkorpskommandanten Georg Züblin herum, der zu jener Zeit auch den *Verein zur Förderung des Wehrwillens und der Wehrwissenschaft* präsidierte, bekanntlich eine Farner-Organisation, die die Interessen der Rüstungslobby vertritt. Die Gegner dieser grossartigen Pläne gruppierten sich um Berufsoffiziere wie Alfred Ernst und Max Waibel, beides bekannte Leader der Widerständler im Weltkrieg. Sie vertraten sowohl ein anderes strategisches Konzept, als sie auch der 'geistigen Landesverteidigung' im Zivilen beziehungsweise der psychologischen Kriegsführung im Militär grösseres Gewicht zumassen. Die auf eine Anfrage von Ständerat Frédéric Fauquez *(Aktion freier Staatsbürger)* im Frühjahr 1956 neugeschaffene Sektion *Heer und Haus* unter ihrem ersten Leiter Dr. Robert Vögeli geriet mitten in diese Auseinandersetzungen hinein.

So kam es, dass sich die junge Sektion *Heer und Haus* sowie die 'zivilen Organisationen geistiger Landesverteidigung' (SAD) auf der einen Seite, und die tonangebenden Leute im EMD auf der andern Seite zuerst intime und ab 1961 öffentliche Schlachten über die Notwendigkeit derselben lieferten.

Dem vorausgegangen waren Versuche des SAD, die Zusammenarbeit mit der welschen und tessinerischen Schwesterorganisation zu vertiefen. Denn auch nach 1956 hatte die Westschweiz und insbesondere *Rencontres Suisses* an Entschlossenheit im antikommunistischen Kampf wenig vorzuweisen. Hans Huber brachte diese Tatsache mit psychischen Gegebenheiten in Verbindung: «Für sie (die Welschen, Verf.) war der Totalitarismus eine Macht, aber niemals ein dämonischer Griff nach der Seele des Menschen.» Was in der Realpolitik auch der Fall ist, aber nicht für die 'geistige

Landesverteidigung'. Der SAD liess aber nicht nach und überreichte 1958 allen Vorstandsmitgliedern von *Rencontres Suisses* eine Studie über den revolutionären Krieg («die ins Französische übersetzt wurde, um die Lektüre zu erleichtern», so Hans Huber), doch leider habe sich auch daraus keine Vertiefung des gemeinsamen Gesprächs ergeben. Nur nebenbei erwähnt: Zu dieser Zeit war Roger Bonvin, späterer Bundesrat, Präsident der welschen Organisation.

Trotzdem gelang es, vorübergehend die *Arbeitsgemeinschaft für geistige Landesverteidigung* ins Leben zu rufen, welche SAD, *Rencontres Suisses* und *Coscienza Svizzera,* die Tessiner Nachfolgeorganisation, an einen Tisch brachte. Auch Robert Vögeli von *Heer und Haus* nahm Einsitz, um sich damit eine gewisse Rückendeckung gegen die internen Gegner 'geistiger Landesverteidigung' im EMD zu verschaffen. Diese *Arbeitsgemeinschaft* brachte es nur auf wenige Sitzungen und löste sich 1962 auf Antrag Denis Burnands, Sekretär von *Rencontres Suisses,* auf. Burnand wies auf baldige offizielle Massnahmen hin, die der 'geistigen Landesverteidigung' einen grösseren Rahmen geben würden.

Tatsache war, dass die Gruppe Chaudet/Züblin den Streit um die Landesverteidigungskonzeption 1960/61 zu verlieren begann und die politische Bahn frei war, der 'geistigen Landesverteidigung' ein offiziell abgesegnetes Plätzchen zu sichern. Am 4. Juli 1962 befürwortete der Landesverteidigungsrat «eine koordinierte Anstrengung zur Förderung der geistigen Landesverteidigung». Ein vorbereitender Ausschuss zur Schaffung einer sol-

Der Vorstand von Rencontres Suisses

Prof. Roland Ruffieux, Fribourg, Dozent für Geschichte an der Universität Fribourg und Lausanne, Präsident
Prof. Jean François Bergier, Küsnacht ZH, Dozent ETH Zürich
Georges Diacon, Bugnaux VD
Victor Dubois, Biel, Generalsekretär der Kantonalen Vereinigung Bernischer Uhrenfabrikanten, Mitglied *Libertas*
Michel Dubuis, Sion, Industrieller
Lise Girardin, Genf, Stadträtin, *Aktion Freiheit und Verantwortung*
Jean-Pierre Rochat, Montreux, Direktor der Ecoles Primaires
Paul Rossel, Lausanne, Direktor Centre Patronal, Mitglied *Libertas*
Alfred Rost, Lausanne, Direktor der Berufsschule des Industrie- und Handelsvereins, Kassier
Jean-Jacques Schwarz, Lausanne, Direktor des Office du Tourisme du Canton de Vaud
Charles Thommen, Villette, SMUV-Sekretär
Gilbert Tschumi, Bern, Präsident des SMUV
Andrée Weitzel, Bern, Ex-Chef FHD

chen umfassenden Organisation auf privater Basis wurde am 28. März 1963 vom Landesverteidigungsrat eingesetzt. In ihm nahmen Platz:

Peter Dürrenmatt, SAD-Vizepräsident, als Präsident
Minister Gérard Bauer, nach dem Krieg bei *Rencontres Suisses* engagiert
Nello Celio, späterer Bundesrat, seit 1977 Vaterfigur der Tessiner Neuen Rechten um die *Alleanza Liberi e Svizzeri*
Prof. Dr. Paul Huber, der 1959 vor dem SAD zu Fragen der Atomenergie referierte
Fritz Hummler, SAD-Referent der ersten Stunde
Fritz Wüthrich
und einige weitere.
Etwa zur gleichen Zeit war die Sektion *Heer und Haus* zur Dienststelle ausgeweitet worden, und nach der Entlassung Vögelis 1962 unter die Führung von Major Emile Privat, Vorstandsmitglied von *Rencontres Suisses,* gestellt worden.

All dies war geschehen, als die Nationalräte Raissig und Leu mit ihren heissen Interpellationen in die Diskussion eingriffen. Sie zeigten sich sehr befriedigt und wurden durch den SAD geehrt, der ihre Anfragen im *Arbeitsheft* D 2 abdruckte. Ab 1964 richtete der vorbereitende Ausschuss die *Konferenz für Fragen der geistigen Landesverteidigung* ein, zu welcher alle interessierten Organisationen und Verbände eingeladen waren. Eine der treibenden Kräfte war Dürrenmatt, der damit auch den SAD engagierte. Andere antikommunistische Grüppchen mit geringerer Reputation wurden umgangen. *Pro Libertate* wurde mitgeteilt, sie könnte sich nach der Gründung der geplanten Organisation um einen Beitritt bewerben. Dazu hätte sie allerdings vier Jahre warten müssen, denn so lange wurde um ein Konzept gestritten, bis endlich am 18. Juni 1968 das *Forum Helveticum* aus der Taufe gehoben wurde.

Das *Forum* hatte im Vergleich mit den ursprünglichen Zielsetzungen viele Federn verloren. Im Moment seiner Gründung umfasste es an die fünfzig Organisationen, vom Schweizerischen Friedensrat bis zu alten Bekannten aus dem Kalten Krieg, was einer kämpferischen 'geistigen Landesverteidigung' nicht förderlich war. Es definierte sich vage als Organisation «der Diskussion über kritische Fragen des öffentlichen Lebens» (Statuten). Von Seiten antikommunistischer Organisationen wurde die Konstruktion als fauler Kompromiss denunziert, der in seiner Umarmung aller politischer Strömungen keine Schlagkraft mehr entwickeln könne.

Erster Präsident des *Forums* wurde Peter Dürrenmatt, Sekretär der spätere Vizekanzler Dr. Walter Buser. Seit einigen Jahren präsidiert alt Bundesrat Hans Peter Tschudi den Dachverband für 'geistige Landesverteidigung', während Dr. Martin Meyer, früherer Präsident der NHG-Gruppe Zürich, seit 1970 das Sekretariat des *Forums* im Stapferhaus Lenzburg innehat. Das *Forum Helveticum* veranstaltet jährlich öffentliche Tagungen, 1977 zum Arbeitsfrieden, 1978 zur Bundesverfassungsrevision und 1979 zu den «Informationsaufgaben der Schweizerischen Radio- und Fernsehgesellschaft». Es erhält Bundessubventionen im Betrage von 50'000 Franken pro Jahr zur Durchführung seiner 'gesprächsfördernden' Tätigkeit.

Sosehr der SAD die Entstehung des *Forum Helveticums* förderte, sowenig hatte er seine wirklich wichtigen politischen Beziehungen ausschliesslich in diesem Rahmen gepflegt. Zu Beginn der Präsidentschaft Kopp war es notwendig, die Beziehungen zu all den neu entstandenen antikommunistischen Organisationen zu klären. Noch während der Osthandelskampagne stand er in engem Kontakt mit den Berner Militantengruppen *Niemals Vergessen* und *Pro Libertate,* welch letzterer der SAD bei der Durchführung der Wanderausstellung «Berlin, Prüfstein der freien Welt» 1959 kräftig unter die Arme gegriffen hatte. Von dieser Ausstellung wurde nachträglich bekannt, dass sie mit Mitteln der Bundesrepublik finanziert worden war, welche an den 'Reklamefachmann' Max Mössinger, Präsident der *Pro Libertate,* ausbezahlt wurden (AVV-*Bulletin,* Mai 63).

Zu diesem Typus von Organisationen begannen sich die Beziehungen des SAD im Zuge der Modernisierung zu verschlechtern. Schon bei der Durchführung der Wanderausstellung «Knechtschaft oder Freiheit» ab 1962 sickerte in der Öffentlichkeit durch, dass trotz lokaler Unterstützung durch SAD-Gruppen sich die Zentrale von Max Mössinger distanziert habe (Badener Tagblatt, 23.3.63).

Mehr Sorgen bereitete dem SAD zu dieser Zeit der forsche Organisationsaufbau, den Peter Sager vom *Schweizerischen Ost-Institut* aus vorantrieb. Um die Zeitung *Der Klare Blick* herum, die er 1960 nicht zuletzt zur finanziellen Rettung des SOI startete, konnte Sager ein Militantennetz von wenigen hundert Getreuen sammeln, die das Blättchen verkauften und Neuabonnenten warben. Mit der Zeit installierte Sager Referentenkurse nach dem Vorbild des SAD und baute sogar Ortsgruppen im Kanton Bern, Zürich und in der Ostschweiz auf. Dabei konnte er auf die nicht unwesentliche Unterstützung durch die *Aktion Niemals Vergessen* zählen. Der Aufschwung seiner Bemühungen wurde erst 1963 gebremst, die Militanz seiner Anhänger liess nach und *Der Klare Blick* stagnierte bei rund 16'000 Abonnenten. Zu dieser Zeit begann er für die Verhandlungen um gegenseitige Gebietsabgrenzung und Kompetenzfestlegung mit dem SAD zugänglich zu werden. An der Generalversammlung des SAD 1966 konnte Hans Kopp den Delegierten mitteilen, dass «mit dem SOI Bern in dem Sinne eine provisorische Vereinbarung getroffen wurde, dass sich das SOI der Grundsatzforschung und dem Studium weltpolitischer Fragen zuwendet, während der SAD innenpolitische Fragen erarbeitet.» An dieser Vereinbarung ist seither nichts mehr verändert worden. Im Gegenteil: Im SAD-Tätigkeitsbericht für das Jahr 1968 wurde hervorgehoben, dass sich das SOI, die NHG, die *Schweizerische Staatsbürgerliche Gesellschaft* und der SAD «auch jährlich mindestens einmal zu einer gemeinsamen Konferenz der Leitungen zusammenfinden.» Führende Persönlichkeiten des SAD sind seit diesem Abkommen auch in den beratenden Gremien des SOI

FORUM HELVETICUM

5600 Lenzburg, 8. April 1970/M-vb

EINSCHREIBEN

PRO LIBERTATE
Roothuus
Fahrnernweg

3199 Gelterfingen BE

Sehr geehrter Herr Präsident,
Sehr geehrte Herren,

indem wir auf unseren Brief vom 10. März 1970 zurückkommen, müssen wir Ihnen zu unserem Bedauern mitteilen, dass die gestrige Delegiertenversammlung des Forum Helveticum dem Antrag des Leitenden Ausschusses, Ihre Organisation als neues Mitglied aufzunehmen, nicht zugestimmt hat. Es ist für die Neuaufnahme von Mitgliedern die Zustimmung von zwei Dritteln der anwesenden Delegierten notwendig, und diese Zweidrittelsmehrheit wurde knapp nicht erreicht. Möge der negative Entscheid der Delegiertenversammlung, der trotz eines positiven Antrags des Leitenden Ausschusses in schriftlich durchgeführter, geheimer Abstimmung zustande gekommen ist, Sie nicht allzu sehr enttäuschen. Wir zweifeln nicht daran, Dass Sie sich dadurch in der von Ihnen geleisteten Arbeit nicht beirren lassen, und wünschen Ihnen dazu vollen Erfolg.

Genehmigen Sie, sehr geehrter Herr Präsident, sehr geehrte Herren, die Versicherung unserer ausgezeichneten Hochachtung.

FORUM HELVETICUM

Martin Meyer

(Dr. Martin Meyer, Sekretär)

Antikommunisten nicht mehr en Vogue. Diskussion-*Herausgeber und* Pro-Libertate-*Mitglied Hans Feuz dazu: «Man wollte sich einen friedlichen Leerlauf sichern.»*

vertreten.

Zum Reinemachen der politischen Szene nach den bewegten Jahren der Ungarn-Bewegung gehörten auch die Kontaktgespräche des SAD mit dem Gründerkreis der *Aktion für freie Demokratie* (AfD) 1965/66. Diese Gruppierung setzte sich aus versprengten Überresten der *Aktion Wahret die Freiheit* und der *Aktion freier Staatsbürger* zusammen, welche den Ex-Chef *Heer und Haus* Dr. Robert Vögeli für ihre Ziele gewinnen konnten. Bevor sich diese Gruppierung als selbständige Organisation gründete, trat sie in Verhandlungen mit dem SAD, bei welchem Vögeli Mitglied war; der SAD wurde angefragt, ob er unter seinem Patronat den Aufbau eines Instituts zum Studium antikommunistischer und Spionageprobleme fördern würde. Inhaltliche Divergenzen hauptsächlich über den Modernisierungskurs Kopps liessen die Verhandlungen platzen – die Gruppierung bildete 1966 ihre Organisation AfD. Sie nahm dann aber in vermeintlich gestärkter Position die Verhandlungen mit dem SAD wieder auf (auch Ernst Cincera beteiligte sich daran) und verlangte nach Darstellung Hans Kopps eine Vertretung im Vorstand des SAD und einen gewissen Schutzmechanismus für Minderheitsströmungen, kurz sie führte die Verhandlungen, wie wenn es um die Fusion zweier Organisationen ginge. Daran scheiterten schliesslich auch die Bemühungen der AfD, und sie entschloss sich, aus eigenen Kräften anzufangen: 1969 trat sie in einer Pressekonferenz in Zürich erstmals an die Öffentlichkeit. (Ihrer Geschichte ist das Kapitel über die Cinceristen gewidmet.) Die Beziehungen Vögelis zum SAD entkrampften sich in den siebziger Jahren (1972 hatte er sich von Ernst Cincera getrennt) und Vögeli ist gegenwärtig mit seinen Spionagereferaten ein gern gesehener Gast des SAD.

«Subversive Kräfte am Werk»

So sehr der SAD in den sechziger Jahren auf einen aufgeklärten Antikommunismus setzte, sich mehr und mehr zu einer staatsbürgerlich-staatserhaltenden Agentur entwickelte und so sehr er zur Isolierung lernunfähiger Kalter Krieger beitrug, sowenig konnte er seine Vergangenheit, zu welcher auch Bespitzelung der Linken gehörte, einfach abschütteln.

Schon in den Grundsatztagungen 1964–66, die die Präsidentschaft Kopp eröffneten, war die Thematik präsent. Der Zyklus «Unsere Bereitschaft IV» befasste sich am 23./24. Oktober 1965 mit dem Thema «Stand der kommunistischen Subversion», wozu sich Dr. Laszlo von Taubinger, Wien, in den Schweizer Medien als «Osteuropakorrespondent» bekannt, äusserte («Subversion durch internationale Frontorganisationen»), Dr. Peter Studer, Zürich, zum «Stand der kommunistischen Subversionsbestrebungen in den Entwicklungsländern» sprach, und Dr. Bernhard Rüegg, fachtechnischer Mitarbeiter der Bundespolizei «Einige Gedanken zum

Staatsschutz von sich gab.

Die Zusammenarbeit mit Organen der politischen Polizei, nach der Dubois-Affäre 1957 gebremst, erlebte für kurze Zeit Mitte der sechziger Jahre einen erneuten Aufschwung. An der Generalversammlung 1966 wurden «verschiedene Vertreter von Polizeiorganen» begrüsst, wobei es sich vor allem um die Zürcher politische Polizei zu handeln schien, vor welcher 1965 Rolf Erfurth und Herbert Scheffler, die deutschen Kontaktleute Stauffers, referierten. Im Juni 1970 erstattete Eugen Caviezel vor dem SAD einen «Erfahrungsbericht der Bundespolizei» zu «Jugend und Staat», derselbe äusserte sich im Frühjahr 1971 nocheinmal im Rahmen einer Diskussion über Gesamtverteidigung.

Einen ersten Organisationsversuch in Antisubversion stellte die 1964 geschaffene interne «Gruppe für Wirtschafts- und Verwaltungsfragen» dar, harmloser Name für die «Intensivierung und bessere Koordinierung der schon bisher auf dem Gebiet des Betriebsschutzes und allgemein der nachrichtendienstlichen Abwehr in der Wirtschaft geleisteten Arbeit» *(Mitteilungen des SAD,* 1/65). Bei ihrem ersten Treffen referierte der Berliner Rolf Erfurth zu «Erfahrungen aus Begegnungen mit kommunistischen Funktionären». Diese Gruppe tauchte später in den verfügbaren Dokumenten des SAD nicht mehr auf. Dafür wurde 1966 zusammen mit den andern «Fachequipen» die Gruppe für «Ostkontakte und Subversion» ins Leben gerufen. Sie profilierte sich im Rahmen der SAD-Gesamtstudie «Umwelt der siebziger Jahre» mit ihrem Beitrag «Psychologische Subversion – eine Untersuchung», getreu den Vorstellungen Hans Hubers, dass der Kommunismus nicht nur ein Machtproblem, sondern einen «dämonischen Griff nach der Seele des Menschen» darstelle.

Es erübrigt sich hier, auf den weiteren Katalog von Publikationen und Referaten dieser «Fachequipe« im Rahmen des SAD einzugehen. Ihr erster Leiter war Georg Bruderer-Tuchanow (*1921), Bern-Köniz, der in Russland aufgewachsen war und 1944 in die Schweiz zurückkehrte. Nach einigen Jahren Arbeit in der Landwirtschaftlichen Versuchsanstalt Liebefeld arbeitete er auf der Zentralstelle für Gesamtverteidigung im Informations- und Pressedienst. Bruderer wurde wegen seinen perfekten Russischkenntnissen auch in Sagers *Ost-Institut* zu Spezialarbeiten beigezogen. Nicht ohne Ironie für das Schicksal eines Antisubversionsspezialisten ist es, dass Bruderer im Frühjahr 1978 vom Dienst suspendiert wurde, weil er wegen seiner russischen und rumänischen Verwandtschaft als «Sicherheitsrisiko» eingestuft wurde, eine Beschuldigung, von welcher ihn das Bundesgericht im gleichen Jahr noch entlastete.

Nachfolger Bruderers in der SAD-Antisubversionsgruppe wurde 1972 Benno von Wattenwyl, Spiez, Gymnasiallehrer in Bern, welcher noch in den sechziger Jahren bei der *Aktion Niemals Vergessen* aktiv war. Merkwürdigerweise tauchte mit der Vermeldung dieses Leitungswechsels die Fachequipe in späteren Dokumenten nicht mehr auf.

Laut Aussagen von Cinceras Berner Spitzeln 1977 habe sich der Berner Verbindungsmann Cinceras, Peter Addor, in Kontakt mit von Wattenwyl befunden; das wäre um die Jahre 1972/73 der Fall gewesen. Für das Jahr 1973 bezeugte ein ehemaliges Basler Mitglied der *Gruppe der Jungen des* SAD, von der damaligen SAD-Sekretärin als Spitzel für die Weltju gendfestspiele in Berlin 1973 angeworben worden zu sein. Die Reise wurde ihm für 400 Franken vom SAD vergütet, abgeliefert hatte er einen kleinen Bericht.

Wie sich der SAD nach dem Platzen der Cincera-Affäre von diesem generell distanzierte, bestritt er auch durch Hans Ulmer diesen Einzelfall. Der Basler sei nichts anderes als eine Art Direktberichterstatter im journalistischen Sinne gewesen und dafür auch bezahlt worden. Allerdings existiert eine schriftliche Notiz, in welcher der SAD neben der Zahlungsankündigung den Basler auffordert, noch vor Reiseantritt «unbedingt mit Herrn Cincera» Kontakt aufzunehmen. Cincera bereitete bekanntlich auch drei weitere 'Agenten' aus dem Kreis seiner Berner Organisation für die Reise nach Berlin vor.

Zusammen mit der Tatsache, dass Cincera ebenfalls 1972 zum letztenmal vor dem SAD, nämlich der Frauengruppe, referierte, könnte man vermuten, dass in den folgenden Jahren eine SAD-interne Diskussion zu Änderungen im ganzen Komplex «Antisubversion» geführt hatte.

Dies wird erhärtet durch die steigende Unpopularität der *Berichte zur Lage,* einer SAD-internen «periodischen Dokumentation über extremistische und ausserparlamentarische Umtriebe in der Schweiz», welche seit dem 1. Januar 1966 im SAD-Versand figurieren. Zusammengetragen werden diese akribisch genauen Datensammlungen über linke Aktivitäten und Personen (seit einigen Jahren mit einem Register erschlossen) durch Joseph Müller von der *Nationalen Dokumentationsstelle Bern* (NDB), einem kleinen Überbleibsel der *Aktion freier Staatsbürger*. Finanziert durch die *Wirtschaftsförderung,* werden diese Berichte unter verschiedenen Deckblättern via wf und SAD verschickt. Sie wurden für einige Jahre nach 1969 durch eine «Dokumentation über umstürzlerische Agitation» ergänzt, welche sich vor allem der Neuen Linken widmete. Diese Ergänzung fiel 1976 aus dem Programm, und ab 1977 erschienen die *Berichte zur Lage* unter dem neutralen Untertitel «Hinweise zur Tätigkeit politischer Randgruppen», im Jahresbericht charakterisiert als «pressespiegelähnliche Übersicht». Und schliesslich beschloss der Leitende Ausschuss Ende 1977, unter den Mitgliedern eine Umfrage durchzuführen und hierauf die Dokumentation nur noch gemeldeten Interessenten zuzusenden. Ein erstaunliches Absacken, wenn man bedenkt, dass noch in der Mitgliederumfrage 1973/74 das Thema «Politischer Extremismus» an dritter Stelle der Prioritätenliste stand, und die «Dokumentation zur umstürzlerischen Agitation» fast gleich gut wegkam wie andere SAD-Publikationen.

Wir nehmen an, dass zweierlei Gründe dafür ausschlaggebend waren: Zum einen stellt die Neue Linke heute keine Überraschung mehr dar und reizt auch weniger Abwehrreflexe, zum andern dürfte die öffentliche Polemik um den Fall Cincera Ende 1976 eher zur Vorsicht in privaten Nachrichtentätigkeiten angehalten haben. Und schliesslich hat sich die politische Linie des SAD unter seinem neuen Präsidenten Arbenz noch um einiges geklärt.

Wiederverhärtung?

1973 trat Hans W. Kopp vom Präsidentenposten zurück. Zu seinem Nachfolger wurde lic.rer.publ. Peter Arbenz (*1937), Winterthur, gewählt. 1977 wurde Arbenz als Freisinniger ganz knapp vor einem Sozialdemokraten in den Stadtrat von Winterthur gewählt, wo er dem Bauamt vorsteht. Seit er den SAD leitet, gibt es in SAD-Kreisen Meinungen, dass sein Kurs eine Wiederverhärtung gegenüber der grossen Öffnung unter Hans Kopp mit sich bringe, was aber niemand öffentlich bestätigen möchte.

Hinweise dazu lassen sich einige zusammentragen. 1974 begann der Leitende Ausschuss eine Standortbestimmung des SAD zu erarbeiten, die 1975 in ein internes Führungspapier «SAD-Politik 1975–1980» ausmündete. Dessen Hauptanstoss skizzierte Arbenz an der Generalversammlung 1977, wo er zum dreissigjährigen Jubiläum des SAD ausführte: «Lag am Anfang (des SAD) besonders der Ansturm von aussen im Zentrum der Bemühungen, so stand später mehr der Wandel im Innern zur Sprache. Der SAD antwortete auf diesen Wandel mit einer Öffnung und einer Hinwendung zur konstruktiv-kritischen Darstellung kontroverser Themen. Zeitweise hat uns diese Öffnung fast überbordet. Es bestand die Gefahr, dass der SAD an Profil und Stosskraft verliere. Mit dem sorgfältig beratenen internen 'Arbeitspapier SAD-Politik 1975–1980' hat der Leitende Ausschuss die Konzentration im Rahmen der Leistungsmöglichkeiten wieder herbeigeführt und klare Prioritäten gesetzt bei der Sicherheitspolitik, der institutionellen Weiterentwicklung des Staates und der Beobachtung des politischen Extremismus.» *(Mitteilungen des SAD,* 18/78).

«Überbordung», «Konzentration» und schliesslich die neuen Hauptstossrichtungen sind allerdings nicht die Stichworte, die die Kopp-Ära kennzeichneten. Auf der andern Seite reagiert der SAD damit auf innenpolitische Veränderungen, an denen er heute nicht mehr vorbei sehen kann. Hinter der Hoffnung auf das allumfassende Gespräch in den sechziger Jahren steckte auch eine politische Landschaft, die dies erlaubte. Heute fühlt sich der SAD zu Recht weniger als volksverbindende, denn als staatstragende Organisation, die der innenpolitischen Auseinandersetzung standhalten muss. Hans Ulmer schrieb im Frühjahr 1975: «Es wird in nächster

Zeit nicht einfacher werden, SAD-Mitglied zu sein, noch den SAD zu führen. Das politische Klima zeigt erhöhte Reizbarkeit, was auch der SAD zu spüren bekommen wird. Man wird uns verübeln, wenn wir darauf hinweisen, wie durch Nachlässigkeit oder gewollte Destruktion unserem Staat geschadet wird.»

Was sich da abzeichnet und auch für den SAD neu ist, ist ein eigentlicher innenpolitischer Frontbezug. Jahrzehntelang konnte er auf der einen Seite als Anwalt der 'übergrossen Mehrheit' des Schweizer Volkes agieren und hatte die Feinde lediglich als externe Mächte, das Böse oder Fünfte Kolonnen im eigenen Land zu orten, während er auf der andern Seite «konstruktive» Beiträge an die Lösung von Zukunftsfragen der Gesamtnation erarbeiten wollte. Heute geht er, wie wir aus internen Dokumenten wissen, von einer Zunahme innenpolitischer und sozialer Krisen in den nächsten Jahren aus, einer Polarisierung von Kräften und Meinungen, die die bisher üblichen Entscheidungsmechanismen schweizerischer Politik zu blockieren drohen. Hier will der SAD eine Funktion des Krisenmanagements übernehmen, als Ordnungsfaktor einer 'offenen Gesellschaft' wirken und die politische Handlungsfähigkeit des Staates fördern. Wir würden sagen, dass die 'Modernisierung' des SAD eigentlich erst mit diesen Konzepten richtig abgeschlossen ist: Nun ist es vorbei mit der Volkstümelei des Kalten Krieges, die das gute Schweizer Ländchen vor der bösen weiten Welt errettete. Sofern es dem SAD gelingt, einen handlungsfähigen Sektor politischer Kader des Schweizer Staates bei der Stange zu halten oder neue zu rekrutieren, möchte er sich gerne als Think Tank der grossen Politik, als strategisches Institut zur Krisenlösung, als Intelligenzinstrument zukünftiger innenpolitischer Auseinandersetzungen entwickeln – und dann hätte die Linke des Landes mit ihm als Gegner zu rechnen.

Der sogenannten Wiederverhärtung könnte also zugestimmt werden, aber es ist eine logische Konsequenz der politischen Entwicklung, die eine über den innenpolitischen Gegensätzen stehende, Bürgertum und Arbeiterbewegung versöhnende Organisation und Politik in den siebziger Jahren zunehmend verunmöglicht. Kein Wunder, dass sich einzelne Sozialdemokraten, welche traditionell mit dem SAD verbunden waren, heute zurückziehen, so Walter Renschler nach der Cincera-Affäre. Andere, die ihm die Treue halten wie Ernst Bircher, Vizepräsident bis 1973, wurden durch parteiinterne Kritiker in die Enge gedrängt: Bircher verzichtete 1976 freiwillig, wieder für den Nationalrat zu kandidieren, nachdem die Stadtberner SP-Leitung mit neun zu drei Stimmen beschlossen hatte, ihn nicht zur Wiederwahl zu empfehlen. Unerschütterliche Treue hält ihm einzig noch der Schweizerische Metall- und Uhrenarbeiterverband, welcher immer im SAD-Ausschuss vertreten war und ist, seit 1977 durch seinen Zentralsekretär Agostino Tarabusi.

Stand der Organisation

Der SAD erreichte anfangs der siebziger Jahre 2000 Mitglieder, vorwiegend 'Multiplikatoren', auf deutsch einflussreiche Leute, deren Meinung zehn andere aufwiegt, weil sie sie auch verbreiten können. Genauer besehen handelt es sich zur Hauptsache um Politiker, Funktionäre, Lehrer und Ideologen, weniger um wirkliche Wirtschaftskapitäne, also mehr um Apparatschiks. 1978 hatte der SAD erstmals Mühe, neue Mitglieder zu gewinnen: Die Gründergeneration ist im Rückzug begriffen, und neue Kräfte wachsen weniger rasch nach. Es wurde deshalb eine Arbeitsgruppe für Werbung eingesetzt.

Von den unzähligen Gruppen, die in der Kopp-Zeit installiert wurden, existieren noch die Stabsequipe (bestehend aus Adrian Gnehm, Alois Riklin, Hans Ulmer und Walter Schiesser, NZZ-Redaktor und Hofschreiber der schweizerischen Atomenergieindustrie). Dann die Fachequipe Gesamtverteidigung, seit 1972 unter Leitung von Rudolf Hanslin, Sohn des verstorbenen Korpskommandanten. Und schliesslich eine Fachequipe Staatsbürgerliche Bildung unter der Leitung von Dr. Gabriel.

Daneben existiert seit der Gründung die *Gruppe der Jungen,* seit 1976 unter dem Leiterteam von Hans-Martin Binder, Hinteregg, und Hans Baltensperger. Binder arbeitete vom 1. Dezember 1976 bis zum 31. Januar 1979 halbamtlich auf dem SAD-Sekretariat. Die *Gruppe der Jungen* konnte sich Ende der sechziger und anfangs der siebziger Jahre auf einen ganzen Kreis von Studenten abstützen, die in der Auseinandersetzung mit den linken Studentengruppen heranwuchsen. Mit dem Zusammenbruch der Studentenbewegung scheinen aber auch ihre politischen Gegner Nachwuchsschwierigkeiten erhalten zu haben, auf alle Fälle stagniert die *Gruppe der Jungen.* Und schliesslich existiert noch die ebenfalls traditionelle Gruppe der Frauen, seit 1977 von der Cincera-Lieferantin Sylvia Thomann-Bieri, Zürich, geleitet. Die Frauengruppe hörte sich 1979 einen Vortrag über China an, wohl in Vorbereitung zur grossen China-Studienreise, die der SAD auf 1980 plant.

Regionalgruppen des SAD gibt es fast keine mehr. Sie waren in den sechziger Jahren unter Kopp forciert worden, und zeitweilig hat es welche in Zürich, Winterthur, in Baselstadt und -land, in Bern, Luzern, St.Gallen und Graubünden gegeben. Seit der Präsidentschaft Arbenz legt der SAD aber mehr wert auf wenige, national organisierte Stäbe und ad hoc ins Leben gerufene Arbeitsgruppen, als auf eine breite Regionalorganisation. 1979 existierten noch SAD-Gruppen in Graubünden, St.Gallen und Bern. Bern ist hierbei ein Sonderfall: 1951 war unter dem Präsidium des bernischen BGB-Regierungsrates Gafner der *Bernische Aufklärungsdienst Landesverteidigung* gegründet worden, welcher erst 1965 unter seinem Präsidenten Heinz Junker, Interlaken, mit dem SAD fusionierte.

Finanziell verfügt der SAD über ein Jahresbudget von rund 300'000 Franken (1964 noch 100'000 Franken), welches nach langen inflationären Aufblähungen 1975 zur Stagnation kam. Etwa ein Viertel der Einnahmen stammt aus Bundessubventionen und kantonalen und Gemeindezuschüssen, ein Viertel aus Mitgliederbeiträgen, bis zu einem Drittel tragen 'Gönner' zusammen und der Rest wird durch den Erlös aus Publikationsverkäufen gedeckt. Unter dem Titelchen «Nationale Informations- und Aussprachezentren» figurieren im Budget des Eidgenössischen Departementes des Innern die Subventionen an den SAD und an *Rencontres Suisses* (je 60'000 Franken im Jahr), an *Coscienza Svizzera* (25'000 Franken) und an die *Arbeitsgemeinschaft Schloss Lenzburg* (50'000 Franken), von welcher auch das *Forum Helveticum* profitiert.

Diese Subventionen waren 1972 Gegenstand einer parlamentarischen Anfrage Jean Zieglers, der für die sofortige Streichung plädierte, was aber nicht durchkam. Umgekehrt gelang es dem SAD trotz mehrmaligen Vorsprachen beim zuständigen Bundesrat seit 1970 nicht, die Subventionen zu

Der Leitende Ausschuss des SAD

Der gegenwärtige Leitende Ausschuss setzt sich zusammen aus:

Peter Arbenz, Winterthur, Präsident, im LA seit 1969

Greth Berther-Gisler, Altdorf, Geschäftsführerin einer Bau- und Möbelschreinerei, Mitglied CVP, Kantonalpräsidentin des Katholischen Frauenbundes Uri 1962–68, im LA seit 1974

Josef Durrer, Münchenbuchsee BE, dipl. Postbeamter, seit 1975 Zentralsekretär des Verbandes der Gewerkschaften des christl. Verkehrs- und Staatspersonals der Schweiz (VGCV), im LA seit 1976

Ricarda Gimmel-Zingg, Arbon, Mitinhaberin Max Gimmel AG, Gerberei, Präsidentin der Thurgauischen Gemeinnützigen Frauenvereine, im LA seit 1977

Dr.oec.publ. Victor Jenny, Twann BE, seit 1973 Chef der Fachstelle Lehrlingssport an der Eidg. Turn- und Sportschule Magglingen, im LA seit 1976

Dr. Hans W. Kopp, Zumikon ZH, im LA seit 1961, Präsident von 1963–73

Dr.iur. Anton Muheim, Luzern, SP-Nationalrat, im LA seit 1977

Dr.iur. Marlies Näf-Hofmann, Zürich, Bezirksrichterin am Bezirksgericht Zürich, Mitglied des Zentralvorstands des Schweizerischen Gemeinnützigen Frauenvereins, Mitglied der Eidgenössischen Kommission für Frauenfragen, Vorstandsmitglied *Helfen statt töten,* Redaktionsvorsitz *Rede mitenand,* im LA seit 1976 erhöhen. Deshalb verlegte sich der SAD seit einigen Jahren darauf, sporadische kantonale und Gemeindezuschüsse zu erlangen. Beides hat schon geklappt, und eine Konferenz der kantonalen Finanzdirektoren hatte 1973 auch beschlossen, den SAD-Begehren gegenüber Entgegenkommen zu zeigen. Diese Beiträge sind in der Regel allerdings klein, weil sie aus den Geldern stammen, über welche die Kantonsregierungen in eigener Kompetenz verfügen.

Die sogenannten 'Gönnerbeiträge' laufen seit anfangs der sechziger Jahre über die *Wirtschaftsförderung,* was für den SAD kein unheikles Unterfangen war. So bestreitet Hans Huber heute noch, dass schon zu seiner Zeit die Finanzierung durch die wf begonnen habe, empfand er doch den Umkreis der *Wirtschaftsförderung* aus geschichtlichen Gründen als politischen Gegner. Hans Kopp hingegen erklärt, dass zu seiner Zeit, also ab 1963 schon wf-Gelder hereingekommen seien. Direkte Auskünfte zu dieser 'Streitfrage' haben wir keine erhalten, aber indirekte Hinweise. Insgesamt ergibt sich, dass die wf 1961/62 mehr oder minder eine dominierende Rolle

Prof.Dr. Alois Riklin, Mörschwil SG, im LA seit 1971

Margrith Schnyder, Luzern, Lehrerin für Knabenhandfertigkeitskurse der Stadt Luzern, Liberale Partei, Mitglied des Zentralvorstandes des Bundes Schweizerischer Frauenorganisationen, Präsidentin des Christlichen Frauenvereins Luzern, im LA seit 1977

Agostino Tarabusi, seit 1972 Zentralsekretär des SMUV, Mitglied der Eidgenössischen Konsultativkommission für Ausländerfragen, im LA seit 1977

Sylvia Thomann-Bieri, Zürich, Aktuarin der FDP Zürich 7, Mitglied *Komitee CH 80,* Zulieferin für Cinceras Datenbank, Präsidentin der Gruppe der Frauen des SAD, im LA seit 1968

Hugo M. Weibel, Luzern, Geschäftsleiter SMUV Luzern, im LA seit 1973

Bisher waren im Leitenden Ausschuss vertreten:

Hans A. Huber, Frauenfeld, Präsident von 1947–63, 1969 aus dem LA zurückgetreten

Dr.phil. Oscar Bettschart-Fahrländer, Wädenswil ZH, in leitender Stellung im Benziger-Verlag, CVP, Präsident des Handels- und Industrievereins, im LA 1967–77

Otto Bienz, Nationalrat, Neuenegg BE, im LA 1963–66

Ernst Bircher, Bern, alt Nationalrat SPS, Mitglied des Beratenden Ausschusses des SOI in den sechziger Jahren, im LA 1961–73

Victor Boss, Grindelwald, Sekundarlehrer, SP-Grossrat Bern, im LA 1968–75 im Finanzierungswesen politischer Aktivitäten erhielt. Zu dieser Zeit mussten die Studenten der Ungarn-Bewegung bei der wf um Unterstützungsgelder betteln gehen, weil sie von den einzelnen Spenderfirmen darauf verwiesen wurden. Dann übernahm die wf 1961 die kantonale Stützpunktorganisation des *Redressement National,* welche bis dahin unzählige politische Kämpfe sekretarisiert hatte, und schliesslich dürfte nicht zuletzt die Osthandelskampagne Anlass gegeben haben, die Finanzierung antikommunistischer Organisationen zu zentralisieren und im Bedarfsfalle durch Finanzboykott politisch zu beeinflussen. Übrigens publizierte Eugen Hugentobler, der damalige Direktor der wf, ab 1962 regelmässig in den SAD-*Berichten zur Lage der Schweiz* über Wirtschaftsfragen.

Zu einzelnen Bundesbehördenstellen pflegt der SAD traditionell gute Kontakte. Seit 1947 tagt er vorzugsweise in Kasernen der Schweizer Armee, seit einigen Jahren auch im freundlicheren Ferienheim des SMUV in Vitznau. Die 1956 neugegründete Dienststelle *Heer und Haus* verfolgte der

Anny Büchi-Sauter, Küsnacht ZH, FDP, im LA 1957–68
Dr. Fritz Bürki†, Bern, Schulinspektor, Oberexperte der eidgenössischen pädagogischen Rekrutenprüfung, im LA 1966–67
Dr.rer.pol. Guido Casetti, CVP, Zentralsekretär des Christlich-Nationalen Gewerkschaftsbundes, im LA 1965–75
Prof.Dr. Peter Dürrenmatt, Riehen BL, im LA 1957–78, Mitglied der *Schweizerischen Fernseh- und Radiovereinigung,* Leitender Ausschuss spk, Patronatskomiteemitglied *Dialog,* Mitglied *Redressement National,* Alt-Präsident des *Forum Helveticum*
Prof. Jeanne Eder-Schwyzer †, Zürich, im LA 1947–56
Prof.Dr. Gustav Egli†, Winterthur, im LA 1947–1957
Clara Glarner-Huber, Glarus, FDP, im LA 1966–77
Erich Hegi, Wabern BE, Schulinspektor, Oberexperte der eidgenössischen pädagogischen Rekrutenprüfung, im LA 1968–73
Dr. Marguerite Henrici†, Zürich, im LA 1947–66
Georg Jäger†, Arbon und Jenins GR, SMUV-Sekretär, im LA 1947–65
Heinz Junker, Interlaken, alt Stadtpräsident, Berner Oberrichter, SPS, präsidierte den *Bernischen Aufklärungsdienst* bis 1964 und leitete die Fusion mit dem SAD ein, in den sechziger Jahren Mitglied des Beratenden Ausschusses des SOI, im LA 1965–68
Prof.Dr. Otto K. Kaufmann, St.Gallen, im LA 1958–62
Walter König, Biel, alt Nationalrat SPS, alt Direktor des Bundesamtes für Zivilschutz, im LA 1973–77

SAD wie seinen jüngeren Bruder: *Heer-und-Haus*-Vertreter pflegen an den SAD-Generalversammlungen zu erscheinen, und 1972 benutzte Hans Huber, welcher 1969 Chef *Heer und Haus* geworden war, die Gelegenheit der SAD-Generalversammlung, um eine neu geschaffene Stelle in seinem Dienstzweig allfälligen Interessenten bekannt zu machen. Die Schwierigkeiten begannen erst 1976, als die Reform der Dienststelle vom EMD angepackt wurde (in der Reformkommission sass auch Alois Riklin). Tatsächlich war dann der SAD mit der Konzeption des neugeschaffenen *Truppeninformationsdienstes* (TID) nicht restlos einverstanden. Insbesondere stiess er sich an der Trennung von Information (TID) und psychologischer Abwehr, die neu durch den Generalstab betreut wird, allerdings ohne Personal. Dabei war natürlich gerade diese Trennung der Imagetrick, mit welchem der neue TID vom alten Kalt-Krieger-Image befreit werden sollte. Trotzdem laufen auch heute die Kontakte des SAD zum TID weiter.

Sonst sind seit 1970 gelegentliche Kontakte zum EMD, zum Politischen sowie zum Justiz- und Polizeidepartement gepflegt worden, welche der

---

Dr.phil. Louis Krattinger, Zürich, im LA 1947–58
Dr.iur. Verena Marty, Zürich, Vorsteherin Abteilung Frauenberufe der Gewerbeschule Zürich, FDP, im LA 1971–75
Werner Peyer†, Bern, SMUV-Sekretär, im LA 1958–65
Peter Regli, Gerlafingen SO, Rektor der Von-Roll-Gewerbeschule, im LA 1973–77
Edy Riedberger, Heerbrugg, SMUV-Sekretär Sektion Rheintal, SPS, im LA 1971–73
Christine Ryffel, Basel, Zentralsekretärin COOP Frauenbund Schweiz, im LA 1971–74
Alphons Scherrer, Bern, Alt-Redaktor 'Tagwacht', im LA 1947–50
Dr.iur. Anny M. Schmid-Affolter, Luzern, Staatskundelehrerin, Mitglied des Leitenden Ausschusses des Schweizerischen Katholischen Frauenbundes, im LA 1961–74
Josef Ulrich, Küssnacht a.R., CVP, alt-Regierungsrat Schwyz, im LA 1963–67

Als Sekretären und Quästoren waren tätig:
Erwin Oskar Stauffer, Bern, 1947–57
Dr.iur. Ernst Mörgeli, Bern, Ex-Informationschef EMD, Mitherausgeber der NHG-*Information,* Mitglied des Beratenden Ausschusses des SOI, 1958–64 SAD-Sekretär
Hans Ulmer. Uetikon a.S. ZH, seit 1964 SAD-Sekretär
Dr.iur. Jacob W. Reiff, Zollikerberg ZH, FDP, Quästor 1965–74
Hans Dennler, Hettlingen ZH, Quästor seit 1974

SAD in Zukunft zu regelmässigeren Gesprächen ausbauen will. Dabei sind auch gegenseitig Dokumentationen ausgetauscht worden: 1970 erkundigten sich EMD und EPD nach einer regelmässigen Benutzung der SAD-Dokumenation, 1974 flossen Materialien in entgegengesetzter Richtung usw. Dabei handelte es sich wahrscheinlich oft lediglich um Liebesdienste unter Kollegen, so wenn die Bundeskanzlei 1976 dem SAD-Mitgliederversand die entsprechenden 2000 «Richtlinien der Regierungspolitik 1975–79» zur Verfügung stellte, was der Jahresbericht dankend erwähnte.

1965 war der SAD zu einem breiteren Auslandkontaktnetz gekommen. Damals fand die erste Konferenz des *Informationsrings der Volks- und Verteidigungsorganisationen* statt, an welcher sich auch der SAD beteiligte. Diese «ohne Verpflichtungen, lediglich dem Gedankenaustausch» gewidmeten internationalen Konferenzen werden von folgenden Organisationen besucht:

– *Gesellschaft zur Förderung der österreichischen Landesverteidigung*
– *Gesellschaft für Wehrkunde* (BRD)
– *Stichting Volk en Verdediging* (Holland)
– *MILAC* (Belgien)
– *Folk og Forsvar* (Norwegen)
– *Almänna Försvarsföreningen* (Schweden)
– *Forsvarets Oplynsnings- og Verfaerdstjeneste* (Dänemark)

Die XI. Konferenz *Volk und Verteidigung* fand 1978 in Luzern statt. Der erste Teil war dem Thema «Medien und Sicherheitspolitik» gewidmet, zu welchem sich Dr. Hans-Rudolf Strasser von der Informationssektion des EMD und TID-Chef lic.iur. Jean-Louis Perrin äusserten; übrigens steuerte auch Peter Studer aus der Sicht eines TA-Chefredaktors Gedanken zum Thema bei. Der zweite Teil der Tagung galt dem Thema «Jugend- und Sicherheitspolitik», zu welchem Hasso Viebig, Geschäftsführer der *Gesellschaft für Wehrkunde*, R. Watt Boolsen, Direktor der dänischen Organisation, und Günther Böhm vom Ministerium für Unterricht und Kunst in Wien sprachen, sowie Hans Ulmer für den SAD.

Aktion freier Staatsbürger – keine Freiheit für Kommunisten

Der ehemalige Sekretär dieser 1965 aufgelösten Organisation hängte das Telefon ein, bevor wir uns richtig vorgestellt hatten. Der Vizepräsident wusste nichts mehr, verwies uns aber freundlicherweise an den Sekretär. Die Mitglieder des Patronatskomitees und des Vorstandes sind gestorben oder leiden unter schrecklichen Gedächtnisschwächen. An die gute alte Zeit der *Aktion freier Staatsbürger* erinnert man sich nur ungern, und jedem noch lebenden Exponenten wäre es lieber, es hätte sie gar nicht gegeben. «Waren sie denn eine Geheimorganisation?», fragten wir Carl Kälin, Zürich, immerhin ehemaliges Vorstandsmitglied, worauf er meinte, heute sei man vor der Linkspresse nicht mehr sicher, und alles werde falsch ausgelegt. Es gab Zeiten, da fühlte man sich vor den Angriffen der *Aktion freier Staatsbürger* nicht sicher, und das mit guten Gründen.

Im August 1948 erschien die erste Nummer eines *Bulletins des Nationalen Informationszentrums* (NIZ). «Unmöglich bei uns?», mit dieser Frage spielte der erste Leitartikel auf die kommunistische Machtergreifung in Prag an, und gab die Antwort: natürlich nicht. «Das NIZ wird einen unablässigen und rücksichtslosen Kampf gegen den Kommunismus in der Schweiz, gegen die PdA, und die mehr oder weniger von ihr gelenkten Nebenorganisationen führen.» «Auf der Grundlage absolut authentischen, im wesentlichen kommunistischen Publikationen entnommenen Materials» kündigte das NIZ die Aufdeckung der «gegen die Sicherheit des Staates und gegen die Unabhängigkeit unseres Landes gerichteten Unternehmungen aufrührerischer Elemente» an.

Die Redaktionsadresse des *Bulletins* befand sich zunächst in Lausanne, Druckort war aber Solothurn, wo die Druckerei Vogt-Schild AG, die schon die Herausgabe der Zeitschrift *Volk und Armee* gefördert hatte, die Administration des *Bulletins* besorgte. Im Sommer 1951 wechselte die Redaktion nach Bern, und im Januar 1952 erschien in Lausanne die französischsprachige Ausgabe *Bulletin du Centre National d'Information.* Ab Sommer 1953 bezeichneten sich die beiden *Bulletins* als «Organ» der *Aktion freier Staatsbürger* beziehungsweise des *Comité Suisse d'Action Civique.*

Diese «rücksichtslosen» Kämpfer gegen den Kommunismus erfuhren ein erfreuliches Wachstum. Im Sommer 1950 vermeldete das *Bulletin*, seine Auflage sei seit 1948 um das fünffache gestiegen und reiche jetzt an die Durchschnittsauflage einer schweizerischen Tageszeitung. Präziser meldeten die Welschen 1958, eine Auflage von 20'000 erreicht zu haben.

Die Aktionen des NIZ beziehungsweise der *Aktion freier Staatsbürger* konzentrierten sich auf drei Achsen: Denunziationen von Personen im öffentlichen Dienst, die der PdA nahestanden, oder wo es zumindest vermutet wurde. Druck auf Organisationen der Arbeiterbewegung, die sowieso schon im Gange befindliche Hinaussäuberung «kommunistischer Elemente» konsequenter an die Hand zu nehmen. Und schliesslich Angriffe auf die PdA selbst.

Beamtensäuberung

Greifen wir einige Beispiele heraus: Anfangs 1952 lancierte das NIZ in Zürich anlässlich der Lehrerwahlen den Slogan «Achtung: Lehrer in der Wiederwahl! In der Zürcher Lehrerschaft sind wieder einmal eine Anzahl Wiederwahlen fällig. Die Bürgerschaft wird Gelegenheit haben, die mit öffentlichen Steuergeldern bezahlten Erzieher der Jugend, wenn nicht Spiessruten laufen zu lassen, so doch einer kritischen Würdigung, beziehungsweise Prüfung zu unterziehen» (1/2/52). Worauf die Bedenken eines «Teils der bürgerlichen Lehrerschaft vor solch undemokratischen Methoden» zerstreut werden. Es folgten die Namen von vier Lehrern plus einem Fünften mit Namen und Adresse, der «diesmal ausser Spiel gelassen wird», weil die Sekundarlehrer-Wahlen noch nicht fällig sind». Sie waren fällig im Januar 1954. Die Zentralschulpflege der Stadt Zürich hatte den Hinweis des NIZ schon aufgenommen, und der Sekundarlehrer wurde nicht zur Wiederwahl vorgeschlagen. Das *Bulletin* schrieb dazu: «Im übrigen stellt sich die Frage, ob Sekundarlehrer Alfred Hümbelin überhaupt noch ein Bürger unseres Staates ist. Bürger im wahren Sinne des Wortes ist doch nur ein Eidgenosse. Wer den Eid gebrochen hat oder offen zugibt, in einem Konflikt mit der UdSSR, der Heimat der Weltrevolution, eidbrüchig werden zu wollen, der hat sich selbst aus dem Ring ausgeschlossen» (1/54).

1962 startete ein Artikel im *Bulletin* des NIZ eine Kampagne zum Rausschmiss des Lehrers Max Meier (Maur), der schon 1952 auf der Abschussliste in Zürich gestanden hatte, mit Erfolg. Unter dem Titel «Nun singt er wieder» wurde empfohlen: «Die Mauremer Bürger täten vielleicht gut daran, sich einmal zu fragen, weshalb Max Meier ausser sich gerät, sobald man dem Kommunismus am Zeug flickt.» Die Frage wurde erhört, Max Meier nicht wiedergewählt.

In der Frage «kommunistischer Beamten» sparte das NIZ auch nicht mit allgemeinen Ratschlägen an die Behörden. Als der Bundesrat 1950 die «Weisungen über die Auflösung des Dienstverhältnisses vertrauensunwürdiger Beamten, Angestellten und Arbeiter des Bundes» veröffentlichte, rieten die «freien Staatsbürger» dem Bundesrat, auf die «bisherige Parteizugehörigkeit» abzustellen und formellen Distanzierungen von der PdA ja keinen Glauben zu schenken. Besorgt fragte sich das NIZ auch, ob die Pensionen an die gekündigten Beamten ausgezahlt würden: «Handelt es sich um ein Wiederaufleben der Pensionszahlungen für fremde Dienste, nur dass diesmal nicht die Treue, sondern der Verrat belohnt und aus der eidgenössischen Staatskasse berappt werden soll?» (8/50) Kantons- und Gemeindeverwaltungen wurde der freundschaftliche Rat erteilt, den Weisungen des Bundesrates nachzueifern. Ein Dorn im Auge war dem NIZ die Zürcher Stadtverwaltung, wo 1952 unter der Protektion der SP immer noch PdA-Leute angestellt waren.

Waren die Zielscheiben des Angriffs Kulturschaffende, die nicht so leicht mit Druck auf den Arbeitsplatz zu erledigen waren, griff das NIZ mitunter auch zu originellen Jagdmethoden. 1957 erschien der Bericht der Rotchinareise, die unter anderen der bekannte Kabarettist Alfred Rasser mitgemacht hatte. Die «freien Staatsbürger» mokierten sich über den billigen Buchpreis und setzten ein Preisausschreiben an: «Fr. 100.- für denjenigen, der Licht in das Finanzierungsdunkel bringt.» «Wir hoffen nicht, mit unserem Preisausschreiben Herrn Galli, den Chef des Tessiner Erziehungsdepartementes oder gar das Eidgenössische Departement des Innern in Verlegenheit zu bringen. Ferne sei uns, die Vermutung aufkommmen zu lassen», von den Geldern zur Förderung der Kultur «sei ein Bächlein zur Bewässerung des Mao-Tse-Tung-Salati-Salatbeetes abgezweigt worden» (3/4/57).

Säuberung der Arbeiterorganisationen

Im Sommer 1952 denunzierte das NIZ die «Naturfreunde-Vereinigung» als kommunistische Tarnorganisation, ein Vorwurf, den der Landesobmann SP-Nationalrat Fritz Schmidlin zurückwies. Als die «Naturfreunde» 1953 ihre stark durch die PdA beeinflusste Basler Sektion wegen Durchführung «kommunistischer Schulungslager für Kinder» zurechtwiesen und eine Säuberung der verantwortlichen Stellen verlangte, doppelte das NIZ nach. Im *Bulletin* 8/9/1953 wies es in einem Offenen Brief an Schmidlin auf «weitere Haare in Ihrer Suppe» hin, räumte aber gerne «einen Kredit ein», in der Erwartung, dass Schmidlin «dieser unwürdigen Verbrüderung mit den potentiellen Landesverrätern ein Ende setzen» werde. Schon im Dezember 1953 nahm das *Bulletin* des NIZ mit Genugtuung vom «Reinemachen bei den Naturfreunden» Kenntnis. Diese hatten an der Geschäftsleitungssitzung vom 21. November 1953 flugs neue Statuten in Kraft gesetzt, die jede Teilnahme von Naturfreundesektionen an kommunistischen Aktionen untersagten.

Im gleichen Geist lancierte das NIZ im Dezember 1953 eine Kampagne gegen den Arbeiter Consum-Verein (ACV) in Basel. Nachdem die PdA in den Genossenschaftswahlen 17 Mandate von hundert gewonnen hatte, eröffnete das NIZ die Polemik gegen den christlich-sozialen ACV-Direktor

Ernst Neuner: «Das Kommunistenblatt wird also weiterhin das Insertionsorgan des ACV bleiben, mit andern Worten, der ACV wird auch in Zukunft das Blatt mitfinanzieren und patriotisch parfümieren helfen.» Gegen «solchen Proporzfimmel» und «politische Rückenmarkerweichung» versprach das NIZ: «Wir werden nicht nachgeben, bis es auch im ACV zu tagen beginnt. Wir werden uns in Zukunft nicht scheuen, noch deutlicher an die öffentliche Meinung zu appellieren, und der ACV wird mit dieser öffentlichen Meinung rechnen müssen.» Die Kampagne hatte Erfolg, Ende 1956, nach dem Aufstand in Ungarn, sperrte der ACV die Inserate im 'Vorwärts' und schloss die kommunistischen Mitglieder des Verwaltungsrates aus den Kommissionen aus. Mit Inseraten in der 'National-Zeitung' und den 'Basler Nachrichten' sandte die *Aktion freier Staatsbürger* als «Neujahrswunsch» folgendes hinterher: «Nach allem, was in Ungarn geschehen ist, wäre es vielleicht doch an der Zeit, die PdA-Brüder hinauszukomplementieren, auch wenn dadurch einiges Ostporzellan in die Brüche gehen sollte.» Dem «Neujahrswunsch» wurde in diesem Falle nachgelebt: An den Genossenschafts-Wahlen 1957 erlitt die PdA eine grosse Niederlage. Zur demokratischen Meinungsbildung hatte der Schweizerische Textil- und Fabrikarbeiterverband mit der Losung «Keine Stimme der PdA» beigetragen.

Boykott der PdA

Kein Geld für die PdA war die Zielrichtung der Anti-Inseratenkampagne des NIZ und der *Aktion freier Staatsbürger*, die fünf Jahre andauerte und mit ein Faktor für die Krise der PdA-Presse Ende der fünfziger Jahre war. Im Januar 1952 veröffentlichte das *Bulletin* unter dem Titel «Von wem wird die PdA?» unterstützt die Namen von 86 'Vorwärts'-Inserenten («Wir hoffen, die Leser des *Bulletins* und der Blätter, die den Fall weitergeben, sehen sich die betreffenden Firmen etwas näher an, sprechen vielleicht auch einmal mit so einem Geschäftsmann und versuchen, ihn im Guten – oder im Bösen – zu etwas besserer Einsicht zu bringen.»). Das NIZ selbst verschickte «Warnschreiben» an die Betroffenen und konnte zwei Monate später schon die ersten Erfolge melden: «Wir haben offenbar ins Schwarze getroffen und freuen uns darob, auch wenn die Kommentare der also Angeprangerten nicht immer sehr höflich klangen.» Ob höflich oder nicht, die angedrohten Klagen gegen das NIZ blieben aus, die Inserate auch. Im August 1953 meldet das NIZ, seiner Berechnung nach sei das Inseratenvolumen gegenüber dem Vorjahr um die Hälfte zurückgegangen. Am 27. September 1952 erliessen die Leitung der PdA und ihrer Redaktionen einen

Aufruf an die «Freunde unserer Presse! In dieser ernsten Stunde wenden wir uns an euch ... Durch Inseratenboykott und durch den politischen und wirtschaftlichen Terror ist die finanzielle Lage unserer Presse noch schwieriger geworden».

Zwischen 1953 und 1955 schlief die Anti-Inseratenkampagne etwas ein. Das NIZ auch: Kurz vor dem Aufstand in Ungarn scheint der Antikommunismus mehr und mehr einen steinigen Boden gehabt zu haben. 1956 erscheint das letzte *Bulletin* im Mai und wird erst Dezember 1956 wieder weitergeführt. Der 'Vorwärts' hingegen stellte auf anfangs 1957 vom täglichen aufs wöchentliche Erscheinen um: Seine Leser, seine Abonnenten waren nach Ungarn geschrumpft und sein Inseratenvolumen faktisch auf Null gesunken.

Am 19. November 1956 teilte die monopolartige Zentralstelle Schweizerischer Papierfabriken (Papyrus) der Genfer PdA-Druckerei mit, sie werde den Papierlieferungsvertrag Ende 1957 nicht mehr erneuern. Diesen Vorschlag hatte das NIZ schon im Juli 1952 in der Öffentlichkeit lanciert, damit

PAPYRUS

ZENTRALSTELLE SCHWEIZERISCHER PAPIERFABRIKEN LUZERN

MURBACHERSTRASSE 3 · TELEPHON (041) 2 22 63
POSTCHECKKONTO VII 1443 · NATIONALBANK-GIRO-KONTO LZ. 6012 · BRIEF- UND TELEGRAMMADRESSE: PAPYRUS, LUZERN

Coopérative d'imprimerie du
Pré-Jérôme
Rue du Pré-Jérôme 4-6

Genève

IHRE ZEICHEN · IHRE NACHRICHT VOM · UNSERE ZEICHEN w/EG/V · LUZERN, 19. November 1956

GEGENSTAND Zeitungsdruckpapier-Abschluss 1953-1957

Wir ersuchen Sie davon Kenntnis zu nehmen, dass wir den vorgenannten, per 31. Dezember 1957 zu Ende gehenden Lieferungsvertrag mit Ihrer Firma nicht erneuern werden.

Hochachtungsvoll

PAPYRUS
ZENTRALSTELLE
SCHWEIZERISCHER PAPIERFABRIKEN

Die Schweizer Papierlieferanten wollten 1956 die PdA-Presse boykottieren. Sie gaben erst nach grossen verbandsinternen und öffentlichen Protesten nach.

aber harte Schläge aus befreundeten Kreisen, der bürgerlichen Presse und auch dem Schweizerischen Zeitungsverlegerverband eingesteckt. Die PdA machte den Boykott in einem landesweit verteilten Flugblatt publik, worauf vor allem welsche Presseorgane den Entscheid der Papyrus kritisierten. Der Zeitungsverlegerverband forderte am 18. Oktober 1957 die Papyrus auf, ihren Entscheid aufzuheben, was in der Folge auch geschah (NIZ-Bulletin: «Papyrus umgefallen»). Damit hatten die Angriffe auf die PdA-Presse, vom NIZ und der *Aktion freier Staatsbürger* aus gestartet, ihren Höhepunkt erreicht.

Maccarthysmus

Die offen maccarthistische Politik des NIZ beziehungsweise der *Aktion freier Staatsbürger* eckte bei vielen befreundeten oder verwandten politischen Kräften in der Schweiz an. Dabei wurde eine Politik aktiver Verfolgung, Behinderung oder Ächtung der Kommunisten auch durch andere Organisationen und Institutionen verfolgt. Anfangs der fünfziger Jahre säuberten die Gewerkschaften ihre Reihen sukzessive von PdA-Mitgliedern. In vorderster Front standen der Schweizerische Metallarbeiter- und der Schweizerische Eisenbahnerverband, die beide Kollektivmitglied des *Schweizerischen Aufklärungs-Dienstes* waren. Bestimmte sozialdemokratische Führer zeigten sich in dieser Zeit besorgt, dass in «der Abwehr gegen den Kommunismus die schweizerische Arbeiterschaft nicht so geschlossen wie gegen das Nazitum dasteht, denn ein zwar kleiner aber aktiver Teil der Arbeiterschaft hat auch bei uns noch nicht erkannt, dass der Kommunismus nur eine andere Form der Despotie darstellt», so der Gewerkschaftsbund-Sprecher und SAD-Referent Giacomo Bernasconi an einer öffentlichen Tagung der NHG am 4. März 1951. Wenn also schon die Sozialdemokratie im aktiven Anti-PdA-Kampf mitmachte, dann mussten sich andere politische Kräfte überhaupt keine Hemmungen mehr auferlegen.

Trotzdem schossen die Aktionen des NIZ im Empfinden der Öffentlichkeit über das Ziel hinaus. Dafür dürften verschiedene Gründe ausschlaggebend gewesen sein. Erstens griff das NIZ des öftern Persönlichkeiten wegen flauer antikommunistischer Haltung an, die sich im Weltkrieg in den Anti-Nazi-Widerstandskreisen bewegt hatten und deshalb in gewissem Mass den Schutz der *Heer-und-Haus*-Generation genossen. Zu ihnen gehörte der Theologe Karl Barth, Mitglied der *Aktion Nationaler Widerstand* (Angriff im *Bulletin* 4/49) oder der *Heer-und-Haus*-Referent Fritz Wartenweiler (NIZ-*Bulletin*: «Phantasten und Kinder gehören nicht in die Politik», 9/50). Peter Dürrenmatt, *Eidgenössische Gemeinschaft* und SAD, der in einem 'Du'-Artikel März 1951 nach den «imperialistischen» Eigenschaften der amerikanischen Politik fragte, empfahl damals noch eine Entideologisierung der europäischen Aussenpolitik («keinen Kreuzzug ge-

Jetzt singen sie wieder

Man sollte es nicht für möglich halten: *Die PdA ist schon wieder auf dem Damm.* Es sind noch keine sechs Monate her, haben die Brüder ihre Koffer gepackt. Als hätte ein Zauber sie vertrieben, waren sie plötzlich von der Bildfläche verschwunden. Heute haben sie wieder die Stirn, sich mit einem *Flugblatt* in das Gewerkschaftsgespräch einzuschalten. Und *ausgerechnet am ungarischen Nationalfeiertag luden sie im Tagblatt der Stadt Zürich zu einer öffentlichen Aussprache über den Zivilschutz* im Restaurant «Bahnhof» in Wollishofen ein (Prosit, Herr Wirt!).

Morgen wird sich «Kultur und Volk», übermorgen die Gesellschaft Schweiz-Sowjetunion zum Worte melden, von der Dr. Hugo Kramer vom «Zeitdienst» behauptet, sie sei durch Harakiri eingegangen. Bald wird die Schar der Trabanten der PdA wieder vollzählig und im Frühling, im schönen Monat Mai, wieder alles im roten Butter sein. Die Funktionäre der sowjetischen Botschaft schwärmen fleissig aus und tragen reichen Blütenstaub und Honig für die sowjetischen Waben heim. O Schepilow, o Schepilow, wie treu sind deine Vetter!

Es gibt ein Rezept dagegen: Unterlassen wir alles, was den Burschen nützen könnte (selbst wenn es sich rentierte) und ersparen wir ihnen nichts (auch nicht, was Zivilcourage erfordert)!

AKTION FREIER STAATSBÜRGER

Typisches AFS-Hetzinserat (Tagblatt der Stadt Zürich, 16.3.57). In den späteren Jahren hatte die AFS Schwierigkeiten gehabt, ihre scharf und polemisch formulierten Denunziationsinserate in den Zeitungen unterzubringen. Nach Ungarn war aber (fast) alles erlaubt.

gen die Sowjetunion»), was ihm natürlich auch einen Angriff des NIZ eintrug (*Bulletin* 4/51).

Der Rundschlag nach allen Seiten entwickelte sich oft zur vollendeten Dummheit. Als auf einer Werbefotografie der *Hilfsaktion für Flüchtlingsstudenten*, die aus der Ungarn-Bewegung hervorgegangen war, ein Student zu sehen war, der die kommunistische 'Unità' las, fragte das *Bulletin*: «Macht die Flüchtlingshilfe für die 'Unità' Reklame?» und meinte, es könne wohl kaum ein Zufall sein, «wenn man voraussetzt, dass die Aktionsleiter keine politischen Greenhörner sind» (1/2/63).

Zweitens weckte die Anti-Inseratenkampagne des NIZ einen Widerstand, der sich weit in bürgerliche Kreise hineinzog. Die angegriffenen Inserenten waren ja in der Regel lediglich gut geschäftende Kleingewerbetreibende, die wenig Verständnis für den öffentlichen Pranger, an den sie gestellt wurden, zeigten. Eine Welle von Kritik zog das NIZ auf sich, als es 1952 den ersten Aufruf zum Papierlieferungsboykott lancierte. Der Protest aus befreundeten Kreisen war so stark, dass trotz grosskotziger Ankündigung «sollte unser Appell ungehört bleiben, so behalten wir uns vor, in der nächsten Nummer deutlicher daraufzurückzukommen» (6/7/52), in der nächsten Nummer nichts geschah – der Slogan wurde sang- und klanglos fallen gelassen.

Deshalb durchzog die ganze publizistische Tätigkeit des NIZ und der *Aktion freier Staatsbürger* ein Klagen und Jammern über den Anti-Anti-Kommunismus. Die Kritiken, die 1953/54 in einzelnen Schweizer Zeitungen an den Untersuchungs- und Säuberungsaktionen des amerikanischen

Senators Mac Carthy erhoben wurden, waren natürlich für die PdA die Gelegenheit, im bürgerlichen Lager Maccarthisten von anderen zu unterscheiden. Das NIZ gehörte selbstverständlich zu den ersteren und hatte sich in der Folge ständig gegen Vorwürfe des Maccarthysmus zu verteidigen. Zu seinem öffentlichen Ruf trug die penetrante Anonymität des eigentlichen politischen Umkreises der *Aktion freier Staatsbürger* wesentlich bei. Aktivisten aus der Ungarn-Bewegung war die *Aktion* ein Begriff und unzählige Male haben sie auch mit ihrem Deutschschweizer Sekretär Dr. Albert Münst aus Zürich zusammengearbeitet. Aber sie haben ihn als undurchsichtige Gestalt empfunden und über ihn gewitzelt, nun müsse er wohl wieder seinen Bericht abliefern und den Lohn dafür empfangen. Münst als 'Agent' des Antikommunismus und das scharfe, ja oft wirkungsvolle *Bulletin* als 'anonymes Büro' war eine Form politischer Aktivität, die anderen antikommunistischen Organisationen selbst irgendwie verdächtig schien.

Da hat es, um die Beurteilung nicht zur verzerren, der SAD mit seiner reputablen öffentlichen Tätigkeit und seiner geheim existierenden parallelen Nachrichtenorganisation, die die Protektion der Bundespolizei genoss, einfacher gehabt.

Alte Antibolschewisten in neuem Gewand

Der politische Hintergrund der *Aktion freier Staatsbürger* ist uns auch nach langen Recherchen nicht vollständig durchsichtig.

Die Organisation selber präsentierte sich nach aussen wie folgt: Das *Nationale Informationszentrum* in Bern diente als Informationsstelle und besorgte die Redaktion des Deutschschweizer *Bulletins*. Lange Jahre zeichnete für das *Bulletin* lic.iur. Joseph Müller als Verantwortlicher, Müller besorgte auch das *Informationszentrum*. In der Westschweiz war der verantwortliche Redaktor des welschen *Bulletin* Marc E. Chantre (*1918), Aubonne VD, der 1948 überhaupt als erste öffentliche Figur des NIZ in Erscheinung trat. Mit der Gründung der *Aktion freier Staatsbürger* am 1. Januar 1953 wurden zwei Sekretärposten geschaffen, Marc Chantre für die Westschweiz und Dr.phil. Albert Münst (*1906) für die Deutschschweiz. Sie beide und die Redaktoren Joseph Müller, Bern, und Jean René de Ziegler †, Genf, waren vollamtliche Funktionäre der Organisation. Daneben existierte ein Patronatskomitee, ein Vorstand und ein Direktionskomitee mit einem Präsidenten und je zwei Vizepräsidenten für die West- und die Deutschschweiz.

Bis 1957 waren lediglich die genannten Personen als Träger der AFS bekannt. In diesem Jahr wurde dem 'Vorwärts' auf uns unbekannten Wegen die Patronatsliste der AFS gesteckt, welche im *Bulletin* 2/58 als echt anerkannt wurde. Die Analyse der zugehörigen Personen gibt uns die ersten

Hinweise auf den politischen Ursprung dieser Organisation.

Roger Masson

Als Präsident zeichnete Roger Masson †, der von 1936-45 Chef des Nachrichtendienstes der Armee war. In dieser Funktion hatte er sich die Feindschaft der 'Widerständler' im Nachrichtendienst um Max Waibel und Alfred Ernst zugezogen, die ihn der Sympathie mit den Nazis verdächtigten. Zudem war Masson mit seinen Kontakten zum SS-Brigadeführer Walter Schellenberg, Chef der SS-Auslandsspionage-Abteilung 6, verantwortlich für das Auffliegen der direkten Nachrichtenlinie, die vom Büro Max Waibel aus nach Deutschland lief. Diese, wie man vermutet, eher aus Dummheit aufrechterhaltenen Beziehungen zu Schellenberg haben Masson in der Nachkriegszeit eine massive öffentliche Kritik eingetragen. Das welsche *Bulletin* schrieb diesbezüglich, Masson «leistete dem Lande Dienste, die, kaum war die Gefahr vorbei, von Politikern in den Dreck gezogen wurden, die sich nach dem 'neuen' Wind richteten und ihre giftigen Angriffe gegen unsere Armee wiederaufnahmen» (136/64).

Zu diesen Politikern gehörten Hans Hausammann oder Walter Bringolf. Die 'Affäre Masson' hatte 1945/46 die Kreise um den nationalen Widerstand in schärfste öffentliche Polemik zu den Kreisen um den *Elephantenclub* und die *Schweizerische Mittelpresse,* die Masson verteidigten, gebracht. Man darf ruhig annehmen, dass eine Organisation, die von Masson präsidiert wurde, von den Nachfolgeorganisationen von *Heer und Haus* gemieden wurde. Masson hat übrigens weitere Leute aus dem Nachrichtendienst, die ihm seinerzeit nahestanden, ins Patronatskomitee der AFS gebracht, unter anderem den Waffenspezialisten Paul Schaufelberger † aus Luzern.

Der Vorstand der AFS setzte sich zusammen aus Masson; Dr.iur. Paul Schumacher, Zürich, als Vizepräsident für die Deutschschweiz; Pierre Champion, Redaktor des freisinnigen 'Le National' aus Neuenburg, als Vizepräsident Westschweiz; sowie Ernest Brandt†, Direktor der Omega, Lausanne; Dr.iur. Paul Eisenring, späterer CVP-Nationalrat, Erlenbach ZH; Dr.rer.pol. Carl Kälin, Zürich; Georges Rigassi, ehemals Chef der 'Gazette de Lausanne' und Dr.iur. Arnold Schlumpf, Direktor der Portland AG, Zürich.

Paul Schumacher gibt an, durch seine Freunde Roger Masson und Raymond Déonna für den Vizepräsidentenposten gewonnen worden zu sein. Raymond Déonna † war bekanntlich Direktor der *Wirtschaftsförderung* in Genf und Vizepräsident des *Redressement National* von 1949-72. Als Vorstandsmitglied der *Liga Aubert* hatte er während des Krieges die neue

Wirtschaftsförderung an der selben Genfer Adresse untergebracht. Déonna befand sich neu auch im Patronatskomitee der AFS. Das Vorstandsmitglied Georges Rigassi vertrat während des Krieges die *Liga Aubert* im *Schweizerischen Vaterländischen Verband*, dessen Vizepräsident er 1944 war. Aus der *Aargauischen Vaterländischen Vereinigung* stammt auch das Patronatskomitee-Mitglied Dr.rer.pol. Rudolf Schäfer, Aarau. Er verliess den AVV nach der Krise des SVV 1947, im Gefolge des Nachrichtenskandals, den wir an anderer Stelle in diesem Buch behandeln.

Aus dem Umkreis des *Redressement National* stammen weitere Mitglieder des AFS-Patronatskomitees: Michel Jaccard, Direktor der 'Nouvelle Revue de Lausanne', RN-Vorstandsmitglied von 1960 an; alt Ständerat Frédéric Fauquez (lib.), Riex VD, im RN-Vorstand von 1938-42; BBC-

Vorstand und Patronatskomitee AFS

(Personen, zu denen schon im Lauftext Erläuterungen gegeben wurden, werden hier nur noch namentlich genannt.)

Vorstand:
Roger Masson, Präsident
Paul Schumacher, Vizepräsident Deutschschweiz
Pierre Champion, Vizepräsident Welschschweiz
Ernest Brandt
Paul Eisenring
Carl Kälin
Georges Rigassi
Arnold Schlumpf

Patronatskomitee:
Raymond Déonna
Rudolf Schäfer
Michel Jaccard
Frédéric Fauquez
Ernst Speiser
willi Rohner
Paul Chaudet
Sidney de Coulon
Jean Jacques Wyss
Max Huber
Karl Hackhofer
Paul Schaufelberger
Christian Tschanz, Lausanne, Direktor SKA

Direktor Ernst Speiser, ab 1948 Aargauer Ständerat (FDP), ehemals Präsident des Vereins Schweizerischer Maschinen-Industrieller, publizierte während des Krieges für das RN; und schliesslich AFS-Vorstandsmitglied Paul Eisenring.

Es ist fast klar, dass in diesem politischen Umkreis die *Schweizerische Politische Korrespondenz*, ehemals *Mittelpresse*, nicht fehlen darf. Die personellen Hinweise darauf haben wir nur indirekt. AFS-Patronatsmitglied Dr. Nicolo Biert, Zürich, tauchte 1934-36 als Redaktor der *Eidgenössischen Zeitung* des frontistischen *Bunds für Volk und Heimat*, dem Vorläufer des RN, auf. Gleichzeitig schrieb er für die *Mittelpresse*. Nicolo Biert trat nach dem Krieg in die Redaktion der NZZ ein, wo er zusammen mit Ernst Bieri und zwei andern bis in die sechziger Jahre für den politischen

Roger Petitpierre, Genf, Direktor SKA
Jacques Chappuis, Genf, Kaufmann
Ami Lavanchy, Lausanne, Transport- und Reiseunternehmer
Waldemar Studer, Pully/Lausanne
Dr.iur. Jacques Bourquin, Lausanne, Zentralvorstand NHG 1950–56, deren Zentralpräsident 1953–56
Alexis de Courten, Rechtsanwalt, Sion
Philippe Jaques, Rechtsanwalt, Lausanne, Mitglied des Beratenden Ausschusses des SOI ab 1969
Dr.iur. Joseph Erni†, Bern
Dr.iur. Otto Hegetschweiler, Zollikon ZH
Dr. Max Gutzwiller, Dozent Universität Fribourg
Dr. Pierre Jäggi†, Dozent Universität Fribourg
Gaston Clottu, Neuenburg, Nationalrat (lib.)
Dr.iur. Paul Häfelin, Solothurn, Ständerat FDP
Dr. Ettore Tenchio, Chur, Nationalrat CVP, im Krieg *Heer-und-Haus*-Referent TI
Paul Torche, Fribourg, Ständerat CVP, Vizepräsident *Rencontres Suisses*
Maurice Troillet, alt Ständerat CVP, Sion
Dr.phil. Rudolf Heimann, Redaktor, Bern
Dr.iur. Franz Nager, Oberstbrigadier, Mitglied der Landesverteidigungskommission, CVP

Das Sekretariat betreuten:
Albert Münst, Zürich
Joseph Müller, Bern
Marc E. Chantre, Aubonne VD
Jean René de Ziegler, Genf
(Die beruflichen Angaben beziehen sich alle auf das Jahr 1957.)

(Inland-) Teil verantwortlich zeichnete. Dann befinden sich Michel Jaccard und der freisinnige Ständerat Dr.rer.pol. Willi Rohner †, auf der einzigen uns zugänglichen Vorstandsliste der spk aus dem Jahre 1970. Auch Rohner befand sich im AFS-Patronat.

Nicolo Biert bezeichnete als besonders aktive Kräfte der AFS Roger Masson und Paul Chaudet. Paul Chaudet, Patronatsmitglied des AFS, kam von der *Ligue vaudoise* her, einer waadtländischen föderalistisch-konservativen Organisation, die im Frontenfrühling 1933 entstanden war und mit den innenpolitischen Vorstellungen der Fronten sympathisierte, ihre ausländischen Vorbilder aber zurückwies. Chaudet wurde 1954 als Vertreter der Freisinnigen in den Bundesrat gewählt, wo er bis 1966 dem Militärdepartement vorstand. Man darf annehmen, dass weitere uns unbekannte Welsche im AFS-Patronatskomitee aus der *Ligue Vaudoise* stammten.

Laut Joseph Müller wurden die Finanzen der *Aktion freier Staatsbürger* hauptsächlich von zwei Quellen gespiesen: Raymond Déonna hatte Geld der *Wirtschaftsförderung* besorgt, und der welsche Sekretär Marc E. Chantre organisierte Gelder aus der Uhrenindustrie. Dies letztere mag erklären, wieso ein ganzer Klüngel von Uhrenindustriellen auch im AFS-Patronatskomitee zu finden ist.

Nämlich Vorstandsmitglied Ernest Brandt, Omega-Direktor, dessen Sohn Charles Brandt in der Westschweizer Unternehmerorganisation *Rencontres Patronales* auftaucht. Ständerat Sidney de Coulon (lib.), Generaldirektor der Ebauches SA, Neuenburg, dessen Vater Eugène de Coulon während des Krieges im Vorstand der *Liga Aubert* war. Jean Jacques Wyss, Direktor der UBAH, La-Chaux-de-Fonds. Die Ebauches SA waren seinerzeit monopolartiger Hersteller der Uhrenrohwerke, die UBAH der Verband der Uhrenbestandteil-Fabrikanten. Dazu kam Max Huber, Präsident des Verbandes Schweizerischer Roskopfuhren-Fabrikanten, Biel.

Im Umkreis der Gründer des SAD wurde die AFS als katholisch-reaktionäre, «rabenschwarze» Organisation beurteilt. Diese Einschätzung dürfte nicht richtig sein, wenn auch katholische Politiker in der AFS weniger aus Proporzgründen wie im SAD beigezogen wurden, sondern zu den treibenden Kräften gehörten. Unter ihnen Dr.rer.pol. Karl Hackhofer, bis in den Krieg Sekretär des katholischen Schweizerischen Studentenvereins, den er auch im *Forum Helveticum* vertrat. Er wurde nach dem Krieg Sekretär des Schweizerischen Schuhhändlerverbandes, CVP-Nationalrat und später Präsident des Gewerbeverbandes. In den dreissiger Jahren profilierte sich Hackhofer als Anhänger des faschistischen Korporationenstaates. Auch die AFS-Funktionäre Albert Münst und Joseph Müller waren Mitglieder des Schweizerischen Studentenvereines.

Kommen wir nun auf unsere Ausgangsfrage zurück, worum es sich bei der *Aktion freier Staatsbürger* politisch handelte. Organisationen entstehen bekanntlich ja nicht ohne Vorgeschichte, ohne Personenkreis, die sich schon politisch kennen, und auch nicht ohne Kontinuitäten, mögen diese auch gebrochen sein. Das Entstehungsjahr 1948 gibt selbst schon einige Hinweise: 1948 hatte sich der *Schweizerische Vaterländische Verband* im Gefolge des Nachrichtenskandals faktisch aufgelöst. Und die *Liga Aubert* hatte durch den Weltkrieg ihr internationales Beziehungsgeflecht verloren, wenn auch sicher personelle Bekanntschaften weiter bestanden. Zudem war ihr Gründer und Konzeptemacher Théodore Aubert 1948 schon siebzig Jahre alt und kaum mehr in der Lage, seiner 'Internationalen' aus eigenen Kräften neues Leben einzuhauchen. Das letzte uns bekannte *Bulletin* der *Liga Aubert* wurde 1946 herausgegeben. Später erschienen noch bis 1948 einzelne Schriften Auberts unter dem programmatischen Organisationsnamen *Pour la Démocratie Suisse – contre le communisme totalitaire*. Im Geflecht des traditionellen Stammes antibolschewistischer Organisationen waren damit Lücken entstanden: Einzig die manchesterliberalen Clubs wie das RN oder der *Elephantenclub* (der mit dem *Trumpf Buur* weitergeführt wurde) oder die *Mittelpresse* (die sich 1948 in die spk wandelte) konnten eine organisatorische Kontinuität sicherstellen. Diese Organisationen hatten und haben sich aber hauptsächlich wirtschaftspolitisch exponiert. Uns scheint am wahrscheinlichsten, dass das *Nationale Informationszentrum* und später die AFS aus den Koordinationsbemühungen dieser Organisationen und den Überresten der *Liga Aubert* sowie des *Vaterländischen Verbandes* entstanden sind. Sie sollten unter den Bedingungen des Kalten Krieges das Werk Théodore Auberts weiterführen.

Marc Chantre und Albert Münst, die 1948 diese Organisation vorantrieben, propagierten die Zusammenarbeit aller antikommunistischen Organisationen der Zeit. Auch der SAD war zu einem dieser Koordinationstreffen eingeladen, lehnte aber durch seinen Sekretär Erwin Stauffer jede Zusammenarbeit ab. Münst hatte sich hierauf bitter beim SAD-Präsidenten Hans Huber beklagt – ohne Erfolg.

Marc E. Chantre

Von den beiden AFS-Promotoren wissen wir nur wenig. In der welschen Öffentlichkeit hiess es, Marc Chantre sei in jungen Jahren ein Anhänger des Genfer Faschistenführers Oltramare gewesen. Wie uns erinnerlich, war Théodore Aubert ebenfalls mit Oltramare verbunden gewesen. Verbunden war Aubert auch mit dem NIZ: Chantre charakterisierte ihn in seinem Nachruf (125/63) als geistigen Vater der AFS, der er bis ins hohe Alter von 85 Jahren mit «Ratschlägen und Ermunterungen» zur Seite gestanden habe.

Noch undurchsichtiger ist die Vorgeschichte Albert Münsts. Von 1936-43 war er in der Schweizerischen Zentrale für Handelsförderung in Lausanne tätig, die damals von Albert Masnata geleitet wurde. Dann versuchte er im Schweizerischen Gewerbeverband ein Büro für Exportförderung kleingewerblicher Produkte aufzubauen. Diese Stelle verliess er 1948, um eine «politische Aufgabe» zu übernehmen. Er scheint sich also explizit für den Aufbau des *Nationalen Informationszentrums* freigesetzt zu haben, obwohl er zu dieser Zeit überhaupt noch nicht als öffentlicher Exponent auftauchte.

Internationale Koordinationsversuche

Die *Aktion freier Staatsbürger* beteiligte sich, wenn auch nicht als Promotor wie Aubert, an internationalen Koordinationsversuchen im antikommunistischen Kampf.

Vom 1.-3. Dezember 1960 fand in Paris im NATO-Zentrum die *Conférence internationale sur la guerre politique des Soviets* (Konferenz über den politischen Krieg der Sowjets) statt, welche ein zweites Mal auf den 18.-22. November 1961 nach Rom einberufen wurde. Organisatorin der Konferenzen war Suzanne Labin – Sprecher für die fünfköpfige Schweizer Delegation Albert Münst. An der Konferenz beteiligten sich 500 Delegierte aus 44 Ländern, darunter auch Vertreter aller Exilorganisationen der Ostblockländer, die sich Ende der vierziger Jahre im *Anti-Bolshevik Block of Nations* (ABN) zusammengeschlossen hatten. Übrigens berichtete das NIZ-*Bulletin* seit 1951 über die Kongresse des ABN. Einzelne Länder liessen sich auch durch diplomatische Beobachter vertreten, darunter die Schweizer Botschaft in Paris.

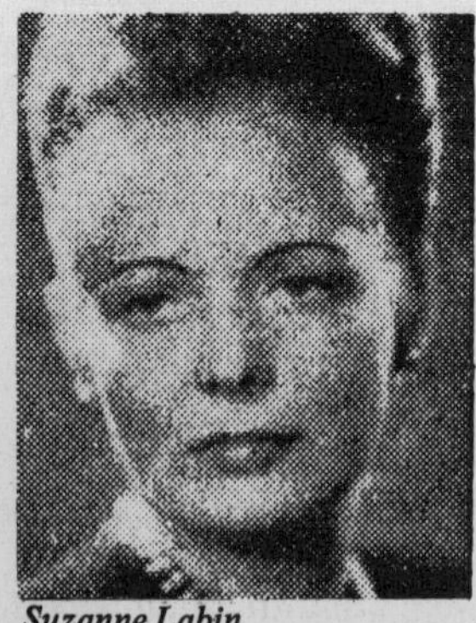
Suzanne Labin

Suzanne Labin, die in der Schweizer Rechtsszene mit gusto herumgeboten wird und deren Bücher auf fast allen Versandlisten einschlägiger Organisationen figurieren, hat uns nur ihre eigene Version einer Biographie überliefert. So soll sie als Arbeiterkind geboren worden sein, trotzdem aber ein Studium abgeschlossen haben. Schon vor Ausbruch des Krieges hat sie sich Studien über Sowjetrussland gewidmet, deren Material sie 1940 vor dem Vormarsch der Deutschen nach Vichy-Frankreich gerettet habe. Dort will sie in den ersten Widerstandsgruppen, die von De Gaulle organisiert worden sind, mitgearbeitet haben. 1942 emigrierte sie, angeblich kurz vor der Verhaftung durch die Deutschen, nach Argentinien. Argentinien war der einzige südamerikanische Staat, der nicht formell auf seiten der USA in den Krieg eingetreten ist. Von 1930 an beherrschte eine Koalition von Militärs und Vertretern der alten Grossgrundbesitzer das Land. 1943 bildete sich eine Obristenliga, aus welcher 1946 Juan Peron an der Spitze einer populistischen Bewegung an die Macht kam. Dieses Land, das sich die Antifaschistin Suzanne Labin als Exilland auserwählte, wurde nach dem Krieg zum bevorzugten Zufluchtsort deutscher Nazis. Sie publizierte hier 1946 ihr erstes politisches Buch «Staline – le Terrible», das gleich in fünf Sprachen übersetzt wurde – ein beachtlicher Erfolg für eine unbekannte Publizistin, ausser sie besass ein politisches Beziehungsnetz. Das Vorwort für die lateinischsprachigen Ausgaben schrieb ihr Bekannter Carlos Lacerda, brasilianischer Rechtspolitiker, Mitinitiant der *Conférence* und massgeblicher Beteiligter am Militärputsch gegen die Goulart-Regierung 1964, der Brasilien wie üblich in Südamerika vor dem Kommunismus rettete.

1948 kehrte Suzanne Labin nach Frankreich zurück und trat in die Sozialistische Partei ein. Sie wurde 1950 an den «Kongress für die Freiheit der Kultur» in Westberlin delegiert und war Gründungsmitglied der ständigen Organisation *Congrès pour la Liberté de la Culture,* die daraus resultierte und worin zeitweise auch der Schweizer Philosoph Denis de Rougemont mitarbeitete.

Suzanne Labin hatte schon im Juni 1959 an der NATO-Generalversammlung als Sprecherin der Arbeitsgruppe über sowjetische Propaganda Vorschläge gemacht, die sie nun der *Conférence* unterbreitete. 1959 schlug sie vor, eine neue Abteilung der NATO zu schaffen, eine Art «Generalstab», der allen angeschlossenen Regierungen Hilfe im politischen Krieg gegen die Sowjets bieten solle. Zudem müsse die NATO eine internationale private Organisation fördern, die der Verbreitung antikommunistischer Propaganda gewidmet sei.

An der Pariser Konferenz beklagte Henry Mayers, Mitarbeiter der amerikanischen US-Information Agency (USIA), einem der getarnten Parallelgeheimdienste der USA, dass Suzanne Labins Vorschläge von der NATO nicht realisiert worden seien, was wahrscheinlich der Diversion der Sowjets zu verdanken sei.

Suzanne Labin skizzierte in ihrer Einleitungsrede ein Programm antikommunistischer Tätigkeiten, das darauf basierte, dass der Westen nur militärisch auf eine Konfrontation mit der Sowjetunion vorbereitet sei, politisch aber ständig den Krieg gegen die Sowjets verliere. «1945 hätte die demokratische zivilisierte Welt leicht den wahren Sieg erringen können: den Sturz des kommunistischen Totalitarismus in seinem Machtbereich.» Mit anderen Worten hätte Suzanne Labin die Fortsetzung des Weltkrieges gegen die Sowjets für richtig befunden. Statt dessen habe man ständig nachgegeben und sei jetzt dann bald selbst an der Reihe, von der Sowjetunion erobert zu werden. Sie schlug den Kongressteilnehmern vor:

– eine internationale «Superpolizei» zu schaffen, die an allen Punkten der Welt «sich ohne Diskussion allen Unruhen entgegensetzen kann, um die

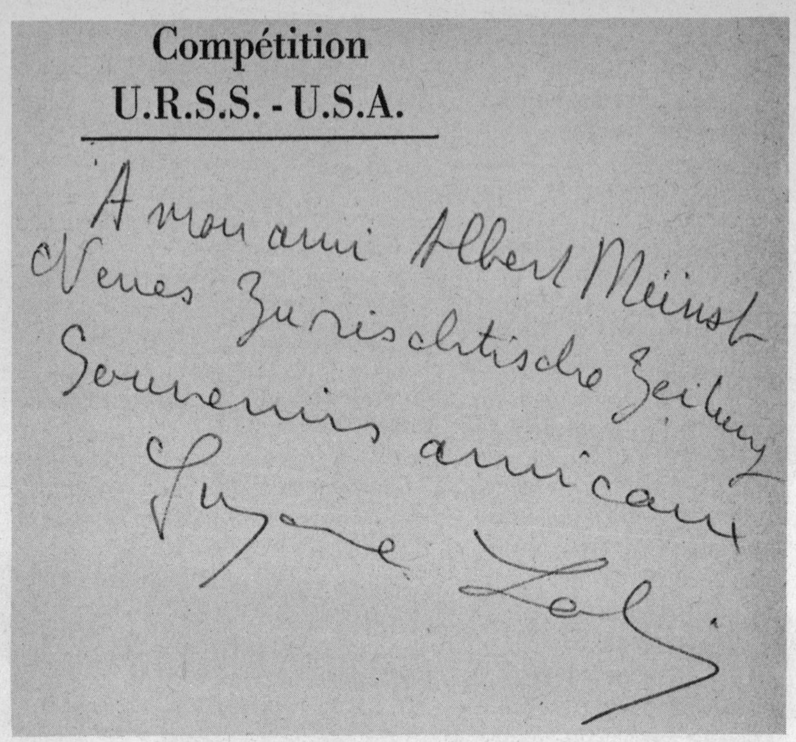

Compétition
U.R.S.S. - U.S.A.

A mon ami Albert Münst
Neues Zurischtische Zeitung
Souvenirs amicaux
Suzanne Labin

«Meinem Freund Albert Münst, Neues Zurischtische Zeitung»: Suzanne Labin widmet ihm ihr neuestes Buch persönlich. Münst war allerdings nie im festen Redaktionsteam der NZZ, aber politisch für eine Zeit lang ein enger Vertrauter.

Krise im Ursprung ersticken zu können»
— «politische Kriegskommandos» aufzustellen, die die Superpolizei bei ihren Einsätzen begleiten, die Bevölkerung politisch zu gewinnen und die Beteiligten «zu überzeugen versuchen, dass sie der Demagogie des Kommunismus nicht weichen sollen und dass die Operation keine imperialistischen Ziele verfolge».

Diese Vorschläge echt interesseloser Freiheitsintervention (ihre Realisierung haben wir in Vietnam ablaufen sehen) richtete Labin an die Regierungen. An die private Initiative der Kongressteilnehmer appellierte sie:
— in jedem Land «Generalstäbe zur Strategie des politischen Krieges» einzurichten, die den Regierungen und der Armee sowie allen Meinungsmachern mit Informationen und Kampagnen zur Seite stehen, insbesondere aber eine «Interpol zur Aufspürung der Agenten dieser politischen Droge, die sich Kommunismus nennt«, einzurichten,
— einen «Weltbund für die Freiheit» zu schaffen, der weniger institutionell, als an die breite Bevölkerung gerichtet arbeiten soll,

– «Schulen und Akademien der Freiheit» zu gründen (ein Vorschlag, der durch die Tagungsteilnehmer Walter Judd und Thomas Todd in den USA schon ins Gespräch gekommen war),
– eine Hilfsorganisation für die unterdrückten Völker im Ostblock zu gründen, die eng mit den Exilorganisationen zusammenarbeitet. In diesem Zusammenhang könnte auch aus Flüchtlingen und Freiwilligen eine «Legion der Freiheit» gebildet werden, ein Vorschlag, der durch den CIA und andere westliche Geheimdienste zu dieser Zeit eigentlich schon realisiert worden war, waren doch die Organisationen des *Anti-Bolshevik Block of Nations* eng in Agententätigkeiten gegen den Ostblock integriert,
– und schliesslich eine Truppe von «Missionaren der Freiheit» zu schaffen, die sich in der Dritten Welt als überzeugende Antikommunisten und Helfer der Armen dem Ansturm der Kommunisten am wirkungsvollsten entgegenstellen könnten.

Diese Vorstellungen Suzanne Labins, die sich wie eine Vorwegnahme amerikanischer Praktiken, die während des Vietnamkrieges langsam entwickelt wurden, lesen, fanden auf dem Kongress ein warmes Echo, aber keine praktischen Auswirkungen. Interessant, wie Albert Münst, zu dieser Zeit durch die ständig wachsende Kritik am Antikommunismus in der Schweiz schon leicht resigniert, in seiner Intervention («Anregungen zu einer Therapie vom Kommunismus») ein eher pessimistisches Bild entwikkelte: «Der Antikommunismus ist vom Weltmarkt zurückgezogen worden: die Ware verkauft sich nicht mehr.» Er plädierte weniger für grossaufgezogene Öffentlichkeitsarbeit, als für die individuelle Public-Relations Bearbeitung von Meinungsmachern und Politikern. In diesem Sinne unterstützte er lediglich den Vorschlag eines internationalen Koordinationszentrums von PR-Spezialisten im antikommunistischen Kampf.

Aus beiden *Conférences* resultierte bloss die Schaffung des *Internationalen Dokumentations- und Informationszentrums* (Interdoc), das im Februar 1963 in Den Haag gegründet wurde. *Interdoc* ist dem *Institut Oost West,* ebenfalls Den Haag, angegliedert. Nach einer Notiz des italienischen Geheimdienstes SIFAR wurde *Interdoc* an einer internationalen Sitzung vom 5.–8. Oktober 1961, also vor der zweiten *Conférence,* beschlossen. Die SIFAR rapportierte: «Die Teilnehmer beschlossen, in dieser neuen Organisation alle Anstrengungen und Initiativen im Kampf gegen den Kommunismus auf seriösen technischen Grundlagen zu vereinigen» (Frédéric Laurent, 'L'orchestre noir'). Die französische Zeitschrift 'Libération' behauptete, *Interdoc* widme sich hauptsächlich der Nachforschung über Mitglieder und Organisationen der Linken in Europa und sei vom holländischen Geheimdienst finanziert (9.10.75).

Wie dem auch sei, in der Publikation 'Aufgaben der Freien Welt – heute' (Köln, 1964) wird zum Mitautor Albert Münst angemerkt, er gehöre «einer Gruppe von Männern verschiedener europäischer Nationen an», die nach einer Reihe von internationalen Konferenzen *Interdoc* ins Leben gerufen hätten.

Da sich die *Aktion freier Staatsbürger* schon 1965 auflöste, konnte ihre Verwicklung in internationale Organisationsversuche nicht weiter gedeihen. Es sei nur darauf hingewiesen, dass aus dem Kreis der *Conférence*-Teilnehmer 1967 unter dem speziellen Schutz von Taiwan die *World Anti-Communist League* (WACL) mit Sektionen in beiden Amerika, in Asien, im Nahen Osten und Europa aus der Taufe gehoben wurde, hauptsächlich finanziert durch die Regierungen von Taiwan, Südkorea, den Philippinen und Saudiarabien. Die Präsidentin der französischen Sektion wurde, wie nicht anders zu erwarten, Suzanne Labin, die bis zur Gründung der WACL versucht hatte, eine *Internationale de la Liberté* entsprechend ihren Vorstellungen, die sie der Pariser-Konferenz unterbreitet hatte, aufzubauen. Faktisch existierte von dieser *Internationale* aber nur eine französische Gruppierung.

Roger Pearson

1974 denunzierte der Konservative Geoffrey Stewart-Smith, Chef der britischen Sektion der WACL, dass immer mehr neonazistische und antisemitische Gruppen die südamerikanischen und europäischen Sektionen der WACL kontrollieren würden. Im November 1978 berichtete die deutsche faschistische Zeitschrift *Nation Europa,* die XI. Weltkonferenz der WACL (400 Teilnehmer aus 67 Ländern) habe neu das *Movimento Sociale Italiano* (MSI) und die «Vereinigung der ehemaligen spanischen Frontkämpfer» aufgenommen. MSI-Generalsekretär Giorgio Almirante hielt eine der Hauptreden des Kongresses, und die argentinische Delegation brachte eine Resolution «Allein der Nationalismus ist das unüberwindliche Bollwerk gegen den Marxismus in der ganzen Welt» durch. An dieser Konferenz wurde Dr. Roger Pearson zum neuen WACL-Präsidenten gewählt. Geoffrey Stewart-Smith scheint nicht unrecht gehabt zu haben.

Geldgeber liquidieren die AFS

Die maccarthystische Aktion der AFS war im Prinzip schon vor dem Ungarnaufstand 1956 an ihre Grenzen gekommen. Ungarn und die daraus resultierende Studentenbewegung in der Schweiz haben den Niedergang aber hinausgeschoben. «Das Bulletin führt ein scharfes Schwert, es braucht keine Rücksichten zu nehmen und darf, wo es not tut, Ohrfeigen austeilen, die einer Parteipresse nicht anstehen. Man hat uns denn auch lange genug als McCarthysten verschrien. Leider haben uns die Ereignisse recht gegeben, und zwar auf der ganzen Linie. Heute ist es nicht schwer, gegen die Kommunisten zu demonstrieren, aber vor dem 24. Oktober 1956 gehörte es zu den undankbarsten Aufgaben der Welt, abgesehen von der Gefahr, für jeden Bulletin-Artikel und jedes Inserat vor den Kadi zitiert zu werden.» (5/6/56)

Die AFS war in die militantesten Aktionen der Studentenbewegung im heissen Jahr 1956/57 verwickelt. In die gewaltsamen Demonstrationen vor der russischen Botschaft in Bern und anlässlich eines Empfangs sowjetischer Diplomaten in Genf (Parole «Use mit de Russe»), und am gewaltsamen Empfang der Schweizer Delegierten am Weltjugendfestival in Moskau im Bahnhof Enge (Parole: «Schlönd die Sauchaibe z'Tod»). Auf die Details sind wir schon im Kapitel über die Ungarn-Bewegung eingegangen.

Diese Aktionen waren nicht dazu angetan, die *Aktion freier Staatsbürger* von öffentlichen Angriffen zu entlasten. Im Gegenteil: Nach den Vorfällen in Zürich-Enge setzte eine breite öffentliche Kritik am «Pogrom» ein und drohten viele der wie üblich im *Bulletin* angeprangerten Geschäftsleute oder Politiker mit Prozessen gegen das NIZ. Zudem war es in diesem Jahr, als erstmals der personelle Hintergrund der AFS durch die Publikation im 'Vorwärts' bekannt wurde. Auffälligerweise distanzierte sich das welsche *Bulletin* im August 1959 von den «bedauerlichen Zwischenfällen im Bahnhof Enge» (100/59), während das deutsche *Bulletin* noch 1960 in einer Auseinandersetzung mit der Disentiser Schülerzeitung 'Die Flamme' die Verantwortung dafür übernahm (3/60). Sind zu dieser Zeit Spannungen in der AFS aufgetaucht, oder haben sich einige der Persönlichkeiten im Patronatskomitee zu distanzieren begonnen? Niemand wollte sich mehr erinnern.

In den Folgejahren konzentrierte sich die AFS auf die Zusammenarbeit mit den jungen Kräften der Ungarn-Organisationen. In der Deutschschweiz arbeitete sie aktiv mit an den beiden *Aktionen Wahret die Freiheit,* die sich aus dem Zürcher Studentenkreis im Hinblick auf die kommunistischen Weltjugendfestspiele in Wien 1959 und in Helsinki 1962 gebildet hatten. Auch die westschweizerische AFS beschickte beide Festivals mit eigenen Delegationen von Jugendlichen. Natürlich schaltete sich die AFS auch in die öffentlichen Diskussionen um Ostkontakte (vor allem Sportanlässe) und Osthandel ein, ohne aber eine organisierende und führende Rolle darin zu haben wie der *Schweizerische Aufklärungs-Dienst.*

Die Westschweizer versuchten, ihre Aktionsbasis in zwei Richtungen zu erweitern: auf der einen Seite erweiterte Marc Chantre den Redaktionsstamm des *Bulletins* um Suzanne Labin, Lucien Laurat, einen französischen Ex-Kommunisten, Mitglied der Sozialistischen Partei und Teilnehmer an der *Conférence Internationale sur la Guerre Politique des Soviets,* und Colette Franconi, die in einem Ostblockland geboren sei und in Frankreich lebte. Auf der andern Seite arbeitete er eng mit der rechten

Studentengruppe *Uni-Action* zusammen, die sich 1961 in Lausanne als «Gruppierung nationaler Studenten» im Kampf gegen die progressive Studentenorganisation Mouvement démocratique des Etudiants bildete. Die führenden Mitglieder von *Uni-Action* wurden auch Mitarbeiter am *Bulletin National d'Information.* Darunter Jean-Pierre Moser, Lausanne, der in den siebziger Jahren vor dem integralistisch-antimarxistischen *Office* referiert; Paul-Eugène Rochat und Suzette Monod, beide von Lausanne, sowie Jean-Philippe Chenaux, heute Redaktor in Lausanne. Marc Chantre, dessen *Bulletin* in der Westschweiz anfangs der sechziger Jahre immer noch steigende Abonnentenzahlen hatte – im Gegensatz zum deutschsprachigen – begann auch, eine Art Organisation mit Breitenwirkung aufzubauen. 1963 stellte Chantre im *Bulletin* die *Nouvelles Equipes Fédéralistes* (NEF) vor, die sich aus dem Umkreis der *Bulletin*-Leser in der ganzen Welschschweiz gebildet hätten, um «föderalistische Lösungen zu studieren, die man den kollektivistischen Schemata entgegenstellen kann, die die Kommunisten vorschlagen und die Progressisten (gemeint Linksintellektuelle, Verf.) unterstützen.» (127/63) Chantre griff damit einem politischen Mobilisierungspunkt der Waadtländer konservativen Kreise vor, der erst in den siebziger Jahren voll zu tragen kam: die Verteidigung kantonaler Souveränität gegen Bern und die Bekämpfung aller sozialdemokratisierenden Tendenzen, wie sie beispielsweise die *Vereinigung Libertas* propagiert.

Die Deutschschweizer Gruppierung der *Aktion freier Staatsbürger* kam in den selben Jahren unter die Räder der Koordinationsversuche antikommunistischer Organisationen. Aus dem staatsmännisch vorangetragenen Aufbau der *Konferenz für geistige Landesverteidigung,* worin der SAD die Feder führte, wurden die AFS und andere als Extremisten empfundene Gruppen ferngehalten. Zusammen mit dem Aufkommen der öffentlichen Kritik am Antikommunismus nach dem Fehlschlagen der Osthandelskampagne 1961/62, war nun die *Aktion freier Staatsbürger* vollends in die Defensive gedrängt. Sicher war es aber auch ihren Aktivisten, vor allem Albert Münst, zuzuschreiben, dass die AFS keine Modernisierung à la SAD in die Wege leiten konnte. Sie tauchte von 1962 bis 1965 mit ähnlichen, an den Rand gedrängten Organisationen auf: mit der *Aargauischen Vaterländischen Vereinigung* und mit der Berner Ungarn-Gruppe *Pro Libertate.* Zusammen protestierten sie 1964 gegen die Tournee des Chors der Roten Armee in der Schweiz.

Im Juni 1965 hielt das *Bulletin* im Abonnementzahlungsaufruf fest, sich glücklich zu schätzen, «auf die aktive Mitarbeit prominenter und kompetenter Persönlichkeiten aus der Wirtschaft, der Politik, der Kirche, der Schule und dem gewerkschaftlichen Bereich zählen zu dürfen» (4/65). Am 31. Dezember desselben Jahres schienen diese «Prominenzen» beschlossen zu haben, die *Aktion freier Staatsbürger* sang- und klanglos aufzulösen. Im Sommer 1966 erst meldete das weitererscheinende *Bulletin des Nationalen*

Informationszentrums: «Unsere Leser werden bemerkt haben, dass das NIZ-Bulletin seit anfangs des Jahres nicht mehr als Organ der *Aktion freier Staatsbürger* erscheint... Unsere Zeitung ist von nun an völlig auf sich selbst angewiesen.» (4/66) Das welsche *Bulletin* berichtete kein einziges Wort über die Auflösung der AFS, sondern taufte sich mit der ersten Nummer 1966 einfach um: Es hiess nun *Bulletin National d'Information – Organe d'Action Civique,* wobei es unklar bleibt, ob die *Action Civique* wirklich eine Organisation war oder bloss ein Phantom – auf jeden Fall hat die AFS unter diesem Namen 1962 noch in den Waadtländer Wahlkampf eingegriffen.

Ex-Vizepräsident Paul Schumacher stellte zur Auflösung einfach fest, die Organisation habe sich überlebt und sei in veränderten Zeiten überflüssig geworden. So einfach scheint es aber nicht gewesen zu sein: Falls sich die AFS in Konsens aufgelöst hätte, wäre es kaum verständlich, dass die beiden ursprünglichen Promotoren Albert Münst und Marc Chantre das *Bulletin* weitergeführt haben. Albert Münst löste überhaupt erst mit der Auflösung der AFS den *Bulletin*-Redaktor Joseph Müller im Impressum ab. Er führte es im Alleingang bis Ende 1967 weiter, um dann das Erscheinen ohne Vorankündigung einzustellen.

Tatsächlich ist die *Aktion freier Staatsbürger* durch die massgeblichen Geldgeber liquidiert worden. 1965 schlug die *Wirtschaftsförderung* Joseph Müller vor, die AFS zu liquidieren, aber die Dokumentationsstelle in Bern fortzuführen unter zwei Bedingungen: Nachforschungen und Berichterstattung nur über schweizerischen Linksextremismus und Einstellung jeglicher kämpferischen Intervention durch Pressemittel. Die wf garantierte die Finanzierung dieser *Nationalen Dokumentationsstelle Bern* (NDB), und der SAD erklärte sich bereit, Schlussredaktion und Druck einer periodischen Dokumentation über extremistische Umtriebe in der Schweiz zu übernehmen. Sie wurde auf den 1. Januar 1966 mit dem Titel *Berichte zur Lage* ins SAD-Versandprogramm übernommen.

Die Bedingung, sich fortan nur auf schweizerischen Extremismus zu konzentrieren, wird durchsichtiger, wenn man sich vor Augen hält, dass 1965 die Gespräche des SAD mit dem *Ost-Institut* begannen, um die gegenseitigen Arbeitsgebiete abzugrenzen. 1966 willigte Peter Sager vom SOI ein, fortan quasi als 'aussenpolitische Agentur' zu fungieren und innenpolitisches Eingreifen dem SAD zu überlassen. Die SOI-Publikationen haben seither fast ausschliesslich internationale Probleme des Kommunismus behandelt.

Alles Weitere zur NDB ist beim SAD behandelt.

Versprengte Überreste der Zürcher Gruppe der *Aktion freier Staatsbürger,* unter ihnen Albert Münst, beteiligten sich an den Vordiskussionen zur Gründung der *Aktion für freie Demokratie,* die später das *Institut für politologische Zeitfragen* ins Leben rief. An diesen Vorgesprächen waren auch

Hans Scharpf, Karl Bader, Ernst Borer und Balz Hatt von der *Aktion Wahret die Freiheit* beteiligt. Münst hatte sich dann aber von dieser neuen Initiative zurückgezogen.

In der Westschweiz wurde das *Bulletin* bis Ende 1969 weitergeführt, wobei Marc Chantre Ende 1968 ankündigte, er werde sich zurückziehen, aber neue Kräfte würden das *Bulletin* tragen. Der neue Redaktor wurde nie namentlich vorgestellt, hingegen trat die neue Kraft am 23. Januar 1970 in Erscheinung: das *Schweizerische Ost-Institut* verschickte an die *Bulletin*-Abonnenten eine neue Zeitschrift *Bulletin d'Etudes politiques:* «Auf Drängen mehrerer Persönlichkeiten der Welschschweiz entschloss sich das SOI, seine Informationsarbeit in diesen Landesteil auszudehnen und hier zu entwickeln.» Das Werk Marc Chantres werde damit weitergeführt. Als verantwortliche Redaktoren treten Laurent Bondallaz, der seit 1968 im *Bulletin* mitgearbeitet hatte, und Jacques Lefert auf, bisher als «wissenschaftlicher Mitarbeiter» der SOI-Publikation *ZeitBild* ausgewiesen. Zu dieser Zeit befand sich Rechtsanwalt Philippe Jaques, Lausanne, Ex-Patronatsmitglied AFS, im Verwaltungsrat des SOI, und Paul Torche, Fribourger Staatsrat, Ex-Patronatsmitglied AFS, war für den Beratenden Ausschuss des SOI gewonnen worden.

Die Heckenschützen der Konkordanz

27. Juni 1979. Auf der alten Hauptstrasse tuckert ein Oldtimer aus den zwanziger Jahren Marke Citroen Trèfle im 55-Kilometer-Tempo von Zürich nach Bern. Am Steuer: Rudolf Rohr, Direktor des *Redressement National* (RN). Auf der Rückbank liegt eine fünfzigseitige Stellungnahme des *Redressement National* («Vereinigung für Freiheit, Föderalismus und Recht») zum Entwurf für eine Totalrevision der Bundesverfassung, die das *Redressement* wegen ihrer zentralistischen Tendenz und wegen dem überbordenden Staatsinterventionismus ablehnt. Der Oldtimer, mit dem Rudolf Rohr das RN-Papier persönlich auf die Bundeskanzlei bringt, sollte zeigen, dass die alte Bundesverfassung zwar alt, aber immer noch «zeitlos gut» sei, und keineswegs revisionsbedürftig.

Gleichzeitig charakterisiert der alte Citroen aber auch (wohl unbeabsichtigt) das *Redressement National* selbst: Ein überalterter Klub rechtsbürgerlicher Politiker, die ohnmächtig und auf verlorenem Posten gegen zwangsläufige Entwicklungen in diesem Staat ankämpfen.

Zwar gelang es dem *Redressement* in den letzten Jahren immer wieder, einzelne Abstimmungsvorlagen zu Fall zu bringen, gegen die es allein oder vereint mit dem *Trumpf Buur*, dem Gewerbeverband oder ähnlichen Organisationen loszog. Es sind jeweils ausgesprochene Kompromissvorlagen,

RN-Direktor Rudolf Rohr, der sichtlich stolz ist auf die Idee, die Stellungnahme des *Redressement National* zur Totalrevision der Bundesverfassung selbst im Oldtimer nach Bern zu fahren.

die so unter anderem wegen des Widerstands der im RN zusammengeschlossenen prominenten bürgerlichen Politiker nachträglich an der Hürde der Volksabstimmung scheitern.

Ist deshalb das *Redressement* nun die bürgerliche Machtzentrale, wo die Fäden zusammenlaufen und wo die Politik in diesem Staat gemacht wird, wie viele Verschwörungstheoretiker meinen? Oder ist das RN ein Klub von politischen Amokläufern, von Heckenschützen in der Konkordanzdemokratie? Ist es gar eine verkappte Frontenorganisation, ein Ueberbleibsel aus den Jahren vor dem Zweiten Weltkrieg, das heute lediglich mit einem etwas demokratischeren Mäntelchen als damals einherschreitet?

Wohl alle drei Interpretationen sind - so widersprüchlich dies scheinen mag - teilweise richtig. Doch gehen wir der Reihe nach und beginnen wir mit der Gründung des RN im Jahre 1936, das sich bis 1961 noch *Aktion Nationaler Wiederaufbau* nannte. In dieser Zeit liegt der Schlüssel für das Verständnis auch des heutigen RN.

Redressement National

Die RN-Gründungsversammlung fand am 25. April 1936 im Zunfthaus zur Waag (Zürich) statt. Heinrich Spoerry beschreibt in der Broschüre «40-Jahre RN» die Vorbereitungen zur Gründung: «Schon in der zweiten Hälfte 1935 hatten Kontakte und Vorbesprechungen stattgefunden. Zu den Initianten gehörten Otto Steinmann vom Zentralverband Schweizerischer Arbeitgeber-Organisationen, der Industrielle Caspar Jenny, Direktor Samuel Haas von der *Mittelpresse*, alt Bundesrat Jean-Marie Musy, die Nationalräte Théodore Aubert, Genf, C. Eder, Thurgau und von Schaffhausen Reinhard Amsler. Als erster Präsident war Andreas von Sprecher vorgesehen, als erster Quästor der Bankier Emil Friedrich.»

1936: Das Redressement

Durchleuchten wir kurz den Kreis dieser RN-Initianten. *Mittelpresse*-Vereinspräsident Caspar Jenny und *Mittelpresse*-Direktor Samuel Haas sowie Nationalrat C. Eder kannten sich vom frontistischen *Bund für Volk und Heimat,* den wir im Zusammenhang mit der *Schweizerischen Politischen Korrespondenz* (spk), die sich damals noch *Mittelpresse* nannte, vorstellen. Théodore Aubert war führender Kopf der antibolschewistischen *Liga Aubert.* Auch der katholisch-konservative Jean-Marie Musy ist in diesem Umfeld anzusiedeln: Er war einziges Bundesratsmitglied, das im Frontenfrühling die Gunst der *Nationalen Front* besass, und von dem das *Front*-Blatt *Der eiserne Besen* schrieb, sein Geist decke sich «beinahe instinktiv mit dem unsrigen». Die Gründungsmitglieder Andreas von Sprecher und Emil Friedrich gehörten ebenfalls zu den deutschfreundlichen potentiellen Anpassern: im Zweiten Weltkrieg waren sie Initianten der *Eingabe der Zweihundert.*

Dieses politische Umfeld des harten Kerns der *Redressement*-Gründer zeigt, wo auch die neue Vereinigung anzusiedeln war. Auffallend ist vor allem die starke Präsenz des frontistischen *Bund für Volk und Heimat*, der sich zwei Monate nach der *Redressement*-Gründung auflöste, beziehungsweise mit dem *Schweizerischen Vaterländischen Verband* (SVV) fusionierte. Der *Bund* hatte als Blüte des Frontenfrühlings drei Jahre lang die mit den Fronten sympathisierenden bürgerlichen Kräfte gesammelt; aufgrund der zeitlichen Abfolge und der personellen Verflechtung kann man das *Redressement National* als Nachfolge-Organisation des *Bunds* bezeichnen, dessen führende Leute sich nach dem Ende des Frontenfrühlings den neuen Verhältnissen anzupassen wussten.

Die bisherigen Präsidenten des *Redressement National* (von links nach rechts): Andreas von Sprecher (RN-Präsident von 1936 bis 1940, † 1953), Reinhard Amsler (1940 bis 1957, † 1971), Carletto Mumenthaler (Präsident seit 1957).

Interessant ist auch ein Hinweis Spoerrys auf die während der Kampagne gegen die Kriseninitiative gemachten Erfahrungen. Hier kann nur der im Juni 1934 gebildete Aktionsausschuss gegen die Kriseninitiative und der im April 1935 aus ihm hervorgegangene *Nationale Kampfbund* gemeint sein, in dem der *Bund für Volk und Heimat*, die *Eidgenössische Front*, die *Nationale Front* und die *Berner Heimatwehr* im Abstimmungskampf zusammenarbeiteten und der anstelle der interventionistischen staatlichen Wirtschaftspolitik, die die Kriseninitaitive forderte, die «Volksgemeinschaft des nationalen Staates» postulierte.

Bis zur Gründungsversammlung gelang es den RN-Initianten, den Verein breiter im bürgerlichen Milieu abzustützen. Die neue Aktionsgemeinschaft stiess auf waches Interesse. Am 25. April 1936 waren die bürgerlichen Parteien, aber auch die Versicherungsbranche, die grossen Konzerne, die Grossbanken, der Arbeitgeber-Zentralverband und der Vorort des Schweizerischen Handels- und Industrievereins vertreten. Aufgrund der Präsenzliste, die Heinrich Spoerry in der RN-Jubiläumsbroschüre zitiert, waren bei der RN-Gründung dabei: Ch. Simon, Präsident beziehungsweise Rechtskonsulent der Schweizerischen Rückversicherung, Direktor Wachter von Gebrüder Volkart, Winterthur, Generaldirektor Fehlmann von den Winterthur-Versicherungen, *Mittelpresse*-Direktor Samuel Haas, *Mittelpresse*-Redaktor und *Bund für Volk und Heimat*-Sekretär Peter Dürrenmatt, Nationalrat und Unternehmer Iwan Bally aus Schönenwerd, C. Köchlin und A. Christ aus Basel, L. Bodmer-Vogel und BBC-Direktor Ambühl aus dem Kanton Aargau, George Roulet und Colonel Lambelet aus Neuchâtel, Théodore Aubert, A. Georg, Eugène Fabre undRenéGampert aus Genf, der damalige Vororts-Direktor und spätere Bundesrat Ernst Wetter, Max Vischer-von Planta, der spätere Präsident des Vereins *Mittelpresse* beziehungsweise spk, sowie Bernhard Sarasin. Unter den anwesenden jüngeren RN-Gründern, die zum Teil noch heute im RN aktiv sind, figurierten der Kantonsschullehrer Arthur Mojonnier, der Zürcher Handels-Zentrale Direktor John Brunner, E. Röthlisberger, Wilhelm Meier und Marcel Grossmann, von 1964 bis 1977 Vizepräsident des RN.

Erster RN-Präsident war von 1936 bis 1940 Andreas von Sprecher, der von Reinhard Amsler aus Schaffhausen, der das RN von 1940 bis 1957 präsidierte, abgelöst wurde. Seit 1957 ist Carletto Mumenthaler RN-Präsident.

Erster Geschäftsführer war 1936 Wilhelm Meier, von 1937 bis 1942 amtete Robert Eibel (der bis 1978 im RN-Vorstand sass), von 1942 bis 1974 Eduard Seiler und seither Rudolf Rohr.

Die Wortwahl der ersten RN-Statuten aus dem Jahr 1936 erinnert stark an das völkische Vokabular und zeigt den geistigen Hintergrund der RN-Gründer:

«Zweck des Vereins ist, beizutragen zur Erhaltung der gesunden Grundlagen unseres Volkstums. Auf den angestammten geistigen und sittlichen Werten unserer bodenständigen Bevölkerung aufbauend, gilt es, die freiheitlichen Einrichtungen unseres Landes vor dem Ueberwuchern einer bürokratischen Beamtenherrschaft und eines öden Zentralismus zu bewahren. Der Verein tritt ein für politische und wirtschaftliche Lebensformen, die auf die Tätigkeit verantwortungsbewusster Persönlichkeiten abstellen und die den Kräften unseres Volkes angemessene Entwicklungsmöglichkeiten bieten.»

Die Redressement-Spitze unter den Initianten der Eingabe der Zweihundert

Nicht nur das Vokabular, auch die politischen Aktivitäten einzelner Mitglieder des harten Kerns des *Redressements* orientierten sich am bewunderten Dritten Reich und lagen teilweise in der Grauzone zum Landesverrat.

So gehörten Emil Friedrich (RN-Kassier), Andreas von Sprecher (RN-Präsident bis 1940 und von da an Vizepräsident) und Caspar Jenny zu den führenden Figuren im *Volksbund für die Unabhängigkeit der Schweiz* und zu den Initianten der vom *Volksbund* lancierten Petition, die nach dem Krieg unter der Bezeichnung *Eingabe der Zweihundert* bekannt wurde.

Die Initianten, zu denen neben der RN-Spitze auch Hektor Ammann, Rudolf Grob, Heinrich Frick und Fritz Rieter gehörten, forderten in ihrer von rund zweihundert Gleichgesinnten unterzeichneten Eingabe am 15. November 1940, also ein halbes Jahr nach der Kapitulation Frankreichs vor dem Hitler-Faschismus, vom Bundesrat Massnahmen zu Gleichschaltung der ihrer Meinung nach zu wenig deutschfreundlich eingestellten Schweizer Presse.

«Einflussreiche Presseorgane haben durch blinde Voreingenommenheit für das eine und schrankenlose Abneigung gegen das andere Lager unser

7) Sorgfaltige Pflege der kulturellen Beziehungen zu allen unseren Nachbarvölkern, wie sie durch Geschichte und Herkommen gegeben und für alle drei Sprachgebiete unseres Landes lebensnotwendig sind.

8) Bereinigung unserer aussenpolitischen Stellung durch die Lösung der letzten Bindungen an den Völkerbund und die Ausmerzung jeder fremden politischen Stelle auf unserem Boden.

Wir ersuchen Sie, unsere Ihnen hier vorgelegten, aus vaterländischer Besorgnis hervorgegangenen Forderungen ernstlich zu prüfen und im Hinblick auf die heutige gefahrvolle Lage unseres Landes deren Verwirklichung an die Hand zu nehmen. Von der ungesäumten, kraftvollen Durchführung dieser Forderungen erhoffen wir eine Verstärkung unserer Stellung im Kampf für unsere Unabhangigkeit und unser gu.es Recht.

Genehmigen Sie, hochgeehrter Herr Bundespräsident, hochgeehrte Herren Bundesräte, den Ausdruck unserer vollkommenen Hochachtung.

Die Spitze des *Redressement* (Andreas von Sprecher, Emil Friedrich und Caspar Jenny) gehörte zu den Initianten der anpasserischen *Eingabe der Zweihundert*.

Land in schwere Gefahr gebracht... In Erfüllung unserer Pflicht müssen wir verlangen, dass den Urhebern von notorischen und andauernden Vergiftern unserer Beziehungen zu Nachbarvölkern in kürzester Frist das Handwerk gelegt wird.» In einem ersten Entwurf der Eingabe hatte Andreas von Sprecher im August 1940 noch die Liquidierung des parlamentarischen Systems der Schweiz verlangt.

Auf eigene Faust führte der *Volksbund* Verhandlungen über pressepolitische Massnahmen mit Dr. Klaus Hügel, «Schweizer Referent» beim Berliner Reichssicherheitshauptamt und Sturmbannführer der SS.

Erst nach dem Krieg gab der Bundesrat unter dem Druck der Oeffentlichkeit den Text der Eingabe, die Namen der Initianten und die Unterzeichnerlisten bekannt; Gerhart Waeger führt sie in seinem Buch «Die Sündenböcke der Schweiz» alle namentlich an. Die gesamte Presse, die natürlich von der Eingabe direkt betroffen war, reagierte überaus heftig. Die Initianten wurden als «Saboteure der geistigen Landesverteidigung» (Tagwacht), «Anpasser und Defätisten» (Luzerner Tagblatt), «Mitläufer und

Wichtigtuer» (Tat) oder als «Steigbügelhalter der Nazis» (Die Nation) bezeichnet.

Das *Redressement* distanzierte sich nie von seinen schwer kompromittierten Vorstandsmitgliedern. Diese traten weder freiwillig von ihren Aemtern beim RN zurück, noch wurden sie dazu aufgefordert. Emil Friedrich blieb bis 1965 Kassier, Andreas von Sprecher bis zu seinem Tod 1953 Vizepräsident des *Redressement.*

Ordnungspolitisches Modell: der aggressive Manchester-Liberalismus

Als bürgerliche Koordinationsstelle für Abstimmungskämpfe war das *Redressement* 1936 gegründet worden. Doch das RN war nie 'nur' ausführendes Instrument des Bürgerblocks; es verfolgte immer seine eigene Politik. Die zitierten ersten RN-Statuten zeigen das ordnungspolitische Modell des RN: Es ist der aggressive Manchester-Liberalismus. Danach hat sich der Staat jeglicher Eingriffe ins Wirtschaftsleben zu enthalten. Seine einzige Aufgabe ist die militärische und wirtschaftliche Landesverteidigung und die Wahrung von Ruhe und Sicherheit im Innern. Nur mit einer möglichst grossen bundesgewaltfreien Sphäre kann sich in diesem Denkmodell das Innovations- und Gewinnstreben eines jeden einzelnen, das als Motor der Entwicklung allein den wirtschaftlichen und damit gesellschaftlichen Fortschritt bringt, entfalten. Noch heute orientiert sich das RN an diesem antietatistischen Kurs:

«Geschichte und Erfahrung zeigen, dass eine freiheitliche Wirtschaftsordnung und eine möglichst breite Streuung von Privateigentum die besten Grundlagen für echte persönliche und politische Freiheit sind. Eine von Leistungskonkurrenz und sozialer Verantwortung getragene Marktwirtschaft vermag das Optimum an geistiger und materieller Entfaltungsmöglichkeit für alle zu erzielen» (Grundsatzprogramm 1976).

Für das RN ist ein ausgebauter Sozialstaat schlecht; er hemmt das Vorwärtsstreben des Einzelnen. «Die Pflicht zur Existenzvorsorge und zum Sozialschutz liegt primär bei jedem einzelnen selbst, der Familie und den privaten Gemeinschaften» (Grundsatzprogramm 1976). Auch Staatsbetriebe sind unerwünscht, weil ihre Leitung nach politischen Kriterien ausgewählt wird, weil sie sich nicht allein an Marktgesetzen orientieren, und weil ihr Monopol den Wettbewerb verzerrt. In den Gründungsjahren kämpfte das RN während langer Zeit für die faktische Re-Privatisierung der Bundesbahnen. Hier trat das *Redressement* das politische Erbe des *Bund für Volk und Heimat* an, der 1934 eine entsprechende Volksinitiative lanciert und eingereicht hatte.

Dabei war und ist die Einstellung des RN zur Staatsmacht durchaus wechselvoll. Solange es den wirtschaftlichen Interessen der RN-Mitglieder nützt, war und ist eine staatliche Wirtschaftspolitik alleweil willkommen.

In den Kriegsjahren kam in einzelnen Sachfragen auch immer wieder die sich an den faschistischen Vorbildern in Deutschland und Italien orientierende Grundhaltung führender RN-Leute zum Vorschein.

So forderte das RN beispielsweise 1939 die Einführung eines obligatorischen Arbeitsdienstes. Vorbild: das Dritte Reich, das den Arbeitsdienst «wohl in seiner konsequentesten Form» bereits kannte. Der Arbeitsdienst in der Schweiz, den das RN «als nationale Institution und nicht als blosses Krisenmittel» einführen wollte, sollte für Dienstuntaugliche und Hilfsdienstpflichtige, aber auch «für jugendliche Arbeitslose und für alle jene Unterstützten, denen man die Arbeit in einem Lager irgendwie zumuten kann», obligatorisch sein (RN-Broschüre «Neue Wege der Arbeitsbeschaffung»).

Das RN verlangte zwar - wie mit dem Vorschlag für die staatlich verordnete Zwangsarbeit - politische Massnahmen des Staates, solange sie geeignet waren, das reibungslose Funktionieren der kapitalistischen Wirtschaft sicherzustellen. Doch interventionistische Eingriffe des Staates ins Wirtschaftsleben selbst lehnte das RN kategorisch ab. Im Zweiten Weltkrieg bekämpfte das RN leidenschaftlich die Kriegswirtschaftspolitik des Bundes, die die Lenkung der landwirtschaftlichen Produktion, die Zwangsbewirtschaftung praktisch aller Rohstoffe, Preiskontrollen und die Lebensmittelrationierung mit sich brachte.

1947 wollte der Bundesrat seine Wirtschaftspolitik auf verfassungsmässige Grundlagen stellen. Die Wirtschaftsartikel der Bundesverfassung, die dem Bundesrat erlauben sollten, in bestimmten Fällen vom Grundsatz der Handels- und Gewerbefreiheit abzuweichen, wurden von allen Parteien unterstützt. Das *Redressement* stellte sich gegen sie und bekämpfte die Kompromissvorlage. Allerdings ohne Erfolg: Die Wirtschaftsartikel wie auch die vom RN ebenfalls abgelehnte Schaffung einer Alters- und Hinterlassenen-versicherung wurden am 6. Juli 1947 von Volk und Ständen angenommen. Sie bilden noch heute Grundlage der staatlichen Wirtschaftspolitik.

«Mit beiden Füssen in einer bürgerlichen Partei, mit dem Kopf aber darüber hinaus»

Das Beispiel der Wirtschaftsartikel zeigt das heute noch geltende Selbstverständnis des RN. Es handelt «nach der von zahlreichen Mitgliedern unserer Vereinigung geübten Regel: mit beiden Füssen in einer bürgerlichen Partei, mit dem Kopf aber dann darüber hinaus, wenn es die Parteipolitik im Hinblick auf Wähler und Gruppeninteressen versäumt, ihre Parolen nach den grossen eidgenössischen Konstanten auszurichten», wie das RN selbst im Jahresbericht 1955/56 erklärt. «In solchen Fällen erscheint es höchst wünschenswert, wenn eine unabhängige, nicht interessensgebundene Aktionsgemeinschaft gewissermassen stellvertretend für das bessere Ich dieser Organisation handeln kann und handelt» (Jahresbericht 1964/65).

Mit diesem Selbstverständnis, «sich dort für die privatwirtschaftlichen Prinzipien einzusetzen, wo die Spitzenverbände und auch die bürgerlichen Parteien nicht in der Lage oder nicht willens sind, den Kampf aufzunehmen» (Protokoll der RN-Vorstandssitzung vom Januar 1972), bringt das RN eine ganze Reihe von Vorlagen zu Fall. Und dies gegen den deklarierten Willen der bürgerlichen Parteien.

Das Tuberkulosegesetz, das unter anderem obligatorische Vorsorgeuntersuchungen vorsah, war für das RN «Musterbeispiel der ›Entartungserscheinungen‹ der «zentralistischen Macht», die sich «auf fast ununterbrochenem Vormarsch» befindet (Jahresbericht 1949). Das RN unterstützte das Referendum gegen die Vorlage und blieb 1949 in der Volksabstimmung gegen die Parolen aller grossen Parteien erfolgreich.

Die Finanzvorlage des zweiten sozialdemokratischen Bundesrats, die sogenannte Lex Weber, wird vom *Redressement* 1953 zusammen mit dem Gewerbeverband und einigen Kantonalparteien, aber auch wieder gegen den Willen der grossen Landesparteien bachab geschickt.

Aehnlich geht es der sogenannten «Emser-Vorlage« 1956: Die Bundesratsparteien geben die Ja-Parole heraus; das RN sieht in der Vorlage eine Fortsetzung der bundesrätlichen Kriegswirtschaftspolitik und gewinnt mit seinem Nein den Abstimmungskampf.

Mit Bürgerblock-Duldung agitiert das RN gegen die Verständigungspolitik zwischen den bürgerlichen Parteien und der Arbeiterbewegung und hebt so die Konkordanzdemokratie, die auf dem Zwang zum Kompromiss zwischen den Bundesratsparteien beruht, durch die Hintertür wieder auf. Denn trotz der Obstruktionspolitik des *Redressement* gegen die bürgerlichen Parteien und trotz seinen zum Teil heftigen Angriffen auch auf bürgerliche Politiker wurde die Zürcher RN-Geschäftsstelle immer wieder mit der Betreuung, Koordination und Leitung bürgerlicher Abstimmungskampagnen beauftragt. Die widersprüchliche Rollenverteilung wurde von beiden Seiten lange Zeit akzeptiert.

«Auf der Grundlage der Überparteilichkeit und mit Hilfe eines über alle Kantone sich erstreckenden Mitarbeiterstabs vermag unsere Vereinigung dem gesamten bürgerlichen Lager immer wieder wertvolle Verbindungsdienste zu leisten, besonders in Fällen, wo referendumspolitische Vorstösse der Linken abzuwehren sind» (Jahresbericht 1962/63).

Bis Anfang der sechziger Jahre kommt so dem RN die Sekretarisierung praktisch aller Abstimmungskampagnen der bürgerlichen Koalition zu - sofern sie gegen die Linke gerichtet sind.

Gemeinsam mit den bürgerlichen Parteien bringt das RN beispielsweise 1952 die PdA-Initiative zur Abschaffung der Warenumsatzsteuer, die Kartellverbots- und die 44-Stunden-Woche-Initiative des Landesrings (1958) oder die Mieter- und Konsumentenschutzinitiative von SP und Gewerkschaftsbund zu Fall.

In den letzten knapp zwanzig Jahren haben sich nun aber die Beziehungen des RN zum Bürgerblock merklich abgekühlt. Der gegenseitige Entfremdungsprozess scheint in zwei Phasen abgelaufen zu sein.

Konkurrenzierung durch die Wirtschaftsförderung

Eine erste Existenzkrise hatte das RN in den frühen sechziger Jahren. In diesem (nach eigenen Aussagen) «kritischsten Moment» seiner Geschichte tritt das RN seine kantonale Stützpunktorganisation, bisher Rückgrat seiner Kampagnentätigkeit, an die *Gesellschaft zur Förderung der schweizerischen Wirtschaft*, kurz *Wirtschaftsförderung* oder wf genannt, ab. Die *Wirtschaftsförderung* war 1942 gegründet worden und ist direkt vom Vorort des Schweizerischen Handels- und Industrievereins abhängig, als dessen Sprachrohr in der Oeffentlichkeit sie sich versteht.

Robert Eibel wechselte damals vom Sekretariat des RN zur *Wirtschaftsförderung*, wo er zusammen mit Büchi und Raymond Déonna die Geschäftsführung betreute. Ursprünglich hatte die wf lediglich die Funktion, in den «Kreisen von Handel und Industrie die nötigen Mittel zu sammeln und bereitzustellen, damit die bestehenden Aktionsstellen leben» können, wie *Elefanten-Klub*-Redaktor Pierre Béguin die damalige wf charakterisierte.

In den fünfziger Jahren gewann die *Wirtschaftsförderung* jedoch immer mehr an Einfluss. Sie übernahm zusehends die Funktionen, die eigentlich das RN ursprünglich innegehabt hatte.

Seit Beginn der sechziger Jahre liegt die Betreuung und Sekretarisierung der Abstimmungskomitees der bürgerlichen Koalition in der Deutschschweiz praktisch ausschliesslich in den Händen der *Wirtschaftsförderung*. Seit den siebziger Jahren ist es bei der wf vor allem Balz Hatt, der sich um die Abstimmungskampagnen kümmert; ihm sind wir bereits in der 1956er Ungarn-Bewegung begegnet.

Nur eine grossangelegte Mitgliederwerbekampagne konnte 1961 die Weiterexistenz des RN sichern. Es gab sich ein neues Arbeitsprogramm, neue Statuten und liess seinen alten Namen *Aktionsgemeinschaft Nationaler Wiederaufbau* fallen. Der neugeschaffene Posten eines wissenschaftlichen Mitarbeiters wurde mit Rudolf Rohr, dem heutigen RN-Direktor, besetzt.

Eine zweite Flurbereinigung scheint zu Beginn der siebziger Jahre stattgefunden zu haben und findet immer noch statt.

«Der Vorort und die *Wirtschaftsförderung* haben begonnen, sich vorsichtig von den wilden Politküchen abzusetzen, so insbesondere vom *Redressement National*», meldete das 'Sonntags-Journal' im Sommer 1972.

Wer ist das Redressement National?

Unter den rund 1650 Einzelmitgliedern des *Redressement* finden sich vor allem Rechtsanwälte, Aerzte, Gewerbetreibende, Unternehmer, Aerzte, Architekten, leitende Angstellte, Politiker und Verbandsfunktionäre.

Sie treffen sich alljährlich im Frühling zur ordentlichen RN-Generalversammlung und wählen den rund 36köpfigen Vorstand. Vorstandskandidaten werden vom Vorstand selbst der Versammlung vorgeschlagen; dass diese dann nicht gewählt wurden, ist noch nie vorgekommen.

Der Vorstand trifft sich mehrmals jährlich. Er gibt Abstimmungsparolen heraus und beschliesst die für die beiden Geschäftsstellen Zürich und Genf verbindlichen Grundlinien der RN-Politik. Der Hauptsitz des RN am Mythenquai 22 in Zürich-Enge beschäftigt sechs Mitarbeiter (wovon zwei kaufmännische Lehrlinge). In Zürich ist Rudolf Rohr (Würenlos) Direktor, und Roger E. Schaerer und Marie Ellenberger-Leuba sind wissenschaftliche Mitarbeiter. In Genf nimmt das Anwaltssekretariat von Martin Bieler die Interessen des RN wahr.

Personalkosten machen denn auch den grössten Teil des RN-Budgets aus. Es belief sich im Geschäftsjahr 1978 auf 517'000 Franken. Ein Teil dieses Geldes stammt aus Mitgliederbeiträgen; der Rest wird durch Spenden aus Kreisen der Wirtschaft aufgebracht.

Tatsächlich sind die Beziehungen des *Redressement* zu den Spitzenverbänden der Industrie in letzter Zeit gespannt.

Das Redressement im Abseits

Das *Redressement* steht heute vor der paradoxen Situation, zwar eine reiche vierzigjährige Geschichte hinter sich zu haben, heute aber nicht so recht zu wissen, wozu es eigentlich da ist. Seine ursprünglichen Bündnispartner, Vorort und Arbeitgeber-Zentralverband, unterstützen heute die Politik der bürgerlichen Parteien.

An der Vorstandssitzung des RN vom 12. Januar 1972, deren Protokoll damals vom 'focus' veröffentlicht worden war, beklagte sich der damalige Geschäftsführer des RN, Eduard Seiler: «Der Einstieg in oppositionelle Aktionen wird uns erschwert durch die Tatsache, dass wir doch stets auf die Stellungnahme der Spitzenverbände und der bürgerlichen Parteien Rücksicht nehmen müssen. Ein weiteres Hindernis sind die finanziellen Voraussetzungen. Im grossen und ganzen war es seit 15 Jahren so, dass die Spitzenverbände, bei denen der grosse Fonds für Kampfaktionen akkumuliert ist, mit der oft löblichen Ausnahme des Gewerbeverbands, den Standpunkt

Der Vorstand des Redressement National 1979/80

Carletto Mumenthaler, Präsident RN, Delegierter des Verwaltungsrats der Zürcher Ziegeleien, Zürich
Jean-Francois Martin, Vizepräsident RN, 1943-76 Leiter der Geschäftsstelle Genf des RN, Genf
Lionello Torti, Vizepräsident RN, Sekretär des Tessiner Industriellen-Verbands, Lugano
Eugen Roesle, Kassier RN, Direktor der Bank Leu AG Zürich, Zürich
Heinz Allenspach, Direktor des Zentralverbands schweizerischer Arbeitgeber-Organisationen, Kantonsrat und Nationalratskandidat FDP ZH, Fällanden ZH
Robert Amsler, Direktionsmitglied des Arbeitgeberverbands schweizerischer Maschinen- und Metallindustrieller, peruanischer Honorarkonsul in Schaffhausen, Schaffhausen
Christoph Blocher, Delegierter des Verwaltungsrates der Emser Werke, Präsident der Kantonalzürcher SVP, Kantonsrat SVP ZH, Feldmeilen
Andreas Christ, Rechtsanwalt, Basel
Bernhard Christ, Advokat und Notar, Basel
Anton Cottier, CVP-Grossrat, Rechtsanwalt, Fribourg
Pascal Couchepin, Advokat und Notar, Martigny VS
Gilbert Coutau, Sekretär der *Wirtschaftsförderung* für die Westschweiz, Genf
Peter W. Dätwyler, dipl. Ing. ETH, Vizepräsident der Dätwyler Holding AG, Verwaltungsrat der Schweizerischen Kreditanstalt, der Landis und Gyr AG und anderer Firmen, Altdorf
Silvio de Capitani, Rechtsanwalt, Kantonsrat und Nationalratskandidat FDP ZH, Zürich
Amiod de Dardel, Neuenburg
J.P. Ding, Generalsekretär der Fédération romande immobilière, Lausanne

einnehmen, dass eine Organisation wie das RN bei Vorlagen, denen die Spitzenverbände und die bürgerlichen Fraktionen zugestimmt haben, nicht aus der Reihe tanzen sollte. Die Einsicht, dass die in grundsätzlicher Hinsicht nicht befriedigenden Punkte einer Kompromissvorlage dem Souverän durch eine oppositionelle Abstimmungskampagne in dialektisch offener Weise dargelegt werden sollten, ist leider stark abhanden gekommen.»

1972 machte das *Redressement* beim Vorort einen Vorstoss mit der Bitte, der Vorort wolle doch wieder einen direkten Vertreter in den RN-

Walter Edelmann, Anwalt, Zurzach
Otto Fischer, Direktor des Schweizerischen Gewerbeverbands, Nationalrat FDP BE, Bern
Georges Gremaud, Fribourg
Marcel Grossmann, pensionierter Extraordniarius für Versicherungswissenschaftslehre an der Hochschule St. Gallen, Herrliberg
Louis Guisan, Alt-Nationalrat, Alt-Ständerat, Ex-Präsident des Vereins *Schweizerische Politische Korrespondenz* (spk), Rechtsanwalt, Ex-Präsident der Liberalen Partei der Schweiz, Lausanne
Hans Hemmeler, Vorsteher der Aargauischen Industrie- und Handelskammer, ehemaliger Sekretär der *Aargauischen Vaterländischen Vereinigung* (AVV), Aarau
Jean-Michel Henny, Lausanne
Willem Hürlimann, dipl. Ing. ETH, Industrieller, Gemeindepräsident, Brunnen
Michel Jaccard, Vorstandsmitglied des Vereins *Schweizerische Politische Korrespondenz* (spk), Lausanne
Otto Keller, Präsident des Thurgauischen Gewerbeverbands, Nationalrat FDP TG, Arbon
Hans Georg Lüchinger, Rechtsanwalt, Nationalrat FDP ZH, Wettswil am Albis ZH
Walter Röthlin, Nationalrat CVP, Teigwarenfabrikant, Kerns
Gaspard Schlatter, Bauunternehmer, St. Gallen
Paul Schoch, Forstingenieur, Delsberg
Heinz Werner Stöcklin, Direktor der Schweizerischen Milchgesellschaft AG, Hochdorf
Jean Daniel Vermeil, Genf
Hans Rudolf Voegeli, Zentraldirektor des Schweizerischen Bankvereins, Zürich
Robert Zoelly, Küsnacht
Revisoren:
Nicolas J. Bär, Verwaltungsrat der Bank Julius Bär & Co., Zollikon
Peter Stäger, Hauptdirektor der Schweizerischen Kreditanstalt, Zollikon

Vorstand entsenden. Das RN wollte so seine eigene Repräsentativität verbreitern und sich auch im wichtigsten Spitzenverband von Handel und Industrie wieder verankern. Das RN erhielt jedoch einen Korb; der Vorort lehnte es ab, wieder direkt im RN-Vorstand Einsitz zu nehmen. RN-Direktor Rudolf Rohr dazu: «Der Vorort wollte damit zum Ausdruck bringen, dass wir nicht Exekutivorgan des Vororts, sondern eine selbständige Vereinigung sind.» Man kann es auch so sagen.

Währenddem das *Redressement* sich weiterhin an seiner manchesterliberalen Position festklammert und sich nach wie vor gegen jegliche Eingriffe des Staates ins Wirtschaftsleben sträubt, haben die Kreise der Industrie längst gemerkt, dass eine interventionistische, antizyklische staatliche Wirtschaftspolitik durchaus in ihrem Interesse liegt. Gerhard Winterberger vom Vorort in der NZZ vom 11. Juni 1977: «Sicher ist, dass die Marktwirtschaft nicht einen Nachtwächterstaat, sondern einen starken Staat benötigt, welcher allgemeine und stetige Rahmenbedingungen für die Wirtschaft setzt.» Auch die führenden bürgerlichen Politiker haben als Träger der staatlichen Wirtschaftspolitik erkannt, dass die schweizerische Privatwirtschaft langfristig nur so saniert werden kann.

So betreute die *Wirtschaftsförderung* 1975 das bürgerliche Pro-Komitee für den Konjunkturartikel des freisinnigen Bundesrats Ernst Brugger – das *Redressement* kämpfte auf der Gegenseite. Auch in den Abstimmungskampagnen um das Raumplanungsgesetz (1976) und um die erste Vorlage zur Einführung der Mehrwertsteuer (Bundesfinanzpaket 1977) kämpften RN und wf gegeneinander; beide Male blieb das RN gegen die Parolen der bürgerlichen Parteien erfolgreich. Erfolglos hingegen trat das RN im Februar 1978 gegen die 9. AHV-Revision an, der die bürgerlichen Landesparteien ebenfalls zugestimmt hatten - «als Preis für die Erhaltung des sozialen Friedens», wie das RN im Jahresbericht 1977/78 tadelnd feststellte.

Mit der Verselbständigung seiner inhaltlichen Position hat sich das RN gegenüber seinen traditionellen Verbündeten in der Politik und in der Wirtschaft ins Abseits manövriert.

Dass diese Entwicklung nicht unproblematisch ist, hat man auch beim RN gemerkt. Schliesslich will niemand den Ast, auf dem er sitzt und der ihn bisher ganz gut getragen hat, absägen.

RN-Präsident Carletto Mumenthaler rechtfertigte an der Generalversammlung vom 28. April 1978 die RN-Politik, die sich in jedem Fall auf die Meinung der RN-Mitglieder stütze. Das Mitgliederspektrum sei zwar «recht breit gefächert», doch hätten die RN-Nein-Parolen von wenigen Ausnahmen abgesehen auch bei jenen Mitgliedern, die jeweils für die Annahme der Vorlagen eingetreten seien, Verständnis gefunden. Sie hätten zweifellos eingesehen, dass ein Verzicht auf «selbständige Meinungsbildung» die Glaubwürdigkeit des RN in Mitleidenschaft ziehen würde.

Immerhin lässt sich doch ein gewisser Anpassungsdruck feststellen. In seinen Leistungsbilanzen führt das RN neuerdings fein säuberlich auch die Abstimmungskämpfe an, bei denen es mit der *Wirtschaftsförderung* zusammengearbeitet hat. Der Jahresbericht 1978/79 legt Wert auf die Feststellung, dass es bei den RN-Abstimmungsparolen im Geschäftsjahr mit einer Ausnahme «keine Abweichungen zu den Parolen nahestehender Organisationen und Parteien» gegeben habe. Und im Mai 1979 verzichtete das RN bei der Abstimmung über die Neuauflage der Mehrwertsteuer und des Bundesfinanzpakets «mit Rücksicht auf die bürgerlichen Parteien» darauf, die Vorlage aktiv zu bekämpfen, obschon das RN ihr «sehr kritisch» gegenüberstand.

Thematischer Rückzug auf Bundesfinanz- und Steuerfragen und auf Bodenrechtsprobleme

Inhaltlich hat sich das *Redressement* auf wenige Themen spezialisiert. Im wesentlichen sind dies Bundesfinanz- und Steuerfragen einerseits und Bodenrechtsprobleme andererseits. In den zwei Bereichen ist das RN recht aktiv.

Es veranlasst Studien und Untersuchungen und veröffentlicht diese in der eigenen Schriftenreihe *Zeitfragen.* Es beliefert Parlamentarier mit seinen Dokumentationen und Argumentationshilfen. Auch von der Bundeskanzlei wird das RN in den zwei Bereichen als kompetent erachtet: Es wird jeweils in den offiziellen Vernehmlassungsverfahren um seine Stellungnahme angegangen.

Bei seiner Öffentlichkeitsarbeit kommt dem *Redressement* die gute Vertretung sowohl von Journalisten als auch von Verwaltungsräten aus Zeitungsverlagen in seinen Reihen zugute. Die befreundete *Schweizerische Politische Korrespondenz* (spk) öffnet dem RN auch heute noch die Spalten der mittleren und kleinen Landzeitungen. Auch die NZZ gewährt ihrem ehemaligen Mitarbeiter Rohr - vor allem zu Bodenrechtsfragen - regelmässig Gastrecht. So ist das RN, hauptsächlich in seinen zwei Spezialgebieten, in der veröffentlichten Meinung der Schweiz gut vertreten.

Bei Abstimmungsvorlagen, die seine zwei Bereiche tangieren, greift das RN aktiv in die Kampagnen ein. Es macht im offiziellen Komitee mit oder ist bei der Ausarbeitung von Dokumentationen behilflich.

Von Fall zu Fall zieht das RN in den Abstimmungskampagnen einen Pressedienst auf, der aus persönlich gezeichneten, nicht als RN-Texte identifizierbaren Artikeln besteht, die direkt an die Zeitungsredaktionen verschickt werden. Auch eigene Inserateaktionen werden zuweilen gestartet. Allerdings reicht dazu das ordentliche RN-Budget nicht aus; so müssen jeweils die erforderlichen Mittel mit Spenden aufgebracht werden.

Das RN als Sammelbecken der Gegner der Verfassungs-Totalrevision

Eine neue thematische'Marktlücke' hat sich dem RN in den letzten Jahren aufgetan: Die Totalrevision der Bundesverfassung. Hier scheint sich das *Redressement* zu einem gewichtigen Sammelbecken der Totalrevisions-Gegner zu entwickeln. Wobei sich das RN über seine eigene Rolle in dieser Auseinandersetzung allerdings nicht ganz im klaren ist: Hatte RN-Direktor Rohr im Vorwort zur RN-Broschüre «Verfassung mit halber Substanz und falscher Tendenz» im Winter 1978/79 noch erklärt, das RN wolle den Verfassungsentwurf nicht pauschal verurteilen, sondern einen «ernsthaften Beitrag zur Diskussion» leisten, so lieferte das RN Ende Juni 1979 mit seiner Vernehmlassung genau diese Pauschalverurteilung nach. Der Verfassungs-Entwurf bedeute «einen klaren Rückschritt gegenüber der bestehenden Verfassung» und sei «unverantwortlich destruktiv». Die «offene Verfassung» führe zur Rechtsunsicherheit, bedeute einen Substanzverlust,

Familie Schmidheiny: Die Wertfreiheit der Supperreichen

Gerade weil das RN nicht kurzsichtiger Parteiräson und auch nicht egoistischem Profitdenken einzelner verpflichtet sei, könne es immer wieder von seiner grundsätzlichen Warte aus mit freiheitlichen Postulaten in die politische Auseinandersetzung eingreifen. So und ähnlich tönt es immer wieder in den einschlägigen RN-Publikationen.

Ein Blick auf die Liste der führenden RN-Leute zeigt allerdings, dass diese keineswegs in der wertfreien und ideellen Sphäre schweben, sondern sehr handfeste Interessen zu verteidigen haben.

Vor allem der starke Einfluss des Schmidheiny-Clans, dieser bedeutendsten schweizerischen Unternehmer-Familie, fällt auf. Sie besitzt Mehrheitsbeteiligungen an der Holderbank Financière AG Glarus (die die schweizerische Zementproduktion beherrscht), an den Zürcher Ziegeleien, an Wild Heerbrugg (Optik-Instrumente) und an der HIAG-Gruppe (Holzverarbeitung). Ueber teilweise massgebliche Miderheitsbeteiligungen verfügt die Familie Schmidheiny bei der Ciment Portland, Neuenburg, bei Brown Boveri, Baden, bei Gebrüder Sulzer, Winterthur und bei der Eternit-Gruppe, Niederurnen.

Carletto Mumenthaler (*1908), RN-Präsident seit 1957, war bis 1977 Delegierter des Verwaltungsrats der zum Schmidheiny-Konzern gehörenden Zürcher Ziegeleien. «Der Auf- und Ausbau der Zürcher Ziegeleien zu einem der bedeutendsten Unternehmen der Baustoffindustrie ist vorwiegend sein Werk», attestierte die NZZ Mumenthaler in ihrem Artikel zu dessen 70. Geburtstag am 1. Juli 1978.

Peter Schmidheiny (*1908), zusammen mit Max und Ernst Schmidheiny Repräsentanten der dritten Generation der Industriellen-Dynastie, war von 1955 bis 1977 im RN-Vorstand.

1979 rutschte dort Stephan Schmidheiny nach, Vertreter der vierten Generation und einer von drei Söhnen von Max Schmidheiny.

Neben den Giessbach-Seminarien, die jeden Herbst in einem nostalgischen Hotel des Berner Oberlandes stattfinden, führte das *Redressement National* in den sechziger Jahren alljährliche Seminarien für in der Schweiz tätige Studenten und Praktikanten aus Entwicklungsländern durch: «Ermessend, wie der Weg, den die jungen Staaten Asiens und Afrikas einschlagen werden, von Bedeutung für den Fortbestand der Freien Welt sein wird, will das *Redressement National* der studierenden Elite der Entwicklungsländer Gelegenheit geben, die demokratisch-föderalistischen und marktwirtschaftlichen Grundlagen der Schweiz näher kennenzulernen.»

und der vorliegende Entwurf sei «eindeutig linksdrallig». Die Expertenkommission von Bundesrat Kurt Furgler habe sich «von der Mitte abgesetzt» und sei von einem «Staats- und Menschenbild ausgegangen, das aus liberaler Sicht als grundsätzlich verfehlt zu qualifizieren ist». Und überhaupt sei die Notwendigkeit einer Verfassungs-Totalrevision zu verneinen.

Damit hat sich das RN der ebenfalls völlig ablehnenden Position von *Trumpf Buur*-Redaktor Hans Georg Giger und dessen *Arbeitsgruppe für eine freiheitliche Bundesverfassung* angenähert. Immerhin konnte das RN für seine zitierte Broschüre zur Totalrevision im Gegensatz zu Giger praktisch die ganze alte Garde der Anti-Etatisten aus allen bürgerlichen Lagern mobilisieren. Zu den Autoren der RN-Broschüre zählen: Louis Guisan, Peter Dürrenmatt, Martin Usteri, Dietrich Schindler, Raymond Broger, Hans Georg Lüchinger, Albert Mossdorf, Arthur Meier-Hayoz, Hugo Sieber, Vital Gawronski und Heinz Allenspach.

Mit der Totalrevision befasste sich das RN auch 1977 an seinem damaligen «Giessbach»-Seminar.Diese Seminare sind ein Relikt aus der guten alten Zeit des RN und finden seit 1952 alljährlich im September im Parkhotel Giessbach ob Brienz statt. Mit ihnen versucht das RN, «die intelligente Jugend wieder vermehrt an die grossen Aufgaben der Freiheitsbewahrung heranzubringen und zur Mitwirkung in den bürgerlichen Parteien zu gewinnen», wie es im Jahresbericht 1952/53 heisst. Die Seminare sind jeweils einem einzigen Thema gewidmet und richten sich vor allem an Studenten, denen der Hotelaufenthalt vom RN bezahlt wird. Prominente Redner führen jeweils ins Thema ein, und in Arbeitsgruppen wird dann weiterdiskutiert. 1978 ging's um die Frage «Sozialpolitik am Wendepunkt?», und 1979 stand das «Zukunftsbild der freiheitlichen Gesellschaft» zur Diskussion.

Die Meinungsmacher

Ein Teil der in diesem Buch porträtierten Organisationen ist mehr oder weniger mit sich selbst beschäftigt und tritt kaum in der Öffentlichkeit auf. Andere Gruppen entwickeln eine gewisse Publizität, um für sich und für die eigenen politischen Ziele zu werben. Eine dritte Kategorie soll auf den folgenden Seiten porträtiert werden: die Meinungsmacher, deren Ziel die Öffentlichkeitsarbeit, die Einflussnahme auf die öffentliche Meinung ist.

Es genügt nicht, für sich die richtige rechte Meinung zu haben, man muss sie auch verbreiten können. Das Geschäft der Meinungsmacher ist es, jeden einzelnen Bürger permanent zu beeinflussen. In der Referendumsdemokratie schweizerischer Prägung gilt es zusätzlich, die Leute dazu zu bringen, sich an der Urne im Sinne der Rechts-Klubs zu verhalten beziehungsweise sie (vor allem in sozialpolitischen Fragen) davon abzuhalten, so zu stimmen, wie es eigentlich ihrer persönlichen Interessenslage entsprechen würde.

In diesem Zusammenhang ist oft von den ungleich langen Spiessen der Linken und der Rechten in der politischen Auseinandersetzung die Rede. Tatsächlich: Zählt man die Jahresbudgets der im folgenden vorgestellten Organisationen zusammen, so ergeben sich Riesensummen, denen die Linke nichts Gleichwertiges gegenüberzustellen hat.

Den Meinungsmachern gemeinsam ist die Auffassung von der Käuflichkeit der Meinungen. Während ein Teigwarenhändler mit Hörnli und Spaghetti handelt und ein Immobilienhändler Wohnungen und Grundstücke verkauft, ist die Einflussnahme auf die öffentliche Meinungsbildung die Handelsware der Meinungsmacher. Stimmenprozente gegen Geld – das ist ihr Geschäft. «Mit einer Million mache ich aus jedem Kartoffelsack einen Bundesrat.» Dieser vor Jahren Rudolf Farner zugeschriebene Spruch illustriert diese Auffassung von politischer Auseinandersetzung treffend.

Was die Meinungsmacher unterscheidet, ist ihre Arbeitsweise. Noch heute praktizieren alle Organisationen im wesentlichen die Methoden, die bei ihrer Gründung den gängigen Vorstellungen der Meinungsbildung entsprachen.

Die *Schweizerische Politische Korrespondenz* (spk) betreibt einen Artikeldienst, wie es ihre Gründer schon 1917 taten: Meinungsbildung mit traditioneller politischer Publizistik. Dabei gilt die spk – trotz der politischen Kommentare und den stark gefärbten Berichten – als praktisch vollwertige Nachrichtenagentur. Dem verdankt die spk auch ihre starke Verbreitung: Sie liefert den finanzschwachen Zeitungen einen umfangreichen und verglichen mit andern Agenturen äusserst preisgünstigen Artikeldienst. Diesen Preisvorteil verdankt die spk einmal der Tatsache, dass sie einen minimalen journalistischen Aufwand betreibt. Dann sind es aber vor allem auch die namhaften Spenden aus Kreisen der Wirtschaft, die sie über Wasser halten. Als bürgerlich-vaterländische publizistische Kampforganisation gegen die Linke gegründet, tritt die spk noch heute als Sprachrohr privatwirtschaftlicher Interessen auf, wo immer Vorstösse der politischen Linken abzuwehren sind oder wo der Kapitalismus an Legitimationsschwächen krankt. Wegen der handwerklich schwachen Qualität ihres Dienstes hat die spk in letzter Zeit allerdings zunehmend an Terrain verloren. Ein nur mit spk-Material gefülltes Blatt lässt sich auf dem Lesermarkt je länger je schlechter verkaufen. Entsprechend tief liegt der Auflagen-Durchschnitt der spk-Blätter. Mit dem von den grossen, überparteilichen Zeitungen praktizierten Recherchierjournalismus kann sie nicht mithalten.

Robert Eibels Methode geht weiter als die politische Publizistik der spk. Als er 1947 den *Trumpf Buur* gründete, hatte er bereits entscheidend zur Ablehnung verschiedener Abstimmungsvorlagen beigetragen: 1939 bei der als Verständigungswerk gepriesenen eidgenössischen Pensionskassenvorlage, 1942 in Zürich bei einer Besoldungsvorlage für die städtischen Beamten. Die damalige Taktik war die gleiche, wie sie Eibel noch heute anwendet. Kein träger Parteiapparat, kein dem Willen seiner Mitglieder verpflichtetes Verbandsgebilde, keine bürokratischen Unkosten, dafür ein schlagfertiges Einmann-Unternehmen, das mit seinen *Trumpf-Buur*-Inseraten rasch und polemisch in laufende Auseinandersetzungen eingreifen kann.

In den Inseraten appelliert Eibel an die Unzufriedenen, an die Staatsverdrossenen, spielt geschickt einzelne Gruppen gegeneinander aus (zum Beispiel Beamte gegen Arbeiter und Angestellte der Privatwirtschaft), spricht Emotionen an. Bei strittigen Abstimmungsvorlagen geht Eibel von Fall zu Fall Interessenskoalitionen mit gleichgesinnten Gruppen ein; von der Natur seiner Politik her waren das in den letzten Jahren vor allem gewerbliche Kreise. Sie bilden auch die soziale Basis der *Aktion für freie Meinungsbildung,* des Trägervereins des *Trumpf Buur.*

Die *Dr. Rudolf Farner PR-Agentur* arbeitet – in ausgesprochenerem Masse als die andern Meinungsmacher – auf Bestellung und im Auftragsverhältnis. Als Zwillingsbetrieb der mächtigen *Dr. Rudolf Farner Werbeagentur* profitiert sie von der Abhängigkeit der Zeitungsverleger vom einflussreichen Inserateauftraggeber Farner. Für die Artikel, die Farner in seinem Pressedienst den Zeitungen gratis anbietet, besteht in den allermeisten Fällen ein Auftraggeber, der Farner für seine Dienste bezahlt. Und wo kein Auftraggeber ist, schafft sich Farner einen. Sein spezielles Talent ist es, seine politischen Ambitionen in klingende Münze umzusetzen. Die von Farner betreute *Aktion Freiheit und Verantwortung* oder der *Verein zur Förderung des Wehrwillens und der Wehrwissenschaft* sind von Farner dominierte Organisationen, deren wichtigste Funktion es ist, via ihre Mitglieder und die von ihnen repräsentierten Verbände und Firmen die sechsstelligen Beträge für die Farner-Kampagnen zu organisieren.

Neben der Konzentration und dem Trend zu überparteilichen Zeitungen im Pressebereich ist die Entwicklung des schweizerischen Medienwesens seit dem Zweiten Weltkrieg gekennzeichnet durch das Aufkommen der elektronischen Medien Radio und Fernsehen, die eine massenhafte Verbreitung erlangt haben.

Hier versagen die bewährten Modelle der Einflussnahme der rechten Meinungsmacher. Politische Werbung ist am Fernsehen nicht gestattet. Das Farner-Prinzip funktioniert nicht, weil beim Fernsehen die Firma, die die Werbespots aquiriert, von der SRG getrennt ist. Und auch das Prinzip spk kann nicht zum Zug kommen, weil Radio und Fernsehen nicht auf die handgestrickten Texte eines rechtslastigen Artikeldienstes angewiesen sind. Eine Reaktion auf diese Situation ist die Gründung der *Schweizerischen Fernseh- und Radiovereinigung* (SFRV), des *Hofer-Klubs*. Sie zeigt einerseits ein altes Unverständnis der hinter dem *Hofer-Klub* stehenden Kreise dem neuen Medium gegenüber, ist andererseits aber auch Ausdruck der Ohnmacht der Rechtskreise gegenüber den elektronischen Medien. Tatsächlich hat das Fernsehen in den sechziger Jahren junge, kritische Leute angezogen. Auf diese Entwicklung, der die SFRV ohnmächtig gegenüberstand, reagierte sie mit ihrem übereifrigen Aufpasser-Dasein. Der *Hofer-Klub* verteilt Hiebe, erteilt Zensuren und fordert die Säuberung einzelner Programmredaktionen.

Doch ein politisches Programm, und sei es auch nur im medienpolitischen Bereich, hat die SFRV nicht. Mit ihrer Rohrstock- und Holzhammer-Politik ist sie zwar kurzfristig erfolgreich, vor allem auch, weil sie eines begleitenden publizistischen Trommelfeuers in der befreundeten Presse sicher sein kann. Langfristig fährt die SFRV jedoch auf einem Stumpengeleise, und die Erfolglosigkeit zahlreicher Versuche, vom Buhmann-Image wegzukommen, lassen vermuten, dass es ihr nicht gelingen wird, die festgefahrenen Geleise zu verlassen.

Immerhin: Einen – wenn auch traurigen – Erfolg kann der *Hofer-Klub* für sich verbuchen. Er ist zumindest teilweise für das langweilige, farblose Programm an eidgenössischen Bildschirmen verantwortlich. «Das Bewusstsein, dass Sendungen systematisch beobachtet und analysiert werden, hat zweifellos zu mehr Sorgfalt bei der Programmgestaltung und -produktion geführt», umschreibt die SFRV selbst ihre eigene Wirkung. Ersetzt man in dem Zitat das Wort Sorgfalt mit «Angst», «Resignation» oder «Selbstzensur», trifft dies den Sachverhalt wohl ziemlich genau.

spk - die mächtigste Redaktion der Schweiz

Haben Sie sich auch schon gefragt, wer sich hinter dem Zeichen * oder + das immer wieder in Ihrer Lokalzeitung auftaucht, versteckt? Wie die lokale Mini-Postille es sich leisten kann, einen «Korrespondenten» in Paris und einen «Asien-Mitarbeiter» zu halten? Dass in Ihrem Blatt -zig Namen von Journalisten auftauchen, die berichten und kommentieren, wenn doch im Impressum nur ein einziger Redaktor angegeben ist?

Die Lösung ist einfach. Was das 'Echo von Grindelwald', die 'Rigi-Post' und den 'Oberwiggertaler' verbindet, ist nicht nur ihre kleine Auflage, die meist schlechte wirtschaftliche Situation und die streng auf den lokalen Raum begrenzte Verbreitung, sondern vor allem auch ihr Inhalt. Was nicht gerade den Unterhaltungsabend des lokalen Cäcilienvereins, die Fahnenweihe der Männerriege oder die Anschaffung einer neuen Feuerwehr-Spritze betrifft, stammt aus der Einheitsküche. Das gebotene Informationsspektrum im zeitungsreichsten Land der Welt hat mit Vielfalt herzlich wenig zu tun.

200 Zeitungen landauf, landab, 80 Prozent aller Schweizer Zeitungen, beziehen ihre Informationen, Reportagen und Kommentare aus der gleichen Quelle, die für etwa 80 Zeitungen gar die einzige ist: von der *Schweizerischen Politischen Korrespondenz*, der – so das Kürzel – spk.

An der Thunstrasse 32 in Bern hat die spk Sitz und Hauptredaktion. Von da tickert einem Zehntel der Redaktionen der Telex den spk-Dienst in die Redaktionsstuben, etwa 2o Prozent sind am modernen Fernsatz-System der spk angeschlossen, und dem Rest der Zeitungen bringt der Briefträger die oft über 100 Seiten Text pro Tag ins Haus.

Ein paar Beispiele gefällig?

(spk) Südamerika liegt fern und wird im Informationswesen wenig beachtet. Deshalb fällt es leicht, Westeuropa mit einseitiger und oft manipulierter Information zu beliefern. ... Man weiss kaum, dass die Kommunisten in argentinischen Universitäten ihre Studienkollegen zwingen, ihre Mordkommandos zu unterstützen. Andernfalls würden sie bei Ablehnung, so drohen die Linken, selbst umgebracht. Will ein Staat sich und seine Einwohner nicht an solche Mordgesellen ausliefern, so muss er sich wehren. Leider hatten die Linksextremisten mit ihren Gewalttaten in mehreren Ländern wie Brasilien, Uruguay und Chile einen traurigen Erfolg gehabt. Sie konnten das Militär zu einem derartigen Abwehrkampf zwingen, dass die bürgerlichen Freiheitsrechte aufgehoben werden mussten. Doch trotz allem ist es noch nicht so schlimm wie im Ostblock. ... 121 schweizerische Persönlichkeiten» liessen sich mit mangelnder und einseitiger Information zur Unterschrift bewegen, ... die Schweiz solle 'ohne administrative Hindernisse', das heisst ohne irgendwelche Kontrollen, sogenannte Flüchtlinge aus Argentinien aufnehmen. Es wäre ein schlechter Witz, wenn die Regierungen Westeuropas den internationalen Terrorismus gemeinsam bekämpfen wollen und man trotzdem solche Terroristen im eigenen Land willkommen heisst und diese vor der Strafverfolgung schützt. Zudem ermuntert eine sichere Zuflucht solche Verbrecher zu weiteren Straftaten in ihren Heimatländern. Doch auch das Gastland dürfte mit diesem arbeitsscheuen Gesindel genügend Probleme erhalten. (14.9.1976)

(spk) Die Wurzel des amerikanischen Misserfolgs in Vietnam liegt nicht in mangelnder Kampfkraft, sondern im Entschluss, diese Kraft nur beschränkt einzusetzen. Die Amerikaner haben versucht, einen humanen Krieg zu führen, und sie sind gerade dadurch in einen Zwiespalt geraten, wie er kaum zuvor erlebt worden ist. ... Die Amerikaner haben eine zeitlang Nordvietnam bombardiert, aber sie zögerten lange und gaben es ohne Rücksicht auf die Kriegslage wieder auf. Und sie bombardierten nicht die wirklichen Kraftzentren des Gegners, sondern nur Verbindungswege und periphere Ziele. ... Wo hätte der Zweite Weltkrieg geendet, wenn die deutschen Häfen und Rüstungsfabriken geschont worden wären? ... Die Mittel, die in Vietnam eingesetzt wurden, haben versagt – aber nicht in Vietnam, denn dort ist der Beweis heute erbracht, dass dieser Krieg zu gewinnen wäre, sondern in den Vereinigten Staaten, an der inneren Front. (Josef Jäger in einer spk-Artikelserie im August 1971, nach einer auf Einladung erfolgten Vietnam-Reise).

(spk) Schmuddelkinder. Es ist Frühling. Es ist die Zeit der neuen Mode und der Modeschauen. ... Eine Mode besonderer Art hat es mir schon längst angetan, und alle Bemühungen haben nichts genützt: Ich kann's einfach nicht verstehen. Ich meine jene Art von Dauer-Mode, die darauf hinausgeht, nicht etwa nett, sauber, freundlich und fröhlich auszusehen. Vielmehr meine ich jene Art Mode, die man auch als Anti-Mode bezeichnen könnte: Die Schmuddel-Mode Keineswegs nur in den – an sich schon 'verdorbenen' – Städten, sondern auch weit herum auch auf dem Land kann man jenen weiblichen und männlichen Gestalten begegnen, denen es offensichtlich darum zu tun ist, möglichst schmuddelig, verludert und ungepflegt herumzulaufen.
Doch nicht allein auf die schmuddelige Bekleidung aus dem Brockenhaus haben es diese jungen Leute abgesehen. Sie suchen den Dreck direkt, indem sie sich bei jeder Gelegenheit auf den schmutzigen Boden setzen, in den Dreck liegen und – wo bleibt da die Hygiene? – sobald es das Wetter einigermassen zulässt, nacktfuss durch die Strassen, den Kot und den Hundedreck laufen... Gewiss, gewiss: Ich tue das, was man bei solchen Sachverhalten am besten tut – ich schaue auf die Seite und freue mich am Anblick gut angezogener und gepflegter junger Weiblichkeit. Stünde nicht in manchen Fällen eine ganz bestimmte Gesinnung hinter den Schmuddel-Kindern, so wären sie nicht einer Zeile wert. Doch kürzlich war da bei uns eine Frauen-Demonstration... Schmuddel-Kind an Schmuddel-Kind... («Der aktuelle Kurzkommentar» von Villon, spk-Exklusiv-Sonderdienst vom März 1977).

Ein parteilicher Artikeldienst im Kleid einer Nachrichtenagentur

Tatsächlich: die spk ist nicht einfach eine gewöhnliche Nachrichtenagentur, wie etwa die neben ihr in der Schweiz arbeitende Schweizerische Depeschen-Agentur (SDA) oder der Deutsche Depeschen Dienst (DDP). Unter einer Nachrichtenagentur versteht man landläufig ein Unternehmen, das «mit schnellsten Beförderungsmitteln Nachrichten zentral sammelt, sichtet und festen Bezügern weiterliefert», so eine der Definitionen der Publizistikwissenschaft. Dabei soll die Nachrichtenauswahl nach Kriterien wie Aktualität, politische Brisanz, Nähe des Ereignisses, Bedeutung für breite Bevölkerungskreise, Verwicklung von Prominenten usw. geschehen.

Anders die spk. Sie will «die bürgerliche Politik positiv beleuchten und die negativen Seiten der sozialistischen Staatswirtschaft kommentieren», wie spk-Direktor Josef Jäger seine Redaktoren anweist. «Wir sind ein Pressedienst, keine Nachrichtenagentur», schützt sich spk-Redaktor Ernst Trechsel gegen den Vergleich mit andern Agenturen.

Bei der spk ist die Herausgabe des Artikeldienstes nur Mittel zum Zweck – um die übergeordneten politischen Ziele zu verfolgen. Und diese sind in den Statuten des Vereins spk aus dem Jahr 1974 festgehalten.

Laut Zweckartikel bekennt sich die spk «zu den in Geschichte und Staatsbewusstsein wurzelnden geistigen und sittlichen Grundlagen der Schweiz und damit zum freiheitlich demokratischen Rechtsstaat und seiner föderalistischen Struktur». Sie setzt sich ein für die «Unabhängigkeit des Landes und deren Verteidigung, eine starke und würdige Stellung der Schweiz in der internationalen Politik, die Verständigung und Solidarität zwischen den verschiedenen Bevölkerungsschichten, Religionsbekenntnissen, Sprachgebieten und Kulturkreisen, die freie Marktwirtschaft mit sozialer Verpflichtung, die Information als Grundlage der staatsbürgerlichen und wirtschaftspolitischen Aufklärung und Meinungsbildung sowie des demokratischen Gesprächs aller Bevölkerungsgruppen untereinander.»

In der Sprache etwas deutlicher als die geltenden Statuten sind diejenigen von März 1960. Dort ist noch die Rede von der «Förderung des eidgenössischen Gemeinschaftsgefühls», von der «Abwehr jeglicher Versuche des Auslandes, Einfluss auf die Schweizer Presse und auf die schweizerische Meinungsbildung zu gewinnen» und von der Zusammenführung der «nationalgesinnten Volkskreise zur Abwehr wesensfremder, staats- und wirtschaftsgefährdender Tendenzen». Das alles soll, so die 1960er-Statuten, «unter Bekräftigung des privatwirtschaftlichen Prinzips» geschehen.

10 Redaktoren, 200 Abonnenten

Konkret funktioniert die spk heute so: An der Thunstrasse 32 in Bern ist die Zentralredaktion und der Sitz des Unternehmens. Dort arbeiten:
Josef Jäger, Direktor, von 1957 bis 74 gleichzeitig auch Chefredaktor

spk-Direktor Josef Jäger

Anton Stadelmann, Chefredaktor deutsch, einst Chefredaktor der SVP-nahen 'Neuen Berner Zeitung', dann Betreuer der *Aktion Freiheit und Verantwortung* bei der *Dr. Rudolf Farner PR-Agentur*
René Bovey, Chefredaktor französisch
Hans R. Hagi, Administrator
Martin Bühler, Dienstchef deutsch
Bernard Eggler, Dienstchef französisch
Hugo Barmettler, Bundeshausredaktor
Roland Meier, Bundeshausredaktor
Christophe Pochon, Inlandredaktor
Franz Zust, Auslandredaktor
Jacques Baumgartner, Auslandredaktor
Werner Claude Hug, Wirtschaftsredaktor
Walo von Fellenberg, Wirtschaftsredaktor
Erich Schwabe, Kulturredaktor
Hermann Sommer, Kulturredaktor
Gabrielle Keller, Volontärin.

Neben der Berner Redaktion gibt es Aussenstellen in Lugano (sie ist mit Redaktor Paulo Rimoldi und einer Hilfskraft besetzt) und an der Usteristrasse 23 in Zürich, wo Ernst Trechsel (*1907) und Max Korthals die Redaktion betreuen. Insgesamt beschäftigt die spk inklusive administratives Personal rund 40 Personen vollamtlich. Seit längerer Zeit bildet die spk Redaktionsvolontäre aus. Einer davon war in den sechziger Jahren zum Beispiel Rolf Siegrist, später Bundeshauskorrespondent der spk, dann ab

Die Abonnenten der spk

(Zeitung/Nummern pro Woche/Auflage)

Zeitung	Nummern pro Woche	Auflage
Aargauer Tagblatt	6	45 600
Andelfinger Zeitung	3	4 850
Anzeige-Blatt, Gais	2	1 000
Anzeiger von Gelterkinden	1	8 500
Anzeiger d. Bez. Horgen	3	12 000
Anzeiger von Saanen	2	3 200
Anzeiger des Wahlkreises Thalwil	3	7 400
Anzeiger von Uster	6	9 500
Appenzeller Zeitung	6	13'700
Appenzeller Volksfreund	4	5 100
Anzeiger von Kerzers	2	1 200
Der Bund, Bern	6	58 000
Berner Zeitung	7	120 000
Basellandschaftliche Zeitung, Liestal	6	16 600
Basler Woche	1	22 200
Berner Landbote, Herzogenbuchsee	2	950
Berner Oberländer, Spiez	6	18 000
Berner Volkszeitung, Herzogenbuchsee	3	1 800
Bieler Tagblatt	6	30 100
Bote vom Untersee, Steckborn	2	2 800
Bote der Urschweiz	2	8 300
Die Botschaft, Klingnau	3	7 200
Bremgarter Bezirksanzeiger	3	4 600
Der Brienzer	2	1 560
Burgdorfer Tagblatt	5	3 100
Bündner Post, Thusis	3	3 000
Bündner Tagblatt	6	7 000
Corriere del Ticino	6	26 600
Corriere degli Italiani, Luzern	1	15 000
Courrier de la Vallée de Tavannes	3	3 000
Courrier du Vignoble, Colombier	2	12 500
Davoser Zeitung	6	2 600
Il Dovere, Bellinzona	6	13 700

Zeitung	Nummern pro Woche	Auflage
Eco di Locarno	3	8 500
L'Effort, La Chaux-de-Fonds	1	2 500
Einsiedler Anzeiger	2	4 200
Engadiner Post	3	2 700
Entlebucher Anzeiger	3	6 300
Feuille d'Avis de la Béroche, St. Rubin	1	1 300
Feuille d'Avis de Neuchâtel	6	36 000
Feuille d'Avis de Vevey	6	9 500
Fögl Ladin, Samedan	2	3 500
Freiburger Nachrichten	6	11 700
Freier Schweizer Küssnacht a.R.	2	3 600
Le Fribourgeois, Bulle	3	1 900
Gasetta Romontscha, Disentis	2	5 000
Gazetta Ticinese	6	10 000
Giornale del Popolo, Lugano	6	19 000
Giornale Esercenti-Albergatori Ticino	1	2 300
Glarner Nachrichten	6	17 100
La Gruyère, Bulle	3	10 100
Il Grigioni Italiano, Poschiavo	1	2 700
Giornale Svizzero degli Impiegati	1/2	3 500
Hotel-Revue, Bern	1	13 200
Der Hausbesitzer, Basel	mtl.	6 700
L'Impartial, La Chaux-de-Fonds	6	30 600
Journal de Bex	2	1 770
Journal des Cafétiers, Genève	1	6 600
Journal de Château d'Oex	2	2 500
Impact, Genève	mtl.	15 800
Journal de Sierre	2	5 200
Journal d'Yverdon	6	800
Klettgauer Zeitung, Unter-Hallau	4	2 500
Die Linth, Rapperswil	3	6 500
Der Limmattaler, Dietikon	5	10 600
Luzerner Landbote, Sursee	2	5 300
Der Landbote, Winterthur	6	33 800

Zeitung		
March-Anzeiger, Lachen	2	6 400
Muttenzer Anzeiger	1	2 200
Messagers des Alpes, Aigle	3	3 600
Neue Toggenburger Zeitung	2	1 020
Neues Bülacher Tagblatt	6	5 400
Le Nouvelliste, Sion	6	38 000
Der Oberhasler, Meiringen	2	3 100
Oberländisches Volksblatt, Interlaken	5	8 900
Der Oberthurgauer, Arbon	6	13 500
Der Oberwiggentaler	1	3 300
Oltner Tagblatt	6	11 100
Der Obwaldner, Sarnen	2	4 200
Il Paese, Locarno	1	3 500
Popolo e Libertà, Bellinzona	6	7 100
Prättigauer Zeitung	3	2 600
Der Reussbote, Mellingen	3	3 200
Revue-Automobile, Bern	1	17 600
Der Rheintaler, Heerbrugg	6	10 400
Rheintalische Volkszeitung, Altstätten	6	5 500
Riehener Zeitung	1	5 500
Rigi-Post, Goldau	1	2 900
Sarganserländer, Mels	5	8 100
Seethaler Bote, Hochdorf	1	4 400
Solothurner Zeitung	6	44 800
La Suisse, Genève	7	64 400
Schaffhauser Nachrichten	6	22 400
Schweiz. Schützenzeitung, Altdorf	1	21 000
Schleitheimer Bote	3	2 100
Der Schweizer Bauer, Bern	3	21 000
Schweiz. Gewerbezeitung, Bern	1	19 600
Schweiz. Handelszeitung, Zürich	1	25 000
Schweiz. Schreinerzeitung, Zürich	1	8 700
Schwyzer Zeitung	2	6 000
Schweiz. Liegenschafts-anzeiger, Zürich	1/2	15 000
St.Galler Volksblatt, Uznach	3	6 200

Zeitung		
Trienger Anzeiger	1	1 490
Thuner Tagblatt	6	13 200
Toggenburger Nachrichten, Ebnat-Kappel	2	3 400
Der Toggenburger, Wattwil	4	3 100
Der Tössthaler	3	3 500
Touring, Bern	1	614 800
Thurgauer Volksfreund, Kreuzlingen	6	7 100
Urner Wochenblatt	2	7 700
Unter-Emmentaler, Huttwil	3	2 900
Vaterland, Luzern	6	66 200
Vita Nuova, Chiasso	1	1 400
Der Volksfreund, Flawil	6	6 033
Volksstimme, Sissach	3	6 800
Walliser Bote, Brig	6	17 100
Werdenberger & Obertoggen-burger, Buchs	5	7 600
Willisauer Bote	3	8 000
Wohler Anzeiger	2	8 600
Wynentaler-Blatt, Menziken	2	8 700
Der Zürcher Bauer	1	8 900
Der Zürcher Oberländer, Wetzikon	6	25 300
Der Zürichbieter, Bassersdorf	6	16 700
Zürichsee-Zeitung, Stäfa	6	27 600

spk-Angaben Stand 1977

Frühjahr 1978 Chefredaktor des freisinnigen 'Thuner Tagblatts' und seit Anfang 1979 Chefredaktor des freisinnigen 'Luzerner Tagblatts'.

Wichtigster spk-Auslandkorrespondent ist Paul Keller (*1920), der von Paris aus auch die 'Basler Zeitung' mit Wirtschaftsthemen bedient. Zu den Mitarbeitern der spk zählen: Kurt Felix («hin und herreisender Ost-Mitarbeiter», 'Anzeiger von Uster', 1.11.75), O.M. Arie (Grossbritannien), Hans Eckmann (Osteuropa), Jean Sprecher (Skandinavien), Friedrich W. Schlomann (arbeitet als Journalist in Bonn und wird einmal als «Kenner der europäischen Maoisten-Szene», 'Bündner Zeitung', 2.9.76, und ein andermal als «unser Asien-Mitarbeiter» vorgestellt), Alphonse Max (Lateinamerika), Marmaduke Rowe (Afrika), Haim Mass (Nahost), Julius Dressner (Italien), Thomas Immoos (Indochina). Diese Namen tauchen jedenfalls immer wieder im spk-Versand (und in den Spalten der spk-abonnierten Zeitungen) auf; ob Personen mit diesen Namen existieren, bleibe dahingestellt.

Neben den redaktionellen Aussenposten hat die spk in allen Landesteilen Korrespondenten. «Mindestens einen pro Kanton», wird erklärt. Oft funktioniert dabei der gegenseitige Nachrichtenfluss: Hat eine Lokalzeitung ein auch für Schweizer Leser interessantes Lokal-Thema, gibt sie es an die spk, die es auch an die andern Zeitungen weiterverbreitet. Oft besorgt auch ein pensionierter Lokalzeitungs-Redaktor oder ein Lehrer die lokale spk-Korrespondenz. Zuweilen wird sie von freien Journalisten bedient.

Neben ihrem täglichen Artikeldienst bietet die spk auch einen 'exklusiv Sonderdienst' an, ein «Dienst für Ihre Wochenendausgabe». Er wird von Kultur-Redaktor Hermann Sommer betreut und bietet alle zwei Wochen auf rund 30 Seiten ein gutes halbes Dutzend Feuilletons, Kurzkommentare und Reportagen. Eine Reportage pro Monat ist illustriert und wird als «Monatsreportage» bezeichnet. «Selbstverständlich werden wir bemüht sein, Ihnen in einem angemessenen Umkreis das Alleinbezugsrecht einzuräumen», verspricht die spk den Zeitungen, die sich auf die Abdrucksrechte an den Monatsreportagen gesondert abonnieren und dafür (je nach Auflage) für die 12 Reportagen inklusive jeweils vier bis fünf Illustrationen zwischen 820 und 900 Franken bezahlen. Die übrigen Texte des 'exklusiv Sonderdiensts' sind für die spk-Abonnenten gratis.

Von der Privatwirtschaft, für die Privatwirtschaft

Ein Geheimnis des spk-Verbreitungserfolgs ist sicher in der Arbeitsweise der spk versteckt. Der spk-Dienst entsteht mit minimalem Aufwand. Und doch haben die abonnierten Zeitungen den Eindruck, mit dem umfangreichen Textangebot eine veritable und vollwertige Nachrichtenagentur abonniert zu haben. Allein 1978 hatte die spk einen Seitenausstoss von 25'000 A4-Blättern.

spk. Ausland
Bogota, Freitag, 22.9.1978 (pf-jb-A.M.-et)

AUSLAND-HINTERGRUND

Ausland 5

Guerillakrieg auch in Kolumbien

Bogota, spk. Während die Guerillaideologen überall verkünden, der Partisanenkrieg in Nicaragua sei ein legitimer Weg zum Sturz des Somoza-Regimes, wüten in Kolumbien die Guerillas zur Zeit mit einer Vehemenz, die sich kaum von derjenigen in Nicaragua unterscheidet. In Kolumbien musste Präsident Julio Césor Turbay Ayala, der erst am 7. August das höchste Amt übernahm, den verschärften Ausnahmezustand ausrufen. Die Terrorismus-Orgie, die das Land trotzdem weiterhin heimsucht, straft alle Argumente Lügen, die den Aufstand gegen autokratische Regierungen als Legimitation des Blutvergiessens anführen.

Nur 24 Stunden nachdem die Regierung ein neues Sicherheitsgesetz, das "Statut der Nationalen Sicherheit", bekannt gegeben hatte, entfesselte sich eine Welle terroristischer Attentate und Anschläge über ganz Kolumbien. Das Gesetz sollte es der Armee und der Polizei erlauben, wirksamer vorzugehen, um den Sturz der verfassungsmässigen Regierung zu verhindern.

Die Terroristen der Bewegung "Arbeiter-Selbstverteidigung" legten Bomben in mehrere Geschäfte in Bogota und erschossen einen ehemaligen Polizeibeamten, der den Ueberfall zu verhindern suchte. Ein Kommando der "Revolutionären Bewegung 19. April" verübte einen Anschlag auf einen mit Lebensmitteln beladenen Lastwagen; in zwei Supermärkten explodierten Bomben; Autos wurden in Brand gesetzt. Eine andere Bande, das "Befreiungsheer des Volkes" erbeutete bei einem Anschlag auf eine Bank undefähr 4 ooo Dollar. Die direkt von der Kommunistischen Partei Kolumbiens abhängigen "Revolutionären Bewaffneten Kräfte Kolumbiens" überfielen eine Reihe von Städten und Dörfern im Innern des Landes und töteten dabei wahrscheinlich 22 Bauern sowie acht Polizisten und Soldaten. Schliesslich hat die Ermordung des früheren Innenminister Rafael Padro Beulvas eine wahre "Kriegspsychose" ausgelöst.

Während die grösste Zeitung des Landes, "El Tiempo" in einem Leitartikel schrieb, Turbay Ayala müsse der "Herausforderunge der anarchistischen Linken tapfer begegnen", haben einige linksgerichtete Anwälte und Politiker erklärt, dass die Verschärfung der Sicherheitsmassnahmen repressiven Charakter hätten. Sie haben ferner angekündigt, dass sie vor dem Obersten Gerichtshof die Abschaffung des Sicherheitsstatutes fordern werden. Ein Sprecher der regierenden Liberalen Partei bezeichnete das neue Gesetz, das für Anstiftung zur Aufruhr und zu illegalen Streikes acht Jahre Gefängnis vorsieht, ein Instrument der politischen Repression , das mit den in der Verfassung verankerten individuellen Garantien aufräume. . Alphonse Max

Der Autor dieser spk-Meldung, Alphonse Max aus Montevideo, wurde im deutschen Nazi-Blatt *Nation Europa* wie folgt vorgestellt: «Dr. Alphonse Max Emanuiloff verliess seine bulgarische Heimat, nachdem sie von den Sowjets besetzt und zum Satelliten gemacht worden war. Die Kommunisten hatten dem 1930 als Sohn bürgerlicher Eltern Geborenen das Studium verweigert, das er im Westen nachholte. Seit dreissig Jahren lebt er als Emigrant vornehmlich in Südamerika, wo er sich als politischer Publizist durch die Herausgabe einer eigenen Zeitschrift (in englischer Sprache) und mit verschiedenen Büchern und sonstigen Veröffentlichungen einen angesehenen Namen gemacht hat. Dr. Max gilt als einer der besten Kenner der lateinamerikanischen Guerilla-Szenerie.»

Zudem – und das ist wohl das wichtigste Erfolgsprinzip – ist die spk ein Vielfaches billiger als ihre Konkurrenz. Ein Beispiel: Das 'Urner Wochenblatt', zweimal wöchentlich mit einer Auflage von 7500 Exemplaren erscheinend, bezahlt für sein spk-Abonnement von täglich immerhin 160'000 bis 200'000 Zeichen Text ganze 2600 Franken im Jahr. Ein Abonnement der SDA würde ein Vielfaches kosten.

spk-Direktor Josef Jäger: «Unser Preis berechnet sich grundsätzlich nach Auflage, Erscheinungsweise und wirtschaftlicher Leistungsfähigkeit, wird aber von Zeit zu Zeit unter Berücksichtigung der individuellen Möglichkeiten jeder Zeitung konkret ausgehandelt.» Mit andern Worten: Der Preis wird so tief angesetzt, dass keine Zeitung aus finanziellen Gründen auf die spk verzichtet. Tatsächlich hätten zahlreiche kleine Landzeitungen ihr Erscheinen längst einstellen müssen, wenn sie ihre Spalten nicht mit den Billigst-Texten der spk füllen könnten.

Zu dieser Art von Presseförderung verhelfen der spk nahmhafte Spenden, die sie aus Wirtschaftskreisen erhält - im wesentlichen von der *Wirtschaftsförderung*. Wieviel das genau ausmacht, ist bestgehütetes Geheimnis der spk. «Die Spenden ersetzen uns den Inserateteil der Zeitungen», erklärte dazu Josef Jäger einst der NZ. In der Betriebsrechnung eines Zeitungsverlags stammen etwa 75 bis 80 Prozent der Einnahmen aus dem Inserategeschäft. Genügt den Inserenten bei andern Blättern die Abhängigkeit der Verlage von den Anzeigeneinnahmen, um Druck auszuüben, so wird bei den spk-Blättern gleich doppelt genäht: Hier finanziert die inserierende Privatwirtschaft gleich auch noch den redaktionellen Teil mit.

Seit Jahrzehnten verdankt die spk ihre Existenz diesen massiven Unterstützungsgeldern aus Wirtschaftskreisen. 1942 konnte die SPS in einem Wahlflugblatt die Summe publizieren, mit der die damals frisch gegründete *Wirtschaftsförderung* der spk (die sich damals noch *Mittelpresse* nannte) unter die Arme griff: 250'000 Franken. Und schon an der *Mittelpresse*-Generalversammlung 1928 durfte der damalige Chefredaktor Samuel Haas «lebhaft die Art und Weise der Förderung» anerkennen, die der «*Mittelpresse* in wohl beispielloser Treue und Opferbereitschaft während 10 Jahren im Stillen zuteil wurde».

Ferngesetzt und ferngesteuert

Die Investition ins Agentur-Unternehmen spk lohnt sich für die Spender alleweil. Die Arbeitsgruppe Medienkritik, eine Studentengruppe am Publizistischen Seminar der Universität Zürich, wertete in einer Untersuchung den spk-Dienst der Zeit von Mitte Mai bis Mitte August 1975 aus und publizierte die Ergebnisse (Leser-Zeitung, 28.1.76). Ihr Fazit aus der Durchsicht von mehreren Tausend Seiten Papier:

«Man kann sich die spk als Trichter vorstellen. Oben wirft man die Post, Communiqués, Jahresberichte, Wirtschaftszeitungen, Publikationen usw. ein, und unten kommen die spk-Artikel heraus.»

Die redaktionellen spk-Eigenleistungen bleiben gering. Sie beschränken sich auf allgemeine Betrachtungen und Kommentare.

Die spk arbeitet im wesentlichn reagierend. Im politischen Bereich verbreitet sie offizielle Verlautbarungen von Regierung und Verwaltung, im Wirtschaftsbereich unkritische Meldungen über Firmen und Branchen.

Dabei hat ihr Dienst gegenüber herkömmlichen PR-Diensten einen kaum bezahlbaren Vorteil. Bei den spk-Artikeln glauben die Leser (und vielleicht immer noch ein paar Zeitungsredaktoren), einen Bericht einer unabhängigen Nachrichtenagentur vor sich zu haben – und nicht einen im Auftrag oder aus Gefälligkeit geschriebenen Artikel.

Entsprechend ungehemmt übernehmen die Zeitungen die spk-Texte ins Blatt – auch wenn beispielweise die spk-Firmenmeldungen zuweilen «zur faustdicken Werbung, die ebensogut in einem Inserat stehen könnte» geraten, wie die Studentengruppe in ihrer Untersuchung anhand von Beispielen belegt.

Das Informationsgebaren des Informationsunternehmens spk

Die spk ist ein Unternehmen, das auf die politische Meinungsbildung in der Schweiz einen nicht zu unterschätzenden Einfluss ausübt. Von da her würde man meinen, dass ein berechtigtes öffentliches Interesse besteht, diese Institution, ihre Arbeitsweisen, ihre personellen Hintergründe und ihre Geschichte zu kennen. Doch wer versucht, näheres über die *Schweizerische Politische Korrespondenz* zu erfahren, stösst bald auf scheinbar unüberwindliche Hindernisse. Die spk gibt sich verschlossen wie ein konspirativer Verschwörungsklüngel. Publizität in eigener Sache findet nicht statt: Die Leser der rund 180 spk-abonnierten Zeitungen in der Schweiz erhalten zwar täglich ihre rechtsbürgerliche Einheitskost von der Thunstrasse 32 serviert – wer sich aber hinter der Abkürzung spk versteckt, wissen sie nicht. Die spk zieht es vor, als anonymes Unternehmen hinter den Kulissen zu bleiben.

Dass die spk ihr eigenes 60-Jahr-Jubiläum 1977 totgeschwiegen hat, mag ja noch verständlich sein; schliesslich ist die Vergangenheit der *Mittelpresse* alles andere als ein Ruhmesblatt für die heutige spk. Doch auch die Recherche über die aktuelle spk gestaltet sich extrem schwierig. spk-Direktor Josef Jäger, der sonst nicht müde wird, zu betonen, mit dem laufenden Abserbeln der kleinen spk-Zeitungen sei die Pressefreiheit bedroht, weigert sich, auch nur die aktuelle Zusammensetzung des Vorstands des Vereins spk bekanntzugeben.

Mit dem Fernsatzsystem funktioniert der direkte Kanal der Wirtschaft in die Zeitungsspalten noch besser. Mit dem Telesetter kann der kostenbewusste Redaktor die von der spk gelieferten Texte direkt in die Satzanlage einspeisen, ohne sie noch einmal abtippen zu müssen. Voraussetzung ist, dass die Meldungen unverändert übernommen werden. Höchstens in der Länge darf der Text gekürzt werden; inhaltliches Redigieren liegt nicht drin. Resümiert denn auch Direktor Josef Jäger: «Unsere Artikel werden erfahrungsgemäss zum allergrössten Teil gar nicht verändert.»

Was Wirtschaft und bürgerliche Parteien im Inserateteil Millionen kosten würde und zudem als parteiliche Stellungnahme kenntlich wäre, gelangt so direkt in den redaktionellen Teil der Zeitungen – mit dem neutralen Anstrich eines Nachrichtenagentur-Texts.

Hat einer der spk-Geldgeber einen Wunsch, teilt er dies der Agentur mit, – die den gewünschten Artikel prompt über ihren Dienst an die Zeitungen verbreitet. «Klassenkampf Ahoi ...?» war ein spk-Kommentar anfangs Dezember 1970 überschrieben. Dem Artikel war nur vier Tage vorher ein Brief des Sekretärs des Arbeitgeberverbands Schweizerischer Maschinen- und Metallindustrieller vorausgegangen, in dem dieser angeregt hatte, eine klassenkämpferische Karikatur in der 'AZ' «in allgemeinverständlicher Weise aufzugreifen und zu variieren».

Was sich Multis unter unabhängigem Journalismus vorstellen

1978 erregte eine von der entwicklungspolitischen Organisation Erklärung von Bern herausgegebene Broschüre über die «Unterwanderung des UNO-Systems durch multinationale Konzerne» in der Schweizer Öffentlichkeit einiges Aufsehen. Darin abgedruckt war auch ein Brief von Hans Fehr, Informationschef von Hoffmann-La Roche an die Firmen BBC, Nestlé, Sandoz, Ciba-Geigy, Sulzer und Industrie-Holding sowie an den Vorort vom 13. November 1973:

«Herr Dr. Abt und ich haben gemeinsam versucht, möglichst viele unserer Sache wohlgesinnte Journalisten an die Hearings nach Genf einzuladen. Es dürfte gelungen sein, mindestens in der bürgerlichen Schweizer Presse ein abgewogenes und unseren Anliegen eher günstiges Echo auszulösen. Insbesondere haben die Berichte von Herrn Paul Keller, Wirtschaftsredaktor der spk, eine relativ weite Verbreitung erlangt. Ich habe Herrn Keller, der sein Domizil in Paris hat, gebeten, zweimal nach Genf zu fliegen, um mit den schweizerischen Vertretern an den Hearings persönlich Kontakt aufzunehmen. Herr Keller, der vor allem auch als Mitverfasser des Buches «Wohlstand aus dem Nichts» bekannt geworden ist, wäre bereit, eine grössere Arbeit über das Problem der multinationalen Gesellschaften zu verfassen ... Er könnte unseren Firmen auch für andere Zwecke zu Verfügung stehen.»

G. Altwegg von der Firma Nestlé antwortete Fehr postwendend:

«Dass Herr Keller uns helfen könnte, indem er Artikel zugunsten der Multis schreibt, ist sicher eine ausgezeichnete Sache. Aber man müsste vermeiden, dass es so erscheint, als sei er im Sold der Multis, weil das seinen Artikeln die Glaubwürdigkeit nähme....Man müsste auch prüfen, wie er uns helfen könnte, das Bild der Multis aufzubessern. Aber auch hier müsste man vermeiden, dass seine Zusammenarbeit mit uns seinen Einfluss bei seinen Lesern vermindert und seine Aktionen entwertet.»

Das Vorhaben konkretisierte sich in der Folge:

«Dr. Fehr wird den Journalisten Paul Keller – wie schon früher vorgesehen – zu einer unserer nächsten Sitzungen einladen, damit der Plan, durch ihn eine grössere Arbeit über die multinationalen Gesellschaften schreiben zu lassen, konkretisiert werden kann» (Protokoll der Multi-Koordinationsgruppe vom 15. Februar 1974, Vermerk: «vertraulich»).

Keller reagierte auf die Publikation der Dokumente durch die Erklärung von Bern, deren Authentizität nicht einmal von den Multis selbst bestritten wurde, indem er die gegen ihn gerichteten Anschuldigungen als «unwahr» bezeichnete. Für seine Artikel über die Multis habe er weder Weisungen noch materielle Leistungen oder Vorteile entgegengenommen.

Und die spk selbst wusste nicht Gescheiteres, als auf die Enthüllungen mit einer von René Bovey verfassten Artikelserie über die Tätigkeit der Firma Nestlé in Argentinien und Brasilien zu reagieren. Einleitung:

«spk. Neuerdings sollen sie sogar die Vereinten Nationen (UNO) unterwandert haben: die multinationalen Gesellschaften, die von den Linken für vogelfrei erklärt und an den Pranger gestellt wurden. Jede Anschuldigung ist gerade recht, man wirft ihnen die übelsten Machenschaften zuungunsten der Entwicklungsländer vor. Wer aber einen Blick hinter die Kulissen auf die Tätigkeit der Multinationalen in Entwicklungsländern wirft, wird rasch eines besseren belehrt.»

Ein weiteres Dokument, das die Sprachrohr-Funktion der spk für die Privatwirtschaft belegt, veröffentlichte der 'focus' im Januar 1972. In einer Aktennotiz von Vororts-Sekretär Gerhard Winterberger über Besprechungen mit den Bundesräten Nello Celio und Ernst Brugger und verschiedenen Wirtschaftsorganisationen über Preis- und Lohnstabilisierungsmassnahmen am 30. September 1971 wird konsterniert festgestellt, die Vertreter der Presse hätten in den letzten Jahren «eine Wandlung durchgemacht». Die Mitglieder des Pressevereins seien «mehr und mehr Gewerkschafter geworden». Immerhin gibt es noch alte Verbündete: «Die spk und Mitarbeiter der Handelskammern werden durch Artikel den Vorschlag von Herrn Junod in der Presse verteidigen.» Der damalige Vororts-Präsident Etienne Junod hatte einen Lohn- und Preisstopp und eine Erhöhung der wöchentlichen Arbeitszeit um zwei bis drei Stunden vorgeschlagen.

60 Jahre Gratwanderung

Von den in unserem Buch porträtierten Organisationen ist die spk mit Abstand die älteste. Ihr Weg seit ihrer Gründung im Jahre 1917 führt immer jäh entlang dem rechten Rand des politischen Spektrums. Und dieser verschiebt sich je nach politischer Grosswetterlage.

In den heissen Tagen des Kalten Kriegs oder während des Frontenfrühlings war mehr erlaubt als heute. Der Blick zurück erlaubt, den gegenwärtigen Standort der spk besser zu verstehen und gibt einen Eindruck davon, wozu die spk bei entsprechender Konstellation fähig war.

Einzelne spk-Mitarbeiter haben während der Gratwanderung das rechte Augenmass des gerade noch Tolerierbaren verloren und sind gestrauchelt oder abgestürzt. Die spk als Organisation jedoch hat überlebt.

Sie ging zwar aus dem Zweiten Weltkrieg und der vorangegangenen Fröntlerzeit mit einem recht angeschlagenen Image hervor und sah sich in der Aufbruch- und Aufräum-Stimmung der Nachkriegszeit genötigt, sich einen neuen, unverbrauchten und unbelasteten Namen zuzulegen. Der 1. Juli 1947 war der Stichtag: Mit dem alten Namen *Schweizerische Mittelpresse* (SMP) sollten die Assoziationen mit Fröntler-Sympathien und Anpassertum verschwinden, die für eine Agentur nicht gerade opportun sind, die als bürgerliche Propaganda- und Aufklärungsstelle wirken will.

Doch auch bei der äusserlichen Fassadenrenovation blieb die spk in ihrer Substanz die alte *Mittelpresse*: Die «programmtische und organisatorische Revision der Statuten und die neue Namensgebung» erfolgten «in Übereinstimmung mit der bisherigen Ideengebung», wie es im entsprechenden spk-Communiqué damals hiess.

Gegründet wurde die *Mittelpresse* 1917. Sie war damals, so die offizielle spk-Version, eine Reaktion auf die berühmte Rede von Carl Spitteler aus dem Jahr 1914, der damals vor der *Neuen Helvetischen Gesellschaft* in Zürich die Schweizer aufgerufen hatte, den Graben zwischen den einzelnen Sprachregionen aufzufüllen.

«Man wollte die unschweizerischen, linksgerichteten, marxistischen Pressedienste aus Deutschland mit einem bürgerlichen, schweizerischen Dienst konkurrenzieren», erklärt spk-Veteran Ernst Trechsel, seit 1934 für die *Mittelpresse* tätig, heute beschönigend die Gründung.

Denn tatsächlich hatte sich die spk ganz von anfang an dem harten Klassenkampf verschrieben; die Vermittlung zwischen deutsch und welsch stand keineswegs im Vordergrund, wie die spk es heute wahrhaben will. Erklärtes Ziel der Agentur war es, als bürgerliche Propagandastelle gegen die Linke zu agitieren, und zudem in den eigenen Reihen als uneinnehmbares Bollwerk vaterländischer Gesinnung zu wirken.

Und auch die Erfolgsformel der spk war schon damals die gleiche wie heute. Die kleinen, finanzschwachen Zeitungen profitierten von dem für sie billigen Artikeldienst, der sie von der Mühe der täglichen Stoffbeschaffung befreite, und die Auftrag- und Geldgeber der spk, bzw. der *Mittelpresse*, konnten mit verhältnismässig geringem Aufwand über die Agentur in die Zeitungsspalten und damit ans breite Publikum gelangen.

Doch gehen wir der Reihe nach. Erster Chefredaktor, überhaupt erster Angestellter der SMP war bei der Gründung wie erwähnt der Journalist Samuel Haas. Er hatte zuvor in der Pressestelle der Schweizerischen Landesausstellung 1914 gearbeitet, war darauf Redaktor beim 'Bund' und bezog nun die damalige Ein-Mann-Ein-Zimmer-Redaktion der *Mittelpresse.*

Innert kurzer Zeit war der Ausstoss der Agentur gewaltig. 1928 belieferte die SMP rund 100 «uns nahestehende Zeitungsorgane» mit 18'000 Beiträgen auf 40'000 Manuskriptblättern, wie Samuel Haas an der 1928er-Generalversammlung des Vereins *Mittelpresse* berichtete. «Im ersten Dezennium des Bestehens unserer Institution hatten wir allein 21 Abstimmungsschlachten, 4 Wahlkämpfe schweizerischen Formats und unzählige Grenzbesetzungen» zu bestehen, resümierte Samuel Haas an der gleichen Versammlung.

Schon damals hielt die SMP nichts von neutralem Nachrichtenjournalismus. Haas: «Die vaterländische Presse ist nicht Schwarzkunst allein, sondern Schwarzweisskunst, die Licht und Schatten verteilt und so der Öffentlichkeit Gelegenheit gibt, die Schatten zu verringern» (Haas an der SMP-Generalversammlung 1928).

Sechs Jahre später konnte Haas an der 1934er Generalversammlung am 5. September 1934 verkünden, der SMP sei es «nach unendlich mühsamen Jahren» gelungen, «sich die Position einer allgemein-bürgerlichen publistischen Zentrale zu erobern».

Dabei beschränkte sich die SMP nicht einmal auf die publizistische Agitation. «Da die Publizistik die Ausführung einer Kampfhandlung ist, für deren Erfolg die grundsätzliche und taktische Vorbereitung von eminenter Bedeutung ist, ergab sich in logischer Folgerichtigkeit, dass der SMP mehr und mehr auch die Einleitung der Aktionen übertragen wurde. Gerufen oder aus eigener Initiative gelangte unsere Institution allmählich zu einer Stellung einer bürgerlich-patriotischen Aktionsgemeinschaft schlechthin, wobei sie sich immer bewusst von ähnlich gerichteten patriotischen Organisationen unterschied durch ihre politisch-programmatische Offensivhaltung», so Haas im September 1934. 1933 sei für die SMP ein «schicksalshaftes» Jahr gewesen, meinte Haas. Sie habe «in mehr als einer Hinsicht ihre ungesorgteste Zeit hinter sich», dafür aber die «schwerste, aber auch interessanteste und hoffentlich bedeutungsvollste Entwicklungsperiode noch vor sich».

Vor allem eine Blüte des Frontenfrühlings war eng mit der *Mittelpresse* verbunden: Der *Bund für Volk und Heimat* (BVH), der sich «durch einige Programmpunkte auszeichnete, welche greifbarer waren als die der andern Frontenorganisationen», urteilte 1933 der frontistische Zeitgenosse René

Sonderegger («Die Schweiz im Umsturz»). Der BVH könne als «Zusammenfassung der bisherigen Erneuerungsbewegung gelten».

Mittelpresse-Chefredaktor Samuel Haas war BVH-Gründungsmitglied und dann bis 1936 Vorsitzender der Bundesobmannschaft des BVH. Auch der damalige Präsident des Vereins *Mittelpresse*, Caspar Jenny, zählte zu den BVH-Gründern und sass jahrelang in der Bundesobmannschaft (Vorstand) des BVH; Jenny taucht später im *Redressement*-Vorstand wieder auf und zählte im Krieg zu den Initianten der *Eingabe der Zweihundert*.

Ebenfalls in der Mittelpresse und im BVH aktiv war Ernst Trechsel, der 1934 als BVH-Pressechef bezeichnet wurde und als Leiter des Zürcher Büros der spk auch 1979 noch treu zu Diensten steht. Und der ab 1934 amtierende BVH-Sekretär war ebenfalls SMP-Mitarbeiter: Es war der junge Peter Dürrenmatt, der 1940 zur grossen Freude der Nazis Berlin-Korrespondent der SMP wurde und noch später eine steile bürgerliche Karriere einschlug; so steil, dass er im Juni 1977 gar als Musterdemokrat am Schweizer Fernsehen einen relativierenden historischen Kommentar zum Landesverräter-Film von Richard Dindo und Niklaus Meienberg sprechen durfte.

SMP und BVH waren so eng miteinander verflochten, dass die Grenze zwischen den beiden Organisationen oft unklar war. So gab der *Bund für Volk und Heimat* beispielsweise das zitierte Haas-Referat an der Generalversammlung 1934 des Vereins *Mittelpresse* heraus – und beide Organisationen hatten die gleiche Adresse: die Thunstrasse 32 in Bern.

Der spätere Zürcher Regierungsrat Rudolf Meier, ebenfalls BVH-Gründungsmitglied, meint rückblickend gar, wichtigste Funktion des BVH sei es gewesen, der *Mittelpresse* mit einer politischen Organisation mehr Rückhalt zu geben.

Der Bund für Volk und Heimat: Die bürgerliche Frontenorganisation

Wer aber war dieser *Bund für Volk und Heimat*? Was machte er? Seine Gründungsversammlung erlebte der BVH am 28. Mai 1933 in Langenthal - ein Datum, das «zu einem eidgenössischen Stich- und Schicksalstag» werden sollte. «Sein Endzweck und Ziel erhebt sich markig und kantig und himmelhoch über den abgeschliffenen und ausgewaschenen Begriffen im schweizerischen Wirtschafts- und Geistesleben», heisst es in einer Resolution eines «Gautags» des BVH in Uster, der den «Hereinbruch einer regenerativen Zeitströmung» lebhaft begrüsste (*Eidgenössische Zeitung* 2.7.33).

Der BVH definierte sich selbst als »überparteiliche vaterländische Gesinnungs- und Aktionsgemeinschaft», die um «Zugehörige und Freunde in den bestehenden vaterländischen Parteien» wirbt (*Eidgenössische Zei-*

Aufruf.

Mitbürger!

Eidgenossen!

Wir rufen Euch auf, dem Bund für Volk und Heimat beizutreten.

Es geht um den Kampf für unser Volk.

Allen dunklen Mächten der Zersetzung zum Trotz will **unser Volk mehr sein als nur eine Masse von Wählern, mehr als ein Beamtenstaat, mehr als ein Untertanenland** der Sekretäre und ihrer Schlagworte, mehr als die Drehscheibe Europas.

Unser Volk ist erwacht und kämpft um sein Recht, **schweizerisch zu sein.**

Es kämpft um die Selbständigkeit seiner Bürger ohne Ansehn von Stand und Vermögen, um die Achtung vor der Arbeit und ihrer Ehre, um die Eigenart jeder Talschaft, jeder Stadt, jedes Kantons, jedes Sprachgebietes.

Es kämpft gegen die Diktatur fremdländischer Gleich**macherei, die unsere Volksgemeinschaft zerspaltet und vergiftet.**

Es kämpft um eine neue Einheit in dem alten und ewig jungen Recht, das jedem das Seine gibt.

Es geht um den Kampf für unsere Heimat.

Unser **Land muß wieder zur Heimat werden für alle Bürger, auch für die Entfremdeten und Enttäuschten, für** die Verbitterten und Zurückgesetzten.

Es muß endlich allen das Handwerk gelegt werden, die aus der Entwurzelung von Volksgenossen Geschäfte machen.

Unsere Volksgemeinschaft muß aus Not und Krise gestählt hervorgehen.

Unser Volk muß seine geistige Bodenständigkeit zurückerobern zu neuer Treue und neuem Glauben.

Unser Volk muß in harter **Pflichterfüllung und Selbst**hingabe stark werden zum Glauben an die neue Zukunft unseres Vaterlandes. Es muß in der Opferbereitschaft dem Nächsten gegenüber das Selbstvertrauen **wieder finden.**

Eidgenossen, denen das Herz schlägt für Volk und Heimat, die Ihr bereit seid, im kommenden **Kampf Euren** Mann zu stellen — ohne Aussicht auf Lohn, ohne Absicht auf eine Stelle in Verwaltung und Behörden — **allein aus gut eidgenössischer Treue zu Volk und Heimat, schließt die Reihen, stärket das Volk, schützet die Heimat!**

Eidgenossen aller Stände,
Eidgenossen aller Gaue,
vereinigt Euch zum Bund für
Volk und Heimat!

Der Gründungsaufruf des *Bunds für Volk und Heimat* in der *Eidgenössischen Zeitung* vom 15. Juni 1933.

tung, 15. 6. 33). Die Idee, die dahinter steckte: Die Aufbruchstimmung des Frontenfrühlings und die Ausweitung des politischen Spektrums nach rechts zu nutzen zur Gründung einer - im Gegensatz zu den Frontenorganisationen des Pöbels und der Strasse - auch für gestandene bürgerliche Politiker salonfähigen frontistischen Kampforganisation.

Entsprechend der grossbürgerlichen Herkunft vieler seiner Mitglieder verfügte der BVH über viel Geld — was ihm im Volksmund rasch die verharmlosende Bezeichnung *Bund vornehmer Herren* eintrug. Doch vornehm waren weder die Ziele der Organisation noch ihre Arbeitsmethoden.

In der ersten Nummer des BVH-Organs *Eidgenössische Zeitung* (Überschrift: «Auflage 750'000») publizierte der BVH seine Satzungen. Danach wollte der BVH für die «Erneuerung der vaterländischen Gesinnung auf dem Fundament der politischen, wirtschaftlichen und sozialen Solidarität aller Eidgenossen» kämpfen, die öffentliche Gewalt «auf ihr naturgegebenes Tätigkeitsgebiet» beschränken, die Befugnisse des Parlaments auf gesetzgeberische und geschäftskontrollierende Aufgaben einengen und für den «Schutz und die Festigung der nationalen Unabhängigkeit, für die unbedingte Wahrung der volksstaatlichen Sicherheit und Ordnung» eintreten.

«Unerbittlich» wollte der BVH gegen «alle auf Schweizerboden verpflanzten Irrlehren wie Materialismus, Bolschewismus, Marxismus, sowie deren Anwendungsmethoden: Gottlosenbewegung, Klassenkampf, Terrorismus in jeder Form» kämpfen, gegen «aufbauzerstörende Parteiwirtschaft, gegen eine staats- und volksfeindliche Tätigkeit der Gewerkschaften», gegen die «Entartung des Parlamentarismus», gegen die «Zersetzung der Moral in Erziehung und Kultur, gegen die Vaterlandslosigkeit in Schule und Kirche, gegen die Einbürgerung art- und wesensfremder Elemente», gegen die «Zugehörigkeit von Funktionären öffentlicher Verwaltungen und Behördemitglieder zu staatsfeindlichen und staatsgefährlichen Organisationen», sowie gegen den «Antimilitarismus jeder Art und Richtung» kämpfen.

«Wegwerfen wollen wir Schmutz und Unrat, Konjukturritter und Sesselkleber, die das Sesselpolster mit der Verantwortlichkeit des Führers verwechseln. In der Feueresse der nationalen Einigung schmieden wir die untadeligsten Waffen gegen Marxismus, Bolschewismus, Kulturbolschewismus, wie auch gegen die aus ihm fehlgeleiteten Entwicklungen: Staatssozialismus, Zentralismus, Etatismus, gegen Entwurzelung und Verproletarisierung, gegen Volksverhetzertum, Terror und Klassenhass. Ihnen sagen wir hier und heute unentwegten Kampf an!», tönte es am 15. Juni 1933 in der *Eidgenössischen Zeitung*.

Einigen Aufschluss über die Hintergründe der neuen Frontenorganisation gibt die in der ersten *Eidgenössischen Zeitung* veröffentlichte Mitarbeiterliste. Sie umfasste:

Eugen Bircher, Gründer und zentrale Figur zahlreicher vaterländischer Organisationen, so insbesondere des *Schweizerischen Vaterländischen Verbands* und der *Aargauischen Vaterländischen Vereinigung*; Rudolf Grob, Pfarrer und Direktor der Zürcher Anstalt für Epileptische, Autor faschistischer Propagandaschriften und im Zweiten Weltkrieg einer der Initianten der *Eingabe der Zweihundert*, Zürich; Samuel Haas, Chefredaktor und Direktor der *Mittelpresse*, Bern; Caspar Jenny, Industrieller, Präsident des Vereins *Mittelpresse*, Gründungs- und bis 1945 Vorstandsmitglied des *Redressement National*, Mitinitiant der *Eingabe der Zweihundert*, Ziegelbrücke; Rudolf Meier, Landwirt, von 1947 bis 1971 Zürcher BGB-Regierungsrat, Eglisau; Rudolf Reichling, Landwirt, seit 1923 Mitglied des Zürcher Kantonsrats und bei BVH-Gründung dessen Präsident, seit 1928 BGB-Nationalrat, Stäfa; J. Hofmann, seit 1917 Direktor der Landwirtschaftlichen Schule Strickhof, J. Piller, Staatsrat, Fribourg, Martin Bodmer, Zürich, G. Favre, Genf, Robert Guye, Genf; Emil Koenig, Basel; H. Kramer, Basel; Wilhelm Meier, 1936 Gründungsmitglied und erster Sekretär des *Redressement National* (bis 1937), Zürich; Fritz Wüthrich.

Als Redaktoren fungierten 1933 Charles Schüle, führendes Mitglied der *Eidgenössischen Front*, sowie der spätere NZZ-Redaktor Nicolo Biert; sie wurden 1934 von G. Geyer abgelöst.

Samuel Haas war erster Vorsitzender der Schweizerischen Bundesobmannschaft des BVH und blieb dies auch bis 1936. Der Bundesobmannschaft gehörten weiter an: R. Dornier, Advokat, Fleurier; A. Illi, Bülach; Walter Wili, Professor für lateinische Philologie an der Universität Bern; R. Moulin, Lausanne, W. Riva, Lugano; Max Vischer-von Planta, Sekretär der Bankiervereinigung, Vorstandsmitglied und späterer Präsident des Vereins *Mittelpresse*; G. Welti, Küsnacht; Walter Meyer, Liestal (ab 1934); Ettore Brenni, Mendrisio (ab 1934); A. Nägeli, St. Moritz; F. von Fischer (ab 1934).

Massenwirksame Grosskundgebungen begleiteten 1933 die BVH-Gründung. Zum Teil gemeinsam mit andern Organisationen veranstaltete der BVH im Frühsommer 1933 eine «Jugendtagung» auf dem Sempacher Schlachtfeld (Redner: Eugen Bircher, Bundesrat Rudolf Minger), eine «Volkstagung» auf der Forch (Redner: J. Hofmann, Rudolf Grob, Rudolf Reichling, Fritz Wüthrich, Samuel Haas) und eine Grossveranstaltung in Vindonissa.

Nach der Euphorie der Gründung zerbröckelte die neue Einheit allerdings rasch. Eugen Bircher verliess den BVH im August 1933, angeblich weil dieser sich weigerte, die *Aargauische Vaterländische Vereinigung* als Kollektivmitglied in den BVH aufzunehmen. Formelle Begründung: Das sei mit den BVH-Statuten nicht vereinbar. Hintergrund: Die AVV wollte gleichzeitig ihre Kollektivmitgliedschaft im *Schweizerischen Vaterländischen Verband* nicht aufgeben - und mit diesem wollte der BVH damals, trotz zahlreicher personeller Querverbindungen und trotz ähnlichen politischen Zielen, wegen des arbeiterfeindlichen Images des SVV nach aussen nichts zu tun haben. Das hinderte BVH und SVV allerdings nicht daran, trotzdem zusammenzuarbeiten. So war das AVV-Sekretariat (gleichzeitig mit dem Sekretariat der Aargauischen Handelskammer) 1934 Aargauer Sammelstelle für die Unterschriftenbogen der vom BVH lancierten Volksinitiative zur «Entpolitisierung der Bundesbahnen».

Nach Bircher verliess im Herbst 1933 auch Rudolf Reichling den BVH.

Der faschistische Korporationenstaat als Ordnungsmodell

Dafür gediehen die BVH-Kontakte zu den übrigen Frontenorganisationen und den Faschistengruppen umso besser. Bei den Gemeinderatswahlen im September 1933 in Zürich drängte der BVH auf die Listenverbindung der bürgerlichen Parteien mit der *Nationalen Front.* Der BVH beteiligte sich selbst an der Kampffront gegen das Rote Zürich und empfahl seinen Mitgliedern, «die Liste einer nationalen Partei oder Front» einzulegen.

Im Juni 1934 bildeten BVH, die *Eidgenössische Front*, die *Nationale Front* und die *Berner Heimatwehr* einen Aktionsausschuss gegen die Kriseninitiative der Gewerkschaften. Aus dem Aktionsausschuss entstand im April 1935 der *Nationale Kampfbund*, der als «Tat und Kampfgemeinschaft» die Kriseninitiative bekämpfte und statt dessen die «soziale Gerechtigkeit in der Volksgemeinschaft des nationalen Staates» forderte. Entsprechend faschistisch sah denn auch das wirtschaftspolitische Ordnungsmodell des BVH aus. Noch 1928 hatte Haas an der SMP-Generalversammlung den Korporationenstaat abgelehnt. Doch mit dem grossen starken Nachbarn im Norden rutschte die Forderung nach dem Ständestaat aus der Tabuzone in den Bereich des politisch Machbaren. Schon in seinen Satzungen verlangte der BVH die «Solidarität von Arbeitgebern und Arbeitnehmern» als «sittliche Betriebsidee» und «natürliche Schicksalsverbundenheit gleichgerichteter Kräfte». Die Gewerkschaften sollten entpolitisiert und ihre Tätigkeit auf die Wahrnehmung «berufsständischer Angelegenheiten beschränkt» werden. Offen forderte der BVH den faschistischen Staat der «auf der christlichen

Arbeits- und Berufsgemeinschaft beruhenden Korporationen», der «das einzige wirksame Mittel gegen den unheilvollen Klassenkampf und seine zerstörenden Wirkungen» sei.

Der Freiburger Staatsrat J. Piller, Mitglied der Bundesobmannschaft des BVH, legte in seinem Kanton gar im Herbst 1933 den Entwurf zu einem freiburgischen Korporationengesetz vor.

Mehr oder weniger unverhohlen drückte der BVH in seiner *Eidgenössischen Zeitung* seine Bewunderung für die Zustände im Dritten Reich aus. Rudolf Grob, oder auch Walter Wili, beides Mitglieder der BVH-Bundesobmannschaft, verfassten faschistische Propagandaschriften. Karl Bertheau, Peter Dürrenmatts Vorgänger als BVH-Sekretär, wurde später Rechtsberater der *Nationalen Front.*

Und in der *Eidgenössischen Zeitung* mokierte sich der BVH über das in den dreissiger Jahren gewandelte Verhältnis der Sozialdemokratie zur Landesverteidigung. Zu der Zeit, als Peter Dürrenmatt BVH-Sekretär war, war im BVH-Blatt über den damaligen SPS-Präsidenten Arthur Schmid,Chefredaktor am 'Freien Aargauer' zu lesen: «Jetzt soll Herr Dr. Schmid von grosser Angst vor den Nazis erfüllt sein. Sieht er sich schon in gestreiften Hosen im Konzentrationslager Garette stossen?» (*Eidgenössische Zeitung* 9.4.36)

Im Juni 1936 war der Elan des BVH aufgebraucht. Der Frontenfrühling war vorbei; die politische Bewegung, die den *Bund* hervorgebracht hatte, verebbt. Ende Juni 1936 fusionierte der BVH mit dem *Schweizerischen Vaterländischen Verband* (SVV) und stellte das Erscheinen der *Eidgenössischen Zeitung* ein.

Der Fusionsbeschluss fiel den beiden vaterländischen Vereinen umso leichter, als die Satzungen von BVH und SVV eine «so weitgehende Übereinstimmung zeigten, dass ein dauerndes Zusammengehen von keiner der beiden Organisationen nennenswerte Opfer forderte», wie es in der Fusionserklärung heisst (NZZ, 26.6.36). Samuel Haas blieb weiterhin im SVV aktiv. 1944 referierte er beispielsweise an der SVV-Jubiläumsversammlung über «Ostwind über Europa».

Bereits zuvor, im April 1936, hatten die wirtschaftsorientierten BVH-Leute das *Redressement National* gegründet. Unter ihnen wiederum Haas, Wilhelm Meier, Peter Dürrenmatt, C. Eder und andere. Das RN trat teilweise das politische Erbe des BVH an, insbesondere, was die antietatistische Politik betrifft. Die vom BVH im Juni 1934 lancierte Volksinitiative zur «Entpolitisierung der Bundesbahnen», die eine faktische Re-Privatisierung der SBB forderte, wurde nach der BVH-Auflösung vom RN weiterferfolgt.

Samuel Haas blieb nach der BVH-Auflösung nicht nur im SVV und im RN aktiv - er war bis zur Umbenennung im Jahre 1947 auch weiter Chefredaktor und Direktor der *Schweizerischen Mittelpresse.* Nach 1947 war er bis zu seinem krankheitsbedingten Rücktritt Ende 1951 Präsident des Vereins spk. Haas verschied im März 1952.

Bei der Umbenennung 1947 präsentierte sich der Vorstand des Vereins spk wie folgt: Haas als Präsident; Max Vischer-von Planta, Basel, Vizepräsident; Paul Bourquin, La Chaux-de-Fonds, Vizepräsident; Otto Steinmann, *Redressement*-Gründungsmitglied, Küsnacht; Jean Martin, Cartigny; Aloys Horat, Chefredaktor der 'Ostschweiz', St.Gallen. In der Redaktion war ein Tandem bestehend aus Caspar Weber und Hans Lüthi Nachfolger von Haas auf dem Posten der Chefredaktion.

Nach einem Herzinfarkt Webers 1952 wurde Lüthi allein Chefredaktor, 1957 dann von Josef Jäger abgelöst, der bis 1975 Chefredaktor und Direktor blieb und seither noch als Direktor amtet. Neuer Chefredaktor seit 1975 ist Anton Stadelmann.

Trumpf-Buur-Eibel – der Einzelkämpfer im Zweifrontenkrieg

Geschwindigkeitsbegrenzungen sind ihm ein Graus. Nachdem er in der Linthebene bei Maseltrangen in einer 60er-Zone mit mehr als 100 Stundenkilometern erwischt worden war, zog er eine 150-Franken-Busse wegen wiederholter Uebertretung der Geschwindigkeitsbegrenzung im Juni 1972 bis vors Kantonsgericht St.Gallen. Der Strafentscheid der erstrichterlichen Instanz habe lediglich auf nicht erwiesenen Behauptungen der Polizei beruht. Es sei nicht sicher, dass die Messinstrumente genau funktionierten. Und überhaupt: Auch der ihn verfolgende Polizeiwagen sei zu schnell gefahren, liess er – erfolglos – vor Gericht verlauten.

Polizisten und Geschwindigkeitsbegrenzungen: Sie sind Ausdruck der Macht des Staates. Und alles was vom Staat kommt, ist ihm zutiefst zuwider: Staatsbetriebe, Beamtentum, Sozialversicherungen. Und damit zusammenhängend: Die Arbeiterbewegung.

Der Kampf gegen sie: Das ist die eine Hälfte des politischen Lebens von Robert Eibel. Als Parteisekretär, als Verbandsfunktionär, als Interessen-Lobby-ist, als Parlamentarier und als Redaktor der von ihm gegründeten *Aktion für freie Meinungsbildung*, dem *Trumpf Buur.*

Doch das ist nur die eine Seite. Ebenso verbissen kämpfte Eibel ein Leben lang gegen die Anpasser und Feiglinge in den eigenen Reihen, gegen die freisinnigen und bürgerlichen Defaitisten, die eingeklemmt in die schweizerische Konkordanzdemokratie (und im Interesse der Aufrechterhaltung des sozialen Friedens) den Forderungen der Linken nicht energisch genug die Stirne bieten. Robert Eibel ist ein Einzelkämpfer im Zweifrontenkrieg.

Am 7. Juni 1906 als Sohn eines Musikalienhändlers in Vevey geboren, verbrachte Eibel seine Jugend im damals noch reichsdeutschen Strassburg. Nach der Uebernahme des Elsass durch Frankreich im Jahre 1918 wechselten seine Eltern 1920 nach Zürich, wo Eibel die Mittelschule besuchte, studierte und 1931 mit einer Dissertation über «Die Ausfuhr elektrischer Energie nach schweizerischem Recht» sein Jus-Studium abschloss. Von 1932 bis 1935 war Eibel Sekretär der Stadtzürcher Freisinnigen, dann Sekretär der *Vereinigung für gesunde Währung*, von 1937-42 Geschäftsführer des *Redressement National*, und von da an arbeitete er für die frischgegründete *Wirtschaftsförderung*. 1947 wechselte er ein letztes Mal seine Stelle: zu seinem eigenen *Büro Eibel*, das er 1965 in *Public Relations und Werbe AG* (PRW) umbenannte.

Von 1962 bis 1965 war Eibel FDP-Vertreter im Zürcher Gemeinderat und von 1963 bis 1975 im Nationalrat, wo er – Höhepunkt seiner offiziellen politischen Karriere – von 1971 bis 1973 die Geschäftsprüfungskommission präsidierte.

Robert Eibel sitzt in den Verwaltungsräten von zehn kleineren und mittleren Firmen. Die wichtigsten davon: Das eigene Büro PRW, deren Verwaltungsrat Eibel präsidiert, die Zürcher Immoconsulta AG (Hotel Nova Park), die Dow Banking Corporation, Zürich, weiter die Sofid SA mit Sitz in Genf.

Auch wenn Eibel ein Einzelkämpfer war und ist, hatte er doch immer wieder Kontakte zu befreundeten Organisationen. Bis 1978 war Eibel im Vorstand des *Redressement National.* Bis zum Sommer 1976 liess sich Eibel auch anderthalb Jahre lang als Aushängeschild beziehungsweise Vizepräsident von Karl Friedrich Graus *Studiengesellschaft* benutzen. Mit Ernst Cincera bestritt Eibel vielfach Podiumsgespräche. Als 1976 die Affäre um den Subversivenjäger platzte, unterstützte ihn Eibel mit zwei Sympathieinseraten. Bei der Nationalratsdebatte über eine Weiterführung der Subventionierung des *Schweizerischen Aufklärungsdiensts* (SAD) durch den Bund setzte sich Eibel 1972 für Beibehaltung ein.

Trumpf Buur: Kalter Krieg gegen den inneren Feind

Gleichzeitig mit seinem Werbebüro gründete Eibel 1947 die *Aktion für freie Meinungsbildung*, den *Trumpf Buur*, für den er von 1947 bis 1978 als alleinverantwortlicher Redaktor zeichnete.

An die 1500 Inserate sind seither erschienen. In immer grösserer Auflage, in immer mehr Zeitungen. «Immer sind die kurzen Texte einem wichtigen wirtschaftlichen oder politischen Problem gewidmet: gegen die Verketzerung einer gewinnstrebigen Privatwirtschaft, für eine gesunde Reservebildung bei den Unternehmungen, gegen konfiskatorische Steuern, für Masshalten in der Sozialpolitik (AHV und Krankenversicherung), gegen die politische Unterwanderung kirchlicher Institutionen (Weltkirchenrat, Brot für Brüder), für vernünftige Besoldungen bei der öffentlichen Hand, gegen die Agitation subversiver Elemente, für die Entlarvung des Weltkommunismus, usw.», fasste Eibel im September 1975 in einem *Trumpf-Buur*-Bettelbrief die Stossrichtung der Inserate zusammen. «Nur derjenige setzt sich in der öffentlichen Meinung durch, der an dieser Meinungsbildung aktiv teilnimmt.»

Im Kampf gegen die Linke baut Eibel geschickt auf vorhandene antikommunistische Emotionen auf. Die Gründung des *Trumpf Buur* fiel 1947 ziemlich genau mit dem Aufkommen des Antikommunismus im Westen zusammen. «Die schwarz-braune Brandung war bereits verebbt, als der *Trumpf Buur* zu wirken, seine freiheitliche Botschaft zu verbreiten begann», erinnert sich Eibel in der Broschüre «20 Jahre *Trumpf Buur*». «Während 'tausend Jahren' hatte sie, als Faschismus und Nazismus, die

Welt terrorisiert. Nun aber erschien am weltpolitischen (und innenpolitischen) Horizont immer drohender die rote Tyrannei. Sie fand auch in unserm Land ihre Söldlinge, die –in der kommunistischen Partei der Arbeit offen, in mancherlei bieder und harmlos aufgezogenen Tarn- und Ablegerorganisationen versteckt – die Geschäfte des Kreml besorgten.»

Eibel versteht es, an den von ihm mitgeschaffenen antikommunistischen Reflex zu appellieren - und den Kommunistenschreck gleich auch auf die Sozialdemokratie zu übertragen. «Im Kampf gegen die kommunistische Linke kam der *Trumpf Buur* immer wieder auch mit den Sozialdemokraten und einzelnen ihrer Führer in Konflikt. Dies nicht nur, weil dem Sozialismus der Drang und das Bekenntnis zum Kollektivismus mit den Kommunisten gemeinsam ist, sondern weil allzu viele Sozialisten allzu lange Zeit allzu grosse Mühe hatten, um zu erkennen, an welcher Front der wirkliche Feind auch ihrer Freiheit zu schlagen ist» (Eibel in «20 Jahre *Trumpf Buur*»).

Sozialisten, die beim Erkennen ihrer wirklichen Feinde Mühe haben, werden denn auch von Eibel massiv angegriffen und persönlich diffamiert. So in letzter Zeit etwa der Zürcher SP-Kantonalpräsident Nationalrat Hansjörg Braunschweig, oder auch die Nationalräte Jean Ziegler und Richard Müller, Präsident des Schweizerischen Gewerkschaftsbunds.

Mit seinen Attacken gegen die Linke verwickelte Eibel sich immer wieder in Prozesse. Vor allem mit dem Verband des Personals öffentlicher Dienste (VPOD) trug Eibel zahlreiche Rechtsstreitigkeiten aus. Den jüngsten Ehrverletzungsprozess verlor Eibel im Juni 1978: Wegen übler Nachrede verurteilte ihn das Zürcher Obergericht zu einer Busse von 1000 Franken. Kläger war der Zürcher POCH-Kantonsrat Ruedi Bautz, der von Eibel in einem Sympathieinserat für Ernst Cincera als «politischer Gauner» bezeichnet worden war.

Rentner Eibel und die «Verstaatlichung des Alters»

Eine der beliebtesten Zielscheiben Eibels ist die AHV, im Eibel-Jargon die «Verstaatlichung des Alters». Für ihn ist der Kampf gegen die «Aufblähung der AHV» nichts neues. «Bauen wir unser Versicherungswerk aus, wie es gemeint war, oder treiben wir der Staatspension entgegen?», fragte der *Trumpf Buur* 1961. Vier Jahre später tönte es, die Staatspension untergrabe den Willen zum Selbstwillen und lege das Wohl des Menschen in die Hände der staatlichen Bürokratie. Und im Januar 1975 fragte Eibel, der 1977 ein jährliches Einkommen von 250'000 Franken versteuerte, in einem Artikel in der NZZ: «Ist die AHV tabu?», und forderte, bei der Diskussion um Massnahmen zur Verbesserung des Bundeshaushalts sei eine «echte Einsparung nur möglich durch eine Herabsetzung der AHV-Leistungen». Eibel wollte deshalb eine vom Parlament bereits beschlossene Leistungsverbesserung teilweise wieder rückgängig machen (NZZ, 23.1.75).

Eibel passt es gar nicht, dass einige alte Leute einen Teil ihrer Altersrente auf die Seite legen können: «Wenn schon 1972 mehr als ein Drittel der AHV-Bezüger in der Lage war, Ersparnisse anzulegen, stimmt etwas nicht.»

Eibel selbst weiss, dass seine AHV-Politik den Interessen eines Grossteils der Bevölkerung zuwiderläuft. Trotzdem muss er sie von seinem Standpunkt überzeugen. Er macht das mit umso mehr Demagogie. Politik besteht für ihn darin, dem Stimmvolk die Lust am Selbstbetrug beizubringen. Wie verlogen und kalkuliert Eibels Politik ist, zeigt ein 1972 publiziertes Protokoll einer Vorstandssitzung des *Redressement National*, an der Eibel erklärte: «Wenn sich das Volk ausrechnet, dass trotz Verdoppelung der Basisrente die AHV nicht mehr kostet als die 2. Säule, wird es sich bewusst, dass die private Versicherung, die auf dem Kapitaldeckungsverfahren beruht, prämienmässig dreimal mehr kostet als die Volksversicherung. Bei dieser Erkenntnis wird das Drei-Säulen-System nicht mehr zu verkaufen sein.»

Beim Freisinn unbeliebt, doch als Scharfmacher willkommen

Für die bürgerliche Koalition, oder zumindest Teile davon, hat Eibel mit seiner Agitation gegen den Sozialstaat objektiv die Funktion des politischen Scharfmachers. Er verbreitet in ihrem Interesse Ansichten und verrichtet die propagandistische Dreckarbeit, zu der die bürgerlichen Volkstribunen in der Öffentlichkeit nicht stehen könnten, ohne dabei ihre 'soziale' oder 'christliche' Maske zu verlieren.

«In den *Trumpf Buur*-Inseraten sage ich Dinge, die der einzelne Politiker nicht sagt, weil Hemmungen bestehen, weil der einzelne (Politiker?, Verf.) etwa das Gefühl hat, er verdirbt es mit dem Wähler», erklärt Eibel seine Rolle.

Vor diesem Hintergrund ist denn wohl auch das Engagement Eibels gegen ausgesprochen bürgerliche Abstimmungsvorlagen zu verstehen. In den letzten Jahren zog er jeweils als Teil einer jeweils unterschiedlich zusammengesetzten rechtsbürgerlichen Opposition gegen die Konjunkturartikelvorlage des freisinnigen Bundesrats Ernst Brugger los (1975), gegen das Raumplanungsgesetz des CVP-Magistraten Kurt Furgler (1976), gegen Rudolf Gnägis Vorlage eines zivilen Ersatzdiensts (1977), gegen die 9. AHV-Revision (1978) von Hans Hürlimann oder gegen die beiden Bundesfinanzreformen von Georges-André Chevallaz (1977 und 1979). Einzig bei der 9. AHV-Revision war Eibel mit seiner Obstruktionspolitik nicht erfolgreich.

Eibel ist seit den frühen dreissiger Jahren Mitglied der Freisinnigen Partei. An Parteiparolen und an die Parteiräson hat er sich allerdings in diesen fast vierzig Jahren nie gehalten. Wichtigster parteiinterner Bündnispartner war in den letzten Jahren der freisinnige Berner Gewerbedirektor Otto Fischer. Je nach Vorlage schlugen sich jeweils auch einzelne Kantonalparteien auf die Seite der rechtsbürgerlichen Opposition.

Hier spiegeln sich reale Interessensunterschiede zwischen den einzelnen Kantonalparteien und Fraktionen innerhalb des Freisinns. Unternehmerkreise in der Partei haben nicht die gleichen politischen und wirtschaftlichen Ziele wie Gewerbetreibende. So bedeutet die Einführung der Mehrwertsteuer beispielsweise für freisinnige Industriekreise die günstige Möglichkeit, die (notwendige) Sanierung der Staatsfinanzen über eine neue Konsumsteuer zu vollziehen; den Gewerbetreibenden in der gleichen Partei hingegen bringt die Mehrwertsteuer spürbare Mehrbelastungen. einen grösseren betriebsinternen administrativen Aufwand und Preiserhöhungen.

Auch auf ideologischer Ebene ist der Freisinn alles andere als eine geschlossene Partei. Verfechter eines sozialdarwinistischen Manchesterliberalismus stehen da realitätsbezogenen und kompromissbereiten Staats-Managern gegenüber; immer noch zieht die Partei auch einzelne sozial aufgeschlossene Liberale an, die dem Freisinn von seiner Rolle in den Auseinandersetzungen des 19. Jahrhunderts her nahestehen.

Was Eibel und seinen Mitstreitern Mühe macht, ist die Rolle der Parteifreunde in den Regierungen. Dem sozialen und politischen Frieden zuliebe stimmen jene – gern oder ungern – immer wieder Kompromisslösungen zu - und zahlen damit den Preis für die Intergration der Sozialdemokratie in den bürgerlichen Staat.

Eibel ist das zuwider. Als Kämpfertyp lehnt er Lavieren und konkordanzdemokratische Zugeständnisse ab. Von Regierungsverantwortung unbelastet, ist er Verfechter eines harten Konfrontationskurses gegenüber der Linken.

1976: Späte Anerkennung für den Altmeister

Auch wenn Eibels rechtsbürgerliche Opposition den bürgerlichen Parteien immer wieder peinliche Abstimmungsniederlagen und Imageverluste beibrachte, hat sie doch eine wichtige Funktion. In der sozialpolitischen Auseinandersetzung ist Eibel als Scharfmacher willkommen. Dass bei seinen Attacken auch die bürgerlichen Parteien Hiebe abbekommen, wird von diesen zähneknirschend in Kauf genommen. Eibels Polemik gegen die large bürgerliche Politik manifestiert nach Aussen ja nur, wie weit sie in ihrer Kompromissbereitschaft gingen und dass ein noch weiteres Einlenken gegenüber den Forderungen der Linken ja nun wirklich nicht drinliegt.
Eibels Politik gegen Vorlagen, denen die bürgerlichen Vertreter in Regierung und Parlament nur mit halber Überzeugung und nur dem Frieden zuliebe zugestimmt haben, waren und sind in dem Sinn Entlastungsangriffe. Ein vor der Oeffentlichkeit aufgeführtes Polit-Theater, währenddem man

sich hintendurch für die gekonnte und gutfunktionierende Arbeitsteilung auf die Schultern klopft. Eibel ist, zusammen mit den andern rechtsbürgerlichen Gruppen, eine politische Rückversicherung für die bürgerliche Koalition.

Jedenfalls stellte sich bei Eibels 70. Geburtstag im Juni 1976 die ganze freisinnige Polit-Prominenz in die lange Reihe der Eibel-Gratulanten. In der NZZ war es der damalige Nationalrats-Kollege Hans Rüegg, der dem «Vollblutpolitiker und Kämpfer, der im Spannungsfeld der ordnungspolitischen Meinungen mit scharfer Klinge focht» noch «viele Jahre ungebrochener Schaffenskraft» wünschte. Kein Jahr später führte Rüegg mit seinem «liebenswürdigen, hilfsbereiten und humorvollen Freund und Kollegen» wieder kontradiktatorische Veranstaltungen auf, Rüegg als Vertreter der offiziellen freisinnigen Ja-Parole, Eibel als Gegner der am 12. Juni 1977 erstmals zur Abstimmung anstehenden Mehrwertsteuer.

Und im Eibel-Geburtstagsbuch «70 mal Robert Eibel», das von Eibel-Sohn Christoph und von PRW-Mitinhaber Markus Gröber herausgegeben wurde, zogen im Juni 1976 alle den Hut vor dem Altmeister: Die freisinnigen Bundesräte Georges-André Chevallaz und Ernst Brugger, Noch-Ständerat Fritz Honegger, die Nationalräte Theodor Gut, Otto Fischer, Karl Flubacher, Rudolf Friedrich, Martha Ribi, Albert Sigrist, die Zürcher Regierungsräte Hans Künzi und Albert Mossdorf und die Wirtschaftsbosse Artur Fürer, Max Schmidheiny und Alfred Schaefer. Mit ihrer Gratula-

Was will eigentlich der Trumpf-Buur?

26. [illegible] 1976

Ja, was will eigentlich der Trumpf-Buur?

Wir haben eine politische Überzeugung und ein geistiges Fundament. Auf dieser Grundlage wollen wir öffentlich an der Diskussion und damit an der Meinungsbildung über wichtige politische Landesfragen teilnehmen. Jeder Trumpf-Buur-Artikel soll eine Botschaft der Freiheit, des Rechtsstaates, der selbstverantwortlichen Persönlichkeit und der freien Marktwirtschaft sein. Deshalb sind wir gegen alles, was nach Sozialisierung riecht und was der Bürokratie zu viel Macht über die Menschen gibt; wir sind gegen kommunistische Infiltration und gegen die Ausplünderung durch masslose Steuern.

Unser Glaube, dass die Freiheit unteilbar sei, ist durch tausendfache bittere Erfahrungen im In- und Ausland bestätigt. Man kann

Altmeister Robert Eibel (links) und sein Nachfolger Hans Georg Giger: Sie zeichnen verantwortlich für die *Trumpf Buur*-Inserate. Mit diesem Inserat (unten) stellte sich die *Aktion für freie Meinungsbildung* im März 1976 den Zeitungslesern näher vor – nach knapp zwanzig Jahren Publikationstätigkeit.

den Menschen wirtschaftlich sozialisieren und meinen, er bleibe dann im übrigen «frei». Das ist eine Illusion.

In der freien Marktwirtschaft ist die Abhängigkeit vom Brotgeber eingeschränkt. Dieser ist nie allein. Er hat Konkurrenten, zu denen man wechseln kann. Er ist, weil er schliesslich seine Produkte verkaufen muss, abhängig vom guten Willen seiner Kunden, seines Personals und der öffentlichen Meinung, auch in sozialen Fragen. In der sozialistischen Wirtschaft hingegen ist in weiten Bereichen der Staat Arbeitgeber. Die Bürokratie duldet nur ungern Widerspruch und wer sich ihr entgegenstellt, wird zum mindesten unbeliebt. Man weiss, was das heisst. Wer im «Arbeitsbuch» einen ungünstigen Eintrag hat, kann schauen, was aus ihm wird.

Schon heute sind wir aber soweit, dass selbst in einem freien Land wie dem unsrigen nicht jeder gerne sagt, was er denkt. Er muss vielerlei Rücksichten nach links und rechts, nach oben und unten nehmen. Darum sieht der Trumpf-Buur seine Hauptaufgabe darin, die Dinge frisch von der Leber weg auszusprechen, welche viele denken, aber nicht sagen können oder sagen wollen.

Wir sind ein Verein von 12 Mitgliedern, von niemandem abhängig und niemandem verpflichtet. Das Geld für unsere Botschaften sammeln wir bei denjenigen, die mit unserer politischen Linie einverstanden sind, genau so wie das jede Partei auch tut. Wir haben rund 9000 Beitragszahler, die zu dem, was wir schreiben, nichts zu sagen haben. Sie können nicht Mitglieder der «Aktion für freie Meinungsbildung» werden. Sie können uns unterstützen, wenn sie unsere Ansichten und unsere Haltung teilen. Der grösste Einzelbeitrag macht nicht einmal ein Prozent unseres Budgets aus. Man kann uns deshalb auch nicht «unter Druck» setzen und man kann bei uns auch keine Artikel «bestellen».

Und noch eines: Unsere Jahresrechnung wird gedruckt und ist jedermann zugänglich. Können Sie uns eine andere politische Organisation in der Schweiz nennen, die ein Gleiches tut?

Aktion für freie Meinungsbildung

PC-Konto
80-39102

8032 Zürich

tion rehabilitierten sie den lange Zeit Ausgestossenen und verdankten die von ihm in- und ausserhalb der Partei geleisteten Dienste.

Eibel: «Opposition in den Regierungsparteien verspricht mehr»

Keine 15 Jahre vorher war das Verhältnis Eibel-Freisinn noch wesentlich gespannter. Als Robert Eibel 1963 (nach einem erfolglosen Anlauf 1959) erneut für den Nationalrat kandidierte, geschah das noch ohne die «offizielle Approbation durch die hohen Parteigremien», wie Eibel sich im letzten seiner regelmässig in gedruckter Form an Freunde und Gönner verschickten *Briefe aus dem Nationalrat* 1975 erinnerte. 1963 boykottierten die Jungfreisinnigen Eibel und führten ihn auf ihren Wahlinseraten gar nicht auf. Bei der Wahl dann war bei Eibel der Anteil der Fremdstimmen unverhältnismässig hoch. In der NZZ wurde Eibel zwischen den Zeilen in die Schuhe geschoben, er habe eine Streichungsaktion gegen die ersten beiden FDP-Kandidaten inszeniert. Die Partei setzte eine Untersuchungskommission ein, und bei Eibels erstem Auftritt im Bundeshaus war das Klima entsprechend frostig.

Seine zweite Nationalratswahl gewann Eibel 1967 mit der höchsten Stimmenzahl auf der freisinnigen Stadtliste — allerdings wiederum mit 50 Prozent nichtfreisinnigen Fremdstimmen. Wahlarithmetisch war Eibel damit zwar für die FDP als Stimmenfänger interessant - politisch blieb das Verhältnis gespannt. Bei Eibels vor der Wahl in einem Eigeninserat ausgedrückten Rollenverständnis ist das nicht erstaunlich: «Die Opposition kleiner Splittergruppen richtet wenig aus. Mehr verspricht die Opposition, die in den Regierungsparteien selbst wirkt. Vor ihr haben Regierung und Verwaltung am meisten Respekt.» Ein bemerkenswertes Eingeständnis: Eibels Modell der innerparteilichen Opposition begegnen wir auch beim *Redressement National* und bei den Rechtslobbies.

FDP und Fronten gegen das Rote Zürich

Als Parteioffizieller hat Robert Eibel es nur drei Jahre ausgehalten — von 1933 bis 1935. Zu seiner Zeit als Sekretär der Stadtzürcher Freisinnigen schloss sich die Stadtpartei zusammen mit den übrigen bürgerlichen Parteien im «Kampf um ein vaterländisches Zürich» mit der *Nationalen Front* dem *Bund für Volk und Heimat,* der *Eidgenössischen Front* und der *Bewegung neue Schweiz* zusammen, um «unsere Stadt dem klassenkämpferischen und nur auf das eigene Wohl bedachten sozialdemokratischen Klüngel zu entreissen», wie es in einem Aufruf zu einer «öffentlichen vaterländischen Kundgebung» am 16. September 1933 hiess.

Doch das enge Parteikorsett behagte Eibel nicht. Schon im Mai 1935 wechselte er zur *Vereinigung für gesunde Währung,* weil er sich nach seiner Darstellung «mit einem Mitglied der obersten Parteileitung, das allzu deutliche Neigungen Richtung Frontismus verriet, überworfen hatte» (Eibel-Leserbrief, Zürcher AZ, 9.11.73). Seine angebliche antifrontistische Haltung hinderte Eibel allerdings nicht, 1936 eine Bildungsveranstaltung des frontistischen *Bunds für Volk und Heimat* (BVH) zu bestreiten. Daneben war Eibel als Sekretär der *Vereinigung für gesunde Währung* gegen die Kriseninitiative der Gewerkschaften tätig.

1937 wechselte er erneut die Stelle und ging zur BVH-Nachfolgeorganisation *Redressement National* (RN). Eibel war schon bei der RN-Gründung 1936 dabei gewesen und wurde nun Nachfolger des ersten RN-Sekretärs Wilhelm Meier. Der Zweifrontenkrieg wurde beim RN endgültig zum bestimmenden Moment ins Eibels politischem Leben: Nach aussen gegen die Linke, gleichzeitig rechte Lobby-Politik in den eigenen Reihen.

Als Vorstandsmitglied blieb Eibel dem RN bis 1978 treu; seine Stelle wechselte er bereits 1942 wieder. Er ging zur im November 1942 gegründeten *Gesellschaft zur Förderung der schweizerischen Wirtschaft*, kurz *Wirtschaftsförderung* oder wf genannt, wo er zusammen mit Hermann Büchi und Raymond Déonna die Geschäftsführung erledigte. Zweck der wf, die als *Büro Büchi* eine berüchtigte Berühmtheit erlangte, war damals «nicht etwa, auf eigene Faust Wirtschaftspolitik zu treiben, sondern lediglich, in den Kreisen von Handel und Industrie die nötigen Mittel zu sammeln und bereitzustellen, damit die bestehenden Aktionsstellen leben und bei kommenden politischen Aktionen und Kampagnen, so insbesondere auf eidgenössischem Boden nicht wieder ... alle Risiken auf sich nehmen müssen, die jedesmal in die Hunderttausende von Franken gehen», charakterisierte 1943 der Genfer Redaktor Pierre Beguin die wf.

Beguin war seit 1942 Geschäftsführer des *Bunds der Subventionslosen*, einem Vorläufer des *Trumpf Buur*. Beguins Vorgänger als Geschäftsführer des *Bunds*, der im Volksmund *Elefanten-Klub* genannt wurde: wiederum unser Robert Eibel. Vom damaligen Geschäftssitz des RN an der Zürcher Claridenstrasse aus betreute Eibel die Geschäftsführung sowohl des RN als auch des *Elefanten-Klubs*.

Beiden Organisationen war die anti-etatistische Linie gemeinsam. Doch während das RN mehr hinter den Kulissen über seine Kontakte zur Verwaltung und mit Eingaben an Parlament und Regierung arbeitete, besorgte der *Elefanten-Klub* mit viel Klamauk die agitatorische Arbeit in der Öffentlichkeit.

«Dem Volk, das nichts ahnt, jeden Tag eine Zahl, eine Tatsache, eine Wahrheit»

Der *Elefanten-Klub* geht auf eine Initiative des Zürcher Reklameberaters Hans Bolliger zurück. In einer 22seitigen Broschüre, einem demagogischen Meisterwerk, versuchte er im Januar 1939 den «schlafenden Elefanten» (damit meinte Bolliger «die freie Wirtschaft, die sich ihrer Kraft nicht bewusst ist») zum Kampf gegen staatliche Allmacht, gegen Staatsbetriebe und gegen die Beamtenschaft wachzurütteln. Gegner seien die «staatlichen Trusts und Monopole», die «das Volk ausbeuten und auspressen», der Staat, der sich «bedenkenlos die luxuriösesten Paläste baut und Schulden auf Schulden türmt», und der Bürokratismus, der «mit seinen Vorschriften, Paragraphen, Schikanen und unsinnigen Gebühren jeden Unternehmergeist und die Kraft unseres Volkes» lähme.

Dem Pamphlet beigefügt war eine Aufforderung zum Beitritt zum *Elefanten-Klub.* «Der *Bund der Subventionslosen* ist eine Art geistiger Bruderschaft. Keine Partei, kein Verband, kein Gerede, kein leerlaufender, spesenfressender Apparat. Als Freunde des *Bundes* werden nur Kaufleute, Industrielle, Angehörige der freien Berufe von tadellosem Ruf aufgenommen, gleich welcher Partei.» Sie wurden aufgefordert, innert sechs Monaten zwei Gleichgesinnte zu werben und dem *Elefanten-Klub* je mindestens 100 Franken zu zahlen.

Mit diesem von der «Elite der Wirtschaft» (Bolliger) mit insgesamt 100'000 Franken gespiesenen Fonds werde der *Elefanten-Klub* «in der gesamten Presse Zürichs, von links nach rechts, Tag für Tag, jahraus, jahrein, ein kleines Inserat erscheinen lassen». «Und in jedem Inserat servieren wir dem Volk, das nichts weiss und nichts ahnt, eine Zahl, eine Tatsache, eine Wahrheit.» Damit sich «ein neuer Geist» bilde, müsse sich die Kampagne auf Jahre erstrecken, hiess es im Gründungsaufruf. Ihm lag auch eine Liste der Gründungsmitglieder bei:

Dem *Elefanten*-Vorstand gehörten Richard Simon-Sarasin als Präsident, Robert Eibel als Organisator und Hans Bolliger als Propaganda-Verantwortlicher an. Weitere Gründungsmitglieder waren: Ed. Bosshard, Zürich; Emil Friedrich, Bankier, Kassier des *Redressement National*, 1940 Mitinitiant der *Eingabe der Zweihundert;* Christian Gasser, später Sekretär des *Gotthard-Bunds,* Zürich; H. Hirzel, Zürich; E. Hunziker,Ringlikon; F. Klöti, Zürich; E. Meister, Zürich; A. Meyer, Zürich; A. Mojonnier, Kantonsschullehrer, Vorstandsmitglied *Redressement National* bis 1945, Zürich; E. Müller, Zürich; Hans Schiess, St.Gallen; P. Schönbucher, Zürich; Werner Schoop; Heinrich Spoerry, Vorstandsmitglied *Redressement National*, Wald; A. Stoll, Zürich; B. Theinert, Zürich; E. Utzinger, Zollikon; Samuel Vollenweider, Horgen; A. Wirz, Kilchberg.

Da der Freisinn im Kampf gegen die Staatsallmacht versagt habe, wollte der *Elefanten-Klub* seine Politik ausserhalb der historischen Parteien machen. Einer der Slogans: «Die liberalen Ideen sind gross und ewig - nicht einmal die freisinnige Partei vermochte sie umzubringen.»

«Die freisinnige Partei war einstmals eine stolze, mächtige Partei, voller dynamischer Kräfte», erklärt Bolliger 1942 in einem Rückblick auf die ersten drei Elefanten-Jahre. «Was aber ist sie geworden? Sie zeigt in erschreckendem Masse, wohin eine Partei kommt, wenn sie durch den Fehler des Bürgers in die Hände zweit- und drittklassiger Leute fällt, die nur ein Ziel kennen: sich einen pensionsberechtigten Posten zu ergattern, sei es beim Staat oder bei der NZZ». Freisinn und Sozialdemokratie seien «kaum mehr zu unterscheiden», seitdem in der Freisinnigen Partei «Sekundarlehrer und Steuerfunktionäre» die Fäden in der Hand hätten. «Die freisinnige Partei ist heute ein trojanisches Pferd, in dem die Etatisten hausen. Und diese Etatisten hausen bis hinein in die Redaktion der NZZ.»

Gegen die «Irrenwärter», «Strassenfeger» und «Friedhofgärtner»

In seinem Kampf gegen die Kompromiss- und Konkordanzpolitik war der *Elefanten-Klub* eine zeitlang erfolgreich. Den ersten Abstimmungskampf gewannen Robert Eibel und sein Mitstreiter Christian Gasser im Dezember 1939 gegen das als Verständigungswerk gepriesene Pensionskassengesetz, das die Pensionskasse der Bundesbeamten sanieren sollte. Im Parlament war es von allen Parteien unterstützt worden - selbstverständlich «weil alle von Beamten geführt oder den Beamten hörig sind».

Eibel sammelte in der Deutschschweiz, Beguin in der Westschweiz die nötigen Unterschriften und das Geld für den Abstimmungskampf. In Zürich erschien alle zwei Tage ein Spendenaufruf in der NZZ,bis Chefredaktor Willy Bretscher die Inserate sperrte. Er wollte es für die im Oktober 1939 anstehenden Nationalratswahlen mit den 15'000 Zürcher Beamten nicht verderben. Erst nach Intervention eines *Elefanten*-freundlichen NZZ-Verwaltungsrats konnte Eibel damals wieder inserieren.

Auch der zweite Abstimmungskampf des *Elefanten-Klub* galt der Beamtenschaft; im *Elefanten*-Jargon den «Trämlern», den «Weichenwärtern», den «Strassenfegern», den «Friedhofgärtnern», den «Gasmännern» und den «Irrenwärtern» — und ihrer Gewerkschaft, dem Verband des Personals öffentlicher Dienste (VPOD), der «Vortruppe des Marxismus». Am 9. Februar 1941 brachte der *Elefant* eine Besoldungsvorlage in Zürich zu Fall.

Doch nach beiden Abstimmungssiegen begann es zu kriseln. Zwar verbuchte es der *Elefant* noch als Erfolg seiner Agitation, als in Zürich im März 1942 bei den Wahlen die Linke im Gemeinderat die absolute Mehrheit verlor. Doch bereits zuvor hatte Hans Bolliger, Propaganda-Verantwortlicher der ersten Stunde, sich im Februar 1942 zurückgezogen. Er wolle nicht weiterhin seine «kurzen Lebenstage mit einem aufreibenden Kampf vertun». Mit den «politischen Nullen erster Grösse» der NZZ-Redaktion sei ohnehin keine Politik zu machen.

Auch Eibel konnte nach seinem Wechsel zur *Wirtschaftsförderung* die *Elefanten*-Geschäftsführung nicht mehr besorgen. Seinem Nachfolger Béguin verweigerte die NZZ immer häufiger die Annahme der *Elefanten*-Inserate.

Nachdem die SP-Presse eine Liste der *Elefanten*-Gönner publizierte, stimmte plötzlich auch die Kasse nicht mehr, weil niemand sich mit einer

Elefanten-Spende mehr exponieren wollte.

Im April 1944 konnte der *Elefant* die Gehälter seiner Angestellten nicht mehr bezahlen und musste ihnen kündigen. «Der Laden muss zumachen», freute sich das 'Volksrecht' am 22. April 1944 und schätzte gleichzeitig die neue Lage ein: «Es kann dies um so eher geschehen, als ja die Geschäfte des *Elefanten-Klubs* durch die *Wirtschaftsförderung* weit diskreter und besser besorgt werden, als das dem *Elefanten* je möglich wäre.»

Die Liquidation konnte dann allerdings erst im Juli 1945 erfolgen, da der *Bund der Subventionslosen* den Ausgang langwieriger Prozesse abwarten musste, in die er verstrickt war.

«Der *Elefant* löst sich zu einem Zeitpunkt auf, da er am notwendigsten wäre», verabschiedete er sich am 31. Juli 1945. «Denn: Der Ostwind treibt die Seelen massenhaft nach links. Gewaltige Kräfte sind am Werk, um Freiheit und Privateigentum aufzuheben.» Und der obligate Seitenhieb: «Der *Elefant* kämpfte für die Idee der Freiheit, beruhend auf dem Privateigentum. Da die grossen Herren, die den Aktionärskreis der NZZ bilden, für die Freiheit nichts mehr übrig haben, mögen sie nun selber sehen, wie sie mit der wachsenden kommunistischen Gefahr fertig werden.»

Kommentierte die Zürcher SP: «Niemand, der das Schreiben des *Elefanten-Klubs* aufmerksam liest, wird sich einer Täuschung hingeben. Die gleichen und andere Reaktionäre werden morgen mit einer neuen Etikette vor die Öffentlichkeit treten.»

Richtig: Kaum zwei Jahre später ist es wieder so weit. Am 1. Februar 1947 gründete Robert Eibel die *Aktion für freie Meinungsbildung*. Der Name änderte, die Politik blieb die gleiche.

Eibel im Zweiten Weltkrieg: Weitergehende Forderungen als die

Ähnlich wie bei der *Schweizerischen Politischen Korrespondenz* oder beim *Redressement National* sollte das neue Kostüm einen Neubeginn markieren und einen Punkt hinter die unrühmliche Vergangenheit setzen.

Kritiker pflegt Eibel mit dem Hinweis abzukanzeln, seine Vergangenheit sei über jeden Zweifel erhaben, das zeige schon die Tatsache, dass General Guisan ihn zum Chef des Sekretariats in seinem persönlichen Stab machte.

Nur: Auch Eibels Zweitweltkriegs-Vergangenheit weist auf. Als einer der Initianten des *Gotthard-Bunds* ist Eibel Mitautor eines «Entwurfs Allgöwer-Eibel», in dem er zusammen mit dem späteren Landesring-Politiker Walter Allgöwer Grundsätze der neuen Aktion entwirft.

Das Papier, unter dem Eindruck der wenige Tage zurückliegenden Niederlage Frankreichs entstanden, datiert vom 9. Juli 1940.

Nach Ansicht des Historikers Gerhart Waeger gingen Allgöwer und Eibel in ihrem Entwurf in den konkreten Forderungen sogar noch weiter als [redacted] Eibel und Allgöwer sprachen von der «Neuordnung Europas», von der «Ueberwindung aller innen- und aussenpolitischen Vorurteile», von der Stärkung der «Autorität der verantwortlichen Behörden» und von einem «Gedankenaustausch mit allen lebendigen europäischen Geistesströmungen». Ein Aktionsplan der beiden forderte unter anderem die «Lenkung der öffentlichen Meinung im Sinne einer energischen Bekämpfung staatsfeindlicher Äusserungen ohne Unterbindung einer gesunden Politik» und das «sofortige Studium der neuen Exportmöglichkeiten».

Trumpf Buur 1947: «Sie hören wieder von uns»

Das Unternehmen *Trumpf Buur* begann 1947 klein. Ein erstes Inserat «Mehr Freiheit für die Freiheit» erschien am 1. Februar 1947 im 'Beobachter', im 'Berner Tagblatt, im 'Tagblatt der Stadt Zürich' und im 'Baslerstab'.

Die Tonart der Inserate sollte während Jahrzehnten die gleiche bleiben: «Der Mensch hat die Verantwortung von seinem Gewissen abgewiesen. Er hat seine Seele dem Staat verschachert. ... Der schleichenden Gefahr muss eine Gegenkraft erwachsen. Wir haben uns deshalb zu einem Freiheitsbund zusammengeschlossen, weil wir nicht gewillt sind, mit den Wölfen zu heulen. ... Jedesmal dann, wenn Freiheit, Verantwortung und Menschentum für ein Linsengericht an den Staatsapparat verkauft werden soll, jedesmal dann, wenn in Gemeinde, Kanton oder Bund versucht wird, dem Bürger Sand in die Augen zu streuen, ihm Tatsachen zu verschweigen oder zu verdrehen, ... jedesmal dann werden wir vor dem Volke sagen, was andere nur noch im stillen Kämmerlein zu denken wagen.» Und, düstere Prophezeihung im ersten *Trumpf Buur*-Inserat: «Sie hören wieder von uns in vierzehn Tagen.»

In seinem *Freiheitsbund*, wie Eibel seine *Aktion für freie Meinungsbildung* im ersten Inserat bezeichnete, konnte Eibel zwei unverbrauchte Leute um sich gruppieren: Den Burgdorfer Werbeberater Werner Gallati (der noch heute *Trumpf Buur*-Bettelbriefe unterzeichnet) und den Basler Beat im Obersteg. Als Mitglieder des Vereins *Aktion für freie Meinungsbildung* und als Unterzeichner von *Trumpf Buur*-Korrespondenz tauchten in den folgenden Jahren der pensionierte Werbeberater Max Robert Dalang, Zollikon, der Zürcher Volvo-Direktor Hans U. Fröhlich (von 1947 bis 1954 Mitarbeiter von Eibels Firma PRW), der Basler Kartonnage-Unternehmer Samuel Bürgin (1973 verstorben) sowie der Zürcher Cincera-Anwalt Walter Guex auf.

Die Verbreitung der Inserate wuchs mit den finanziellen Mitteln der Aktion. 1952 erschienen sie in 14 Zeitungen regelmässig, 1960 in 42, 1970 in

52 und 1979 in 69 Zeitungen. Die Gesamtauflage der bedienten Zeitungen stieg in der Zeit von 470'000 (1952) auf 2'253'240 (1979) Exemplare.

Finanziert werden Eibels wöchentliche «Leitartikel im Inseratenteil» durch Spenden. So ist Eibel permanent auf Betteltour. Jedes der zurzeit 33 jährlichen Inserate kostet inklusive administrativem Aufwand immerhin happige 40'000 Franken. Pro Jahr macht das rund 1,25 Millionen Franken. An die 20 Millionen dürfte Eibel seit 1947 in seine private Form der Presseförderung gesteckt haben.

Eibels kleingewerbliche politische Basis spiegelt sich in der Spenderstruktur. Nach eigenen Angaben stammen die jährlichen 1,25 Millionen Franken von 24'000 Spendern, von denen keiner mehr als ein Prozent (12'000 Franken) der Gesamtsumme bezahlt.

In seinen Bettelbriefen ist Eibel nicht zimperlich, sondern er argumentiert sehr direkt. «Der *Trumpf Buur* ist Ihre Sache! HelfenSie ihm, damit er Ihnen helfen kann», bettelte Eibel 1953. In den folgenden 25 Jahren verfeinerte Eibel das Sujet. Er pries sich als «Versicherung gegen politischen Totalschaden» an, wie ein Brief 1973 überschrieben war: «In den härter werdenden Zeiten ist die Versuchung gross, zuerst einmal bei den freiwilligen Beiträgen zu sparen. Wer so denkt, übersieht, dass der *Trumpf Buur* nichts mit Wohltätigkeit zu tun hat, sondern eine Versicherung gegen politischen Totalschaden darstellt. Solche Versicherungen sind in harten Zeiten notwendiger denn je. ... Das Privateigentum wird Schritt für Schritt sozialisiert. Wenn der *Trumpf Buur* weiterhin mit Erfolg gegen diese Sozialisierungswelle ankämpfen soll, braucht er Ihre Hilfe. Da gibt es in der Demokratie nur ein Heilmittel: aufklären, aufklären und nochmals aufklären. ... Woche für Woche publizieren wir, übers Jahr gerechnet, insgesamt 1900 Artikel in Inserateform. Das ist ein Faktor in der öffentlichen Meinungsbildung, der zählt.»

'Araber' und Araber

Auch in Angstmache versteht sich Eibel: «Die 'Araber' kommen von allen Seiten. Die Schweizerische Wirtschaft sieht sich einem konzentrischen Angriff unserer inländischen 'Araber' ausgesetzt», schrieb Eibel im März 1974 als die Oeffentlichkeit noch frisch unter dem Eindruck der angeblich von den bösen Arabern verursachten Oelkrise stand. Dem Briefleser sollte klar werden: Die schweizerische Linke, das sind die 'Araber', die es zu bekämpfen gilt. Denn 'Araber' sind bekanntlich Leute, die mit Handgranaten in der Tasche herumlaufen, Flugzeuge entführen, unschuldige Frauen und Kinder massakrieren und uns mit ihrem Oel erpressen. «Vor vierzig oder dreissig Jahren waren es die 'Juden', die an allem schuld waren, jetzt sind es die 'Araber'», kommentierte Rudolf Schilling im 'Tages-Anzeiger Magazin' und forderte Eibel auf, sich «erstens bei den Arabern (ohne Anführungszeichen) und zweitens bei allen denjenigen, die er mit 'Araber' (mit Anführungszeichen) betitelt», zu entschuldigen (TAM, 1.6.74).

Das machte Eibel allerdings nie; das würde nicht seiner Art entsprechen. Dafür beschäftigte er sich kurze Zeit später in anderer, nun aber profitträchtiger Form mit den Arabern, die nun plötzlich als Partner lukrativer Geschäfte salonfähig wurden. Unter Eibels Präsidium trat im Oktober 1976 der *Verein Nah- und Mittelostkontakte* an die Öffentlichkeit, der die «Wirtschaftsbeziehungen der Schweiz zu den Ländern im Nahen und mittleren Osten pflegen und durch Sicherstellung einer optimalen Information fördern will».

In seinen Bettelbriefen passt sich Eibel in der Argumentation den Berufsgruppen der Adressaten an. «Die Selbständigerwerbenden, darunter in erster Linie die frei praktizierenden Aerzte, sehen sich einem konzentrischen Angriff unserer inländischen 'Araber' ausgesetzt», variierte Eibel ebenfalls im März 1974 das bekannte Thema. Und auch in eine Verwaltungsrats-Adresskartei hat Eibel sich eingekauft: «Als Verwaltungsrat eines Unternehmens wissen Sie, dass dessen Existenz je länger je mehr vom politischen Klima unseres Landes abhängig ist. ... Deshalb liegt es in Ihrem Interesse, wenn Sie dem *Trumpf Buur* helfen, seine Aufklärungsarbeit fortzusetzen» (Bettelbrief Frühling 1972).

Mit den steigenden Inseratetarifen der Zeitungen wurde die *Trumpf Buur*-Finanzierung mittels Spenden in den letzten 15 Jahren allerdings immer schwieriger. 1968 hatte die Aktion einen Ausgabenüberschuss von 19'000 Franken. 1969 waren es gar 52'000 Franken. Eibel musste sich verschulden, aggressive, neue Werbekampagnen mit eingekauftem Adressmaterial konnten das Geld-Loch schliesslich stopfen.

Im November 1977 kündigte ein Bettelbrief an: «Leider zwingt uns die jetzige finanzielle Lage, die Zahl der wöchentlichen Botschaften zu reduzieren.» 1979 wurde der Erscheinungsrhythmus in den grossen Zeitungen von einer Woche auf anderthalb gestreckt.

Finanziellen Rückhalt gibt ihm seine Firma PRW, die ihre Büros am Kirchenweg 5 in Zürich hat. Neben Eibel zählen Markus Gröber, Anton Glanzmann und Sohn Christoph Eibel zur Geschäftsleitung. 20 Mitarbeiter werden beschäftigt, die sich allesamt, wie der Firmenname sagt, mit Public Relations und mit Werbung befassen.

Die Firma PRW nennt als ihre Spezialitäten politische PR, Organisation von grossen PR-Aktionen und Jubiläumsfeiern. Die PRW gehört zusammen mit der *Dr. Rudolf Farner Public Relations Agentur* und der Firma von Karl F. Schneider zum einflussreichen, nur sieben Mitglieder zählenden Bund der PR-Agenturen. Von 1976 bis 1979 war Anton Glanzmann Präsident der Schweizerischen PR-Gesellschaft.

Wichtigste Kunden der PRW im PR-Bereich sind American Express, die Nova-Park-Hotels, Örlikon-Bührle, der Schweizerische Bierbrauerverein, Suchard, Unilever, die Zürcher Börse. PRW besorgt die Öffentlichkeitsarbeit für die Zentralstelle für Eigenheim- und Wohnbauförderung (der Eibel als Präsident vorsteht) oder für Pro Infirmis, und im September 1975 managte die Firma die Werbung für die Aktion *Solidarität mit den verfolgten Christen*, die in Zürich und Bern Schweigemärsche veranstaltete.

Im politischen Bereich waren die angepassten Freisinnigen Gegner des Zweifrontenkämpfers Eibel. Das spiegelte sich auch in seiner geschäftlichen Tätigkeit. Eibel berichtet von jahrelangen Boykottaktionen gegen seine Firma. Heute scheinen sich die beiden Seiten allerdings arrangiert zu haben. Die PRW betreut Abstimmungskampagnen, sekretarisiert Komitees und verschickt Werbematerial befreundeter parteioffizieller Stellen über den *Trumpf-Buur*-Versand.Im Mitteilungsblatt der Kantonalzürcher Freisinnigen zählt Eibel zu den fleissigsten Inserenten. «Eibel ist einer der wenigen Politiker auf bürgerlicher Seite, bei denen sich berufliche Tätigkeit und Politik genau entsprechen», fasste Hans Rüegg im Eibel-Geburtstagsartikel in der NZZ zusammen (NZZ 5.6.74).

Eibel-Nachfolger Hans Georg Giger: Auch schon fast im AHV-Alter

«Da wäre ich sehr froh, wenn ich Ihnen das sagen könnte», antwortete Eibel noch im Februar 1977 in einem 'focus'-Interview auf die Frage, wer den *Trumpf Buur* einmal weiterführen werde. Ein Jahr später wurde das Problem dann (wenigstens vorläufig) gelöst: Seit 1978 zeichnet neben Eibel der Berner Fürsprech Hans Georg Giger (*1918) für die Inserate verantwortlich.

Giger war bis 1964 Chef der Gewerbesektion des Bundesamts für Industrie, Gewerbe und Arbeit (BIGA). Doch das Klima in den Beamtenstuben sagte ihm nicht zu: 1965 wechselte Giger zum Sekretariat der Gruppe Handel und Industrie der Bundesversammlung, und 1969 eröffnete er seinen eigenen Kleinbetrieb: Das Büro *Publizität und Werbung* an der Aarberggasse 30 in Bern. 1975 kandidierte Giger für die Nationalratswahlen und wurde auf der Liste Freisinn Mittelland 13. Ersatzmann.

Giger war schon bevor sein Name auf den *Trumpf Buur*-Inseraten auftauchte kein unbekannter. Er ist aktiv in zahlreichen rechtsbürgerlichen Komitees, wenn immer es gilt, den Ausbau des Sozialstaates, Steuererhöhungen oder eine Ausweitung der Kompetenzen des Bundes zu verhindern.

So präsidierte Giger das *Komitee gegen die Überforderung der AHV*, das die 9. AHV-Revision bekämpfte (1978), er war Geschäftsführer des rechten *Komitees gegen Steuererhöhungen*, das 1977 und 1979 gegen die Einführung der Mehrwertsteuer loszog, und vor allem ist Giger Geschäftsführer der *Arbeitsgruppe für eine freiheitliche Bundesverfassung.*

Diese Arbeitsgruppe legte an einer Pressekonferenz am 23. Februar 1979 - genau ein Jahr nach der Präsentation des Furgler Entwurfs für die

Totalrevision der Bundesverfassung - einen ausformulierten Gegenentwurf gegen den «zentralistischen, freiheitswidrigen und etatistischen» Vorschlag der offiziellen Experten vor. «Die Betreuung durch immer mehr Gesetze hat es in sich, den Staat übermächtig und den betreuten Bürger zum Untertan zu machen. Der Expertenentwurf ist mit aller Entschiedenheit als Ganzes zurückzuweisen. Er würde auch mit einer Anzahl Änderungen nicht annehmbar.»

Sieben Arbeitsgruppenmitglieder stellten sich der Presse:

Pierre Alain Schranz, Präsident der Arbeitsgruppe, Fürsprech, Sekretär des Verbands Schweizerischer Getreide-Importeure, Bern

Hans Georg Giger, Geschäftsführer der Arbeitsgruppe, Bern

Christian Hofer, Notar, Bern

Hans-Peter Walter, Fürsprech, Bern

Daniel Roth, Ex-Verleger des 'Schweizer Spiegel'

Jürg R. Zeller, Direktor der Vereinigung des Schweizerischen Import- und Grosshandels

François Chaudet, Anwalt, Präsident des Zentralvorstands *Libertas*, 1976 Präsident des gegen die Mitbestimmungs-Initiative gegründeten *Comité pour l'économie libre*, Sohn von alt Bundesrat Paul Chaudet und Bruder von Jean-Paul Chaudet, der mit Giger im *Komitee gegen Steuererhöhungen* sass, Rolle VD.

Auch das *Redressement National* versucht sich in letzter Zeit als Kritiker des als zu zentralistisch kritisierten Entwurfs zur Totalrevision der Bundesverfassung zu profilieren. Allerdings in weit gemässigterem Ton und mit gestandenen Grössen aus Wirtschaft und Politik, die die RN-Kritik vertreten.

Im Gegensatz zu den ums *Redressement* gruppierten Industrie- und Politikerkreisen hat Giger vor allem Vertreter eines aufgescheuchten Mittelstands und des Gewerbes um sich geschart. Hier scheint sich eine weitere Differenzierung unter den Anti-Etatisten abzuzeichnen.

Rudolf Farner: Politik als Geschäft

Von den PR-Texten, die die Zürcher *Dr. Rudolf Farner Public Relations Agentur* monatlich in ihrem Pressedienst verschickt, dürfte der eine Bericht im Juni-1977-Bulletin bezüglich Abdruckserfolg bisher wohl einer der erfolgreichsten gewesen sein. Er war überschrieben mit «in eigener Sache», und er handelte davon, dass Firmeninhaber Dr. Rudolf Farner himself am 16. Juni 1977 sechzig Jahre alt wurde. Landauf, landab, bezeugten die Blätter Farner ihre Referenz, und wer nicht den Text aus der Farner-Agentur übernahm, produzierte einen eigenen. «Ein geborener Unternehmer von typisch zürcherischer Wesensart», titelte die 'Zürichsee-Zeitung', «Rudolf Farner, Werbeunternehmer aus Überzeugung» der 'Tages-Anzeiger', «Ein Leben für das immer Neue» die 'Wirtschaftsrevue' und «Spitzenreiter in vielen Sätteln» die 'Schweizerische Handelszeitung'. In ganzseitigen Zeitungsinseraten gratulierten Geschäftsfreunde, und im Informationsdienst 'Persönlich' machten die Grossen der Branche (Publicitas, Jean Frey AG, Orell Füssli und 'Tages-Anzeiger') ihren Knicks.

Rudolf Farner, Zunftmeister der Zunft zur Schiffleuten, am Sechseläuten 1979 mit Bundespräsident Hans Hürlimann.

Der Bückling von Zeitungsverlegern und Inserateagenturen galt einem ihrer wichtigsten Geldgeber. Rudolf Farner ist Inhaber der *Dr. Rudolf Farner Werbeagentur*, mit 41,2 Millionen Franken Umsatz (1977) zweitgrösstes Werbebüro der Schweiz. Nur gerade die Firma Gisler und Gisler schlug Farner umsatzmässig um Nasenlänge. Die Kundenliste Farners ist lang und reich an illustren Namen. Farner arbeitet unter anderem für die Reiseunternehmen Kuoni, Club Mediterranée und Urania, für Nestlé, Stalden-Cremen, Boursin-Käse, für die Sprüngli-Confiserien, für Renault, Philips-Haushaltgeräte, für die Reisindustrie, für Henkel-Waschmittel, Gillette-Produkte und Brunette-Zigaretten, für Cynar, Cricket-Feuerzeuge und so weiter und so fort. Für sie werden Kampagnen entworfen, Anzeigen, Plakate und Schaufenstermaterialien getextet und gestaltet, Werbefilme produziert, und vor allem werden auch Mediapläne für die Inseratekampagnen disponiert. Der Farner-Mediaplaner bestimmt, wieviel Geld einer Werbekampagne in Plakate, wieviel in Drucksachen, TV-Spots und Point-of-Sale-Werbung gesteckt wird und wieviel Inserate in welchen Zeitungen und Zeitschriften plaziert werden. Er ist der Mann an der Geldspritze; Boykottiert er beim Verteilen seiner jährlich zig-Millionen eine Zeitung, so äussert sich das für den Verleger sofort in finanziellen Ausfällen, die Millionenhöhe erreichen können. Wen wundert's, dass sich die Zeitungsverleger gegenseitig übertreffen, um beim Werbebüro Farner immer gut angeschrieben zu sein.

In der Schweiz ist Farner 'nur' Nummer zwei der Werbebranche – in Europa führt er. Sein Büro gehört zur *Publicis-Intermarco-Farner Gruppe*, der grössten Werbeagentur Europas. Farner leitete die Fusion ein, als er nach schwerer Krankheit 1969 sein Imperium reorganisierte. Der internationale Konzern hat heute über 600 Millionen Franken Umsatz, und Farner ist in der Holding, die ihrerseits eine Reihe von Sub-Holdings kontrolliert, «mit einer regierungsfähigen Aktienminderheit immer noch operativ an der Spritze», wie die 'Wirtschaftsrevue' (seit 1977 'bilanz') im Farner-Geburtstagartikel bemerkte. Wie einst Karl der Grosse sein Reich unter seinen drei Söhnen aufteilte, hat auch die *Publicis-Intermarco-Farner Gruppe* Europa unter sich aufgeteilt; Farner 'gehört' heute die Schweiz, die Bundesrepublik, Oesterreich, Italien und England. Farner ist zudem für die Betreuung der grossen Kunden Henkel und Renault zuständig.

Die Internationalisierung des Werbe-Geschäfts ist auch für Farners Kundschaft interessant. Produkte werden heute nicht mehr für einen nationalen Markt lanciert, sondern es wird gleich ganz Westeuropa oder die ganze kapitalistische Welt bearbeitet. Mit den Filialen in allen wichtigen Ländern ist die *Publicis-Intermarco-Farner Gruppe* für die Multis deshalb besonders interessant, weil sie ein einmal entworfenes und festgelegtes Werbekonzept praktisch weltweit durchziehen kann.

In der Öffentlichkeit bekannt und umstritten ist Farner allerdings weniger wegen seiner *Dr. Rudolf Farner Werbeagentur AG*, die in Zürich an der Theaterstrasse 8 zuhause ist, als vielmehr wegen seiner *Dr. Rudolf Farner Public Relations AG* an der Zürcher Oberdorfstrasse 28. Während sich die *Werbeagentur* mit «Werbeberatung und Werbedurchführung» beschäftigt, nennt die *PR-Agentur* die «Durchführung sämtlicher in das Gebiet der Public Relations fallenden Geschäfte» als Firmenzweck.

In einer Selbstdarstellung führt die *PR-Agentur* ihre Dienstleistungen an: «Grundlagenanalysen (Beurteilung der Umwelt), Planung interner und externer Kommunikation (Konzepte, Programme), Beratung der für PR verantwortlichen Geschäftsleitungsmitglieder, Ausführung (sämtliche PR-Massnahmen und PR-Mittel wie: Belieferung der Medien, Presseanlässe, Medienbeobachtung, Eröffnungen, Einweihungen, Jubiläen, Tagungen, Seminare, Besichtigungen, Ausstellungen, Sonderseiten, Zeitschriften, Hauszeitungen, Broschüren, Prospekte, Bulletins, Flugblätter, Geschäftsdrucksachen, Signete, Tonbildschauen, Filme, Direktinformationen, Vermittlung von Kontakten usw.), Generalunternehmung für Information und Kommunikation. Spezialitäten: Unternehmens-PR (external relations), Imagekorrekturen, Kommunikation in Krisenfällen, Darstellung von Wirtschafts- und Zeitfragen, Informationsberatung für Verbände und Verwaltungen.»

Mit der einen Hand geben, mit der andern Hand nehmen

Auch wenn die beiden Farner-Firmen juristisch und räumlich getrennt sind, bilden sie doch das Zweigespann, das Farners geschäftlichen Erfolg garantiert. Während die *Werbeagentur* Geld an die Zeitungen verteilt, gibt ihnen die *PR-Agentur* Gelegenheit, durch fleissiges Abdrucken der PR-Texte im *Farner Pressedienst* zu beweisen, dass sie der Werbefranken würdig sind. Mit der einen Hand Geld verteilen, mit der andern Hand Gunstbeweise entgegennehmen, und beide Male dabei gut verdienen: Das ist Farners Erfolgsrezept.

Indem Farner beide Bereiche, PR und Werbung, verknüpft, ist er auch für seine Auftraggeber attraktiver. «Bei dieser Gelegenheit möchten wir darauf hinweisen, dass wir hin und wieder mit der gleichnamigen Werbe-Agentur verwechselt werden», schrieb der *Farner Pressedienst* im Sommer 1977. «Es handelt sich indessen um zwei sowohl juristisch als auch personell und örtlich streng getrennte Unternehmen, die allerdings für verschiedene Kunden, bei denen beide Bereiche der Kommunikation wichtig sind, zusammenarbeiten.» Farner kann beide Dienstleistungen anbieten, und die von ihm verwalteten Werbebudgets öffnen ihm die redaktionellen Spalten für die PR.

Zuweilen interveniert *PR-Agentur*-Direktor Gustav Däniker höchstpersönlich auf den Redaktionen einzelner Zeitungen und fragt an, ob dieser

Das Farner-Imperium

Die *Dr. Rudolf Farner Holding AG* wurde 1970 gegründet und fasst die beiden Schweizer Farner-Büros zusammen. Verwaltungsratsdelegierter der Holding ist (mit Einzelunterschrift) Rudolf Farner selbst; Verwaltungsratspräsident ist der Berner Anwalt Dr. Georg Krneta. Dritter im Bunde ist der Meilener Franz Ulrich Wille, Sohn des nazifreundlichen Möchtegern-Generals aus dem Zweiten Weltkrieg, Korpskommandant Ulrich Wille, der seinerseits Sohn von Ulrich Wille ist, der im Ersten Weltkrieg General war. Franz Ulrich Wille ist neben Gustav Däniker der zweite Spross eines dubiosen Zweit-Weltkriegs-Offiziers im Umfeld Farners.

Die *Dr. Rudolf Farner Werbeagentur AG Zürich* beschäftigt sich mit «Werbeberatung und Werbedurchführung». Sie ist zweitgrösste Werbeagentur in der Schweiz, wurde 1950 gegründet, beschäftigt 65 Mitarbeiter (1978) und setzt 41,2 Millionen Franken um (1977).

Geschäftsleitender Direktor und Delegierter des Verwaltungsrats ist Dieter C. Schaerer, Edmond Schuetz ist Account Director, George F. Wyland Creative Director.

Die *Dr. Rudolf Farner Public Relations Agentur AG Zürich* ist mit rund 40 festangestellten Mitarbeitern und etwa 50 Kunden mit Abstand die grösste PR-Agentur der Schweiz. Im Verwaltungsrat sitzen Rudolf Farner selbst (Präsident) und Gustav Däniker (Delegierter); die erweiterte Geschäftsleitung umfasst (Stand 1.1.79) Gustav Däniker als Direktor, Jules Fritschi als Finanzdirektor, Dominique Brunner als stellvertretender Direktor, Heinz Gut als Vizedirektor und Marcelle Nemestothy als Prokuristin. Neben den kommerzeillen Kunden betreut die *Farner PR-Agentur* auch verschiedene, in diesem Buch porträtierte politische Gruppierungen, so etwa die *Aktion Freiheit und Verantwortung*, den *Verein zur Förderung des Wehrwillens und der Wehrwissenschaft*, die Aktion *Jugend und Energie*, und immer wieder für Wahlen und Abstimmungen gegründete Ad-hoc-Komitees.

Zu den kommerziellen Auftraggebern der Agentur zählen die Schweizerische Kreditanstalt (SKA), der Schweizerische Spenglermeister- und Installateurverband, die Schweizerische Speisewagengesellschaft, die Georg Fischer AG, Rank Xerox, Sperry Univac, die Vereinigung Schweizerischer Hersteller und Importeure von Markenspirituosen, die Firma Embraport etc. Die Agentur lancierte die Idee des Ritters der Strasse, erarbeitete das PR-Konzept für die Wintersportstation Hoch-Ybrig, managte 1978 die Aktion uf d'Socke mache, und betreut neben zahlreichen andern Komitees auch den Hege-Ring, der Jäger-Werbung im Stil von «Ohne Jäger kein Wild» betreibt, und das Komitee Weltoffenes Zürich, das für einen Ausbau des Flughafens Kloten eintritt.

oder jener Artikel, von dem die *Farner PR-Agentur* Wind bekommen hat, unbedingt erscheinen müsse. Dabei braucht er nicht einmal mit der Sperrung von Inserateaufträgen durch die *Farner Werbeagentur* zu drohen; der Wink mit dem Zaunpfahl wird auch so verstanden.

Rudolf Farner: Der Aufstieg des Harry Wind

Rudolf Farner beherrscht das Handwerk der Public Relations. Das beweist der Rummel, den er um seine eigene Person veranstaltet. Eine endlose Reihe von Anekdoten zirkuliert über ihn, und der Lebenslauf, den er zu seinem 60. Geburtstag an Journalisten abgab, umfasste fünf engbeschriebene Seiten, die peinlich genau Aemter, Auszeichnungen und Erfolge Farners aufzählte. Gleich dreifach liess er sich bei seinem Sechzigsten feiern: Einmal vor 160 geladenen Gästen (und einer sechsstöckigen Geburtstagstorte) in der Zürcher Nobel-Absteige Grandhotel Dolder, ein zweites Mal von der in- und ausländischen Schickeria auf dem Bürgenstock, und ein drittes Mal von den Angestellten seiner Firmen.

Farner wurde am 16. Juni 1917 als zweites von drei Kindern von Ulrich Farner in Horgen geboren. Sein Vater war Rechtsanwalt und langjähriger Horgener Gemeindepräsident. Im Zweiten Weltkrieg beschäftigte er sich als militärischer Grossrichter vorab mit Landesverratsprozessen. Als Ulrich Farner 1978 im Alter von 89 Jahren starb, baten seine Nachkommen in den Todesanzeigen, statt Blumen zu spenden der *Aktion Freiheit und Verantwortung* zu gedenken.

Rudolf Farner besuchte die Primarschule in Horgen und das kantonale Gymnasium in Zürich. Sein Jus-Studium schloss er 1946 mit einer Dissertation über die «rechtliche Verantwortunng des Versicherers für seine Agenten» ab.

Schon während seines Studiums hatte Farner journalistisch für die 'Weltwoche' gearbeitet, bei der Lancierung der 'Annabelle' mitgeholfen und als Leutnant seinen Aktivdienst geleistet.

Auch den ersten Abstimmungskampf gewann Farner in dieser Zeit. 1940 war er gegen die Einführung des obligatorischen militärischen Vorunterrichts losgezogen, weil dies das Ende zahlreicher freiwilliger Jugendorganisationen bedeutet hätte. So auch der Pfadi, der Farner seit Bubenjahren angehörte und in der er es bis zum Oberfeldmeister brachte. Nach gewonnener Abstimmungsschlacht wurde Farner prompt mit der Einführung des freiwilligen Vorunterrichts betraut.

Eine steile militärische Karriere schloss sich an, die Farner als Oberst im Generalstab und als Kommandant des Gebirgsinfanterie-Regiments 37 abschloss.

Farner ist gewohnt, mit grosser Kelle anzurichten. Die *PR-Agentur* strebt, so Direktor Gustav Däniker, PR-Aufträge an, bei denen für die Agentur mindestens 50'000 Franken an Beraterhonorar herausschauen. Dazu kommen die Kosten für die PR-Hilfsmittel. Ein Film, bei dessen Prä-

In den fünfziger und sechziger Jahren beteiligte sich Farner (wie auch Geschäftspartner Gustav Däniker) führend an der Auseinandersetzung um die Truppenreform 61, mit der die zukünftige Einsatzdoktrin für die Schweizer Armee festgelegt werden sollte. Farner und Däniker gehörten zu der Gruppe um den Korpskommandanten Georg Züblin, die eine mechanisierte, bewegliche und schlagkräftige Armee, die auch für Angriffe vorbereitet war, forderte. Zu dem Konzept gehörte auch die Atombewaffnung und die Schaffung einer starken Luftwaffe (man sprach von 800 Kampfflugzeugen).

Die Züblin-Gruppe wusste damals auch EMD-Chef und Bundesrat Paul Chaudet auf ihrer Seite; ihre wichtigsten Kontrahenten waren die Divisionäre Alfred Ernst und Max Waibel (denen wir schon 1940 im *Offiziersbund* und in der *Aktion Nationaler Widerstand* begegnet sind, wo sie sich mit den nazifreundlichen Umtrieben von Gustav Däniker senior und von Ulrich Wille herumzuschlagen hatten, deren Nachkommen nun im Lager Farners waren); im Parlament war der damalige Nationalrat Rudolf Gnägi gewichtigster Züblin-Gegner.

Im Nationalrat setzte sich damals zunächst die 'harte' Fraktion um Chaudet und Züblin durch. Doch in den sechziger Jahren häuften sich die Probleme um die Einführung der neuen Einsatzdoktrin, und der Mirage-Skandal brachte schliesslich «einen völligen Umschwung», wie sich Alfred Ernst erinnert. Paul Chaudet musste 1966 zurücktreten, Rudolf Gnägi rutschte in den Bundesrat nach, und unter dem Druck der öffentlichen Meinung wurde die Zusammensetzung der Kommission für die militärische Landesverteidigung geändert. Sie arbeitete die 1969 vom Bundesrat erlassene neue Truppenordnung aus, die den Einwänden der Kritiker der vollmechanisierten Armee Rechnung trug.

Parallel zum militärischen Aufstieg der geschäftliche. Im Oktober 1950 gründete Farner in Zürich seine *Werbeagentur*, 1951 zusammen mit Gustav Däniker die *PR-Agentur*. Zuvor hatte er in den USA sein Handwerk gelernt. Zunächst als Handelsreisender, dann als Mitarbeiter einer Werbeagentur. Zu seinem USA-Gepäck gehörte immer auch eine Kiste Schweizer Uhren, die er gewinnbringend und auf eigene Rechnung verkaufte, sowie ein Sortiment deutscher Gartenzwerge, die er den kitschbegeisterten Amis andrehte. Der Schriftsteller Walter Matthias Diggelmann, der einst für Farner arbeitete, beschrieb die Karriere Farners in seinem Roman «Das Verhör des Harry Wind».

Farners Tierleben

Farner versteht es, seine Person mit viel human touch zu verkaufen. Das lässt ihn in einem sympathischen Licht erscheinen. Die 'Schweizerische Finanzzeitung' war sich am 3.Mai 1978 nicht zu blöd, mehr als eine halbe Zeitungsseite lang über ein «seltenes Hobby» Farners zu berichten: Eulenvögel. Seit er als junger Pfadi über die Nachtflieger eine Wissensprüfung ablegen musste, hätten sie ihn nicht mehr losgelassen, war da zu erfahren. In seiner Villa in den Rebbergen ob Stäfa am Zürichsee soll es an die 1000 Stück Eulen geben: aus Stein, Stoff, Porzellan, Glas und Leder, aus Metall und Wachs, als Ziergegenstände, als Schirmständer und Nachttischlampe, als Buchstützen, in Kerzenform oder auf Kissen gestickt. Und auf einer von Celestino Piatti entworfenen Eulentapete, bei der auf Knopfdruck die Eulen-Augen leuchten.

Ein anderes Hobby: Farner sammelt Farner. «Ich bin Kleber. Seit Jahren klebe ich alles, was irgendwie mit mir in Zusammenhang steht, Artikel pro und contra, Briefe, Theaterbillette, Dienstbefehle und so fort und so fort fein säuberlich in meine Bücher», vertraute Farner der 'Handelszeitung' an. «Ich verbringe ganze Abende bei diesem Tun, dieweil meine Frau vielleicht an einer Handarbeit stickt.» (SHZ 21.4.77). Home sweet home, kann man da nur sagen. Fehlt nur noch der röhrende Hirsch am Waldrand, die Ständerlampe und der Gummibaum. Auch über letzteren hat Farner eine Geschichte in die Welt gesetzt: Farner erhielt bei der Gründung seiner *Werbeagentur* einen Gummibaum geschenkt, mit der Begleitkarte, es möge ihm, Farner, immer so gut gehen wie dem Gummibaum. Seither wertet Farner jeden Wildwuchs, jedes Serbeln und Gedeihen des Grüngewächses als Gutes oder schlechtes

sentation sich niemand zu schämen brauche, koste gut und gern 300'000 Franken, und auch eine repräsentative Hochglanzbroschüre sei unter 30'000 Franken nicht zu haben.

Für ihr Berater-Honorar lässt die Agentur «ihre eigenen, gut eingespielten Medienbeziehungen» funktionieren, wieDäniker erklärt. «Sie steht, sofern sie auf Publizität spezialisiert ist, im täglichen Verkehr mit Programmleitungen und Redaktionen. Sie weiss, welcher Stoff in welchen Sendegefässen, welche Nachrichten in welchen Rubriken Aufnahme finden kann. Sie wird von den Medien nichts verlangen, was gegen ihr Interesse sein könnte; sie wird aber umgekehrt alle Möglichkeiten ausnützen, interessante Informationen, die dem Unternehmen dienen, zu verbreiten. Die Agentur wird unablässig bestrebt sein, ein Vertrauensverhältnis zu den Medien aufzubauen, von dem die Klienten profitieren.»

Omen für sich und seine Firma. «Einmal, vor vielen Jahren, hatte der Gummibaum Würmer. Da wusste ich, dass ich auch im Betrieb solche Schmarotzer hatte. Der Stadtgärtner und ich brachten beides wieder in Ordnung», erzählte Farner der 'Wirtschaftsrevue' (6/77).

Das ist schon eher der typische Farner: Nicht der Blumenfreund, sondern der Würmer-Killer. Würmer wittert er überall. Bei den «Idealisten», den «Entfremdeten» und nicht zuletzt bei den «von verantwortungslosen Intellektuellen verführten jüngeren Menschen», die «neulinken Heilslehren huldigen» und sich «im Besitz der Wahrheit» glauben (Farner in der BaZ, 25.1.78). Würmer in den Schulbüchern, wo bei der Auswahl der Stoffe «marxistisch trainierte Experten» Einfluss genommen hätten. Würmer in der Schule überhaupt, wo eine Generation heranwachse, die «grossenteils während Jahren von marxistischen Lehrern erzogen, beeinflusst und gebildet worden ist», so Farner vor der Jungen Wirtschaftskammer Zürich (NZZ 24.2.78).

Dabei kommt es gar nicht darauf an, ob Linksextremisten ihre politischen Überzeugungen auch im Schuldienst vertreten. «Viel gefährlicher ist es, dass unsere Kinder täglich, wöchentlich, hundert- und tausendfach der ständigen Beeinflussung einer Autoritätsperson ausgeliefert sind, die mit unserer Geisteshaltung nichts zu tun hat. Das Gift gegen die soziale Marktwirtschaft, gegen den Kapitalismus, gegen die Landesverteidigung, gegen das Christentum, das Gift, das aber auch die Jugend unzufrieden macht, wird in homöopathischen Dosen verabreicht, wie wir dies immer wieder im Fernsehen, im Radio und in anderen Massenmedien feststellen müssen», schrieb Farner im Mai 1977 in der 'Zürichsee-Zeitung-, als in der See-Gemeinde Erlenbach die Wahl der POCH-Lehrerin Maya Klemm zur Abstimmung anstand.

Zur erklärten Farner-Spezialität, der Krisen-Kommunikation, hiess es im Oktober 1978 im *Farner Pressedienst*: «Für Unternehmer und Instanzen aller Art ist die Kommunikation zu einem wichtigen Problem geworden. Wie man innerhalb und ausserhalb des Konsenses die eigene Firma, deren Tätigkeit und Wirken auffasst, wie sich bestimmte Segmente der Öffentlichkeit ihr gegenüber verhalten, kann ihr nicht gleichgültig sein. Früher oder später wirkt es sich aus, namentlich in schwierigen Zeiten - und wer könnte heutzutage solche gänzlich ausschliessen? Die *Dr. Rudolf Farner PR-Agentur* hat sich schon früh auf diese Problematik eingestellt. Sie berät Führungskräfte aller Sparten, die mit Kommunikationsproblemen konfrontiert sind, vor allem aber die Verantwortlichen für die institutseigene Kommunikation. Sie wirkt an Lagebeurteilungen mit, trägt ihre Folgerungen vor und entwirft geeignete Kommunikationsprogramme.»

Imagekrise? Firmenskandal? Betriebsschliessung? Nicht verzagen - Farner fragen

Was sich das *PR-Büro Farner* unter «geeigneten Kommunikationsmodellen in Krisensituationen» vorstellt, demonstrierte es am Beispiel der Schweizerischen Kreditanstalt (SKA), deren Imagepflege es im Zusammenhang mit dem Chiasso-Skandal managte. Kurz nach Auffliegen der Milliarden-Pleite erliess die SKA eine strikte Informationssperre, nachdem nicht alle Zeitungen in ihrer Berichterstattung der SKA «in der gleichen fairen Haltung» gegenübergestanden hatten oder gar – welche Frechheit – «Schlüsse gezogen hatten, die alles andere als freundlich sind» (so Däniker nachträglich in einem Interview, LNN 7.10.77).

Für die ausserordentliche SKA-Generalversammlung vom 24. Juni 1977 entwarf das *Büro Farner* ein perfektes Drehbuch, das den wünschbaren Ablauf der Veranstaltung festlegte. Statisten sollten in ihrem Rollenspiel die alte Generaldirektion entlasten und die neue hochjubeln. Der Schwindel flog auf, nachdem die 'Tat' am Tag der Generalversammlung das Drehbuch veröffentlichte.

Oberst Farner im Dienst der argentinischen Obristen

Die kommerziellen Firmen-Kunden sind nicht die einzigen Auftraggeber Farners. Farner macht auch Politik. Genauer: Er verknüpft Geschäft und Politik, er macht Politik zum Geschäft. Agentur-Direktor Gustav Däniker: «Wir haben schon eine ganze Anzahl lukrativ erscheinender Aufträge abgelehnt, weil wir sie als Staatsbürger nicht verantworten zu können glaubten. Wir überlassen es unserem subjektiven Ermessen, ob wir eine Aktion unterstützen wollen oder nicht».

Und Rudolf Farner selbst im Geburtstagsartikel im 'Tages-Anzeiger' am 16. Juli 1977: «Im stillen bin ich stolz darauf, dass meine Agenturen noch nie einen Auftrag angenommen haben, zu dem sie nicht in jeder Beziehung stehen konnten.»

Als Firmeninhaber muss Farner es ja wissen. Sein Stolz bezieht sich offenbar auch auf den Auftrag, den seine *PR-Agentur* 1976 übernommen hatte. Damals besorgte Farner die Imagepflege für das Wirtschaftsministerium der faschistischen Militärdiktatur Argentiniens in der Schweiz. Während in dem südamerikanischen Land Tausende interniert, verschlepppt und ermordet wurden, zog Farner in der Schweiz einen *Argentinischen Pressedienst* auf, pries Argentinien in ganzseitigen Inseraten der argentinisch-schweizerischen Handelskammer praktisch als Paradies auf Erden an und organisierte eine Journalisten-Reise nach Argentinien, wobei selbstredend kritische Journalisten der Delegation nicht angehörten.

Im *Argentinischen Pressedienst* wurde das Argentinien der Zukunft beschrieben. Es solle eine «echte Demokratie sein, gelebt von Menschen, die sich ihrer Verantwortung und ihrer sozialen Pflichten bewusst sind und die auf dieser Grundlage in einer freien und solidarischen Gesellschaft zusammenleben». Der Weg dahin sei allerdings noch lang, und es bleibe noch viel zu tun.

Immerhin: Farner war nur kurze Zeit Propagandastelle der argentinischen Faschisten. Wobei allerdings unklar ist, wer die Zusammenarbeit gekündigt hat.

Dominique Brunner: Der Major mit dem Armee-Budget-Tick

Dominique Brunner ist stellvertretender Direktor der *Farner PR-Agentur* und wie Gustav Däniker vor allem als «Militärpublizist» tätig, wie er sich gerne titulieren lässt. Er zeichnet als Redaktor der Publikationen des *Vereins zur Förderung des Wehrwillens und der Wehrwissenschaft* (VFWW); daneben schreibt er regelmässig im *Farner Pressedienst*, in der 'Weltwoche' und im 'Schweizer Soldaten', aber auch das *Abendland*, die *Hochschulzeitung* und *Impact* bringen regelmässig seine Beiträge. Sein dutzendfach variiertes Standardthema: Der Anteil der Armee-Ausgaben am Bundesbudget, der natürlich viel zu niedrig ist. Gelegentlich, wenn auch selten genug, beweist er, dass er auch über andere Dinge Bescheid weiss. Ausdruck seiner ungeahnten Vielseitigkeit sind denn seine Artikel zu Aufrüstungsfragen (Panzerabwehr, Flab-Modernisierung) oder über strategische Fragen wie etwa die Lage in Europa, die, selbstredend, für Westeuropa katastrophal ist: «Die potentielle Bedrohung hat seit 1965 eine von keinem Einsichtigen mehr auch nur angezweifelte besorgniserregende Verschärfung erfahren», beschreibt Brunner dramatisch die Lage.

1970 war Brunner beim *Aktionskomitee gegen den Beitritt der Schweiz zum Atomsperrvertrag* mit dabei, den er ablehnte, weil die Schweiz mit dem Verzicht auf Atombewaffnung «einen Teil unserer Souveränität» opfere.

Brunner ist als Major Kommandant des Füsilierbatallions 97. An der Abteilung XI (Militärwissenschaften) der ETH hat er einen Lehrauftrag für «Militärische Probleme der Gegenwart». 1975 unterzeichnete Brunner als Mitglied der Vereinigung *Libertas* den Aufruf für die Nationalratswahlen.

Farner kauft und handelt mit Meinungen

Die Vermischung von Politik und Kommerz ist es, was die *Dr. Rudolf Farner PR-Agentur* von andern, rein kommerziellen PR-Agenturen unterscheidet.

Wenn Farner (wie 1976 in Genf) ein Seminar für Wirtschaftsjournalisten und Werbefachleute veranstaltet, an dem unter dem Ehrenvorsitz von Bundesrat Ernst Brugger eine Strategie entwickelt werden sollte, wie den Angriffen gegen die Multis zu begegnen ist, dann ist das politische PR. Das gleiche gilt für Farners Imagewerbung für die angeschlagene Kreditanstalt oder für die Elektrizitätswirtschaft.

«Für eine Million gewinne ich jeden Abstimmungskampf», oder: «Für eine Million mache ich einen Kartoffelsack zum Bundesrat». Diese beiden Rudolf Farner zugeschriebenen Sätze wurden jahrelang verbreitet, waren Chiffre für das *Büro Farner* und seine Methoden. Auch wenn Farner sie neuerdings, wo immer sie kolportiert werden, dementieren lässt, so charakterisieren die zwei Sätzlein doch zutreffend Farners Verhältnis zur Politik.

Gustav Däniker: Ein Leben für den Militarismus

«Die erste umfassende Anleitung zu einem systematischen und erfolgreichen Kampf gegen den Terrorismus», so die 'Weltwoche', verdanken wir ihm: Dem Mitinhaber, Delegierten des Verwaltungsrats und Direktor der *Dr. Rudolf Farner PR-Agentur*, Dr. Gustav Däniker. Däniker ist Autor des Buchs «Antiterror-Strategie», Untertitel: «Fakten, Forderungen, Folgerungen», erschienen bei Huber Frauenfeld. Das Buch soll «einiges Aufsehen» erregt haben und «zu Diskussionen über die erfolgreiche Art der Terrorbekämpfung» geführt haben - wenn schon nicht in der Öffentlichkeit, so doch wenigstens im *Farner Pressedienst*, der nach Erscheinen des Buchs während einem halben Jahr fast jeden Monat Auszüge brachte und aus dem, peinlich, auch obiges Zitat stammt. Im Büro Farner ist Däniker Teil des militärpublizistischen Tandems Däniker/Brunner; beide sind Mitglieder des *Vereins zur Förderung des Wehrwillens und der Wehrwissenschaft*, der von der *Farner PR-Agentur* betreut wird. Däniker tritt in letzter Zeit wie schon zu Beginn der sechziger Jahre für die atomare Aufrüstung der Schweiz ein, da «uns unsere Impotenz auf nuklearer Ebene weitgehend der laut sicherheitspolitischer Zielsetzung angestrebten Handlungsfrei-

Meinungen und politische Einstellungen sind in diesem Politik-Verständnis machbar und käuflich. Wer in der politischen Auseinandersetzung erfolgreich bleibt, ist in der Referendumsdemokratie höchstens eine Frage des Geldes.

Mit diesem Selbstverständnis arbeitet auch Gustav Däniker. Er behauptet etwas gemässigter, die kommenden Jahre würden eine grosse Zahl politischer und sozialer Auseinandersetzungen bringen, aus denen letztlich der als Sieger hervorgehe, welcher nicht nur eine gute Sache vertrete, sondern die Instrumente der Öffentlichkeitsarbeit perfekter einsetze (spk, 15.7.75).

Farner betreibt für einzelne bürgerliche Politiker PR. Im *Farner Pressedienst*, dem greifbaren Produkt, das monatlich dreissig Seiten stark die *PR-Agentur* an der Oberdorfstrasse verlässt, lassen sie sich mit politischen Kommentaren vernehmen. 1978 waren das etwa die Herren Nationalräte Rudolf Friedrich (FDP ZH), Ulrich Bremi (FDP ZH), Hans Georg Lüchinger (FDP ZH), Walter Allgöwer (LDU BS), Stadtpräsident Hans Rudolf Meyer, Luzern, Ständerat Raymond Broger (CVP AI), Vergangenheitsbewältiger Ueli Kägi und so weiter.

heit beraubt», so Däniker in der 'Allgemeinen Schweizerischen Militärzeitschrift' (ASMZ, Januar 1978).

Däniker tritt oft als Vortragsreisender für Offiziersgesellschaften auf und ist Lehrbeauftragter an der ETH-Abteilung XI für «Strategie», sowie an der Uni Zürich, wo er zum Beispiel im Wintersemester 1978/79 über die «Sicherheitspolitik der Schweiz» las. Als Oberst im Generalstab ist Däniker Kommandant des Stadtzürcher Infanterieregiments 27; auf den 1. Juli 1980 wurde er zum Divisionär befördert. Auf diesen Zeitpunkt hin wird er (als Berufsoffizier) neuer Stabschef Operative Schulung der Schweizer Armee.

Däniker ist Mitglied des Londoner Instituts für strategische Studien. An der Expo 64 in Lausanne war er wissenschaftlicher Berater für den Armee-Pavillon, und noch heute arbeitet er für's EMD. So ist Däniker Autor der EMD-Broschüre «Unsere Sicherheitspolitik».

Auch seine Dissertation, mit der Däniker 1955 zum Dr.phil. promovierte, schrieb er zu einem militärischen Thema: «Entstehung und Gehalt der ersten eidgenössischen Dienstreglemente». Tatsächlich: Der Militarismus hat Dänikers ganzes Leben bestimmt. Geboren (am 26.8.28) und aufgewachsen ist er im Militärdorf Walenstadt, wo sein Vater Gustav Däniker als Instruktionsoffizier an der Schiesschule tätig war. Gustav Däniker senior war im Zweiten Weltkrieg Autor der in der Grauzone zum Landesverrat anzusiedelnden »Denkschrift Däniker» und wurde 1942 aus der Armee entlassen und sämtlicher öffentlicher Funktionen enthoben.

Auch in Abstimmungskämpfe greift Farner immer wieder ein. Dabei wendet er recht unzimperliche Methoden an. Ein aktuelles Beispiel: Die Quartierbüros waren für die Stimmabgabe zu den Zürcher Regierungs- und Kantonsratswahlen 1979 bereits geöffnet, als in zahlreichen Zürcher Zeitungen zwei Inserate einer «Frauengruppe für liberale Politik, Brigitte Schweizer, 8055 Zürich» erschienen. Darin wurde der SP-Regierungsratskandidatin Lilian Uchtenhagen vorgeworfen, sie denke überheblich über Nichtakademiker. Sie habe sich laut Bericht der 'Solothurner Zeitung' vom 19. März 1974 seinerzeit gegen die Wahl von Willy Ritschard in den Bundesrat gewandt, weil er bloss ein Arbeiter gewesen sei.

SP-Sekretär Peter Zimmermann ging der Sache nach. Bei der Annoncenagentur Orell Füssli erfuhr er die Adresse der «Frauengruppe»: Theaterstrasse 8, Zürich - die Adresse von Farners *Werbeagentur*. Zuständig sei Farner-Mitarbeiter Herr Wild.

Urs Lauffer: Aufsteiger mit einseitiger Begabung

Die *Dr. Rudolf Farner PR-Agentur* war und ist Durchlaufstation für zahlreiche rechte Polit-Jungtürken. Jüngstes Beispiel: Der Zürcher jungfreisinnige Urs Lauffer. Seit er seine Mittelschul-Ausbildung wegen einseitigerBegabung aufgegeben hat, steigt er direkt und ohne akademische Umwege auf. Lauffer ist jüngstes Mitglied der Eidgenössischen Expertenkommission für Jugendfragen. Er ist Präsident der Stadtzürcher Jungfreisinnigen, und nach einem kurzen Gastspiel bei der Jugendzeitschrift *Dialog* trat er 1978 eine Stelle bei der *Farner PR-Agentur* an, wo er, kaum 20jährig, seinen ersten Leitartikel im *Farner Pressedienst* schreiben durfte. Seine *Dialog*-Stelle verdankte Lauffer Cincera-Kumpan Hans Scharpf. Doch der Sohn des freisinnigen Zürcher Kantonsrats Peter Lauffer hatte Höheres im Sinn. Schon nach zwai *Dialog*-Nummern wechselte er an die Zürcher Oberdorfstrasse zu Farner, wo er unter anderem für den *Farner Pressedienst* arbeitet. Er tritt auch für die von ihm aufgezogene *Aktion Jugend und Energie* auf, in der neben ihm die Zürcher Claude Balmer, Jean Marc Hensch (*Dialog*-Mitarbeiter, René Meier, Martin Schütz und Andreas Siegenthaler, Peter Gehler aus Bronschhofen, der rechte Studentenpolitiker Ulrich Knoepfel (*Studenten-Ring*) aus Küsnacht und der Zollikerberger Matthias Hohermuth mitmachen. René Meier ist ein enger Freund Lauffers und ein fleissiger Leserbriefschreiber.

Nach dem selbstauferlegten Ehrenkodex für die Aufnahme politischer Inserate hätten die meisten Zeitungen die Inserate gar nicht mehr publizieren dürfen. Die Tatsache dass das mächtige *Büro Farner* hier Auftraggeber war, bewog sie offenbar, es entgegen ihrer sonst üblichen Praxis doch zu tun. Auch wenn die Zeit für eine Entgegnung der angegriffenen Lilian Uchtenhagen äusserst knapp war.

Es ist wohl fast überflüssig zu erwähnen, dass in der im Inserat zitierten Ausgabe der 'Solothurner Zeitung' weder ein Artikel und schon gar kein Zitat mit dem im Inserat verbreiteten Inhalt gestanden hatte.

Ein Lied von den Farner-Methoden kann auch das Initiativkomitee der Atomschutzinitiative, die am 20. Februar 1979 abgelehnt wurde, singen. In seinem Pressedienst beschrieb das Komitee Farners «unzimperliche Methoden» im Abstimmungskampf: «Farner tut Gutes für die notleidende Presse und stellt den Zeitungen fixfertige Zeitungsseiten, die gratis auch als druckfertige Matern bezogen werden können, zur Verfügung. So spart sich der kostenbewusste Redaktor sogar den Satz. Wer die ganzseitige Reportage über eine mögliche Atomüll-Deponie in Giswil, über den Brennstoff-Wechsel im Atomkraftwerk Beznau oder über die Aufbereitungsanlage von La Hague in seinem Leibblatt liest, kann sich an einem süffigen Text und schönen Fotos freuen. Wer den atomkraftwerk-freundlichen Artikel geschrieben und bezahlt hat, das kann der Leser seinem Leibblatt nicht entnehmen. ... Farner im redaktionellen Teil, Farner bei den Leserbriefen, Farner überall: Die Farner Mitarbeiterin Almuth Helen Graf plaziert erfolgreich Leserbriefe im 'Tages Anzeiger' und in der BaZ, Farner-Mitarbeiter Heinz Dutli schreibt bissige Kolumnen über die Atomschutz-Initiative.»

Dabei war es Farners Taktik, so das Initiativkomitee, «Verwirrung zu stiften, denn wer über eine Vorlage nicht genau Bescheid weiss, stimmt eher Nein».

Farner war mit seinem Verwirrspiel erfolgreich, wie eine Untersuchung im Rahmen der Abstimmungsanalyse «Vox» des Forschungszentrums für schweizerische Politik an der Universität Bern zeigt: 15 Pozent der Stimmbürger legten am 18. Februar 1979 ein Nein zur Atomschutzinitiative in die Urne, obschon sie die Initiative eigentlich befürworteten. Umgekehrt haben nur 4 Prozent «falsch» gestimmt. «Ohne Zweifel» habe die Atomschutzinitiative wegen dieser Falschstimmer das Volksmehr verpasst, analysierten die Berner Sozialwissenschafter das Abstimmungsresultat.

Auch die Aktion «Jute statt Plastic», die von verschiedenen entwicklungspolitischen Organisationen getragen wird, hat ihre Erfahrungen mit Farners Methodenvielfalt gemacht. Nachdem vorher immer wieder Gerüchte über die Herkunft der von der Aktion in der Schweiz vertriebenen Jutetaschen und über den Begriff «Handarbeit aus Bangladesch» aufgetaucht waren, reichte 1978 eine Doris Böhi, Hausfrau, bei der Kommission zur Überwachung der Lauterkeit in der Werbung eine Beschwerde gegen die Jute-Aktion ein. Die Erklärung von Bern, die dasSekretariat der Jute-Aktion betreut, ging der Sache nach. Resultat: Doris Böhi musste zugeben, dass die von ihr eingereichte Beschwerde gar nicht von ihr stammt. Sie hatte sich von ihrem Mann Hans Ulrich Böhi vorschieben lassen. Böhi ist Verwaltungsratspräsident mehrerer Firmen der Plastic- und Rohstoffbranche - und er ist Präsident des zweiköpfigen Verwaltungsrats der Marketing-Firma *Interpars AG.* Zweites Verwaltungsratsmitglied der *Interpars* ist niemand anders als Dr. Rudolf Farner persönlich, der Böhi auch publizistische Schützenhilfe bot: Die *Farner PR-Agentur* verschickte Ende Mai 1979 einen Hetz-Artikel gegen die Jute-Aktion an die Schweizer Presse.

Ein Farner-Kind: Die Informationsstelle für Kernenergie

Farner wirbt auch heute noch – etwa im *Farner Pressedienst* für die Elektrizitätswirtschaft im allgemeinen und für die Kernenergie im besonderen. Die *Schweizerische Informationsstelle für Kernenergie* (SIK), zunächst ebenfalls von der *Farner PR-Agentur* betreut, ist allerdings seit dem 1. Oktober 1977 selbständig und residiert am Limmatquai 138 in Zürich. Geleitet wird die SIK von Roland Mori (*2.9.1935), Dr.jur., der schon vor seinem SIK-Posten als Vizedirektor bei Farner für die Atomlobby arbeitete. Daneben betreute Mori die *Aktion Freiheit und Verantwortung.* 1979 kandidierte Mori erfolglos auf einer FDP-Liste für den Zürcher Kantonsrat.

Verein zur Förderung des Wehrwillens – und der privaten Rüstungsindustrie

Eine der politischen Organisationen, deren Öffentlichkeitsarbeit die *Dr. Rudolf Farner Public Relations Agentur AG* betreut, ist der 1956 aus den Reihen der Gegner der Rüstungsbegrenzungs-Initiative Chevalier entstandene *Verein zur Förderung des Wehrwillens und der Wehrwissenschaft* (VFWW). Er bezweckt die «Ausarbeitung und Verbreitung von Analysen, Beurteilungen und Kommentaren zur strategischen Entwicklung und Lage sowie zu den Möglichkeiten und Problemen unseres Landes», so VFWW-Geschäftsführer und stellvertretender Farner-Direktor Dominique Brunner in einem 'Weltwoche'-Leserbrief im März 1976.

Neben Brunner sind auch Rudolf Farner selbst und Agentur-Direktor Gustav Däniker Mitglieder des VFWW. Zu den gut zwei Dutzend übrigen Wehrförderern zählen Rüstungsindustrielle und hohe Offiziere – so etwa auch Korpskommandant und Ex-Ausbildungschef Gerard Lattion.

Als neutrales und nicht allzu penetrant nach Pulverdampf stinkendes Aushängeschild des Vereins dient VFWW-Präsident Alfred Niggli, von 1972 bis 1974 Rektor der Universität Zürich und als ETH-Professor Leiter des ETH-Instituts für Kristallografie und Petrografie. «Man wollte keinen Vertreter der Rüstungsindustrie und auch keinen Berufsoffizier als Präsident. Und da man keinen Dümmeren gefunden hat, ist man auf mich gekommen», erinnert sich Niggli. Sein Vorgänger als Vereinspräsident war der Versicherungskaufmann und damalige Kommandant des Infanterieregiments 26, Oberst Rolf Gamper aus Küsnacht.

Als VFWW-Vizepräsident amtiert Sulzer-Generaldirektor und Oberst Rudolf Schmid, der auch der Gruppe Wehrtechnik beim Verein Schweizerischer Maschinenindustrieller (VSM) vorsteht. Brigadier Herbert Wanner und der Verwaltungsratspräsident der Georg Fischer AG, Robert Lang, sind ebenfalls Mitglieder. «Ich habe stets versucht, Industrie, Truppe und Verwaltung einander näher zu bringen», erklärte Vizepräsident Schmid gegenüber der BaZ. «Unser Verein tritt nicht direkt an die Öffentlichkeit. Wir beliefern die Zeitungen aber mit Fachbeiträgen.» (4.8.79)

Hauptaktivität des Vereins ist die Einflussnahme auf die öffentliche Meinung mit dem Ziel, ein wehr- und vor allem rüstungsfreundliches Klima zu schaffen. Präsident Niggli: «Wir publizieren etwa drei bis vier Beiträge pro Monat. Das muss nicht unbedingt unter unserem Namen geschehen. Hauptsache ist, dass etwas Vernünftiges geschrieben wird.»

Dass der VFWW angesichts der gegenwärtigen EMD-Politik und einem für die Zeit von 1980–84 vorgesehenen Armeebudget von 15 Milliarden Franken offene Türen einrennt, ist auch Niggli nicht entgangen. «Wir sind jetzt vielleicht etwas weniger aktiv, weil das EMD ohnehin unsere Politik vertritt. Aber das kann sich ja wieder ändern. Deshalb wollen wir dem EMD weiterhin den Rücken stärken.»

Und so schreiben die beiden Farner-'Militärpublizisten' Däniker und Brunner denn auch weiterhin, sozusagen auf Vorrat, regelmässig ihre «Analysen», «Beurteilungen» und «Kommentare». Praktisch jeden Monat erscheint im *Farner-Pressedienst* ein Artikel über den sinkenden Anteil der Armeeausgaben am Bundeshaushalt, über die wachsende militärische Bedrohung durch die Ostblockstaaten und über die Notwendigkeit neuer Waffensysteme und höherer Rüstungsausgaben. Brunner und Däniker schreiben regelmässig für die *Allgemeine Schweizerische Militärzeitschrift*, für den *Schweizer Soldaten* und für *Impact*. Der Name VFWW wird dabei praktisch nie erwähnt.

Auch werden Brunner und Däniker immer wieder als Militärexperten zitiert. In der 'Weltwoche' lässt sich Däniker in einem dreiseitigen «Exklusiv-Report» über die Rüstungsanstrengungen der kommunistischen Staaten aus – er und Brunner sind häufige Kolumnen-Gäste. Auch der 'Blick' zitiert Däniker häufig.

Däniker und Brunner profitieren vom Gastrecht und werben auch da für die Interessen der hinter dem VFWW stehenden heimischen privaten Rüstungsindustrie. Nach dem Skandal über die Kriegsuntauglichkeit des Schweizer Panzers 68 warnte Däniker am 17. Juni 1979 als Gast im 'Sonntags-Blick' davor, «Lob und Tadel überstürzt zu verteilen». Jeder Panzer habe seine Mängel. Vor allem dürfe man jetzt nicht den Fehler machen, das Projekt eines neuen Schweizer Kampfpanzers abzublasen. Der Panzer 68 sei ein Produkt der (unfähigen?) staatlichen EMD-Rüstungsdienste, währenddem der neue Kampfpanzer ein Projekt «der Schweizer Industrie mit der Firma Contraves an der Spitze» sei. Dass die Bührle-Tochterfirma fähig sei, schweres Kriegsgerät zu bauen, habe sie bereits mehrfach gezeigt. Das Farner-Engagement für mehr Waffen und höhere Rüstungsausgaben ist keineswegs selbstloser Idealismus der armeebegeisterten Offiziere an der Spitze der *Dr.Rudolf Farner Public Relations Agentur*. Farner lässt sich für die geleisteten Dienste kommerziell bezahlen. Präsident Niggli unterschreibt monatlich einen Check zur Bezahlung der von Farner erstellten Rechnung. «Farner ist nur die beauftragte Stelle, die realisiert, was wir an unseren Versammlungen beschliessen», erklärt Niggli.

Doch bei höchstens einer oder zwei jährlichen VFWW-Mitgliederversammlungen laufen die Fäden faktisch in den Händen von Däniker und Brunner zusammen. Niggli: «Sie sind die Hauptfiguren.»

Ein aktives Vereinsleben ist für den VFWW ja auch gar nicht wichtig. Hauptfunktion des Vereins ist es, dafür zu sorgen, dass für Farner auch die Propaganda für die Armee ein gutes Geschäft ist.

Freiheit und Verantwortung – im Stile Farners

Im Grunde genommen ist das Geschäftsprinzip der *Aktion Freiheit und Verantwortung* (AFV) genial einfach. Die Vereinigung will gegen Kollektivismus und gegen staatliche Eingriffe in die Marktwirtschaft kämpfen – unter anderem mittels Zeitungsinseraten. Nur: Das ist eine teure Sache. Der *Trumpf Buur* muss sich die 1,2 Millionen Franken für seine Inseratekampagnen jedes Jahr mühsam zusammenbetteln.

Anders die *Aktion Freiheit und Verantwortung.* Sie plaziert einen Grossteil ihrer Polit-Anzeigen völlig gratis. Der simple Trick, mit dem die 1974 gegründete AFV die Zeitungsverleger allein im ersten halben Jahr ihrer Existenz dazu brachte, Inserateraum im Wert von 200 000 Franken zu verschenken: Die AFV reduziert ihre Anliegen in den Gratis-Inseraten vordergründig auf die Interessen der Zeitungsverleger. Gemeinsamer Nenner ist der Kampf gegen Einschränkungen der Werbefreiheit. «Marktwirtschaft und Werbung garantieren die Pressefreiheit», lautet die Formel.

«Ohne die Informationen, welche die Werbung an die Konsumenten heranträgt, lässt sich keine Marktwirtschaft auf Dauer denken. Ohne eine freie Marktwirtschaft bleibt schlussendlich aber auch keine freie Presse mehr übrig. Es kann denn auch der Verleger den Gedanken nicht von sich weisen, ob nicht auch er in einer Aktion mitzumachen habe, die für den Wettbewerb in der Wirtschaft kontinuierlich eintritt», schrieb Ständerat Raymond Broger, AFV-Vorstandsmitglied und Präsident des Schweizerischen Reklame-Verbands (SRV) im April 1974 an die «sehr verehrten Herren Verleger».

Beilage zum Broger-Brief: druckfertige Vorlagen und Matern in je drei Formaten von sechs Inseraten der damals noch unbekannten *Aktion Freiheit und Verantwortung*, Oberdorfstrasse 28, 8001 Zürich. Ueberschriften der Anzeigen: «Mit ein paar 50-Rappen-Stücken können Sie überprüfen, wieviel Freiheit Sie haben», «Die Kommunisten haben soeben die Werbung entdeckt», «Presse – Bannwald der Demokratie», und so weiter.

Der Rattenfänger-Trick der Aktion war ein voller Erfolg. «In erfreulich hohem Masse» übernahmen Zeitungen und Zeitschriften gratis die Inserate, wie das Branchen-Blatt 'Werbung – Publicité' im September 1974 befriedigt vermerkte, als es einen neuen Bettel-Aufruf Brogers samt vier neuen Inseratesujets publizierte. Nach Recherchen des Schweizer Fernsehens verschenkte die NZZ im ersten Halbjahr 1974 Inserateraum für 4000 Franken, der Ringier-Konzern für 60 000 Franken und der 'Tages-Anzeiger' für 65 000 Franken. Auch die 'National-Zeitung' und das 'Vaterland', um nur zwei weitere Beispiele zu nennen, machten mit.

Von Farner, für Farner

Was den Zeitungsverlegern den Entschluss zur Aufnahme der Gratis-Inserate wesentlich erleichterte, ist die Tatsache, dass die Aktion ein Produkt des Farner-Imperiums ist. Armin Zenger, Sekretär des Schweizerischen Inserenten-Verbands (SIV): «Man darf nicht vergessen, dass Farner ein wichtiges Werbebüro hat und gerade für die kleinen Verleger ein wichtiger Inserateauftraggeber ist.» «Die Idee zu der Aktion stammte von Rudolf Farner», bestätigt auch ein leitender Mitarbeiter der *Dr. Rudolf Farner PR-Agentur*. Farner selbst sowie Agentur-Direktor Gustav Däniker sind Mitglieder der Aktion, und betreut wird sie von Hans Rudolf Keller von der Farner-Agentur an der Oberdorfstrasse 28 aus. Als Präsident dient seit der AFV-Gründung im Herbst 1973 der Campingplatzbesitzer Heinrich Bernhard aus Kilchberg. Bernhard war in den sechziger Jahren als Brigadier Stabschef des Gebirgsarmeekorps 3, wo auch Rudolf Farner Dienst tat. Ständerat Raymond Broger (CVP,AI) und der Suchard-Generaldirektor Henry Parel sind die übrigen Vorstandsmitglieder.

Als sich die Aktion am 21. November 1974 erstmals der Presse vorstellte, sassen Bernhard, Aktions-Mitglied Nationalrat Alfred Weber (FDP, UR) und der damalige AFV-Betreuer bei der Farner-Agentur, Anton Stadelmann, vorn an einem Tisch. Bei wichtigen Journalistenfragen antworteten allerdings nicht diese Strohmänner, sondern Rudolf Farner selbst oder Agentur-Direktor Gustav Däniker, der die Veranstaltung auch mit Regieanweisungen auf herumgereichten Zettelchen diskret leitete.

Die an der Pressekonferenz abgegebene Mitgliederliste umfasste rund zwei Dutzend Namen; die meisten davon halten der Aktion noch heute die Stange. «Wissen Sie, wer bei der Aktion Mitglied ist, ist eigentlich gar nicht so wichtig», erklärt dazu ein leitender Farner-Mitarbeiter am Telephon. «Diese Leute haben lediglich die Funktion, das nötige Geld zusammenzubringen.»

Tatsächlich funktioniert die AFV nach dem gleichen Prinzip wie die Farner-Organisation *Verein zur Förderung des Wehrwillens und der Wehrwissenschaft*. Die *Farner-PR-Agentur* arbeitet keineswegs gratis für diese Organisationen. Vielmehr versteht es Farner, auch dann noch profitable Geschäfte zu machen, wenn er seine eigenen politischen Suppen kocht. Die Mitglieder beider Aktionen, beziehungsweise die von ihnen repräsentierten Organisationen und Firmen sorgen dafür, dass für Farner die Kasse stimmt.

Und Farner arbeitet nicht billig: «Um die Arbeit gemäss Tätigkeitsprogramm sicherzustellen, benötigen wir in diesem Jahr einen Gesamtbetrag von 750 000 Franken», schrieb die *Aktion* im April 1975 in einem Bettelbrief an verschiedene Firmen.

November 1976: Farner-Nachtarbeit für Ernst Cincera

Das AFV-Doppelspiel mit der vordergründigen Argumentation «Marktwirtschaft gleich Pressefreiheit» funktionierte einwandfrei bis zum November 1976, als in Zürich die Affäre Cincera aufflog. Wenige Tage nach dem nächtlichen Besuch von Aktivisten des Demokratischen Manifestes in Cinceras Archiv an der Englischviertelstrasse setzte sich Rudolf Farner – ebenfalls nächtens – an die Schreibmaschine und textete das erste Inserat der *Aktion Freiheit und Verantwortung* gegen das DM (Wirtschaftsrevue, 6/77). Ein zweiter Inserateschlag gegen das DM folgte.

Die beiden in allen grösseren Zeitungen publizierten Inserate gehörten zum Übelsten, was damals von Cincera-Seite gegen das DM zu vernehmen war. Den Manifest-Mitgliedern wurden Nazi-Methoden vorgeworfen, es ist von «Überfall«, «Einbruch» und von «Roten Zellen am Werk» die Rede, und der Leser der Inserate wird gefragt, ob vielleicht auch er «auf einem Karteiblatt einer linksextremen Organisation verzeichnet ... und damit 'potentieller Sibirien-Aspirant» sei.

Mit Verlegerinteressen hatten die AFV-Anzeigen überhaupt nichts mehr zu tun. Prompt kritisierten 'Schweizer Illustrierte' und 'Blick' («Schindluderei») ihren Inhalt. Einzelne Zeitungen verweigerten ihre Aufnahme.

Und auch der Schweizerische Inserentenverband (SIV) ging auf Distanz und verurteilte die «offensichtliche Weitherzigkeit, mit der diese Leute ihre ursprüngliche Zielsetzung in die Realität umsetzen». Schutz der Handels- und Gewerbefreiheit und Sympathiekundgebungen für an dubiosen Machenschaften beteiligte Personen hätten schlechthin nichts miteinander zu tun. Der SIV distanzierte sich «vom angesprochenen Missgriff und zukünftigen ähnlichen Handlungen solcher Natur der *Aktion Freiheit und Verantwortung*» (Persönlich, 24.3.77).

Die SIV-Stellungnahme war darum bemerkenswert, weil SIV und AFV ursprünglich zusammengearbeitet hatten. Die Distanzierung kam denn auch für die AFV als «totale Ueberraschung»; Rudolf Farner sprach von einem «Missverständnis» beim SIV, der die Inserate-Aktion falsch verstanden habe.

Die Kontakte zwischen den beiden Organisationen kommen allerdings auf Dauer zum Erliegen; das «Unbehagen über den Stil der AFV» dauert bei SIV-Sekretär Zenger an, wie er erklärt. Zenger spricht der AFV auch die Berechtigung ab, sich als «PR-Stelle der Werbewirtschaft titulieren zu lassen». «Davon kann keine Rede sein», erklärt Zenger. «Farner leitet das eigenmächtig von seinen Ämtern beim Reklameverband ab, wo er Vizepräsident ist.»

Dummerweise erschien im Januar 1977 fast gleichzeitig mit einem zweiten AFV-Inserat zur Affäre Cincera ein neuer, bereits Wochen vorher getexteter Aufruf Raymond Brogers an die Verleger zur Aufnahme von Gratis-Inseraten, die, so Broger immer noch, «der Erhaltung einer freien und

Möchten Sie einmal unseren Bundespräsidenten Willi Ritschard so fotografiert sehen, so wie Aldo Moro?

Nicht?

Dann müssen Sie aber am 3. Dezember mithelfen, dass eine moderne, einsatzbereite und schlagkräftige

Anti-Terror-Polizei

geschaffen werden kann!

Parlament und Bundesrat können die Verantwortung im sicherheitspolizeilichen Bereich gegenüber der Oeffentlichkeit nur tragen, wenn Sie und wir, wenn das Volk auch die nötigen Mittel zur Verfügung stellt!

In den Erläuterungen des Bundesrates heisst es:

«Worum geht es?

Der internationale Terror hat auch vor den Grenzen unseres Landes nicht haltgemacht. Geiselnahmen, Bombenanschläge, Entführungen können sich jederzeit auch bei uns ereignen und Massnahmen erfordern, für welche die Mittel eines einzelnen betroffenen Kantons nicht ausreichen. Es ist deshalb notwendig, zum Schutz des Bürgers rechtzeitig Vorkehren zu treffen.

Wie wird die Sicherheitspolizei des Bundes eingesetzt?

Die Sicherheitspolizei ist nach dem Baukastensystem aus kantonalen Polizeibeständen zusammengesetzt. Der Bundesrat ruft im Bedarfsfall die erforderlichen Kontingente ab. Befinden sich die Einheiten der Sicherheitspolizei weder in der Ausbildung noch im Einsatz, so leisten sie ihren ordentlichen Dienst bei ihrer kantonalen Polizeitruppe.

Es wird somit weder eine neue noch eine stehende Polizeitruppe geschaffen.»

Für was «Polizei?»

Polizei — und auch die Bundessicherheitspolizei — ist nicht dazu da, um wild dreinzuschlagen.

Aber dafür ist sie da,

- **um dem Gesetz Nachachtung zu verschaffen,**
- **den Einzelnen und die Familien zu schützen,**
- **die Ordnung aufrechtzuerhalten,**
- **die innere Sicherheit zu gewährleisten.**

Die interkantonale Sicherheitspolizei (BuSiPo) ist ein modernes und wirksames Instrument zur Bekämpfung des Terrorismus.

Sie ist keine «Repressionspolizei», wie die Linksextremen lügen, aber ein Mittel, um unsere Freiheit gegen Terrorismus und Gewalt zu verteidigen.

Wer will eine wehrlose Schweiz?

Im «Komitee gegen die Repressionspolizei» sind die Vertreter linksextremer Kreise tonangebend:

- DM, Demokratisches Manifest
- PdA, Partei der Arbeit
- PSA, Partito socialista autonomo
- POCH, Progressive Organisationen der Schweiz
- RML, Revolutionäre marxistische Liga
- Soldatenkomitees Aarau, Basel, Bern, Lausanne, Luzern, Zug, Zürich
- GAGAK, Gewaltfreie Aktion gegen das Atomkraftwerk Kaiseraugst

- KJV, Kommunistischer Jugendverband

Sie sind am 3. Dezember gegen die Bundessicherheitspolizei,

- **weil sie die Sicherung von Ruhe und Ordnung im Lande nicht wollen**
- **weil eine Erhöhung der Sicherheit von Bürger und Staat — und damit die Bundessicherheitspolizei — ihnen nicht in die Verfolgung ihrer wahren politischen Absichten passt.**

Wenn wir sehen, wer im «Komitee gegen die Repressionspolizei» sitzt, ist dies Grund genug, am 3. Dezember zu stimmen:

Bundessicherheitspolizei BuSiPo JA

> «Wer den Kampf gegen die Sicherheitspolizei mit dem Argument führt, diese diene dem (unerwünschten) Zweck der Aufrechterhaltung der inneren Ordnung; strebt also einen **Zustand ohne innere Ordnung** an.
>
> Ein Zustand ohne innere Ordnung entspricht der Schaffung einer revolutionären Situation.»

Terrorszene Schweiz

Das praktische Ziel linksextremer Gruppen ist der Zusammenbruch der bestehenden Gesellschaft. Diese Tatsache und die Mordaktivität der Terroristen können zu einer Terrorszene Schweiz führen, wenn wir den Anfängen nicht wehren.

Oder ist der Anfang schon gemacht?

18. Februar 1969

Auf eine Maschine der El-Al wird in Kloten ein Anschlag verübt. Terroristen beschiessen das Flugzeug und werfen Brandbomben.

21. Februar 1970

Palästinenser bringen eine Coronado der Swissair mit einer Zeitzünderbombe bei Würenlingen zum Absturz (die Untersuchung spricht von mit an Sicherheit grenzender Wahrscheinlichkeit). Neun Besatzungsmitglieder und 38 Passagiere finden den Tod.

6.—9. September 1970

Fünf Flugzeugentführungen durch Palästinenser. Vier Flugzeuge werden zu Notlandungen in Jordanien gezwungen und dort gesprengt. Besatzungen und Passagiere leben tagelang als Geiseln in Todesangst, darunter zwölf Besatzungsmitglieder und 143 Passagiere der Swissair. Die Swissair verliert eine DC-8.

25. April 1972

An der Bändlistrasse in Zürich stellt die Polizei Diebesgut einer ultralinken Gruppe sicher, das für den bewaffneten Kampf dienen sollte. Die Anarchisten verfügen über Laborgeräte für die Herstellung von Sprengstoffen, Adressenverzeichnisse der wichtigsten Leute in der Schweizer Wirtschaft und Industrie sowie über Pläne für Entführungen.

März 1975

Fünf Leute werden verhaftet, die aus Magazinen unserer Armee grössere Mengen Munition und Waffen, darunter auch Panzer- und Tretminen, gestohlen hatten. Eine Brandstiftung und sechs Sprengstoffanschläge, eine Reihe von Einbrüchen und ein geplanter Raubüberfall auf ein Zeughaus gehen auf das Konto der Verhafteten,

Finanzierung

Das sogenannte «Demokratische Manifest» hat schon die Frage aufgeworfen, wer die Inserate der Aktion Freiheit und Verantwortung bezahle, und Professor Muschg hat seinen Anhängern vorgerechnet, was das einzelne unserer Inserate koste.

Wir geben gerne Auskunft!

Wir leisten unsere Arbeit dank unseren eigenen und dank Hunderten von freiwilligen Beiträgen besorgter und senkrechter Staatsbürger.

Darum besten Dank an Sie alle, die Sie mit Ihrem Beitrag uns Ihre Zustimmung und tatkräftige Hilfe zum Ausdruck bringen.

Unterstützen Sie die
«Aktion Freiheit und Verantwortung»
mit Ihrem Beitrag auf
Postcheck-Konto
80 - 31010

Dezember 1977

Fanatisierte Kernkraft-Gegner verüben zwei Sabotageakte auf SBB-Linien, indem sie mit Drahtseilen die Geleise blockieren und so eine Entgleisung in Kauf nehmen und Kurzschluss verursachen.

20. Dezember 1977

Gabriele Kröcher und Christian Möller schiessen beim Grenzposten Fahy zwei Schweizer Zöllner zusammen.

2. Juli 1978

Eine «Gruppe» jagt in Genf einen Gross-Transformator in die Luft.

14. Juli 1978

Auf das Berner Amtshaus wird ein Sprengstoffanschlag verübt.

Die freiheitliche Demokratie muss anderen Auffassungen gegenüber tolerant sein. Aus ihrer Verantwortung muss sie aber denjenigen, welche die Zerstörung dieser Freiheit und unseres Landes anstreben, im Rahmen der Rechtsordnung mit Entschlossenheit entgegentreten.

Darum am 3. Dezember

Bundesgesetz über die Erfüllung sicherheitspolizeilicher Aufgaben des Bundes,

BuSiPo

Aktion Freiheit und Verantwortung

Oberdorfstrasse 28, 8001 Zürich
Der Präsident:

Heinrich Bernhard

AO210

November 1978: Farner-Demagogie für die Bundessicherheitspolizei differenzierten Presse sowie der Bekämpfung ungerechtfertigter Angriffe auf die Werbung» dienten.

Nun distanzierte sich auch der Schweizerische Zeitungsverlegerverband (SZV) offiziell von dem Farner/Broger-Aufruf. Sekretär Charles Th. Jean-Richard zu den Anti-DM-Inseraten: Diese Geschichte hat sehr viel mit handfester Auseinandersetzung zu tun. Da kann man einfach nicht mehr den Aufhänger 'Werbefreiheit' nehmen.» Mit den AFV-Inseraten für Cincera habe die AFV das «letzte Verbindungsfädchen'» zum SZV zerrissen (SDA, 27.1.77).

Polit-Prominenz hält Farner die Stange

Immerhin: Von den prominenten Mitgliedern der *Aktion Freiheit und Verantwortung* konnte sich niemand zu einem Austritt entschliessen. Indem sie die AFV weiterhin mit ihren Namen hausieren liessen, unterstützten sie nachträglich die Nacht-und-Nebel-Inserate-Aktion Farners. Im Juni 1977 präsentierte sich die mit «vertraulich« überschriebene Mitgliederliste der *Aktion* wie folgt:

Beat Auer, Dr.iur., (*1928), Sekretär der Promarca (Schweizerische Gesellschaft der Konsumgüterindustrie), Zürich

Felix Auer, Dr.rer.pol., (*1925), Nationalrat FDP BL, Bottmingen

Heinrich Bernhard, Dr.iur., (1914), Präsident AFV, bis Juli 1979 finnischer Honorarkonsul, Inhaber eines Campingplatzes in Tenero TI, Papiervertreter, Kilchberg

Julius Binder, Dr.iur., Fürsprech, Präsident der Vereinigung der schweizerischen Flugzeugindustrie, CVP-Vertreter im Patronatskomitee der Stiftung *Dialog*, Baden

Ulrich Bremi, (*1929), Nationalrat FDP ZH, Ingenieur, Zollikon

Raymond Broger, Dr.iur., (*1916), Ständerat CVP AI, Landammann, Ombudsmann der Privatassekuranz, Vorstandsmitglied AFV, Präsident des Schweizerischen Reklameverbands, Mitglied des Zentralvorstands des *Hofer-Klubs*, Appenzell

Francis Cagianut, Dr.iur., (*1925), Professor für öffentliches Recht an der Hochschule St.Gallen, Präsident des St.Galler Verwaltungsgerichts, Mörschwil

Fernand Corbat, (*1925), Nationalrat FDP GE, Präsident der Genfer Industrie- und Handelskammer, Präsident des Verbands der schweizerischen Tabakindustrie, Collonge-Bellerive GE

Gustav Däniker, Dr.phil., (*1928), Direktor und Verwaltungsratsdelegierter der *Dr. Rudolf Farner Public Relations Agentur*, Zürich

Alphons Egli, Dr.iur., (1914), Ständerat CVP LU, Rechtsanwalt, St. Niklausen LU

Rudolf Etter, (*1914), Nationalrat SVP BE, Mostereibesitzer, Präsident des Schweizerischen Gewerbeverbands, Präsident der Schweizerischen Ve-

reinigung des privaten landwirtschaftlichen Handels, Präsident des Schweizerischen Hornusser-Verbands, Aarawangen
Rudolf Farner, Dr.iur., (*1917), Inhaber der *Dr. Rudolf Farner PR-Agentur* und der *Dr. Rudolf Farner Werbeagentur*, Stäfa
Bruno Fellinger, Bankier, Küsnacht
Otto Fischer, Dr.oec.publ., Nationalrat FDP BE, Direktor des Schweizerischen Gewerbeverbands, Vorstandsmitglied des *Redressement National*, Unterzeichner der Friedrich-Interpellation zu Cincera im Nationalrat, Bern
Jules Fritschi, Kaufmann, Stäfa
Erich Gayler, Dr.iur., (*1916), Rechtsanwalt, Präsident AVIA (Vereinigung unabhängiger Schweizer Importeure von Erdölprodukten), Honorarkonsul von Senegal, Zürich
Lise Girardin, (*1921), alt Ständerätin FDP GE, Genf
Marcel Grossmann, Dr., (*1904), seit 1939 im Vorstand des *Redressement National*, wovon 1964—77 als Vizepräsident, Honorarprofessor für Versicherungswirtschaftslehre an der Hochschule St.Gallen, Herrliberg
Fritz Honegger, Dr.oec.publ., (*1917), bis Ende 1977 Ständerat FDP ZH, seither Bundesrat, Rüschlikon
Fritz König, Präsident des Verbands Schweizerischer Generalunternehmer, Stiftungsratsmitglied der dem *Redressement National* nahestehenden *Stiftung für Eigentumsförderung*, Zürich
Markus Kündig, (*1931), Ständerat CVP ZG,Buchdruckereibesitzer, Vorstandsmitglied des Vereins *Schweizerische Politische Korrespondenz*, Zug
Edgar Oehler, (*1942), Nationalrat CVP SG, Chefredaktor 'Ostschweiz', Mitglied des Zentralvorstands und Vizepräsident der Geschäftsleitung des *Hofer-Klub*, Unterzeichner der Friedrich-Interpellation zu Cincera im Nationalrat, Balgach SG
Henry E. Parel, Generaldirektor Suchard, Neuchatel
O. Pernet, Fürsprech, bis Ende 1978 Direktor der Vereinigung des Schweizerischen Import- und Grosshandels, seither pensioniert, Basel
Richard Sprüngli, (*1916), Inhaber der Confiserie Sprüngli am Zürcher Paradeplatz, Ehrenzunftmeister der Zunft zur Schiffleuten, Präsident des Rotary Club Zürich, Rüschlikon
Anton Stadelmann, bis 1975 Betreuer der AFV in der *Farner PR-Agentur*, seither Chefredaktor der *Schweizerischen Politischen Korrespondenz*, Langnau im Emmental
Georg Stucky, Dr.iur., Finanzdirektor des Kantons Zug, Präsident der Schweizerischen Erdölvereinigung, Baar
Jean Vannini, Malermeister und Unternehmer, Mitglied des Stiftungsrates des Gottlieb Duttweiler Instituts in Rüschlikon, Zürich
Alfred Weber, Dr.iur., (*1923), Nationalrat FDP UR, Fürsprech und No-

tar, Mitglied des beratenden Ausschusses des *Schweizerischen Ost-Instituts*, Altdorf
Joachim Weber, Dr.h.c., (1913), alt Nationalrat FDP SZ, ex-Präsident des Schweizerischen Bauernverbands, Rickenbach SZ
Egon P.S. Zehnder, Dr.iur., (193o), Unternehmensberater, Mitglied des Patronatskomitees der *Informationsgruppe Schweiz*, Unterzeichner Aufruf des *Redressement National* zu den Nationalratswahlen 1975, Küsnacht

Nochmals zwei Jahre später, im Mai 1979, präsentierte sich die AFV-Mitgliederliste im wesentlichen unverändert. Einzige Mutationen: Rücktritte des in den Bundesrat gewählten Fritz Honegger sowie von O. Pernet; neu dazu kam Nationalrat Rudolf Reichling (SVP ZH).

Auch nach der Unterstützungsaktion für Cincera meldete sich die AFV wieder mit harten politischen Inseraten. So im November 1978 mit einer aufsehenerregenden Polemik für die Bundessicherheitspolizei («Möchten Sie einmal unsern Bundespräsidenten Willi Ritschard so fotografiert sehen, so wie Aldo Moro?») und im März 1979 mit jener Anzeige nach der Wehrvorführung der Felddivision 6 in Zürich. Das bei diesem Anlass verteilte Gratis-*Abendland* wurde ebenfalls mindestens teilweise über ein grosses Inserat der AFV finanziert.

Während diese politischen Inserate von der AFV bezahlt und über Bettelaktionen finanziert werden, funktioniert der alte Trick mit der Werbefreiheit auch immer noch. Hörige Zeitungsverleger schenken der *Aktion* immer noch fleissig Gratis-Inserate, obschon die AFV nach der Cincera-Stützungsaktion längst disqualifiziert sein müsste, und obschon auch die Verleger merken müssten, dass die Werbefreiheits-Kampagnen der AFV nur Mittel zum Zweck sind und unter den Aktivitäten der *Aktion* nur noch unter 'ferner liefen' figurieren.

So heisst es in einem Bettelbrief der *Aktion* vom Mai 1979:

«Im Sinne unseres Tätigkeitsprogramms setzt sich die Aktion auch 1979 ein für soviel Staat wie nötig und soviel Freiheit wie möglich, für die klare Ablehnung etatistischer Initiativen in Bund und Kantonen, für ein fortgesetztes Sparen des Staates dort, wo er kann, für ein Masshalten bei den schon aufgeblähten Sozialausgaben, für eine freie, der Selbstkontrolle und nicht staatlichen Verboten unterworfene Werbung und eine freie, gesunde und vielfältige Presse als Voraussetzung für das Funktionieren der Marktwirtschaft, für eine Energiepolitik, in der künftige Optionen nicht durch unüberlegte Vorstösse verbaut werden.»
Langfristig gilt der Kampf der AFV «der Erhaltung unseres Rechtsstaates; dem unbegründeten Vordringen des Staates in private Lebensbereiche; einem unüberlegten Trend zum 'Wohlfahrtsstaat', der dem selbstverantwortlichen Bürger keinen Spielraum lässt; einer ideologisierten Steuerpolitik, welche die direkten Steuern von einem Instrument der Mittelbe-

schaffung zu einem Instrument der Einkommens-Umverteilung macht; der Tendenz, durch immer einschneidendere Eingriffe die Marktwirtschaft zu knebeln und damit neue wirtschaftliche Probleme zu schaffen; der Absicht, der Presse durch Werbereglementierung und -beschränkung die wirtschaftliche Basis zu entziehen.»

Diese Ziele erreicht die AFV mit folgenden Mitteln: «Öffentliche Stellungnahmen zu aktuellen politischen Ereignissen, Kontakte mit Behörden, Parlamentariern, Parteien, politischen und wirtschaftlichen Organisationen aller Art; Einschaltung in Vernehmlassungsverfahren; Zusammenarbeit mit Presse, Radio und Fernsehen; Streuung von Inseraten; Vermittlung von Dokumentationen.»

Auch wenn diese Aufzählung wohl mehr den Charakter einer Rechtfertigung des Riesen-Budgets der AFV gegenüber ihren Geldgebern hat, zeigt sie doch das umfassende Programm, das sich von demjenigen eines *Redressement National* oder von den Vorstellungen eines Robert Eibel kaum unterscheidet. Tatsächlich bestehen auch von den AFV-Mitgliedern zu diesen Schwesterorganisationen zahlreiche personelle Querverbindungen. «Getrennt marschieren, geeint schlagen», ist entsprechend auch die Devise der AFV, wie Präsident Bernhard an der Pressekonferenz im November 1974 offen bekannte.

In grossem Umfang spielte die Geschichte mit den Gratis-Inseraten im Vorfeld der Abstimmung über die Initiative der schweizerischen Guttempler-Jugend zum Verbot der Suchtmittelreklame im Februar 1979. Zahllose Verleger liessen sich wieder vor den Farner-Karrenspannen und publizierten die von Farner-Mitarbeiter Dominique Brunner getexteten Inserate «Die Freiheit stirbt zentimeterweise» und «Ist Bier ein Suchtmittel?». Bei der Guttempler-Initiative ging Farner, dessen Werbeagentur von einem Suchtmittelreklame-Verbot natürlich betroffen gewesen wäre, gleich auf mehreren Ebenen vor. Neben den AFV-Inseraten rief Rudolf Farner persönlich in ganzseitigen, von ihrer Typografie her ganz wie AFV-Inserate aufgemachten Inseraten die Schweizer zum Nein zur Initiative auf: «Am 18. Februar lässt sich der Schweizer sein Bier, sein Glas Wein, seinen Stumpen, seine Zigarette nicht vermiesen!» In der Jean-Frey-Presse erschienen hundertprozentig identische Inserate übrigens ebenfalls, nur waren sie dort von einem «Komitee 'Persönliche Freiheit'» gezeichnet, das an der «Rüdigerstrasse 12, 8021 Zürich» zuhause sei - dem Sitz des Medienkonzerns Jean Frey AG selbst.

Bank Julius Bär: Politische Wetterberichte

«Parasitäre Armeen verschlingen bis zur Hälfte des Staatsbudgets. Ihre einzige Funktion besteht darin, die jeweiligen Machthaber am Ruder zu halten.» Dieser Satz stammt nicht aus einer Publikation des Friedensrates oder der Kriegsdienstgegner, sondern auch dem Pressedienst der Bank Julius Bär, in deren Geschäftsleitung der Ex-AfD-Präsident und Oberst Ernst Bieri sitzt. Nur: Der Abschnitt bezieht sich nicht auf die Schweizer Armee, sondern er stammt aus einem Bär-Text über «Unergiebige Entwicklungshilfe». Der Westen müsse begreifen lernen, «dass die massgebenden Wortführer der Entwicklungsstaaten, die über kein fundiertes volkswirtschaftliches Wissen verfügen, die Bedeutung einer freiheitlichen Wirtschaftsordnung gar nicht zu ermessen in der Lage sind, sondern eine Revolution in einem destruktiven, unergiebigen staatsinterventionistischen Sinne zum Ziel gesetzt haben... Ist es dem Westen ernst mit der Erhaltung seines Wohlstandes..., so ist den Entwicklungsländern deutlich zu machen, dass es auch für sie kein leistungsfähigeres System als das marktwirtschaftliche und die sich darauf gründende liberale Weltwirtschaftsordnung gibt.» So und ähnlich tönt es jeden Donnerstag im 'Wochenbericht' des Zürcher Bankhauses Julius Bär, der sich nicht nur mit Bankangelegenheiten, Wechselkursen und internationalen Warenmärkten befasst, sondern stets auch politische Themen in ausführlicher Form abhandelt. Da wird die Senkung der Löhne des SBB-Personals gefordert, über den «missionarischen Eifer von Presse, Radio und Fernsehen», die mit ihrer «Informationslawine einen grossen Teil der Schuld an der Verunsicherung des Bürgers tragen», gewettert und längstvergangenen Zeiten nachgeträumt, als Studenten noch «klassenbewusst» und «mit Krawatte und Massanzug» zur Universität gingen. Staht dessen stehe heute «im Erziehungswesen Hannibal vor den Toren»: «Auch die Schule steht im Fadenkreuz der marxistischen Umbaustrategie. Und hier, an der vordersten Front unseres Bemühens um eine menschenwürdige Zukunft, bei der Jugend nämlich, ist Wachsamkeit oberstes Gebot» (3.5.79).

Die Bär-Artikel, die in den Zeitungen oft mit dem Zeichen bjb erscheinen, sind jeweils nicht namentlich gezeichnet; ihr Autor bleibt anonym. Da ist es nützlich zu wissen, dass Ernst Bieri Teilhaber der Bank ist. Auch Nicolas J. Bär, der zusammen mit seinen Vettern Peter J. Bär und Hans J. Bär an der Spitze der Privatbank steht, sind wir schon begegnet: Er ist seit 1979 Rechnungsrevisor des *Redressement National.*

Hofer-Klub: Die Mattscheiben-Wächter

Als «überparteiliche Vereinigung schweizerischer Fernsehzuschauer und Radiohörer» ist sie ausgezogen. In ihrem Zweckartikel brüstet sie sich, «gegenüber der Schweizerischen Radio- und Fernsehgesellschaft (SRG) und der Konzessionsbehörde von Radio und Fernsehen die Interessen der Zuschauer und Hörer zu vertreten». Das Bulletin der *Aargauischen Vaterländischen Vereinigung* (AVV) preist sie gar als «einzige Organisation der Radio- und Fernsehkonsumenten» an. Und bei jeder Gelegenheit geben die Exponenten der *Schweizerischen Fernseh- und Radio-Vereinigung* (SFRV) vor, im Namen der Volksmehrheit zu sprechen, die sich gegen Manipulationsversuche durch das linksunterwanderte Fernsehen wehre.

Eine Konsumentenorganisation will die SFRV sein. Nur: Ob die Konsumenten sie auch wollen, bleibt eine offene Frage. Seit der Gründung der SFRV im Januar 1974 konnte die Schweizer Fernsehnation genau einmal zu Medienfragen an der Urne Stellung nehmen: bei der Abstimmung über einen Radio- und Fernsehartikel für die Bundesverfassung am 26. September 1976.

Neun Monate vor der Abstimmung prahlte die SFRV, die im Volksmund besser als *Hofer-Klub* bekannt ist, der Radio- und Fernsehartikel sei in der vorliegenden Fassung vorab ihr Werk. Sie habe einiges «zur entschiedenen Haltung des Parlaments beigetragen», lobte sich die SFRV in ihrem Bulletin, und es sei aller Grund vorhanden, «mit dem Resultat zufrieden zu sein». Einen Monat vor dem Urnengang verkündete der *Hofer-Klub*, der vorliegende Radio- und Fernsehartikel stelle einen «unter der gegebenen politischen Konstellation optimalen Kompromiss dar».

Tatsächlich verlief bis zur Abstimmung für die SFRV alles programmgemäss. Präsident der Expertenkommission des Bundes war der Berner Professor Fritz Gygi, damals Mitglied des Zentralvorstands der SFRV; die Ständeratskommission präsidierte Raymond Broger, ebenfalls Mitglied des SFRV-Zentralvorstands. Broger hatte seinerzeit für einen grossen Pressewirbel gesorgt, als er als Präsident der Ständeratskommission im April 1974 mit einer von der SFRV zusammengestellten Liste unter dem Arm mit seiner Kommission im Fernsehstudio in Zürich-Seebach aufkreuzte und sich elf TV-Beiträge vorführen liess.

Doch das Abstimmungswochenende brachte den selbsternannten Fernsehpolizisten eine unerwartet deutliche Niederlage. Nur gerade 43 Prozent der Stimmenden und nur gerade dreieinhalb Stände nahmen die Vorlage an. Alle andern wollten «keinen Maulkorb für unser Fernsehen», wie einer der gegnerischen Slogans gelautet hatte. Die Zeitungskommentatoren waren sich einig, dass das Abstimmungsresultat eine «schallende Ohrfeige» für die «Fernseh-Vögte» um Nationalrat Walther Hofer (SVP BE) und seine Mannen vom *Hofer-Klub* darstelle, die sich in der Öffentlichkeit für die Vorlage stark gemacht hatten.

Im September 1976 war der *Hofer-Klub* bereits zweieinhalb Jahre alt. In dieser Zeit hatte er die Schweizer Öffentlichkeit mit einer Unzahl von Communiqués, Protesterklärungen und Programmbeschwerden gegen das linksunterwanderte Fernsehen strapaziert. Zur Zeit des grössten Übermuts, im Frühjahr 1976, wurde in der SFRV der Ruf laut, der Kopf des (freisinnigen) TV-Programmdirektors Guido Frei müsse rollen.

Seither ist es eher still geworden um den *Hofer-Klub*. Im Juni 1977 stellte das bis anhin regelmässig an die Presse verschickte *SFRV-Bulletin* sein Erscheinen ein. Langsam versiegte auch die Beschwerdeflut.

Zu reden gab die SFRV erst 1979 wieder, als mit der per Ende 1978 erfolgten Trennung vom langjährigen SFRV-Sekretär Willy Güdel die Orientierungskrise der Vereinigung auch nach aussen manifest wurde. Ein neuer Sekretär, der PR-Mann Martin Raeber, sollte die SFRV zu neuen Erfolgen – was immer auch darunter zu verstehen ist – führen.

Doch gehen wir der Reihe nach. Gegründet wurde die SFRV am 30. Januar 1974 in Bern. Sie platzte damals in eine geladene innenpolitische Stimmung; das Stichwort der bösen Linken, die sich auf dem langen Marsch durch die Massenmedien befänden, war in aller Munde. Entsprechend wurde das Ereignis der SFRV-Gründung von zahlreichen Zeitungskommentatoren gewürdigt. Zurückhaltend liess sich die NZZ vernehmen, Jubel im SFRV-nahen 'Aargauer Tagblatt', und in der 'Weltwoche' schrieb Chefredaktor Hans O. Staub: «Sie gibt sich die Etikette der Überparteilichkeit, ist aber im Grunde als Inquisitionstribunal streng konservativ-bourgeoiser Kreise angelegt, die in den Massenmedien alle Freiheiten gelten lassen, solange sie 'ihre' Freiheiten sind» (6.2.74).

Der eigentlichen SFRV-Gründung im Januar 1974 vorausgegangen war im Juni 1972 eine vehemente Attacke aus Kreisen der SVP gegen das Fernsehen. Im Nationalrat forderte der SVP-Parlamentarier Erwin Akeret zusammen mit 106 Mitunterzeichnern und im Ständerat der SVP-Mann Fritz Krauchthaler (20 Mitunterzeichner) in gleichlautenden Postulaten eine schärfere Kontrolle des Bildschirm-Geschehens. Der Vorstoss wurde von einer ähnlichen Attacke im SVP-Pressedienst unterstützt. Eine 36seitige Dokumentation beschuldigte das Fernsehen des journalistischen Ungenügens, der politischen Einseitigkeit und der Verletzung der Programmrichtlinien und Konzessionsbestimmungen. Von den zitierten 37 Fällen angeblicher Manipulation blieben am Schluss allerdings nur deren sechs stehen; in zwei Fällen musste der SVP gar per Gerichtsurteil verboten werden, unwahre Aussagen zu verbreiten. Bei der Dokumentation Pate gestanden hatten neben der *Wirtschaftsförderung*, die Tonbandunterlagen lieferte, auch Robert Vögeli, Leiter des *Instituts für politologische Zeitfragen*, und schon damals war auch der spätere SFRV-Sekretär Willy Güdel mit dabei, allerdings noch als Programmmitarbeiter des später von ihm so gehassten Fernsehens der deutschen und rätoromanischen Schweiz.

Zentralvorstand und Geschäftsleitung des Hofer-Klub

Während der Zentralvorstand der *Schweizerischen Fernseh- und Radio-Vereinigung* (SFRV) unter dem Präsidium von Felix Matthys eher repräsentative Funktionen hat, ist die Geschäftsleitung das Gremium, wo wichtige Entscheide getroffen werden; sie wird von Karl Völk präsidiert. Die Geschäftsleitungsmitglieder, die alle auch im Zentralvorstand sitzen, sind mit einem * bezeichnet.
Marcel Aeschbacher*, Sekretär des *Landesverbands freier Schweizer Arbeiter*, Bern
Max Beer*, Kaufmann, Bern
Raymond Broger, Ständerat CVP AI, Ombudsmann der Privatassekuranz, Präsident des schweizerischen Reklameverbands, Landammann, Appenzell
Othmar Fries, Direktor der internationalen Musikfestwochen Luzern, Meggen LU
Heinrich Fueter, Filmproduzent, St. Moritz
Eva Heller, Riehen BL
Markus Herzig*, Fürsprech, Aktivist der *Aargauischen Vaterländischen Vereinigung* (AVV), Hausen bei Brugg
Walther Hofer*, Gründer und bis 1978 Präsident des Zentralvorstands der SFRV, Nationalrat SVP BE bis 1979, Ordinarius für Geschichte an der Universität Bern, Stettlen BE
Ernst Jaberg, alt Regierungsrat, Bern
Max Koller, Stadtrat CVP und Finanzvorstand der Stadt Zürich, Zürich
Markus Kündig, Ständerat CVP ZG, Buchdruckereibesitzer, Vorstandsmitglied des Vereins *Schweizerische Politische Korrespondenz* (spk), Zug
Elisabeth Lardelli*, Grossrätin SVP, alt Nationalrätin (1975 nicht wiedergewählt), Fürsprecherin, Chur
Felix Matthys*, (*1943), Präsident des Zentralvorstands der SFRV seit 1978, Kies- und Asphaltwerk-Unternehmer, einst Mitbegründer und Präsident der Jungen SVP, Nationalratskandidat SVP 1975, Zürich-Höngg
Rolf Mauch*, bis 1978 Präsident der Geschäftsleitung der SFRV, Sekretär der Aargauischen Industrie- und Handelskammer, Aarau

Laut Statuten will die SFRV die Interessen der Radiohörer und Fernsehzuschauer gegenüber der SRG und der Konzessionsbehörde wahrnehmen. Eine etwas deutlichere Sprache als diese offiziellen Verlautbarungen sprechen Bettelbriefe, die der *Hofer-Klub* bei seiner Gründung an die «Kon-

Walther Hofer

Karl Völk

Felix Matthys

Kaspar Meier, Nationalrat FDP LU, Rechtsanwalt, Luzern
Peter Meyer-Misteli, Sekretär der *Aargauischen Gruppe gegen Medienmanipulation*, Wohlen AG
Max Mössinger, Vorsitzender der Vereinigung *Pro Libertate*, in den sechziger Jahren Referent an den Generalversammlungen der *Aargauischen Vaterländischen Vereinigung*, Bern
Edgar Oehler*, Nationalrat CVP SG, Chefredaktor 'Ostschweiz', Balgach
Niklaus Rentsch, Fürsprecher, Bern
Albrecht Rychen, Gewerbelehrer, Lyss BE
Willy Sauser*, alt Nationalrat EVP ZH, Patronatskomitee *Helfen statt Töten*, Mitglied des beratenden Auschusses des *Schweizerischen Ost-Instituts*, Mitglied des Patronatskomitees der Stiftung *Dialog*, Zürich
Robert Stuber, Rektor, Biel
Alfred Stucki, Spezialarzt FMH, Thun
Eduard Vögeli, Fehraltdorf ZH
Karl Völk*, Präsident der Geschäftsleitung der SFRV seit 1978, Direktor der Schweizerischen Bankgesellschaft, Zürich
Sigmund Widmer, Stadtpräsident von Zürich, Nationalrat LDU ZH, Zürich
Edzard Wüstendörfer, Schauspieler, Zürich
Otto Zwygart, Nationalrat EVP BE, Patronatskomitee *Helfen statt Töten*, pensionierter Lehrer und Radio-Gärtner («Jakob Bohnenblust»), Köniz

zernleitungen» verschiedener Firmen verschickte. «Wir gestatten uns, Sie um Unterstützung zu bitten, indem Ihr Unternehmen der SFRV als Kollektivmitglied beitritt und darüber hinaus einen einmaligen, namhaften Gründungsbeitrag zur Verfügung stellt. Wir hoffen auf Ihre tatkräftige Mithilfe zur Herstellung einer politisch ausgewogenen und den wahren Interessen unseres Volkes und unserer Wirtschaft dienenden Medienpolitik bei Radio und Fernsehen.»

Seriöses Pendant zur SFRV: der wf-Radio- und Fernsehspiegel

Beim Probelauf zur Gründung der SFRV, bei der Lancierung der Postulate Krauchthaler und Akeret, war die *Wirtschaftsförderung* (wf) noch Geburtshelfer: Sie lieferte die Tonbandaufzeichnungen und das Dokumentationsmaterial, auf das sich die Postulate stützten. Doch schon nach der Veröffentlichung der SVP-Dokumentation über die angebliche Linksunterwanderung des Fernsehens im Juni 1972 ging die wf auf Distanz: «Wer unsere Artikel liest, sieht, dass wir doch auf einer andern Stufe kritisieren», erklärte damals ein wf-Sprecher. Und 1978 meinte wf-Mitarbeiter Kurt Humbel an einem Podiumsgespräch in Zürich: «Wir suchen den Dialog mit den Massenmedien. Die Holzhammermethoden der SFRV lehnen wir ab.» Und Humbels Kollege Max Lüthi auf eine entsprechende Frage aus dem Publikum: «Nein, Herrn Güdel würden wir bei uns nicht anstellen, falls er sich um eine Stelle bewerben würde.»

Tatsächlich: In den Publikationen der wf-Medienspezialisten Humbel und Lüthi herrscht eine andere Tonart als zu Güdels Zeiten im Bulletin der *Schweizerischen Fernseh- und Radio-Vereinigung* (SFRV). Der wf-Radio- und Fernsehspiegel, für den Humbel und Lüthi verantwortlich zeichnen, geht zur «Orientierung über das Sendegeschehen» an rund 500 wf-Mitglieder, zur «Eigen- und Nachkontrolle» an etwa 100 Programmschaffende bei Radio und Fernsehen sowie weitere 100 Exemplare werden zum freien Abdruck an die Presse verschickt.

Ein Stab von sechs Leuten steht für die Aufzeichnungen und für die Abfassung der Sendekritiken für das meist zwölfseitige Bulletin zur Verfügung. Aus der Sicht ihrer Auftraggeber, der Privatwirtschaft, kommentieren und kritisieren sie das Sendegeschehen, wobei vor allem Ausstrahlungen zu wirtschaftlichen und politischen Themen beobachtet werden.

Die wf, die ihre Mitglieder auch im mediengerechten Auftreten schult, rät jedem ab, gegen einzelne Sendungen mit Aufsichtsbeschwerden vorzugehen. Auch erklärt Humbel, die wf verzichte «soweit möglich» auf

«Vor allem auch zur Verfügung der schweizerischen Privatwirtschaft»

Und noch mehr Aufschluss darüber, welche Ziele die SFRV unter dem Deckmantel einer Organisation von Medienkonsumenten verfolgt, gibt ein Brief Willy Güdels an die Nestlé Generaldirektion vom 14. Juni 1974, den die Arbeitsgruppe Dritte Welt in den Prozessakten zum Babymilch-

persönliche Angriffe gegen einzelne Programmschaffende. Statt dessen fordert die wf generell mehr Sendezeit für wirtschaftliche Themen und «eine sachlichere und fairere Behandlung der Wirtschaft».

Und es scheint, als ob die wf mit dieser zurückhaltenden, aber kontinuierlichen Form der Kritik weit erfolgreicher ist als die SFRV mit ihren Holzhammermethoden, die mit ihrer Beschwerdeflut und mit ihren pauschalen Angriffen höchstens ein SRG-internes Zusammenrücken bewirkt hat. Der wf-Kritik hingegen wird Seriosität attestiert - und sie wird entsprechend ernst genommen.

wf Radio- und Fernsehspiegel

27.6. - 3.7.1979
Nr. 26
10. Jahrgang

Ausgewählte Informationen und Kommentare zur Sendewoche

Gesellschaft zur Förderung der schweizerischen Wirtschaft, Wirtschaftsförderung

Postfach 502
8034 Zürich
Mainaustrasse 30

Die dritte industrielle Revolution

War die erste industrielle Revolution dadurch gekennzeichnet, dass Maschinen die Muskelkraft ablösten, bedeutete die zweite Stufe die Automatisierung der maschinellen Produktionsabläufe bei Massengütern. Die

Einflussreich ist der wf-*Spiegel* allein schon deshalb, weil es zu ihm auf Arbeitnehmerseite kein Pendant gibt. Er ist sogar überhaupt der einzige konstant arbeitende Programmbeobachtungsdienst, wenn man einmal von den oft recht zufälligen Sendekritiken in der Tagespresse absieht. Auch wenn von SRG-Leuten offiziell erklärt wird, die wf-Kommentare würden lediglich als parteiliche Kritik zur Kenntnis genommen, haben sie doch Gewicht. Neben den einzelnen Sendungsbesprechungen sind es vor allem auch die wf-Leitartikel auf der ersten *Spiegel*-Seite, die beachtet werden. Sie geben jeweils quasi den offiziellen Standpunkt der Wirtschaft zu aktuellen medienpolitischen Fragen wieder.

Prozess («Nestlé tötet Babies») fand: «Unsere Programmbeobachtungsstelle hat sich insbesondere die Aufgabe gestellt, Radio- und Fernsehsendungen zwecks Sicherung von Unterlagen für die Kritik aufzuzeichnen. Gemäss den Statuten unserer Vereinigung halten wir es für unsere Pflicht, damit vor allem auch der schweizerischen Privatwirtschaft zur Verfügung zu stehen.»

Von da bezieht die SFRV auch ihre finanziellen Mittel. In einem mit «vertraulich» überschriebenen «provisorischen Budget für 1974», das die Monatszeitung «'das Konzept' im Dezember 1974 veröffentlichte, richtet die SFRV mit grosser Kelle an. Es sah bei einem Gesamtaufwand von 808'000 Franken Ausgaben für die Administration von 198'000 Franken (wovon 90'000 Franken Personalkosten für einen Geschäftsführer, eine Sekretärin und eine Hilfskraft), 14'000 Franken für einen wöchentlichen Presse- und Informationsdienst und 596'000 Franken für Öffentlichkeitskampagnen vor, wobei zwei Mitgliederwerbekampagnen und zwei «Informations-/Aktionskampagnen» vorgesehen waren. Stichworte dazu: «Inseratekampagnen, Auseinandersetzung mit TV- und Radiosendungen, Repliken, öffentlicher Dialog, offene Briefe, einschlägige Postulate etc., Vertretung von Zuschauerwünschen, Gegendarstellungen, Stellungnahmen zu Verfassungsartikeln und Gesetzgebung usw.»

Aus dem grossartigen Programm wurde dann allerdings – bis heute – nichts. Auf Inseratekampagnen musste von anfang an verzichtet werden – sie waren zu kostspielig. Und auch sonst lassen sich die Tätigkeitsbereiche der SFRV seit ihrer Gründung an den Fingern einer Hand abzählen. Im wesentlichen sind es die Langzeitbeobachtung von Fernsehprogrammen, die Communiqué- und Bulletin-Tätigkeit, Programmbeschwerden sowie die Durchführung von Diskussionsveranstaltungen.

Beschwerdenflut: Absender Bollwerk 19 in Bern

«Jetzt können Sie einmal selber zum rechten sehen», schrieb die SFRV am 23. April 1975 ihren Mitgliedern, die sie einen Monat zuvor aufgefordert hatte: «Möchten Sie Beschwerden bei Radio und Fernsehen anbringen, und benötigen Sie dazu weitere Unterlagen?» (Mitteilungen der SFRV, 15.3.75).

In der Tat: Ein Grossteil der in den letzten Jahren wegen angeblicher Linkslastigkeit gegen die SRG lancierten Programm- und Aufsichtsbeschwerden stammt aus der Küche der SFRV – oder wurden wenigstens auf dem SFRV-Sekretariat am Bollwerk 19 (nomen est omen) in 3001 Bern vorbereitet. Während der Aera Güdel arbeiteten dort neben dem Geschäftsführer eine Sekretärin und eine Hilfskraft, die vor allem mit Programmaufzeichnungen beschäftigt waren.

Diese Programmaufzeichungen waren dann Grundlage für zahlreiche Beschwerden gegen einzelne SRG-Sendungen an Radio und TV. Für die Flut von Beschwerden vor allem aus dem Kreis der *Aargauischen Vaterländischen Vereinigung* gegen den 'Bericht vor 8'-Film über die Soldatenkomitees lieferte die SFRV die Unterlagen.

SFRV-Sekretär Willy Güdel persönlich reichte im April 1977 eine Aufsichtsbeschwerde gegen einen Beitrag von Niklaus Meienberg im 'Faktenordner' des Radios vom 17. Dezember 1976 ein, die er erfolglos durch alle Instanzen, von der SRG über das Verkehrs- und Energiewirtschaftsdepartement bis an den Gesamtbundesrat, weiterzog.

Fernsehpolizisten auf Linken-Hatz

Auch Kopfjägerei gehört – neben der Überwachung des Sendegeschehens – zum Repertoire von Hofers Fernsehpolizisten. Im ersten Aktionsprogramm ist kühl von der «Korrektur der einseitigen Zusammensetzung der einzelnen Programmredaktionen» die Rede. Doch mit «Korrigieren» meint die SFRV nichts anderes als «Säubern», und dabei geht sie mit eisernem Besen vor. Besonders gefährlich sind die SFRV-Denunziationen wegen der absolut dilettantischen und fahrlässig-liederlichen Art, in der über einzelne Programmschaffende oft falsche Informationen verbreitet werden.

«Einige der vorgebrachten Verdächtigungen sind so absurd, dass es sich erübrigt, darauf einzutreten», reagierte die Direktion von Radio und Fernsehen DRS im März1976 auf das Papier «Die Bedeutung des Fernsehens im Rahmen der geistigen Landesverteidigung», in dem gestützt auf SFRV-Informationen die Programmschaffenden Peter Wettler, Nicolas Lindt, Felix Karrer und Eric Peschler massiv angegriffen wurden. Verschickt wurde das Papier vom Kommando der Territorialzone 9, der damals Brigadier Friedrich Günther-Benz vorstand.

Im Juni 1976 kritisierte das *SFRV-Bulletin* die Beförderung von Peter Schellenberg zum Leiter des TV-Magazins 'CH', die eine «eigentliche Provokation' darstelle.

Und an einer SFRV-Tagung in Luzern forderte ein Votant im Februar 1976, die Köpfe müssten bis weit nach unten rollen, um die Massenmedien von den Linken zu säubern. Ein anderes SFRV-Mitglied forderte an der Veranstaltung den Rücktritt von Programmdirektor Guido Frei, und ein dritter Redner wollte von der SRG unzensurierte Sendezeit für die SFRV. Kommentierte Richard Müller in der 'Berner Tagwacht' die Luzerner Tagung, an der sich SFRV «bis zu fiebrigem Gestammel erhitzte»: «Der Geist, der diese Vereinigung beherrscht, ist vom Geist der staatlichen Informationsgängelei, wie sie in den Oststaaten betrieben wird, nicht um Haaresbreite entfernt. Nur die Vorzeichen sind anders gesetzt» (1.3.76).

Der bürgerliche Publizist Oskar Reck bezeichnete 1978 solche Abschussversuche gegen Fernsehschaffende als eine «absolute Katastrophe» und als «gefährliche Zermürbungstaktik». Letztlich müssten die immer wieder genannten Journalisten als stellvertretende Zielscheiben für die ganze Institution herhalten, die man einschüchtern wolle: «Man will einfach willfahrige Leute, die spuren und mitspielen.» Reck erklärte, er habe bei Parteien, parlamentarischen Kreisen und in der Bundesverwaltung «eigentliche Prospkriptionslisten gesehen von Leuten, die gelegentlich beseitigt werden sollen» (BaZ 7.11.78).

Sekretär Willy Güdel als Sündenbock für eine verfehlte Politik

Nach der blamablen Abstimmungsniederlage um den Radio- und Fernsehartikel 1976 ging's mit der SFRV bergab. Zwar sprach der im Frühling 1978 neugewählte Zentralpräsident Felix Matthys immer noch davon, die SFRV sei die «eindeutig grösste Organisation von Zuschauern und Hörern» (TA 16.6.78); intern jedoch zeigten sich die Auflösungserscheinungen.

Im August 1977 wurde das bis anhin regelmässig an die Presse verschickte *SFRV-Bulletin* eingestellt. Es war – wie so vieles in der damaligen SFRV – ein Hobby Willy Güdels. Für ihn als ehemaligen Journalisten (Güdel war bis 1968 TA-Korrespondent in Rom) war das *Bulletin* das Forum, um seine Attacken gegen die SRG und gegen seine einstigen Fernsehkollegen zu reiten. Die oft ebenso polemischen Entgegnungen der Pressestelle von Radio und Fernsehen DRS gaben ihm das Erfolgserlebnis, das ihn über den schlechten Abdruckserfolg seiner Kommentare und Meldungen hinwegtröstete. «Güdels Kraut-und-Rüben-Artikel wurden von den Zeitungen zu wenig übernommen», konstatierte 1979 auch ein SFRV-Mann (BaZ, 5.1.79).

Im August 1977 forderte Güdel in der letzten Ausgabe des *Bulletins*, es sei «die Axt ans SRG-Monopol» zu legen. «Es wäre durchaus denkbar, dass sich verschiedene Sendeanstalten, finanziert aus Gebührenanteilen, unter zeitlicher und thematischer Koordination in die Herstellung der Programme teilen und das über die Sender ausgestrahlte Angebot produzieren würden.» Die SFRV stellte gleich auch eine entsprechende Volksinitiative in Aussicht.

Nur: Wie eigentlich vorauszusehen war, versandete auch diese Angelegenheit, nachdem der Vorstoss einige Tage lang in der dem *Hofer-Klub* wohlgesinnten Presse Schlagzeilen gemacht hatte. Die SFRV war nicht in der Lage, das einmal aufgegriffene Thema mit dem nötigen Druck weiterzuverfolgen.

Kommentierte Max Lüthi vom *Radio- und Fernsehspiegel* der *Wirtschaftsförderung* den SFRV-Vorstoss: «Ein völliger Blindgänger», der «nichts gebracht hat» (TA 17.2.78). In der Vernehmlassung der SFRV zum neuen Radio- und Fernsehartikel vom Mai 1979 war von einer Aufhebung des SRG-Monopols keine Rede mehr.

Eine andere Leidenschaft Güdels, die er stets als wichtig verteidigte, war die Langzeitbeobachtung und -analyse einzelner Sendegefässe. Güdel im März 1975: «Ohne sie gibt es keine ernsthafte und wirksame Kritik» (SFRV-Mitteilungen, 15.3.75).

Und Alt-Meister Walther Hofer bezeichnete die Programmbeobachtung noch im März 1978 als die «wirksamste Waffe» der SFRV.

In der Tat hatte der Schwerpunkt der Aktivitäten lange Zeit auf Langzeit-Analysen gelegen. Sie sind eine äusserst arbeitsintensive Angelegenheit, bedenkt man den Zeitaufwand für Aufzeichnung, Abschrift, Sichtung und Auswertung der Sendungen.

So legte die SFRV beispielsweise im Januar 1975 einen Bericht über die Vorabend-TV-Sendung 'Antenne' vor, der sich, so die Angaben der SFRV, auf die Auswertung von 110 Sendungen stützte. Ein andermal stellte Güdel sämtliche TV-Sendungen zur Besetzung des AKW-Geländes in Kaiseraugst zusammen, die er dem damaligen Inlandredaktor des 'Aargauer Tagblatts', Samuel Siegrist, überliess, worauf Siegrist seinerseits zu einem ganzseitigen Rundschlag gegen das Fernsehen ausholte. (Auch nach seinem Abgang bei der SFRV schreibt Willy Güdel mit seinem Zeichen -y- noch Fernsehkritiken für das AT.)

Auch die 'Antenne'-Nachfolgesendung 'Bericht vor 8' war Objekt einer längeren Güdel-Begutachtung. Unter anderem wurde die Indochina-Berichterstattung analysiert.

Ihren Höhepunkt hatte Güdels Untersuchungs-Wut in einer Analyse der Portugal-Berichterstattung der deutschsprachigen Tagesschau des Schweizer Fernsehens in der Zeit vom September 1974 bis November 1975. Resultat war eine 250seitige Studie, die im Frühling 1977 veröffentlicht wurde.Auch die NZZ konnte sich in ihrer Besprechung die Bemerkung nicht verkneifen, das Güdel-Opus sei «nicht mehr ganz zeitgemäss» (7.7.77), und im TA wies eine Publizistikwissenschafterin der Untersuchung gar «erhebliche wissenschaftliche Mängel» nach (25.2.77).

«Historische Analysen bringen nichts und sind eine Heidenarbeit», konstatiert auch Karl Völk, der im Frühling 1978 als Nachfolger von Rolf Mauch neuer Präsident der Geschäftsleitung der SFRV wurde. Eine seiner ersten Amtshandlungen war denn auch die Anweisung an Güdel, mit den Langzeitbeobachtungen und mit der Programmaufzeichnung aufzuhören.

Eine neue Führungsspitze soll die SFRV aus der Orientierungskrise herausführen

Gleichzeitig mit dem Präsidium der Geschäftsleitung wechselte 1978 auch das des Zentralvorstands: Nachfolger von Gründer und Namensgeber Walther Hofer wurde der Zürcher Kiesunternehmer Felix Matthys.

Aargauische Gruppe gegen Medienmanipulation: Pantoffelhelden als Pantoffelkino-Polizisten

Bei seiner Gründung hatte der Verein ganze sechs Mitglieder. Heute sollen es, obschon nie Mitgliederwerbung betrieben wurde, «über 100» sein. Sie alle wollen sich, so der Zweckartikel der *Aargauischen Gruppe gegen Medienmanipulation* (AGM), «kritisch mit den Medien auseinandersetzen, kritisches Medienbewusstsein fördern, sowie sich gegen jede Art von Medienmanipulation zur Wehr setzen.» Denn die Schweizer Massenmedien sind allesamt von Linksextremisten unterwandert. Sie zweifeln noch? AGM-Präsident Max Meili, Kaufmann, SVP-Mitglied und in der aargauischen Gemeinde Ammerswil Mitglied der Rechnungsprüfungskommission, liefert den Beweis: «Mir ist aufgefallen, dass in den Medien im Fall Cincera immer bloss von einem 'Cincera' die Rede ist. Im Fall Petra Krause dagegen ist immer von einer 'Frau Krause' die Rede» (LNN, 2.9.77).

Doch mit der frischfröhlichen Unterwanderung ist jetzt Schluss. Mindestens seit dem Juli 1977, dem Gründungsdatum der AGM. Seither leistet die AGM, so ihr Sekretär, der Wohlener Fürsprech und ehemalige CVP-Einwohnerrrat Peter Meyer-Misteli, «kontinuierliche Basisarbeit». Wie das geschieht? «Wir treffen uns jeden Monat und visionieren Fernsehsendungen, die wir entweder selbst auf dem Gerät eines Gönners aufgezeichnet haben oder die wir von der *Schweizerischen Fernseh- und Radio-Vereinigung* beziehen. Abschliessend diskutieren wir, was wir gesehen haben und schreiben der SRG eine Stellungnahme oder eine Kritik. Manchmal macht einer von uns auch eine Beschwerde, bei der wir ihn beraten.»

Wie viele solche Aufsichtsbeschwerden aus dem Kreis der AGM-Mitglieder schon gestartet wurden, will Meyer-Misteli nicht verraten. Mindestens in einem Fall tat er es (im Namen der Vereinigung) selbst. Im November 1977 reichte er beim Eidgenössischen Verkehrs- und Energiewirtschaftsdepartement gegen die TV-Ausstrahlung des Films «Lieber Gartenzwerge als Arbeitslose», der den Aufenthalt Günther Wallraffs auf einer Redaktion der 'Bild-Zeitung' dokumentierte, Beschwerde ein. Dieser Film, so argumentierte Meyer-Misteli, stelle einen Verstoss gegen die Programmrichtlinien und die Konzession dar, da er unausgewogen und unsachlich sei und «erwiesenermassen auf absichtlicher Täuschung und Irreführung» beruhe.

Der Wallraff-Protest war damals die zweite öffentliche Aktion der rührigen Aargauer Feierabend-Medienwächter. Im September 1977 hatten sie in einem ironischen Inserat im 'Aargauer Tagblatt' dem Schweizer Fernsehen für die «tägliche, minuziöse Berichterstattung über unsere liebe Petra Krause» gedankt.

Nächster öffentlicher Auftritt war wieder ein 'Aargauer-Tagblatt'-Inserat, diesmal gemeinsam mit der *Aargauischen Vaterländischen Vereinigung* (AVV), gegen die Berichterstattung des TV-'Blickpunkt' über die 175-Jahr-Feier des Kantons Aargau in Lenzburg. AGM und AVV «koordinierten die Proteste» (*AVV-Bulletin*, 3/78) und riefen «alle Aargauerinnen und Aargauer, die sich durch die Sendung betroffen fühlen», auf den 11. September 1978 in den Saal des Hotels Krone in Lenzburg ein. Rund 200 Personen folgten dem Ruf. Statt der angekündigten Sperrung der Zugänge zum Schloss Lenzburg, von wo an dem Abend die volkstümliche Sendung 'Chumm und Lueg' übertragen wurde, schickte die Versammlung unter Leitung von AGM und AVV dann lediglich einen geharnischten Protestbrief an die Aargauer Regierung. Innert 10 Tagen sammelten AGM und AVV 2363 Unterschriften (*AVV-Bulletin*, 3/78).

Seither trat die AGM noch einmal mit einem Inserat über die angebliche Übervertretung von SP-Leuten bei der SRG an die Öffentlichkeit. Am 22. Dezember 1978 wetterte sie, «gegen windelweiche Bürgerliche» hätten es die SP-Vertreter im Wahlgremium durchgesetzt, dass SP-Nationalrat Andreas Blum, «einer der linksten in der Fraktion in Bern», zum Radio-Programmdirektor gewählt wurde. Was die wackeren Aargauer Pantoffelkino-Polizisten nicht wussten: Blum wurde unter anderem dank einem Referenzschreiben des grossen AGM-Vorbilds Walther Hofer gewählt....

Wie Sekretär Meyer-Misteli stolz berichtet, beteiligte sich die AGM im Frühling 1979 an der Vernehmlassung zur nunmehr dritten Auflage zu einem Radio- und Fernsehartikel für die Bundesverfassung. «Das hat uns ziemlich in Anspruch genommen», erinnert sich der Sekretär. In ihrer Vernehmlassung lehnte die AGM eine Monopolanstalt im Bereich von Radio und Fernsehen ab und erklärte, es sei «Aufgabe des Staates, dieses Monopol zu brechen, wenigstens aber es zu mildern». Ihre Vernehmlassung schloss die AGM mit der Bemerkung, sie «zweifle nicht daran», dass der Bundesrat «diesen unseren zweifellos gewichtigen Anliegen die nötige Beachtung schenken werde.»

Aus der bei der Gründung gross angekündigten Presse-Beobachtung ist bislang nichts geworden. «Da sind wir noch nie dazugekommen», entschuldigt sich Meyer-Misteli.

Neben der AVV arbeitet die AGM mit der *Schweizerischen Fernseh- und Radio-Vereinigung* (SFRV) zusammen. Dies habe sich geradezu aufgedrängt, weil *Hofer-Klub* und AGM «weitgehend dieselben Absichten verfolgen», wie Meyer-Misteli erklärt.

Der Wechsel in der Führungsspitze zeigt, dass sich die SFRV die Erkenntnis zueigen gemacht hatte, dass mit Willy Güdels «Holzhammer-Methoden» (Max Lüthi von der *Wirtschaftsförderung*, TA 17.2.78) auf Dauer keine Politik zu machen war. Güdels Knalleffekte waren zwar meist schlagzeilenträchtig und publikumswirksam; langfristige, konstruktive Medienpolitik liess sich auf diese Weise jedoch nicht betreiben.

Karl Völk hatte bei seiner Wahl klar gemacht, er übernehme das Amt des Geschäftsleitungs-Präsidenten nur, wenn Willy Güdel gehe. Das geschah denn auch: «Im gegenseitigen Einvernehmen», so die offizielle Formulierung, trennten sich SFRV und Güdel per Ende 1978.

Mit der neuen Führungsspitze sollte nun alles anders werden. Die SFRV erklärte, vom Buhmann-Image wegkommen zu wollen. Zentralpräsident Matthys brauchte für die neue Politik die Formeln «aktiver Dialog» und «konstruktive Kritik» (TA,11.1.79). Völk sagte, die SFRV wolle vermehrt auf medienpolitischem Gebiet tätig werden und die sträflich vernachlässigten Kontakte zu den Mitgliedern pflegen (BaZ, 5.l.79).

Nachdem Güdel sich unfähig gezeigt hatte, die SFRV auch administrativ zu führen, leitete Bankdirektor Völk 1978/79 die administrative Konsolidierung der Vereinigung. Von den 4500 SFRV-Einzelmitgliedern und den 280 Kollektivmitgliedern kommen an Mitgliederbeiträgen jährlich etwa 150'000 Franken herein (TA, 11.1.79). Das Loch zu den 200'000 bis 230'000 Franken, die das SFRV-Sekretariat «zur Aufrechterhaltung eines vernünftigen Betriebs» (Völk) braucht, wurde bisher aus einem finanziellen Reservefonds in der Höhe von 250'000 Franken, die bei der Finanzierungsaktion bei der Gründung zusammengekommen war, gedeckt. Bis 1979 war dieser Fonds allerdings praktisch aufgebraucht. Im Winter 1978/79 wurde deshalb eine neue Bettelaktion gestartet.

Martin Raeber: Ein Spezialist der geistigen und materiellen Landesverteidigung als neuer SFRV-Sekretär

Martin Raeber

Seit dem 15. Mai 1979 amtiert Martin Raeber als neuer Geschaftsführer der SFRV. Raeber war zuvor Ressortchef der Karl Völk unterstellten PR-Stelle der Schweizerischen Bankgesellschaft (SBG) in Zürich. Vor seiner SBG-Zeit hatte Raeber bei der *Dr. Rudolf Farner PR-Agentur* gearbeitet. Damals war er beispielsweise Autor eines polemischen Artikels im *Farner-Pressedienst* gegen den Landesverräterfilm von Dindo und Meienberg, den das Schweizer Fernsehen 1977 ausstrahlte. Das *SFRV-Bulletin* übernahm damals den

Artikel; in der SFRV-Einleitung wurde Raeber als «junger Offizier und Publizist» vorgestellt, der sich «in seiner Tätigkeit vor allem mit Fragen der materiellen und geistigen Landesverteidigung befasst». Ganz neutral als «Publizist» wurde Raeber auch in der April/Mai-Nummer 1979 der vom Sekretariat der *Stiftung Dialog* betreuten Zeitschrift 'Der Staatsbürger' vorgestellt, zu einem Zeitpunkt also, als Raeber noch im Sold der Bankgesellschaft stand. Raeber war seinerzeit Präsident des *Forum Jugend und Armee.* Die SFRV-Geschäftsführung besorgt er im Auftragsverhältnis von seinem im Mai 1979 bezogenen Büro für Öffentlichkeitsarbeit aus, das in einer SBG-eigenen Liegenschaft am Zürcher Limmatquai 3 residiert.

Er sollte also nun mit einer neuen, konstruktiven Politik die SFRV zu neuen Erfolgen führen. Nur: Eine Abkehr von den Güdel-Methoden liess sich nach den ersten Monaten von Raebers Geschäftsführung beim besten Willen nicht erkennen. Zwei SFRV-Communiqués zu zwei Sendungen des TV-Inlandmagazins 'CH' unterschieden sich von ähnlichen Güdel-Elaboraten nicht um Haaresbreite. 'CH' habe sich zu einer «linksideologischen Plattform entwickelt» und sei «permanent einseitig», wusste Raeber da etwa zu berichten. Einer der von der SFRV kritisierten Beiträge, ein Film über Wehrsteuerverweigerungen, war wenige Wochen später Anlass einer

Die PR-Stelle der Bankgesellschaft – Durchlaufstelle für den Polit-Nachwuchs

Zu einer Anlauf- oder zumindest einer Durchlaufstelle des rechten Polit-Nachwuchses ist in den letzten Jahren die PR-Stelle der Schweizerischen Bankgesellschaft (SGB) geworden. Kunststück: Die PR-Stelle untersteht der Abteilung für Volkswirtschaft, und die wiederum wird geleitet von SBG-Direktor Karl Völk. Der gleiche Völk bringt seit dem Frühling 1978 als neuer Präsident der Geschäftsleitung die *Schweizerische Fernseh- und Radiovereinigung* (SFRV) wieder auf Trab – wenigstens ist das sein Ziel. Bei der Produktion der wöchentlich in zahlreichen Zeitungen erscheinenden ganzseitigen Inseraten «Die SBG teilt mit» gehen Völk Gesinnungsfreunde zur Hand. Verantwortlich für die Inserateseite, die nach ihrem geistigen Vater auch «Völk'scher Boeobachter» genannt wird, ist Beat R. Zimmermann, einst rechter Studentenpolitiker an der Uni Zürich. Zimmermann kann dem Umfeld von Ernst Cincera zugerechnet werden: Er fungierte schon als Informationszuträger für Cincera, und er schulte in Cinceras Debattierkursen mit politischen Rollenspielchen seine Rhetorik. Bis Ende April 1979 arbeitete auch Martin Raeber bei der SBG-PR-Stelle. Raeber übernahm im Mai 1979 die Geschäftsführung der SFRV.

Aufsichtsbeschwerde der *Aargauischen Vaterländischen Vereinigung* (AVV) ans Verkehrs- und Energiewirtschaftsdepartement.

Auch die erste Ausgabe des nun in gedruckter Form wieder erscheinenden *SFRV-Bulletins* (Juli 1979) spricht nicht gerade für einen überbordenden Ideenreichtum Raebers. Das *Bulletin* soll in Zukunft jährlich etwa sechs mal erscheinen und ist vor allem auch als Informationsblatt für die Mitglieder gedacht. In einem Fragebogen konnten sie sich dazu äussern, ob sie es richtig fänden, dass die SFRV bei fragwürdigen Sendungen mit Communiqués reagiere, oder ob man nicht eher doch wieder ein bisschen mit dem beliebten Beschwerde-Spielchen anfangen solle. Auf dem Fragebogen folgte eine Liste von «Vorkommnissen», bei der die SFRV-Mitglieder jeweils angeben konnten, ob ein Communiqué oder eine Beschwerde angebracht gewesen wäre. Und in einer weiteren Frage wollte die SFRV von ihren Mitgliedern wissen, ob sie die Auffassung teilen könnten, dass «der Monopolcharakter von Radio und TV in einer Demokratie äusserst fragwürdig ist?» Wie man in den Wald ruft, so tönt es zurück; offenbar will die SFRV in der Frage des SRG-Monopols wieder aktiv werden und braucht dazu eine entsprechend deutliche Stellungnahme ihres Mitgliedervolks, mit der sie dann argumentieren kann.

Nachdem die SFRV ihren eigenen Programmbeobachtungs-Dienst aufgegeben hat, hat nun der Zürcher Zeitungsausschnitt-Dienst Presse- und Medienarchiv den Auftrag, die Berichterstattung über die SFRV in den Medien zu verfolgen. Dessen Inhaber Curt Victor Zimmermann greift zuweilen auch in die Schreibmaschinentasten: Nach kritischer Anmerkung des 'Tages-Anzeigers' zum Raeber-Communiqué zum 'CH-Magazin' erschien am 30. Juni 1979 im TA ein Leserbrief Zimmermanns, der seinerseits die im TA-Kommentar zum Ausdruck gebrachte Geisteshaltung kritisierte.

Die Cinceristen

«Dennoch wäre 'Cincerismus' ein hübsches Wort, ein Helvetizismus für McCarthysmus, Rechts-Subversion, Reaktion», schrieb Pfarrer Kurt Marti in seinem politischen Tagebuch 'Zum Beispiel Bern 1972'. Er nannte Cincera eine «Eiterbeule» und «ganz üble Nummer» und regte eine Studie über «Cincerismus oder die Erkrankung, die zum Faschismus führt» an. Damals war diese Einschätzung umstritten. Marti musste vor Gericht und in teuren Zeitungsinseraten einige seiner Cincera-Charakterisierungen zurücknehmen. Cincera konnte sich noch als demokratischer Biedermann aufspielen, der gegen linke Brandstifter kämpft – damals.

Doch Martis Einschätzung sollte nur allzu rasch Allgemeingut werden. Im November 1976 wurde der freisinnige Oberstleutnant Ernt Cincera aus Zürich zur innenpolitischen Skandalfigur – schwer belastet durch unwiderlegbare Akten und Zeugen. Cinceras minderjährige und bezahlten Spitzel horchten unzählige Organisationen aus. Tausende von Bürgern, die irgendwo eine engagierte Meinung geäussert hatten, wurden in Cinceras Subversivenkartei registriert, in einer Kartei also, die interessierten Firmen und Behörden zur Verfügung stand und steht. Beim Schnüffeln und Denunzieren konnte die Organisation Cincera auf die Protektion von einflussreichen militärischen und polizeilichen Stellen zählen. Politisch gestützt wird das FDP-Mitglied Cincera von zahlreichen Personen und Organisationen der Rechten, Gruppierungen, die wir im Kapitel über 'Die Neue Rechte' vorstellen.

Seit 1976 ist der Name Cincera Symbol und Synonym für private Staatsschützer. Die zentrale Aktivität dieser privaten Staatsschützer ist stets das Auflisten des innenpolitischen Gegners. Diese schwarzen Listen sind für Friedenszeiten wie für den Ernstfall gedacht: im Normalfall, um Anstellungen von Dissidenten zu verhindern, im Ernstfall, um Oppositionelle kaltzustellen. Deshalb bauen diese Verteidiger der Demokratie 'für alle Fälle' zusätzlich zum Staat Überwachungsorganisationen auf.

Solche 'Privat'-Organisationen entstanden immer dann, wenn das Bürgertum seine Macht in Gefahr wähnte: 1918 beim landesweiten Generalstreik, 1948 unter dem Eindruck der Machtergreifung einer Minderheitspartei (der Kommunisten) in der CSSR und das vorläufig letzte Mal nach der Studentenrevolte von 1968.

Mitten in den Generalstreikswirren von 1918 entstanden die *Aargauische Vaterländische Vereinigung* (AVV) und der *Schweizerische Vaterländische Verband* (SVV). Die eng miteinander verflochtenen Organisationen unterhielten nicht nur bewaffnete Bürgerwehren, sondern auch einen eigenen politischen Nachrichtendienst, der von unzähligen Vertrauensleuten beliefert wurde – und 19 Jahre lang auch von der politischen Polizei der Stadt Zürich. Als diese Zusammenarbeit 1947 aufflog, kostete dieser Skandal, den wir im Kapitel 'Die Neue Rechte' beschreiben, dem SVV und seinem Nachrichtendienst das Leben.

Die entstandene Lücke in der privaten Abwehr füllten ab 1948, dem Jahr des Machtwechsels in Prag, das *Nationale Informations-Zentrum* (NIZ) und die *Aktion Freier Staatsbürger* (AFS) aus, die wir im ersten Kapitel vorgestellt haben. 1966 stellte dieser Kreis seine Tätigkeit in der Deutschschweiz und 1969 in der Westschweiz ein.

Übriggebliebene Zürcher Aktivisten der AFS und der Ungarn-Gruppe *Wahret die Freiheit*, die sich um Ernst Cincera und Robert Vögeli gruppierten, wollten 1966 ein *Institut für Fragen der Subversion* (wie der neue Begriff hiess) gründen. Das Vorhaben konnte aber erst nach der 68er Revolte, die das Bürgertum tief verunsicherte, realisiert werden. Getragen vom Verein *Aktion für freie Demokratie* (AfD) wurde 1969 das *Institut für politologische Zeitfragen* (IPZ) mit Robert Vögeli als hauptamtlichem Leiter gegründet. Doch schon 1972 verkrachten sich Vögeli und Cincera, der mit seinen Getreuen auszog und später die *Informationsgruppe Schweiz* gründete. Während das IPZ vor allem eine dokumentarische und publizistische Tätigkeit entfaltete, nahm die abgespaltene Organisation Cinceras die Tradition der privaten Staatsschützer auf.

Dieses Kapitel ist Vögelis IPZ und Cinceras *Informationsgruppe* gewidmet. Am Rande stellen wir auch kleinere Gruppierungen vor, die sich ebenfalls vorgenommen haben, die Subversion zu bekämpfen.

Vögelis Institut für Zeitfragen

Als Cinceras 'Denunziokratie' im November 1976 einer breiten Oeffentlichkeit bekannt wurde, hatte er bereits zehn Jahre Organisationserfahrung. 1966 hatten Zürcher, die das Vaterland durch Nonkonformisten und Linke in Gefahr wähnten, den Verein *Aktion für freie Demokratie* (AfD) gegründet und bei finanzkräftigen Mitbürgern Geld zusammengebettelt, um ein *Institut für Fragen der Subversion* gründen zu können. Einige der Initianten kannten sich von der eingegangenen *Aktion Freier Staatsbürger* und von *Wahret die Freiheit*. Doch die Zeit war 1966 noch nicht reif für dieses Vorhaben. Die angeschriebenen Wirtschaftsgrössen schätzten den inneren Feind als nicht allzu gefährlich ein, das Sammelergebnis blieb entsprechend mager: 50'000 Franken statt der benötigten 150'000.

1969, ein Jahr nach den Globuskrawallen, startete die AfD eine neue Bettelrunde: «Die *Aktion für freie Demokratie* steht unter dem Patronat der *'Jungen Wirtschaftskammer Zürich'* und geniesst die Unterstützung hoher Offiziere, zahlreicher Unternehmungen und anderer Instanzen.» Unterzeichnet war der Brief von Contraves-Direktor Dr. Stephan Renz, Hagelversicherungs-Direktor lic.oec. Hans Scharpf und dem damaligen Galler Hochschuldozenten Dr. Martin Trippel.

Als Leistungsausweis neben- und ehrenamtlicher Tätigkeit der Jahre 1966—69 präsentierten die Bettler unter anderem:

– «Dokumentation zum 'Zürcher Manifest' zuhanden der Zürcher Presse und zahlreiche Initiativen im Zusammenhang mit den Zürcher Krawallen (1968)»

– «Informationstagung für Referenten zum Thema 'Hintergründe von Studentenkrawallen' mit 65 Teilnehmern (März 1969)»

– «Unzählige Vorträge einzelner Mitglieder in Schulen, Vereinen, Unternehmungen, Unteroffiziersvereinen und Offiziersgesellschaften sowie Vortragszyklen an Volkshochschulen»

– «Arbeitstagung für Mittelschullehrer zum Thema 'Strategie und Taktik der ausserparlamentarischen Opposition' (30./31. Mai 1969). Weitere Arbeitstagungen für Lehrer und Studenten werden folgen.»

Die Konzentrierung auf den Erziehungsbereich ist offensichtlich. Die AfD stellte die «Entfesselung demokratischer Kräfte» und die «Taktik Lahmlegung antidemokratischer Kräfte» in Aussicht: «Dabei ist vor allem gedacht an Schulen, Schülerorganisationen, Studentenschaft, Lehrkörper.»

Vor dem Hintergrund der internationalen und der schweizerischen Studentenrevolten hatte der Bettelaufruf diesmal Erfolg. Die AfD konnte 1970 das *Institut für politologische Zeitfragen* (IPZ) – man beachte das Fallenlassen des Begriffs Subversion – gründen und einen hauptamtlichen Leiter anstellen: Dr.phil. Robert Vögeli, der Mann, der 1956–62 die bei Kriegsende aufgelöste Sektion/Dienststelle *Heer und Haus* wieder aufbaute. Seither wirkt die AfD als Trägerverein des Instituts.

Vorbild: Büro Ha

Mit dabei war vom Anfang an auch Ernst Cincera, gemäss NZZ einer «der Hauptpromotoren der AfD». Er war es, der am 8. August 1969 in einem Gespräch mit dem TA deutlicher als in allen Bettelbriefen die Karten so offen auf den Tisch legte, wie das seither nie mehr passierte (und wofür er organisationsintern arg gerügt wurde). Die AfD sei, so Cincera zum TA, von Zürchern gegründet worden, die den Eindruck hatten, «unser Raum sei nicht mehr genug überwacht» und befinde sich in einer «ähnlichen Situation wie vor dem Zweiten Weltkrieg». Die AfD wolle, verriet Cincera, nach dem Vorbild des *Büro Ha* «mit verwandten, offiziellen und privaten Institutionen zusammenarbeiten», so mit dem *Schweizerischen Aufklärungs-Dienst,* dem *Ost-Institut* und der Sektion *Heer und Haus.* Vor allem aber wolle sich die AfD «nicht darauf beschränken, aufgrund von Gehörtem und Gelesenem Bulletins zu verfassen». Es gehe vielmehr darum, selber Informationen zu beschaffen («das, was der Bundespolizei verwehrt ist; wir wollen ja keine politische Staatspolizei»).

Weil die AfD-Gründer den inneren Feind für so gefährlich hielten wie in den dreissiger Jahren den äusseren, wollten sie eine ähnliche Organisation aufziehen wie damals der Ostschweizer Major Hans Hausammann mit seinem legendären *Büro Ha.* Dieses beschaffte auf privater Basis Nachrichten, arbeitete aber unter der Hand mit den offiziellen Stellen zusammen - nach dem Rezept: Was in einer Demokratie die staatlichen Stellen nicht gut selbst tun können, müssen halt Private übernehmen. Die Cinceristen berufen sich immer wieder auf dieses Vorbild, das bei der Nachkriegsgeneration einen legendären Ruf genoss. Diesen Ruf versuchen die Cinceristen für ihr eigenes Tun zu nutzen. Der AfD gelang es tatsächlich, den schon nicht mehr ganz frischen Hausammann im Sommer 1969 an eine Pressekonferenz zu schleppen, und für Vögelis Büchlein 'Spionage in der Gegenwart' schrieb Hausammann ein Geleitwort.

Gegenüber den Geldgebern charakterisierte die AfD ihre Tätigkeit mit zwei Schwerpunkten: Orientierung und Aktionen. Das Aktionen-Programm beschränkte sich auf einen einzigen Bereich: «Hilfs- und Unterstützungsaktionen für Studenten- und Mittelschülergruppen: Beratung, Vermittlung von Sitzungslokalen, Unterstützung bei der Herstellung von Flugblättern.» Konkret: Die Hausdruckerei der Hagelversicherung am Fusse der Zürcher Universität druckte jahrelang die Flugblätter der rechtsgerichteten Studentengruppen, und in den Räumen von Scharpfs Hagelversicherung fanden einschlägige Sitzungen statt. Die «Gewinnung von Verbindungsleuten/Schaffung von Kontaktgruppen» in der Studentenschaft hatte die AfD schon 1969 aufs Programm gesetzt – und später auch praktiziert.

Im Jahre 1970 warb die AfD mit folgender Vorstandsliste um Geld:
– Präsident: lic.oec. Hans Scharpf, Direktor der Schweizerischen Hagelversicherungsgesellschaft, Zürich
– Vizepräsidenten: Dr. Stefan Renz (*16.8.30), damals Contraves-Direktor und zentraler Mann bei den Zürcher Katholiken, später Bührle-Direktionspräsident, Zürich; und Dr. Martin Trippel (*14.12.21), damals Dozent an der Hochschule St.Gallen und Leiter eines Ausbildungszentrums der Versicherungen, später stellvertretender Direktor bei der Rückversicherung, Wädenswil
– Kassier: Karl Bader, Aktivist bei *Wahret die Freiheit,* EDV-Chef bei der Bank Vontobel, Zürich
– Beisitzer: Werner Blum, Ex-Pfarrer von Bonstetten und Erlenbach, damals bei der Zürcher Firma H.P.Koch AG, später beim Theologischen Verlag Zürich, Schwager von Scharpf, Zürich; Ernst R. Borer, städtischer Angestellter und Präsident der *Aktion für das Selbstbestimmungsrecht aller Völker*, Zürich; Ernst Cincera, Werbegrafiker, Zürich; Balz Hatt, Aktivist bei *Wahret die Freiheit* und Sekretär bei der *Wirtschaftsförderung,* Zürich
– Sekretariat: Dr. Robert Vögeli, Leiter des IPZ, Zürich

Die gegenseitige Liebe dieses AfD-Herrenklubs war von kurzer Dauer. Auseinandersetzungen um den Arbeitsstil, um bezahlte oder ehrenamtliche Arbeit und über den Einsatz unkonventioneller Nachrichtenmethoden liess das Gespann Vögeli–Cincera 1972 platzen. Cincera und seine Anhänger Scharpf, Borer sowie Blum verliessen AfD und IPZ, während Vögeli unter diesem Namen weitermachte und noch heute vom IPZ-Büro an der Strehlgasse 33 die schöne Aussicht auf den Zürcher Lindenhof geniesst.

Was sich hochtrabend Institut nennt, ist eine spezielle Form eines Betriebsberatungsbüros, das von Beraterhonoraren im Bereich des Betriebsschutzes und der Spionageabwehr, vom Verkauf seiner Publikationen und von politsch motivierten Spenden lebt. In einem Selbstporträt von 1976 sind als IPZ-Aufgaben aufgeführt: «Informations-, Dokumentations-, Beratungs- und Expertendienst für Drittinstanzen (Firmen, Verbände, Amtsstellen und Privatpersonen)».

Vögeli, Steinacher, Bieri, Rüegg

Neben Vögeli tritt in der Oeffentlichkeit auch Jürg L. Steinacher, Direktor im Zürcher Medienkonzern Jean Frey AG, als IPZ-Mann in Erscheinung. Als AfD-Präsident zeichnete lange Jahre der ausserordentlich vielseitige Ernst Bieri, bis er 1978 vom Berner Soziologieprofessor Walter Heinrich Rüegg abgelöst wurde.

Robert Vögeli

Vögeli wurde am 2. Juni 1927 in Leuggern AG geboren. 1952 findet man ihn bereits auf der Gratulationsliste zum siebzigsten Geburtstag des Aargauer Divisionärs Eugen Bircher. 1953/54 präsidierte er den katholischen Schweizerischen Studentenverein. 1956 beendete er seine Doktorarbeit über 'Die Anfänge des landwirtschaftlichen Bildungswesens unter besonderer Berücksichtigung des Aargaus'. Im gleichen Jahr wurde er mit dem Wiederaufbau der Dienststelle *Heer und Haus* betraut. Armee-interne Gegner dieser Institution der geistigen Landesverteidigung brachten Vögeli 1962 zu Fall, indem sie publik machten, dass Vögeli den Doktortitel führte, obschon seine Dissertation noch nicht gedruckt vorlag. Vögeli trat eine andere Stelle im EMD an und wurde später vom Parlament rehabilitiert. Vor seinem Stellenantritt beim IPZ im Jahre 1970 arbeitete Vögeli als Bundesbeamter beim Delegierten für Wohnungsbau. In der Armee war Vögeli zehn Jahre lang als Major Dienstchef *Heer und Haus* (später *Truppeninformationsdienst* genannt) bei der Zürcher Felddivision 6, nämlich bis Ende 1978. Am 1. Januar 1979 wurde Vögeli Oberstleutnant und Dienstchef *Truppeninformationsdienst* (ad interim) beim Gebirgsarmeekorps 3.

Jürg L. Steinacher

Vögeli ist der Gründer der Truppenzeitung *Information FDiv6,* wo Wachtmeister Steinacher lange Zeit als Chefredaktor wirkte, eine Funktion, die er 1978 auch bei der Manöverzeitung 'Nussknacker' des Feldarmeekorps 4 ausübte. Steinacher (*10.8.44 in Zürich) wurde anfangs der siebziger Jahre Chefredaktor und Verlagsleiter der katholischen 'Neuen Zürcher Nachrichten', wo AfD-Mitbegründer Stephan Renz das Sagen hatte. Nach einem Gastspiel bei der 'Weltwoche' wurde er 1976 Direktor der Bildagentur Photopress, die zum Frey-Konzern gehört. Steinacher greift auch immer wieder journalistisch in die Tasten – in zahlreichen Blättern der Frey-Gruppe, beispielsweise als Opernrezensent im 'Züri Leu' oder als Dirigentenporträteur in der Programmzeitschrift 'TR7', aber auch mit Artikeln zum Thema Subversion, so 1977 mit einer unsäglich dummen Titelgeschichte im Frey-Blatt 'Wirtschaftsrevue' (heute 'Bilanz') über die «Gefahr von ganz links», ein analytisch unbrauchbarer Eintopf aus Gewerkschaftern, Sozialdemokraten und Terroristen. Kommentar des Zürcher SP-Stadtrates Jürg Kaufmann: «Rufmord der übelsten Sorte», «ein Stück Unterleibsjournalismus» (VR 30.6.77).

Ernst Bieri

Bieri (*18.3.20 in Zürich) dissertierte 1946 mit der Arbeit 'Gotteswerk und menschliche Verantwortung im Glauben' – summa cum laude, wie er stets betont. Den Dr.theol. zog es indessen nicht auf die Kanzel, sondern in die NZZ-Inlandredaktion und in die FDP, wo er es bis zum Nationalrat und Zürcher Stadtrat brachte. 1971 wechselte er in die Zürcher Privatbank Julius Bär. Im Feldarmeekorps 4 war Bieri lange Jahre als Oberstleutnant Dienstchef *Heer und Haus*. In dieser Funktion verbrach er das berüchtigte Merkblatt 'Wie soll der Kompagniekommandant mit oppositionellen Soldaten umgehen', das die Zeitschrift 'das konzept' an die Oeffentlichkeit brachte. Am l. Januar 1973 wurde der Banquier Oberst und im Armeestab verantwortlich für Fragen des Wehrwillens und der Agitation (als Chef Koordination psychologische Kriegsführung in der Abteilung Adjutantur). Bieri liess sich in den beratenden Ausschuss des *Ost-Instituts* wählen und 1974 als Vizepräsident des *Hofer-Klubs,* dem er inzwischen wieder untreu wurde. Seit Jahren betreibt er zusammen mit dem Südafrika-Generalkonsul Willy Staehelin und Stadtpräsident Sigmund Widmer die geheime Kabinettspolitik im Verwaltungsrat der Zürcher Schauspielhaus AG.

Walter Heinrich Rüegg

Der Bieri-Nachfolger Walter Heinrich Rüegg (*4.4.18 in Zürich) schloss das Studium der klassischen Philologie 1944 mit einer Arbeit über 'Cicero und der Humanismus' ab, profilierte sich als Geschäftsführer schweizerischer und europäischer Verbände der Aluminiumindustrie und als Vizepräsident der Zürcher Freisinnigen und wurde 1961 Soziologieprofessor in Frankfurt, wo er 1965–70 als Rektor der Studentenrevolte entgegentrat. Er initiierte und präsidierte auch den *Bund Freiheit der Wissenschaft.* Mit einer peinlich penetranten Kampagne bewarb er sich 1971 vergeblich um den Posten des Generaldirektors bei der Schweizerischen Radio- und Fernsehgesellschaft (SRG). Im November 1972 wählte ihn der Berner Regierungsrat zum Leiter des

Soziologischen Instituts der Universität Bern – gegen den Willen der Studenten. Im Nationalfonds kontrolliert Rüegg die Vergabe der Gelder für sozialwissenschaftliche Forschungsprojekte. Er ist Präsident des *Schweizerischen Arbeitskreises Militär und Sozialwissenschaften* (SAMS) und Mitglied des *Rotary Clubs*. Den Einstand beim IPZ gab er 1978 mit der Schrift '10 Jahre danach'.

IPZ-Verlag: Bücher und Dokumentationen

1969 startete die AfD eine Schriftenreihe, deren Standard-Titelblatt noch der wackere Grafiker Ernst Cincera gestaltete: ein grosser roter Farbklecks, die gleichfarbige Gefahr signalisierend. In Nr. 1 handelte Vögeli sein Lieblingsthema 'Spionage in der Gegenwart' ab. Das «Büch*lein»* (NZZ) wurde im 'Badener Tagblatt' (13.9.69) als «billige Propaganda» und «Meisterwerk der Scheinobjektivität» ausführlich kritisiert: «Wer mit dem Anspruch auf Objektivität auftritt, darf in diesem Zusammenhang ganz einfach nicht die ganze Bücher füllende Tradition der CIA in der Infiltration auf allen Kontinenten, im politischen Drahtziehen und im Anstiften von Staatsstreichen und Konterrevolutionen verschweigen.»

Die beiden folgenden Titel stammen von Konvertiten, zwei Frauen, die Lebensgefährtinnen führender Kommunisten waren und später militante Antikommunistinnen wurden: 1970 der Titel 'Der kommunistische Untergrund' von Margarete Buber-Neumann und 1971 'Frankreichs Weg zum Kommunismus' von der Münzenberg-Gefährtin Babette Gross. Zu Frau Buber, einer engen Bekannten von Ernst Cincera, meinte NZZ-Redaktor Hugo Bütler 1975 anlässlich einer Zürcher Veranstaltung, ihre «Konversion», ihr «radikaler Frontwechsel» sei «mit auffälligen Einseitigkeiten des historischen Urteils verbunden» (19.3.75).

Nach diesen drei Publikationen, erschienen im Neptun-Verlag Kreuzlingen, schlief die IPZ-Reihe wieder ein, obschon verschiedene Titel bereits angekündigt waren. Dafür propagierte das IPZ 1975 das Werk eines anderen Konvertiten: die 'Volksrepublik Schweiz 1998' von Ulrich Kägi (bis zur Ungarnkrise 1956 führender Funktionär der Partei der Arbeit und später Redaktor bei der 'Weltwoche'): «Beeindruckt vom Gehalt dieser Polit-Satire haben wir aktiv dazu beigetragen, dass das Manuskript veröffentlicht werden konnte», schrieb das IPZ zu dieser «ausserordentlich gewichtigen Mahnung an unsere Gegenwart». Und Steinacher warb im Pressedienst der *Farner PR-Agentur* für das Werk, das weit mehr mit Kägis unbewältigter kommunistischen Vergangenheit als mit der Zukunft der Schweiz zu tun hat.

Regelmässig seit 1971 erscheinen die dokumentarisch konzipierten *IPZ-Informationen*. Für 42 Franken im Jahr werden Hefte zu den verschieden-

IPZ-Verlag: Die Buchreihe brachte es bloss auf drei Titel, die Reihe *IPZ-Informationen* erscheint seit 1971 regelmässig.

sten Themen geliefert: Agitation gegen die Armee, Polizei, Justiz, Gewerkschaften, Betrieb usw., Abhandlungen über Subversion, Guerillataktik, Terrorismus, gewaltfreie Aktionen usw., die Verdächtigung von gesellschaftspolitischen Aktivitäten wie Umweltschutz, Friedenspolitik, Entwicklungspolitik, Kunst usw. als subversive Aktionen – und immer wieder Spionage und Betriebsschutz. In Einzelfällen erreichen die IPZ-Informationen die Qualität von brauchbaren Überblicken. Mitunter bieten sie bloss ein ideologisches Sammelsurium ohne jede analytische Qualität.

Seit 1978 zeichnen die Verfasser der einzelnen *IPZ-Informationen* in der Regel mit Namen. Der Chef des Hamburger Landesamtes für Verfassungsschutz, Dr. Hans Josef Horchem, der über eine einschlägige US- und NATO-Ausbildung verfügt, schrieb zweimal über Terrorismus, FDP-Nationalrat Rudolf Friedrich rechtfertigte den privaten Staatsschutz als Ergänzung von Polizei und Gerichten, AfD-Präsident Rüegg hielt Rückschau auf die 68er Revolte, Steinacher versuchte sich am Thema 'Neuere Entwicklungen des Marxismus', Kaiseraugst-Direktor Ulrich Fischer und NZZ-Redaktor Hugo Bütler schrieben über Bürgerinitiativen, während der Zürcher Hans Peter Preisig Tips für die betriebliche Notfallorganisation und ein betriebliches Informationskonzept gab.

Von Vögeli, der wie Steinacher für das IPZ oft auf Vortragstournee geht, wurde auch ein Spionagefilm konzipiert, der dank den Zuschüssen des Tessiner und des welschen Fernsehens produziert wurde: 'Einige werden erwischt...Aufgedeckte Spionagefälle in der Schweiz'. Das Fernsehen DRS zeigte wenig Lust, den Streifen auszustrahlen. Erst nach der Affäre Jeanmaire und nach einer Intervention des *Hofer-Klubs* wurde er am 31. Mai 1977 ausgestrahlt – zur ausgezeichneten Sendezeit von 22.35 Uhr.

'Vertraulich' für Gönnerfirmen

Das IPZ veranstaltet jährlich «Informations- und Arbeitstagungen für Beauftragte der unterstützenden Firmen und Verbände», zum Beispiel über die Themen Betriebskampf, Wirtschaftsspionage – oder über 'Desinformation in den Massenmedien', wie das Thema am 12. Mai 1976 im Zürcher Hotel Sonnenberg hiess. Das Programm – Vermerk «Vertraulich» – für die rund sechzig Teilnehmer (selbstverständlich fehlte der Pressechef von Bührle nicht) bestritten AfD-Präsident Bieri, AfD-Vorstandsmitglied Carlo Werlen, IPZ-Leiter Vögeli, IPZ-Mitarbeiter Steinacher sowie der katholisch-konservative St.Galler Nationalrat Edgar Oehler.

Frey-Direktor Steinacher kritisierte an dieser Tagung die Personalpolitik im Konkurrenzkonzern Ringier und angebliche Manipulationen beim TA – aus dem eigenen Haus trug er nichts vor. Vögeli nahm, Ulrich Kägi zitierend, den Bundeshausjournalisten Achmed Huber und das Bieler Journalistenbüro Cortesi aufs Korn, während sich Oehler ärgerte, es im Journalismus immer mehr mit Genossen statt mit Kollegen zu tun zu haben und im übrigen kritisierte, dass das Fernsehen Kinder-Trickfilme aus der DDR und der CSSR statt aus den USA und der BRD einkaufe.

Die entsprechende Tagung 1978 befasste sich in der Kaffeestube der Bank Bär unter dem Motto 'Wir sind noch einmal davongekommen' mit einem Rückblick auf 1968, mit Prof. Rüegg als Referenten.

Postfach 2720, 2003, 2479

Selbstverständlich legt das IPZ auch Wert auf eine umfassende Dokumentation. Steinacher sammelte am 1. Mai 1975, im Demonstrantenlook verkleidet, auf dem Zürcher Helvetiaplatz eigenhändig linke Druckschriften ein. Vor allem aber hat das IPZ abonniert, was es zu abonnieren gibt. Allerdings nicht immer auf den eigenen Namen, die Beschäftigung mit Spionage scheint abgefärbt zu haben. Seit Jahren haben ein Büro Zabo und ein Heinz Grütter mit dem Postfach 2479 in 8023 Zürich HB reihenweise Linksblätter abonniert. Das Fach wird zusammen mit dem IPZ-Fach 2720 und dem AfD-Fach 2003 geleert, fand ein interessiertes Linksblatt heraus.

Cinceras Informationsgruppe Schweiz

Wichtiger als der geruhsame Vögeli wurden bald einmal jene Leute, die bei der Spaltung im Jahr 1972 AfD und IPZ verlassen hatten: Cincera, Scharpf, Borer und Co. Die beiden zentralen Figuren sind dabei Cincera und Scharpf: Cincera als öffentliche Figur und damit auch als Zielscheibe und Buhmann, Scharpf im Hintergrund und als Scharnierfigur zu zahlreichen anderen Klubs im Hintergrund.

Cincera: verbissener Eiferer

Zünfter Ernst Cincera

Er sei der ranghöchste Offizier der Schweizer Armee mit proletarischer Abstammung und damit der lebendige Gegenbeweis zu linken Theorien, erzählt Cincera jedem, der es hören will, denn er habe bewiesen, dass es auch Arbeiterkinder zu etwas bringen können. Geboren ist er am 15. Mai 1928 als Kind eines Zürcher Metallarbeiters, dessen Vorfahren aus dem Gebiet von Truns (Vorderrhein) stammen, wo Cincera regelmässig seine Ferien verbringt. In der Metallklasse der Kunstgewerbeschule Zürich wollte er das Handwerk des Silberschmiedes lernen, galt bei seinen Mitschülern als progressiver Linker und halber Revoluzzer – und als Theaterfan, doch platzte eine Brecht-Premiere ('Turandot') des Hobby-Regisseurs Cincera schon im zweiten Akt. Kurz nach Kriegsende flippte 'Cinc' aus, verliess das Elternhaus und die Schule, absolvierte in Amsterdam die Kunstgewerbeschule, nahm einen Augenschein in den kriegsverwüsteten Städten des heutigen Ostblocks und kehrte schliesslich 1950 in die Schweiz zurück, wo er als 22jähriger verspätet seinen militärischen Pflichten nachkam und die Rekrutenschule absolvierte. 1957 eröffnete er im Einmannbetrieb ein Grafikerbüro und schloss sich später mit René Daepp zusammen, der ihm bis heute treu geblieben ist, auch politisch. Wann genau Cincera seine Subversivenjagd aufnahm, ist nicht bekannt. Spätestens ab Mitte der sechziger Jahre wurde dieses Hobby derart bestimmend, dass es zeitweise die Hälfte und mehr seiner Arbeitszeit in Anspruch nahm.

Politisch zog es das Arbeiterkind bald einmal in die FDP, für die Cincera 1967–71 im Zürcher Kantonsrat sass – bis ihn die Wähler wieder nach Hause schickten. 1971 und 1975 kandidierte er für den Nationalrat und brachte es 1975 immerhin auf den dritten Ersatzplatz – hinter Silvio de Capitani und Ringier-Direktor Rolf Balsiger. Der FDP ist das Mitglied der Höngger Zunft, nach einigem Zögern, auch nach dem Auffliegen seiner Machenschaften treu geblieben – und die FDP ihm: Cincera gehört zusammen mit Figuren wie Karl F. Schneider zu den Leitern parteiinterner Schulungskurse und konzipiert FDP-Werbekampagnen. 1979 wurde er von der FDP nach einigem internen Gerangel erneut für den Nationalrat portiert, und zwar auf dem fünften Platz der FDP-Stadtliste.

Aus dem verspäteten Rekrut ist ein Offizier geworden, der als Major das Füsilier-Bataillon 65 kommandierte und später im Regiment 28 zugeteilter Offizier war. Seit dem 1. Januar 1977 leistet er als Oberstleutnant Dienst in der Territorialzone 4, wo er mit Oberstleutnant Alfred Gilgen, Erziehungsdirektor des Kantons Zürich, das Büro und mitunter auch die Ansichten teilt. Die vorgesehene Beförderung zum Obersten fiel nach der Cincera-Affäre allerdings ins Wasser, weswegen Cincera den Korpskommandanten Rudolf Blocher öffentlich rüffelte.

Nur beruflich ging's nie recht aufwärts. Während andere Werbebüros in der Hochkonjunktur kräftig expandierten und abrahmten, blieb das Büro Cincera+Daepp bei Kleinstdimensionen. Cinceras Steuereinkommen liegt bei rund 50'000 Franken. Seine wichtigsten Kunden: VOLG, Spaltenstein, Rausch-Shampoo.

Ob Beruf, Familie, Partei, Militär oder Subversions-Hobby: der Höngger Cincera ist in allen Elementen der Typ des verklemmt-verbissenen Krampfers und Eiferers. «Man muss den beinahe fanatischen Eifer dieses Mannes im privaten Gespräch erlebt haben, muss erfahren, wie sich Ernst Cincera – einem Briefmarkensammler gleich – auf jedes gedruckte Wort linker Gruppen stürzt, Gruppen, die er zugleich liebt und hasst», berichtete Fred Müller in der NZ (10.5.75). Der Schriftsteller Adolf Muschg diagnostizierte in der 'Leserzeitung' (14.12.76) eine «Persönlichkeit», «die auf den Tatbestand der 'Subversion' fixiert war..., so unheilbar fixiert, dass sie ihn recht eigentlich herstellen musste, um sich selbst zu ertragen». Und in der 'Weltwoche' kommentierte einer aus dem eigenen politischen Lager, Marcel H. Keiser: «Trotz wenig stattlichem Habitus präsentiert sich mit Ernst Cincera, alles in allem, eine nachrichtendienstliche Primadonna; mangelnde charismatische Ausstrahlung kompensiert manische Besessenheit.» (1.12.76)

Cincera ist der typische Aufsteiger: Überanpassung ans System. Das Tragische dabei: Viele Repräsentanten eben dieses Systems verachten Cincera, lächeln über seinen Eifer - obschon man seine Dienste gerne in Anspruch nahm und nimmt. Beispielsweise kritisierte die NZZ über Jahre hinweg Cincera beiläufig und zwischen den Zeilen – aber das Archiv dieses Mannes benutzte auch NZZ-Redaktor Hugo Bütler.

Scharpf: Koordinator hinter den Kulissen

Hans Scharpf

Cincera ist Öffentlichkeitsarbeiter und Buhmann. Intern hält ein anderer die Fäden ebensosehr in den Händen und sorgt insbesondere für die Verbindungen zu anderen Organisationen: Hans Scharpf (*2.7.32), ausgebildeter Betriebswirtschafter, Direktor der monopolähnlichen Hagelversicherung am Zürcher Seilergraben. Wenn es darum geht, irgendwelche Rechtsblättchen zu subventionieren, sind Inserate der Hagelversicherung fast immer dabei. Selbst in rechten Studentenzeitungen inseriert sie «Im Dienste der Landwirtschaft». Scharpf, der schon in der Ungarn-Gruppe *Wahret die Freiheit* aktiv war, wurde 1966 Gründungspräsident der *Aktion für freie Demokratie* (AfD) und später Mitglied im Patronatskomitee der *Informationsgruppe Schweiz*. Dort verwaltet er die Finanzen und ist auch nachrichtendienstlich tätig: Scharpf bat das Kehrsatzer Behördemitglied Heinz Erb, Unterlagen über einen Lehrer an Cincera zu liefern. Und als sich Nestlé Unterlagen über die Aktivisten der Arbeitsgruppe Dritte Welt bei Cincera beschaffte, war es wiederum Scharpf, der als Vermittler wirkte. Er war es auch, der auf dem Höhepunkt der Cincera-Affäre eine entlastende Leserbriefkampagne organisierte.

Scharpf gilt als Spezialist für die Finanzbeschaffung, also für Bettelaktionen. Er bettelte seinerzeit für die Aktion *Wahret die Freiheit*, so 1959 und 1962, als Schweizer Gegendelegationen an die Weltjugendfestspiele in Wien und Helsinki reisten. Aus dieser Zeit stammte jener Restfonds, aus dem 1973 die Reise von vier Cincera- und SAD-Spitzeln ans Weltjugendfestival in Berlin finanziert wurde.

Hans-Scharpf-in-allen-Gassen ist SVP-Mitglied (und wettert gegen die AHV-«Politik der zügellosen Ausgaben»), Oberleutnant der Schweizer Armee, Zunftmeister der *Zunft zur Zimmerleuten*, Mitglied in der *Röpke-Gesellschaft* und im *Hofer-Klub*, Unterzeichner des *Libertas*-Wahlaufrufes 1975, Förderer des *Forum Jugend und Armee*, Beschwerdeführer gegen den Fernsehfilm über die Soldatenkomitees, was ihm am 14. Juni 1976 einen Fernsehauftritt in der Sendung 'Fernsehstrasse 1–4' einbrachte.

Die Hobbys des Gewerkschafters Ernst R. Borer

Ernst R. Borer (*1923) aus Zürich, Monteur und enger Freund von Cincera, nahm im Patronatskomitee der *Informationsgruppe* einzig aus Rücksicht auf das Erscheinen seines Buches 'Spionage' nicht Einsitz. Als christlicher Gewerkschafter sass Borer über ein Jahrzehnt im Zentralvorstand des Christlichen Metallarbeiterverbandes (CMV). Die Aktivitäten, die der Gefreite der Schweizer Armee seit Jahrzehnten entfaltet, passen wenig zum landläufigen Bild eines Gewerkschafters. Den Feind, den es in erster Linie zu bekämpfen gilt, ortet Arbeitnehmer Borer im Osten, im europäischen und im chinesischen.

Bereits 1959 war er mit von der Partie, als eine schweizerische Gegen-Delegation ans Weltjugendfestival in Wien reiste. Ende der sechziger Jahre bereiste er den Nahen Osten, 1970/71 den Fernen Osten. 1972 publizierte er im Neptun-Verlag Kreuzlingen das Buch 'China ohne Maske' über 'Die tibetanische Tragödie'. 1975 folgte im gleichen Verlag 'Spionage' – ein Werk, über das ernsthaftere Spionagespezialisten sanft lächeln und das den Titel tragen könnte 'Wie sich der kleine Ernst die Spionage vorstellt'. Die Vision der allgegenwärtigen Agenten durchzieht auch die Vorträge, zahllosen Leserbriefe und Zeitungsartikel von «ERB» (zum Beispiel im *Republikaner* oder im *Abendland/Stimme).* Für ihn bestand beispielsweise kein Zweifel, dass das Auffliegen von Cinceras Archiv von ausländischen Geheimdiensten eingefädelt und überhaupt die erste Vorbereitungshandlung eines Umsturzversuchs war.

Ein wahrer Meister ist Monteur Borer im Montieren neuer Vereine, die er stets präsidiert. Sozusagen die Holding ist die *Schweizerische Aktion für das Selbstbestimmungsrecht aller Völker,* die Borer 1963 als 40jähriger gründete. Als Mit-Aktionist zeichnet der Zürcher Fotograf Albert Lunte, Präsident der Sektion Zürich der *Stimme der schweigenden Mehrheit,* zu der man auch Borer zählen darf. Borer präsidierte und präsidiert das *Hilfskomitee für die verfolgten Arbeiter in Polen,* das Zürcher Schweigemarsch-Komitee *Solidarität mit den verfolgten Christen* und die *Gesellschaft Schweiz-China* (gemeint Taiwan). 1972 gab diese Gesellschaft das Büchlein 'Chinas Drogenoffensive' heraus, eine Übersetzung aus der Taiwaner Propagandaküche. Verbreitet wird es wie alle Borer-Schriften vom *Stimme*-Bücherdienst.

Fast immer, wenn Borer eine Aktion startet, ist als Redner, Aushängeschild oder Vorwortschreiber der pensionierte Zürcher Staatsrechtler Prof. Werner Kägi (*28.8.09) dabei, zum Beispiel bei den jährlichen Kranzniederlegungen jeweils am 17. Juni am Zürcher Berlinstein. Dr. theol.h.c. Dr.iur.h.c. Kägi profilierte sich auch in weiteren Gruppen, etwa als Präsident der Initiative *Recht auf Leben.* 1979 präsidierte Kägi das «überparteiliche» Komitee pro Gilgen, das mit dem Slogan «Dieser Mann muss weiter Schule machen!» für die Wiederwahl des umstrittenen Zürcher Erziehungsdirektors Alfred Gilgen warb.

Die regelmässig von Borer verschickten Communiques forderten 1973 den öffentlichen Protest der SP Zürich 4 heraus, die den Gewerkschafter in der 'Zürcher AZ' (31.7.73) fragte: «Warum hat sich Ihre Aktion nicht gegen die Unterdrückung der Menschenrechte durch die Diktaturen in Spanien, Portugal, Griechenland, Brasilien und anderen Ländern der 'westlichen Welt' öffentlich ausgesprochen? ... Darum setzen wir uns zur Wehr, wenn der Begriff 'Selbstbestimmungsrecht der Völker' für eine gewisse Art politischer Propaganda missbraucht wird, die eindeutig rechtsextremen Diktaturen zugute kommt.»

Die *Aktion* dient Borer als Plattform für die verschiedenen Aktivitäten, die je nach politischer Konjunktur wechseln. Am 18. November 1978 veranstaltete Borers *Aktion* im Hotel Zürich eine grossangelegte Tagung über 'Bedrohte innere und äussere Sicherheit', also über den Terrorismus – mit Referenten aus der BRD (woher denn sonst), mit dem unvermeidlichen Ernst Cincera und mit Major Heinz Hugi von der Kantonspolizei Zürich.

Übrigens: Der Abwehr frönt Borer auch beruflich. Seit 1952 arbeitet er bei der Stadt Zürich, bei der Lärmbekämpfung.

Schweiz. Aktion für das Selbstbestimmungsrecht aller Völker, Zürich
Kuratorium geistige Freiheit, Bern
Zürcher Frauenzentrale
Bulgarische Liga für Menschenrechte, Sektion Schweiz
Estnische Gesellschaft in der Schweiz
Hilfskomitee für die verfolgten Arbeiter in Polen, Zürich
Kroatischer Verein in der Schweiz
Litauischer Diplomatischer Dienst, Bern
Verband ungarischer Vereine in der Schweiz
Verband ungarischer christlicher Arbeiter der Schweiz
Verband der tschechoslowakischen Vereine in der Schweiz
Verein der polnischen Organisationen in der Schweiz
Vereinigung der Freunde der Ukraine in der Schweiz
Vereinigung der ehemaligen tschechoslowakischen politischen Häftlinge
Demokratischer Klub, Berlin

Fünfzehn Organisationen unterzeichneten einen Borer-Aufruf zum 17. Juni 1979. Veröffentlicht wurde er in den *intern informationen* von Karl Friedrich Grau.

Nicht genug: Scharpf verschickt auch Monat für Monat seinen *Dokumentationsversand,* von dem er sich eine «möglichst breite Multiplikatorwirkung» verspricht. In diesem Versand – in Umschlägen und mit Frankatur der Hagelversicherung – verschickt er an ausgewählte Adressen Zeitschriften (zum Beispiel *Dialog, Hochschul-Zeitung, Staatsbürger, Menschenrechte* usw.), Traktätchen und Schriften befreundeter Organisationen *(Aargauische Vaterländische Vereinigung, Forum Jugend und Armee, Fortschrittliche Jugend Zug,* Borers *Aktion für das Selbstbestimmungsrecht aller Völker, Notgemeinschaft für eine freie Universität Berlin, CDU-CSU-Pressedienst* usw.). Dazu regelmässig Buchbesprechungen, vorzugsweise über Spionage und ähnlich Kribbeliges.

Die Gruppe um Cincera und Scharpf gründete am 6. April 1972 die *Gruppe für zeitkritische Analysen* (GzA), gedacht als Input-Organisation – im Klartext: Nachrichtenbeschaffung. Als Präsident zeichnete Cincera, als Vize Joseph Alexander Baumann. Am 26. November 1974 kam die *Informationsgruppe Schweiz* als Output-Verein zur Verbreitung der gewonnenen Erkenntnisse hinzu. Präsident: wiederum Cincera, Kassier: der Jus-Student Robert Chanson, wie Meister Cincera aus der FDP Zürich 10. In der Öffentlichkeit waren diese beiden Vereine bis 1976 praktisch unbekannt. Schlagzeilen machten nur Cinceras unzählige Vorträge über 'Agitation und Subversion in der Schweiz' (so der Standardtitel) und später das Denunziantenblatt *WasWerWieWannWo* der *Informationsgruppe.*

Demagogischer Stimmungsmacher

Wann immer Ernst Cincera gerufen wurde – er kam, sprach und agitierte: vor Krankenschwestern, Offizieren, *Rotary Clubs,* Mittelschülern, Migros-Kadern, deutschen Offizieren, CDU-Mitgliedern, Industriellen, Lehrern – und selbstverständlich in der Schweizer Armee, wo das Politisieren nicht so streng verboten ist, wenn es von der rechten Seite kommt.

Mit verbissenem Ernst, mit eifernden Augenfältchen mitunter, predigte er in seinen Vorträgen wider die Rrrrevolution und die Subverrrsion. Sein Tenor: Die Revolution steht vor der Tür, alle Linksgruppen sind von Moskau oder sonstwoher gesteuert, hinter allen Reformbewegungen, kämpferischen Gewerkschaftssektionen und aktiven Bürgergruppen stecken die bösen Linken. So simpel sagt es der Cincera natürlich nicht, aber so simpel bleibt es bei den Zuschauern zumeist hängen – und Cincera soll nicht behaupten, das sei nicht beabsichtigt.

Als kritischer Analytiker ist Cincera eine Niete. Liest man zehn Jahre alte Zeitungsberichte über Cinceras Vorträge, zum Beispiel über die Wachstumsrate revolutionärer Gruppierungen, Jahreszahlen über «die kritische Schwelle» oder über die linken Kampfmittel Gruppensex und Haschisch, so kommen einem ob so viel Unsinn die Tränen. Aber Cinceras

Funktion war und ist ja nicht die Analyse, sondern die Stimmungsmache. Mit welchen ideologischen Bausteinen er dabei ficht und welche Vorurteile er dabei anspricht, kann man nachlesen in Cinceras 1977 erschienenem Buch 'Unser Widerstand gegen die Subversion'. «Was Cincera kennzeichnet, ist sein Unvermögen zu differenzieren», rezensierte TA-Chefredaktor Peter Frey (3.2.77): «Für ihn sind alle Ideen, Grüppchen und 'Untergrund'-Zeitschriften, die sich in marxistischem Jargon ausdrücken, von Moskau ferngesteuert.» Fazit des TA: «Mit der Logik Ernst Cinceras stimmt etwas nicht.»

Nicht nur mit der Logik, auch mit seinen Vortragsmethoden stimmt einiges nicht. Wie schamlos er manipuliert, wenn's seinen Zwecken nützt, hat er am 5. Mai 1970 vor den St.Galler Kantonsschülern zugegeben. In einem Vortrag kritisierte er die «von Lenin, Goebbels und Dutschke» entwickelten Propagandamethoden als «aussergewöhnlich perfide Art», mit der die «Massen übertölpelt» würden. Von einem Fragesteller in die Enge getrieben, bekannte sich Cincera überraschenderweise zu den gerade hart kritisierten Methoden. «Selbstverständlich» verwende er diese: «Ich wäre ja ein Dummian, wenn ich von Ihrer Technik und Taktik nicht mindestens dann etwas gelernt hätte, wenn ich's brauchen kann, um Sie zu entlarven.»

Der Vortragsredner Cincera hat je nach Publikum verschiedene Gesichter. In kontradiktorischen Runden, in denen er das Publikum zu wenig nach seinem Gusto bearbeiten kann, spielt er den biederen Demokraten. Erst in geschlossenen Gesellschaften denunziert Cincera munter Personen – auch wenn es noch so dumm ist: «Bei der Besetzung von Kaiseraugst zum Beispiel hätten die Revolutionäre Marxistische Liga (RML), die Progressiven Organisationen der Schweiz (POCH) und, im Hintergrund, der Schriftsteller Niklaus Meienberg den Organisatoren der Gewaltfreien Aktion die Zügel weitgehend aus den Händen genommen.» So berichtete der 'Bund' am 16. April 1977 über Cinceras Geisterbeschwörung vor den Langenthaler Offizieren.

Cincera musste die absurde Behauptung über Meienbergs Rolle zurücknehmen, wobei er sich darauf berief, es so nicht gesagt zu haben. Vielleicht stimmt das sogar. Denn Cinceras Manipulation und Demagogie besteht zu einem schönen Teil im Suggerieren und Assoziieren. Was die Leute im Saal verstehen und nach Hause tragen, hat Cincera – streng Wort für Wort genommen – häufig gar nicht so gesagt. Aber er hat natürlich einkalkuliert und gewollt, dass es die Leute so verstehen.

Cinceras eindimensionale Vortrags-Litanei wurde mitunter auch in bürgerlichen Kreisen belächelt, so auch in der NZZ, etwa am 5. Mai 1974: «Der Arzt, der hinter jedem Husten eine Tuberkulose vermutet, macht die Patienten nervös – für's erste wenigstens; auf die Dauer macht er sie wohl (was schlimmer ist) sorglos», kritisierte Redaktor Hanno Helbling, der in Cinceras Kartei denn auch prompt als «links gefärbt» registriert war.

Solche Vorbehalte blieben indessen die Ausnahme. Die meisten bürgerlichen Blätter kolportierten Cinceras dramatischen Feindgemälde eilfertig weiter. Die Gespenster, die Cincera in Organigrammen auf die Vortrags-Leinwand projiziierte, servierten sie ihren Lesern in der Regel noch etwas schrecklicher. Sie halfen mit, ein Klima der Angst zu schüren – jenes Klima, auf das rechte, reaktionäre (und wenn's sein muss auch faschistische) Strömungen angewiesen sind. Wer den verunsicherten Spiesser und Kleinbürger mit cinceristischer Stimmungsmache weiter präpariert, der darf hoffen, für eine Ruhe-und-Ordnungs-Politik ein tragfähiges Terrain vorzufinden.

Denunziationen im Abonnement

Cincera hat das Geschäft der Denunziation systematisiert. Ab 1974 bot er seine Denunzianten-Informationen auch im Abonnement feil. Ende 1974 erschien, herausgegeben von der damals noch unbekannten *Informationsgruppe Schweiz,* die Nullnummer des *WasWerWieWannWo,* das im Untertitel «Information über Agitation und Subversion des politischen Extremismus in der Schweiz» versprach. Oder wie es im Geleitwort zur Nr. 1 formuliert wurde: «Wissen um konkrete personelle und organisatorische Zusammenhänge» des «politischen Extremismus von links und von rechts». Viereinhalb Jahre nach dieser Absichtserklärung war abgesehen von zwei lächerlichen Alibi-Meldungen über Phantom-Gruppen keine Silbe über rechtsextreme und nazistische Gruppen zu finden.

Die Absicht hinter der neuen Publikation war allzu durchsichtig. Cincera, der in seinen Vorträgen den linken Marsch durch die Institutionen als *die* Gefahr für unsere Gesellschaft beschwor, wollte den Stellenantritt möglichst vieler Linker (und was er dafür hielt) verhindern. Jahrelang brachte das *WasWerWieWannWo* in allererster Linie berufsverbotsfördernde Abschussmunition. Diese Informationen waren zwar oft extrem lächerlich und obendrein falsch, was viele übersehen liess, dass falsche und lächerliche Behauptungen genausogut Stellen kosten können.

Das neue Blättchen fand rasch Abonnenten und Gönner. Eine Auswahl solcher Herren findet sich im 'Dossier Cincera' auf den Seiten 33/34.

Was im Denunziantenblatt publiziert wurde, erhielten die Mitglieder des Patronatskomitees der *Informationsgruppe* stets zuvor als Druckfahne zugestellt, damit sie Änderungen verlangen konnten. Denn «das Patronatskomitee zeichnet mitverantwortlich für die Publikationen der *Informationsgruppe Schweiz»,* halten die Statuten fest: «Die Redaktionskommission legt alle Publikationen dem Vorstand und dem Patronatskomitee vor. Der Beschluss über Veröffentlichungen wird durch Mehrheitsbeschluss des Vorstandes, des Patronatskomitees und der Redaktionskommission gefasst.» Diese mitverantwortlichen Aushängeschilder des Patronatskomitees waren jahrelang die einzigen Namen, die von der Organisation Cincera in der Öffentlichkeit bekannt waren. Im November 1976, als Cinceras Denunziokratie aufflog, war das Komitee auf zwei Dutzend Namen angewachsen:

Max Arnold, Wohlen bei Bern
Joseph-Alexander Baumann (*10.12.42), Dr.iur., Rechtsanwalt in Kreuzlingen, SVP, Finanzdelegierter in der *Stiftung Dialog,* Initiant des *Referendumskomitees gegen die 9. AHV-Revision*
Peter M. Blattmann, Wädenswil, Unternehmer, FDP, Hauptmann
Ernst Brauchli (*18.11.25), Wetzikon, Dr.rer.pol.
Ruedi Burger-Nefflen, Burg AG, Stumpenfabrikant, Präsident der *Aargauischen Vaterländischen Vereinigung*
Josef V. Camenzind †, Luzern
H.P. Egger
Eugen Fabel, Ebikon LU, Giessereiingenieur
Ralph R. Faes, Herrliberg, als Präsident des *Instituts für demokratische Politik* Verleger der *Hochschul-Zeitung,* jahrelang Mitarbeiter in Scharpfs Hagelversicherung, Gründungsmitglied *Libertas* Zürich
Hans Hellmüller, Altdorf, Vizedirektor und Personalchef der Dätwyler AG, Oberst
Arnold Huber
Rudolf Känzig, früher Basel, jetzt Zürich, Handelsschullehrer KVZ
Max Kunz (*1923), Zürich, Züspa-Direktor, SVP-Kantonsrat seit 1975
Urs Lenzlinger, Uster, Transportunternehmer, Mitglied der *Arbeitsgruppe für eine fortschrittliche Atompolitik*
Juan Meier, Forch, Inhaber der Akademikergemeinschaft AG samt Tochterfirmen
Albert Niggli, Chur, damals leitender Angestellter bei den Emser Werken
Liselotte Salathe (*9.1.34), Zug, Initiantin der *Fortschrittlichen Jugend Zug*
Josef Schelbert, Küssnacht SZ, Schutzaufsichtsbeamter
Hanspeter Setz, Dintikon AG, Transportunternehmer, Mitglied der *Stimme der schweigenden Mehrheit*
Jean Teuscher, Biel
Klaus Woodtli, Biel, Notar, FDP-Politiker
Egon P.S. Zehnder (*12.4.30), Küsnacht/Zürich, Dr.iur., Major, Inhaber einer Managervermittlungsfirma (Tenor: «militant in der Verfechtung der freien Marktwirtschaft»)

Ernst R. Borer, Aktivist der *Aktion für das Selbstbestimmungsrecht aller Völker,* nahm lediglich aus taktischen Gründen im Patronatskomitee seines Freundes Cincera nicht Einsitz.

Soviel – oder so wenig – war bis im November 1976 von der Organisation Cincera bekannt. Das sollte sich schlagartig ändern.

Ein Spitzel namens Kühnis

19. November 1976, Ausschusssitzung des Demokratischen Manifest (DM), das ein halbes Jahr zuvor als Bürgerinitiative gegen den Abbau demokratischer Rechte gegründet wurde und schon 1000 Mitglieder zählt. Der Student Andreas Kühnis (*14.1.51), seit der DM-Gründung als Kassier und Karteiführer mit dabei, wird als eingeschleuster Cincera-Spitzel enttarnt. Der überrumpelte Kühnis zeigt sich bereit, dem DM bei der Aufdeckung der Cincera-Praktiken zu helfen. Mit ihm und seinen Schlüsseln können zwei DM-Mitglieder in der folgenden Nacht für eine Viertelstunde einen Augenschein im Cincera-Archiv der *Informationsgruppe Schweiz* an der Zürcher Englischviertelstrasse 32, ein paar Häuser von Cinceras Grafikerbüro entfernt, nehmen. Zu Beweiszwecken behändigen sie zwei Kehrrichtsäcke voll Material.

Am 23. November präsentiert das DM diesen Polit-Kehrricht an einer Pressekonferenz. Am folgenden Morgen verhaftet die Polizei aufgrund einer Cincera-Anzeige zahlreiche DM-Exponenten. Der innenpolitische Skandal ist perfekt und sorgt wochenlang für Schlagzeilen. Die bisher ins Dunkel gehüllte Cincera-Denunziokratie, ein Hinterzimmer der Schweiz AG, wird vor aller Augen blossgelegt. Cincera, bisher fast nur als Wanderprediger bekannt, steht als überführter Privat-Polizist mit «seltsamen Methoden» (NZZ) da.

Was das DM an Beweisen sicherstellen konnte, erschien kurz darauf im 200 Seiten starken 'Dossier Cincera', das es in sechs Auflagen auf 24'000 Exemplare brachte. Diese Publikation, die mit einem ausführlichen Register erschlossen ist, wurde später ergänzt durch zwei weitere DM-Bro-

Die drei DM-Publikationen zur Cincera-Affäre sind im Buchhandel erhältlich oder einfacher durch Voreinzahlung des Betrages auf das Konto 80—48476, DM Zürich (Titel auf dem Abschnitt angeben). Das 'Dossier Cincera' kostet sieben, das 'Dossier DM-Prozess' drei und 'Cincera alias Cäsar' fünf Franken.

schüren: im Mai 1977 durch das 'Dossier DM-Prozess' mit einer ausführlichen Dokumentation über die Cincera-Affäre, und im November 1977 durch die Enthüllung 'Cincera alias Cäsar – Wir waren Cinceras Berner Spitzel', worin zwei junge Berner, die als 16- und 17jährige für Cincera spitzelten, ihren ehemaligen Meister mit dem sinnigen Decknamen Cäsar schwer belasten.

Die Organisation Cincera

Wir verzichten hier darauf, all die Enthüllungen über Cincera im einzelnen zu wiederholen. Wir beschränken uns darauf, die Organisation Cincera knapp zu skizzieren:
- die jugendlichen Spitzel, Informationszuträger und 'Jugendvereine'
- der Führungskreis der Organisation
- die aussenstehenden Zulieferer und Benützer des Cincera-Archivs
- Cinceras Freunde bei Behörden, Polizei und Militär
- Cinceras politische Freunde

Andreas Kühnis

Cinceras wichtigster Mann in seiner jungen Garde war Andreas Kühnis. Aufgewachsen in Sargans, Rheineck und Näfels und ausgebildet in katholischen Schulen, fand er als junger Zürcher Student Anschluss bei der Verbindung der Glanzenburger, und via Mitglieder dieser Burschenschaft bei Cincera. 1975/76 brauchte er den grössten Teil seiner Arbeitszeit für Spitzelaktivitäten: Besuch des Bergregionen-Seminars im Bildungs- und Ferienzentrum Salecina bei Maloja, DDR-Studienreise mit der Evangelischen Hochschulgemeinde Zürich, Aufenthalt im Genfer Jugendzentrum CRAC, Teilnahme an einem europäischen Jugend- und Studententreffen in Warschau. In zahlreichen Organisationen diente er sich für die ungeliebten Vorstandsposten des Kassiers und Karteiführers an: im Demokratischen Manifest, im Lehrerforum, der Basisgruppe Sekundarlehrer und bei den Christen für den Sozialismus. Als Vertreter dieser Gruppen besuchte Kühnis auch regelmässig Koordinationssitzungen für irgendwelche Einheitsaktionen der Linken.

Nicht als Spitzel, aber als bienenfleissiger Informationszuträger wirkte über Jahre hinweg lic.oec. Willy Matzinger (*26.8.45), der davon profitierte, dass ihn an der Universität Zürich niemand für voll nahm. Leicht gebückt und verschüchtert wie Kühnis sammelte Matzinger Flugschriften, besuchte und protokollierte linke Versammlungen, fotografierte in Zürich und anderswo vom Strassenrand aus Demonstranten – und schrieb und

Entlarvende Reiseanleitung für die drei Cincera-Spitzel, die an die Weltjugendfestspiele nach Berlin/DDR geschickt wurden. Cincera erläuterte die Anleitungen in Peter Addors Berner Wohnung persönlich. Er spreche aus eigener Erfahrung, meinte er, als er von den «sehr hübschen Polinnen und Tschechinnen» warnte.

/

GEHEIM

M e r k b l a t t für unsere Ostberlin-Reisende

- Man rechne damit, dass überall Abhörvorrichtungen eingebaut sind, die nicht ohne weiteres gefunden werden können. Spreche deshalb nie - auch nicht wenn Du Dich alleine fühlst - mit Deinen Kollegen über Deine Mission.
- Halte Dich an die konspirativen Grundregeln. Man rechnet damit, dass die ostblockeigenen Geheimdienste auf jeden Festivalbesucher zwei Beschatter ansetzt.
- Diese Beschatter haben unter Umständen auch die Aufgabe "ihre" Zöglinge unter Druck zu setzen und aus ihnen Informationen zu pressen. Zu diesem Zweck werden vor allem die Mittel Alkohol und Frauen verwendet. Es gibt zweifellos sehr hübsche Polinnen und Tschechinnen, die trotz ihren zärtlichen Bemerkungen und Gesten Euch in die Klauen eines östl. Geheimdienstes ziehen wollen. Bleibt deshalb stets in der Gruppe und sondert Euch nicht ab. Bist Du so stark, um diese Mädchen nicht zum Zuge kommen zu lassen?
  Das andere Mittel, der Alkohol, ist eben so gefährlich! Es gibt Getränke, bei dessen Genuss Du nicht merkst, wann Du nicht mehr weiter trinken kannst und darfst. Diese Getränke lösen einen "Suff" mit einem male aus. Versuche nicht Dir und den andern zu beweisen, wie viel Du vertragen kannst. Du würdest nur Deine und die Sicherheit Deiner Kollegen auf's Spiel setzen.
- Sprich mit niemandem über Deine Mission, auch wenn Du das Gefühl hast, er sei gleicher Meinung wie Du.
- Führe ein Tagebuch. Das sind die einzigen Notizen, die Du Dir erlauben darfst! Versuche Namen und Adressen der Delegationsteilnehmer darin unterzubringen. Klügle ein System heraus, das Dir erlaubt, Namen und Adressen so zu verschleiern, dass niemand den eigentlichen Grund des Tagebuchführens erraten kann. Erstelle ev. noch zu hause ein Verschleierungssytem und lerne es auswendig (ev. jeder getrennt).
- Kauft in der Schweiz Souvenirs für die Personen aus dem Ostblock. Vor allem sind Artikel wie Kugelschreiber (mit Schweizerwappen darauf) oder Rasierklingen gefragt. Decke Dich damit ein und biete sie den osteurop. und russischen Personen unbemerkt an. Tausche mit ihnen Adressen aus.

- In äussersten Notfällen setze Dich nach Westberlin ab und suche dort die Schweizer Botschaft auf. Ueberlegt Euch aber gut, ob dieser Schritt nötig sei, denn Ihr könnt nicht mehr zurück.
- Lässt keine Zwiste und Streitigkeiten unter Euch aufkommen! Handelt stets nach dem gesunden Menschenverstand.
- Versucht <u>auf jeden Fall</u> Eure Mission zu erfüllen, die lautet:

  - möglichst viel Papier (Flugschriften, Broschüren, u.a.m.) sammeln. Es macht nichts, wenn jeder von Euch das selbe heimbringt.
  - Namen und Adressen der Schweizer Delegation. Sendet Karten nach Hause und lässt diese zuerst von Euren "Genossen" unterschreiben.
  - Versucht herauszubekommen, ob bei der russischen Delegation Personen dabei sind, die Schweizerdeutsch sprechen.
  - Achtet genau auf Renato Quadri und Peter Vollmer. Was machen sie? Welche Funktionen haben sie? Welche Kontakte pflegen sie?

- Versucht, wie gesagt, auf jeden Fall diese Mission zu erfüllen, <u>geht aber keine unnötigen Risiken ein.</u>

DIESES BLATT IST NACH KENNTNISNAHME ZU VERNICHTEN !!!

good luck !

Willy Matzinger

schrieb und schrieb: als Studentenpolitiker Aufsichtsbeschwerden zuhauf, Leserbriefe im Abonnement, aber auch als bezahlter Mitarbeiter von NZZ und spk. Sein Geld verdiente er sich als gelegentlicher Fallbearbeiter bei den Rechtsanwälten Heinz Egli und Joseph Alexander Baumann, 1975 als wenig erfolgreicher Redaktor bei 'Finanz+Wirtschaft' und seit dem Herbst 1976 als Archivar (formell: Assistent) in der Zentralstelle für Wirtschaftsdokumentation der Universität Zürich an der Apollostrasse, gleich bei Cincera um die Ecke. Matzinger ist FDP-Mitglied – wie andere jugendliche Cincera-Mitarbeiter (zum Beispiel Urs Rechsteiner, Robert Chanson).

Geschnüffelt wurde auch in Cinceras Berner Aussenposten, den der Mathematikstudent Peter Addor, ein Mitglied der Gruppe der Jungen beim *Aufklärungs-Dienst,* leitete. Dort spitzelten ab 1973 insgesamt sieben 16- und 17jährige Spitzel von Amnesty International über den Kommunistischen Jugendverband bis zum Arbeitskreis Kritische Kirche alles aus, was Cincera für links hielt. Wenn es heiss wurde, schaltete sich Cincera alias Cäsar selbst ein, etwa, als er drei Spitzel für ihre nachrichtendienstliche Teilnahme am Weltjugendfestival in Berlin 1973 instruierte. Geld und Unterlagen wurden den Berner Spitzeln aus Zürich zugeschickt, wobei als Absenderadressen Hans Scharpfs Hagelversicherung und Joseph Alexander Baumanns Zürcher Domizil dienten. Die Spitzel wurden bei ihrer Arbeit von Polizei und Mittelschulrektoren gedeckt. Cinceras Fehler: Er rechnete nicht mit dem Lernprozess seiner Jugendlichen. Fünf der sieben haben sich längst politisch von Cincera losgesagt, und auch die beiden anderen sind über das pubertäre Spitzelalter hinaus.

Peter Addor

«Der gleiche Cincera, der Hunderten von Leuten in der Schweiz Subversion, konspirative Tätigkeit und politischen Extremismus vorwirft, arbeitet selbst mit den Mitteln der Subversion und Konspiration», urteilte die 'Schweizer Illustrierte' (14.11.77) vernichtend, als Cinceras Berner Spitzel auspackten. In der Tat: Die Organisation Cincera arbeitete mit falschen Postfächern und Deckadressen, startete manipulierte Leserbriefkampagnen, erschlich mit Unterschriftenfälschungen einen Telefonanschluss auf einen falschen Namen, verwendete Agentennamen, gründete Phantomvereine und liess Studenten gegen Bezahlung von Cincera getextete und gestaltete Flugblätter verteilen.

Zum Teil wurden diese Aktivitäten getragen durch Cincera-Vereine, die in Bern, Aarau und Zug Jugendliche zu gewinnen suchten, wie sich das die *Aktion für freie Demokratie* bei der Gründung vorgenommen hatte. Die Berner Spitzel gründeten zusammen mit Addor den Verein *Kreis Kritische Jugend* (KKJ), der vor allem mit Flugblattaktionen in Erscheinung trat. Der Klub übernahm das Postfach 1985 in 3001 Bern von der *Aktion Niemals Vergessen.* Im KKJ Bern gab sich der Nachwuchs helvetischer Polit-Prominenz ein Stelldichein, so die Söhne von Botschafter Paul Jolles (aus dessen Wohnung linke Demonstranten fotografiert wurden), von Nein-Sager Otto Fischer und von Divisionär Paul Ritschard. Nach dem Vorbild des KKJ gründete Gerhard Wyss, der als Hilfslehrer mit den Berner Spitzeln in Kontakt gekommen war, später das *Forum Jugend und Armee* (FJA).

Die KKJ-Statuten wurden in Zürich von Cincera abgesegnet. Wenig später entstand in Aarau der *Kreis Fortschrittliche Jugend* (KFJ), wobei die Statuten Wort für Wort vom bereinigten Berner Vorbild abgeschrieben wurden. Der KFJ Aarau mit seiner Sprecherin Barbara Schäfer (mit dabei bei der organisierten Beschwerdeflut gegen den TV-Film über die Soldatenkomitees) verteilte auf dem Höhepunkt der Cincera-Affäre ein Flugblatt für seinen Meister. Praktisch zur gleichen Zeit wie der KFJ wirkte in Aarau die ebenfalls rechtsgerichtete Schülergruppe PUMA *(Politisch unabhängige Mittelschüler Aarau).*

Die seltsamste Blüte im Sumpf dieser Cincera-Ableger ist die *Fortschrittliche Jugend Zug* (FJZ), die sich gelegentlich auch *Aktionskomitee für Ruhe und Ordnung* nennt. Die Pamphlete der Gruppe werden jeweils illustriert vom Zürcher Karikaturisten Lubumir Winnik. Was der Zuger Klub ab und zu an Hunderte von ausgewählten Adressen verschickt, stellt an Demagogie ziemlich alles in den Schatten – was den Zürcher Hagelversicherer Scharpf nicht hindert, die Erzeugnisse aus Zug in seinem *Dokumentationsversand* weiter unter die Leute zu bringen, versehen mit der empfehlenden Etikette «politisch gemässigt». Die Gruppe ist indessen weder gemässigt noch jugendlich. Als Postfachinhaber ist Otto Salathé gemeldet. Otto Salathé junior (*17.5.55), der Sohn von Liselotte Salathé aus Cinceras *Informationsgruppe,* erklärt indessen: «Präsident ist meine Mutter» – Jahrgang 1934. Die FJZ residiert mit ihrem Postfach in Zug 3 – wie die Zuger Sektion der *Stimme.*

Mit dem Archiv Cincera flogen auch die Namen einiger Herren auf, die sich bisher vor der Öffentlichkeit versteckt hatten, obschon sie zum Kern der *Informationsgruppe* gehörten. Jetzt blieb ihnen nicht viel anderes übrig, als sich zu ihrer Rolle zu bekennen. Nach der Affäre präsentierte sich an einer Pressekonferenz der *Informationsgruppe* ein neuer harter Kern. Theo

Dialog mit Cinceristen

Die Jugendparlamente als Polit-Sandkästen sind vor Jahren ausgestorben. Die selbe Idee, diesmal papieren, griff 1973 die *Stiftung Dialog* auf: Viermal im Jahr soll die Zeitschrift *Dialog* einer Viertelmillion junger Schweizer jenes System näherbringen, das immer weniger Leute an die Urne lockt: helvetische Konkordanz und Parteien-Pluralismus.

Initiiert wurde die Stiftung vom Drogisten Rudolf Frehner (*1951), der zuvor als Leiter des Jugendforums Rheineck SG staatsbürgerlichen Betrieb machte und 1973 SP-Kantonsrat wurde. Schon damals war als Gönner und Götti der Cincerist Scharpf dabei, dessen Hagelversicherung auch Flugblätter des Jugendforums druckte. Scharpf war der wichtigste Mit-Initiant der *Stiftung Dialog;* er trat eigens in die SVP ein, um diese Partei im Stiftungsrat vertreten zu können. Präsident der Stiftung wurde der Konvertit Ulrich Kägi, der dialogisierend und brückenbauend die grosse Schuld abzutragen hofft, die er bis 1956 als führender Kommunist auf sich geladen hat. 1979 trat er das Präsidium an den früheren Korpskommandanten Pierre Hirschy ab (ein Job, den alt Bundesrat Ernst Brugger abgelehnt hatte).

Auf dem Höhepunkt der Cincera-Affäre hatte Scharpf seinen Rücktritt angeboten, um die *Stiftung Dialog* zu entlasten. Doch der Sozialdemokrat Frehner lehnte ab, da Scharpf als Spendenorganisator und Finanzminister viel zu wichtig war. Erst im Herbst 1978 trat Scharpf zurück – und wurde ersetzt durch den nächsten Cinceristen, den SVP-Mann Joseph Alexander Baumann aus Kreuzlingen. Ein starkes Stück: Scharpfs Hagelversicherung und Baumanns damalige Zürcher Absteige dienten als Absenderadressen, wenn Cinceras Berner Spitzel mit Geld und Material eingedeckt wurden. Dies alles im Geiste des Dialogs...

Scharpf war es auch, der dem *Dialog* 1978 als Redaktor der deutschsprachigen Ausgabe den Präsidenten der Stadtzürcher Jungfreisinnigen, den Kantonsratssohn Urs Lauffer, vermittelte. Lauffer verliess den *Dialog* noch 1978 und trat in die *Farner PR-Agentur* ein.

Die *Stiftung Dialog,* die sich und ihren Karrieristen Frehner bei jeder passenden und unpassenden Gelegenheit penetrant in Szene setzt, expandiert von Jahr zu Jahr munter weiter und ist bei drei Umsatzmillionen angelangt. Es wird immer schwieriger, die einstige idealistische Fassade vor dem geschäftlichen Hintergrund aufrechtzuerhalten.

1978 übernahm *Dialog* gegen klingende Münze das Sekretariat und die Zeitungsredaktion der *Schweizerischen Staatsbürgerlichen Gesellschaft* (SSG), eine Dienstleistung, die auch der *Aufklärungs-Dienst* gerne übernommen hätte.

INFORMATIONSGRUPPE ✚ SCHWEIZ

Bulletin Nr. 14, Januar 1978

Herausgeber:
Informationsgruppe Schweiz, Postfach 2069, 8030 Zürich
PC 80 - 16915

Für das Patronatskomitee der Informationsgruppe Schweiz: M. Arnold, Dr. J. A. Baumann, P. Blattmann, Dr. E. Brauchli, R. Burger-Nefflen, E. Cincera (Leiter des Redaktionsausschusses), H. P. Egger, E. Fabel, R. R. Faes, H. Hellmüller, A. Huber, R. Känzig, M. Kunz, U. Lenzlinger, J. Meier, Frau L. Salathé, H. Scharpf J. Schelbert, H. Setz, J. Teuscher, K. Woodtli, Dr. E. Zehnder.

Terrorismus — zur Rolle der Verteidiger und Sympathisanten

Einen grossen Raum in der öffentlichen Diskussion nahm im Verlaufe der RAF-Aktion zur Befreiung von elf inhaftierten Terroristen die Rolle der Verteidiger und das Problem der bisherigen Sympathisanten ein.

Das deutsche Bundeskriminalamt hat in einer Schrift eine grosse Zahl Dokumente veröffentlicht, welche ein geheimes

1. Die Rolle der Verteidiger

Die RAF-Verteidiger, oft in sogenannten Anwaltskollektiven organisiert, verstehen sich als linke Juristen, die ihre Rechtskenntnisse im Kampf gegen die bestehende Klassengesellschaft einsetzen. Unsere Analyse basiert auf Schriften sowie Arbeitspapieren der «Roten Hilfe» Berlin und

Cinceras Denunzianten-Munition im Abonnement: 1974–76 mit dem Titel *WasWerWieWannWo,* seit 1977 unter dem Namen *Informationsgruppe Schweiz.*

Hügi, Architekt in der Brauerei Hürlimann, trat als Präsident auf, Cincera als Geschäftsleiter. Für den Bereich PR/Finanzen zeichneten Hans Scharpf und Ruedi Burger verantwortlich, für juristische Fragen Joseph Alexander Baumann und für Abonnentenwerbung Rolf Ferber. Zu den bereits bekannten Namen tauchten also zwei neue auf: Theo Hügi und Dr. Rolf Ferber, der auch als Major und Chef des Wehrwirtschaftsdienstes der Territorialzone 4 mit Cincera in engster grüner Tuchfühlung steht.

Cinceras Auskunftei

Für zahllose Personalchefs und Politiker entwickelte sich das Büro Cincera zur Auskunftei, die man immer dann um Hilfe bat, wenn man einen sogenannt subversiven Stellenbewerber vor sich glaubte. Das 'Dossier Cincera' dokumentiert alle Fälle, die im November 1976 publik wurden – zweifellos nur die Spitze des Eisbergs, aber schon die ist deutlich genug: Firmen wie Migros, Nestlé, Chocolat Tobler wünschten Auskünfte, das *Redressement National* liess die Teilnehmer ihres Giessbach-Seminars durchleuchten, die Aargauer Ruedi Burger und Markus Herzig wünschten Auskunft über einen angeblich linksgewickelten Redaktor usw. Ein Archiv à la Cincera kann nur berufsverbotsfördernde Auskünfte geben, wenn es auch Informationen entgegennehmen kann. In diesem Sinne unterstützten zahlreiche Bürger – nicht zuletzt Zuhörer aus Cinceras Vorträgen – die Auskunftei am Fuss des Zürichbergs, beispielsweise der SVP-Politiker Christoph Blocher (Boss der Emser Werke) oder der St.Galler Textilindustrielle Patrick Stoffel (was ihn in einem Vergleich mit einem Denunzierten harte Schweizerfranken kostete).

GENOSSENSCHAFT MIGROS ZÜRICH

Personalbüro Betrieb

Pfingstweidstrasse 101
Postfach 906
8021 Zürich

Telefon 01 - 44 44 21
Telex: Gemiz Zürich 52009
Telegramm: Mifruits Zürich
Postscheckkonto 80 - 6057

Herrn
Ernst C i n c e r a
Englischviertelstr. 22
Postfach 8030
8030 Z ü r i c h

Ihr Zeichen	Ihre Nachricht vom	Unser Zeichen	8021 Zürich,
		My-286/ms	10. Mai 1974

Sehr geehrter Herr Cincera,

Wir beziehen uns auf unser heutiges Telefongespräch und geben Ihnen nachstehend die gewünschten Angaben:

D'[geschwärzt] Aldo
geb. 12.11.1938
Heimatort: Colli a Volturno, Provinz Campobasso
Name der Ehefrau: Florinda geb. Matticoli

Unseres Wissens soll D'Alessio jetzt bei der Firma Conzett & Huber, Zürich, in Stellung sein.

Bei dieser Gelegenheit möchten wir Ihnen noch für die Zustellung des Dokumentes der Deputiertenkammer danken.

Wir hoffen, Ihnen mit diesen Angaben zu dienen und danken Ihnen im voraus für Ihre weiteren Ermittlungen, die Sie freundlicherweise für uns betreiben.

Mit freundlichen Grüssen
GENOSSENSCHAFT MIGROS ZUERICH
Personalbüro Betrieb

KARL F. SCHNEIDER SR/SPRG
Konsulent für
Public- und Press-Relations

8049 Zürich
Hardeggstrasse 27
Tel. 051 56 62 88 Telex 54508

24. Januar 1975

Herrn
Dr. Ernst Mörgeli
Pressechef des EMD
Bundeshaus

3001 B e r n

Betrifft: Abend des Soldaten-Kommitees im Hotel National in Näfels

Sehr geehrter Herr Dr. Mörgeli,

Hier ein kurzer Rapport:

Anwesend 35 Personen
davon 5 Mitglieder OG GL
4 UOV GL
5 Fw GL
1 Polizist
1 Redaktor Glarner Nachrichten

Wortführer: Kaspar Streiff aus Zürich
Er wurde von 3 Soldatenkommiteemitgliedern aus Basel
Ein Herr Jörimann aus Ennenda (vermutlich Sohn des dortigen Lehrers)
und ein unbekannter Glarner namens Müller.

Der Abend ist für das Soldatenkommitee ein vollständiger Misserfolg gewesen.
Unter den wenigen Zuschauern wurden 7 Rekruten gezählt.

Mit freundlichen Grüssen

Karl F. Schneider

Karl F. Schneider

Zwei Beispiele für Cinceras Denunziokratie, die im 'Dossier Cincera' ausführlich dokumentiert ist. Beispiel 1: Cincera belieferte das Personalbüro der Migros-Genossenschaft Zürich, das umgehend einen italienischen Fremdarbeiter denunzierte. Beispiel 2: Der Zürcher Werbemann Karl F. Schneider, der Öffentlichkeit als Radio- und Fernsehmitarbeiter bekannt, rapportierte über einen Orientierungsabend des Soldatenkomitees in Glarus – direkt an das EMD und in Kopie an Cincera, mit dem er im Vorstand der FDP Zürich 10 sitzt und mit dem er für die FDP Ausbildungsseminare organisiert. 1979 kandidierte kfs wie Cincera auf der FDP-Liste Zürich Stadt für den Nationalrat. Schneider ist Redaktor der 'Fachpresse', des Organs des Schweizerischen Fachpresseverbandes.

① R[redacted] ② [redacted] ③

④ Wylerstr. 99 ⑤ 3014 Bern

⑥ ⑦ ⑧ 42.74.09

⑨ ⑩

⑪ ⑫ ⑬ ja, 1Kind

⑭
⑮
⑯

⑰ Verbindungen zu Schinagu, RML und Lotta continua, ev auch zu
⑱ palästinensischen Kreisen (Ausland). Auf der anderen Seite muss
⑲ er zwei ungenannt gebliebene Berner Stadt- oder Grossräte kennen,
⑳㉑ die ihn stets mit äusserst "intimen" Neuigkeiten der Berner Polizei versorgen.
㉒ In Untermiete wohnt ein Italiener, der Schinagu-Mitglied ist.

㉓

㉔ Adressbuch des Schinagu-Mitglieds Heinz Spychiger

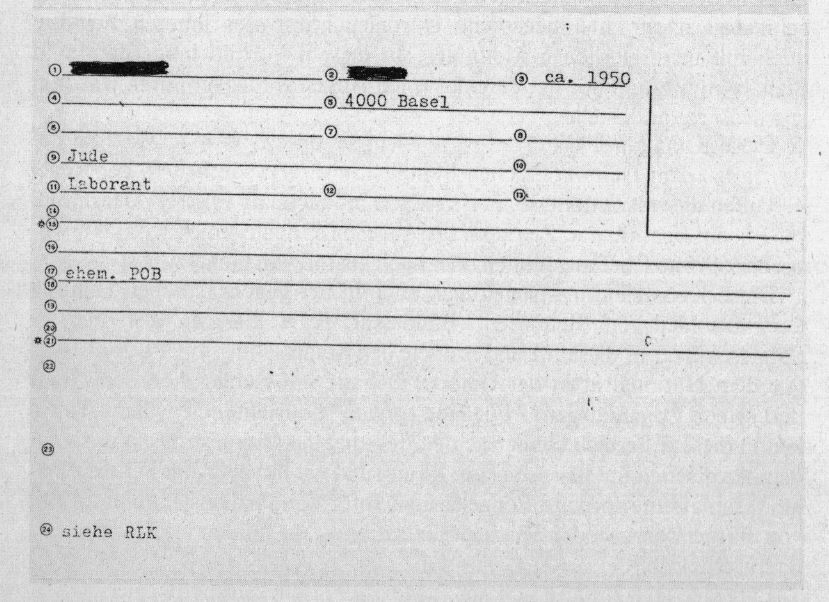

① [redacted] ② [redacted] ③ ca. 1950

④ ⑤ 4000 Basel

⑥ ⑦ ⑧

⑨ Jude ⑩

⑪ Laborant ⑫ ⑬

⑭
⑮
⑯

⑰ ehem. POB
⑱
⑲
⑳
㉑
㉒

㉓

㉔ siehe RLK

Zwei der 3500 Karteikarten aus dem Archiv Cincera. Registriert wurde zum Beispiel, dass ein ehemaliges POCH-Mitglied Jude ist, und als Quelle diente auch ein privates Adressbüchlein. Selbstverständlich existiert Cinceras Kartei weiter. Dem Demokratischen Manifest fiel ja nur eine Kopie in die Hände. Die Originalkartei liegt nach wie vor bei Cincera. Durch Zeugen ist belegt, dass nach 1973 eine zweite, vermutlich gar eine dritte Generation dieser Kartei angelegt wurde.

Das Rückgrat dieser Auskunftei war und ist die Personenkartei. Dem Demokratischen Manifest fiel im November 1976 eine Kopie in die Hand, die Ende 1973 vom damaligen Karteistand gemacht worden war: immerhin 3500 Bürgerinnen und Bürger, davon der kleinste Teil Vertreter jener Organisationen, die man landläufig als linksextrem bezeichnet. Den überwiegenden Anteil stellten aktive Gewerkschafter, engagierte Christen, Entwicklungspolitiker, Sozialdemokraten, Dienstverweigerer – kurzum: Leute, die offen zu ihrer engagierten Meinung standen und deshalb umgehend registriert wurden.

«Ja klar, das ist doch ganz klar», antwortete Cincera am 20. Juni 1977 der 'Tat' auf die Frage, ob seine Aktivität noch die gleiche sei wie vor dem Fall Cincera.

Cinceras Freunde beim Staat

Cincera träumte und träumt von einem 'Büro C', das – getreu dem Vorbild des legendären *Büro Ha* – im Interesse des gefährdeten Vaterlandes jene zweifelhafte Arbeit leistet, mit der sich der Staat offiziell lieber nicht beschmutzt: nachrichtendienstliche Durchleuchtung des inneren Feindes, auch mit unzimperlichen Methoden. In diesem Vorbild inbegriffen sind Kanäle zum Staat, der mit geschlossenen Augen entgegennimmt, was ihm solche Büros andienen.

Diese Kanäle *hat* Cincera – wie allein schon das wenige Material beweist, das dem Demokratischen Manifest in die Hände fiel. In der Regel verlaufen diese Kontakte so inoffiziell wie möglich, auf unterer oder mittlerer Ebene: Beamte mit 'Zivilcourage' sorgen für den nötigen Kontakt, wobei der oberste Chef tatsächlich oder nach aussen von nichts weiss.

Diese Konstellation spiegelt sich auch in der gegensätzlichen Haltung der verschiedenen Behörden. Bundesrat Kurt Furgler als oberster Staatsschützer in diesem Land ordnete den Staatsschutz am 14. Juni 1977 vor dem Nationalrat in der Cincera-Debatte «ausschliesslich dem Staat und seinen Organen» zu: «Für eine private nachrichtendienstliche Tätigkeit in diesem Bereich bleibt nach Auffassung des Bundesrates in unserem demokratischen Staatswesen kein Raum, und wir haben in der Schweiz keine Veranlassung, private Polizeien und Informationsdienste, etwa im Stil von Bürgerwehren oder Spitzelorganisationen, zu dulden oder gar zu unterstützen.»

Entgegengesetzt hatte sich am 7. März 1977 die Zürcher Regierung vor dem Kantonsrat geäussert: «Der Regierungsrat bejaht die aktive Mitwirkung einzelner Bürger und privater Organisationen bei der Aufdeckung staatsfeindlicher Umtriebe und bei der Aufklärung der Öffentlichkeit, solange dies mit rechtmässigen Mitteln geschieht.»

Der Zürcher Regierungsrat weiss, weshalb er diese Haltung vertritt. Cincera-Mitarbeiter Willy Matzinger hat nachgewiesenermassen auch den Nachrichtendienst der Zürcher Kantonspolizei – also die kantonale Polit-Polizei – beliefert, was Matzinger dummerweise in einem Zeitpunkt zu dementieren versuchte, als es Nachrichtendienst-Chef Major Dr.iur. Kurt Heusser bereits bestätigt hatte. Umgekehrt gehörten Zürcher Behörden auch zu den Nutzniessern von Cinceras Archiv. Alfred Gilgens Erziehungsdepartement abonnierte gleich bei Erscheinen das Denunziantenblatt *WasWerWieWannWo,* und von der Gesundheitsdirektion und insbesondere der Psychiatrischen Klinik Burghölzli, wo Cincera auch nach dem Auffliegen seiner Affäre in der Aufsichtskommission sitzt, wurde Cincera jahrelang bei umstrittenen Anstellungen als Durchleuchter beigezogen.

Im Material, das vom Manifest sichergestellt werden konnte, finden sich unbestrittenermassen ein rundes Dutzend Fälle von Amtsgeheimnisverletzungen. Auch wo das corpus delicti vorliegt, kann oder will die Justiz den Täter nicht ermitteln – mit einer Ausnahme. Heinz Erb, bekannt als Präsident des Schlittschuh-Clubs Bern SCB, hatte als FDP-Schulbehördemitglied seinem Branchenkollegen Hans Scharpf verbotenerweise ein Protokoll einer Schulkommissionssitzung über einen dienstverweigernden Lehrer herausgegeben. Im März 1978 wurde Erb wegen Amtsgeheimnisverletzung zu zwei Wochen Gefängnis bedingt verurteilt.

Nicht nur zur Zürcher, auch zur Berner Polizei verfügt die Organisation Cincera über Kanäle. Sie seien wenn nötig vom Berner Polizeiadjunkten Otto W. Christen (*1928) gedeckt, erklärten Cincera und Addor ihren Berner Spitzeln immer wieder. Christen ist wie Cincera FDP-Mitglied, Nationalrats-Ersatzmann (1975) und ebenso unzuverlässiger Subversionsspezialist: Für eine skandalöse Artikelserie im 'Bund' 1972 musste Christen bestimmte Behauptungen in einem Vergleich zurückziehen. Wie die versprochene Protektion durch Christen in der Praxis funktionierte, schildern die Ex-Spitzel in ihrem Erlebnisbericht 'Cincera alias Cäsar'. In zahlreichen Fällen lösten ihre Informationen Aktionen der Berner Polizei aus beziehungsweise erleichterten der Polizei das Vorgehen: zum Beispiel bei Plakatklebeaktionen, Demonstrationen, Häuserbesetzungen. Gedeckt waren die Spitzel aber auch von den drei Rektoren des Gymnasiums Kirchenfeld: Rolf Nüscheler, Hans-Rudolf Neuenschwander und Emil Wächter. Sie hätten halt angenommen, die Schüler arbeiteten mit der Polizei zusammen, rechtfertigten sich die Rektoren.

Enge Beziehungen unterhält die Organisation Cincera auch zu der Armee. Bei der Auswahl der Offiziere sei «in erster Linie auf ehrenhafte Gesinnung» zu achten, hält das Dienstreglement der Schweizer Armee fest: «Keine sonstige Tüchtigkeit, und möchte sie noch so gross sein, vermag diese grundlegenden Eigenschaften zu ersetzen.» Cincera, der Jugendliche zu politischer Dreckarbeit verführt hat, der die Öffentlichkeit anlog und anlügt, der den inneren Feind registriert, um Anstellungen zu vermasseln –

dieser Cincera brachte es in der Schweizer Armee zum Major, Bataillonskommandanten und Vortragsredner über Agitation und Subversion. Am 1. Januar 1977 wurde er Oberstleutnant und leistet in der Territorialzone 4 Dienst, also in jener Formation, die im Kriegsfall auch mit der Internierung von Systemkritikern zu tun hat. Seinen Territorialdienst absolviert Cincera im selben Büro wie ein Mann, der bei jeder Gelegenheit betont, mit Cincera nichts zu tun zu haben: Oberstleutnant, Dr.med. und Erziehungsdirektor Alfred Gilgen.

Nicht nur als Offizier, sondern auch als 'privater' Subversionsspezialist hatte Cincera engsten Kontakt mit der Armee. Mit der Affäre Cincera ist erst der kleinste Teil der nachrichtendienstlichen Zusammenarbeit der Organisation Cincera und dem militärischen Nachrichtendienst publik und beweisbar geworden. Mit der EMD-Abteilung für Sanität, insbesondere mit dem dortigen *Heer und Haus*-Dienstchef Major René Schmid aus Zollikofen, bestand eine enge und gegenseitige nachrichtendienstliche Zusammenarbeit. Beispielsweise lieferte der Cincera-Spitzel Kühnis 1975 die Teilnehmerliste eines linken, von ihm bespitzelten Seminars sofort an Schmid, der umgehend und im Auftrag seines Chefs (Oberfeldarzt Divisionär André Huber) eine Rückfrage an die Organisation Cincera startete, wobei er der Anfrage ein Passfoto und eine Handschriftenprobe aus dem militärischen Personaldossier des Verdächtigten beilegte. Schmid hat dieses Delikt gestanden. Drei Jahre nach der Affäre Cincera war er jedoch weder angeklagt noch verurteilt.

Ein anderer Major, Werner Schorno aus Bern, hat Cincera 51 Dienstverweigerer mit genauen Personalien ans Berufsverbots-Messer geliefert – Personalien, die er als militärischer Untersuchungsrichter erhielt. Schorno, der seit 1978 Berner Untersuchungsrichter für Wirtschaftskriminalität ist, leugnete zuerst, musste jedoch die Amtsgeheimnisverletzung später gestehen. Die Militärjustiz, der Schorno selber angehört, verurteilte ihn am 29. August 1979 zu fünf Tagen Gefängnis bedingt.

Ein weiterer Beleg für die nachrichtendienstliche Zusammenarbeit Armee-Cincera: Die Obersten Werner Meyer und Rolf Binder, zwei Kommandanten der Zürcher Rekrutenschulen, schickten klassifizierte «Meldungen über armeefeindliche Aktionen bei der Truppe» verbotenerweise auch an Cincera und Robert Vögeli – ohne dafür bis im Sommer 1979 behelligt worden zu sein.

EMD und Cincera planten 1975/76 gar eine enge Zusammenarbeit auf dem Gebiet der computergestützten Mikrofilm-Dokumentation. Im entsprechenden EMD-System Midonas waren bereits 1700 Seiten aus Cincera-Beständen mikrogefilmt – ausschliesslich denunziatorisches Material, aber nicht nur aus dem militärischen Bereich. Vorgesehen war, bei Cincera in Zürich einen Midonas-Terminal aufzustellen. Es waren zufällige

Umstände und nicht grundsätzliche Bedenken, die diese Zusammenarbeit nicht weiter reifen liessen.

Zahlreiche weitere Beziehungen zwischen Oberstleutnant Cincera und der Armee sind im 'Dossier Cincera' dokumentiert.

Cinceras politische Freunde

Bevor Cincera Schlagzeilen machte, zählte sein Patronatskomitee zwei Dutzend Aushängeschilder. Einige Wochen nach der Affäre erschien in allen grösseren Tageszeitungen folgendes Inserat:

Wir brauchen Mahner wie Cincera

— Die «Informationsgruppe Schweiz» wird weiterhin über links- und rechtsextremistische Umtriebe in unserem Land aufklären
— Wir werden weiterhin Menschen helfen, die in die Schusslinie revolutionärer Gruppen a l l e r Schattierungen geraten sind.
..... deshalb brauchen wir unerschrockene Männer vom Format Cincera.

Sigmund Apafi, Dr. Alex Baumann, Christian Baumann, Walter Berger, Ernst Bertschi, H. J. Betz, Hermann Binder, Martin Binder, Peter Blattmann, Werner Blum, Alfred Bohren, Kurt Bolliger, Wolf Brandenberger, Béatrice Brändle, Dr. Ernst Brauchli, Hansjakob Bucher, Rudolf Burger, Ernst Bürgi, Heinrich Dübendorfer, L. Eichenberger, Hannes Estermann, Eugen Fabel, Dr. Hans Fahrländer, Heinz Fischer, Jules Fischer, Dr. G. A. Frey, Dr. Thomas Freysz, Hans Fricker, Rudolf Fürer, Erwin Gabriel, Hans Gassmann, Rudolf Gautschi, Bruno Gmür, Walter Griesser, Franz Grünenfelder, Christoph Gygax, Ernst Gygax, Urs Häfliger, Hans Hartmann, Willy Heim, Markus Herzig, Dr. Walter Hess, Hermann Hirzel, Hans Hofmann, Dr. Walter Honegger, Arnold Huber, J. Huber, Theo Hügi, A. Hunziker, Erich Hürzeler, Anton Hüsler, Brigitte Ineisen, A. Jenny, Roland Kämps, Hanspeter Käser, Rudolf Känzig, Ella Kehrli, Heinz Küng, Walter Lanz, Roland Lämmli, Salcia Landmann, Ernst Ledermann, Urs Lenzlinger, Albert Lunte, Robert Marti, Juan Meier, Dr. Charles Meier, Kurt Moerker, Herbert Müller, Frank Niederhauser, Daniel Plattner, Dr. Lorenz Peisl, Paul Regenass, Vreni Regenass, Hermann Rothen, Theddy Rüegg, Liselotte Salathé, Ernst Scharpf, Hans Scharpf, Peter Schlittler, Ernst Schluet, Franz Schmitter, Hans Schneiter, Dr. François Schwarzenbach, Heinz Schwegler, Hanspeter Setz, Hansruedi Spinner, Charles Steinegger, Dr. Hans Sutermeister, Dr. Hans Taeschler, Hans Teuscher, Greti Thomann, Hanna Thomann, Roland Thomann, Toni Thomann, Dr. Rudolf Vetter, Kurt Vögelin, Dr. Hans-Dieter Vontobel, Oskar Walder, C. E. Weyer, Rudolf Weber, Hugo Windenmann, Klaus Woodtli, Albert Wyss

Unterstützen Sie unsere Arbeit.
Informationsgruppe Schweiz, Postfach 2069, 8030 Zürich
PC-Konto 80-16915

Damit stellten sich inzwischen 104 Personen hinter den Denunzianten aus Zürich. Diese Namen geben auch ein klares Bild des politischen Milieus, auf das sich die Organisation Cincera abstützen kann. Zu den bereits bekannten Namen konnte die *Informationsgruppe* vor allem aus drei Gruppierungen Zuzüger gewinnen:

– Rund zwanzig Unterzeichner des Mahner-Inserates lassen sich der *Aargauischen Vaterländischen Vereinigung* (AVV) zuordnen, die von Ruedi Burger präsidiert wird und seit ihrer Gründung im Jahre 1918 immer wieder die Notwendigkeit privater Abwehrstellen betont hat.
– Unterschrieben haben auch Aktivisten der *Stimme der schweigenden Mehrheit* und der ihr nahestehenden *Vereinigung Freie Schweiz*, so Lorenz Peisl und Heinz Küng.
– Jene Zürcher, die 1975 den Wahlaufruf der Zürcher *Libertas*-Sektion unterschrieben, sind mehrheitlich wieder dabei, zum Beispiel Werner Blum, Thomas Freysz, Hermann Hirzel, François Schwarzenbach, Charles Steinegger und Hans-Dieter Vontobel.

In diesen Organisationen – AVV, *Stimme, Libertas* – hat sich jenes Fussvolk von verunsicherten Gewerblern und Freiberuflern organisiert, das sich für Cinceras Ideologie der allgegenwärtigen Subversion mobilisieren lässt. Diese Gruppierungen sammeln das Potential einer Neuen Rechten in diesem Land. Wir stellen sie im folgenden Kapitel ausführlich vor.

Cinceras politische Freunde haben sich nicht nur im Inserat «Wir brauchen Mahner wie Cincera» zu erkennen gegeben, sondern auch als Spender und Abonnenten (siehe 'Dossier Cincera'). Der 'focus' hat im Februar 1977 diesen Personenkreis detailliert unter die Lupe genommen und zwei Gruppen ausgemacht: Auf der einen Seite rekrutieren sich diese Personen aus klassischen Gewerbebranchen, aus dem Detailhandel, dem Auto- und Garagengewerbe, mechanischen Werkstätten und aus dem Pharmahandel. Zu ihnen gesellt sich eine grosse Gruppe aus den sogenannt freien Berufen: Ärzte, Apotheker, selbständige Architekten, Rechtsanwälte. Auf der anderen Seite bestehen Verbindungen zur Zürcher Finanzwelt aus den Banken, der Bauindustrie, der Maschinenindustrie und dem Ölhandel.

Die Motive dieser Cincera-Sympathie liegen auf der Hand: In Gewerbe- und Mittelständlerkreisen existieren Gefühle der Ohnmacht gegenüber wirtschaftlichen und politischen Entwicklungen in unserem Land. Rein wirtschaftlich befinden sie sich in einem harten Konkurrenzkampf, beispielsweise der Detailhandel gegenüber den Einkaufszentren und Grossverteilern. Auto- und Autotransportgewerbe empfinden die zunehmende öffentliche Skepsis gegenüber Strassenbau und Privatverkehr als Bedrohung ihrer Existenz. Ärzte und Apotheker sehen ihre Tarifpolitik einer öffentlichen Diskussion ausgesetzt. Cinceras anhaltende Beschwörung einer permanenten Unterwanderung durch ferngesteuerte Systemveränderer in allen gesellschaftlichen Bereichen stösst in diesen Kreisen auf fruchtbaren Boden.

Politische Unternehmensberatung

Ernst Cincera betreibt das Geschäft des privaten Polit-Polizisten nicht allein. Ähnliche Blüten hat es immer wieder gegeben – so auch 1971/1972 in Bern. *Zentralstelle zur Bekämpfung subversiver Tätigkeit* hiess es auf dem Kopf von Briefen, die bernischen Firmen Ende 1971 ins Haus flatterten, unterzeichnet von Joseph Marti, damals hauptberuflich Geschäftsführer des Revit-Immobilienfonds bernischer Banken. Am 16. November 1971 warb Marti Mitglieder für einen zu gründenden Verein und konnte «bereits heute die hauptsächlichsten Tätigkeiten der *Zentralstelle* nennen: Dokumentation der Mitglieder, Querverbindungen zu amtlichen Stellen, Beratungen, Seminarien und Vortragsveranstaltungen». Im Klartext: ein privater politischer Nachrichtendienst mit amtlichen Querverbindungen und mit dem Ziel, den Stellenantritt von angeblich Subversiven zu verhindern. Interessenten wurden eingeladen, 2000 Franken auf das Konto *Sedefo* bei der Gewerbekasse Bern zu überweisen.

Martis Aufruf für die Gründung dieser politischen Auskunftei stiess auf Echo, doch hielten die Interessierten einen diskreteren, die eigentlichen Absichten verschleiernden Namen für zweckmässig. Die Organisation, die am 19. April 1972 im Kursaal Bern hinter verschlossenen Türen gegründet wurde, erhielt den unverdächtigen Namen *Verein für Betriebsrationalisierung und Unternehmensberatung* (VBU). «Das Ziel des Vereins liegt darin», heisst es in den Statuten, «die Betriebe mit wissenschaftlichem Material zu beliefern und für den Informationsaustausch zwischen den Mitgliedern in Fragen der Betriebsrationalisierung und Unternehmensberatung zu sorgen».

Peter Sager vom *Ost-Institut* hatte die Gründungsversammlung mit einem Referat über «Kommunistische Ideologie und Taktik» eingestimmt. Unter dem Tagesvorsitz von Dr. Peter Stauffer aus Bern wurde Hallwag-Direktor Dr. Peter Funk aus Bolligen BE zum Präsidenten gewählt. Vorstandsmitglieder wurden Peter Gfeller aus Bümpliz, Hans Kellerhals aus Bern, Hans-Rudolf Läderach aus Langnau und Peter Wiesli aus Bern. Im VBU seien Erfahrungen über die Hintergründe der 68er Revolte und über Betriebsagitation ausgetauscht worden, erinnerte sich Präsident Funk im Sommer 1979, während Marti, inzwischen bei der Spar- und Leihkasse Lyss tätig, nichts mehr wusste.

Was Marti 1972 im Namen der *Zentralstelle* und des VBU verschickte, ging indessen weit über Erfahrungsaustausch und wissenschaftliches Material hinaus:

– «Wir bitten um Zustellung der Namen und Adressen türkischer Gastarbeiter», hiess es am 15. März 1972, und am 28. März wünschte Marti unter dem Briefkopf *Sedefo* die Adressen von den «bei Ihnen an-

gestellten Italienern», die im März zu einer Schulungswoche nach Mailand gefahren seien.
– Am 31. Mai 1972 bat der VBU seine Mitglieder um Meldung jener Lehrlinge, die vom 15. bis am 23. August nach Belgien ans Hydra-Lehrlingslager fuhren.
– Am 5. September 1972 machte der VBU seine Mitglieder «nochmals darauf aufmerksam, dass Sie sich bei uns jederzeit bei Neuanstellungen erkundigen können».
– Am 24. Oktober 1972 warnte der VBU: «Aufgrund gewisser kürzlicher Vorkommnisse können wir Ihnen sagen, dass die Anstellung von Teilzeitangestellten ein gewisses Risiko darstellt. Wir warnen Sie vor allem vor Teilzeitangestellten aus der Kategorie Elektromonteure.»
– Und im gleichen Rundschreiben stand: «XY, 29.9.1945, von Seltisberg BL, Grafiker, wird wahrscheinlich in einem Industriebetrieb eine Stelle suchen. Wenn er sich bei Ihnen vorstellt, würde es sich für Sie lohnen, von den Auskünften zu profitieren, die wir über ihn besitzen. Wenn er bei Ihnen gearbeitet hat, bitten wir um Ihren Bericht.»

In das Geschäft mit politischer Denunziation versuchte 1976 auch der Bieler Privatdetektiv Roger Ramseyer (*5.2.21) einzusteigen. «Sind Sie sicher, dass sich in Ihrer Fabrik oder sogar in Ihrem eigenen Büro oder anderswo keine schädlichen Elemente befinden, fähig, Sie zu zerstören», heizte er den Unternehmern in einem Werbeschreiben ein – um sogleich seine Dienste anzubieten: «Beauftragen Sie uns, die notwendigen Aufklärungen zu treffen und die entsprechenden Beweise zu erbringen.» Ramseyer war es nicht lange vergönnt, gefährdete Unternehmer vor der Zerstörung zu bewahren – er starb am 18. November 1977.

Auch in der Westschweiz wurden in der ersten Hälfte der siebziger Jahre Versuche bekannt, antisubversive Vereinigungen ins Leben zu rufen (und am Leben zu erhalten). Anlass waren die Aktivitäten der Revolutionären Marxistischen Liga. In Yverdon mobilisierte die *Ligue antirevolutionnaire* (Antirevolutionäre Liga) 1971 rund fünfzig Personen, mit Präsident André Jeanneret und Sekretär M. Henry an der Spitze. Der gleiche M. Henry unterschrieb 1973/74 zusammen mit zwei anderen Yverdonern, dem Juristen Dr. Louis Servien und dem Versicherungsagenten Stéphane Opatchak Aufrufe der *Action civique contre la subversion* (Bürgeraktion gegen die Subversion), die sich rühmte, in Yverdon wenn nötig innert zwei Stunden tausend Gegenmanifestanten mobilisieren zu können.

Die Neue Rechte

Sie verstehen sich als Super-Patrioten und lamentieren bei jeder Gelegenheit über die linke Subversion und Unterwanderung. Doch sie selbst praktizieren just diese Unterwanderung – nämlich die Unterwanderung der bürgerlichen Parteien. Dort pochen sie auf einen kompromisslos antilinken Kurs. Gegenüber pragmatischer Lauheit forcieren sie pointierte ideologische Positionen, und dem weiteren Ausbau des Sozialstaates, der 'Versozialdemokratisierung' der Schweiz, setzen sie ihren Widerstand entgegen.

Würden sie als eigene Partei auftreten, wären sie unbedeutende Splittergruppen. Doch als Lobbys innerhalb der Parteien üben sie mitunter einen beträchtlichen Einfluss aus. Die weitere Stossrichtung und die Entwicklung dieser Freundeskreise und ideologischen Sammlungen ist ungewiss. Zusammen bilden sie das Potential für eine neue Rechtsbewegung.

Die beiden grossen bürgerlichen Parteien FDP und CVP (aber auch die SVP) verstehen sich heute als Volksparteien mit einem breiten Mitglieder- und Meinungsspektrum. Konkordanzpolitik und Bundesrats-Zauberformel verstärken den Eindruck der politischen Grossfamilie. Dieser profilarme Eintopf gerät zunehmend in die Schusslinie der Kritik – auch von rechts. Die europaweit feststellbare Reideologisierungs-Kampagne der konservativen Rechten (mit dem zentralen Slogan «Freiheit statt Sozialismus») hat auch die Schweiz erreicht. In den Jahren 1974–76 wurden jene vier Gruppierungen gegründet (beziehungsweise wiederbelebt), die wir hier porträtieren: die *Aargauische Vaterländische Vereinigung* (AVV), die *Stimme der schweigenden Mehrheit,* die *Vereinigung Libertas Schweiz* und die *Alleanza Liberi e Svizzeri* (ALS).

Die AVV ist ein Kind des Generalstreiks von 1918. In den dreissiger Jahren sympathisierte sie mit der Erneuerungsbewegung der Fronten und war 1947 in einen Nachrichtendienst-Skandal verwickelt. Nach mehreren, wenig erfolgreichen Anläufen gelang der AVV 1975 eine etwas dauerhaftere Wiederbelebung. Die *Stimme* entstand 1974 als Aktivistenbewegung im Thurgau, die sich auf die ganze Schweiz ausdehnen wollte, was ihr jedoch nicht gelang. Gesamtschweizerisch tritt hingegen die *Vereinigung Libertas* in Erscheinung, die ihren Ursprung in der föderalistisch-konservativen Hochburg der Waadt hat. *Libertas* arbeitet eng mit der Tessiner *Alleanza* zusammen, die beträchtliches politisches Gewicht repräsentiert. Sie kann sich rühmen, einen Drittel der Tessiner Parlamentssessel mit Leuten ihres Vertrauens besetzt zu wissen.

So verschieden sich diese vier Organisationen auch präsentieren, so verbindet sie doch die gemeinsame Lobby-Strategie. Gemeinsam ist ihnen auch ein politischer Bezugspunkt, der den Schulterschluss in den kommenden Jahren verstärken könnte: ihr Widerstand gegen die Totalrevision der schweizerischen Bundesverfassung. Dieser Widerstand verbindet sie mit weiteren Gruppierungen, zum Beispiel mit der *Arbeitsgruppe für eine freiheitliche Bundesverfassung* und mit dem *Redressement National.*

An der Aargauer Front: die Vaterländische Vereinigung

Entstanden ist sie als bürgerliche Reaktion auf den Generalstreik von 1918. Ihr Gründungspräsident Divisionär Eugen Bircher zeigte offene Sympathien für das Dritte Reich. Sie zog zusammen mit einer befreundeten Organisation bewaffnete Bürgerwehren und einen eigenen politischen Nachrichtendienst auf, und 1947 platzte in ihren Reihen eine Art Cincera-Skandal. Doch sie stellte immer wieder Stadtammänner, Aargauer Stände- und Nationalräte: die *Aargauische Vaterländische Vereinigung* (AVV).

Die Vereinigung existiert seit über sechzig Jahren, aber an die Öffentlichkeit ist sie seit 1945 nur sporadisch getreten. Aus dem Busch geklopft durch die Cincera-Affäre profilierte sich die AVV nach 1976 vor allem mit Attakken auf die unterwanderten Massenmedien — teilweise zusammen mit der *Aargauischen Gruppe gegen Medienmanipulation* (AGM).

Das Führungsgremium der AVV ist laut Statuten der dreiköpfige Vorstand. In der zweiten Hälfte der siebziger Jahre präsentierte sich der AVV-Vorstand wie folgt:

— Präsident: Rudolf (genannt Ruedi) Burger-Nefflen aus Burg, Stumpenfabrikant (Belfuma AG in Beinwil), Cincerist im engsten Führungskreis der *Informationsgruppe Schweiz;*

— Vizepräsident: Fürsprecher Markus Herzig aus Hausen bei Brugg, beruflich tätig bei der Forschungs- und Beratungsstelle der schweizerischen Zementindustrie in Wildegg, in der Berner Studentenzeit Exponent der *Aktion Niemals vergessen,* 1978 in den Zentralvorstand des *Hofer-Klubs* gewählt:

— Sekretär (bis Herbst 1979): Dr. oec.publ. Hanspeter Käser (*19.12.43), der nach 1972 im Stab der Gruppe für Generalstabsdienste und später in der Zofinger Firma Siegfried arbeitete.

Die wichtigste Arbeitsgruppe, die AVV-Mediengruppe, leitete 1979 Dr. sc.techn. Reto Kind (*30.8.27) aus Unterentfelden, der auch der AGM angehört.

In den Statuten bezeichnet sich die AVV als «parteipolitisch und konfessionell neutral», hält aber gleichzeitig fest, sie kämpfe gegen «die rechts- und linksextremen Strömungen» und gegen «alle übrigen ungesunden und unschweizerischen Erscheinungen politischer und kultureller Art».

Ganz ähnlich hatte es schon am 24. November 1918 in Vindonissa getönt, als 12'000 «vaterländisch gesinnte Bürger» die Bundesratspolitik gegen die Generalstreikenden unterstützten. In einer Resolution verlangte die Versammlung «strenges Vorgehen gegen alle Anstifter und gegen alle unsauberen, fremden Elemente im Schweizerland. Sie erklärt sich jederzeit bereit, mit Gut und Blut für Verfassung und Recht einzustehen». Dieser «Volkstag» von Vindonissa gilt als Geburtsstunde der AVV, deren Gründungspräsident der Arzt und spätere Divisionär Eugen Bircher (1882–1956) war.

Unter dem Eindruck des Generalstreiks gingen die Vaterländischen daran, bewaffnete Bürgerwehren aufzubauen. Später kam ein eigener politischer Nachrichtendienst dazu. Die Meinung, «dass für den Staatsschutz Polizei und Militär da seien», hielt die AVV für zu ängstlich. In ihren aktivsten Jahren 1935/36 zählte sie in dreissig Ortsgruppen 1600 Mitglieder und hielt sich einen nebenamtlichen, bezahlten Sekretär. Auf der politischen Traktandenliste der AVV standen unter anderem folgende Fragen: Verbot der kommunistischen Partei, Abschaffung des Proporzes für die Grossratswahlen, Bemühungen um die Gründung und Finanzierung einer Sektion Aargau des *Landesverbandes freier Schweizer Arbeiter* (LFSA), Bekämpfung von antimilitaristischen Lehrern und Pfarrern usw. Vehement setzte sich die AVV für eine bessere Entlöhnung der Lehrerschaft ein, die sie so von einer gewerkschaftlichen Organisierung und einem falschen ideologischen Fahrwasser abzuhalten hoffte. Die *Aargauische Vaterländische Vereinigung* (AVV) und der ein halbes Jahr später, am 5. April 1919, in Olten gegründete *Schweizerische Vaterländische Verband* (SVV) waren derart eng verflochten, dass sie sich im Kanton Aargau lange Jahre nur schwer auseinanderhalten lassen. SVV-Gründungspräsident war ebenfalls Bircher.

FDP-Nationalrat Urs Schwarz (*4.8.26), AVV-Sekretär von 1959–72, hat die Geschichte der *Vereinigung* im unregelmässig erscheinenden *AVV-Bulletin* in den Jahren 1963–65 skizziert. Was er über die AVV in den Jahren 1933–45 schreibt, ist Schönfärberei und Geschichtsklitterung. Es sei nicht zuletzt dem «heroischen Einsatz der massgebenden Männer der AVV in der Vorkriegszeit» zu verdanken, dass die Schweiz 1939 «militärisch und psychologisch vorbereitet» gewesen sei, behauptet Schwarz. Ähnlich liest sich ein Rückblick der AVV anlässlich ihres sechzigjährigen Jubiläums im Jahre 1978. Sie habe 1933–45 «für eine freie Schweiz» gekämpft: «Sie hat die 'neue Ordnung' der Fronten, wie auch die Pseudo-Friedenspolitik der Bolschewisten, bekämpft.» Während des Krieges habe die AVV, behauptet Schwarz, ein «Vertrauensmännersystem zur aktiven Bekämpfung der Nazispionage» unterhalten. Die Zeit nach dem Krieg sei, orakelt Schwarz, «gezeichnet durch das tragische Geschick, welches den *Schweizerischen Vaterländischen Verband* ereilte, welcher nach einem langen, verzweifelten Kampf, in welchem die damalige Führerschaft der AVV sich hingebungsvoll einsetzte, unterging.» Soweit die Weisswäscherei von Schwarz.

Etwas weniger schön präsentiert sich die Geschichte der AVV, wenn man in Willi Gautschis offiziöser 'Geschichte des Kantons Aargau' liest (Seiten 245/46, 310/11, 414). «Unter dem Material der *Aargauischen Va-*

terländischen Vereinigung befinden sich Hunderte von Lageberichten und Informationsmeldungen aus dem Auslande, die sich über die Verhältnisse der sozialistischen und kommunistischen Parteien in den betreffenden Staaten äussern», schreibt Gautschi. Die Beziehungen zu deutschen und österreichischen Parallelorganisationen seien bis in die dreissiger Jahre hinein gepflegt worden: «Noch anlässlich des Jahreswechsels 1934/35 wurden Glückwunschbotschaften ausgetauscht, und der Reichsführer der Technischen Nothilfe persönlich schickte dem Vaterländischen Verbande Neujahrsgrüsse nach Aarau.» Der vaterländische Nachrichtendienst richtete sich nicht gegen die Nazispionage, wie Schwarz behauptet, sondern vor allem gegen die Linken und die Linksbürgerlichen. In einem AVV-Protokoll vom 11. Juli 1933 heisst es: «Es soll der Kampf aufgenommen werden gegen die sogenannten rosen-roten Bürgerlichen. Diese sind gefährlicher als die ganz Roten.» Kein Wort von den Braunen.

Divisionär Bircher, Gründungspräsident von AVV und SVV, gab 1933 seinen Sympathien für die neue Ordnung offen Ausdruck. Er freute sich, dass im Dritten Reich die Linke «endgültig zerschlagen» sei und erhoffte sich auch von den schweizerischen Nazis, den Fronten, einiges: «Wenn die Lebensfähigen unter diesen neuen Gebilden sich zur grossen Einheitsfront zusammenschliessen, werden sie siegen.» Entsprechend anbiedernd war die Politik der Vaterländischen gegenüber den Fronten, mit denen sie eine Zusammenarbeit suchten. Sie wurden nicht zuletzt deshalb abgewiesen, weil den Fronten der arbeiterfeindliche Ruf der Vaterländischen nicht passte. Am 20. Juni 1935 beschloss die AVV, ein Beitrittsgesuch an den frontistischen *Bund für Volk und Heimat* zu richten, wurde indessen ebenfalls abgewiesen. 1943 nannte die AVV den gescheiterten Anschlussversuch an diese Frontenorganisation ein «unerfreuliches Intermezzo».

Mit antisemitischen Untertönen fochten die Vaterländischen gegen eine grosszügige Flüchtlingspolitik. Schon im Herbst 1939 machte der *Verband* auf «kommunistische Brutstätten» in Flüchtlingskreisen und auf «unerlaubte wirtschaftliche Tätigkeit insbesondere jüdischer Emigranten» aufmerksam. 1940 vertrat der SVV die «Auffassung, dass nur durch umfassendere Einweisungen in Arbeitslager sich politische und moralische Schäden seitens dieser Kreise vermeiden lassen». Und sobald irgendwo im Land ein jüdisch klingender Name umbenannt werden sollte, eröffneten die Vaterländischen ein Sperrfeuer: «Hier steht das Interesse unseres Volkes an der Aufrechterhaltung seines unverfälschten Schweizertums und an der Pflege seines alten Namensgutes auf dem Spiel.»

Es passt in dieses Bild, dass auch die *Eingabe der Zweihundert* nicht ohne Mitwirkung von Vaterländischen zustande kam. Der Aargauer Staatsarchivar Hector Ammann, einer der sieben Erstunterzeichner der *Eingabe,* war im Rahmen der vaterländischen Verbände aktiv, für die er 1921 gar eine nachrichtendienstliche Reise nach Osteuropa unternommen hatte.

Gautschis Einschätzung der AVV: «Es ist offensichtlich, dass im Kreise der *Vaterländischen Vereinigung* die Gefahr, die von rechts drohte, vollkommen verkannt wurde, während man überall den linkenBöölimann zu sehen glaubte... Den 'Vaterländischen' erschienen Leute, die mit den vom Nazismus verfolgten Juden und Intellektuellen solidarisch fühlten, bis weit in die Zeit des Zweiten Weltkrieges hinein suspekter als die Frontisten.»

Als aktuelles Postulat formulierte die AVV im Jahre 1943 «die Ausschaltung aller staatsfeindlichen Elemente, Gruppen und Parteien» – womit natürlich jene Linkskräfte gemeint waren, die vom verbandseigenen Nachrichtendienst erfasst wurden.

Die Affäre um diesen Nachrichtendienst, die dem SVV schliesslich das Leben kostete, platzte am 2. Dezember 1947. Der SVV-Sekretär Dr. Arnold Huber (*1896) und der Zürcher Polizei-Wachtmeister Hans Wintsch (*1.8.1891) wurden in Untersuchungshaft genommen und ihre Wohnungen durchsucht. Wintsch war Kanzleichef der Zürcher Stadtpolizei, und durch seine Hände gingen sämtliche Akten. Von 1928 bis zur Verhaftung lieferte er verbotenerweise alle wichtigen Meldungen der politischen Polizei an den Nachrichtendienst des SVV – zuerst für 130 Franken im Monat, ab 1940 für 200 Franken plus Spesen. Insgesamt kassierte er über 20'000 Franken. Was die Stadtpolizei, die Kantonspolizei und die Bundespolizei an Informationen über linke Versammlungen und Kundgebungen zusammentrugen, landete dank diesem Wintsch-Kanal umgehend im Archiv einer privaten Organisation.

Wintsch hatte schon in den zwanziger Jahren den politischen Nachrichtendienst der Zürcher Stadtpolizei betreut – eine Institution, die der 1919 gewählte Polizeiinspektor Otto Heusser (1884–1949) schon 1920/21 ins Leben gerufen hatte. Heusser war Gründungsmitglied des SVV, später Obmann der Sektion Zürich, Mitglied des Zentralvorstandes und 1940–46 SVV-Zentralpräsident. Als Zürich 1928 rot wurde, entliess der sozialistisch dominierte Stadtrat den Linkenfresser Heusser, dem die bürgerliche Kantonsregierung im Sommer 1929 als Ersatz den Posten des Regensdorfer Gefängnisdirektors zuhielt. Heusser räumte seinen Arbeitsplatz bei der Stadtpolizei ausserordentlich gründlich: Wintsch musste vier Autoladungen politisches Material, darunter eine umfangreiche Personenkartei, in Heussers Privatwohnung transportieren, von wo das brisante Material zur Bundespolizei und zum SVV weiterwanderte. 1929 brachte Heusser seinen früheren Untergebenen Wintsch, den er stets gefördert hatte, mit dem damaligen SVV-Sekretär Viktor Sonderegger zusammen. Heusser konnte Wintsch überreden, den privaten Nachrichtendienst des SVV mit Polizei-Akten zu beliefern. Nach dem Tode von Sonderegger übernahm 1930 der neue Sekretär Arnold Huber die Kontakte zu David, wie Wintsch vorsichtshalber genannt wurde.

Als die verbotene Zusammenarbeit 1947 aufflog, legten Wintsch und Huber Geständnisse ab, während der feine Oberst Heusser sich an nichts erinnern konnte und Wintsch verleugnete – was diesen zutiefst verletzte. Das Zürcher Bezirksgericht verurteilte Wintsch und Huber, sprach jedoch Heusser frei. Die Berufungsverhandlung vor dem Obergericht erlebte Heusser nicht mehr; er starb im Januar 1949 an einem Herzschlag.

Als die Nachrichten-Affäre 1947 Schlagzeilen machte, war Heussers Sohn Kurt, der seine juristische Dissertation in der Regensdorfer Gefängnisdruckerei hatte herstellen lassen, bereits Leutnant bei der Kantonspolizei. Sohn Kurt wurde in die Strafuntersuchung einbezogen. Der junge Heusser, der dem SVV ebenfalls angehörte, hatte vom SVV-Nachrichtendienst Kenntnis und «wusste ferner, dass Wachtmeister Wintsch zu den Gewährsleuten dieses Dienstes gehörte», erklärte der kantonale Polizeidirektor im Kantonsrat. Für eine Amtsenthebung reichten die Gründe indessen nach Meinung des Regierungsrates nicht aus.

Aus dem Polizei-Leutnant Kurt Heusser von 1947 ist inzwischen der Major und Chef des Nachrichtendienstes der Kantonspolizei Zürich geworden, also jenes Dienstes, der über den Medizinstudenten Christian Jordi und einige Tausend weitere Bürger politische Dossiers führt.

Kontinuität – in der AVV und bei den Karrieren

All die Verwicklungen mit nazifreundlichen Elementen hinderten die AVV-Herren nicht daran, auch nach Kriegsende munter weiterzumachen. Die Kontinuität ist erstaunlich – bei der *Vereinigung* selbst wie bei den Karrieren der führenden AVV-Köpfe.

Dr. iur. Erich Zimmerlin, der 1933 in Leipzig über 'Die Staatsanwaltschaft des Kantons Aargau' dissertierte und bei Kriegsausbruch bereits AVV-Sekretär war, gab dieses Amt im Skandaljahr 1947 an Dr. iur. Hans Hemmeler (*1915) weiter, der es bis 1954 versah. Hemmeler gab 1952 die AVV-Festschrift für Divisionär Bircher heraus, wissenschaftlich beraten von – Hector Ammann. Hemmeler selbst beteiligte sich mit einem Aufsatz über die Tätigkeit des *Vaterländischen Verbandes.* Er blieb auch nach dem Ausscheiden aus dem Sekretariat bis 1962 als Vizepräsident im AVV-Führungsgremium. Beruflich stieg er zum ersten Sekretär der aargauischen Industrie- und Handelskammer auf, und 1965 gelang ihm der Sprung in den *Redressement*-Vorstand. Für die FDP sitzt er im Grossen Rat des Kantons Aargau. «Jahrelang war Dr. Hemmeler die führende Kraft, Kopf und Seele unserer Vereinigung», feierte ihn 1963 Dr. med.dent. Hans Fahrländer (*12.4.18), der die AVV in den fünziger Jahren präsidierte.

Die Mitgliedschaft bei der AVV scheint Karrieren aller Art günstig zu beeinflussen – auch politische. Nach seinem Ausscheiden als AVV-Sekretär wurde Zimmerlin Stadtammann von Aarau. Dr. Eugen Rohr, Sekretär von 1953–59, wurde Stadtammann von Brugg. «Unsere drei Ständeräte» hiess eine stolze Überschrift im *AVV-Bulletin,* als 1963 Dr. Ernst Bachmann (FDP) und Robert Reimann (BBC, CVP) in den Ständerat gewählt wurden, Reimann als Nachfolger von Xaver Stöckli – alle drei treue AVVler. Und Dr. oec.publ. Urs Schwarz, AVV-Sekretär von 1959–72, schaffte 1971 den Sprung in den Nationalrat.

Ära Schwarz: wieder öffentlich

In AVV-Papieren ist mitunter von «der schwierigen Nachkriegszeit» und «einer gewissen Zeit der Stagnation» die Rede. In der Tat: In den fünfziger Jahren war von der AVV in der Öffentlichkeit wenig zu hören. 1952 organisierte sie zusammen mit der *Neuen Helvetischen Gesellschaft* in Baden einen Vortragsabend mit der Konvertitin Margarete Buber-Neumann («Auch ich war in Moskau»).

In der Ära Schwarz wagte sich die AVV wieder vermehrt an die Öffentlichkeit. Auf Initiative der Vaterländer sprach Anatol Michailowsky 1961 in einer Aargauer Tournee über die Gefahren des Kommunismus. 1963 erschien das erste *AVV-Bulletin,* mit einem Editorial des damaligen Präsidenten Architekt Hans-Ulrich Frei: «Ja, wir sind überzeugte Antikommunisten.» Im gleichen Jahr schickte die AVV die Ausstellung «Knechtschaft oder Freiheit» von *Pro Libertate* durch den ganzen Kanton. Mit *Pro Libertate* und der *Aktion freier Staatsbürger* unterhielten die Aargauer enge Kontakte. Die drei Organisationen protestierten 1964 gemeinsam gegen den Auftritt des Chors der Roten Armee in der Schweiz. Weitere Kontakte bestanden zur *Aktion Frei Sein,* etwas weniger enge zum *Aufklärungs-Dienst* (SAD), der eine Aargauer Sektion aufbauen wollte, was jedoch auf den Widerstand der AVV stiess. Von befreundeten Organisationen stammten in der Regel auch die Referenten an den AVV-Jahresversammlungen, etwa Albert Münst vom *Nationalen Informations-Zentrum,* Laszlo Revesz vom *Ost-Institut* oder Robert Vögeli.

1965 folgte eine Vortragstournee mit dem Exil-Balten Prof. Joseph Ehret aus Basel (*1896), 1967 mit dem Lenzburger Paul Metzger über seine Russlandreisen und 1968 mit dem Exil-Tschechen Luvik Vesely. «Der Erfolg war mager», musste die AVV feststellen. Nach 1967 habe das Interesse «immer mehr» abgenommen: «Vor allem erschienen praktisch nur noch unsere Mitglieder.» Öffentliche Aktionen würden «im Moment einfach nicht ziehen» – auch Antikommunismus kann übersättigen.

Neben dem Arbeitsausschuss Werbung und Propaganda, der die Vortragstourneen organisierte, wirkten zwei weitere Ausschüsse – für Ostkontakte und staatsbürgerliche Erziehung. Der 1961 ins Leben gerufene Ausschuss Ostkontakte stellte Ende 1966 resigniert fest: «Es ist im Moment völlig sinnlos, in der Schweiz gegen die Ostkontakte ganz allgemein oder den Osthandel im besonderen Sturm zu laufen. Man läuft höchstens Gefahr, an sich positiv-demokratische Elemente, welche aber in entsprechenden Firmen arbeiten und deshalb weitgehend abhängig sind, in eine, unserer Sache schädliche Zwangslage hineinzumanövrieren.» Mit andern Worten: Die AVV hatte sich mit ihrer Ost-Politik bei ihrer Basis ins politische Abseits gestellt.

Angesichts dieser Lage müsse man auf andere «Einsatzgebiete» ausweichen, hiess deshalb die Losung, womit vor allem die staatsbürgerliche Erziehung gemeint war, die die AVVler am liebsten so obligatorisch wie den Vorunterricht organisiert hätten. Ihr Ausschussvorsitzender, Gewerbelehrer und FDP-Grossrat Alfred Regez, machte im Kantonsparlament einen Vorstoss, und 1967 organisierten AVV und Erziehungsdepartement auf Schloss Lenzburg eine Tagung zum Thema.

Zum Misserfolg wurden auch zwei Schriften, die von der AVV herausgegeben beziehungsweise angeregt wurden: von Prof. Dr. phil. Wolfgang von Wartburg 'Vom Wesen und der Bedeutung des Kommunismus' und 1968 im Verlag Fasler Aarau die Schrift 'Ost-Tourismus' von Ernst Lutz. Über Jahre hinweg beklagte sich die AVV über den mangelnden Absatz der Warburg'schen Gedanken, die noch 3000fach vorrätig seien. Schon 1932 war die AVV-Schrift 'Unsere Landesverteidigung', die den Schulen abgegeben wurde, eine ähnliche Pleite. «Der Erfolg ist sehr mittelmässig», urteilten die Vaterländischen.

Nicht viel besser erging es dem *AVV-Bulletin.* «Ein Echo ist bis jetzt ausgeblieben», urteilte Präsident Frei 1964, und nach 1968 erschien mehrere Jahre kein Bulletin mehr. Erst seit 1977 erscheint es wieder einigermassen regelmässig.

1972 hatte die AVV einen neuen Start versucht, mit einem *Bulletin,* das an der Spitze einen Vortrag von Ernst Cincera zusammenfasste und einen IPZ-Text nachdruckte. An die Stelle des äusseren Feindes, den man in den sechziger Jahren aufbauschte, war damit wieder der innere getreten – wie schon in den zwanziger und dreissiger Jahren. Doch auch dieser Anlauf verlief im Sande. Zu dieser Zeit war der Chemiker Oswald Staubli AVV-Präsident.

Warten auf andere Zeiten

Die Lauheit der Bürgerlichen hat die AVV immer wieder beklagt. «Von 1920 an konnte ein deutliches Zurücktreten der bürgerlichen Initiative, ja sogar der Abkehr vom staatserhaltenden Empfinden konstatiert werden», heisst es 1943 in der Schrift '25 Jahre *Aargauische Vaterländische Vereinigung* 1918–1943'. «Ein Grossteil des Bürgertums» sei nach 1920 «mehr und mehr nach links» getrieben, so dass «eine blutrote bis zart rosarote Färbung bis weit in bürgerliche Reihen hineinleuchtete».

Bürgerliche Lauheit und mangelndes Echo in der Öffentlichkeit vermochten die eingefleischten AVVler nicht zu erschüttern, im Gegenteil. Schwarz beispielsweise fand, «dass unsere Organisationen in Zeiten einer weit verbreiteten Aufweichung zwar einen besonders schweren Stand haben, aber gerade dann stark und aktionsfähig bleiben müssen, um in Zeiten einer akuteren Bedrohung rasch eingreifen zu können». Eine bemerkenswerte Logik: Je weniger Echo man findet, desto wichtiger nimmt man sich.

Von dieser Bürgerwehr-Romantik ist auch das Verhältnis der AVV zu den Parteien geprägt. Zum «Volkstag» 1950 meinte Schwarz einmal rückblickend: «Es zeigte sich auch hier wieder mit aller Deutlichkeit das Bedürfnis nach einer überparteilichen, nicht militärischen Organisation, welche über den notwendigen Apparat verfügt und sich nicht um parteitaktische Erwägungen zu kümmern braucht und daher in der Lage ist, rasch und zielsicher zu einer patriotischen Aktion auszuholen.» In der Einschätzung der sich selbst zugedachten Rolle ist die AVV nicht bescheiden, beispielsweise in einem Artikel ihres Sekretärs Schwarz 1963: «Hingegen können Situationen entstehen, wo parteitaktische Erwägungen Massnahmen erfordern, welche dem Landesinteresse entgegenlaufen. In solchen Zeiten kann das Vorhandensein einer Organisation, welche frei von Sorgen der Parteierhaltung geradlinig Wohl und Weh des Landes vertreten kann, von entscheidender, ja staatserhaltender Bedeutung sein.» Die Hoffnung auf «solche Zeiten» schimmert deutlich zwischen den Zeilen durch.

Gegen die «zweite Front»

Im September 1975 erschien nach längerem Unterbruch wieder ein *AVV-Bulletin* mit einem Aufruf für einen «Neu-Beginn, um eine neue Situation zu meistern»: «Die Lage Europas und der Schweiz von 1975 ist nicht mehr diejenige von 1950 und 1960», fanden die Vaterländischen heraus. «Neben der militärischen Bedrohung Westeuropas durch die überlegenen Ostblock-Staaten ist eine zweite Front im Innern unseres Landes entstanden: Es ist die Front zwischen denjenigen, die zu unserer Demokratie stehen und denjenigen, die versuchen, die Grundlagen unserer freiheitlichen Lebensordnung systematisch zu schwächen und zu zerstören. Heute gibt es in unserem Lande ca. 500 aktive, extremistische Gruppen, die sich dieser zerstörerischen Zielsetzung verschrieben haben.» In der AVV habe sich eine Gruppe gebildet, die der neuen Gefahr entgegentreten wolle, war dem Aufruf zu entnehmen.

Die «zweite Front», die es heute zu bekämpfen gelte, ortete die AVV beinahe ausschliesslich in den Massenmedien. Die «Sendlinge fremder Diktaturen» seien einzudämmen, meinte die AVV im Juli 1978 in einer programmatischen Werbenummer ihres *Bulletin:* «Gehörte dazu nicht ein dauernd wachsames Auge auf die Meinungsmacher in den Schulen, den Medien (Presse, Radio, TV, Film) und der Kirche?»

Die Frage war rhetorisch gemeint, wie ein Blick auf die AVV-Aktivitäten zeigt:

– Im Oktober 1975 waren es vor allem Mitglieder und Sympathisanten der AVV, die mit einer konzertierten Beschwerdeaktion gegen den TV-'Bericht vor 8' über die Soldatenkomitees schossen. 43 der bekanntgewordenen 64 Beschwerden stammen aus dem Aargau. Die Aktion hatte Erfolg. Bundesrat Willi Ritschard hielt den Rubikon für überschritten und formulierte einschränkende Richtlinien, an die sich die TV-Schaffenden seither zu halten haben.
– Im Dezember 1976 rief AVV-Präsident Burger seine Mitglieder per Rundschreiben auf, mit Leserbriefen usw. für den bedrängten Ernst Cincera Partei zu ergreifen. Im Inserat «Wir brauchen Mahner wie Cincera» vom Dezember 1976 finden sich unter den 104 Unterzeichnern 19, die aus dem Kreis der AVV stammen (mit * sind jene bezeichnet, die sich an der erwähnten Beschwerdeflut beteiligten): Ruedi Burger*, Fabrikant, Burg; Ernst Bürgi*, Kaufmann, Egliswil; Heinrich Dübendorfer*, Kaufmann, Lenzburg; Hans Fahrländer, Zahnarzt, Aarau; Dr. G.A. Frey, Verwaltungsrat der Aargauischen Ersparniskasse;, Erwin Gabriel*, Disponent, Boswil; Rudolf Gautschi, Maschinenfabrik AG Gränichen, Leimbach; Christoph Gygax, Gygax AG, Oftringen; Ernst Gygax, Verwaltungsrat der Allgemeinen Ersparniskasse, Präsident Gewerbekammer, Zofingen; Urs Häfliger*, kaufmännischer Angestellter, Oftringen; Hans Hartmann*, Pneu Egger AG, Aarau; Walter Lanz*, Lanz&Marti AG, Sursee; Roland Lämmli*, Inspektor der Helvetia-Unfall, Seengen; Ernst Ledermann*, Chauffeur, Dintikon; Robert Marti*, Lanz&Marti AG, Sursee; Herbert Müller, Autorennfahrer, Reinach; Daniel Plattner*, Basler&Plattner AG Zofingen, Oberkulm; Franz Schmitter*, Prokurist, Rothrist; Hanspeter Setz*, Transportunternehmer, Dintikon.
– Im *AVV-Bulletin* vom Januar 1977 klagte Ernst R. Borer über die perfekte Medienmanipulation der unterwanderten Medien in der Affäre um seinen Freund Cincera.
– Im August 1977 publizierte die AVV eine Broschüre gegen Richard Dindos Dokumentarfilm 'Schweizer im Spanischen Bürgerkrieg' und stellte damit die Filmförderungspraxis grundsätzlich in Frage, gleichzeitig unterstützt durch eine parlamentarische Anfrage des Aargauer SVP-Nationalrates Walter Baumann. Als Bundesrat Hans Hürlimann dem Dindo/Meienberg-Film 'Die Erschiessung des Landesverräters Ernst S.' die Qualitätsprämie verweigerte, jubelte das *AVV-Bulletin*.
– In den Leserbriefspalten der Aargauer Presse meldete sich 1978 die Mediengruppe der AVV. Tenor: stets derselbe.
– Im Herbst 1978, als der TV-'Blickpunkt' über das 175-Jahr-Jubiläum des Kantons Aargau berichtete und für diese «liebevolle Sendung» in der NZZ gelobt wurde, lief die AVV-Mediengruppe zusammen mit der *Aargauischen Gruppe gegen Medienmanipulation* mit einer Heftigkeit Sturm, die ausserhalb des Kantons unter dem Stichwort Seldwyla registriert wur-

de. Rund 3000 Adressen auf einer Petition an das Fernsehen verwendete die AVV umgehend für ihre Mitgliederwerbung.
– Am 12. Juli 1979 protestierten Markus Herzig und Reto Kind im Namen der AVV mit einer Beschwerde an das Eidgenössische Verkehrs- und Energiewirtschaftsdepartement gegen eine TV-Sendung des 'CH-Magazins' zum Thema Wehrsteuerverweigerung.

Eher selten widmet sich die AVV auch anderen als Medienthemen. Im Februar 1977 referierte der Kaisersohn und «Exilaargauer» Otto von Habsburg auf Einladung der AVV in Windisch über «Europa im weltpolitischen Kräftespiel». Im Juli 1977 dankte die AVV der Polizei per Communique für ihren Einsatz gegen die AKW-Gegner in Gösgen, und im Oktober 1978 postulierte sie: «Die militärische Abwehr und die zivile Bundespolizei personell verstärken». Womit die AVV ihre sechzigjährige Tradition auch auf dem Sektor Abwehr wahrt.

Stimme der schweigenden Mehrheit

Stimme der schweigenden Mehrheit nannte sich ganz unbescheiden eine kleine rechte Minderheit, die im April 1974 in Kreuzlingen am Bodensee diese neue Organisation ins Leben rief – konzipiert als Aktivistengruppe. Vom militanten Anspruch blieb allerdings schon nach kurzer Zeit wenig übrig: ab und zu Leserbriefe und Communiques, ein Bücher- und Traktätchenversand, regelmässige Seiten im konservativen Blatt *Abendland,* Seiten, die stets von den selben Schreibern gefüllt werden.

An der Wiege der neuen Organisation standen Empörung und Ohnmacht. Entrüstet waren die Thurgauer über die hiesigen Proteste gegen den Pinochet-Putsch, über das Engagement für die Chile-Flüchtlinge und über kämpferische SP-Töne in der Militärpolitik. Durch «vertiefte Beobachtung» kamen sie zur Einschätzung, dass «wir uns mit einem beinahe allmächtigen, weltweit perfekt organisierten Gegner angelegt haben, der seine Ziele ebenso bedenkenlos mit äusserster Brutalität, wie mit den niederträchtigsten Verleumdungskampagnen verfolgt und durch die systematische Zersetzung aller sittlichen und patriotischen Werte, die einem Volk Kraft und Halt geben» – so eine dramatische Lagebeurteilung im Frühjahr 1975.

Weil es die Thurgauer mit ihrem Heldenkampf gegen den heimtückischen Gegner ernst meinten, liessen sie sich ins Handelsregister eintragen:

1. April 1975. Die Stimme der schweigenden Mehrheit, in Kreuzlingen. Unter dieser Firma besteht auf Grund der Statuten vom 13. Mai 1974 ein Verein. Er bezweckt die Öffentlichkeit, Politiker, Journalisten usw., über die Existenz, Tätigkeit und Absichten von politisch extremen Personen und Organisationen aus der Sicht des Staatsbürgers zu informieren. Die finanziellen Mittel zur Erreichung des Zweckes werden beschafft durch Mitgliederbeiträge und Gönnerbeiträge. Der Vorstand besteht aus 5 bis 7 Mitgliedern. Es gehören ihm an: Paul Zöllig, von Berg SG, in Engwilen, als Präsident; Hans-Ulrich Weingart, von Grossaffoltern, in Landschlacht, als Sekretär; Angelo Riva, von Cureggia TI, in Tägerwilen, als Kassier; und Lorenz Peisl, von und in Müllheim, als Mitglied. Sie führen Kollektivunterschrift zu zweien. Rechtsdomizil: c/o Dr. Lorenz Peisl, Rosenberg, 8555 Müllheim.

Die Gründer stammen aus dem Bürgertum: Präsident Zöllig betrieb bis Ende 1978 eine kleine Fabrik für Elektro- und Metallbau, Weingart ist leitender Angestellter in der Firma Mowag Kreuzlingen (die stabilitätsbedürftige Regimes mit Schützenpanzern beliefert), Riva ist kaufmännischer Angestellter und Peisl Zahnarzt. Mit dabei waren von Anfang an auch der Kreuzlinger Drogist Hugo Lüönd und der Kreuzlinger Rechtsanwalt Joseph Alexander Baumann (einer der engsten Vertrauten von Ernst Cincera und seit 1978 Finanzdelegierter der *Stiftung Dialog).*

In den ersten Jahren der *Stimme* gaben Peisl und seine Frau Renate nach innen und aussen den Ton an. In Leserbriefspalten und anderswo kämpften die beiden über Jahre hinweg für ein weisses Rhodesien und Südafrika. Im Namen der *Stimme* nahmen sie auch an Versammlungen der *Freunde Südafrikas* teil. In Lorenz Peisls Fünf-vor-zwölf-Weltbild sind die Massenmedien «heute zum grossen Teil vom ideologischen Gegner besetzt», und «derselbe Vorgang der breitgefächerten Unterwanderung» sei «bei allen Nervenzentren unserer Gesellschaft festzustellen, von denen unsere Kirchen die kläglichste Rolle spielen», eine Unterwanderung, die nach Meinung von Peisl «zu der Art Bewusstseinsveränderung in der westlichen Welt geführt hat, die man zuweilen versucht ist, als eine latente und sehr milde Form des Irrsinns zu bezeichnen». Diese Einschätzung führte Peisl, damals Sekretär der *Stimme,* immerhin umgehend zur Frage, ob er am Ende nicht selbst «ein unheilbarer Paranoiker» sei (*Abendland,* 27.1.76).

Die Erfahrung, mit solchen Ansichten ausserhalb des Spektrums der veröffentlichten Meinung zu stehen, sass den Thurgauern tief in den Knochen. «Die Gründer der *'Stimme der schweigenden Mehrheit'* haben doch ihre Organisation gerade deswegen geschaffen, weil sie nirgends zu Wort gekommen sind», schreibt ein Mitglied. «Während den progressiven Gruppen die Textseiten offen stehen, müssen die rechten Organisationen zum Mittel des bezahlten Inserates greifen, wenn sie sich an die Öffentlichkeit wenden wollen.»

Die *Stimme* griff nicht zum Inserat, sondern zur Zusammenarbeit mit der Zeitschrift *Abendland,* wo sie seit dem Februar 1976 Gastrecht geniesst, in der Regel auf zwei geschlossenen Seiten. Das *Abendland* sei «in erster Linie ein Mittel der Information, die Organisation der *'Stimme'* ein Instrument der Aktion», schrieb Peisl anfangs 1976, als die Zusammenarbeit begann. Gemeinsam sei bei *Abendland* und *Stimme* die Aufgabe, «die freiheitliche Gesellschaftsordnung gegen die mannigfachen Angriffe zu verteidigen».

Welche freiheitliche Ordnung gemeint war, stand schon in der ersten *Stimme*-Beilage: «Chile: Auch dieses Land hat eine Junta... Wenn der Scherz erlaubt ist: Wäre es nicht gescheiter, den Dritte-Weltlern 'ein bisschen Junta' dieser Art zu schenken, statt Abermillionen in die ideologisch zerlöcherten Schläuche zu pumpen?» Dieses peinliche Pinochet-Lob hinderte Peisl nicht daran, gleichzeitig die «Profilierung einer bewussten und kritischen Mitte» zu propagieren. Diese Mitte geht für ihn offenbar bis zu den Schweizer Neonazis, in deren Zeitschrift *Visier* praktisch zur selben Zeit Texte von Renate Peisl und, im Namen der *Stimme,* von Lorenz Peisl zu finden waren – zum Beispiel ein Protestbrief der *Stimme* an das griechische Justizministerium anlässlich des Prozesses gegen die Junta-Obristen.

Selbst im militanten deutschen Nazi-Blatt *Die Bauernschaft* taucht Peisl

Von der Organisation "Die Stimme Der Schweigenden Mehrheit", CH-8280 Kreuzlingen, Postfach 732, erreichte uns ein Schreiben, das an das griechische Justizministerium zuhanden der Griechischen Botschaft in Bern, Jungfraustrasse, 3000 Bern, gerichtet ist und dessen vollen Wortlaut wir hier wiedergeben. Alle unsere Leser bitten wir, in geeigneter Form bei den zuständigen griechischen Behörden gegen den jüngsten Justizskandal in Griechenland zu protestieren.

DIE STIMME DER SCHWEIGENDEN MEHRHEIT

POSTFACH 732
8280 KREUZLINGEN

Postscheck-Konto 85-912

An das
griechische Justizministerium
zu Handen der
Griechischen Botschaft in Bern
Jungfraustr.
3000 B e r n

KREUZLINGEN, den 23. Aug. 1975

Exzellenz,
Eine Anzahl befremdeter und empörter Zuschriften aus Sympathisanten-Kreisen aus verschiedenen Teilen der Schweiz und des Auslands zwingen mich im Namen der Menschlichkeit, der Ehrenhaftigkeit und der Gerechtigkeit gegen das im Athener Prozess gefällte barbarische Urteil gegen die Obristen zu protestieren.
Kann man über die formal-juristische Kompetenz des Nürnberger Tribunals geteilter Meinung sein, so ist im vorliegenden Fall, der als "Nürnberger Prozess" Griechenlands apostrophiert wird, die Allmacht der internationalistischen Lynch-Justiz allzu offenbar, um ohne kategorischen Protest hingenommen zu werden.
Aus der Dokumentation zweier Interpellanten ist ohne weiteres der überwiegende Anteil kommunistischer Subversion in der griechischen Politik nachzuweisen.
Bedauerlich, wenn auch nicht überraschend, ist die Willfährigkeit der liberalen Presse der westlichen Welt in das Horn ihres geschworenen Feindes zu blasen, um den Justiz-Mord an dessen fähigsten Gegnern zu rechtfertigen. Dies zur selben Zeit, wo die gleichen Interessen-Gruppen alles daran setzen, um wirklich politisch Kriminellen, wie z. B. der Baader-Meinhof-Bande das übertriebene Maximum an zimperlicher Behandlung zu sichern.
Da in der Presse merkwürdigerweise nicht ein authentisches Wort der Verteidigung oder der Angeklagten zitiert wurde, würden wir es begrüssen, wenn Sie unserem juristischen Dienst die vollständigen Prozess-Unterlagen zur Einsicht bringen würden, so dass Beweggründe sowie Motivationen, der Angeklagten wie auch der Staatsanwaltschaft, der Diskussion einer breiten und wahrhaftig beunruhigten Öffentlichkeit in der westlichen Welt zugänglich gemacht werden können.
In der Annahme, dass Sie gerne bereit sein werden, diesen bescheidenen Beitrag gegen eine Radikalisierung der extremen Positionen zu leisten, bleibe ich mit dem Ausdruck

meiner vorzüglichen Hochachtung
für die "Stimme"

Lorenz Peisl

Im Schweizer Neonazi-Blatt *Visier* (4/75) fand sich dieser peinliche Protestbrief der *Stimme* zugunsten der ehemaligen griechischen Diktatoren, unterzeichnet von *Stimme*-Vorstandsmitglied Lorenz Peisl, der auch eine deutsche Nazi-Zeitschrift mit Leserbriefen bereichert. Lorenz Anton Peisl (*1930) wurde 1970 in Müllheim TG eingebürgert.

als Leserbriefschreiber auf, wo er zum Beispiel mithalf, Vernichtungsanlagen von Auschwitz in Zweifel zu ziehen. Und seine Frau Renate gab im Januar 1977 im Nazi-Blatt *Nation Europa* schlecht versteckten Rassismus zum besten: «Warum haben eure Stämme niemals die Fähigkeit entwickelt, Armut und Not zu wenden?», fragte sie die Schwarzen Afrikas: «Seid ihr bereit, weiter oder wieder so zu leben, wie ihr gelebt habt durch Jahrtausende, der Natur ausgeliefert, bedürfnislos mit der Freude am Trommeln und Tanzen – dann verjagt die Weissen des Westens!»

Der Zahnarzt Peisl ist überzeugt, dass man gelegentlich an die Wurzel gehen muss: «Der gefährliche jakobinische Köder von 'Freiheit, Gleichheit, Bürderlichkeit', der die Massen aufwiegelt und verführt, wird noch manche Konvulsion unserer Gesellschaften auslösen», schrieb er im *Abendland* (27.1.76). Für Peisl sind Liberalismus und Marxismus nur zwei Varianten des gleichen umstürzlerischen Übels.

Dieser Peisl, der zu freiheitlichen und demokratischen Vorstellungen ein gebrochenes Verhältnis hat, unterzeichnete am 22. Oktober 1975 im Namen der *Stimme* eine Beschwerde gegen den 'Bericht vor 8'-Film über die Soldatenkomitees. Vom Februar bis Juni 1976 war er verantwortlicher Redaktor der *Stimme*-Beilage im *Abendland*. Gleich im ersten Editorial machte er klar, dass auch die *Stimme* auf den Lobbysmus in den bürgerlichen Parteien setzt: «Die *'Stimme'* hat weder den Wunsch noch den Ehrgeiz, politische Partei zu werden, sondern versucht durch Mitglieder in den Parteien darauf hinzuwirken», ihre Ansichten durchzusetzen. Offensichtlich mit Erfolg: Bei den Thurgauer Grossratswahlen im Frühling 1976 wurde ein Bisheriger, der Journalist Paul F. Walser, mit organisierten Abschussmanövern aus der FDP-Fraktion hinausgedrückt, während der *Stimme*-Aktivist Weingart den Sprung vom letzten Listenplatz ins Parlament schaffte. – Übrigens: Pluralismus und Arbeitsteilung der *Stimme*-Vorstandsleute sind beachtlich: Während Weingart als SVP-Grossrat politisiert, profiliert sich Mit-Vorstandsmitglied Peisl in Nazi-Blättern.

An der ersten Jahresversammlung, am 28. Juni 1975 in Zürich, referierte alt SKA-Generaldirektor Mario Singer (*22.4.02) über 'Die Haltung des Bürgertums angesichts der Bedrohung der abendländischen Überlieferung', und Jürg Meister, damals Redaktor von Graus *intern informationen*, referierte wieder einmal über sein Standardthema 'Moskaus Aufmarsch im Mittelmeer – tödliche Bedrohung Europas'. Präsident Zöllig sprach von «2000 Mitgliedern, Gönnern und Sympathisanten».

Ein Jahr später, bei der Jahresversammlung vom 15. Mai 1977 auf Schloss Lenzburg, wurde die Gründung der Sektion Zürich bekanntgegeben. Trotz der geographischen Ausweitung blieb der Vorstand in den Händen der Thurgauer: Lüönd übernahm die Werbung, Peisl die Kontakte mit «Aktionen gleicher Zielsetzung in/Ausland», gab indes die Redaktion ab. Weingart blieb Sekretär, Riva Kassier. Unbesetzt blieben Präsidium und

Redaktion. Für diese Posten seien «Verhandlungen mit geeigneten Persönlichkeiten im Gange».

Friedrich Günther-Benz

Für beide Funktionen wurde alt Brigadier Friedrich Günther-Benz aus Losone TI gefunden. Günther hatte sich in seinen letzten Kommandojahren als Chef der Territorialzone 9 einen Namen als presse- und demokratiefeindlicher Reaktionär geschaffen. Gestützt auf Denunziationen des *Hofer-Klubs* schoss die Territorialzone 9 auf kritische TV-Mitarbeiter – was ja nicht gerade zum Pflichtenheft eines Verbandes der Armee gehört. Einer Rüge durch Bundesrat Rudolf Gnägi entging Günther nur knapp: «Nachdem Brigadier Günther auf den 31.12.1975 pensioniert worden ist, sehe ich davon ab, der Angelegenheit weiter nachzugehen», schrieb EMD-Chef Gnägi an Bundesrat Willi Ritschard, der im Namen der angeschossenen TV-Mitarbeiter gegen Günthers seltsame Umtriebe protestiert hatte.

Als *Stimme*-Redaktor gab sich Günther alle Mühe, seinen Ruf nicht zu verlieren. Er leitartikelte über die «nahende apokalyptische Endzeit» und ein recht verstandenes Christentum: «Denn die heutige Lage ist bedrängend: es geht um den scheinbar unaufhaltsamen Vormarsch des Barabbas – als atheistischer Marxismus-Leninismus – in das sich immer mehr ausweitende christliche Glaubensvakuum der noch freien westlichen Welt.» Von der NZZ-Haltung in der Cincera-Affäre zeigte er sich «schmerzlich berührt» und suggerierte, der russische Geheimdienst KGB habe offenbar auch die gute alte NZZ bereits unterwandert. Mit dabei war der pensionierte Brigadier auch, als Cincera an einer Pressekonferenz sein Antisubversionsbuch vorstellte. Dort äusserte sich Günther in einer Art und Weise, die selbst Cincera und dem Verleger des Athenäum-Verlages peinlich war.

Hans-Ulrich Weingart

Lange waren Günthers Weisheiten den *Stimme*-Lesern nicht vergönnt. Aus nicht näher definierten «gesundheitlichen Gründen» trat er auf Ende März 1977 als Zentralpräsident und Redaktor zurück. Seither besorgt die *Stimme*-Sektion Zürich die Redaktion. Dominierendes Thema: die angebliche Unterwanderung der Massenmedien, insbesondere des Fernsehens. Zweieinhalb Jahre nach dem Günther-Rücktritt hatte die *Stimme* noch immer keinen neuen Zentralpräsidenten. Als Statthalter amtete stellvertretend der Thur-

Fragebogen für *Stimme*-Mitglieder: ein Anspruch an Militanz und Engagement, den die Organisation nicht einlösen konnte

Stimme der Schweigenden Mehrheit

Anmelde - und
Fragebogen, numeriertes Exemplar No.... Verantwortlich.....Sektion.....

In Blockschrift:

Name & Vorname........................ Beruf.....................

Strasse............................... Stellung im Beruf.............

PLZ & Ort............................. Armee Gr/Ra/Gattung...........

Telefon Priv...........Gesch.......... Spezialgebiet.................

Wann und wo am besten erreichbar? im Notfall?

(2x unterstreichen, was besonders zusagt, 1x was in Frage kommt)

IHRE VORSCHLAEGE

1) Welche Arbeitsgruppe möchten Sie gründen?.........................

2) In welcher Arbeitsgruppe möchten Sie mitwirken?....................

3) Welche Aktionen schlagen Sie vor?..................................

4) Ev. Sofortaktion?..

5) Andere Vorschläge..

UNSERE FRAGEN IHRE ANTWORT (Rückseite verwenden)

VOIR JUGER AGIR!

VOIR (sehen) Unterlagenbeschaffung Information

6) Welche Medien könnten Sie beobachten?

ZB Regelmässig oder im Turnus berichten?
über Zeitschriften, Zeitungen (Abonnement)
Radio (Band) TV (Video) Kino
Vorträge, Theater, Reklame................
....

7) Welche Beziehungen haben Sie?

ZB Journalisten, Lehrer, Pfarrer, Schulen,
Parteien, Regierungen, Parlament,
Massenmedien, Schulungszentren, Finanzen,
Rel.Gemeinschaften, 2.Welt, 3.Welt
....

- 2 -

8) Welche Fähigkeiten haben Sie?

ZB Werbung: Text, Foto, Grafik, Leyaut, Druck, Schriften,
Kontakt: Rede, Debatte, Hausbesuche, Interview, Informant,
Information: Sammeln, Zusammenzug, Ablegen, Bibliothek,
Sekretariat: Schreiben, Adressieren, Verpacken, Tf.Auskunft, Analyse
Transport, Schulung, Mitgliederwerbung, Sozialhilfe,
....

JUGER (beruteilen) Experten, Mat.Hilfe, Analyse

6) Was könnten Sie zur Verfügung stellen?

ZB Literatur, Fachbücher, Zeitschriften,
Schreibmaschine (Kugelkopf)
Vervielfältigungs- und Adressiermaschine,
Lautsprecher und Verstärker, (Watt?)
Megaphon, Tonbandgerät (Geschwindigkeit?)
Auto mit oder ohne Chauffeur, Anzahl Plätze..
Ferienhaus (für Schulung + Raum für Gruppen,
Stube (ohne Verpflegung) "Tabakladen",
....

AGIR (handeln) Not-wenden, Tun Koordination

10) Wo dürfen wir Sie einsetzen?

ZB Leserbriefe, (nie im Namen der Aktion!)
Protestbriefe, Tf. & schriftl. Intervention,
Soziale Aktion + Fürsorge + Hausbesuche,
Unterschriften sammeln, Handzettel verteilen,
Massenversand, Plakatanschlag,
Demonstration + Schriftbänder malen und tragen,
Redaktion + (Mitteilungsblatt & Zeitschrift),
Slogans dichten, Lesemappen betreuen,

Kontakt mit befreundeten Organisationen!
....

---

11) Wieviele Helfer könnten Sie mobilisieren?

ZB Für die einzelnen Aktionen: Kinder, Jugendliche,
Erwachsene, Gruppen, Vereine,..................
....

A n m e l d u n g

Der/die Unterzeichnete meldet sich an als:

Sympathisant
Helfer
Gönner (nicht zutreffendes bitte streichen)
aktives Mitglied - Unterschrift von 2 Mitgliedern notwendig (Statuten)

Datum:..................... Unterschrift:......................

2 einführende Mitglieder:

....

Der/die Unterzeichnete verlangt und nimmt zur Kenntnis, dass dieser Fragebogen nur dem Vorstand der Aktionsgruppe zugänglich ist.

STIMME DER SCHWEIGENDEN MEHRHEIT

Zentralvorstand	8280	Kreuzlingen	Postfach 732
Sektion Zürich	8021	Zürich	Postfach 122
Sektion Zug	6300	Zug 3	Postfach ---
Sektion Zürichsee	8820	Wädenswil	Postfach ???

gauer SVP-Grossrat Weingart von der Waffenausfuhr-Firma Mowag, die selbstverständlich an einem politisch ruhigen Hinterland interessiert ist. «Die schweigende Mehrheit schläft», urteilte Peisl 1979 leicht resigniert. In der Tat: An Aktivitäten ist von diesem Klub der Neuen Rechten nicht mehr viel bekannt geworden.

Dabei war die *Stimme* seinerzeit mit einem Anspruch an Militanz und Konspiration gegründet worden, der für diese Rechtsgruppen eher aussergewöhnlich ist. Aufschlussreich ist in diesem Zusammenhang der Fragebogen, den Neumitglieder auszufüllen hatten. Der beabsichtigte Aktivismus führte immerhin zur Gründung zahlreicher Sektionen, wenigstens auf dem Papier:

– Postfach 732, 8280 Kreuzlingen
– Postfach 122, 8021 Zürich
– Sektion Zürichsee, Postfach, 8820 Wädenswil (für die Dr. Max Stärkle aus Bäch SZ und der Unternehmer Fritz Treib aus Wädenswil im Oktober 1976 eine Beschwerde gegen den Soldatenkomitee-Film unterzeichneten – mit der «kategorischen Forderung nach einer gesetzlichen Reinhaltung unserer Massenmedien»)
– Sektion Zug, Postfach, 6300 Zug 3 Herti
– Section Romande, case postale 6, 2533 Evilard (betreut von der rührigen Sonntagsschullehrerin Susanne Perrenoud)

Dazu kamen zeitweise eine Sektion Aarau mit dem Cinceristen Hanspeter Setz, die in der *Stimme*-Beilage Cinceras *WasWerWieWannWo* zum Abonnement empfahl. Eine Sektion Bern suchte Mitarbeiter, die für den *Hofer-Klub* Sendungen auf Subversives abklopfen sollten. Eine Sektion Bern-Belp ist nach Auskunft von Peisl identisch mit der *Vereinigung Freie Schweiz* (VFS), was diese allerdings dementiert.

Von einer einigermassen kontinuierlichen Sektionsarbeit kann indessen mit Ausnahme von Kreuzlingen und Zürich nicht gesprochen werden. Präsident und Karteiführer der Zürcher Sektion ist der Fotograf Albert Lunte (*3.7.17) aus Zürich, der zusammen mit Weingart auch für den Zentralvorstand unterzeichnet.

An der Jahresversammlung der Zürcher Sektion vom 9. Mai 1977, der ein 'focus'-Berichterstatter beiwohnte, traten neben Lunte auch Revisor von der Mühll und Vorstandsmitglied Buchdrucker Werner Schneider in Erscheinung. Schneider druckt für die *Stimme* und für die *Aktion für das Selbstbestimmungsrecht aller Völker,* die Lunte und Ernst R. Borer betreuen, Schriften. An dieser Jahresversammlung waren auch Hans-Ulrich Weingart und Angelo Riva vom *Stimme*-Zentralvorstand und Adrian Stieger, damals Kantonsrat der *Nationalen Aktion,* anwesend.

Die Sektion Zürich besorgt neben der Redaktion der *Stimme*-Seiten vor allem den Traktätchen- und Bücherversand. Eifrig verbreitet wurde beispielsweise Jürg Meisters Pamphlet gegen den Weltkirchenrat, das ursprünglich von Graus *Studiengesellschaft* herausgegeben wurde. Susanne Perrenoud hat es gläubig ins Französische übersetzt, und Meister steuerte im Dezember 1976 und im Februar 1977 ein Nachwort zur zweiten und dritten Auflage bei. Von Solschenizyns Rede vor den amerikanischen Ge-

Vereinigung Freie Schweiz

Einige Herren, denen die anti-etatistischen Kräfte im Raum Bern zu wenig präsent schienen, gründeten 1976 die *Vereinigung Freie Schweiz* (VFS), was sie umgehend im 'Handelsamtsblatt' veröffentlichen liessen:

12. Oktober 1976. Vereinigung Freie Schweiz (VFS) Association Suisse Libre (ASL), in Bern. Mit Statuten vom 28. Juni 1976 besteht unter diesem Namen ein Verein. Er bezweckt: Erhaltung des heutigen schweizerischen Rechtsstaates, des Privateigentums sowie der persönlichen und wirtschaftlichen Freiheit (keine überspitzte Staatsgewalt) durch Motivierung einer breiteren Öffentlichkeit mit allen legalen Mitteln, insbesondere mit Publikationen und Tätigkeiten aller Art, um bei Abstimmungen und Wahlen vereinsfreundliche Resultate zu erzielen. Mittel: Beiträge der Mitglieder. Für die Verbindlichkeiten haftet einzig das Vereinsvermögen: die persönliche Haftung der Mitglieder ist ausgeschlossen. Die Organe des Vereins sind: die Mitgliederversammlung, der aus mindestens 3 Mitgliedern bestehende Vorstand und die Revisoren. Der Vorstand besteht aus: Heinz Küng, von Krauchthal, in Belp, Präsident; Fritz Maier, von Bremgarten bei Bern, in Zäziwil, Vizepräsident; Erich Wernli, von Thalheim, in Belp, Sekretär; Willy Schafroth, von Röthenbach im Emmental, in Schwarzenburg, Gemeinde Wahlern, Kassier. Sie führen Kollektivunterschrift zu zweien. Domizil: Gutenbergstrasse 1, im Büro von Heinz Küng, Präsident.

Präsident Küng ist Inhaber eines Steuerberatungsbüros in Bern. Er präsidiert auch den *Bund der Steuerzahler,* der bei den Berner Grossratswahlen vom April 1978 den Spitzenkandidaten der *Nationalen Aktion,* Arthur Flück (*1921), unterstützte. Als die VFS gegründet wurde, war Küng im Telefonverzeichnis in Belp noch als «Conferencier und Zauberkünstler» aufgeführt, da er in den sechziger Jahren als «Harry K. – der lachende Zauberer» aufgetreten war. Ein Zauberer ist Küng auch mit seinen Leserbriefaktionen. Der genau gleiche Leserbrief erscheint mitunter nicht nur in Küngs Namen, sondern auch mit den Initialen eines anderen VFS-Vorstandsmitgliedes. In der ersten grossen Leserbriefaktion anlässlich der Cincera-Affäre kam die VFS «zum Schluss, dass es sich hier um ein von langer Hand im Ausland geplantes Komplott gegen einen Mann handelt, dessen Ziel die Erhaltung der Eidgenossenschaft ist» (Berner Oberländer, 1.12.76). In einem VFS-Werbeversand wurden die Leserbriefe gegen das Demokratische Manifest, gegen die 9. AHV-Revision usw. als «kleine Auswahl aus unserer bisherigen Tätigkeit» bezeichnet.

Später distanzierte sich die VFS von diesen Leserbriefkampagnen werkschaften AFL–CIO verbreitete die *Stimme* nach eigenen Angaben mehrere Hunderttausend Exemplare. Solschenizyn findet sich auch im Bücherprogramm, zusammen mit Autoren wie Suzanne Labin oder Ernst R. Borer.

und bezeichnete sie als Küngs private Angelegenheit – so VFS-Sprecher Jürg R. Zeller, Direktor der Vereinigung des Import- und Grosshandels in Basel, früher langjähriger Chefredaktor der 'Schweizerischen Gewerbe-Zeitung', Mitglied der FDP und der *Arbeitsgruppe für eine freiheitliche Bundesverfassung.*

Die VFS sei nicht identisch mit der Sektion Bern-Belp der *Stimme der schweigenden Mehrheit,* wie das *Stimme*-Vorstandsmitglied Lorenz Peisl behauptet. Küng habe zwar mit den *Stimme*-Leuten verhandelt, doch sei keine Zusammenarbeit zustandegekommen, auch wenn durchaus parallele Interessen vorhanden seien, erklärte Zeller. Die VFS zähle vor allem im Raum Bern etwas über hundert Mitglieder, insbesondere aus dem Gewerbe und den selbständigen Berufen. Viele Mitglieder gehörten auch der FDP oder der SVP an: «Wir sind eine Sammlung von Gleichgesinnten, die das Gefühl haben, in der angestammten Partei zu wenig vertreten zu sein.» Die VFS fühle sich verwandt mit dem *Redressement National* (das in der Berner Geschäftswelt leider zu wenig vertreten sei), mit dem *Trumpf Buur* und der Politik Hans Georg Gigers. Auch zur *Ligue vaudoise* und deren Sekretär Marcel Regamey bestünden Kontakte.

Die VFS nimmt regelmässig zu wirtschaftspolitischen Abstimmungsvorlagen Stellung, ohne damit in der Öffentlichkeit ein grosses Echo zu erzielen. Sie bekämpfte die 9. AHV-Revision, die Raumplanungsvorlage und die Mehrwertsteuer. Bei der Vorlage über die Bundessicherheitspolizei konnte sie sich nicht einigen und verzichtete auf eine Parole. Einig ist sich die VFS hingegen in der Ablehnung der Totalrevision der Bundesverfassung, die ihr zu offen ist. Die gleiche Position vertrat die von Zeller geleitete Vereinigung des Import- und Grosshandels in einer eigenen Vernehmlassung zur Totalrevision.

Im Juli 1979 formulierte Zeller, der die VFS in wirtschaftspolitischen Fragen berät, drei aktuelle Postulate:

– Sämtliche Bundesbetriebe, die das können, sind nach privatwirtschaftlichen Kriterien zu führen.

– Der Bund darf nur neue Aufgaben übernehmen, wenn die Finanzierung gesichert ist oder wenn alte, weniger wichtige Ausgaben gestrichen werden.

– Bei den National- und Ständeratswahlen vom Oktober 1979 unterstützt die VFS einzelne Kandidaten, die ihrer Politik nahestehen.

Vereinigung Libertas Schweiz – gegen die Linke und zu viel Staat

Die bestehenden Vereinigungen zur Verteidigung der einschlägigen Werte seien «gegenüber dem Klima, das sich nach 1968 entwickelte, nicht mehr sehr wirksam». Zu diesem betrüblichen Schluss kam im Mai 1975 alt Divisionär Eugène P. Dénéréaz aus Lausanne. Ja noch schlimmer: Die «Verteidigung der demokratischen Freiheiten» zeige bedenkliche Lücken. Zu seinem Glück fand Dénéréaz zusammen mit dieser Erkenntnis auch gleich den Lückenfüller: die *Vereinigung Libertas Schweiz,* die am 17. April 1975 in Bern gegründet worden war. Flugs wurde der ausgediente Offizier General-Sekretär der neuen Bewegung, an deren Spitze der Bundesratssohn und Jurist François Chaudet steht.

Die *Vereinigung zur Erhaltung der demokratischen Freiheit,* wie sich *Libertas* auch nennt, versteht sich als elitärer Klub von opferwilligen Bürgern, die in ihrem Lebensbereich dem Abgleiten in Verantwortungslosigkeit und Kollektivismus Widerstand entgegensetzen und die traditionellen Werte in Familie, Schule, Kirche und Armee hochhalten.

Ähnlich wie der *Rotary Club* stelle *Libertas* «den Dienst am Gemeinwesen an oberste Stelle», erklärte Chaudet am 16. Mai 1978 an einer Pressekonferenz in Bern. Im Zentrum der Bemühungen stünden zwei Hauptbereiche, die «Familie» und das «freie Unternehmen schweizerischer Prägung»: «Unsere Zielsetzung hat nichts zu tun mit Opposition gegen den Fortschritt, sie ist nicht reaktionär, sie trägt weder den Stempel eines sturen Konservatismus noch den satter Bürgerlichkeit. Sie bekennt sich aber entschieden zur Treue gegenüber einem Staat, der in der Vergangenheit für seine Bürger viel geleistet hat und der auch in Zukunft seine Verantwortung ihnen gegenüber wahrnehmen muss.»

Soweit die schönen Worte für die Öffentlichkeit. Die «Staatstreue» von *Libertas* entpuppte sich von allem Anfang an als anti-etatistischer Kurs à la Robert Eibel, Hans Georg Giger, Otto Fischer & Co. Vom freien Unternehmertum erwarte *Libertas* so viel Energie und soziales Verantwortungsgefühl, dass Staatseingriffe nicht nötig würden, erklärte Chaudet schon im April 1976 im Radio, als sein Klub zum ersten Mal an die Öffentlichkeit trat. Im Klartext: ein vom Staat möglichst ungehindertes freies Unternehmertum. Nach einem internen Seminar in Basel liess *Libertas* 1978 verlauten, die Freiheit des Einzelnen sei heute nicht nur durch extremistische Ideologien gefährdet, sondern ebensosehr durch die Anfechtung des Föderalismus, durch das Überwuchern des Staates und durch den Missbrauch der wirtschaftlichen Macht.

Auf dieser Widerstandslinie gegen einen reformerischen, zentralistisch-bürokratischen Staat bewegt sich seit jeher auch Chaudet, der in der FDP des Kantons Waadt «weit rechts aussen» (NZZ) steht. Er präsidierte 1976 das Komitee für eine freie Wirtschaft, das sowohl die gewerkschaftliche Mitbestimmungsinitiative wie den Gegenvorschlag des Parlamentes bekämpfte. Einer seiner programmatischen Artikel trägt den Titel 'Das freie Unternehmen – Mittel und Garantie der Freiheit'. Aus der Kommission Furgler für eine Totalrevision der Bundesverfassung trat Chaudet vorzeitig aus: «Die Kommission stand zu sehr unter dem Einfluss Furglers, war zu sehr mitte-links orientiert.» Folgerichtig unterstützte Chaudet im Februar 1979 die *Arbeitsgruppe für eine freiheitliche Bundesverfassung.* Chaudets Weltbild wurzle «im protestantisch getönten Liberalismus des 19. Jahrhunderts», charakterisierte ihn die NZZ, die der *Vereinigung Libertas* zwei Porträts widmete (14.2.78, 8.5.78). Als Synodalrat ist Chaudet auch in der protestantischen Kirche des Kantons Waadt aktiv. Immer wieder tritt er als Exponent jener konservativen Kreise in Erscheinung, die im Kanton Waadt stärker als in der übrigen Westschweiz in Erscheinung treten. Zu diesen Kräften gehört auch die pointiert föderalistische *Ligue vaudoise* mit ihrem Organ *La Nation.*

Zu den Bereichen, in denen *Libertas*-Mitglieder aktiv sein sollen, gehören auch die politischen Parteien. Es ist einmal mehr die klassische Strategie der Rechts-Lobbys: Weder habe *Libertas* «ein politisches Programm» noch gehe es darum, «eine neue politische Partei zu schaffen», hielt Chaudet im August 1977 fest. Wozu auch, wenn die Unterwanderung der bürgerlichen Parteien weit mehr einbringt? Chaudet: «Sie (die *Vereinigung Libertas.* Verf.) ermutigt im Gegenteil jedes ihrer Mitglieder, sich einer Partei seiner Wahl anzuschliessen und diese durch das persönliche Engagement zu beleben.» Eine ähnliche Position vertrat der Präsident der *Libertas*-Sektion Lugano, der Advokat und Notar Renato Guidicelli, im Vorfeld der Tessiner Grossratswahlen vom 1. April 1979. Für *Libertas*-Mitglieder gilt zudem als Tugend, in angeblich gauchistisch oder kollektivistisch durchsetzten Vereinigungen als Widerständler auszuharren.

Mit einem Seminar, das im April 1976 in Biel stattfand, waren die ersten Sektionsgründungen von *Libertas* verbunden. Bis 1979 formierten sich elf Sektionen in Basel, Bern, Biel-Jura, Genf, Lausanne, Wallis, Waadtland-Nord (Yverdon), Lugano, Neuenburg, Solothurn und Zürich mit rund 350 Mitgliedern – vor allem Angehörige freier Berufe und Industrielle. Die *Libertas*-Mitglieder versammeln sich gelegentlich zu Seminartagungen, bei denen regelmässig der Berner Soziologieprofessor Walter Heinrich Rüegg mitwirkt.

Die *Vereinigung* und ihre Mitglieder treten in der Öffentlichkeit in der Regel nicht unter der Flagge *Libertas* auf. «Da die Träger der *Vereinigung* Diskretion und Wirken im stillen allen spektakulären Initiativen vorziehen, hörte die breite Öffentlichkeit bisher wenig über ihre Tätigkeit» (NZZ). In der Tat: Selbst im Publikationsorgan von *Libertas*, dem Genfer Monatsmagazin *Impact* (dessen Sonderberichterstatter Pierre de Villemarest vom Sondergeneral Pinochet herzlichst empfangen wurde), wird wenig bis nichts über die Aktivitäten der Organisation berichtet.

Die regelmässigen *Libertas*-Seiten in der Heftmitte von *Impact* werden mit persönlichen Diskussionsbeiträgen gefüllt, die laut Chaudet «ausschliesslich von *Libertas*-Mitgliedern» stammen. Kein Thema wird so fleissig abgehandelt wie die Sorge um das freie Unternehmertum. Als Autoren dieser *Libertas*-Beilage findet man zum Beispiel Dominique Brunner (zugleich Mitglied der *Impact*-Redaktion) und Gustav Däniker von der *Farner PR-Agentur*, Martin Raeber, den Berner Uhrenindustrie-Sekretär Victor Dubois (Präsident von *Libertas* Biel-Jura, Vizepräsident von *Libertas* Schweiz, seit langen Jahren Vorstandsmitglied bei *Rencontres Suisses)*, verschiedene von Wattenwyls aus der Sektion Bern (ein René, eine Margritt sowie Charles, Präsident der Sektion und Ingenieur bei der Baufirma Losinger), den Berner Arzt Fritz C. Minder, Hans-Dieter Vontobel aus der Zürcher Privatbanquier-Familie, aus Schaffhausen Max U. Rapold (aktiv auch in der *Vereinigung freies Unternehmertum)*, von der Sektion Solothurn der Biberister Papierfabrik-Boss Werner Naegeli – vor allem aber welsche Miteidgenossen, darunter Francis Aerny aus Lausanne, der im katholischen Rechtsaussen-Blatt *Finalités* mitschreibt.

Ihr Gedankengut verbreitet die *Vereinigung Libertas* auch in einer kleinen Schriftenreihe, die 1977 mit einem Text von alt Bundesrat Paul Chaudet ('Le citoyen dans la vie actuelle') eröffnet wurde. In dieser Reihe will *Libertas* Meinungen anbieten, «welche den wahren Wert unserer Demokratie illustrieren», um so «die Idee der Freiheit in unserer Gesellschaft zu entwikkeln, zu erneuern und zu bestärken». Mit diesem Anspruch sind 1977 und 1978 weiter erschienen:
– 'Vom freiheitlichen Aufbegehren – Offener Brief an einen Zeit- und Eidgenossen', vom Bundesgerichts-Journalisten Roberto Bernhard (*1929)
– 'Partiti politici e pluralismo nel Ticino', vom Tessiner Publizisten Elio Bernasconi (*1923), Sekretär der *Alleanza Liberi e Svizzeri*
– 'Furnatsch', romanische und französische Gedichte von Andri Peer, mit einem Vorwort von Bundesrat Georges-André Chevallaz
– 'L'Ordre économique libéral', vom Lausanner Universitätsprofessor François Schaller (*1920)
– 'Gefährdung und Chancen des freien Unternehmertums', von Paul Wyss (*1928), seit 1977 FDP-Nationalrat und Direktor der Basler Handelskammer
– 'Il valore delle parlate regionali', von Guiu Sobiela-Caanitz (*16.10.35) aus Zürich, einem Sprachforscher katalanischer Herkunft
– 'Freie Schule im freien Staat', von NZZ-Redaktor Erich A. Kägi (*1921)

– 'Le gauchisme', von Claude-Adrien Meylan (*1954), Assistent an der Universität Neuenburg

Der Schwerpunkt der *Libertas*-Aktivitäten werde wohl auch künftig im Welschland liegen, vermutete die NZZ: «Möglicherweise werden potentielle Anhänger in der Deutschschweiz nicht ohne weiteres den Zugang zu der besonderen geistigen Welt der Waadtländer Gründer finden.» Immerhin – auch in der Deutschschweiz finden sich Mitpatrioten, die der linken Gefahr entgegentreten möchten. Die Zürcher *Libertas*-Leute seien vor allem auf die Linke fixiert, berichtete die NZZ: «Besonders bei militanten Leuten in Zürich herrschte die Idee vor, eine pausenlos in der Abwehr von Vorstössen extremer Gruppen stehende 'Truppe' aufzustellen, die ein wenig wie eine hochspezialisierte Berufsfeuerwehr arbeiten würde.»

Für *Libertas* aktiv war denn auch schon in der ersten Stunde Ernst Cincera. Noch bevor *Libertas* zum ersten Mal an die Öffentlichkeit trat, warb Cincera zusammen mit Initiant Chaudet Mitglieder – zum Beispiel die nicht überall ganz ernstgenommene Sonntagsschullehrerin Susanne Perrenoud aus Evilard bei Biel, die die Sonntagsschulkollekte immer wieder der *Märtyrerkirche* von Richard Wurmbrand zukommen lässt.

Libertas Zürich habe seit der Gründung schon «an die zehn Aktionen gestartet, so die Unterstützung von Nationalratskandidaten mit Zivilcourage aus allen Parteien, ausgenommen der extremen Rechten und der POCH/PdA», teilte Gründungsmitglied Ralph R. Faes aus Herrliberg (ein Mitglied der *Informationsgruppe Schweiz)* den NZZ-Lesern am 19. Mai 1978 mit. Im Vorfeld der Nationalratswahlen 1975 wurde mit der erwähnten Inserat-Aktion auch Cincera empfohlen, allerdings ohne den Namen *Libertas* zu verwenden. Inserate lancierte *Libertas* auch vor den Zürcher Gemeinderatswahlen von 1978 – diesmal unter dem Namen der Organisation. Schlagzeile: «Wollen Sie ein marxistisches Zürich?» Stossrichtung: gegen kämpferische Gewerkschaften und gegen den linken SP-Flügel.

Die Beziehungen der Zürcher Sektion zur Lausanner Zentrale waren 1978 gespannt. Faes beklagte sich öffentlich, dass Chaudet nicht genehme Mitglieder autoritär absetze, und an der *Libertas*-Pressekonferenz vom 16. Mai 1978 waren die Zürcher demonstrativ nicht vertreten. Diese Spannungen führten in der Zürcher Sektion zu internen Auseinandersetzungen; Hermann Hirzel von der Zürcher Bank Affida wurde von Rechtsanwalt Ernst Walder aus Kilchberg als Präsident abgelöst.

Während in Zürich offensichtlich Kreise um Cinceras *Informationsgruppe* und um die *Farner PR-Agentur* in der *Libertas*-Sektion stark sind, so geben in Basel in erster Linie Lehrer den Ton an. Dr. Hans Gygli aus Muttenz, Rektor des Basler Gymnasiums Bäumlihof, präsidiert die Sektion und sitzt auch im Zentralvorstand. Im *Impact* vom Februar 1977 rief er in der *Libertas*-Beilage nach einem Berufsverbot für missliebige Kollegen: «Solchen Pädagogen darf kein Mandat übertragen werden; wenn sie es schon besitzen, muss es ihnen entzogen werden. Extremisten und Totalitäre können keine Demokraten heranbilden.» Und sein Bäumlihof-Kollege, Deutschlehrer Peter Wiedmer aus Birsfelden (*30.8.45), plädierte in der *Libertas*-Beilage vom Juni 1977 für eine «konsequente Abwehr der Pädagogik der Neuen Linken.»

Alleanza Liberi e Svizzeri

Am 27. März 1976 kamen in Vezia bei Lugano mehrere Herren zusammen: ein Zahnarzt, ein Bankdirektor, ein Gymnasiallehrer, ein Inhaber einer Saunakette, ein Architekt, einige Devisenschmuggelanwälte, Boden- und Häuserspekulanten. Ein Staatsanwalt der CVP legte Statuten vor, ein Programm wurde diskutiert, ein Vorstand gewählt. Und schon gab's eine frischgebackene politische Bewegung, die *Alleanza Liberi e Svizzeri* (ALS) – Bund der Freien und Schweizer.

Präsident der ALS ist Alessandro Lepori, Mathematik-Professor am Gymnasium Lugano und für die CVP im Grossen Gemeinderat von Lugano. Als Vizepräsidenten traten der SKA-Direktor Ugo Primavesi und Giuseppe Benicchio (†) in Erscheinung. Sekretär ist der Journalist Elio Bernasconi, der im CVP-Blatt 'Giornale del Popolo' als TELEX schreibt, Kassier Francesco Poma. Der Sektion Lugano steht der Architekt Armando Giani vor.

Der Hauptgrund für die Gründung der ALS sei, so Präsident Lepori, die «Enttäuschung», «welche eine grosse bürgerliche Mehrheit gegenüber der Schwäche der Behörden empfindet, die den Forderungen einer linksgerichteten Minderheit (POCH, PSA) mehr und mehr nachgibt». Die Angst vor dem befürchteten Marsch der Linken durch die Institutionen sitzt den Tessiner *Liberi e Svizzeri* tief in den Knochen. Sie sehen ihre «Freiheit in Presse, Radio, Fernsehen und in der Schule nicht ausreichend gewährleistet» und Linke sogar «bis in die Verwaltungen vordringen».

«Diese Situation im Kanton hat mehrere Bürger verbittert und von der Politik entfernt, da ihre Stimme nicht beachtet wird, obschon sie der Mehrheit der Stimmbürger entspricht», schildert Lepori die Gründungsgeschichte dieser Sammlungsbewegung. Die Hauptaufgabe der ALS bestehe darin, «sich nicht an diese Situation anzupassen und den einzelnen Bürger, der sich ohnmächtig fühlt, zu ermuntern, seine Stimme in einer demokratischen Partei geltend zu machen». (AT, 24.8.77)

Etwas anders schilderte der Arzt Elvezio Minotti aus Lugano, ein Gründungsmitglied der *Alleanza,* die Ziele der Organisation im faschistischen Wochenblatt *Il Borghese,* das zum Umfeld des neofaschistischen MSI gehört. «Auch bei uns in der Schweiz verfolgen Tausende von Personen die Schlachten der italienischen Rechten und sind bereit, gegen die kommunistische Gefahr zu kämpfen, eine Gefahr, die nicht nur Italien, sondern ganz Europa bedroht«, schrieb Minotti am 25. Juli 1976, also vier Monate nach der ALS-Gründung. «Um das kostbare Gut der Freiheit nicht zu verlieren, gründeten wir die ALS, die all jene sammelt, die auch in unserem Lande eine Rechte aufbauen wollen.» Minottis Empfehlung im Faschistenblatt endete mit der Adresse der ALS: Postfach 60, Cassarate. Die ALS kam nicht umhin, sich im nachhinein von Minottis Artikel zu distanzieren. Minotti blieb jedoch ALS-Mitglied. (Übrigens forderte *Il Borghese* seine Leser auch auf, sich bei Schwierigkeiten – lies: bei Verfolgung durch Zoll- und Steuerbehörden – vertrauensvoll an die ALS zu wenden.)

Schon ein Jahr nach der Gründung gab die ALS eine Mitgliederzahl von 1600 an. «Die grosse Anzahl und der hohe Rang der Beitritte» sei ermutigend, freute sich Präsident Lepori: «Mehr als ein Zehntel der Grossräte haben ihre Unterschrift gegeben und viele andere sympathisieren mit uns».

Betrachtet man die ALS-Leute näher, so zeigt sich, dass viele Mitglieder Akademiker sind, oft mit juristischer Ausbildung. Sie stehen an der Spitze der Tessiner Banken oder verschieben grosse Kapitalien über die rund 3400 Immobiliengesellschaften des Kantons Tessin, sind verbunden mit der Bauwirtschaft, die von den Geldern der Immobiliengesellschaften lebt, stehen auf politischen Posten im Kanton oder in den Gemeinden, wo sie über weitere Millionen von staatlichen Bauaufträgen mitentscheiden. Sie wohnen vorwiegend im Sottoceneri, dem südlichen Kantonsteil. Sie haben wenig oder gar nichts mit der schmalbrüstigen, technologisch unterentwickelten Tessiner Industrie und schon gar nichts mit der tradtionellen Landwirtschaft zu tun.

Es sind die Profiteure des Booms, der anfangs der sechziger Jahre einsetzte, als der Kapitalverkehr über die staatlichen Grenzen hinweg liberalisiert und als staatliche Bewilligungsverfahren für Bodenverkäufe an Ausländer eingeführt wurden. Seither wurde der Kanton mit ausländischen Fluchtgeldern, legalen und geschmuggelten, überflutet – seit dem Chiasso-Bankskandal jedem Schweizer eine geläufige Binsenwahrheit. Diese Wahrheit haben auch die Tessiner Linksparteien aufgegriffen. Entsprechend ist die Allergie der Profiteure auf die Linke. Diese Allergie und die Angst vor den Linken standen an der Wiege der *Alleanza*.

Nicht selbst eine Partei gründen, die höchstens eine unbedeutende Mini-Partei wäre, sondern als Lobby innerhalb der bürgerlichen Parteien wirken – nach diesem Rezept gingen und gehen die militanten Anti-Linken der ALS ans Werk. Es sei «nicht denkbar», analysierte die NZZ, «dass die ALS als Partei schon rein numerisch Wahlerfolge erzielen könnte, während die Spitzen der Bewegung heute als Vertreter der angestammten bürgerlichen Parteien wichtige Posten in der Kommunalpolitik, im Finanz- und Schulwesen bekleiden und ihren Einfluss dadurch wesentlich wirksamer geltend machen können.» (10.4.78)

Der Einfluss der ALS funktioniert zum Beispiel so: Bei den Gemeindewahlen im April 1976 und bei den kantonalen Parlamentswahlen vom 1. April 1979 sorgte die ALS mit internen Empfehlungen dafür, dass die ihnen genehmen Kandidaten kumuliert wurden. Im Kantonsparlament nahmen nach der 79er Wahl ein Drittel Grossräte Einsitz, die von der *Alleanza* forciert wurden.

Die ALS hat zusätzliche Verunsicherung in eine Parteienlandschaft getragen, die ohnehin seit den sechziger Jahren in Bewegung geraten war. Diese Landschaft war seit den Revolutionswirren des letzten Jahrhunderts vom Gegensatz zwischen den Katholisch-Konservativen (heute CVP) und der dominierenden «Linkseinheit» (nämlich Liberal-Radikale und Sozialdemokraten) bestimmt. Der massive Aufschwung des Tourismus, der Bodenspekulation und der Bankverwaltung ausländischer Fluchtgelder in den sechziger Jahren entzog dieser politischen Konstellation die wirtschaftliche Grundlage. FDP- und CVP-Politiker entdeckten gemeinsame Interessen und Möglichkeiten, ins grosse Geschäft einzusteigen. Die SP wurde eher an den Rand gedrängt. 1967 zerbrach die jahrzehntealte Linkseinheit zwischen FDP und SP, und zwei Jahre später spaltete sich von der SP ein starker Linksflügel ab, der heutige Partito Socialista Autonomo (PSA).

Die beiden Linksparteien gewannen in den siebziger Jahren kontinuierlich an Boden. Das konsequente Voranschreiten der autonomen Sozialisten und die Erfolge der Kommunisten in Italien (und die Angst davor) verschärften das ideologische Klima im Tessin weit mehr als in der übrigen Schweiz. Verschärft wurde damit auch der Streit in den traditionellen Bürgerparteien FDP und CVP um die zukünftige Strategie: guteidgenössische reformistische Konsenslinie oder militanter antikommunistischer Rechtskurs? Die zweite Linie kristallisierte sich im Tessin in der *Alleanza,* die in der CVP gut verankert und dort vergleichsweise unbestritten ist. Entsprechend offen ist das CVP-Blatt 'Giornale del Popolo' für die ALS-Ideen.

Anhänger hat die *Alleanza* aber auch in der FDP, wo der lange dominierende Linksflügel auf die rechte Fraktion der ALS heftig reagierte. Zum Sprecher des Linksflügels machte sich Argante Righetti, FDP-Staatsrat von 1964–79. In seiner Neujahrsansprache 1977 zitierte er gegen die Hexenjäger in den eigenen Reihen ausgiebig Max Frisch, und in den folgenden Monaten wandte er sich in Zeitungsartikeln frontal gegen die ALS, deren Mitglieder nach seiner Ansicht nicht gleichzeitig FDP-Mitglieder sein könnten. Die «kriegerische und spitzfindige Propaganda» der ALS sei überflüssig und demagogisch und erinnere «an die schlimmsten Zeiten des amerikanischen McCarthysmus», schrieb Righetti im FDP-Organ 'Il Dovere'. Unter dem Vorwand, die Subversion zu bekämpfen, führe die ALS eine zutiefst unliberale, intolerante und einschüchternde Kampagne, die sich gegen jede fortschrittliche Idee wende, woher diese auch immer komme. Die *Alleanza* stütze sich auf Angst und auf Misstrauen gegenüber der Demokratie.

Die ALS wurde gegen die Righetti-Vorwürfe von keinem geringeren als von Franco Masoni (*5.7.28), FDP-Ständerat bis 1979, öffentlich in Schutz genommen. Masoni, FDP-Staatsrat Carlo Speziali und alt Bundesrat Nello Celio sind auch die zentralen Figuren im Drama um die freisinnige Zeitung *Gazetta Ticinese,* die kurz nach der Gründung der ALS zum Sprachrohr dieser Rechtskreise wurde – gegen das andere FDP-Organ 'Il Dovere'.

Am 28. Mai 1976 erfuhren die *Gazetta*-Leser überraschend, Masoni sei neuer Verwaltungsratspräsident. Bereits eine Woche später wurde der Genossenschafterversammlung ein neues politisches Statut schmackhaft gemacht. An diesem 4. Juni 1976 durften die Genossenschafter auch das Projekt der Wochenbeilage *Europa libera* absegnen, deren erste Nummer schon in Produktion war.

Masoni machte die Beilage als grosses Werk europäisch-westlicher Zusammenarbeit schmackhaft. *Europa libera* entstand auf Initiative des *Alleanza*-Freundes Indro Montanelli, der in den dreissiger Jahren ein Mussolini-Bewunderer war. Heute ist er Chefredaktor des Mailänder Blattes 'Giornale nuovo' und verfügt über gute Beziehungen zu den reaktionären Kreisen um De Carolis am rechten Rand der Democrazia Cristiana (DC). Das Wochenblatt der *Gazetta* sollte in 115'000 Exemplaren vor allem in Norditalien mithelfen, die Kommunisten zu stoppen. Für diese Aufgabe schien den Kreisen um Montanelli ein Reduit in der Schweiz geeignet. Verantwortung und Druck wollte generöserweise die neue *Gazetta*-Führung unter Masoni übernehmen. Die Europa-Beilage zog traditionalistische Katholiken, DC-Leute der reaktionären De Carolis-Fraktion, verkrachte konservative Journalisten und auch Peter Sager vom *Ost-Institut* als Korrespondenten an. Das Ergebnis: Ein kurzes Propagandagetöse für ein freies-kommunistenfreies Europa vor den italienischen Wahlen, und dann, als der befürchtete Sieg der Linksparteien im Sommer 1976 ausblieb, ein plötzliches Zusammensacken. Die italienischen Geldgeber zogen sich zurück. Einen Monat nach dem Start ging das grosse europäische Gemeinschaftswerk wieder ein, erschienen waren vom 12. Juni bis zum 10. Juli bloss fünf Nummern. Zurück blieb ein Schuldenberg von 300'000 Franken, die *Gazetta* schien vor dem Kollaps zu stehen.

Da zeigte Montanelli erneutes Interesse und Fürsorge für die bankrottreife Tessiner Zeitung. Er stellte Geld für eine Rettungsaktion zur Verfügung. Zum Gelingen dieser Operation hatte Ugo Primavesi, Direktor der Kreditanstalt Lugano und ALS-Vizepräsident, wesentlich beigetragen. Als neuer Verwaltungsratspräsident tauchte alt Bundesrat Nello Celio auf, Vizes wurden Masoni und Speziali. Doch auch der Celio-Verwaltungsrat operierte glücklos. Ende 1978 gab er die *Gazetta*-Führung an eine neue Mannschaft ab.

Die ehemalige freisinnige Vorzeigefigur Celio, auf eidgenössischer Ebene seinerzeit ein Konjunkturliberaler, hat sich zurück im heimatlichen Tessin im Kreis der ALS zum Konservativen durchgealtert. Am 8. April 1978 trat er an der Jahresversammlung der *Alleanza* als Hauptredner auf: «Ich

Alleanza-Jahresversammlung 1978 (von links nach rechts): ALS-Vize Ugo Primavesi (SKA), alt Bundesrat Nello Celio (FDP), ALS-Präsident Alessandro Lepori (CVP), ALS-Exponenten Giuseppe Benicchio und Mauro Gandolla.

weiss, dass es einigen nicht gefällt, wenn ich hier unter euch weile», erklärte Celio unter Anspielung auf die freisinnigen ALS-Gegner. «Diesen sage ich, dass sich die Menschheit vor schwierigen Entscheidungen befindet, wie sie die Geschichte noch nie gestellt hat. Deshalb muss ein Gespräch angepackt werden unter allen Menschen guten Willens, die die Werte unserer Zivilisation jenseits der kleinen Sonderinteressen und unfruchtbaren Polemiken lokaler Parteistrategen verteidigen.»

An der Jahresversammlung vom 10. März 1979 freute sich Präsident Lepori, dass die bürgerlichen Parteien CVP und FDP dem Druck ihrer Jugendfraktionen widerstanden und die ALS nicht ächteten. Hingegen habe die SP ihren Mitgliedern untersagt, gleichzeitig der ALS anzugehören. Pierluigi Caimi, der Präsident der SVP Lugano, betonte vor der Jahresversammlung, die SVP stehe zur *Alleanza*. Als Votant trat auch Lionello Torti, Vizepräsident des *Redressement,* auf.

Auch die Prominenz, die sich öffentlich zur ALS bekennt, kann nichts daran ändern, dass die *Alleanza* in den freisinnigen Blättern der verschiedensten Strömungen eindeutig qualifiziert wird. Die Redaktion des FDP-Organs 'Il Dovere' bezeichnete die ALS als «faschistisch» (27.9.76), das 'Aargauer Tagblatt' sprach von einer «ultrarechten Organisation» (8.8.77) und die NZZ von einer «Rechtsaussenstellung» und einer «reaktionären bis McCarthyschen Bewegung» (16.11.77, 10.4.78).

Schon die Vorläuferin der ALS, die *Bewegung für Menschenrechte,* trauerte der Filmzensur nach und lief mit einer Anti-Porno-Petition gegen das Filmfestival Locarno Amok. Auch die ALS profilierte sich in ihren ersten drei Jahren vor allem mit Abwehraktionen. So wurde gegen die Wahl eines «kommunistisch verseuchten» Gymnasiallehrers ans Gymnasium

Lugano Sturm gelaufen, und eine Petition ans kantonale Parlament zielte auf den Ausschluss von PSA-Mitgliedern aus öffentlichen Ämtern. Die Programmpolitik des Tessiner Radios und Fernsehens wurde selbstverständlich als subversiv denunziert – um hinterher via die CVP *Alleanza*-Leute in die Tessiner Programmkommission wählen zu lassen, nämlich ALS-Vize und SKA-Direktor Ugo Primavesi sowie Ingenieur Mauro Gandolla aus Bioggio. Am 29. Mai 1978 sollte Ernst Cincera für die ALS öffentlich auftreten, doch hinderten ihn Hunderte von Jugendlichen am Sprechen.

Die Petition, die von der ALS gegen PSA-Mitglieder erfolglos gestartet wurde, lancierte die *Vereinigung Libertas* gleichzeitig auf eidgenössischer Ebene. Was kein Zufall ist. Trotz organisatorischer Unabhängigkeit arbeiten die beiden Gruppen eng zusammen. Die *Alleanza* beschränkt ihre Aktivitäten auf das Tessin und ist weniger elitär als *Libertas*. Die *Libertas*-Generalversammlung 1979 fand am 4./5. Mai in Morcote im Tessin statt; neben *Libertas*-Präsident François Chaudet und dem Luganeser Stadtpräsidenten sprach Franco Masoni über «Die Legitimität patriotischer Vereinigungen».

Freundschaftlich unterstützt wird die ALS auch von der *Stimme der schweigenden Mehrheit*. Der ehemalige *Stimme*-Zentralpräsident Friedrich Günther-Benz aus Losone verteidigte gegenüber der NZZ die beiden Tessiner Ultras: «Die beiden offenbar 'Unbequemen', die *'Alleanza Liberi e Svizzeri'* und die *'Gazetta Ticinese'*, werden sich nicht beirren lassen, ihr Herz auf dem rechten Fleck zu tragen!» (2.6.78)

Die Rechtsgläubigen

Über die rechte Opposition in der Kirche ist in unserem Lande wenig bekannt. Wenn religiöse Gruppen Schlagzeilen in der Presse machen, handelt es sich meist um Sekten. Ihr exotischer Hauch kitzelt das Publikum, die finanzielle Bereicherung ihrer Chefs empört, die Verführung Jugendlicher beängstigt.

Dieses Kapitel handelt nicht von Sekten im religiösen Sinne. Vorgestellt wird die politische Opposition in der römisch-katholischen und der evangelisch-reformierten Landeskirche.

Wie alle gesellschaftlichen Institutionen stehen auch die Kirchen im politischen Widerstreit. Dem unbefangenen Betrachter scheinen die Konflikte auf den religiösen Bereich beschränkt. Sie sind es nicht: Hier handeln politisch konservative Kräfte in der Tradition der Konfessionen.

In einem ersten Teil wird die katholische Rechte behandelt. Sie hat sich in der Schweiz als Reaktion auf die Reformen des Zweiten Vatikanischen Konzils (1962-65) formiert.

Papst Johannes XXIII. hatte in Rom das Konzil eröffnet. Im Zeichen des «aggiornamento», der Öffnung der Kirche gegenüber der Welt, markierte es den Aufbruch der starren Struktur und Dogmatik im politischen Umfeld der weltweiten gesellschaftskritischen Bewegungen der sechziger Jahre. Schwerpunkte der Konzilsdebatten waren Ökumenismus, Demokratisierung der innerkirchlichen Hierarchie und die Reform der Liturgie, das heisst die Einführung der Volkssprache anstelle der alten lateinischen Messe. Bischofssynoden als kollegiale Gremien wurden eingeführt, die liturgische Erneuerung beschlossen.

Am Konzil selbst hatte eine Minderheit von Kardinälen aus der römischen Kurie erfolglos die Liberalisierung bekämpft. Für viele Katholiken war die Reform Revolution. Weltweit begann sich die geschlagene Konzilsfront zu organisieren.

In der Schweiz bildete sich 1965 als erste Vereinigung die *Una Voce Helvetica*, ein Ableger der während des Konzils gegründeten *Foederatio Internationalis Una Voce*. Mitte der siebziger Jahre begannen dann die Auseinandersetzungen um Erzbischof Marcel Lefebvres Priesterseminar im Walliser Ecône. Der radikale Konzilsgegner ist für die konservativen Katholiken zur Gallionsfigur gegen den Modernismus der Zeit geworden, der in die Kirche eingedrungen sein soll. Auf diesem Höhepunkt der innerkatholischen Kontroverse um die Konzilsreformen schossen weitere Organisationen wie Pilze aus dem Boden, darunter die *Sammlung glaubenstreuer Katholiken* (CH-SAKA) und die *Vereinigung Katholischer Laien* (VKL). Rührige Car-Unternehmer organisierten Wallfahrten nach Ecône, wo die Gläubigen das Gefühl von Geborgenheit und Mysterium erleben, das ihnen in der nachkonziliären Zeit verloren gegangen ist. Noch heute wird in der Schweiz an etwa 25 Stellen die alte Messe gelesen.

Mit der Suspendierung Lefebvres durch den Vatikan im Sommer 1976 spaltet sich das Lager der Traditionalisten. Hin- und hergerissen zwischen Anerkennung der päpstlichen Autorität und Ablehnung der Konzilsreformen, verweigern die Basisorganisationen CH-SAKA und VKL Rom die Gefolgschaft, während die *Una Voce Helvetica* den taktischen Kompromiss sucht. Aber nach Ecône pilgern sie alle, und Lefebvre ist ihr Vorbild geblieben. Und in ihrer politischen Aktivität, der Denunzierung progressiver Theologen, der Inquisition, sind sie immer freundschaftlich verbunden.

Mit Lefebvre hat die innerkatholische Reaktion ihren vorläufigen Höhepunkt erreicht. Er ist ihr Messias geworden, aber als Bewegung unter dem Sammelbegriff des Integralismus existiert sie international seit Beginn unseres Jahrhunderts. Für die Integralisten ist die Kirche zeitlos, ewig in ihrer autoritären Struktur und unveränderlich in ihrem Dogma. Sie behaupten, allein auf dem Boden katholischer Kirchentreue zu stehen und die überlieferte Lehre integral, das heisst ganz und unangetastet zu vertreten. Die Verbindung zwischen geistlicher und weltlicher Macht, deren die Kirche verlustig gegangen ist, wollen sie als gegenreformatorische Bewegung zurückerobern. Ihr heiliger Vater ist Papst Pius X., der gegen die liberalen republikanischen Strömungen 1910 den Klerus zum «Antimodernisten-Eid» verpflichtet hat. Sein Pontifikat ist als «Stalin-Ära des Vatikan» in die Kirchengeschichte eingegangen – eine Hexenjagd auf «Häretiker» und «Modernisten» hat sich damals entfaltet.

Vor allem in Frankreich formierte sich in dieser Zeit eine breite rechtskatholische Strömung. Ihre Anhänger haben die Französische Revolution von 1789 nie verdaut, als Integralisten sehen sie in der Kirche die organisationstechnische Einrichtung zur Restaurierung der Monarchie. Ihr Potential ist noch heute mächtig und gruppiert sich um die Bewegung *Cité catholique.* Diese Organisation der katholischen Konterrevolution hält in der Schweiz jährlich ihre Hauptversammlung ab und hat ein Sekretariat in Lausanne. Sie organisiert den Kongress des *Office international des oeuvres de formation civique et d'action culturelle selon le droit naturel et chrétien* (OFCAD).

Auf internationaler Ebene existiert ein ganzes Geflecht reaktionärer und neofaschistischer Organisationen und Gruppierungen, deren Seelenhirte Lefebvre geworden ist. Eines ihrer Hauptziele ist der Aufbau einer antikommunistischen Internationale.

Die traditionalistischen Vereinigungen in der Schweiz zählen – etwa im Vergleich zu den politischen Parteien – wenig Aktivisten. Bedeutungslose Randgruppen sind sie indes nicht. Ihr Anhang ist beträchtlich. Laut einer Isopublic-Meinungsumfrage vom September 1976 standen damals 24 Prozent der Schweizer Katholiken hinter Lefebvre, in der Westschweiz gar 38 Prozent. Sicher sind sie nicht generell dem ultrareaktionären Umfeld Lefebvres zuzuordnen, aber als gesellschaftliche Kraft repräsentieren sie einen wichtigen Teil des konservativen Lagers in unserem Land. Dass der

Bannkreis um Lefebvre auch im Ausland potent ist, macht verständlich, weshalb der Vatikan trotz Suspendierung den dissidenten Erzbischof nie exkommuniziert hat – es hätte die Spaltung der katholischen Kirche provoziert.

Nicht zum Lefebvre-Kreis, aber auch zum integralistischen Lager zählt das *Opus Dei*. Der katholische Laienorden, von Priestern geführt, stammt aus Spanien. Mit dem Franco-Regime verbunden, in der Führungsmannschaft der Militärdiktaturen in Lateinamerika etabliert, ist das *Opus Dei* international eine der mächtigsten Organisationen der katholischen Rechten. Der elitäre Orden hat auch in der Schweiz ein geheimes Netz geknüpft, unter verschiedensten Namen Institutionen, Finanzorganisationen, Jugendclubs und Studentenheime aufgebaut. Das Labyrinth dieser heiligen Mafia in der Schweiz wird hier erstmals durchleuchtet.

Als Beispiel einer politisch rechtsorientierten katholischen Massenzeitschrift, die vor allem gegen fortschrittliche Theologen die Trommel rührt, wird *Timor Domini*, das Organ der *Schweizerischen Bewegung für Papst und Kirche*, vorgestellt.

Auf protestantischer Seite existieren in der Schweiz kaum wesentliche Bewegungen, die man als Pendant zu den geschilderten Organisationen der katholischen Gegenreformation verstehen könnte. Seinen historischen Hintergrund hat dieser Mangel in der liberalradikalen Revolution von 1848, aus der die Protestanten als Sieger hervorgingen und bis heute im Schweizerischen Bundesstaat wirtschaftlich und politisch dominant geblieben sind. Eine marginale Gruppe kämpft als *Aktion gegen religiöse Machtpolitik* (ARMA) gegen Katholiken und insbesondere Jesuiten, zusammen mit der politischen Partei *Eidgenössisch-Demokratische Union* (EDU) rekrutieren sich ihre Anhänger aus Dissidenten der Überfremdungsparteien.

Zu den eher skurrilen Gruppen gehört auch die Vereinigung *Pro Veritate*. Interkonfessionell, aber eher katholisch orientiert, tritt sie gegen die pornografische Unterwanderung der Schweiz und insbesondere der Medien auf die Barrikaden. Politisch hat sie sich im Kampf gegen die Abtreibung engagiert.

Im Vorfeld des Abstimmungskampfes um die Fristenlösungsinitiative 1977 sind Katholiken und Protestanten zu gemeinsamer Aktion angetreten: Die katholische Vereinigung *Ja zum Leben* und die protestantische Aktion *Helfen statt töten*. Als politische Organisationen sind sie über den aktuellen Anlass hinaus von geringer Bedeutung, aber als Mobilisierungszentren haben sie entscheidend zum Sieg über die Befürworter einer Liberalisierung des Schwangerschaftsabbruches beigetragen. Aus ihren Kreisen stammt auch die Initiative *Recht auf Leben*.

Eine eigene Erscheinung bilden die interkonfessionellen Organisationen, die sich speziell dem Antikommunismus verschrieben haben. Die *Christliche Ostmission* und die *Hilfsaktion Märtyrerkirche* sind als schweizerische

Ableger der in den USA beheimateten Dachorganisationen Ende der sechziger, anfangs siebziger Jahre entstanden. Ihr vordergründiges Engagement gilt der Solidarität mit den aus religiösen Gründen verfolgten Christen in der Sowjetunion und den Ländern des Ostblocks. Ein finanzkräftiger Spendenapparat stützt ihre Mission hinter den Eisernen Vorhang. Die ausserkirchlichen Organisationen bilden als antikommunistische Sammlung die rechte Opposition zur linken Strömung in den Landeskirchen, die Reaktion auf die sozialpolitische Orientierung fortschrittlicher Pfarrer, auf das wachsende Bewusstsein kirchlicher Kreise für das Elend der Dritten Welt.

In der Sowjetunion hat sich die Dissidentenbewegung Mitte der sechziger Jahre zu regen begonnen und ist im Westen bekannt geworden. Von politischer Opposition gegen die Parteidiktatur bis zu religiösen Sektenzirkeln deckt sie ein breites Spektrum. Während die offizielle Kirche vom Staat wenn nicht geliebt, so doch geduldet ist, sind die privaten Religionszirkel in der Logik des Sowjetsystems ein Hort politischer Opposition. Die verfolgten Gläubigen, mit deren Schicksal die Ostmissionen Politik machen, sind weit davon entfernt, politische Opposition gegen Staat und Partei zu organisieren. Als Vertreter ausserkirchlicher Bekenntnisse – Pfingstler, Baptisten und andere – sind es Zirkel, die sich im privaten Kreis zu Kult und Gebet versammeln.

Von den Landeskirchen werden die *Christliche Ostmission* und die *Hilfsaktion Märtyrerkirche* nicht unterstützt. Das Hilfswerk der Evangelischen Kirchen der Schweiz (HEKS) und die Caritas der römisch-katholischen Kirche als offizielle Institutionen teilen das einseitig militante Verständnis christlicher Nächstenliebe der Ostmissionen nicht.

In besonderer Schusslinie der Ostmissionen steht der Ökumenische Rat der Kirchen (Weltkirchenrat), der seit seiner Gründung 1948 seinen Sitz in Genf hat. Rund 300 protestantische, orthodoxe und anglikanische Kirchen sind in dieser Organisation zusammengeschlossen, darunter auch der Schweizerische Evangelische Kirchenbund. Seit in den letzten Jahren die Vertreter der Dritten Welt und die Theologen der Befreiung im Weltkirchenrat an Bedeutung gewonnen haben, wird er von den Ostmissionen laufend attackiert. Das 1969 beschlossene Antirassismus-Programm, mit dem die Befreiungsbewegungen im südlichen Afrika unterstützt werden, gilt den antikommunistischen Privatmissionen als Markstein in der marxistischen Unterwanderung dieser Dachorganisation.

Gesellschaftskritisches Engagement der kirchlichen Linken via Ostpolitik und Antikommunismus zu bekämpfen, den Glaubensverlust im eigenen Lager mit der dramatischen Stilisierung christlicher Märtyrer im Osten zu kompensieren – darin liegt das Erfolgsrezept der Ostmissionen. Ihnen ist der Antikommunismus zum Evangelium selbst geworden.

Una Voce – die nachkonziliäre Opposition der Rechtskatholiken

Die wohl einflussreichste Pressionsgruppe der Rechtskatholiken ist die 1964 in Paris gegründete *Foederatio Internationalis Una Voce.* Ihr Name *Una Voce* stammt aus dem alten lateinischen Messtext und bedeutet «Wie aus einem Munde singen». Das Zweite Vatikanische Konzil stand kurz vor seinem Abschluss, die liturgische Erneuerung und die Einführung der Volkssprache war beschlossene Sache, die Oppositionsfront konservativer Kardinäle gescheitert.

Una Voce ist aber mehr als blosses Sinnbild für die Anhänger des alten lateinischen Ritus und der tridentinischen Messe. In der Bewegung manifestiert sich der Schulterschluss konservativer Katholiken, denen jede Erneuerung der Kirche zutiefst zuwider ist, seien es die zaghaften Versuche der Demokratisierung der innerkirchlichen Hierarchie oder fortschrittliches Sozialengagement.

Die *Foederatio Internationalis Una Voce* hat in siebzehn Ländern Europas, Lateinamerikas und den USA nationale Sektionen. Ihre Mitgliederzahl geht in die Zehntausende, die Zahl der nicht eingeschriebenen Sympathisanten ist Legion.

Präsident der internationalen Vereinigung und Koordinationsverantwortlicher der nationalen Vertretungen ist Dr. Eric M. de Saventhem (*23.12.19), Clarens VD. Der Millionär, im weltlichen Leben Direktor der englischen Lloyds-Finanzgruppe, deutscher Staatsbürger und verheiratet mit der geborenen Gräfin von Plettenberg, ist ein enger Freund Erzbischof Lefebvres. Mit ihm hatte er 1962, als das Zweite Vatikanische Konzil eröffnet wurde, Bekanntschaft gemacht. Seither ist er häufiger Gast in Lefebvres Walliser Traditionalistenfestung Ecône.

Die Allianz der Schweizer Konservativen

Am 9. Dezember 1965 wurde *Una Voce Helvetica* als Schweizer Sektion der internationalen Vereinigung in Fribourg gegründet. Formell ist sie der Dachorganisation nicht angeschlossen, weil ihre Initianten sich nicht in den Verruf einer vom Ausland gesteuerten konservativen Sammlung bringen wollten. Wichtige Gründungsmitglieder der *Una Voce Helvetica* sind allerdings in der jüngsten Schweizergeschichte als prononcierte Rechtspolitiker keine unbeschriebenen Blätter: Prof.Dr. Gonzague comte de Reynold (1880-1970) und Dr.phil. James Schwarzenbach.

Der Westschweizer Schriftsteller Gonzague de Reynold war Gründungspräsident der *Una Voce Helvetica.* Für ihre in Zürich 1966 erschienene programmatische Schrift «Im Bann des Konzils – Reform oder Revolution?» hatte er das Geleitwort verfasst. «Das christliche Volk bedarf christlicher Eliten», heisst es darin, und die «Revolution» der nachkonziliären Kirche trage «die Anzeichen einer kollektiven Hysterie, eines barbarischen Wiedererwachens der Bilderstürmerei, die schon einmal zur Verarmung der europäischen Kultur geführt» habe. Die Anspielung auf Nationalsozialismus und Faschismus hätte den aristokratischen Autor allerdings selbst erröten lassen müssen. In den dreissiger Jahren war Gonzague de Reynold – als Mann im besten Alter – die wichtigste Vaterfigur der Schweizer Frontisten und Sympathisant der *Nationalen Front.* In seinem Buch 'La Démocratie et la Suisse' hatte er 1934 die Eingliederung der Schweiz in die antiliberale Strömung in Europa gefordert. 1940 hat er den Gründungsaufruf des *Gotthardbundes* unterzeichnet. In der Broschüre 'La Suisse de toujours et les événements d'aujourd'hui', die unter Förderung des *Gotthardbundes* erschienen war, plädierte Gonzague de Reynold für den Anschluss der Schweiz an «den grossen Zug der Zeit» und die Aufgabe der Neutralität unseres Landes. Die defaitistische Schrift ist dann später aus den Bücherlisten des *Gotthardbundes* gestrichen worden. Kein Wunder, denn Gonzague de Reynold, ein enger Freund von Ex-Bundesrat Jean Marie Musy, wurde in einer deutschen Lageeinschätzung für den 'Fall Schweiz' 1940 als wichtige Person und Kontaktmann zu faschistischen und kirchlichen Kreisen in Italien gewürdigt.

Alt Nationalrat James Schwarzenbach, der aus einer protestantischen Industriellenfamilie stammt und als Student zum Katholizismus konvertiert ist, markierte auch in der Religion seine fremdenfeindliche Position. Vor dem traditionalistisch gesinnten *Una-Voce*-Publikum referierte er im Februar 1965 in Zürich. Der Vortrag ist unter dem Titel «Ein Laie sieht das Konzil» in der *Una-Voce-Helvetica*-Schrift «Im Bann des Konzils» abgedruckt: «Der Dialog der Kirche mit der Welt hat da und dort schon groteske Formen angenommen. Unter 'Getrennten Brüdern' versteht man nicht nicht nur die Gläubigen anderer christlicher Bekenntnisse, nein, getrennte Brüder sind sie alle: die Mohammedaner, die Juden, die Atheisten und die Freimaurer.» In der Schusslinie des Überfremdungsgegners Schwarzenbach stehen hier die ersten Versuche der katholischen Kirche zur Öffnung Richtung Ökumene. Das Zweite Vatikanische Konzil hatte ein Sekretariat für die Einheit der Christen geschaffen, dessen Leitung dem fortschrittlichen Kardinal Bea unterstand. Für viele Traditionalisten im katholischen Lager ist diese Institution der Durchbruch der Freimaurer, welche die römische Hierarchie unterwandern und mithilfe der Jesuiten eine Fünfte Kolonne im Vatikan installieren.

Zum Gründerkomitee der *Una Voce Helvetica* unter Präsident Gonzague de Reynold gehörten weiter: Der Zürcher Buchhändler Hansjakob von Matt, der Konservatoriumsdirektor Georges Haenni, Sion; die Fribourger Lehrer Agnès Oberson, Auguste Overney und Julia Pilloud, der Fribourger Kunstgeschichtler Prof. Alfred Schmid, der Staatsschatzverwalter Dr. Auguste Girod, Düdingen FR; der Oberstdivisionär Marcel Monfort † und der Immobilienhändler Robert Vernet †. Unter den Gründungsmitgliedern war auch André Luisier aus Sion, der Chefredaktor und Herausgeber des *Nouvelliste.*

Säuberungsaktionen gegen fortschrittliche Theologen

Ihre ersten Einsätze leistete die *Una Voce Helvetica* als Oppositionsfront gegen fortschrittliche Theologen. «Die Revolte gegen Rom ist in vollem Gang», verkündete am 26. Oktober 1968 ein grossformatiges Inserat in verschiedenen katholischen Blättern. Gemeint war allerdings nicht die Revolte gegen das Reformkonzil, die *Una Voce* selbst aufzubauen im Begriffe war. Gemeint war der fortschrittliche Schweizer Theologe Hans Küng, und in der Sammlung der Progressistengegner wollte sich die Bewegung als Organisation konsolidieren. «Die unteilbare Wahrheit wird in opportunistischer Anmassung an den gerade herrschenden Geist der Welt verfälscht, das Messopfer umgedeutet, die Sakramente herabgewürdigt, die Marienverehrung unterdrückt, das Priestertum profaniert und das kirchliche Lehr- und Hirtenamt durch offene Auflehnung verhöhnt.» Im Inserat wurde auf den 3. November 1968 zu einer öffentlichen Kundgebung im Kunsthaus Luzern aufgerufen. Hier referierten dann die beiden deutschen Bischöfe Rudolf Graber und Marcel de Corthe über die «nachkonziliare Situation der Kirche». Theologiestudenten, die an der Veranstaltung Flugblätter verteilten, wurden von *Una-Voce*-Leuten angerempelt, die Flugblätter ihnen aus der Hand gerissen.

Den zweiten Einsatz leisteten die Kreise um *Una Voce* 1972. Ihre Säuberungsaktion der Universität Fribourg vom kritischen Theologen Stephan H. Pfürtner wurde damals unterstützt vom Fribourger Ancien Régime.

Als im Juli 1975 die Schweizerische Bischofskonferenz das neue Messbuch vorstellte und auf März 1976 für verbindlich erklärte, formierte sich die Opposition auch gegen die kirchliche Autorität. Die alte tridentinische Messe war jetzt endgültig auch in der Schweiz begraben, die Liturgiereform des Zweiten Vatikanischen Konzils auch in unserem Lande eingeführt.

Erzbischof Lefebvre installiert sich mit Una-Voce-Hilfe

Eine entscheidende Rolle hat *Una Voce Helvetica* in der Unterstützung von Erzbischof Marcel Lefebvre gespielt. Sie hat ihm den Aufbau seines Leitungszentrums im Walliser Flecken Ecône erst ermöglicht. Mit Lefebvre

Erzbischof Marcel Lefebvre – die Biographie eines katholischen Kolonialisten

Marcel Lefebvre

Marcel Lefebvre wurde am 29. November 1905 im französischen Tourcoing als Sohn einer wohlhabenden bürgerlichen Familie geboren. Im Jahre 1929 erhielt er die Priesterweihe und missionierte dann von 1932-62 im französischen Kolonialafrika, wo er es bis zum Erzbischof von Dakar brachte. Als er nach der Unabhängigkeit Senegals den Widerstand der weissen Siedlerschicht gegen die neue Schwarzenregierung zu organisieren begann, ist er von der Regierung Senghor abgeschoben worden.

Die dreissig Jahre in den Kolonien haben sein Bewusstsein entscheidend geprägt. Hier war kirchliche und weltliche Macht noch in Harmonie, die jetzt verlorene Einheit, nach der sich alle Integralisten zurücksehnen, vorhanden. Zurück in Europa, wurde er 1962 Bischof von Tulle in Frankreich und Generaloberer der konservativen Missionsgesellschaft der *Väter vom Hl. Geist.*

Als Mitglied der Zentralkommission für die Vorbereitung des Zweiten Vatikanischen Konzils, in die er 1960 berufen wurde, hat er dann seine grosse Enttäuschung erlebt. Die doktrinären Entwürfe der Vorbereitungskommission wurden gleich zu Konzilsbeginn von der grossen Mehrheit verworfen. Lefebvre wird mit Kardinal Alfredo Ottaviani zum Führer der konservativen Oppositionsfronde der Konzilsväter im *Coetus internationalis Patrum.* Sie machen Front gegen die Konzilsentscheide für den Ökumenismus und die religiöse Freiheit, die Kollegialität der Bischöfe und die Offenheit der Kirche gegenüber der Welt. Diese Dreieinigkeit ist für Lefebvre und alle Integristen die Teufelsfrucht der Französischen Revolution – der Freiheit, Gleichheit und Brüderlichkeit.

Lefebvre, gescheitert und verbittert, nimmt an den Sitzungen der Bischöfe des französischen Episkopates nicht mehr teil und reicht 1968 seine Demission ein, verlässt 1969 Frankreich und kommt in die Schweiz. In seiner Festung Ecône im Walliser Rhonetal verfasst er im November 1974 sein Manifest der *Priesterfraternität vom hl. Pius X.*: «Wir lehnen es ab und haben es immer abgelehnt, der neo-modernistischen und neo-protestantischen Richtung zu folgen, die sich in Rom ganz klar im II. Vatikanischen Konzil gezeigt hat.» Im 'heissen Sommer' 1976, nach seiner Suspendierung im Juli durch den Vatikan, predigt er

Seminaristen in Lefebvres *Priesterfraternität des hl. Pius X.* im Walliser Traditionalisten-Zentrum Ecône suchen Erholung. Im Hintergrund rechts das frühere Haus der Chorherren des Grossen St. Bernhard, links die neuen Seminargebäude.

im August vor 6000 Anhängern im Sportpalast von Lille: «Diese Reformen sind ein Sieg der liberalen Katholiken, die die Ehe zwischen Kirche und Revolution, zwischen Kirche und Subversion wollen. Aus dieser ehebrecherischen Verbindung können nur Bastarde hervorgehen. Der heutige Ritus ist ein Bastardritus, die Sakramente sind Bastardsakramente, die Priester, die die Seminare verlassen, sind Bastardpriester.»

Lefebvres eigene Seminare der *Priesterfraternität vom hl. Pius X.* sind in fünf Ländern etabliert: Ecône in der Schweiz, Zaitzkofen in Deutschland, Albano Laziale in Italien, Armada in den USA und ein Haus in Argentinien. Dazu kommen Seelsorgestationen (Priorate) in zehn Ländern. Finanziert werden die Niederlassungen von einem grossen Spendernetz seiner Anhänger. Eine Ecône-Aussenstation existiert seit Mai 1977 im Genfer Vorort Onex. Die *Prieuré Saint François de Sales, évêque de Genève* wird vom Konvertiten Abbé Denis Roch geleitet.

als Gallionsfigur hat der nachkonziliäre Oppositionskampf der katholischen Rechten Mitte der siebziger Jahre seinen vorläufigen Höhepunkt erreicht.

Lefebvre verliess 1969 Frankreich, nachdem er sich in ständigen Streitereien mit den Bischöfen des französischen Episkopates verkracht hatte. In der Schweiz hoffte er ein Refugium zu finden, um ungestört von den modernistischen Tendenzen im Sinne des traditionalistischen Katholizismus wirken zu können. Mit dem damaligen Fribourger Diözesanbischof François Charrière verband ihn eine Freundschaft aus den fünfziger Jahren, als ehemaliger Erzbischof von Dakar hatte Lefebvre ihn kennengelernt. Bischof Charrière (Gründungsmitglied von *Rencontres Suisses*) erteilte Lefebvre am 1. November 1970 die kirchenrechtliche Bewilligung zur Gründung einer «frommen Vereinigung» unter dem Namen *Priesterfraternität vom hl. Pius X.* Der Namensbezug auf Papst Pius X. war Programm, hatte dieser doch den sogenannten Modernismus in einem Dekret und einer Enzyklika 1907 als Irrlehre ausdrücklich verurteilt, die Demokratie verworfen und sich am monarchistischen Staatsmodell orientiert.

Lefebvres *Priesterfraternität vom hl. Pius X.* installierte sich in Ecône in der Walliser Gemeinde Riddes. Die Gebäulichkeiten hatten den Mönchen des Grossen St.Bernhard gehört. Im Mai 68 kauften Walliser Gönner den Komplex für 410'000 Franken, darunter die beiden CVP-Politiker Staatsrat Guy Genoud aus Orsières und Staatsanwalt Roger Lovey sowie die Brüder Alphonse und Marcel Pédroni, Besitzer eines Steinbruchs und Steinmetzbetriebes in Saxon. Zusammen mit alt Bundesrat Bonvin, einem Freund von Lefebvre, überliessen sie dem Erzbischof die Liegenschaft. Für den Demokratieverächter Lefebvre ist das Wallis ein nahezu idealer Boden. Hier regiert eine CVP-Mannschaft, deren profilierteste Vertreter die autokratisch-vorrevolutionäre Struktur des Alpenkantons allen progressiv-demokratischen Einbruchversuchen gegenüber zu bewahren trachten.

Die Walliser Lefebvre-Gönner und *Una-Voce*-Anhänger gehören zum erlauchten Kreis der *Chabeuillards*. Jedes Jahr pilgern die Honoratioren der Walliser Wirtschaft und Politik nach Chabeuil in Südfrankreich. Hier unterwerfen sie sich strengen Exerzitien und stählen sich derart für den «geistigen Kreuzzug» (NZZ, 22.5.75) gegen Materialismus und Kommunismus.

Doch vorerst war Ecône noch ein Hort abgeschiedener Stille, wo die Kreise um *Una Voce* strengkatholische Erholung suchen konnten und auch fanden. Erst als anfangs 1974 zwei welsche Journalisten enthüllten, dass im Priesterseminar Ecône die Messe nach vorkonziliären Riten gehalten und auch die Priesterausbildung gegen die Konzilsentscheide gelehrt wird, wurde der Vatikan hellhörig. Im Juni 1974 bereitete eine von Papst Paul VI. ernannte Kardinalskommission eine Untersuchung vor. Sie hatte am 6. Mai 1975 den Entzug der kirchenrechtlichen Bewilligung für die *Priesterfraternität vom hl. Pius X.* durch Charrières Nachfolger Bischof Pierre

Mamie zur Folge. Nachdem Lefebvre am 21. November 1974 in einem «Glaubensbekenntnis» die kirchlichen Reformen als «Häresien» tituliert und dem Papst die Gefolgschaft gekündigt hatte, war der Bruch mit Rom vollzogen. Aber Lefebvre stand nicht allein. Zwölf Walliser Persönlichkeiten aus dem Kreis der *Chabeuillards* und der *Una Voce Helvetica* richteten ein Schreiben an Papst Paul VI., worin dieser zur Versöhnung gemahnt wurde. Mitunterzeichner des Briefes waren Bonvin, Genoud und Lovey. Der Deutschschweizer *Una-Voce*-Präsident Theodor Brunner publizierte in der 'Weltwoche' vom 23. Juli 1975 eine Stellungnahme unter dem Titel «Ecône – eine Hoffnung». Zwischen den Zeilen rief er darin zur Verweigerung der Kirchensteuer auf, um dem bischöflichen Verbot entgegenzutreten. Mit dem Sukkurs seiner Walliser Gönner und Unterstützung aus dem Ausland trat Lefebvre jetzt zur offenen Schlacht an. Nachdem er kurz zuvor trotz Verbot des Vatikans erneut Priester geweiht hatte, verhängte am 12. Juli 1976 Rom über Lefebvre die 'suspensio a divinis', das heisst das Verbot jeglicher priesterlicher Tätigkeit. Namens der *Foederatio Internationalis Una Voce* sandte deren Präsident Saventhem am 3. August 1976 ein Telegramm an Papst Paul VI., worin erfolglos für die Bildung eines Schlichtungsausschusses plädiert wurde.

Sperrfeuer in der Schlacht um Ecône schoss auch der reaktionäre *Nouvelliste* in Sitten. Die Tageszeitung schaltete erst auf vorsichtigen Kurs um, als Lefebvre offiziell aller kirchlichen Funktionen enthoben wurde.

In diesen heissen Jahren 1975/76 hat Lefebvre und mit ihm die rechtskatholische Sammlungsbewegung ihre Position erst recht ausbauen können. Ein Trägerverein der *Una Voce Helvetica* errichtete 1975 im ehemaligen Kurhaus Weissbad im appenzellischen Innerrhoden einen weiteren Ecône-Ableger. Die Liegenschaft wurde der *Una Voce Helvetica* von ihrem Besitzer Fridolin Eisenlohr-Hoegger, einem Fabrikanten in Gossau, zur Verfügung gestellt. Der Ableger der *Priesterfraternität vom hl. Pius X.* wurde ohne Bewilligung des dafür zuständigen Bischofs errichtet und deshalb als *Philosophisches Institut St.Karl Borromäus* deklariert. Auch hier war der Name Programm: Der Kirchenfürst Kardinal Borromäus hatte im 16. Jahrhundert für strenge Zucht in den Mönchsorden durchgegriffen und war gegen protestantische Bestrebungen auch durch helvetische Bistümer gezogen. Im Sommer 78 hätte das Kurhaus Weissbad von *Una Voce Helvetica* gekauft werden sollen, Differenzen über den Preis liessen jedoch die Verhandlungen scheitern. Der Trägerverein erwarb im Frühjahr 1979 in Oberriet im St.Galler Rheintal die ehemalige Bindfadenfabrik Bopp.

Die Organisation der Una Voce Helvetica

Nach ihrer Gründung 1965 hat sich die *Una Voce Helvetica* gesamtschweizerisch ausgeweitet. Sie zählt fünf Sektionen in der Westschweiz (Fribourg, Genf, Neuenburg, Waadt, Wallis), eine in Zürich beheimatete

Sektion für die deutsche Schweiz, in St.Gallen für die Ostschweiz und in Gentilino für den Tessin.

Der Staatsanwalt und frühere Walliser CVP-Generalsekretär Roger Lovey(*27.2.29), Fully, präsidiert sowohl alle Westschweizer Sektionen wie auch die Walliser Sektion. Die Präsidenten der westschweizer Kantonalsektionen sind: für Genf Dr. Alfred Copponex, Genf; für Fribourg Mathieu de Werra, Marly; für Neuenburg Charles Monnier, Cressier, und für Waadt Claude Nicod, Lausanne.

Präsident der Deutschschweizer *Una Voce* ist der Zürcher Kunsthistoriker Dr. Theodor Brunner (*20.8.26), Auslikon. Er führt das *Una-Voce*-Sekretariat an der Schwamendingerstrasse 84 in Zürich-Örlikon. Gleich in der Nähe liegt die Kirche Herz Jesu, wo von befreundeten Priestern die alte Messe zelebriert wird. Im Zürcher Sekretariat wird Religionsunterricht für Kinder und Konvertiten erteilt. An der Hottingerstrasse 5 führt *Una Voce* die «treukatholische Buchhandlung» Borromäus.

Präsident der Tessiner Sektion, die den italienischen *Una-Voce*-Vertretungen angeschlossen ist, ist der Naturwissenschafter Dr. Francesco Secondo Casasopra (*1.9.12), Gentilino TI.

Die *Una Voce Helvetica Ostschweiz* wird vom pensionierten kaufmännischen Angestellten Karl Hüsler (*28.2.12), St.Gallen, präsidiert.

Die Ostschweizer Sektion von Karl Hüsler hat sich von den übrigen abgespalten. Persönliche Motive und taktische Differenzen gaben den Ausschlag. Karl Hüsler hat sich mit den Intellektuellen Saventhem und Brunner verkracht. Brunner sei «ein brutaler Mensch und Diktator», und Saventhem habe «überall seine Hände im Spiel». Seine Sektion, so Hüsler, anerkenne das Zweite Vatikanische Konzil überhaupt nicht und auch nicht die Reformpäpste. Die *Una Voce Helvetica Ostschweiz* steht denn auch in engerem Kontakt zu den militanten Gruppen *Sammlung glaubenstreuer Ka-*

Una Voce Korrespondenz

Verbindungsorgan der deutschsprachigen *Una-Voce*-Sektionen ist die *Una Voce Korrespondenz*. Das zweimonatlich erscheinende, intellektuell geprägte Heft erscheint seit 1970 und wird von der *Una Voce Deutschland e.V.* und der *Una Voce Helvetica* an rund 3000 Abonnenten verschickt. Die «Schriftleitung für die Schweiz» besorgt Theodor Brunner, für Deutschland zeichnen Albert Tinz, Rheinhausen, und Joachim Zimmermann, Düsseldorf, verantwortlich. Eine Versandzusammenarbeit besteht mit der deutschen traditionalistischen Zeitung *Der Fels*, die von Pater Gerhard Hermes redigiert wird und das Organ der deutschen *Bewegung für Papst und Kirche* ist. Albert Tinz und Theodor Brunner sind Vorstandsmitglieder dieser Bewegung. Sie hat ihr schweizerisches Pendant in *Timor Domini*.

tholiken und der *Vereinigung Katholischer Laien.* Karl Hüsler gibt einen eigenen, monatlich erscheinenden Rundbrief *Una Voce Helvetica Ostschweiz* heraus, organisiert Wallfahrten nach Lourdes und Prozessionen auf den thurgauischen St.Pelagiberg. An der Berneggstrasse 2 in St.Gallen wird im römisch-katholischen Messzentrum die Liturgie nach alter Manier gefeiert.

Der Aufbau der kircheninternen Opposition

«Der Tätigkeitsbereich der *Una Voce Helvetica* hat sich seit der Gründung 1965 auf verschiedenen Ebenen stark erweitert, erfüllt sich aber aus taktischen Gründen weniger in der öffentlichen Auseinandersetzung als im direkten Kontakt mit kirchlichen Amtsstellen und in einer intensiven Basisarbeit», schrieb uns Präsident Brunner im Mai 1979 auf Anfrage. In der Tat ist *Una Voce* sowohl schweizerischerseits wie international sicher die

Traditionalistische Ultras

«Eine Hierarchie, die einem solchen Häretiker (Papst Paul VI., Verf.) Folge leistet, wird ebenfalls von der automatischen Exkommunikation erfasst. Damit wird das Gebilde, das sich heute noch, aber eben zur Täuschung, katholische Kirche nennt, zu einer Gemeinschaft Abgefallener, das heisst zu einer Sekte (einer weiteren protestantischen Sekte).» Solche Töne schlägt die *Informationsstelle Integraler rechtgläubiger Katholiken* an. Wer ihr beitreten will, muss eine Kirchenaustrittserklärung unterschreiben. Ins Leben gerufen hat die Gruppe der Basler Beamte Bernhard Lüthi, vormaliger Präsident der *Una Voce Helvetica* Sektion Basel. Er hat die Sektion Mitte der siebziger Jahre aufgelöst, weil er die Sympathien von *Una Voce Helvetica* für Lefebvre nicht teilte und den traditionalistischen Erzbischof für einen besonders gefährlichen Verräter an der treukatholischen Lehre hält. So schreibt die *Informationsstelle Integraler rechtgläubiger Katholiken* in ihrer Informationsschrift vom Januar 1976, *Una Voce* wie die *Bewegung für Papst und Kirche* seien «lediglich Auffangstationen für unzufriedene Katholiken», und Lefebvre gehöre «ebenso der Montinisekte (Montini, Papst Paul VI., Verf.) an wie irgendein anderer Bischof der Reformsekte». Die *Una Voce Helvetica* habe Verrat begangen. Die *Informationsstelle Integraler rechtgläubiger Katholiken* führt zwei Postfächer: 52, 4012 Basel und 265, 8201 Schaffhausen. Die Ostschweizer Stelle, so Lüthi, werde von einem Priester geführt, der aber nicht mehr im Amt sei, weil er aus Überzeugung seine Stelle gekündigt habe. Den Namen wollte Lüthi nicht verraten, schrieb uns aber: «Wir stehen auch in Verbindung mit einer entsprechenden Gruppe (einer grösseren) in Amerika.»

bedeutenste pressure group der Rechtskatholiken. Ihre Führer sind akademisch gebildet, gesellschaftlich etabliert und in der Politik geschult. Im Gegensatz zu den militanten Basisvereinigungen, die in den nächsten Abschnitten vorgestellt werden, verfügen sie über ein soziales Beziehungsnetz, das zum Aufbau der innerkirchlichen katholischen Rechten fruchtbar gemacht werden kann. Gäbe es diese gesellschaftlich verankerte Bewegung nicht – verwandte Organisationen existieren auch im Ausland – hätte Lefebvres Oppositionskurs in aller Stille mit seiner Exkommunikation geendet.

Sammlung glaubenstreuer Katholiken – die Militanten aus dem Postfach

«An alle gläubigen Katholiken.» Am 21. November 1975 erschien als Inserat in zwölf deutschschweizer Zeitungen mit einer Gesamtauflage von über 700'000 der Notruf der *Sammlung glaubenstreuer Katholiken* (CH-SAKA). Der Entlastungsangriff zugunsten Lefebvres galt den Schweizer Bischöfen. Die Synode 72 stand vor ihrem Abschluss: Das 'Zweite Vatikanische Konzil' der Schweizer Katholiken verabschiedete die Texte, womit die Resultate des 1965 in Rom zuende gegangenen Reformkonzils auf das kirchliche Leben in der Schweiz übertragen wurden. Monate bewegter Auseinandersetzungen um Lefebvres Priesterseminar in Ecône waren dem Appell der CH-SAKA vorangegangen. Papst Paul VI. hatte im September in einem eigenhändigen Brief Lefebvre zur Unterwerfung aufgefordert, und Ende Oktober hatte Kardinal Villot in einem Schreiben an die Vorsitzenden der Bischofskonferenzen die Illegalität von Lefebvres *Priesterfraternität des hl. Pius X.* nachhaltig bestätigt.

Der anonyme Aufruf der «verantwortungsbewussten Katholiken» – das Inserat war lediglich mit einer Basler Postfach-Adresse unterzeichnet – zielte auf Spaltung: Die SAKA wolle «umfassende Tätigkeit in lokalen und regionalen Sektionen» leisten, welche «gegebenenfalls die Funktionen von Kirchgemeinden übernehmen und erfüllen» könnten. Den zum Beitritt aufgeforderten Laien und besonders willkommenen Priestern wurde im Inserat «Diskretion zugesichert». Die Schweizerische Bischofskonferenz reagierte in einem Communiqué vom 23. November 1975 prompt und scharf auf den «Spaltungsversuch» der Basler Postfach-Militanten.

Tage später warf die CH-SAKA erneut den Fehdehandschuh, diesmal gegen den Basler Bischof Anton Hänggi: «Die gröbsten Missbräuche wuchern in der Diözese Basel. Die bischöflichen Kollegen haben die christliche Pflicht, ihren Bruder im Amt an bestimmte Weisungen des Oberhauptes der Kirche zu erinnern» (St.Galler Tagblatt, 28.11.75). Die anonyme Rüge der mit Pressecommuniqués operierenden Vereinigung hatte null Erfolg: Gleichentags erklärte sich die Diözesansynode Basel «voll und ganz solidarisch mit der Bischofskonferenz und insbesondere mit ihrem Bischof Anton Hänggi» (Basler Nachrichten, 29.11.75).

Die SAKA ist im deutschen Sprachraum tätig: Als CH-SAKA in der Schweiz und als D-SAKA im bundesdeutschen Baden-Würtemberg. Zentrale Adresse ist Postfach 51, 4011 Basel.

An alle gläubigen Katholiken

Liebe Mitkatholiken, von uns allen wird immer mehr abgefordert an Entscheidung und Engagement. Die frühere Gewissheit, dass jede Anordnung des kirchlichen Amtes dem Glauben und dem Geist der römisch-katholischen Kirche von vornherein entspreche und somit spontan angenommen werden darf und soll, ist nicht mehr vorhanden.

Erinnern wir uns an die Verbrüderung der «Kirche» mit der Welt, an die «synodalen Vorgänge» und Räteherrschaften im Zuge der (Volks-)Demokratisierung der Kirche, an die Infrage-Stellung sämtlicher katholischer Wahrheiten, selbst der Gottheit Jesu, durch die (Pseudo-)Theologen, an das unerklärliche oder vielsagende Schweigen der Bischöfe, an die sogenannten Liturgie-Reformen, womit uns praktisch die Sakramente immer mehr entzogen werden, an die Ostpolitik des Vatikans und die Absetzung von Kardinal Mindszenty, an die Verurteilung von Erzbischof Lefèbvre usw. usw.

All das legt uns nahe: **Wir müssen uns entscheiden,** auch wenn die Hilfe des kirchlichen Amtes ausbleibt. Und die Entscheidung kann nur darin liegen, dass wir **den** Glauben bewahren und uns für **den** Glauben einsetzen, auf welchen wir getauft wurden und den wir am Tage unserer Firmung bekannt haben. Möge uns Gott davor behüten, dass wir unseren heiligen katholischen Glauben verleugnen und uns eine **neue Religion ohne Priestertum und ohne Sakramente** aufschwatzen oder sogar aufzwingen lassen! Ein ehrliches Ja zu echten Reformen, ein Ja auch zu jeder qualifizierten kirchlichen Autorität, ein entschiedenes Nein jedoch zu aller offenen oder getarnten Zerstörung der katholischen Wahrheiten!

In dieser Entscheidung müssen wir uns auch sammeln, um unsere Aufgaben besser erfüllen zu können, nicht nur für uns, sondern auch für die Menschen um uns und für unsere Nachkommen. Verantwortungsbewusste Katholiken rufen Sie deshalb auf, der **«Sammlung glaubenstreuer Katholiken in der Schweiz»** (CH-SAKA, Sitz in Basel) beizutreten, welche sich folgende Ziele setzt:

- Bewahrung des ganzen und unverfälschten römisch-katholischen Glaubensgutes, insbesondere des Priestertums sowie der hl. Messe, welche Papst Pius V. nach ältester liturgischer Ueberlieferung ausgerichtet hat.
- Umfassende Tätigkeit in lokalen und regionalen Sektionen. Diese Sektionen können gegebenenfalls die Funktionen von Kirchgemeinden übernehmen und erfüllen.

Katholiken! Was uns die Kirche seit bald 2000 Jahren verkündet hat, ist nicht falsch, wohl aber das, was uns viele falsche Propheten in den letzten 10 Jahren angepriesen haben! **«An ihren Früchten könnt ihr sie erkennen!»** (Mt. 7, 16).

Die CH-SAKA ist keine anonyme Gruppe. Dahinter stehen Katholiken, welche sich an vielen Orten offen engagieren und dabei gediegene Aufbauarbeit leisten. Die Sammlung will bestehende religiöse Gruppierungen nicht konkurrenzieren, sondern **eine Lücke ausfüllen,** indem sie, wie der Name sagt, die breite Schicht aller glaubenstreuen Katholiken **zusammenfasst.** Mit dieser Zusammenfassung möchte sie Voraussetzungen dafür schaffen, damit eine katholische Seelsorge im wahren Sinne des Wortes wieder gewährleistet wird. Die CH-SAKA verfolgt ganz konkrete Ziele und verfügt zu deren Verwirklichung über ein Programm, welches in einigen Regionen bereits in wesentlichen Punkten realisiert ist.

Melden Sie Ihren Beitritt mit genauer Adressangabe (Name, Strasse, PLZ, Ort) an:

CH-SAKA, Postfach, 4001 Basel. (Kein Geld senden!)

Ihre Anmeldung wird von dort der für Ihren Wohnort zuständigen Sektion oder einer mit der CH-SAKA zusammenarbeitenden regionalen Organisation übermittelt, welche für Sie das Weitere tun wird und zu diesem Zweck für finanzielle Unterstützung dankbar ist. Alle glaubenstreuen Katholiken sind herzlich zum Beitritt eingeladen, besonders auch Priester. Diskretion ist zugesichert.

Dieser Aufruf erscheint gleichzeitig in 12 Schweizer Zeitungen.

Mit diesem Aufruf «An alle gläubigen Katholiken» versuchte die *Sammlung glaubenstreuer Katholiken* im November 1975 die Lefebvre-Bewegung in einer Gegenkirche zu vereinigen. Zeitungsinserate wurden von den Gegnern der Konzilsreformen häufig als Druckmittel eingesetzt. Zweck: die katholische Kirche vor einer Spaltung zu warnen. Wenn auch solche Einschüchterungsversuche meist erfolglos blieben, wurden sie doch von der römischen Hierarchie beachtet, die ihrerseits ein Interesse daran hat, die abtrünnigen Traditionalisten zur Versöhnung zu bewegen.

Das Sekretariat betreut der kaufmännische Angestellte Alfons Eisele (*1918), Basel, in vollamtlicher Funktion. Er war Initiant des Aufrufs, in welchem versichert wurde, die CH-SAKA sei «keine anonyme Gruppe». Auf unsere Anfrage hat sich Eisele geweigert, Vorstand und Mitgliederzahl seiner Vereinigung bekanntzugeben.

Als Präsident der CH-SAKA amtiert der pensionierte Apotheker Dr. Pierre Cuttat (*1907), Basel. Das Vizepräsidium betreut der Berner diplomierte Bücherexperte Willi A. Aellig, Bern. Weiter amtieren im Vorstand oder sind als Mitglieder tätig: Albert Brühwiler, der eine Privat-Ombudsmann-Praxis in Wil SG führt, der Lehrer Cristof Cavelti, Eschenz TG, Robert Koch, die Sekretärin Anne Marie Mäder, Sirnach TG, Dr. Max Schuler, Arlesheim, und Heinrich Schwyter, Embrach ZH.

Für die Vertretung der *Sammlung glaubenstreuer Katholiken* in Deutschland, die D-SAKA, zeichnen Prof.Dr. Manfred Erren, Anton Holzer und Dr. Josef Wilhelm verantwortlich.

Anton Holzer ist Verfasser des 352 Seiten starken dogmatischen Pamphlets 'Vatikanum II - Reformkonzil oder Konstituante einer neuen Kirche'. Das Buch, in dem viel von Freimaurerei und Häresien die Rede ist, wurde 1977 von der CH-SAKA in Basel herausgegeben und als «Meisterstück ... von Katholizität und Stringenz» im «Stil ... eines Staatsanwalts» propagiert.

An Mitglieder und Sympathisanten verschickt die SAKA elfmal jährlich die vier bis acht A4-Seiten starken *SAKA-Informationsblätter*, ein Sammelsurium frommer Sprüche und militanter Attacken gegen die kirchlichen Neuerer.

Das Sammelbecken der Freizeittheologen

Die SAKA versteht sich als Massenorganisation, aber über gesellschaftlich und politisch bedeutsame Beziehungen wie etwa die *Una Voce Helvetica* verfügt der Laienverein nicht. Im Rundbrief vom September 1977 wurden «alle diejenigen Mitglieder und Sympathisanten, die zur CVP ... engere Beziehungen haben», aufgefordert, sich bei SAKA zu melden — offenbar ohne Erfolg. Als Freizeittheologen finden sich die SAKA-Repräsentanten nur im starren und unveränderlichen vorkonziliären Dogma zurecht, einer handgestrickten Konstruktion der «reinen katholischen Lehre». SAKA-Sprecher Eisele plädierte in einem Interview mit den LNN vom 13. Dezember 1975 für den «immer engeren Schulterschluss im Ringen um die katholische Sache» und nannte als befreundete Organisationen Bonaventur Meyers *Pro Veritate* und dessen katholischen Radiosender *Vox Fidei*: Die Wahlverwandtschaft der Aussenseitergruppen charakterisiert ihre Isoliertheit.

Doch nach Ecône pilgern auch die SAKA-Freunde, und Erzbischof Lefebvre darf sich im Spektrum seiner Sympathisanten auch ihrer Unterstützung versichern.

In der taktischen Anerkennung des Pontifikates von Johannes Paul II. trennen sich die Lager der Falken und Tauben im rechtskatholischen Traditionalismus: Der SAKA gilt die *Una Voce Helvetica* als intellektueller Kompromissclub, und auch *Timor Domini* muss sich der Unentschlossenheit bezüglich mangelhafter Ablehnung des Zweiten Vatikanischen Konzils rügen lassen. Der Hintergrund dieser Differenzen ist gesellschaftlicher Natur: Je isolierter die Traditionalisten sind, über je weniger Kontakt sie zur innerkirchlichen Hierarchie verfügen, desto radikaler formulieren sie ihre politische Haltung, desto unbelasteter schlagen sie taktische Rücksichtnahmen in den Wind. Aber auch umso erfolgloser ist ihr Oppositionskurs. Während *Una Voce Helvetica* sich von Papst Johannes Paul II. eine Lockerung der verhärteten Fronten und die Versöhnung mit Lefebvre erhofft und auf die stille Duldung vorkonziliärer Liturgieformen durch den Vatikan baut, ist der SAKA (wie auch der Ostschweizer Sektion der *Una Voce*) alles nachkonziliäre suspekt - die Reform des Konzils wie ihre kirchlichen Repräsentanten und Amtsträger.

«Unser fairer Kampf gilt dem Ungeist der Zeit, der, wie Papst Paul VI. mehrfach sich äusserte, durch einen Türspalt in die Kirche eingedrungen ist», liess die SAKA in einer Presseerklärung verlauten (NZZ, 10./11.7.76). Und im Rundbrief vom Januar 1977 wurde als positives Ziel der «Wiederaufbau der katholischen Infra-Struktur und Stärkung des Widerstandswillens» propagiert. Abgesehen davon, dass die öffentliche Berufung auf den Konzilspapst Paul VI. schlicht verlogen ist, beschränkt sich der Widerstandswillen wohl auch nur auf den eigenen Kreis.

Die Starken im Glauben

Sind schon die internen Rundbriefe der SAKA geprägt von sturer Militanz, gilt dies erst recht für die Zeitschrift *Fortes in Fide.* Für die deutsche Ausgabe zeichnet CH-SAKA-Präsident Pierre Cuttat verantwortlich. Diese vierteljährlich erscheinende «Zeitschrift für katholische Katechese» wird von ihm aus dem Französischen übersetzt, seit 1969 erscheint sie als *Forts dans la Foi* in Frankreich. Ihr Herausgeber ist ein Père Noel Barbara. Im Editorial der Jubiläumsnummer 1979 heisst es: «Sie wurde ins Leben gerufen, um den Katholiken zu Hilfe zu kommen, die desorientiert wurden durch die Umwälzungen, die unsere Hl. Kirche kennzeichnen, seitdem alles in Frage gestellt wurde: Glaube, Moral, Kult, Disziplin etc.».

Die Pro-Lefebvre-Schrift steuert den prononciert antikommunistischen Kurs, der die Traditionalisten in Frankreich und Italien besonders auszeichnet. Papst Paul VI. als Kommunisten- und Freimaurer-Freund, dessen Tod denn auch typischerweise die KPI als «Partei der Gottlosen» am meisten beklagt habe. Die Französische «satanische Revolution» sei mit der «Geheimgesellschaft der Modernisten» in die Kirche eingedrungen. In einer wenig frommen Sonntagspredigt, abgedruckt in Nr. 7/1979: So seien die «Ungerechtigkeiten, welche Paul VI. begangen hat oder hat begehen lassen, so zahlreich, dass Gott allein, der alles weiss, sie aufzählen kann». «Brennende Fragen» stellt sich die rechtskatholische Postille zu Johannes Paul II., der mit seiner Namensgebung bewiesen habe, dass er «mit der Zerstörung der Kirche von innen her fortfahren will». Für *Fortes in Fide* sind sämtliche übrigen traditionalistischen Bewegungen wie *Una Voce* die Entente der liberalistischen Infiltration in den eigenen Kreis (Nr. 8/1979).

Abonnenten des Blattes können für zwei Franken das Anhänger-Abzeichen «Sacrificium Missae» beziehen – im Knopfloch am Revers weisen sie sich damit auf Pilgerfahrten als Traditionalisten aus.

Der SAKA freundschaftlich verbunden ist auch *Mysterium fidei.* Das monatlich erscheinende Blatt für Lefebvre wird in Egerkingen SO von Pater Josef Boxler redigiert.

Die Vereinigung katholischer Laien – die deutsche Inquisition in Fribourg

Fribourg, 18. März 1978. Es ist Samstag. Zwei violett gekleidete Priester, Weihrauch schwenkend, führen einen Zug von rund neunzig Demonstranten vor den Toren der Stadt zu einer Bittkapelle. Die alten und gebrechlichen Leute protestieren gegen Abtreibung, freie Liebe und perversen Geschlechtsverkehr unter Frauen.

Zum «religösen Sühneakt» hatte die *Vereinigung Katholischer Laien* (VKL) mit Inseraten in den 'Freiburger Nachrichten' und der 'Liberté' aufgerufen. Anlass des Protestes war der internationale Frauentag. Eine Woche zuvor hatten in Fribourg über 2000 Frauen aus der ganzen Schweiz ihre nationale Kundgebung durchgeführt.

Seit ihrer Gründung 1973 hat sich die *Vereinigung Katholischer Laien* in der Reaktion geübt und sich für den «Kampf gegen Irrlehren» in Lefebvres Priesterseminar in Ecône gestärkt.

Präsident der VKL ist der ehemalige Fribourger Lehrer und Laientheologe Norbert Schüler (*12.8.36). Zusammen mit seinen deutschen Landsmännern, dem Lehrer Dr.phil. Werner Eichhorn (*19.4.36) und dem Grafiker Erich Röttger (*14.6.11) aus Fribourg bildet er den Führungstrupp der traditionalistischen Vereinigung. An der rue Romont 5 in Fribourg leitet Schüler das Sekretariat der VKL (Postfach 935). Wer sonst noch im Vorstand der VKL, die in Zürich gegründet worden ist, sitzt, wieviel Mitglieder die Vereinigung zählt, wollte Präsident Schüler nicht verraten.

Im Einsatz gegen die Häretiker

«Die VKL bezweckt die Erhaltung und Förderung des wahren römisch-katholischen Glaubens. Sie stellt sich unter den besonderen Schutz Mariens, der Mutter Gottes und Hüterin des Glaubens.» Soweit die Statuten.

Die Biographie der *Vereinigung Katholischer Laien* sind Stationen der Inquisition. Am 16. November 1974 ersucht Präsident Schüler Bischof Pierre Mamie in einem Schreiben «um Einleitung des kanonisch vorgesehenen Verfahrens zum Zwecke der Dienstentlassung» von Heinrich Stirnimann, Dominikanerpater und dogmenkritischer Professor der Universität Fribourg. In derselben Angelegenheit wird eine VKL-Delegation am 28.

November 1974 vom damaligen Sittener Bischof Nestor Adam empfangen.

Am 11. Mai 1975 führt die VKL im Zürcher Albisriederhaus eine «Grossveranstaltung» mit 200 Teilnehmern durch. Sie verabschiedet ein Protesttelegramm an Papst Paul VI. gegen den «Häretiker» Stirnimann: Wir «ersuchen den Heiligen Stuhl um wirksamen Schutz vor den dekretierten Irrlehren der Synode 72, um Intervention bei der Schweizer Bischofskonferenz, die durch Gestattung der Interkommunion den katholischen Glauben verleugnet».

Am 2. Oktober 1975 protestiert die VKL in einem offenen Brief an den Bundesrat gegen den Schwangerschaftsabbruch. Am 6. April 1976 ruft die Vereinigung in einem Pressecommuniqué die Schweizer Katholiken auf, das Fastenopfer zu ignorieren, da das Geld «modernistischen Organisationen» zugute komme.

Am 9. Juli 1976 steht die Schweizerische Bischofskonferenz erneut auf der Anklagebank, diesmal wegen ihrer Lefebvre-Verurteilung, die den «Höhepunkt der Perversion» darstelle, und im nächsten Pressecommuniqué vom 24. Juli 1976 bekundet die VKL ihre «Treue zum katholischen Glauben und damit zu Erzbischof Lefebvre», der knapp zwei Wochen zuvor suspendiert worden war. «Ein Rom, das Häretiker im Amte belässt – wie Küng, Haag, Stirnimann und andere – jedoch glaubenstreue Katholiken verfolgt, hat seine Glaubwürdigkeit und seinen Anspruch auf Gehorsam verloren», hiess es darin.

Inquisition pflegen die militanten Lefebvristen aus Fribourg nicht nur in Pressecommuniqués. Als am Karfreitag im April 1977 in der Maihofkirche Luzern der Tübinger Professor Herbert Haag über «Die Angst vor dem Bösen und dem Teufel» referierte, reisten die Fribourger zum Protest hin. «Glauben Sie persönlich an die Existenz des Teufels?», wollten sie vom Theologen wissen, um ihn sogleich als «Häretiker» zu titulieren, da der «Teufelsglaube ein Dogma» sei. Die Störaktion wurde vom Publikum mit Verärgerung quittiert, Norbert Schüler das Mikrophon aus der Hand genommen, worauf er mit seiner Fanatikergruppe die Versammlung verliess.

An der «Bettagsversammlung der traditionstreuen Katholiken» vom 19. September 1976, veranstaltet von der *Una Voce Helvetica Ostschweiz*, sprach Norbert Schüler im Kongresshaus Schützengarten in St.Gallen zum Thema «David gegen Goliath – der Sieg der kleinen Herde». Vorgestellt wurde er als «Professor aus Freiburg». Klein ist sie, Schülers Herde, aber umso radikaler.

Ein geistiger Leitvater der VKL und der *Sammlung glaubenstreuer Katholiken* ist der deutsche Professor Wigand Siebel von der Universität Saarbrücken, Vortragsredner und Leitartikler der beiden Vereinigungen.

Das schwarze Orchester – die internationale Allianz der katholischen Konterrevolution

«Wie viele Divisionen hat der Papst?» Stalins berühmte und vielzitierte Frage soll einmal umgedreht werden: Wie viele Divisionen hat Erzbischof Marcel Lefebvre?

Das internationale Geflecht rechtskatholischer Vereinigungen und ihrer Anhänger deckt ein breites Spektrum. Es reicht von waschechten faschistischen Organisationen bis zu verunsicherten Gläubigen, denen die Modernisierung der römisch-katholischen Kirche vertraute Gepflogenheiten zunichte zu machen scheint. Aber die Organisationen, die mit der nachkonziliären Gegenreformation Politik machen wollen, bilden den Hauptharst. Vor allem in Lefebvres Heimatland Frankreich und in Italien ist ein ganzer Komplex reaktionärer und rechtskatholischer Gruppierungen im Aufbau einer antikommunistischen Internationale begriffen. Eines ihrer Haupttreffen findet jedes Jahr in der Schweiz statt.

OFCAD – die Konferenz der antimarxistischen Internationale

An Ostern geht es im Lausanner Palais de Beaulieu wenig sonntäglich zu. Seit 1965 halten hier rechtskatholische und antisozialistische Vereinigungen aus Westeuropa, Afrika, den USA und Lateinamerika ihren jährlichen dreitägigen Kongress ab. Der Name, den sie ihrem Treffen gegeben haben, ist ebenso kompliziert wie verharmlosend: *Office international des oeuvres de formation civique et d'action culturelle selon le droit naturel et chrétien* (OFCAD) – Internationales Büro von Werken staatsbürgerlicher Bildung und kultureller Aktion gemäss dem christlichen Naturrecht. Zur Diskussion stehen immer dieselben Leitthemen: Wie kann der Defaitismus der westlichen Eliten bekämpft werden und welche antisozialistische Strategie konsolidiert die konservative Opposition auf internationaler Ebene? Seit der Eurokommunismus als neues Gespenst in Europa umgeht, steht insbesondere die Lage in Italien, Frankreich und Spanien zur Diskussion, und den Sozialisten als Wegbereitern des Kommunismus gelten die Hauptattacken.

Die Konferenz wurde 1962 vom Präsidenten der französischen *Cité catholique*, Jean Ousset, initiiert. Das OFCAD führt an der rue des Renaudes 49 in Paris unter dem Namen *Club du livre civique* ein internationales Sekretariat. Direktor Michel de Penfentenyo koordiniert hier in der Dachorganisation ein rundes halbes Hundert Vereinigungen, die dem internationalen *Office* angeschlossen sind. Kontakte bestehen auch zu *Opus Dei.*

Ein schweizerisches Sekretariat, das *Centre de documentation civique* (Zentrum für staatsbürgerliche Dokumente), befindet sich an der avenue Dapples 23 in Lausanne. Es wird vom Lausanner Mathematikprofessor Jean de Siebenthal (*26.6.17) betreut.

Vor allem Vertreter der französischen Traditionalisten präsentieren sich am Ostertreffen als geübte Strategen. Die *Cité catholique* war als Massenbewegung 1960/61 in Algier auf die Barrikaden gestiegen, hat die Putschversuche der französischen Generäle unterstützt und den Terrorismus der *Organisation de l'Armeé Secrète* (OAS) als richtigen Präventivkampf gegen den Kommunismus gefördert.

Der Lausanner Kongress findet in stiller Diskretion statt. Die Presse ist nicht eingeladen, sieht man einmal von freundlich gesinnten Blättern wie dem *Nouvelliste* ab.

Ostern 1972. Vor dem hoch aufgerichteten Kreuz Christi im Palais de Beaulieu sind 3500 Teilnehmer aus 22 Nationen versammelt. Der französische Philosoph Gustave Thibon, eine der ideologischen Leitfiguren, spricht: «Man muss der politischen Gewaltlosigkeit ihren Mythos nehmen. Völlig zu Unrecht beansprucht sie für sich Heiligkeit und das Ansehen evangelischer Gewaltlosigkeit, sie bringt Unordnung ins Denken und in den Staat.» Vor der applaudierenden Menge werden Grussbotschaften der Kardinäle Mindszenty und Ottaviani verlesen.

Warum auf Gewaltlosigkeit verzichtet werden muss, verkündet der Leiter des 1973er Kongresses Jean Beaucoudray: «Wir wollen eine antimarxistische Internationale gründen.»

1974 steht der Kongress unter dem Leitthema «Pluralismus und Einheit». Als «Gegengift zur Subversion» müsse die Koordination der Eliten gefördert werden. In privater Funktion werden als Gäste und Referenten aus der Schweiz der Fribourger Journalist Pierre Barras und der CVP-Nationalrat und Sittener Stadtpräsident Félix Caruzzo begrüsst. Wie der *Nouvelliste* erfreut vermerkt, zeichnen sich die Jungen unter den Kongressteilnehmern durch kurzen Haarschnitt und fehlende Minijupes aus.

«Die politische Hoffnung» ist Diskussionsgegenstand 1976. Als Gäste referieren die sowjetischen Dissidenten Alexander Galitsch, Vladimir Maximov und Ternowski. Tagungsleiter ist der Westschweizer *Una-Voce*-Präsident Roger Lovey.

Aus der Hoffnung wird 1977 – ein Jahr vor den französischen Parlamentswahlen – «Die sozialistische Versuchung». Jetzt droht der Sieg der Linken in Europa. Als erfahrene Kämpfer referieren Nguyen Van Hoang, Arbeitsminister des im April 1975 gestürzten Saigoner Regimes und Gemahel, einer der Führer der libanesischen christlichen Phalange. Der Kongress wird diesmal präsidiert vom Schweizer Jean de Siebenthal. Jean Ous-

Lefebvres Divisionen im Ausland

Frankreich: Die *Cité catholique* war 1949 gegründet worden. Ihre Zeitschrift *Verbe* trug bis 1958 noch den Untertitel «Organe de formation civique pour la contre-révolution», der dann nach dem Putsch in Algier in «Organe d'action idéologique pour un ordre social chrétien» umgewandelt wurde. Heute ist ihr Organ die Zeitschrift *Permanences*, Redaktionsadresse ist das OFCAD-Büro in Paris. *Cité catholique* beziehungsweise das internationale *Office* ist die mächtigste integralistische Zentrale in Frankreich, ein kapillares Netz zahlloser Organisationen und Zirkel unter verschiedensten Namen gruppiert sich um die Vereinigung. Als Bewegung hat die *Cité catholique* schon vor dem Zweiten Weltkrieg existiert. In ihrem Kreis finden sich Anhänger der *Action française*, die Algerienkämpfer von *Algérie française*, Honoratioren des Vichy-Régimes, das mit den deutschen Besatzern paktierte, frühere OAS-Mitglieder und die jugendlichen Kohorten vom faschistischen *Ordre Nouveau*. Nach der Niederlage im Indochinakrieg 1954/55 stiessen viele Offiziere der Kolonialarmee zur Bewegung. Die *Action française* ist historisch der bedeutsamste geistige und organisatorische Hintergrund dieses Lefebvre-Anhanges. Die *Action française* war 1898 als royalistische und ultranationalistische Opposition von Charles Maurras (1868-1952) gegründet worden. Unterstützt von einer breiten rechtskatholischen Strömung kämpfte sie in der Dritten Republik gegen die «vier fremden Vaterlandsvergifter» Protestanten, Juden, Freimaurer und naturalisierte Ausländer. In der Französischen Revolution erblickte sie die Hauptursache aller Missstände, plädierte für die Monarchie des 18. Jahrhunderts und die Herrschaft der Elite über die rohen und ungebildeten Massen. Antidemokratisch und antiparlamentarisch, verweigerte die *Action française* 1940 den Verteidigungskampf gegen die deutschen Besatzer. Franco-Spanien und das Portugal Salazars gelten den konterrevolutionären Ideologen denn auch als Vorbildstaaten, hier haben Kirche und Regierung integrale Einheit verkörpert. Den Anhängern dieser Bewegungen ist der 1958 verstorbene Papst Pius XII. der letzte Papst überhaupt, hatte er doch den 1926 von seinem Vorgänger verfügten Kirchenbann über die *Action française* am 7. Juli 1939 aufgehoben. Mit dem Reformpapst Johannes XXIII. hat für die rechtskatholische Mafia die marxistische Unterwanderung der früheren heiligen Allianz begonnen. In Frankreich gruppieren sich die Lefebvre-Anhänger weiter um die religiöse Bewegung *Credo* von Michel de Saint-Pierre und die reisserisch-erzkonservative Wochenzeitung *Minute*.

Italien: Das italienische Wochenmagazin 'Espresso' berichtete in seiner Ausgabe vom 15. August 1976 folgende Begebenheit: Am 3. Mai 1965 fand in Rom eine geschlossene Konferenz statt. Thema: «Über den revolutionären Krieg». Das Treffen wurde vom italienischen General-

stab finanziert und durch den italienischen und amerikanischen Geheimdienst organisiert. Unter den Teilnehmern befand sich eine ganze Reihe katholischer Traditionalisten. Einer von ihnen, Alfredo Cattabiani, sprach über «Eine Erfahrung der französischen Katholiken». Die Erfahrung betraf die *Cité catholique* in ihrer Mobilisierung zugunsten der OAS und der französischen Armeeverschwörung. Organisationen als Kampfinstrumente waren das politische Resultat des Treffens. In Rom entstand die Monatszeitschrift *Relazioni.* Ihr Patronatskomitee umfasste Marcel Lefebvre als Präsidenten, Franz Josef Strauss, den damals im Aufstieg begriffenen südvietnamesischen General Nguyen Cao Ky, Jean Ousset von *Cité catholique* und schliesslich Julio Meinvielle, Kaplan der argentinischen Terrororganisation AAA. Neofaschistische Kreise in Italien gaben Lefebvre Rückendeckung in der Kraftprobe mit dem Papst. So die *Civiltà cristiana* von Franco Antico, die *Alleanza cattolica* von Agostino Sanfratello und Luciano Bonocore.
Weitere Länder: In Österreich steht die Bewegung *Glaubenstreue Katholiken* hinter Lefebvre, in der Bundesrepublik Deutschland die *Bewegung für Papst und Kirche*, *Spes unica* und die von Elisabeth Gerstner geführte *Liga katholischer Traditionalisten*, die in den USA 1964 als *Catholic Traditionalist Mouvement* gegründet worden war. In Kanada gruppiert sich eine Vereinigung um die Zeitschrift *Vers demain.* In Südamerika operiert die *Katholische Allianz für Tradition, Familie und Eigentum.* Sie ist im Zusammenhang mit der brasilianischen Militärdiktatur entstanden und hat sich auch in Chile und Argentinien etabliert. Ihre Gründergestalten gehören zu den Konzilsfreundschaften Lefebvres.

set, Führer der *Cité catholique*, ist auch an diesem Treffen persönlich anwesend.

Wenn am Ostermontag die Konferenz der antimarxistischen Internationale sich dem Ende neigt, wird nach altem Ritus die lateinische Messe zelebriert.

1979 war der Jahreskongress 1980 auf das dem 1. Mai folgende Wochenende in Paris geplant.

Am Lausanner Ostertreffen, wo die Ideologen der geschilderten Bewegung die Zukunft der konservativen Gegenreformation beratschlagen, nehmen von schweizerischer Seite Vertreter der *Una Voce Helvetica* teil. Aus ihrem Kreis dürfte auch das anonyme Genfer *Comité international de défense de la tradition catholique* stammen, das sich im Juli 1976 in einer Presseerklärung als Kampforganisation gegen die «religiöse Subversion» vorstellte (NZZ, 18.7.76). Der Schweizerischen Depeschenagentur liess es im August desselben Jahres eine Liste römischer Kurienkardinäle zustellen, die dem Freimaurertum huldigen sollten (NZZ, 9.8.76). Die Liste stammt aus der Feder des italienischen Kardinals Giuseppe Siri. Der Freund Lefebvres hatte sie 1976 im Vatikan zirkulieren lassen und den ganzen Führungsstab Papst Paul VI. als Zentrum der Freimaurerloge denunziert.

Zellen wider die Unterwanderung

Der schweizerische Ableger der Pariser OFCAD-Zentrale, das *Office suisse de formation et d'action civique selon le droit naturel et chrétien* (Schweizerische Dienststelle für staatsbürgerliche Bildung und Aktion gemäss dem christlichen Naturrecht) oder auch *Centre de documentation civique* (CDC) – Postfach 186, 1001 Lausanne – gibt eine Monatsschrift *Finalités* (Zielsetzungen) heraus. Im Klappentext formuliert sie ihre Zielsetzungen folgendermassen:

«Das schweizerische *Office* ist bestrebt, im ganzen Land die Gründung von staatsbürgerlichen Arbeitsgruppen einzuleiten, welche sich für eine Neuorientierung des sozialen und politischen Lebens einsetzen. Diese Arbeitsgruppen sollen einerseits als feste Grundlage und Aktionsregel die naturrechtliche und christliche Gesellschaftslehre kennenlernen und vertiefen, sowie Ansätze für entsprechende Anwendungen im Kompetenzbereich der Teilnehmer finden und deren Verwirklichung vorantreiben. Durch den freiwilligen Einsatz der Teilnehmer solcher Arbeitsgruppen in allen Sparten der Gesellschaft soll eine neue Christenheit als Gesellschaftsform entstehen, als glaubwürdige und wirksame Alternative zu den materialistischen und individualistischen Systemen, welche heute vor unser aller Augen scheitern.»

Diese Arbeitsgruppen werden *foyers civiques* oder *cellules* genannt und als «absolute Waffe gegen die Subversion» (im französischen wird der Ausdruck «Termitenhügel» gebraucht) und «Kraftzentren der kommenden Christenheit» definiert. «Sie bilden sich ganz unbürokratisch und informell;

es handelt sich einfach um Personen mit ähnlichen Problemen oder Kompetenzen, welche sich nach folgender Formel regelmässig treffen:
– drei bis zehn Personen
– eine Stunde pro Woche
– Diskussion einer Unterlage des schweizerischen *Office*
– Diese Tätigkeit erzeugt konkrete Anwendungen.»

Im Vorstellungstext des schweizerischen *Office* vom April 1977 werden die Ziele inhaltlich präzisiert:

«Die Gefahren, die dem Föderativsystem drohen, die Tendenz zu einer widerrechtlichen Verstaatlichung, die Unterminierungsarbeit in der Armee und den Schulen, die Propaganda für eine freigegebene Abtreibung und Pornografie; und von anderer Seite, die Angriffe, die gegen den Bauernstand, die Familie, die unabhängigen Unternehmen und den freien Handel geführt werden, das alles sind Tatsachen, die von uns tatkräftigen Einsatz fordern im Geiste des Naturrechtes und des Glaubens, der Hoffnung und der christlichen Nächstenliebe ... Es (das schweizerische *Office*, Verf.) organisiert periodische Kongresse und Tagungen, für die Leiter der Arbeitskreise oder deren Netze und für die Jugend. Das *Office* ist dazu bereit, mit allen denjenigen zusammenzuarbeiten, welche die schädliche Wirkung der revolutionären Thesen erkannt haben und entschlossen sind, für das christliche Naturrecht einzutreten.»

Die Zusammenarbeit wird vor allem mit dem Personenkreis um die *Vereinigung Libertas Schweiz* und der *Ligue vaudoise* gepflegt, deren Vertreter als Referenten an den schweizerischen Jahreskongressen des *Office* auftreten (siehe Kasten).

Es mag erstaunen, dass gerade diese beiden pointiert protestantischen Organisationen im Umfeld des traditionalistisch katholischen *Office* anzutreffen sind. Aber gemeinsam ist ihnen der politische Hintergrund, die welsche föderalistische Orientierung und das antirevolutionäre Kampfziel. Wie die Traditionalisten im katholischen Lager akzeptiert die *Ligue vaudoise* die Demokratie im Grunde ihres Herzens nicht und sieht in der Französischen Revolution die Wurzel für die Grundübel unserer Zeit. Ihr geistiger Führer Marcel Regamey hat aus seinen Sympathien für den Ständestaat nie ein Hehl gemacht. In der *Ligue-vaudoise*-Zeitschrift *Nation* zollt er häufig dem rebellischen Erzbischof Lefebvre seine Bewunderung. Während die antirevolutionären Protestanten in der vorkonziliären katholischen Kirche ein politisch vorbildliches Ordnungsmodell sehen, gelten den traditionalistischen Katholiken gerade diese Protestanten als willkommene Verbündete. Lefebvre und seine Anhänger haben zwar im Zweiten Vatikanischen Konzil immer den Einbruch des Protestantismus ins katholische Dogma erblickt – aber nicht als Einbruch von aussen. Die Einbrecher sind für sie die liberalistischen Katholiken, die Reformer: Der Feind im eigenen Lager ist gefährlicher als der politisch Verbündete der 'gegnerischen' Konfession.

Autorität, Eliten und Subversion

Neben den internationalen Ostertreffen des OFCAD organisiert das schweizerische *Office* separate Jahreskongresse in kleinerem Rahmen:

1971: *Christentum und staatsbürgerliches Leben*
Michel Uldry: «Zielsetzung der staatsbürgerlichen Gemeinschaft»
Jean de Siebenthal: «Subversive Kräfte»
Michel Gross: «Nun ist es Zeit zu handeln»

1972: *Autorität und Mitbeteiligung*
R.P. Philippe: «Autorität und Mitbeteiligung»
Chanoine L. Barbey: «Autorität und Mitbeteiligung in der Schule»
J. Barbarin: «Autorität und Mitbeteiligung in der Familie»

1973: *Wahrheit und Gegenwahrheiten*
Jacques Ploncard d'Assac: «Die Jungen haben ein Recht auf Wahrheit»
Jean de Siebenthal: «Wahrheit, Gegenwahrheiten»
J. Barbarin: «Die Zirkel als geeignete Mittel zur Verbreitung der Wahrheit»

1974: *Politik und Zielsetzungen*
Jacques Ploncard d'Assac: «Politik und Zielsetzungen im natürlichen Sinne»
Jean-Pierre Moser: «Politik und Zielsetzungen nach dem natürlichen und christlichen Recht»
Jean Beaucoudray: «Politik und Zielsetzungen – praktische Aspekte»

1975: *Gleichheit und Ungleichheiten*
Alain Tornay: «Gleichheit, Ungleichheit und Mitbestimmung»
Jean de Siebenthal: «Die Gleichheit als Chaos und die Ungleichheiten der Ordnung»
Michel de Penfentenyo: «Die Bildung von Eliten»

1976: *Die Linke, die Rechte und die Rückkehr zum Wirklichen*
Marcel Regamey: «Die Linke und die Rechte»
André Frament: «Methoden der subversiven Aktion»
Roger Lovey: «Die Rückkehr zum Wirklichen»

1977: *Erziehung und Sozialismus*
Marianne Thibaud-Jaccard: «Unterricht oder Revolution»
Michel Creuzet: «Die weltweite Strategie in der Erziehung – Elemente zur Einschätzung»
Jean de Siebenthal: «Die Ausbildung der Eliten in der Schweiz»

1978: *Leben in Gemeinschaft*
Alphonse Morel: «Bedingungen einer Gemeinschaft»
Ramon Granges: «Die Gemeinschaft im Unternehmen»
Jean de Siebenthal: «Die Gemeinschaft für die Person»

1979: *Die Menschenrechte*
Henry Chavannes: «Die Pflichten des Menschen und die Rechte Gottes»
Gustave Thibon: «Eine Bürgerschaft für die Menschen»

Die Referenten gehören zu folgenden politischen Vereinigungen:

Ramon Granges, Michel Uldry und Jean de Siebenthal zum katholischen *Ja zum Leben.* Dr.iur. Marcel Regamey, Lausanne, ist der geistige Führer des protestantischen Föderalistenkreises *Ligue vaudoise,* zu der auch der Advokat Alphonse Morel gehört. Beide haben 1940 die *Eingabe der Zweihundert* unterzeichnet. Der Lausanner Jurist Jean-Pierre Moser war in den sechziger Jahren Aktivist der *Aktion freier Staatsbürger* an der Universität Lausanne. Der evangelisch-reformierte Pfarrer Henry Chavannes, Granges-près-Marnand VD, und Marianne Thibaud-Jaccard, Yverdon, sind Mitglieder der *Vereinigung Libertas Schweiz.*

Jaques Ploncard d'Assac

Zweifelhaften Ruhm geniesst der Franzose Jacques Ploncard d'Assac (*1910). Im Pétain-Regime engagiert, ist der Theoretiker des Nationalismus nach der Befreiung Frankreichs ins Exil nach Portugal geflüchtet. In Lissabon, in den sechziger Jahren einer der letzten Horte der französischen OAS-Terroristen, wurde er politischer Berater des Diktators Salazar. Seinem Freund Ralf Guérin-Sérac, der in Lissabon 1966 die Zentrale neofaschistischer Subversion *Aginter* aufbaute, verhalf er zu wichtigen Regierungskontakten. Ploncard d'Assac ist Journalist und Korrespondent des *Nouvelliste.* Sein politisches Credo hat er in der Ausgabe vom 1. März 1976 selbst knapp zusammengefasst: «Die Demokratie wird von ihren Übeln nur geheilt, wenn man sie selbst abbaut.» Über Salazar hat er eine Biographie verfasst. Nach der portugiesischen Revolution ist er nach Paris geflohen und hat politische Beraterfunktionen für Lefebvre übernommen. Neben zahllosen weiteren Büchern hat er auch ein Werk über die «von einer fremden Sekte besetzte» katholische Kirche verfasst: «L'église occupée».

Vertreter des internationalen *Office* sind Jean Beaucoudray, Michel de Penfentenyo und Gustave Thibon.

Opus Dei – die heilige Mafia

Ursula ist vierzehneinhalb und besucht die zweite Klasse des Mädchengymnasiums Bühl in Zürich Wiedikon. Jeden Tag bindet sie sich für zwei Stunden ein Dornenband um den einen Oberschenkel – das Bussband. Einmal in der Woche geisselt Ursula sich mit einer Schnur den Rücken.

Ursula macht Abtötung, Kasteiung. Ihre katholische Religionslehrerin hat sie dazu angehalten. Während der freien Nachmittage, an Abenden und Wochenenden hat Maria Casal, frühere Leiterin des *Studentinnenheims Sonnegg* und Mittelschullehrerin für katholischen Religionsunterricht das Mädchen in den Kreis des Ordens eingeführt, dessen Numerarierin Ursula werden soll: das *Opus Dei.*

Die systematische Bearbeitung des jungen Mädchens durch die «geistige Führerin», die sich ihm persönlich widmet und der es einmal in der Woche die Ohrenbeichte ablegen muss, ist gelungen. Vierzehneinhalb ist das Mindestalter, um das Gelübde für den Eintritt in den Laienorden ablegen zu können – drei Tage später ist Ursula Numerarierin. Numerarier – das ist die höchste Laienstufe des Ordens. Damit hat Ursula im Namen des *Opus Dei* absoluten Gehorsam, absolute Armut und absolute Keuschheit geschworen. Sie darf nie heiraten, keinen Freund haben und sollte sobald wie möglich in Gemeinschaft mit anderen Numerarierinnen leben.

Ursulas Eltern, gläubige Katholiken, sind beunruhigt. Ihre Tochter verhält sich abweisend, ist nie zuhause und spricht kaum mehr mit ihnen.

Ein modernes mittelalterliches Schauermärchen? Im 'Blickpunkt' des Fernsehen DRS vom 11. April 1979 hat Ursula – nur der Name wurde hier geändert – die Geschichte ihrer Erfahrungen im *Opus Dei* erzählt. Auf die Frage, worin ihre Freiheit im Orden bestanden habe, antwortete sie: «Ich bin frei gewesen, dass ich mich frei zum Gehorsam entschieden habe.»

Später hat Ursula einen Freund kennengelernt und ist aus dem *Opus Dei* ausgetreten. Mit den Zweifeln kam die Überwachung: Jeden Tag wurde sie von ihrer «geistigen Führerin» von der Schule abgeholt, zum Mittagessen eingeladen und schliesslich dazu gedrängt, vierzehn Tage die Schule zu schwänzen, sich zu erholen und zu beten. Zuletzt hat sich die Stellvertreterin der höchsten Regionalleiterin der Frauenabteilung des Ordens, Cristina Martinez-Lüngas, persönlich eingeschaltet. Als alle Versuche nichts fruchteten, wurde Ursula als «schwere Sünderin» bezeichnet und von der *Opus-Dei*-Elite aufgegeben.

Ursula ist gläubige Katholikin geblieben, dem fanatischen Orden hat sie den Rücken gekehrt.

Wer ist diese Organisation, die weltweit 70'000 Mitglieder zählt und in rund achtzig Ländern auf allen fünf Kontinenten am Werk ist?

Die Führungselite der Diktaturen

José Maria Esgrivá de Balaguer

Das *Opus Dei* wurde am 2. Oktober 1928 in Madrid vom spanischen Priester José Maria Esgrivá de Balaguer y Albas (*9.1.02) gegründet, am 14. Februar 1930 wurde die weibliche Abteilung aus der Taufe gehoben. Der Laienorden erhielt 1941 die schriftliche diözesane Approbation des Bischofs von Madrid und wurde mit seiner Ausbreitung in weitere Länder 1950 von Papst Pius XII. mit allen Approbationen des Heiligen Stuhls offiziell anerkannt. Heute gehört *Opus Dei* kirchenrechtlich zu den Säkularinstituten.

Innerhalb der römisch-katholischen Kirche bekennen sich – nach eigenen Angaben – über tausend Priester zum *Opus Dei*. Sie sind in der am 14. Februar 1943 gegründeten Sonderorganisation *Priestergesellschaft vom Heiligen Kreuz* zusammengeschlossen. Die Zentrale dieser *Società Saccerdotale Della Santa Croce (Opus Dei)* ist im 'Annuario Pontificio 1979' aufgeführt und befindet sich an der Viale Bruno Buozzi 73 in Rom.

Der Orden, der sich als Elite katholischen Laientums versteht, unterhält in über fünfzig Ländern Hochschulen, Colleges, Studentenhäuser, Institute und Berufsschulen und verfügt via Wirtschaft, Banken und Medien über eine beträchtliche politische und finanzielle Kapazität.

Obwohl sich *Opus Dei* heftig verwehrt, politisch identifiziert zu werden, tragen seine führenden Mitglieder rechte und diktatorische Regierungen in aller Welt:

Die Wirtschafts- und Planungsminister der technokratischen Ära in Francos Regierungszeit in Spanien wurden vom *Opus Dei* gestellt. Am 2. März 1954 meldete die Katholische Nachrichtenagentur KNA: «Eine der höchsten spanischen Auszeichnungen, das Grosskreuz des Ordens von San Raimondo di Penafort, verlieh der spanische Staatschef General Franco dem Gründer eines Laienordens *Opus Dei*, Msgr. José Maria Esgrivá de Balaguer.»

Noch heute sind rund sechzig Parlamentsmitglieder beider Häuser in Spanien *Opus-Dei*-Leute, verteilt auf die regierende Zentrums-Union und die Konservative Volksallianz. Darunter auch Senatspräsident Antonio Fontán.

In Chile gehörten wichtige Führer der reaktionären Front gegen die demokratisch gewählte Regierung Allende dem *Opus Dei* an. So Jaime Guzman von *Fiducia* und *Patria y Libertad*, der fünf Tage nach dem Putsch vom 11. September 1973 zusammen mit weiteren Mitgliedern des *Opus Dei* von General Pinochet mit der Ausarbeitung der neuen Verfassung beauftragt wurde. Ökonomen und Soziologen, allesamt Ordensmitglieder, dienten der Junta als Wirtschaftsberater.

Mit dem Militärputsch vom 28. Juni 1966 unter General Juan Carlos Ongania übernahmen *Opus-Dei*-Leute politische Führungspositionen der Diktatur in Argentinien. In Kolumbien, Peru und Venezuela stehen Massenmedien und Universitäten unter Kontrolle des *Opus Dei* (Le monde diplomatique, Juli 1974).

Eine europäische und eine lateinamerikanische Bildungsstätte wird vom Orden geführt: die Universitäten von Navarra in Pamplona (Spanien) und Piura (Peru).

Klerikaler Faschismus – *Opus Dei* verwehrt sich entrüstet, politisch behaftet zu werden und verweist daher gerne auf die Anerkennung des Vatikans. So Papst Paul VI.: «Das *Opus Dei* ist in unserer Zeit als Ausdruck der immerwährenden Jugend der Kirche entstanden, die für die Erfordernisse eines modernen, täglich wirksameren, eindringlicheren und durchdachteren Apostolats weit offen steht» (Die Furche, 15.9.73). Am 15. August 1978 weihte der Wiener Kardinal Franz König im spanischen Wallfahrtsort Torreciudad sechzig *Opus-Dei*-Priester, darunter die beiden Schweizer Nerio Medici (vormals Physiker an der ETH Zürich) und Dr. med. Josef Bonnemain.

Kulturgemeinschaft Arbor - Opus Dei spinnt sein Netz in der Schweiz

Das *Opus Dei* wird seit 1946 von Rom aus geleitet (vorher Madrid), und seit 1956 ist es auch in der Schweiz vertreten, eingeführt von den Katalanen Pedro Turull, Johannes B. Torello und dem Jugoslawen Vince. Der Begründer Esgrivá verstarb am 26. Juni 1975 in Rom an einem Herzschlag.

Alvaro del Portillo

Zum Nachfolger als Generalpräsident wurde in einem «Kleinen Konklave» von 172 *Opus-Dei*-Delegierten aus 43 Ländern der Spanier Dr. Alvaro del Portillo y Diez de Sollano (*11.3.14) gewählt, ein früherer Transportingenieur, der 1944 die Priesterweihe erhielt. Ihm zur Seite stehen ein Sekretär (der baskische Priester Severio Echevveria) und der Generalrat. Die einzelnen Länder beziehungsweise Regionen werden von einem Consiliarius betreut, der immer ein Priester ist: Er beaufsichtigt die beiden streng nach Geschlechtern getrennten Regionalräte, die ihrerseits die Zentren in den Städten (Studentenheime, Jugendclubs) unter Verwaltung haben.

Consiliarius für die Schweiz ist Dr. August Lopez Kindler, der in der Zürcher *Opus-Dei*-Villa an der Restelbergstrasse 10 residiert und im *Studentinnenheim Sonnegg* ein Büro führt. Als Priester ist er berechtigt, Kontakt zur Frauenabteilung zu pflegen.

Opus Dei? In keinem der Schweizer Telefonbücher ist unter diesem Stichwort eine Adresse des Ordens ausfindig zu machen. Geheimhaltung und Scheu vor Öffentlichkeit gehören zum Gebaren der Organisation, die hinter Kulissen und vorgeschobenen Adressen umso emsiger ihre Fäden spinnt. Nur mit Mühe sind die Niederlassungen in Zürich, Fribourg und Genf ausfindig zu machen (siehe Kasten).

Trägerin und Besitzerin der *Opus-Dei*-eigenen Jugendclubs, Studentinnen- und Studentenheime ist die *Kulturgemeinschaft Arbor*.

Die *Kulturgemeinschaft Arbor* war 1961 von Dr. Bruno Flüeler †,Carlos Schick, Pedro Turull und Edwin Zobel gegründet worden und erwarb im selben Jahr die Liegenschaft Fluntern. Ihr erster Präsident war ein Zürcher Arzt, aufgrund seiner gesellschaftlichen Beziehungen geeignet für Geldbeschaffung. Nach Erkenntnis der Praktiken ist er zurückgetreten und heute Gegner des *Opus Dei*. Heutiger Präsident ist *Opus-Dei*-Mitarbeiter Hans Georg Rhonheimer, Zürich. Seine Söhne Martin (Numerarier) und Daniel (Supernumerarier – die zweithöchste Laienstufe des Ordens) bleiben der Zürcher Studentenschaft als rechtslastige Akademikerpolitiker der bewegten Unruheära in frischer Erinnerung. Vize ist der Zürcher Rechtsanwalt Dr. Emil Rusch – er wollte auf Anfrage nicht wissen, wo die *Kulturgemeinschaft Arbor* noch Häuser führt. Er und Sekretär Carlos Schick verwalten die geschickt aufgebaute Finanzorganisation, deren Vermögen bekanntzugeben sich Schick weigerte. Für den Umbau des Studentenheims Fluntern wurde die *Kulturgemeinschaft Arbor* von Stadt und Kanton mit 200'000 Franken unterstützt.

Ein getarnter *Opus-Dei*-Vorstoss auf die katholische Landesuniversität in Fribourg war 1966 am Widerstand der Studenten gescheitert. Am 17. Januar 1966 hatte 'La Liberté' gemeldet, die Bürgergemeinde Fribourg sehe den Verkauf von 6000 Quadratmeter Bauland im Petit-Rome an die in Zürich beheimatete *Kulturgemeinschaft Arbor* vor, die zum Vorzugspreis von fünfzig Franken pro Quadratmeter (statt achtzig) den Bau eines Studentenfoyers mit 120 Zimmern plane. Im März folgten in derselben Zeitung eine Reihe nicht gezeichneter Artikel aus der Feder von *Opus Dei*, in welchen die Verdienste dieser *Kulturgemeinschaft* hochgelobt wurden. Die Studenten, in misslichen Wohnverhältnissen lebend und im Vorfrühling der Revolte von 1968, begannen zu recherchieren – schliesslich konnten sie in einem grossen Artikel in ihrer Zeitung 'spectrum' vom 22. April 1966 die Ergebnisse präsentieren: «Brauchen wir diese religiös-militärische Organisation, um bei uns den Geist des Konzils zu verwirklichen? Wenn wir noch die Nostalgie des Mittelalters pflegen wollen, gilt es nicht zu zögern...» Ihr Kampf hatte Erfolg, *Opus Dei* konnte sich nicht etablieren.

Das Imperium der heiligen Mafia

Zürich: *Opus-Dei*-Zentrale ist die Villa an der Restelbergstrasse 10 im vornehmen Zürichbergquartier, im Besitz des ETH-Diplomingenieurs Antonio Zweifel, Geschäftsführer der *Limmat-Stiftung* und Ordensnumerarier. *Opus-Dei*-Priester Dr.theol. Hansruedi Freitag und Dr.Ing. Carlos Schick, Sekretär der *Kulturgemeinschaft Arbor*, sind zusammen mit weiteren Ordensleuten unter dieser Adresse registriert.

Ebenso anonym ist die weibliche Leitung. Sie befindet sich an der Susenbergstrasse 45. Hier wohnen Dr.med. Wilhelmine Busse, höchste Regionalleiterin des *Opus-Dei* in der Schweiz, ihre Stellvertreterin Cristina Martinez-Lüngas und Dr.med. Maria Casal.

Die *Opus-Dei*-Rekrutierungszentren für Mittelschulen und Universitäten sind unter *Kulturgemeinschaft Arbor* beziehungsweise Privatadresse aufgeführt:

Studentenheim Fluntern, Hauptsitz der *Kulturgemeinschaft Arbor*, geleitet von Dr. Peter Rutz, Vizepostulator des *Opus Dei*, ehemals Mathematiker der ETH, Doktor der Philosophie der Universität Fribourg und dort früher Professor für mathematische Logik. Rutz (*5.10.41) gilt als das Wunderkind der Ordenselite, gab die Wissenschaft auf und erhielt am 13. Juli 1975 vom guatemaltekischen Kardinal Mario Casariego in der Kirche 'Unserer Lieben Frau von Montalegre' in Barcelona die Priesterweihe. In Wohngemeinschaft mit weiteren Ordensleuten hausen hier auch die beiden spanischen *Opus-Dei*-Priester Dr. Pedro Turull und Fernando Orus Graf sowie der ETH-Assistent und Bergführer Hermann Biner, Mitglied der *Kulturgemeinschaft Arbor*.

Das *Studentinnenheim Sonnegg* wird von der Spanierin Isabela Dominguez, Konsulatsangestellte, geleitet.

Der *Jugendclub Goldbrunnen* für Mädchen, in der Nähe des Rekrutierungsfeldes Mädchengymnasium Bühl, steht unter der Leitung von Barbara Schibli, Inmaculada Canongia und Sekretärin Gabi Eisenring. Die Liegenschaft wurde 1974 von einem Patronatskomitee der *Kulturgemeinschaft Arbor* gemietet.

Der *Jugendclub Allenmoos* für Buben ist nicht unter *Kulturgemeinschaft Arbor* zu finden, obwohl das Haus seit 1975 in deren Besitz ist, sondern unter der Privatadresse von Leiter Dr.theol. Peter Kopa, vormaliger Religionslehrer an der Kantonsschule Winterthur, wo ihm nahegelegt wurde, ein anderes Tätigkeitsfeld zu suchen. Das Sekretariat betreut Flavio Keller.

Die *Jugendclubs Goldbrunnen* und *Allenmoos* geniessen die Unterstützung eines Elternvereins, Träger und Förderungsorgans. Dieser *Verein für Jugendbildung* ist aus *Opus-Dei*-Mitgliedern zusammengesetzt: Dr.med. Heidi Tschui (Supernumerarierin), Franziska Kesseli, Dr. Renato Cettuzzi und Barbara Schibli. Sie hatten nach dem Pressewirbel um das *Opus Dei* im Frühjahr 1979 unter dem Titel «Wir wollen unsere Kinder zu guten Christen erziehen» in einem Leserbrief die Rekrutierungspraktiken des Ordens verharmlost (NZN, 17.2.79).

Die Häuser der *Studentenheime Fluntern, Sonnegg* und *Jugendclub Allenmoos* sind im Besitz der *Kulturgemeinschaft Arbor*.

Genf: Das Heim für Studenten, seit 1975 bestehend, fungiert unter der Privatadresse von Freddy Gonzalez, Assistent der Genfer Universität.

Im 'Annuaire du diocèse de Lausanne, Genève et Fribourg' (1979) findet man unter derselben Adresse auch die beiden *Opus-Dei*-Priester Auguste Costa und Nerio Medici. (Es ist übrigens das einzige Diözesanverzeichnis, in dem die *Opus-Dei*-Mitgliedschaft angegeben ist.)

Das Genfer Studentinnenheim trägt den nichtssagenden Titel *Centre Culturel le Rocher*.

Fribourg: *Club Alpha* heisst hier die *Opus-Dei*-Filiale, sie wird vom Genfer Studenten Albert Dodero geleitet (früher von Peter Rutz).

Über die Besitzungen der *Limmat-Stiftung* finden sich Angaben im entsprechenden Abschnitt.

Kulturgemeinschaft Arbor
Hauptsitz u. Studentenheim
Fluntern
Ackermannstr. 25 — **34 65 37**
Studentinnenheim Sonnegg
Scheuchzerstr. 27 — **28 43 51**
Wohnhaus
Restelbergstr. 10 — **47 73 78**
Jugendclub Goldbrunnen
Birm dorferstr. 190 — **35 48 25**

Kopa Peter Dr. iur.
Allenmoosstr. 80 — **48 71 22**

Gonzalez
– **Freddy** assist. Université de Genève av. Beau-Séjour 18 — **47 21 14**
- **Culturel le Rocher** Association Culturelle Arbor
r. Bellot 3 — **47 98 77**

Club Alpha maison d'étudiants
r. Fries 1 — **22 05 46**

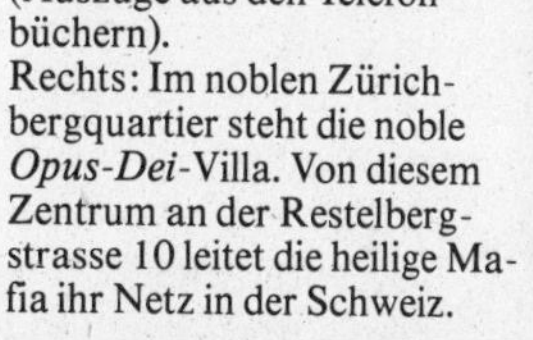

Oben: Die *Opus-Dei*-Filialen in Zürich, Genf und Fribourg (Auszüge aus den Telefonbüchern).
Rechts: Im noblen Zürichbergquartier steht die noble *Opus-Dei*-Villa. Von diesem Zentrum an der Restelbergstrasse 10 leitet die heilige Mafia ihr Netz in der Schweiz.

Der Kampf der Fribourger Studenten war auch ein Kampf gegen ihren Rektor Edgardo Giovannini (*24.6.09). Giovannini, Professor für Chemie an der Universität Fribourg, ist *Opus-Dei*-Supernumerarier und war damals Funktionär der *Kulturgemeinschaft Arbor*. Der damalige Fribourger Diözesanbischof Charrière soll laut Presseberichten von *Opus Dei* unter Druck gesetzt worden sein, um ein Machtwort zugunsten der *Kulturgemeinschaft Arbor* zu sprechen.

Intermezzo

Ein Besuch in der edlen, teppichbelegten und spiegelblank herausgeputzten *Opus-Dei*-Villa am Zürichberg. Schwarze Lederpolstergruppe und ein grosses Portrait von Johannes Paul II. in rotem Ornat, Priester Peter Rutz, Professor ausser Dienst, bibelschwarzer Anzug, das leicht graumelierte Haar peinlich geschnitten und gescheitelt, empfängt. Er will über Integralismus diskutieren, theologische Fragen erörtern, von Econe und Lefebvre will er nichts wissen, sie hätten das II. Vatikanum anerkannt, «sehen Sie, *Opus Dei* ist keine Organisation, jeder ist nur für sich verantwortlich».

«Wer leitet die weibliche Abteilung in der Schweiz?» – «Die Leitung ist kollegial.» – «Wer ist in der kollegialen Leitung?» – «Warum wollen Sie das wissen?» – «Wer ist der Vizepostulator des *Opus Dei* in der Schweiz?» – «Es gibt keinen Vizepostulator, nur ein Vizepostulat.» – «Hier steht aber, man solle Gebetserhörungen dem Vizepostulator an der Restelbergstrasse melden.» – «Wenn Sie wollen, bin ich Vizepostulator.» – «In ihrer Broschüre 'Zwanzig Fragen an Msgr. Esgrivá de Balaguer' steht der Satz»:

«Manche Leute haben dem *Opus Dei* Geheimnistuerei vorgeworfen... Dabei ist es so einfach, sich über das *Opus Dei* zu informieren. In allen Ländern arbeitet es in aller Öffentlichkeit, mit juristischer Anerkennung der staatlichen und kirchlichen Behörden. Die Namen seiner Leiter und seiner apostolischen Werke sind allgemein bekannt. Wer immer über unser Werk Auskunft erhalten möchte, kann sie sich ohne Schwierigkeiten verschaffen; er braucht sich bloss mit den Leitern in Verbindung zu setzen...»

Vizepostulator und *Opus-Dei*-Informationschef Peter Rutz, konfrontiert mit dieser Stelle aus der *Opus-Dei*-Propagandabroschüre, schweigt sich weiter über die weibliche Leitung aus. Fünf Minuten später: «*Opus Dei* ist keine Organisation.» – «Möchte ich bezweifeln.» Jetzt ist der Teufel los, Priester Rutz beugt sich vor, seine Lippen zittern, Blut schiesst ihm ins Gesicht, «Wollen sie gehen? Beenden wir das Gespräch? Sind Sie vom *Opus Dei* oder ich?» Als ob ihm die Seele abhanden gekommen sei im Moment der unkontrollierten Erregung, lehnt er sich um Fassung bemüht wieder zurück, entschuldigt sich und entschuldigt sich nochmals bei der Verabschiedung. Erst später wird klar, warum ihm der Vorfall so peinlich ist. «Würdiges Auftreten. Gewöhne dir deine Affektiertheit und dein kindisches Getue ab. Deine Haltung muss den Frieden und die Ordnung deines Geistes widerspiegeln», steht am Anfang der *Opus-Dei*-Bibel 'Der Weg'.

Die Finanzorganisation Limmat-Stiftung

«Die *Limmat-Stiftung* ist eine schweizerische Institution zur Förderung von Initiativen auf dem Gebiet von Bildung, Familie und Kultur in verschiedenen Ländern.»So ist es im Impressum des seit 1977 erscheinenden Bulletins *Familie&Erziehung* vermerkt, das zweimonatlich in den Sprachen deutsch, englisch und spanisch erscheint und von der *Limmat-Stiftung* herausgegeben wird. Als Abonnent der Zeitung *Abendland* wird man auch mit dem Bulletin *Familie&Erziehung* beliefert.

Auch in einer farbig bebilderten Werbebroschüre der Stiftung (Zürich, Juni 1977) heisst es einleitend harmlos: «Zur Zeit legt die *Limmat-Stiftung* das Hauptgewicht auf das Gebiet der Bildung und Ausbildung. Dabei bezieht sie sich stets auf konkrete, realisierbare Projekte, wobei Erfahrungen auch anderer Institutionen miteinbezogen werden. Diese Prioritätssetzung beruht auf der Überzeugung, dass eine Hauptursache mancher Zeitprobleme in der mangelhaften Bildung und Entwicklung der Persönlichkeit des Einzelnen liegt...Die Stiftung ist politisch und konfessionell unabhängig.»

Unabhängig? Vier von fünf Mitgliedern des Stiftungsrates gehören *Opus Dei* an. Der Präsident, Edwin Zobel, Wettswil ZH, ist *Opus-Dei*-Mitarbeiter und war bis 1978 noch Präsident der *Kulturgemeinschaft Arbor* und erster Gönner des *Studentenheims Fluntern*. Der hauptamtliche Geschäftsführer Antonio Zweifel ist Besitzer der *Opus-Dei*-Villa am Zürichberg und wohnt dort als Ordensnumerarier. Als Mitglieder gehören dem Stiftungsrat weiter an: der Italiener Dr. Umberto Farri (*Opus-Dei*-Numerarier), Rom, der Deutsche Dr. Hans Thomas (*Opus-Dei*-Laie), Köln, und Dr. Arthur Wiederkehr, Zürich, Verwaltungsratspräsident der Nordfinanzbank in Zürich. Wiederkehr besorgt die Rechtsgeschäfte der Stiftung, welcher er zu Beginn 100'000 Franken spendete. Laut eigener Aussage gehört er nicht dem Orden an.

Hans Thomas hatte im August 1976 im Essener Priesterseminar als *Opus-Dei*-Laie referiert. An dieser Tagung im *Kreis für internationale Priesterbegegnung* pflegen *Opus-Dei*-Priester des deutschen Sprachraums Gedankenaustausch. Der Essener Bischof Franz Hengsbach ist ein prominenter Freund von *Opus Dei* in Deutschland.

Im Aufsichtsrat der *Limmat-Stiftung*, der seinerseits den Stiftungsrat wählt, sitzen Arthur Wiederkehr, sein Sohn Dr. Alfred Wiederkehr,Freienbach SZ, Dr. Alberto Pacheco, Mexiko, Antonio Zweifel und Umberto Farri.

Die *Limmat-Stiftung* wurde am 13. März 1972 in Zürich gegründet. Ihr Vermögen setzt sich aus Schenkungen von Privaten und Firmen im In- und

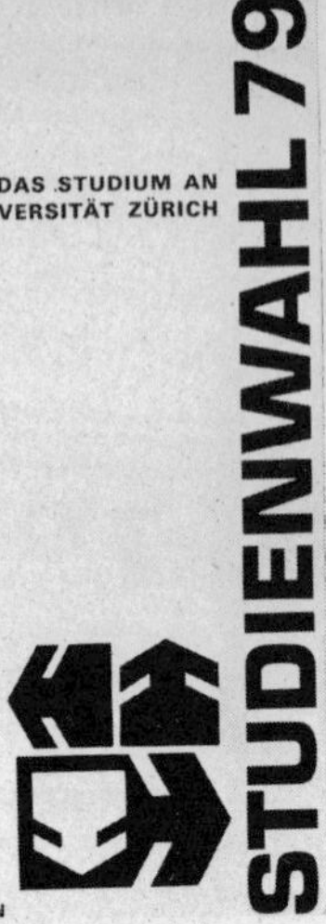

GOLDBRUNNEN
Club für Schülerinnen

FAMILIE & ERZIEHUNG

Jahrgang 1 Nr. 3 März 1978

In dieser Nummer:

PRESSEAUSZÜGE Seite

Bing Crosbys letzte Botschaft 1
Eine kleine Frage zur Abtreibung 1
Ist ungeplant auch unerwünscht? 1
Grossbritannien: Der Religionsunterricht bleibt obligatorisch 2
Konferenz der europäischen Familienminister – ein Rückblick 2

STANDPUNKTE

Aufgabenhilfe durch die Eltern 3
Das Kunsterlebnis in der Familie 4
Persönlichkeitsentwicklung in gemischten und in getrennten Schulklassen 5

DOKUMENTATION

Die Familie als Bildungsinstanz 9
Familie gestern und heute 12

LIMMAT-STIFTUNG

Opus Dei – die heilige Mafia tritt nie unter eigenem Namen auf. Wie ihre Filialen, sind auch die Werbebroschüren und Prospekte nie mit *Opus Dei* signiert. Hier eine Auswahl (von links oben nach rechts unten): Ein Prospekt des *Studentenheims Fluntern* für einen «Einführungskurs in das Studium an der ETH und der Universität Zürich», eine Werbebroschüre für Mittelschülerinnen des *Jugendclubs Goldbrunnen*, die farbig bebilderte Propagandaschrift der Finanzorganisation *Limmat-Stiftung* und die Zeitschrift der *Limmat-Stiftung* für Bildungsprobleme *Familie&Erziehung*.

Ausland zusammen und betrug 1974 bereits neun Millionen Schweizerfranken. Sie ist steuerfrei, da gemeinnützig und wird vom Eidgenössischen Departement des Innern beaufsichtigt. Ende 1974 kaufte die Stiftung das Hotel Tschudiwies in Tannenheim-Flums SG, das zu einem fünfzigplätzigen Jugendheim umgebaut wurde und dem *Opus Dei* als Zentrum für Jugendlager, Veranstaltungen und Tagungen dient. Im Mai 1975 erwarb die Stiftung die Villa an der Rosenbühlstrasse 32 in Zürich, wo sie seither ihren Sitz hat.

Sie ist international in Ländern tätig, wo *Opus Dei* traditionell präsent ist: Am 8. Februar 1977 gründete sie zusammen mit der *Fundación General Mediterránea,* Madrid, in Caracas (Venezuela) die *Fundación General Latinoamericana* (Fundamérica) – eine Stiftung, wie es in der Werbebroschüre heisst, «mit einer breiten Zielsetzung und einem ersten Schwerpunkt im sozialen Wohnungsbau».

So fungiert die *Limmat-Stiftung* als getarnter Sammeltopf zur Finanzierung von *Opus-Dei*-Aktivitäten – denn wer kann wissen, der sein gutes Geld der Stiftung zu humanitäredlen Bildungszwecken zur Verfügung stellt, dass er damit indirekt den Laienorden finanziert?

Opus Dei tauft einen neuen Verein

Schongau ist ein kleiner Flecken im Kanton Luzern. Die Gemeinde zählt rund 400 Einwohner, ein paar Bauernhöfe, zwei Wirtshäuser. Seit 1848 sind im Gemeinderat die Katholisch-Konservativen am Ruder.

Einen günstigeren Ort hätte sich *Opus Dei* kaum aussuchen können, um ein internationales Schulungszentrum zu errichten.

Opus Dei? Im Herbst 1978 weiss man in Schongau noch nichts über diesen Orden.

Im September 1978 informiert der Gemeinderat die Bevölkerung über den Kauf der Liegenschaft 'Mooshof' durch einen *Verein Internationales Tagungszentrum* (VIT). Der Verein plane auf dem erworbenen Gelände den Bau einer christlichen Bildungsstätte.

Am 12. Januar 1979 findet dann eine erste Orientierungsversammlung statt. Als Präsident des *Vereins Internationales Tagungszentrum* wird der Bevölkerung ein Herr Professor Giovannini, ehemaliger Rektor der Universität Fribourg, vorgestellt. Von *Opus Dei* weiss immer noch niemand Bescheid.

Am 11. April 1979 schaut man auch in Schongau Fernsehen. In der 'Blickpunkt'-Sendung über *Opus Dei* wird in einem knappen Satz erwähnt, dass der Orden in Schongau den Bau eines Schulungszentrums plane.

Der eine Satz hat genügt, um die Schongauer auf Trab zu bringen. In den Wirtshäusern wird erregt debattiert, man hat genau zugehört und zugesehen, mit welchen Methoden *Opus Dei* operiert. Der Gemeinderat verspricht in einem Mitteilungsblatt vom April 1979, die Sache abzuklären, denn die Fernsehsendung habe «bei der Bevölkerung eine grosse Unruhe und Unsicherheit bewirkt».

Am 27. Juni 1979 findet dann die zweite Orientierungsversammlung statt. In der Einladung heisst es: «Der Gemeinderat hat sich in der Zwischenzeit bemüht, in dieser Sache eingehende Abklärungen zu treffen. Er glaubt sich heute in der Lage, die Bevölkerung objektiv informieren zu können.» Und so sieht dann die objektive Information aus: Auf dem Podium referieren vor versammelter Schongauer Bevölkerung Edgardo Giovannini als VIT-Präsident, Edwin Zobel als VIT-Vorstandsmitglied, Priester Hansruedi Freitag und Hermann Biner – allesamt von *Opus Dei*. Dekan Anton Bossart, Pfarrer in Eschenbach LU, ergänzt den einstimmigen Chor mit einer religiösen Lobrede auf den Orden. Anton Bossart ist mit Hansruedi Freitag freundschaftlich verbunden: beide sind sie Mitglieder der Vereinigung *Pro Veritate*.

Das Tagungszentrum soll 300-350 Teilnehmern Platz bieten, Unterkünfte, Schulungszimmer, Kantine und eine Tiefgarage erhalten. Dreissig festangestellte Leiter und Mitarbeiter haben für den Unterhalt des Zentrums zu sorgen, dessen Baukosten auf 10-12 Millionen Franken veranschlagt werden. Im Sommer 1979 wurde noch an der Baueingabe gearbeitet.

Der Zürcher Religionslehrerkonflikt - die heilige Mafia wird enttarnt

'Die heilige Mafia' – so hat der französische Journalist und 'Nouvel-Observateur'-Reporter Yvon Le Vaillant sein 1971 erschienenes Buch über das *Opus Dei* getitelt. In der Tat: Wie die Mafia agiert *Opus Dei* hinter verschlossenen Türen, unter Deckadressen – aber um nichts weniger aktiv als die sizilianischen Gangster. Weder die verschiedenen Heime für Studenten und Studentinnen, weder die Jugendclubs, weder die Zentralen an der Restelbergstrasse und an der Susenbergstrasse, weder die *Kulturgemeinschaft Arbor* noch die *Limmat-Stiftung* noch der *Verein Internationales Tagungszentrum* sind als Maschen im Netz des *Opus Dei* gekennzeichnete Domizile des Ordens. Unter der Tarnung, deren Zweck wohl auch darin besteht, reichen Spendern das Geld aus der Tasche zu locken, verbirgt sich emsige Aktivität. Die Indoktrinierung Jugendlicher an den Zürcher Mittelschulen durch Religionslehrer des *Opus Dei* und die daraus entstandenen Konflikte mit Eltern und anderen katholischen Religionslehrern haben die 'heilige Mafia' schliesslich ans Licht der Öffentlichkeit gezerrt. Am 13./14. Januar 1979 erschien in der NZZ ein dreiviertelseitiger Artikel unter dem Titel: «Stählerne Keule in einem gepolsterten Futteral – Das Wirken des *Opus Dei* in Zürich – Griff nach der Mittelschul- und Hochschulseelsorge.»

Zuständig für den katholischen Religionsunterricht und die Mittelschulseelsorge in Zürich ist das römisch-katholische Generalvikariat. Von den insgesamt achtzehn Religionslehrern gehörten seit 1966 vier (später drei) dem *Opus Dei* an: Maria Casal, Hansruedi Freitag, Peter Kopa und Pedro Turull. Zeitweise gab auch Fernando Orus Graf Stunden. Sie unterrichteten an den Kantonsschulen Hohe Promenade, Örlikon, Rämibühl, Stadelhofen, Wiedikon und Winterthur. Ihre Unterrichtsmethoden, Rekrutierungsoffensiven für das *Opus Dei* und die Verweigerung jeglicher Zusammenarbeit mit den übrigen Religionslehrern im Koordinationsorgan der Religionslehrerkonferenz führten schliesslich zum Bruch. «Nicht bloss die Methoden der in Zürich wirkenden *Opus-Dei*-Angehörigen – vor allem der Versuch, psychische Abhängigkeit von einem geistig-geistlichen 'Führer' in den Dienst eines Apostolats zu stellen –, sondern auch die Ziele des kürzlich 50 Jahre alt gewordenen Säkularinstituts sind im Katholizismus immer wieder Gegenstand erbitterter Auseinandersetzungen» (NZZ,13./14.1.79). Der «blinde Gehorsam», der von *Opus-Dei*-Religionslehrern von ihren «Zöglingen» gefordert wurde – «diskretes Apostolat» – wird von den Kollegen als «psychischer Terror» bezeichnet.

«Religiöse Monsterprogramme» – so die NZZ – seien verlangt worden, ein «Lebensplan», nach vorgedrucktem Formular kontrolliert, wird zitiert: «Aufstehen 05.30 bzw.06.30 – Lesung 05.45 bzw. 06.45 – Messe Freitag, Dienstag, evtl. Donnerstag, Betrachtung/Rosenkranz vor den Hausaufgaben, Stossgebet 24-24.10, Gewissenserforschung vor dem Einschlafen.» Und alles unter der ausdrücklichen Anweisung, mit niemandem ausserhalb des Ordenskreises darüber zu sprechen.

«Eine Mutter, selbst praktizierende Katholikin, erzählte uns die Geschichte ihrer Tochter, die unter dem Einfluss dieser Lehrerin ins Fahrwasser des *Opus Dei* geriet und ihre Schulleistungen so stark abfallen liess, dass sie auf Anraten der Prorektorin aus der Schule genommen wurde. Die Hoffnung der Eltern, sie damit dem Einfluss des *Opus Dei* zu entziehen, wurde durchkreuzt: 'Hinter unserem Rücken wurde ein Aufenthalt in einem *Opus-Dei*-Wohnheim in Genf eingefädelt.' Nach Zürich zurückgekehrt, zog das Mädchen gegen den Willen der Eltern in das Studentinnenheim an der Birmensdorferstrasse» (NZZ,13./14.1.79).

Aus ihrer Analyse zog die NZZ den Schluss, die Aktivitäten des *Opus Dei* entsprächen einem «gezielt und konzentriert durchgeführten Zugriff auf die Mittel- und Hochschulen».

Der ungewohnt scharfe Artikel in dem sich sonst vornehm zurückhaltenden Blatt hatte erlösende Wirkung – Lehrer und Pfarrer, die sich schon seit Jahren gegen die totalitären Praktiken von *Opus Dei* wehrten, aber aus kircheninterner Rücksichtnahme zurückhaltend geblieben waren, durften jetzt frei von der Leber berichten. Der Horgener Pfarrer Gustav Zimmermann schrieb über das «Wespennest» *Opus Dei* in den 'Neuen Zürcher Nachrichten', dem Blatt der Zürcher Katholiken:

«In meiner achtjährigen Vikarstätigkeit in Zürich bin ich der *Opus-Dei*-

Frage unter ganz verschiedenen Vorzeichen begegnet. Allen Vorzeichen war gemeinsam, dass sie das Licht der Öffentlichkeit scheuten. Nicht nur unser Pfarramt wurde jährlich um die Sechstklässleradressen angegangen, mit denen die Schüler unter dem Titel von Aufgabenhilfe und Einführung in die Mittelschule massiver religiöser Indoktrination ausgesetzt wurden. Die Tendenz, junge Menschen in Gewissenskonflikte zu bringen und ihnen dann religiöse Übungen aufzuerlegen (Beichte, Messbesuch, Gebet usw.) ist zwar bei einigen Eltern immer wieder auch auf Beifall gestossen. Vor allem bei jenen, welche sich in die vorkonziliare Zeit fester Ordnungen und klarer Weisungen zurücksehnten. Nach meiner persönlichen Erfahrung wehrte sich aber die Mehrheit gegen diese Art religiöser Erziehung. Viele Schüler (vor allem die ichstarken) zogen die Konsequenzen und antworteten mit Austritt aus dem Religionsunterricht. Die leichter Beeinflussbaren gerieten in den Sog des *Opus Dei*» (NZN, 27.1.79).

Der Örlikoner Kantonsschullehrer Anton Hafner:

«Meistens beginnt alles ganz harmlos und unverdächtig. Katholische Schüler erhalten nach ihrem Eintritt in die Kantonsschule Örlikon während einer Religionsstunde Prospekte, welche für Aktivitäten von 'Jugendclubs' und Häusern des *Opus Dei* werben. Im letzten Frühjahr wurden beispielsweise den Erstklässlern Arbeitstechnikkurse im *Jugendclub Allenmoos* (für Knaben) und im *Studentinnenheim Sonnegg* (Mädchen) angeboten. Wie sooft fehlte in diesen Prospekten jeder Hinweis darauf, dass die entsprechenden Organisationen von Mitgliedern des *Opus Dei* geleitet werden...Aus übereinstimmenden Aussagen von Schülern, welche in den Jugendclubs des *Opus Dei* verkehrt haben...ergibt sich, dass nach der Kontaktherstellung diese Angebote Schritt für Schritt mit religiösen Forderungen verknüpft werden...Schülern, die einmal 'hineingerutscht' sind und aus irgendeinem Grund nicht mehr mitmachen wollen, fällt die Loslösung vom *Opus Dei* sehr schwer, sei es, dass sie schwere Gewissenskonflikte durchzustehen haben – meistens handelt es sich ja um Jugendliche, welche ihren Glauben eher ernst nehmen und denen der Weg des *Opus Dei* als der christliche und katholische Weg überhaupt vorgestellt wird –, sei es, dass Schüler nach ihren eigenen Aussagen in regelmässigen Zeitabständen durch Telefonanrufe belästigt werden, wenn sie längere Zeit nicht mehr ihren Jugendclub besucht haben» (NZN, 1.2.79).

Die katholische Religionslehrerkonferenz wies in einer Stellungnahme nachdrücklich darauf hin, dass der Religionsunterricht und das Verhältnis zu den Schulleitungen durch die *Opus-Dei*-Vertreter insgesamt in Mitleidenschaft gezogen würden und eine baldige Konfliktlösung nötig sei (NZN, 3.2.79).

Kantonsrat Fritz Meier erkundigte sich in einer kleinen Anfrage beim Zürcher Regierungsrat, was dieser gegen die «Methoden, mit denen Jugendliche in ultrakonservativem, kulturkämpferischem und integralistischem Sinn beeinflusst werden», zu unternehmen gedenke.

Opus Dei reagierte auf die Vorwürfe mit der Sturheit der Traditionalisten. Hansruedi Freitag, Religionslehrer an der Kantonsschule Örlikon, wies seine Schüler an, sie sollten für ihn beten. Und in einer Erwiderung an die NZZ liess er die Darstellung seines Ordens im Satz gipfeln: «Was im Artikel letztlich angegriffen wird, ist die Lehre der katholischen Kirche, wenn auch am Beispiel einer Institution (des *Opus Dei*), die dieser Lehre treu sein will» (NZZ, 9.2.79).

Nach anfänglichem Zögern und dem Versprechen einer «genaueren Abklärung» zog das Generalvikariat den Schlussstrich unter die Zürcher Affäre: «Da die zur Erteilung katholischen Religionsunterrichtes an den Zürcher Mittelschulen beauftragten drei Mitglieder des *Opus Dei* trotz wiederholter Aufforderung nicht bereit waren, die in der Öffentlichkeit gegen sie erhobenen Vorwürfe mit den zuständigen katholischen Stellen zu besprechen, und weil sich eine Zusammenarbeit mit den übrigen 15 Religionslehrern als unmöglich erwiesen hat, sehen sich das Generalvikariat und die Zentralkommission gezwungen, die Religionslehrer aus dem *Opus Dei* auf Ende Schuljahr 1978/79 in ihrer Tätigkeit einzustellen» (NZZ, 14.3.79).

Der Entscheid im Zürcher Kulturkampf wurde auch von protestantischer Seite begrüsst. In einer Stellungnahme dankte der Schweizerische Protestantische Volksbund dem Generalvikariat für die «Entfernung der Fanatiker» und warnte: «Weil diese Religionslehrer aber weiterhin (wenn auch unter privatem Namen) für die im Hintergrund agierende millionenschwere Organisation *Opus Dei* wirken werden, besteht die Gefahr, dass der konfessionelle Friede ernsthaft gestört und die geduldig aufgebaute ökumenische Zusammenarbeit der beiden grossen Kirchen in Frage gestellt werden. Wir Protestanten haben daran nicht das geringste Interesse und (wie wir wissen) die Mehrheit unserer katholischen Mitbürger auch nicht!» (NZN, 21.4.79).

Opus Dei an den Hochschulen

Dass *Opus Dei* sich immer an die akademische – zukünftige oder bestehende – Elite gewandt hat und wendet, ist kein Zufall: Hier paart sich die integralistische Ideologie der Berufung zum «Führer» mit dem weltlichen Bewusstsein müheloser Geldbeschaffung. Ärzte, reiche Witwen, Professoren, Führungskräfte der Wirtschaft – entweder unterstützen sie via *Limmat-Stiftung* und *Kulturgemeinschaft Arbor* wohlmeinend den Bildungsnachwuchs des Abendlandes, oder geben als Mitglieder der Ordenshierarchie ihren Lohn gegen ein Taschengeld dem *Opus Dei* ab.

In der *Schweizerischen Studenten-Zeitung* (SSZ) verfügt *Opus Dei* über einen ständigen Sitz. Ein interner Krach in diesem in einer Auflage von 40'000 Exemplaren gestreuten «konservativen Gegengewicht» brachte die Auseinandersetzungen um den Einfluss des *Opus Dei* ans Licht – allerdings mit den Verdunkelungen, die innerrechten Widersprüchen eigen sind. Auslöser der Affäre war ein Artikel des SSZ-Chefredaktors Bernhard im

Oberdorf mit dem Titel «Kirche, Macht und Erotik» (Juni/Juli 1978). Nach dessen Erscheinen hatte *Opus-Dei*-Numerarier Martin Rhonheimer als Herausgeber des Blattes seinen Freund und Verleger der SSZ, Herbert Meier, vor die Alternative gestellt, Chefredaktor Im Oberdorf zu entlassen oder selbst zu gehen. Das Ultimatum wurde zugunsten von Rhonheimer entschieden und Im Oberdorf auf Ende September 1978 gekündigt. Darauf ist die gesamte Redaktion plus Mitarbeiter zurückgetreten.

Laut eigener Aussage hat Bernhard im Oberdorf – unter Freunden BiO geheissen – sich in der SSZ stets gegen ideologische und personelle Beeinflussungsversuche des *Opus Dei* via Rhonheimer zu wehren gehabt. Peter Kopa war im Mai 1974 von Rhonheimer als redaktioneller Mitarbeiter eingebracht worden, zwei Jahre später wurde er von Im Oberdorf aufgrund seiner *Opus-Dei*-Mitgliedschaft und mangelhafter Präsenz gekündigt.

Im Oberdorf schildert die Affäre mit Rhonheimer in einem Interview mit dem Blatt der gleichnamigen Gruppe *Studentenring* (November 1978) so: «Schliesslich habe ich die Mitgliedschaft von Martin Rhonheimer im *Opus Dei* auf indirektem Weg erfahren – es wurde da nicht mit offenen Karten gespielt. Über dieses Engagement war ich sehr beunruhigt, weil das *Opus Dei* als Zielpublikum die kommende Elite hat...Somit ist das Zielpublikum auch die akademische Jugend, wobei natürlich die SSZ ein ideales Forum zur Beeinflussung dieser Leute darstellen würde.»

Der Blätterwald der studentischen Rechten

Als Reaktion auf die linksdominierte Studentenpolitik gründeten rechtsgerichtete Studenten im Februar 1970 die *Neue Studenten-Zeitung* – mit Herbert Meier als Verleger, Ralph R. Faes als Herausgeber und Martin Rhonheimer als Zentralredaktor. Interne Meinungsverschiedenheiten und unterschiedliche parteipolitische Ausrichtungen führten im Frühling 1972 zu einer Spaltung. Das Landesring-Mitglied Faes, der über enge Beziehungen zur Gruppe Cincera/Scharpf verfügte, gründete die *Hochschul-Zeitung* (HZ) und konnte als Rechnungsrevisoren Hans Scharpf von der Hagelversicherung und den St.Galler Hochschuldozenten Rolf Dubs gewinnen. Herbert Meier, damals Sekretär der *Republikanischen Bewegung* des Kantons Aargau, gründete zusammen mit Rhonheimer die *Schweizerische Studenten-Zeitung* (SSZ) – in einem Zeitpunkt, als das Überleben des *Abendland* unsicher war. Martin Rhonheimer war auch eine Zeitlang Zentralredaktor im *Abendland*.

Nach dem Krach in der *Schweizerischen Studenten-Zeitung* hat der entlassene Chefredaktor Bernhard im Oberdorf im Mai 1979 die eigene Monatszeitung *die synthese* (Auflage 33'200) lanciert. Sie soll der «von Marx gestifteten Weltanschauung auf der geistigen Ebene eine Alternative» entgegensetzen.

Martin Rhonheimer

Martin Rhonheimer selbst ist als Herausgeber der SSZ ausgeschieden und durch seinen Bruder Daniel ersetzt worden. Martin (*18.6.50) ist nach seinem Zürcher Studium zu theologischen Studien nach Rom gegangen, als Numerarier des *Opus Dei* wird er allen Voraussetzungen nach Priester werden wollen. Seit 1970 hat er sich als rechter Studentenpolitiker an der Universität Zürich profiliert, war journalistisch auch bei der NZZ tätig und promovierte 1977 bei Zürichs rechtskonservativem deutschen Philosophieprofessor Lübbe, dessen Assistent er in den Jahren 1972–78 war, zum Doktor. Lieblingsthemen sind ihm konservative politische Philosophie und Familienfragen – letzteres auch eher theoretischer Natur, da er sich als Ordensnumerarier ewige Keuschheit geschworen hat. Seine Dissertation trägt den Titel «Politisierung und Legitimitätsentzug. Totalitäre Kritik der parlamentarischen Demokratie in Deutschland». Im Juli 1979 ist sein erstes Buch erschienen: «Familie und Selbstverwirklichung. Alternativen zur Emanzipation».

Daniel Rhonheimer hat den Höhenflug in den rechtskatholischen Himmel nicht geschafft – aber als Supernumerarier auf der zweiten Laienstufe der Hierarchie wird auch er den Einfluss des *Opus Dei* auf die SSZ geltend zu machen wissen.

Unklar im Zeitungsstreit bleibt die Rolle von Herbert Meier. Das *Opus Dei* ist ihm – so erklärte er – mittelalterlich suspekt. Martin Rhonheimer sei zwar sein persönlicher Freund (die beiden haben sich in der Schulzeit am Kollegium Sarnen kennengelernt), aber dessen Eintritt in den Orden habe er nie erfahren. Er sei vermutlich 1974/75 erfolgt, und seine Enttäuschung über die Geheimhaltung könne er nicht verbergen. Auch habe er Im Oberdorf angeboten, auf Daniel Rhonheimer zu verzichten und ihm den Herausgeberposten offeriert – eine Aussage, die von Im Oberdorf bestätigt wurde.

Wie dem auch sei – der Kurs der SSZ bleibt konservativ, und wie stark sich im Pluralismus der Rechten *Opus-Dei*-Gedankengut durchsetzen wird, bleibt zu verfolgen.

Klerikaler Geheimbund mit elitärer Ideologie

Was ist das *Opus Dei*? Eine innerkatholische Geheimorganisation? Eine rechtsreligiöse Laiensekte? Eine klerikalfaschistische Mafia? Oder schlicht ein Verband katholischer Christen, die den Anschluss an die moderne Welt verpassen wollen?

Nach eigenen Angaben zählt das *Opus Dei* in der Schweiz 250 Mitglieder, wovon rund fünfzig Numerarier sind. Nach den Priestern stehen diese auf erster Stufe der internen Hierarchie, von der zwar betont wird, sie sei «geistiger Natur». Numerarier müssen das Gelübde auf Keuschheit, Armut und Gehorsam ablegen und in – nach Geschlechtern getrennten – Gemeinschaften leben. Assoziierte Numerarier sind denselben Bedingungen unterworfen, leben aber nicht in Gemeinschaft, weil sie extern ihrem Beruf nachgehen. Die Supernumerarier dürfen heiraten, ihr Armutsgelübde gilt nur für sie persönlich, nicht aber für die Familie. Sogenannte Oblaten gehören im Gegensatz zur Elite der oben erwähnten – mit demselben Gelübde – zum Fussvolk, sie haben keine akademische Ausbildung genossen. Auxiliarier schliesslich besorgen in den Zentren des *Opus Dei* der Crème die Handarbeit, die Mitarbeiter unterstützen den Orden in irgendeiner Weise.

Wer den oberen Stufen der Hierarchie angehört, gibt dem Orden den weltlich verdienten Lohn gegen ein Taschengeld ab, Mitarbeiter entrichten einen Jahresbeitrag.

So ist die Struktur straff gegliedert, intern geschlossen und nach aussen flexibel: Politisch handelt der einzelne immer in eigener Verantwortung – so will es die Ideologie – aber immer handelseinig mit der Doktrin, deren Ursprung im franquistischen Faschismus Triumphe gefeiert hat. Wer dem Orden beitritt, ist verpflichtet, spanisch zu lernen, da die interne Zeitschrift nur in dieser Sprache erscheint.

Opus Dei, der Geheimbund: Ist man in den Clan aufgenommen, gehört man zur künftigen Führung von Welt und Kirche, die wieder Einheit sein soll – der Ordensbeitritt wird, letzte Referenz an Lust und Laster – mit einem Glas Champagner gefeiert (einem).

Der Geheimbund im Klerus: Blättert man in den Verzeichnissen der sechs Bistümer der Schweiz, sind nur drei Priester als dem *Opus Dei* angehörig erkennbar. Mindestens acht jedoch sind für den Orden tätig (Zahlen in Klammern: Geburtsjahr/Weihejahr):

Josef Bonnemain (* /78), Auguste Costa (*40/64), Hansruedi Freitag (*31/60), Fernando Orus Graf (*44/69), August Lopez Kindler (*37/70), Nerio Medici (*49/78), Peter Rutz (*41/75), Pedro Turull (*28/68).

Theologische Kritik am Opus Dei

Der geheimbündlerische und diskussionsfeindliche Charakter der *Opus-Dei*-Doktrin, deren Engstirnigkeit, ist innerhalb des Katholizismus mehrfach schon zur Kritik gestanden. Die angesehene internationale Zeitschrift für Theologie 'Concilium' schrieb: «Denn es scheint beinahe unmöglich, dass es so fanatische und darum so seltsam entfremdete Menschen geben soll. Wer sich jedoch in das Hauptwerk von Msgr. Esgrivá, 'Camino' (Der Weg), vertieft, wird bald feststellen, dass die Wurzel des Fanatismus und der Entfremdung genau in diesem Buch liegt...Ausmass an Sturheit...dass die Wahrheit und das Gute für die Mitglieder des *Opus Dei* nichts ist, was der Mensch selbständig entdeckt, sondern etwas, das ihm vom Oberen vorgesetzt wird, etwas, das bedingungslos zu akzeptieren ist, weil ihm die ganze Wahrheit und das Gute innewohnen ... räumt 'Der Weg' nicht die geringste Möglichkeit kritischen Geistes ein und anerkennt nicht das Recht, selbständig zu denken oder Befehle zu kritisieren. Unter solchen Voraussetzungen muss alles möglich sein. Möglich ist ohne Frage die Annullierung und Entfremdung der Person. Möglich ist darüber hinaus, dass diese entfremdete Person obendrein auch noch mit grösster Selbstzufriedenheit und Selbstsicherheit auftritt. Und möglich ist vor allem, dass ein hemmungsloser Umgang mit Geld, Macht und Ansehen als Mittel zur Evangelisierung gutgeheissen wird» (José M. Castillo, Heft 11/1978).

In der Tat: Von der eingangs verkündeten Verheissung, in den Tempel der Elite aufgenommen zu werden, über Schuld und Sühne der Sinne führt Esgrivás in 999 Aphorismen gestuftes Buch in die direkte Unterwerfung: «Dutzendmensch werden? Du – zum grossen Haufen gehören? Du bist zur Führung geboren (16) Zu denken, dass du für einen Augenblick der Befriedigung, der in dir einen gallenbitteren Nachgeschmack hinterlässt, 'den Weg' verloren hast! (137) Innere Abtötung. Ich glaube nicht an deine innere Abtötung, wenn ich sehe, dass du die Abtötung der Sinne verachtest und beiseite lässt (181) Gehorchen – sicherer Weg. Den Vorgesetzten mit rückhaltlosem Vertrauen gehorchen – Weg der Heiligkeit (941).»

Esgrivás 'Weg', Auflage über 2,6 Millionen und in 34 Sprachen übersetzt, ist die Bibel des *Opus Dei.* Esgrivá selbst wird «Der Vater» genannt, für ihn wird gebetet.

Der bedeutende Schweizer Theologe Hans Urs von Balthasar ist in einer 1963 erschienenen Untersuchung über den Integralismus den politischen Spuren der rechtskatholischen Strömungen nachgegangen. Das *Opus Dei* bezeichnete er damals als «stärkste integralistische Machtballung in der Kirche». Über den 'Camino' – «ein Handbüchlein für höhere Pfadfinder» – und das *Opus Dei* – ein «logenähnliches Gebilde» – schrieb er zusammenfassend: «Aufs ganze gesehen, ist der Integralismus eine post-revolutionäre Denkart und Bewegung, welche die mehr als tausendjährige Liga zwischen geistlicher und weltlicher Macht im Gedächtnis und im Blut hat und sie, soweit sie in der früheren Gestalt unwiederbringlich ist, in neuer, diesmal innerkirchlichen Form abzubilden bestrebt ist. Hieraus erklären sich übrigens die steten Annäherungen zwischen kirchlichem Integralismus und politischem Royalismus: zur Zeit der Restauration, stärkstens in der Bewegung der *Action française* und in deren Nachwehen und wohl auch im spanischen *Opus Dei*» (Wort und Wahrheit, Nr. 18/1963).

Timor Domini – die Furcht des Herrn aus Stein am Rhein

«Quo vadis alma mater friburgensis?» Wohin treibt die Fribourger Universität? Die gewichtig lateinisch formulierte Frage prangte auf dem Titelblatt der in einer Auflage von 150'000 Exemplaren am 7. Februar 1972 erschienenen Probenummer einer neuen Zeitung: *Timor Domini – Organ der Schweizerischen Bewegung für Papst und Kirche.*

Arnold Guillet

Verleger und Chefredaktor Arnold Guillet (*28.1.22) aus Stein am Rhein im Editorial zu den Motiven: «Die Krise an unserer katholischen Landesuniversität ist Tatsache geworden. Ihre Behebung wird eine grosse geistige Auseinandersetzung nach sich ziehen. Nachdem es sich gezeigt hat, dass ordentliche Professoren der Universität Freiburg Thesen vertreten, die – wie unsere Nummer zeigen wird – der katholischen Lehre um hundertachtzig Grad entgegengesetzt sind, hat sich die *Schweizerische Bewegung für Papst und Kirche* entschlossen, mit einem eigenen Organ an die Öffentlichkeit zu treten, um dem Papst und Bischof Mamie zu zeigen, dass sie nicht allein dastehen, andererseits, um ein Diskussionsforum zu schaffen und eine Informationslücke zu schliessen. Das Schönste ist, dass nun auch in der katholischen Kirche demokratisch beschlossen wird, was von Gottes Geboten noch zu halten ist und was nicht und dass die Hierarchie, allen voran der Papst, den Tanz um das sex-te Kalb gnädigst zu sanktionieren hat.»

Soweit der Schlachtruf des Blattes, das der Inhaber des religiösen *Christiana-Verlages* (Stein am Rhein), Arnold Guillet, neu auf den Markt geworfen hatte.

Anlass der Entrüstung war der über unsere Landesgrenzen hinaus diskutierte 'Fall Pfürtner'. Der Dominikanerpater Stephan H. Pfürtner, Professor für Moraltheologie an der Universität Fribourg, hatte in einem Vortrag vom 3. November 1971 in Bern angriffige Thesen zur Sexualmoral vertreten – jeder Mensch habe das Recht auf sexuelles Glück und die katholische Kirche sei in Sachen Sittlichkeit nicht unfehlbar. Pfürtner, auf Druck des Fribourger Bischofs Pierre Mamie von der päpstlichen Glaubenskongregation im Geheimverfahren verurteilt, musste gegen den Willen der Studenten zurücktreten und legte darauf sein Priesteramt nieder.

Wer traf sich hier zur Hatz auf Pfürtner? Neben Guillets Editorial war unter dem Titel «Angriff auf die christliche Sexualmoral» ein offener Brief an den Rektor der Universität Fribourg abgedruckt. Darin wurde dieser aufgefordert, «dafür zu sorgen, dass nicht einzelne Mitglieder des Lehrkörpers die Studenten und das Volk subversiv beeinflussen mit Ideen, die mit der katholischen Morallehre nicht mehr vereinbar sind». Die zwölf Unterzeichner repräsentierten ein Gemisch politischer Aktivisten und brav altväterisch entrüsteter Kaplane:

Der Gossauer Fabrikant Fridolin Eisenlohr-Hoegger, Arnold Guillet und Herbert Meier vom *Abendland* kennen sich schon aus der *Wilhelm-Röpke-Gesellschaft.* Guillet und Meier hatten sich ausserdem im März 1971 zur Gründungsversammlung der Vereinigung *Pro Veritate* in Trimbach getroffen und waren so mit Fragen der Sexualmoral bestens vertraut. Pfarrer Anton Schraner aus Studen SZ hatte zusammen mit Guillet 1971 in einem *Abendland*-Artikel den progressiven Dominikanerpater Gonsalv Mainberger zum Abgang von der Kanzel aufgefordert (Nr. 56/1971). Schraner ist Verfasser eines im *Christiana-Verlag* erschienenen 'Katholischen Katechismus', mit seinem Verleger Guillet hat er sich jedoch seither verkracht.

Weiter gehören zu den Unterzeichnern: Kaufmann und Inhaber des Stewardess-Dienstes Willy Enk, Bern; Prälat und Pilgerführer Kaplan Emil Gschwend, Montlingen SG; Kaplan Paul Kathriner, Kehrsiten NW (er distanziert sich heute von *Timor Domini*); Fabrikant Josef Künzli, Jestetten/BRD; Kaufmann Christian Michel †; Spiritual Josef Schafer, Fribourg (er sei nicht mehr dabei, weil man es ihm «von oberer Stelle verboten» habe); Nestor Eduard P. Zenklusen, Feldkirch, und der Priester Prof. Albert Drexel †.

Albert Drexel und Fridolin Eisenlohr-Hoegger gehören in den Lefebvre-Kreis: Drexel war Leitartikler der traditionalistischen Wochenzeitung *Das Neue Volk* (Goldach SG), wo er regelmässig gegen das II. Vatikanum wetterte, und Eisenlohr hat später für *Una Voce Helvetica* das Kurhaus Weissbad gekauft.

Guillets Editorial im ersten *Timor Domini* gibt einen Einblick in die Spannweite von Ideologie und Politik dieser *Schweizerischen Bewegung für Papst und Kirche*: «Der Staat hat den 'Fall Villard' (gemeint ist der ehemalige SP-Nationalrat und Militärdienstverweigerer Arthur Villard, Verf.), die Kirche hat den 'Fall Pfürtner'. Beide Fälle wurden bisher nicht gelöst, nur vertagt. In beiden Fällen handelt es sich um Leute der Linken, die sich jener Institutionen bemächtigen möchten, deren Grundlagen sie negieren. Die Parallelität und Simultaneität gibt zu denken.»

Soweit das Politische. Und kennzeichnend für die vorkonziliäre Tendenz die lateinische Bezeichnung des Blattes: «...haben wir als Namen für unsere Zeitung ein Wort aus der Heiligen Schrift gewählt, das viele moderne Theologen nicht einmal dem Namen nach zu kennen scheinen: '*Timor*

Domini'. Als Christen wissen wir um das Glück, dass wir uns als Kinder mit grenzenlosem Vertrauen in die Arme Gottes werfen dürfen - und trotzdem muss auch als Korrelativ die 'Furcht des Herrn' uns die unendliche Grösse Gottes und die Tatsache, dass wir unnütze und sündige Knechte sind, vor Augen führen.»

Für den Papst oder Lefebvre?

Mit einer politischen Offensive gegen Pfürtner war *Timor Domini* gestartet. Im Spannungsfeld der Auseinandersetzungen um Lefebvre hat sich die *Schweizerische Bewegung für Papst und Kirche* anfänglich auf die Seite des rechtsrebellischen Erzbischofs von Ecône gestellt und sich dabei die Marke *Bewegung für Papst und Kirche* als geschickte Tarnkappe übergestülpt. Diejenigen der ersten Stunde, die sich heute von *Timor Domini* distanzieren, mussten bald mit Verwunderung vom Anti-Papst- und Pro-Lefebvre-Kurs Kenntnis nehmen.

Die Bewegung für Papst und Kirche im deutschsprachigen Europa

Die *Schweizerische Bewegung für Papst und Kirche* stammt aus Deutschland. Ihr Vorbild ist als *Bewegung für Papst und Kirche* 1967 auf Initiative des Regensburger Bischofs Rudolf Graber entstanden, der «alle positiven und konservativen Kräfte im deutschsprachigen Katholizismus sammeln wollte», wie uns der Vorsitzende der deutschen Bewegung, Pfarrer Theodor Kurrus aus Bad-Krozingen-Tunsel schrieb. Die *Bewegung für Papst und Kirche* hat ihren Sitz in Frankfurt am Main und ein Sekretariat in Salzburg. Exponenten dieser Bewegung tauchen immer wieder im Umfeld von Karl Friedrich Grau auf. Ihre Zeitschrift in Deutschland ist *Der Fels*, in Österreich *Die Entscheidung*. Im Vorstand der *Bewegung für Papst und Kirche* ist aus der Schweiz Theodor Brunner von *Una Voce Helvetica* Mitglied.

Das 1967 verfasste Manifest der *Bewegung für Papst und Kirche* ist eine sprachlich kostümierte Ablehnung der Reformen des Zweiten Vatikanischen Konzils, papsttreu formuliert: «Wir stehen zu den Verlautbarungen des Zweiten Vatikanischen Konzils, so wie sie im Wortlaut vorliegen. Wir bekennen uns ebenso zum Vaticanum I. und zum Tridentinum sowie zu allen Konzilien und definitiven Entscheidungen des kirchlichen Lehramtes und darüber hinaus zur ganzen zweitausendjährigen Tradition der Kirche.» Der erste Satz wird inhaltlich von den nachfolgenden aufgehoben. Lefebvre hat solche widersprüchlichen Formulierungen zur Meisterschaft entwickelt.

Wo es aber gegen kritische Theologen ging, konnten sich die Anhänger der alten Liturgie, die altväterisch-konservativen Papsttreuen und die Politaktivisten alleweil treffen. Schon am 24. September 1970 fand im Kongress-Saal Schützengarten in St.Gallen eine Kundgebung der *Schweizerischen Bewegung für Papst und Kirche* statt – Motto «Schweizer Katholiken stehen zum Papst...und distanzieren sich von Küng!» Zum Thema stand das Buch des Schweizer Theologen und Tübinger Professors Hans Küng 'Unfehlbar? Eine Anfrage', worin dieser würzig das päpstliche Dogma zerzupfte.

Redaktor Guillet im Editorial der Nummer vom 26. August 1975 räsoniert sitzend «An den Strömen Babels» (so der Titel): «Einzelne Theologen haben in der Kirche den Strom abgestellt. Wir stehen nicht mehr unter der Spannung zwischen der Grösse Gottes und der Liebe Gottes...Die Hauptaufgabe der Kirche ist der Kult...Entsakralisierungsprozess...In vielen Pfarreien hat man die Verehrung der Gottesmutter auf Sparflamme gesetzt...Wir haben in der Kirche ein Trojanisches Pferd, von dem aus die Feinde der Kirche ziemlich offen ihre Ausfälle machen dürfen.»

Lefebvre oder Papst, das war in dieser Zeit die Kernfrage, aber *Timor Domini* hätte am liebsten die lateinische Liturgie und den alten Kult mit dem Papst gepflegt.

So zielte die Linie auf Kompromiss: Am 20. Juli 1975 besuchte eine Dreierdelegation der befreundeten *Freien Priestervereinigung der deutschen Schweiz* Lefebvre in Ecône – Spiritual Willi Fillinger, Pater Barnabas Steiert und Pfarrer Anton Frei. Inhalt der Aussprache: Das Priesterseminar von Ecône müsse vor dem Untergang gerettet werden und darum möge sich der Erzbischof doch mit dem Papst versöhnen. Der Anlass wurde in *Timor Domini* ausführlich rapportiert und der Bericht der Delegation zusammen mit einem Unterstützungsbrief der Priestervereinigung an *Timor Domini* abgedruckt. Darin wurde die Zeitschrift ermuntert, «alles zu tun, was die Vergiftung der Atmosphäre mildern könnte».

Nazisympathien

Im neuen Papst Johannes Paul II. hat *Timor Domini* die Figur gefunden, in der sich die Absage an kritische Theologie, Symbolfigur christlichen Märtyrertums aus dem Osten und stille Duldung vorkonziliärer Liturgieformen in Einheit verkörpern. Redaktor Guillet über das «Jahr der drei Päpste»: «Nun, wir durften in den letzten Wochen wie kaum je zuvor die Hand des Herrn spüren, wir wissen wieder, er ist der Herr der Kirche, der alles lenkt» (6.12.78).

Sonst malt das Blatt munter mit der bunten Palette: Gegen das dänische Filmprojekt 'Das Liebesleben Jesu Christi' empfiehlt es den Lesern, zum Protest keine dänische Butter, Fleisch und Geflügel mehr zu kaufen; Emil Rahm schreibt über die «Russlandheimkehrer» (das heisst die aus der

UdSSR auswandernden Deutschen), und manchmal kommt auch ein Nazifreund zu Wort – zu einem vom *Christiana-Verlag* herausgegebenen Buch über Mozart schreibt der deutsche Pfarrer Edmund Fleck aus Kronau: «Ihre dogmatische Erklärung der mozartschen Kirchenmusik ist sonst nirgends zu finden; was mich besonders erfreut, ist die Tatsache, dass Sie die Kirchenmusik Mozarts aus einer römisch-katholischen Glaubenshaltung heraus erklären. Ich freue mich, kein deutsch-katholisches, religiöses und liberales Gesäusel und Geschmuse zu lesen. Bei uns im Reich, zurzeit BRD, ist das so widerlich, und unsere Bischöfe schweigen dazu» (6.12.78). Der Brief wurde «statt einer Rezension» kommentarlos publiziert.

Die Redaktionsköpfe der in einer Auflage von 50'000 vierteljährlich gestreuten Zeitung (nach eigenen Angaben 20'000–30'000 Abonnenten), gleichzeitig Prospekt für Guillets *Christiana-Verlag*, wechseln permanent. Nach der März-Nummer 1979 ist Redaktionsmitglied Herbert Meier ausgestiegen. Er rechnet sich als Verdienst an, *Timor Domini* von Lefebvre gelöst zu haben. Anlass seines Austritts war ein früherer Artikel über den Wiener Kardinal Franz König, worin dieser der Freimaurerei bezichtigt worden ist. Der Autor Hans Baum aus Nürnberg hatte seine Behauptungen auf das österreichische Nazi-Blatt *Neue Ordnung* gestützt. Meier wollte die Publikation verhindern und Guillet hat ihn dann doch in die Spalten gebracht – was prompt einen Ehrverletzungsprozess nach sich zog, den *Timor Domini* verlor.

Wer die *Schweizerische Bewegung für Papst und Kirche* eigentlich sei, wusste niemand der befragten Redaktoren vom Organ dieser Bewegung *Timor Domini* zu sagen. Herbert Meier antwortete schliesslich: Arnold Guillet und die Abonnenten.

Zumindest klingende Münze lässt sich mit dieser Art von strengem Katholizismus machen: Arnold Guillet versteuert ein Jahreseinkommen von 109'500 Franken und ein Gesamtvermögen von 712'000 Franken (Steuerrechnung 1977/78).

ARMA – Aktion gegen religiöse Machtpolitik

Gegen die Jesuiten, gegen die römisch-katholische Überfremdung, gegen Weltkirchenrat und Ökumene: Die *Aktion gegen religiöse Machtpolitik* (ARMA), Postfach, 3654 Gunten BE, ist eine merkwürdige Mixtur, protestantisches Pendant zu den katholischen Traditionalisten und kleingewerbliche Splittergruppe aus den Überfremdungsparteien.

Die ARMA wurde im Mai 1973 im Anschluss an die Jesuitenabstimmung gegründet. Am 20. Mai 1973 war mit einer Volksabstimmung das seit 1848 in der Bundesverfassung bestehende Jesuitenverbot, ein Überbleibsel des Kulturkampfes des letzten Jahrhunderts, aufgehoben worden. Die ARMA in ihrer programmatischen Proklamation: «Das Prinzip der Glaubens- und Gewissensfreiheit sowie die Legitimität unserer Verfassung wurde insbesondere seit der Wiederaufnahme der illegalen Tätigkeit von Jesuiten in der Schweiz laufend und zielbewusst untergraben.»

Initiator und Präsident der ARMA ist der Berner Hoteldirektor Werner Scherrer (*1930), der in Gunten das Christliche Familienhotel Parkhotel führte. Seit dem 1. April 1979 übt er aber «vollzeitlich und hauptamtlich» mit einer Sekretärin die Leitung der ARMA aus.

Zum politischen Sturm auf die Hochburgen von Parteien und Kirche blies die Aktion im März 1975 mit der in einer Auflage von 341'500 gestreuten *arma-press – Informationsblatt der Aktion gegen religiöse Machtpolitik.* Werner Scherrer, der zusammen mit ARMA-Sekretär Fabrikant Josef Lieberherr (*1922), Bützberg BE, und Dr. Peter Rüst als verantwortlicher Redaktor zeichnete, zog im Leitartikel «Schach der Manipulation» Bilanz: «Unter der geschickten Leitung von Kreisen der CVP und gebührender Assistenz der römisch-katholischen Hierarchie wird in unserem Lande eine kräftige Rekatholisierung betrieben...Seit Jahren läuft in der Jura-Frage ein gut eingespieltes Teamwork mit dem Ziel, einen katholischen Kanton Jura ins Leben zu rufen. Er wird die Machtverhältnisse in der Schweiz sehr stark zugunsten römischer Interessen verändern...Nach der Preisgabe des Jesuitenartikels durch unser Stimmvolk kann der Vatikan seine beste Truppe nun auch in der Schweiz voll einsetzen...Der Totalausverkauf ist in unserer reformierten Landeskirche weit vorangeschritten. Weil man nichts mehr mit dem Glauben anfangen kann, macht man in Politik. Der Weltkirchenrat ist mit der Verpolitisierung der Kirchen auf völlig verkehrtem Wege ... Es ist die Tendenz zur Weltkirche unter der Oberaufsicht des Papstes...Zudem zeigen Ökumenebeeinflusste und verschiedene Parteien ohnehin schon eine merkliche marxistische Tendenz.»

Das war bitter. Dr. Beda Schweizer wusste im gleichen Blatt unter dem Titel «Schweizer sein oder etwas anderes – das ist die Frage» die Tendenz unter einem weiteren Aspekt zu beleuchten: «Auch wenn jede weitere Einwanderung gebremst wird, so wird der dauernde Geburtenüberschuss der römisch-katholischen Bevölkerung zu einer raschen Steigerung des Übergewichtes führen.»

Es galt zu handeln. ARMA-Präsident Werner Scherrer fand im Winterthurer Versicherungsberater Dr.iur. Max Wahl (*1923) seinen «politischen Weggefährten und persönlichen Freund» für den Kampf auf der Parteienebene. Die antikatholische Ideologie hatte Scherrer allerdings nicht daran gehindert, als Redner der interkonfessionellen *Aktion Solidarität mit den verfolgten Christen* am ersten Berner Schweigemarsch vom 20. September 1975 aufs Podest zu steigen: Hier referierte er über Christenverfolgungen in Osteuropa. Scherrer war auch Redaktionsmitglied der aus diesem Anlass gedruckten Zeitung *Christen in Not.*

Die Eidgenössisch-Demokratische Union – politischer Arm der ARMA

Max Wahl war Mitunterzeichner der von Emil Rahm organisierten *Aktion gegen eine Gefährdung der Demokratie*, die am 18. Juni 1973 an Bundesrat und kantonale Erziehungsdirektoren eine Petition zur Bekämpfung der «Unterwanderung der Schulen und Kirchen (Ökumene)» durch Linksextreme und Jesuiten überreicht hatte. Wahl sammelte Dissidente aus James Schwarzenbachs *Republikanischer Bewegung* und der *Nationalen Aktion* zur *Eidgenössisch-Demokratischen Union* (EDU), die im September 1975 aus der Taufe gehoben wurde und zu der sich auch Abtrünnige der Evangelischen Volkspartei, die sich gegen die Aufhebung des Jesuitenverbots engagiert hatten, gesellten. Darunter der *Schweizerische Bund aktiver Protestanten* (SBAP), der sich «Aufklärung und Kampf im Blick auf Gefahren, die durch Gegenreformation, ökumenistische Bestrebungen und Irrlehren drohen», auf das Banner schreibt. SBAP, ARMA und EDU zeichneten gemeinsam den Wahlaufruf für die Nationalratswahlen von 1975 und gewannen mit der EDU-Liste in den Kantonen Bern und Waadt je ein Prozent der Stimmen, in Zürich ein halbes.

Die *Eidgenössisch-Demokratische Union* (Postfach 174, 8050 Zürich) qualifiziert sich als «Die Partei ohne Parteipolitik» und stellt «Solidarität, Souveränität und Legalität» als Leitmotiv in ihr Grundsatzprogramm, gegen Klassenkampf, staatlichen Dirigismus, Bürokratie und internationale Multis, für Volk, Verfassung, Biopolitik und Lebensqualität. Ihr Organ ist der «mindestens vierteljährlich» erscheinende *Eidgenoss – Informationsblatt zur eidgenössischen Besinnung*. Laut Aussage von Verleger und Redaktor Max Wahl erreicht das Parteiblatt manchmal «über 100'000 Auflage».

Im April 1978 wurde Werner Scherrer als einziger EDU-Vertreter in den Berner Grossen Rat gewählt.

So leben ARMA und EDU in religiöspolitischer Symbiose. EDU-Zentralpräsident Wahl gratuliert im unregelmässig erscheinenden Blatt *arma-information* (deutsch und französisch) seinem Weggefährten Scherrer zum Wahlsieg: «Die *Eidgenössisch-Demokratische Union* (EDU), welche vor allem darum kämpft, unserer Bundesverfassung und dem von ihr angerufenen Schirmherrn den richtigen Platz in der schweizerischen Gesellschaft wieder einzuräumen, verfolgt durch direkte Einschaltung in die Politik das gleiche Anliegen wie die ARMA. So ist es naheliegend, dass in den Reihen der EDU auch etliche Männer und Frauen der ARMA mitwirken, nicht zum Nachteil beider, wie der EDU-Start in den bernischen Grossratswahlen zeigte.»

Scherrers erster politischer Vorstoss im Berner Kantonsparlament ist im verregneten Badesommer 1978 landesweit berühmt geworden: die Motion betreffend blutter Busen im Berner Marzilibad, die allerdings nicht überwiesen wurde, worauf Scherrer namens eines *Komitees gegen die Verwilderung der Badesitten* 15'000 Unterschriften für eine entsprechende Initiative sammelte. Die Volksinitiative führte gleich zum ersten Hauskrach in der EDU: Im Juli 1979 empfahl Präsident Max Wahl den Rückzug, da «Sex als Aufhänger für politische Publizität» unbrauchbar sei.

Nach verlorener Jesuitenschlacht konzentrierten sich ARMA und EDU auf die Jurafrage. «Nein zum Kampfkanton Jura» – unter dieser Parole demonstrierten sie am 31. August 1978 in Bern. Werner Scherrer referierte in seiner Eigenschaft als Grossrat und Mitglied des *Schweizerischen Aktions-*

Schweizerischer Bund aktiver Protestanten

Der *Schweizerische Bund aktiver Protestanten* (SBAP) ist ein «Verein von bibeltreuen Bürgern aus evangelischen Landeskirchen, Freikirchen und Gemeinschaften». Vereinssitz ist Bern, Sekretär ist Hans Müller, Postfach 1253, 8036 Zürich. Der SBAP gibt ein dreimonatlich erscheinendes Blatt *Das Signal* heraus. «Warum schweigen wir nicht?», heisst es im Editorial der März/April-Nummer 1979: «In den Kirchen stellen wir heute einen gefährlichen Trend fest: 'Für Neues offen zu sein'. Was versteht die Kirche darunter? Es ist ein Anpassungsakt, eine Annäherung an das Denken der heutigen Welt.» Der SBAP ist das Gegenstück zu Organisationen der katholischen Traditionalisten und will die «Treue zu den Anliegen der Reformation» hochhalten.

komitees gegen einen Kanton Jura, der Präsident der *Unité bernoise*, Yves Monnin aus Biel und Geneviève Aubry, Grossrätin und Präsidentin einer jurassischen Frauengruppe in Tavannes, ergänzten seine Ausführungen. Das *Schweizerische Aktionskomitee gegen einen Kanton Jura* war am 17. August 1978 auf EDU-Initiative in Aarau gegründet worden. Ohne Unterstützung ihrer Parteien waren neben sieben EDU-Mitgliedern die Nationalräte Karl Flubacher(FDP), Hans Ulrich Graf (SVP), Hans Roth (SVP) und Heinrich Schalcher (EVP) als Aktivisten darin vertreten.

Jesuitische Taktik, Geheimkontakte Bundesrat Kurt Furglers mit Separatistenführer Pierre Béguelin – für die *Aktion gegen religiöse Machtpolitik* ist der neue Kanton Jura die Fünfte Kolonne des Vatikan in der Schweiz. Groteske Verschwörerängste: Die Ökumene, organisiert im Weltkirchenrat, materialisiert sich auf politischer Ebene in helvetischen Landen in einer bevorstehenden Fusion von CVP und EVP, wobei letztere die lakkierten sind.

Kulturkampf aus dem 19. Jahrhundert, hervorgeholt ins Zeitalter des zentralisierten Bundesstaates und gewürzt mit der schmerzlichen Einsicht, im Denken und Handeln unter die Räder von Politik und Ökonomie geraten zu sein – was resultiert, ist verbitterte Ideologie und süsser Wahn der Betrogenen, die sich hier Luft verschaffen. Ohnmacht kompensiert sich mit bombastischer Weltschau – ein Trug, der nur in trautem Freundeskreis gepflegt werden kann. Von den Herrschenden im Staat haben sie die Abneigung gegen den Sozialismus adaptiert, von der Linken die Wut über die verqueren Verhältnisse: Auf dem Stumpengeleise des Rangierbahnhofs hebeln sie verzweifelt an den Weichen zur Zukunft.

Pro Veritate – Bonaventur Meyers Abenteuer an der Sexfront

Er kennt den Sumpf der dunklen Triebe. Blanke Busen an Kiosken, Pornostreifen, Sex in Radio und Fernsehen – Bonaventur Meyer (*22.6.20) aus Trimbach bei Olten hat aus der Leidenschaft Profession gemacht.

Bonaventur Meyer

Eigentlich wollte er katholischer Priester werden, ist dann aber doch ins Eisenhandelsgeschäft seines Vaters eingestiegen, und aus der hehren Absicht, Dantes 'Göttliche Komödie' zu aktualisieren, ist bislang auch nichts geworden. Dafür hat er sich gründlich mit den Tragödien menschlichen Lebens befasst. Nachdem er eine eigene Werkzeugmaschinenfabrik seinem Bruder überlassen hatte, begann er die privatpolitische Laufbahn mit der Gründung des religiösen *Marianischen Schriftwerkes* und des *Schweizerischen Jugendkiosks* im Jahre 1959.

Am 25. März 1971 ist es dann soweit: Als vollamtlicher Sekretär hebt Bonaventur Meyer die interkonfessionelle Vereinigung *Pro Veritate* aus der Taufe. Der durch Spenden finanzierte Verein gibt ihm Lebensunterhalt und politisches Kampfinstrument, um «die für die Öffentlichkeit wichtigen Publikationsmittel im christlichen Geist zu beeinflussen», wie es in den Statuten zum Vereinszweck heisst. Denn der Plan, mit Bundeshilfe von einer halben Million eine eigene Presseagentur zu gründen, um die «Quellen der Information zu korrigieren», war laut Meyer an linker Opposition gescheitert.

Volksführer wider die Volksverführer

Glücklicher Vater von neun Kindern, kämpft Bonaventur Meyer den Kampf des Don Quijote gegen alles, was man landläufig und lästerlicherweise mit dem Kinderkriegen noch verbinden mag. Er selbst schaue sich die anzüglichen Filme, gegen die seine Vereinigung Protest und Einspruch erhebt, nicht selber an, denn auch er sieht seine Moral gefährdet. Woher er dann die Begründung zur Klage nehme, wollte das Schweizer Fernsehen im 'Bericht vor 8' (17.1.78) von ihm wissen. Zum Glück gebe es in Österreich einen Vorkämpfer, der ihm die delikate Beschreibung der corpora delicti liefere.

Der Mann in Österreich kommt aus Linz, heisst Martin Humer und hat die daselbiglichen Gerichte dergestalt beschäftigt, dass er sich auf Beschluss des Bezirksgerichtes Wien psychiatrisch untersuchen lassen musste.

Gegen die im Fernsehen DRS am 30. November 1977 ausgestrahlte Telearena zum Thema Jugendsexualität reichte *Pro Veritate* beim Zürcher Bezirksgericht Klage ein. «Die Kamera blendet sich ein in die Intimsphäre des Mädchenschlafzimmers und hält die begierliche Liebesvereinigung der beiden Kinder dem Massenpublikum feil» – so die (genüssliche?) Schilderung der Szene.

Die Bezirksanwaltschaft stellte schliesslich das Verfahren ein. Erfolg der Moralapostel war immerhin, dass Ruedi Walter in der Radiosendung 'Samschtig Mittag' vom 10. Dezember den Text Werner Wollenbergers 'Eine ganze Stadt voll Unmoral' nicht lesen durfte, da aufgrund der *Pro-Veritate*-Klage ein schwebendes Verfahren vorlag, in welches das Radio nicht eingreifen durfte.

«Das Volk muss geführt sein» – so die Rechtfertigung Bonaventur Meyers privater Zensur: Ein Mann, der ohne Sex nicht leben kann, zumindest nicht ohne denjenigen der anderen.

Vierblättriger Klee in Trimbach

Neben *Pro Veritate*, einem Verein, der rund 25 Mitglieder und 8000 Gönner zählt, betreut Bonaventur drei weitere Vereinigungen:
– den 1959 gegründeten *Schweizerischen Jugendkiosk*, der jährlich rund 100'000 sittentreue Schriften in Verkauf bringt. Er wird vom Bund und einigen Kantonen subventioniert.
– den katholischen Sender *Vox Fidei*, dessen Aufnahmestudio sich ebenfalls in Trimbach befindet und der seit 1973 von Malta und Portugal aus wöchentliche Radiodienste in deutscher, französischer und russischer Sprache ausstrahlt. Der Kostenaufwand von einer halben Million pro Jahr wird ebenfalls von Spenden finanziert. Ehrenamtlicher Betreuer und gelegentlicher Kommentator: Bonaventur Meyer.
– das *Seelsorge-Zentrum* mit Dokumentationsstelle, 1967 gegründet, ist interkonfessionelles Versandhaus für Tonbänder, Dias und Bücher.

Die vier Vereinigungen an der Holdermattstrasse 32 im solothurnischen Trimbach werden von fünf voll- und fünf nebenamtlichen Mitarbeitern betreut.

Der Vorstand der *Pro Veritate* präsentiert sich 1979 aus vier Mitgliedern: Präsident und Sekretär Bonaventur Meyer, Hausfrau Nelly Fröhlich, Frauenfeld TG, Laborant Fritz Langenegger, Zürich, und Maschinentechniker Jean Staedeli, Orvin BE – halb evangelisch, halb katholisch. Buchhaltung und Kasse besorgt Alfons Gebert, Brittnau AG. Über 140'000 Franken Spendeneinnahmen weist die Jahresrechnung 1978 aus, sie dienen zur Finanzierung der sporadisch erscheinenden *Pro-Veritate-Informationen*, die als Flugblätter in einer Auflage von bis zu 20'000 unters Volk gebracht werden.

Mit gleichgesinnten ausländischen Organisationen in Europa pflegt *Pro Veritate* den Kontakt in der *Vereinigung europäischer Bürgerinitiativen zum Schutz der Menschenwürde*, deren schweizerische Sektion, im August 1978 gegründet, von Vorstandsmitglied Frau Fröhlich präsidiert wird.

Als *Bewegung aktiver Christen* demonstrierte *Pro Veritate* am 21. Mai 1978 mit dreihundert Teilnehmern in Luzern gegen Abtreibung, Unzucht

Von rechts nach ganz rechts: Ernst Gollub (Sekretär des *Schweizerischen Weissen Kreuzes*), Pfarrer Theo Bertschi (Präsident des *Schweizerischen Weissen Kreuzes*) und der deutsche Nazi Rechtsanwalt Manfred Roeder (den wir im Kapitel 'Die Nazis' näher vorstellen). Das Foto entstand an der *Pro-Veritate*-Gründungsversammlung vom 25. März 1971 in Trimbach. Weiter nahmen daran teil: Bonaventur Meyer als Geschäftsführer, Georges Weber als Präsident, Genf; Herbert Meier vom *Abendland*; die Pfarrer Marcel Vierville, Weggis LU, Anton Bossart, Eschenbach LU, und Paul Gerhard Möller (damals Leiter der Zürcher Stadtmission, jetzt im bundesdeutschen Zelle als Superintendant im Ruhestand; Walter Gasser (damals Sekundarlehrer, jetzt hauptamtlicher Sekretär der Vereinigten Bibelgruppen Zürich), Niedergösgen SO, Arnold Guillet (Inhaber des *Christiana-Verlages),* Georges Chassot (Direktor der Dokumentationsstelle zur Bekämpfung jugend- und volksschädigender Druckerzeugnisse), Bern; Gertrude Konrad (Initiantin der Petition zur Eindämmung der Pornografie), Evilard bei Biel.
Erster Vizepräsident der *Pro Veritate* wurde Gerhard Schäfer aus Aarburg AG. Der *Opus-Dei*-Priester Hansruedi Freitag schloss sich bald nach Gründung der Vereinigung an.

und für «Reine Jugend – starkes Volk», als *Verein besorgter Eltern* protestierten Mitglieder gegen die Telearena.

Bonaventur Meyers private Anti-Porno-Lobby wird von den Kirchen nicht offiziell unterstützt, umso mehr sucht er seinerseits Pfarreien, Behörden und Politiker für den Kampf zu gewinnen. Von einem Besuch beim rechtsrebellischen Erzbischof Lefebvre im Sommer 1975 kam er mit «Zweifeln an der Authentizität päpstlicher Verlautbarungen zurück», was Lefebvres Verurteilung durch den Vatikan betrifft (*Timor Domini* , Nr. 3/1975).

Auf dem politischen Feld hat sich *Pro Veritate* in Zusammenarbeit mit *Ja zum Leben* und *Helfen statt töten* Mitte der siebziger Jahre im Abstimmungskampf gegen die Fristenlösung engagiert, Kontaktstelle zwischen Katholiken und Protestanten gespielt und sich dann dem dissidenten Referendumskomitee gegen das Schwangerschafts-Bundesgesetz angeschlossen.

«Es ist einer handvoll pflichtvergessener Zeitungsmacher zuzuschreiben, dass eine wachsende Zahl pillenschluckender Mädchen um den ganzen Inhalt ihres Lebens betrogen werden» – so Meyers Fanfare gegen Fristenlösung, «Massenmörderinnen» und die «Henker» von Ärzten.

Tatkräftige Unterstützung hat Bonaventur im damaligen Bundesanwalt Hans Walder gefunden, der seinerseits im einsamen Kampf an der Pornofront auf Schützenhilfe der *Pro-Veritate*-Mitglieder im Parlament zählen durfte. Dazu gehörten und gehören CVP-alt-Nationalrat Josef Tschopp, SPS-Nationalrat und Berner Regierungsstatthalter Emil Schaffer, der Luzerner alt Ständerat Franz Xaver Leu (CVP), CVP-alt-Nationalrat Josef Leu (Präsident der Schweizerischen katholischen Bauernvereinigung) und LdU-alt Nationalrat Karl Ketterer †. Ketterer hatte in der Frühlingssession 1972 eine Interpellation «zur Überflutung unseres Landes mit Pornographie» gestartet: «Sieht man denn nicht, dass die sexuelle Anarchie der Nährboden ist für Verrohung, Gewalttätigkeit, Antiautorität und Rauschgift?», wollte er vom Bundesrat wissen.

«Hilfeschrei eines Vaters an *Pro Veritate*: Unser Sohn war ein prächtiger Bursche, bis zu seinem 16. Lebensjahr, fröhlich, einsatzbereit, ehrlich. Bis er an die Kantonsschule kam. Und dann wurde er versaut. Antiautoritäre Agitation, nihilistische Literatur, Sexhefte und Sexfilme an allen Ecken, Pop- und Rockmusik in Verbindung mit Drogen...»

Zahllose Flugblätter in diesem Stil streut die Vereinigung, um die Schweiz vor dem Weltuntergang zu retten.

«Jegliche Aufklärung, die dem Heranwachsenden vor allem die verschiedenen Methoden der Empfängnisverhütung klarmachen will, ist ein pädagogischer Fehlgriff und fördert die menschlichen Verirrungen, die vor allem in der Irrlehre von Sigmund Freud ihre Ursache haben...»

Die Zeit steht still in Trimbach.

Ja zum Leben und Helfen statt töten – Katholiken und Protestanten gegen die Liberalisierung des Schwangerschaftsabbruchs

Zerstückelte menschliche Embryos in Vierfarbendruck auf Glanzpapier: In ihrem Kreuzzug gegen eine Liberalisierung des Schwangerschaftsabbruchs marschierten die Gegner mit nicht eben zimperlichen Mitteln ins Feld. Die im Abstimmungskampf um die Fristenlösungsinitiative schliesslich erfolgreiche Front katholischer und protestantischer konservativer Kreise begann sich 1971 als Reaktion zu formieren. Im Juni dieses Jahres hatte ein Komitee, worin Freisinn und Sozialdemokraten vertreten waren, eine Volksinitiative lanciert. Die Bundesverfassung sollte ihr gemäss mit einem Artikel 65bis ergänzt werden: «Wegen Schwangerschaftsunterbrechung darf keine Strafe ausgefällt werden.»

Die Initiative kam, unterstützt von SP, Gewerkschaftsbund und Frauenorganisationen mit 60'000 Unterschriften zustande und provozierte eine Antiabtreibungs-Petition kirchlicher Kreise aus der Westschweiz. 1972 konnte ein Komitee unter dem Motto «*Ja zum Leben* – Nein zur Abtreibung», unterstützt von konservativer Ärzteschaft und Klerus, über 184'000 Unterschriften präsentieren.

Die parlamentarisch-bundesrätliche Odyssee durfte beginnen: Ein helvetisches Hin und Her zwischen National- und Ständerat, entsprechenden Kommissionen, Bundesrat und Expertengremium – eine fünfjährige Irrfahrt mit Nullwachstum. Die Stationen: Das Eidgenössische Justiz- und Polizeidepartement setzt 1973 eine Expertenkommission ein, welche drei Varianten für straffreien Schwangerschaftsabbruch zur Auswahl vorlegt:
– bei einfacher Indikation (aus medizinischen, ethischen und eugenischen Gründen, das heisst im Falle schwerer geistiger oder körperlicher Schädigung des Kindes)
– bei erweiterter Indikation (sozialer Notlage)
– in den ersten drei Monaten der Schwangerschaft (Fristenlösung).

Die Kommission selbst, die meisten Parteien und die Frauenverbände favorisieren die fortschrittlichste Variante der Fristenlösung, das Justiz- und Polizeidepartement als Auftraggeber aber die engste erste Variante. Im Bundesrat entscheidet man sich im Juni 1974 für die zweite Variante, beantragt Gesetzesrevision und Ablehnung der Liberalisierungsinitiative ohne Gegenvorschlag. Bundesrat Kurt Furgler, dem katholisches Gewissen mit politischer Amtsverpflichtung kollidiert, weigert sich als Vorsteher des EJPD, den Antrag seiner Kollegen vor dem Parlament zu vertreten – Brugger managt die Krise in seiner Eigenschaft als Bundespräsident.

Im Ping-Pong zwischen National- und Ständerat blockiert die CVP sowohl Fristenlösung wie erweiterte Indikation: Aufgrund des parlamentarischen Patts entscheidet sich die 1973 gegründete Vereinigung für straflosen Schwangerschaftsabbruch zur Lancierung einer zweiten Initiative für die Fristenlösung. Sie wird im Januar 1976 – bei gleichzeitigem Rückzug des ersten Vorstosses – mit 67'796 Unterschriften eingereicht. Bundesrat und Ständerat empfehlen sie ohne Gegenvorschlag zur Ablehnung.

Während in Sälen, Sitzungszimmern, im Stöckli, in der Volkskammer und am Bundesratstisch debattiert, gebrütet und geschwitzt wird, Vorschläge, Papiere und Protokolle angenommen, verworfen und korrigiert werden, formiert sich draussen vor den Türen der heilige Feldzug.

Katholiken im Vormarsch: Ja zum Leben

Zuerst kommen die konservativen Katholiken. Mit CVP-alt-Bundespräsident Roger Bonvin, den die Vereinigung *Ja zum Leben* 1974 als Präsidenten gewinnt, wird der kommende Untergang des Abendlandes dräuend rekapituliert. (Vor Bonvin hatte *Pro-Veritate*-Präsident Georges Weber das Präsidium von *Ja zum Leben* inne.)

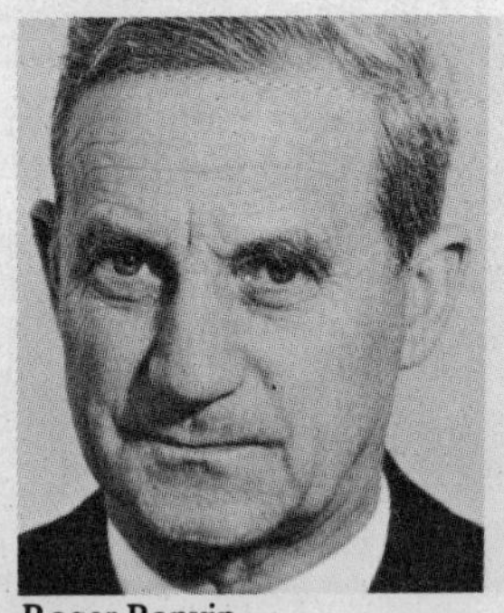
Roger Bonvin

Der Walliser Bonvin (*12.9.07), humanistische Bildung in der Stiftsschule Einsiedeln, Bundesrat, Familienvater von sieben Kindern, im Militär Oberst und in der Religion ein enger Freund Erzbischof Lefebvres, schreibt im Editorial von *Ja zum Leben*, dem Organ der gleichnamigen Vereinigung im Mai 1976 unter dem Titel «Angriffe auf die Familie»: «Seit einigen Jahren sieht sich die Familie offen oder versteckt systematisch angegriffen. Denken wir an literarische Produkte, an die Presse, wo zu oft Kräfte, welche die Familie und die Ehegemeinschaft zersetzen, als Befreiung glorifiziert werden ... Nahrungsmittel sind unter ständiger Kontrolle von speziellen Kontrollstellen – aber die Nahrung des Geistes und des Herzens untersteht keiner Kontrolle! .. Erinnern wir uns: Wir haben eine Anti-Schamgefühl-Welle gehabt, gegen die Reinheit, gegen sexuelle Disziplin, eine Welle gegen die Liebe und für die Zoologie. Dann eine kaschierte und harte Kampagne gegen den Vater, den Erzeuger, den Familienvater: Sie hat sich auf den Chef erstreckt, auf alle Vorgesetzten, und sogar auf Gott als den Vater aller – alle sind sie verachtungswürdig, weil Patriarchen! Die folgende Welle, sie dauert immer noch an, ist die Anti-Mutter-Welle mit ihrer Demonstration gegen das Ehe- und Hausfrauendasein. Die Frau, befreit von erniedrigender und demütigender Hausarbeit, geht in die Fabrik – und die Kinder in die Krippe. Logischerweise folgt die Anti-Kinder-Welle ...»

Wie Bonvin weiter ausführt, ist das Ende die Zerstörung der westlichen Gesellschaft überhaupt, hinter der die Rockefeller-Stiftung stehe.

Eine eher weltliche Affäre liess ihn dann im Sommer 1977 als Präsident von *Ja zum Leben* zurücktreten: Wegen des Furkatunnel-Debakels fürchtete Bonvin, zu einer Belastung für die Vereinigung zu werden.

Weniger intellektuell, aber ebenso enragiert kämpft die Basis: Eine militante Aktivistin von *Ja zum Leben* reist mit einem viereinhalb Monate alten Fötus von Veranstaltung zu Veranstaltung und stellt das Spiritusglas jeweils befürwortenden Referentinnen und Referenten der Fristenlösung vor die Nase.

In Inseraten wird den Betagten Angst eingejagt: «AHV-Rentner brauchen ein nein. Die fehlenden Glieder unserer Gesellschaft zahlen keine Rentenbeiträge.»

Sogar die Schweizer Bischöfe distanzieren sich offiziell von dieser Stimmungsmache.

Leserbriefkampagnen werden organisiert. Aus einem Brief «An unsere Mitglieder und Gesinnungsfreunde» vom Juni 1977: «Falls Sie zu wenig dokumentiert sind oder sich zu wenig schreibgewandt vorkommen, sind wir gerne bereit, Ihnen behilflich zu sein. Sie können bei unserem Sekretariat Unterlagen und eine Reihe von Muster-Leserbriefen bestellen, welche sich mit den häufigsten Argumenten der Anhänger einer 'Fristenlösung' auseinandersetzen.» In einem entsprechenden Aufruf ist zum Abschnitt «Unterschrift» vermerkt: «immer ihre Eigene, nicht im Namen von *Ja zum Leben*».

Fünfzigtausend Mitglieder, zweihundert freiwillige Kader, zehn Sekretariatsangestellte und vierzehn regionale Sektionen hat *Ja zum Leben* kontra Fristenlösung in Marsch gesetzt – als Abstimmungsorganisation ein Sammelbecken verschiedenster privater Vereinigungen und politischer Parteien.

Protestanten ziehen mit: Helfen statt töten

Nicht minder rührig ist die protestantische Flanke der Fristenlösungsgegner, die im Juni 1974 gegründete Aktion *Helfen statt töten*, die SVP-alt-Bundesrat Friedrich Traugott Wahlen (*10.4.1899) in ihr Patronatskomitee portiert.

«Aus dem Tagebuch eines Ungeborenen: Erst heute hat meine Mutter erfahren, dass ich bei ihr bin. Ich habe mich sehr darüber gefreut...Mein Herz schlägt wundervoll. Ich fühle mich so geborgen und bin sehr glücklich...Heute hat mich meine Mutter umbringen lassen.»

Oder echt eidgenössisch: «Wir Staatsbürger, die das Licht der Welt noch nicht erblickt haben, protestieren gegen die Bedrohung unserer Existenz.»

Den Protest liess sich *Helfen statt töten* etwas kosten. Mehrmals erschienen während der Abstimmungskampagne ganzseitige Inserate in der mit über einer Million gratis gestreuter Exemplare auflagestärksten Zeitschrift der Schweiz, dem 'Pro' – 13'225 Franken pro Seite.

Unterstützt wird die private Abstimmungslobby vom überparteilichen *Schweizerischen Aktionskomitee gegen die Fristenlösungsinitiative*, der CVP, die eine halbe Million in den Abstimmungskampf investiert und der römisch-katholischen Kirche des Kantons Zürich, die mit 155'000 Franken Steuergeldern die Kampagne von *Ja zum Leben*, Schwangerschaftshilfe und Caritas finanziert. Auch Papst Paul VI. höchstpersönlich bezieht in einem Interview mit dem Tessiner Fernsehen Stellung gegen die Fristenlösung.

Am 25. September 1977 kommt dann schliesslich die Abstimmung: Die Fristenlösungsinitiative wird bei ausserordentlich hoher Stimmbeteiligung mit 52 Prozent Neinstimmen verworfen, nur die Kantone Basel, Genf, Neuchâtel und Waadt nehmen klar an. Die politische Landschaft: Einhellig unterstützt wurde das Volksbegehren zu letzter Stunde nur noch von der Linken, dem Landesring, dem Jungfreisinn und den FDP-Frauen gegen die Konfessionsparteien. Freisinn, Liberale und *Nationale Aktion* blieben gespalten.

Der Referendumsstreit – die Spaltung von Ja zum Leben

Doch das Traktandum ist politisch noch nicht vom Tisch gewischt. Es geht zur zweiten Runde: Am 28. Mai 1978 kommt das Bundesgesetz über den Schutz der Schwangerschaft und die Strafbarkeit des Schwangerschaftsabbruchs zur Abstimmung. Es entspricht einer modifizierten Indikationenlösung. Zur medizinischen Indikation kommen die eugenische, juristische (Schwangerschaft aufgrund einer Vergewaltigung) und bei schwerer sozialer Notlage. Das Gesetz stellt einen Rückschritt gegenüber der bereits bestehenden Praxis liberaler Kantone dar. Neu müsste die Frau zusätzlich zu Arzt und Psychologe das Gutachten eines Sozialarbeiters einholen, und alle Berichte müssten von einer Staatsstelle kontrolliert werden.

Im Oktober 1977 wird das Referendum zuerst von der Linken ergriffen, dann sekundiert von einer Dissidentengruppe der Vereinigung *Ja zum Leben*. Von den insgesamt 95'000 Unterschriften gehen 55'000 aufs Konto der Linken. Das Bundesgesetz wird abgelehnt, der Kreis helvetischen Abstimmungstrotts hat sich geschlossen.

In der Referendumsfrage hat sich die einheitliche Front der Liberalisierungsgegner aufgelöst. Während die Protestanten von *Helfen statt töten* das Bundesgesetz unterstützen, spaltet sich an der Delegiertenversammlung vom August 1977 das katholische *Ja zum Leben* in eine Deutschschweizer und eine Welsche Front. Mit 23:14 Stimmen spricht sich die Vereinigung gegen das Referendum aus, die unterlegenen Sektionen der Region Ostschweiz (St.Gallen, Appenzell, Thurgau, Glarus), und der Kantone Bern (deutschsprachiger Teil), Zürich und Aargau schliessen sich in einem Referendumskomitee zusammen. Unter der Redaktion von *Abendland*-Herausgeber Herbert Meier, Elisabeth Granges, Liebefeld BE, Dr.med. Alois Holenstein, Rapperswil SG und Dr.med. Margrit Reck-Waldis, Altstätten SG, geben die Dissidenten fortan in einer Auflage von rund 38'000 ein paralleles *Informationsbulletin der Vereinigungen Ja zum Leben* (Postfach 204, 8035 Zürich) heraus und nominieren sich zum Vorstand.

In der ersten Nummer vom Frühjahr 1978 wird das am 13. Februar 1978 gegründete Referendumskomitee vorgestellt, das parallel zum linken Unterschriften sammelte. Präsidiert wird es von der Zürcher Hausfrau Dr. phil. Susy Sguaitamatti (*5.6.47). Den Vizeposten übernimmt die Zürcher Bezirksrichterin Dr. Marlies Näf-Hofmann, Zentralvorstandsmitglied des Schweizerischen Gemeinnützigen Frauenvereins, Mitglied der Eidgenössischen Kommission für Frauenfragen, seit 1976 im leitenden Ausschuss des *Schweizerischen Aufklärungs-Dienstes*. Näf-Hofmann, vom Bezirksgericht zur Jahreswende 1978/79 neu mit der Verantwortung

Greuelbilder (oben) in der Abstimmungskampagne der Fristenlösungsgegner: Die zerstückelten Embryos sind mindestens sechs Monate alt, es handelt sich um Frühgeburten.
Den Betagten wird Angst eingejagt: Ein Inserat von *Ja zum Leben* (rechts) will im Abstimmungskampf die AHV-Rentner mobilisieren.

für die Abteilung Eheschutz bedacht, ist von der SVP zur EVP übergewechselt, wo sie sich mit der Konservierung des Scheidungsrechts befasst. Zweiter Vizepräsident ist der Zürcher Physiker Michel Dupont.

Als Mitglieder sind aufgeführt: Die CVP-Nationalrätinnen Dr.iur. Elisabeth Blunschy-Steiner (Präsidentin der Caritas Schweiz), Schwyz, und Dr. oec. Hanny Thalmann, St.Gallen. Die Ärzte Stanislaus Monn, Regensdorf, Adelheid Grüninger, Stans, Hans Baer, Küsnacht ZH, Margrit Reck-Waldis, Alois Holenstein, und Bernhard König, Jegenstorf BE. Weiter Diplomingenieur Ramon Granges und Elisabeth Granges, Liebefeld BE, Herbert Meier, Markus Zeller, Romanshorn, Ottilie Pleisch, Luzern, Hans Jenzer, Bützberg BE, Prof. Jean de Siebenthal, Lausanne, Spitalverwalter Pius Stössel, Uznach, Paul Burgener, Visp und der ehemalige Walliser CVP-Generalsekretär und Lefebvre-Freund Roger Lovey, Fully.

Aktuar der Zürcher Sektion von *Ja zum Leben*, obwohl selbst reformiert, ist Cincera-Anwalt Werner Wichser (Büro Guex und Wichser), der es in seinem NZZ-Artikel vom 11. Februar 1975 «Vom Ungeheuerlichen der Fristenlösung» gegen die «Befürworter des 'Rechtes auf den eigenen Bauch'» zu folgendem philosophischen Erguss brachte: «Ganz abgesehen davon, dass der Bauch vom Augenblick der Empfängnis an kein 'eigener' mehr ist, sondern das notwendige und gesamtgesellschaftlich relevante Gehäuse eines neuen menschlichen Lebens...»

Pressebeauftragter der Zürcher Sektion ist der Dübendorfer Waffenplatzpsychiater Jean-Jaques Hegg, dessen Schmiss im Gesicht ihn stetig an die burschenherrlichen Zeiten bei der Studentenverbindung *Alemannia* erinnert. Von der *Republikanischen Bewegung* ist er zur *Nationalen Aktion* übergewechselt, in deren Namen er am 1. April 1979 erfolglos für den Zürcher Regierungsrat kandidierte.

«Wer den Krieg nicht verlieren will, darf sich um eine zweite Schlacht nicht drücken, mag sie auch noch so grosse Opfer verlangen. Wir wissen, dass wir für Menschenrecht und Menschenpflicht in diesem Lande kämpfen»- den Schlachtruf setzte Herbert Meier im Editorial des Dissidentenbulletins Nr. 1 von 1978 auf die Titelseite.

Die Referendumsgegner von *Ja zum Leben* machten vor allem taktische Motive geltend. Den Dissidenten in ihren Reihen warfen sie eine ungewollte Allianz mit der Linken vor: «Wir können es nicht verantworten, Gruppierungen, die im Kampf gegen die Fristenlösung unsere Gegner waren und nun das Referendum ergriffen haben, durch unsere Hilfe am Referendum zu unterstützen, schlussendlich eine ganz liberale Lösung zu erhalten», schreiben sie nach der Spaltung im Informationsbulletin *Ja zum Leben* (Nr. 63/64, 1977).

Sie wählten im September 1978 einen interimistischen Vorstand, der vom Zürcher Universitätsassistenten Carlo Luigi Caimi präsidiert wird. Sekretär ist Diplomingenieur Michel Uldry, Lausanne. Im Vorstand sind als Mitglieder Hans Rudolf Dudle, Solothurn, Otto Egger, Solothurn, Benjamin Egli, Muttenz, Marie-Therese Hofstetter-Delaloye, Bern, und Monique Ruffieux, Torny-le-Grand FR. Informationschef ist Josef Grübel, Bern.

Ihr *Offizielles Organ der Schweizerischen Vereinigung Ja zum Leben* (Postfach 1709, 3001 Bern) erscheint monatlich in einer Auflage (dreisprachig) von 28'000.

Das Organisationskartell von Helfen statt töten

Die Protestanten, geübter in Ethik und Geist des Kapitalismus, bauen auf die Kaderorganisation, deren Mitglieder via Verbindungen zu verwandten Clubs die Feldherrenhügel in der Schlacht der Fristenlösungsgegner besetzt halten. «Unser Ziel ist nicht ein zahlenmässig grosser Verein, sondern ein schlagkräftiges Zentralkomitee, das zugleich den Trägerverein unserer Bewegung bildet», heisst es im Protokoll der Jahreshauptversammlung vom 1. November 1975 der Aktion *Helfen statt töten*. Der damals gewählte Vorstand repräsentiert das politische Spektrum der protestantischen Abtreibungsgegner. (Die Jahreshauptversammlung war übrigens so gut besucht, dass nur zwei der Anwesenden nicht im Vorstand Platz fanden.)

EVP-Nationalrat Otto Zwygart (*30.5.11) aus Köniz führt das Präsidium. Pfarrer Theo Bertschi, Oberdiessbach BE, als Vize, und Sekretär Ernst Gollub, Dürrenäsch, kommen als Gründungsmitglieder aus dem Anti-Porno-Verein *Pro Veritate*. Die Dokumentation betreut Dr.med. Ernst Kuster, Chur, von der *Hilfsaktion Märtyrerkirche*. Die Pressestelle betreut *Memopress*-Herausgeber Emil Rahm aus Hallau, der laut Protokoll «bedauert, dass von Seiten der Kirchen und Freikirchen bisher wenig Reaktionen» seiner «umfangreichen Pressearbeit» gekommen seien und deshalb eine «Schulungstagung für Leserbriefschreiber» vorschlägt.

Dafür bringen die diversen Versandkarteien ungewollte Multiplikatorwirkung: «Leider lässt es sich aus kostensparenden Gründen nicht vermeiden, dass einige Personen diese Schrift im Doppel erhalten», ist im *Helfen statt töten*-Informationsblatt vom Juni 1977 vermerkt. Wer auf die verschiedenen Organisationen abonniert ist, findet dasselbe Traktätchen mit verschiedener Adressierung gleich mehrfach im Briefkasten – so auch mit dem Versand der *intern-informationen* des Rechtsvagabunden Karl Friedrich Grau.

Weiter sind im Vorstand von *Helfen statt töten*: Inspektor Paul Graf, Bettingen, Pfarrer Herbert Kast, Bern, Werner Lüscher, Oftringen, Hansjörg Münger, Köniz und Therese Spycher, Flamatt.

Seit November 1977 führt der Wettinger EVP-Grossrat Heiner Studer das Präsidium der Aktion, sein Vorgänger und Parteifreund Zwygart ist ins Patronatskomitee hinübergewechselt.

Das Patronatskomitee dient als politisches Aushängeschild. Vertreten sind darin: alt Bundesrat Friedrich Traugott Wahlen, EVP-alt-Nationalrat

Willy Sauser (*Hofer-Klub*), die FDP-Nationalrätin Liselotte Spreng, LdU-alt-Nationalrat Karl Ketterer †, Pfarrer Walter Lüthi, Bern und Prof.Dr. med. J. Lutz aus Zollikon.

Das Informationsblatt *Helfen statt töten* erscheint rund viermal pro Jahr in einer Auflage von 15'000.

Der Sekretär von *Helfen statt töten* Ernst Gollub betreut mit seiner Frau Margrit in Dürrenäsch AG auch das Sekretariat des *Schweizerischen Weissen Kreuzes* und die Redaktion dessen fünfmal jährlich erscheinenden Heftchens *Freiheit+Kraft*, der «Zeitschrift für Sexualethik und Seelsorge», deren Zielpublikum «sowohl junge wie auch ältere und ganz alte Menschen» sind. Über die «Reifeentwicklung junger Menschen» kann die angesprochene Menschheit etwa lesen:«...wird dem jungen Menschen in seinen vielfältigen Versuchungen verdeutlicht werden müssen, dass gesundes seelisches Reifen nur in der sexuell ausgehaltenen Spannung möglich ist. Wo durch gewohnheitsmässige Masturbation, durch Petting oder durch vorehelich aufgenommene Intimbeziehungen sexuelle Spannungen abgebaut werden, verzögert sich die sexuelle Entwicklung oder kommt gar zum Stillstand. Unausgegorene, seelisch labile, selbstunsichere, zuweilen bindungsarme Menschen werden die Folge sein. Gesundes Reifen wird nur aufgrund des Triebverzichts gelingen können» (Nr. 2/1979).

Lustfeindlichen Protestantismus pflegt auch die im Herbst 1978 erstmals erschienene, von *Helfen statt töten* lancierte «Zeitschrift für das offene Gespräch» *rede mitenand.* Redaktionsvorsitz führt Marlies Näf-Hofmann, die damit von *Ja zum Leben* neu in den Vorstand von *Helfen statt töten* übergetreten ist, im Team mit Ernst und Margrit Gollub. In einer Streuauflage von 800'000 (eigene Angabe) verbreitet das Heft ethische Hausmannskost gegen Konkubinat, gegen die «sogenannten Homosexuellen», die an ihrer «neurotischen Krankheit» leiden, gegen schulische Sexualerziehung und rühmt sich auf dem Titelblatt als «die neue Zeitschrift, die Problemen des Zusammenlebens auf den Grund geht». Grafisch gestaltet wird sie von Rolf Holstein, der als Beisitzer der *Christlichen Ostmission* auch deren Blatt *Christus dem Osten* konzipiert. *Rede mitenand* erwies sich als medienpolitischer Reinfall und hat Mühe mit regelmässigem Erscheinen. Im Sommer 1979 stapelten sich - nach eigenen Angaben – noch «einige 100'000» bei *Helfen statt töten*, und eine zweite Nummer war immer noch nicht erschienen. Der Absatz ging auch nicht sonderlich vorwärts, als Emil Rahm seine Rimuss-Camioneure die alten Hefte mit dem Traubensaft in alle Landesgegenden verbreiten liess.

Wiedergefundene Einheit: die Initiative Recht auf Leben

Zum einstimmigen Choral der Moral trafen sich alle wieder mit der Initiative *Recht auf Leben*: *Helfen statt töten* wie die an der Referendumsfrage zerstrittenen Sektionen von *Ja zum Leben.*

Nach dem Sieg der Fristenlösungsgegner, der vor allem ein Verteidigungskampf war, soll die Initiative *Recht auf Leben* die in einigen Kantonen gehandhabte liberale Praxis wieder rückgängig machen: Die Abtreibungsgegner sind damit in die Offensive gegangen.

Die Initiative wurde am 6. Februar 1979 der Presse vorgestellt. Die Bundesverfassung soll mit einem Artikel 54bis ergänzt werden: «Jeder Mensch hat das Recht auf Leben und auf körperliche und geistige Unversehrtheit. Das Leben des Menschen beginnt mit dessen Zeugung und endet mit seinem natürlichen Tode. Der Schutz des Lebens und der körperlichen und geistigen Unversehrtheit darf nicht mit Rücksicht auf weniger hohe Rechtsgüter beeinträchtigt werden. Eingriffe sind nur auf rechtsstaatlichem Wege möglich.» Nicht nur Sterbehilfe und Fristenlösung wären damit bundesverfassiglich beerdigt, noch mehr: Frauen, die zur Empfängnisverhütung eine Spirale tragen, müsste dies verboten werden, da ja die Spirale die Einnistung des bereits befruchteten Eis (nach erfolgter Zeugung) in die Gebärmutter verhindert.

Den Initiativtext haben drei Rechtsprofessoren ausgearbeitet: der Zürcher Werner Kägi, Bernard Dutoit, Pully VD, und Jean Darbellay, Fribourg.

Das Sekretariat der Initiative *Recht auf Leben* am Bollwerk 19 in Bern ist mit Telefonnummer identisch mit dem *Ja zum Leben* Zentralsekretariat. Im Initiativkomitee (siehe Kasten) sowie im Patronatskomitee sind *Helfen statt töten* und die gespaltenen Vereinigungen von *Ja zum Leben* gemeinsam aktiv. Die Sektionen von *Ja zum Leben*, die sich an der Referendumsfrage zerstritten haben, sollen mit der Initiative *Recht auf Leben* wieder vereinigt werden.

Initiativkomitee

Das Initiativkomitee, bestehend aus nachstehenden Urhebern, ist berechtigt, diese Volksinitiative mit einfacher Mehrheit zurückzuziehen:

Präsident
Prof. Dr. iur. Werner Kägi, Spiegelhofstr. 62, 8032 Zürich

Vizepräsidentin
Frau Dr. iur. Elisabeth Blunschy-Steiner, Nationalrätin, Rechtsanwältin, Schlagstr. 10, 6430 Schwyz

Übrige Mitglieder
Mme Edmée Buclin-Favre, 28, avenue de l'Europe, 1870 Monthey VS
Carlo Luigi Caimi, via G. Pocobelli 8, 6903 Lugano
Benjamin J. Egli, Gymnasiallehrer, Unterwartweg 15, 4132 Muttenz BL
Josef Grübel, Verleger, Giacomettistr. 4, 3006 Bern
Frau Dr. med. Adelheid Grüniger, Oberärztin, 6370 Stans NW
Dr. med. Bernhard König, alt Nationalrat, 3303 Jegenstorf BE
Pfarrer Arnold Moll, Augustinerhof 8, 8001 Zürich
Frau Dr. iur. Marlies Näf-Hofmann, Kantstr. 19, 8044 Zürich
Dr. med. Jean-Jacques Pitteloud, rue du Sex 2, 1950 Sion VS
Pfarrer Dr. theol. Werner Schatz, Klingelbergstr. 57, 4056 Basel
Hans Schoch, Zentralsekretär, Geisshaldenweg 15, 8200 Schaffhausen
Pfarrer Rolf Sturzenegger, Hömelstr. 8, 8636 Wald ZH
Michel Uldry, Ing. dipl. EPF, Chemin du Grésy 27, 1012 Lausanne
Dr. iur. Leo Weber, Nationalrat, Paradiesweg 10, 5630 Muri AG

Das Initiativkomitee von *Recht auf Leben*. Mit dieser Initiative haben sich die gespaltenen Gegner einer Liberalisierung des Schwangerschaftsabbruchs wieder vereinigt.

Christliche Ostmission – Politik mit dem Evangelium

Ein computerisiertes Spendensystem, ein ausgebauter Bibelschmuggelapparat, ein Jahresumsatz von 8,73 Millionen Dollar – *Underground Evangelism* arbeitet nach amerikanischen Methoden im grossen Stil. Der damals 24jährige Reverend Joe Bass hatte die Organisation 1960 in Los Angeles gegründet, als erstes Büro diente eine Garage – man erinnert sich an den Tellerwäscher, der zum Multimillionär aufsteigt.

Hauptsitz von *Underground Evangelism*, von wo die Schwestermissionen in Europa, Kanada, Australien, Mexiko, Südafrika, Neuseeland und auf den Philippinen für China geleitet werden, ist die kalifornische Stadt Glendale in den USA. Hier blüht die Konkurrenz zahlreicher anderer Bibelschmuggel-Unternehmen, bei denen sich Geschäft und Religion manchmal nur schwer trennen lassen.

Hansjürg Stückelberger

Die Schweizer Vertretung von *Underground Evangelism*, die *Christliche Ostmission* (COM) wurde 1973 vom reformierten Zürcher Spitalpfarrer Hansjürg Stückelberger ins Leben gerufen. Er präsidiert den steuerfreien Verein, ergänzt durch Vize Pfarrer Rudolf Staub, Moudon, Christa Stückelberger-Haarbeck, Zürich, Kassier Hans Rudolf Hintermann, Beinwil am See und Grafiker Rolf Holstein, Basel. Mit Josef Bass, Präsident von *Underground Evangelism* und Beisitzer der COM, ist die Konzernleitung im Tochterunternehmen Schweiz direkt vertreten. Das Sekretariat (Postfach 42) in Rüfenacht besorgt Benjamin Wittwer.

Evangelisation im Boulevardstil

«Eine Reise in den Osten, die wir kürzlich unternahmen, wurde für uns zu einer nicht enden wollenden Glaubensprüfung ... Es war tatsächlich eine Woche, in der wir ohne Unterlass beteten. Doch unsere Gebete wurden immer beantwortet: Einmal lief unser Auto 100 Kilometer länger als normalerweise mit einer Tankfüllung, bis wir schliesslich zu einer Tankstelle mit dem richtigen Benzin geführt wurden. Vor der Abreise hatten wir einige Bibeln in unsere Koffer gepackt und eine oder zwei Taschenausgaben sogar ins Handschuhfach des Autos gesteckt. Wir hatten vorher gebetet und waren sicher, das Richtige getan zu haben. Aber was passierte als erstes an der Grenze? 'Bitte öffnen sie ihre Koffer!' Vor Schreck blieb mir fast das Herz stehen, und während der Zollbeamte die Koffer durchsuchte, betete ich inbrünstig. 'Haben sie Waffen, Drogen oder Pornographie bei sich?' fragte der Zöllner und arbeitete sich durch die Koffer. Jetzt berührte er genau die Bibeln, die ich in dicke Pullover gewickelt hatte. Aber seine Hände zögerten keinen Augenblick, er suchte weiter und redete ununterbrochen. 'Alles in Ordnung! Schliessen sie die Koffer!' Er öffnete das Handschuhfach, durchwühlte es ohne ein Wort zu sagen und ohne eine Bibel zu finden! Wie jubelten wir innerlich, als wir weiterfahren durften! Wie dankten wir Gott, voller Staunen über Seine herrliche Bewahrung. An zwei Orten lieferten wir Bibeln und christliche Literatur ab. Unser erster Kontakt, ein älterer Bruder, konnte weder unsere Sprache, noch fand er einen Übersetzer. Aber seine hellblauen Augen, umgeben von vielen freundlichen Fältchen, leuchteten in kindlicher Freude, als er unsere Pakete sah. Ehrfürchtig küsste er ein kleines Büchlein und hob es zum Himmel.»

Dieser «Bericht eines Bibelkuriers» hinter den Eisernen Vorhang war in der Mai-Nummer 1979 des Monatsblattes *Christus dem Osten* zu lesen, das seit 1972 in einer Auflage von 35'000 unter der Redaktion von COM-Präsident Stückelbergers Frau Christa in der Schweiz vertrieben wird. Die dosierte Mischung von Kinderfabel und Agentenkitzel, Evangelisation im Boulevardstil, findet Anklang: 3,57 Millionen Franken setzt die COM jährlich um (Betriebsrechnung 1977/78), zu 99 Prozent aus Spenden und Kollekten zusammengesetzt.

Christen auf der Strasse

«Auch wir können demonstrieren, nicht nur die Linken.» Mit diesen Worten kündigte COM-Pfarrer Hansjürg Stückelberger in seiner Eigenschaft als frischgewählter Präsident der *Aktion Solidarität mit den verfolgten Christen* die ersten Schweigemärsche am Bettags-Samstag vom 20. September 1975 in Zürich und Bern an. Unter Transparenten wie «Christen aller Länder, vereinigt Euch!» und «Hörst Du nicht ihr Schreien?» marschierten in Zürich fünf- bis sechstausend, in Bern rund eineinhalbtausend schweigend durch die Strassen. So friedlich allerdings nicht: In Zürich wurden Flugblattverteiler des Schweizerischen Friedensrates von Demonstranten geschlagen und mit Fusstritten traktiert, die Veranstalter verkündeten per Lautsprecher, es seien Kommunisten und man werde die Flugblätter gleich wieder einsammeln. Das Flugblatt trug den Titel «Verfolgte Christen – auch bei uns?» und informierte über die Lage der Militärdienstverweigerer in der Schweiz. Die Kundgebungsteilnehmer waren eingeladen, an der «Lösung dieser Probleme» mitzuarbeiten.

In den Landeskirchen war die *Aktion Solidarität mit den verfolgten Christen* umstritten. Am 3. September 1975 hiess es im 'Evangelischen Pressedienst': «Die Mischung von Glaube und Antikommunismus erzeugt zu leicht Fanatismus ... Die Veranstalter der für den 20. September vorgesehenen Schweigemärsche sind sich dieser Gefahr sicher bewusst. Ob dies für alle Teilnehmer gilt?»

Und die Veranstalter? Die treibenden Kräfte waren politische Aktivisten und nicht Kirchenvertreter. Das Organisationspräsidium Zürich hatte der katholische CMV-Gewerkschafter und Cincera-Intimus Ernst Borer — Präsident der *Schweizerischen Aktion für das Selbstbestimmungsrecht aller Völker* – inne. Die Public Relations und Spendenorganisation der *Aktion Solidarität mit den verfolgten Christen* besorgte Werbeberater Christoph Eibel, der Sohn von *Trumpf-Buur*-Eibel. Mit Inseraten wurde in der Presse geworben, eine Briefkampagne gestartet. «Ohne seinen Einsatz wäre die Aktion überhaupt nicht möglich gewesen ... Es ist ausschliesslich dem persönlichen Einsatz von Herrn Eibel zu verdanken, dass die Aktion auch finanziell zu einem günstigen Resultat kam (211'000 Franken, Verf.). Es gibt in der Schweiz und wahrscheinlich in Europa keinen besseren Fachmann für sogenannte Spendensammlungen», resümiert Pfarrer Stückelberger in einem Brief an einen Pfarrer, der die politisch rechtslastige Organisation kritisiert hatte.

Im Initiativkomitee der Aktion waren neben der COM das interkonfessionelle Institut *Glaube in der 2. Welt* (G2W), die römisch-katholische *Ostpriesterhilfe* und die *Osthilfe des Bundes pfingstlicher Freikirchen der Schweiz* vertreten. Die *Hilfsaktion Märtyrerkirche* lehnte auf Anfrage die Teilnahme am Komitee mit der Begründung ab, es sei kommunistisch unterwandert und überhaupt fraglich, ob die ganze Aktion nicht vom Osten gesteuert sei.

Den Aussenseitergruppen war mit der Demonstration erstmals ein vertiefter Kontakt zu offiziellen Kirchenkreisen gelungen. In Zürich hielt der Präsident des evangelisch-reformierten Kirchenrates, Pfarrer Ernst Müller, die Hauptrede, der römisch-katholische Generalvikar des Bischofs von Chur in Zürich, Hans Henny, und Pfarrer Brun, Distriktsvorsteher der Evangelisch-Methodistischen Kirche für den Kanton Zürich, teilten sich in das Fürbittegebet. Eine Resolution wurde nicht nur den angegriffenen Regierungen, sondern auch dem Ökumenischen Rat der Kirchen in der Schweiz, dem Vatikan und der Schweizerischen Arbeitsgemeinschaft christlicher Kirchen zugesandt, um der neuen Strömung innerkirchliche Präsenz zu markieren.

In Bern standen Prediger Ulrich Tschannen, Bern, Präsident des Berner Schweigemarsch-Komitees, Werner Scherrer, Präsident der *Aktion gegen religiöse Machtpolitik*, Pfarrer J.P. Lienhard, La Chaux-de-Fonds, COM-Vizepräsident Pfarrer Rudolf Staub und der Lausanner Theologiestudent Daniel Fatzer auf dem Podium. Während der Zürcher Kirchenrat sich erst

SOLIDARITÄT MIT DEN VERFOLGTEN CHRISTEN
BETET FÜR DIE VERFOLGTEN!

«Auch wir können demonstrieren, nicht nur die Linken.» Diese Parole gab COM-Präsident Pfarrer Hansjürg Stückelberger (zweiter von links) für die Schweigemärsche der *Aktion Solidarität mit den verfolgten Christen* vom Bettag im September 1975 in Zürich und Bern. Christliche Nächstenliebe war jedoch nicht oberstes Gebot: Recht unsanft wurden teilnehmende Kriegsdienstgegner behandelt.

Glaube in der 2. Welt

Glaube in der 2. Welt (G2W) führt in Zollikon ZH unter der Leitung von Pfarrer Eugen Voss ein Institut, das im Juli 1972 gegründet worden war. Der Verein gibt eine monatliche «Zeitschrift für Fragen von Religion, Atheismus und Menschenrecht», *Glaube in der 2. Welt* (Auflage 5000) sowie ein 14-tägiges Bulletin *Informationsdienst Glaube in der 2. Welt* (ID-G2W) heraus und führt eine Bibliothek mit Samisdat-Literatur. Er wird – im Gegensatz zur *Christlichen Ostmission* und der *Hilfsaktion Märtyrerkirche* – von der deutschschweizerischen evangelischen Landeskirche, der römisch-katholischen und der christkatholischen finanziell unterstützt (rund 30 Prozent des Budgets). Im allgemeinen tritt G2W massenpolitisch nicht in Erscheinung. Im Institut an der Bergstrasse 6 in Zollikon sind sechs hauptberufliche Mitarbeiter beschäftigt.

Pfarrer Eugen Voss war Informationschef der *Aktion Solidarität mit den verfolgten Christen* und aktiv im beratenden Ausschuss des *Schweizerischen Ost-Institutes.*

«nach reiflicher Überlegung» und der Betonung, es gehe «nicht um einen Kreuzzug ... nicht um ideologische Auseinandersetzung, nicht um sturen Antikommunismus» sich zur Teilnahme bereiterklärte, lehnten der Schweizerische Evangelische Kirchenbund und der Berner Synodalrat eine Teilnahme grundsätzlich ab (EPD, 24.9.75). Der Chefredaktor des 'Evangelischen Pressedienstes' Walter Wolf vermerkte in einer Beilage zur Meldung: «Man wird diese Organisationen bei der Verfolgung ihres partiellen Menschenrechtsanliegens kritiklos gewähren lassen, solange sie sich nicht als absolut ... verstehen, sich nicht gegenseitig bekämpfen oder diffamieren, sondern das Tun des andern als nötige Ergänzung des eigenen Stückwerks akzeptieren. Man wird diese Organisationen erst dann in die Schranken weisen müssen, wenn sie versuchen, die Kirchen für ihre Zwecke dienstbar zu machen ... Die *Aktion Solidarität mit den verfolgten Christen* hat versucht, die Kirchen der Kantone Zürich und Bern ... vor ihren Karren zu spannen. Mit unterschiedlichem Erfolg: die Zürcher Kirchen machten mit, die Berner Kirchen blieben fern» (EPD, 7.10.75).

Die vorsichtig dosierte Kritik löste eine Kontroverse um den politischen Kurs des 'Evangelischen Pressedienstes' in den Spalten der NZZ aus: Pfarrer Manuel Bach aus Uster, Initiant der im Juli 1975 gegründeten *Aktion gegen die Verpolitisierung der Kirchen*, berührte es «eigenartig, den 'Evangelischen Pressedienst' erst dann protestieren zu sehen, wenn ein Schweigemarsch durchgeführt wird, der sich auf Ereignisse bezieht, die hinter dem Eisernen Vorhang geschehen». Seine Begründung: «Rechtsdiktaturen sind eher vergänglich, der ungleich bösere Terror im Osten leider weniger» (NZZ, 19.12.75). Leserbriefe von A. Vogt, E. Kindt und *Stimme-der-schweigenden-Mehrheit*-Aktivist Lorenz Peisl in der NZZ-Ausgabe vom 9. Januar 1976 stiessen ins gleiche Horn. Peisl meinte, im Osten würden die Christen wegen ihres Glaubens verfolgt, während in Südafrika, Chile oder Spanien nur Menschen «wegen ihrer Bestrebungen, mit Terror, Gewalt und wahllosem Blutvergiessen die Macht an die Regierung zu bringen, deren angelegentlichstes Streben ist, das Christentum systematisch zu unterdrükken», «vielleicht» verfolgt würden.

CSI – Public Relations international

Im Jahr 1977 weitete sich die *Aktion Solidarität mit den verfolgten Christen* international aus und schloss sich mit *Christian Prisoner's Release International* (evangelisch) und dem *Comité International pour la liberté de conscience et de religion* (katholisch) zum Verein *Christian Solidarity International* (CSI) zusammen. Das CSI hat nationale Komitees in Österreich, England, den USA und der Schweiz sowie in Rumänien eine klandestine Vertretung. Präsident des schweizerischen und internationalen Vorstands ist Pfarrer Stückelberger. Im schweizerischen Vorstand führt das Vizepräsidium Ulrich Noger aus Luzern, als Mitglieder amtieren Fred Kupferschmied, Zürich, Dr.iur. Benno Schmid, Stäfa, und Fritz Schmutz, evangelischer Prediger aus Reinach. Schmutz unterstützte früher Werner Scherrers *Aktion gegen religiöse Machtpolitik* und hatte in der ersten Nummer der *arma-press* vom März 1975 unter dem Titel «Religiöse Koexistenz?» die «mächtigen Kirchen des freien Westens» attackiert, die «um religiöser Machtpolitik willen mit dem kommunistischen ... Regime paktieren».

Christen als Polizisten

Vereinigungen, die ein besorgtes Auge auf linke Pfarrer haben, gibt es sporadisch und je nach Konjunktur immer wieder. Die *Aktion gegen die Verpolitisierung der Kirchen* von Pfarrer Manuel Bach arbeitet mit der *Kirchlichen Aktionsgemeinschaft im Kanton Bern* (KA) zusammen. Die *Kirchliche Aktionsgemeinschaft* war 1970 vom Berner Pfarrer Franz Stettler gegründet worden und hat vor allem gegen den 'Sämann', das Monatsblatt der evangelisch-reformierten Landeskirche des Kantons Bern, agitiert und 1971 den Rücktritt der linken Redaktion gefordert – ohne Erfolg. Die *Kirchliche Aktionsgemeinschaft im Kanton Bern* wird von Pfarrer Kurt Bartlome, Bern, präsidiert. In ihren Statuten heisst es: «Die Vereinigung dient dem Aufbau der Kirche auf biblischer Grundlage. Sie will lebendige Tradition und Neuerung in ein verantwortbares Verhältnis zueinander stellen.» In der Grundsatzerklärung wendet sich die KA gegen die «Verquickung von Evangelium und parteipolitischen Schlagworten», gegen «Entwicklungshilfe ohne Evangelium» und für «die militärische Verteidigung der Schweiz».

Die *Aktion gegen die Verpolitisierung der Kirchen* ist nach ersten Leserbriefaktionen eher eingeschlafen, weshalb Pfarrer Manuel Bach eine neue Aktion ins Leben rufen will, um gegen linksengagierte Pfarrer und den «sozialdemokratisch linkslastigen» 'Kirchenboten des Kantons Zürich' zu protestieren. Wenn Bach seine Traktate gegen den Weltkirchenrat in der Presse nicht unterbringen kann, vertreibt er sie via *Dokumentationsversand Hans Scharpf.*

Eine spezifisch katholische Vereinigung nennt sich *Aktion Volk und Kirche.* Sie ist 1975 in Luzern als Reaktion auf liturgische Experimente einzelner Pfarrer gegründet worden. Seither beschäftigt sie sich vor allem mit der Überwachung des korrekten Kurses der luzernischen Zeitung 'Vaterland' und schreibt fleissig Leserbriefe. Präsident der *Aktion Volk und Kirche* ist Bruno Weber, Luzern, Direktionsinspektor der Berner Allgemeinen Versicherungs-Gesellschaft. Weber war eine Zeitlang Redaktor bei *Timor Domini.* Als Vizepräsidenten amtieren Dr.iur. Franz Bühler, Luzern, Gründungsunterzeichner von *Pro Veritate* und Vizepräsident des Schweizerischen Pfadfinderbundes, sowie Anton Frei, Pfarrer von Geiss, LU.

Im internationalen Vorstand führt Rechtsanwalt Benno Schmid das Vizepräsidium, Fred Kupferschmied die Kasse und Christa Stückelberger fungiert als Redaktorin, neben einem Belgier und einem Amerikaner.

Als Berater der Vorstände stehen CSI der Zürcher Rechtsprofessor Werner Kägi und Pfarrer Eugen Voss vom Institut *Glaube in der 2. Welt* zur Verfügung. Ein internationales Sekretariat wurde im April 1978 an der Witikonerstrasse 56 in Zürich eröffnet.

CSI pflegt vor allem Public Relations, sammelt Unterschriften für Petitionen und organisiert Briefkampagnen. Zu den jeweiligen Demonstrationsanlässen gibt CSI jährlich in einer Grossauflage von 150'000 die Zeitung *Christen in Not* heraus.

Offenkundig hat die *Aktion Solidarität mit den verfolgten Christen* vermehrt die Unterstützung von Persönlichkeiten des politischen und kirchlichen Lebens gesucht. Im Patronatskomitee sind schweizerischerseits Generalvikar Dr. Hans Henny, alt Flüchtlingspfarrer Dr.h.c. Paul Vogt und alt Bundesrat Friedrich Traugott Wahlen (er sitzt auch im Patronatskomitee von *Helfen statt töten*) sowie der Präsident der *Internationalen Vereinigung Christlicher Geschäftsleute* (IVCG), Dr.iur. Adolf Guggenbühl, Zürich, vertreten.

Geteilte Nächstenliebe

Am 10. Dezember 1977 veranstaltete CSI in Zürich und Bern zum Internationalen Tag der Menschenrechte Fackelumzüge, an denen sich diesmal allerdings nur 2000 beziehungsweise 1500 Personen beteiligten. Präsident Stückelberger an einer Pressekonferenz zur Demonstration: «Wir betrachten uns nicht als zuständig, wenn Christen aus ethischen Motiven sich für soziale Besserungen in ihrer Gesellschaft einsetzen und dabei mit der Regierung in Konflikt geraten ... Wir üben uns in Selbstbeschränkung» (EPD, 14.12.77). Hans-Peter Grossenbacher kommentierte im 'Evangelischen Pressedienst' desselben Datums diese «Selbstbeschränkung mit verhängnisvollen Folgen»: «Bei Pfarrer Stückelberger schrumpft Glaubensfreiheit auf das Minimum eines freien Gottesdienstes und einer freien Verkündigung, in mündlicher und schriftlicher Form. Wohin führt uns diese 'Selbstbeschränkung'? In Chile und Südafrika ist Pfr. Stückelbergers Minimum zweifellos garantiert.» CSI, so Redaktor Grossenbacher weiter, solle von der «Illusion (lassen), seine Aktionen seien unpolitisch». Nestor Werlen kritisierte im EPD vom 11. Januar 1978 die «begrenzte Solidarität» von CSI und fragte: «Wie steht es da mit der hochgemuten Ankündigung von CSI, gegen 'jede Beschränkung der Glaubens- und Gewissensfreiheit' zu protestieren?»

Pfarrer Manuel Bach sah sich erneut genötigt, den 'Evangelischen Pressedienst', der sich zu einer «Art Kontrollinstanz im schweizerischen Protestantismus aufschwingt», im 'Berner Bund' (9.3.78) als tentenziös zu kritisieren, obwohl der EPD die ausführliche Stellungnahme Stückelbergers abgedruckt hatte.

Misserfolg trotz Taktik

Die Politik von *Christlicher Ostmission* und CSI bewegt sich vorsichtig zwischen verhaltener Kritik an den Landeskirchen und dem Bemühen um Anerkennung und Unterstützung – mit entsprechend unterschiedlichem Erfolg. Im September 1978 verschickte die COM an Schweizer Kirchgemeinden eine Projektliste für Literaturbeschaffung, biblische Radiobotschaften, Pakethilfe, technische Hilfe sowie Bibel- und Literaturtransport in Ostländer. Pfarrer Stückelberger auf unsere Frage nach dem Erfolg: «Die COM wird von den Landeskirchen nicht unterstützt, beziehungsweise es gibt einzelne Kirchgemeinden, welche gelegentlich gewisse Beträge beisteuern beziehungsweise Kollekten in Gottesdiensten erheben. Diese Beiträge sind aber bis jetzt relativ bescheiden.» Stückelberger klagt, die Projektliste habe «leider nicht den erwarteten Nachhall» gefunden.

Die private Aktion wurde vom Schweizerischen Evangelischen Kirchenbund mit einem Schreiben an die Mitgliedkirchen offiziell gestoppt: «Der Vorstand des Kirchenbundes empfiehlt allen Kirchen, Kirchgemeinden, Pfarrämtern und hilfswilligen Gruppen, sich für Hilfeleistungen an bedrängte Brüder, vor allem im Osten, an das bewährte und kontrollierbare Hilfswerk der Evangelischen Kirchen der Schweiz HEKS zu halten und sich seiner Erfahrungen und Möglichkeiten zu bedienen» (Kirchliches Amtsblatt, Nr. 1/1979).

Dass sich offizielle Kirchenkreise von den privaten ostengagierten Aktionen und Gruppen distanzieren, hat verschiedene Gründe. Sie stehen im Kontakt mit den anerkannten Kirchen in den Oststaaten und sehen die Zusammenarbeit gefährdet, wenn mit abenteuerlichem Bibelschmuggel staatliche Repression provoziert wird. Zum anderen stützen sich COM wie vor allem die *Hilfsaktion Märtyrerkirche* fast ausschliesslich auf die religionsdissidenten Splittergruppen des Untergrunds, wie zum Beispiel die Evangeliumschristen-Baptisten in der Sowjetunion. Diese, weit davon entfernt, ein politisches Engagement gegen die starre Staatsgesellschaft zu haben, sind tatsächlich Repressionen ausgesetzt, weil sich ihre Gottesdienste, Zusammenkünfte, Glaubensbezeugungen ausserhalb der Regeln staatlicher Kontrolle abspielen.

Einseitiges Menschenrechtsverständnis als politisches Engagement bei parallelem Rückzug des Christentums ins Private: in der Praxis dokumentiert die *Christliche Ostmission* eine reaktionäre kirchenpolitische Strömung.

Hilfsaktion Märtyrerkirche – Pfarrer Wurmbrand, ein Ritter Gottes ohne Furcht und Tadel

Mal in Los Angeles, mal in Davos: Pfarrer Richard Wurmbrand ist unermüdlich, wenn's ums Missionieren geht. Als Reisevertreter und Gründer der *International Christian Mission to the Communist World Inc.* (Filialen in fünfzig Ländern) handelt er in Sachen Evangelium weltweit. Und kassiert dabei gut.

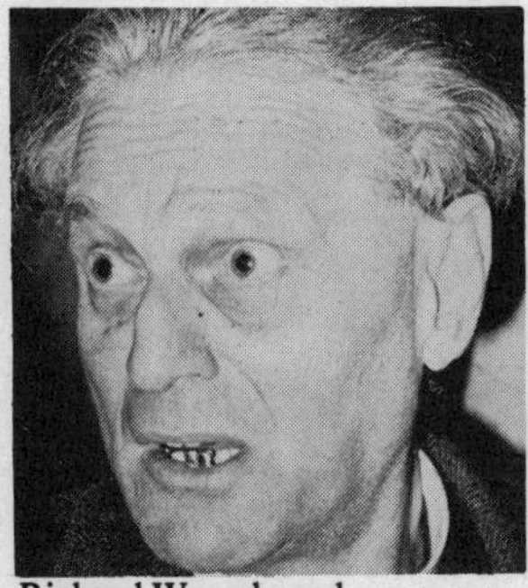
Richard Wurmbrand

Richard Wurmbrand, geboren am 24. März 1909 als Sohn eines jüdischen Zahnarztes in Bukarest, hat nach eigenen Angaben vierzehn Jahre in rumänischen Gefängnissen verbracht, bevor er sich aufmachte, den Westen aufzuklären und den Osten zu evangelisieren. Seine Lebensgeschichte ist so abenteuerlich wie widersprüchlich – als Agitator der kommunistischen Partei soll er unter der Monarchie ins Gefängnis gekommen sein, durch ein Erweckungserlebnis 1936 sich zu Christus bekehrt haben und dann unter kommunistischer Herrschaft eingekerkert worden sein, weil er seine Genossen verraten habe. Darauf angesprochen, erwidert Wurmbrand selbst: «Über meine Vergangenheit habe ich dies zu sagen: Gott suchte einen Menschen, um im Westen die Märtyrerkirche bekannt zu machen. Er suchte den Schlechtesten aus, damit das Lob ja nicht seiner, sondern Gottes sei. Ich bin dieser Schlechteste» (Bündner Zeitung, 11.11.78).

Gottes erster Manager

Mit einem Jahresumsatz von rund 1,81 Millionen Franken allein in der Schweiz und 12,1 Millionen international (Angaben 1977) hat der Evangelisationstrust eine beträchtliche Finanzstärke. Vor allem mittels Spenden wird die in einer Auflage von einer halben Million in fünfzig Sprachen erscheinende Monatsschrift *Stimme der Märtyrer* finanziert und gratis vertrieben. Die Redaktion der Schweizer Ausgabe besorgt Sekretär und Kassier der *Hilfsaktion Märtyrerkirche* (HMK), Hans Zürcher, Inhaber eines

Treuhandbüros in Thun, wo unter Postfach 169 die HMK ihre Zentrale hat. Zürcher organisiert die Vortragstourneen und Veranstaltungen der HMK in der Schweiz.

Der Verein *Hilfsaktion Märtyrerkirche*, Schweizer Sektion der internationalen Organisation, wurde im September 1969 in Zürich gegründet. Er ist weder im Handelsregister eingetragen noch steuerpflichtig, da er als gemeinnützig gilt. Im gleichen Jahr erschien auch die erste Schweizer Ausgabe der *Stimme der Märtyrer*, die in einer Auflage von 21'000 in der deutschen Schweiz, 5000 in der Welschschweiz und 20'000 im Tessin und Italien dreisprachig vertrieben wird.

Im Vorstand des Vereins, der am 21. April 1979 an einer Mitgliederversammlung in Zürich neu gewählt wurde, führt der Prediger Adrian Studer, Wabern, das Präsidium; Hans Kunz, Thun, amtiert als Vize; Hans Zürcher, Thun, macht die Kasse. Weiter sind im Vorstand: Hedwig Flury, Thun, Horst Lauper, Zürich, Andreas Aemisegger, Degersheim, und Gerhard Zaugg, Biel.

Vorstand und Präsident sind an dieser ausserordentlichen Mitgliederversammlung interimistisch gewählt worden, weil der vormalige Präsident, der Churer Arzt Ernst Kuster (*4.12.17), früher Postbeamter und Missionar, nach einem Jahr HMK-Präsidium zurückgetreten ist und gegen Kassier Hans Zürcher Strafanzeige wegen Veruntreuung eingereicht hat. Kuster, Vorstandsmitglied von *Helfen statt töten*, hatte in einer im Augustheft der *Stimme der Märtyrer* 1978 begonnenen Serie unter dem Titel «Die kommunistische Unterwanderung in der Schweiz» den Ökumenischen Rat der Kirchen als «grösste kommunistische Tarnorganisation» bezeichnet.

Überhaupt wechselt das Präsidium der HMK in rascher Folge: Kuster, der es im April 1977 angetreten hatte, übernahm es von Rudolf Recher, Thun, der seit Juli 1976 im Amt sass – auch Recher sei es genauso ergangen wie ihm, meinte Kuster, wollte aber «um der guten Sache» willen keine nähere Auskunft geben.

Die gute Sache – ein Radiodienst verbreitet auf Mittel- und Kurzwelle und Trans-Europa-Band die frohe und gruselige Botschaft Wurmbrands schon zu sonntagsfrüher Morgenstunde in den Äther.

Wurmbrand – er selbst wohnt nicht in der Schweiz –, religionsfanatischer Tausendsassa, ist rastlos tätig: Pausenlos schreibt er Broschüren («Warum bin ich Revolutionär?», «Was hättest Du auf Golgatha getan?»), bespricht Schallplatten («Wohin Du micht sendest!»), hält Vorträge in der ganzen Schweiz und der halben Welt, leitet Seminarien, wirkt als Kapitän auf missionarischen Kreuzfahrten, organisiert Jesus-Festivals (wie die «Power Days» Ostern 1975 in Schönbühl bei Bern) undsoweiterundsofort. Seit Mitte der siebziger Jahre hat jedoch das Echo auf die politische Mission der *Hilfsaktion Märtyrerkirche* und Pfarrer Wurmbrand abgenommen.

Gute Freunde hat Wurmbrand in der ganzen Welt: Chiles Pinochet schickte er nach erfolgtem Putsch («eine Fügung Gottes») ein Glückwunschtelegramm, Rhodesiens und Südafrikas bedrängten Rassisten spendet er frohen Trost, bei *Memopress*-Pressechef Emil Rahm darf er ab und zu eine Meldung unterbringen, dafür macht er auch für Ernst Cinceras Subversionsbuch und die Pamphlete der *Stimme der schweigenden Mehrheit* gegen das Demokratische Manifest Reklame. Manchmal langt die HMK gar in die halbhohe Schweizerpolitik: Der pensionierte Lehrer und aktive Nationalrat Otto Zwygart aus Köniz, im Patronatskomitee von *Helfen statt töten*, Präsident der evangelischen Gesellschaft des Kantons Bern und seit 1978 im Zentralvorstand des *Hofer-Klubs* – als Jakob Bohnenblust den Radiohörern und Gartenfreunden noch im Ohr – liess an der HMK-Veranstaltung «Tag der Menschenrechte» im Dezember 1973 ein Protestschreiben gegen Osthandel und Behandlung der Menschenrechte in Oststaaten verlesen, sekundiert vom Bolliger Gross- und Synodalrat Hans Aebi.

Freunde, Feinde und Bettgeschichten

Aber zahllos ist des kämpferischen Gottesmannes Feindeshaufen, und viele Gegner rekrutieren sich aus dem Lager früherer Freunde: Billy Graham, der amerikanische Waschmittelreklame auf Religion umgemünzt hat (bekannt als «das Maschinengewehr Gottes») musste sich als Abtrünniger rügen lassen, nachdem er an einer Grossveranstaltung in Ungarn 1977 vor 15'000 versammelten Gläubigen sich «lobend zur Situation der Christen in Ungarn geäussert» haben soll. Kritisiert wird auch das Bulletin des Instituts *Glaube in der 2. Welt*, das ein «rosiges Bild der Lage in rumänischen Kirchen vermittle».

In der Schusslinie der HMK steht auch die Konkurrenzorganisation *Underground Evangelism* beziehungsweise ihre Schweizer Vertretung *Christliche Ostmission* (COM). Sie klagte gegen Wurmbrand auf Ehrverletzung, weil dieser ihr via einen *Verband gegen den Missbrauch im Sammelwesen* vorgeworfen hatte, Spendengelder missbräuchlich zu verwenden und überhaupt von der korrekten Linie abgekommen zu sein.

Dank gerichtlicher Aussagen von HMK-Sekretär Hans Zürcher vor dem Untersuchungsrichteramt in Thun – er begann seine Rede mit den Worten, sein letzter Richter sei sowieso himmlischer Natur – ist folgende Historie aktenkundig geworden: Laut HMK soll der Prediger Nummer Eins von *Underground Evangelism*, ein gewisser Kourdiakov, ein von einem sowjetischen Schiff abgesprungener und an der kanadischen Küste gestrandeter Agent der russischen Geheimpolizei sein. Beleg für seine Verwerflichkeit: Drei (ob zwei oder drei ist historisch umstritten) volle Nächte habe er mit einem 17jährigen Mädchen im Bett verbracht, «Liebe machend». Darauf habe er sich unvorsichtigerweise erschossen. Nicht nur, Gott sei's geklagt, fehlten dem Herrn die drei Tage in der Agenda, auch der Bibelschmuggel war gefährdet, und Wurmbrand's Fazit aus der schröcklichen Geschichte ohne Moral: «Bei einer Organisation, die geheim arbeitet, ist jeder Sex-Skandal ein Sicherheitsrisiko. Man soll sich ja vor eventuellen kommunistischen Infiltrateuren hüten.»

In stetem Konkurrenzkampf mit der COM um die Gunst des gläubigen Spenderpublikums werden überhaupt gerne Bettdecken gelüftet: Triumphierend und mit dem Mahnfinger wird von der HMK die Entlassung zweier leitender Persönlichkeiten von *Underground Evangelism* aufgrund eines «geheimen Liebesverhältnisses» vermerkt, und Ostmissionsleiter Pfarrer Hansjürg Stückelberger zur Bescheidenheit gemahnt: «Bruder Stückelberger verdankt es Bruder Wurmbrand, dass sein Interesse für die Märtyrer geweckt wurde. Er möge sich dementsprechend verhalten.»

Realer Hintergrund solcher Sektiererkämpfe ist der Spendennapf, von dem alle möglichst profitieren wollen. Und so zahlreich die treuen Gläubigen auch ihr Scherflein beisteuern, unerschöpflich ist der Vorrat eben nicht. Für die HMK haben 1977 nahezu 35'000 Spenderinnen und Spender in der Schweiz das hübsche Sümmchen von über 1,6 Millionen Franken zusammengetragen, für die COM 3,5 Millionen. Bei aller Absurdität und dem Lachen, das einem die Wurmbrand-Lektüre entlockt, darf man seine Massenwirksamkeit nicht vergessen: Tausende besuchen die Veranstaltungen des charismatischen Agitators, in dem sie schon fast die Verweltlichung von Jesus Christus erkennen.

Bomben für Wurmbrand und Evangeliumsraketen für die Ostfront

Liest man Wurmbrand, halluziniert einem vor Augen ein wahrer Sturmbrand. Die Niederlage der KP Japans bei den Wahlen 1977 und der Bruch Frau Ghandis mit den Kommunisten – der Weltpresse ist entgangen, dass dies «teilweise der durch unsere Mission geschaffenen Atmosphäre zuzuschreiben» war. Kein Wunder, dass der mächtige Gottesstreiter laufend bedroht wird. Bombendrohungen will er in den Jahren 1973/74 erhalten haben, später dann: «Wir erhielten Informationen, die wir an das FBI weitergaben, dass die palästinensische Befreiungsorganisation, eine Terroristenbande, die von Moskau kontrolliert wird, Solschenizyn und Pfarrer Wurmbrand umbringen will.» Kaum war der Meuchelplan vereitelt, kamen neue Terroristen: «Unsere Mission erhielt von der Roten Armee Fraktion ein Ultimatum zur Einstellung unserer Tätigkeiten. Sie drohte, die Mission in die Luft zu sprengen und uns zu töten. Doch wir können lachen, denn wir gehören Jesus an. So verlieren wir nichts.»

Wurmbrand als Praktiker ist um Konterstrategien nicht verlegen. «Gibt es keinen anderen Weg, um uns gegen die Sowjets zu verteidigen (als den militärischen, Verf.)? Wie wäre es mit der Liebesbombe oder der Evangeliumsrakete?» fragt er emphatisch. Im «Ratschlag an Touristen, die kommunistische Länder besuchen» wird vor Direktkontakt mit Pfarrern, die alle «mit den Kommunisten Hand in Hand arbeiten», gewarnt: «Lassen Sie

Wurmbrands Traktätchenschwindel schreckt vor keiner Blödheit. Zum Titelbild der *Stimme der Märtyrer* Nr. 6/1978 (rechts) schrieb die HMK als Legende: «Kinder in Häftlingskleidung. Ein aus einem Sowjet-KZ in der UdSSR geschmuggeltes Bild. Die Kinder wurden im Lager geboren und wachsen dort auf, bis die Eltern einmal entlassen werden.» Das Original-Bild (unten): Photo R 1122/22N des Bilderdienstes ADN-Zentralbild, ausgesandt am 22. Dezember 1976: «Streifenkittelchen aus Frottee-Stoff mit Kapuzen bilden den lustigen Abschluss des täglichen Badevergnügens, das diese Torgauer Krippenkinder (DDR-Bezirk Leipzig) erleben dürfen.» Erklärung der HMK nach Bekanntwerden des Betrugs: der sowjetische Geheimdienst und die *Christliche Ostmission* hätten die «Köderfälschung» plaziert. Das Spendenziel der HMK wird aber auch mit solchem Schwindel erreicht.

die Bibeln oder was sie sonst haben in Telephonkabinen, auf Parkbänken, in Gaststätten liegen oder werfen Sie sie über Zäune auf den Vorplatz von Wohnhäusern.» Halb Moskau steht schon unter dem heiligen Missionseinfluss, werden die Wurmbrand-Freunde doch angewiesen, bei Russlandreisen Telefonbücher in den Westen zu schmuggeln, wo die Adressen, fein säuberlich abgeschrieben, dem Versand einschlägiger Schriftchen dienlich sind. Bis zu welchem Band die Märtyrer vorgestossen sind, ist nicht bekannt.

Damit den hiesigen Gläubigen dabei nicht langweilig wird, können sie zur Abwechslung auch mal eine kyrillische Schriftvorlage abmalen, die als «Gruss an gefangene Christen in der Sowjetunion gesandt werden kann». Eine Übersetzung ist der frohen Botschaft leider nicht beigegeben, doch Wurmbrand wird's schon recht gemacht haben.

Der wissenschaftliche Alchemist

Auch auf wissenschaftlichem Gebiet hat Pfarrer Wurmbrand einiges geleistet. Im Herbst 1974 entdeckte er – ein Meilenstein in der Geschichte der Chemie - die Formel für die Droge «Haloperidol», mit welcher der Kommunismus seine politischen Gegner via Kleinhirn umpolt. Die Strukturformel wurde in Heft 8/9 der *Stimme der Märtyrer* 1974 publiziert, fand jedoch in der Fachwelt leider nicht die ihr gebührende Beachtung.

Es mag erstaunen, dass der erklärte Kommunistenhasser Wurmbrand auch in der Marxismusforschung Bleibendes geleistet hat. In seiner luziden Analyse unter dem Titel «Karl Marx und Satan» hat er mit Akribie nachgewiesen, dass des Alten bärtige Birne luziferisch-satanischen Ursprungs ist. Der Gang der Weltgeschichte ist erhellt.

Wen erstaunt's, dass Wurmbrands Frau Sabine an der Seite ihres rührigen Mannes selbst nur eine Broschüre verfassen durfte? Titel: «Mit und ohne Richard».

Gestörtes Verhältnis zu den Landeskirchen

Zur offiziellen Kirche hat Wurmbrands überkonfessioneller Märtyrertrupp ein gestörtes Verhältnis. Der Schweizerische Evangelische Kirchenbund bezeichnet die Arbeit der *Hilfsaktion Märtyrerkirche* als «unseriös». In einem ausführlichen Portrait Wurmbrands und seiner HMK heisst es: «Weil Wurmbrand die Dinge auf einfache Entweder-Oder-Stellungnahmen und Schwarz-Weiss Bilder verschiebt, wird die Diskussion mit ihm bisweilen fast unmöglich» (Evangelischer Pressedienst, 22.3.72). Wurmbrand legt in seiner Antwort auf die offizielle Stellungnahme schon ein gehöriges Mass an Polemik an den Tag: «Es ist das Recht der Landeskirche, über mich zu sagen, was sie will. Wer Gott zum Vater hat, hat die Kirche zur Mutter. Eine Mutter ehrt man, auch wenn sie irrt. Eine Mutter ehrt man, selbst wenn sie schwer krank, ja wenn sie wahnsinnig geworden ist» (EPD, 19.4.72).

In der Folge distanzierte sich der Kirchenbund an seiner Abgeordnetenversammlung vom 12./13. Juni 1972 in Fribourg von der «Agitation Wurmbrands» und seinem «ideologischen Kreuzzug gegen Osten».

Der Zentralsekretär des Hilfswerks der evangelischen Kirchen in der Schweiz (HEKS), Pfarrer Dr. Hans Schaffert, qualifizierte in der 'Bündner Zeitung' vom 4. November 1978 Wurmbrand als «zwielichtige Person», ausserdem habe niemand echt Einsichten in die Finanzen der *Hilfsaktion Märtyrerkirche.* Auf den Vorwurf des deutschen Landesbischofs Gerhard Heintze, er sei blosser Anti-Links-Propagandist, antwortete Wurmbrand biblisch: «Ein Christ kann keinem Flügel angehören, weder dem rechten noch dem linken. Ein Vogel gehört keinem Flügel an, sondern beide Flügel gehören zum Vogel.» Und die Kritik des HEKS konterte er mit der schlafwandlerischen Sicherheit eines Mannes, der schon nicht mehr ganz von dieser Welt ist: «Persönlich verteidige ich mich nie. Jesus verteidigte sich nicht und auch die Jungfrau Maria nicht ... Der Prozentsatz der Gottesgläubigen und Gotteskenner unter Pfarrern und Theologen ist nicht grösser als der unter Strassenkehrern und Schustern» (Bündner Zeitung, 11.11.78). Unser Gottesmann bleibt einsam an der Spitze.

Die Ideologen

Politische Reaktion in der Schweiz: Unter diesem Sammelbegriff haben wir eine Reihe von Organisationen vorgestellt, die in der Abwehr linker Opposition eines ihrer Hauptziele sehen. Ausserhalb der traditionellen Parteien stehend, galten und gelten ihre Anstrengungen zu diesem Zweck dem Aufbau einer politischen Organisation.

In diesem Kapitel werden drei unterschiedliche Gruppierungen beziehungsweise Einzelpersonen porträtiert, die auch als Reaktion auf eine tatsächliche oder befürchtete Linksentwicklung entstanden sind. Ihre Hauptstossrichtung ist jedoch ideologischer Natur, und ihre Thematik ist nur zum Teil Repetition traditioneller reaktionärer Denkschemen. Es sind Vertreter einer neuen konservativen Weltanschauung, Philosophen und Träumer eines neuen konservativen Europa. Ihre wesentlichen Elemente sind geprägt von der veränderten weltpolitischen Lage der sechziger Jahre. Seit mit dem Ende des Kalten Krieges und dem Beginn des Osthandels die starre Front der Blöcke sich für die politisch und wirtschaftlich führenden bürgerlichen Klassen aufgelöst hat, seit Wodka-Cola Wirklichkeit geworden ist, hat der Antikommunismus der Nachkriegszeit sein tragendes Fundament verloren. Damit ist dem Bürgertum die Ideologie verloren gegangen. Die neuen konservativen Ideologen haben die Entspannungspolitik der Führungsmacht USA als Verrat empfunden. So formuliert sich ihre politische Philosophie als europäischer Konservatismus zwischen den Weltmächten, als dritte Kraft einer neuen antikommunistischen Strömung. Wenn auch mit Unterschieden:

Die Zeitung *Abendland*, die der Gymnasiast Herbert Meier Mitte der sechziger Jahre am katholischen Kollegium Sarnen als Schülerblatt lancierte, versteht sich heute noch als engagierte Alternative zu den weltweiten Reformbewegungen in Gesellschaft, Staat und Kirche. Philosophisch kämpft sie an zwei Fronten: gegen den Defaitismus der bürgerlichen Eliten und den frischen Wind, den die Linke 1968 in Gedankenwelt und Praxis gebracht hat. Das Bürgertum hat keine Weltanschauung mehr, weil der Antikommunismus unter der Hand beerdigt worden ist, und die Linke stösst mit Elan in diese Bresche – dieses Gefühl der Verlorenheit hat Herbert Meier als Jugendlichen bewegt und bewegt ihn heute noch. Mit erstaunlicher Hartnäckigkeit: Die Zeitung *Abendland* hat er als Herausgeber und Redaktor bis heute durchgehalten, früher als Freizeit-Schülerpostille, heute als professioneller Verleger. Daneben betreut er eine Unzahl von weltanschaulichen und politischen Vereinigungen. Katholisch orientiert, sehnt sich *Abendland* nach der Einigung Europas, in welchem geistig führende Eliten die Demokratie im Griff haben.

Wenn Meiers Plan auch jenseits von Gut und Böse ist, kann er von seinen Träumen zumindest leben.

Wenig gemein mit der Ideologie von *Abendland* hat das Blatt *Memopress*, wenn auch gewisse Überschneidungen feststellbar sind. *Memopress* wird vom Hallauer Traubensaft-Unternehmer (Rimuss-Kellerei) Emil

Rahm herausgegeben und frischt Weltverschwörungstheorien, wie wir sie aus der Nazizeit kennen, auf. Bolschewisten, Juden und Freimaurer spinnen in geheimer Absprache das Netz ihrer geplanten Weltregierung, meint Emil Rahm, der auch als fleissiger Leserbriefschreiber in Erscheinung tritt. Seine wichtigste Funktion ist jedoch die eines Versandhauses: Rahms wohlgeordnete Kartei der zigtausend *Memopress*-Empfänger wird von politischen Gruppierungen und Komitees rechter Couleur gerne und oft benützt – für Abstimmungspropaganda, Versand einschlägiger Schriften und Prospekte.

Ein eher skurriles Produkt ist das im Fürstentum Liechtenstein erscheinende *Politische Lexikon von C.O.D.E.* Inhaltlich formuliert es wohl die gigantischste Weltverschwörungs-Ideologie. Sein Hauptzweck ist jedoch nicht ganz klar: Handelt es sich um den Versuch, eine neue politische Rechtsorganisation aufzubauen? Oder ist diese Absicht blosses Phantom? Offensichtlich sind die nicht aufzufindenden Hintermänner dieser *Conföderation Organisch Denkender Europäer* (C.O.D.E.) mit Finanzgesellschaften verknüpft, deren Tätigkeit die von Briefkastenfirmen ist. Ob die suggerierte Weltverschwörung ihnen nur als Mittel dient, mit abgehalfterten reichen Adligen, die darauf ansprechbar sind, ins Geschäft zu kommen, muss angesichts der Unmöglichkeit, diese Organisation zu durchleuchten, Vermutung bleiben.

Abendland – Heribert von und zu Würenlingen

Ein abendländisch-deutsches Trauerspiel über die Vergangenheit als Zukunft. Es wirken mit:
Hauptdarsteller Herbert Meier, Verwandlungskünstler.
Germanisch verblühter Adel, der teilweise im Verlauf des Stückes verstirbt.
Als tote Seelen treten auf: Konrad Adenauer, Salvador de Madariaga und Wilhelm Röpke.
Im Hintergrund: der liebe Gott, der manchmal als Erzbischof Lefebvre in die Handlung eingreift.
In der Person des Bösewichts figurieren in mannigfacher Materialisation: Papst Johannes XXIII., John Fitzgerald Kennedy, die bundesdeutsche sozialliberale Koalition und Rudi Dutschke, genannt Dr. Lieschen Müller.
Musikalisch umrahmt vom Chor *Stimme der schweigenden Mehrheit*, am rechten Flügel begleitet von Ernst Cincera.
Idee und Realisation: Herbert Meier.

Acht Seiten stark war die erste Nummer von *Abendland*, die am 15. August 1964 im A4-Format, auf Schnapsmatrizen hektografiert, im aargauischen Würenlingen das Licht der Welt erblickte. Der damals 19jährige Gymnasiast am Kollegium Sarnen, Herbert Meier (*1945), zeichnete als stolzer Herausgeber, zusammen mit dem zwei Jahre jüngeren Pirmin Adrian Meier (*1947) führte er die Redaktion des Heftes. Druck, Verlag und Anzeigen besorgte Schulfreund Robert Kühnis. Monatlich erscheinend, konnte *Abendland* für fünf Franken im Jahr abonniert werden, sieben Franken kostete ein ganzseitiges Inserat, die Rückseite der Startnummer pries die vorteilhaften Fleischwaren der Metzgerei F. Meier, Würenlingen.

Fünfundzwanzig Stück zählte die Auflage, aber die Intention zielte auf Grosses: «Appell zur abendländischen Einheit» – so die Schlagzeile. Mit zwei Zitaten des deutschen Bundeskanzlers a.D. Konrad Adenauer zur europäischen Einigung gab sich die Schülerpostille das Programm. Angesichts der kommunistischen Bedrohung müsse die Schweiz «den Ballast einer von der Entwicklung überholten Neutralitätspolitik über Bord ... werfen» und «sich gemeinsam mit den Baumeistern des neuen Europa» dem «Pazifismus der neuen westlichen Führungsschicht» à la Kennedy entgegenstemmen. Ein Kalter Krieg müsse «durchgefochten» werden.

Die ideologischen Leitväter traten schon in der ersten Nummer auf die Bühne: Adenauer, Vietnam-Atomscharfmacher und US-Präsidentschaftskandidat Barry Goldwater, und Prof.Dr.Dr.h.c. Wilhelm Röpke, der Ökonom und Politphilosoph des neuen Konservatismus.

Ansonsten ein bunt unbeschwerter Topf von Gymnasiastenthemen: ein «historischer Bericht über den Schwur von Würenlingen» anno 1799, ein Beschrieb von Piccards U-Boot 'Mesoscaphe', politische Kurznachrichten, die Ankündigung einer Serie über das schweizerische Parteiwesen und die Auflistung der «bedauerlich» verschwundenen alten deutschen Monatsnamen («Nebelung» statt November) samt einem kleinen Gedicht von Christian Morgenstern.

Herbert Meier

Aus dem kleinen Herbert aus der Sarner Kollegiumsbank, spiritus rector des Gymnasiastenblattes, ist mittlerweile Herbert der Grosse geworden: SVP-Grossrat im aargauischen Parlament, Herausgeber, Redaktor und Verleger von *Abendland*, Verleger der *Schweizerischen Studenten-Zeitung*, Vorsitzender der *Wilhelm-Röpke-Gesellschaft*, Gründungsmitglied der Vereinigung *Pro Veritate*, bis März 1979 Redaktor von *Timor Domini*, Aktivist im Referendumskomitee gegen das Schwangerschafts-Bundesgesetz, Redaktor des *Informationsbulletins der Vereinigungen Ja zum Leben*, und – wir entschuldigen, falls hier noch einiges vergessen worden ist. Von seinem Büro an der Weinbergstrasse 9 dirigiert er seine Klientel.

Manches hat sich seit dem gymnasialen Start gewandelt, seinem engagierten Konservatismus ist Herbert Meier unerschütterlich treu geblieben. «Was mich damals bedrängte? Der aufkeimende Linkskonformismus, dieses schematische, klischeehafte, ganz einseitige Denken», antwortet er 1977 Ulrich Kägi in dessen Interviewbuch 'Wird Freiheit Luxus?'. Das Denken bedrängt ihn heute noch, wenn er auch, nach pubertärem Sturm und Drang, jovialdickgemütlich und abgeklärter geworden ist: «Der jugendliche Zorn von damals ist vielleicht einer etwas mass- und humorvolleren Betrachtung des 'Grossen Welttheaters' gewichen», schreibt er zehn Jahre danach im *Abendland*, das jetzt nicht mehr «von den Jungen für die Jungen», sondern «die konservative Zeitschrift» geheissen wird. Seit Februar 1970 erscheint es im Zeitungsformat und -druck und zählt acht Seiten. Die Auflage beträgt 10'000, wovon ein kleiner Teil nach Deutschland geht. Die Redaktion betreut Herbert Meier zusammen mit Marcel Buess.

«So haben sich unserer Generation die Ereignisse in Ungarn im Jahre 1956 mit unaustilgbarer Flammenschrift eingebrannt. Wir Zehn-, Elf- und Zwölfjährigen verfolgten damals die grauenvolle ungarische Tragödie mit leidenschaftlicher Anteilnahme», erinnert Herbert Meier sich im Oktober 1966 unter dem Titel «Ungarn – unser Schwur!» Zehn Jahre nach dem Höhepunkt des Kalten Krieges zeigt ihm der Platz in der ersten Reihe des grossen Welttheaters ein bedenkliches Trauerspiel, konstatiert er den Verlust einer geschlossenen konservativen Weltanschauung, muss in Gesellschaft, Staat und Kirche den kritischen Umbruch der sechziger Jahre zur Kenntnis nehmen.

«Ora et collabora? Wird der Katholizismus zum unfreiwilligen Komplizen des Kommunismus?» frägt er schon im Oktober 1965, zwei Monate vor dem Ende des Zweiten Vatikanischen Konzils. Johannes XXIII., Initiator des Reformkonzils, scheint ihm die Parallelfigur in der katholischen Kirche zu Amerikas Präsident Kennedy: Beide hätten die Führung der antikommunistischen Bewegung vertan und verraten und unter dem «gefährlichen Schlagwort» des «aggiornamento» dem Trojaross des Kommunismus Tür und Tor geöffnet. «Kryptokommunisten» unter Bischöfen und Kardinälen, die «Infiltration des Klerus» hätten den Kommunisten sogar am Konzil in einer wichtigen Schlacht – die Mehrheit hatte sich gegen eine explizite Verdammung des Kommunismus ausgesprochen – zum Sieg verholfen.

So sind die Leitfiguren tapferer antikommunistischer Politik von der Macht in Kirche und westlicher Gesellschaft bereits verdrängt, stehen als Tote Wache oder operieren extern: Pius XII. wird angerufen, Frank Buchmans *Moralische Aufrüstung*, die die Führung der antikommunistischen Bewegung aus den Händen des toten Heiligen Vaters übernommen habe.

Rechtskatholiken und Cinceristen

Abendland sympathisiert mit den rechtskatholischen Strömungen. Als 1966 das *Opus Dei* sich an der Fribourger Universität zu installieren suchte und am Widerstand der Studenten scheiterte, wurde der elitäre Orden von *Abendland* in Schutz genommen (Nr. 8/1966) und nach dem Tode seines politischen Schirmherrn General Franco im Jahre 1975 eingehend gewürdigt (Nr. 70/1975). Der *Abendland*-Redaktor (bis 1973) Martin Rhonheimer, ein Schulfreund von Herbert Meier aus der Sarner Kollegiumszeit, ist denn auch später *Opus-Dei*-Numerarier geworden. Beide haben 1970 zusammen die *Wilhelm-Röpke-Gesellschaft* gegründet.

Via *Stimme der schweigenden Mehrheit*, die seit Februar 1976 im Meinungsblatt *Abendland* zwei Seiten füllt, sind die Verbindungen zu einer eher aktionsorientierten Rechtsgruppe geknüpft. Als Sonderbeilage zum *Abendland* vom März 1976 erschien unter der Redaktion von Renate Peisl und Herbert Meier in einer Auflage von 51'000 ein Südafrika-Pamphlet, das auch der 'Allgemeinen Schweizerischen Militärzeitung' (ASMZ) vom April 1976 beigelegt wurde, was da und dort zu Entrüstungsstürmen führte. Inhalt des Blattes: Weisswäscherei der weissen Regimes im südlichen Afrika. Autoren: Dr.theol. Rolf Sauerzapf, alt Brigadier und Cincera-Freund Friedrich Günther-Benz, Lorenz Peisl und zwei Regierungssprecher der weissen Minderheitsregimes. In derselben Nummer wurde das «*Abendland*-Gespräch mit Subversionsspezialist Ernst Cincera» gross an-

Wilhelm-Röpke-Gesellschaft

Die *Wilhelm-Röpke-Gesellschaft* (WRG) war am 23. August 1970 von Herbert Meier und Martin Rhonheimer gegründet worden. Wilhelm Röpke (1899-1966), Volkswirtschafter und einer der Hauptvertreter des Neoliberalismus, hat seit 1937 in Genf gelehrt und war nach dem Krieg Wirtschaftsberater der Adenauer-Regierung. In seinen Werken wandte er sich gegen die Wirtschaftsplanung durch den Staat. Seinem Gedenken widmete die WRG ihre Zielsetzungen: «Die *Wilhelm-Röpke-Gesellschaft* kämpft für die Durchdringung des menschlichen Lebens im Sinne einer durch das christlich-abendländische Erbe geprägten Wertordnung», heisst es in den Gründungsstatuten. Die WRG hat allerdings lediglich zwei Jahre existiert. Im *Abendland*, das zum «offiziösen Mitteilungsorgan» der WRG bestimmt wurde, findet sich in Nr. 57 von 1971 folgender Mitgliederkreis:

Eine erfreuliche Bilanz:

Die Wilhelm-Röpke-Gesellschaft vereinigt bereits zahlreiche Mitglieder **aus allen Ständen und Berufsgruppen.** Daraus einen repräsentativen Querschnitt:

Fridolin Eisenlohr, Fabrikant, Gossau SG; Dr. med. Bernhard König, Chefarzt, Jegenstorf; Annemarie v. Haniel, Schloss Tunzenberg DL; Nationalrat Dr. H. Schalcher, EVP, Winterthur; Albert Steudler, Garagist, Giswil; Dr. J. Rippstein, Lausanne; Martin Mätzler, stud. päd., Böttstein; Dr. René La Roche, Basel; Theo Iten, stud. phil., Bern; Walter und Suzanne Korn, Sekundarlehrer, Bern; Alexander Notter, stud. nat. oec., St. Gallen; Dr. iur. E. M. de Saventhem, Clarens; Graf. Dr. Herbert de Caboga, Architekt, Yverdon; H. de Haën, Direktor der BERNA, Olten; Stiftung für abendländische Besinnung, Zürich; Arnold Guillet, Verleger, Stein am Rhein; PD Dr. Balthasar Staehelin, Psychiater, Zürich; Jürg Stuker, Antiquar, Bern; Hans Scharpf, Direktor, Präsident «Aktion freie Demokratie», Zürich; Prof. Dr. Ernst Görlich, Wien, Vorsitzender des Erziehungsbeirates der Liga für Menschenrechte, Herausg. der «Fakkel»; Dr. med. A. Brügger, Zollikon; Felix Wäger, Redaktor, «Freiburger Nachrichten», Bern; Elisabeth Tschirky-Hager, St. Gallen; Frau Dr. Hanna Seiler, Uetikon am See; Dr. med. E. Seiler, Uetikon am See; Dr. iur. Otto Kopp, Luzern; Beat Jäggi, Schriftsteller, Bern; Dr. Theo Brunner, Kunsthistoriker, Austikon; Prof. Dr. Albert Drexel, Egg bei Zürich.

Personen, die sich in der WRG getroffen haben, tauchen zu diesem Zeitpunkt oder später in verschiedenem Zusammenhang wieder auf:

Die Katholiken Theodor Brunner, Eric M. de Saventhem und Fridolin Eisenlohr-Hoegger gehören zur traditionalistischen Vereinigung *Una Voce.* Arnold Guillet ist Inhaber des katholischen *Christiana-Verlages* und Herausgeber von *Timor Domini*, wo Herbert Meier bis März 1979 auch als Redaktor zeichnete. Beide sind Gründungsmitglieder von *Pro Veritate.* Ebenfalls zu *Timor Domini* gehört Albert Drexel †.

Bernhard König ist Aktivist von *Ja zum Leben.* Balthasar Staehelin, Autor im *Abendland*, ist Gründer des *Engadiner Kollegiums*, das seit 1970 alljährliche weltanschauliche Diskussionsrunden im Kurort St. Moritz pflegt.

Hans Scharpf ist Cinceras erster Kampfgefährte und Gründungspräsident der *Aktion für freie Demokratie.* Beat Jäggi, Berner Heimatdichter, taucht im Zusammenhang mit Karl Friedrich Graus *Internationalen Studiengesellschaft für Politik* auf.

Kollektivmitglied der WRG ist die *Stiftung für abendländische Besinnung* (STAB). Die STAB – Postfach 501, 8034 Zürich – zählt einen Freundeskreis von rund zweihundert Personen. Sie war im Jahr der Studentenrevolte 1968 vom Zollikoner Unternehmer Dr. Hans Robert Jenni (*1912), der sie auch präsidiert, initiiert worden. Wie schon ihr Name sagt, besinnt sie sich «auf abendländische Tradition, Kultur und Moral», fördert die «geistige Einigung Europas» und unterstützt «alle Bestrebungen zum Schutz des Landschaftsbildes». Mit dem *Engadiner Kollegium*, der *Aktion für freie Demokratie* und dem *Forum Jugend und Armee* fühlt sie sich besonders verbunden im Gegenpool zur Neuen Linken. Der sechsköpfige Stiftungsrat besteht aus: Dr. Hans Robert Jenni und seiner Frau Trudy Jenni, Zollikon, Dieter Jenni, Meilen, Dr. Ruth Biedermann, Winterthur, Dr. Hans Rutishauser, Küsnacht ZH und Dr. Max Berger, Zollikon.

gekündigt, der dann auf dem Titelblatt der nächsten Ausgabe im Juli als «einer der besten Subversionsspezialisten in Europa» für seine «unangreifbare Arbeitsweise ... sachliche Information, Dokumentation und Analyse» wohlgelobt wird.

Auch Cincera-Freund Ernst R. Borer, Präsident der *Schweizerischen Aktion für das Selbstbestimmungsrecht aller Völker*, ist als Autor im *Abendland* zu finden.

Im Juli 1974, dem Gründungsjahr des *Hofer-Klubs*, wird die *Abendland*-Gemeinde zum Beitritt in die SFRV aufgefordert. Von da ab erscheinen unregelmässig Berichte über Linke in den Medien.

Europa von Sarnen aus gesehen

Grosses hatten sie vor, die Gymnasiasten vom Kollegium Sarnen. In der *Abendland*-Ausgabe vom November 1965 präzisierten sie ihr politisches Weltprogramm: Kampf für die «Vereinigten Staaten von Europa ... unter Beibehaltung der völkischen Eigenart der einzelnen Gliedstaaten» als unmittelbare Aufgabe mit dem strategischen Fernziel eines «europäischen Bundesstaates». Organisatorisch wurde die historische Aufgabe mit der Gründung der *Europa-Aktion Sarnen* an die Hand genommen. Am 23. Juli 1966 hielt sie im aargauischen Wildegg ihre erste Jahresversammlung ab, erkor daselbst Herbert Meier einstimmig zum Bundesvorsitzenden und fasste den Beschluss, als «*Europa-Aktion* nun ebenfalls ausserhalb des Kollegiums Sarnen wirksam werden» zu wollen. Das *Abendland* wurde «zum offiziellen Organ der EA» erklärt und erschien fortan im Offsetdruck. Ein halbes Jahr später , so in den *Abendland*-Mitteilungen, «führte die EA als willkommene Abwechslung ein grosses Blut- und Leberwurstessen durch», gespendet von der Firma Fritz Meier, Würenlingen, und befasste sich geistig in Schulungskursen mit der «kompliziertesten Ideologie», dem Linksliberalismus. Im Juni 1967 wurde dann der «Europatag in Sarnen» feierlich begangen, als Referent gastierte der Schweizer Adenauer-Biograph und -Freund Dr. Otto Kopp mit dem Thema «Der deutsche Widerstand gegen Hitler als Wurzel des vereinten Europas». *Abendland*-Reporter Franz Reigel über dessen Würdigung der Männer des 20. Juli: «Das Märtyrerblut ist zum Samen in dem durch Adenauer in vierzehnjähriger unermüdlicher Arbeit gepflegten und gehegten deutschen Erdreich geworden und hat reiche Frucht gebracht» (Nr. 6/1967).

Otto Kopp (*1925), Luzern, seit November 1966 *Abendland*-Mitarbeiter und Autor mehrerer Bücher über seinen Freund Konrad Adenauer, schreibt mit Genuss über Konrad Adenauer, Franz Josef Strauss und seinen Verleger Heinrich Seewald, der im bundesdeutschen Raum eine der konservativen Bücherfestungen hält.

Mit der Matura der Initianten ist die *Europa-Aktion-Sarnen* versandet, am 3./4. Juli 1971 beteiligt sich dann Herbert Meiers frischgegründete

Wilhelm-Röpke-Gesellschaft mit der *Schweizerischen Aktion für Menschenrechte* und weiteren elf europäischen Vereinigungen an der Kreation der *Aktion freies Europa*, die Handblatt-Aktionen, Informations- und Pressedienst, Unterschriftensammlungen und Petitionen «zur Einigung und Erneuerung Europas auf der Grundlage der christlich-europäischen Werte» auf ihr Programm setzt.

Auf der Suche nach dem verlorenen Weltbild

Es war die Linke, die das ideologische Defizit der formierten Gesellschaft der sechziger Jahre kritisch ausfüllte, dem Pragmatismus und bloss technokratischen Bewusstsein mit politischer Bewegung begegnete. Die westliche Gesellschaft, in den Nachkriegsjahren mit Wirtschaftsrestauration beschäftigt und 1966/67 bereits wieder mit der Krise konfrontiert, hat als ihr Selbstverständnis nur noch ihren negativen Ausdruck aus dem Kalten Krieg, den Antikommunismus, hinübergerettet. Aber selbst diesem fehlt zunehmend das Fundament: Wodka-Cola auf der ökonomischen Ebene und die stillschweigenden gentlemen-agreements im politischen Bereich münden in die Entspannungspolitik. Die liberalistischen Pragmatiker, so Herbert Meier im Rückblick, «standen der ideologischen Herausforderung hilflos gegenüber. Sie hatten ja gar kein eigenes Weltbild mehr» (Ulrich Kägi, Wird Freiheit Luxus?).

Als Pioniere der konservativen Renaissance haben sich in diesem ideologischen Vakuum denn die *Abendländer* auch verstanden, nicht als Partei, aber als Lesergemeinde treuer Denker und vereinzelter politischer Aktivisten.

Und in der Schweiz? Im Sommer 1964 war James Schwarzenbachs *Republikaner* vorübergehend eingegangen, ein «bedenkliches Krankheitssymptom» zeige das «Verschwinden dieses letzten Sprachrohrs der konservativen Rechtsopposition» für unser Land, wurde im *Abendland* vom März 1966 geklagt und gleichzeitig versichert, mit der eigenen Zeitschrift die Kontinuität zu garantieren. Den christlichen Politikern warf das *Abendland* vor, «dass sie heute, in den Sechzigerjahren des 20. Jahrhunderts, dem naiven Fortschrittsglauben des vergangenen Jahrhunderts verfallen» seien, aber selbst rekurrierte man auf die noch vergangenere Vergangenheit, stemmte sich gegen Frauenstimmrecht – 1966 gründeten Herbert Meier und Renato Grünig zu diesem Zweck die *Aktion der Jungen zur Erhaltung der natürlichen Ordnung* – und gegen den Beitritt zur europäischen Menschenrechtskonvention, die auf Aufklärung und Französischer Revolution basiere und vom Sozialismus statt vom Christentum inspiriert sei.

1967 wurde James Schwarzenbach vom *Abendland* als «Mann mit Rückgrat» für den Nationalrat empfohlen. Er honorierte es mit einem Abonnement und Leserbrief als «Dank für Ihre tapfere Unterstützung».

Herbert Meier selbst kandidierte 1971 auf der Liste der aargauischen *Republikanischen Bewegung* erfolglos für den Nationalrat; sein Mitstreiter Pirmin ist als ehemaliges Zentralvorstands-Mitglied Mitbegründer der *Schweizerischen Republikanischen Bewegung.*

Blick nach Deutschland

Mit der politisch aktiven Rechtsopposition der Neonazis in der BRD wollte *Abendland* sich jedoch nicht infizieren: für «Bubi» von Thaddens NPD-Blüte machte *Abendland* die «internationale Hetze intellektueller Horden gegen die Bundesrepublik Deutschland» haftbar bei gleichzeitiger «Führungsschwäche des Kanzlers». So stand man zwischen der parteipolitisch aktiven Nazirechten und den geistigen Eliteideologen der kalten Nachkriegszeit, die mittlerweile alte Männer geworden waren und nach und nach verstarben: Wilhelm Röpke, «einer der grössten Männer unserer Zeit» (Nr. 6/1966) starb im Februar 1966, Konrad Adenauer, der in der Januar-Nummer 1967 mit Titelfoto «91 Jahre jung» gefeiert wird und «unerschüttert im Sturm der Meinungen aufrecht wie je zuvor» dastehe, fiel im April desselben Jahres. Herbert Meier in der Totenklage, die Sterblichkeit des «grössten Abendländers unserer Zeit» und «alten Häuptlings» nicht fassend, beschwört «das unsterbliche Ideal Adenauers, das Ideal des christlichen Abendländers, des gottbegnadeten Patriarchen, des grossen Antagonisten des Lichts, der mit den Söldlingen Luzifers und den Dämonen des Unglaubens focht» (Nr. 3/1967). Und als Erstaugust-Redner der Würenlinger Bundesfeier 1967 feiert Herbert Meier Adenauer als den «ersten Eidgenossen Europas», plädiert für die Vereinigten Staaten Europas und schliesst bewegt: «Hergott, behüte unser Würenlingen ... und die ganze Menschheitsfamilie».

Und die lebenden Ideale? Die Zeugen «im Glauben an die ewigen Leitsterne des Westens» sind jetzt zweite Garnitur, die Wachtürme im Deutschland der Grossen Koalition und dann erst recht der sozialliberalen. Es sind die bayrischen CSU-Ultras, die Altnazis und rechte APO der *Deutschland-Stiftung*, die fossilen Überreste der deutschen Landaristokratie:

– William S. Schlamm (1904-78), der «scharfsinnige Kulturkritiker», Kolumnist in Springers 'Welt am Sonntag' in den sechziger Jahren, die ihm 1972 nicht mehr reaktionär genug ist und zur Herausgabe der eigenen *Zeitbühne*, für die er in *Abendland* inseriert, veranlasst. Schlamm ist Adenauer-Preisträger der *Deutschland-Stiftung*, lobt die «Gesundung der deutschen Demokratie» durch die «unverfälschte Sammlung» der Rechten in der NPD und verspritzt sonst noch allerhand Schlamm.

– Kurt Ziesel (*1911), NSDAP-Publizist übelster Sorte, Geschäftsführer und Gründer der *Deutschland-Stiftung*, wirbt in der Bundesrepublik für Meiers *Abendland*, dessen «Inhalt und Geist weitgehend den Grundsätzen

und Vorstellungen entspricht, die sich auch die *Deutschland-Stiftung* im Sinne des Vermächtnisses ihres Ehrenpräsidenten Konrad Adenauer zum Ziel gesetzt hat» (Nr. 37/1968).
– Otto von Habsburg (*1912), ältester Sohn des letzten Kaisers der Donaumonarchie, nennt sich auch Otto von Österreich, Mitglied der *Deutschland-Stiftung* und im Juni 1979 als bayrischer CSU-Vertreter ins Europaparlament gewählt.
Weitere Freunde jenseits des Rheins:
– Prof.Dr. Erik Ritter von Kuehnelt-Leddhin (*1909), seit September 1969 *Abendland*-Mitarbeiter, lobt das Militärregime in Brasilien, warnt vor Abtreibung und Sozialreform in Entwicklungsländern, die zu einem «Exodus der Tüchtigen» führen. Daneben malt er – rote Drachen, die Schlösser umzingeln, mit Spinnweben und schwarzen Fledermäusen im Nachthimmel, statt mit Foto stellt er sich den *Abendland*-Lesern handgemalt vor (eigenhändig), konzentriert konservativ mit hoher Stirn schweift sein Blick ins Abendland. Er hat auch einen Zukunftsroman verfasst, «Der gefallene Engel oder Moskau 1997», eine Vision von staatlich verordneten Sexorgien.
– Rudolf Paul Koletzko, Mering, betreut seit Herbst 1970 Geschäftsstelle und Redaktion von *Abendland* in Deutschland. In der Nummer 54 von 1970 führte er ein «Exklusiv-Interview» mit Franz Josef Strauss.

Und dann der deutsche Adel. Im Herbst 1970 darf das Würenlinger *Abendland* exklusiv ins Weltlage-Gespräch mit: Karl Theodor Maria Georg Achatz Eberhard Joseph Freiherr von und zu Guttenberg. Der im erstklassigen Weinjahr 1921 als Sohn eines fränkischen Grossgrundbesitzers, päpstlichen Geheimkämmerers, kaiserlich deutschen Korvettenkapitäns a.D. und ehemals erblichen Reichsrats der Krone Bayern auf einem der Familienschlösser in Weisendorf zur Welt gekommene, verheiratet mit – so die korrekte Anrede – Ihrer Durchlauchtigen Hoheit Rosa-Sophie geborener Prinzessin und Herzogin von Arenberg, sass von 1957 bis 1970 im Bundestag für die bayrische CSU, war unter Kiesinger Staatssekretär im Bundeskanzleramt, was Helmut Schmidt zur Äusserung veranlasste, es falle schwer, «bei der Polemik des Herrn Baron von Guttenberg nicht zu beklagen, dass die Deutschen niemals eine Revolution zustande gebracht haben». Herr Guttenberg ist ausserdem Ritter des *Ordens vom Heiligen Grabe zu Jerusalem*, Träger des Bayrischen Verdienstordens sowie Inhaber des Ehrenpreises der *Versammlung der versklavten Nationen Europas*. Als Beruf gibt er schlicht Landwirt an, womit er wohl seine 10'000 Hektar Besitz meint – über seine Gepflogenheiten im Umgang mit dem Personal findet sich weniger erheiterndes bei Günther Wallraff, 'Die Geschäfte des Baron Guttenberg'.

Zum Exklusivgespräch war *Abendland* gerade noch rechtzeitig gekommen, denn 1972 segnete der Edle das Zeitliche. Die Kontinuität wurde jedoch mit seinem Schwiegersohn gewahrt:

– Franz Ludwig Gustav Maria Schenk Graf von Stauffenberg (*1938), im Familienkreis «Luffel» genannt, Mitglied des *Bundes Freiheit der Wissenschaft* und seit 1972 für die CSU im Bundestag, wo er im «Ostausschuss», auch «Prätorianergarde des Kalten Krieges» genannt, sitzt. Dass sein Vater der berühmte Hitler-Attentäter Stauffenberg war, hat er beinah schon vergessen. Stauffenberg ist zusammen mit seinem CSU-Parteifreund Dr. Walter Althammer seit dem Frühjahr 1975 ständiger *Abendland*-Mitarbeiter.

Das Elend des politischen Konservatismus, das Elend der Jugendbewegten aus dem aargauischen *Abendland* ist, dass sie auf der Suche nach einer kohärenten konservativen Philosophie nur in den verstaubten Garderoben des Welttheaters ausgediente Kostüme in passender Grösse finden, Deutschlands letzte Fossile als Zeugen der Zukunft im Spiritus konservieren und das noch als neuen Geist verkaufen müssen.

Welttheater in Würenlingen

Im Auf und Ab der Weltgeschichte werden im *Abendland* verlorene Posten vermerkt und Siege freudig notiert. Mit der Ermordung von Südafrikas Premier Hendrik F. Verwoerd 1966, dem das Land die Apartheid verdankt, ist ein «unerbittlicher Kämpfer gegen die linken Wahnideen der Gleichmacher verloren» gegangen (Nr. 9/1966). Aber bald zeigte sich «Hoffnung für Hellas» mit dem Staatsstreich der Armee vom April 1967: «In Griechenland hat die Armee endlich zugeschlagen, um das Land der Hellenen vor dem Chaos des Parteihaders zu bewahren ... Gott sei Dank gibt es immer wieder (so in Brasilien, Argentinien und Indonesien) einsichtsvolle Militärs, die den notwendigen Scharfblick und den Mut haben, das Land vor dem Abgrund zurückzureissen» (Nr. 3/1967). (In derselben Nummer findet sich ein Dankesbrief des *Redressement National* Zürich, dem «die selbständige Art und Weise» von *Abendland* «gut gefällt».)

Griechenland-Spezialist im *Abendland* ist der Berner Antiquar Jürg Stuker (*1914), Liquidator des europäischen Hochadels, Kakteenfreund und Besitzer von Schloss Gerzensee (stilecht möblierte Räume quer durch fünf Jahrhunderte), «Antiquar der Könige und König der Antiquare» – sein Vater, Komturritter Baron Dr.phil. Robert Stuker Pascha, Berater im griechischen Königshaus, gab ihm den geistigen Hintergrund für seine antiquarischen Memoiren.

Anfangs der siebziger Jahre wird die *Abendland*-Unterstützung für die amerikanischen Bombenteppiche in Vietnam vom Chemiekonzern und Napalmhersteller Dow Chemical mit grossformatigen Inseraten verdankt. Schade nur, dass Nixon nach Watergate gehen muss, denn jetzt ist der «Übergang von der Präsidialdemokratie zur Mediakratie» in den Staaten vollendete Tatsache.

1968 in den Katakomben

«Links, links, links... Dr. Lieschen Müller marschiert!» So läutet *Abendland* Sturmglocke zum Sommer der Studentenrevolte 1967. «Über dem christlichen Abendland haben sich in den letzten Monaten grauenerregende Wolkenberge aufgetürmt, die einen zerstörerischen Sturm ahnen lassen. Die Festung der Freien Welt beginnt zu wanken ... Ein wilder, verblendeter Pöbelhaufen hat sich zusammengerottet», so Herbert Meiers dräuende Apokalypse (Nr. 39/1968). Und in der Juni-Nummer desselben Jahres, die der *Deutschland-Stiftung* gewidmet ist, gibt er der konservativen Schar die Parole: «Zurück in die Katakomben!» Da wird aber auch schon mal mit Putschplänen gespielt: «Wenn nun also zum Beispiel in der Schweiz der unwahrscheinliche Fall einträte, dass die PdA 'demokratisch' an die Macht käme, hätte eine Minderheit (zum Beispiel die Schweizerische Offiziersgesellschaft) das Recht, ja die Pflicht, eine Machtübernahme der Kommunisten gewaltsam zu verhindern» (Nr. 41/1968).

In den bewegten Jahren 1967/68 (seit 1966 inseriert auch *Trumpf-Buur-Eibel*) rückt die Schar der Konservativen enger zusammen: Dominique Brunner und Gustav Däniker von der *Farner PR-Agentur* beginnen im *Abendland* zu schreiben, vorwiegend gegen den Atomsperrvertrag. *Memopress*-Herausgeber und Traubensaft-Unternehmer Emil Rahm stützt das Blatt mit Inseraten, muntert die Getreuen mit «Urpress – hält sie fit, gesund und schlank». Sie haben es auch nötig, denn die im Dezemberheft 1969 propagierte «Wiedergewinnung einer offensiven Strategie» will nicht so recht: 1971 kommt das «monatlich erscheinende» *Abendland* ganze zweimal heraus, und 1972 erscheint auf dem Höhepunkt der linken Studenten- und Jugendbewegung in der Schweiz gar bloss eine Ausgabe.

Welche Chancen hat der neue Konservatismus heute? Zehn Jahre nach 1968 wittern die Ideologen Morgenluft: Thatcher-Regierung in England, Deutschland im Herbst mit Strauss als Kanzlerkandidaten und die Verunsicherung der Linken – Zeichen der Zeit? Als die Linke in der Blüte stand, das Bewusstsein der Gesellschaft wenn nicht dominierte so doch entscheidend mitprägte, haben sich die abendländischen Konservativen als Nachtwächter verstanden, einsam und machtlos, aber gewiss, eines Tages ihre Stunde kommen zu sehen. Und zehn Jahre nach 1968 ist der Linken das Weltbild verwischt worden, Kuba, Vietnam, Kambodscha, China – die konkrete Utopie am Horizont verblasst. Die konservative Ideologie kann dies nur als Bestätigung ihrer Wahrheit empfinden, machtlos bleibt sie dennoch. Von den Führungspositionen in Wirtschaft, Staat und Gesellschaft sind die *Abendland*-Philosophen ausgeschaltet – Ritter von der traurigen Gestalt bleiben sie auch mit aufgefrischter Rüstung.

Emil Rahm — vom Rebensaft zur Politpresse

«Man kann argumentieren, dass manches, das in diesen Schriften aufgezeigt, respektive kritisiert wird, schon in Nazideutschland gesagt worden sei. Die Frage stellt sich jedoch, ob die betreffenden Gefahren, die Hitler in verbrecherischer Weise bekämpft hat, automatisch verschwunden sind, als Hitler von der Weltbühne verschwand.»

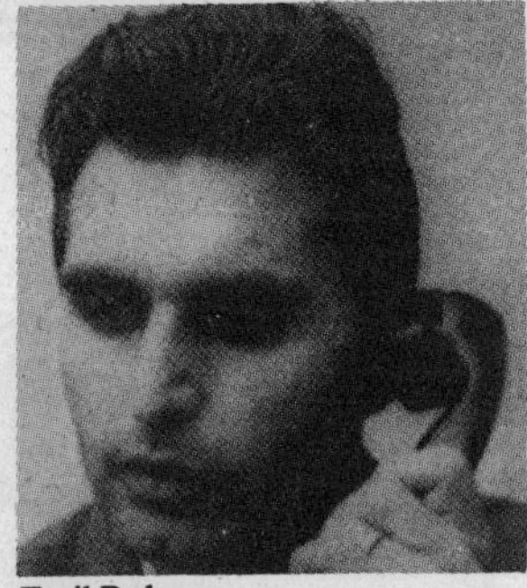
Emil Rahm

Der Mann, der die gleichen Gefahren wie Hitler bekämpft, muss es wissen: Emil Rahm (*1930), Traubensaft-Unternehmer und Weinhändler aus dem schaffhausischen Hallau, zieht seit Jahren gegen die jüdisch-freimaurerisch-bolschewistisch-jesuitische Weltverschwörung ins Feld und propagiert entsprechend einschlägige Literatur. Mit Leserbriefen in der gesamten bürgerlichen deutschschweizer Presse, redaktionellen Beiträgen in den 'Schaffhauser Nachrichten' und seinem eigenen Blatt *Memopress - aktuelle Presse- und Literaturhinweise.*

Die Presse ist Emil Rahm Beruf und Berufung. Der Sohn einer wohlhabenden alten Weinbauern- und Händlerfamilie ist zusammen mit seinem Bruder Robert Besitzer der Rimuss-Kellerei Rahm+Co. in Hallau. Das Familienunternehmen hat seit seiner Gründung 1945 einen steten Aufschwung erlebt. Mit dem 1954 kreierten Kinderchampagner Rimuss-Asti und Rimuss-Party gelang der grosse Durchbruch. Importierter billiger Traubensaft, imprägniert mit preiswerten sechs Gramm Kohlensäure — daraus entsteht der «festlich moussierende Edeltraubensaft», der mit hoher Gewinnmarge unter's Volk gebracht wird. Neben diesem Verkaufsschlager und weiteren Fruchtsäften produziert die Kellerei edle Hallauer-Weine wie den Riesling-Sylvaner Adelheid von Randenburg oder den Beerliwein Graf von Spiegelberg.

Doch mindestens ebenso wichtig ist dem Emil Rahm die politische Saftpresse. «Engagierter Freizeitjournalismus im gesellschaftspolitischen Bereich» nennt er in der Firmenjubiläumsschrift «25 Jahre Rimuss-Kellerei» sein Hobby. Im Leserbriefschreiben ist er wohl Schweizer Rekordhalter: Seine private Meinung für die Zeitungsspalten verschickt er gleich gedruckt. Und da man auf verschiedenen Redaktionen mittlerweile weiss, wes' Geistes Kind eine Zuschrift von Emil Rahm, Hallau, ist und sie zum

vornherein dem Papierkorb übergibt, heuert er für die Unterschrift bisweilen Zufallsbekanntschaften an. «Ich habe Herrn Rahm bei einem seiner Vorträge kennengelernt. Ich habe dann einen Leserbrief unterzeichnet, den aber Rahm selbst geschrieben hat», verriet einer seiner 'Mitarbeiter' der studentischen Arbeitsgruppe Medienkritik (das konzept, Nr. 1/1976).
Die Leserbriefe bilden den Rohstoff für die *Memopress.* In einer Auflage von 40'000 Stück verschickt Emil Rahm vierteljährlich das Offsetblatt, meist vier A4-Seiten stark, an einige Abonnenten zum Preis von Franken 2.80 für acht Nummern. Der Hauptteil der Auflage geht jedoch gratis «an Behörden, höhere Lehranstalten, Verbände von Lehrern, Ärzten, Offizieren, Theologen, an Studenten, Parteien sowie an die in- und ausländische Presse», wie es im Impressum des seit 1966 erscheinenden Blattes heisst.

Antisemitismus und Weltverschwörung

Was in der *Memopress* memoriert wird, sind Versatzstücke einer rassistischen und antisemitischen Weltverschwörungs-Ideologie, deren braune Vergangenheit deutlich durchschimmert. «Bei den Schwarzen fehlt es seit der Aufhebung der Sklaverei oft an Arbeitsamkeit und Ordnungsliebe», weiss *Memopress* über die Hintergründe der Rassenunruhen in den USA zu berichten (Nr. 1/1971). «Ist der Bolschewismus jüdisch?» wird etwa gefragt, und die Antwort gleich mitgeliefert: «Er ist Staatskapitalismus, der von Juden mit jüdischen Interessen geleitet wird» (Nr. 2/1977). Aber halt - unter dem *Memopress*-Artikel steht natürlich nicht der Name Emil Rahm. Es handelt sich nur um ein Zitat aus einer antisemitischen Broschüre – um einen interessanten Diskussionsbeitrag, wie Rahm seine Vorliebe bezeichnet, sich hinter anderen Artikeln zu verstecken. Aus eigener Feder stammt jedoch der Kommentar nach der Ausstrahlung der Fernsehsendung 'Holocaust'. «Juden-Morde 6'000'000?», wird da gefragt, und angemerkt: «Die Zahl wird von verschiedener Seite als weit übertrieben bezeichnet.» Aus welcher Ecke das Schlagwort von der Sechsmillionenlüge stammt, dürfte bekannt sein. Rahm jedenfalls gibt als Quellenhinweis die in Bochum erscheinenden *Unabhängigen Nachrichten* an - ein nazistisches Magazin, auf das auch das schweizerische Nazi-Blatt *Visier* gerne Bezug nimmt.

Aber nicht nur die Juden sind für Rahm schuld an allem Elend der Welt. Sie sind nur Teil einer ebenso riesigen wie unheimlichen geheimen Weltverschwörung: Kommunisten, Freimaurer, Jesuiten, Jimmy Carter, die Rokkefellers und Rothschilds usw. Allesamt sind sie als «Ein-Welt-Planer» mit dem gigantischen Projekt einer zentralisierten Weltregierung beschäftigt. Und ihre Hauptangriffe gelten dem freien Unternehmertum und dem gewerblichen Mittelstand und Emil Rahm höchstpersönlich. Den ideologischen Nährstoff seiner Kleinhändlerängste saugt Rahm seit neuestem mit

Vorliebe aus dem Vaduzer *Politischen Lexikon von C.O.D.E.* und aus entsprechenden Büchern:
– Gary Allen, Die Insider – Wohltäter oder Diktatoren?
– Ismerök Az Igazságot, Kissinger – Person, Politik, Hintermänner
– Manfred Adler, Die Söhne der Finsternis – Die geplante Weltregierung; Die antichristliche Revolution der Freimaurerei
– Heinz Scholl, Bilderberger+Trilaterale – Internationale Cliquen in der Strategie der US-Hochfinanz; Der falsche Messias – Aufstieg und Fall des Willy Brandt.

Das Buch über Willy Brandt wird in der *Memopress* als Biographie vorgestellt, die zeige, «wie aus dem linksextremen Meuchelmörder Herbert Ernst Karl Frahm nach der Namensänderung durch Wehner ein roter Messias und Entspannungskünstler 'Brandt' geworden ist» (Nr. 1/1976).

Als separates Destillat solcher Politbrennerei hat Rahm 1976 die *Hintergrund*-Information lanciert, die er dann nach ein paar Nummern aufgab und dafür *Durchblick -- Auszüge und Zusammenfassungen aus dem Politischen Lexikon von C.O.D.E.* in die *Memopress* integrierte.

Versandhaus Emil Rahm

Aber Rahm ist nicht nur eifriger Leserbriefschreiber und Propagandist eindimensionaler Weltbilder. Dank seiner umfangreichen Adress- und Versandkartei ist er eine willkommene Schaltstelle für Abstimmungskämpfe und privatpolitische Aktionen. 1973 hat sich das SVP-Mitglied Emil Rahm in der Volksabstimmmung gegen die Aufhebung des Jesuitenverbotes engagiert und zusammen mit Dr.iur. Josef Bissegger, Bern, die *Aktion gegen eine Gefährdung der Demokratie* gegründet, die sich die Bekämpfung der «Unterwanderung der Schulen und Kirchen (Ökumene)» durch Linksextremisten und Jesuiten auf die Fahnen schrieb. 1975 präsidierte er das *Aktionskomitee gegen das EWG-Abkommen* und hebt als «Obmann» die Aktion *Volk und Parlament* aus der Taufe, die im Sommer desselben Jahres eine «Petition zur Bundesfeier betreffend die bedrohte Souveränität der Schweizerischen Eidgenossenschaft» einreichte. Darin wurde der Bundesrat ermuntert, mittels einer Kommission nachzuprüfen, ob die Weltverschwörung nicht auch schon die Schweiz erreicht hat. «Unsere Aktion – eine Vereinigung sich verantwortlich wissender Bürger – möchte bei der Schaffung von Entscheidungsgrundlagen mitwirken und die gelegentlich sichtbare Kluft zwischen dem Volk und den parlamentarischen Vertretern überbrücken helfen», stellte Rahm den Parlamentariern am 11. November 1976 seine Privatschöpfung vor. Regelmässig sendet er ihnen Aufklärungspapiere zu den Bundesversammlungs-Debatten zu. Als Vorstandsmitglied der Aktion *Helfen statt töten* hat Rahm seine Versandkartei sowie die Erfahrung als Leserbriefjournalist in der Abstimmungsschlacht um die Fristenlösungsinitiative eingesetzt.

ohne Alkohol
Zum Fest gehört
RIMUSS
RIMUSS Party,
spritzig und pikant
RIMUSS Asti,
perlend und süss
moussierender Edeltraubensaft

Traubensaft-Unternehmer Emil Rahm kennt sich aus im Pressewesen: Mit dem Gewinn aus seiner Hallauer Rimuss-Kellerei (links ein Inserat) finanziert er die *Memopress* (unten) – ein antisemitisches Weltverschwörungsblatt, dessen Ideologie allzusehr an braune Zeiten erinnert.

Aktuelle Presse- und Literatur-Hinweise mit Kommentar

11. Jahrgang Nr. 2/1977

Jährlich 8 Nummern Fr. 2.80, Ausland Fr. 3.80. Postkonto: 82-4982 Schaffh. Herausgeber: Emil Rahm, 8215 Hallau

Israel und seine Heimat

Die wirklichen Schwierigkeiten hätten erst begonnen — so erklärte König Feisal von Saudiarabien — als der Weltzionismus mit der Idee aufkam, mitten in der arabischen Welt einen Staat zu errichten. Seitdem dieser Staat geschaffen sei, habe es niemals mehr Frieden oder Ordnung in diesem Gebiet gegeben, weil eben die Existenz dieses Staates gegen die natürliche Ordnung der Dinge stehe. Dabei wird die Jahrtausende alte Geschichte des

euch übrig bleiben, die sollen in ihrer Missetat verschmachten in der Feinde Land; auch in ihrer Väter Missetat (Kreuzigung Christi?) sollen sie mit ihnen verschmachten. Da werden sie denn bekennen ihre Missetat und ihrer Väter Missetat, womit sie sich an mir versündigt und mir entgegengewandelt haben. Darum will ich auch ihnen entgegenwandeln und will sie in ihrer Feinde Land wegtreiben" (Antisemitismus?) Und in Hesekiel 37, 21 heißt es: „Siehe

Ist Bolschewismus jüdisch? (S.2)

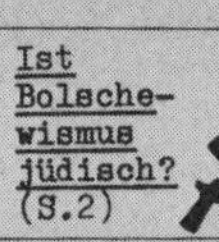

vom Joch des Exils und uns zurückgeführt ins Land unserer Väter." Aus Wüste ist durch vieler Hände Arbeit fruchtbares Land geworden. Städte sind entstanden, Atomreaktoren sind geplant. Die althebräische Sprache wird

«Al Manar» vom 8. Juni 1967

Was Gromyko am 14.5.47 vor der UNO sagte

„Während des letzten Krieges erlitten Juden

Überhaupt unterstützt und fördert Rahm alles, was irgendwie in sein Kampfkonzept gegen die Weltverschwörung passt. So macht er Reklame für die *Hilfsaktion Märtyrerkirche* und vertreibt Ernst Cinceras Buch «Unser Widerstand gegen die Subversion in der Schweiz» mit zehn Prozent Rabatt – den grossen Posten Cincera-Bücher will er angeblich von einem Gegner bestellt erhalten haben. 1975 liess er allen katholischen und protestantischen Pfarrern und Kirchgemeindepräsidenten der deutschen Schweiz die Broschüre von Jürg Meister «Der Weltkirchenrat und sein Blutgeld – Von der Oikumene zum Weltkirchensowjet» zustellen. Das Pamphlet, in welchem der Weltkirchenrats-Generalsekretär als «Westindien-Neger Potter» tituliert wird, wurde von Karl Friedrich Graus *Internationalen Studiengesellschaft für Politik* herausgegeben. «Die braune Liesel hör' ich am Geläut», kommentierte der 'Evangelische Pressedienst' treffend das Traktat (14.1.76).

Politik und Geschäft will Emil Rahm gerne getrennt haben, denn schliesslich geniessen nicht nur die Ultrarechten seinen Rebensaft. Aber auch mit der Rimuss-Kellerei stützt er ihm politisch sympathische Blätter: Regelmässig erscheinen Inserate in der *Schweizerischen Studenten-Zeitung* und dem *Abendland.* Umgekehrt straft er auch bei Nichtgefallen:

Der 'Schweizer Illustrierten' entzog er nach der kritischen Berichterstattung zur Cincera-Affäre vorübergehend seine Inserate.

«Machtballungen» wittert er überall – in der Wirtschaft mit der EWG, in der Politik im Zentralismus und in der Kirche in der Ökumene. Im schaffhausischen Weinland um Hallau ist er selbst ein kleiner König: Ein guter Viertel der Million Liter, die in einem ertragreichen Weinjahr fliessen, gehen in die Flaschen mit den Rahm-Etiketten. Und die Weinbauern, die von den Rahm-Brüdern abhängig sind, strömen am Sonntag in das Haus der freikirchlich-religiösen Crischona-Gemeinde, deren wichtigste Geldgeber und Mitglieder eben auch wieder die beiden Rahms sind.

Conföderation Organisch Denkender Europäer – die Hamsterer vor dem Untergang

«Das *Politische Lexikon von C.O.D.E.* erklärt, wie es bis zur heutigen Krise kam und warum es so kommen musste. Das *Politische Lexikon von C.O.D.E.* möchte Ihnen helfen, die wirtschaftlichen Vorgänge und damit die Politik in grossen Zügen kennen und verstehen zu lernen. Das *Politische Lexikon von C.O.D.E.* baut aus verwirrenden und scheinbar widersprüchlichen Vorgängen Schritt um Schritt gemeinsam mit Ihnen ein zusammenhängendes und verständliches Bild auf.»

So stellt Andreas Salvator Habsburg-Lothringen, Präsident der *Conföderation Organisch Denkender Europäer* (C.O.D.E.), die am 30. Januar 1977 erstmals erschienene Nummer des «völlig neuen Daten- und Informationsträgers» vor, der im Sammelsystem aufgebaut ist. Versprochen werden «Informationen ... die bisher zum Teil nur den 'Insidern' der obersten Finanz- und politischen Gremien zugänglich gewesen sind».

Das Weltbild, das im Lexikon aufgebaut wird, ist tatsächlich zusammenhängend: Eine gigantische Verschwörung von Juden, Freimaurern, den Bilderbergern, Rothschilds und Rockefellers, der Trilateralen Kommission, der UNO, dem Weltkirchenrat, dem CIA und KGB, der sowjetischen Nachrichtenagentur Nowosty, der Zahl 666 und dem Council on Foreign Relations ... und manchem mehr. Gemeinsames Ziel all dieser Gruppen und Institutionen soll die Errichtung einer einheitlichen Weltregierung im Namen des Kommunismus sein - inszeniert von den «Ein-Welt-Planern».

Das Standardwerk dieser Weltverschwörungs-Theoretiker ist das 1971 erschienene und seither in Millionenauflage verbreitete Buch des amerikanischen Journalisten Gary Allen, 'Die Insider'. Dieselben Ideen vertritt auch das US-Magazin *Spotlight*, auf welches das *Politische Lexikon von C.O.D.E.* häufig Bezug nimmt.

Herrenclub im Verborgenen

«Bekämpfung der Desinformation» mittels «Entcodung» schreibt sich C.O.D.E. auf die Fahnen. Die Initianten des seltsamen Clubs führen allerdings ein eher verborgenes Leben. Herausgegeben wird das *Politische Lexikon* von der *C.O.D.E.-Verlagsanstalt* in Vaduz (Postfach 441) im Fürstentum Liechtenstein. Wer hier ein Probeexemplar bestellt, erhält es «mit freundlichen Grüssen» von Emil Rahm, Hallau. In der ersten Nummer war noch eine Telefonnummer im Impressum – aber hier meldet sich ein Fräulein aus dem liechtensteinischen Ruggell mit *Service-Center-Anstalt.* Deren Aufgabe für C.O.D.E. sei nur administrativer Natur, und ein Herr Meier präzisiert, es handle sich um eine Service-Station für C.O.D.E. Sein Service geht jedoch nicht so weit, zwecks Kontakterleichterung eine Adresse der aufgeführten Redaktionsmitglieder zu vermitteln. Angeführt sind im Impressum die Namen S.P. Lenhausen, J. Lombard, M. Rich, P. de Villemarest und bis 1978 ein A. Maestro sowie nicht namentlich genannte Redaktionsmitglieder «in Bonn, Brüssel, London, Madrid, München, Paris, Rom, Washington, Wien, Zürich und anderen Orten».

Das C.O.D.E.-Redaktionsmitglied Pierre de Villemarest ist Redaktor im *Impact*, dem Publikationsorgan von *Libertas Schweiz.* In diesem Genfer Monatsmagazin schreibt er recht häufig. In der Januar-Nummer 1979 findet sich ein von ihm verfasster begeisterter Reisebericht aus Chile – dem Land, wie es heisst, das der Umzingelung durch den Marxismus glücklich entronnen sei und wieder zur Ordnung zurückgefunden habe. Seine Quelle ist erster Hand: Das alles hat ihm General Pinochet – «elegant in seinem graublauen Anzug» – höchstpersönlich erzählt. Mit ihm zusammen durfte er sich denn auch in staatsmännischer Pose ablichten lassen. Beim *Impact* weiss man seltsamerweise auch nicht, wo Redaktor de Villemarest residiert – in Paris, heisst es zuerst, wo er aber nicht aufzufinden ist, und eine genauere Adresse will die *Impact*-Redaktion nicht preisgeben.

C.O.D.E.-Präsident Andreas Salvator Habsburg-Lothringen ist ein verkrachter Verwandter von Otto von Habsburg, dem ältesten Sohn des letzten Kaisers der Donaumonarchie. In der ersten C.O.D.E.-Nummer war als verantwortlicher Gesamtredaktor noch ein Günther J. Wolf aufgeführt, Pressebeauftragter des *Europäischen Wirtschaftsinstitutes* (EWI). Gegenüber der BaZ meinte er über C.O.D.E.-Präsident Habsburg: «Ich möchte ihn als einen Idealisten bezeichnen. Manche halten ihn für einen Idioten» (15.2.77).

Etwas hoch gegriffen waren die Pläne des *Politischen Lexikons von C.O.D.E.* In der Startnummer 1977 heisst es noch «Erscheinungsweise: 18mal jährlich» in den Sprachen «Deutsch, Englisch, Französisch und Spanisch», ein Jahr später nur noch «in unregelmässigen Zeitabständen» und nicht mehr auf französisch. Dafür macht das Blatt originelle Eigenwerbung: «Wer C.O.D.E.-Material an seine Freunde geben möchte, möge sich überlegen, ob es sich lohnt. Die meisten Mitmenschen sind reine Zeitgenossen ... Wenn Ihnen C.O.D.E. nützlich erscheint, verbreiten Sie es durch Abonnements oder Spenden! Ihr Geld wird so oder so vollständig wertlos» (Nr. 7/1978).

Vorübergehend erschien auch *Durchblick – Auszüge und Zusammenfassungen aus dem Politischen Lexikon von C.O.D.E.* als billigeres Destillat. *Durchblick* wurde nach drei Nummern eingestellt und Ende 1977 in Emil Rahms *Memopress* übergeführt. Zwölf Ausgaben des *Politischen Lexikons* kosten 55 Franken, und wer es noch genauer wissen will, kann für

«Unser Sonderkorrespondent Pierre de Villemarest unterhält sich mit General Augusto Pinochet», heisst die Bildlegende in der Januar-Nummer 1979 des Genfer Monatsmagazins *Impact*. Pierre de Villemarest (links) ist Redaktor von *Impact* und dem *Politischen Lexikon von C.O.D.E.* Die politische Freundschaft mit Diktator Pinochet – «die Demokratie muss manchmal in Blut gebadet werden» – wundert einen bei der Lektüre der beiden Blätter nicht.

365 Franken im Jahr die detaillierteren *Hintergrundanalysen* beziehen. In der Juni-Nummer 1979 wird zusätzlich die «monatliche Herausgabe einer Tonbandkassette» angekündigt, wo die «Dinge an- und ausgesprochen werden können, die gedruckt zu hart für den an die seichte Kost der Desinformationspresse gewöhnten Verbraucher wären.».

Finanznutzen aus der Weltverschwörung

Das Komplott der Weltverschwörer, welches das *Politische Lexikon von C.O.D.E.* suggeriert, muss aber auch seine positiven Seiten haben. Im Editorial der ersten Nummer wird dem Leser geraten, «das Planspiel der Drahtzieher auszunützen und mit daran zu verdienen durch den Kauf der begünstigten Aktien». Zu diesem Zweck dient die Doppelseite «Finanz und Geld», worin versichert wird, dass «bis zum Zusammenbruch des Systems ... noch viel zu verdienen» sei. Die Investitionsratschläge basieren auf dem Börsenblatt *Investment Index* (InIn), das wöchentlich auf englisch erscheint und von der in Zürich domilizierten *Financial Publishing AG* herausgegeben wird. *Investment Index* verbindet politische Analysen à la

C.O.D.E. mit Investitionstips. Hauptverfasser des *InIn* ist C.O.D.E.-Mann Graf Sixtus von Plettenberg, Madrid. Das Börsenblatt zählt ein paar hundert Abonnenten, die für wöchentlich zwei A4-Blätter den stolzen Preis von 393 Franken pro Jahr zu zahlen bereit sind.

Einziges Mitglied des Verwaltungsrates der *Financial Publishing AG* ist Jürg Max Ris, Zollikon, der in Zürich ein Treuhand- und Revisionsbüro führt.

Bilderberger und Trilaterale

Als «Weltverschwörungszentren» werden von C.O.D.E. immer wieder die Bilderberger und Trilateralen genannt.

In der sogenannten Bilderberger-Konferenz treffen sich jährlich rund hundert führende Industrielle, Bankiers und Politiker aus Europa und Nordamerika. Chefdelegierter der Schweiz ist der Ciba-Geigy-Direktor und Verwaltungsrat Dr. Victor Umbricht. An der Konferenz 1978 nahmen von schweizerischer Seite ausserdem Bundesrat Kurt Furgler und Curt Gasteyger, Spezialist für Strategiefragen und Professor am Genfer Institut für Internationale Studien, teil. Initiiert wurde die Bilderberg-Konferenz von Prinz Bernhard der Niederlande. Ihr erstes Treffen fand 1954 im Hotel Bilderberg bei Oosterbeck in Holland statt, woher sie ihren Namen hat. Über die Resultate der diskutierten Fragen internationaler Politik dringt kaum je etwas an die Öffentlichkeit.

Die Trilaterale Kommission wurde 1973 vom Präsidenten der Chase Manhattan Bank David Rockefeller ins Leben gerufen. Rund zweihundert Vertreter aus den Zentren des Kapitalismus, den USA, Japan und Westeuropa (daher der Name trilateral) sind Mitglieder. Hauptziele der Trilateralen Kommission sind die Harmonisierung der Wirtschaftspolitik der entwickelten kapitalistischen Länder (Regelung monetärer Probleme), die Erreichung einer stärkeren Verhandlungsposition gegenüber der Dritten Welt (Rohstoffausbeute) sowie die Überwindung der «Unregierbarkeit» der westlichen Demokratien. Eine 1975 publizierte Studie der Trilateralen Kommission ('The Crisis of Democracy') kommt zum Schluss, dass die Demokratie vor allem an ihren eigenen Mechanismen zugrunde geht und von den liberalen Kritikern zerstört wird. Die Trilaterale Kommission hat sich als Instrument gegen Nixons Politik des aggressiven 'Wirtschaftsnationalismus gebildet. Sie hat den Wahlkampf Jimmy Carters geführt und seinen Beraterstab gestellt. Ihr leitender Kopf ist Zbigniew Brzezinski. Gegenüber dem Eurokommunismus vertritt die Trilaterale Kommission die Strategie der sanften Aggression: die KPI soll ruhig an die Regierung, wo sie sich dank der darauffolgenden Kapitalflucht am raschesten zerstört.

Die *Financial Publishing AG* war 1968 von Dr.iur. Jakob W. Reiff, Schaffhausen (Verlagskaufmann der 'Schaffhauser Nachrichten', bis 1974 im Vorstand des *Schweizerischen Aufklärungs-Dienstes*), dem Rechtsanwalt Dr.iur. Peter Honegger, Oberrieden ZH, und Romolo D. Honegger, Regensberg ZH, gegründet worden. «Zweck der Gesellschaft ist Ausarbeitung und Publikation von Finanzstudien», ist in den Gründungsstatuten der *Financial Publishing AG* definiert, die laut eigener Aussage nur den *InIn* herausgibt. Die drei Gründungs-Verwaltungsräte sind mittlerweile ausgeschieden, einzig Romolo D. Honegger betreut noch Arbeiten im Umkreis von *InIn*. Vom politischen Rechtsextremismus der C.O.D.E. distanziert er sich und meinte, bei den im *Politischen Lexikon* aufgeführten Redaktoren handle es sich zum Teil um Pseudonyme. Peter Honegger und sein Vetter Romolo D. Honegger haben im Januar 1976 noch vor Gründung der C.O.D.E. Graf Sixtus von Plettenberg aus Protest gegen die antisemitischen Tendenzen seiner Elaborate ihren Rücktritt aus dem Verwaltungsrat der *Financial Publishing AG* erklärt.

Neonazismus und modernisierter Antikommunismus

Die C.O.D.E.-Ideologie ist eine Neuauflage der nazistischen Weltverschwörungs-Theorie. Politische Breitenwirkung sucht C.O.D.E. in Blättern entsprechender Kreise: Inserate erschienen beispielsweise im nazistischen NPD-nahen deutschen Monatsblatt *Nation Europa* (April 1977) und im verwandten Jugendmagazin *Mut* sowie in *Volk+Heimat*, dem Organ der *Nationalen Aktion* (Februar 1978). *Volk+Heimat* brachte in der Januarnummer 1978 auch einen lobenden Vorstellungstext auf das *Politische Lexikon*.

Bemerkenswert sind auch die Eigenanpreisungen: «Wie aus dem Geheimkonzentrat, das an die Abfüller in der ganzen Welt geliefert wird, Coca-Cola erstellt wird, so dient C.O.D.E. dazu, den Eliten aller Kulturvölker methodisch die Spreng- und Bauteile zu liefern, deren Kenntnis die Voraussetzung für einen erfolgreichen Kampf um unser Überleben in einer Organischen Ordnung ist» (Nr. 6/1978). Und in der Juli-Nummer 1978 heisst es «In Sachen C.O.D.E.»: «Ideologiefrei und unpolemisch liefert dieses Grundwerk das gemeinsame Rüstzeug allen reaktionären und auch denjenigen revolutionären Kräften, die verstehen wollen, wie die Drahtzieher auch sie verheizen.» Obwohl hier Pläne von Organisationsaufbau formuliert werden, hat man keine Hinweise, dass es sich um mehr als ein Phantom handelt.

Kein Phantom ist jedoch die Ideologie: eine Kombination von Antikommunismus und Neonazismus. Wenn auch nirgends direkt Bezug auf das Dritte Reich genommen wird, so sind Elemente auch altnazistischen Gedankengutes im *Politischen Lexikon* präsent. Die «freimaurerische Verschwörung» zum Beispiel war schon ein Leitthema der Nationalsozialisten, und die Fröntler in der Schweiz haben 1934 sogar eine Volksinitiative zum Verbot der Freimaurerei lanciert. Die Kampagne «gegen das freimaurerische Joch» war einer der wichtigsten Programmpunkte der *Nationalen Front* – die Initiative ist dann in der Volksabstimmung 1937 allerdings verworfen worden. Auch die «jüdische Verschwörung» ist bekanntes altnazistisches Ideologem. Im *Politischen Lexikon* taucht sie in abstruser Form wieder auf: Die «Mitte der siebziger Jahre immer häufiger auftauchende Zahl '666' ... versinnbildlicht den Eingeweihten die fast absolute Macht, die das Geld verleiht». So habe der jüdische Davidstern «6 Ecken, 6 Dreiecke und 6 Winkel» (Nr. 1/1977).

Der modernisierte Antikommunismus von C.O.D.E. kommt auch in der Verschwörungstheorie zum Ausdruck: Die sowjetische Nachrichtenagentur Nowosty zum Beispiel betreue für die geplante Weltregierung die Aufgabe der systematischen Desinformation, wozu sie mit dem New Yorker Institut for World Order verknüpft sei, das von den Rockefellers mitfinanziert werde.

Die Fluchtpolitiker

Die Schweiz als Reduit der europäischen Reaktion? Nach dem Fluchtkapital die Fluchtpolitiker? In der Tat hat es sich auch bei konservativen Politikern in krisengefährdeten Nachbarländern herumgesprochen, dass die Schweiz stabil wie kaum ein zweites europäisches Land ist, dass sich dieser Flecken Erde auch für andere als finanzielle Geschäfte eignet. Zahlreichen ausländischen Politikern scheint die Schweiz als Agitationsbasis offensichtlich sicherer als ihre Heimat. Und wenn das neutrale Image der Schweiz positiv auf ihre eigene Propagandatätigkeit abfärben sollte, so kann das diesen Fluchtpolitikern nur recht sein.

Als ihnen der Vormarsch der kompromisswilligen Kommunisten bedrohlich schien, gründeten oberitalienische Industrielle im sicheren Hinterland Tessin die Zeitschrift *Europa libera* —zusammen mit einheimischen Reaktionären von der *Alleanza Liberi e Svizzeri.* Militante französische Rechtskatholiken und funktionslose Kolonialoffiziere veranstalten ihre jährlichen Kongresse zur Etablierung einer antikommunistischen Internationalen seit 1965 in der Westschweiz. Auch der französische Erzbischof Marcel Lefebvre führt seinen Kampf gegen die Konzilsreformen vom Wallis aus, wo er sich von einflussreichen einheimischen Figuren unterstützt weiss. Und der Deutsche Karl Friedrich Grau, dessen zweifelhafte Geschäftsmethoden wir in diesem Kapitel vorstellen, verlagerte seinen publizistischen Kampf für ein rechtskonservatives, CDU/CSU-regiertes Deutschland mehr und mehr in die neutrale Schweiz, nachdem in Bonn die sozialliberale Koalition an die Macht gekommen war. Auch Grau verfügt über zahlreiche Kanäle zu einheimischen Rechts-Exponenten.

Karl Friedrich Graus Internationale Studiengesellschaft für Politik

Untersuchungsrichteramt Interlaken, Sommer 1974. Wegen Anstiftung zu Urkundenfälschung ist ein älterer deutscher Herr polizeilich vorgeladen. Der Untersuchungsrichter möchte den Verdächtigten verhaften. Dieser gibt vor, in seinem roten Peugeot 204 Pillen holen zu müssen – und flüchtet. Einen Monat lang bleibt der Deutsche, der in Goldswil ob Interlaken wohnt, unauffindbar.

Der feine Herr ist niemand anders als Karl Friedrich Grau (*12.5.21), in deutschen Wahlzeiten einer der grössten Millionen-Jongleure der CDU/CSU-freundlichen anonymen 'Wähler'-Initiativen. Seit in Bonn SPD und FDP regieren, hat der Spross aus alter Frankfurter Weinhändlerfamilie seine Tätigkeit mehr und mehr in die neutrale Schweiz verlegt.

Karl Friedrich Grau

Die vorübergehende Flucht half Grau nichts. Am 3. April 1975 wurde er zu einer bedingt aufgeschobenen Gefängnisstrafe von zwei Monaten und zu einer Busse von hundert Franken verurteilt – wegen Anstiftung zu Urkundenfälschung, Führens eines Personenwagens ohne gültigen schweizerischen Führerausweis und Widerhandlung gegen das Ausländergesetz. Auch ein juristisches Gutachten von alt Bundesanwalt Prof. Hans Walder, organisiert von Graus Berner Anwalt Peter Stauffer, konnte nichts daran ändern, dass das schweizerische Bundesgericht am 6. Februar 1976 am zentralen Straftatbestand festhielt: «Anita Wolf (Graus Schwiegermutter. Verf.) ist daher zu Recht wegen Gebrauchs einer falschen Urkunde und Grau wegen Anstiftung dazu verurteilt worden.»

Trotz Graus Eskapaden hatten schon unzählige hiesige vaterländische Grüppchen und Personen etwas mit dem grossmauligen Deutschen. Doch diese politischen Lieben waren oft von kurzer Dauer. Denn Grau, der in Interlaken die *Internationale Studiengesellschaft für Politik* betreibt, Woche für Woche die *intern informationen* herausgibt und geschlossene Seminare zum Thema Betriebsspionage organisierte, trieb es hier so bunt, dass ihm die Schweizer Regierung am 26. Mai 1976 die Ausweisung androhte – was etwas heissen will. In einer Antwort auf eine Anfrage von SP-Nationalrat

Walter Renschler schrieb der Bundesrat: «Herr Grau wurde wegen Einmischungen in innere Angelegenheiten der Schweiz und unerwünschter politischer Betätigung verwarnt und ihm die Ausweisung nach Artikel 70 der Bundesverfassung angedroht.»

Grau und braun gesellt sich gern

Seit dem Ende der fünfziger Jahre profiliert sich Grau als graue Eminenz der rechten Flügelspitze von CDU/CSU und als Propagandist von Franz Josef Strauss. Grau ist Geschäftsführer zahlreicher staatsbürgerlicher Gesellschaften und in Wahlzeiten von sogenannten Wähler-Initiativen. Seine wichtigste Gesellschaft war lange Jahre die *Studiengesellschaft für staatsbürgerliche Öffentlichkeitsarbeit* in Frankfurt. Diese Organisation, laut 'Frankfurter Rundschau' eine «der ältesten Hilfsgesellschaften der CDU/CSU», liebäugelte auch damit, im Falle des von ihr beschworenen Umsturzversuches eine Art Bürgerwehr auf die Beine zu stellen. Prof. Walter Hoeres, Präsident der Frankfurter *Studiengesellschaft* und aktiv auch in der katholisch-konservativen *Bewegung für Papst und Kirche,* erklärte, «er steure eine konservative Sammlungsbewegung an, aus der sich eine neue Partei entwickeln könnte».

Auf welche Seite eine solche Partei besonders offen wäre, demonstriert Grau immer wieder. Auf der Kuratoriumsliste seiner Frankfurter Gesellschaft figurierten nicht nur vier Schweizer, sondern eine zeitlang auch ein berüchtigter Ex-Schweizer. Die Unterzeichner aus der Schweiz: der ehemalige Publicitas-Jurist Max Doleschal, Prof. Siegfried Müller-Markus sowie die beiden rechtsbürgerlichen Nationalräte Walther Hofer (SVP) und der Liberale Peter Dürrenmatt, die beide auch schon bei deutschen Grau-Gesellschaften als Referenten auftraten. Bevor Dürrenmatt unterschrieb, stand auf der Liste auch ein Ex-Schweizer: der Landesverräter Franz Riedweg (*1909), der am 20. Dezember 1947 vom Bundesgericht zu sechzehn Jahren Zuchthaus verurteilt wurde, die er nie abgesessen hat. Die Strafe ist 1972 verjährt, doch darf Riedweg nach wie vor nicht in die Schweiz einreisen. Riedweg studierte in Bern und an deutschen Hochschulen Medizin. Am 22. August 1934, nach seinem Studienabschluss, trat er in die *Nationale Front* ein, die er am 14. März 1936 wieder verliess. Er war ein enger Vertrauter von Ex-Bundesrat Jean Marie Musy und dessen *Schweizer Aktion gegen den Kommunismus*. Im Auftrag dieser *Aktion* und mit deutscher Hilfe realisierte Riedweg den Hetzfilm 'Die Rote Pest', der im Oktober 1938 Uraufführung hatte. Im gleichen Jahr heiratete Riedweg die deutsche Generalstochter Sybille von Blomberg, trat der SS bei und wurde Deutscher. 1941 errichtete er das Panoramaheim in Stuttgart, das als Anlaufstelle für Schweizer SS-Kämpfer diente, und wurde später in Berlin Leiter der Germanischen Leitstelle beim SS-Hauptamt. In der von ihm herausgegebenen SS-Buchreihe 'Soldat und Staatsmann' schwärmte Riedweg von den «Männern nordischen Blutes» und vom «Glauben an die deutsche Sendung». Inzwischen setzt Riedweg, der als Arzt in München lebt, seine Hoffnung auf die «christliche Elite in Ost und West», wie in seinem Buch 'Konservative Evolution' (München 1968) nachzulesen ist.

An Leute wie Riedweg dachte Graus Frankfurter Gesellschaft, als sie 1962 in einem vertraulichen Entwurf für einen Friedensvertrag eine Generalamnestie für alte Nazis propagierte: «Durch Toleranz, insbesondere gegenüber den ehemaligen Angehörigen totalitärer Systeme, wird die Demokratie die Vergangenheit überwinden. Politischer Irrtum unterliegt grundsätzlich und allgemein der Amnestie.»

Seine politischen Kontakte zu NPD-Leuten haben Grau in der eigenen Partei, der CDU, ein Ausschlussverfahren eingebracht. Mit alten Nazis hat er es auch als Gründungsmitglied der *Deutschland-Stiftung* zu tun. Der Stiftungs-Geschäftsführer Kurt Ziesel, mit dem Grau schon wiederholt gemeinsam vor Gericht stand, begann seine journalistische Karriere als Nazi-Journalist, teilweise in Organen mit betont antisemitischer Stossrichtung. Ziesel hat – um nur einige Kostproben zu geben – einen Nazi-Parteitag als «Parteitag der Freiheit» gefeiert, Schriftsteller wie Franz Werfel und Max Brod als «volkszersetzende Schädlinge» denunziert, sich in Hetztiraden gegen das «jüdische Untermenschentum» ergangen, den Krieg verherrlicht und die Männer des 20. Juli als «Ehrgeizlinge» bezeichnet, die an einem «Abgrund menschlicher Verworfenheit oder geistiger Umnachtung» gestanden hätten: «Jeder, der sich wider den Geist des Krieges versündigt, muss vernichtet werden.» Die denunziatorischen Neigungen des Herrn Ziesel beschränkten sich allerdings nicht auf seine journalistische Tätigkeit. Im August 1943 denunzierte er seine österreichische Köchin unter anderem wegen staatsfeindlicher Äusserungen und verlangte wegen ihrer Gesinnung, «die für Konzentrationslager reif» sei, eine Aburteilung durch das Sondergericht. Dieser feinfühlige Journalist Kurt Ziesel wurde am 19. Juni 1976 im Hotel International in Zürich vom *Europäischen Wirtschafts-Institut* (Vaduz) mit dem Preis 'Leader d'Opinione' geehrt, zusammen mit zahlreichen weiteren Preisträgern, darunter auch der Schweizer Journalist Heinz Dutli. Den gleichen Preis hatte ein Jahr zuvor Robert Eibel entgegengenommen.

Grau-Zone Interlaken

Karl Friedrich Grau, der mit alten Nazis à la Riedweg, Ziesel usw. derart unbekümmert Umgang pflegt, fand auch in der Schweiz politischen Anschluss – vorerst bei Peter Sager vom *Ost-Institut*. In den Anfangsjahren des *Klaren Blick*, der 1960 gegründeten Zeitung des *Ost-Instituts*, besorgte Grau den Vertrieb in der BRD, dort unter dem Titel *Schweizer Kommentare*. Am 30. Juni 1961 wurde in Frankfurt die *Schweizerisch-Deutsche Ge-*

sellschaft für Ostforschung gegründet – mit Sager als Präsident und Grau als Generalsekretär. Im Vorstand sassen weiter der Bundestagsabgeordnete Karl Heinz Vogt als Vizepräsident, Dr. Gis Hochstrasser aus Bern als Schriftführer, Dr. Franz Bonn aus Frankfurt als Schatzmeister, sowie Prof. Freiherr Bolko von Richthofen, Prof. H.J. Schoeps, Hans Jürgen Eitner und Sager-Mitarbeiter Heinz Luginbühl.

Ein knappes Jahr nach der Gründung dieses schweizerisch-deutschen Vereines, am 28. März 1962, meldete sich Grau in Goldswil ob Interlaken an. Wenige Wochen später, am 26./27. Mai 1962, nahm er mit Sager an einer einschlägigen Tagung teil, wie der SPD-nahe 'Parlamentarisch-Politische Pressedienst' am 16. April 1974 berichtete: «Bereits 1962 war der Verfassungsschutz dem Geschäftsführer der *Studiengesellschaft*, Karl Friedrich Grau, zum 'Schweizerisch-Deutschen Osttag' nach Bern gefolgt, von wo in einem 'vertraulichen' Bericht der Verfassungsschützer die Worte des Leiters des *'Schweizer Ost-Instituts'* (SOI), Dr. Peter Sager, überliefert sind, der gemeinsamen Arbeit liege die Überzeugung zugrunde, 'dass eine rein akademische Tätigkeit gegen den Kommunismus ein Luxus sei, den die freie Welt sich einfach nicht leisten könne'.»

Trotz Schweizer Wohnsitz war Grau in den sechziger Jahren vor allem in der BRD aktiv. An der Schwelle zu den siebziger Jahren wurde ihm der Boden allmählich zu heiss. Er zog es vor, seine Aktivitäten mehr und mehr von seinem Schweizer Reduit aus abzuwickeln. Graus Interlakener *Studiengesellschaft* wurde in den siebziger Jahren immer wichtiger. Zehn Prozent der Frankfurter Einnahmen flossen automatisch nach Interlaken – in die Kassen der 1971 gegründeten *Internationalen Studiengesellschaft für Politik*. Im Klartext: Grau überweist an Grau.

«Die Filialgründung in der Schweiz erfolgte, damit die linke deutsche Regierung nicht an uns ran kann», erklärte ein Gründungsmitglied gegenüber dem ARD-Magazin 'Report'. Etwas deutlicher wurde Grau im Dezember 1973 an einem vertraulichen Treffen mit NPD-Leuten, wo er laut einem Zeugen erklärte: «Wir haben Listen angelegt von Sozis, Kommunisten und Gewerkschaftern. Damit kein Unbefugter drankommt, haben wir sie in der Schweiz in Panzerschränken deponiert.»

In einer Gegendarstellung verzichtete Grau auf ein Dementi: Er sammle «als politischer Schriftsteller Material über Anarchisten und Kommunisten» und bewahre «es selbstverständlich entsprechend sicher auf». An sicheren Orten stehen Grau in der Schweiz mindestens sechs Liegenschaften zur Verfügung. Genau zehn Jahre nach seiner Zuwanderung, am 28. März 1972, erhielt Grau die Niederlassungsbewilligung C, vorerst in Goldswil BE und später in Rabius GR, wo er seit dem Mai 1975 den formellen Wohnsitz hat. Kaum war Grau Niedergelassener, profilierte er sich als Liegenschaftenkäufer – in Grindelwald, Bönigen, Interlaken und Goldswil.

Übrigens: Bei einem versteuerten Einkommen von durchschnittlich

14'000 Franken im Jahr wuchs sein Vermögen von Null im Jahr 1970 auf 392'000 Franken im Jahr 1975. Antikommunismus scheint, neben anderem, auch ein gutes Geschäft zu sein.

Schwindel mit Aushängeschildern

Graus *Studiengesellschaften* haben mit Studien wenig zu tun. Und was als Gesellschaft ausgegeben wird, reduziert sich bei näherer Betrachtung auf die Person Grau. Sein zentrales Geschäftsgeheimnis ist das Jonglieren mit prominenten Namen. Das Rezept: Man nehme den Prominenten A, imponiere damit bei B, gehe zu C und erwähne beiläufig A und B und so weiter. Was Grau braucht, sind Aushängeschilder und Geld. Den Rest managt er schon selbst. Wenn nötig lässt er sich dabei auch auf Hochstapeleien und Schwindeleien ein.

Am 7. April 1971 referierte im Böniger Seehotel der CDU-Bundestagsabgeordnete Werner Marx – auf Einladung des Interlakener Tierarztes Marcus Dauwalder und des Berner Heimatschriftstellers Beat Jäggi, aber organisiert von Grau. Jäggi (*4.12.15), dessen Gedichtbändchen 'Heimatbode' (1936), 'Säg jo zum Läbe' (1975) und ähnlich heissen, wurde von Grau ein Jahr später als Aushängeschild missbraucht. Versehen mit dem Briefkopf von Graus Interlakener Gesellschaft und mit Jäggis Faksimile-Unterschrift verschickte Grau im Bundestagswahlkampf 1972 einen Brief der Ex-Kommunistin Margarete Buber-Neumann an unzählige deutsche Adressen. In diesem Brief wurde Willy Brandt mit Adolf Hitler verglichen. Peinlich für Grau war nur, dass Jäggi von der ganzen Wahlaktion nichts wusste: «Grau hausiert einfach mit den Namen, die er kennt. Wir wurden gewissermassen als Strohmänner missbraucht.» Jäggi ging zum Anwalt, wo Grau am 5. Januar 1973 in einem Vergleich verbindlich zusicherte, Jäggis Namen ab sofort nicht mehr zu verwenden. Noch zwei Jahre später prangte Jäggis Namen unter Werbeschreiben von Graus *intern informationen...*

Grau hatte seine Interlakener Filiale, die *Internationale Studiengesellschaft für Politik,* 1971 offiziell ins Leben gerufen. Laut Statuten versteht sich der Verein als antikommunistischer Kampfbund, der alle Bestrebungen bekämpft, «welche die Grundlage unserer christlich-humanen, freiheitlich-demokratischen Lebens- und Gesellschaftsordnung zu zerstören trachten». Und anstelle des Neutralitätsgedankens propagieren die Statuten einen Anschluss an die NATO-Staaten: «Schaffung einer engen und vertrauensvollen Partnerschaft mit allen freien Völkern Europas und Nord-Amerikas zu einer unauflöslichen atlantischen Gemeinschaft, die allein die Freiheit und den Frieden in der Welt erhalten und sichern kann.»

Das Protokoll der Gründungsversammlung, das am 3. Dezember 1973 beim Handelsregisteramt Interlaken deponiert wurde, trägt die Unterschriften von Grau, Jürg Meister (damals Zürich), Beat Jäggi (Bern), Heinz Luginbühl (Bern), Max Doleschal (La Conversion) und Niklaus Gurtner (Grindelwald). Zeichnungsberechtigt sind Grau und Doleschal. Der ehemalige *Ost-Institut*-Mitarbeiter Luginbühl ist Protokollführer, Gurtner Kassier. Als Rechnungsprüfer amten der Zürcher Kaufmann Fritz Waeber und der deutsche Pastor Kurt Neumann, der in Interlaken eine Ferienwohnung besitzt.

Auch diese Vereinsgründung war mit einem Schwindel verbunden. Grau deponierte beim Handelsregister eine angebliche Teilnehmerliste der Gründungsversammlung, die zusammengemogelt war. Auf der Liste haben Leute unterzeichnet, die an diesem Datum gar nicht in der Schweiz waren und die sich gegenseitig noch nie gesehen haben.

Solche Schwindeleien sind für Grau keine Ausnahmen. Als er anfangs 1976 den Zwei-Stern-General Divisionär Ernst Wetter als Präsident angeln konnte, nannte Grau ihm gegenüber drei internationale Vizepräsidenten: den CDU-Aussenpolitiker Werner Marx, den Wiener Anwalt Wolfram Bitschnau und den Pariser Advokaten Jean Violet. Alle drei erklärten auf Anfrage, von der angeblichen Vize-Präsidentschaft nichts zu wissen. Dank diesen drei 'Internationalen' erschwindelte sich Grau auch die behördliche Bewilligung, den Titel «international» zu führen. Ohne Bewilligung und eindeutig irreführend verwendet Grau auch ungeniert den Titel «Gemeinnütziges internationales Institut für Erwachsenenbildung».

Eine weitere Schwindelei hat Grau auch vor den Richter gebracht. Die Behörden hatten den festen Eindruck, Graus Schwiegermutter Anita Wolf weile mehr als die für Touristen zulässigen drei Monate in der Schweiz. Um das Gegenteil zu beweisen, verfasste Grau kurzerhand eine Erklärung, wonach seine Schwiegermutter so und so lange in der BRD weilte und legte den Text einer deutschen Bekannten zur Unterschrift vor. Die Fälschung flog auf, was schliesslich zur erwähnten Gefängnisstrafe führte.

Auf Kriegsfuss stand Grau auch mit der Baupolizei von Goldswil. Unter krasser Missachtung der Baubewilligung liess er sein Haus 1972 wissentlich 42 Zentimeter höher bauen als bewilligt. Im November 1976 erliess die letzte Gerichtsinstanz die Schleifungsverfügung: Bis Ende Mai 1977 musste Grau das Haus um die illegalen 42 Zentimeter kürzen.

All die Streite und Auseinandersetzungen mit den Behörden hinderten Grau nicht daran, in der Schweiz eine ausgedehnte politische Aktivität zu entfalten und sich dabei als Super-Staatsbürger aufzuspielen.

Grau-Geschäft: Politische Schädlingsbekämpfung

Vom 29. September bis zum 3. Oktober 1975 parkten vor dem Hotel Tenigerbad im abgelegenen bündnerischen Rabius (Gemeinde Somvix) auffallend viele Mercedes mit BRD-Schildern, durchsetzt mit schweizerischen Polizeivehikeln. Ein Schild in der Hotelhalle verkündete, dass ein «Landwirtschaftliches Seminar zur Schädlingsbekämpfung» stattfinde.

Doch das Schild war nur Tarnung. In Wirklichkeit hatte Grau für teures Geld ein Seminar über Betriebsschutz und Abwehr der Betriebsspionage ausgeschrieben. Generalthema: Antikommunismus. Neben dem einzigen Schweizer Referenten, dem alten Grau-Freund Peter Sager vom *Ost-Institut,* sprachen ausschliesslich Deutsche. Starreferent war General ausser Dienst Reinhard Gehlen, ehemaliger Präsident des deutschen Bundesnachrichtendienstes, ehedem Leiter von Hitlers Aufklärungsabteilung Fremde Heere Ost. Gehlen ist am 9. Juni 1979 gestorben.

Die Tagung fand nicht zufälligerweise im Tenigerbad statt, das «die gewollte Abgeschiedenheit eines kulturellen Kurzentrums mit den Informationsmöglichkeiten der Grossstadt« verbinde (so der Prospekt). Grau diente der Tenigerbad AG (Hauptaktionär: der Frankfurter Ernst Ludwig Schulz) bis im März 1977 als Verwaltungsrat – bis er abgewählt wurde, weil den Tenigerbad-Verantwortlichen nicht passte, dass sie in der Öffentlichkeit mit Grauen Machenschaften in Verbindung gebracht wurden.

Von den dreissig Seminarteilnehmern war ein Drittel schweizerische Staatsschutzpolizisten – von der Bundespolizei, dem Nachrichtendienst der Kantonspolizei Zürich und der Bündner Kantonspolizei. Zum Gehlen-Vortrag waren etwa hundert Personen ins Tenigerbad gepilgert, darunter auch der Bündner Polizeidirektor Jakob Schutz (FDP), der sich von Grau und Gehlen tief beeindruckt zeigte, und sein Fremdenpolizeichef Anton Berther. Die beiden wären für die Redebewilligung zuständig und verantwortlich gewesen, die alle ausländischen Referenten gebraucht hätten. Doch eine solche Redebewilligung wurde nie ordnungsgemäss erteilt.

In einer Antwort auf eine parlamentarische Anfrage rechtfertigte die Zürcher Regierung am 28. April 1978 die Entsendung zweier Polit-Polizisten: «Die Polizei hat im Bereich des Staatsschutzes die ihr gebotenen Möglichkeiten der Beschaffung von Informationen, woher sie auch immer kommen mögen, zu nutzen.» Woher sie auch immer kommen mögen...

Auf die ordnungsgemässe Einholung von Redebewilligungen verzichtete Grau auch grosszügig, als er vom 26.–31. März 1976 eine zweite Auflage seines Betriebsschutzseminars im Hotel Kronenhof in Schaffhausen hinter verschlossenen Türen durchführte. Der Schaffhauser Polizeikommandant Kurt Stauber führte zwar mit Grau eine Korrespondenz über das Seminar, fand es aber entgegen ausdrücklichen Anweisungen der Bundespolizei nicht für nötig, Grau auf die notwendigen Redebewilligungen aufmerksam zu machen.

«Während der ganzen Dauer des Seminars waren Organe der Kantonspolizei anwesend», antwortete die Schaffhauser Regierung auf eine parlamentarische Anfrage. «Bei den Kursteilnehmern handelte es sich um Personalchefs von Betrieben und Warenhäusern, Leiter aus der Baubranche und um Fabrikanten.»

Einziger Schweizer Referent war diesmal der nimmermüde Ernst Cincera, der im Programm als «Ostltn.» vorgestellt war. Cincera konnte im Kronenhof wertvolle Fäden spinnen – beispielsweise zu den deutschen Referenten: Kurt Klein und Michael Conley von der Schule für psychologische Verteidigung der Bundeswehr, Georg Pohl vom Bundeskriminalamt, Wolfgang Vogel vom Verband Sicherheit in der Wirtschaft.

Antikommunismus war auch hier der rote Faden, der sich durch alle Vorträge zog, wie aus einem Zeitungsbericht des ebenfalls anwesenden Hallauer Pressers Emil Rahm hervorgeht. Mit Betriebsschutz und Betriebsspionage hatte das ganze herzlich wenig zu tun. Kunststück. Nach Meinung eines konkurrenzierenden Spionagefachmannes, des Zürchers Robert Vögeli, ist Betriebsspionage beinahe ausschliesslich ein innerkapitalistisches Problem und deshalb nicht in Grau'scher Manie(r) zu bekämpfen.

Übrigens: Am Rande der Schaffhauser Tagung versuchte Jürg Frischknecht für den TA ein Interview mit Grau zu machen. Grau versprach, auf schriftliche Fragen zu antworten. Doch die von Hand geschriebenen drei Seiten Fragen beantwortete Grau nie. Frischknecht fand seine Frage-Blätter einige Monate später im Cincera-Archiv in seinem Dossier.

Das Schaffhauser Seminar kostete Grau einen Präsidenten, den er eben erst für seine Interlakener *Studiengesellschaft* gewonnen hatte: alt Divisionär Ernst Wetter, ehemals Waffenchef der Flieger- und Flabtruppen, zu jener Zeit EMD-Beauftragter für Personalfragen und seit 1976 Chefredaktor des Offiziersorgans 'Allgemeine Schweizerische Militärzeitschrift' (ASMZ). Bloss fünf Wochen lang, vom 3. Januar bis zum 11. Februar 1976, war Wetter Präsident bei Grau. Weil ihn Grau umgehend samt militärischem Grad als Begrüssungssprecher auf die Einladung des Schaffhauser Seminars gesetzt hatte, trat Wetter zurück – unterstützt durch einen deutlichen Wink des Militärdepartements. Wetters Bilanz: «Studiengesellschaft gleich Grau gleich CDU/CSU, international gleich deutsch.» Es handle sich um eine «innerdeutsche Gesellschaft ohne jede Transparenz». Woher Geld und Informationen kämen, sei ihm auch als Präsident unklar geblieben: «Ich bin erwischt worden.» Immerhin hatte Wetter Informationen aus Graus Küche weiterverbreitet, so auch ein gefälschtes Lenin-Zitat, das zuerst in einem Grau-Traktat, dann von Wetter in der ASMZ und später auch in einem *Trumpf-Buur*-Inserat und in der 'Schweizerischen Lehrerzeitung' publiziert wurde. – Ein anderer hoher Offizier, Korpskommandant Hans Senn, konnte sich Grau gemäss eigener Aussage «nur mit Mühe vom Leibe halten.»

Grau-Geschäft: intern informationen

Als den «derzeit besten Hintergrunddienst» preist Grau seine wöchentlich erscheinenden acht blauen Seiten an. Unter dem Titel *intern informationen* wird seit den fünfziger Jahren der Vormarsch des Kommunismus vorausgesagt, oft mit absurden bis diffamierenden Kurzmeldungen, die seit

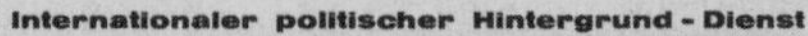

Internationaler politischer Hintergrund - Dienst

intern-informationen

Nachdruck nur nach Vereinbarung

Erscheint jede Woche

Nr. 24/76 - 21. Jahrgang, Interlaken, den 17. Juni 1976 h

** Alexej N. Kossygin (72), Ministerpräsident der UdSSR, soll Nachfolger von Staatspräsident Nikolai W. Podgorny (73) werden.- Um die Nachfolge von Parteichef Leonid I. Breschnew (69) kämpfen Fjodor D. Kulakow (58) und Andrej P. Kirilenko (69). Fällt die Entscheidung erst Herbst 1976?

** Die Kalaschnikow AK-47, dem deutschen Sturmgewehr von 1944 sehr ähnliches Selbstlade-Sturmgewehr der Roten Armee, soll durch ein leichteres Modell mit höherer Durchschlagskraft und Magazin von 90 statt 30 Kurzpatronen ohne Metallmantel abgelöst werden. Damit wäre erstmals bei Gewehrmunition Gewichtsersparnis gelungen. Die automatischen Gewehre der NATO sind zu gross und schwer, daher keine Sturmgewehre im echten Sinne.

** Milovan Djilas (65), Jugoslawiens Ex-Vizepräsident und Regimekritiker: "Ich fühle mich immer noch als Revolutionär, denn ich bin für die Freiheit!" Djilas war 1956 bis 1961 und Mai 1962 bis Dezember 1966 in Haft.

** Die Brigade 2506, Einheit von Kuba-Emigranten in Miami/USA, die an der misslungenen Kuba-Invasion von 1961 teilnahm, fordert Sozialleistungen vom US-Kongress. Werden sie abgelehnt, wollen die Exil-Kubaner Details über ihre CIA-Anwerbung und Anschläge auf Fidel Castro (48) enthüllen.

** Prof. Dr. Karl Schiller (65), Bonner Ex-Superstar, ist von der CDU enttäuscht und nähert sich wieder sachte der SPD, der er 26 Jahre angehörte, ehe er 1972 sein Parteibuch zurückgab. Schiller und Willy Brandt begegneten sich in einem Intercity-Zug. Durch einen "geplanten Zufall"...

** Bei der Datenschutz-Debatte im Bundestag ging das Licht aus, die Mikrofone und Uebertragungsanlagen versagten. Das Notstrom-Aggregat erbrachte nicht die erforderliche Leistung. CDU-MdB Johannes Gerster (35) musste seine Ausführungen wegen Dunkelheit und toter Mikrofone mehrfach unterbrechen und sagte schliesslich sarkastisch: "Das kann kein Zufall sein!"

** In West-Berlin wurde ein weiterer Agentenring des Ostens innerhalb SPD und OeTV aufgedeckt.- Wir hatten bereits in Nr. 45/75 vom 20.11.1975 gemeldet, dass die SPD in West-Berlin kommunistisch unterwandert sei.

** Ein neues "DDR"-Landungsboot (1.700 t, 90 m lang, 18 Knoten = 36 km/h), also erheblich grösser als die bisher bekannten Einheiten der starken "DDR"-Landungsflotte, ist erstmals vor der Insel Rügen gesichtet worden.

Herausgegeben von: INTERNATIONALE STUDIENGESELLSCHAFT FÜR POLITIK, CH - 3800 INTERLAKEN, Postfach 160
Redaktion und Verwaltung: 3800 Interlaken, Postfach 160 · Verantwortlicher Chef-Redaktor: K. T. Vogelsang
Bankverbindungen: Bankhaus Gutzwiller & Cie., Basel, Konto-Nr. 4160 · Kantonalbank Bern, Interlaken, Konto-Nr. 494.185.0 N
Postcheckkonto Bern, Konto-Nr. 30-35611 · Deutsche Bank, Frankfurt, Konto-Nr. 294/0328 · Postcheckkonto Ffm. Konto-Nr. 337324-607
Büro Österreich: A - 4870 Schloss Walchen Büro Deutschland: D - 6000 Frankfurt am Main 1, Postfach 4414

einigen Jahren zu einem schönen Teil auf die grosse Koalition in Bonn gerichtet sind.

Graus Interlakener *Studiengesellschaft* kaufte die *intern informationen,* die seit 1956 erscheinen, im Jahre 1971 vom Strauss-Anhänger Hermann Rössler auf. Seither erscheint der Dienst in Interlaken – in einer Auflage von rund 1500. In der Schweiz sind es weniger als 50 Abonnenten. Laut André Amstein, Chef der Bundespolizei, werden die *intern informationen* nach wie vor in Deutschland redigiert.

Wer die *intern informationen* gelegentlich liest, wundert sich, dass es noch immer Leute gibt, die für ein solches Elaborat jährlich runde 200 Franken zum Fenster hinaus werfen. Hier zwei Müsterchen: «Mao Tsetung (82) scheint etwas abgenommen zu haben, hat Mühe beim Aufstehen, wirkt aber gesünder als früher und denkt unvermindert schnell.» Oder: «Perspektiven 1976–2000: Moral und Materie, Religion und Rohstoffe gehen im Abendland dem Niedergang entgegen. Die bekannten Ölreserven reichen noch 32 Jahre; das Reservoir christlicher Nächstenliebe trocknet schon jetzt aus. Papiergeld und Demokratie, zwei der hervorragendsten Prägungen menschlicher Hochkultur, vermögen die ihnen gestellten Aufgaben kaum länger zu lösen.»

Laut eigenem Eingeständnis schreiben auch Leute des Bundesnachrichtendienstes für die *intern informationen.* Dort werden denn auch mitunter gezielt diffamierende Meldungen lanciert, die später über andere Medien den Weg in eine breite Öffentlichkeit finden. Aufgrund einer Meldung der *intern informationen* hat beispielsweise das *Deutschland-Magazin* (Herausgeber: der ehemalige Nazi-Schreiber Kurt Ziesel und die *Deutschland-Stiftung)* dem damaligen Bundesminister Horst Ehmke Verbindungen zum CSSR-Geheimdienst vorgeworfen. Ehmke hat das *Deutschland-Magazin* erfolgreich eingeklagt. Die *intern informationen* selbst blieben ungeschoren.

Was die *intern informationen* der staunenden Welt mitteilen, wird von Schweizer Rechtsblättern mitunter nachgedruckt, beispielsweise vom *Republikaner.* Und in der einschlägigen Presse werden Neuabonnenten gesucht, etwa im *Abendland* oder in der 'Allgemeinen Schweizerischen Militärzeitschrift'.

In den ersten Interlakener Jahren der *intern informationen* zeichnete Grau selbst als verantwortlicher Redaktor, nämlich bis zum 18. März 1972. Vom 6. Mai bis zum 9. September 1972 stand der Zürcher Mittelschullehrer Erwin Bernhard als Redaktor im Impressum – bis ihn Grau streichen musste. Bis Ende März 1976 zeichnete der Zürcher Journalist Jürg Meister als «Chefredaktor», nachher ein K.T. Vogelsang, der im April 1979 von Dr. A. Koenig abgelöst wurde.

Die *Schweizerische Aktion für Menschenrechte,* die eine zeitlang als Mitherausgeberin im Impressum der *intern informationen* stand, und Redaktor Bernhard (damals Sekretär der *Aktion)*, mussten Grau mit gerichtlichen Schritten drohen, bis er sie aus dem Impressum strich. Der damalige *Aktions*-Präsident Josef Heggli urteilte über Grau: «Mit der Zeit hat man den Kerl satt, satt, übersatt. Der überrollt mit seinem deutschen Mundwerk alle wie ein Panzer.»

Einem Verschleiss sind nicht nur die verantwortlichen Redaktoren, sondern auch die Redaktionsadressen unterworfen, die Grau benutzt. Ein angebliches Bonner Büro, an der Kraterstrasse 16 im Bonner Vorort Bad Godesberg, gehörte zum christlich-reaktionären Gewerkschaftssekretär Bernhard Koch und war eine reine Weiterleitungsstelle. Das «Büro Österreich: A-4870 Schloss Walchen» gehörte zum Strauss-Fan Karl Ludwig Bayer in Vöcklamarkt, der freimütig erklärte: «Ich bin bloss Postweiterleitungsstelle.» Inzwischen musste Grau auch diese Adresse streichen. Bayer, der 1972 dem NPD-Landesvorstand Bayern angehörte, gibt zusammen mit Walter Hoeres (ebenfalls ein Grau-Mann) und Winfried Martini die CSU-nahe Monatszeitschrift 'Epoche' heraus.

Etwas abrupt endete auch Graus Beziehung zu seinem Berner Drucker, der W. Steiger Druck AG an der Moserstrasse 31. Diese Druckerei, die seit Jahren Peter Sager vom *Ost-Institut* gehört, druckte und verschickte die *intern informationen* bis im Frühling 1977. Am 27. Mai 1977 druckte das 'Amtsblatt des Kantons Graubünden' einen «Zahlungsbefehl» gegen «Karl Friedrich Grau, 7172 Rabius, nun unbekannten Aufenthaltes». Die Steiger-Druck AG hatte wegen einer Restforderung von Fr. 30'564.65 die Betreibung eingeleitet. Wo Grau heute druckt, kann in den *intern informationen* nicht nachgelesen werden, auch wenn das gemäss Artikel 322 des Strafgesetzbuches vermerkt sein müsste. Doch auch diese Vorschrift missachtet Grau seit Jahren.

Grau-Geschäft: Gedrucktes und Gefälschtes

Grau vertreibt nicht nur die *intern informationen,* sondern auch andere Schriften, vom selbst verfassten Buch bis zum abgeschriebenen Traktätchen — beispielsweise mit dem Refrain «Zuviel Demokratie auf Erden kann oftmals sehr gefährlich werden».

Das letzte Mal ist vom Gelegenheitsschriftsteller Grau 1968 ein Buch erschienen, eine Weisswäscher-Arbeit zur Affäre um den Schützenpanzer HS 30 mit dem Titel 'Demontage der Demokratie'. 1966 war von Grau das Buch 'Schlesisches Inferno, Kriegsverbrechen der Roten Armee beim Einbruch in Schlesien 1945' herausgekommen.

Die bekannteste und berüchtigste Schrift, die von Graus *Studiengesellschaft* herausgegeben wurde, ist Jürg Meisters Pamphlet 'Vom Weltkirchenrat und seinem Blutgeld', das 1975 von verwandten Organisationen in Grossauflage unter die Schweizer gebracht wurde, so von der *Stimme der schweigenden Mehrheit* und von Emil Rahms *Memopress*. Die NZZ nannte die Schrift ihres damaligen regelmässigen Mitarbeiters Meister ein «Pamphlet».

Am liebsten aber schmückt sich Graus Traktat-Vertrieb mit fremden Federn. Grau vervielfältigt weiter, was andere geschrieben haben, beispielsweise Otto von Habsburg, William S. Schlamm †, Wilhelm Röpke † oder auch Robert Eibel, der Vizepräsident der *Studiengesellschaft* war, bis er von folgender Fälschung erfuhr: Grau verbreitete ein offsetgedrucktes Flugblatt mit der Unterschrift «Dr. Robert Eibel, Zürich». Bei genauerer Prüfung ergab sich, dass der Text ein (bereits leicht verändertes) *Trumpf-Buur*-Inserat war, das von Grau mit drei weitern Abschnitten ergänzt wurde, die nicht von Eibel stammten. Von Eibel zur Rede gestellt, bezeichnete Grau sein eigenes, von ihm persönlich verbreitetes Flugblatt als Fälschung und legte Eibel die angeblich richtige Version vor – eine Xerox-Kopie, auf der die Eibel-Unterschrift plötzlich nicht mehr am Schluss, sondern vor den drei dazugeschmuggelten Nicht-Eibel-Abschnitten figurierte. Für Eibel war klar, wer hier der Fälscher war. Er zog die Konsequenz und trat vom Vizepräsidium im Sommer 1976 zurück – vom Amt, das er anderthalb Jahre früher angetreten hatte, nachdem er von der Bundesanwaltschaft die Auskunft erhalten hatte: «Nein, für uns liegt gegen Grau nichts vor.»

Grau-Geschäft: Referentenhandel

Mehr ein Mann des Wortes als der Schrift, vermittelt Grau auch Referenten. Auf den Referentenlisten seiner Gesellschaften wimmelt es von Professoren, Adeligen, Generälen, Bundestagsabgeordneten und weiterer konservativer Prominenz. An Schweizern findet man alt Korpskommandant Ernst Uhlmann, Oberstleutnant Ernst Cincera, Robert Vögeli vom *Institut für politologische Zeitfragen* (dieser ohne sein Wissen und gegen seinen Willen, wie er betont), die Professoren Olof Gigon (Muri/Bern) und Siegfried Müller-Markus (Olten), Peter Sager vom *Ost-Institut*, die Nationalräte und Professoren Walther Hofer vom gleichnamigen Klub und Peter Dürrenmatt, den Zürcher Major Hans-Kaspar Stiffler sowie den Zürcher Rechtsanwalt Dr. A. Wicki. Dass militärische Grade im ausserdienstlichen Zusammenhang nicht aufgeführt werden dürfen, störte weder Grau noch die Referenten.

Grau selbst bietet unzählige Vortragsthemen feil, etwa «Ist die Bolschewisierung des freien Europas unabwendbar?», oder «Rauschgift und Pansexualismus – Werkzeuge puritanischer Kommunisten», oder einfach schlicht «Ist Europa noch zu retten?». Seit 1962 hat er in der Schweiz immer wieder Vorträge gehalten. Der Deutsche Grau figurierte 1974/75 sogar auf der «Liste schweizerischer Referenten» der Schweizerischen Offiziersgesellschaft – mit dreizehn Themen. Doch nicht genug. Grau wurde sogar in der schweizerischen Armee als Referent eingesetzt, beispielsweise mit einem Vortrag über Herbert Marcuse in einer Zentralschule vor angehenden Hauptleuten. Eigentlich gebe es Referate von Ausländern in der Schweizer Armee nicht, liess das EMD verlauten. Ausser, der Ausländer sei ein Schwindler und heisse Grau...

Jürg Meister – Abenteurer für den Westen

Mindestens so schillernd wie Grau ist Jürg Meister (*18.4.20), von 1973–75 Präsident der *Studiengesellschaft* und bis März 1976 auch «Chefredaktor» der *intern informationen.* Meisters Berufe: Kaufmann, Goldhändler, Berater von Ölfirmen, Journalist, PR-Mann, Historiker – und einiges mehr, wofür es keine Berufsbezeichnung gibt. 1945–64 wohnte er vorwiegend in Frankreich, Italien, Algerien und weiteren Mittelmeerländern. Von daher rührt seine Vorliebe für alle Themen, die sich mit Schiffahrt, Kriegsmarine, Öl oder Mittelmeer in Zusammenhang bringen lassen.

Nach seiner Rückkehr in die Schweiz im Jahre 1964 arbeitete Meister in einem grossen Zürcher PR-Büro und schrieb für die NZZ, für die 'Basler Nachrichten', aber auch für die 'Weltwoche' und den Pressedienst der *Farner PR-Agentur.* Vom Januar 1971 bis zum Morgengrauen des 9. Dezembers 1972 war er Auslandredaktor bei der 'Appenzeller Zeitung' in Herisau – die letzten Monate vor dem abrupten Rausschmiss ohne Schreiberlaubnis für seine berüchtigten Leitartikel, die allzu rechts gerieten.

Von Herisau zog es Meister an den Zürichberg. Drei Jahre später, am 5. Dezember 1975, meldete er sich nach Tromsö/Norwegen ab, tauchte indessen umgehend im südfranzösischen Paulhan auf (wo seine Frau ein Haus hat) und im Tessiner Dorf Vira (wo seine Frau einen Telefonanschluss hat). Heimisch ist Meister nicht nur in verschiedenen Landen, sondern auch zu Wasser, zum Beispiel als Gast auf den Flagschiffen der 6. und 7. US-Flotten im Mittelmeer und im indischen Ozean.

Just im Moment, als Meister 1975/76 der Schweiz den Rücken kehrte, liess er sich im Berufsregister des Verbandes der Schweizer Journalisten eintragen – «wärmstens» empfohlen von NZZ-Auslandchef Eric Mettler und Hans R. Bachmann, Auslandredaktor beim 'Anzeiger von Uster'. Der Eintrag ins Register fusste dummerweise auf falschen Angaben, so dass Meister umgehend wieder aus dem Berufsregister ausgeschlossen wurde.

Meister schreibt nicht nur, er hält auch Vorträge. Vor Offizieren spricht er immer wieder über «Moskaus Aufmarsch im Mittelmeer – tödliche Bedrohung Europas», ein Thema, das er 1975 auch bei der *Stimme der schweigenden Mehrheit* abhandelte. Mit dem *Stimme*-Aktivist Lorenz Peisl ist Meister eng bekannt. Am 24. Juni 1976 hielt er im Zürcher Hotel Nova Park vor Journalisten ein peinlich rassistisches Plädoyer für ein weis-

Jürg Meister
Chef-Redaktor
der intern-informationen

8044 Zürich
Toblerstraße 7
Tel. 01-28 90 44

21.März 1974

besten Dank für Ihre freundlichen Zeilen vom 18. ds.; ich weiss Ihre liebenswürdige Aufmerksamkeit sehr zu schätzen und gewärtige mit Interesse das angekündigte Buch.

Was das "Ueberleben" anbelangt, so glaube ich allerdings, dass nunmehr der Zeitpunkt zum Handeln gekommen ist. Die politische und militärische Lage in Europa ist äusserst gefährlich, schlechter als 1939, und auch die wirtschaftlichen Perspektiven sind auf die Dauer gesehen schlecht. Ein sowjetischer Gewaltstreich mit begrenztem Ziel ist jederzeit und ungestraft möglich, zumindest auf dem Land. Deshalb habe ich beschlossen mir wieder ein Boot anzuschaffen und es in einem oberitalienischen Hafen, zwei Autostunden von der schweizerischen Grenze entfernt, fahrbereit vor Anker zu legen. Damit kann man immer das westliche Mittelmeer, die Inseln im Atlantik und damit Amerika erreichen.

Je grösser ein solches Boot ist umso seetüchtiger und billiger wird es pro Teilnehmer. Deshalb frage ich Sie, ob Sie nicht unter Ihren Kunden und Freunden solche haben die sich ebenfalls Gedanken über ihre Zukunft im Falle einer sowjetischen Aktion machen, und sich deshalb mit sehr bescheidenem finanziellen Einsatz die Möglichkeit einer rechtzeitigen und sicheren Absetzbewegung garantieren möchten. Man muss an jene Juden denken, die (seinerzeit) rechtzeitig gingen; sie haben überlebt, während die Optimisten vergast wurden. Leute wie Sie und ich, mit bürgerlicher Denkart oder Geld haben von einer sowjetischen Besetzung Uebles zu erwarten, und dass sich unsere Hösi-Regierung nicht wehren wird darf man ja als höchst wahrscheinlich annehmen. Vielleicht ventilieren Sie meinen Vorschlag einmal mit Ihren Freunden?

Inzwischen verbleibe ich mit den besten Wünschen und freundlichsten Grüssen

Ihr J. Meister

Am 21. März 1974 suchte Jürg Meister, damals Chefredaktor der *intern informationen*, bei Personen «mit bürgerlicher Denkart oder Geld» das letztere, um für den Fall einer russischen Invasion ein Fluchtboot anzuschaffen... Der Brief war an einen Bewohner des Zürichbergs gerichtet ses Rhodesien. Das Pressegespräch hatte Curt V. Zimmermann, Inhaber der News and Information Press Services (NAI), für seine Kundin Renate Peisl organisiert. Selbstverständlich agitierte Meister immer wieder an Podiumsgesprächen gegen den Weltkirchenrat – mitunter assistiert vom Ehepaar Peisl und dem famosen Pfarrer Gerd Zikeli. Bei solchen Gelegenheiten hat Meister auch schon damit geprahlt, zusammen mit portugiesischen Fallschirmabspringern auf afrikanische Kolonien abgesprungen zu sein.

Am 12./13. Oktober 1974 organisierte Meister im Zürcher Hotel Atlantis die international aufgezogene Tagung eines *Europäischen Freiheitsrates,* ein Sammelbecken verschiedener antikommunistischer Exil-Organisationen. Dort referierte auch die allzeit präsente Suzanne Labin. Die Schlusserklärung, von «Presseattaché» Meister entworfen, warnte «die Freie Welt eindringlich vor den Folgen einer leichtfertigen Entspannungs- und Beschwichtigungspolitik».

Zu den Meister-Spezialitäten gehören auch ruppige bis seltsame Briefe. Ein markantes Beispiel ist hier abgebildet. Mit einer ähnlichen Begründung hatte Meister schon nach dem Krieg Geld gesammelt und ein Motorboot gekauft. Die italienischen Behörden beschlagnahmten das Boot 1948 wegen Zigarettenschmuggels; Meister wurde verurteilt. In die gleiche Zeit fällt eine Goldhandelsaffäre, die Meister ein Verfahren vor einem Schweizer Gericht einbrachte. Ebenfalls in den Nachkriegsjahren soll Meister bei reichen Schweizern Geld für eine Art Söldnertruppe gesucht habe. Ein damals kontaktierter Zürichbergler bezeugt: «Jürg Meister ist gegen Ende der vierziger Jahre an mich heran getreten, um ihm bei der Finanzierung eines privaten Albanien-Feldzuges behilflich zu sein. Ich habe sein Gesuch an XY weitergeleitet, der aber, da er es in verschiedener Hinsicht als zweifelhaft beurteilte, von einem Eintreten auf Meisters Gesuch abriet.» Von uns zur Rede gestellt, mochte XY nur mit einem «No comment» reagieren.

Die Neonazis

«Rechts von Schwarzenbach gibt es im schweizerischen Landschaftsbild nichts mehr», urteilte SPS-Präsident Helmut Hubacher 1977. Und Willy Guggenheim, der Generalsekretär des Schweizerischen Israelitischen Gemeindebundes, meinte 1979: «Der alte Antisemitismus der Rechtsextremen ist kein Thema mehr.» Die beiden Meinungen sind typisch für die Haltung, die seit 1945 in der Schweiz vorherrscht. Die Historiker schliessen ihre Studien 1945 ab. Man glaubt die Übel des Faschismus, Nationalsozialismus und Antisemitismus für gebannt, die Anhänger dieser menschenfeindlichen Ideologien politisch für zerschlagen. Der Refrain: «Das ist vorbei, das kommt nicht wieder.»

Die Realität sieht anders aus. Auch in der Schweiz gibt es seit 1945 eine ungebrochene Tradition von Ewiggestrigen, die weiter dem Grossdeutschen Reich oder nationalsozialistischen Ideen nachhängen. Und liest man die einschlägigen Publikationen, so kann man den Antisemitismus alles andere als für erledigt erklären. Gewiss sind die hier porträtierten Gruppen politisch ohne Gewicht. Doch die Entwicklung im deutschsprachigen Ausland zeigt, dass das Gewicht und die Militanz solcher Kräfte keineswegs abnimmt. Auch in der Schweiz sind in den siebziger Jahren Neo-Nazi-Gruppen entstanden, die zusammen mit alten Kämpfern einen militanten Nationalismus propagieren.

Sechs Jahre nach dem Krieg hatten der Winterthurer Nazi Erwin Vollenweider und der Lausanner Rassist Gaston-Armand Amaudruz die *Volkspartei der Schweiz* gegründet. Ebenfalls 1951 riefen sie zusammen mit ausländischen Kameraden eine Schwarze Internationale ins Leben, die *Europäische Neu-Ordnung* (ENO). Die *Volkspartei* ging wieder ein, und Vollenweider starb 1958. Doch Amaudruz blieb Generalsekretär der ENO, in der Exponenten von nazistischen Gruppierungen und Terrorbanden aus den verschiedensten Ländern vertreten sind. Die Genfer Neonazis der *Nouvel ordre social* arbeiten eng mit dem alten Kämpfer Amaudruz zusammen.

In der Deutschschweiz pflegen alte SS-Kämpfer und andere Nostalgiker die Erinnerung an das Dritte Reich und den Führer seit 1971 in der *Europa-Burschenschaft Arminia* des Zürcher Psychiaters Heinz Manz. Nach einem Krach in der *Arminia* entstand die *Nationale Basis Schweiz*, die in ihrer Zeitschrift *Visier* antisemitische und grossdeutsche Ideen propagiert. Als schweizerische Variante trat 1978 in Basel die *Volkssozialistische Partei* an die Öffentlichkeit.

Die Überfremdungsparteien *Nationale Aktion* und *Republikanische Bewegung* geben sich Mühe, als Demokraten zu erscheinen, die nichts mit nazistischen Strömungen zu tun haben. Auch dieser Schein trügt. Führende Exponenten der *Nationalen Aktion* waren in peinlicher Nähe zu Nazis anzutreffen, und die verlegerische und publizistische Tätigkeit von James Schwarzenbach ist seit den vierziger Jahren nach rechts erstaunlich offen.

Europa-Burschenschaft Arminia: Geburtstagsfeier für den Führer

Zürichberg, Wilfriedstrasse 12. Es ist wieder einmal Mitte Januar. Vor dem Haus von Dr. med. Heinz Manz, einem «Spezialarzt für Nerven- und Gemütskrankheiten FMH», parkieren zahlreiche deutsche und auch österreichische Mercedes. Den weit hergereisten Gästen fehlt es indessen nicht an Nerven oder Gemüt. Ihnen fehlt seit über dreissig Jahren das Dritte Reich. Im Hause von Manz, im Lokal ihrer *Europa-Burschenschaft Arminia,* lassen sie Hitler und andere Nazis hochleben. Manz vulgo Lützow, der «Erste Sprecher» dieser Herren, schliesst seine Reden mit «Heil Arminia!»

Die alten Herren feiern jährlich Mitte Januar das Stiftungsfest ihrer Verbindung, die Manz am 18. Januar 1946 zusammen mit Kommilitonen in einer Zürcher Studentenbude gründete. Seit dem 12. Dezember 1954 ist sie ohne Activitas, also ohne Studenten. Das 25jährige Jubiläum, das die *Arminia* am 16. Januar 1971 im Zunftsaal des Restaurants Sternen in Zürich-Örlikon feierte, war verbunden mit der Neugründung als *Europa-Burschenschaft,* wie sie fortan hiess. Zwei Tage später, dem genauen Stiftungsdatum, konnte Manz in seiner Privatkneipe «fünfzig Bundesbrüder aus sechs Vaterländern Europas» begrüssen, nämlich aus Deutschland, Holland, Österreich, Ungarn, Russland und aus der Schweiz. Vertreten war wie immer auch die Schwesterverbindung *Falkenstein* aus Salzburg, die vom ehemaligen SS-Offizier Walther Zwickler geleitet wird.

Der Exilrusse und Armine Anatol J. Michailowsky vulgo Koltschak (*16.10.1900) aus Köln bereicherte das Stiftungsfest 1971 mit einem politischen Referat, das in der Folge im Schweizer Monatsheft *Diskussion* abgedruckt wurde. Im dreiköpfigen Vorstand nahmen neben Manz der Zürcher Graphologe Peter W. Müller vulgo Rest (*27.7.41) und der Drogist Peter Cufal vulgo Isegrim (*23.2.45) aus Liestal Einsitz.

Was als Burschenschaft auftritt, hat mit Studenten oder Akademikern wenig zu tun. Dafür umso mehr mit alten und neuen Nazis, deren politische Linie die *Arminia* unterstützt. Dies gilt, auch wenn Manz Begriffe wie «faschistoid, neofaschistisch, nazistisch» von sich weist. Die «volks- und europapolitischen Maximen» der *Arminia* zielen auf einen neuen europäischen Staat. In einer Stellungnahme halten die *Arminia*-Burschen fest, «dass wir sowohl den sowjetischen Panzerkolonialismus und den Kommunismus, als auch den US-Dollarimperialismus und den westlichen Monopolkapitalismus, als Feinde einer freien Entwicklung der Völker Europas gleichermassen ablehnen». Im Verbindungslied, das Manz dichtete, tönt es so: «Durch Europa schreiten wir Arminen frisch voran... treu bis in den Tod!»

Heinz Manz (rechts), 1. Sprecher der *Arminia*, zusammen mit seinem Verbindungsbruder Herbert Hingsamer und seinem Bierhumpen, den ein Hakenkreuz ziert.

Von der alten Burschenherrlichkeit hat die *Arminia* die etwas antiquiert anmutenden Bräuche samt den Trinksitten übernommen. Als ausgesprochen bierselig gilt Manz. Je mehr Bier fliesst, desto ausgelassener schwärmen die Arminen von Hitler und seinem Dritten Reich. «Die alten Herren reden sich mit ihren alten Nazi-Dienstgraden an», schilderten zwei Augenzeugen das Stiftungsfest 1977, wo sich etwa fünfzig Farbenbrüder aus der Schweiz, aus Österreich und aus Deutschland im Zürcher Restaurant Kropf und in der Kneipe von Manz in Stimmung tranken. «Einer der vielen ziemlich senilen Generäle erzählte stolz, er sei höher als unser Guisan gewesen.» Manch einer der Nostalgiker stecke sich ein Eichenlaub, ein Verdienstkreuz oder gar ein Hakenkreuz an den Kragen. Besonders ergriffen seien die Ex-Offiziere, wenn man des «grossen Toten Adolf Hitler» gedenke und zur Schweigeminute für den Führer-Stellvertreter Rudolf Hess aufrufe. Das *Arminia*-Lokal ist reich ausgestattet mit allerhand deutschnationalem Kitsch und Nazi-Emblemen. Auf dem Bierhumpen von Manz, der auch einen Degen von Reichsmarschall Hermann Göring sein eigen nennt, findet sich ein Hakenkreuz.

Manz versuchte diese Schilderungen lächerlich zu machen, weil einer der Augenzeugen der Zürcher Schausteller Felix Muggli war, der mit aggressiven antizionistischen und proarabischen Aktionen von sich reden machte. Nur: Was Manz gerne herunterspielen möchte, wird von weiteren Zeugen bestätigt. «Manz hat ganze Zimmer im Nazi-Stil eingerichtet, mit Bildern von Bismarck bis zum Adolf», bezeugt ein Mitglied der Zürcher Verbindung der Glanzenburger, wo Manz eine zeitlang «Verkehrsgast» war: «Jeweils am 20. April feiern die Arminen den Geburtstag von Hitler; von uns Glanzenburgern waren auch einmal Leute dabei.» Besonders feierlich wurde 1974 der 85. Geburtstag des Führers gefeiert – mit einem Hitler-Porträt an der Wand. (Nicht nur bei den Glanzenburgern, sondern auch bei der schlagenden Verbindung Alboinia wurde Manz vor die Tür gesetzt; von der Alboinia nahm er immerhin einen Schmiss auf der linken Backe mit.)

Horizontale Damen...

Heinz Manz

Gründer, erster Sprecher und Sekretär der *Arminia* ist Heinz Manz (*18.3.24 in Schaffhausen), der 1951 in seiner Zürcher Dissertation «die Wirkung des heterosexuellen Hormons auf die Talgdrüsen der Genitalregion kastrierter und nicht kastrierter männlicher und weiblicher Meerschweinchen» experimentell untersuchte. Als Psychiater arbeitet Manz regelmässig für den psychiatrischen Notfalldienst, der bis 1977 vom stadtärztlichen Dienst und seither von der Ärztevereinigung organisiert wird. Diese öffentliche Funktion übt Manz aus, obschon seine Praktiken nicht unbestritten sind. «Wir betrachten es jedoch als Grund zum Entzug des Arztpatentes, wenn ein Arzt seine Stellung im Verhältnis zu einer Patientin dazu ausnutzt, um sie zu intimem Verkehr zu bewegen», steht in einem Verwarnungsschreiben des früheren Zürcher Gesundheitsdirektors Urs Bürgi vom 8. Dezember 1969 an Manz: «Aus den Akten ergibt sich unter anderem auch, dass Ihnen Krankengeschichten abhanden kamen. Sie werden wohl unsere Auffassung teilen, dass Krankengeschichten sorgfältig aufbewahrt werden müssen und insbesondere verhütet werden muss, dass sie ins 'Milieu' gelangen.» Und die Zürcher Bezirksanwaltschaft stellte ein Untersuchungsverfahren gegen Manz ein, bürdete ihm aber drei Viertel der Kosten auf: «Es war leichtfertig von ihm, sich als Arzt mit Patientinnen intim einzulassen. Dies gilt insbesondere auch für seine Liebschaft mit der Dirne Heidi Z., welche er bei sich aufnahm und wobei er so weit ging, ihr Funktionen als Arztgehilfin, ja sogar Gutachtenentwürfe über Patienten zur Ausfertigung zu überlassen...» Die ganze Geschichte wurde im 'Züri Leu' vom 18. Januar 1977 rechtzeitig auf das jährliche Stiftungsfest der *Arminia* haarklein und messer(li)scharf ausgebreitet.

Die Affäre um die Bettgeschichten von Manz hatte *Arminia*-intern bereits im Juni 1974 zu einem Riesenkrach geführt, der mit dem Austritt zahlreicher Mitglieder endete – darunter auch Vorstandsmitglied Pfarrer Gerd Zikeli vulgo Klingsor, der im Januar 1973 Bundesbruder der *Arminia* geworden war, sowie Bruno Meier und Arnold Sennhauser. Die drei Dissidenten gründeten nach ihrem Austritt die *Nationale Basis Schweiz*. Wenige Monate vor dem Krach, am 7. Februar 1974, hatten Manz und Zikeli noch gemeinsam einen Brief der *Arminia* an «Seine Heiligkeit Papst Paul VI, Vatikan, Rom» unterzeichnet: «Für uns freiheitlich denkende Schweizer und protestantische Christen Europas ist Kardinal Joszef Mindszenty das Symbol des Freiheitswillens des ungarischen Volkes», heisst es im Protest gegen die Absetzung des ungarischen Primas durch den Papst.

Manz und seine *Arminia* überlebten den Krach von 1974. Als neue Vorstandsmitglieder tauchten Peter W. Müller und Dr. phil. Julian Straub (*1929) vulgo Donar auf.

...und senkrechte Männer

Manz pflegt nicht nur mit horizontalen Damen Kontakt, sondern auch mit senkrechten Männern – zum Beispiel mit dem deutschen Rechtsanwalt Manfred Roeder, der sich mit seiner *Deutschen Bürgerinitiative e.V.* berufen fühlt, das Dritte Reich wieder zu installieren. Roeder (*6.2.29 in Berlin) wurde an einem der jährlichen Stiftungsfeste, am 19. Januar 1974, mit dem *Arminia*-Ehrenband und seine Frau Gertrud mit dem Damenband geehrt, wofür sich Roeder in seinem regelmässig erscheinenden *Rundbrief* herzlich bedankte (Nr. 19, Februar 1974). Mit dem Namen Notung wurde Roeder Mitglied der *Arminia;* empfohlen wurde er von Manz. Aber auch mit Gerd Zikeli unterhielt Roeder enge Kontakte. «Es war sehr schade, dass ich neulich nicht hier war, als Du mich besuchen wolltest», schrieb Roeder am 5. September 1974 dem «lieben Gerd» nach Stallikon ZH.

Auch sonst hat Roeder gute Beziehungen zur Schweiz. 1971 war er als Gründungsmitglied dabei, als in Trimbach *Pro Veritate* aus der Taufe gehoben wurde. Und in seinem *Rundbrief* Nr. 15 vom Juni 1973 kündigte Roeder an, dass er «vor einem Kreis von Schweizer Katholiken ... über aktuelle Glaubenswahrheiten berichten» werde.

In der BRD wurde Roeder in Dutzende von Gerichtsverfahren verwikkelt, weil er offen für die Abschaffung der Demokratie agitierte. «Hitlers Ideen und Wahrheiten werden die Zeiten überdauern, so wie die Idee des selbstlosen Königtums ewig über dem selbstsüchtigen Gezänk einer modernen Massendemokratie mit ihrer Verlogenheit von Freiheit-Gleichheit-Brüderlichkeit strahlen wird», schreibt dieser Rechtsanwalt. Im Vorwort zu Thies Christophersens Hetzschrift 'Die Auschwitz-Lüge', die in der BRD verboten und umgehend von Gaston-Armand Amaudruz in Lausanne vertrieben wurde, behauptet Roeder: «Hitler wollte gar nicht die Juden umbringen und hat niemals einen Befehl zur Ausrottung gegeben. Es gab keine Vergasungsanlagen. Das sind alles Erfindungen krankhafter Hirne.» Die Aktivitäten dieses famosen Roeder sind ausführlich beschrieben in der Dokumentation 'NSDAP-Propagandisten unter der Lupe', die 1978 in der 'Anti-faschistischen Russel-Reihe' erschienen ist (J. Reents-Verlag, Hamburg).

Um nicht in deutschen Gefängnissen zu landen, flüchtete Roeder im April 1978 via die Schweiz nach Brasilien, wo er bereits am 20. April zusammen mit Gesinnungskameraden im Hotel Tyll in Itatiaia den Geburtstag des Führers feierte. Bei seiner Flucht hatte Roeder einige Tage in der Schweiz Station gemacht. «Als vor einiger Zeit Rechtsanwalt M. Roeder auf der Flucht hier weilte», schrieb «W.P.Schweiz» in einer Zuschrift an das österreichische Nazi-Blatt *Sieg*. Zuflucht suchte Roeder in dieser Zeit auch bei seinem alten Bekannten Bonaventur Meyer von der Vereinigung *Pro Veritate,* wurde jedoch bereits am Telefon abgewiesen. «Ich habe Roeder gesagt, dass ich seine nationalistische Gesinnung nicht teile, auch wenn mir seine grossen Taten in der Schundbekämpfung imponierten», erklärte Meyer. Roeder hielt sich auch im Raum Luzern auf. An Ostern übernachtete er mit seiner Frau beim Kameraden Amaudruz in Lausanne, bevor er Richtung Frankreich weiterreiste. Kurz darauf, nämlich am 1. Mai 1978, verhängte die Bundesanwaltschaft eine Einreisesperre gegen Roeder.

Auch nach seinem Flucht-Aufenthalt blieb Roeder noch eine zeitlang mit der Schweiz verbunden – durch Postfach und Nummernkonto, die der Berner Heinz Walser (*1943) für Roeder eröffnete. In seinem 60. *Rundbrief,* erschienen im «Ernting 1978», also im August 1978, gab Roeder die neuen Brief- und Bankanschriften seines Vereins bekannt: Euro-Sic-Trans, Postfach 221, 3000 Bern 23, sowie «Zahlungen an Migros-Bank, Bern Postcheckkonto 30-590, Vermerk: Konto 16-942.560/08». «Namen und sonstige Benennungen sind nicht erforderlich und sollten unterbleiben», erinnerte Roeder seine Kameraden an den Service von Schweizer Nummernkontis. Auf das Konto bei der Migros-Bank wurden etwa 800 Franken einbezahlt, vor allem aus der Bundesrepublik. Als die Berner Drehscheibe publik wurde, hoben die Migros-Bank das Konto und Walser das Postfach auf. Seit dem August 1979 verschickt Roeder seine *Rundbriefe* aus den USA nach Europa.

Arminia-Ehrennadel für Valentin Oehen

Roeder ist nicht der einzige, den die *Arminia* ehrte. Am 17. Januar 1976, anlässlich des 30. Stiftungsfestes, widerfuhr diese Ehre im Zürcher Restaurant Waid Nationalrat Valentin Oehen, Zentralpräsident der *Nationalen Aktion.* Als Dank für seinen Vortrag über «Staat und Volk, Vaterland

(Heimat) und Nation Europa» wurde Oehen mit der *Arminia*-Ehrennadel geehrt. Am gleichen 17. Januar 1976 verabschiedete die *Arminia* ein Manifest an die europäische Jugend, das mit einem Zitat von alt Bundesrat Philipp Etter beginnt. «Wir fordern eine europäische Staatlichkeit, eine europäische Eidgenossenschaft», steht im Manifest, das von Oskar Kienzlen, einem Ministerialrat ausser Dienst, redigiert und in verschiedenen deutschen Neonazi-Blättern publiziert wurde: «Wir fordern eine vollwertige, unabhängige europäische Armee und einen europäischen Generalstab.»

Als die 'Tat' die Sache mit der *Arminia*-Ehrennadel am 13. August 1977 an die Öffentlichkeit brachte, schien es Oehen opportun, die Nadel öffentlich zurückzugeben. Diese reichlich späte Distanzierung vermag nicht zu verwischen, dass Oehen mit solchen Kreisen offensichtlich bedenkenlos Kontakt pflegt oder zumindest pflegte. Am 8. Juli 1972 sprach Oehen in Dornbirn (Vorarlberg) an einer Veranstaltung der österreichischen Nationaldemokratischen Partei (NDP), zusammen mit dem berüchtigten Nazi-Aktivisten Norbert Burger. Als Beobachter waren in Dornbirn auch die Arminen Heinz Manz, Peter W. Müller und Herbert Hingsamer anwesend. Am 17. Juni 1976, wenige Monate nach der Verleihung der *Arminia*-Nadel, sprach Oehen in Linz an einem Burschenkongress zum 23. Jahrestages des «Aufstandes in Mitteldeutschland» (gemeint die DDR). Eingeladen wiederum von Manz sprach Oehen vor rund 1500 Farbenbrüdern, darunter Mitglieder der *Arminia* Zürich und der *Falkensteiner* Salzburg.

Manz international

Als internationaler Redner profiliert sich seit Jahren Manz, der mit seinem uralten Mercedes nazistischen und nationalistischen Treffen nachfährt. Am 19. Oktober 1968 sprach er in Würzburg zu «meinen Herren Waffenbrüdern der alten ruhmreichen Waffen-SS aus allen Gauen Deutschlands und allen Ländern Europas». Am 4. Dezember 1971 propagierte er vor den *Falkensteinern* in Salzburg das Europa der Vaterländer: «Jeder europäische Mensch soll sich zu seinem Volk und Vaterland, zu seinem Blut und Boden, zu seiner Sprache, Kultur und Religion frei bekennen dürfen.» In Bregenz propagierte Manz am 30. März 1974 beim *Bund volkstreuer Jugend* die Position der *Nationalen Aktion* in der Überfremdungsfrage.

Bei seinen Pilgerfahrten ins Ausland war Manz oft von Arminen begleitet, etwa von den Zürchern Herbert Hingsamer und Laszlo Szabo oder von Dieter Lührs und Hansruedi Rinderknecht (beide Bottmingen).

Am 16./17. September führte Manz eine *Arminia*-Delegation an, die am «1. National-europäischen Jugendkongress» in Planegg bei München teilnahm. An diesem Wochenende trafen sich rund tausend jüngere und ältere Neonazis aus ganz Europa. Mit Manz waren in der *Arminia*-Delegation Laszlo Szabo, Gerd Zikeli und Fritz Flury nach Planegg gereist.

Schweizer im Nazi-Milieu

Kontakte unterhielt die *Arminia* nicht nur zur *Nationalen Aktion,* sondern auch zur *Republikanischen Bewegung.* Am 27. März 1974 trafen sich die Arminen, geschmückt mit Bierzipfel und Verbindungsnadel, mit den Zürcher Republikanern zum gemeinsamen Stammtisch im Restaurant Du Pont. Und *Der Armine* druckte nicht nur aus Neonazi-Zeitschriften wie *Mut* Artikel nach, sondern regelmässig auch aus James Schwarzenbachs *Republikaner.* Schwarzenbach (*5.8.11), der grosse alte Mann der Überfremdungsparteien, ist seit den dreissiger Jahren wiederholt durch Seitensprünge nach rechts aufgefallen. Im November 1934 war er als 23jähriger Zürcher Student an einer wüsten Demonstration gegen das Kabarett Pfeffermühle von Erika Mann und weiteren jüdischen Emigranten beteiligt. 1947 gründete er seinen Thomas-Verlag, wo 1948 'Der grosse Rausch – Russlandfeldzug 1941–1945' von einem Erich Kern erschien. Hinter diesem Pseudonym versteckte sich Erich Kernmayr (*27.2.06), Untersturmbannführer der Waffen-SS, der das Buch in der Kriegsgefangenschaft schrieb, aber von den Alliierten mit einem Publikationsverbot belegt war. Das nazistische Jugendmagazin *Mut* lobte Kerns 'Grossen Rausch' 1976 rückwirkend als das «erste Buch der deutschen Frontsoldaten aus deutscher Sicht», das «wie eine Bombe» eingeschlagen habe und weit über 100'000 Exemplare erreicht habe. Eine weitere Auflage des Renners erschien schon 1950 in einem waschechten Nazi-Verlag. Übrigens: Kernmayr behielt sein Pseudonym. Als Kern schrieb er in den fünfziger Jahren auch im *Europaruf* des Winterthurers Erwin Vollenweider. Später wurde Kern, dessen publizistisches Comeback Schwarzenbach eingeleitet hatte, Chefredaktor der *Deutschen Wochen-Zeitung* und damit eine der Vaterfiguren der deutschen Neonazis.

Eine weitere Thomas-Publikation sprach 1952 vor allem eingefleischte Antisemiten an: 'Der grosse Plan der Anonymen' des britischen Judenhassers Douglas Reed – «Ins Deutsche übertragen von James Schwarzenbach». Reed erklärt die Geschichte des 20. Jahrhunderts als geheime Verschwörung der Juden und Bolschewiken. In einem Prospekt des Thomas-Verlags, den das deutsche Naziblatt *Nation Europa* verbreitete, waren die antisemitischen Stellen des Werks besonders hervorgehoben.

Zu dieser Zeit war der ehemalige Schweizer Frontist Dr. phil. Hans Oehler (1888–1967) eng mit dem Verlag *Nation Europa* in Coburg liiert. Der Verlag war 1951 vom SS-Obersturmbannführer Arthur Ehrhardt gegründet worden und bietet seither zahlreichen prominenten Nazis eine publizistische Plattform. Seit den frühen fünfziger Jahren ist der Zürcher Kaufmann Hans Epprecht (*1929) am Verlag finanziell beteiligt. Oehler, der nach dem Krieg wegen nationalsozialistischer Umtriebe verurteilt worden war, besorgte für *Nation Europa* ab 1951 die «Schriftleitung Schweiz».

In der *Nation Europa,* die sich später im Umfeld der NPD ansiedelte, aber ebenso auf Franz Josef Strauss und bestimmte CDU-Kreise setzte, erschienen auch Texte von Schwarzenbach – ein «Gastkommentar» zu den Bilderbergern und ein Auszug aus einer Nationalratsrede. (Bei seinem Rückzug aus dem Parlament gab Schwarzenbach anfangs 1979 der nazistischen *Deutschen National-Zeitung* ein Interview.) Auch andere Autoren, die in der Schweiz bekannt sind, tauchen in der *Nation Europa* auf, etwa Pierre Hofstetter, Mitglied der *Impact*-Redaktion; Laszlo Révész vom *Ost-Institut* (der 1962 auch als Referent bei einer Tagung von *Nation Europa* mitwirkte); Alphonse Max (Emanuiloff), Mitarbeiter der 'Schweizerischen Handels-Zeitung'; Renate Peisl aus Müllheim TG; der St.Galler Pfarrer Gerd Zikeli. Als Schweizer Korrespondent trat auf dem Höhepunkt der Überfremdungspolitik ein Hagelhans auf, 1974 dann Adrian Stieger von der *Nationalen Aktion* mit einem Porträt der Überfremdungsparteien und der *Nationalen Basis Schweiz.* Die *Nation Europa* habe diesen Text ohne sein Wissen übernommen, erklärte Stieger. Nachgedruckt wurde im deutschen Naziheft auch ein Text des NA-Politikers Jean-Jacques Hegg.

Nation Europa zählte stets eine stattliche Zahl Schweizer zu ihren Lesern. Das hängt damit zusammen, dass in der Schweiz ähnliche Publikationen keinen Bestand hatten. 1947–53 hatte der ehemalige Frontist Dr. Werner Meyer (*31.1.09) den *Turmwart* herausgegeben. In der Zeitschrift und im gleichnamigen Verlag erschien der letzte Aufsatz des deutschfreundlichen Obersten Gustav Däniker (1896–1947) und das Buch 'Deutschland – Tod und Auferstehung' des Dörflinger Pfarrers Karl Neck (*20.1.08).

Nicht nur *Nation Europa,* sondern auch die militant nazistische *Bauernschaft* von Thies Christophersen, einem politischen Freund des flüchtigen Manfred Roeder und des Lausanners Gaston-Armand Amaudruz, zählt briefschreibende Leser aus der Schweiz zum Kreis der Abonnenten. Hier findet man zum Beispiel Diskussionsbeiträge des ehemaligen Jungbauernführers Hans Müller (*1891) aus Grosshöchstetten, von Jakob Emanuel Bollier aus Konstanz/Adliswil (der 1965 eine Studie über die «Europiden» und später die 'Rassenbiologie Mitteleuropas' publizierte), vom *Stimme*-Aktivisten Lorenz Peisl und vom St.Galler Pfarrer Gerd Zikeli. Leserbriefschreiber Horst von Jähnichen aus Solothurn ist «fest davon überzeugt, dass unser Tag kommen wird. Wenn doch dem deutschen Volk bewusst würde, wie es von den Freimaurern und Zionisten beherrscht wird!» (Dezember 1977)

DIE EUROPA-BURSCHENSCHAFT ARMINIA ZU ZÜRICH

WILFRIEDSTRASSE 12 CH 8032 ZÜRICH 7 TELEFON 01/47 21 24

Herrn
Reichsminister a.D. Rudolf H e s s
Viermächte - Gefängnis
1 Berlin / West - Spandau

Einschreiben
Express

Zürich/Schweiz, den 24.April 1974

Sehr geehrter Herr Reichsminister Rudolf Hess !

Die EUROPA - BURSCHENSCHAFT ARMINIA ZU ZUERICH verfolgt seit Jahren das verbrecherische Treiben der sogenannten vier "Gewahrsamsmächte", die Sie gegen Recht und Mensch - lichkeit seit Jahrzehnten in Gefangenschaft halten . Wir bedauern es zutiefst, dass Sie Ihren 8o.Geburtstag nicht im Kreise Ihrer Angehörigen verbringen können und schliessen uns dem millionenfach untersbhriftlich bekundeten Protest - schrei aller anständigen Menschen in dieser Welt an : Freiheit für Rudolf Hess !

An diesem wie an jedem Tag sind wir Ihnen in Gedanken nahe. In der Gewissheit , dass Ihr Opfer für die Freiheit des deutschen Volkes und aller Völker Europas nicht vergebens sein wird , grüssen wir Sie , sehr geehrter Herr Reichs - minister ,

in national - europäischer Solidarität
und Verbundenheit !

(Dr.Heinz Manz , x) (Gerd Zikeli , xxx)

(Herbert Hingsamer) (Laszlo Szabo)

(Bruno Meier) (André Widmer)

Als sich die *Arminia* im April mit Reichsminister Rudolf Hess solidarisierte, befand sich der unterzeichnende Lehrer Szabo in Zürich gerade im Einbürgerungsverfahren. Kurz nachher kam es in der *Arminia* zum grossen Krach, ausgelöst durch Aussagen des Zürcher Drogisten Hingsamer über Privataffären von Manz. Zusammen mit anderen Arminen traten auch Pfarrer Zikeli, Bruno Meier und Arnold Sennhauser aus der *Europa-Burschenschaft* aus und gründeten im Sommer 1974 die Neonazi-Gruppe *Nationale Basis Schweiz*.

Amaudruz aus Lausanne musste sich mit einer Grussadresse begnügen, da er nicht in die BRD einreisen darf.

Manz unterzeichnete als einziger Schweizer das Schlussmanifest des Kongresses, das ein «geeintes Europa freier Völker» fordert. «Schöpfer und Träger der technischen Zivilisation sind die Europiden. Sie sind am ehesten in der Lage, die durch den wissenschaftlich-technischen Fortschritt entstandenen Probleme zu meistern», heisst es in diesem Manifest. Und weiter: «An Disziplin und Kampfbereitschaft der Streikräfte sind höchste Anforderungen zu stellen. Der Geist des europäischen Soldatentums wurzelt in der militärischen Tradition seiner einzelnen Völker.»

Welches Soldatentum und welche militärische Tradition ihm besonders am Herzen liegen, offenbarte Manz am 14. November 1976, als er zusammen mit dem ehemaligen SS-Kämpfer Walter Eckert aus Zürich nach Lippach pilgerte, wo die SS-Vereinigung *HIAG Ostalb* einen «Heldengedenktag» abhielt. *Der Freiwillige,* eine Zeitschrift der SS-Ehemaligen, berichtete im Januar 1977: «Als Beweis ihrer Verbundenheit zur *HIAG Ostalb* waren der 1. Sprecher der Europäischen Burschenschaft *Arminia* zu Zürich, Dr. Manz und Kam. Eckert aus Zürich gekommen, um am Grabe unserer Kameraden einen Kranz niederzulegen. In seinen Gedenkworten gedachte Dr. Manz der gefallenen Soldaten der Waffen-SS, die für ein freies Europa gefallen sind.» Mitunter tritt Manz in der Öffentlichkeit mit einem Eisernen Verdienstkreuz II auf, das er sich allerdings nicht selbst erworben hat.

Am Münchner Jugendkongress von 1972 hatte sich Manz auch in ein 13köpfiges Generalsekretariat wählen lassen, das den «2. Nationaleuropäischen Jugendkongress» vorzubereiten hatte. «Es ist unserem Bund die Ehre zugefallen, das Sekretariat Schweiz dieser Organisation zu übernehmen», freute sich das Verbindungsorgan *Der Armine,* wo Herbert Huber aus Münchwilen TG die Bedeutung des Kongresses würdigte. Der 2. Kongress sollte, wiederum organisiert von den Nazi-Blättern *Nation Europa* und *Mut,* am 30. Juni/1. Juli 1973 in Flandern stattfinden, doch verboten die belgischen Behörden das Nazi-Treffen, weshalb die Kongressteilnehmer auf französischen Boden auswichen. Auch diesmal führte Manz die *Arminia*-Delegation an. Mit dabei war auch *Arminia*-Vorstandsmitglied Gerd Zikeli. Der deutsche Pfarrer aus Stallikon ZH war vom Treffen so beeindruckt, dass er in einem ganzseitigen Erinnerungsgedicht für *Nation Europa* die Schweiz kurzerhand zum «Reich Europas» schlug: «Der Blutspur des Mohnes folgend kamen wir aus allen Teilen des Reiches Europas... Von allen Enden dieses gedemütigten Erdteils werden wir aufbrechen stärker als heute». Der 3. Jugendkongress sollte in Spanien stattfinden, kam jedoch nicht zustande, weil selbst die Franco-Behörden dagegen waren.

Nationale Basis Schweiz — Hitler im Visier

«Rechts von Schwarzenbach gibt es im schweizerischen Landschaftsbild nichts mehr. Rechtsextreme Politik führte noch immer ins Verderben.» Der zweite Satz stimmt. Der erste leider nicht. Als ihn SPS-Präsident Helmut Hubacher im Frühling 1977 formulierte, war die neonazistische *Nationale Basis Schweiz (NBS)* und ihr Zweimonatsheft *Visier* schon bald drei Jahre alt. Die Gruppe träumt vom grossdeutschen Reich und dem Nationalsozialismus, druckt ungeniert Hitler nach und agitiert gegen die Juden. Gegründet wurde die NBS vom deutschen Pfarrer Gerd Zikeli, dem Junglehrer Arnold Sennhauser und dem Verkäufer Bruno Meier. Mit dabei waren am Anfang auch zwei prominente Mitglieder der *Nationalen Aktion:* Ruedi Keller, Präsident der Jungnationalen, und Adrian Stieger, der wenige Monate danach Zürcher Kantonsrat wurde.

Auf die Mitarbeit der beiden Aktiönler musste die NBS bald verzichten. Stieger (*1953), der seine Beziehungen zur Gruppe während seiner Kantonsratszeit noch zu leugnen versuchte, erklärte im Sommer 1979 nach seinem Ausscheiden aus dem Zürcher Parlament: «Ich distanzierte mich anfangs 1975 von der NBS. Es ist mir sehr unangenehm, dass ich einmal dabei war. Das war jugendlicher Übereifer.» Unter dem Pseudonym Karl Steiger schrieb Stieger zwei Artikel über Portugal und Südafrika für das *Visier* (2/74, 1/75). Dem Gründungsmanifest der NBS habe er zustimmen können, erklärt Stieger. Das eigentliche Ziel, «die Restaurierung des Faschismus», sei darin geschickt ausgeklammert. Stieger war im Sommer 1974 von Ruedi Keller (*17.4.56) zu den NBS-Treffs im Zürcher Bahnhofbuffet eingeladen worden. «Die NBS ist mir unbekannt», leugnete Keller, bequemte sich dann aber doch noch, seine seinerzeitige Mitgliedschaft zuzugeben: «Nach der ersten oder zweiten *Visier*-Nummer bin ich ausgestiegen. Die NBS träumt von vorgestern, ich arbeite für die Zukunft.»

Grossen Zulauf hatte die NBS nie. Getragen wird sie von einem knappen Dutzend Aktivisten und etwa 200–300 Sympathisanten, die das *Visier* abonniert haben. Die NBS-Aktivisten pflegen ausgedehnte Kontakte zu zahlreichen faschistischen und nationalsozialistischen Gruppen in Europa, Lateinamerika und den USA — sofern sie genügend militant sind. Die Schriften solcher Gruppen bis hin zu terroristischen Organisationen werden im *Visier* laufend propagiert.

Der harte Kern: Zikeli, Meier, Sennhauser

Die drei NBS-Gründer Zikeli, Meier und Sennhauser hatten sich in der *Arminia* kennengelernt, waren aber wegen Differenzen mit *Arminia*-Chef Manz aus dieser *Europa-Burschenschaft* ausgestiegen. Die treibende Kraft bei der NBS-Gründung und auch später war Zikeli. Als Pfarrer vermied er es jedoch sorgsam, dass sein Name mit der *Nationalen Basis* in Zusammenhang gebracht werden konnte. Auch der Lehrer Sennhauser war bloss bereit, als Inhaber des NBS-Postfaches 69 in Wettingen 1 zu unterschreiben, weil er davon ausging, dass damit sein Name nicht publik werde. Einzig Meier glaubte es sich mit seinem Dutzendnamen leisten zu können, als verantwortlicher *Visier*-Redaktor zu zeichnen – zumal man seine Adresse in Wettingen, dem Postfach-Ort, nicht finden konnte.

Arnold Sennhauser (*11.11.51) absolvierte in Wettingen das Lehrerseminar, wo er seinen Mitschülern bereits als rechtsgewickelter Aktivist bekannt war, der Kontakte zu Schwarzenbachkreisen unterhielt. Bis zum Frühjahr 1975 war Sennhauser in Oberehrendingen AG Lehrer und dann drei Jahre in Wettswil ZH, wo er als sehr autoritärer Schulmeister auffiel. Am 23. August 1978 meldete er sich ohne Angabe einer Adresse heim ins Reich ab. Seither wohnt er im niedersächsischen Dorf Bawinkel bei seinen Schwiegereltern und arbeitet im nahegelegenen Kloster Meppen als Erzieher. In der NBS besorgte Sennhauser den Versand des *Visier* und betreute die entsprechende Versandkartei.

Der Verkäufer Bruno Meier (*8.1.45 in Zürich) arbeitete vom Februar 1971 bis im Mai 1972 in Hannover, wo er militante Nazis kennenlernte. Seit dem Oktober 1977 wohnt er in Kaiserstuhl AG und arbeitet im Aussendienst einer Fotohandelsfirma. In der NBS wirkt er als Postfachleerer und Sekretär. «Es lebe der national-europäische Freiheitskampf», unterschreibt er im Namen der NBS Briefe.

Gerd Zikeli

Der deutsche Staatsangehörige Gerd Zikeli (*10.2.37) verliess 1964 als 27jähriger seine Heimat Siebenbürgen, versehen mit einem offiziellen rumänischen Ausreisevisum, wie er betont. Drei Jahre war er Pfarrvikar in Schlüchtern bei Oberkallbach im süddeutschen Raum. 1968 liess er sich als protestantischer Pfarrer nach Stallikon ZH wählen, das zusammen mit Wettswil eine Kirchgemeinde bildet. In Stallikon verkündete Zikeli nicht nur das Wort Gottes. Im deutschen Bundestagswahlkampf 1972 verschickte der rechtsradikale Professor Bolko von Richthofen als Sprecher der schlesischen Landsmannschaft (einer Vertriebenenorganisation) zahlreiche Pamphlete gegen die SPD und FDP, darunter ein Flugblatt von Zikeli: Eine Zange mit den Hebelarmen SPD und FDP schneidet in der Zeichnung die deutschen Ostgebiete ab, und die Aufschrift mahnt: «Wer die Freundschaft mit Völkern will, paktiert nicht mit ihren Unterdrückern.» Gleichzeitig mit Zikelis Wahlmunition verschickte Richthofen auch Schwarzenbach-Texte.

Zikeli, der in diesen Jahren bei Veranstaltungen mitunter zusammen mit dem Journalisten Jürg Meister und dem Thurgauer Aktivisten-Paar Renate und Lorenz Peisl auftauchte, verliess 1976 Stallikon nicht ganz freiwillig. Zikeli hatte sich geweigert, für die Hilfswerke HEKS und Brot für Brüder Kollekten durchzuführen, weil sich diese Hilfswerke für kommunistische Bewegungen einspannen liessen. Zikeli wich der gefährdeten Erneuerungswahl aus, indem er sich in die Kirchgemeinde Straubenzell in St.Gallen-Bruggen absetzte.

Schon während seines vierjährigen Pfarrer-Studiums, das er 1962 in Hermannstadt (Siebenbürgen) abschloss, war Zikeli mit seinen nationalsozialistischen Ansichten aufgefallen, wie eine Anekdote belegt, die Zikeli zum besten gibt. Der Sohn von Richard Wurmbrand, der mit ihm studierte, habe ihn am Morgen jeweils mit dem Gruss «Grossdeutsches Reich erwache» empfangen.

«Zikeli hat zwei strikt getrennte Schubladen, die Pfarrer-Schublade und die Nazi-Schublade», charakterisiert ihn ein früherer Mitstreiter. «Denn er weiss, dass er als Pfarrer unmöglich wäre, würden seine Nazi-Aktivitäten bekannt.» In der NBS ist Zikeli nach übereinstimmenden Zeugenaussagen der führende ideologische Kopf und der fleissigste Artikelschreiber für das *Visier,* das im Untertitel «Für ein geeintes Europa freier Völker» wirbt.

Zikelis Sozialismus

Ein einziges Mal glaubte es sich Zikeli hier in der Schweiz leisten zu können, seinen Namen nicht zu verbergen. «Herausgegeben von der *Rumänisch-deutschen Studiengruppe e.V.* und der *Nationalen Basis Schweiz»* erschien als «l. Sonderdruck» des *Visier* im Mai 1975 der Text eines Vortrags, den Zikeli am 15. Februar l975 in München vor der *Studiengruppe* gehalten hatte: «Der diffamierte Sozialismus» – gemeint natürlich der Nationalsozialismus, auch wenn das Wort sorgfältig vermieden wird. Ein Jahr später, an der Jahresversammlung 1976, wurde Zikeli zum Vizepräsidenten dieser Organisation von Nazi-Sympathisanten gewählt. Als Schweizer Kontaktadresse stellte sich Sennhauser zur Verfügung.

Es lohnt sich, bei diesem veröffentlichten Vortrag von Pfarrer Zikeli kurz zu verweilen. «Es geht tatsächlich darum, den Sozialismus von Marx zu befreien», postuliert Zikeli unter Anrufung des Untergangs-Philosophen Oswald Spengler. Marxismus bedeute Hass, und auch Marx selbst sei geprägt gewesen vom Hass, der «in seinem Blute rumorte» – «als Erbe seiner

Rabbinerahnen». Zikeli, der sich keine Gelegenheit für Seitenhiebe auf die Juden entgehen lässt, spricht vom «volksfremden Scharlatan wie Marx-Mordechai».

Der Marxismus dient Zikeli für eine schlecht versteckte Rechtfertigung des Dritten Reiches: «Im Kampf mit dem militanten Marxismus, der kein Erbarmen kennt und noch vor keiner Brutalität und Grausamkeit zurückgeschreckt ist, konnte es geschehen, dass auch auf der Seite, die sich im Recht der Notwehr befand, sich Dinge ereigneten, die wir zumal aus dem Abstand solcher Tage, die diesen Kampf in seiner Wut nie gekannt haben, nicht gutheissen können. Wenn aber die Geschichte wirklich das Weltgericht ist, dann wird sie die Gewichte ihres Urteils einmal gerechter verteilen, als dieses heute der Fall ist. Sie wird der Seite die Hauptschuld geben, von der die permanente Herausforderung kam, und sie wird die Seite entlasten, der durch einen barbarischen Angriff und mit satanischer Berechnung Formen der Gegenwehr aufgezwungen wurden, die niemals in ihrem Wesen lagen.» Was Zikeli hier vorsichtig-umständlich formuliert, heisst im Klartext: Für den Zweiten Weltkrieg ist ein Angriff des Bolschewismus verantwortlich, während sich das Dritte Reich, dem kriegerische Auseinandersetzungen vom Wesen her fremd sind, in Notwehr befand.

Zikeli verurteilt nicht nur den Marxismus, sondern ebenso Liberalismus und Sozialdemokratie. «Wie undeutsch, volkswidrig» zitiert er zustimmend eine Stimme zur frühen Sozialdemokratie, und den Liberalismus lehnt er ab, da dieser auf die gleiche geistesgeschichtliche Wurzel wie der Marxismus zurückgehe.

Als Alternative zu Undeutschem und Volkswidrigem propagiert Zikeli einen Sozialismus, der sich an Begriffen wie Familie, Stamm und Volk orientiert. Dieses «antimarxistische und antikapitalistische Sozialismusverständnis» sieht Zikeli in der deutschen Geschichte zum letzten Mal in Hitlers Nationalsozialismus verwirklicht, den der protestantische Pfarrer als Verheissung lobpreist: «Was wir schliesslich in diesem Jahrhundert im Kampf gegen den Bolschewismus vor allem auf spanischem Boden und dann während des 2. Weltkrieges erlebten, trug, gleichgültig ob dort im Sieg und hier in der Niederlage, bereits die Verheissung für morgen in sich.»

Unnötig beizufügen, dass es in den Literaturhinweisen zu diesem Vortrag an Werken aus den Jahren 1933–45 nicht fehlt.

Ein St.Galler Pfarrer im deutschen Nazi-Milieu

In der Schweiz versteckt Zikeli seine nationalsozialistischen Ansichten vor der Öffentlichkeit. Anders in der BRD, wo er im Nazi-Milieu regelmässig und offen in Erscheinung tritt und auch seinen Pfarrertitel mit in die Waagschale wirft. In der einschlägigen Presse tauchen immer wieder Stellungnahmen des St.Galler Pfarrers auf. Im Oktober 1972 schob Zikeli im

Nazi-Blatt *Nation Europa* die «Katastrophe von 1945» den bösen Alliierten in die Schuhe. Er schrieb vom «positiven geistigen Erbe, das uns die verschiedenen nationalen (faschistischen. Verf.) Bewegungen Europas nach der Katastrophe von 1945, in die sie die bolschewistisch-plutokratischen Weltverschwörer hineingetrieben haben, hinterliessen».

Das gleiche Blatt veröffentlichte im August 1973 das Zikeli-Gedicht «Erfahrung und Verpflichtung», eine Lobeshymne auf den 2. Nationaleuropäischen Jugendkongress – ein internationales Nazi-Treffen, das die belgischen Behörden verboten hatten. Ebenfalls in *Nation Europa* erschien ein Zikeli-Nachruf auf Demetrius Leonties, der bereits als 17jähriger der legendären Legion des rumänischen Faschisten Corneliu Zelea Condreanu beigetreten war. Leonties war Präsident der *Rumänisch-deutschen Studiengruppe,* wo Zikeli 1976 Vizepräsident wurde.

In einem offenen Brief, der im Juli 1978 im nazistischen Jugendmagazin *Mut* veröffentlicht war, intervenierte «Gerd Zikeli, Pfarrer, St.Gallen-Bruggen, Schweiz» beim deutschen Bundeskanzler Helmut Schmidt zugunsten von inhaftierten Kroaten. Einen Protestbrief schrieb Zikeli auch an den Münchner Oberbürgermeister Erich Kiesel, weil dieser eine NPD-Demonstration gegen die Ausstrahlung der TV-Serie 'Holocaust' verboten hatte. Kiesels Antwortschreiben «an unseren Leser Pfr. Gerd Zikeli» wurde im militanten Nazi-Blatt *Die Bauernschaft* im Juli 1979 publiziert – samt einer ausführlichen Erwiderung von Zikeli. Darin bezeichnete er 'Holocaust' als «ein mörderisches Attentat sowohl gegen den Geist der Wahrhaftigkeit als auch gegen den Geist des Verständnisses». Und weiter: «Die Ausstrahlung dieses Filmes in der Bundesrepublik hätte von einer verantwortungsvollen Regierung unbedingt verboten... werden müssen.» Zikeli attackierte auch den Bonner Korrespondenten des 'St.Galler Tagblatts', Hansmartin Schmid. Dessen Berichte zum Thema 'Holocaust' seien «ausnahmslos in einem Jargon verfasst, der an Gemeingefährlichkeit nichts zu wünschen übrig lässt», ja in einem Fall habe gar «ein krimineller Tatbestand» vorgelegen. Falls diese Berichte der Überzeugung von Schmid entsprächen, «müsste ihm zumindest jede weitere journalistische Tätigkeit auf dem Boden der Bundesrepublik ab sofort verboten werden», verlangte «Gerd Zikeli, Pfr. St.Gallen» im deutschen Nazi-Blatt.

Robert Schmid: für Pinochet und Terror

Ähnlich wie Zikeli, aber noch etwas peinlicher, äussert sich der fleissigste *Visier*-Mitarbeiter, ein gewisser Robert Schmid. Zu Polen, dem Land, in dem deutsche Vernichtungslager wie Auschwitz und das Warschauer Ghetto lagen, fällt diesem Schmid ein: «Es ist bekannt, was in Polen vor, während und nach dem 2. Weltkrieg deutschen Menschen an Leid zugefügt worden ist.» Und in der gleichen Nummer 4/77 fragt Schmid rhetorisch: «Sollte es unklar sein, wer und zu welchem Zweck seit Jahr und Tag das widerwärtige Geschäft der Diffamierung der deutschen Soldaten des 2. Weltkrieges betreibt und in der ganzen Welt mit der Lüge herumhausiert, das Deutsche Reich habe unter Adolf Hitler millionenfachen Menschenmord geplant, organisiert und durchgeführt?» Schmid ruft dazu auf, «in eiserner Solidarität» für die «heilige Sache» zu kämpfen, für «die Befreiung der Völker Europas und ihre friedliche Einigung zur Nation Europa». Wen wundert's, dass der gleiche Schmid «Marxismus und Liberalismus» als die «beiden Grundübel der Menschheit» verdammt?

Schmid kolportiert, ohne Distanzierung, die Behauptung des pensionierten deutschen Justizbeamten Naujock, Willy Brandt habe in den dreissiger Jahren einen Nazi vorsätzlich ermordet. (Als Naujock starb, gedachte *Visier* des verstorbenen «Kameraden».) Auf der anderen Seite hat Schmid für die gescheiterten Hitler-Attentäter nur Spott übrig und empört sich, dass «mit Namen der adligen Sprengstoffexperten vom 20. Juli 1944, mit den Namen ihrer mitverschworenen Betbrüder und Sympathisanten» deutsche Strassen benannt würden.

Schmid lehnt den Sprengstoff indessen nicht grundsätzlich ab – im Gegenteil. Schmid rechtfertigt, ja propagiert den faschistischen «Individual-Terror»: «Um die Marxisten an der Erreichung dieses Zieles zu hindern, müssen sich ihnen die Antimarxisten, ob sie wollen oder nicht, mit adäquaten Abwehrmitteln in den Weg stellen» – so in einem Artikel über RAF und Rote Brigaden.

Selbstverständlich freut sich unser Robert Schmid auch über faschistische Putsch-Terroristen: «Am 11. September 1973 erhob sich die gesamte chilenische Armee unter ihrem Oberkommandierenden Augusto Pinochet wie ein Mann, entwand dem Marxismus das Henkerbeil und übernahm mit imponierender Disziplin die Macht im Staate.»

Wer ist dieser Schmid, der so fleissig das *Visier* füllt? «Robert Schmid ist das Pseudonym von Pfarrer Gerd Zikeli», erklären verschiedene Zeugen übereinstimmend.

Angesprochen auf seine Rolle bei der *Nationalen Basis* begnügte sich Pfarrer Zikeli mit einer pauschalen Lüge: «Mit der *Nationalen Basis* und dem *Visier* habe ich nichts zu tun.»

Für Hitler, gegen die Juden

Neben Zikeli alias Schmid treten im *Visier* eine ganze Reihe weiterer Schreiber auf, die offenbar Schweizer sind (wenn auch teilweise hinter Pseudonymen versteckt: die bereits erwähnten Bruno Meier und A.(rnold) S.(ennhauser), dann Konrad Gächter, Anita Huber, F. Müller aus Basel,

Sylvia Hasler und Gaston-Armand Amaudruz aus Lausanne. Der Kaufmann Fritz (eigentlich Friedrich) Flury aus Oberrieden ZH lobte in einem Beitrag den nationalsozialistischen Schweizer Schriftsteller Jakob Schaffner. Aus der Feder der *Stimme*-Aktivistin Renate Peisl war im *Visier* eine Theaterkritik zu lesen, während ihr Mann Lorenz ein Protestschreiben der *Stimme* an das griechische Justizministerium anlässlich der Athener Prozesse gegen die Junta-Obristen unterzeichnete, ein Schreiben, das die NBS «erreichte».

Zahlreichen Organisationen widerfuhr im *Visier* die Ehre des Nachdrucks, etwa dem *Forum Jugend und Armee* oder der Aktion *Helfen statt töten.* Im *Visier* 3/76 stand gar zu lesen: «Der *Schweizerische Aufklärungs-Dienst* in Zürich sandte der NBS nachstehenden Aufsatz, mit der Bitte, diesen in *Visier* abzudrucken», worauf eine sehr, sehr eigenwillige Deutung der beiden Weltkriege folgte. Der SAD wehrt sich entschieden und glaubhaft gegen die Behauptung, er sei der Verfasser und habe der NBS diesen Text geschickt.

Nachgedruckt und propagiert werden im *Visier* jedoch in erster Linie Elaborate ausländischer Nazi-Gruppierungen, etwa von der *Deutschen Bürgerinitiative* des flüchtigen Obernazis Rechtsanwalt Manfred Roeder, der in der Schweiz besonders gute Beziehungen hat. Die Stossrichtung der *Visier*-Texte ist stets die gleiche: Je faschistischer eine Gruppe oder ein Regime ist, je mehr freut sich das Blatt.

1978 begann *Visier* damit, ab und zu ein Gedicht «des vor 20 Jahren verstorbenen, idealistischen Menschen und Kämpfers, unseres vorbildlichen Landesmannes Erwin Vollenweider» nachzudrucken. Vollenweider versuchte in den fünfziger Jahren, den kleinen Rest von Deutschschweizer Nazis zu organisieren.

Im Laufe der Jahre ist das NBS-Organ immer deutlicher antisemitisch geworden. Stets wird mit dem Zeigefinger darauf hingewiesen, wenn ein ungeliebter Opponent Jude ist. Da findet man Wendungen wie «Herbert Marcuse, der jüdische 'Philosoph'», «der Jude und Marxist Bloch» – «dieser Jude», die «kranken Ideen des Herrn Chaim Mordechai Levy alias Karl Marx». Die Praesens-Film sei eine «Gründung des aus Polen eingewanderten Juden Lazar Wechsler», der zudem «den sowjetjüdischen Filmregisseur Sergej Eisenstein nach Zürich holte». Auf den rumänischen Faschistenführer Condreanu und insbesondere auf dessen antijüdische Politik werden vom *Visier* ausgedehnte Loblieder angestimmt.

Zu diesen Tönen passt, dass *Visier* ab und zu Auszüge aus Adolf Hitlers 'Mein Kampf' nachdruckt und auch sonst keine Gelegenheit verpasst, dem Dritten Reich nachzutrauern. «Die von allen Deutschen ersehnte und im Frühjahr 1938 friedlich vollzogene Wiedervereinigung Österreichs mit dem

Deutschen Reich», ist etwa zu lesen. Oder: «Die deutsche Reichsidee ist nun bereits über ein Jahrtausend alt. Sie wurde in der bisherigen Geschichte dreimal ausgeformt, zuletzt von 1938–1945 durch das staatliche Schöpfungswerk Adolf Hitlers». Adolf, Adolf über alles. Das flammende Bekenntnis eines Nürnberg-Verurteilten zu Hitler, «gesprochen kurz vor dem Galgentod, sollte uns ein heiliges, bindendes Vermächtnis sein», meint *Visier*.

Die Liste solcher eindeutiger Zitate liesse sich verlängern. Es ist immerhin tröstlich zu wissen, dass diese Ideologie, der Europa -zig Millionen von Toten verdankt, im Moment in der Schweiz auf wenig fruchtbaren Boden fällt. «Es fehlt das Fussvolk», pflegt Zikeli gegenüber Mitstreitern zu klagen. Es fehlt auch an willigen Aushängeschildern, die den Pfarrer aus St. Gallen abschirmen. Nach dem Wegzug von Sennhauser nach Deutschland zeigte sich niemand bereit, bei der Post als Mieter des Wettinger Postfaches zu unterschreiben. So blieb der *Nationalen Basis Schweiz* nichts anderes übrig, als eine neue Adresse bekanntzugeben: *Institut für psychologische Therapie und Rhetorik* (NEB), Postfach 1265, D-7759 Immenstaad.

Internationale Verbindungen

Die Herausgabe des Zweimonats-Blatts *Visier* ist zwar gegen aussen die wichtigste Aktivität der *Nationalen Basis,* aber nicht die einzige. An l.Mai-Kundgebungen und an der Zürcher Chile-Kundgebung vom Herbst 1974 verteilten die NBS-Aktivisten Flugblätter. Ab und zu verschickt die NBS auch Protestschreiben, etwa an den Bundesrat bei der Ausweisung des Niederländers Menten oder an den deutschen Verteidigungsminister Leber anlässlich der Massregelung nazifreundlicher Bundeswehroffiziere. Bei Nazi-Treffen in der BRD sind immer wieder Delegierte der NBS anzutreffen, die bisweilen auch eine Grussadresse verlesen.

Zu mindestens drei Nazi-Internationalen pflegten oder pflegen die *Basis*-Führer persönliche, organisatorisch verankerte Kontakte: zur Gruppe um den Vorarlberger Walter Ochensberger, zur *Aktion Deutscher Sozialismus* um Werner Kosbab und Friedhelm Busse, Frankfurt, und zur 1951 gegründeten Schwarzen Internationalen von Amaudruz, der *Europäischen Neu-Ordnung*.

NBS-Kontakt: Aktuell und Sieg

«Wenn Sie durch und über die junge Rechte in Österreich unterrichtet werden wollen, lesen Sie den 'Aktuell-Jugend Pressedienst'.» Mit diesem Inserat wurde in den *Visier*-Nummern 2/76 und 4/76 für die ziemlich unregelmässig erscheinende Zeitschrift *Aktuell* geworben. Seit 1978 heisst das

Blatt *Sieg* und stellt an hetzerischer Demagogie, an aggressivem Rassismus und widerlichem Antisemitismus ziemlich alles in den Schatten, was auf diesem Markt zu haben ist.

Das *Magazin für denkende Deutsche,* so der Untertitel, wird seit 1973 von Walter Ochensberger und seinem *Bund Volkstreuer Jugend* in Lochau bei Lindau am Bodensee herausgegeben. Nach der behördlichen Auflösung im Jahre 1975 taufte sich die Organisation um in *Bund Nationaleuropäischer Jugend.*

Im *Aktuell* 3-4/76 warb die NBS mit einem Inserat für ihr *Visier.* 1974, als das *Aktuell* noch ein ausführliches Impressum führte, traf man dort auch Schweizer:

– «Lokalredaktion Schweiz: CH-5430 Wettingen 1, Postfach 69»
– Und unter «Korrespondenzstellen»: «Schweiz: Dr. Konrad Hess, CH-3550 Langnau BE, Napfstrasse 14»

Dr. phil. Konrad Hess (*8.6.32 in Solothurn) studierte zwischen 1952 und 1959 in Zürich und Hamburg die griechische und lateinische Sprache und wurde später im Emmentaler Dorf Langnau Korrektor für die deutsche Sprache. Im *Aktuell* vom Juli 1973 bezichtigte Hess die TV-Serie 'Die Schweiz im Krieg' von Werner Rings der historischen Lüge. «Ich war früher faschistisch eingestellt, doch wurden mir die Leute um Ochensberger zu extrem», distanzierte sich Hess später. Nach seinem Ausscheiden bei *Aktuell* engagierte er sich in der *Hilfsgemeinschaft für Rudolf Hess* (mit dem er nicht verwandt ist) und im *Deutschen Verband der Heimkehrer,* wo er sich vor allem für Major Walter Reder, den letzten Nazi-Gefangenen in Italien, einsetzt.

«Nach mir hat Arnold Sennhauser die Aufgabe des Schweizer *Aktuell*-Korrespondenten übernommen», erklärt Hess. Die NBS sei ursprünglich als Schweizer Ableger des Ochensberger-Bundes gedacht gewesen. Dieser Bund organisierte am 12./13. Juli 1975 in Bregenz den «Ersten mitteleuropäischen Jugendkongress». Im Organisationskomitee, das publiziert wurde, sass als Schweizer Vertreter Arnold Sennhauser, der gerade eine Lehrerstelle im Kanton Zürich, dem Jagdrevier von Erziehungsdirektor Alfred Gilgen, angetreten hatte. Trotz behördlichem Verbot der Veranstaltung trafen sich in Bregenz im halböffentlichen Rahmen rund 500 Jungnazis aus verschiedenen Ländern, und die NBS war trotz dichtgemachter Grenze mit einer stattlichen Delegation vertreten.

Schon ein Blick auf die Aufmachung zeigt, welcher Geist, wenn man dem überhaupt so sagen will, in den Spalten von *Aktuell* und *Sieg* weht:

– Jede Nummer bringt flammende Aufrufe und koordinierende Mitteilungen für rechtsradikale Jugend- und Schülergruppen: «Keine Macht dieser Erde kann unseren Sieg verhindern», «Morgen schon 1 Tag weniger bis zu unserem Sieg!»
– Penetrantes Deutschtum: «Wer Deutsch als Muttersprache spricht, gehört zur deutschen Nation», «Deutschland ist grösser als die BRD»

Vom *Aktuell* zum *Sieg:* Demagogie aus Lochau am Bodensee, Einzahlungsscheine von der SBG St.Margrethen

– Anleitung zu Terroraktionen: In einer angebotenen «Politischen Schulungs- und Informationsschrift» werden unter anderem folgende Themen behandelt: «Theorie und Methoden des Guerillakrieges, ... geeignete Objekte für Überfälle auf Industrieanlagen, Gefängnisse, Radiostationen... Sprengstoffe und ihre Herstellung, bewaffneter Aufstand» usw. (5-6/75)
– Peinlicher Antisemitismus und Rassismus: «Die Amerikaner werden durch Neger ausgerottet, wir durch die Mittelmeervölker... Selbst die Jüdin Salcia Landmann gibt zu ('Die Juden als Rasse'), dass Italien und Griechenland heute von 'Vorderasiaten' und 'Orientalen' also Semiten besiedelt sind. Die Italiener haben mit den Römern genausowenig zu tun wie Frankfurts schwarze Besatzungskinder mit Goethe.» (1/78)

Das immer wiederkehrende Hauptthema ist die unablässige Propaganda gegen die «Sechs-Millionen-Lüge». *Aktuell* und *Sieg* betonen, in den KZ's des Dritten Reichs seien «nur» 300'000 Juden ermordet worden. Entsprechend war die Aufregung dieser Nazis, als im Frühjahr 1979 die TV-Serie 'Holocaust' ausgestrahlt wurde. In einem Spezialversand forderte Ochsenberger «unsere Leser, Organisationen, Gruppen und Parteien in der BR-Deutschland und in der Schweiz auf», gegen die Ausstrahlung bei allen möglichen Instanzen zu protestieren: «Deutsch-Schweizer: Verwahrt Euch gegen diese Unterstellung – von einem Verbrechervolk abzustammen!!!» Im beigelegten Flugblatt hiess es, «ein abartig veranlagter Amerikaner, jüdischer Abstammung, der nie ein Konzentrationslager gesehen hat», habe dieses «perverse Machwerk antideutscher Lüge und Hetze» gedreht. Wie immer lag dem Wisch ein Einzahlungsschein der Schweizerischen Bankgesellschaft St. Margrethen bei.

In den *Aktuell-* und *Sieg-*Nummern, die den Abonnenten in den Jahren 1976–78 zugestellt wurden, fand sich bloss ein Artikel, der von einem Schweizer unterschrieben ist: Ernst Cinceras «10 Lügen gegen Antikommunisten», ein Text, der uns sonst nirgends begegnet ist. Wir wollen nicht unterstellen, Cincera habe den Text nach Lochau geschickt. Aber offensichtlich fand Kamerad Ochensberger, der Artikel passe gut in sein Hetzblatt. «Der schweizerische Publizist Ernst Cincera führt einen tapferen Kampf gegen die rote Subversion», hiess die redaktionelle Einleitung.

In der Nr. 1-2/79 teilte «Dr. H. Manz, Nervenarzt, Zürich» in einem Leserbrief mit, *Sieg* sei «eine hervorragende Zeitung im Kampf für die Rettung der Jugend für ihr Volk», und «Muggli/Schweiz» lobte die Stossrichtung «gegen den Zionismus. Wir können Sie auch mit Nachrichten versorgen, die hier unterdrückt werden, da sie dem zionistischen Eitersack im arabischen Raum und dessen Dunstkreis hier nicht ins Konzept passen.» In der gleichen Nummer kündigt Ochensberger an, «in nächster Zeit» würden «in der Bundesrepublik Deutschland und in der Schweiz Postfächer eingerichtet».

Mit der Schweiz ist Ochensberger spätestens seit 1975 durch das Bankkonto in St. Margrethen verbunden, wo die Schweizerische Bankgesellschaft (SBG) zuerst das Konto *«Bund Volkstreuer Jugend* Kto. 464.736.01L» führte und später, nachdem die behördliche Auflösung des Bundes auch in Schweizer Zeitungen Schlagzeilen gemacht hatte, das Konto «402.182.01R» für *Aktuell.*

Übrigens: Die *Nationale Basis Schweiz* erhielt Ende 1976 bei der SBG-Filiale Zürich-Wiedikon das Konto «954.438.M4Y». Den Kontoinhabern wurden selbstverständlich die gewünschten vorgedruckten Einzahlungsscheine geliefert.

NBS-Kontakt: Forum der Volkssozialisten

Nicht nur mit österreichischen, sondern auch mit deutschen Nazi-Militanten stehen die NBS-Leute in enger Verbindung. Am «4. Nationalen Forum der Volkssozialisten», das am 27./28. September 1975 in Frankfurt stattfand, markierten NBS-Vertreter die Schweizer Präsenz. Bruno Meier wurde als einziger Schweizer in die achtköpfige «Ständige Politische Kommission» dieser militanten Nazi-Gruppe gewählt. Schon Punkt 1 der Presseerklärung dieser Tagung hält fest, woran auch wir Schweizer uns zu halten haben: «Herausstellung der Reichs-Kompetenz in allen deutschen Fragen und Bekenntnis zu den deutschen Reichsfarben Schwarz-Weiss-Rot.» Die Presseerklärung wurde im *Visier* abgedruckt – allerdings ohne den Abschnitt mit den Namen der «Ständigen Politischen Kommission».

NBS-Kontakt: Europäische Neu-Ordnung

Einen organisatorischen Schulterschluss hat die *Nationale Basis* mit der *Europäischen Neu-Ordnung* (ENO) und der Genfer Gruppe *Nouvel Ordre Social* (NOS) gesucht. In der Ausgabe 3/76 konnte *Visier* melden:

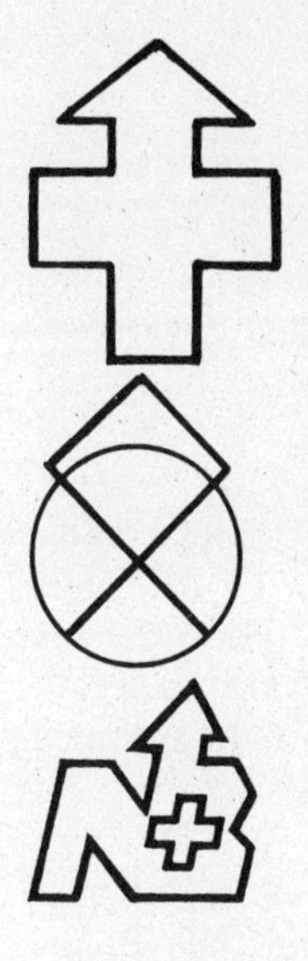

Nationaleuropäische Aktivisten aus der französischen und deutschen Schweiz kamen am 30. Mai 1976 zu einer Aussprache in Bern zusammen. Vertreten waren folgende Organisationen: NOUVEL ORDRE SOCIAL, COURRIER DU CONTINENT und die NATIONALE BASIS SCHWEIZ. Sie haben die gemeinsamen Massnahmen festgelegt, die auf schweizer Ebene im Kampf gegen die Plutokratie und den Marxismus und für die nationaleuropäische Neugestaltung zu ergreifen sind.

Die Verletzung unserer Neutralität durch die eigene Regierung wurde scharf verurteilt. Diese Regierung übt sich in Unterwürfigkeit gegenüber den internationalistischen Weltmächten, wie dies vor allem an der antieuropäischen Konferenz von Helsinki in beschämender Weise sichtbar wurde. Als besonders verhängnisvoll muss die Anerkennung und Begünstigung der terroristischen Anschläge gegen die Weissen Südafrikas gewertet werden, die im Endergebnis, wenn nicht von allen nationalen Kräften Widerstand geleistet wird, zur völligen Preisgabe des afrikanischen Kontinents und zur Auslieferung aller seiner Völker an die Weltimperialismen führen muss.

Die Teilnehmer einigten sich darin, den begonnenen Kontakt in Zukunft vermehrt zu pflegen, indem sie einen Studienausschuss für schweizerische politische Belange bilden.

Ein Jahr später, am 23./24. Juni 1977, trafen sich Aktivisten der drei Organisationen in Lausanne zu einem gemeinsamen Treffen. Am Buchstand habe sich Thies Christophersens 'Die Auschwitzlüge' «grösster Nachfrage» erfreut, meldete *Visier.*

Die Europäische Neu-Ordnung des Lausanners G.-A. Amaudruz

In der Deutschschweiz gelang es den faschistischen Kräften nach dem Zweiten Weltkrieg nicht, eine organisatorische Kontinuität aufrechtzuerhalten. Anders in der welschen Schweiz, wo der Lausanner Gaston-Armand Amaudruz (*21.12.20) die faschistisch-rassistische Fahne seit dem Untergang des Dritten Reiches hochhält. Zusammen mit dem Winterthurer Erwin Vollenweider gründete er 1951 die *Volkspartei der Schweiz,* die nach wenigen Jahren wieder verschwand, und die dauerhaftere *Europäische Neu-Ordnung* (ENO) - *Nouvel Ordre Européen* (NOE). Als Generealsekretär der ENO ist Amaudruz Drehscheibe einer der ältesten Schwarzen Internationalen. An den regelmässigen ENO-Kongressen treffen sich Exponenten von zahlreichen europäischen Faschistengruppen zu regelmässigen politischen Diskussionen. Die ENO ist nicht als Partei konzipiert, sondern als Kontaktzentrale und Brain trust.

In der Schweiz sind die ENO-Anhänger ohne politisches Gewicht, aber ihre Komplizen haben auf der europäischen und afrikanischen Bühne schon Geschichte gemacht – oder wenigstens Schlagzeilen, nicht zuletzt im terroristischen Zusammenhang. «Amaudruz fürchtet, seiner internationalen Arbeit durch eine Aktion in seinem Land zu schaden», charakterisierten Mitstreiter seine hiesige Reserve. Schwer belastet wurde Amaudruz vom ehemaligen politischen Gefährten Patrick Chairoff, der in seinen Büchern 'B comme barbouzes' (1975) und 'Dossier Neo-Nazisme' (1978) umfangreiche Terror-Aktivitäten ausbreitet, in die faschistische Kreise verwickelt waren.

Seit den siebziger Jahren können sich die alten ENO-Aktivisten, die sich zweieinhalb Jahrzehnte durchgeseucht haben, über jungen Nachwuchs freuen, vor allem über die Gruppe *Nouvel Ordre Social* in Genf und Lausanne, eine militante Gruppe von Neo-Nazis, die seit 1979 auch unter dem Namen *Forces Nouvelles* auftritt.

Die politischen Vorbilder von Amaudruz waren Georges Oltramare und Arthur Fonjallaz, die beiden dominierenden Nazi-Gestalten der Westschweiz in den dreissiger Jahren. Oltramare (1896–1960) war 1932–1940 Führer der von ihm gegründeten *Union Nationale* in Genf. Unter dem Pseudonym Dieudonné machte er von 1940–44 in Paris Radiopropaganda für die deutsche Besatzungsmacht. Nach der Verbüssung einer Gefäng-

Gaston-Armand Amaudruz

nisstrafe in der Schweiz setzte er sich nach Kairo ab, wo er weiterhin nationalistische Propaganda betrieb. – Der Oberst, ETH-Dozent und Duce-Pilgerer Arthur Fonjallaz (1875–1944) gründete im Oktober 1933 die *Schweizerische Faschistische Bewegung* und profilierte sich als absoluter Bewunderer von Benito Mussolini (der im Januar 1937 von der Sozial- und volkswirtschaftlichen Fakultät der Universität Lausanne den Ehrendoktor erhielt). Fonjallaz wurde am 25. Januar 1940 im Bahnhof Schaffhausen verhaftet, als er sich nach Deutschland absetzen wollte.

Nach 1945, als andere Nazis von der Bildfläche verschwanden, betrat Amaudruz die verwaiste Bühne. Bereits 1946 verfasste er eine Protestschrift gegen die Kriegsverbrecherprozesse in Nürnberg, die 1949 in Paris unter dem Titel 'Ubu – justicier au premier procès de Nuremberg' erschien, versehen mit einem Vorwort von Pierre Hofstetter, dem späteren Mitarbeiter zahlreicher Nazi-Blätter und des *Libertas*-Organs *Impact*. In diesen Nachkriegsjahren nahm Amaudruz auch seine Tradition des Kongresstouristen auf. 1947 und 1948 rapportierte er im Zürcher *Turmwart* über Österreich-Besuche bei politischen Freunden. Im März 1949 war er in Rom am Jugendkongress des MSI dabei, worüber er ebenfalls im *Turmwart* berichtete.

Amaudruz nimmt jede Gelegenheit wahr, Kontakte zu ähnlich Gesinnten zu schaffen, auch ausserhalb der ENO. Beziehungen pflegte er beispielsweise mit der Malmö-Internationalen von Per Engdahl. Auch in den Listen der *World Union auf National Socialists* (WUNS), der nationalsozialistischen Welt-Union, taucht sein Name zusammen mit weiteren Schweizern auf. Ende der fünfziger Jahre versuchte er ohne Erfolg, die *Junge Legion Europas* als Jugend-Internationale aufzubauen. An seiner Lausanner Adresse firmiert auch die 1969 gegründete *Akademie für Psychosomatik, Biologie und Rassenkunde,* ein Mäntelchen, das den rassistischen Publikationen zu einem wissenschaftlichen Anstrich verhelfen sollte.

Amaudruz ist der Typ des Aktivisten, der für seine Überzeugung auch seine berufliche Existenz aufs Spiel setzt. Schon 1955 hatte er wegen seinen faschistischen Aktivitäten einen Job als Versicherungsagent verloren, fand jedoch später eine Stelle als Sprachlehrer bei der Migros-Schule in Lausanne.

1973 ist Amaudruz in die Literatur eingegangen. Jacques Chessex hat ihn in seinem Roman 'L'ogre' als Georges Mollendruz porträtiert. In der deutschen Übersetzung 'Der Kinderfresser' erscheint die Figur Mollendruz auf den Seiten 205–214.

Erwin Vollenweiders Volkspartei der Schweiz

Amaudruz war am 21. Oktober 1951 in Bern dabei, als der Winterthurer Nazi Erwin Vollenweider mit einem kleinen Häufchen von Getreuen die *Volkspartei der Schweiz* (VPS) / *Parti populaire suisse* (PPS) gründete. Nach 1945 war Vollenweider in der Deutschschweiz der wichtigste Organisator der versprengten Nationalsozialisten. «Vollenweider war ein Mann, wie nur je die Schweiz einen Mann besass. Geradlinig, von unbeirrbarer Konsequenz, seherisch, genial», überschlug sich am 1. August 1958 der von Vollenweider herausgegebene *Europaruf* im Nachruf auf den «Dichterschmied von Winterthur»: «Vollenweider wird früher oder später für die Schweiz zum Begriff und Symbol werden.»

Erwin Vollenweider

Vollenweider (*29.11.10 in Zürich), der bei Sulzer in Winterthur als Schmied arbeitete, starb am 25. Juni 1958. In Österreich und in der Schweiz gedachten unverbesserliche Nazis ihres Mitstreiters, der den Ideen des Nationalsozialismus seit den vierziger Jahren treu geblieben war. Ein kleiner Kern um Vollenweider, der sich 1943 in der *Engeren Kampfgemeinschaft* (EKG) Treue geschworen hatte, trat in den nächsten fünfzehn Jahren unter stets wechselnden Namen, aber mit immer gleichem Misserfolg an die Öffentlichkeit. «Als Hitler noch im Zenith stand, scharte dieser Schwiegersohn eines bekannten Jungbauern ein paar Jünglinge um sich», schrieb die 'Winterthurer Arbeiterzeitung' (24.11.51): «Sie kamen gelegentlich in einer Stube oder in einem andern Lokal zum 'Rapport' zusammen, schlugen dort vor ihrem Führer die Hacken zusammen und grüssten mit dem Hitlergruss.»

Das sind die politischen Stationen dieses herausragenden, genialen und seherischen Schweizers:

– Nach dem Aktivdienst war Vollenweider Aktivist in der Jungbauernbewegung, die er jedoch verliess, weil sie ihm zu wenig eindeutig nationalsozialistisch war.

– Mit seinen EKG-Kameraden gründete er darauf die *Junge Garde,* die den *Eidgenoss* und ab 16. Oktober 1946 den *Arbeiterbund* herausgab. In den Winterthurer Gemeinderatswahlen 1946 überzeugte die *Junge Garde* gerade einige Dutzend von 20'000 Stimmberechtigten. Mit Vollenweider kandidierten acht weitere Junggardisten.

– 1950 agitierte in Winterthur Vollenweiders *Kampforganisation für die Rechte der Arbeiter* (KORA). Winterthurer SMUV-Gewerkschafter sprengten im Mai 1950 eine KORA-Veranstaltung im Casino.

Im Oktober 1951 schliesslich schritten die Vollenweider-Leute zur Gründung der VPS, deren Programm in Artikel 11 propagierte: «Die VPS tritt für europäische Wesensart und die weisse Rasse ein.» Als Führer der VPS-«Hauptleitung» trat Vollenweider auf. Das Grüppchen brachte 1951–53 insgesamt 22 Nummern des vervielfältigten Organs *Volksruf* heraus. Amaudruz übersetzte einzelne Beiträge für sein Blatt *Courrier du Continent* ins Französische. 1953 erschienen auch zwei *Volksruf*-Ausgaben im Zeitungsformat, doch blieb es bei diesen Probenummern. Neben Vollenweider und Amaudruz traten Konrad Huber und Edmund Gilliard als Parteifunktionäre in Erscheinung. Im *Volksruf* schrieben Hans Abderhalden, Heinz Bader, Jean Maurice Bauverd, Alois Brenneisen, Helene Grobert, Walter Helm, Kurt Müller, Giuseppe Patane, Werner Stahl und Hans Steinemann. Anfangs 1953 ging die *Junge Garde* in der VPS auf. Obschon die *Volkspartei* bloss einige Dutzend Aktivisten zählte (darunter auch Bündner und Tessiner), pflegte sie mit ähnlichen Organisationen des Auslandes an internationalen Treffen einen regen Kontakt, zum Beispiel an Pfingsten 1952 mit der schwedischen Gruppe um Per Engdahl.

Ohne Erfolg blieb auch der *Europäische Arbeiterbund,* den Vollenweider am 28. Dezember 1952 aus der Taufe hob. Der Bund brachte es immerhin auf ein Manifest: «Aus dem arbeitenden Volk geht die Führerauslese hervor.» Dem Arbeiter solle «voll und ganz seine menschliche Würde und seiner Arbeit die Ehre wiedergegeben» werden, «ohne dass die Leitung des Unternehmens irgendwie Einbusse erleidet».

1956 sollen sich Vollenweider und Amaudruz in der Südtirol-Frage überworfen haben. In diesem Jahr lernte Vollenweider den Grazer Theodor Soucek kennen, einen militanten Aktivisten, mit dem er im Januar 1957 den *Europaruf* gründete und im Juli 1957 die *Sozialorganische Ordnungsbewegung Europas* (SORBE) – mit Kanzler Soucek und Vizekanzler Vollenweider an der Spitze. Ende 1957 gründete Vollenweider mit einigen Getreuen auch eine Zweigstelle Zürich der SORBE. In Österreich war die Organisation vorübergehend als Nazi-Gruppierung verboten.

Im *Europaruf,* dem SORBE-*Organ der abendländischen Erneuerung,* propagierte Vollenweider erneut seine Idee einer «Europäischen Eidgenossenschaft»: «Die Eidgenossenschaft kann nur ein Bund freier, weil selbstbewusster und arttreuer Führer ihrer Völker sein.» Eine solche Erneuerung verlange Opfer: «Die ohnehin fragwürdig gewordene Neutralitätspolitik der Schweiz hat einer klaren und eindeutigen Parteinahme zugunsten Europas zu weichen.» Spätere programmatische Artikel von Vollenweider schliessen mit der Losung «Heil Europa!».

In seinen letzten Lebensjahren hatten Vollenweider und seine Getreuen Morgenluft gewittert: «Ein an Bitterkeit und Entsagung vollbemessenes Leben lag hinter ihm, ein vielversprechender ernteträchtiger Abschnitt vor ihm», schrieb Walter Helm in einem Nachruf auf Vollenweider im *Europaruf.* Nach Vollenweiders Tod übernahm der Winterthurer Franz Hofer und später der Zürcher Rudolf Sigrist die Schweizer-Redaktion des *Europaruf,* der indessen seinen Schwerpunkt immer mehr in Österreich hatte und schliesslich 1960 einging. Bis fast zulett stand der Name von Vollenweiders Witwe Gertrud im Zeitungskopf, und mitunter wurden aus der Schweiz Beiträge beigesteuert, etwa von Dr. Heinrich Thomke aus Biel (ein Nachdruck aus dem *Bieler)* oder von Gunnar Egmont aus Bern. Und der alte Nazi-Schreiberling Kurt Ziesel warb im *Europaruf* für William S. Schlamm, den späteren Herausgeber der *Zeitbühne.* Auch Erich Kernmayr alias Kern war mit dabei.

Erwin Vollenweider

Vollenweiders Anhänger gaben und geben sich Mühe, das Andenken an diesen genialen Mann nicht verblassen zu lassen. Der Grazer Künstler E. Pirker war vom Winterthurer Schmied so angetan, dass er eine Büste schuf. Gertrud Vollenweider gab 1959 zum Andenken an ihren Mann seine Gedichte im Bändchen 'Hammer und Amboss' heraus, darunter auch das Gedicht «Kameradengruss»: «Wir ringen stolz und tatbereit mit aller Unbill unserer Zeit / Wir stehen fest in Reih und Glied – ein hohes Ziel, ein frühes Lied – Und über Zagheit und Verdruss / Klingt hell der Kameradengruss!» 1975 widmete Amaudruz sein Pamphlet 'Ist Rassebewusstsein verwerflich?' dem «Vorkämpfer für ein arisches Europa», und die Kameraden vom *Visier* begannen 1978 damit, ab und zu ein Gedicht nachzudrucken.

Europäische Neu-Ordnung – faschistische Internationale

Praktisch zur selben Zeit wie die *Volkspartei der Schweiz* gründeten Amaudruz und Vollenweider die *Europäische Neu-Ordnung* (ENO) oder *Nouvel Ordre Européen* (NOE). Nach dem Zusammenbruch des Dritten Reichs haben unverbesserliche Nazis wiederholt versucht, Schwarze Internationalen auf die Beine zu stellen – meist ohne grossen Erfolg. Einer dieser Versuche war im Mai 1951 die Konferenz von Malmö, organisiert vom schwedischen Neonazi Per Engdahl. Vollenweider, Amaudruz und weiteren Mitkämpfern war das Programm von Malmö zu wenig rassistisch. Deshalb gründeten fünf eingefleischte Rassisten am 28.-30. September 1951 in Zürich die ENO: Amaudruz und Vollenweider, der Italiener Berti, der Franzose und ehemalige SS-Mann René Binet und der Deutsche Fritz Rössler, der es unter dem falschen Namen Friedrich Richter bis in den Bundestag brachte – und anschliessend ins Gefängnis und später nach Kairo.

«Die ENO ist eine private Vereinigung von Persönlichkeiten, verbunden durch ein gemeinsames Ideal, das in den Deklarationen der ENO definiert ist», heisst es in den Statuten. Schon in der ersten, nämlich der «Zürcher

Deklaration» steht der Kampf für die weisse Rasse im Vordergrund: «Heiraten zwischen Europäern und Nichteuropäern werden einer Regelung unterstellt; ärztlich und wissenschaftlich ausgearbeitete Massnahmen werden das Erbgut unserer Völker verbessern.» Die ENO forderte weiter «die Rückkehr der eingeborenen Gruppen in ihre überlieferten Räume». Dieser rassistischen Linie blieb die ENO seit der Gründung treu. An den bisher 14 Versammlungen der ENO wurde dieses Gedankengut in den jeweils verabschiedeten mehrseitigen «Deklarationen» laufend weiterentwickelt. Diese Tagungen fanden statt:

Paris: 9.–11. November 1952
Hannover: 24.–26. Januar 1954
Lausanne: 31. Dezember 1956 / l. Januar 1957
Mailand: 1958
Lausanne: April 1960
Lausanne/Genf: April 1962
Mailand: 17./18. April 1965
Mailand: 25. März 1967
Barcelona: 5./6. April 1969
Lyon: 2. April 1972
Lyon: 28./29. Dezember 1974
Barcelona: 9./10. April 1977
Barcelona: 14./15. April 1979

Die letzte Versammlung in der Schweiz hatte 1962 zu Vorstössen im Waadtländer Parlament geführt, weswegen die ENO-Leute nach Genf auswichen. Die Versammlung von 1965 hätte ebenfalls in Lausanne stattfinden sollen, doch verbot das kantonale Justiz- und Polizeidepartement das Treffen am 14. April 1965, weswegen die Versammlung kurzfristig nach Mailand verlegt wurde.

In der «Dritten Erklärung von Barcelona» von 1979, einem engbeschriebenen achtseitigen Papier, werden einleitend die «verlogene Propaganda» der TV-Serie 'Holocaust' und «die biologische und geistige Negrifizierung» Europas beklagt: «Heute kennzeichnet sich die westliche Dekadenz vor allem dadurch, dass eine unnatürliche Menge von Unterbegabten, von Psychopathen und von skrupellosen Subjekten an der Macht sind.» Jeder «Rückschlag für eine weisse Volksheit auf der Welt» bedeute einen «Rückschlag für die gesamte abendländische Kultur». Woher das Heil kommen soll, ist für die ENO klar: «Gerade die Besten der verschiedenen Rassen bilden den wahren Reichtum der Menschheit. Der Grundsatz und die Tatsache der Überlegenheit haben den Vorrang vor gewissen Formen der Nächstenliebe.» Und weiter: «Rassismus wie Nationalismus – und viele andere Arten von Verwurzelung – sind nur in ihrer Übertreibung oder Entstellung verwerflich.»

Die Schlagworte sind über all die Jahre hinweg die gleichen geblieben: «Todesgefahr für die Weisse Welt», Beschwörung der «gelben Gefahr», Unterstützung der weissen Regimes in Südafrika und Rhodesien sowie der faschistischen Diktaturen in Spanien, Portugal usw. Die ENO nahm von Anfang an eine proarabische Position ein und verurteilte im Gegensatz zu anderen Schwarzen Internationalen die Kolonialkriege. Den Vietnamkrieg bezeichnete die ENO 1965 als Feldzug der «internationalen, jüdischen Plutokraten». Sie unterstützte auch die algerische Befreiungsfront FLN. Chairoff wirft in diesem Zusammenhang Maurice Bauverd und Hubert de Bergard vor, in Waffengeschäfte verwickelt gewesen zu sein. Mit ihrer Position im Algerien-Konflikt stand die ENO im Widerspruch zum übrigen rechtsextremen Lager vor allem in Frankreich, was zu einer Isolierung der ENO führte.

Während die ENO-Versammlungen alle zwei, drei Jahre stattfinden, trifft sich die «Technische Kommission» auch in der Zwischenzeit zu Sitzungen. Die BRD und Belgien kommen dafür nicht mehr in Frage, da Amaudruz in diesen Ländern einem Einreiseverbot untersteht. Die Schweiz selbst wurde von den ENO-Leuten seit 1962 gemieden. Wie weit an den ENO-Versammlungen neben Amaudruz weitere Schweizer beteiligt sind, ist kaum bekannt. Eine Liste der italienischen Polizei nannte als Teilnehmer der Mailänder Tagung von 1965 auch einen Peter Morf (*31.6.37) aus Zürich, doch war eine solche Person in Zürich nie angemeldet.

Obschon die Erklärungen der Vollversammlungen jeweils veröffentlicht werden, finden sie in der Öffentlichkeit wenig Echo. Schlagzeilen machte hingegen die Versammlung vom Dezember 1974 in Lyon, weil vier teilnehmende Italiener nach ihrer Heimkehr in Italien verhaftet wurden. Journalisten fanden heraus, dass am 28. und 29. Dezember 1974 im Hinterzimmer eines Lyoner Cafés beim ENO-Treffen auch Ralf Guérin-Sérac mit dabei war, die führende Figur der Organisation *Aginter* in Lissabon, die eng mit der ENO verbunden war.

Aginter – Zentrale faschistischer Subversion

Das Auffliegen der international tätigen faschistischen Subversionszentrale, die sich hinter der Organisation *Aginter* verbarg, ist der portugiesischen Revolution vom 25. April 1974 zu verdanken. Einen Monat später, am 23. Mai, stellte die Armee die hochbrisanten Archive der «Presseagentur» *Aginter* sicher, darunter «vertrauliche Akten», die das ganze personelle Netz blosslegten. Was die Auswertung durch die portugiesische Armee ergab, ist in Frédéric Laurents 'L'orchestre noir' (Paris 1978) zusammengefasst.

Gegründet wurde *Aginter* von Algerien-Vertriebenen, von Kolonialoffizieren, die sich nach der algerischen Unabhängigkeit 1962 nach Lissabon zurückzogen und in diesem letzten Faschistenhort neu formierten. «Die anderen haben die Waffen gestreckt, ich nicht. Ich habe mich nach Portugal zurückgezogen, um den Kampf fortzusetzen», erklärte *Aginter*-Chef Ralf Guérin-Sérac (*1926), der eigentlich Yves Guillou heisst. Der ehemalige Korea-, Indochina- und Algerienkämpfer, der auch der *Organisation de l'Armée secrète* (OAS) angehörte, tauchte Ende 1962 in Lissabon auf. Dank der Vermittlung des rechtsextremen Journalisten Jacques Ploncard d'Assac fand er Anschluss in Salazars Armee, wo er Anti-Guerilla-Instruktor wurde – fürs erste wenigstens.

Ende 1966 konnte Guérin-Sérac sein Traumprojekt einer antikommunistischen Einsatztruppe realisieren. Er gründete *Aginter,* die vom Salazar-Geheimdienst PIDE und vom Verteidigungsministerium finanziert wurde. Den Weg zu den Kreisen um Salazar ebnete wiederum Ploncard d'Assac, der in der Schweiz vor allem als Kolumnist beim Walliser *Nouvelliste* bekannt ist.

Zweimal im Monat gab *Aginter* tatsächlich eine Art Pressedienst heraus. In erster Linie verbarg sich jedoch hinter der Tarnkappe einer Presseagentur eine internationale Zentrale der faschistischen Subversion. Die *Aginter*-Tarnung deckte:
– die politische Organisation *Ordre et Tradition,* die am 10. Dezember 1966 von Kolonialoffizieren und rechtsextremen Intellektuellen gegründet wurde (an einem Kongress der Organisation waren im Januar 1967 in Lissabon auch Schweizer vertreten)
– eine Spionageorganisation, deren Agenten als Angehörige einer Schweizer Maoistengruppe getarnt afrikanische Befreiungsbewegungen und die europäische Salazar-Opposition infiltrierten
– die militärische *Organisation d'action contre le communisme international* (OACI), die in Ausbildungslagern Söldner und Terroristen für subversive und terroristische Aktionen bis hin zu Mordanschlägen und Staatsstreichen schulte

In den Akten, die im Frühjahr 1974 sichergestellt wurden, sind unter anderen folgende Personen als *Aginter*-Korrespondenten aufgeführt:
– Amaudruz (Mitglied auch bei *Ordre et Tradition)* mit seiner ENO (die in ihren Reihen zahlreiche weitere *Aginter*-Leute zählte)
– der Westschweizer Roland Gueissaz, der in Genf und Lausanne die Gruppe *Jeune Europe-Suisse* aufbaute und Schweizer Korrespondent der Zeitung *La Nation européenne* war, die vom Belgier Jean Thiriart herausgegeben wurde
– Suzanne Labin aus Paris, Präsidentin der französischen Sektion der weltweit operierenden *World anti-communist league* (WACL), die mit prominenten Faschisten durchsetzt ist (in der Schweiz referierte Labin beim *Aufklärungs-Dienst* und 1974 in Zürich an einer Freiheits-Konferenz; ihre Bücher werden von Cincera und der *Stimme* unter die Schweizer gebracht)
Die *Aginter* unterhielt zu zahlreichen weiteren Personen und Gruppen Kontakte, so zum italienischen MSI und zum 'Bayern-Kurier' des Franz Josef Strauss.

Die wichtigsten Aktionen von *Aginter* hatten allerdings mit Journalismus wenig zu tun. Für nachrichtendienstliche und subversive Missionen liessen sich drei der zentralen *Aginter*-Agenten eine besonders originelle Tarnung einfallen, wie der Untersuchungsbericht der portugiesischen Armee festhält: «Die *Parti communiste suisse* und später die *Parti populaire suisse* dienten *Aginter* während mehreren Jahren als Deckmantel für ihre

Operationen auf Rechnung der PIDE, sowohl in Afrika, um die Befreiungsbewegungen zu infiltrieren, wie auch in Europa, um die Salazar-Opposition zu unterwandern. Diese Tarnung wurde benutzt von Guérin-Sérac selbst, von Jean-Marie Laurent und insbesondere von Robert Leroy, ex Waffen-SS.»

Leroy wurde 1969 in der NZ-Serie von Serge Niklaus ausführlich vorgestellt: «Robert Leroy, genannt Lebreton, geboren am 26.11.1908 in Paris, wo er die Rechte studierte, zurzeit wohnhaft in Rom und als Journalist in der von deutschen Industriekreisen mitfinanzierten 'Agenzia Stampa Il reporter politico-economico' tätig. Vor dem Zweiten Weltkrieg wegen Betrugs vorbestraft, militierte Leroy in rechtsextremen Kreisen und bekleidete während der deutschen Okkupation Frankreichs sukzessive die Funktionen eines Presseinspektors, Spionage- und Gestapo-Agenten sowie SS-Offiziers. Am 23. September 1947 von der Cour de Justice de la Seine wegen Kollaboration mit dem Feinde zu 20 Jahren Zuchthaus, Beschlagnahmung seines Vermögens und Einstellung in seinen bürgerlichen Rechten auf Lebzeiten verurteilt, wurde Leroy am 24. Juni 1954 aus Amnestiegründen aus der Haft entlassen.» Laut Niklaus war es der neonazistische belgische Koordinator Jean Thiriart, der den ehemaligen SS-Offizier Leroy mit Gérard Bulliard, dem Generalsekretär der maoistischen *Parti communiste suisse,* zusammenbrachte.

Diese Maoistengruppe trat seit 1964 mit dem Organ *L'Etincelle* (der Funke) an die Öffentlichkeit, so auch mit Grussadressen des albanischen Parteiführers Enver Hoxha an die «schweizerische Schwesterpartei» mit Sitz in Vevey. 1967, also unmittelbar nach der Gründung von *Aginter* in Lissabon, spielte sich in der schweizerischen «Maoisten»-Gruppe Wunderliches ab.

Im Februar 1967 tauchte R.(obert) L.(eroy) zum ersten Mal mit einem Bericht aus Frankreich im Parteiorgan *L'Etincelle* auf. Kurz darauf, am 25. März 1967, nahm der «Maoist» in Abbiate Grasso bei Mailand am neunten ENO-Kongress teil, zusammen mit Amaudruz und weiteren Nazis aus zahlreichen Ländern. Einen Monat später war Leroy im waadtländischen Dörfchen Les Paccots beim Ostertreffen der schweizerischen Maoisten mit dabei. Ein halbes Jahr später, am 9. September 1967, wurde diese Partei umgetauft in *Parti populaire suisse* (PPS) – ein Name, den sechzehn Jahre zuvor Amaudruz und Vollenweider verwendet hatten.

Versehen mit PPS-Mitgliederkarten und Journalistenausweisen des PPS-Organs *L'Etincelle* schlichen sich die *Aginter*-Agenten Leroy und Laurent in afrikanische Befreiungsbewegungen ein – im Kongo, in Biafra und Angola. Dem maoistischen Journalisten Leroy gelang es, die Führer der Befreiungsbewegung Frelimo von Moçambique zu interviewen. Die Interviews mit Eduardo Mondlane, Marcellino dos Santos und Mateus Gwenjere erschienen 1969 in *L'Etincelle,* unterzeichnet mit «ein Genosse des Redaktionskomitees».

Etwas anders tönte es im Rapport des «Genossen» an die *Aginter*-Zentrale in Lissabon: «Unter dem Deckmantel eines prochinesischen Journalisten konnte ich militärische Ausbildungslager für Guerillas besuchen. An den Grenzen von Tansania, Malawi sowie Sambia habe ich geheime Übergänge der Freiheitskämpfer ausgemacht.» Weiter rühmte sich Leroy, mit gezielten Falschinformationen Zwietracht unter die interviewten Führer der Frelimo gesät zu haben.

Als das Interview mit Mondlane in *L'Etincelle* erschien, war dieser bereits tot. Im Februar 1969 war er einem hinterhältigen Sprengstoffanschlag zum Opfer gefallen. Für die Frelimo besteht kein Zweifel, dass Leroy seine Hände mit im Spiel hatte.

Der Leroy-Kollege Laurent hielt sich vor allem in Brazzaville auf, von wo er 1967 für *L'Etincelle* über einen Kongress von Befreiungsbewegungen berichtete. In einer redaktionellen Notiz hiess es: «Unser Freund und Korrespondent Jean-Marie Laurent hat die ständige Mitarbeit an unserer Zeitung zugesichert. Wir werden diesen ausgezeichneten Genossen, der sehr gut über afrikanische Belange Bescheid weiss und den Revolutionären, über die er berichten wird, sehr nahe steht, in der nächsten Nummer vorstellen.» Die angekündigte Vorstellung fehlte in der nächsten Nummer, dafür plante der «ausgezeichnete Genosse» für *Aginter* gerade einen Staatsstreich, der für das Frühjahr 1969 vorgesehen war. Ausgerüstet mit Empfehlungsschreiben der chinesischen Botschaften von Bern und von Brazzaville gewann Laurent rasch das Vertrauen der linksgerichteten Regierung, die Lissabon wegen der Unterstützung von Befreiungsbewegungen ein Dorn im Auge war.

Doch die Sache lief für *Aginter* schief. Laurent wurde verhaftet, der Putsch schlug fehl, und die schweizerische Tarnkappe flog auf, weil bei den Putschisten Unterlagen über den angeblich maoistischen Journalisten Laurent gefunden wurden.

In Europa hatte PPS-Generalsekretär Gérard Bulliard Kontakt mit portugiesischen Oppositionsgruppen gesucht, beispielsweise mit dem *Comité Portugal Libre* in Paris, dem er auch Waffen anbot. Die portugiesischen Untersuchungsbehörden haben Buillard (wie früher schon die PdA) als Agenten des US-Geheimdienstes CIA bezeichnet, was Bulliard zurückweist. Zu Bulliard hatte Serge Niklaus in der NZ schon 1969 geschrieben: «Bulliard kennt keine echten politischen Impulse. Als dem 'Proletariat ergebener Kommunistenführer' geht er nur einem Bilde nach, dem der Banknote. Er, der den Papst als 'Komplizen von Banditen' zu titulieren pflegt, scheut daher auch nicht davor zurück, im Zeichen der patriotischen Erbauung und gar zugunsten eines Missionswerkes durchgeführte Volksmärsche im Kanton Freiburg zu organisieren. Ahnungslos sassen im Patronatskomitee dieser Veranstaltungen ein Bundesrat, verschiedene Regierungsräte und andere kantonale Nobilitäten Freiburgs.»

Der *Aginter*- und ENO-Aktivist Leroy war 1969 auch in die Bombenanschläge verwickelt, die am 12. Dezember in Rom und Mailand über ein Dutzend Todesopfer forderten und die zuerst einer Anarchistengruppe in die Schuhe geschoben wurden. Mitglied dieser Gruppe, zu der auch der fälschlicherweise verdächtigte Tänzer Pietro Valpreda gehörte, war unter anderem Mario Merlino. Der «Anarchist» Merlino war indessen ein eingeschlichener Faschist. Als er verhaftet wurde und sich sitzengelassen fühlte, gab er zu Protokoll: «Wir haben im Auftrag von Guérin-Sérac und Robert Leroy gehandelt.» Der italienische Geheimdienst bezichtigte diese beiden *Aginter*-Männer ebenfalls der Verwicklung in die Bombenattentate und intervenierte bei entsprechenden Stellen in Lissabon. Möglicherweise hängt damit zusammen, dass *Aginter* ab Ende 1966 wenigstens offiziell kein Geld mehr von PIDE und Verteidigungsministerium erhielt und auf Spenden von faschistischen Kreisen in aller Welt angewiesen war. *Aginter* verlegte seine Tätigkeit unter anderem nach Lateinamerika, wo sie ihre Tätigkeit den Regierungen von Nicaragua und Guatemala anbot.

Die Bomben von Mailand und Rom gingen in Tat und Wahrheit auf das Konto der Faschisten; Giovanni Ventura und Franco Freda wurden anfangs 1979 rechtskräftig verurteilt. Die Attentate entsprachen der Strategie der Spannung, die von Gruppierungen wie *Ordine Nuovo* propagiert wurde – hoffend, in einer Situation der Spannung einen Staatsstreich provozieren zu können. In den *Aginter*-Archiven wurde 1974 ein höchst interessantes Dokument sichergestellt – ein Rapport aus dem November 1968, den ein Mitglied von *Ordine Nuovo* an die *Aginter*-Zentrale nach Lissabon geschickt hatte. Darin wird – ein volles Jahr vor den Bomben von Mailand und Rom – die Strategie der Spannung erstaunlich präzis umrissen: «Der Anfang unserer politischen Aktion besteht darin, den Einzug des Chaos in sämtliche Strukturen des Regimes zu begünstigen... Als erstes müssen wir die Zerstörung der staatlichen Strukturen auslösen, getarnt als Aktionen von Kommunisten und Prochinesen. Übrigens haben wir fast alle dieser Gruppen bereits unterwandert.»

Die Aktivisten von *Aginter, Ordine Nuovo* und ENO hatten sich an den ENO-Kongressen von 1965 und 1967 in Mailand getroffen. 1965 waren neben Amaudruz unter anderen der *Ordine Nuovo*-Gründer Pino Rauti und der *Aginter*-Agent Leroy anwesend, der auch zwei Jahre später wieder dabei war. Nach der portugiesischen Revolution war *Aginter*-Chef Guérin-Sérac wiederum im ENO-Kreis anzutreffen, so Ende 1974 am Kongress von Lyon.

ENO-Publikation: Courrier du Continent

So alt wie die ENO selbst ist auch ihr vervielfältigtes Publikationsorgan *Courrier du Continent,* das abgesehen von einer Sommerpause monatlich erscheint. Nicht immer kam das Blatt so regelmässig heraus. Im Laufe der

Jahre gab es zahlreiche parallele Publikationen, zum Teil in Zusammenarbeit mit ähnlichen Gruppen des Auslandes: *Appel au Peuple, Europe réelle, Action Européenne, Le combat européen.* Mitherausgeber waren in wechselnder Zusammensetzung die französischen Faschisten Pierre Clementi und François Duprat, der Mittelschullehrer Antonio Domingo Monaco (Mailand/Berlin), die beiden ehemaligen SS-Angehörigen Jean-Robert Debbaudt und Jean Baumann (die auch als ENO-Sekretäre für Belgien und Deutschland wirkten).

Der *Courrier* umfasst jeweils ein rundes Dutzend Seiten, die mit Sparschrift vollgeschrieben und oft schlecht vervielfältigt sind. Die Auflage dürfte einige Hundert nicht überschreiten. Regelmässige Mitarbeiter sind Amaudruz, der ENO-Mann Pierre Narbel, Giuseppe Patane aus Genf (dort Kopf der faschistischen *Comitate Tricolori),* Jean-Maurice Bauverd, der Franzose Pierre Clementi usw. Stets bietet der *Courrier* einen breiten Überblick über andere Publikationen. Besonders oft zitiert Amaudruz den *Rundbrief* von Manfred Roeder (den er auf der Flucht bei sich beherbergte), *Die Bauernschaft* von Thies Christophersen, Erich Kern aus der *Deutschen Wochen-Zeitung* und zahlreiche französische Publikationen. Positiv gewürdigt wurden wiederholt James Schwarzenbachs *Republikaner* (bis 1964 und wieder ab 1971), aber auch der Walliser *Nouvelliste,* der sich vom «ganzen Rest» der Presse wohltuend abhebe: «Man liest dort ausgezeichnete Artikel von Ploncard d'Assac».

Von 1964–1967 gab die ENO zuerst monatlich und später unregelmässig die Presserundschau *Europäischer Beobachter* heraus. Die Publikation ging ein, weil kein neuer «Schriftleiter» mehr gefunden wurde. In einem letzten Rundschreiben an die Abonnenten forderte Amaudruz die Leser 1969 auf, «die heutige Wüste» auf positive politische Anzeichen hin zu beobachten: «Woran erkennt man dann, dass 'etwas' dahinter steckt? – Ganz allgemein an Übereinstimmungen mit unserer bekannten Linie. Jedoch gibt es besonders aufschlussreiche Punkte:
– Ablehnung der Rassenmischung
– nichtmarxistische Kritik der Plutokratie
– nichtplutokratische Kritik des Marxismus, d.h. im Namen einer wahren sozialen Gerechtigkeit
– Ablehnung der Idee der Gleichheit aller Menschen
– Forderung nach einem von den Blöcken unabhängigen Europa
– Kritik am negativen Einfluss jüdischer Kreise
– Hinweise auf die gelbe Gefahr
Solche Punkte in einem Blatt, Flugblatt oder Vortrag sollten uns aufhorchen lassen. Vielleicht melden sich da positive Kräfte.» Soweit die Testfragen von Amaudruz.

Mit Adresse und Bezugsquelle weisen die ENO-Publikationen regelmässig auf nahestehende Zeitschriften hin, so auch auf das *Visier* der *Nationa-*

len Basis und auf das *Sturmbanner* der *Volkssozialistischen Partei* in Basel. In den sechziger Jahren wurde auch das Monatsblatt *Der Bieler* propagiert, das vom germanophilen Bieler Arzt Heinrich Thomke (1903–65) herausgegeben wurde. Thomke, der bis 1938 der *Nationalen Front* in Biel angehörte, kämpfte im *Bieler* mit den Pseudonymen Fritz Pfleger und Hans Heger gegen «die Verwelschung Biels», gegen den «Zerfall der deutschen Sprache» und gegen die «Überfremdung» durch die Südländer. Von der politischen Stimmung im Elternhaus liess sich auch Sohn Hellmut (*25.10.32) anstecken. Als Göttinger Student regte er sich im April 1952 im deutschen Naziblatt *Nation Europa* über «die hemmungslose, ja vielfach geförderte Vermehrung minderwertiger Elemente» (gemeint Menschen) auf und forderte «Familienförderung und Erbschutzvorkehrungen»: «Nur wenn Deutschland und alle übrigen europäischen Völker den Mut finden, ihre biologischen Grundlagen und völkischen Werte zu bewahren, werden sie sich zur wirksamen Behauptung gegen Ost und West und zur gemeinsa-

Francois Genoud: Goebbels-Nachlassverwalter

Joseph Goebbels

Aus seinem nazistischen Herzen hat der Banquier François Genoud (*26.10.15) aus Pully bei Lausanne nie eine Mördergrube gemacht – dafür eine Goldgrube. Genoud besitzt die höchst einträglichen Rechte am Nachlass von Hitlers Propagandaminister Joseph Goebbels und vom verschollenen Führer-Sekretär Martin Bormann. Um den Nachlass von Hitler selbst hat er sich vergeblich bemüht. Im Nachwort zum ersten Band der Goebbels-Tagebücher, der 1977 erschienen ist, distanzierte sich Genoud von Rolf Hochhuths Einführung. In einem Interview stand er «zu der Sache und zu dem Mann»; er glaube, «dass historische Grösse nur mit einer moralischen Grösse verbunden sein kann, und ich finde sowohl bei Hitler wie bei Goebbels diese moralische Grösse».

Nach seinen eigenen Aussagen war Genoud anfangs der dreissiger Jahre als 17- oder 18jähriger einige Monate Mitglied einer faschistischen Organisation. Eine Lausanner Zeitung charakterisierte ihn so: «Sympathisant von Nazi-Deutschland, dem Genfer Faschisten Georges Oltramare nahestehend und Militanter bei rechtsextremen Gruppen in der Schweiz (24 heures, 10.10.73). Nach dem Krieg tauchte Genoud als Verleger in Belgien und in der Bundesrepublik auf, bevor er im Juni 1958 nach Lausanne zurückkehrte.

men, grosszügigen Erneuerung zusammenfinden können, die doch von Tag zu Tag dringlicher wird.» 1955 distanzierte sich die Berner Studentenschaft öffentlich von einem anderen Artikel ihres Kommilitonen Hellmut Thomke und späteren Berner Privatdozenten für deutsche Literatur.

Vor allem aber propagierte der *Courrier du Continent* welsche Publikationen, beispielsweise das Neuenburger Studentenblatt *Réaction* (1969-74) und das Walliser Wochenblatt *7 jours en bref* (1973/74), beide herausgegeben von Jean-Marie Reber. Besonders intensiv machte und macht Amaudruz Reklame für die Genfer Neonazi-Gruppe *Nouvel ordre social* (NOS), die nacheinander die Organe *Le Huron, Renaissance, Avant Garde* und *Le rat noir* herausgab. Die Gruppe, die auch in Lausanne aktiv ist, geht mitunter auf die Strasse. Einzelne Punkte ihres Programms wurden 1979 vom *Zeitbild* des *Ost-Instituts* gelobt. 1979 gründete die NOS das *Solidaritätskomitee für Freda,* welcher zusammen mit Giovanni Ventura als Hauptverantwortlicher des Mailänder Bombenanschlages von 1969 verur-

---

Genoud verkehrt nicht nur im nazistischen, sondern auch im arabischen Milieu. Er sei ein Freund des palästinensischen Volkes, das er seit 1936 kenne und mit Sympathie verfolge, erklärte er 1969 anlässlich des Winterthurer Prozesses gegen die palästinensischen El-Al-Attentäter. Genoud verfolgte den Prozess als Freund und Vertrauter der arabischen Anwälte.

1958 hatte Genoud in Genf die Banque commerciale arabe (BCA) gegründet, deren Hauptsubstanz der legendäre Kriegsschatz der algerischen Befreiungsfront FLN war. Genoud bezeichnet sich als Freund von Mohamed Khider, der 1962 als FLN-Finanzminister vierzig Millionen Franken bei der BCA einbezahlt hatte und 1963 Hauptaktionär geworden war. Nach der Ermordung von Khider im Jahre 1967 blieb der Kriegsschatz unauffindbar; die algerische Regierung prozessierte, ohne an das grosse Geld heranzukommen. 37 der 40 Millionen blieben verschwunden. 10 Millionen habe Khider 1963 zum Kauf der BCA-Aktienmehrheit verwendet, erklärte Genoud. Und die restlichen 27 Millionen? Genoud: «Das Geld stammte aus Sammelaktionen algerischer Gastarbeiter in Europa. Khider, der ein Ehrenmann war, hat es wiederum für soziale Stützungsaktionen und zur Finanzierung der algerischen Oppositionsgruppen in Europa ausgegeben.» Hans Fleig, ein Spezialist in Fragen der arabischen Welt, kommentierte: «Diese Erklärung stösst aber auch bei Kennern, die nicht Feinde Khiders waren, auf grosse Skepsis. Irgendwo liegen nach diesen Schätzungen noch zehn bis 15 Millionen Franken, die möglicherweise 'treuhänderisch' verwaltet werden und eines Tages bei günstiger politischer Gelegenheit doch wieder auftauchen.» (Blick, 25.4.79)

Kleber der Genfer Neonazis: gegen die Supermächte, für Europa

teilt wurde. Er konnte flüchten, wurde jedoch am 20. August 1979 in Costa Rica verhaftet – wie wenige Tage zuvor sein ebenfalls flüchtiger Komplize Ventura in Argentinien.

In Deutschland verboten, von Amaudruz vertrieben

Der *Courrier* bietet regelmässig auch eine Auswahl von rund vierzig rassistischen, antisemitischen und anderen Werken an, die in Lausanne bestellt werden können. Darunter findet man selbstverständlich auch 'Nous autres racistes' von Amaudruz sowie die in der BRD verbotene Übersetzung 'Ist Rassebewusstsein verwerflich?' Vertrieben wird auch Thies Christophersens 'Die Auschwitz-Lüge' – ebenfalls «in der BRD verboten», wie in der Bestellliste betont wird. Vertrieben wird weiter das 1971 erschienene Buch 'Freiheit ohne Geldherrschaft, Gerechtigkeit ohne Staatswirtschaft' von Dr. rer.pol. Dr. phil. Kurt Brüderlin (*12.6.14) aus Liestal, einem ehemaligen SS-Kämpfer, Sohn des deutschfreundlichen, frontistisch gesinnten Obersten Hans Brüderlin.

In den ersten Jahrgängen des *Courrier* wurde (wie auch in den einschlägigen deutschschweizerischen Blättern) immer wieder das 'Philosophen-Lexikon' von Paul Decurtins zum Kauf empfohlen, das auch Figuren wie Benito Mussolini, Alfred Rosenberg und den Antisemiten Houston Stewart Chamberlain als Philosophen porträtiert. Nach 1965 pries die ENO das antisemitische Machwerk 'Le Passé, les Temps Présents et la Question Juive' des Arztes James-Albert Mathez aus Vevey. Auf eine Klage des Israelitischen Gemeindebundes hin wurde das Buch, das die Judenverfolgungen in der Schweiz als ein «Zeichen öffentlicher Gesundung» lobte, verboten.

Volkssozialistische Partei – Blut und Boden aus Basel

«Noch regt sich's nur im Keime / die neue völkisch Kraft / sucht hoffend nur das Reine / in unser Eidgenossenschaft.» Der Dichter, der die «neue völkisch Kraft» besingt, ist 1956 geboren, arbeitet als Büroangestellter in Basel und nennt sich Schriftsteller. Er präsidiert die *Volkssozialistische Partei der Schweiz* und betreut die «Schriftleitung» der Partei-Sprachrohre *Sturmbanner* und *Der Schwur* sowie der parteinahen Literaturzeitschrift *Zielscheibe.* Sein Name: Jürgen Künzli.

Künzlis Partei propagiert seit 1978 in aller Öffentlichkeit nationalsozialistische Ideen – nicht grossdeutsche, sondern «schweizerisch bis auf die Knochen». «Die Schweiz den Schweizern», «Auf zur Volksgemeinschaft», «Volk hoch» – so und ähnlich lauten die Parolen des Nazi-Grüppchens, das direkt bei den Urahnen anknüpft: «Die Werte von 1291, der Freiheit und Ehre, des Blutes und der Treue sind zeitlos und bedürfen gerade in unserer hochindustrialisierten Betonwelt der Erneuerung», liest sich's im *Sturmbanner,* dem *Kampfblatt der nationalen Erneuerung.*

Das völkische Basler Häuflein ist zwar klein, doch für eine Partei reicht's alleweil. «Endlich haben alle nationalrevolutionären Kräfte in unserem Lande eine Heimat: Die V.S.P.d.S.», teilte das *Sturmbanner* Ende 1978 stolz mit: «Am 3. September 1978 beschloss die Gründungsversammlung nach langer gewissenhafter Basisarbeit in Basel die Schaffung der *Volkssozialistischen Partei der Schweiz.* Zum Zeichen dieser jungen Bewegung wurde das Kruckenkreuz erhoben, dessen 4 Balken die Sprachräume in unserem Land symbolisieren sollen. Die harte Basisarbeit, die der neuen Partei ein gesundes Fundament garantiert, wird verstärkt fortgesetzt. Die VSPdS versteht sich als Teil der weltweiten Bewegung der 'Neuen Rechten', die nichts mehr mit spiessbürgerlichem Konservatismus gemein hat, da diese Richtung unserer Jugend keine Impulse mehr geben kann.» Soweit der Gründungsbericht im *Sturmbanner.* Parallel zum *Sturmbanner* erscheint seit 1979 auch *Der Schwur,* ein Blatt, das sich im Untertitel *Eidgenössische Zeitung* und *Organ der Volkssozialistischen Partei* nennt.

Das Parteiprogramm ist durchsetzt mit Postulaten, die Nazis immer wieder verfochten. Die Volkssozialisten aus Basel fordern unter anderem:
- Rückführung der Fremdansässigen in ihre Ursprungsländer
- höhere Besteuerung der Grossverdiener
- Förderung der Geburtenfreudigkeit durch Erhöhung des Kindergeldes
- Einführung der Todesstrafe für Terroristen, Kindsmörder und Landesverräter

– Verbot der Verwendung von Steuergeldern für antischweizerische Machwerke, sowie für plumpe «moderne Kunst»
– Schaffung von Freiwilligenverbänden innerhalb der Armee für Aufgaben im Bereich des Terrorismus und der inneren Sicherheit (wohl eine SA und SS?)

Entsprechend tönen die Schlagzeilen im *Sturmbanner:* «Boden und Blut», «Treue», «Machenschaften des Monopolkapitals», «Bergbauern – vergessene Minderheit», «Marxismus – gefährliche Utopie» usw. Und *Der Schwur* profiliert sich mit massivem Fremdenhass: «Überall Ausländer. Es ist wie eine Krankheit und es wird immer schlimmer. Wir sind nicht mehr Schweizer im eigenen Land.» (3/79)

Kaum war die neue Partei gegründet, suchte sie in Kleininseraten in Basler und auch in Zürcher Zeitungen Mitglieder: «An alle nationalen Schweizer und Schweizerinnen! Die Volkssozialistische Partei der Schweiz sucht treue, streng nationalgesinnte Mitglieder.» Interessenten erhielten umgehend einen Brief vom «Parteikomitee», unterzeichnet vom Basler Bankangestellten Marcel Handschin (*1956): «Unsere Haupttätigkeit richtet sich gegen den allgegenwärtigen Kommunismus mit all seinen Erscheinungsformen... Nur ein Zusammenzug aller nationalgesinnten Kräfte kann die schleichende Bedrohung des Bolschewismus aufhalten.»

Seine Partei werde nach «eisernen Grundsätzen» geleitet, schreibt der Vorsitzende Künzli in einer Selbstdarstellung: «Parteikameradschaft und Parteidisziplin sind untrennbare Begriffe.» Als «Parteikameraden» kämen nur «Nationalisten» mit «gesundem Kampfwillen» in Frage: «Schwächliche Naturen werden bald abgeschreckt und verlassen die Partei. So wird Spreu vom Weizen getrennt und eine fanatische Auslese schliesst sich umso mehr gläubig zusammen. Die Opfer des Kampfes adlen die Idee.»

Künzli formuliert ein Gemisch aus Heilserwartung,Selbstaufopferung und Märtyrertum: «Es mag für einige Aussenstehende, die das quälende Feuer in sich noch nie gespürt haben, lächerlich klingen, wenn der Volkssozialist behauptet: Wenn wir uns endlich auf uns selbst besinnen, auf unser Ideal, unseren Ursprung, werden wir ein kleinwenig vom Paradies zurückbekommen.» Dieser Glaube wandle sich «in einen selbstaufopfernden unerbittlichen Fanatismus»: «Die aufgegangene Saat kann niemals mehr ausgelöscht oder vernichtet werden, solange einer von uns atmet.»

Es atmen erst wenige. «Wir wissen, dass es am Anfang ausser ein paar eingefleischten alten Mitkämpfern keine Volkssozialisten gibt», konstatierte Künzli nach der Parteigründung, an der rund zehn fanatische Parteikameraden anwesend waren. Der Vorsitzende Künzli und der Sekretär Handschin präsentieren sich als Jung-Nazis mit superkurzem Haarschnitt und dem Parteiabzeichen am Revers. Mit ihnen treten in der Öffentlichkeit Joseph Kleines, E. Trappe, P. Brosser und Werner Reiser auf. In die «Schriftleitung»der *Zielscheibe* teilen sich Künzli sowie Christoph Glättli (*1955) aus Bern.

Basel 1979

Die Volkssozialisten, die ihre Treffen mit dem Absingen von «Rufst Du mein Vaterland» beenden, traten 1979 in Basel und im Kanton Aargau mit Flugblättern in Erscheinung. Im *Sturmbanner* Nr. 1 rief D. Magay aus Genf zur Gründung einer welschen *Volkssozialistischen Partei* auf.

In Zeitungsinterviews brüsteten sich die Basler Jung-Nazis schon kurz nach der Gründung mit «ein paar hundert Mitgliedern und Sympathisanten», was masslos übertrieben ist. Einen Aufschwung versprachen sie sich im Frühjahr 1979 nach den verschiedenen Wahlschlappen der *Nationalen Aktion*. «Wer vertritt die nationale Sache? Jetzt heisst die Parole VSPDS muss her!!», propagierte *Der Schwur*. Die Partei müsse «sobald wie möglich Wahlstärke erreichen».

«Die Schweiz den Schweizern», «Für eine schweizerische Schweiz» usw. tönt es aus allen VSP-Dokumenten. Doch das hindert die Basler Nazis nicht, mit ähnlichen Gruppen des Auslandes zu kooperieren: «Wir verstehen uns als Stützpunkte der grossen internationalen antibolschewistischen Bewegung», schreibt Künzli. Bereits haben denn auch VPS-Kameraden bei gleichgesinnten Volksgenossen in Bayern Schulungskurse besucht. «In Zukunft werden wir ziemlich sicher mit Leuten aus andern Ländern zusammenarbeiten, die gleiche Ideen haben», verkünden die Parteigründer. Schon in den ersten Nummern ihres *Sturmbanner* haben sie sich Karikaturen beim BRD-Naziblatt *Deutsche Nationalzeitung* ausgeliehen. Und *Der Schwur* lobte die faschistischen Parteien MSI in Italien und *Fuerza Nueva* in Spanien (3/79).

Ergänzungsband 1979–84

Die Konkordanzgärtner

SAD im dritten Lebensalter

Der *Schweizerische Aufklärungsdienst* hat Name und Geschlecht gewechselt: Eine langhingezogene Statutenrevision, welche sonst keine Veränderung gebracht hat, gebar 1982 den neuen Namen (die) *Schweizerische Arbeitsgemeinschaft für Demokratie* (SAD). So wurde symbolisch etwas alter Ballast abgeworfen und unter die Vergangenheit ein Schlussstrich gezogen. Die Namensänderung zog sich nicht zuletzt deshalb in die Länge, weil sich die SAD-Mitglieder in einer internen Umfrage mehrheitlich für den ausgesprochen faden Namen «Schweizerische Arbeitsgemeinschaft für politische Bildung und Dokumentation» erwärmt hatten. Diese Vorliebe für «Bildung» und «Dokumentation» war aber dem Leitenden Ausschuss zu unverbindlich, weil er der SAD auch in Zukunft eine aktive Rolle des Gesprächs zwischen den politischen Fronten bewahren wollte. Die führenden Kreise der SAD wehren sich dagegen, vollends in den Kreis staatsbürgerlicher Kaffeekränzchen zu geraten, wie etwa der traditionsreichen *Neuen Helvetischen Gesellschaft* oder der schulmeisterlichen *Schweiz. Staatsbürgerlichen Gesellschaft,* welche politische Diskussion derart überparteilich und aufs Fundamentale verfeinert pflegen, dass sich ihre öffentliche Wirkung auf Null reduziert.

Auszug der «Karrieristen» der Ungarn-Generation

Rücktritte, Verabschiedungen, Pensionierungen und die Einrichtung einer Ehrenliste an der Oktober-Generalversammlung in Interlaken 1982 zeigten, dass mehr und mehr Jubilare die Ränge der SAD besetzen. Einer der vier Geehrten, der Gewerkschafter Ernst Bircher, ist kurz darauf verstorben. Die führenden Kader der SAD wurden bis zu Beginn der 80er Jahre nicht durch die Gründer, sondern durch die Ungarn-Generation gestellt, jener Intellektuellen, die während des Volksaufstandes in Ungarn 1956 ihre Politisierung erfahren hatten. Diese heute Fünfzigjährigen beginnen sich aus den führenden Stellen der SAD zurückzuziehen.

Allen voran verliess Hans Ulmer, der 17 Jahre als Zentralsekretär amtiert hatte, 1981 die SAD und ist seit Mitte 1983 in der *Wirtschaftsförderung* als Redaktor tätig. 1983 trat der freisinnige Winterthurer Stadtrat Peter Arbenz vom Amt des Zentralpräsidenten zurück, welches er zehn Jahre lang ausgeübt hatte. Noch gehört er aber zu den aktiven Mitgliedern des Leitenden Ausschusses.

Weitere Prominenz hat sich gänzlich zurückgezogen: Der dynamische Ex-Zentralpräsident Hans W. Kopp, der in den 60er Jahren die Modernisierung der SAD eingeleitet hatte, gab 1983 seinen Austritt aus dem Leitenden

Ausschuss. Kopp stand in jenen Tagen als Ex-Verwaltungsratsmitglied der bankrotten «Risikokapital-Gesellschaft» Trans-K-B im Zwielicht der Öffentlichkeit. Alois Riklin, langjähriger wissenschaftlicher Mitarbeiter der SAD und prominenter CVP-Politiker im konfessionell gemischten Ausschuss, zog sich 1982 zurück, als er zum Rektor der Handelshochschule St. Gallen aufstieg.

Interims-Regime

Das frische Blut, das in die Führungsgremien der SAD nachdrängte, zeigt deutliche Zeichen reifen Alters. So ist der neue Zentralpräsident, Fliegerdivisionär a.D. Kurt Werner (*1917) schon 67 Jahre alt, und der neue Zentralsekretär Rudolf Johanni (*1920) steht mit 64 Jahren vor dem Pensionierungsalter. Offensichtlich ist nur eine Verlegenheits- und Übergangsführung gewählt worden. Der junge Nachwuchs fehlt oder ist nicht motiviert, in der SAD eine aktive oder gar berufliche Rolle zu spielen, weshalb nach Ulmers Weggang das Sekretariat während zwei Monaten nur provisorisch besetzt war und Arbenz seinen Rücktritt zweimal hinausschieben musste, bis Werner ins Präsidentenamt nachrückte.

Der Bündner Rudolf Johanni trat 1940 als junger kaufmännischer Angestellter in den Landesring ein und engagierte sich gleichzeitig im *Gotthard-Bund.* 1945 übernahm er das Sekretariat des *Gotthard-Bundes* und betreute 1947 das bürgerliche Pro-AHV-Komitee. Ende der 50er Jahre wurde er Direktor des ACS-Zürich, wofür ihn *Gotthardbund*-Freund Robert Eibel wärmstens empfohlen hatte. 1973 übernahm Johanni den Posten eines Se-

Die neue SAD-Garde: Präsident Werner, Zentralsekretär Johanni und wissenschaftlicher Berater Klöti (v.l.)

kretärs des Landesringes Zürich, von wo er im Frühling 1982 in die SAD wechselte.

Mit der Wahl Johannis foutierte sich die SAD um die eigene Geschichte. Es wäre in den 50er Jahren undenkbar gewesen, einen Gotthardbündler und Landesringler auf diesen Posten vorrücken zu lassen. Aber auch Johanni scheint sich um die Geschichte der SAD zu foutieren. «Die Zeit der Kalten Krieger ist vorbei», meint Johanni, der sackweise unverkauftes Propagandamaterial aus den heroischen Kampfzeiten der SAD abtransportieren liess. Gelitten haben darunter nicht das Profil der SAD, aber einige liebe alte Verbindungen.

Unter Hans Ulmer war es noch üblich gewesen, dass sich SAD, Spionagefachmann Robert Vögeli vom *Institut für politologische Zeitfragen* und Peter Sager vom *Ost-Institut* zum gemeinsamen Brainstorming trafen. Johanni hat an solchen Zusammenkünften kein Interesse mehr, obwohl sein Zentralpräsident Werner im *Beratenden Ausschuss des SOI* Mitglied ist.

Unter die Räder sind auch die internationalen Beziehungen gekommen. 1981 ist als Übergangslösung beschlossen worden, dem scheidenden Hans Ulmer und dem ehemaligen Ausschuss-Mitglied Hugo Weibel die Kontakte mit dem europäischen *Informationsring der Volks- und Verteidigungsorganisationen* anzuvertrauen. Inzwischen beklagt sich Hugo Weibel darüber, dass die neuen Leute im SAD keine Ahnung mehr vom Wert dieser internationalen Kontakte hätten und dass er und Ulmer diesbezüglich auch übergangen würden. Hugo Weibel hat übrigens schon in seiner Eigenschaft als SMUV-Funktionär den Kontakt zu diesen oft halbstaatlichen, sicherheitspolitischen Klubs erhalten, in deren belgischer, norwegischer und österreichischer Variante die sozialdemokratischen Gewerkschaften eine wichtige Rolle spielen. Für Johanni ist der Besuch dieser internationalen Veranstaltungen «Kongresstourismus», unverzeihlich in knappen Budgetjahren.

Dem grossen Ballastabwurf dürfte wahrscheinlich auch eine Nebensparte der SAD zum Opfer fallen: die berühmten *Berichte zur Lage,* welche SAD-Mitglieder über das Treiben der linken Subversion unterrichtet haben. Ende 1982 ist der Greis in Pension gesetzt worden, der sein Leben in den letzten zwanzig Jahre diesem Werk gewidmet hatte: der Berner Josef Müller und seine *Nationale Dokumentationsstelle Bern* haben ihre Tätigkeit eingestellt, welche während dieser langen Zeit durch die *Wirtschaftsförderung* finanziert worden war. Gleichzeitig stellte die wf den Versand der *Berichte* ein und verwies in einem Rundschreiben die Empfänger darauf, diese *Berichte,* falls noch erwünscht, in Zukunft direkt bei der SAD zu bestellen. Seit Ende 1981 verdient sich cand. jur. René Meier mit der Mithilfe bei der Herausgabe der *Berichte* sein Sackgeld, und seit Josef Müller sein Altengeld verzehrt, ist Meier allein dafür verantwortlich. Die weitere Zukunft der *Berichte zur Lage* ist laut Johanni nicht gesichert.

Schlimme Zeiten

«Weil Probleme und Gefahren nicht existieren dürfen, will man sie nicht mehr beim Namen nennen. Die Zeit, da der Teufel euphemistisch Gottseibeiuns hiess, feiert Renaissance. Wenn nicht alles täuscht, sind die sicherheitspolitischen Perspektiven (der Schweiz) eher düster. Auch die innenpolitischen Verhältnisse werden komplexer, für viele undurchschaubarer und undurchsichtiger.»

Diese Abschiedsworte des scheidenden Präsidenten Peter Arbenz an die «Sehr geehrten Damen und Herren, liebe Mitglieder der SAD» im Jahre 1983 intonieren nicht nur ein aktuelles Gefühl von Bedrohung, sondern auch eine zunehmende Irritation über das bienenfleissige Vor-sich-Hinwursteln- und -konsumieren des «Schweizer Volkes». Unter anderen Vorzeichen ist dieses Lamento der linken Frustration über die «Passivität» der Bevölkerung und dem Diskurs über die Drohung eines neuen Kriegs vergleichbar.

Die Analyse des gegenwärtigen Zustands hält sich aber an alte Muster. Arbenz konstatiert ein Anwachsen der Machtposition der Sowjetunion, welcher ein uneiniger Westen und ein zerrüttetes Europa keinen Widerstand entgegensetzt. «Hat sich die Mehrheit der Europäer insgeheim mit der sowjetischen Vormachstellung abgefunden?» fragt Arbenz rhetorisch im Präsidialbrief 1982, um die Antwort gleich nachzuliefern: es wolle Europa nicht gelingen, «seine Kräfte aufeinander abzustimmen und sich selber würdig zu entfalten. Seine Nervenstränge reichen nicht hinaus in alle Glieder. Der überschwere Leib ist voll von Parasiten. Seine Seele leidet unter Masochismus.»

Beunruhigend für Arbenz ist, dass diese seine Analyse sich in den Massenmedien nicht widerspiegelt. Meinungen und Kommentare der Massenmedien und die Realitäten «klaffen auseinander», schreibt Arbenz und weist auf die bedenkenswerte Koninzidenz hin, dass die breite Volksbewegung in Polen gegen Parteidiktatur und kommunistischen Schlendrian in der medialen Öffentlichkeit allsogleich mit der Krise in Zentralamerika abgefangen wurde. «Zufall oder System? Information oder Desinformation?» fragt Arbenz, und obwohl er «des Rätsels Lösung offen halten will», meint er natürlich, dass die Sowjets die Krise in Zentralamerika schüren, um von der Krise im eigenen Machtbereich abzulenken. Solche Blindheit gegenüber den fundamentalen politischen Fehlern der eigenen Seite hat schon immer den unaufgeklärten Antikommunismus gekennzeichnet, was sich bezeichnenderweise mit der Propaganda der Sowjets deckt, welche wachsende Irritation darüber zeigen, dass die hauptsächlichsten Strömungen der Friedensbewegung die beiden «Supermächte» auf die gleiche moralische Stufe stellen und zwischen «Gut» und «Böse» nicht mehr zu unterscheiden vermögen.

Aussenpolitische Unsicherheit und innenpolitische Unruhe ist eine Kombination, die den Vordenkern der SAD zur Hauptsache sicherheitspolitische Magenschmerzen verursacht. Sie sind noch zu jenen Theoretikern des Kleinstaats in die Schule gegangen, die während und nach dem Zweiten Weltkrieg dessen Überleben nur für möglich hielten, wenn seine inneren Widersprüche im Konsensverfahren bereinigt würden und nicht zu offenen, unlösbaren Konflikten führten. Ihr Begriff von Subversion war und ist eng damit verbunden: jeder antagonistische Konflikt im Kleinstaat lädt geradezu die grossen Mächte zu innerer Einmischung ein, weshalb Antagonismen zu vermeiden der einzige Weg ist, subversive Bewegungen schwach zu halten und als souveräner Staat zu überleben. Deshalb war die SAD für die Verständigung mit den Sozialdemokraten und widerspiegelte in den eigenen Reihen die schweizerische Konkordanz. Sozialpolitisch progressiv und gesamthaft konservativ, das war die politische Linie, die sich aus diesem Selbstverständnis der SAD ergab.

Klar, dass dieses Leitbild in einer Zeit abbröckelnder Konkordanz auf bundespolitischer Ebene ins Rutschen gerät. Das Alte wird beschworen: «Offenbar haben viele vergessen, dass wir dank einer gewaltigen wirtschaftlichen Anstrengung und einem intensiven Einsatz von Arbeit, Technologie und Kapital einen noch nie dagewesenen Wohlstand erreicht haben. Alle können sich heute beinahe alles leisten. Was wir uns alle aber nicht leisten können, ist ein gesellschaftlicher und politischer Zerfall», klagt Arbenz 1981. Mit Sorge erfüllt es ihn, «dass viele Schweizer kaum mehr bereit sind, mit Vernunft zu politisieren. Die anstehenden Aufgaben erforderten eigentlich eine Anstrengung unserer besten Kräfte. Stattdessen beginnen einige auszusteigen, andere verlieren sich im Gezänk zwischen Parteien und Gruppenegoismen.»

Vor zwanzig Jahren noch hätte die SAD hinter solchen bedenklichen Phänomenen kommunistische Wühlmäuse vermutet. So primitiv denkt sie heute nicht mehr. Jetzt laufen all diese «unvernünftig» oppositionellen Bewegungen höchstens Gefahr, von aussen manipuliert zu werden. «An Kräften und Mächten, die diese Situation auszunützen gewillt sind, fehlt es nicht», warnt Arbenz die lieben Mitglieder 1982.

Unmittelbarste Auswirkung der Unvereinbarkeit von SAD-Leitbild und aktuellen politischen Gegebenheiten ist die Auszehrung des Gewerkschaftsflügels in der SAD. Der Arbeiterpolitiker Hugo Weibel, ehemals SMUV-Sekretär und jetzt Amtsrichter in Luzern, wandte 1981 der SAD den Rücken. Alt-SP-Nationalrat Anton Muheim trat 1983 aus dem Leitenden Ausschuss aus. Beide waren nach dem Erscheinen des Buchs «Die unheimlichen Patrioten» parteiintern angeschossen worden. Heute vertritt lediglich noch SMUV-Zentralsekretär Agostino Tarabusi Sozialdemokratie und Friedensabkommen in der SAD.

Der Leitende Ausschuss ist sich dieser Problematik bewusst und versuch-

1439 – ein prodemokratisches Zellensystem

Zur studentischen Aufbruchgeneration der Ungarnjahre (vgl. S. 68ff.) sind wir einen Nachtrag schuldig. Von 1953 (dem Jahr des Ostberliner Aufstandes) bis etwa 1965 existierte in der ganzen Deutschschweiz eine Geheimorganisation, der vielleicht hundert Studenten und junge Berufsleute angehörten: 1439 (abgeleitet von den Ausbruchsjahren der Weltkriege, die nie wiederkehren sollten). Wer auf persönliche Werbung hin 1439er wurde, verpflichtete sich feierlich, wenn auch nicht gerade mit Blut am Lagerfeuer, so doch verbindlich, die Existenz der Organisation und die Zugehörigkeit unter keinen Umständen zu verraten. Die Studenten, die individuelle Verantwortung und Aktivität gegen Vermassung und

Aufgaben

a) Staatsbürgerliche Schulung

Unser Hauptthema seit über einem Jahr läuft im Frühsommer 1964 aus. Hier haben wir noch immer nicht alle Möglichkeiten ausgeschöpft, wie bessere Gestaltung der Jungbürger- und 1.Augustfeiern, Aufklärung im WK (Heer und Haus, Wand am Anschlagbrett, Filme), Beeinflussung der Parteien, der Presse, vor allem der Schulen (Gewerbeschulen, Gymnasien, Lehrerseminare), Volkshochschule. Es ist ein sehr weites Feld, wo der Nicht-Fachmann oft zu scheu auftritt. Aber denken wir immer: Nur was in der Erziehung seriös gelehrt wird, geht in die Tiefe!

b) Aufklärung über Kommunismus, innerschweizerische Wachsamkeit

Das Koexistenztauwetter und die Aufweichung der östlichen Position samt dem Konflikt Russland-China machen es schwerer, einfach Antikommunismus zu betreiben. Wir müssen dennoch sachlich die Gefahren von Osthandel und einzelnen Formen der Ostkontakte aufzeigen, wir müssen die Unechtheit des Wandels im östlichen Bereich an den Beispielen des Terrors demonstrieren: Beschränkte Dichter, unterdrückte Kirche, vor allem Eiserner Vorhang, Mauer der Schande, kein Pass und keine freie Bewegung. ?

Innenpolitisch ist einerseits die Isolierung der PdAler und der gewinnstrebigen Osthändler unsere Aufgabe, andererseits die Arbeit gegen Vermassung und Herdentrieb, für eine Demokratie der interessierten, verantwortungsbewussten, aufgeklärten Bürger. Darum werden wir nicht nur weiter den SAD unterstützen, sondern auch weiter den "Blick" bekämpfen (Beilage für R 8: "Pfiff"-Material).

Den Weg für eine gesunde Einigung Europas zu ebnen muss uns ferner ein Anliegen sein, indem wir in der Schweiz ein Europabewusstsein fördern.

c) Bereitschaft zur Tat

Wohl gleich wichtig wie was bereits täglich von Kreismitgliedern getan

Rundschreiben von Ullin Streiff vom 30. Juni 1964: «An alle 1439er R 7–9».

Kommunismus setzten (siehe Dokument), entliehen das Organisationsprinzip just dem bekämpften Gegner: ein Zellenprinzip, Klandestinität, Abgabe von zwei Prozent des Jahreseinkommens. «Ja, das war ein prodemokratisches Zellensystem von Radikalliberalen», erinnert sich ein 1439er.

Mit dabei waren unter anderem Walter Artho (er leitete die Kantone St.Gallen, Appenzell und Thurgau), Ulrich Bremi (als Leiter der Region Zürich), Hans W. Kopp und Peter Studer (beide Luzern), Niklaus Meienberg (Freiburg), Clemens Sager als Kassier und Ullin Streiff, der in den letzten Jahren für 1439 zeichnete.

Korrespondierende Mitglieder, meist Schweizer, gab es in der BRD, in Frankreich, vereinzelt auch in Grossbritannien und den USA. Abgesehen von der eigenen Gruppe (Zelle) kannten die Mitglieder die übrigen 1439er nicht. Peter Studer von der Zelle Luzern erfuhr erst durch unsere Recherchen, dass Niklaus Meienberg in der Zelle Freiburg mit dabei war.

Während sich Studer an einen «studentischen Debattierclub» erinnert, der wenig mit den klandestinen formalen Strukturen übereinstimmte, hält Kopp 1439 im Rückblick «für etwas vom Wirkungsvollsten, was man damals gemacht hat». Immer wieder seien mit Initialzündungen Aktionen ausgelöst worden, ohne dass die dahinterstehende Organisation erkennbar gewesen wäre. Welche Aktionen es waren, wollen die ehemaligen 1439er nicht sagen. Aus spärlichen schriftlichen Unterlagen geht immerhin hervor, dass eine «Junge Ostschweiz» unterstützt wurde, in der Innerschweiz die Anti-'Blick'-Zeitung 'Pfiff', vor allem aber der Verein Schweizer Freunde Angolas, der die Unabhängigkeit Angolas von Portugal anstrebte und die Schwarzen vor dem Kommunismus retten wollte. Der Verein wurde zuerst von Artho präsidiert, später von Meienberg.

Die Abgabe der «2% des Jahreseinkommens» habe «schlecht geklappt», klagte Streiff am 30. Juni 1964. Der Betrag sei einzuzahlen auf das Konto Clemens Sager bei der Finanz AG, «Vermerk 1439 MB 63». Die vor sich hindösenden Ostschweizer 1439er wurden von Streiff so gemahnt: «Doch an anderen Orten war die Aktivität sehr gross und erforderte mit Recht auch Geld. Seid also froh, wenn ihr mit wenig Arbeit, dafür mit Geld, an den wichtigen Zielen mitarbeiten könnt.» Gleichzeitig wurde jedes Mitglied aufgefordert, «einige Gedanken über seine Tätigkeit im vergangenen Jahr» zu rapportieren: «Der GC (wohl Gruppenchef) leitet das via RC (wohl Regions-Chef) an mich.»

«Kameraden, die Idee von 1439 ist richtig; wir erfüllen ein dringendes Bedürfnis», redete Streiff 1964 sich und den müden Mitstreitern ein. «Doch wir müssen noch besser lernen, unsere Arbeitsweise den Wandlungen der Zeit und des persönlichen Lebens eines jeden von uns anzupassen.» Es war eines der letzten Rundschreiben von Streiff. Die Anpassung ans Leben fand statt, 1439 schlief ein.

Dialog und SSG ohne Swami Sangit Anumoda

Die *Stiftung Dialog,* obschon pluralistisch konzipiert, war wesentlich von Cinceristen mitinitiiert und mitgetragen (s.S. 266). Der Stiftungsrat erwies sich als unfähig, die ungestüme Expansion des *Dialog* zu einem staatsbürgerlichen Gemischtwarenladen mit Mehrmillionenumsatz (bis hin zu Radio- und Fernsehprojekten) zu kontrollieren, vor allem aber entging ihm, dass Direktor Rudolf Frehner eine Defizitwirtschaft betrieb, was der Finanzjongleur mit gefälschten Auflagenzahlen der Zeitschrift *Dialog* zu retten hoffte: Die Rechnungen der Druckerei wurden in Rheineck neu geschrieben, mit gleichem Frankenbetrag, aber um 80000 auf 250000 erhöhter Auflage. 1980 flog der Schwindel auf. Frehner nahm am 23. November sowohl beim *Dialog* wie bei der *Schweizerischen Staatsbürgerlichen Gesellschaft* (SSG), deren Zentralsekretär er seit 1979 gleichzeitig war, den Hut.

Bei der SSG konnte Frehner vor allem auf die Unterstützung des Präsidenten, des Luzerner Mittelschullehrers und FDP-Politikers Hermann Suter zählen. Frehner revanchierte sich im Frühjahr 1980 mit einer dreiseitigen, «streng vertraulich in einer Ausgabe angefertigten» Studie (vollständig dokumentiert in der WoZ, 23.10.81). «Zielvorgabe: Dr. Hermann Suter per Sept./Okt. 1983 Mitglied des Eidgenössischen Parlamentes.» Das Profil des Möchtegern-Nationalrats las sich dann so: «liberal, mit klar antikommunistischer Stossrichtung, kein Parteibüffel, jedoch parteiloyal» usw. Die vorgesehene dreijährige Aufbauarbeit, die Suter mit persönlichen Anstrengungen hätte ergänzen müssen, wollte Frehner mit 70000 bis 100000 Franken aus der SSG-Vereinskasse finanzieren. Frehners Absturz beendete auch diese Träume.

Sowohl SSG wie *Dialog* brauchten Jahre, um die Finanzlöcher und Belastungen aus der Ära Frehner zu verdauen. Beim *Dialog* wirkte Markus Wyser (später *Basler Manifest)* als Sanierer. Das *Dialog*-Unternehmen wurde zurückgestutzt auf die ursprüngliche Zeitschrift, die heute «ein Büchler-Produkt» ist, also von der Berner Druckerei verlegt wird, aber immer noch von einem pluralistischen Stiftungsrat begleitet.

Wegen fortgesetzter Urkundenfälschung wurde Frehner zuerst zu zwei Monaten Gefängnis verurteilt, in zweiter Instanz dann freigesprochen. Die Rechnungsfälschungen seien nicht von ihm veranlasst worden, glaubte das Gericht. Auch eine Verurteilung hätte den gescheiterten Jung-Manager wohl wenig erschüttert. Inzwischen hat er sein Glück bei Bhagwan gefunden. Bevor er im Januar 1984 zum grossen Guru nach Oregon abreiste, lud er auch ehemalige Journalisten-Kritiker zu einem «Happening mit Tanz, Bewegung, Berührung, Meditation» ein: «Würde Dir gerne begegnen, love, Swami Sangit Anumoda (Ruedi Frehner).»

te auf den Frühling 1984, die Angestelltenverbände des Friedensabkommens in der Maschinenindustrie als Ersatz für verloren gegangene gewerkschaftliche Unterstützung in den Leitenden Ausschuss zu holen. Bislang hat nur der Schweiz. Verband der Technischen Betriebskader dem Ruf Folge geleistet. Er ist seit 1984 mit dem Zentralpräsidenten Hans-Rudolf Enggist, Baar, im Leitenden Ausschuss vertreten.

Öffnungsversuche und Zusammenarbeitsschwierigkeiten

Der scheidende Zentralpräsident Arbenz hatte Rudolf Johanni und den wissenschaftlichen Berater Ulrich Klöti mit dem Hinweis auf eine bevorstehende politische Öffnung des SAD rekrutiert. In den «Mitteilungen an den SAD 1981» wurde diese Öffnung durch die Abgrenzung definiert, dass die SAD «die Überreste einer defensiven Tätigkeit abstreifen» müsse. Im Kern geht es darum, dass die SAD gerne von ihrer traditionellen Substanz einer Organisation der «geistigen Landesverteidigung» abrücken würde, hin zu einer Arbeitsgemeinschaft für politische Bildung und zu einem offenen Forum politischer Auseinandersetzungen.

Die angesprochene Kursänderung führte 1984 im Leitenden Ausschuss immer noch zu Auseinandersetzungen, ohne dass allerdings eine Alternative zur «Öffnung» zur Diskussion stünde. Ein zäher Konservativismus klammert sich am Heiligsten schweizerischer Politik fest: der Landesverteidigung, und verhindert hier das «Forum politischer Auseinandersetzung».

Im Zusammenhang mit der «Öffnung» standen seit 1980 Bemühungen um eine engere Zusammenarbeit mit der *Schweiz. Staatsbürgerlichen Gesellschaft* (SSG). Im Prinzip wäre eine Fusion beider Organisationen denkbar, und ist in der SAD auch erwogen worden, was sowohl finanzielle Probleme mildern könnte als auch sich konkurrenzierende Tätigkeiten ausschalten würde. Von einer Fusion ist man aber noch weit entfernt. Als 1981 die Zusammenarbeit der SSG mit der *Stiftung Dialog* platzte und sich herausstellte, dass *Dialog* über beide Ohren betrügerisch verschuldet war, geriet auch der Ex-Präsident der SSG, Dr. phil. Hermann Suter (*1941), Rektor des Seminars der Stadt Luzern, in die Schusslinie öffentlicher Kritik. Aber nicht nur dies, Hermann Suter war es bis 1984 nicht gelungen, seiner Organisation eine offene Abrechnung nach dem *Dialog*-Debakel vorzulegen, was seine Abwahl 1984 wesentlich förderte. Es waren aber genau diese Zahlen, welche die finanziell grundsolide SAD als minimalste Voraussetzung einer möglichen engeren Zusammenarbeit wissen wollte.

Kommt dazu, dass Suters Führungsstil in der SSG selbst unter Beschuss gekommen war. Der Zürcher SSG-Kantonalverband hatte die Beziehungen zur Zentrale praktisch abgebrochen. In seinem Vorstand sitzt übrigens Hans Ulmer, und Rudolf Johanni dient der Zürcher SSG als Interims-Aktuar. Mit der neuen Führung der SSG unter dem Präsidenten Beat Oppliger

Der Leitende Ausschuss setzte sich 1984 wie folgt zusammen:
Dr. phil. Kurt Werner, Schwerzenbach, Divisionär a.D., Zentralpräsident seit 1983 und im LA seit 1981. Werner gehörte zu den Gründungsmitgliedern von *Aktion Kirche wohin,* ist im *Beratenden Ausschuss des SOI* und im Patronatskomitee der *Arbeitsgruppe südliches Afrika.*
Ricarda Gimmel-Zingg, Arbon, im LA seit 1977.
Dr. iur. Brigit Hänzi, Frauenfeld, Rechtsanwältin und Obergerichtsschreiberin, Präsidentin des Thurg. Gemeinnützigen Frauenvereins, Kantonsrätin FDP, im LA seit 1984 als Ersatz für Ricarda Gimmel, welche 1985 den LA verlassen wird.
Dr. iur. Marlies Näf-Hofmann, Zürich, Bezirksrichterin, Zentralvorstand Schweiz. Gemeinnütziger Frauenverein, Eidg. Kommission für Frauenfragen, im LA seit 1976, Mitglied des Initiativkomitees *Recht auf Leben,* Vorstand *Helfen statt Töten.* 1984 Bundesrichter-Kandidatin der Nationalen Aktion.
Dr. Dorothee Padrutt-Farner, Zürich, im LA seit 1981, Inhaberin der Schimmel-Apotheke Zürich, FDP Graubünden.
Margrith Schnyder-Möckli, Luzern, im LA seit 1977.
Lic. rer. publ. Peter Arbenz, Winterthur, FDP-Stadtrat, im LA seit 1969, Präs. von 1973–83, Pfadifreund von Ex-Bundesrat Rudolf Friedrich.
Josef Durrer, Münchenbuchsee, Zentralsekretär des Verbandes des christl. Verkehrs- und Staatspersonals der Schweiz (VGCV), im LA seit 1976.
Hans-Rudolf Enggist, Baar, Zentralpräsident des Verbandes Technischer Betriebskader SVTB, Zürich. Im LA seit 1984.
Dr. rer.pol. Adrian H. Gnehm, Magden AG, führendes Kader der BBC Baden, im LA seit 1981, von 1971–81 Leiter der Stabsgruppe der SAD. Ungarn-Aktivist in *Aktion niemals vergessen* 1956, gegenwärtig Mitglied der Gesprächsgruppe «Kirche-Wirtschaft».
Dr. oec.publ. Victor Jenny, St. Gallen, Inhaber der Marketingfirma Videcom AG St. Gallen (die SAD gehört zu den Kunden), Vizepräsident SAD, im LA seit 1976.
Prof. Dr. Ulrich Klöti, Ötwil a.S., Extraordinarius für Politische Wissenschaft an der Universität Zürich, Nachfolger Riklins als wissenschaftlicher Berater der SAD. 1973–80 wissenschaftlicher Adjunkt im Direktionssekretariat des Bundeskanzlers Karl Huber. Früher Berner FDP, würde sich im Zürcher Freisinn als «linksaussen» empfinden. Im LA seit 1982.
Agostino Tarabusi, Gümligen, SMUV-Zentralsekretär, Vizepräsident SAD, im LA seit 1977.

hat die SAD im Herbst 1984 zum x-ten Male Verhandlungen über eine engere Zusammenarbeit aufgenommen.

Prestige-Instrument der SSG und schwerste finanzielle Hypothek ist das achtmal jährlich erscheinende Organ *Der Staatsbürger,* «Magazin für Wirtschaft, Politik und Technik», das von der Keller & Co AG, Druckerei und Verlag in Luzern, herausgegeben und weitgehend auch redaktionell betreut wird. Mit einer Auflage von 15000, bzw. einer punktuellen Grossauflage von 30000 Exemplaren für einzelne Nummern, zählt *Der Staatsbürger* nur «mehrere Tausend Abonennten» (Suter) und ist für den Verlag mehr eine wirtschaftliche Last als Lust. Wie Rudolf Frehner von der seinerzeitigen Zeitschrift *Dialog,* hofft die SSG-Leitung inständig darauf, dass Firmen, Schulen, Parteien und andere an staatsbürgerlicher Bildung interessierte Institutionen den *Staatsbürger* pauschal für ihre Mitglieder oder Untergebenen abonnieren.

Für 1984 ist nun ein Abkommen geschlossen worden, wonach der SAD-Mitgliedschaft probeweise für ein Jahr *Der Staatsbürger* kostenlos zugesandt wird, wobei die SAD aus eigenen Mitteln dem Verlag knapp zehn Franken pro Abonnement vergütet und als Gegenleistung zwei Seiten eigener Beiträge und interner Mitteilungen abdrucken kann. Bezeichnenderweise für den Stand der «Zusammenarbeit» mit der SSG ist dieses Abkommen von der SAD direkt mit dem Verlag Keller ausgearbeitet worden.

Stand der Organisation

Die SAD konnte 1984 den Mitgliederschwund, welcher seit Jahren anhielt, stoppen. Von 1650 Mitgliedern anfangs 1984 erholten sich die Reihen der Organisation auf 1900 Mitglieder, Stand Herbst 1984. Das Jahresbudget ist mit 380000 Franken leicht gestiegen, das Sekretariat mit drei Stellen etwas ausgebaut worden. Erste Arbeit des neuen Zentralsekretärs Johanni scheint es gewesen zu sein, die Verwaltung durchzuforsten, abzuspecken, Karteileichen auszusäubern, kurz kaufmännische Arbeit zu leisten. Die Bundessubventionen sind 1981 auf 45000 Franken gekürzt worden, konnten aber nach einer Einsprache zusammen mit dem *Forum Helveticum,* das im gleichen Ausmass vom Subventionsabbau betroffen war, 1982 auf 54000 Franken angehoben werden. 1984 ist eine erneute Kürzung auf 44000 Franken verhängt worden, und ab 1985 wird der Bundesbeitrag vollständig aufgehoben.

Die SAD arbeitet nach wie vor mit den Arbeitstagungen, welche sich in den letzten Jahren recht guter Publizität erfreuen konnten. Am 11./12. Mai 1984 tagte man zum Thema «Energiepolitik – Zerreissprobe unserer Demokratie?» in Winterthur. Die Nationalräte Alexander Euler und Franz Jaeger vertraten die Seite der AKW-Gegner und Initiativbefürworter – ihre Präsenz betonte den neuen offenen Stil Johannis. Eher verkrampft äusserte sich hingegen die SAD mit öffentlichen Verlautbarungen gegen die Zivildienstinitiative, welche ebenfalls 1984 zur Abstimmung kam und abgelehnt wurde. Hernach diskutierte die SAD, wie auch andere Gegner der Initiative, die «echten Lösungen», welche jetzt portiert werden müssten. Die Fachgruppe «Politische Bildung» der SAD unter der Leitung von Josef Weiss, dem Direktor der Berufsschule St. Gallen, bemühte sich nicht ohne Erfolg, Zugang zu Lehrern und in die Schulstuben zu erlangen. Die 'Schweiz. Lehrerzeitung' bringt pro Jahr zwei aktuelle politische Beiträge aus der SAD-Feder, 1984 zum Beispiel zum UNO-Beitritt und zu den Atomkraftwerken. Auch das schweizerische Schulfernsehen zeigte sich bereit, mit der Fachgruppe «Politische Bildung» zusammenzuarbeiten und entsprechende Sendungen auch durch die SAD «beurteilen» zu lassen.

Die Heckenschützen der Konkordanz

Stille Tage beim Redressement National

1970, bei der Abstimmung über die erste Überfremdungsinitiative, war für das *Redressement* klar, «dass wir dieses unrealistische Volksbegehren angesichts der wohlstandsfeindlichen Auswirkungen und der unmenschlichen Härten, zu denen es führen würde, entschieden bekämpfen» (Jahresbericht 1969/70). In der Westschweiz durfte das RN-Sekretariat sogar die Kampagne der verschiedenen Anti-Schwarzenbach-Gruppierungen koordinieren, wie einst in den 50er Jahren, als das RN regelmässig die bürgerlichen Abstimmungssekretariate betreute.

12 Jahre später wurden die einst entschiedenen Feinde ganz heimlich zu unheimlichen Freunden. Das RN-Führungstrio Carletto Mumenthaler (Präsident), Christoph Blocher (Vizepräsident) und Rudolf Rohr (Direktor) zeichneten 1982 im Rahmen einer Aktienkapitalerhöhung Aktien der *Schweizerzeit Verlags AG,* der Herausgebergesellschaft des Rechtsaussen-Blatts *Schweizerzeit,* das seit 1980 als Nachfolger des eingestellten Schwarzenbach-Organs *Der Republikaner* erscheint. Redaktor des Blatts ist Ulrich Schlüer (*1944), langjähriger Sekretär der seligen Republikaner. Bezeichnend: Als Verwaltungsrat der Verlags-AG wollte sich keiner der feinen Herren zur Verfügung stellen.

Ebenso heimlich sollte ein Jahr später eine umgekehrte Unterstützungsaktion laufen. Die *Schweizerzeit* stellte dem RN 1983 für einen Werbeversand die Adressen sämtlicher Abonnenten zur Verfügung. Neue Mitglieder hatte das RN dringend nötig: 1982 waren mehr Mitglieder gestorben oder ausgetreten als neue beigetreten. Und tatsächlich konnte das RN darauf bis Ende 1983 seine Mitgliederzahl von 1779 auf 2051 steigern, wobei der Netto-Zuwachs von 272 Mitgliedern nach RN-Angaben zum grössten Teil auf die *Schweizerzeit*-Aktion zurückzuführen ist.

Im übrigen fristet das RN ein geruhsames Dasein. Die RN-Geschäftsstelle in Zürich, wo (siehe Kasten) ein Direktor, zwei wissenschaftliche Mitarbeiter sowie Sekretariatspersonal beschäftigt werden, verfasste zum Beispiel 1982 drei Vernehmlassungen an die Bundesverwaltung, verschickte neun Pressecommuniqués und gab zwei Veranstaltungsvorträge als Broschüren in der Schriftenreihe *Zeitfragen* heraus. Daneben, so die minutiöse Aufzählung im Jahresbericht 1983, wurden die Generalversammlung und das traditionelle Herbstseminar (seit 1979 in Mürren) vorbereitet. Der RN-Vorstand trat zu fünf Sitzungen zusammen.

Personell hat es seit 1979 keine sehr grossen Veränderungen gegeben. Jean-Pierre Ding hat 1980 Jean-François Martin als welschen Vizepräsidenten abgelöst. Und als Nachfolger des Tessiner Bankiers Lionello Torti wurde im Mai 1980 Christoph Blocher ebenfalls zum Vizepräsidenten bestimmt. Torti kam 1982 ins Zwielicht, als er – als Direktor der Gotthard-

Die Organe des RN 1984

Vorstand

Carletto Mumenthaler, (*1. 7. 1908), Präsident, Ex-VR-Delegierter Zürcher Ziegeleien (Schmidheiny-Gruppe), Zürich
Christoph Blocher (*1940), Vizepräsident, Nationalrat SVP ZH, Inhaber und Verwaltungsratsdelegierter der Emser Werke, Präsident der Kantonalzürcher SVP, Feldmeilen
Jean-Pierre Ding, Vizepräsident, Generalsekretär der Fédération immobilière Romande, Lausanne
Eugen Roesle, Kassier, Direktor der Bank Leu AG Zürich, Zürich
Heinz Allenspach (*1928), Nationalrat FDP ZH, Direktor des Zentralverbands Schweizerischer Arbeitgeberorganisationen, Fällanden
Robert Amsler, Sohn des früheren RN-Präsidenten Reinhard Amsler, im Nebenamt FDP-Mitglied des Schaffhauser Stadtrats (Exekutive, Finanzreferat), Präsident des Verwaltungsrats der Anlage- und Kreditbank AG Zürich sowie der Spar- und Leihkasse Schaffhausen, Honorarkonsul von Peru, Schaffhausen
Walter Augsburger (*1922), bis 1983 Nationalrat SVP BE, Müllermeister, Hinterkappelen BE
Georges Bossy, Bücherexperte, Boncourt JU
Jörg Bucher, Präsident des Verbands Schweizerischer Elektrizitätswerke, Luzern
Silvio de Capitani, Rechtsanwalt, bis 1983 Nationalrat FDP ZH, Zürich
Bernhard Christ, (*1942), LDP-Grossrat BS, Advokat und Notar, Basel
Gilbert Coutau (*1936), Sekretär der *Wirtschaftsförderung* für die Westschweiz, Nationalrat LPS GE, Vizepräsident LPS CH, Genf
Amiod de Dardel, Neuchâtel
Peter Dätwyler, Verwaltungsratsdelegierter der Dätwyler Kabel- und Gummiwerke AG Altdorf, Altdorf
Hans Feldmann (*1925), Präsident des Schweizerischen Hauseigentümerverbands, Sekretär des Verbands Schweizerischer Kabelfernsehbetriebe, Präsident der Geschäftsleitung der *Schweizerischen Fernseh- und Radiovereinigung* (SFRV), Nationalratskandidat SVP BE 1971/75/79/83, Grossrat SVP BE, Bern
Mario P. Grassi (*1929), Unternehmensberater, Gemeindepräsident von Massagno TI, Nationalrat CVP TI, Massagno
Georges Gremaud, Fribourg
Hans Hemmeler, Wirtschaftsanwalt, Ex-Sekretär der *Aargauischen Vaterländischen Vereinigung (AVV),* Aarau
Jean-Michel Henny, Lausanne

Willem Hürlimann, Chemiker, Brunnen
Michel Jaccard, Direktor und Chefredaktor der kleinen Tageszeitung 'Nouvelle Revue de Lausanne' (Auflage 9000), Lausanne
Pierre-Noël Julen, Direktor des Verbands der Walliser Wirtschaft, Sitten
David Linder (*1923), Anwalt, bis 1983 Nationalrat LPS BS, Basel
Hans Georg Lüchinger (*1927), Wirtschaftsanwalt, Nationalrat FDP ZH, Wettswil ZH
Alfred Oggier, stellvertretender Direktor des Schweizerischen Gewerbeverbands, Freiburg
Felix Rosenberg (*1941), Regierungsrat des Kantons Thurgau (Finanz-, Forst- und Militärdepartement), Mitglied des Präsidiums der CVP Schweiz, Frauenfeld
Walter Röthlin (*1930), Teigwarenfabrik (Trattoria), Nationalrat CVP OW, Kerns
Hans Rotzinger, Unternehmer (Förderanlagen Rotzinger AG), Kaiseraugst
Suzette Sandoz, Juristin, Pully VD
Gaspard Schlatter, Teufen
Stephan Schmidheiny (*1947), Mitglied der Schmidheiny-Dynastie, Sohn von Max Schmidheiny, steht der Unternehmensgruppe vor, der unter anderem die Eternitwerke Niederurnen sowie die Kioskkette Schmidt-Agence angehören, Hurden
Jean-Daniel Vermeil, Genf
Hans Rudolf Vögeli, Zentraldirektor des Schweizerischen Bankvereins, Küsnacht
Robert Zoelly, Verwaltungsratsdelegierter der Firma Gabs AG in Wallisellen (Lagereinrichtungen), Swissair-Verwaltungsrat, Küsnacht

Rechnungsrevisoren

Nicolas J. Baer, Bankier (Bank Julius Baer & Co.), Zollikon
Peter Stäger, Hauptdirektor der Schweizerischen Kreditanstalt, Zollikon

Geschäftsstellen

Zürich: Stampfenbachstrasse 73, 8035 Zürich
Direktor: Rudolf Rohr (*1935), seit 1962 beim RN, seit 1974 als Direktor, Grossrat FDP AG, Würenlos
Wissenschaftliche Mitarbeiter: Alois A. Schwager, Frauenfeld; Christine Höchner, Witterswil
Lausanne: rue de la Caroline 2, 1003 Lausanne (Leiter: Jacques Perrin)
Kontaktstelle Tessin: Franco Orioli, Via S. Giorgio 25, 6976 Castagnola
Kontaktstelle Basel: Reto Mauerhofer, Hardstrasse 94, 4052 Basel

Bank – von der italienischen Justiz wegen massivem, illegalem Kapitalexport aus Italien zu 14 Monaten bedingt verurteilt wurde. Im Verwaltungsrat der Gotthard-Bank sass damals neben andern auch RN-Präsident Carletto Mumenthaler sowie Roberto Calvi aus Mailand, der kurz darauf wegen des Zusammenbruchs seiner Ambrosiano-Bank und wegen seiner Kontakte zur verbotenen Freimaurerloge P 2 weltweit Schlagzeilen machte.

Kalte Progression: Parlament auf Redressement-Kurs

Schon in den vierziger Jahren hatte das *Redressement* die Einführung der direkten Bundessteuer (auch heute noch Wehrsteuer genannt, weil ursprünglich zur Finanzierung der Landesverteidigung gedacht) bekämpft. Und noch in den fünfziger und sechziger Jahren verlangte das RN die Abschaffung der Wehrsteuer. Aus verschiedenen Gründen: Das RN will gene-

Das RN und das neue Eherecht

Blocher ist heute im RN tonangebend. Er brachte es anfangs Oktober 1984 fertig, dass der RN-Vorstand beschloss, das von Blocher angestrebte Referendum gegen das vom Parlament kurz zuvor verabschiedete neue Eherecht zu unterstützen. Die neuen Abschnitte des Zivilgesetzbuches sehen eine Ablösung des bisherigen patriarchalischen Eherechts («Der Mann ist das Haupt der Gemeinschaft») durch partnerschaftliche Regelungen vor. Gegen diese Revision hatte Blocher im Sommer 1984 ein von ihm selbst präsidiertes *Komitee gegen ein verfehltes Eherecht* gebildet, das lange Zeit vergeblich nach politischen Verbündeten für ein Referendum suchte.

Im September 1984 hatte das RN eine Umfrage bei den Mitgliedern organisiert, bei der klar herauskam, dass sich das RN nach dem Willen von 68 Prozent der Mitglieder nicht an einem Referendum beteiligen sollte (ein Teil davon wollte gar, dass das RN das neue Eherecht aktiv unterstützt). Nur 32 befürworteten eine Referendums-Beteiligung. Der Vorstand setzte sich über diese Mitgliederhaltung hinweg und beschloss, Blocher zu folgen. Hans Georg Lüchinger, einer der prononcierten bürgerlichen Befürworter des neuen Eherechts und langjähriges RN-Vorstandsmitglied sprach nachher vor Journalisten von einem «klaren Machtmissbrauch einer kleinen Zahl von Vorstandsmitgliedern». Der Entscheid fiel an einer Sitzung, an der nur 15 von 38 Vorstandsmitgliedern teilnahmen (TA 6.10.84).

Blochers Komitee stellte sich Ende Oktober 1984 der Presse vor. Als eidgenössische Parlamentarier gehören dem Komitee die Ständeräte Peter Hefti (FDP GL) und Guy Genoud (CVP VS) und die Nationalräte rell die Staats- und insbesondere die Bundeskompetenzen gering halten, ein Ziel, das unter anderem dadurch erreicht werden kann, indem dem Staat die Mittel vorenthalten werden, die er für eine aktive Wirtschafts- und Sozialpolitik brauchen würde. Auch ziehen es die gutbetuchten RN-Herren aus einleuchtenden egoistischen Gründen vor, wenn der Staat sich seine Mittel nicht mit progressiv gestaffelten Steuern, sondern via Warenumsatzsteuer und Zölle bei den Konsumenten beschafft.

Heute wäre die Forderung nach einer Abschaffung der Wehrsteuer freilich unrealistisch. Immer erfolgsversprechend ist allerdings der Ruf nach einer Herabsetzung der Steuern. Ende März 1982 beschloss der RN-Vorstand, eine eidgenössische Volksinitiative gegen die Kalte Progression zu lancieren. Inhalt: die direkte Bundessteuer sollte linear um 15 Prozent reduziert und die Kalte Progression in Zukunft automatisch ausgeglichen wer-

An der Pressekonferenz des Komitees gegen ein verfehltes Eherecht traten neben Christoph Blocher (Mitte) auch RN-Mitarbeiterin Christine Höchner (links) und RN-Vorstandsmitglied Suzette Sandoz auf.

Hans Ulrich Graf (SVP ZH) und Leo Weber (CVP AG) an. Unterstützt wurde das Referendum laut einer abgegebenen Liste von folgenden Organisationen: RN, Schweizerischer Gewerbeverband, *Centre Patronal, Ligue Vaudoise,* Basler Jungliberale, Schweizerischer Hauseigentümerverband, *Aargauische Vaterländische Vereinigung, Arbeitskreis für Familien- und Gesellschaftspolitik, Athenäum-Club,* Komitee für Volksrechte Aargau, *Vereinigung Freie Schweiz,* Interessengemeinschaft geschiedener Männer, Handels- und Industrieverein St. Gallen und verschiedene Handelskammern.

RN-Methoden: Vereinigung für Finanzpolitik und Arbeitskreis Kapital in der freien Wirtschaft

Mit ähnlichen Methoden wie das *Redressement* (Eingaben an Behörden, Publikationen, Presseartikel, aber in bescheidenerem Rahmen versuchen auch andere rechtsbürgerliche Organisationen, auf die Politik Einfluss zu nehmen. Die bekanntesten: Der *Arbeitskreis Kapital in der freien Wirtschaft* (akw.) und die *Vereinigung für Finanzpolitik* (VFP).

Der *Arbeitskreis* ist am 26. Februar 1976 gegründet worden und will «der Bevölkerung, vor allem auch den Jugendlichen, die Bedeutung und Funktion der Aktiengesellschaft, des Kapitals, insbesondere des Beteiligungs- und Risikokapitals und der Aktie für eine gesunde Weiterentwicklung der Wirtschaft deutlich machen und ganz allgemein das Verständnis für unsere marktwirtschaftliche Ordnung vertiefen». Ferner will sie «eine breitere Streuung des wirtschaftlich genutzten Kapitals, vor allem durch eine unternehmensbezogene finanzielle Mitbeteiligung, fördern». Der akw. (der Punkt ist wichtig und wird in allen Publikationen verwendet) gibt Faltprospekte heraus («Warum sind Gewinne wichtig?»), publiziert Broschüren, verleiht Referenten sowie einen eigens geschaffenen Film «Flügel zum Erfolg».

Präsident des akw. ist alt Nestlé-Direktor Hans Herzig aus Verseaux VD. Die weiteren Vorstandsmitglieder (Stand 1984): Alfred Isler, Verleger der 'Finanz und Wirtschaft', Wädenswil; Pierre Lardy, Direktor der Genfer Banque Pictet, Vandoeuvres GE; Rudolf Staub, Direktor der Winterthur Leben, Winterthur; Fred G. Gygax, Direktor der Bankgesellschaft, Zollikon; Hans-Peter Schär, Mitglied der Konzernleitung Ciba-Geigy, Arlesheim; Albrecht Keller, Direktor der Georg Fischer AG, Thalwil; Michael Kohn, Verwaltungsratspräsident der Motor Columbus AG, Zürich; Richard Reich, Direktor der *Wirtschaftsförderung* (wf), Zürich. Sekretär des akw. ist seit 1980 Hans Krebs, dem eine Halbzeit-Sekretärin zur Seite steht. Getragen wird der Arbeitskreis von rund 70 Aktiengesellschaften.

Eine akw.-Broschürenreihe ('Unsere Industrie im Spannungsfeld der Politik' 1978, 'Verbesserung der Rahmenbedingungen, eine Notwendigkeit' 1983 und 'Verbesserung der Rahmenbedingungen, wo stehen wir?' 1984) wurde von einer Vierergruppe verfasst: Walter Hess, Industrieller, Effretikon, alt-FDP-Nationalrat Hans Rüegg, Unternehmer, Rüti ZH, sowie den beiden akw.-Vorstandsmitgliedern Schär und Keller.

Seinen Sitz hat der akw. an der Mainaustrasse 30 in Zürich, wo auch die *Wirtschaftsförderung* (wf) zu Hause ist. Die wf ist es auch, die die akw.-Propaganda an ihre verschiedenen Adresskarteien verschickt. Laut einer akw.-Selbstdarstellung sind «Zielsetzungen und Arbeitsprogramm mit der *Wirtschaftsförderung* koordiniert».

Während der *Arbeitskreis* sich mit didaktischen Absichten an die Öffentlichkeit und vor allem an die (Schul-)Jugend wendet, richtet sich die Weniger-Staat-Lobby *Vereinigung für Finanzpolitik* (VFP) mit Publikationen und Veranstaltungen direkt an die Politiker. Am 26. August 1975 gegründet, setzt sich die VFP «dafür ein, dass dem Staat nicht mehr Aufgaben überbunden werden, als volkswirtschaftlich und finanzpolitisch tragbar sind». Auch soll der Staat nur Aufgaben übernehmen, «zu deren Lösung er am besten geeignet» ist.

In den ersten Jahren nach der Gründung versuchte die VFP, eine umfassende Informations- und Dokumentationstätigkeit zur Finanzpolitik der öffentlichen Hand aufzubauen. Sie gab einen Parlamentarierkalender (Auflage 4000 Exemplare) heraus, publizierte ein monatliches Nachrichtenbulletin *(Streiflicht)* über Steuern, über die Bundesfinanzreform, über die Staatsrechnungen der Kantone usw., veranstaltete Seminare, Pressekonferenzen und Podiumsgespräche zu diesen Themen und startete eine Schriftenreihe *(Report)*. In jüngster Zeit hat die VFP diesen umfassenden Anspruch aufgegeben und bearbeitet jetzt vor allem thematische Schwerpunkte. Im August 1984 erschien ein *Report* zum Thema Gesundheitswesen, der unter anderem eine zumindest teilweise Reprivatisierung der öffentlichen Spitäler und «mehr Eigenverantwortung» (gleich höherer Selbstbehalt bei Arzt- und Spitalrechnungen) forderte. Auch solle die Betagtenpflege wieder vermehrt eine familiäre Aufgabe sein.

Präsident der VFP ist der Anwalt Jürg Peyer aus Herrliberg. Die weiteren Vorstandsmitglieder (Stand Herbst 1984): Daniel Bischof, rechter Studentenpolitiker; Nationalrat Christoph Blocher (SVP), Feldmeilen; Peter Gehler, Präsident der Jungen CVP St. Gallen; Lucien Grob, Genf; Dionys L. Lehner, VFP-Gründungspräsident, Zürich; Pierre Rothpletz, Aarau; Madeleine Schindler, Hergiswil; Anton Schrafl, alt Kantonsrat (FDP) und mehrmals erfolgloser Nationalratskandidat, Verwaltungsratsdelegierter der Holderbank Financière AG Glarus (Schmidheiny-Gruppe), Zollikon; Hans-Jürg Schürmann, Zumikon; FDP-Kantonsrat Dieter von Schulthess, Zürich; Peter Wiesendanger, Luzern; André Winter, Forch; FDP-Kantonsrat Eduard Witta, Zürich. Das Sekretariat besorgt stundenweise der Student Peter Meier. Peyer, Gehler, Grob und Bischof bilden den leitenden Ausschuss der VFP. Finanziert wird der Verein nach Angaben von Sekretär Meier aus Mitgliederbeiträgen, wobei die VFP rund 200 Einzel- und 30 Kollektivmitglieder zähle.

den. (Von Kalter Progression wird gesprochen, wenn jemand wegen inflationsbedingten Lohnsteigerungen in eine höhere Steuerfuss-Kategorie rutscht und also schärfer besteuert wird, ohne real mehr zu verdienen.)

Für den einzelnen Steuerzahler freilich brachte die Initiative laut den vorgelegten Zahlen der Initianten bis und mit einem Mittelstands-Einkommen nur eine geringe Entlastung. Gewichtig dagegen der Einnahmen-Ausfall für den Bund: Er sollte 600 bis 800 Millionen Franken betragen. Eigentliche politische Absicht der Initianten war denn auch, die Bundesfinanzen zu beschneiden, bzw. den Spardruck für die Verwaltung – durch die hinausgezögerte Sanierung des Bundeshaushalts – aufrechtzuerhalten.

Im Mai 1982 offiziell gestartet, wurde die Initiative im Frühling 1983 mit 116 000 beglaubigten Unterschriften eingereicht. Präsident des rund 50köpfigen Initiativkomitees war FDP-Nationalrat Hans Georg Lüchinger, Geschäftsführer des Komitees Rudolf Rohr. Da im Frühjahr 1983 in beiden Räten bereits ein «Bundesgesetz zum Ausgleich der Kalten Progression» in Vorbereitung war, konnte das RN mit seiner Initiative diesen Debatten Druck aufsetzen. Und in der Tat passierte nach längerem Hin- und Her mit dem Bundesrat ein Gesetz die beiden Parlamentskammern, das, so RN-Mitarbeiter Alois Schmutz, den Forderungen der Initianten so weitgehend entgegenkam, dass das Komitee Mitte Januar 1984, einen Tag nach Ablauf der Referendumsfrist für das Gesetz, seine Initiative zurückzog.

Ob die Initiative dem RN auch wieder mehr Gewicht in der politischen Öffentlichkeit verschafft hat, ist schwer abzuschätzen. 1979 freute sich Carletto Mumenthaler, im *Redressement*-Vorstand sässen insgesamt 8 Nationalräte, und unter den Mitgliedern und Gönnern sässen weitere 12 eidgenössische Parlamentarier. 1983, nach den nächsten Parlamentswahlen, waren's dann freilich nur noch sechs Nationalräte im Vorstand. Zwei Exponenten der RN-Ideologie waren vom Volk abgewählt worden: Silvio de Capitani in Zürich und David Linder in Basel. Auch ein Indiz dafür, wie volksnah die Postulate des *Redressement National* sind.

Die Meinungsmacher

Bürgerliche Vorwärtsverteidigung: Abendland und Schweizerzeit

All die Organisationen, die in diesem Buch porträtiert werden, geben eine Unzahl von Mitgliederorganen, speziellen Publikationen, Pressediensten usw. heraus. Doch nur zwei Titel haben innerhalb dieser schillernden Szene den Charakter von 'überparteilichen' Blättern: das seit 1964 erscheinende *Abendland* und die *Schweizerzeit,* die im Februar 1979 die Nachfolge von James Schwarzenbachs *Republikaner* antrat, redigiert von Dr. phil. Ulrich Schlüer (*17. 10. 44), damals noch Sekretär der *Republikanischen Bewegung.* Beide Blätter spiegeln in je etwas anderer Schattierung das Spektrum der Rechtsaussen-Klubs, jener Personen, die teils am Rande bürgerlicher Parteien, teils ausserhalb politisieren. Beide Blätter tragen vor allem zur Meinungsbildung und Glaubensstützung bei, während die journalistische Sorgfalt oft jeder näheren Prüfung spottet. Desinformation ist gerade bei Publikationen, die dieses Schmähwort eifrig verwenden, besonders häufig anzutreffen. Interessant ist, dass sowohl *Abendland* wie *Schweizerzeit* von der politischen Konjunktur der Jugendunruhen profitierten; beide konnten ihre Auflage 1980 markant steigern. «Bewegung tut gut» – in eigentümlicher Weise auch an unerwarteten Orten.

Das monatlich erscheinende *Abendland* (s. S. 403–413) wird weiterhin von Herbert Meier herausgegeben. Seit 1983 schreibt Pirmin Meier, der schon in der Anfangszeit dabei war, wieder regelmässig im *Abendland* (er ist übrigens kein leiblicher, sondern bloss ein politischer Bruder von Herbert Meier). «*Abendland* gehört zu den wenigen Blättern, welche die Werte der freiheitlichen Gesellschaft offensiv, mit offener Sprache und klarem Kurs, vertreten, gewissermassen im Sinne einer 'bürgerlichen Vorwärtsverteidigung'», freute sich das *AVV-Bulletin* (2/1981). Mit diesem Kurs habe *Abendland* die Auflage in den letzten drei Jahren auf 16000 verdoppeln können (wie viele dieser Abonnenten zahlen, ist allerdings offen).

Die *Stimme der schweigenden Mehrheit* darf im *Abendland* nach wie vor regelmässige Gastseiten füllen, die meist durch einen plump-agitatorischen Stil und eine verschroben-simple Optik auffallen.

Ernsthafte Konkurrenz ist dem *Abendland* durch die 20mal im Jahr erscheinende *Schweizerzeit* erwachsen, die sich im Untertitel «Konservative Zeitung für Unabhängigkeit, Föderalismus und Freiheit» nennt. Mit dem neuen Titel vermochte Schlüer die anfängliche Isolation, in der die seinerzeitigen Überfremdungsgegner steckten, allmählich abzubauen. Heute publizieren zahlreiche Exponenten der Rechtsszene in der *Schweizerzeit,* wobei prominentere Texte (etwa von Bundesräten, hohen Militärs) in der Regel lediglich Nachdrucke sind, also nicht für dieses Blatt geschrieben, das sich jedoch gerne damit schmückt. Wohl eifrigster *Schweizerzeit*-Schreiber ist

Ernst Cincera, der in der Zeitung «für Freiheit» am 12. November 1982 schlicht forderte: «Gesellschaftsveränderer haben in unserer freien Gesellschaft keinen Platz.»

Auffallend viel Platz haben hingegen im Blatt mit dem betont schweizerischen Titel CSU-Figuren, so regelmässig der aussenpolitische CSU-Sprecher Hans Graf Huyn, gelegentlich aber auch Franz Josef Strauss persönlich.

Koryphäen der deutschen Rechtsszene prägen auch Jahresversammlungen und Veranstaltungen der *Schweizerzeit.* Als am 20. November 1982 Hans Graf Huyn verhindert war, sprang kurzfristig ZDF-Moderator Gerhard Löwenthal ein. Huyn holte seinen Auftritt am 10. Mai 1983 in Zürich nach; im Zunfthaus zum Rüden lauschte auch Löwenthal den Worten seines politischen Freundes (WoZ, 27. 5. 83). Für die Jahresversammlung vom 17. November 1984 engagierte die *Schweizerzeit* dann einheimisches Gewächs: Korpskommandant Josef Feldmann, der sich Gedanken über die 'Strategische Bedeutung der Friedensbewegung' machte.

Das Abschütteln der stigmatisierenden Überfremdungs-Etikette hat sich 1982 in einer breiteren Streuung des Aktienkapitals niedergeschlagen. Neu zur *Schweizerzeit* stiess die Spitze des *Redressement,* so Präsident Carletto Mumenthaler, Vize Christoph Blocher und Direktor Rudolf Rohr. Leute, die sich 1970 bei der Abstimmung über die Schwarzenbach-Initiative kompromisslos bekämpften, haben sich zu politischen Bündnispartnern gemausert. Gemäss Eintrag im Handelsregister haben drei Frauen und 51 Männer Aktien gezeichnet:

Prof. Hans-Georg Bandi, Bern
Albert Blatter, Architekt, Andelfingen/Winterthur
Franz Baumgartner, Präsident *Republikanische Bewegung,* Herrliberg
SVP-Nationalrat Christoph Blocher, Meilen
Dr. Hans-Rudolf Böckli, Bundeshausjournalist, Belp
Rudolf Burger, *Vaterländische Vereinigung* und Stumpen, Burg
Ulrich Burren, Fürsprecher, Steffisburg/Thun
Dr. Eric Funk, *Medien-Panoptikum,* Würenlos/Zürich
Alfons Götte, Alpina-Versicherung, *Republikaner,* Winterthur
Prof. Marcel Grossmann, *Redressement,* Herrliberg
Rolf Guhl, *Kirche wohin?,* Wallisellen
Dr. Friedrich Günther, alt Brigadier, Losone
Verena Haefelin-Meier, Marthalen
Dr. iur. Andreas Henrici, Zürich
Markus Herzig, Centre patronal, Hausen, neu Zuzwil
Max Honegger, dipl. Ing. ETH, *Medien-Panoptikum,* Aathal-Seegräben
Willi Hummel, Versicherungsberatung, Speicher
Robert Jenzer, Bürobedarf, *Republikaner,* Berikon
Dr. Walter Kägi, Apotheker, *Republikaner,* Zürich

AZ 5312 Döttingen
Kiosk: Fr. 1.50

10 000 Tamilen auf dem Marsch nach Bern

Abendland mit Stimme der schweigenden Mehrheit

Nr. 155 20. Jahrgang Zürich, März/April 1984 Auflage: 30 000

Zwielichtige Rolle eines ‹Meinungsführers›

Antiamerikanismus im ‹Tages-Anzeiger›

HSG-Studenten zur Hetze gegen die USA

Die Berichterstattung im ‹Tages-Anzeiger› ist tendenziös und einseitig antiamerikanisch. Zu diesem Schluss gelangt eine Gruppe von Studenten der Hochschule St. Gallen. Sie versucht dies anhand von 80 Artikeln, die sie 1983 im ‹Tages-Anzeiger› gesammelt hat, zu belegen. US-freundliche Berichte seien zwar … **eindeutig in der Minderzahl. Besonders bedenklich sei die einseitige Themenwahl und die Systematik, mit der die Kampagne geführt würde** …

UNO: Volksnein programmiert

Das Abstimmungsresultat im Nationalrat von 112 zu 78Stimmen zugunsten eines Beitritts der Schweiz zu den Vereinigten Nationen entspricht keineswegs dem breiten parlamentarischen Konsens, der noch am ehesten ein positives Resultat in der Volksabstimmung versprechen könnte.

Die 78 Nein-Stimmen fallen umso stärker ins Gewicht, als auch einige nur deshalb Ja gestimmt haben, um überhaupt eine … nein zur UNO beinahe nur noch eine Formalität zu sein, sofern die UN-Gegner die Abstimmung nicht verschlafen.

Nicht unwichtig ist eine sorgfältige Begründung für dieses Nein. Das freiwillige Fernbleiben der Schweiz ist für die UN-Funktionäre ein erhebliches Ärgernis, weil es die ganze Welt an die Freiwilligkeit bzw. Nichtnotwendigkeit der Mitgliedschaft in diesem Staatenverband erinnert. Die Schweiz, die …

AZ
8416 Flaach
Postfach 3

Adressänderungen sind dieser Adresse zu melden

Erscheint zwanzigmal jährlich
Einzelpreis Fr. 1.50
Jahresabonnement mindestens Fr. 30.-

Schweizerzeit

Konservative Zeitung für Unabhängigkeit, Föderalismus und Freiheit

Herausgeberin: «Schweizerzeit» Verlags AG
Flaach, PC-Konto 84-3870
Redaktion + Inserate
Postfach 3, 8416 Flaach
Tel. 052 - 42 15 90
Redaktor: Dr. Ulrich Schluer
Standiger Mitarbeiter: Fritz Schauffele
Druck + Spedition
Pluss Druck AG,
8004 Zurich

6. Jahrgang Nr. 16 19. Oktober 1984

Verspricht der neue Radio- und Fernsehartikel Besserung?

Medienlandschaft – Medienkritik

von Nationalrat Ernst Cincera

Geschichtlich betrachtet zeichnet sich unser Jahrhundert durch eine stürmische Entwicklung der Medienlandschaft aus. Medien – und damit auch die Probleme zwischen Medienschaffenden und Publikum – stehen zunehmend im Zentrum öffentlicher und individueller Beachtung. … *sogenannten «kritischen Journalismus» verschrieben haben, sehr ungern. Ihre oft unwirsche und mit dem Hinweis auf die Freiheit des Medienschaffenden verknüpfte Zurückweisung kritischer «Hinterfragung» ihres Tuns wirkt zusätzlich dann besonders arrogant, wenn man sich auch noch auf den Begriff «Vierte Gewalt» beruft.* …

SPALTE RECHTS

Konsequenzen?

Wenn sich ein Fernsehzuschauer die Mühe genommen hat, gegen die ungehörige Unterstellung Othmar Keels im «Wort zum Sonntag» vom 22. September zu protestieren, weil Keel die Schweiz als «Nest von Egoisten» diffamiert hat, deren Armee höchstens dazu bereit sei, sich …

Dr. rer. pol. Hans Kaiser, Bern/Gerzensee
Dr. iur. Max Keller, Bern
Dr. Reto Kind, *Vaterländische Vereinigung,* Unterentfelden
Ernst Maissen, Kantonsschullehrer, Altendorf
Gustav A. Mugglin, dipl. Ing. ETH, Zürich
Käthi Mugglin-Steiner, Zürich
Fritz Müller, Möbel-Müller, St. Gallen
Carletto Mumenthaler, *Redressement,* Zürich
Xaver Munding, Revisor, Wil
Dr. oec. publ. Hans Rudolf Rahn, Rahn & Bodmer, Zürich
Alois Rieser, Restaurateur, *Republikaner,* Wetzikon
Dr. Rudolf Rohr, *Redressement,* Würenlos
Hans Scharpf, Hagelversicherung, Zürich

Fritz Schäuffele, Werbesprüche, *Republikaner,* Winkel
Johannes W. Schlegel, Sekundarlehrer, *Republikaner,* Thunstetten
Hermann Schlüer, Holzhandel, Oberengstringen
Dr. Ulrich Schlüer, Redaktor *Schweizerzeit*, Republikaner, Flaach
Dr. iur. Rolf Schnorpf, Meilen
Gian Duri Schorta, Winterthur-Leben, St. Gallen
Hans-Peter Setz, Autotransporte, Dintikon
Jos. Peter Spiess, Kaufmann, *Kirche wohin?,* Wettswil
Richard Sprüngli, Confiserie, Rüschlikon/Paradeplatz
Jakob Streiff, Aathal-Seegräben
Arthur Vogt, *Nationale Aktion*, Erlenbach
Dr. iur. Ernst Walder, *Libertas*, Kilchberg (samt Familienmitglieder Hansjürg und Ursula)
Erich Weilenmann, Küsnacht
Hans-Ulrich Weingart, Mowag, Kreuzlingen
Walter Wiggenhauser, Hotelier, *Republikaner,* Zürich
Richard Winzeler, Kellermeister, *Republikaner,* Steinmaur
Hans Wittwer, alt Brigadier, *Kirche wohin?,* Hünibach
Werner Ringger, Holzwerke Gotthard AG, Zürich/Erstfeld
Bündner Cementwerke AG, Heerbrugg
C. August Egli & Co. AG, Zürich

Im *Schweizerzeit*-Verwaltungsrat sitzen als Präsident Willi Hummel (*30. 5. 48), als Delegierter Schlüer und als Mitglieder Rudolf Burger (*1921), Markus Herzig (*1931) und Ernst Walder (*1929).

Die Liaison zwischen Rechtsbürgerlichen und ehemaligen Aktivisten der Überfremdungsgegner spielte auch im Vorfeld der Nationalratswahlen 1983. Die *Schweizerzeit* propagierte jene «Persönlichkeiten, die unserem Blatt besonders nahestehen. Als Aktionäre oder Mitarbeiter haben sie mitgeholfen, unserem Blatt jene solide Basis zu schaffen, über welche es heute verfügt.» (14. 10. 83) Dazu gehörten auch drei Kandidaten der mit der SVP verbundenen Zürcher Liste *Energie und Umwelt:* SAD-Präsident Kurt Werner aus Schwerzenbach, ex-Republikaner-Kandidat Walter Wiggenhauser aus Zürich sowie Arthur Vogt aus Erlenbach, ex-Kandidat der *Nationalen Aktion* und im Wahljahr 1983 auch im Neonazi-Blatt *Eidgenoss* vertreten.

Die «solide Basis», die von diesen Herren mitgeschaffen wurde, spiegelt sich unter anderem in den Auflagenzahlen. Diese stieg in den Jahren 1981/82 von gut 2000 auf rund 6000. Am 19. Oktober 1984 meldete Schlüer stolz den zehntausendsten Abonnenten. Seit 1981 wird das Blatt dank einer Spende ungefragt an alle 2000 eidgenössischen und kantonalen Parlamentariern verschickt. Häufig wird die *Schweizerzeit* auch in einer ganzen Region gratis gestreut und erreicht damit als Gratisblatt Auflagen von gut 400000 Exemplaren. In der Öffentlichkeit besonders umstritten waren Streunummern, die im Oktober 1982 gegen die Protestaktionen anlässlich der Frauenfelder Wehrschau Sturm liefen und im November 1982 gegen die Friedenskongress-Gedenkfeier der Sozialistischen Internationale in Basel hetzten. Die blosse Abwehr all der Kräfte, die «unsere freiheitliche Gesellschaftsordnung unterwühlen», hat Schlüer ermüdet: «Es wird freilich nicht genügen, diesen Kräften gegenüber nur einen Abwehrkampf zu führen. Freiheit und Selbstbestimmung sind Güter, für welche in Zukunft noch mehr als in der Vergangenheit offensiv einzutreten sein wird.» (19. 10. 84)

Ausnahmsweise werden *Schweizerzeit*-Artikel auch von anderen Zeitungen nachgedruckt. So brachte das Gratisblatt 'Innerschweizer Nachrichten' im Hinblick auf die Abstimmung über die Atom- und Energieinitiativen am 20. September 1984 als Leitartikel einen Nachdruck aus der *Schweizerzeit*.

Da Schlüer von der Herausgabe der *Schweizerzeit* nicht leben kann, betreibt er zusätzlich einen Bücherversand mit den Bestsellern dieser Kreise, verschickt regelmässig das Werbe-Traktätchen *Senkblei*, organisiert Leserreisen nach Südafrika und administriert politische Organisationen wie Christoph Blochers *Arbeitsgruppe südliches Afrika* (asa) und die *Aktion Kirche wohin?*, deren Geschäftsführer er ist.

Der Trumpf Buur in der Nach-Eibel-Ära

In der Öffentlichkeit werden die *Trumpf-Buur*-Inserate immer noch stark mit dem Gründer und langjährigen Hauptstreiter Robert Eibel (*1906) identifiziert. Dabei hat Eibel mit dem *Trumpf Buur* heute nichts mehr zu tun, ausser dass er Mitglied des 14köpfigen Herausgebervereins *Aktion für freie Meinungsbildung* ist. Ab 1979 redigierte der Berner PR-Spezialist und Polit-Sekretär Hans Georg Giger die Inserate. In dieser Zeit griff Eibel ab und zu auch selbst noch in die Tasten. Doch seitdem anfangs 1982 Erwin Bischof die Redaktion übernahm, hat Eibel nach Angaben Bischofs keine Texte mehr beigesteuert.

Der neue *Trumpf-Buur*-Redaktor Bischof arbeitete von 1970 bis 1980 im Eidgenössischen Departement für auswärtige Angelegenheiten, zuletzt unter den sozialdemokratischen Bundesräten Pierre Graber und Pierre Aubert als Pressechef. 1980 wurde er vom EDA beurlaubt, und er übernahm das Sekretariat der europäischen Stadterneuerungskampagne. Seit Januar 1982 ist er Inhaber eines eigenen PR-Büros in Bern. Die *Trumpf Buur*-Redaktion, die etwa die Hälfte seiner Zeit beansprucht, erledigt er im Auftragsverhältnis.

Unter der Schriftleitung Bischofs hat der *Trumpf Buur* seit 1982 viel von seiner früheren Aggressivität verloren. Eibel war ein begnadeter Demagoge, er schrieb eingängig und verständlich, arbeitete auch mit Assoziationen und griffigen Sprachbildern. Bischofs Texte hingegen sind so spannend, als schreibe er immer noch Presserohstoffe für die Bundeshausjournalisten: viele Zahlen, sachliche Argumente, viel warme Luft.

Ob dieser Stil, den Bischof selbst als «argumentativ» bezeichnet – treffender wäre wohl «langweilig» –, den Interessen, die hinter dem *Trumpf Buur* stehen, besser dient als Eibels Holzschnitt-Methoden, darf für einmal getrost nicht unsere Sorge sein.

Eine zweite Veränderung: Waren die Inserate zu Eibels Zeiten eine Art wöchentliche Leitartikel eines engagierten Zeitgenossen zu tagespolitischen Fragen, so wirken die Inserate spätestens seit Bischofs Redaktionsantritt wie ein Sammelgefäss, in denen verschiedene Interessensgruppierungen ihre Anliegen verbreiten.

Zum Beispiel: Im September 1983 erscheint ein Inserat «Sündenbock Südafrika», in denen – zum Teil mit wörtlich den gleichen Formulierungen wie in Texten der *Arbeitsgruppe südliches Afrika* (asa) – das Lied von der strategischen Bedeutung Südafrikas und vom Reformwillen der dortigen Regierung gesungen wird.

Oder: Im April 1984 beschwört ein Inserat die Notwendigkeit von Tierversuchen für die Pharma-Forschung. Auch hier: Ähnliche und gleiche Formulierungen wie in den Schriften der *Arbeitsgruppe Gesundheit und For-*

AZ 8029 Zürich, 18. Juni 1984

4. Jahrgang, Nr. 3/84

Trumpf Buur Zitig

TRUMPF BUUR seit 1947

Erscheint 6× im Jahr
Abonnementspreis Fr. 8.50 pro Jahr
Postcheck 80-39102

Herausgeber: Aktion für freie Meinungsbildung
Administration: Postfach 217, 8029 Zürich
Auflage: 35000 Exemplare

Verantwortlich für die Redaktion:
Dr. Erwin Bischof
Postfach 1070, 3001 Bern, Tel. 031/22 26 96

Atom- und Energie-Initiative: Dolchstoss für den Wohlstand *Jürg Issler*

Eine Annahme der am 23. September 1984 zur Abstimmung gelangenden Atom- und Energie-Initiativen hätte das wirtschaftliche Chaos und die Senkung des persönlichen Lebensstandards auf mittelalterliche Verhältnisse zur Folge. Die Initiativen bedeuten einen wesentlichen Schritt zur Zerstörung der Demokratie in der Schweiz und zum Aufbau eines sozialistischen Herrschaftsgefüges. Sie sind deshalb beide strikte abzulehnen.

Bei der Atom- und Energie-Initiative handelt es sich um ein eigentliches Tandem: Die Initianten erreichen ihr Ziel auch dann, wenn nur eine der beiden Vorlagen angenommen wird. Bei Ablehnung der Atom-Initiative wird der Bau von Kernkraftwerken durch die Übergangsbestimmungen in der Energie-Initiative verhindert. Nähme das Volk nur die Atom-Initiative an, würden ähnliche dirigistische Massnahmen zum Tragen kommen, wie sie in der Energie-

Harmlosigkeit. «Für eine sichere, sparsame und umweltgerechte Energieversorgung» tönt nach Blumenwiesen, durch die sich ein Bach schlängelt, der über ein Wasserrad die nötige Energie liefert. Derartige Wunschvorstellungen zur Realität erheben zu wollen, ist Absicht der Initianten. Dabei vergessen sie, dass wir nicht mehr im Mittelalter, sondern an der Schwelle zum 21. Jahrhundert stehen. Wir besitzen Fernsehapparate, elektrische Wecke

viele andere praktische Dinge mehr, die wir

Suppen-Kaspar

«So ist sie eben, die Demokratie schwei-

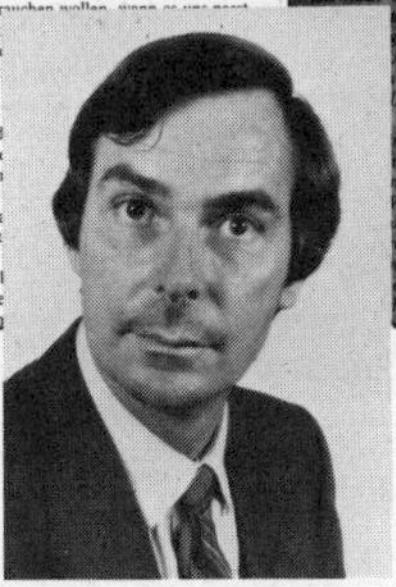

Redaktor des Trumpf Buur ist seit 1982 der Berner PR-Berater Erwin Bischof. Er redigiert auch das neue Mitteilungsblatt für Gönner und Spender, die Trumpf Buur Zitig.

schung, eine von der *PR-Agentur Farner* betreute Propagandastelle der chemischen Industrie im Hinblick auf die Volksabstimmung über die Vivisektions-Initiative, mit der radikale Tierschützer die Tierversuche verbieten wollen.

Und ein drittes Beispiel: Im Mai 1984 wettert ein Inserat dagegen, dass das Auto als Sündenbock Nummer 1 in Sachen Waldsterben herhalten müsse – und es folgen die bekannten Argumente der Autolobby, die Ursachen des Waldsterbens seien vielfältig, und jetzt dürfe man bloss nichts überstürzen.

Auffallend: Die meisten dieser Inserate, in denen reine Interessenspolitik gemacht wird, sind jeweils grösser als das übliche Format – als ob hier jemand einen besonders grosszügigen Beitrag aufs *Trumpf-Buur*-Konto einbezahlt hätte.

Sind das Zufälle? Oder sind die *Trumpf-Buur*-Inserate tatsächlich käuflich geworden? Bischof dementiert natürlich entrüstet: «Der *Trumpf Buur* ist immer noch völlig unabhängig, und die Inserate können nicht gekauft werden.» In den erwähnten Fällen habe auch keine Zusammenarbeit mit den vermuteten Gruppen stattgefunden, behauptet er.

Bischof räumt zwar ein, dass nur gut die Hälfte der Texte von ihm stammt. Der Rest komme aber nicht von irgendwelchen Interessensgruppen, sondern aus dem Kreis der 14 Mitglieder der *Aktion für freie Meinungsbildung.*

Die Namen der Mitglieder des Vereins sind nach wie vor geheim. In der Öffentlichkeit tritt neben Bischof und Eibel einzig der Präsident der *Aktion,* der Burgdorfer Werner Gallati, in Erscheinung: Er hält Eibel seit der *Trumpf-Buur*-Gründung im Jahr 1947 die Treue.

Spendenaufkommen seit Eibels Abgang stark rückläufig

Laut Bischof zahlen jedes Jahr rund 30000 Personen einen mehr oder weniger hohen Betrag an die *Aktion für freie Meinungsbildung* ein. Die durchschnittliche Summe liege knapp unter hundert Franken. Die grösste Spende mache nicht einmal zwei Prozent des Jahresbudgets von 1454000 Franken aus, behauptet Bischof. Das stimmt zumindest für die Vergangenheit nicht. Die 'WoZ' hat am 30. März 1984 zwei Postcheck-Abschnitte der Schweizerischen Bankgesellschaft (SBG) und der Bank Rüd, Blass & Cie. publiziert, mit denen 1973 und 1974 namentlich nicht bekannte Spender je 100000 Franken via Bank an die *Aktion* überwiesen. Und das *Trumpf-Buur*-Budget lag damals noch deutlich unter 1 Million.

In der Buchhaltung führt die *Aktion* alle Personen und Firmen namentlich auf, die mehr als 1000 Franken spenden. Die Liste kann hier nicht publiziert werden, da sie Dutzende von mittleren und grossen Firmen sowie Wirtschaftsverbände aufzählt und schlicht zu umfangreich ist. Einzelpersonen spenden nur sehr vereinzelt so hohe Beträge. Als Firmen mit besonders hohen Zahlungen fallen auf: Bührle Holding AG Zürich, Gebrüder Sulzer AG Winterthur, Brütsch-Rüegger AG Zürich, Viscosuisse Emmenbrücke, von Roll Gerlafingen, Georg Fischer AG Schaffhausen, Brauerei Hürlimann AG Zürich, Küderli AG Zürich, Plüss-Stauffer Oftringen, und so weiter.

Freilich: Seit sich Eibel Ende der siebziger Jahre schrittweise zurückgezogen hat, stagniert das Spendenaufkommen. Die Jahresrechnung 1983 schloss mit Einnahmen von 1,450 Mio. Franken ab. Das ist praktisch gleich viel wie 1977. Aus Spenden- und Gönnerbeiträgen kamen 1983 1,088 Mio. Franken; 1977 waren es noch 1,406 Mio. gewesen. Das Loch im 83er Budget wurde mit einem 330000-Franken-Beitrag aus dem von Eibel in den siebziger Jahren geschaffenen *Fonds politische Selbsthilfe* gedeckt.

Lange Zeit waren die *Trumpf-Buur*-Inserate jede Woche erschienen. 1979 wurde der Rhythmus aus Geldgründen auf zehn Tage gestreckt. Bischof musste dann gar auf 14täglich umstellen. Dafür konnte der Media-Plan leicht ausgebaut werden. Die Inserate erscheinen im Herbst 1984 in 90 Zeitungen (darunter jetzt auch viele kleine Blätter) mit einer Gesamtauflage von 3,1 Millionen Exemplaren.

Trumpf Buur Zitig – Propaganda für bereits Bekehrte

Wer immer dem *Trumpf Buur* irgendwelche Summen überweist, erhält fortan automatisch die sechs mal jährlich erscheinende *Trumpf Buur Zitig* zugestellt. Noch von Hans Georg Giger im März 1981 eingeführt, löste sie das bisherige *Mitteilungsblatt der Aktion für freie Meinungsbildung* ab. Aktions-Präsident Werner Gallati erklärte in einem Begrüssungswort, neben Redaktor Giger würden «weitere Personen aus dem Kreis des *Trumpf Buur* mitarbeiten».

Die Zeitung bringt jeweils – neben dem Nachdruck der in den letzten zwei Monaten erschienenen Inserate – Artikel von verschiedenen Personen und Organisationen aus dem rechtsbürgerlichen Lager. In den ersten fünf Ausgaben von 1984 etwa von *Redressement*-Mitarbeiterin Christine Höchner, von H.R. Christen, Zentralpräsident des Nutzfahrzeugverbands ASTAG, von alt FDP-Nationalrat Otto Fischer, von SVP-Informationschef Hans Peter Graf, von den Nationalräten Willi Neuenschwander (SVP ZH), Peter Spälti (FDP ZH), Fritz Hofmann (SVP BE), Susi Eppenberger (FDP SG), Dumeni Columberg (CVP GR), Hans-Rudolf Früh (FDP AR) und Paul Eisenring (CVP ZH), von *Farner*-Mitarbeiter Jürg Issler *(Aktion Jugend und Energie),* von spk-Direktor Urs C. Reinhardt, von Bundeshaus-Journalistin Beatrice Steinmann, von Unternehmensberater Egon P.S. Zehnder und so weiter. Dazu Texte der *Wirtschaftsförderung* (wf), der *Arbeitsgruppe südliches Afrika* und des *Hofer-Klub*.

Die Auflage der *Zitig* beträgt mindestens 30000 Exemplare (gleich Anzahl Spender); je nachdem werden bis zu 20000 Exemplare zusätzlich für Werbeversände gedruckt. Das kostet eine ganze Stange Geld, auch wenn die Exemplare an die Spender zum von der Post subventionierten AZ-Tarif, der eigentlich strikte für tatsächlich abonnierte Zeitungen reserviert ist, verschickt werden.

Für den *Trumpf Buur* hat die Zeitung die Funktion eines Leistungsnachweises gegenüber den Spendern. Das mag für's Spender-Marketing nützlich sein. Politisch ist es ein völliger Unsinn. Der *Trumpf Buur* setzt die Spenden-Gelder dazu ein, die bereits Bekehrten, die Spender, in ihren Meinungen zu bestätigen, statt das Geld dafür zu nutzen, wofür es einbezahlt worden ist: Zur Verbreitung dieser Inhalte in die Öffentlichkeit.

Eibels Sohn Christoph besorgt die Administration

Die Buchhaltung, das Bettelbrief-Wesen und die Spenderbetreuung besorgt heute die Werbeagentur von Eibels Sohn Christoph, die Firma E + B (Christoph Eibel und Stefan Brugger) an der Forchstrasse 428 in Zollikon.

Spätherbst 1963. Der Kampf um die Sitze im Berner Bundeshaus lag erst wenige Tage zurück. Verstummt war der «Schlachtlärm», doch unser Einsatz hatte sich gelohnt. Zu Bergen häuften sich die Glückwünsche, und im alten Büro Eibel an der Gartenstrasse herrschte allgemeine Hochstimmung: Der Chef im Nationalrat!

Um Parteifreunden, Trumpf-Buur-Anhängern und anderen Mitstreitern zu danken, lud Nationalrat Dr. Robert Eibel an einem Nachmittag zu einem Cocktail-Empfang ins Mövenpick-Dreikönig. Und viele, viele kamen. Meine Aufgabe war es, dafür zu sorgen, dass kein Gast Mangel litt und erfüllbare Wünsche erfüllt wurden…

[geschwärzt], Zürich

DIE EUROPA-BURSCHENSCHAFT ARMINIA ZU ZÜRICH

WILFRIEDSTRASSE 12 CH 8032 ZÜRICH 7 TELEFON 051/47 24 24

S.H.

Papst Paul VI.

Vatikan

R o m   Zürich/Schweiz, den 7.Februar 1974

Eure Heiligkeit !

Mit Bestürzung und tiefem Bedauern haben wir durch Presse , Rundfunk und Fernsehen zur Kenntnis nehmen müssen , dass Sie den Primas von Ungarn ,

EXZELLENZ KARDINAL JOSZEF MINDSZENTY ,

als Erzbischof von Esztergom abgesetzt haben .

Seit geraumer Zeit ist zu beobachten, dass die Diplomatie des Vatikans den politischen Irrweg der freien Welt mitgeht

Für die Konvente der Europa - Burschenschaft

ARMINIA ZU ZUERICH :

Dr.med.H.Manz, x	[geschwärzt], xx	Pfr.Gerd Zikeli, xxx
Erster Sprecher	Zweiter Sprecher	Dritter Sprecher

Im Geburtstagsbuch '70 × Robert Eibel' gratulierte 1976 inmitten von unheimlichen Patrioten, Parlamentariern, Geschäftsfreunden und einem Bundesrat auch ein Werbedisponent, der in den 60er Jahren Mitarbeiter von Eibel war. Der gleiche Mann, ein inzwischen verstorbener Schweizer, hatte 1945 bis Kriegsende in der Waffen-SS für den Endsieg des Führers gekämpft, war später in den Ehemaligenvereinigungen der SS aktiv und gehörte in der ersten Hälfte der 70er Jahre zur Führungsspitze der neonazistischen *Europa-Burschenschaft Arminia*, wo er 1974 einen Protestbrief an den Papst mitunterzeichnete.

Christoph und Robert Eibel hatten im November 1980 ihre Anteile an der von Eibel 1947 gegründeten Firma *Public Relations und Werbe AG* (PRW) an die beiden bisherigen Direktoren Anton Glanzmann und Markus Gröber verkauft.

Robert Eibel selbst hat sich weitgehend aus dem öffentlichen Leben zurückgezogen. Auch aus mehreren Verwaltungsräten, denen er noch angehörte. Den wichtigsten Sessel hatte Eibel noch als Verwaltungsratspräsident der Firma Nova Park AG (Aktienkapital 124 Mio. Franken). Doch die Hotel-Gruppe übernahm sich massiv an einem Luxus-Umbauprojekt in New York, und Eibel wurde mitsamt dem Firmengründer René Hatt von den arabischen Geldgebern der Firma am 20. März 1984 kurzerhand abgewählt.

Der neue Redaktor Bischof arbeitete ab 1982 zunächst in einer Bürogemeinschaft mit dem ehemaligen 'Berner Zeitung'-Chef Peter Schindler und dem Journalisten Bruno Auderset. Auderset war damals vorübergehend Geschäftsführer der Videotex-Agentur Mediaco, an der die *Schweizerische politische Korrespondenz* (spk) beteiligt ist. Schindler und Bischof gründeten 1983 den Gratisanzeiger 'Berner Bär', ein Rechtsaussen-Blatt im Stil der 'Züri Woche', mit dem Berner Polit- und Wirtschaftskreise auf die redaktionelle Öffnung von 'Bund' und 'Berner Zeitung' reagierten. Schindler ist Verlagsleiter und Verwaltungsratsdelegierter der Berner Bär Verlags AG, Bischof Verwaltungsratspräsident. Verlag und Redaktion des 'Berner Bär' haben ihren Sitz auch im Herbst 1984 noch am Berner Hirschengraben 11. Doch die Bürogemeinschaft Schindler/Bischof/Auderset wurde 1984 aufgelöst; Schindler und Auderset sind ausgezogen.

Nach der Romandie auch ein Ableger im Tessin

Schon 1976 hatte der *Trumpf Buur* den Sprung über die Saane geschafft: Am 3. Mai erschienen unter der Bezeichnung *l'Atout* erstmals Inserate der *Aktion,* die sich auf französisch *Association pour une libre information* nennt. Zunächst nur in drei, ab 1979 in neun und 1984 (im Zweiwochen-Rhythmus) in zehn welschen Tageszeitungen mit einer Gesamtauflage von 400 000 Exemplaren. Dabei soll *l'Atout* (der Trumpf) nicht einfach eine Übersetzung der deutschen Inserate sein. Die Redaktion besorgte lange Edouard Schneiter aus Petit-Lancy bei Genf. Seine Funktion übernahm im Juni 1984 die FDP-Nationalrätin Geneviève Aubry aus Tavannes (Vereinigung *Libertas,* Präsidentin des welschen *Hofer-Klub* FRTA und WACL-Kontaktperson).

Ab Januar 1986 sollen die Inserate auch in Tessiner Zeitungen erscheinen. Bei Redaktionsschluss dieses Buches war noch nicht entschieden, unter welcher italienischen Bezeichnung.

spk: Neue Technik, alte Inhalte

Ihr Redaktionssystem ist heute eines der modernsten in der Schweiz. Wenn an Sportveranstaltungen oder andern pressanten Ereignissen die Reporter-Kollegen mühsame Telefon-Diktate machen oder schwere Übermittlungsapparate herumschleppen müssen, tastet der spk-Korrespondent seinen Bericht in ein handliches Texterfassungsgerät, das anschliessend den Artikel via Telefonleitung direkt ins Textsystem der Redaktion übermittelt. Im September 1984 wurden am Sitz der Schweizerischen Politischen Korrespondenz (spk) an der Thunstrasse 32 in Bern 32 brandneue Redaktions-Bildschirmgeräte des finnischen Fabrikats Typlan installiert.

Fortan will die spk als erste schweizerische Nachrichtenagentur die abonnierten Redaktionen via Videotex an ihr System anschliessen. Das Hol-Prinzip soll das Bring-Prinzip ablösen: Die Redaktoren der abonnierten Zeitungen können am Bildschirm jene Meldungen und Kommentare aus dem spk-Angebot auswählen und abrufen, die sie interessieren, um sie mit einem Tastendruck in die Satzanlage ihrer Zeitung zu geben – ohne weitere Arbeitsgänge.

Zwar bezieht nach wie vor der grösste Teil der 200 spk-Abonnenten den Artikeldienst mit der Übermittlungstechnik des 19. Jahrhunderts: Per Briefpost. Erst 20 Redaktionen (1979 waren es 12) beziehen den Dienst per Telex, obschon die spk seit den frühen siebziger Jahren versucht, ihren Abonnenten einen Telex-Anschluss mit einem attraktiven Fernsatz-System schmackhaft zu machen. Jetzt will der neue spk-Direktor und -Chefredaktor Urs C. Reinhardt seine telex-skeptischen Kunden dazu bringen, direkt auf eine Technik umzustellen, die eine technologische Generation weiter (und entsprechend komplizierter, störungsanfälliger und ungewisser) ist.

«Telex ist für uns technisch überholt», erklärt Reinhardt. «Wir überspringen das Telex-Zeitalter und stellen direkt auf Videotex um.» Die spk ist bereits an einer Videotex-Agentur beteiligt, der Firma Mediaco AG (gemeinsam mit den Firmen Condrau SA Disentis, Kümmerly und Frey AG Bern, Orell Füssli Werbe AG Zürich, Schaller Frewi AG Windisch und Viotex AG Luzern, wobei alle sechs Partner laut Reinhardt über je einen Sechstel des Aktienkapitals verfügen). Verwaltungsratspräsident der Mediaco AG ist Urs C. Reinhardt; ihre Geschäftsstelle hat die Mediaco am spk-Sitz in Bern.

Gut eine Million Franken hat die spk nach Angaben Reinhardts ins Redaktionssystem investiert. Weitere Investitionen werden folgen. Dabei hatte die spk noch 1981 derartige finanzielle Probleme, dass eine Zeitlang gar ihre Existenz in Frage gestellt schien, wie Jean-Jacques Cevey, Präsident des Vereins spk, damals erklärte. Anfang März 1981 gab die spk überraschend bekannt, Direktor Josef Jäger werde auf Ende Monat zurücktreten.

Generationswechsel in der Redaktion

Die Redaktionsliste von 1979 (vgl. S. 163) ist völlig überholt. Mit dem Ende der Ära Jäger ist es auch in der Redaktion zu einem Generationenwechsel gekommen. Jäger ist nach der Entdeckung des Millionenlochs im Frühling 1981 ausgeschieden; Anton Stadelmann nahm als Chefredaktor Ende 1981 seinen Hut. Stadelmann führt seit 1984 ein «Büro für Presse- und Medienfragen» mit Sitz an der Thunstrasse 32 in Bern, der gleichen Adresse wie die spk, wobei das Stadelmann-Büro mit der spk laut Reinhardt nichts zu tun hat. Jäger ist Vizepräsident der Tel-Sat AG und ist daneben im Südafrika-Milieu aktiv. René Bovey und Hermann Sommer sind gestorben, Erich Schwabe und Ernst Trechsel wurden pensioniert, und Hans R. Hagi, Martin Bühler, Jacques Baumgartner, Bernhard Eggler, Hugo Barmettler, Roland Meier und Werner Claude Hug sind ausgeschieden. Bühler ist seit 1983 Chefredaktor des 'Bieler Tagblatts'; Baumgartner ist beim *Schweizerischen Ost-Institut*.

Chefredaktor und Direktor ist seit Anfang 1982 wie erwähnt Urs C. Reinhardt (* 1931). Als Vizedirektor für die Administration zuständig ist Martin Jenny. Die redaktionelle Besetzung (Stand September 1984): Redaktionskoordinator und Leiter des deutschsprachigen Diensts: Bernhard Bickel (ex SDA); Dienstchef: Christian Köpfer; Inland: Paul Ehinger (Leitung), Monika Scherrer; Bundeshaus: Rolf Camenzind, Bruno Hofer; Ausland: Franz Zust, Ambros Sialm; Kultur: Walo von Fellenberg; Region Bern: Res Anderegg; Regionalbüro Zürich: Max Korthals (Leitung), Ryk Huber; Wirtschaftsredaktion Zürich; Urs Häusel (Leitung), Bernard Robadey, Jacques Vögtlin; Regionalbüro Ostschweiz: Almut H. Graf. Leiter des französischsprachigen Diensts ist Raymond Gremaud; Redaktoren sind Roberto Bernasconi, Bernard Robaday und Eric Darden. Das Büro Westschweiz betreut René Zurkinden. Im Büro Lugano arbeiten Paolo Rimoldi (Leitung) und Mariangela Galli.

An der Spitze des Vereins spk stehen unverändert der Waadtländer FDP-Nationalrat Jean-Jacques Cevey (Präsident der FDP-Fraktion) als Präsident sowie der Zuger CVP-Ständerat Markus Kündig als Vizepräsident.

Erst in den folgenden Tagen wurde klar, warum: Bereits im Vorjahr war ein Buchhalter fristlos entlassen worden, als aufflog, dass er 60000 Franken veruntreut hatte. «Bei dieser Gelegenheit entdeckten wir ein Riesendurcheinander in der Buchhaltung und ein Loch von über einer Million», erklärte Vereins-Vizepräsident Markus Kündig, Zuger CVP-Ständerat, im Mai 1981 gegenüber Journalisten. Laut Kündig war zuviel Personal angestellt worden. Die spk hatte ihre finanziellen Kräfte mit dem forcierten Ausbau der Agentur und der Übermittlungstechnik überschätzt. Jedenfalls machte der Verein spk Josef Jäger für die unerfreuliche Situation verantwortlich; die 'Berner Zeitung' sprach von einem «überholten, autoritären Führungsstil, einer unglücklichen Personalpolitik und einer ungenügenden administrativen Verwaltung» des langgedienten spk-Direktors. Kurzum: Jäger, der trotz bevorstehendem 65. Geburtstag noch einige Zeit Direktor bleiben wollte, wurde «im gegenseitigen Einvernehmen» gegangen, weil der Verein die spk «ohne Jäger reorganisieren» wollte (Kündig).

Seit Ende 1981 soll nun Urs C. Reinhardt als neuer Direktor und Chefredaktor die spk in die Moderne führen. Reinhardt war Generalsekretär der CVP Schweiz, dann Rektor der Schule für Soziale Arbeit in Solothurn und später Direktor der Union Druck und Verlag AG in Solothurn (u.a. 'Schweizer Jugend'). Im Nebenamt betreut Reinhardt auch als spk-Direktor noch die Chefredaktion der zweimonatlichen Zeitschrift 'Herz im Angriff', die von einem knappen Dutzend katholischer Missionswerke gemeinsam herausgegeben wird.

Reinhardt erklärt, sein erstes Ziel als spk-Chef sei es gewesen, «das Produkt» zu verbessern. Reinhardt gibt sich im Gespräch modern und aufgeschlossen. Er gibt offen Auskunft, antwortet nicht bei jeder Frage, das gehe niemanden etwas an. Das sind neue Töne an der Spitze der spk. Ringiers 'Woche' charakterisierte Reinhardt bei seiner Ernennung zum spk-Chef als «agilen Liberal-Konservativen», der der spk «zu etwas mehr Liberalität verhelfen» solle.

Finanzschub der spk-Geldgeber aus der Wirtschaft sicherte das Überleben

Als 1981 das Finanzloch von 1 Million Franken entdeckt wurde, war von Redimensionierung, ja von der Aufgabe des Dienstes die Rede. Kurz darauf kann die spk – die zudem in den letzten Jahren mehrere grosse Abonnenten verloren hat – eine Million Franken in ein neues Redaktiossystem investieren. Wie geht das?

Die spk, die sich laut Statuten für die freie Marktwirtschaft einsetzt, muss sich nicht an die Gesetze dieser Marktwirtschaft halten. Sie lebt nicht vom Verkauf ihres Produkts (des Artikeldiensts), sondern darf nach wie vor auf Spenden aus der Wirtschaft zählen. Welchen Anteil an den laufenden Einnahmen die Spenden ausmachen, will Reinhardt nicht sagen. Gegenüber dem Chefredaktor einer spk-abonnierten Zeitung erklärte Reinhardt kürzlich, die Spenden machten 50 Prozent aus.

Geht man davon aus, dass die spk jedes Jahr Auslagen in der Grössenordnung von vielleicht sechs Millionen Franken hat (34 Angestellte, Büros,

Redaktionstechnik, Übermittlungskosten etc.), so darf man annehmen, dass die Spenden 3 Millionen pro Jahr ausmachen. Möglicherweise sind es auch deutlich mehr, da die Abonnementseinnahmen nach einer einfachen Rechnung niemals 3 Millionen ergeben. Die 'Solothurner Zeitung' als zweitgrösster Abonnent bezahlt laut 'Bund' (11. 8. 84) jährlich 22'000 Franken für die spk (sechsmal weniger als für die SDA). Für kleine Zeitungen (und zu dieser Kategorie zählen die meisten Abonnenten) kostet das Abonnement für immerhin täglich rund 100 A4-Seiten Text in deutsch, 40 in Französisch und 10 in italienisch nur wenige Tausend Franken pro Jahr. Bei 200 Abonnenten kommen so vielleicht 1 Million, höchstens aber 1,5 Millionen Abonnementserträge zusammen.

Reinhardt bestätigt, dass die spk wesentlich weniger kostet als die Agenturen SDA (Schweizerische Depeschen-Agentur) oder AP (Associated Press). Bei den Tarifen bestehe ein historisch bedingter Wildwuchs. Er habe die Absicht, hier eine transparente Tarifstruktur einzuführen. Die neue Redaktionstechnik ist laut Reinhardt zum Teil durch Leistungen der (im Verein spk zusammengeschlossenen) Spender finanziert worden; zum Teil sind die Anlagen geleast worden.

Bezüglich der Abonnementenzahl nennt Reinhardt die gleiche Zahl wie sie sein Vorgänger jahrelang genannt hatte: «Rund 200 in der gesamten Schweiz». Ob die Zahl stimmt, ist schwer zu überprüfen. Fest steht allerdings, dass alle grossen Zeitungen auf die spk verzichten. Und von den paar wenigen Zeitungen mit mittleren Auflagen, die die spk 1979 noch abonniert hatten, haben in der Zwischenzeit auch die meisten gekündigt: Die 'Berner Zeitung' (Auflage 120'000), der 'Bund' (62'000) und das 'Aargauer Tagblatt' (53'000) haben abbestellt. Wichtigste Kunden sind noch (Stand September 1984) neben der SRG das 'Vaterland' (56'000), die 'Solothurner Zeitung' (45'000), das 'Bieler Tagblatt' (32'000) und das 'Luzerner Tagblatt' (27'000).

Laut Reinhardt besteht bei den kleinen Zeitungen nach wie vor ein starkes Bedürfnis nach einer Agentur, die nicht nur Nachrichten, sondern vor allem auch Kommentare bringt. Viele spk-Kunden hätten nur eine Ein-Mann-Redaktion, und viele erscheinen nur ein-, zwei- oder dreimal pro Woche. Ihnen wolle die spk in Zukunft «noch vermehrt» helfen, wirtschaftliche und innenpolitische Ereignisse zu kommentieren. Gegenüber dem 'Bund' erklärte Reinhardt: «Ja, wir sind tendenziös, wir kommentieren ganz betont bürgerlich» (11. 8. 84). Der Anteil der unkommentierten Nachrichten werde in Zukunft noch zurückgehen, erklärt Reinhardt weiter. Da sei – gerade bei den kleinen Zeitungen – eine Marktlücke.

Eine Marketing-Massnahme ist auch der Ausbau der Regionalberichterstattung, die Reinhardt forciert. Speziell für die Kunden im Kanton Bern betreut Res Anderegg (früher 'Berner Zeitung') vom Hauptsitz aus einen Bern-Dienst, in Zürich besteht neu eine mit drei Redaktoren dotierte Wirtschaftsredaktion. Beim Regional-Ausbau wird freilich auch geblufft: Die Wohnung der Korrespondentin Almut Helen Graf (ex-*Büro Farner*) in Walenstadt wurde flugs zum «Aussenbüro Ostschweiz» der spk.

1983 hat die spk mit der Deutschen-Depeschenagentur in Hamburg (dpa) einen Vertrag abgeschlossen, der es ihr nun ermöglicht, ihren Kunden erstmals aktuelle Auslandsberichte anzubieten. Seit Februar 1984 laufen die dpa-Berichte direkt ins spk-Redaktionssystem und werden mit dem Kürzel «spk-dpa» weiterverbreitet. Da auch die SDA den dpa-Dienst bezieht und auswertet, konzentriert sich die spk vor allem auf die Hintergrundberichte von dpa.

Die Weniger-Staat-Apostel: Bürgeraktion

Seit November 1981 tauchen in den Zürcher Zeitungen immer wieder Inserate der *Bürgeraktion für weniger Staat* auf. Sie fordern Steuersenkungen, polemisieren gegen Autobahnvignette, Bankkundensteuer und SRG-Monopol, verlangen mehr Parkplätze und weniger Staat, greifen die Linksparteien, die SP und mit Vorliebe auch den Landesring an und geben im Wahlkampf Empfehlungen für rechtsbürgerliche Kandidaten ab. Die Inserate erscheinen mal häufig (vor allem vor Wahlen), mal weniger häufig, sind aber immer griffig und polemisch formuliert. In Stil und Inhalt erinnern sie an den *Trumpf Buur* zu jenen Zeiten, als Robert Eibel noch im Saft war.

Wer steckt dahinter? Die Inserate sind von 1981 bis Herbst 1984 von den gleichen zwei Zürcher Juristen gezeichnet: Michael Dreher (*1944) und Bruno Bär (*1946).

Dreher ist Dr.iur. und lic.oec. HSG und führt in Küsnacht ein *Büro Dr. Dreher AG, Öffentlichkeitsarbeit und Publizitätsberatung.* Eine zweite Firma ist in Schaffhausen: Die *Dr. Dreher Handels AG* («Kauf, Verkauf, Import und Export von Waren aller Art»), deren Verwaltungsrat auch Drehers Frau Suzanne (als Präsidentin) und Bruno Bär angehören. Dreher ist im Raum Zürich fleissiger Leserbriefschreiber. Etwa in der 'Schweizer Illustrierten', die die Poch-Politikerin Ruth Mascarin porträtiert hatte. Mascarins Auffassungen, so Dreher, seien «eine Beleidigung für Hunderttausende von Müttern, die Tag für Tag der Familie ein Heim bieten und so eine hervorragende Leistung für Volk und Staat erbringen. Sollte die Einstellung von Frau Mascarin Schule machen, dürfen wir uns nicht wundern, wenn wir die Gofen in ein paar Jahren in den AJZs suchen müssen.» Im Juli 1982 forderte Dreher die Arbeitgeber in der 'Züri Woche' indirekt zu einem Boykott des 'Tagi'-Stellenanzeigers auf, nachdem der 'Tagi' auf der Leserseite darauf hingewiesen hatte, dass Arbeitnehmer beim Anstellungsgespräch ein «Notwehrrecht auf Lüge» haben.

Bruno Bär, lic.iur., ist Rechtskonsulent und Vizedirektor der Jean-Frey-Verlagsgruppe in Zürich und blieb auch bei Jean Frey, als 1981/82 fast sämtliche Manager das Verlagsunternehmen verliessen. 1983 war Bär zusammen mit dem Jean-Frey-Kinodirektor Felix Rogner Gesuchsteller für das (nicht bewilligte) Lokalradioprojekt 'Radio Sport Zürich'. Rogner ist Initiant des *Arbeitskreises für ausgewogenes Radio und Fernsehen* (ARF), der vor allem im Zusammenhang mit der ausserordentlichen Generalversammlung der Radio- und Fernsehgenossenschaft Zürich (RFZ) im Dezember 1982 in Erscheinung getreten ist. Der ARF ist auch Mitbenutzer des Postfachs der *Bürgeraktion* in 8034 Zürich Riesbach.

Bär, der laut 'Züri Woche'-Klatschspalte die «schönste Glatze von Zürich» trägt, war nacheinander mit den Verleger-Töchtern Corinne Frey und

Seit November 1984 zeichnet Michael Dreher (links) als verantwortlicher Redaktor und Herausgeber der Inserate der Bürgeraktion. Bruno Bär (Mitte) und Trix Ebeling-Stiefelmeier (rechts) werden als Koreferenten bezeichnet.

später mit deren Schwester Daniela Frey liiert. Bär ist Mitglied der SVP, allerdings parteiintern nicht mehr aktiv, seit er 1978 im parteiinternen Auswahlverfahren für eine Stadtratskandidatur unterlegen war.

Von 1981 bis Herbst 1984 sind rund 30 Inserate der *Bürgeraktion* erschienen, davon ein gutes Dutzend im Zusammenhang mit den Zürcher Stadt- und Gemeinderatswahlen 1982 (Wahlsieg der bürgerlichen Koalition) und den Zürcher Kantonsrats- sowie den Nationalratswahlen 1983. Bei den Nationalratswahlen gaben Bär und Dreher eine Wahlempfehlung für kandidierende Wirtschaftsvertreter und Weniger-Staat-Ideologen aus CVP, SVP und FDP ab (siehe Faksimile).

Besonders scharf war die *Bürgeraktion* vor den Gemeindewahlen im März 1982 in Zürich. Die «Linkskoalition» aus Landesring und Sozialisten (2 LdU und 3 SP-Vertreter im neunköpfigen Stadtrat) habe versagt, deshalb müssten jetzt Bürgerliche ans Ruder, «die auf Staatsstellen nicht angewiesen sind, sondern auch in der Wirtschaft gute Jobs bekommen würden». Stadträtin «Fräulein Dr. Lieberherr» habe in der Jugendpolitik versagt. Und: Trotz Spitzengehalt als Stadträtin «spielt sie die halbe Zeit in Bern Ständerätin, erreicht für Zürich zwar gar nichts, vernachlässigt aber dafür ihre Zürcher Amtspflichten. Warum wählen wir solche Stadträte nicht ab? Frl. Dr. Lieberherr kann sich dann auf den Ständerat konzentrieren, bis sie 1983 auch von diesem Amt entlastet wird.» (Im 'Tages Anzeiger' durfte dieses Inserate nur in «gemilderter» Form erscheinen, mit tagi-like temperierten Formulierungen wie «wir meinen, der Stadtrat habe versagt», statt «der Stadtrat hat versagt»...)

Ähnliche Töne 1983, als sich Dreher/Bär vor allem gegen die Nationalratskandidaten des Landesrings wandten, der als «Wetterfahnenpartei», als «Splittergruppe ohne Resonanz im Volk» oder auch als «Landesring der Migros-Abhängigen» bezeichnet wurde.

AUFRUF!

Jetzt haben wir die Chance, sparsame und kostenbewusste Nationalräte aus der Wirtschaft zu wählen. Machen Sie mit. Gehen Sie unbedingt an die Urne!

Keine bürgerliche Stimme für Sozialisten und Wetterfahnen-Parteien!

Eine besonders betrübliche Erscheinung in der Politik sind die Wetterfahnen-Parteien. Wenn sie von uns Bürgerlichen profitieren können, dann helfen sie uns temporär. Geht es aber um entscheidende Fragen, dann sind diese Opportunisten «unabhängig», das heisst sie unterstützen die Sozialisten. Offen bezeichnen sich Evangelische und Migros-Abhängige als «nicht bürgerlich». Nehmen wir sie beim Wort! Verschwenden wir unsere bürgerlichen Stimmen nicht an Freunde von Fall zu Fall. Jetzt gilt:

Konzentrieren Sie Ihre Stimmkraft! Wählen Sie sparsame Volksvertreter

Nehmen Sie sich eine halbe Stunde Zeit, um sparsame Nationalräte zu wählen!

Dringende Bitte: Verschwenden Sie Ihre Stimme nicht an Sozialisten und Wetterfahnen-Parteien (v. a. EVP und LdU), die immer dann mit den Bürgerlichen gehen, wenn sie profitieren können, sonst aber mit den Sozialisten paktieren!

Bürgeraktion

Kritische Meinungen und Informationen zu aktuellen Problemen
Bürgeraktion, 8034 Zurich Postcheck-Konto 80-14050

Vor den Nationalratswahlen 1983 rief die Bürgeraktion mit diesem Inserat zur Unterstützung folgender Zürcher Kandidaten auf: Ulrich Bremi, Peter Spälti, Theo Schaub, Jean-Daniel Cornaz, Hans Geistlich, Silvio de Capitani, Eduard Witta, Heinz Allenspach, Dieter von Schulthess (alle FDP), Felix Matthys, Walter Frey, Hans Ulrich Graf, Heinz Spross, Rudolf Reichling, Christoph Blocher (alle SVP) sowie Paul Eisenring (CVP).

Die Inserattexte stammten anfangs nach übereinstimmenden Angaben je zur Hälfte von Dreher und Bär, später vor allem von Dreher. Drehers Texte sind meist schärfer als die von Bär. Jeder Text-Entwurf wird gemeinsam bereinigt und von beiden abgesegnet, bevor er erscheint. Bär erklärt, er sei häufig im Ausland, weshalb im Frühling 1984 und erneut im September 1984 (vor der Abstimmung über die Atom-Initiative) Inserate erschienen sind, die nur von Dreher gezeichnet sind. Bär widerspricht der naheliegenden Vermutung, er habe sich von seinem Partner getrennt: «In Zukunft erscheinen wieder gemeinsam gezeichnete Texte».

Mit sämtlichen Inseraten publizieren Bär und Dreher jeweils auch die Postcheck-Nummer der *Bürgeraktion.* Nach Auskunft Bärs gilt das Prinzip, dass die einkommenden Spenden die laufenden Inseratekosten decken müssen, was bis jetzt auch der Fall war. Spender seien vor allem, so Bär, kleine Unternehmen, Gewerbetreibende, Selbständigerwerbende. Aus der Giesskanne der *Wirtschaftsförderung* beziehe die *Bürgeraktion* seines Wissens kein Geld, erklärt Bär.

«Die *Bürgeraktion* ist keine Partei und will auch keine werden», schrieben Bär und Dreher in einem Bettelbrief anfang März 1983. Sie sei auch kein Verein, sondern eine private Initiative der beiden Herausgeber. «Wir wollen wählernahen Politikern in den etablierten Parteien durch unsere Informationstätigkeit den Rücken stärken.»

Ein missratenes Experiment: Hopp Schwiiz

Nicht immer hatten Bär und Dreher diese Strategie. 1979 lancierten sie im Hinblick auf die Nationalratswahlen die Aktion *Hopp Schwiiz, Gesellschaft für weniger Staat,* die eine eigene, 18köpfige Kandidatenliste präsentierte. Bär zeichnete als Präsident und Spitzenkandidat von *Hopp Schwiiz;* Dreher führte den Titel Delegierter und hatte den vierten Listenplatz.

An einer Pressekonferenz Mitte August 1979 wurden sieben Forderungen präsentiert, mit denen *Hopp Schwiiz* darauf auch den Wahlkampf bestritt: 1. Weniger Steuern, 2. Weniger Verwaltungs-Leerlauf, 3. Weniger Staatsverschwendung, 4. Mehr Kraft dem Volk, 5. Mehr Eigentum für alle, 6. Mehr Schutz für sozial Schwache, 7. Mehr Sinn für Energie und Umwelt. Dabei traten neben Bär und Dreher als Referenten auf:

- Alfred Meili, Vizepräsident *Hopp Schwiiz,* Anwalt, FDP-Mitglied, Zürich
- Werner Zücker, Quästor *Hopp Schwiiz,* Textil-Unternehmer, Präsident der Kreispartei 7 der Stadtzürcher SVP
- Theo Baldi, Aktuar *Hopp Schwiiz,* Kaufmann, Herrliberg
- Peter Kettiger, Mitinhaber der Zürcher Werbeagentur Zogg, Kettiger, Gasser, Richterswil
- Heiner Zogg, Mitinhaber der Zürcher Werbeagentur Zogg, Kettiger, Gasser, Zürich

– Adrian Teuscher, Naturwissenschafter (Pharma-Branche), Zürich

(Alle Referenten kandidierten auch für Hopp Schwiiz; mit Ausnahme Teuschers gehörten sie dem Vorstand an.)

Alle Hopp Schwiiz-Exponenten waren 1979 zwischen 32 und 36 Jahre alt, junge und tatendurstige Bürgerliche in gut dotierten Positionen, die den raschen und direkten Einstieg in die Politik suchten, ohne sich in den gestandenen Parteien hochdienen zu müssen. Dabei entwickelte die Gruppe einen beträchtlichen Elan.

Mit 250000 Franken hatte *Hopp Schwiiz* ein sehr gut dotiertes Wahlbudget. Mit Plakaten, Klebern und vor allem Zeitungsinseraten waren die Aussenseiter in Zürich stark präsent.

Entsprechend nervös reagierten die bürgerlichen Parteien. Allen voran die FDP, die im Nationalrats-Wahlkampf 1979 mit dem Slogan «Mehr Freiheit, weniger Staat» ebenfalls auf der Welle der Staatsverdrossenheit reiten wollte. Parteipräsident Hans Georg Lüchinger warnte öffentlich: «Jede Stimme, die für *Hopp Schwiiz* abgegeben wird, ist für die bürgerlichen Parteien im Eimer.» Es seien Stimmengewinne der SP zu befürchten, weshalb eine Zersplitterung der nichtsozialistischen Wähler vermieden werden müsse. Und Rudolf Friedrich, damals noch Nationalrat, sprach von «Splittergruppen» und «Eintagsfliegen», von denen man «bisher noch nie etwas gehört» habe. Ebensogut könne man am Wahltag fischen gehen, meinte Friedrich: Das habe politisch die gleiche Wirkung, wie wenn man *Hopp Schwiiz* wähle.

Bär wehrte sich gegen die Vorwürfe, *Hopp Schwiiz* wolle die FDP konkurrenzieren. «Für uns ist wichtig, dass der FDP mittelfristig jemand den Rücken stärkt, der sie zwingt, ihre bisherige Politik so zu modifizieren, so wie wir es wünschen». Unzufriedene FDPler seien es denn auch, die *Hopp Schwiiz* mit grosszügigen Spenden finanzierten. Der Wahltag brachte dann die Klärung: Hopp Schwiiz machte nur 78000 Stimmen (was rund 3000 Wählern entspricht). Für ein Mandat hätte es rund vier mal mehr gebraucht. Trotzdem war *Hopp Schwiiz* für Bär kein Misserfolg: «Die FDP hat sich dank uns zusätzlich profiliert – und in unserem Sinn», erklärte er nach der Wahl.

Die Hinterlassenschaft des Rudolf Farner

Auch seinen eigenen Tod organisierte er noch als PR-Ereignis. Als Rudolf Farner am 10. März 1984, einem Samstag, am frühen Morgen zuhause in Stäfa an seinem langjährigen Krebsleiden starb, setzte sich eine wohlvorbereitete Maschinerie in Gang. Schon am Montag erschienen in der 'NZZ' insgesamt 17 Todesanzeigen für ihn. Geht man davon aus, dass die Zahl der Todesanzeigen gewissermassen die wirtschaftliche oder politische Macht eines Verstorbenen widerspiegeln, dann ist Farner mit Abstand die mächtigste Person, die in der jüngeren Schweizer Geschichte das Zeitliche gesegnet hat.

Bei Willi Ritschard, dem einzigen Bundesrat, der in den letzen 20 Jahren in der Schweiz im Amt verstorben ist, trauerte die Schweiz im Oktober 1983 in der 'NZZ' auf genau einer halben Seite. Bei Rudolf Farner waren es, ein halbes Jahr später, volle drei Zeitungsseiten. Die Liste der Trauernden zeigt in Umrissen das Imperium, das sich Farner in seinem Leben aufgebaut hat.

– Die Familie erinnerte an Farners Gradlinigkeit und bat, «im Sinne von Fänsch», um Unterstützung der *Aktion Freiheit und Verantwortung.*

– Die *Dr. Rudolf Farner Werbeagentur* trauerte um ihren Verwaltungsratspräsidenten und bat um Unterstützung der Krebsliga des Kantons Zürich.

– Die *Dr. Rudolf Farner Public Relations Agentur* hatte ihren Präsidenten und Verwaltungsratsdelegierten verloren. «Er gehörte zu den ersten, die die Bedeutung echter Public Relations in unserem Land erkannten.» Spenden an die Krebsliga.

– Der *Verein zur Förderung des Wehrwillens und der Wehrwissenschaft* gab vom Hinschied «unseres Gründungsmitglieds und lieben Kameraden» Oberst i Gst. R. F. Kenntnis. «Seine Rolle in unserem Verein steht für die Liebe zu unserm Land und seinen tiefster Überzeugung entspringenden Einsatz für die Landesverteidigung» (Spenden an die Zürcher Winkelriedstiftung).

– Die *Aktion Feiheit und Verantwortung* trauerte unter dem Motto «Ich hatt' einen Kameraden, einen bessren findst du nicht» um den «Initianten und Gründer» der *Aktion,* der – als «unser guter Freund und allzeit bereiter Helfer» – «unvergessen» bleiben werde (Spenden an die Schweizer Berghilfe).

Weiter trauerten:

– die *Hans Looser Werbeagentur AG* (eine von Farner 1981 aufgekaufte Firma) um den Verwaltungsratspräsidenten (Spenden Krebsliga),

– der welsche Ableger *Bureau d'Etudes Publicitaires* in Lausanne um den

Verwaltungsratsdelegierten (kein Spendenaufruf),
- die Schweizer Werbewirtschaft (so heisst der Dachverband der Werbebranche) um den Präsidenten,
- die Stiftung für die Lauterkeit in der Werbung um den Stiftungspräsidenten,
- der Präsident der *Publicis-Intermarco-Farner-Gruppe,* Marcel Bleustein aus Paris, um den Freund und Partner,
- die PR-Firma von Farners Tochter Annemarie Herzog, die Sorpresa AG Küsnacht, um das Verwaltungsratsmitglied (Spenden an die *Aktion Freiheit und Verantwortung*),
- die International Advertising Association, Swiss Chapter, um den International Advertising Man of the Year 1963,
- die Zunft zur Schiffleuten um den verehrten Ehrenzunftmeister,
- die Zofingia Zürich um den lieben Altzofinger,
- die Radio Publicité S.A. Zürich um das langjährige Verwaltungsratsmitglied,
- das Corporate Management Board der Intermarco-Farner um das langjährige Mitglied,
- und die Mitarbeiterinnen und Mitarbeiter der *Dr. Rudolf Farner Werbeagentur* um den «hochverehrten, lieben Firmengründer», dessen «Persönlichkeit, Menschlichkeit und reiche Erfahrung uns alle, die wir mit ihm in Beziehung standen, tief beeindruckt» (Spenden «auf Wunsch des Verstorbenen» an die Krebsliga).

Die allerletzte Performance des Werbekönigs war dann die Trauerfeier im Fraumünster, die Niklaus Meienberg in der 'WoZ' eindrücklich beschrieben hat (23. 3. 84). Gleich vier Zunfthäuser hatte die *Dr. Rudolf Farner Werbeagentur* gemietet, wo nach der Abdankung Bündnerfleisch aufgeschnitten wurde.

Imperium weiter ausgebaut

Farner hat in den letzten Jahren seines Lebens nicht nur davon geträumt, eine einsame Insel im Pazifik zu kaufen, wie die 'Illustré' in ihrem Nachruf berichtete, sondern auch sein europäisches Imperium zügig ausgebaut.

Uns interessiert in diesem Buch vor allem die als *Büro Farner* berühmt-berüchtigte *Dr. Rudolf Farner Public Relations Agentur.* Deshalb gehen wir nur kurz auf die *Dr. Rudolf Farner Werbeagentur* ein, aus der die PR-Agentur 1972 ausgegliedert worden ist. Beide Firmen haben heute nichts mehr miteinander zu tun und sind iuristisch, räumlich und organisatorisch getrennt.

Die *Farner-Werbeagentur* ist zwar nicht mehr die grösste Werbeagentur der Schweiz, wie sie es noch 1979 gewesen war, sondern mit 56,1 Mio. Franken Budgetumsatz (1983) nur noch Nummer vier (Spitzenreiter: Adolf Wirz AG mit 63,1 Mio.). Dafür hat die *Farner Holding AG* 1981 die Zürcher Werbeagentur *Hans Looser AG* aufgekauft, die einen Budgetumsatz in der Grössenordnung 15 Millionen hat. Die *Farner Holding* fasst die verschiedenen Farner-Firmen im Bereich der Werbung zusammen (*Farner Werbeagentur* und *Looser* in Zürich, *Bureau d'Etudes Publicitaires* in Lausanne sowie verschiedene ausländische Intermarco-Farner-Agenturen).

Die Agenturen *Looser* und *Farner* wurden getrennt weitergeführt. Dadurch war es möglich, den in der Werbebranche geltenden Konkurrenzausschluss zu umgehen. Konkurrenzausschluss bedeutet, dass eine Werbeagentur nicht gleichzeitig Aufträge für Produkte, die sich auf dem Markt konkurrenzieren, annehmen darf. Eine Agentur soll und kann also nicht gleichzeitig für Brunette und Select oder für Knorr und Maggi werben.

1980 ist Farner als Nachfolger von Raymond Broger zum Präsidenten des Dachverbands Schweizer Werbewirtschaft (früher: Schweizerischer Reklame-Verband SRV) gewählt worden – eine Art Hommage der Branche an den Werbepionier. 1983 ist Farner, bereits von der Krankheit gezeichnet, nochmals wiedergewählt worden. Er war seit 1980 auch Präsident des Schweizerischen Werberats, eine Gruppe von Werbeleuten, die nach aussen das Gewissen der Werbung repräsentieren will.

Neue Besitzverhältnisse bei der PR-Agentur

Seine Werbefirmen hatte der Superpatriot Farner schon vor knapp 15 Jahren ins Ausland, an die Pariser *Publicis-Intermarco-Gruppe* (an der er sich gleichzeitig eine Minderheitsbeteiligung erwarb) verkauft. An der *Dr. Rudolf Farner Public Relations Agentur* war Farner aber noch selbst und direkt beteiligt, und er amtierte als Verwaltungsratspräsident und (ab 1981) auch als -delegierter. Gustav Däniker, der langjährige Teilhaber der Firma, war als Verwaltungsratsdelegierter auf Ende Juni 1980 zurückgetreten, nachdem er 1979 als Stabschef 'Operative Schulung' in den Bundesdienst übergetreten war. Doch Däniker behielt seine Anteile. Seine Frau, Marie Claire Däniker, ist seit Januar 1981 Verwaltungsratsmitglied.

Schon im Dezember 1983 regelten Farner und Däniker in einer Vereinbarung die Besitz-Verhältnisse für die Zeit nach Farners Tod. Farner und Däniker hatten damals je 50 Prozent des Aktienkapitals von 100 000 Franken, und es wurde vereinbart, dass beide je 45 Prozent behalten und je 5 Prozent an die beiden Direktoren der Agentur, Dominique Brunner und Heinz Gut, abtreten. Diese Absicht wurde anfang 1984 realisiert.

Im August 1984 wurde dann auch der Verwaltungsrat neu bestellt. Als Präsident wurde (offenbar als Vertreter der Familie Farner) Professor Ernst Ferdinand Narcisse Zuppinger (*12. 3. 19) aus Zollikon bestimmt. Marie-Claire Däniker wurde Vizepräsidentin und Brunner und Gut rückten in den

Verwaltungsrat auf. Das übrige Kader der PR-Agentur: Finanzdirektor ist Julius Fritschi aus Stäfa, stellvertretender Direktor Christian König (*1949) aus Zollikon, und als Prokuristen zeichnen Christine Hohl (*1940), Zürich, Jürg Hauri (*1946), Zürich, Kurt Keller (*1942), Küttigen und Peter Jenni (*1940), Bern.

Trotz des teilweise schlechten, legendenumwitterten Rufs ist das *Büro Farner* nach wie vor die grösste PR-Agentur der Schweiz. Eine Kundenliste wird – wie bei anderen Agenturen üblich – bei Farner nicht abgegeben. Brunner: «Wir würden gerne damit prahlen, aber wir sind durch Schaffe, nicht durch Schnurre gross geworden.» Deshalb muss das Bild über die Tätigkeit der Farner-Agentur anhand von Einzelteilen zusammengesetzt werden, und es bleibt nowendigerweise bruchstückhaft.

Nach aussen sichtbares Produkt, sozusagen die Spitze des Eisbergs der *Farner Agentur,* ist der monatliche *Farner-Pressedienst,* eine vor allem an Redaktionen verschickte Sammlung von PR-Artikeln und politischen Kommentaren. Die Interessen, die darin vertreten werden und die Produkte, die angepriesen werden, lassen Rückschlüsse auf Kunden und Mandate der Agentur zu.

Der *Pressedienst* beginnt meist mit einem innenpolitischen Kommentar, häufig von der Bundeshausjournalistin Beatrice Steinmann (Kürzel: bst.), die sonst unter anderem für die 'Schaffhauser Nachrichten' arbeitet. Fast immer sind ein militärpolitischer Artikel (Autoren sind häufig Agentur-Prokurist Peter Jenni, früherer Pressesprecher des EMD, und Brigadier Herbert Wanner), sowie häufig auch ein ordnungspolitischer Beitrag im *Pressedienst,* die Farner dann dem *Verein zur Förderung des Wehrwillens* (VFWW) bzw. der *Aktion Freiheit und Verantwortung* als Leistungsbeleg vorlegen kann.

1983 und 1984 machte Farner aufgrund einer Durchsicht des Pressediensts unter anderem für folgende Firmen PR: Schweizerische Kreditanstalt (SKA), Schweizerische Bankgesellschaft (SBG), Schindler-Aufzüge, Nagra, Manufacture et Developpement Industrie (MDI) in Ste. Croix, Thermalzentrum Yverdon les Bains, Planungsbüro Suter + Suter (Basel), Philips (Philishave-Rasierer) und MacDonalds (Motto: Hamburger sind gesund). Als Interessensgruppen sind aufgefallen: Die Bankiervereinigung, der Verband der Schweizerischen Geflügelhalter, die Verpackungsindustrie, die Tabakindustrie, die Vereinigung für Direktwerbung usw.

Als Autoren treten – neben den Farner-Mitarbeitern Jürg Hauri, Pierre-A. Riedi, Rolf Murer, Jürg Issler, H. R. Meier, Peter Jenni und Robert Gubler – folgende Namen auf: Alois Stehrenberger, Rolf D. Schürch, S. Horvath, Hans Eberhardt (Oberägeri), Peter Jakob, Charles Ott, Egon Zehnder, Heinrich Bernhard (*Aktion Freiheit und Verantwortung*), Martin Zeller, Arnold Kaech, Urs Meinrad, B. Manbert, Mario Rossetti, alt Ständerat (CVP) Robert Reimann, Johannes Kaspar, Jean Pierre Wassermann, René

Müller, Fritz Wanner, Hans Bodenschatz, Stefan Pfeiffer, U. Zanoni, PR-Mann Martin Raeber, Peter Hubert, Hans Rudolf Keller (Büelisacker/Waltenschwil), Hans Georg Walther, Markus Weber, Markus Kündig (Präsident Gewerbeverband), Pierre Jaccoud (Vorstandsmitglied *Aktion Jugend und Energie*), Günter Heuberger ('Radio Eulach') und Klaus Hug. Ob sich unter diesen Namen auch Pseudonyme befinden, ist nicht bekannt.

Neuer Auftragsmarkt dank «grünen» Forderungen

Das *Büro Farner* galt bisher als Spezialist für klassische Links-Rechts-Auseinandersetzungen (zum Beispiel Armee, Sozialwesen), für Wirtschaftsskandale (zum Beispiel SKA/Chiasso) oder für Entlassungen und Firmenschliessungen (eine Farner-Broschüre bezeichnet das als «informatorische Betreuung wirtschaftlicher Umstrukturierungen»). In jüngster Zeit betreut die Agentur aber häufig auch Firmen und Interessensgruppen, die durch im weitesten Sinne «grüne» Forderungen bedrängt werden, zum Beispiel die Direktwerber oder die Verpackungsindustrie. Im *Pro* polemisiert Farner (in wessen Auftrag?) gegen das umweltpolitische Engagement des WWF, der sich gefälligst auf den Schutz bedrohter Tierarten beschränken solle. Auch die Produzenten von Bio-Gemüse werden im *Pro* in Frage gestellt. Dafür ist Farner seit 1984 für den Verband Schweizerischer Geflügelhalter aktiv. Die Besitzer von Eierfabriken fühlen sich durch die verbreitete Kritik an der Käfighaltung der Hühner verunsichert, und die Publikumsgunst gehört denn auch eindeutig den Produzenten von Freiland- und Bodenhaltungs-Eiern. Farner-PR soll das Image der Eier-Fabriken aufbessern; gleichzeitig verlangt die *Farner-Agentur* Einschränkungen beim Import von billigen Ausland-Eiern.

Auch einen andern happigen Auftrag verdankt Farner Tierschützern. Im Hinblick auf die Volksabstimmung über die Vivisektions-Initiative, mit der radikale Tierschützer sämtliche Tierversuche verbieten wollen, hat die Pharma-Industrie einen *Arbeitskreis Gesundheit und Forschung* lanciert, der von Farner betreut wird. Im Sommer 1984 wurde mit einer Riesenauflage (allein in der Deutschschweiz 1,7 Millionen) ein Farbprospekt in alle Haushalte verteilt («Tierversuche sind nötig»); weitere Aktivitäten im Hinblick auf die Abstimmung von 1985 sind vorgesehen.

Neuerdings hat die *Agentur Farner,* die sich sonst mit beamtenfeindlichen Sprüchen und Weniger-Staat-Slogans hervortut, mehrfach Aufträge des Staatsbetriebs SBB erhalten, etwa für das Stückgutkonzept (Cargo Domizil) und für die Gestaltung einer SBB-Werbebroschüre. Das *Büro Farner* «macht» auch die umstrittene Riesenüberbauung im Zürcher Hauptbahnhof-Sihlpost-Bereich («HB Südwest»), an der die SBB zusammen mit der privaten HB City Immobilien AG beteiligt sind.

Im Abstimmungskampf für die Station Seilergraben für die Zürcher S-

Bahn (von Stadt und Kanton am 23. September 1984 abgelehnt) betreute Farner die befürwortende Kampagne; Hauptträger der zusätzlichen Haltestelle wäre freilich nicht die SBB gewesen, sondern der Kanton Zürich. Bei Farner für Verkehrsfragen zuständig ist Robert Gubler.

1984 betreute die *Agentur Farner* das 100-Jahr-Jubiläum des Zürcher Wirtevereins und produzierte unter anderem eine von Ernst Cincera grafisch gestaltete Werbezeitschrift, die im November in grosser Auflage gestreut wurde.

Zivildienstinitiative: «Kompromissreflex zurückdrängen»

Schön illustrieren lässt sich die Arbeitsweise der *Farner-Agentur* im Zusammenhang mit der Initiative «für einen Zivildienst auf der Grundlage des Tatsbeweises», die im Februar 1984 abgelehnt worden ist. Ursprünglich hatte man annehmen können, dass die Initiative eine Chance hatte, weil sie einen der Haupteinwände gegen die 1977 abgelehnte Zivildienstvorlage, die Gewissensprüfung, durch den Tatbeweis ersetzte und zudem vorsah, dass der Zivildienst anderthalb mal so lang wie der Militärdienst sein muss.

Farner liess bereits 1980 in einer Meinungsforschung die Volksseele aushorchen. Resultat: «In der breiten Öffentlichkeit», so Dominique Brunner in einem internen Dokument, «besteht eine unübersehbare Tendenz, dem Anliegen Verständnis entgegenzubringen». Brunner folgerte, deshalb müsse im Zusammenhang mit der Initiative konsequent behauptet werden, dass sie nicht den «ehrbaren» Dienstverweigerer im Auge habe, «sondern bewusst auf die Zerstörung der Milizarmee abzielt». Es gelte deshalb, «in dieser Frage äusserst hart zu diskutieren», und zwar «unter Zurückdrängung des helvetischen Kompromissreflexes, von dem nur die Gegenseite, die unaufrichtig ist, profitiert».

In der Folge schoss Farner auf dieser Argumentationslinie mit allen ihm zur Verfügung stehenden Mitteln gegen die Initiative.Die *Aktion Freiheit und Verantwortung* bezeichnete die Initiative frühzeitig, schon 1982, als «Anschlag auf unsere Rechtsgleichheit, Landesverteidigung und Unabhängigkeit» und stellte sie in einer Chronologie in eine Reihe mit einem Bombenanschlag, der 1970 zum Absturz einer Swissair-Maschine bei Würenlingen führte, oder mit bundesdeutschen Terror-Anschlägen. Unmittelbar vor der Abstimmung erschien nochmals eine Serie Inserate.

– Der VFWW seinerseits verschickte zahllose Presseartikel an die Redaktionen, aber auch Abzüge der Inserate der *Aktion Freiheit und Verantwortung*. Besonders fleissiger Artikelschreiber war Dominique Brunner selbst.

– Farner-Mitarbeiter Günter Heuberger installierte flugs eine *Arbeitsgemeinschaft für gleiche Wehrpflicht und eine friedenssichernde Milizarmee,* die er präsidierte und die via *Farner-Pressedienst* an die Öffentlichkeit trat. Heuberger arbeitete nur vorübergehend bei Farner; er ist seit Ende 1983

Farners PROpagandablatt

Das Gratisblatt *Pro,* das zehn Mal im Jahr ungefragt in allen Treppenhäusern der Agglomerationen herumliegt, gilt bei vielen noch immer als Blatt der Detaillisten – fälschlicherweise. 1976 trennten sich die Detaillisten von ihrem jahrzehntealten Organ und verkauften es an eine neugegründete Verlagsgesellschaft Pro AG, die damals hälftig dem Drucker Theo Birkhäuser und dem Anzeigenvermittler Franz Ludwig von Senger gehörte. 1983 verkaufte Birkhäuser seinen Anteil via von Senger an eine anonyme Aktionärsgruppe. Auch von Senger dürfte seinen Anteil bloss stellvertretend für andere halten. *Pro* ist damit die einzige grössere Zeitschrift der Schweiz, die ihre Besitzverhältnisse vor den Lesern geheimhält.

Dennoch ist kein Geheimnis, wer bei *Pro* das Sagen hat. Von Senger räumte 1984 ein: «Dr. Farner, ein alter Freund von mir, war und ist die graue Eminenz des *Pro»* (Region, 10.2.84). Insider der Verlagsbranche haben wiederholt behauptet, Kreise um *Libertas* kontrollierten das *Pro,* eine These, die nicht überprüfbar ist.

Seit 1983 sitzt neben von Senger Ringier-Direktionspräsident Peter M. Schneeberger als Nachfolger von Birkhäuser im Verwaltungsrat. Damit ist Ringier nicht nur Drucker (ein fetter Auftrag von rund 2,5 Millionen Franken im Jahr), sondern auch mitverantwortlicher Verleger.

Seit 1980 betreuen Farner-Leute auch die Redaktion: Urs Lauffer (mit einem kurzen Unterbruch 1983, als Gebhard Osterwalder als Redaktor zeichnete) zusammen mit der Farner-Tochter Annemarie Herzog. Beides sind PR-Leute. Lauffer ist diplomierter PR-Berater, Musi, wie Annemarie Herzog genannt wird, ist Inhaberin der PR-Firma *Sorpresa AG* in Küsnacht. «Ich würde lügen, wenn ich behauptete, wir hätten mit *Pro* nichts zu tun», bekannte Farner-Direktor Brunner. «Wenn ich im *Pro* schreiben möchte, dann kann ich das.» Die Farner-Leute plazieren im *Pro* denn auch hemmungslos parteiliche Propaganda für Atomkraftwerke, Tierversuche, Militärausgaben usw., unterstützen rechtsbürgerliche Politiker und attackieren linke Volksbegehren. Dabei leidet mitunter der Wahrheitsgehalt. Im November 1983 diffamierte *Pro* den WWF mit nachweisbar falschen Angaben. *Pro* nervte, dass sich der WWF nicht nur um aussterbende Pandas kümmert, sondern aktiv Umweltpolitik betreibt und konsequenterweise gegen weitere AKW's ist. Der WWF musste mit rechtlichen Schritten drohen, bis *Pro* eine Gegendarstellung brachte – reichlich spät und arg gekürzt.

Nicht alle sind mit dem plump-propagandistischen Farner-Kurs einverstanden. «Ich bedaure, dass *Pro* so undiplomatisch mit dem Holzhammer versucht, die Leute zu beeinflussen», kritisierte von Senger.

Holzhammer-Methoden: Die Pro-Redaktoren Urs Lauffer und Annemarie Herzog-Farner

Das Redaktionskonzept von 1979 betont die parteiliche Haltung: «*Pro* achtet die Freiheit des Individuums und fördert die soziale Marktwirtschaft; *Pro* ist wirtschaftsfreundlich. *Pro* praktiziert 'positiven Journalismus'.» Etwas anders tönt es, wenn jährlich dummen Lesern 15 Franken aus der Tasche gezogen werden sollen für ein Produkt, das sie ohnehin erhalten: «Wir sind unabhängig, einzig unseren Lesern verpflichtet!» Wer's glaubt, ist selber schuld.

Beim Fischzug auf Abonnentengeld wirbt *Pro* mit einer falschen Etikette, die es auch im Titel führt: «Die grösste Zeitschrift der Schweiz». Tatsächlich sieht es so aus: Während die Detaillisten *Pro* noch in alle 1,7 Millionen Deutschschweizer Haushaltungen streuten, reduzierten die neuen Besitzer die Auflage 1977 auf die Million Haushaltungen in dichter besiedelten, kaufkräftigen Agglomerationen. Entscheidend ist jedoch nicht die Druckauflage, sondern die Zahl der tatsächlichen Leser. Diese ist bei *Pro* kontinuierlich rückläufig. Mit der alten Auflage wurden in der Deutschschweiz noch mehr als 50 Prozent der Erwachsenen erreicht, gemäss Mediastudie 1984 sind es noch magere 24,8 Prozent. Oder in Zahlen: 798 000 Leser. Andere Titel erreichen grössere Leserzahlen, etwa der 'Beobachter' oder die 'Schweizer Familie'. (Um dem Leserschwund entgegenzuwirken, erhöhte *Pro* die Druckauflage im November 1984 auf 1 208 742 Exemplare).

Aufgrund allgemeiner Branchenregeln ist anzunehmen, dass jene Exemplare, die überhaupt den Weg in eine Wohnung finden, von zwei Leuten gelesen werden. Für die ausgewiesene Leserschaft genügen also (immer von der Annahme zwei Leser pro Exemplar ausgehend), rund 400 000 Hefte. Oder umgekehrt gesagt: rund 600 000 werden für den Müll produziert. Für den Jahrgang 1983 ergibt das etwa 500 Tonnen Altpapier. Einen grösseren Papierverschwender gibt es in der schweizerischen Presse nicht.

Verwaltungsratspräsident des Winterthurer Lokalsenders 'Radio Eulach'. – Auch der Redaktionsteil von *Pro* wurde eingesetzt, wo Brunner selbst in die Tasten griff und einen der einfältigsten Beiträge zur Abstimmungskampagne beisteuerte.

Farner und die AKW-Lobby

Die *Farner-PR-Agentur* hat sich für die Atomenergie eingesetzt, seitdem die massiven Ausbau-Pläne der Atomindustrie in der Schweiz seit Beginn der siebziger Jahre in breiten Bevölkerungskreisen auf Widerstand stossen. Wie Dominique Brunner erklärt, betreut oder sekretarisiert die *Agentur Farner* keine der verschiedenen Propaganda- und Informationsstellen der Atomindustrie (wie etwa die SIK, *Schweizerische Informationsstelle für Kernenergie,* die von der Zürcher PR-Agentur Dr. Roland Mori betreut wird). Doch im *FarnerPressedienst* vertritt die Agentur in den letzten Jahren häufig die Interessen der Nagra und hat also ein entsprechendes Mandat. Auch für den Verband Schweizerischer Elektrizitätswerke (VSE) ist Farner laufend tätig.

Und weil diese Auftraggeber für ihr teures Geld eine Leistung sehen wollen (in der PR-Branche liegt der Honoraransatz eines Beraters bei über 1000 Franken pro Tag), produziert die Agentur fleissig beschriebenes Papier – oft mit reichlich gesuchten Argumentationen. Wenn Peter Jenni, der agenturintern für den Bereich Kernenergie zustädig ist, im Pressedienst einen Artikel über Verkehrstote in der Schweiz schreibt, darf man gespannt sein, wer wohl dies bezahlt – die Verkehrstoten haben bekanntlich kein PR-Budget zu vergeben. Und tatsächlich: Jenni schafft es, im Artikel einen Bogen zu schlagen von den jährlich über 1000 Verkehrstoten (gegen die keine Protestbewegung auftritt) zur Sicherheit von Atomkraftwerken (die, obschon bisher ohne Unfälle, heftig bekämpft werden).

Ein zweites Beispiel: Farner verbreitete im Januar 1983 eine scharfe Attacke gegen die Basler Regierung. Der Anlass: Die kernenergiefeindlichen Basler hatten kürzlich eine Abwasser-Reinigungsanlage (ARA) in Betrieb genommen, die zur Verbrennung des Klärschlamms viel Strom braucht. Damit, so der Farner-Kommentar, gehe «ein grosser Teil des Atomstroms aus Gösgen» drauf, um den Rhein vor den Basler Abwässern zu schützen. Die 'Basler Zeitung' reagierte ungewohnt scharf: Sie sprach von einer «punkto Stil und Wahrheitstreue einzigartigen Attacke» und von «notorischem Geseiere» Farners und rechnete vor, die Basler ARA brauche genau 0,6 Prozent des Gösgener Atomstroms.

Im Abstimmungskampf über die Atom- und Energieinitiative (Abstimmung 23. September 1984) hatte die Farner-Agentur eine Art Koordinationsfunktion der Aktivitäten des Verbands Schweizerischer Elektrizitätswerke (VSE). Offenbar mischte die Agentur auch bei jenem Komitee von 30 rechten Sozialdemokraten mit, das – entgegen der Partei-Parole – die Initiative bekämpfte. Der *Farner-Pressedienst* brachte Ende August wohlkoordiniert mit dem Communiqué, mit dem sich das dissidente SP-Komitee vorstellte, ein Interview mit einem der Exponenten des Komitees, alt Bundesrat Willy Spühler.

Im Abstimmungskampf im September 1984 trat unter anderem mit Inseraten und einer Strassenaktion, an der Baumsetzlinge verteilt wurden («Geben Sie diesem Baum eine Chance») die *Aktion Jugend und Energie* in Erscheinung. Sie wird ständig bei der *Agentur Farner* betreut, was aber laut Dominique Brunner «reiner Zufall» ist, weil der Sekretär der *Aktion*, Jürg Issler, bei Farner als Redaktor arbeitet. Ebenso reiner Zufall ist es wohl, dass der vorherige Sekretär der Aktion, Urs Lauffer, ebenfalls ein Farner-Mitarbeiter war.

Die AJE bezeichnet sich selbst in einem Werbeprospekt als «breitabgestützte, unabhängige und aktive Jugendorganisation», der «über 1000 jugendliche Mitglieder und Interessenten angeschlossen sind». Damit sind offenbar die Empfänger eines vierteljährlichen Bulletins gemeint, in dem die AJE für die Atomenergie wirbt. Daneben organisiert die AJE Veranstaltungen, unterstützt bürgerliche Studenten- und Schülerzeitungen mit Pro-AKW-Inseraten und verbreitet «von den Mitgliedern selbst entworfene AJE-Kleber», die «besonderen Anklang» finden. Bei ihrer Tätigkeit kann sich die AJE – ach, wie nett – «auf zahlreiche Gönner» stützen, was dem Verein – das ist nicht falsch zitiert – «die Unabhängigkeit» bei ihren Aktivitäten garantiere.

Dem Vorstand der AJE setzt sich 1984 wie folgt zusammen: Ulrich Knoepfel, Küsnacht (Präsident); Peter Gehler, St. Gallen (Vizepräsident, Präsident 80/81); Paul Brunner, Dietikon; Pierre Jaccoud, Basel (Präsident 1982); Jürg Issler, Schlieren (Sekretär AJE, PR-Redaktor bei Farner, Präsident der Jungfreisinnigen des Kantons Zürich); Daniel Kohler, St. Gallen; Urs Lauffer, *Pro*-Redaktor und PR-Redaktor bei Farner, Zürich. Das frühere AJE-Vorstandsmitglied Jean-Marc Hensch ist seit Mitte 1984 Sekretär der FDP der Stadt Zürich.

Verein zur Förderung der Rüstungsindustrie

Der *Verein zur Förderung des Wehrwillens und der Wehrwissenschaft* (VFWW) ist eine Farner-Organisation, die für die Farner-PR im Bereich Armee und Sicherheitspolitik Geld bei der Schweizerischen Rüstungsindustrie beschafft. Seit 1979 hat sich der VFWW wenig mit Wehrwillen und überhaupt nicht mit «Wehrwissenschaft» (was ist das?) befasst, dafür umso mehr mit Auftragsbeschaffung für seine Mitglieder, eben die private Rüstungsindustrie.

Als 1979 der Skandal um den in der Schweiz produzierten Panzer 68 platzte, der sich wegen gravierender Mängel als kriegsuntauglich erwies, wurde in der Schweizer Öffentlichkeit gerade über Vor- und Nachteile einer Eigenentwicklung für einen fälligen neuen Kampfpanzer für die Schweizer

Der Bundesrat hatte der Bührle-Tochter Contraves 1978 einen entsprechenden Entwicklungsauftrag für ein Modell erteilt. Der pensionierte Brigadier Herbert Wanner, Militärpublizist im Dienst von Farner und VFWW, unterstützte das Entwicklungsprojekt, das Bührle den gesuchten Eintritt ins internationale Panzergeschäft verschaffen konnte.

Auch Daniel Sommer, Kommandant eines Panzer-Batallions, meldete sich mit der Forderung nach einer Eigenentwicklung zu Wort (BaZ, 9.8.79). (Sommer ist zivil Ausbildungschef des Sanitär- und Spenglermeisterverbands SSIV. Der SSIV ist einer der treuesten Kunden der *Farner PR-Agentur,* und es ist geradezu rührend, mitzuverfolgen, wie sich die Redaktion des *Farner-Pressedienst*s fast jeden Monat einen Artikel zum Thema Spengler- und Sanitär-Ausbildung einfallen lässt).

Doch dann kippte die öffentliche Meinung: Die Einsicht, dass ein Panzerkauf im Ausland sinnvoller sei, nahm – auch aufgrund des Debakels um den Panzer 68 – überhand. VFWW-Mitglied Gustav Däniker, damals Direktor der *Farner PR-Agentur,* versuchte noch Gegensteuer zu geben und erklärte, nur die staatlichen Rüstungsbetriebe könnten sowas nicht, Contraves dagegen sehr wohl ('SonntagsBlick', 17.6.79). Doch dann entschied der Bundesrat im Dezember 1979 definitiv, die Eigenentwicklung abzublasen, was von Wanner wiederum heftig kritisiert wurde (BaZ, 3.1.80).

Auch in einer nächsten Panzer-Runde setzte sich der VFWW nicht für ein möglichst effizientes Waffensystem zu einem möglichst günstigen Preis ein, sondern einzig für die Interessen der einheimischen Rüstungsindustrie. Der Bundesrat beschloss 1982, dem Parlament die Beschaffung des deutschen Leopard-2-Panzers zu beantragen. Obschon sich 1984 vor der Parlamentsdebatte herausstellte, dass der Panzer bei einem Kauf ab Stange in der Bundesrepublik *pro Stück* mehrere Millionen Franken billiger zu stehen kommt, setzte sich der VFWW vehement für die viel teurere Lizenzproduktion in der Schweiz ein. Unternehmensberater Nicolas Hayek fand im November 1984 heraus, dass die Bührle-Tochter Contraves für verschiedene Einzelelemente des Panzers völlig überrissene Preise verrechnen wollte.

Schon 1980 hatte VFWW-Mitglied Robert Lang eine Reorganisation des schweizerischen Rüstungswesen verlangt. Lang forderte eine Entflechtung der Funktionen des Rüstungschefs, der zugleich für die Beschaffung wie auch für die eidgenössischen Rüstungsbetriebe zuständig ist (NZZ, 12.9.80). Diese Doppelfunktion begünstige die Staatsbetriebe zulasten der Privatindustrie, monierte Lang, selbst Verwaltungsratspräsident der Georg Fischer AG. Herbert Wanner doppelte im März 1981 mit einer vom VFWW herausgegebenene Beilage zur 'ASMZ' nach,

Als 1981 die Idee auftauchte, aus beschäftigungspolitischen Gründen ein neues Sturmgewehr für die Armee einzuführen (militärisch bestand dazu keine Priorität), wurde dies von den Farner-Militärschreibern sofort unterstützt, und Herbert Wanner favorisierte schon in der Evaluationsphase das Modell der Schweizerischen Industrie-Gesellschaft SIG gegenüber dem der (staatlichen) Waffenfabrik Bern.

Daneben hat sich der VFWW auch zu tagespolitischen Fragen geäussert. Im Farner-Medienverbund (*Pro, Freiheit und Verantwortung*) bekämpfte er die Zivildienstinitiative und bereitete das politische Terrain für die Auseinandersetzung mit der SP-Rüstungsreferendums-Initiative vor. 1981 publizierte der VFWW eine Meinungsumfrage der Isopublic, die zum Schluss kam – wie man fragt, so tönt es zurück – dass «der Wehrgedanke im Schweizer Volk fest verankert» sei.

Die Mitglieder der Vereins werden nicht bekanntgegeben. Präsident ist seit 1980 SKA-Generaldirektor Robert A. Jeker, gemäss der Tradition, dass kein Waffen-Industrieller den VFWW direkt präsidieren soll. Eine Sendung des welschen Fernsehens ('Regards de Droite', 19. 3. 1981) nannte als Mitglieder Dominique Brunner, Gustav Däniker, Rudolf Schmid (Sulzer), Olivier Pittet (alt Korpskommandant), Robert Lang (Verwaltungsratspräsident Georg Fischer AG) und Rolf Gamper. Fleissigster Schreiber ist der pensionierte Brigadier Herbert Wanner aus Zürich, bis Ende 1979 Stabschef des Feldarmeekorps 2. Er ist nicht zu verwechseln mit Dr. Fritz Wanner aus Kilchberg, pensionierter Direktor der Elektrizitätswerke des Kantons Zürich, der ebenfalls rege für Atomkraftwerke und eine starke Armee publiziert.

Als 1982 Bundesrat Georges-André Chevallaz zurücktrat, förderte die *PR-Agentur Farner* den Genfer Staatsrat Robert Ducret als Kandidaten und verschickte Pro-Ducret-Dossiers an die Parlamentarier. Motiv und Auftraggeber der Farner-Aktion sind unklar. Möglicherweise spielte der VFWW eine Rolle, ging es doch um die Neubesetzung der EMD-Spitze. Gewählt wurde dann freilich nicht Ducret, sondern der Waadtländer Staatsrat Jean-Pascal Delamuraz.

Aktion Freiheit und Verantwortung: «Praktiken, die mit Demokratie nichts mehr gemeinsam haben.»

Seit dem Tod Farners sind bis zum Herbst 1984 ausserhalb des *Pro* keine Inserate der *Aktion Freiheit und Verantwortung* (AFV) mehr erschienen. Die Initiative zur Gründung der *Aktion* hatte 1974 Farner persönlich ergriffen, und er war seither auch ihr Motor (und auch Verfasser einiger besonders übler Inserate, siehe Seite 217). Doch Farner-Mitarbeiter Rolf Murer, der bei den *Farner PR-Agentur* neben anderen die *Aktion* betreut, erklärt, bei Bedarf würden auch in Zukunft wieder Inserate erscheinen. Der Tod Farners sei nicht auch das Ende der *Aktion*.

Besonders fleissig war die *Aktion Freiheit und Verantwortung* im Frühling 1980, als sie – nach der sowjetischen Invasion in Afghanistan – zum

Boykott der olympischen Spiele in Mokau aufrief. Eine erste Serie von acht verschiedenen kleineren Inseraten erschien ab März, als in den schweizerischen Sportverbänden die Meinungsbildung über die Moskau-Teilnahme anlief. Im Juni folgten grossflächige Polemiken unter dem Motto «Moskau nein, Sport ja», mit denen die *Aktion* eine Geldsammlung zugunsten jener Sportverbände, die nicht nach Moskau fuhren, einleitete. Gleichzeitig forderte die *Aktion*, Radio und Fernsehen dürften nicht über die Olympiade berichten, weil ihre Berichterstattung «der Sowjetpropaganda Schützenhilfe» leiste.

Das löste heftige, fast durchwegs negative Reaktionen aus. Die Geldsammlung war eine Pleite: Es kamen nur 70000 Franken zusammen, weit weniger, als alle Olympia-Inserate der *Aktion* gekostet hatten. Und auch die Presse verurteilte die Farner-Aktion.

Die 'Thurgauer Zeitung' meinte, das Farner-Inserat erinnere «in übelster Art an Praktiken, die mit Demokratie nichts mehr gemeinsam haben». Und Walter Wehrle von der Sportinformation erklärte zum verlangten Verzicht auf Berichterstattung, die Medien hätten offenbar nur dann eine Informationspflicht, «wenn es den Leuten von der Oberdorfstrasse 28 passt. Oder wenn es darum geht, eine ihrer eigenen Aktionen im Textteil zu unterstützen», wie seinerzeit die Aktion 'Uf d'Socke mache'. Die Farner-Leute, so Wehrle, hätten «keinen Schimmer von Sport und Sporthilfe», und im übrigen solle die *Aktion* «raschestens das Wort Freiheit aus ihrem Titel streichen, denn mit Gesinnungsterror ist die Freiheit in Dutzenden von Staaten niedergetrampelt worden.» Eine Grundpfeiler der Freiheit sei die Toleranz. Daran hätten die Farner-Leute bei ihrer Verketzungskampagne nicht gedacht.

Offenbar unkoordiniert mit der *Aktion* forderten im Januar 1980 auch Rudolf und Ake Bühlmann, Pfarrhaus, 4922 Thunstetten, einen Olympia-Boykott, mit Inseraten zunächst in bernischen Tageszeitungen, später auch in grossen Zeitungen in andern Regionen und im *Zeitbild* des *Ost-Instituts*.

Proteste provozierte die *Aktion Freiheit und Verantwortung* auch mit einem Inserat im September 1980, das den Zürcher Stadtrat aufforderte, endlich hart gegen «die kriminellen Randalierer, die Chaoten, die Stadtguerilleros und potentiellen Mörder» vorzugehen (gemeint war die Zürcher Jugendbewegung); gleichzeitig wurden die Bürger ermuntert, sie hätten das Recht, selbst gegen Randalierer vorzugehen. Das Inserat schloss mit einem Spendenaufruf zugunsten der *Aktion:* «Wir sind auf freiwillige Beiträge angewiesen. Wir verfügen über keine Mittel aus moskowitischen Geheimfonds, aber auch nicht von Banküberfällen und Lösegeldern.» Während das Inserat im Zürcher 'Tagblatt' und im 'Züri Leu' problemlos erscheinen konnte, liess es die 'NZZ' nur in entschärfter Form zu: Unter anderem wurde der Ausdruck «potentielle Mörder» gestrichen, und im Aufruf hiess es nur noch, die *Aktion* habe «keine Mittel aus unklaren Quellen».

Zürich lässt sich vom 7. März an nicht mehr terrorisieren!

In Deutschland hat es damals so angefangen! Terror gegen Juden, Gewerkschafter, Fremde. Rechtsmissbrauch und Gewalt, ausgeübt auch durch kleine Gruppen, führen zu Angst und Unsicherheit, den Wegbereitern der Diktatur!

Vom 7. März 1982 an gilt in Zürich wieder Recht und Ordnung!

Recht und Ordnung im AJZ, im Kreis 5, im Niederdorf, in der ganzen Stadt.

Wenn wir jetzt mit dem Stimmzettel in der Hand, wir – alle Bürgerinnen und Bürger –, unsere Pflicht erfüllen,

wenn wir mit dem Stimmzettel in der Hand einen bürgerlichen Gemeinderat wählen, die 5 Stadträte Aeschbacher, Egloff, Fahrner, Küng und Wagner und als Stadtpräsidenten Dr. med. Thomas Wagner,

dann wird in Zürich Schluss gemacht mit den Auseinandersetzungen, Schluss mit dem Terror.

Dann werden in Zürich aber auch wieder der Bürger und sein Eigentum geschützt!

Ein neuer Gemeinderat und ein neuer Stadtrat, in denen die Bürgerlichen das Sagen haben, zusammen mit dem Stadtpräsidenten, Dr. med. Thomas Wagner, werden nicht akzeptieren, dass in unserer Stadt die Randalierer das Heft in der Hand haben, den Verkehr lahmle-

Am 7. März 1982 ist Schluss!

Sicher gab es Spontan-Krawalle. In vielen Fällen aber war alles von einem kleinen Kreis professioneller Randalierer bis ins letzte vorbereitet und organisiert, vom Aufputschen über die Telefon-Ziitig (Missbrauch der PTT), dem Bereitstellen der Wurfgeschosse, der Wahl der Ziele, bis zu den Stellungnahmen, mit denen nach vollbrachten Untaten die extreme Linke die Schuld der Polizei zuschiebt.

Die Bevölkerung von Zürich hat ein Recht darauf, in Ruhe und in Frieden zu leben, und die Bevölkerung, wie auch die Besucher Zürichs, haben ein Recht darauf, dass während der gesetzlichen Öffnungszeiten die Läden offen sind, und die Ladeninhaber haben das Recht darauf, dass die Behörden dies gewährleisten.

Die Taktik des Terrors

Vermummte Kriminelle,

Chaoten und Stadtguerilleros sollen vom 7. März 1982 an der Vergangenheit angehören.
Darum auf jeden Fall eine bürgerliche Gemeinderatsliste einlegen!
Und für den Stadtrat Ihre Stimme ausschliesslich bürgerlichen Kandidaten geben!

In Zürich in den Stadtrat:
- **Dr. Ruedi Aeschbacher,** Stadtrat, EVP
- **Kurt Egloff,** Geschäftsleiter Gewerbeverband, SVP
- **Hugo Fahrner,**

Vor den Zürcher Gemeindewahlen erschien anfang 1982 ein Inserat mit ähnlicher Rhetorik: «Zürich lässt sich vom 7. März an nicht mehr terrorisieren!» Als Blickfang ein paar uniformierte Nazis und ein vermummter, steinwerfender Jugendlicher; im Text daneben die Aussage, mit dem Terror von «vermummten Kriminellen, Chaoten und Stadtguerilleros» sei jetzt Schluss in Zürich. Dummerweise zeigte das Foto allerdings keinen Zürcher Demonstranten, sondern einen aus Frankfurt, Startbahn West. Die *Farner-Agentur* hatte schon Anfang Dezember 1981 bei Verlagen und Presseagenturen nach einem heissen Demo-Bild gesucht, möglichst mit einem Vermummten (Palästinensertüchlein!) und in Aktion. Als Ringier das Farner-Anliegen abwies, intervenierte Rudolf Farner persönlich im Ringier-Pressehaus. Stunk gab's auch nach Erscheinen: die fünf bürgerlichen Stadtratskandidaten distanzierten sich in einem Gegeninserat: Man könne sich offenbar seine Befürworter so wenig aussuchen wie seine Gegner, erklärten sie. Die *Aktion* versuche eine Stimmung zu schüren, «die uns zuwider ist».

Viele Inserate erschienen seit 1981 nur noch im Farner-Blatt *Pro,* zum Beispiel 1984 mehrere Texte gegen die Atom- und Energieinitiative.

Die Inserate sind konsequent jeweils nur vom Präsidenten der *Aktion,* Heinrich Bernhard, unterzeichnet. Doch die *Aktion* blufft in Bettelbriefen mit einem Mitgliederverzeichnis, das im Sommer 1984 33 Namen umfasst. Zwar kennen diese Leute, das muss gesagt sein, die Inserattexte jeweils zum voraus nicht. Doch indem sie im Nachhinein durch Stillschweigen ihr Einverständnis geben und Farner weiterhin mit ihren Namen hausieren lassen, sind eben doch sie in erster Linie verantwortlich für das, was die *Aktion*

macht. Mitglieder sind (Stand Juni 1984):
- Heinrich Bernhard, Präsident der *Aktion,* Inhaber des Campingplatzes Miralago, Tenero TI
- Beat Auer, Geschäftsführer Promarca, Zürich
- Nationalrat Felix Auer (FDP BL), Vizedirektor Ciba-Geigy, Bottmingen
- Ständerat Julius Binder (CVP AG), Rechtsanwalt und Ringier-Verwaltungsrat, Baden
- Nationalrat Christoph Blocher (SVP ZH), Verwaltungsratsdelegierter der Emser Werke, Feldmeilen
- Nationalrat Ulrich Bremi (FDP ZH), Ingenieur, Zollikon
- Ernst Burkhalter, Elektroingenieur, Uitikon/Waldegg
- Nationalrat Pierre de Chastonay (CVP VS), Anwalt, Präsident *Ja zum Leben,* Sierre
- Bruno Fellinger, Bankier, Küsnacht
- Otto Fischer, alt Nationalrat (FDP BE), Bern
- Simon Frick, alt Nationalrat, St.Gallen
- Jules Fritschi, Finanzdirektor der *Farner PR-Agentur,* Stäfa
- Eric Funk, Unternehmensberater, *Medien-Panoptikum,* Würenlos
- Erich Gayler, Rechtsanwalt, Zürich
- Professor Marcel Grossmann, Herrliberg
- Nationalrat Marc-André Houmard (FDP BE), Direktor schweizerische Holzschule, Malleray BE
- Klaus J. Jacobs, Verwaltungsratsdelegierter der Jacobs Suchard AG, Küsnacht
- Fritz König, Direktor, Bennau
- Ständerat Markus Kündig (CVP ZG), Präsident Schweizerischer Gewerbeverband, Zug
- Nationalrat Edgar Oehler (CVP SG), Chefredaktor 'Ostschweiz', Balgach
- Henry R. Parel, Delegierter des Verwaltungsrats Suchard-Tobler AG, Neuchâtel
- Nationalrat Rudolf Reichling (SVP ZH), Landwirt, Stäfa
- Robert A. Spleiss, Bauunternehmer, Zürich
- Werner H. Spross, Gartenbauunternehmer, Zürich
- Richard Sprüngli, Unternehmer, Rüschlikon
- Rudolph R. Sprüngli, Präsident Lindt & Sprüngli AG, Wädenswil
- Anton Stadelmann, Ex-Chefredaktor *Schweizerische Politische Korrespondenz,* Langnau i. E.
- Nationalrat Georg Stucky (FDP ZG), Regierungsrat, Baar
- Alfred Weber, alt Nationalrat (FDP UR), Altdorf
- Joachim Weber, Landwirt, Rickenbach
- Egon P.S. Zehnder, Unternehmensberater, Zürich

- Carlo Zendralli, Direktor des Verbands der schweizerischen Chemiefaser-Industrie, Uetikon am See
- Christoph Zollinger-Binggeli, Unternehmensberater, Kilchberg

(Die mit * bezeichneten Mitglieder sind seit 1979 neu dazugekommen.)

Neben den Inseraten verbreitet die *Aktion* ihre Ideologie auch in Form von Zeitungsartikeln, die zum freien Abdruck an die Redaktionen verschickt werden. Gegenüber ihren Gönnern gibt die *Aktion* regelmässig eine Zusammenstellung «Aus unserer publizistischen Arbeit» heraus. Darin sind Zeitungsartikel dokumentiert, die von dritten gezeichnet sind und denen der Leser (und möglicherweise auch der Redaktor) nicht ansieht, dass sie im Auftrag Farners entstanden sind. So beansprucht die *Aktion* beispielsweise Texte der Nationalräte Bruno Hunziker, Felix Auer und Hans Georg Lüchinger (alle FDP) oder des Lausanner Rechtsprofessors François Schaller als Beispiele «unserer publizistischen Arbeit». Ob und wie hoch die Politiker für ihre Artikel bezahlt werden, ist nicht bekannt. Entscheidend ist, dass sie sich als Farner-Propagandisten zur Verfügung stellen.

Die Meinungswächter

Die Luftblasen des Hofer-Klub

Es ist Donnerstag, der 16. Dezember 1982, spätabends. Die Stimmung in der Halle 7 der Züspa in Zürich-Örlikon ist zunächst kämpferisch, bald euphorisch. 929 Mitglieder der Radio- und Fernsehgenossenschaft Zürich (RFZ) sind zur ausserordentlichen Mitgliederversammlung angereist, zum Teil mit Extra-Bussen, weitere 541 lassen sich vertreten. Die meisten Anwesenden sind der SRG-Trägerschaft erst in den letzten Tagen beigetreten – nach einem Aufruf einer Organisation, die die SRG sonst auf allen Ebenen bekämpft. Jetzt sind sie da, opfern einen langen Vorweihnachtsabend, um die SRG vor der linken Unterwanderung zu schützen. Worum geht es?

Im September 1982 hatte sich der Vorstand der RFZ mit knappem Stimmenmehr geweigert, der Ernennung eines neuen Leiters des Zürcher 'Regionaljournals' zuzustimmen, weil der von Radio-Programmdirektor Andreas Blum vorgeschlagene Kandidat angeblich zu links war. Mit diesem Entscheid unzufrieden, verlangten linke und liberale RFZ-Mitglieder eine ausserordentliche Mitgliederversammlung der RFZ zu diesem Thema und liessen überdies im Freundeskreis die Aufforderung zirkulieren, der RFZ beizutreten. Dies nutzten rechte Kreise, um den Teufel von der linken RFZ-Unterwanderung an die Wand zu malen – natürlich verbunden mit dem Appell an die eigenen Anhänger, als patriotische Gegenmassnahme der RFZ ebenfalls beizutreten. FDP und SVP, vor allem aber die *Schweizerische Fernseh- und Radiovereinigung* (SFRV) erliessen Aufrufe, warnten vor einer «weiteren Radikalisierung der SRG» und erklärten, zumindest die lokale SRG-Trägerschaft in Zürich müsse «in bürgerlichen Händen» bleiben. Der Erfolg war durchschlagend: Über 1500 Personen traten der RFZ neu bei, 90 Prozent davon bürgerliche.

An der Kampf-Versammlung vom 16. Dezember war das Kräfteverhältnis sofort klar. Der RFZ-Vorstand wurde mit überwältigendem Mehr gestützt, die SRG-Programmschaffenden im allgemeinen und Andreas Blum im besonderen mussten sich schlimmste Beschimpfungen gefallen lassen, und hätte einer der Anwesenden die Idee gehabt, die Auflösung der SRG zu verlangen – die aufgeputschten SRG-Basismitglieder hätten dem Antrag wohl zugestimmt.

SFRV-Zentralpräsident Felix Matthys brüstete sich später, 800 Neueintretende habe die SFRV organisiert (TA, 10. 1. 83). Wegen des möglichen Interessenskonflikts (als SRG-Gegner in der SRG-Trägerschaft) habe die SFRV bisher in den Trägerschaften nicht mitgemacht. Doch jetzt würden Beitrittsaktionen auch in andern Regionen vorbereitet. Matthys: «Wir sind kein kleiner Klub mehr, sondern repräsentieren eine breite Basisbewegung.»

Die SFRV in der Ära Matthys: Niederlage um Niederlage

Die RFZ-Aktion ist ein Höhepunkt in der jüngeren Vereinsgeschichte der SFRV. Sie ist typisch für die Politik, die die SFRV in den letzten Jahren betreibt. Im Vordergrund steht nicht mehr die Kopfjägerei gegen einzelne SRG-Mitarbeiter oder die Aufforderung an die Mitglieder, die SRG mit Programmbeschwerden zu lähmen. Die neue Taktik ist es, die SRG mit einer Vielzahl von eigenen medienpolitischen Initiativen unter Druck zu setzen.

Diese Vorstösse sind freilich in den meisten Fällen Luftblasen, die schon nach kurzer Zeit zerplatzen. So gesehen, hat die SFRV seit 1979 unter der Präsidentschaft von Felix Matthys eine Niederlage nach der andern eingesteckt. Ein paar Beispiele:

– Im Oktober 1981 kündigte Geschäftsleitungspräsident Hans Feldmann an, die SFRV werde eine nationale Organisation als Konkurrenz zur SRG-Trägerschaft schaffen. Diese werde dann lokale und regionale Radio- und Fernsehprogramme sowie TV-Programme vie Satellit ausstrahlen; erste Sondierungen bei möglichen Partnern seien bereits erfolgt. Was ist daraus geworden? Gar nichts – weil die SFRV kein Konzept hatte und keine Partner fand.

– Bereits im Februar 1980 hatte der *Hofer-Klub* eine Sendekonzession für ein gesamtschweizerisches Radioprogramm eingereicht. Nach einer vorläufigen Absage durch den Bundesrat im März 1980 reichte die SFRV Ende Dezember 1981 ein neues Gesuch für eine dritte Radio-Senderkette ein. Stichworte: Drei sprachregionale Vollprogramme in den drei Landessprachen, Zielpublikum, «Jugend und Familie», musikalische Ausrichtung Ländler und Easy Listening, Finanzierung über Konzessionsgebühren, getragen von einer Trägerschaft, in der die SFRV einen Drittel der Vertreter stellt. Auch das eine Pleite: Im Juli 1983 beauftragte der Bundesrat die SRG, in der Deutschschweiz ein drittes Radioprogramm einzuführen, und konzessionierte 36 private Lokalradios. Die SFRV ging leer aus.

– In einer weiteren Phase kündigte Matthys im Januar 1983 an, die SFRV werde die Lokalradios zu einer nationalen Senderkette zusammenschliessen, womit dann doch noch ein SRG-unabhängiges, nationales Radioprogramm entstehe. Dass ein solcher Zusammenschluss geltendem Recht widerspricht, kümmert Matthys nicht. Doch auch dieser Vorstoss ging ins Leere: Die Lokalradios zeigten dem *Hofer-Klub* die kalte Schulter.

– Im April 1981 entschloss sich die SFRV relativ spät, die harzig laufende Unterschriftensammlung zur Volksinitiative des Landesrings gegen das SRG-Monopol zu unterstützen. Auch das schlug fehl: Die nötige Unterschriftenzahl kam nicht zustande (siehe Kasten S. 564).

– An der Mitgliederversammlung vom Mai 1982 wurde beschlossen, die SFRV im Hinblick auf die kommenden Lokalradios zu regionalisieren und

Hofer-Klub-Fan Roger Schawinski

'Radio-24'-Chef Roger Schawinski, zu 'Kassensturz'-Zeiten Zielscheibe der *Hofer-Klub*-Kritik, hat sich zum *Hofer-Klub*-Fan gewandelt. Denn indirekt verdankt Schawinski es Matthys, dass er im Mai 1982 vom Pizzo Groppera aus wieder senden durfte, nachdem alle geglaubt hatten, die zweite Schliessung von 'Radio 24' durch die italienischen Behörden vom Januar 1982 sei definitiv. Im Zürcher Büro von Matthys lernte Schawinski den Genfer Geschäftsmann Hans Albert Kunz kennen, der Schawinski Kontakte zum italienischen Finanz- und Polit-Jongleur Flavio Carboni verschaffte. Carboni, der laut Kunz über unglaublich gute Beziehungen zu Ministern, zur Democrazia Cristiana und zur italienischen Freimaurer-Loge P2 verfügt. Carboni übermittelte Schawinski laut Kunz eine Liste von Adressen, Schawinski reiste nach Rom, und wenige Tage später wurde die Schliessungsverfügung aufgehoben (bilanz, 5/83). Schawinski bestätigt dies, schwächt allerdings ab, der Kunz-Tip sei nur einer von verschiedenen Kanälen gewesen, auf denen er in Rom interveniert habe. Seither geniesst Matthys bei Schawinski auffallend viel Goodwill. Im letzten 'Doppelpunkt', der vom Pizzo Groppera aus ausgestrahlt wurde, befragte Schawinski im September 1983 ausgerechnet Matthys – mitten im Nationalratswahlkampf. Und als das Schweizer Fernsehen im Frühling 1984 eine Sendung zum 10-Jahres-Jubiläum der SFRV zelebrierte, lobte Schawinski nach der Sendung, Matthys habe «ausgewogen liberal» argumentiert.

in Sektionen aufzuteilen, wobei die SFRV als nationale Dachorganisation bestehen bleiben sollte. Seither war immer wieder von dieser Regionalisierung die Rede – passiert ist bis Herbst 1984 nichts.

Interessenskoalition mit Kommerz-Verfechtern

Trotz dieser Serie von Niederlagen – das ist das Paradoxe – hat die SFRV in der medienpolitischen Diskussion nach wie vor Gewicht. Die Interessenskoalition mit jenen, die die SRG aus rein kommerziellen Überlegungen bekämpfen, funktioniert immer noch. Die Forderungen der SFRV liegen im generellen Trend, der in ganz Europa auf eine Kommerzialisierung und Privatisierung der elektronischen Medien hinausläuft. Oder genauer: Die SFRV passt ihre Forderungen laufend dem Trend an, weil sie ja die Kommerzler als Partner braucht. So schafft es die SFRV, trotz aller Niederlagen, sich jeweils auf die Seite der Gewinner zu stellen.

Tatsächlich ändert der *Hofer-Klub* seine Haltung in wichtigen Fragen laufend und passt sich der politischen Stimmungslage an. Noch Ende 1980 beispielsweise hatte die SFRV «schwerwiegende Bedenken» gegen die Zu-

Wer ist wer beim Hofer-Klub

– Felix Matthys (*1943) ist seit 1979 Zentralpräsident. Matthys führt in Zürich ein Familienunternehmen, das unter anderem mit Kies und Asphalt handelt; zur Gruppe gehören auch zwei Ingenieur-Beratungsfirmen sowie die Maschinenfabrik Soder AG in Lenzburg. 1982 kam die Firma Matthys Kies AG wegen einer rechtswidrigen Kies-Abbaubewilligung im aargauischen Schafisheim ins Gerede. In Nigeria ist Matthys Hauptaktionär einer Unternehmergruppe mit 4000 Beschäftigten und 250 Millionen Franken Umsatz. Matthys ist seit dem 5. Dezember 1980 mit dem Film-Sternchen Evelyn Kraft verheiratet. Sie ist seit März 1984 Teilhaberin der Photoagentur Bild + News in Zürich (mit 80000 Franken am Aktienkapital von 250000 Franken). Felix Matthys war von 1980 bis Mai 1984 Präsident der SVP der Stadt Zürich. Bei den Nationalratswahlen 1983 warf Matthys als Spitzenkadidat der Zürcher SVP-Stadtliste mit Geld nur so um sich: Für über 100000 Franken erschienen in den Zürcher Zeitungen persönliche Matthys-Inserate. Für die Katz: Matthys wurde – wie auch sein noch protziger auftretender Parteikollege Walter Frey (Autoimporteur und -Lobbyist) – nicht gewählt.
– Hans Feldmann (*1925) ist seit September 1981 Präsident der Geschäftsleitung. SBG-Direktor Karl Völk gab das Amt wegen Überlastung ab, blieb aber Mitglied der Geschäftsleitung. Feldmann ist Bundesrats-Sohn, Berner SVP-Grossrat, Zentralpräsident des Schweizerischen Hauseigentümerverbands, Präsident des Schweizerischen Käseexportverbands, Präsident und Sekretär des Verbands Schweizerischer Tilsiter-Handelsfirmen sowie Sekretär des Verbands Schweizerischer Kabelfernsehbetriebe. Nur eines ist Feldmann nicht: Nationalrat. 1971 wurde er dritter Ersatzmann auf der Berner SVP-Stadtliste, 1975 zweiter, 1979 erster, doch dann war es 1983 ausgerechnet SFRV-Gründer Walther Hofer, der wieder kandidierte und sich als erster Ersatzmann Feldmann vor die Sonne setzte. An einer Wahlveranstaltung in Bolligen BE beruhigte er Versammlungsteilnehmer, die befürchteten, die neuen Lokalradios würden linkslastig sein, mit bemerkenswerter Offenheit:

lassung von werbefinanzierten Lokalradiosendern, weil sie befürchtete, diese politisch nicht in den Griff bekommen zu können. Es bestehe die Gefahr «einer einseitigen politischen Beeinflussung», es entstehe «ein Wildwuchs im Äther» und zudem entziehe lokale Radiowerbung der Lokalpresse die finanzielle Existenzgrundlage ('Exposé zur Frage von lokalen Radiosendern mit Werbung', November 1980). Zwei Jahre später die Kehrtwendung: Jetzt werden die privaten Kommerzradios begrüsst, und 1984 fordert die SFRV die völlige Liberalisierung der elektronischen Medien. «In einem

«Wer auf eigenen Füssen stehen will», so Feldmann, «hat die politische Gesinnung seinen Geldgebern anzupassen». Und das sind bekanntlich bei praktisch allen Sendern die Werbekunden. 1981, nach der Trennung von Martin Raeber, wurde das SFRV-Sekretariat ins Feldmann-Büro an der Schwarztorstrasse 56 transferiert, wo auch die Tilsiter-Händler, die Käse-Exporteure und die Kabel-Betreiber zuhause sind.
– Claudia Bolla-Vinzenz (*1952) amtet seit 1981 als Geschäftsführerin.
– Jürg L. Steinacher ist verantwortlicher Redaktor des SFRV-Bulletins; lange Zeit anonym, seit Mai 1984 offiziell.
– Martin Raeber ist im September 1981 als Geschäftsführer ausgeschieden. Raebers Vorgänger Willy Güdel war es, der damals als erster (endlich auch einmal ein Primeur) über den Raeber-Abgang in Schweizer Zeitungen berichtete und dabei genüsslich ausbreitete, Raebers organisatorische Leistungen seien nach Ansicht Feldmanns «mangelhaft» gewesen. Raeber führt weiterhin ein Büro für Öffentlichkeitsarbeit und Public Relations (an der Rämistrasse 6 in Zürich). Wichtige ständige Kunden: die SVP der Stadt Zürich, ein Grossverteiler, Israels Fluggesellschaft El Al. Kritisierte Raeber einst kritische SRG-Sendungen, so profitiert er heute davon: Einer seiner Auftraggeber ist der Pelzfachverband, für den Raeber verbreitet, dass die Tiere in Pelzzucht-Farmen artgerecht gehalten werden (im September 1984 organisierte Raeber auch eine entsprechende Journalistenreise nach Skandinavien). Den Auftrag verdankt Raeber dem 'Kassensturz', der mit einem 1982 ausgestrahlten Film über Pelztier-Quälereien einen Umsatzeinbruch in der Pelzbranche verursacht hatte. 1980 brachte sich Raeber in die Schlagzeilen, als er in der Oktobernummer des 'Schweizer Soldat' eine Geld-Sammlung für ein Klubhaus für die Soldaten der israelischen Armee lancierte. Der damalige EMD-Chef Georges-André Chevallaz erteilte Raeber dafür im Parlament am 6. Oktober 1980 einen scharfen Rüffel: Eine solche Sammlung widerspreche der schweizerischen Neutralitätsverpflichtung. Und die 'Weltwoche' kommentierte, die Raeber-Kampagne sei «wenn nicht schlicht dumm, so mindestens von unüberbietbarer Instinktlosigkeit» (1. 10. 80).

Land, das seine Prosperität und den Fortschritt ausschliesslich der Marktwirtschaft und damit auch der privaten Initiative zu verdanken hat, ist es unverständlich, dass diese Grundsätze im Bereich der Kommunikation zugunsten des SRG-Monopols systematisch ausgehölt werden», kommentierte die SFRV den Entscheid des Bundesrats, die tägliche Werbezeit bei den Lokalradios nicht zu erhöhen.

Offensichtlich waren die Widersprüche auch an einer Jubiläums-Generalversammlung am 20. Oktober 1984 im Berner Kursaal. Da verglich Vor-

Die Mitglieder des Zentralvorstands (Stand 1984):

Marcel Aeschbacher*, pensionierter Sekretär des *Landesverbands Freier Schweizer Arbeiter* (LFSA), Geschäftsführer der Schweizer Sektion der *Internationalen Gesellschaft für Menschenrechte* (IGFM), Bern
Max Affolter, Ständerat FDP SO, Olten
Geneviève Aubry, Nationalrätin FDP BE, Präsidentin der welschen Schwesterorganisation *Fédération romande des téléspectateurs et auditeurs* (FRTA), Tavannes
P. Daniel Bischof, Studentenpolitiker und Präsident der (bürgerlichen) *Dachorganisation Schweizerischer Studentenorganisationen* (DSO), Wattwil
Christoph Blocher, Nationalrat SVP ZH, Feldmeilen
Theo Fischer, Nationalrat SVP AG, Notar, Hägglingen
Othmar Fries, Direktor der internationalen Musikfestspiele Luzern, Meggen.
Eva Heller, Riehen
Markus Herzig* Präsident der *Aktion Kirche wohin?*, Zuzwil BE
Walther Hofer*, Geschichtsprofessor Uni Bern, SFRV-Gründer und erster Zentralpräsident, Stettlen BE
Anton Kilias, Kantonsrat CVP ZH, Direktor Altstadtverischerung, Zürich
Markus Kündig, Ständerat CVP ZG, Präsident Schweizerischer Gewerbeverband, Vizepräsident Verein *Schweizerische Politische Korrespondenz,* Zug
Creed Kuenzle, Architekt, Zürich
Hans Letsch, Ständerat FDP AG, Aarau
Rolf Mauch, 1974–78 Präsident der SFRV-Geschäftsleitung, Vorsteher der Aargauischen Industrie- und Handelskammer, Aarau
Kaspar Meier, alt Nationalrat FDP LU, Luzern
Peter Meyer-Misteli, Fürsprech, Sekretär der *Aargauischen Gruppe gegen Medienmanipulation* (siehe Seite 234/235), Wohlen
Max Mössinger, Präsident *Pro Libertate,* Bern
Gerda Pfanner, Bern
Rudolf Rohr, Direktor *Redressement National,* Würenlos
Hans Schneider*, Grossrat SVP BE, Ins BE
Jürg L. Steinacher*, Zürich
Robert Stuber, Biel

standsmitglied Sigmund Widmer die Schweiz trotz Lokalradiovielfalt mit «kommunistischen oder faschistischen Diktaturen» – dort gebe es «auch nur einen Sender». Das «SRG-Monopol», so Widmer, müsse durch eine

Alfred Stucki, Arzt, Thun
Edi Vögeli, Dr. iur. Fehraltdorf
Karl Völk*, Direktor Schweizerische Bankgesellschaft, von 1978 bis 81 Präsident der SFRV-Geschäftsleitung, Zürich
Sigmund Widmer, Nationalrat LdU ZH, alt Stadtpräsident, Zürich
Edzard Wüstendörfer, Schauspieler, Zürich
Die mit * bezeichneten Personen bilden die SFRV-Geschäftsleitung.

Bei den Nationalratswahlen 1983 konnten sich kandidierende SFRV-Mitglieder via ein SFRV-Rundschreiben den andern Mitgliedern zur Wahl empfehlen lassen. Die Liste, die so zustande kam, umfasste – nach Kantonen und Parteien geordnet – folgende Namen:

Kanton Aargau: Rolf Mauch, Ulrich Fischer, Willy Loretan, Rudolf Rohr (alle FDP); Theo Fischer, Hermann Hunziker, Karl Steiner (alle SVP).
Kanton Basel-Stadt: Samuel Baumgartner (LPS); Karl Schweizer (FDP).
Kanton Basel-Land: Jean-Pierre Siegfried (SVP).
Kanton Bern: Geneviève Aubry, Ulrich Ammann, Artur Bill, Balz Horber, Hans Krähenbühl, François Loeb, Hans-Rudolf Lutz, Claire-Lise Renggli (alle FDP); Walther Hofer, Hans Feldmann, Fritz Hebeisen, Rudolf Kessler, Heinz Landolf, Ruth Meyer, Albrecht Rychen, Peter Sager, Heinrich Schnyder, Gottfried Schwarz (alle SVP); Arthur Flück (NA).
Kanton Obwalden: Walter Röthlin (CVP).
Kanton Schaffhausen: Willy Gysel (SVP).
Kanton Schwyz: Karl Weber (FDP).
Kanton St. Gallen: Armin Mühlematter (FDP); Edgar Oehler (CVP).
Kanton Tessin: Valentin Oehen (NA)
Kanton Thurgau: Hans Frei (CVP).
Kanton Zürich: Ernst Cincera, Jean-Daniel Cornaz, Silvio De Capitani, Arthur Grüninger, Robert Henauer, Andreas Honegger, Remolo Honegger, Regula Mann-Freihofer, Albert Petermann, Peter Spälti, Robert Spichiger, Rolf Walther (alle FDP); Felix Matthys, Christoph Blocher, Hans Brenner, Erich Rüfenacht, Heinz Spross, Peter Toggenburger, Hans-Ruedi Weidmann, Edwin Weilenmann (alle SVP); Sigmund Widmer (LdU); Anton Kilias (CVP); Peter Frei, Jean-Jacques Hegg (beide NA).

möglichst grosse Vielfalt von Veranstaltern, auch auf nationaler Ebene, abgelöst werden. Gleichzeitig bejammerte ein zweiter Redner, der Schriftsteller Erwin Heimann, die «ungeheure Medienflut», die eine «grosse Gefahr» darstelle. Die Schweiz habe nicht «die schöpferische Kraft», diese Programme mit «ansprechenden Inhalten» zu füllen; deshalb führten diese «zu einer Verwässerung unserer Kultur».

An der Jubiläumsveranstaltung präsentierte der *Hofer-Klub* in bekannter Manier «medienpolitische Thesen», die drei Forderungen enthalten: 1. Zulassung von privaten Fernseh- und Radioveranstaltern auch auf nationaler Ebene, 2. Aufhebung des SRG-Gebührenmonopols, 3. Wahl der SRG-Verantwortlichen durch die Basis der SRG-Trägerschaft. Diese Forderungen möchte die SFRV im zukünftigen Radio- und Fernsehgesetz realisiert sehen, das der Bund nach Annahme des Verfassungsartikels über Radio und Fernsehen in Angriff nehmen will. Bevor auch nur eine erste Aussage oder ein erster Entwurf des neuen Gesetzes vorliegt, droht die SFRV bereits, sie werde das Referendum ergreifen, falls das Gesetz nicht ihren Vorstellungen entspreche.

Medienpolitische Tagesarbeit ohne SFRV

Auch von ihrer tatsächlichen Stärke, von der Aktivität ihrer Mitglieder oder von ihrer fachlichen Kompetenz her hat die SFRV in der Medienpolitik ein ungerechtfertigtes Gewicht.

Die Mitglieder verharren in Lethargie. Nach eigenen Angaben hat der *Hofer-Klub* 5500 Einzelmitglieder und 300 Kollektivmitglieder (Verbände etc.), die ihrerseits eine Million Mitglieder repräsentieren. Sie nehmen am Vereinsleben nicht Teil, eine interne Meinungsbildung zu den medienpolitischen Manövern findet nicht statt. Zu den Mitgliederversammlungen kommen jeweils vielleicht 50 bis 80 Personen, Durchschnittsalter 60 oder mehr. Als die Geschäftsstelle anfang 1983 die Mitglieder zur Mitwirkung beim SFRV-*Bulletin* aufrief, war das Echo gering.

Von der medienpolitischen Tagesarbeit drückt sich der *Hofer-Klub* – das Verhältnis von Aufwand und Ertrag ist ja auch ungleich grösser, wenn man sich auf kraftmeierische Sprüche beschränkt. An der Vernehmlassung über die Lokalradio-Gesuche beispielsweise, bei der andere medienpolitische Organisationen bis 200seitige, fundierte Stellungnahmen vorlegten, nahm die SFRV überhaupt nicht teil.

Die SFRV hat nach Angaben von Matthys ein Jahresbudget von 250 000 Franken, das – nach langjährigen Finanzproblemen – nun weitgehend mit den ordentlichen Mitgliederbeiträgen finanziert werden kann.

Grösster Kostenfaktor ist nach Angaben von Matthys das Sekretariat in Bern (Bürogemeinschaft Feldmann / Bolla an der Schwarztorstrasse 56).

Alle zwei Wochen erscheint das SFRV-*Bulletin,* redigiert von Jürg L. Steinacher, mit oft kleinkarierten Artikelchen, die irgendwelche Episoden aus Programmen oder Studios der SRG breitwalzen. Das Bulletin wird an die Presse (zum freien Abdruck), an sämtliche eidgenössischen Parlamentarier sowie (jeweils zwei Ausgaben zusammengefasst) an die SFRV-Mitglie-

«Herr Zimmermann, Sie sind verhaftet»

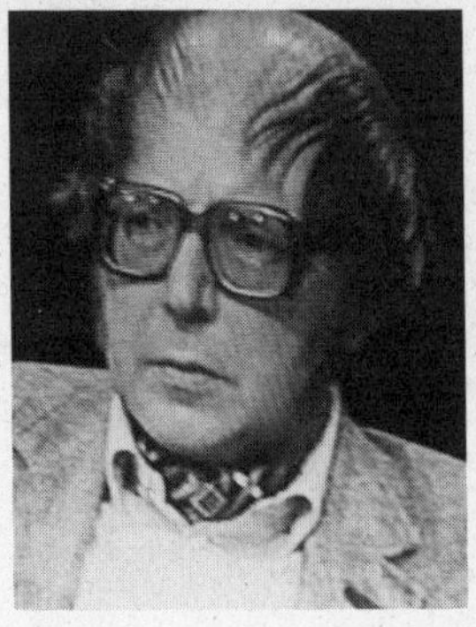

Curt V. Zimermann (* 1928) betreibt in Zürich den Zeitungsausschnittdienst *Presse- und Medienarchiv AG* (PMA) – als Nummer 2 der Branche, hinter dem marktmächtigen Argus der Presse. CuZi, wie Zimmermann von alten linken Jugendfreunden noch immer genannt wird, geht in seinen Dienstleistungen mitunter weit über das Schnipseln hinaus. Für einen Teil seiner Kundschaft engagierte er sich in erstaunlicher Weise. Mal ass er vertraulich mit Ernst Cincera und Leuten der Bankgesellschaft (seinem wichtigsten Auftraggeber), mal schrieb er zugunsten rechtsgerichteter Kunden Leserbriefe (WoZ, 29. 1. 82).

Am meisten Kopfschütteln provozierte CuZi mit seinen Abenteuern beim *Hofer-Klub,* für den er am 25. Januar 1982 an einer medienkritischen Sendung des Fernsehens DRS teilnahm. Hinterher beeilte er sich zu betonen, mit dem *Hofer-Klub* haber er weiter nichts am Hut. Das Gegenteil wäre richtig gewesen, wie sich im Verlauf eines Gerichtsverfahrens wegen eines ehrenrührigen Artikels im *SFRV-Bulletin* ergab. Im Herbst 1983 gab SFRV-Geschäftsführerin Claudia Bolla-Vinzenz vor einem Berner Einzelrichter zu Protokoll, was CuZi immer bestritten hatte: Zimmermann habe im Rahmen eines ständigen Auftrages auch regelmässig Beiträge für das SFRV-Bulletin verfasst, darunter auch den eingeklagten Text. Doch CuZi leugnete weiter, obschon das fragliche Manuskript mit handschriftlichen Notizen von ihm verziert war. Dem Einzelrichter wurde es am 18. Oktober 1983 zu bunt. «Herr Zimmermann, Sie sind verhaftet», eröffnete er dem verduzten Schnipsler. In der kurzen Untersuchungshaft legte Zimmermann ein Teilgeständnis ab. Jawohl, er habe den Artikel «eines andern» an den *Hofer-Klub* weitergeleitet (WoZ, 11. 5. 84). Schliesslich blieb ihm nichts anderes übrig, als einem Vergleich zuzustimmen, der am 10. April 1984 im *SFRV-Bulletin* halbseitig abgedruckt wurde: «Herr Kurt V. Zimmermann übernimmt sämtliche Verfahrens-, Partei- und Publikationskosten.» Das waren trotz eines Solidaritätsbeitrages der SFRV rund 15 000 Franken. Kein Wunder, dass Zimmermanns Liebe zum *Hofer-Klub* («Ich habe Frau Bolla halt sympathisch gefunden») merklich abgekühlt ist: «Vom *Hofer-Klub* habe ich endgültig genug.»

60 000 verschwundene Unterschriften

Am 27. Mai 1980 lancierte der Landesring seine 'Eidgenössische Volksinitiative für Freiheit und Unabhängigkeit von Radio und Fernsehen', die Anti-SRG-Initiative: «Das Monopol der SRG ist aufzuheben.» Trotz der aktuellen Medienaufregung im Zusammenhang mit den Zürcher Jugendunruhen hatte der Landesring nach über einem Jahr erst die Hälfte der notwendigen 100 000 Unterschriften beisammen. Im Sommer und Herbst 1981 entschlossen sich die SFRV und ein neugegründetes *Christliches Komitee für ein freies Radio und Fernsehen* zu einer Rettungsaktion. Das *Christliche Komitee* war von zahlreichen Rechtschristen getragen. Die Telefonnummer gehörte zur christlichen Radiomission New Life in Au ZH, Rundschreiben waren unterzeichnet mit Niklaus Oertly *(Verein besorgter Eltern)* und von Herbert Meier *(Abendland)*. Unterstützt wurde die Landesring-Initiative von zahlreichen weiteren Gruppierungen: *Aargauische Vaterländische Vereinigung, Memopress, Medien-Panoptikum* usw.

Ende November reichte der Landesring nach eigenen Angaben insgesamt gut 90 000 Unterschriften ein. Gültig waren aber bloss 85 288. Die Initiative war also trotz eines breiten Sukkurses gescheitert.

Bemerkenswert ist, dass allein die drei wichtigsten Gruppen zusammen rund 150 000 Unterschriften gesammelt haben wollen:

- Der Landesring betont, bei Beginn der Rettungsaktion seien «50 000 bis 60 000» beisammen gewesen.
- SFRV-Präsident Matthys brüstete sich wiederholt mit «52 000» bzw. «54 000», die der *Hofer-Klub* in sechs Wochen gesammelt habe.
- Das *Christliche Komitee* will «40 146 Unterschriften» gesammelt haben (*Abendland,* November 1981) bzw. «um die 45 000» (*Aufblick,* April/Mai 1982).

Da wir an der Redlichkeit dieser Angaben nicht zweifeln wollen, bleibt als Rätsel zurück, wie rund 60 000 Unterschriften spurlos verschwinden konnten.

Dr. gen. Jesus Christus ist die Grundlage für gesunde Familien und ein gesundes Schweizervolk.

Unterstützen Sie dieses grosse Anliegen durch Ihre Unterschrift! Sammeln Sie die Unterschriften Ihrer Angehörigen und Freunde! Melden Sie sich bei unserem Komitee für aktive Mitarbeit, zum wahrhaften und mutigen Medien-Apostolat!

Christliches Komitee für ein freies Radio und Fernsehen
POSTFACH 711, 8025 ZÜRICH, TELEFON 01 780 80 41

Erstunterzeichner (vorläufiger Stand 23. 6. 81): Pfarrer Manuel Bach, 8610 Uster; Frau Nelly Fröhlich, Synodalin, 8500 Frauenfeld; Rolf Gerber, Arbeitsgemeinschaft für ein christliches Radio, 8804 Au/ZH; Dr. iur. Adolf Guggenbühl, 8634 Hombrechtikon; Arnold Guillet, Verleger, 8260 Stein am Rhein; Dr. med. J. J. Hegg, 8600 Dübendorf; Dr. med. Alois Holenstein, Bezirksarzt, 8640 Rapperswil; Hans Künzle, 4900 Langenthal; Pfarrer Samuel Leuenberger, 3236 Gampelen; Pfarrer Armin Mauerhofer, 4900 Langenthal; Hans Meier, Ingenieur, 8953 Dietikon; lic. iur. Herbert Meier, Herausgeber «Abendland», 5400 Baden; Dr. med. St. Monn, 8105 Regensdorf; Dr. med. Bernhard König, 3303 Jegenstorf; Dr. iur. Marlies Näf-Hofmann, Vizepräsidentin des Bezirksgerichts, 8044 Zürich; Niklaus Oertly, Verein besorgter Eltern, 8172 Niederglatt; Emil Rahm, Unternehmer, 8215 Hallau; Pfarrer Willi Sartorius, 4052 Basel; Hannes Steffen, Lehrer, 8497 Fischenthal; Pfarrer Heinrich Stricker, 8911 Rifferswil; Pfarrer Otto Trachsel, 8581 Sittersdorf; Dr. iur. Werner Wichser, Rechtsanwalt, 8002 Zürich; Alfred Winkler, Prediger GfU, Zürich, 8953 Dietikon.

der verschickt. Die Mitglieder erhalten zudem alle paar Monate ein Mitteilungsblatt 'Info'.

In diesem 'Info' können auch Mitglieder ihren Kropf leeren, wobei jeweils ein Sammelsurium von skurrilen bis lächerlichen Zuschriften zusammenkommt.

Im 'Info' war es auch, wo die SFRV (in Ausgabe 1/83) eine pfannenfertige Gebrauchsanweisung gab, wie man «ein Ausstrahlungsverbot für eine TV- oder Radiosendung erwirkt». Die Chancen, bei einem Richter eine superprovisorische Verfügung zu erreichen, seien «ausgesprochen gut», da eine solche Verfügung ohne Anhörung des Gegners ausgestellt wird. «Da

Die Hobbies des Frey-Kinodirektors Felix Rogner

An der ausserordentlichen Generalversammlung der Radio- und Fernsehgenossenschaft Zürich (RFZ) vom 16. Dezember 1982 meldete sich erstmals ein neuer Kopfjäger-Verein zu Wort: Der *Arbeitskreis für ausgewogenes Radio und Fernsehen* (ARF). Schon vor der Versammlung verschickte der ARF einen Aufruf an bürgerliche RFZ-Mitglieder, an der Versammlung teilzunehmen. Beigefügt war eine Dokumentation, in der der ARF – Cincera lässt grüssen – anhand von Beispielen zu belegen versuchte, der vorgeschlagene Chef des Zürcher 'Regionaljournals' sei ein «aggressiver Ideologe» und stehe am Rand der SP. Dabei musste der ARF zehn Jahre zurückgehen, um eine Handvoll Zitate zu finden, die diese Behauptung angeblich belegen.

Als Absender war ein Postfach in 8034 Zürich Riesbach angegeben, wo die ARF das Postfach der *Bürgeraktion für weniger Staat* mitbenutzt. Unterzeichnet war der Brief von Felix Rogner, Kino-Direktor bei der Jean-Frey-Gruppe, Zürich, Marco Bottani, Präsident der SVP des Bezirk Zürich, Birmensdorf, Robert Henauer, Kantonsrat FDP, Thalwil, sowie Robert Duft, Kantonsrat CVP, Zürich. Initiant der ganzen Aktion war Felix Rogner, der auch als Präsident zeichnete und an der Versammlung als Sprecher auftrat.

Ein zweites Mal mobilisierte der ARF im Hinblick auf die RFZ-Generalversammlung vom 16. Juni 1984. Diesmal ging es um die Abwahl von Hans Steiger aus dem RFZ-Vorstand, dem SP-Kantonsrat Steiger als Vertreter des Arbeitnehmer- Radio- und Fernsehbunds (Arbus) angehörte. Statt Steiger solle (ARF-Mininitiant) Henauer gewählt werden, forderte der ARF in einem Rundschreiben «bürgerlich gesinnte RFZ-Mitglieder» auf. Diesmal war der Brief von Felix Rogner, Marco Bottani sowie Michael Dreher *(Bürgeraktion)* unterzeichnet. Auch diese Mobilisierungsaktion war erfolgreich: Statt des vom Vorstand vorgeschlagenen Steiger (96 Stimmen) wurde Henauer gewählt (212 Stimmen).

Seit 1981 ist Hans Feldmann (links) Präsident der Geschäftsleitung und Claudia Bolla-Vinzenz Sekretärin des Hofer-Klub.

der Richter im Rahmen der superprovisorischen Massnahme nur auf die Schilderung des Klägers abstellt, kommt er in der Regel nicht umhin, dem Verbotsantrag zu entsprechen». Mit der Verfügung, die zudem wenig koste, erreiche der Antragssteller meist einen Sendeaufschub von mehreren Wochen, was in der Regel genüge, damit das Thema nicht mehr aktuell sei. Allerdings müsse das Timing bei diesem Vorgehen genau stimmen.

Vereinigung Medien–Panoptikum – giftgrün und wirkungslos

Seit dem Frühjahr 1981 erscheint rund sechs Mal im Jahr auf giftgrünem Papier das zwei- bis vierseitige *Medien-Panoptikum,* bis 1983 mit dem Untertitel «Hintergrundinformation über die schweizerische Medienlandschaft». Die Publikation, vorwiegend gefüllt mit polemischen Artikeln und Glossen gegen die SRG, wird angeblich an 4500 Adressen verschickt, darunter auch Redaktionen.

«Wir stehen offensichtlich in einem politischen Krieg, der für die Zukunft unserer Demokratie und der freien Wirtschaft massgebend ist», heisst es in den Grundsätzen der Vereinigung: «Seit Jahren werden Radio und Fernsehen von 'System-Veränderern' dazu missbraucht, ideologische Informationen zu verbreiten, um Bürger unseres Landes zu verunsichern.» Und in einem Werbeschreiben: «Wir möchten nicht, dass die stete Manipulation durch diese Leute aus unserer Demokratie ein revolutionäres Chaos macht, und wir haben Angst davor, in akuter Krisenzeit die Informationsmacht in den Händen dieser Leute zu wissen.» Diese Angst hat 1981 die *Panoptikum*-Initianten aktiv werden lassen: «Unsere ehrenamtliche Arbeit geschieht aus ideellen Gründen und ist nicht unbeträchtlich. Da, wo andere keine Zeit oder keine Lust haben, setzen wir uns tatkräftig ein. Da, wo andere sich nicht exponieren wollen oder können, sind wir aktiv. Wir übernehmen Pflichten und Verantwortungen. Soll unsere Arbeit 'an der Front' wirklich wirksam sein, muss sie von jenen Leuten, die passiv bleiben wollen oder müssen, finanziell unterstützt werden.»

Den «Front»-Kämpfern in diesem «politischen Krieg» fehlte im ersten Jahr der Mut, mit ihrem Namen zum *Panoptikum* zu stehen. Mit der selbst gewählten Anonymität haben sie sich einen Wirkungsgrad eingebrockt, der nahe bei Null liegt – ab und zu ein Nachdruck in einer Landzeitung, in *'Volk + Heimat'* oder einem rechtsstehenden Studentenblatt. «Der Wirkungsgrad ist nicht wie vorgestellt», räumten selbst die Initianten ein. Bei einem Jahresbudget von schätzungsweise über 20000 Franken eine schmerzliche Feststellung.

«Postfach, 5001 Aarau» war anfänglich alles, was das *Panoptikum* gegen aussen preisgab. Der Aarauer Kaufmann Kurt Haberstich hatte sich überreden lassen, als Inhaber des Postfaches aufzutreten. Den Versand besorgte die Direktwerbungsfirma Beorda AG in Beromünster.

In internen Schreiben tauchten auch die Namen der Verantwortlichen auf. Präsident war damals Heini (Heinrich) Oberle aus Zofingen, Kassier der Ingenieur Max Honegger aus Aathal-Seegräben bei Wetzikon und Aktuar der Luzerner Walter Wettstein, Verwaltungsratspräsident der Zwirnerei Wettstein in Dagmarsellen und der Textiles Exportation S.A. in Zofingen. Für das *Panoptikum* unterschrieb auch der Berner Fürsprech Fritz Stalder. Eine «Zofinger Vereinigung», befand das 'Vaterland' (17. 10. 81) – und lokalisierte gleichzeitig die beiden anderen Aargauer Medienpolizeien: «die *Gruppe gegen Medienmanipulation* aus dem Raum Lenzburg (Sektion des *Hofer-Klubs*) sowie die medienkritische Kommission der *Aargauischen Vaterländischen Vereinigung* aus dem Raum Brugg».

Im Frühjahr 1982 zügelte das *Panoptikum* nach einem längeren Winterschlaf nach Oerlikon: «Postfach 8773, 8050 Zürich». Es brauchte ein weiteres halbes Jahr, bis die Publikation auch das gesetzlich vorgeschriebene Impressum einführte: «Verantwortlich: Dr. Eric Funk, Max Honegger, Walter Wettstein; Redaktion: Hans Rudolf Keller; Druck: R+L Müller AG, Lenzburg» (wo auch *'Die Lupe'* der AVV gedruckt wird).

Damit hatte der Unternehmensberater Funk (*29. 4. 31) aus Würenlos / Oetlikon das Ruder übernommen. Mitte 1983 wurde er dann auch formell Präsident. Funk hatte 1973 die von ihm aufgebaute Temporärfirma Manpower abgestossen. Seither managt der Saubermann die Reinigungsfirma SPC AG (von sauber, proper, clean), die in der ganzen Deutschschweiz operiert und sich von der SRG auch dafür bezahlen lässt, dass sie im TV-Studio Zürich-Leutschenbach die Papierkörbe leert. Funk gehört zu jenem Typ Bürger, der überzeugt ist, dass alle Schweizer wie er denken, mal abgesehen von zwei, drei Prozent Extremisten, die unter anderem die Medien unterwandert haben. «Für mich sind Sie im Prinzip ein Todfeind», begrüsste er einen WoZ-Mitarbeiter: «Die Schweiz haben wir aufgebaut und nicht Leute wie Sie, die alles in den Dreck ziehen.» Der Kampf gegen Dreck und die verschiedenen Formen des Krieges haben Funk selbst zum Extremisten werden lassen: «Ein nächster Krieg wäre so total, dass ihm auch von unserer Seite ohne irgendwelche Rücksichtnahme begegnet werden müsste, d.h. ohne Befolgung irgendwelcher Spielregeln (Genfer Konvention).» (Weltwoche, 9. 3. 83)

Seit 1982 nicht mehr dabei sind der frühere Präsident Heini Oberle und Fritz Stalder, dessen früheres Mitmachen von Funk in geradezu stalinistischer Manier geleugnet wird: «Herr Dr. Stalder hat mit dem *Medien-Panoptikum* nichts zu tun.» und: «...kennen die Herren Honegger und Wettstein Herrn Dr. Stalder nicht, und sie können sich auch nicht erinnern, zusammen mit Herrn Dr. Stalder etwas unterzeichnet zu haben» – was sie aber taten, beispielsweise im Herbst 1981.

Panoptikum-Redaktor Hans Rudolf Keller textete früher bei *Farner* für die *Aktion Freiheit und Verantwortung* und betreibt im aargauischen Büelisacker/Waltenschwil ein PR-Büro. Als «Unternehmensberater, FDP» liess er sich im Mai 1984 in den 14köpfigen Vorstand der Radio- und Fernsehgesellschaft Aargau/Solothurn (mit Amtsantritt 1985) wählen. Keller hat offensichtlich Mühe, das *Panoptikum* mit Anti-SRG-Artikelchen zu füllen. Der Einfachheit halber ging er im Sommer 1984 dazu über, ein Gross-

Kleriker darf am Fernsehen unsere Landesverteidigung mit Füssen treten

Hetzer und Aufwiegler **Othmar Keel,** Theologieprofessor an der Universität Freiburg, hat am 22. September 1984 im **Wort zum Sonntag** einmal mehr zu einem Fusstritt unter die Gürtellinie ausgeholt.
Mit gemeiner Perfidie hat er unsere Armee und ihre stete Verteidigungsbereitschaft verleumdet. **Die ganze Generation von Dienstpflichtigen,** die sich im letzten Weltkrieg wehrhaft zeigten und das Schlimmste zu verhindern wussten, hat Keel **in unverschämter Weise und unter Fälschung der geschichtlichen Tatbestände beleidigt.**
Keel behauptete unverfroren, es sei nicht die Wehrbereitschaft unserer Soldaten gewesen, die die Schweiz vor den damaligen Nazi-Agressoren geschützt habe. Unsere Armee, so behauptete er, wäre damals nicht einmal in der Lage gewesen, unsere Bevölkerung zu schützen, habe sie sich doch ins "Réduit" zurückgezogen.
Keel deutete polemisch an, Regierung und Armee hätten damals, wäre es darauf angekommen, die Bevölkerung sogar im Stich gelassen. Keel weiss natürlich wie jedes Kind, dass Hitler klare Absichten hegte, die Schweiz zu überfallen und dass es seine militärischen Berater waren, die ihm davon abrieten. Sie argumentierten, die deutschen Verluste könnten zu gross sein.
Keel weiss genau, dass es ausgerechnet unsere Abwehrbereitschaft war, die uns vor dem Krieg schützte.
Aber 40 Jahre später darf der Kleriker lügen und sein Amt dazu missbrauchen, um **übelste Desinformation** zu betreiben. Hiezu behilft er sich, in Frömmigkeit tuend, des Bruder Klaus. Nur dessen schützender Hand sei es zu verdanken, dass die Schweiz vom Einmarsch deutscher Truppen verschont geblieben sei. Dreister geht es nun wirklich nicht mehr. Wer auf diese Weise versucht, eine tatsachenwidrige Vergangenheit herbeizuschwatzen, muss sich gefallen lassen, als **übler Geschichtsklitterer** zu gelten.
Schlimm ist ferner in diesem Zusammenhang die Tatsache, dass auch hier und einmal mehr **Leo Schürmann** die **Zügel schleifen lässt.** Das ist keineswegs als Toleranz zu werten, vielmehr als das verständnislose Zuschauen des Unfähigen, der auch hier am falschen Platz breitsitzt.

Das Medien-Panoptikum tritt ein für eine seriöse, wahrheitsgetreue Berichterstattung in Radio und Fernsehen.
Unterstützen Sie unsere Arbeit!

Postcheckkonto 80-596 Schweiz. Volksbank Wetzikon Konto M-P

Bestellen Sie gratis Probenummern unseres Bulletins bei der Vereinigung Medien Panoptikum, Postfach 8773, 8050 Zürich.

Verantwortlich: Dr. Eric Funk, Max Honegger, Walter Wettstein.
Redaktion: Hans Rudolf Keller.

Vereinigung Medien Panoptikum Postfach 8773 8050 Zürich

Medien-Panoptikum

Hetzerisch-aufwieglerisches Inserat gegen den «Hetzer und Aufwiegler Othmar Keel» (Basler Zeitung, 19. 10. 84)

teil der vier Seiten mit Nachgedrucktem («Eine kleine Presseschau») zu füllen.

Neben dem giftgrünen Blättchen versuchte sich die *Vereinigung Medien-Panoptikum* auch mit wenig erfolgreichen medienpolitischen Auftritten. Im September 1981 unterstützte sie die Unterschriftensammlung für die glücklose Anti-SRG-Initiative des Landesrings und im April 1982 eine Petition der *Schweizerzeit* (wo Funk Aktionär ist) gegen eine 'Telebühne' des Fernsehens DRS.

Am 29. Februar 1984 wandte sich das *Panoptikum* in Zürich mit einer aufwendig angekündigten Veranstaltung an die Öffentlichkeit, zu der bescheidene drei Dutzend Zuhörer (wenigstens zu Beginn) ins Zunfthaus zur Schneidern pilgerten. Dort sprachen mit fortlaufendem Erfolg *Athenäum*-Verleger Stephan (eigentlich Jean-Etienne) Nussbaumer («die SRG ist fest in roter Hand»), ein nicht mehr ganz präsenter Alt-Stadtpräsident Sigmund Widmer (der vor allem für sein 'Radio Z' warb) sowie ein langfädiger lic. iur. Leonhard Röösli aus Mattstetten BE. Röösli war nach zwei Engagements in der SRG-Generaldirektion von 1973 bis Ende 1979 alleiniger Sekretär der bischöflichen Kommission Iustitia et Pax. Er ist aktives Mitglied der Aktion Finanzplatz Schweiz – Dritte Welt, was ihn allerdings nicht hinderte, sich 1984 in einem *Arbeitskreis Zusammenarbeit Schweiz – Dritte Welt* gegen die SP-Bankeninitiative zu engagieren.

Einen weiteren Anlauf unternahm das *Panoptikum* im Sommer 1984, als es Spender für eine *Trumpf-Buur*-ähnliche Inseratekampagne suchte: «Das ist zwar kostspielig, aber es soll uns auch zusätzliche Leser und Mittel bringen.»

Vox Helvetica – der Nachtwächter vom Albis

Ende 1980 griff in Langnau am Albis Paul Rütti-Morand (* 1912) zu einem Restposten Briefpapier seiner längst eingeschlafenen *Aktion Frei Sein* (vgl. S. 80). «Ich wende mich an Sie auf Empfehlung führender schweizerischer Industrieller», schrieb er an finanzkräftige Unternehmer und Firmen. 'Radio Schweiz International' (SRI, früher Kurzwellendienst genannt) sende «rund um die Uhr in 7 Sprachen leider unserem Lande und seinen Exponenten und damit auch den Arbeitsplätzen in unserer Industrie schadende Programme in alle Erdteile». Mit einer Langzeitbeobachtung und einem anklägerischen 'Rot-Weiss-Buch' wolle eine «ab 1. Januar 81 in diesem Sinne tätige Arbeitsgruppe *Vox Helvetica*» diesem Übel abhelfen, falls 120000 Franken «für Material, Apparaturen und minimale Honorare eines Jahres» gespendet würden. «Die Gelder nimmt entgegen die Schweizerische Treuhandgesellschaft; die Buchhaltung führt unter dem Quästorat von Dr. J.(osef) Frei von der Bank Leu AG in Zürich die Fundus-Treuhandgesellschaft.»

Der frühere Journalist, PR-Berater und Bildhauer Rütti-Morand war beim SRI kein Unbekannter. In Protestschreiben und in der Zeitschrift 'Werbung / Publicité', wo er früher mal Redaktor war, hatte er immer wieder SRI-Sendungen kritisiert, weil diese beispielsweise Firmen wie Nestlé, Hoffroche oder Brown Boweri zu negativ darstellten. Die fleissige Beachtung nachtschlafener Sendungen hatte dem Rentner beim SRI längst den Spitznamen «Nachtwächter vom Albis» eingetragen.

Im Januar 1982 war es dann so weit. Der *Hochwacht-Verlag* in Langnau und die *Edition La Guet* in La Conversion bei Lausanne boten 900 Exemplare 'Rot-Weiss-Buch 82' und 300 'Livre Rouge-Blanc 82' feil. Das Kopierpapier hatte die Papierfabrik Sihl gespendet. Als Mitarbeiter von *Vox Helvetica* in der welschen Schweiz zeichnete Georges Favre (* 1909), seit Februar 1982 hauptamtlicher Sekretär des welschen Ablegers des *Hofer-Klubs*, der *Fédération Romande des Téléspectateurs et Auditeurs* (FRTA), die auch als Partner auf dem inzwischen gedruckten Briefpapier der *Vox Helvetica* aufgeführt war.

Das 'Rot-Weiss-Buch' erwies sich als Machwerk voller Ungenauigkeiten und Manipulationen. Nicht einmal Rechtsblätter, die stets einen strammen Anti-SRG-Kurs steuern, mochten den Pfusch aufgreifen, und SRG-Generaldirektor Leo Schürmann stellte die Verfasser mit ungewöhnlich scharfen Worten in den Senkel.

Rütti-Morand hatte im 'Rot-Weiss-Buch' 17 SRI-Sünden aufgelistet, etwa «auffällig häufige Anprangerung des südafrikanischen Staates», «Anschwärzen multinationaler Unternehmungen» usw. Künftig hätten Sendun-

Wenn Paul Rütti-Morand gerade nicht am Lautsprecher seines Kurzwellen-Empfängers sitzt, übt er sich seit seiner Pensionierung auch fleissig als Bildhauer. Dieses Denkmal, das er der Stadt Zürich schenkte, steht seit Herbst 1984 beim Eingang des Tierparks Adliswil und soll, so die 'Werbe-Woche', als «Mahnmal» das «Elend einer unter fremden Armeen leidenden Bevölkerung» zeigen.

gen zu unterbleiben, so die Forderungen von *Vox Helvetica,* «in denen schweizerische oder ausländische Personen oder Organisationen zu Worte kommen, die von der Schweiz anerkannte Regierungen anprangern und bekämpfen» (Pech für Solidarnosc) oder «die geeignet sind, ein falsches Bild von freiheitlichen demokratischen Verhältnissen in unserem Lande zu vermitteln». Ein Mann, der sein Leben als Kampf gegen den Totalitarismus verstand, forderte damit nichts anderes als eine obrigkeitliche Lenkung der öffentlichen Meinung. Tragisch.

Zur gleichen Zeit, als Rütti-Morand fleissig SRI-Sendungen abhörte, hatte er einen Vorgang zu verkraften, der ihn schmerzte. Bei den Feiern zum 80. Geburtstag von Margarete Buber-Neumann, mit der er seit 1951 eng verbunden war, trat 1981 nicht Rütti-Morand als wichtigster Schweizer Mitstreiter ins begehrte Rampenlicht. Ernst Cincera hatte ihn ausgestochen und sonnte sich an der Geburtstagsfeier in nächster Nähe der Jubilarin.

Seit dem Frühjahr 1982 ist von *Vox Helvetica* nichts mehr zu hören. Sie ruhe in Frieden.

RAGE – missbrauchte Volksmusikfreunde

Max Schio aus Heimiswil BE, Architekt und Präsident des Männerchors Liederkranz zu Burgdorf, schritt 1979 zur Tat. Zusammen mit vier Burgdorfer Gesinnungsfreunden (Roland Johann von den Volksmusikfreunden, Emil Mühlethaler von den Blasmusikfreunden, Jodler-Kampfrichter Willi Zürcher und Alt-Stadtpräsident Walter Graber) gründete er die *Vereinigung für ein schweizerisches Radioprogramm,* kurz *Radiohörer-Gemeinschaft,* noch kürzer *RAGE.* In verschiedenen Zeitungen liess die *RAGE* (Postfach 298, 3400 Burgdorf) Inserate für 10000 Franken einrücken und suchte so Mitunterzeichner, die «mit uns der Meinung sind, dass der Radiohörer Anspruch auf eine Programmgestaltung hat, in der unsere schweizerische Eigenart vermehrt zur Geltung gelangt, dass unsere Volks-, Blas- und Chormusik nicht nur zu Zeiten niedriger Einschaltquoten zu senden ist». RAGE wolle «ein schweizerisches Radioprogramm, das ein erträgliches Niveau nicht unterschreitet».

Unterzeichnet war das Inserat von knapp fünfzig Anhängern dieses Niveaus, darunter die Nationalräte Otto Fischer und Heinrich Schnyder (auch Nationalrat Fritz Hofmann engagierte sich für die RAGE-Anliegen), der Mundartschriftsteller Beat Jäggi, Markus Vuillemin als Präsident der *Staatsbürgerlichen Gesellschaft* (SSG) der Stadt Bern (die vollständige Liste findet sich in der *Schweizerzeit* vom 20. 12. 79).

«Mit Politik hat das gar nichts zu tun», versicherte Mitinitiant Johann dem 'Kulturmagazin' in einem ausführlichen Gespräch (Februar 1980). «Wenn Sie mit Politik kommen, so sind Sie ganz am falschen Platz. Ich weiss nicht einmal, welcher politischer Richtung diese Leute da zugehören.»

Der gute Johann mochte dieser Überzeugung sein. Doch Hauptinitiant Schio dachte da von allem Anfang an politischer (BaZ, 26. 1. 80): «Zusammen mit anderen Mitgliedern des *Hofer-Klubs* waren wir der Ansicht, der *Hofer-Klub* sei in seinem Vorgehen zu wenig radikal.» RAGE kämpfe auch gegen «die Linkslastigkeit des Radios» und werde «Gruppierungen wie die *Aargauische Vaterländische Vereinigung* unterstützen». Dieses Credo wiederholte Schio etliche Male im *Abendland* und in der *Schweizerzeit,* die als *RAGE*-Organ auserkoren wurde.

Nach der Einreichung der Volksmusik-Petition wurde es um die *RAGE* still, sie schrumpfte zum Einmannunternehmen Schio, dem der Kampf gegen die SRG offensichtlich wichtiger war als jener für die Volksmusik. Als nämlich Radio DRS den Wünschen der Volksmusikfreunde mit dem Projekt von Radio DRS 3 (was mehr volkstümliche Musik für DRS 1 bedeutete) entscheidend entgegenkam, passte das Schio auch wieder nicht: «Im hcutigen Zeitpunkt über ein drittes Programm zu diskutieren, kommt dem Versuch gleich, die Möglichkeiten der Manipulation der Radiohörer um 50 Prozent auszudehnen.» (*Abendland,* April 1982). Lieber weniger Volksmusik als mehr SRG? Die einstigen *RAGE*-Sympathisanten müssen sich vom Rattenfänger Schio missbraucht vorkommen.

Aktion Kirche wohin? – Hofer-Klub der Kirche

Tauchen in Zeitungen Inserate der *Aktion Kirche wohin?* auf, so vermuten wohl die meisten eine kirchliche Institution. Die 1980 gegründete *Aktion* ist indessen eine durch und durch politische Organisation, ins Leben gerufen von Kreisen des *Hofer-Klubs,* der *Aargauischen Vaterländischen Vereinigung* (AVV), des *Ost-Instituts* und Ernst Cinceras Umfeld. Der *Aktion* (Re-Aktion wäre richtiger) passt eine Kirche nicht, die ausserhalb des stillen Seelenkämmerleins gesellschaftlich-politische Verantwortung wahrnimmt, sich engagiert und wenn nötig auch handelt. Sie attackiert die entwicklungspolitische Ausrichtung kirchlicher Hilfswerke (HEKS, Brot für Brüder), wendet sich gegen ein kirchliches Engagement in der Friedensbewegung und setzt kirchliche Medien unter Druck, die einen falschen Kurs steuern. *Kirche wohin?* predigt politische Enthaltsamkeit und weiss natürlich genau, dass eine solche Haltung ebenso politisch ist, weil sie bestehende Unrechtsverhältnisse deckt. «Tatsächlich ist es unsere Absicht, nicht die Kirchen, sondern gewisse ideologisch ausgerichtete Funktionäre in ihren Hilfswerken zu neutralisieren, damit die Hilfswerke nicht mehr als politische Propagandaträger einer mit christlichen Vokabeln verbrämten Ideologie missbraucht werden», bekannte *Aktions*-Präsident Markus Herzig an der ersten Jahresversammlung. Herzig war AVV-Vizepräsident und sitzt in der Geschäftsleitung des *Hofer-Klub.* Als Sekretär des *Centre Patronal* (einem rechtsbürgerlichen welschen Unternehmerverband mit Sitz in Bern) ist er einer der wenigen hauptamtlichen Polit-Funktionäre in den patriotischen Kreisen.

Unter der Schlagzeile «Freiheit und Verantwortung in der Kirchenpolitik» postuliert die *Aktion Kirche wohin?* in ihrer Grundsatzerklärung:

– «Die Aktion setzt sich dafür ein, dass die kirchliche Entwicklungshilfe den wirklich Notleidenden zugute kommt und rein humanitäre Werke unterstützt» – ein Negerbatzen-Konzept aus den fünfziger Jahren.

– «Die durch die Kirchen und ihre Hilfswerke verbreitete Information soll nicht ideologisch und parteipolitisch geprägt sein» – Motto: ideologisch sind die anderen.

– «Die Aktion wehrt sich dagegen, dass das den Kirchen entgegengebrachte Vertrauen missbraucht wird, indem kirchliche Instanzen in parteipolitischen Auseinandersetzungen einseitig Stellung beziehen und kirchliche Medien als Meinungsträger dazu benützen».

Nicht ein Theologe, sondern Peter Sager vom *Ost-Institut* formulierte an der Gründungsversammlung vom 19. Januar 1980 in Zürich grundsätzliche 'Überlegungen zum politischen Engagement der Kirche' (erschienen in der Schriftenreihe der *Aktion):* politisches Handeln stehe der Kirche nicht zu, wohl aber den einzelnen Kirchengliedern. Die Kirche dürfe zwar vor den «Versuchungen des Materialismus, vor dem Wucher, vor der Ausbeutung» warnen, nicht aber eine Bankeninitiative unterstützen.

Kritik an den rechtsbürgerlichen Tempelreinigern

Das Auftreten einer Organisation, die die Kirchen weitgehend von aussen unter Beschuss nimmt, wurde in einzelnen Medien zum Teil scharf kritisiert. «Haltlos und destruktiv», kommentierte der 'Tages-Anzeiger' (23.3.80). Die 'Basler Zeitung' (31.3.80) kritisierte, «wie der rechtsradikale Kirchenclub mit wohl eher gespielter als tatsächlicher Naivität politische Enthaltsamkeit mit politischer Wirkungslosigkeit gleichsetzt. Wenn die Kirche ihre Entwicklungshilfe als humanitäre Symptombekämpfung versteht und vor den politischen Ursachen des Elends die Augen verschliesst, dann handelt sie eben auch politisch: Schweigen wird, hier wie anderswo, als Zustimmung zum status quo interpretiert.» Besonders deutlich äusserte sich in einem weitherum abgedruckten Artikel EVP-Zentralsekretär Hans Schoch (Neue Zürcher Nachrichten, 5.4.80). Unter dem rhetorischen Titel 'Braucht die Kirche einen *Hofer-Klub?*' schrieb er: «Aus welcher Verstrickung die Kirche herauszulösen ist, liegt auf der Hand, sind doch diese Leute mit der FDP bzw. SVP verstrickt. Sie sind kaum geeignet, als Gralshüter der kirchlichen Unparteilichkeit zu wirken.» Schoch weiter: «Aber dass sich diese Leute als Tempelreiniger ausgeben und vorgeben, für Unparteilichkeit und Ausgewogenheit zu sorgen, geht entschieden zu weit. Man kann nicht den Teufel (das heisst die Linken) mit dem Beelzebub (mit FDP- und SVPlern) austreiben und sich einbilden, der Tempel sei gereinigt bzw. die Kirche sei entpolitisiert. In irgendeinem Sinn ist die Kirche immer politisch, und sie soll es bis zu einem gewissen Grad auch sein.»

Ebenso deutlich reagierte ein Jahr später der 'Schweizerische Evangelische Pressedienst' (8.10.81): «Man hat es mitunter erlebt, dass die evangelischen Kirchen in der DDR unter dem Druck einer feindlichen kommunistischen Propaganda näher zusammenrückten und sich gegen den ihnen steif ins Gesicht blasenden ideologischen Gegenwind mutig zur Wehr setzten.» Ähnliches sei in der Schweiz an der Abgeordnetenversammlung des Kirchenbundes geschehen: «Seit Wochen und Monaten sahen sich die kirchlichen Hilfswerke HEKS und Brot für Brüder einem Trommelfeuer der Kritik ausgesetzt, das mit christlich-evangelischer Argumentation wenig, mit politisch-ideologischen Vorurteilen hingegen sehr viel zu tun hatte. Trägerin dieser – man kann nicht anders sagen: hasserfüllten – Diffamierungskampagne war eine sogenannte *Aktion Kirche wohin?*, eine sich selber zur Wachhündin über die Kirchen ernannte Gruppierung von Mitbürgern und Mitchristen, die einer einseitigen Parteilichkeit huldigen. Ihre Agitation gegen die Werke gipfelte in den letzten Tagen in massiven Beeinflussungsversuchen der Abgeordneten des Kirchenbundes – sei es über direkte Briefe an die Delegierten selber, sei es über indirekte Anschriften an örtliche Mitglieder der *Aktion* mit dem Ziel, letztere für eine ideologische Einflussnahme auf die Kirchenbundabgeordneten zu mobilisieren.» Die Kampagne hatte indessen einen unbeabsichtigten Effekt. Die Abgeordneten stellten sich hinter die angeschossenen Hilfswerke. Selbst die Aargauer Delegation distanzierte sich in einer Erklärung unmissverständlich von der *Aktion*.

Ähnlich reagierte der 'Evangelische Pressedienst' 1984 auf eine Kritik der *Aktion Kirche wohin?* an der kirchlichen Haltung zur Bankeninitiative: «Sind wir heute in der Schweiz schon so weit, dass es kirchlichen Organen im Zusammenhang mit bevorstehenden Urnengängen nicht mehr gestattet sein soll, auf ungelöste Probleme in unserer Gesellschaft hinzuweisen?» Und weiter: «Man muss schon auf die marxistische Religions- und Kirchenpolitik zurückgreifen, um analoge Tendenzen der Freiheitsbeschränkung namhaft machen zu können. Soll tatsächlich der Geist der Unfreiheit aus Osteuropa auf unsere schweizerischen Verhältnisse übertragen werden?» (22.3.84)

Gründer und Gremien

Auffallend und für diese Kreise eher atypisch war die Offenheit, mit der die *Aktion Kirche wohin?* an die Öffentlichkeit trat. Am 13. März 1980 verteilte sie an einer Pressekonferenz in Bern folgende Adressliste von 60 Gründungsmitgliedern, vorwiegend Protestanten (die Mitglieder des damaligen Zentralvorstandes sind mit einem * gekennzeichnet):

*Manuel Bach, 8610 Uster
*Hans Georg Bandi, 3000 Bern
Otto Baumann, 8050 Zürich
Heidi Bilger, 8126 Zumikon
Alfred Bolliger, 8152 Opfikon
*Ruedi Burger, 5736 Burg
Hansulrich Daeniker, 8702 Zollikon
*Sonja Daeniker, 8702 Zollikon
Fernand Devaud, 4512 Bellach
Paul Flaad, 8488 Turbenthal
Arthur Frey, 8606 Greifensee
*Rudolf Friedrich, 8400 Winterthur
Hans Graf, 5000 Aargau
*Christian Gröber, 8304 Wallisellen
Walter Guex, 8051 Zürich
*Käthi Guhl, 8304 Wallisellen
Rolf Guhl, 8304 Wallisellen
*Ulrich E. Gut, 8712 Stäfa
Charles Gysel, 8217 Wilchingen
*Markus Herzig, 5212 Hausen
Regula Herzig, 5212 Hausen
*Ulrich Hirt, 3000 Bern
Hans Huber-Huber, 8413 Neftenbach
Rudolf Huber, 8032 Zürich
Hans Keller, 9000 St. Gallen
Marianne Kind, 5035 Unterentfelden
Reto Kind, 5035 Unterentfelden
*Emanuel Kindt, 8112 Otelfingen
Ursula Kindt, 8112 Otelfingen
*Emil Lanker, 9100 Herisau
*Myrtha Lanker, 8126 Zumikon
Willi Lanker, 8126 Zumikon
*Hans Letsch, 5000 Aarau
Hansrudolf Mauch, 4814 Bottenwil
Elisabeth Meyer-Singer, 8610 Uster
Gustav Mugglin, 8044 Zürich
*Käthi Mugglin, 8044 Zürich
*Georg Nef, 9631 Hemberg
Walter von Orelli, 8001 Zürich
Andrea von Planta, 8032 Zürich
Margrit von Planta, 8032 Zürich
Richard Sacher, 5244 Birrhard
Peter Sager, 3000 Bern 6
Hans Scharpf, 8032 Zürich

Hans Peter Schnebeli, 8051 Zürich
Richard Schneider, 8002 Zürich
Ulrich Schlüer, 8416 Flaach
Lucie Schuppli, 8038 Zürich
Hans Senn, 7208 Malans
*Kurt Sieber, 3653 Oberhofen
Otmar Sorgenfrei, 8122 Pfaffhausen
*Jos. Peter Spiess, 8907 Wettswil
Margrit Spiess, 8907 Wettswil
Peter Stebler, 8702 Küsnacht
Hans Steinemann, 8044 Zürich
Jürg Türler, 8142 Uitikon
Peter Ullrich, 4600 Olten
Hans Walker, 8703 Erlenbach
*Marianne Walker, 8703 Erlenbach
Kurt Werner, 8603 Schwerzenbach
Hans Wüger, 8050 Zürich

Die Gründungsmitglieder rekrutierten sich vor allem aus den Kantonen Zürich, Aargau und Bern. Auffallend ist die Häufung steuerkräftiger Wohnsitze (Zürichberg, Zürcher Goldküste). Während Markus Herzig als Präsident des Zentralvorstandes zeichnete, setzte sich die Geschäftsleitung 1980 wie folgt zusammen:
- Geschäftsleiter und Geschäftsstelle: Kurt Sieber
- 1. Vizepräsident: Manuel Bach
- Kassier: Käthi Mugglin
- Dokumentation und Information: Sonja Daeniker
- 1. Beisitzer: Markus Herzig
- 2. Beisitzer: Christian Gröber.

Aktions-Präsident Herzig ist in der Kirche kein Unbekannter, zumindest als Kirchenpolitiker nicht. Er war Mitglied der Aargauer Synode und wurde im Oktober 1972 in den Vorstand des Evangelischen Mediendienstes gewählt, wo er sich in die Herausgeberkommission der kirchlichen Medienzeitschrift 'Zoom' delegieren liess. Dort profilierte er sich als Aufpasser über die Redaktion und bestellte via AVV-Freund Rudolf Burger bei Ernst Cincera Material (Dossier Cincera, S. 154f.). Schliesslich stellte die 'Zoom'-Redaktion eine Art Ultimatum: Entweder gehen wir oder aber Herzig samt zwei Mitstreitern. Der Vorstand stellte sich mehrheitlich hinter die Redaktion, was einer Aufforderung an die Kritiker gleichkam, den Hut zu nehmen. Am 2. September 1980 trat Markus Herzig mit sofortiger Wirkung zurück, gleichzeitig mit ihm Auslandredaktor Gaudenz Baumann vom 'Aargauer Tagblatt' und der Ciba-Geigy-Mann Dr. Peter Bieler.

In der Öffentlichkeit mehr bekannt ist die *Aktions*-Dokumentalistin Sonja Daeniker, die seit langen Jahren ihrem Hobby, dem Leserbriefschreiben, frönt. Auch sie liess sich von Ernst Cincera dokumentieren. Cincera persönlich notierte Mitte der 70er Jahre, «Frau Dr. Daeniker» wünsche «neue Zahlen Unterstützungsgelder Weltkirchenrat»; Zweck: «Leserbriefe» (Dossier Cincera, S. 159).

Zwischen 1980 und 1984 traten Rudolf Friedrich, Ulrich E. Gut, Ulrich Hirt und Käthi Mugglin aus dem Zentralvorstand aus, einige Leute, darunter eidenössische Parlamentarier, stiessen neu dazu. Im Juli 1984 gehörten dem Zentralvorstand an (die Mitglieder der Geschäftsleitung sind mit einem * gekennzeichnet):

*Fürsprecher Markus Herzig, Präsident, neu 3349 Zuzwil (SFRV)
*FDP-Nationalrätin Geneviève Aubry, 2710 Tavannes (*Libertas,* Redaktorin des welschen *Trumpf Buur)*
alt SVP-Nationalrat Walter Augsburger, 3032 Hinterkappelen
*Pfarrer Manuel Bach, 8610 Uster (1975 Initiant der *Aktion gegen die Verpolitisierung der Kirche)*
*Prof. Hans Georg Bandi, 3006 Bern
Rudolf Burger, Unternehmer, 5736 Burg (Präsident AVV)
*Sonja Daeniker(-Pfister), Übersetzerin, 8702 Zollikon
*alt FDP-Nationalrat Otto Fischer, 3006 Bern
SVP-Nationalrat Hans-Peter Fischer, 8570 Weinfelden
FDP-Grossrat Alois Graf, 6017 Ruswil
Christian Gröber, Biologe, 8304 Wallisellen
Käthi Guhl, Hausfrau, 8304 Wallisellen
*Toni Hagen, Geologe, 7078 Lenzerheide
Dr.iur. Heinz F. Jossi, 7000 Chur
Emanuel Kindt, Unternehmer, 8112 Otelfingen
Prof. Dr.med. Hans Koblet, 3400 Burgdorf (Präsident der Kantonalbernischen Offiziersgesellschaft)
Emil Lanker, Kantonsingenieur, 9100 Herisau
Myrtha Lanker, Lehrerin, 8126 Zumikon
FDP-Ständerat Prof. Hans Letsch, 5000 Aarau
Hans Maurer, Sektionschef EVD, 3322 Mattstetten
FDP-Nationalrat Georg Nef, 9631 Hemberg
Prof. Dr. Mario Puelma, 1700 Fribourg
Prof. Walter Rüegg, 3123 Belp
Kurt Sieber, Architekt ETH, 3653 Oberhofen
J. Peter Spiess, Unternehmer, 8907 Wettswil
alt Pfarrer Rolf Sturzenegger, 8496 Steg/Tösstal (Intiativkomitee *Recht auf Leben)*
Marianne Walker, Hausfrau, 8703 Erlenbach
*Dr.phil. Kurt Werner, 8603 Schwerzenbach (Präsident SAD)

«Geben Sie diese Informationen weiter»

Zum Leserbriefschreiben wird auch die *Aktions*-Basis ermuntert. Bereits im ersten Mitgliederbrief wurde den Anhängern nahegelegt: «Geben Sie diese Informationen in persönlichen Leserbriefen an Ihre Zeitung weiter. Auf diese Weise wird es gelingen, unsere gemeinsamen Anliegen an eine grössere Öffentlichkeit zu tragen.» Im Jahresbericht 1980 doppelte Präsident Herzig nach: «Die Absicht dabei ist, dass Sie die Briefe als Dokumentation sammeln, deren Inhalt aber in Gesprächen und Leserbriefen, in Versammlungen und Kirchenbehörden weiterverbreiten.» Fast scheint, als werbe *Kirche wo-*

hin? vor allem Mitglieder, um diesen regelmässig ihren Mitgliederbrief zustellen zu können. Bei einem eher symbolischen Mitgliederbeitrag von fünf Franken meldete *Kirche wohin?* schon bald nach der Gründung 1500 Mitglieder, später 5000 und 1984 bereits 6700. Betreut wird die Mitglieder- und Versandkartei vom Schweizerzeit-Verleger Ulrich Schlüer, der seit 1984 als Geschäftsführer der *Aktion* zeichnet.

Die Mitgliederbriefe sind in der Regel Anti-Dokumentationen: gegen die Politik des Weltkirchenrates etwa, oder gegen kirchliches Dokumentationsmaterial für Jugendgruppen: «Es wäre zu wünschen, dass man mit der Bereitstellung solchen Materials nicht etwa ein Rudel Sozialehtiker für zwei Jahre beschäftigt, sondern dass man dies durch ganz 'gewöhnliche' Christen mit einem normalen Demokratieverständnis ausarbeiten lässt» – keine Frage, dass sich *Kirche wohin?* als gewöhnlich und normal betrachtet. Regelmässig reagieren die Mitgliederbriefe auch auf kirchliche Positionsbezüge in umstrittenen Abstimmungsfragen wie Zivildienst, AKW-Politik usw. Die *Aktion* ärgert sich, dass «gewisse 'kirchliche' Gruppen – das soziale Prestige und die hohe Glaubwürdigkeit von allem, was sich 'kirchlich' nennen kann, weidlich ausnützend – in teilweise fragwürdiger Form zu den recht komplizierten und fachlich anspruchsvollen Fragen» von Abstimmungsvorlagen Stellung nehmen (Mitgliederbrief, September 1984). Gegenüber solchen Gruppen möchte die *Aktion* offensichtlich neutralisierend wirken, wobei sie selbst ebenso das kirchliche Etikett ausnützt.

Zielscheibe der Mitgliederbriefe waren auch die Hilfswerk-Agendas 'Frieden wagen' sowie 'Geld und Geist'. Peter Oberholzer hat in einer Lizentiatsarbeit der Universität Fribourg die Leserbriefe und Kommentare zur Agenda 'Frieden wagen' minutiös untersucht: «Von den 71 negativen Kritikern stammen 43, wahrscheinlich 48, also mehr als die Hälfte von Mitgliedern der *Aktion Kirche wohin?*»

Gegen Friedensdemo und Zivildienst

Die Friedensdemonstration vom 5. November 1983 wurde von der *Aktion* zu einer breit angelegten Werbekampagne genutzt. Mit Flugblättern (etwa in den Versänden der *Schweizerzeit,* der *Arbeitsgruppe südliches Afrika, Trumpf Buur),* in ganzseitigen Inseraten (ASMZ, Schweizer Soldat) und in *Trumpf-Buur*-ähnlichen Inseraten in Tageszeitungen schrieb die *Aktion* unter der Schlagzeile «Die Kirche und die sowjetische Friedenskampagne»: «Die äusserliche Ähnlichkeit marxistischer Schlagworte mit christlichem Glauben hat Teile der Kirchen verführt, marxistische Politik zu betreiben. Dieser politische Einsatz der Kirchen zugunsten fremder Mächte mit unchristlichem Glauben darf nicht hingenommen werden.» Und weiter: «Teile der Kirchen erniedrigen sich heute zum Sprachrohr einer totalitären Weltanschauung. Sie beginnen damit 'freiwillig Ja zu sagen zur Schande der

Die Aktion «Kirche wohin?» nimmt zu den angekündigten «Friedens»-Demonstrationen Stellung:

Die Kirche und die sowjetische Friedenskampagne

Wie Teile der Kirchen auf unchristliche Abwege gerieten

- Geistige Krisen sind auch unserer freiheitlichen Gesellschaftsordnung nicht fremd. Die Aufgabe der Kirchen besteht dann gerade darin, Trost zu spenden, Sinn zu vermitteln und Werte zu setzen. Statt dessen machen sich Teile der Kirchen, indem sie alle geistigen Richtlinien ständig «in Frage stellen», selber zu Opfern der **Angst**, der **Sinn- und der Wertkrise.**
- Der **Marxismus sowjetischer Prägung** beweist seinen totalitären Charakter, indem er Theorie und Praxis allen Menschen dieser Erde sein System aufzwingen will.
- Im **Westen** hat sich in den letzten Jahren der **Neomarxismus** etabliert. Auch sein Ziel ist der **gleichmacherische und damit totalitäre Sozialismus.** Zur Schwächung des Gegners verfolgt er die Strategie der sog. «Gewaltlosigkeit» und der «sozialen Verteidigung». Gleichzeitig unterstützt er die sowjetische Friedenskampagne.
- Die **äusserliche Ähnlichkeit** marxistischer Schlagworte mit christlichem Glauben hat **Teile der Kirchen verführt, marxistische Politik zu betreiben.** Dieser politische Einsatz der Kirchen zugunsten fremder Mächte mit unchristlichem Glauben darf nicht hingenommen werden.
- Der Christ glaubt an die unteilbare, göttliche Wahrheit. Der **ganze** Friede, die **ganze** Gerechtigkeit, die **ganze** Wahrheit sind nicht von dieser Welt. Der Mensch verfügt nicht über absolute Wahrheiten und Erkenntnisse, die in Form wissenschaftlicher Beweisketten festgehalten werden können.
- Teile der Kirchen erniedrigen sich heute zum **Sprachrohr einer totalitären Weltanschauung.** Sie beginnen damit **«freiwillig Ja zu sagen zur Schande der Herrschaft des Antichrist»** (Karl Barth). Sie schätzen den Frieden zur Erhaltung materieller Werte offensichtlich höher ein als die Verteidigung geistiger Werte.

Denn sie wissen nicht, was sie tun…

Dieses Zeichen gilt gewissen Christen seit den Vietnam-Demos als Friedenssymbol. Sie tragen es sogar in der Kirche. Ob sie auch wissen, was es bedeutet?

Es ist nämlich das sog. «Nerokreuz», unter dem der römische Kaiser Nero Christen und Juden hinmordete. Für die Germanen symbolisierte es die Todesrune. Hitler liess die Gräber von SS-Offizieren damit schmücken.

Aktion «Kirche wohin?»
Postcheck-Konto 80-4529

Ich interessiere mich
für die Arbeit der Aktion «Kirche wohin?». Bitte orientieren Sie mich unverbindlich über Ihre Grundsätze und Ihr Programm.

Name und genaue Adresse:

Einsenden an: Aktion «Kirche wohin?», Postfach 3, 8416 Flaach/ZH

vvx3399611

Zeitungsinserat der *Aktion Kirche wohin?* gegen die Friedensdemonstration vom 5. November 1984

Herrschaft des Antichrist' (Karl Barth).» Unter dem Titel 'Missbräuchliche Berufung auf Karl Barth' konterte die Zeitschrift 'Neue Wege' im Februar 1984: *«Kirche wohin?* ist eine politische Bewegung, die die an die Wand gemalte Gefahr einer 'Verpolitisierung der Kirche' dazu benutzt, ihrerseits die Kirche zu 'verpolitisieren' und ans Bändel einer Ideologie zu nehmen, laut der militärische Hochrüstung gegenüber dem sowjetischen Kommunismus eine geradezu christliche Notwendigkeit sei und laut der Andersdenkende auf 'unchristlichen Abwegen' gehen.»

Mit einer ähnlichen Inseratekampagne nahm die *Aktion* im Februar 1984 gegen die Zivildienst-Initiative Stellung – offensichtlich mit dem Ziel, befürwortende Stellungnahmen aus kirchlichen Kreisen zu neutralisieren.

Im Vorfeld der Abstimmung über die Atom- und Energieinitiativen meldete sich in der Presse eine Gruppe, die das befürwortende Engagement der 'Kirchlichen Arbeitsgruppe für Atomfragen' zu neutralisieren suchte. Der Gruppe, die wesentlich von *Aktions*-Leuten mitinitiiert worden war, gehörten an: Manuel Bach, Winterthur; Erich Baerlocher, Binningen; Peter Brunner, Malans; Alfons Della Pietra, Zürich; Reinhard Egg, Erlenbach ZH; Werner Freund, Cham; Albert Gautschi, Kirchlindach; Beppin Gisep, Scuol; Friedrich Locher, Bern; Rolf Reimann, Biel; Eric Rufener, Biel; Anton Schraner, Schwyz; Dr.theol. Hans Senn, Chur; Rolf Sturzenegger, Steg/Tösstal (NZZ, 19.9.84).

Differenziertere Referenten

Während die öffentlichen Stellungnahmen der *Aktion* durch einen Holzschnitt-Stil auffallen, waren an den Jahresversammlungen von den Referenten mitunter differenziertere Töne zu hören. Am 24. Januar 1981 sezierte Prof. Walter Rüegg in Zürich den «religiösen Bürger». Am 13. März 1982 betonte der Zürcher Staatsrechtler Prof. Werner Kägi in Zürich den politischen Auftrag der Kirche. Er nahm damit eine andere Position ein als Peter Sager bei der Gründung von *Kirche wohin?* Generalstabschef Jörg Zumstein warb am 19. März 1983 in Bern in seinem Referat 'Kirche und Landesverteidigung' für eine starke Armee. Am 3. März 1984 setzte sich der Luzerner Pfarrer Max Schoch in Zürich mit 'Brauch und Missbrauch biblischer Worte wie Frieden – Freiheit' auseinander, wobei er, «manchen Zuhörer offensichtlich etwas verdutzend, der lateinamerikanischen 'Theologie der Befreiung' in ihrem Kontext eine Berechtigung nicht absprach» (NZZ, 5.3.84).

Die Ost-Fixierten

Schweizerisches Ost-Institut
Neue Gefahren – alte Feinde

Neue Attraktivität hat das *Schweizerische Ost-Institut* (SOI) in Bern erringen können, neuen Respekt sein Leiter Peter Sager, welcher 1983 im dritten Anlauf zum SVP-Nationalrat gewählt worden ist. Die aussenpolitischen Analysen des SOI profitierten von der Neuinszenierung des Kalten Kriegs, sein antikommunistisches Credo vom Zerfall westeuropäischer radikaler Strömungen. Die sowjetische Besetzung Afghanistans 1981, der Putsch der Generäle in Polen, Präsident Reagans Kreuzzug in Zentralamerika und der neue atomare Rüstungswettlauf waren lauter Momente, welche die «Mahner» des SOI vom Geruch «Ewiggestriger» wieder befreite, welcher ihnen auch im bürgerlichen Lager angehaftet hatte.

Dies gab Anlass zu einer kleinen triumphalen Nabelschau an der Jubiläumsfeier «25 Jahre SOI» vom 1. September 1984. Prof. Georges Grosjean, Bern, Präsident des *Beratenden Ausschusses des SOI,* war in der erfreulichen Lage, die mageren Jahre der Entspannung als Rückblick zusammenfassen zu können: «Man hat gesagt (nach 1968), dass allein der Marxismus der Weg zur wahren Demokratie ist und vom Odium des Faschismus, Kapitalismus, Rechtsextremismus und der Unterdrückung befreien kann. Und man hat es geglaubt. Still machten weite Kreise, vor allem der sogenannten geistigen Elite, ihren Schwenker, andere gingen würdevoll in die schweigende Mehrheit, ganz Hartgesottene machten ihr Geschäft. Es war

Peter Sager vor seinem Schlössli an der Jubiläumsstrasse in Bern: Zufrieden nach 25 Jahren SOI.

die grösste kollektive Gehirnwäsche aller Zeiten... Peter Sager und seine kleine Schar marschierten und bezogen ihre Stellung. Unbeirrbar oblagen sie ihrer Aufgabe der Information – oft scheinbar völlig verlassen. Selbst in Kreisen der Behörden und der Armee mied man den Schein, mit dem *Ost-Institut* etwas zu tun zu haben. Die Diffamierung hatte ihre Wirkung getan... In den letzten Jahren hat das *Ost-Institut* mit endloser Geduld, Glauben an die Sache und beachtenswertem Durchstehungsvermögen Zoll für Zoll wieder vom Boden der öffentlichen Meinung zurückgewonnen. Die Wahl Peter Sagers in den Nationalrat ist sichtbarstes Zeichen davon.»

Das Ende des Kommunismus

«Der heutige Kommunismus als herrschende Ideologie hat abgewirtschaftet, desgleichen die Neue Linke im Westen.» So der Ausgangspunkt von Peter Sagers Analyse der 'Weltlage', welche er dem Jubiläumsfeier-Publikum vortragen konnte. Kein Grund zur Freude allerdings: «Wir befinden uns in einer geistigen Krise im Übergang zur nachindustriellen Gesellschaft», fuhr Sager fort, «könnte es sein, dass damit die drei Elemente gegeben wären, die eine Erneuerung angeschlagener Bewegungen erlauben?»

Ortete früher das SOI die 'Gefahren der Demokratie' darin, dass virulente Oppositionsbewegungen von Moskau manipuliert und gesteuert seien, so sieht es für die Zukunft die Gefahr in der Unabhängigkeit dieser Bewegungen von Moskau. Nämlich so: «Wenn beispielsweise die echte Friedensbewegung sich von der Sowjetunion lossagt und in ihre Forderung nach dem Verzicht auf Stationierung der amerikanischen Pershing-II-Raketen neu den Verzicht auf Stationierung der sowjetischen SS-20-Raketen einschliesst, so dokumentiert sie damit bessere Einsicht... Indes wird sie die dadurch erhöhte Friedensbereitschaft letztlich doch nur in den offenen Gesellschaften erzielen, und da liegt das Risiko.»

Im «Prozess der Verselbständigung von Moskau» sieht Sager wachsende Potenzen für die 'neuen sozialen Bewegungen' entstehen, welche die Demokratien in internen Auseinandersetzungen schwächen und damit dem Ostblock – ungewollt – strategisches Übergewicht zuspielen werden. Inmitten der linken Resignation und allgemeinen Revolutionsungläubigkeit verheisst Sager seinen Gegnern glänzende Zeiten: «Weil die Notwendigkeit der Reform immer sichtbarer wird und schwerer wiegt (!), wächst die Versuchung zur Abkürzung des Weges mittels einer Revolution, die jetzt nicht mehr so sehr von aussen an uns herangetragen wird, sondern sich nun im Innern zu regen beginnt.» Dabei hielt Sager in seinem Grundsatzreferat fest, dass sich das SOI «in vielen Punkten mit den Anliegen dieser Kreise solidarisieren» könne, kurz eine 'Reformbedürftigkeit' unserer Gesellschaft nicht abzustreiten sei.

Dieser neue Befund der SOI stellt eine beträchtliche ideologische Anpassung an die Wirklichkeit dar. Allerdings etwas spät: Der Prozess der «Verselbständigung von Moskau», welchen Sager für die Zukunft prognostiziert, hat mit 1968 schon begonnen, wenn er auch unzweifelhaft in den letzten Jahren zusätzliche Impulse erhielt.

Der politische Krieg der Sowjetunion

In der Praxis des SOI ist bis jetzt vom neuen Geist der Jubiläumsversammlung wenig zu spüren gewesen. Im gewohnten Muster wurden innenpolitische Kontroversen und militante Bewegungen auf dem Raster des Ost-West-Konfliktes interpretiert und hinter allem und jedem die lange Hand Moskaus vermutet. Bei Jahresversammlungen von Offiziersgesellschaften und in der 'Allgemeinen Schweizerischen Militärzeitschrift' (ASMZ) breitete Sager seine Theorie des 'politischen Krieges' aus. Aus «technischen Gründen» wie etwa der Existenz von Atomwaffen oder der weltweiten wirtschaftlichen Vernetzung und Interdependenz sieht Sagers *Ost-Institut* die Wahrscheinlichkeit eines militärischen Krieges als immer geringer an. Umso mehr werde der Feind darauf abzielen, den Gegner geistig und psychologisch zu schwächen und mit einem politischen Krieg schliesslich unter seine Herrschaft zu bringen.

Dieser politische Krieg, den man früher noch etwas bescheidener «Subversion» genannt hatte, wickelt sich nach Sager auf vier Ebenen ab: Politisch versuche die Sowjetunion eigene Parteien im Westen zu finanzieren und Oppositionsbewegungen zu manipulieren. Wirtschaftlich könne der Westen durch Sabotage und «wilde Streiks» geschwächt werden. Psychologisch werde der Westen in ein Klima der Verunsicherung und polarisierender Spannungen getrieben und militärisch der Gedanke der Wehrkraft zersetzt. Der politische Krieg der Sowjetunion offenbart sich für Sager im ganzen Panoptikum von Auseinandersetzungen, welche Europa in den letzten Jahren geprägt haben.

So fördert die Sowjetunion laut Sager die Friedensbewegung und den Protest gegen die neue Rüstungsspirale, um westliche Wehrkraft zu zersetzen. Sie unterstützt die Antiatomkraft-Bewegungen, um Westeuropa von sowjetischen Energielieferungen abhängig zu machen. Sie propagiert den Antiamerikanismus, um Westeuropa von der NATO abzukoppeln. Sie propagiert die Neutralisierung Westdeutschlands und die Assoziierung der BRD mit der DDR, um die EG zu schwächen. Sie polarisiert Probleme wie Umweltschutz oder soziale Fragen, um die Wirtschaft zu diskreditieren. Sie polarisiert gesellschaftliche Probleme wie Jugend oder Minderheiten, um die politischen Strukturen des Westens zu lähmen.

Entsprechend hat sich das *Ost-Institut* in den letzten Jahren hauptsächlich zur Friedensbewegung engagiert. Auch die Jugendbewegungen 1980 wurden ins Schema der «nützlichen Idioten» für Moskau eingereiht. Insge-

Anzeige

Stell dir vor es kommt Krieg und keiner geht hin!

Ein gutes Schlagwort für einen unwahrscheinlichen Vorfall. Der Spruch wird von vielen Friedensräten und Friedensbewegungen plakatiert. «Stell dir vor es kommt Krieg und keiner geht hin.» Konsequenz: Dann kommt der Krieg zu euch. Bertolt Brecht, allen Linksaussen unverdächtig, hat es vor einem halben Jahrhundert so gesagt:

> Wer zu Hause bleibt, wenn der Kampf
> beginnt
> Und lässt andere kämpfen für seine Sache
> Der muss sich vorsehen: denn
> Wer den Kampf nicht geteilt hat
> Der wird teilen die Niederlage.
> Nicht einmal den Kampf vermeidet
> Wer den Kampf vermeiden will: denn
> Es wird kämpfen für die Sache des Feinds
> Wer für seine eigene Sache
> nicht gekämpft hat.

Bertolt Brecht, Die Gedichte, Suhrkamp-Verlag 1981, S. 503)

Der Stockholmer Friedensappell (gegen die amerikanische Atombombe) wurde 1949 lanciert, um der Sowjetunion die nötige Atempause zur Entwicklung von eigenen Atombomben zu sichern. Moskau konnte sich nämlich nicht vorstellen, dass die Amerikaner ihr damaliges Nuklearmonopol **nicht** zur politischen Erpressung verwenden würden. Als die Sowjetunion eigene Atombomben herzustellen vermochte, wurde die «Friedensbewegung» in den Winterschlaf versetzt; sie hatte ihre Pflicht getan.

Dank der «neuen Ostpolitik» ab 1969 konnte die Sowjetunion — nicht zuletzt mit Hilfe westlicher Kredite — die militärische Ueberlegenheit erreichen. Als der Westen 1977/78 langsam erwachte, Präsident Carter von der Neutronenwaffe zu sprechen begann und die Nato über eine Nachrüstung diskutierte, da starteten «Friedenskräfte» ihre Antineutronenkampagne.

Ende 1979 intervenierte die Sowjetunion **militärisch** in Afghanistan. Seither läuft die Friedensbewegung auf vollen Touren. Aber nicht zugunsten Afghanistans, sondern gegen die westliche Nachrüstung. Zufälle?

Afghanistan ist eine Ueberlegung wert. Sie führt zu einem andern Spruch als dem eingangs zitierten und fasst zudem eine viel wahrscheinlichere Sachlage zusammen:

Stell dir vor es gibt Frieden und einer macht nicht mit!

Frieden als **Ziel** ist unbestritten. Kein Mensch bei Sinnen will Krieg.

Der **Weg zum Ziel** ist problematisch. Da gibt es Meinungsverschiedenheiten. Weil es zum Beispiel den Frieden des Friedhofs, aber auch den Frieden in Freiheit gibt.

Die Sowjetunion hat ein grosses Interesse an einseitigen **Friedensdemonstrationen im Westen**, um damit

> unseren Wehrwillen zu schwächen,
> die Nachrüstung zu lähmen,
> die sowjetische Aufrüstung zu tarnen,
> die Befürworter des **Friedens in Freiheit**
> als kalte Krieger abzustempeln.

In kommunistischen Ländern wird ein Pazifismus nicht geduldet, der neben westlicher auch osteuropäische Abrüstung fordert. Vereinigungen dieser Zielsetzung dürfen, weil dem Interesse des Staates widersprechend, gar nicht gegründet werden (Art. 51, Verfassung der UdSSR). Die Organisation von Demonstrationen wird mit Freiheitsentzug von 2 bis 5 Jahren bestraft (Art. 79, Strafgesetzbuch der RSFSR). Pazifistische Umtriebe könnten zudem als «Schwächung der militärischen Macht» nach Art. 64 des gleichen Strafgesetzbuches geahndet werden.

Merkwürdig, wie das Auf und Ab der Friedensdemonstrationen im Westen eine enge Bindung an die jeweilige aussenpolitische Interessenlage Moskaus aufweist:

Die **Schliessung des Novosti-Büros in Bern** weist einmal mehr darauf hin, dass die sowjetische Propagandaagentur (3000 Mitarbeiter) gerne Staatsbürger des Zielgebietes einsetzt, damit die naiven Mitläufer nicht merken, wessen Anliegen sie vertreten.

Mitläufer, die übersehen, dass sie nicht zum Protest gegen die bestehenden, **auf Westeuropa gerichteten sowjetischen SS-20-Raketen** aufgerufen werden, sondern **nur gegen die** im Rahmen notwendiger **Nachrüstung** zur Abwehr vorgesehenen **amerikanischen Raketen** protestieren sollen.

Merkwürdig auch, wie bestimmte Friedensbewegte sowjetische Anweisungen und Finanzhilfe aus Moskau abstreiten. Dabei fehlen die Beweise nicht:

«Moskau trägt einen sehr namhaften Teil der Ausgaben bei fast jedem Friedenskomitee oder bei anderen, ähnlichen Organisationen, die sich gegen die Nato und gegen die Politik der USA stellen.» (Der ehemalige KGB-Mitarbeiter Lewtschenko, «Solothurner Zeitung», 11. 10. 81)

Wegen «staatszersetzender Tätigkeit» (Kontakt zu Personen und Gruppen, die gegen Dänemarks Nato-Mitgliedschaft kämpfen) wurde der Sowjetdiplomat Wladimir Merkulow aus Kopenhagen ausgewiesen. «Frankfurter Allgemeine Zeitung», 5. 11. 81)

«Ein Bericht des niederländischen Geheimdienstes ... weist im einzelnen den sowjetischen Ursprung der niederländischen Kampagne gegen die Neutronenwaffe und gegen die Nachrüstung im Bereich der Mittelstreckenraketen nach.» «Die Welt», 9. 12. 82)

Die sowjetischen Kontakte und Verbindungen der «Generäle für den Frieden» sind notorisch bekannt und in der «Allgemeinen Schweizerischen Militärzeitschrift» Nr. 4/1983 eingehend beschrieben.

Das wollen westliche «Friedensbewegte» wegdiskutieren? Moskau ist da ehrlicher:

Der am 27. 4. 61 dort gegründete sowjetische Friedensfonds hat gemäss Art. 1 seiner Statuten folgende Zielsetzung: «Der sowjetische Friedensfonds ist berufen, jenen Organisationen und Personen finanzielle Unterstützung zu gewähren, die sich zum Ziele setzen, zur Erhaltung und Festigung des Friedens in der gesamten Welt beizutragen ...»

Und am 22. Parteikongress genehmigte die KPdSU ihr neues Parteistatut, in welchem es heisst (Teil 1, Kapitel 8): «Alle Organisationen und Parteien, die neutralistischen und pazifistischen Bewegungen, die bürrlichen Kreise, ... welche sich für Frieden und Normalisierung der Beziehungen zwischen den Staaten einsetzen, ... finden in den UdSSR volles Verständnis und volle Unterstützung.»

Darunter fällt kein Friedensbewegter, der sich für beidseitige Abrüstung verwendet. Wer das tut, ist nach Moskauer Lesart ein übler Spalter. So verwahrte sich Oleg Charchardjin, Erster Stellvertretender Vorsitzender des Sowjetischen Friedenskomitees, gegen westliche Absichten, einen Teil der «friedliebenden Kräfte in den kapitalistischen Ländern» zu spalten, «mindestens einen Teil von ihnen gegen die sozialistischen Staaten, vor allem gegen die Sowjetunion aufzuwiegeln». «Thurgauer Zeitung», 17. 3. 83)

In der Uebersetzung der «Schweizerischen Friedensbewegung», Ableger des kommunistischen Weltfriedensrates, heisst das dann: «Insbesondere wenden wir und gegen den Antikommunismus und den Antisowjetismus in allen ihren Spielarten und Formen, da diese sich für die Entfaltung einer grossen, weltweiten Friedensbewegung als besonders schädlich und hinderlich erwiesen haben.» «NZZ», 5. 5. 83)

Die Arbeit des SOI beschränkt sich nicht auf gelegentliche Inserate. Zur Friedensfrage hat es eben drei Taschenbücher veröffentlicht, die in jeder Buchhandlung gekauft werden können:

Wladimir Bukowski, Pazifisten gegen den Frieden. Friedensbewegung und Sowjetunion. 52 Seiten, Fr. 9.—.

Daniel Frei, Friedenssicherung durch Gewaltverzicht? Eine kritische Ueberprüfung alternativer Verteidigungskonzepte. 64 Seiten, Fr. 9.80.

Hans Rapold, Frieden wagen — Frieden sichern? 69 Seiten, Fr. 9.80.

Direkt beim Schweizerischen Ost-Institut, 3000 Bern 6, können Sie das vierzehntägig erscheinende «ZeitBild» (Jahresabonnement Fr. 39.—) und den SOI-Sonderdruck 16, Laszlo Refesz, «Frieden durch Gewalt. Träger und Ziele der kommunistischen Friedenspolitik», bestellen (140 Seiten, Fr. 12.—).

Schweizerisches Ost-Institut
CH-3000 Bern 6,
Telefon (031) 43 12 12

Inserate kosten Geld. Ermöglichen Sie uns weitere in andern Zeitungen durch Ihren Beitrag — jeder Franken ist willkommen (Postcheckkonto Schweiz. Ost-Institut, Bern, 30-407, bitte mit Vermerk «Inserat»).

«Man sagt uns, wir sollten Europa nicht in zwei bewaffnete Lager trennen. Soll es denn nur ein bewaffnetes Lager geben, das der Diktatur?»

(Winston Churchill, Rede in Manchester am 10. Mai 1938)

Beträchtliches Geld verschlang Sagers Inseratenkampagne gegen die Friedensbewegung 1983 (aus der NZZ, 20. 5. 83) samt ergab sich daraus der politische Abwehrkrieg des SOI, welcher etwa so zusammengefasst werden könnte: Weil die totalitäre Sowjetunion die westlichen Demokratien bedroht, ist es gefährlich, wenn nicht schädlich, dass in den Demokratien Gruppen und Bewegungen ihre vollen demokratischen Rechte wahrnehmen und durch ihre grundsätzliche oder punktuelle Kontestation Demokratie erst leben. Zu verteidigen ist nur eine starke Demokratie, in welcher die Konflikte begrenzt sind und sich die Regierungen auf einen breiten Konsens der Regierten stützen können. Damit bestreitet Sagers SOI natürlich nicht die parlamentarischen Verfahrens- und Konkurrenzformen innerhalb der politischen Elite, aber genau den Spielraum für sozialen Konflikt und Massenprotest, welchen sich die Bevölkerungen in den westlichen Demokratien gegen ihre Regierungen und Staaten erkämpft haben.

Alles liebe alte Freunde

Unter den traditionsreichen antikommunistischen Organisationen der Schweiz nimmt das SOI eine Sonderstellung ein. Es ist nicht als politischer Klub oder Mitgliederorganisation strukturiert, sondern eine professionell arbeitende «Dienstleistungsstelle» - eben ein Institut. 32 Mitarbeiter (25 volle Stellen) umfasst dieser aussenpolitische 'Think Tank' an der Jubiläumsstrasse in Bern, dessen Jugendstilhaus mit 100000 Franken für Sicherungsanlagen zur kleinen Burg ausgebaut worden ist. Hauptprodukt der Institutstätigkeit sind zahlreiche Publikationen.

Allen voran die Zweiwochenzeitschrift *ZeitBild,* vormals der *Klare Blick,* welche für 39 Franken jährlich den Ostblock durchleuchtet, weltpolitische Brennpunkte auf die «zugrundeliegenden» sowjetischen Bestrebungen aushorcht und schweizerische Auseinandersetzungen im eben dargelegten Muster politisch interpretiert. Auf dem Höhepunkt des Kalten Kriegs in der Schweiz erreichte es eine Auflage von 20000 Exemplaren (1962), auf dem Tiefpunkt der Entspannung sackte es auf 8000 ab (1978), um sich auf 11500 verkaufte Exemplare 1984 wieder zu erholen.

Im Stile der seit Jahren modischen 'Hintergrundinformationen' hat das SOI 1975 die Monatsschrift *SOI-Bilanz* lanciert. Auf vier mageren Seiten werden im Kurzstil mehr oder weniger bekannte Tatsachen auf aktuelle Schlagzeilen hin zu Hintergrund verdichtet. Das Blättchen ist zum stolzen Preis von 120 Franken jährlich zu haben, und soll viele Schweizer Ärzte unter den rund 2500 Abonnenten haben. Ein entsprechender Werbeversand in der 'Schweizerischen Ärztezeitung' ist im Sommer 1982 unter Beschuss gekommen. Auf drei Nummern geplant, wurde die Beilage nach der ersten Nummer gestoppt. Von da an belieferte das SOI die Herren FMH direkt ins Haus.

Zur Bearbeitung der Medien hat das SOI eine eigene Presseschau aufgebaut, welche auf englisch, spanisch, französisch und neuerdings wieder arabisch erscheint. *Swiss Press Review – News Report* wird in 1600 Exemplaren an Redaktionen und Radiostationen vieler Länder verschickt.

Das deutsche Pendant, welches früher unter dem Namen *Freier Korrespondenz-Dienst* (FKD) erschienen ist, musste 1978 mangels Nachfrage eingestellt werden. Die *Schweizerische Politische Korrespondenz* (spk) hatte in der Folge SOI-Beiträge unter dem Kürzel FKD in den eigenen Pressedienst aufgenommen. Diese Zusammenarbeit ist 1983 ausgelaufen. Angesichts «steigender Aufgaben in der Ersten Welt» soll in Zukunft der deutsche Pressedienst wieder herausgegeben werden.

Das Sager-Imperium ist organisatorisch reich gegliedert. Im Zentrum steht das *Schweizerische Ost-Institut,* welches als Aktiengesellschaft im Handelsregister eingetragen ist. Die 50 000 Franken Aktienkapital sind voll liberiert, und die Mehrheit der Aktien befindet sich im Besitz von Peter Sager. Im Verwaltungsrat herrscht allerdings Pro-Kopf-Stimmrecht, und die AG zahlt weder Dividenden noch Tantiemen aus. Viel zu verteilen gäbe es auch nicht. Präsident des SOI ist der Zürcher Rechtsanwalt Ullin Streiff aus Wetzikon, ein typischer Repräsentant der «Ungarn-Generation» und früh ein Jugendaktivist im *Redressement National,* dessen Vorstand er von 1965–74 angehörte. Vizepräsident ist Peter Sager. Zum innern Kreis des Verwaltungsrates gehören seit Jahren der Berner Schriftsteller Erwin Heimann, Thun-Heiligenschwendi, der sich nach 1956 zuerst in der *Vereinigung Pro Libertate* engagierte. Heiner Hoffmann, Direktor und Mitglied des Verwaltungsrates der Gebr. Hoffmann AG Thun, welche sich mit Herstellung und Verkauf von Verpackungsmaterialien beschäftigt. Dr. iur. Gis Hochstrasser, Boll, Verwaltungsrat mit Einzelunterschrift der Beteiligungs-Holding C&M, Bern. Der Berner Fürsprech Hermann Jacobi, Mitglied des VR der Transportfirma Hess AG, Bern, und der damit verbundenen Immobilienfirma Casa AG, Bern. Jacobi besorgte in den 60er Jahren eine Zeitlang die Administration des SOI. Der Zürcher Philosophieprofessor Rudolf W. Meyer ist im Verwaltungsrat des SOI seit der ersten Stunde.

Weiter gehören zum Verwaltungsrat die Zürcher FDP-Kantonsrätin Gertrud Erismann-Peyer, Küsnacht, und Balz Hatt, Zürich, welche beide in der *Wirtschaftsförderung* tätig sind. Der Rechtsanwalt Philippe Jaques aus Pully-Lausanne. Dr. Fritz Schnorf aus Meilen, Direktor der Papierfabrik Perlen; und Hubert Wassmer aus Bern, in dessen beträchtlicher Sammlung von Verwaltungsratssitzen das Kies- und Bauunternehmen Kibag im Zentrum steht.

Vom SOI rechtlich getrennt wurde die umfangreiche Bibliothek Peter Sagers, welche 1984 85 000 Bände osteuropäischer Primär- und Sekundärliteratur umfasste, sowie auf 420 Zeitungen und Zeitschriften aus dem Ostblock abonniert ist. Dieser Grundstock für die publizistische Tätigkeit des SOI wurde in die *Stiftung Schweizerische Osteuropa-Bibliothek* über-

Die Mitarbeiter des SOI

In die Verantwortlichkeiten des SOI teilen sich:
Christian Brügger, Liebefeld, verantwortlicher Redaktor *ZeitBild.*
Jacques Baumgartner, verantwortlich für *SOI-Bilanz*, früher Auslandredaktor der spk.
Ian Tickle, Brite und Cambridge-Absolvent, verantwortlich für die Pressedienste, seit Anfang im SOI.
Claude Rieser, verantwortlich für das französische Pendant des *ZeitBildes Bulletin d'Etudes Politiques.*
Peter Dolder, Bern, besorgt die administrative Leitung des SOI.

Als sogenannte wissenschaftliche Mitarbeiter des SOI wurden 1984 aufgeführt:
Dr. iur. Laszlo Revesz, Bern, ehemaliger ungarischer Staatsangehöriger, Vortragsreisender für das SOI in allen einschlägigen Vereinigungen, Beirat der von den Landeskirchen anerkannten Gruppe *Glaube in der 2. Welt,* wie Sager. Trat aus der SP wegen «Linksentwicklung» aus.
Dr. Max Keller, Bern, Gründungsmitglied *Aktion Kirche wohin?*
Ian Tickle.
Saulo Herrero, besorgt die Spanischübersetzungen.
Georg Bruderer-Tuchanow, pensionierter Beamte der Zentralstelle für Gesamtverteidigung, tragischer Fall einer fälschlich erhobenen Spionageanklage 1978, profilierte sich anfangs der 70er Jahre in der Fachequipe Subversion der SAD.
Jürg L. Steinacher, siehe unter IPZ.
Jacques Baumgartner.
Harald de Courten, Divisionär a. D., Mitte der 70er Jahre selbsternannter Militärberater an der Elfenbeinküste.

geführt, welche heute vom Exilungarn und Politologen Peter Gosztony geleitet wird. Die *Osteuropa*-Bibliothek bezog als gemeinnütziges Werk 1984 auf 147 500 Franken gekürzte Bundessubventionen.

Präsident des Stiftungsrates ist Dr. Peter Renggli aus Biel, welcher dem Vorstand des Vororts angehört. Vizepräsident Dr. Franz G. Maier, Direktor der Schweizerischen Landesbibliothek in Bern. Und Sekretär Dr. Hans Elmiger, Bern, welcher u.a. dem Verwaltungsrat der Kongress & Kursaal Bern AG und der Sportbetriebe Bern AG angehört. Sieben der elf Stiftungsratsmitglieder werden vom Subvenienten der öffentlichen Hand ernannt.

Um das SOI in einem weitergespannten politischen Netz einzubetten, ist ihm ein *Beratender Ausschuss des SOI* beigesellt worden, welcher fünf Dutzend Personen umfasst und vom Berner Wirtschaftsgeographen Georges

Grosjean präsidiert wird. Grosjean gehört zu den Pfeilern geistiger Landesverteidigung in der Schweiz und war in den 60er Jahren auch gern gesehener Redner an SAD-Veranstaltungen.

All diese Verbindungen haben aber nicht ausgereicht, um das SOI Mitte der 60er Jahre, nach dem Abflauen antikommunistischer Militanz, finanziell vor dem Zusammenbruch zu retten. Zu diesem Zweck ist deshalb 1966 der *Verein zur Förderung des Schweiz. Ost-Instituts* gegründet worden, dessen treibende Seele der Berner Bauunternehmer Vinzenz Losinger ist. Der *Förderverein* zählte 1984 1610 Mitglieder, worunter 250 Firmen, welche einen jährlichen Unterstützungsbeitrag von mindestens 100 Franken an das SOI bezahlen. Seit seinem Bestehen hat der Verein im Durchschnitt 210000 Franken pro Jahr an das SOI-Budget beigetragen, insgesamt 3,8 Mio. Franken.

Das SOI gibt keine Jahresabrechnungen bekannt, lediglich die Saldobilanzzahlen werden veröffentlicht. Daraus geht hervor, dass das SOI ohne Profit, aber mit ausgeglichener Rechnung arbeitet. Zählt man die geschätzten Verkaufseinnahmen aus den Publikationen und den Förderbeitrag zusammen, kommt man auf einen Jahresumsatz, der über einer Million Schweizer Franken liegen muss.

«Liberaler Antikommunismus» mit konservativer Schlagseite

Peter Sagers SOI legt Wert darauf, dass sein Antikommunismus «rein antitotalitär» und mit keiner Weltanschauung, sei sie christlich oder neokonservativ, speziell verbunden sei. Dieser «liberale» (Sager) – wir können auch sagen – laizistische Antikommunismus hat sich deshalb in seiner Frühzeit im Umkreis des antikommunistischen Bündnisses zwischen Reformbürgerlichen und Sozialdemokraten bewegt, wie es im *Schweiz. Aufklärungsdienst* verkörpert war. Allerdings legte Sager nie, im Gegensatz zum SAD, speziellen Wert auf die Beziehungen zur SP. Lange Zeit war lediglich der Gewerkschafter und Parade-Antikommunist Ernst Bircher im *Beratenden Ausschuss des SOI* vertreten. Seit seinem Tod 1982 fehlt jegliche sozialdemokratische Repräsentierung im SOI. Seit eh und je waren Anhänger der SVP und der FDP im SOI übergewichtig vertreten gewesen.

Gute Beziehungen bestehen zur *Schweizerischen Fernseh- und Radiovereinigung* (SFRV) und der *Aktion Kirche wohin,* zu deren Gründungsmitgliedern Peter Sager gehört. Beiden Gruppierungen ist gemeinsam, in zwei Säulen der öffentlichen Meinungsbildung die 'schleichende Unterwanderung durch linke Ideen' zu bekämpfen. Mit der SFRV war Sager auch durch seine beiden Berner Parteifreunde Walther Hofer und Hans Feldmann verbunden. Beide sassen im *Beratenden Ausschuss des SOI,* und Feldmann war auch im Stiftungsrat der *Osteuropa-Bibliothek.* Seit die drei sich im Wahlkampf 1979 und 1983 für den Nationalrat gegenseitig konkurrenziert haben, sind allerdings Hofer und Feldmann aus allen SOI-Gremien zurückgetreten.

Die «Desinformation in den Medien» gehört zu Sagers Standardthemen und ist der Titel eines entsprechenden SOI-Sonderdruckes von 1981. Der 'unhöflichen Art', wie die Schweizer Presse über Regans Wahl zum Präsidenten berichtete, widmete Sager 1981 im *ZeitBild* einen zweiseitigen Artikel. Angeschossen waren nicht irgendwelche Aussenseiterblättchen, sondern die Flaggschiffe der Schweizer Medien: die'Basler-Zeitung', die'Berner Zeitung', der'Bund', das'Vaterland', Radio und Fernsehen DRS, welche alle dem «Antiamerikanismus» Vorschub leisteten, was «letzlich eben auch eine Folge sowjetischer Anheizung» sei. «Was können wir tun?» fragt sich Sager zum Schluss und rät dem Leser, «die Zeitungen kritischer zu lesen und allenfalls auch einmal ein Abonnement abbestellen. Unter Angabe der Gründe. Darauf reagieren Zeitungen recht empfindlich. Wenn es nicht beim Einzelfall bleibt.» Ganz in diesem Sinne profiliert sich schon seit Jahren der «wissenschaftliche Mitarbeiter» des SOI Dr. Max Keller, Bern, einer der professionellen Leserbriefschreiber in diesem Lande – «kritischer Zeitungsleser» und Medienbeobachter.

Auf dem spezifischen Arbeitsgebiet des SOI haben sich als wichtigste Beziehungen in den letzten Jahren die zur 1980 gegründeten *Internationalen Helsinki-Vereinigung* und der Schweizer Sektion der in Frankfurt a. M. stationierten *Internationalen Gesellschaft für Menschenrechte* (IGFM) herausgeschält. In der IGFM-Schweiz hat Peter Sager im Patronatskomitee Einsitz genommen, in der *Helsinki-Vereinigung* engagiert sich Sagers neugewonnener «wissenschaftlicher Mitarbeiter» Jürg L. Steinacher.

Mit Austauschinseraten und gegenseitigen propagandistischen Liebesdiensten ist Sagers *ZeitBild* mit dem *Deutschlandmagazin*, herausgegeben von Kurt Ziesels *Deutschland-Stiftung*, und dem neukonservativen Intelligenzblatt *Criticón* verbunden. *Criticón* wird in München von Caspar v. Schrenck-Notzing herausgegeben und zählt zu den Mitarbeitern Leute wie den konservativen Publizisten Gerd-Klaus Kaltenbrunner, Herausgeber der «Herderbücherei-Initiative» und Festredner am SOI-Jubiläum 1984. Oder den Ostgeschichtler Georg Stadtmüller, welchem es im *ZeitBild* 1980 vergönnt war, auf den 'inneren Zusammenhang' von Sozialismus und Nationalsozialismus hinzuweisen, insbesondere auf die Verwandtschaft von Bolschewismus und NSDAP. Stadtmüller hatte diese Überlegungen seinerzeit im Auftrag der CSU-Hanns-Seidel-Stiftung für den deutschen Wahlkampf kompiliert. Man darf darauf hinweisen, dass Stadtmüllers akademischer Auftrag sich während des Dritten Reiches ungebrochen vollzogen hat: vielleicht hatte er seinerzeit die obgenannten Zusammenhänge erkenntnismässig noch nicht recht im Griff gehabt.

Im *Deutschlandmagazin* gehört ZDF-Magazin-Leiter Gerhard Löwenthal zu den ständigen Kolumnisten. Löwenthal engagierte sich 1983 zusammen mit dem Exiltschechen Ludek Pachmann für den Aufbau der *Konservativen Aktion*, einer Sammelbewegung für alle CSU- und anderen Freunde in der Bundesrepublik. Anlässlich des SOI-Jubiläums bescheinigte Löwenthal dem *Ost-Institut*, dass seine Tätigkeit «Moskau sehr weh» tut, was ihm, wie er gegenüber der versammelten Schweizer Presse erklärte, in Gesprächen mit Offizieren des sowjetischen Geheimdienstes KGB bestätigt worden sei.

Weitere Beziehungen knüpft das SOI je nach Gelegenheit. Im Zusammenhang mit Afghanistan propagiert das *ZeitBild* die Aktivitäten des *Comité Suisse de Soutien au Peuple Afghan*, Neuenburg, welches vom vormaligen Präsidenten der FDP, Nationalrat Yann Richter, präsidiert wird. Anfangs 1984 lancierte das SOI in seinem Abonnenten- und Gönnerkreis eine Sammlung für die afghanischen Freiheitskämpfer, welche bis Oktober des gleichen Jahres 140000 Franken zusammenbrachte. Das Geld soll laut SOI in Zusammenarbeit mit dem *Schweizerischen Afghanistan-Archiv* in Liestal an eine bekannte Persönlichkeit des Widerstands direkt übergeben und «zum Beispiel die Anschaffung von Radiomaterialien» (Sager) erlauben. Man erinnert sich an die linke Aktion «Waffen für El Salvador».

Die Weisen vom Morgenland

Mit seiner weltoffenen Art hat Peter Sager auch überseeische Freunde gewonnen. Besonders angetan hat es ihm der Nahe Osten, der nach Sager seit dem Sturz des Schahs und der Besetzung Afghanistans besonders von sowjetischer Machtexpansion bedroht ist. Beeindruckt von diesen Warnungen haben fünf Schweizer Spender 1981 die Wiederherausgabe des arabischen Pressediensts des SOI finanziert. Im Wissen um die Fragilität der politischen Macht im Nahen Osten hat sich Peter Sager persönlich nach «Reformherrschern» umgesehen, deren Innenpolitik geeignet sein könnte, dem kommunistischen Vormarsch Einhalt zu gebieten.

Auf einer «Studienreise» stiess er auf Sultan Qabus ibn Said, Alleinherrscher und Ölpotentat des Sultanats Oman, welches bis Mitte der 70er Jahre gegen eine marxistische Befreiungsbewegung zu kämpfen hatte. Im Sultanat Oman ist die Macht noch in den Händen der «Weisen», als welchen Sager Sultan Qabus bezeichnet, und Politik und Fürsorge für das Volk geschieht zwar autokratisch, aber «rational». Demgegenüber habe der Westen «die Welt in den Strudel des Egalitarismus, der Nivellierung und gar der Elitefeindlichkeit gezogen».

1983 organisierte Peter Sager eine «private Reise» zu dem Weisen im Morgenland. Im 'Tages-Anzeiger' vom 5. November 1983 stand zu lesen, dass eine Gruppe von sieben Jünglingen und zwei Mädchen aus Bern am internationalen Fest der Jugend in Oman Schweizerisches vertraten, entsprechende Volkslieder zum besten gaben, und mit einer Sennenkutte und dazugehörigem Käppi mit Schweizer Kreuz die Elite feierten. Dabei waren Sagers Tochter Sandra, Jürg Zumstein junior, Sohn des Generalstabchefs der Schweizer Armee, Lars Losinger, Spross der Losinger-Familie und Sager-Sponsoren, sowie Richard von Gosztony, Sohn des Leiters der *Osteuropa-Bibliothek.* In einem Leserbrief an den TA schimpfte Sager gegen die unerwünschte Berichterstattung und bezeichnete sie als «böswilligen Unsinn». «Desinformation» konnte er keine nachweisen.

Die Krönung einer Karriere

Das *Schweiz. Ost-Institut* ist in gewisser Hinsicht ein Sultanat im kleinen. «Der erratische Block der 25 Jahre SOI ist natürlich unser geschätzter Peter Sager, die hervorragende Kämpfernatur», formulierte Ullin Streiff seine hymnische Laudatio an der Jubiläumsfeier. «Peter Sager ist ... eine klare Leitfigur am Institut, nicht weil er als Direktor figuriert, sondern weil er eine Führerpersönlichkeit par excellence ist. Führerpersönlichkeit nicht zuletzt deshalb, weil er offene Grundsatzfragen stets offen erörtert und jeden vernünftigen Entscheid erträgt, akzeptiert und ausführt. Führerpersönlichkeit auch deshalb, weil er das ganze Personal väterlich führt und betreut, dessen Ansichten ernst nimmt und weitestmöglich gelten lässt. Führerpersönlichkeit schliesslich auch darum, weil er immer wieder grosse Geister, Wissenschaftler und Wirtschaftsführer von hohem Rang in seinen Bann zieht und doch jede Abhängigkeit vermieden hat.»

Peter Sager (*1925), Doktor der politischen Wissenschaften, machte 1945 mit unliebsamen Artikeln im 'Berner Student' von sich reden, wo er im Sinne des linksliberalen Aufbruchs nach dem Krieg (siehe S. 46 f) gegen das «satte Bürgertum» polemisierte. Wie die andern Hitzköpfe seiner Zeit nahm er mit dem beginnenden Kalten Krieg solches Engagement zurück, um sich fortan dem Kampf gegen den Kommunismus als «zweiter» totalitärer Gefahr nach dem Faschismus zu widmen. An einer Kundgebung der freisinnigen Hochschulgruppe Bern sprach er 1948 zur Machtergreifung der Kommunisten in Prag. Im gleichen Jahr startete er zusammen mit einigen Freunden den *Freien Korrespondenz-Dienst,* welcher die Presse bis 1950 mit Artikeln zu den Ereignissen im Ostblock versorgte. 1952 machte Sager den Dr. rer. pol. in Bern und promovierte 1954 in Harvard zum M.A. 1957/58 versuchte er sich als Dozent am Institut des Hautes Etudes Politiques in Genf zu habilitieren, gab dann aber auf, weil er nach seinen Aussagen dann zuwenig Zeit für seine politische Tätigkeit gehabt hätte. Er gründete 1958 das *Hilfskomitee für die Opfer des Kommunismus* und liess ein Jahr später sein *Ost-Institut* im Handelsregister eintragen. Mit tatkräftiger Hilfe des Bundesrats Markus Feldmann gelang es Sager, ebenfalls 1959 seine *Osteuropa-Bibliothek* in eine öffentliche Stiftung überzuführen. 1966 erfolgte dann die Gründung des *Fördervereins,* welcher das SOI finanziell konsolidieren half.

Sager ist schon lange Mitglied der bernischen SVP. 1979 kandidierte er zum zweitenmal auf der Berner Mittelland-Liste für den Nationalrat. Im gleichen Jahr musste Geschichtsprofessor Walther Hofer, bekannter Medienwächter und sogenannter aussenpolitischer Spezialist der SVP, wegen der in der Berner SVP gültigen Amtszeitbeschränkung vom Nationalrat zurücktreten. Sager liess sich durch eine Briefaktion im Freundeskreis als Nachfolger von Walther Hofer anpreisen, weil mit dem Ausscheiden des Geschichtsprofessors «die Stimme eines Kenners der Aussenpolitik und des Totalitarismus» verlorengehe. Seine private Wahlkampagne machte Sager

Peter Sager

ist geradlinig
er kennt die Innen- und Aussenpolitik

Wir empfehlen Ihnen deshalb **Peter Sager** zur Wahl in den Nationalrat:

Dr. **Paul Anderegg,** Hauptlehrer an der kaufm. Berufsschule Bern; Dr. iur. **Roger Anker,** Direktor, Biel; Dr. **Sylvia Arnold,** Bern; Prof. Dr. **Hans-Georg Bandi,** Bern; Dr. med. **Klaus Batz,** Thun; Dr. med. **Albert Baumgartner,** Lützelflüh; **Eduard Baumgartner,** Kaufmann, Stettlen; Dr. iur. **Michel Béguelin,** Biel; **Otto Bienz,** a. Nationalrat, Neuenegg-Bramberg; **Françoise Böhlen-Campana,** Hausfrau, Gümligen; **Georg Bruderer,** Übersetzer, Bern; **Peter Bürgi,** Ing. agr., Bärau; **Dewet Buri,** a. Ständerat, Etzelkofen; **Hans Burkhalter,** Landwirt, Alchenflüh; **Walter Christen,** Drogist, Lyss; **Harald de Courten,** dipl. Masch.-Ing., Bern; Dr. med. **Peter von Deschwanden,** Adelboden; **Berthy Egger,** Lehrerin, Zweisimmen; **Thüring von Erlach,** Fürsprecher, Bern; **Hans Fleischmann,** Drogist, Belp; **Fritz Flückiger,** Konditor, Grosshöchstetten; Dr. med. **Walther Flury,** Langenthal; **E. Georg Häberli,** Fürsprecher, Bern; **Erwin Heimann,** Schriftsteller, Heiligenschwendi; **Markus Herzig,** Fürsprecher, Zuzwil; Dr. med. vet. **Andreas Hofer,** Thun; **Hermann Jacobi,** Fürsprecher, Bern; **Walter Jakob,** Vizedirektor, Nidau; **Paul Kämpfer,** Landwirt, Guggisberg; **Robert Käser,** Direktor der Kant. Landw.-Schule, Langnau; Dr. iur. **Max Keller,** Bern; **Samuel Kipfer,** Tierzuchtsekretär, Zollikofen; Prof. Dr. med. **Hans Koblet,** Burgdorf; Dr. rer. pol. **Helene Krneta,** Bern; **Jacques Lefert,** Übersetzer, Biel; **Adolf Messerli,** Betriebsleiter, Interlaken; **Hans Rudolf Meuter,** Gerichtspräsident, Langnau; **Heinz Mischler,** Sekundarlehrer, Riggisberg; **Martin Müller,** Redaktor, Gstaad; Dr. med. **Elisabeth Neuenschwander,** Zollikofen; **Ernst Neuenschwander,** dipl. Ing. agr., Bowil; Prof. Dr. iur **Laszlo Revesz,** Bern; **Hans Ris,** Forstmeister, Gümligen; Dr. phil. **Udo Robé,** Thun; **Walter Rohner,** a. Lehrer, Erlenbach; Dr. med. **Ernst Sanz,** Zäziwil; Dr. rer. pol. **Agnes Sauser-im Obersteg,** Innerberg; **Monika Scherrer,** lic. iur.; Dr. med. vet. **Eli Schipper,** Neuenegg-Bern; **Monique Schlegel,** Hausfrau, Nidau; **Hansjürg Sieber,** Lehrer, Ittigen; Dr. iur. **Fritz Stalder,** Bern; **Res Stocker-Maurer,** Posthalter, Boltigen; Dr. med. **Alfred Stucki,** Thun; Dr. med. vet. **Hans Tschumi,** a. Nationalrat, Interlaken; **Hermann Weyeneth,** Gemeindepräsident, Jegenstorf; Prof. Dr. Ing. agr. **H.U. Winzenried,** Kirchlindach; **Peter Zbinden,** Port.

1925 in Köniz geboren
Leiter des Ost-Institutes
und Redaktor am ZeitBild
in Bern

01.11 **Peter Sager** (SVP Liste 1)
kann **zweimal** auf **jede** Liste **im ganzen Kanton** gesetzt werden!

Nationalratswahlen 1983

bs 2475

Für Berner Verhältnisse aufwendig (für Zürcher allerdings bescheiden) war Sagers Wahlkampagne für den Nationalrat 1983. Hier sein unterstützendes Komitee.

mit den Slogans der von Hofer gegründeten *Schweiz. Fernseh- und Radiovereinigung* (SFRV): «Ein Radio- und Fernsehmonopol ist für die offene Gesellschaft auf die Dauer untragbar», hiess es im Wahlinserat eines anonymen Pro-Sager-Komitees. Doch Sager schaffte 1979 den Sprung ebensowenig wie sein SOI-Freund Hans Feldmann, Sohn des ehemaligen Bundesrates Markus Feldmann und zweiter Präsident der SFRV nach Hofer.

1983 war's dann so weit. Um den freiwerdenden Berner SVP-Sitz stiegen die gleichen drei Freunde in den Kampf: Sager, Walther Hofer, welcher nach vier Jahren Absenz hoffte, die Amtszeitbeschränkung überwunden zu haben, und Hans Feldmann. Sager, welcher laut einer Untersuchung des Argus der Presse von den gewählten SVP-Leuten am meisten Geld in die Kampagne gesteckt hatte (nämlich rund 22900 Franken), trug den Sieg davon.

Sager wurde in die Kommission für Aussenpolitik und Aussenwirtschaft aufgenommen. Dort vertrat er, soweit nach einem Jahr erkennbar, eine für SVP-Verhältnisse fortschrittliche Politik. Gegen seinen Parteikollegen und Chauvi-Konservativen Christoph Blocher setzte Sager ein den UNO-Beitritt befürwortendes Votum der SVP-Fraktion durch. Ebenso setzte er sich 1984 für das Rechtshilfeabkommen mit den USA in Abgabebetrugsfällen ein. Gegen die Verschärfung der Visumvorschriften, welche den Zustrom «unerwünschter» Flüchtlinge eindämmen sollen, wandte sich Sager mit dem Argument, dass dann auch Besuchern aus Osteuropa der Eintritt in die Schweiz erschwert würde. Insgesamt passt Sager wenig zum dschungelwirtschaftlichen Manchesterkonservativismus, der die Rechtsaussen-Gruppe im Parlament prägt. Er gehört zur Gruppe wirtschaftlich «unbelasteter» konservativer Staatspolitiker.

Ganz in diesem Sinne forderte Wahlkandidat Sager 1983 eine harte Hand Berns im Umgang mit dem separatistischen Terror im Jura. Für die nächste Zukunft müsse man «eine feste Haltung gegen den allfälligen Wandel des nordjurassischen Separatismus in einen Imperialismus (!) einnehmen, wenn er zu erneuter Gewaltanwendung schreiten» werde, forderte Sager in einem Vortrag vor der Generalversammlung der «Freunde des Berner Jura».

Vor der SVP der Stadt Bern sprach sich Sager im Mai 1983 über «Das Unbehagen in der Demokratie» aus. Da durch die schwache Stimmbeteiligung die Glaubwürdigkeit der Demokratie in Frage gestellt werde, «sollte die Einführung eines Stimmregisters diskutiert werden, wo sich stimmwillige Bürger und Bürgerinnen alle zwei oder gar vier Jahre einzutragen hätten». «Endlich könnte die Stimmberechtigung jenen angeblich Stimmwilligen entzogen werden, die mehrmals hintereinander den Wahlen und Abstimmungen fern geblieben wären.» Solche Änderungen fand Sager zwar nur kosmetisch, aber doch sehr bedenkenswert.

Der Beratende Ausschuss des SOI

Stand 1. 9. 1982, soll 1984 noch unverändert sein.

Georges Grosjean, Präsident, Bern
Dr. iur. Jean Pierre Aubert, Genf, 22facher Verwaltungsrat, im SOI-Werbeprospekt als «Vermögensverwalter» tituliert
Dipl. ing. ETH Jakob Bächtold, alt Nationalrat, Zentralpräsident der Schweizerischen Liga gegen Lärm, früher häufiger Autor in der SAD-Schrift *Zur Lage der Schweiz*
Dr. phil. Kurt Bächtold, Schaffhausen, alt Ständerat FDP, Direktor der Stadtbibliothek Schaffhausen und Präsident der Eidgenössischen Natur- und Heimatschutzkommission
Michel Barde, Genf, Generalsekretär der Vereinigung Westschweizerischer Arbeitgeberverbände
Dr. theol. Ernst Bieri, Zürich, siehe S. 247, Direktor der Bank Julius Bär & Co. AG
Kurt Bolliger, Boll, ehemaliger Kommandant der Flieger- und Fliegerabwehrtrupppen, zur Zeit Kkdt z D, Präsident des Schweizerischen Roten Kreuzes
Nationalrat Ulrich Bremi, FDP, Zollikon ZH, Delegierter des Verwaltungsrates verschiedener Unternehmungen, welche auf Sicherheitsinstallationen spezialisiert sind, militierte auch schon in der *Aktion Freiheit und Verantwortung* und der *Staatsbürgerlichen Gesellschaft*. Wäre Wunschkandidat der Zürcher Wirtschaftskreise für den Bundesrat, kommt aber (noch) nicht zum Zug
Dr. h. c. Willy Bretscher, Zürich, alt Chefredaktor der NZZ
Dr. oec. publ. Paul Bürgi, St. Gallen, FDP-Ständerat, u. a. Strassenbau-, Hotel- und Detailhandelsunternehmer (Usego)
Dr. iur. François Chaudet, Lausanne, Sohn Bundesrat Paul Chaudets, Rechtsanwalt, Präsident des Zentralvorstands der *Libertas*
Dr. h. c. dipl. Ing. Eric Choisy, Satigny
stud. iur. Georg Davatz, Bern
Rolf Dubs, St. Gallen, Professor für Wirtschaftspädagogik
Dr. Hanspeter Enderlin, Erlenbach, Präsident der Holding Rodio AG in Zürich (sogenannte Beteiligungen) und ebenso beteiligt an zwei Elektrizitätsgesellschafts-Steuersitzen in Zug, Präsident der Argentinischen Handelskammer in der Schweiz
Jacques H. Gay, dipl. ing. ETH, Carouge, Mitinhaber der Uhrenfabrik Genex SA Chênebourg für gehobenen Geschmack
Hans Graf, Aarau, Architekt, Gründungsmitglied der *Aktion Kirche wohin*
Dr. Louis Guisan, Lausanne, alt Ständerat, früher im Verwaltungsrat der 'Gazette de Lausanne', *Redressement-National*-Vorstand, war auch schon besorgt über Schwangerschaftsabbrüche und hat sich deshalb in *Helfen statt Töten* engagiert
Rudolf Hintermeister, Neuhausen, Anlageberater
Dr. Kurt Huber, Flawil, Redaktor 'St. Galler Tagblatt'
Eugen Hug, Bern, alt Redaktor
Dr. oec. publ. Niklaus Julier, Bern
Dr. Lothar Kaiser, Hitzkirch LU, Seminardirektor
Paul A. Ladame, Professor für Wirtschafts- und Sozialwissenschaften, Genf
lic. iur. François Landgraf, Bern, Generalsekretär im Generalsekretariat des Eidg. Finanzdepartements
Dr. med. Franco Lasagni, Chefarzt Bezirksspital Zofingen, Zofingen
Dr. Roland Léchot, Neuenburg, Zentralsekretär des Schweiz. Spenglermeister- und Installateurenverbands
Nationalrat Dr. Willy Loretan, Zofingen, FDP, Stadtammann von Zofingen, Präsident der Schweiz. Stiftung für Landschaftsschutz und Landschaftspflege, ist auch in der *Aargauischen Vaterländischen Vereinigung* gern gesehene Prominenz

Marc Lüthi, Liestal, Redaktor 'Basellandschaftliche Zeitung'
Dipl. ing. ETH Hans Marti, Ennenda, Geschäftsmitinhaber
Franco Masoni, Lugano, alt Ständerat FDP, Präsident des Schweizerischen Instituts in Rom, Geschäftsanwalt oder «Vermögensverwalter» für Gelder verschiedenster Ursprünge, profilierte sich vor Jahren für die *Alleanza Liberi e Svizzeri*
Nationalrätin Dr. iur. Josi J. Meier, Luzern, CVP, Rechtsanwältin
Professor Luc de Meuron, Neuenburg, kandidierte auch schon für die Republikaner und leitartikelt für *Impact*.
Dr. Ernst Mörgeli, Bern, siehe S. 94, wird im SOI-Prospekt als «Publizist» bezeichnet
Fritz Müller, St. Gallen, Kaufmann
Maurice Pfeiffer, Vevey, ersetzt seinen Vater Bernard im Beratenden Ausschuss
Andrea von Planta, Zürich, Verwaltungsratsmitglied zweier Anlagefirmen, Gründungsmitglied *Aktion Kirche wohin*
Dr. Hans Rapold, Astano, Div z D
Dr. Walter Rohner, Wabern, Chefredaktor 'Touring', Präsident des Schweizerischen Strassenverkehrsverbands, setzte sich auch schon für die notleidende AKW-Industrie im Rahmen der *Arbeitsgruppe für eine fortschrittliche Atompolitik* ein
Nationalrat Hans Rüegg, Rüti ZH, FDP, Präsident der Vereinigung Zürcherischer Arbeitgeberorganisationen, Maschinenindustrieller
Paul O. Rutz, Feldmeilen, Direktor der Getreide- und Futterhandelsgesellschaft Compagnie Grainière SA in Zürich sowie mehrfacher Verwaltungsrat, früher auch im Verwaltungsrat des SOI, Präsident der Getreidebörse Zürich
Friedrich Salzmann, Bern, alt Nationalrat LdU
Hansjürg Sieber, Ittigen, Lehrer, Generalsekretär der Schweizerischen Jungen SVP
Urs Sieber, dipl. ing., Attisholz
Dr. Paul Schaffroth, Bern, Chefredaktor 'Der Bund'
François Schaller, Professor für Nationalökonomie, Universität Lausanne, Epalinges, Vizepräsident der Schweizerischen Nationalbank, erzürnte sich öffentlich über Jean Zieglers ausfällige Schweizer Analysen
Monique Schlegel, Nidau, Stadträtin, früher Präsidentin des Schweizerischen FHD-Verbands, der heute von Beatrix Hanslin-Iklé, der Schwester von Bundesrätin Elisabeth Kopp-Iklé, präsidiert wird
Elsie Schmid-Attenhofer, Basserdorf, berühmt geworden durch das Cabarett 'Cornichon'
Otto Schmid, Hochdorf, alt Redaktor 'Vaterland'
Urs Schöttli, London, Generalsekretär der Liberalen Welt-Union, engagierte sich in jugendlicheren Zeiten im *Redressement National*
Rodolphe Tissières, Martigny, alt Nationalrat, früher im leitenden Ausschuss der *Schweizerischen Politischen Korrespondenz*
Hans Ulmer, Uetikon ZH, Redaktor *Wirtschaftsförderung*, siehe S. 94
Pfarrer Eugen Voss, Zollikon, Leiter des Instituts *Glaube in der 2. Welt*
Hans Walder, Professor für Strafrecht an der Universität Bern, Seftigen, auf Terrorismus-Fragen spezialisiert
Dr. Alfred Weber, Altdorf, alt Nationalrat FDP, Präsident des Touring-Clubs der Schweiz, Urner Metallindustrieller (Dätwyler)
Barbara Weber, Zürich, lic. iur., interessierte sich für *Drapeau Suisse*
Heinz Weinhold, Professor für Wirtschafts- und Sozialwissenschaften, St. Gallen, Leiter des Forschungsinstituts für Absatz und Handel der HSG St. Gallen
Dr. Rudolf Th. Weiss, Mattstetten, alt Chefredaktor 'Berner Tagblatt'
Dr. med. Otto M. Wenger, Psychiater, Bern
Dr. Kurt Werner, Schwerzenbach, Div z D, Präsident der *Schweizerischen Arbeitsgemeinschaft für Demokratie (SAD)*

Revisionismus versus Menschenrechte

Parallel zum *Schweizerischen Ost-Institut* existieren eine ganze Reihe von Komitees und Organisationen in der Schweiz, welche sich gegen die sowjetische Vorherrschaft in Osteuropa engagieren. Die ersten Impulse dazu sind, wie in ganz Westeuropa, von den Exilantenorganisationen ausgegangen, Sammelbecken verschiedenster Flüchtlingswellen (Oktoberrevolution, stalinistische Säuberungen, deutscher Ostfeldzug, Vormarsch der Roten Armee, Gleichschaltung Osteuropas nach 1945). Ihre politische Grundlinie blieb bis zum Abflauen des Kalten Krieges revisionistisch darauf ausgerichtet, mit allen Mitteln eine Wiederumkehrung der Machtverhältnisse in Osteuropa und der Sowjetunion zu erreichen. Sie sind darin von den westlichen Geheimdiensten ermuntert worden, ohne dass die westlichen Regierungen im Ernst an die Möglichkeit einer Umkehrung der Machtverhältnisse glaubten. Die Organisationen der Ungarnflüchtlinge nach 1956 sind noch in dieses Fahrwasser geraten, im Gegensatz zu den späteren Flüchtlingen aus der Tschechoslowakei und Polen.

In der Realität des Exillebens haben solche Flüchtlingsorganisationen zur Hauptsache davon gelebt, ihren Angehörigen Vermittlungsstelle zum Asylland zu sein und so etwas wie eine kulturelle Traditionspflege zu bieten. So haben bspw. die ungarischen Exilorganisationen der Schweiz und der BRD viel Mühe darauf verwendet, der zweiten Generation der Flüchtlinge Schulen und Institute zur Verfügung zu stellen, welche ungarische Sprache und Kultur weiter zu vermitteln in der Lage waren. Gleichzeitig ist zumindest noch in den sechziger Jahren den Zöglingen beigebracht worden, die zukünftige Elite darzustellen, welche den Kadar-Kommunisten den Garaus machen soll.

Die Politik der Entspannung auf der einen Seite, das Entstehen einer Dissidentenszene in der Sowjetunion und die Vorgänge in der Tschechoslowakei und in Polen auf der andern Seite trugen in den 70er Jahren zum Entstehen einer neuen Politik der Exilorganisationen bei. Statt revisionistischer Illusionen wurde nun der Kampf für Menschenrechte bzw. die Realisierung der konstitutionellen Versprechungen der kommunistischen Staaten in den Vordergrund gerückt.

Hatte sich zuvor die Informationsaufarbeitung der interessierten Gruppen auf die Auswertung der offiziellen Zeitschriften und auf «klandestine» persönliche Kontakte beschränkt, wurde nun eine ganze Flut von Untergrundliteratur aus den Ostblockländern zugänglich. Im Februar 1969 gründeten Exilanten und der osteuropäischen Sprachen mächtige Schweizer das *Kuratorium geistige Freiheit*, Thun, welches in regelmässigen Veröffentlichungen Samisdat-Literatur hauptsächlich aus der Sowjetunion auf Deutsch übersetzt und präsentiert. Das Unternehmen ist vom SOI gefördert worden, und die Schrift *Samisdat* des *Kuratoriums* wird in der Druckerei Steiger Druck, Bern, hergestellt, welche Peter Sager gehört.

Im Sinne dieser Konzeptionsverschiebung (Menschenrechte) profilierte sich in der Schweiz die 1965 gegründete *Aktion für Menschenrechte* des Zürcher Mittelschullehrers Erwin Bernhard und des selbsternannten Sexualtherapeuten Josef Heggli. Sie ist 1980 aufgelöst worden, weil – so Bernhard – die Wichtigkeit der Menschenrechte heute anerkannt und sogar auf diplomatischer Ebene im Rahmen der Konferenz für Sicherheit und Zusammenarbeit in Europa (KSZE) angepackt werde. Den Todesstoss versetzte allerdings nicht diese «Erfolgsbilanz», sondern das Gerichtsverfahren gegen Josef Heggli, der 1979 wegen sexueller Belästigung Minderjähriger zu dreieinhalb Jahren Zuchthaus verurteilt wurde.

Im Gegensatz zur *Aktion für Menschenrechte* engagierte sich die zwei Jahre früher gegründete *Schweizerische Aktion für das Selbstbestimmungsrecht aller Völker* des christlichen Gewerkschafters Ernst R. Borer, Zürich, auf eher revisionistischen Pfaden. Borers Einmann-Imperium, das noch verschiedene andere Komitees umfasste, verfügt über gute Beziehungen zu vielen Exilantenorganisationen, und Redner Borer war ein gern gesehener Gast bei den Cincera nahestehenden Gruppen. Um Borers Gruppen ist es in den achtziger Jahren ruhig geworden. «Die Menschenrechtsfrage hat das Selbstbestimmungsrecht in den Hintergrund gedrängt», meint Borer und schreibt uns: «Dass unsere Tätigkeit seitens der meisten Medien totgeschwiegen wird, darf Sie nicht besorgt machen. Die Öffentlichkeitsarbeit haben wir infolge dieser Meinungsdiktatur auf Vorträge und Schulungskurse verlegt, die in Bezug auf Effizienz unsere Erwartungen mehr als erfüllen.»

Tatsächlich haben aber Borers Aktivitäten starke Konkurrenz erhalten. Aus dem Kreis der interessierten Schweizer Politiker haben sich kürzlich die zwei Organisationen herausgeschält, die den Kampf für Menschenrechte

Einen bescheidenen, aber durchschlagenden Erfolg erzielte Ein-Mann-Kämpfer Borer mit diesem Kleber zur «Friedensrolle» der Schweizer Armee. 81 225 Exemplare will er bis Ende Juli 1984 abgebracht haben. Propaganda dafür machten die 'Allgemeine Schweizerische Militärzeitschrift', der 'Schweizer Soldat' und die einschlägigen Blättchen der Szene.

in Osteuropa im schweizerischen Rahmen nahezu monopolisieren: die 1980 gegründete *Internationale Helsinki-Vereinigung* und die 1983 entstandene Schweizer Sektion der *Internationalen Gesellschaft für Menschenrechte.*

Die *Internationale Helsinki-Vereinigung* (IHV) stellte bei ihrer Gründung einen europäischen Zusammenschluss von einschlägigen Komitees und Exilantenorganisationen dar. Sie ist auf schweizerischen Anstoss hin entstanden und versucht durch Lobby-Arbeit und öffentliche Appelle, die Signatarstaaten der Konferenz für Sicherheit und Zusammenarbeit in Europa (KSZE) zur Durchsetzung der in Korb 5 der KSZE enthaltenen Menschenrechtsdeklarationen in Osteuropa anzuhalten. Die Idee dazu kam vom russischen Dissidenten Wladimir Bukowski und hatte ihr Vorbild in den überall in Osteuropa existierenden, heute zum Teil schon wieder zerschlagenen Helsinki-Komitees.

Aufgegriffen wurde sie von den fünf Zürchern Ulrich Kägi, Weltwoche-Redaktor, Jürg L. Steinacher, Pfarrer Eugen Voss, Leiter des Instituts *Glaube in der 2. Welt*, dem Zahnarzt Felix Uhl und dem Modegeschäftsbesitzer Fredy Rom, einem Vorstandsmitglied der *Aktion Juden in der Sowjetunion.* Besonderen Einsatz für die Belange dieser 1978 gegründeten Vorbereitungsgruppe zeigte auch der Zürcher Staatsrechtler Prof. Werner Kägi.

Die Schweizer IGFM fand in der Person des pensionierten ehemaligen Sekretärs des *Landesverbandes der freien Schweizer Arbeiter* Marcel Aeschbacher, Bern, einen geeigneten Geschäftsführer. Zum Präsidenten ernannt wurde Urs D. Gutzwiller, Ingenieur ETH in Gossau SG. Im Patronatskomitee sind:
Prof. Martin Allgöwer, Basel, Chirurg am Kantonsspital Basel.
Nationalrat Jean Pierre Berger, SVP, Dompierre VD.
Hans G. Bandi, Bern, Profesor für Urgeschichte und Paläoethnographie an der Universität Bern, im Zentralvorstand der *Aktion Kirche wohin.*
Nationalrat Dr. Fritz Hofmann, SVP, Burgdorf BE, Präsident der Finanzkommission, Direktor des Zentralverband schweizerischer Milchproduzenten, Präsident der Schweizerischen Volkspartei (SVP).
Nationalrat Dr. Bruno Hunziker, FDP, Aarau, Präsident des Energieforums Schweiz, Präsident der FDP Schweiz.
Natioalrat Hans-Rudolf Nebiker, SVP, Dietgen BL.
Nationalrat Willi Neuenschwander, SVP, Oetwil ZH, Präsident des Kantonalen Gewerbeverbands Zürich.
Walter Heinrich Rüegg, Professor für Soziologie an der Universität Bern, Belp BE, Präsident der Gesellschaft Schweizer Akademiker (Sekretär Balz Hatt), profilierte sich als Militärsoziologe, aktiv in *Libertas.*
Peter Sager, Bern, siehe SOI.
Mit dabei bis zu ihrer Wahl in den Bundesrat war auch Elisabeth Kopp.

Die Exilantenorganisationen in der Schweiz

- Verband ungarischer Vereine in der Schweiz
- Verband der tschechoslowakischen Vereine der Schweiz
- Der *Horizont*, «slowakische unabhängige Zeitschrift», von Dr. Franz Braxator, Zürich, herausgeben
- Vereinigung der polnischen Organisationen in der Schweiz, zu welcher auch - eine Besonderheit - die polnischen Frontkämpfer des zweiten Weltkriegs gehören, welche 1940 an der Seite Frankreichs kämpften und anschliessend in der Schweiz interniert worden sind
- die Estnischen, Lettischen und Litauischen Gemeinschaften der Schweiz
- die Ukrainer Vereinigung Schweiz
- der Kroatische Verein in der Schweiz
- die Bulgarische Liga für Menschenrechte, Sektion Schweiz

Die Gründungsversammlung der IHV im November 1980 wählte den verbannten russischen Physiker Andrej Sacharow zum (formellen) Präsidenten und bestimmte Walther Hofer, Bern, zum stellvertretenden Vorsitzenden. 1983 übernahm die FDP-Nationalrätin Elisabeth Kopp das stellvertretenden Präsidium der IHV. Mit ihrer Wahl zur Bundesrätin in der Herbstsession 1984 war das stellvertretende Präsidium beim Redaktionsschluss für dieses Buch vakant. Die *Helsinki-Vereinigung* als europäischer Zusammenschluss ist angesichts des zähen KSZE-Prozesses gegenwärtig wieder auf ihre schweizerische Kerngruppe zusammengeschrumpft. Neu im Vorstand ist lediglich Werner Rom, Zürich, welcher Fredy Rom als Vertreter der *Aktion Juden in der Sowjetunion* ablöste.

Die *Internationale Gesellschaft für Menschenrechte* (IGFM) in Frankfurt ist ursprünglich aus einer russischen Emigrantenorganisation hervorgegangen. Unter dem Einfluss ihrer westdeutschen Förderer haben sich diese dann zur Menschenrechtsgruppe durchgemausert. Ihre Freunde hat die IGFM vor allem in der CDU und CSU, Verbindungen werden auch zu den neukonservativen Zeitschriften *Deutschlandmagazin, Criticón* und *Europa* (von Otto von Habsburg herausgegeben und seit 1980 mit der ehemaligen *Zeitbühne* des verstorbenen William S. Schlamm zusammengeschlossen) gepflegt. In ihrem Kuratorium haben seit langem Peter Sager und Laszlo Revesz Einsitz genommen, beide sind zu Ehrenpräsidenten ernannt worden.

Die IGFM bearbeitet seit einiger Zeit nicht mehr nur Osteuropa, sondern auch die unter «kommunistischer» Herrschaft stehenden Länder in der Dritten Welt wie Nicaragua, Äthiopien, Moçambique, Zimbabwe oder Angola. Neben Versuchen zu Einflussnahme auf Deutschlands Ostpolitik konzentriert sich die IGFM ähnlich wie Amnesty International, aber politischer und in aller Öffentlichkeit, auf die Betreuung von Einzelschicksalen und Dissidenten in Osteuropa, welche in die Mühle der staatlichen Repression geraten sind.

Bis jetzt engagierte sich die IGFM-Schweiz, zusammen mit der *Helsinki-Vereinigung* hauptsächlich für eine Freilassung Sacharows aus der Verbannung. In diesem Zusammenhang wurde durch die IGFM etwa beantragt, Sacharow das Ehrenbürgerrecht der Stadt Bern zu gewähren oder die Strasse vor der sowjetischen Botschaft in Bern in «Andrej-Sacharow-Strasse» umzubennen. Aus den Kreisen der IGFM und der IHV wurde 1984 auch die Sacharow-Petition an die sowjetische Botschaft in Bern lanciert, mit welcher 11 500 Personen seine Freilassung aus der Verbannung verlangten.

WACL: Antikommunismus made in Taiwan und Südkorea

Für jene Linken, die klare Feindbilder brauchen, ist die *World Anti-Communist League* (WACL) ein dankbares Objekt. Das PdA-Organ 'Vorwärts' bezeichnet die WACL als «antisemitische und profaschistische Weltelite», als Organisation, in der «Ultranationalisten und alte und neue Faschisten Unterschlupf finden». Für Jürgen Roth ('Die Dunkelmänner der Macht', Lamuv-Verlag, Bornheim 1984) ist die WACL schlicht «kriminell». Sie mische im internationalen Drogenschmuggel im Fernen Osten mit, sie sei mit europäischen Neonazis verstrickt, und selbstverständlich halte die WACL, so Roth, enge Kontakte zu andern dämonisierten Organisationen: zur Mafia, zur Freimaurerloge P2, zum *Opus Dei* und natürlich zur CIA.

Worum geht es? Die WACL wurde 1966 in Südkorea gegründet und umfasst heute über 100 Mitgliedorganisationen in 80 Ländern, sogenannte Kapitel. Doch die erste Geige spielen immer noch Südkorea sowie Taiwan, die sich – angesichts zunehmender internationaler Isolation – mit der WACL die Illusion einer weltweiten antikommunistischen Solidarität aufrechterhalten. Als «einzige internationale antikommunistische Organisation», so eine WACL-Schrift, will die *Liga* sowohl der sowjetischen als auch vor allem der chinesischen «Aggression und Propaganda die Stirn bieten».

«Unter uns gesagt, sind wir nichts anderes als eine Propaganda-Frontorganisation für Südkorea und Taiwan», erklärte mit bemerkenswerter Offenheit der Sekretär der WACL-Regionalorganisation für Europa, Lars Nyman, am jährlichen WACL-Weltkongress, der Ende Juli 1980 für einmal in der Schweiz, in Genf, stattfand. Von der südkoreanischen Regierung kommt auch der grösste Teil des Gelds, mit dem die WACL die Kosten der Organisation deckt.

Wichtigstes Ereignis im WACL-Jahr ist dieser jährliche Weltkongress, an dem jeweils rund 200 bis 400 Repräsentanten der Mitgliedorganisationen teilnehmen. Der Kongress – Reden, Papier, Resolutionen – ist für die Beteiligten vor allem ein gesellschaftliches Ereignis, das ihnen zudem zu einer schönen Reise verhilft: Als Tagungsorte werden im Turnus die verschiedensten Weltgegenden berücksichtigt (1978 Washington, USA; 1979 Asuncion, Paraguay; 1980 Genf; 1981 Taipeh, Taiwan; 1982 Tokio, Japan; 1983 Luxemburg; 1984 San Diego, USA).

Interessant ist der Kongress jeweils vor allem für die Medien von Taiwan und Südkorea: Das einzige Kamera-Team, das in Genf anwesend war, arbeitete für das Fernsehen von Taiwan, und südkoreanische Zeitungen orderten Funkbilder, um aktuell aus Genf berichten zu können. «Die brauchen das halt, um die Moral der Bevölkerung hochzuhalten», meinte ein europäischer Kongressteilnehmer dazu.

WACL in der Schweiz: Schifferli, Aubry, Jacquiard, Torrent, Oehler

Vorbereitet wurde die Genfer Tagung vom Genfer Anwalt Peter Schifferli (*2.11.47), Präsident des Schweizer WACL-Kapitels, der dann in Genf auch für ein Jahr zum Präsidenten der Weltorganisation gewählt wurde. In Genf referierte aus der Schweiz der liberale Genfer Nationalrat André Gautier über die schweizerische Demokratie; in der Halle des internationalen Kongresszentrums lag unter anderem Propagandamaterial der *Hilfsaktion Märtyrerkirche* (HMK), des Schweizerischen Unteroffiziers-Verbands und der *Nationalen Aktion* auf.

Ein weiterer prominenter Schweizer, der St. Galler Nationalrat Edgar Oehler (CVP), sass während Stunden auf dem Kongresspodium und plauderte vertraut mit den WACL-Führungsleuten. Zur Rede gestellt, ob er WACL-Mitglied sei, erklärte Oehler dann allerdings kurzangebunden, er kenne diese Leute nicht und habe nichts mit ihnen zu tun.

Freilich: Oehler pflegt fleissige Kontakte zu Taiwan. Im Januar 1982 leitete er eine Parlamentarier-Delegation, die auf Einladung des dortigen Aussenministeriums nach Taiwan reiste – in ein Land notabene, mit dem die Schweiz keine diplomatischen Beziehungen unterhält. Der Delegation gehörten Remigius Kaufmann (CVP SG), Hermann Wellauer (CVP TG), Karl Flubacher (FDP BL) sowie die SP-Hinterbänkler Albert Eggli (ZH) und Alfred Affolter (ZH) an. Oehler sei zwar auch heute noch nicht Mitglied der WACL, erklärt Schifferli im Oktober 1984. Aber er sei einer der wenigen Stützpunkte («point d'appui») der Organisation in der Deutschschweiz.

1980 hatte Schifferli erklärt, das Schweizer WACL-Kapitel, das anfang der siebziger Jahre gegründet worden sei, habe rund 150 Mitglieder. Diese Zahl will er nicht mehr aufrechterhalten. Viele seien in der WACL aktiv, ohne Mitglied zu sein: «Mitglied oder nicht ist gar nicht wichtig.» Jedenfalls sei WACL Schweiz vor allem in der Westschweiz verankert.

Tatsächlich sind seit 1980 nur Romands an die WACL-Jahrestagungen gereist: Neben Schifferli die beiden Genfer Grossräte Jacques Torrent (FDP) und Pierre Jacquiard (Vigilant) sowie die Berner FDP-Nationalrätin Geneviève Aubry (Präsidentin der *Fédération Romande des Téléspectateurs et Auditeurs* FRTA, Redaktorin des *Atout,* des welschen *Trumpf Buurs,* und Exponentin von *Libertas).*

Übernahmeversuch von Neonazi-Gruppen

Dass der 1980er Kongress in Europa stattfand, war kein Zufall. In Europa liefen seit Jahren WACL-interne Auseinandersetzungen über das Verhalten gegenüber Neonazis und Faschisten. 1978 hatte die WACL-Weltkonferenz in Washington das neofaschistische *Movimento Sociale Italiano* (MSI) als assoziiertes Mitglied aufgenommen, und MSI-Chef Giorgio Almirante hielt eines der Hauptreferate. Seit langem waren auch das österreichische und das englische Kapitel von Alt- und Neofaschisten beherrscht. Präsident von WACL-Österreich ist der Wiener Wilhelm Landig, Geschäftsführer der *Österreichischen Sozialen Bewegung* (OSB) und Herausgeber der *Europa-Korrespondenz.* «Die Südkoreaner haben halt kein Fingerspitzengefühl für die Verhältnisse in Westeuropa», versuchte sich Europa-Sekretär Nyman in Genf herauszureden. «Ihnen war jede Organisation recht, wenn sie sich nur energisch genug zum Kampf gegen den Kommunismus bekennt.»

Vertreter der neofaschistischen WACL-Tendenz stellten 1979 den Antrag, 13 weitere Organisationen aus Westeuropa seien als assoziierte WACL-Mitglieder aufzunehmen. Die Liste umfasste folgende Organisationen (Schreibweise gemäss dem englischsprachigen WACL-Jahresbericht 1980):

South Pacific Free China Association (Österreich)
National Educational Association (Österreich)
Moravia (Österreich)
Diets Solidaristische Beweging (Belgien)
Berkenkruis (Belgien)
Ideologic Anti-Communist Combat of Cyprus (Zypern)
Rumänisch-Deutsche Studiengruppe (BRD)
Ideologic Anti-Communist Combat of Greece (Griechenland)
Dr. Michael Ghitakos (Griechenland)
Grüne Welle (Schweiz)
Stimme (Schweiz)
Nationale Basis Schweiz (Schweiz)

Das Beitrittsgesuch der *Stimme der Schweigenden Mehrheit* hatte Lorenz Peisl unterzeichnet, das der Pro-Südafrika-Gruppe *Grüne Welle* Peisls Frau Renate. Die *Grüne Welle* («Gruppe für Menschenrechte») war 1978 mit einer Geld-Sammlung *Aktion Terroropferhilfe* an die Öffentlichkeit getreten, bei der unter dem Motto «Jesus ist stärker als Satan» Geld für eine *Apostolische Erweckungsbewegung* in Rhodesien (Zimbabwe) gesammelt wurde. Sekretärin war zu diesem Zeitpunkt Renate Peisl. Die Post (Postfach 14, Neftenbach) besorgte der Kaufmann Heinrich Huber aus Neftenbach. Kurz darauf wurde die *Grüne Welle* aber wieder aufgelöst, und Huber verwies Interessenten an den *Club der Freunde Südafrikas,* dem er als Mitglied angehörte.

Nachdem die zunehmende Verflechtung der WACL mit Neonazi-Organisationen in der amerikanischen und vor allem skandinavischen Presse zunehmend unter Beschuss gekommen war, beschloss die Genfer Versammlung 1980, die Aufnahmeanträge unisono abzulehnen, bzw. wegen eines Formfehlers gar nicht darauf einzutreten. Wie es in einer Erklärung hiess, hätte die Aufnahme angeblich den WACL-Prinzipien widersprochen, alle Formen von Totalitarismus, also auch Faschismus, zu bekämpfen. Auch die Mitglieder des *Antibolshevik Bloc of Nations* (ABN) seien gegen die

Aufnahme gewesen, weil sie unter kommunistischer *und* nazistischer Tyrannei gelitten hätten, steht im Communiqué (der ABN ist ein Zusammenschluss von exilrussischen Gruppen vor allem aus dem Baltikum und der Ukraine).

Am gleichen Kongress, an dem die WACL ihre Abneigung gegen den rechten Totalitarismus entdeckte, klatschten die Delegierten stürmischen Beifall zu einer Ermutigungsbotschaft des paraguayanischen Diktators Alfredo Stroessner, der die Verdienste des paraguayanischen Regimes und die Vorhutstellung von Chile, Argentinien (damals noch unter Herrschaft der Obristen) und Paraguay im Kampf gegen den Kommunismus hervorstrich. Und in Südkorea lief gerade ein grosser Schauprozess gegen Oppositionelle an, für die der Staatsanwalt die Todesstrafe forderte...

Waffenlieferung für rechte Terrorgruppen

Laut Schifferli haben die abgewiesenen Neonazi-Gruppen seit 1980 keine Anträge mehr gestellt. Das österreichische Kapitel werde nicht mehr eingeladen; in England sei eine neue, offizielle Sektion gegründet worden, die der Konservativen Partei Margret Thatchers nahestehe.

In Zukunft, so Schifferli, wolle die WACL wieder aktiver werden. An der Jahrestagung 1984 in San Diego sei beschlossen worden, Befreiungsbewegungen in kommunistisch beherrschten Ländern aktiv zu unterstützen. Und zwar die *Unita* in Angola, den *Front National pour la Libération du peuple Khmer* in Kambodscha, die ARDE des Alfonso Robelo (operiert von Costa Rica aus) und die *Frente Democratico Nicaraguense* (FDN, operiert von Honduras aus) in Nicaragua sowie afghanische Widerstandsgruppen. «Ja, auch mit Waffen», erklärt Schifferli auf eine entsprechende Frage. Wobei die Unterstützung nicht aus dem ordentlichen WACL-Budget finanziert werde. Vielmehr fungiere die WACL als Drehscheibe, die direkte Kontakte zwischen Geld- (und Waffen-)Lieferanten und den erwähnten Gruppen herstelle; die WACL habe mit der konkreten Abwicklung nichts zu tun.

Karl Friedrich Grau – auf der Flucht das Genick gebrochen

Der Deutsche Karl Friedrich Grau, der in Interlaken jahrelang die *Internationale Studiengesellschaft für Politik* und die Wochenpublikation *intern-informationen* managte (s.S. 428ff.), hat sich am 5. September 1984 stilgerecht abgemeldet. Er war kurz zuvor aus einem Luxemburger Gefängnis, wo er wegen Betrugsgeschichten in Untersuchungshaft sass, aus gesundheitlichen Gründen in ein Gefängnisspital überführt worden. Dort flüchtete er an jenem verhängnisvollen September-Mittwoch im Nachthemd aus dem Fenster, landete indessen nicht in den Armen eines Fluchthelfers, sondern stürzte so unglücklich, dass er sich das Genick brach. Zu der Zeit habe sich auch Graus Mitstreiter Dr. Alfred König in Luxemburg aufgehalten. Mit dieser traurigen Geschichte meldete sich bei der Gemeindeverwaltung Goldswil ob Interlaken, wo Grau ein Haus hatte, und beim Amtsgericht Miltenberg (BRD) eine der drei Ex-Frauen von Grau. Die Behörden zerbrechen sich inzwischen den Kopf, welches von verschiedenen aufgetauchten Testamenten wohl am ehesten zu gelten hat.

Erstaunlich an der jüngeren Lebensgeschichte des Polit-Hochstaplers und Finanz-Schwindlers Grau ist eigentlich nur, dass es ihm nicht schon früher das Genick brach. Immer wieder fand Grau Aushängeschilder, die er umgehend, die Möglichkeiten heutiger Kopiertechnik weidlich ausnützend, missbrauchte und Unterschriften unter Texte montierte, die die angeblichen Unterzeichner nie gesehen hatten. So traten als Grau-Mitstreiter unter anderem der Berner Mundartschriftsteller Beat Jäggi, alt Divisionär Ernst Wetter und der damalige Nationalrat Robert Eibel auf. In der BRD gingen Graus Kontakte zu der Zeit so weit nach rechts, dass er gemäss Gerichtsurteil ohne weiteres als «Rechtsradikaler» und «Freund der NPD» bezeichnet werden durfte.

In die deutschen Schlagzeilen war Grau letztmals bei der Bundestagswahl vom Herbst 1980 gekommen. Damals versuchte Grau, den Jungsozialisten Moskauhörigkeit anzuhängen: «Ins Geschäft kam Grau mit einem 27jährigen, der bei der Peep-Show 'Amerika' an der Kasse sass und als Neonazi bekannt war. Gemeinsam mit seinem arbeitslosen Bruder sollte der Rechtsradikale gegen Honorar für die Union Wahlkampf machen. Dem Brüderpaar gab Grau, so die Ermittlungen, stossweise Handzettel und Kleber mit der Aufschrift 'Lieber die Russen in Heilbronn als Strauss in Bonn – Jungsozialisten in der SPD'. Auftragsgemäss brachten die Grau-Helfer tausende Falsifikate unters Volk. Viele klebten sie auf Wahlplakate der Union, überall im Bundesgebiet.» (Der Spiegel, 36/1981) Weniger auftragsgemäss liessen sie sich bei einer Verkehrskontrolle erwischen. Dabei fand die Polizei die Adressen von Graus Wohnung und Büro, wo sie umgehend eine Hausdurchsuchung vornahm und dabei noch mehr getürktes Wahlkampfmaterial fand, so 2000 Plakate und Zettel mit dem Spruch «Volksfront für Schmidt», mit Hammer und Sichel und Sowjetpanzern. Die Unionsparteien distanzierten sich von ihrem langjährigen Wahlhelfer, und die Justiz klagte Grau wegen Urkundenfälschung, Beleidigung und Anstiftung zu Sachbeschädigung an.

Graus Leben sollte bald einmal noch dramatischer verlaufen. Am 26. Januar 1984 meldeten die *intern-informationen* nach einigen Wochen unprogrammierter Pause «in eigener Sache»: «Am 9. Januar 1984 wurde auf den stellvertretenden Chefredakteur unseres Dienstes, KFG (gemeint Grau), bei einem Auslandaufenthalt ein Attentat verübt, als dieser gerade vertrauliche Unterlagen in Empfang genommen hatte. Der Attentäter versetzte unserem Mitarbeiter vier Messerstiche in Brust und Leib, wobei er lebensgefährlich verletzt wurde. Mit einer Schusswaffe deckte der Attentäter seinen Rückzug, konnte aber nicht verhindern, von unserem Redakteur zweimal getroffen zu werden, der ebenfalls von der Schusswaffe Gebrauch machte und somit die spätere Festnahme des Täters ermöglichte. Nach vorläufigen, noch nicht abgeschlossenen Ermittlungen gehört der Täter, ein US-Amerikaner, zu einer schwarzen Loge und soll Kontakte zum kubanischen Geheimdienst haben.» Die wenig glaubwürdige wilde Geschichte endete, bei Grau fast nicht anders möglich, mit der Bitte an «alle Leser, Freunde und Abonnenten um eine Solidaritätsspende».

Trotz Graus europaweiten Aktivitäten erschienen in Interlaken stets wöchentlich die *intern-informationen*. Am 6. Dezember 1979 löste ein F. Deutsch den bisherigen Chefredaktor Dr. Alfred König ab, der indessen ab 27. April 1984 bis zur letzten Nummer (12.6.84) nochmals als Ko-Chefredaktor zeichnete. Der «Schriftsteller und Publizist» König wohnte (wenigstens formell) bis 1980 wie Grau in Rabius GR und zog dann in Graus Haus in Goldswil, nicht ohne Graus bisherige (dritte) Frau zu heiraten.

Dr. phil.I Alfred König (*7.3.25) ist eine schillernde Person: ein zackig auftretender Kleingewachsener mit schauspielerischen und musikalischen Talenten, einst Angehöriger der besseren Gesellschaft, später ein gewerbsmässiger Betrüger. Bis 1967 war er Geschichtslehrer am kantonalen Seminar Küsnacht, verlor dann aber Stelle und Titel, weil ihn das Divisionsgericht 6 wegen einer 'dummen Geschichte' zu 75 Tagen bedingt verurteilte; später wurde der Hauptmann aus der Armee ausgeschlossen. Er nannte sich jedoch weiter Professor und wenn nötig Oberst. Wiederholt wurde König verhaftet, gelegentlich unter dramatischen Umständen: «Er hielt sich bei einer Freundin auf, als die Polizei an die Türe klopfte. Während die Freundin versuchte, die Polizeibeamten zurückzuhalten, machte sich der Professor mit einem Sprung vom Balkon in den Garten aus dem Staube – glaubte er. Doch der Professor landete in den Händen zweier Polizisten.» (Züri Leu) König bat den Regierungsrat (umgehend) um Haftentlassung: Er sei in Chile inhaftiert gewesen und gefoltert worden, deshalb habe er ein Trauma. Am 8. Dezember 1982 verurteilte die Wirtschaftskammer des Zürcher Obergerichts den Grau-Freund zu 18 Monaten wegen gewerbsmässigem Betrug im Betrag von 470000 Franken, weiter wegen Steuer- und Pfändungsbetrug, Anstiftung zu einer falschen Anschuldigung und Falschgelddelikten. König kam nur deshalb mit einer bedingten Strafe davon, weil ihm eine mittlere, wenn nicht erhebliche Verminderung der Zurechnungsfähigkeit attestiert wurde. Seine Ehefrau Ulrike König war bereits im März 1982 zu vier Monaten bedingt verurteilt worden.

Nach Graus Sturz aus dem Gefängnis bemühte sich das Ehepaar König, dem Gescheiterten ein Denkmal zu setzen: «Die Studiengesellschaft hat einen erfahrenen und tapferen Geschäftsführer verloren, der auch entsprechend posthum von massgebenden Persönlichkeiten geehrt wurde für seinen offenen und fairen Kampf für die Prinzipien unserer freien westlichen Welt», teilte Ulrike König zuhanden dieses Buches mit – und wusste im übrigen von nichts: «Ich kann Sie aber versichern, dass wir keinerlei Anhaltspunkte haben weder für die Attentatsgeschichte in Frankfurt noch die Unfallgeschichte in Luxemburg. Beide Affären liegen in behördlicher Hand. Sicher ist ausserdem, dass Dr. König zu der Zeit in Luxemburg nicht weilte.»

Die Südafrika-Lobbyisten

Aussenpolitisches Engagement ist bei den in diesem Buch porträtierten Personen und Gruppen meist defensiv und reaktiv: gegen den als Bedrohung empfundenen kommunistischen Block. Dass sich Organisationen zur *Unterstützung* von einzelnen Staaten, Regimes oder Gesellschaftsordnungen bilden, kommt selten bis nie vor. Grosse Ausnahme ist Südafrika, dessen in der Weltöffentlichkeit angeschlagenes Minderheitsregime gleich von mehreren gutschweizerischen Organisationen unterstützt wird.

Das südliche Afrika sei wegen seiner Rohstoffe und wegen der Kaproute «von unschätzbarer Bedeutung für Europa und die ganze freie Welt», erklärt die *Arbeitsgruppe Südliches Afrika* (asa). Der *Club der Freunde Südafrikas* (CFS) will Verständnis für «die anders geartete Mentalität der verschiedenrassigen Nationen Südafrikas» wecken und den Schweizern erklären, dass in Südafrika «hochentwickelte westliche Zivilisation und archaisches Stammesdenken» täglich aufeinanderprallen. Südafrika müsse, so der *Club*, «unabhängig und auf der Seite der freien Völker bleiben und darf nicht in den Einflussbereich des Ostens geraten». Die *Swiss-Southafrican Association* (SSAA) schliesslich stützt das Regime, weil sie im Falle einer Destabilisierung um die Millionen-Investitionen schweizerischer Firmen in Südafrika fürchtet.

Damit liegen diese drei Organisationen durchaus im Gegensatz zu andern Clubs, die in diesem Buch vorgestellt werden. Das *Schweizerische Ost-Institut* (SOI) hat sich schon anfang der sechziger Jahre von der Apartheid-Politik Südafrikas distanziert. Die entwicklungspolitisch interessierten Aktivisten der Ungarn-Generation wollten zwar ebenfalls Schwarzafrika davor bewahren, unter kommunistischen Einfluss zu geraten. Aber nicht zum Preis des Unrechts-Systems vom Typ Südafrikas. Sie engagierten sich für die unabhängig gewordenen Staaten Schwarzafrikas, die gestärkt werden sollten, um der kommunistischen Versuchung zu widerstehen.

Südafrika: Das ist der einzige Staat der Welt, der nach rassistischen Prinzipien aufgebaut ist. Die Weissen, die nur 15 Prozent der Bevölkerung ausmachen, besitzen 87 Prozent der Landesfläche und verfügen über 70 Prozent des Landeseinkommens. Alle gesellschaftlichen Einrichtungen sind nach Rassen getrennt. Die schwarze Bevölkerungsmehrheit ist ein billiges und leicht auszubeutendes Arbeitskräftepotential, was ausländische Investoren – darunter viele Schweizer Unternehmen – anlockt. Schwarze Kinder erwerben in der Schule nur jene Grundkenntnisse, die sie für ungelernte Berufe benötigen. Von gelernten Berufen sind Schwarze ausgeschlossen; auch Inder und Mischlinge dürfen nur bestimmte Berufe erlernen. Gewerkschaften und ein beschränktes Streikrecht gibt es nur für Weisse. Sexuelle Beziehungen und Eheschliessungen zwischen Farbigen und Weissen sind verboten und werden bestraft.

Der südafrikanischen Regierung stehen jedes Jahr rund 40 Millionen Franken für Propagandaaktionen in eigener Sache im Ausland zur Verfügung. Sie werden eingesetzt für PR-Aufträge, für (bezahlte) Journalistenreisen nach Südafrika, zur Unterstützung von Südafrika-freundlichen Film- und Buchproduktionen etc. Schliesslich unterhalten die südafrikanischen Botschaften effiziente «Informationsabteilungen», die offizielles Propagandamaterial verbreiten (Gratis-Zeitschrift 'Panorama', Pressedienst, südafrikanischer Pressespiegel etc. Die deutschsprachige Ausgabe von 'Panorama' für Deutschland, Österreich und die Schweiz wird von Büchler + Co. in Wabern/Bern gedruckt).

Besonders fleissig ist die Propagandaabteilung der Berner Südafrika-Botschaft, die vor allem mit dem *Club der Freunde Südafrikas* (CFS) regen Kontakt pflegt. Eine weitere Organisation, die *Sammlung der Freunde der Demokratie und der Menschenrechte,* wurde während längerer Zeit sogar direkt durch die Botschaft finanziert. Gründer und Präsident dieser *Sammlung*, die nach aussen streng anonym nur eine Postfachadresse in Olten angibt, ist der Oltner Immobilienhändler Walter Ramel.

Ramel erklärt, er habe lange Zeit in Südafrika gelebt und sich immer wieder «furchtbar aufgeregt», wenn in der Schweiz Südafrika kritisiert worden sei (WoZ, 3. 6. 83). Nach einer erneuten verleumderischen Fernsehsendung habe er sich an die Schreibmaschine gesetzt, eine scharfe Stellungnahme verfasst und an 1000 eingekaufte Adressen verschickt. Das Echo sei positiv gewesen, weshalb er dann 1978 die *Sammlung* gegründet habe. «So ist die südafrikanische Botschaft auf mich aufmerksam geworden. Ich wurde eingeladen und hatte eine Unterredung mit dem damaligen Informationsattaché A. Warnich. Der hat meine Rundbriefe gelobt, hat gesagt, Südafrika brauche genau solche Stellungnahmen. Sie hätten eine viel grössere Wirkung in der Öffentlichkeit, wenn ein Schweizer sie verbreite. Das war auch meine Meinung, und deshalb hat die Botschaft von jenem Zeitpunkt an die Versände finanziert.»

Warnich habe ihm in der Folge auch andere Aufträge erteilt, erzählt Ramel ungeniert weiter. Er habe nach Anweisung der Botschaft Leserbriefe geschrieben, die dann aber leider nur selten abgedruckt wurden. Er selbst habe diese Zusammenarbeit allerdings Ende 1982 abgebrochen, da die Botschaft einen von ihm vorgelegten Leserbrief nicht abschicken wollte. Auch habe die Botschaft die Rundbriefe der *Sammlung* selbst verschicken wollen und habe die Herausgabe der Adressen verlangt. Das habe er, Ramel, nicht akzeptiert. Seit 1983 ist die *Sammlung* nicht mehr aktiv, da laut Ramel die übrigen Spenden zur Deckung der Unkosten nicht ausreichten (alle Zitate gemäss WoZ).

Die Finanzierung der *Sammlung* durch die Botschaft wird auch aus südafrikanischer Sicht bestätigt. Der Staatssekretär im Informationsministerium, Eschel Rhoodie, hatte bereits im Oktober 1981 gegenüber dem 'Spiegel' die *Sammlung* erwähnt und erklärt, die Gruppe sei «von Südafrika gegründet worden, um anti-südafrikanische Elemente zu bekämpfen».

Die Kolonial-Nostalgiker: Club der Freunde Südafrikas

Unter den Schweizer Südafrika-Propagandisten ist der *Club der Freunde Südafrikas* (CFS) zahlenmässig der grösste. Über 700 Personen gehören ihm 1984 an; auf der Mitgliederliste dominieren einfache Berufe: Kaufmann, Elektromonteur, Hausfrau, Bauzeichner etc. Die meisten Mitglieder haben einen Südafrika-Aufenthalt hinter sich (Südafrika aus eigener Erfahrung zu kennen ist Aufnahmebedingung). Der *Club* hat für die meisten Mitglieder vor allem eine soziale Funktion: An den jeweils gut besuchten Anlässen des *Clubs* tauschen sie Erinnerungen an ihr Herren-Dasein im Kap-Staat aus.

Laut Zweckartikel wichtigste Aufgabe des *Clubs* ist es, «durch die Vermittlung von Aufklärungsmaterial zur Darlegung der Wahrheit über die rassenbedingten politischen Verhältnisse in Südafrika» beizutragen. Das «Aufklärungsmaterial» stammt vor allem aus der südafrikanischen Botschaft, mit der der *Club* mannigfach zusammenarbeitet. Mal verschickt der *Club* Bücher aus Botschaftsbeständen, mal lädt der Herr Botschafter «die Mitglieder unseres *Clubs* zu einem gemütlichen Abend in seine Privatresidenz» ein, mal finanziert die Botschaft den Versand des *Club*-Bulletins *Südafrika-Brief* («der Versand belastete unsere Clubkasse nicht», Jahresbericht 1978) oder spendiert an der *Club*-Jahresversammlung Kaffee und Kuchen. Südafrika-Touristen oder -Rückwanderer erhalten nach ihrer Rückkehr bisweilen unaufgefordert *Club*-Unterlagen. Die Adressen dazu kann der *Club* nur von der Botschaft haben.

Der Adress-Handel funktioniert auch umgekehrt: Manchmal verschickt die Botschaft direkt Propagandamaterial oder Dankesbriefe an die *Club*-Mitglieder («Es ist gut zu erfahren, dass unsere Freunde in diesen schwierigen Zeiten nach wie vor zu uns stehen», September 1978). An *Club*-Versammlungen tritt häufig ein von der Botschaft gestellter Referent auf, und umgekehrt darf die Botschaft auf einen Referenten des *Club* zählen, wenn irgendwo eine Ausstellung eröffnet wird oder ein südafrikanischer Kinderchor auftritt.

Neben der «Vermittlung von Aufklärungsmaterial» sieht der Zweckartikel vor, dass der *Club* «unwahre, ungenaue und halbwahre Nachrichten über Südafrika in schweizerischen Massenmedien richtigstellen» und «an tendenziösen Film-, Lichtbilder- und andern Vorträgen unrichtige Behauptungen widerlegen» will. Tatsächlich hat der *Club* unzählige Briefe und Dokumentationen an Politiker, Kirchgemeinden und Lehrer verschickt, hat an kirchlichen oder andern Veranstaltungen die südafrikanische Politik in Schutz genommen und mit Leserbriefen und Berichtigungen gegen angeblich einseitige Presseberichte protestiert. Um die Mitglieder für den Auftritt

Auf dem Emblem des *Clubs der Freunde Südafrikas* gehört auch das von der Republik Südafrika völkerrechtswidrig annektierte Namibia (Südwestafrika) zu Südafrika.

an Veranstaltungen zu schulen, führt der *Club* regelmässig Referenten-Tagungen durch.

Leserbriefe wurden zuerst meist als *Club*-Stellungnahme deklariert. Doch dann «zeigte die Erfahrung immer deutlicher, dass Unterlagen mit dem Absender *Club der Freunde Südafrikas* zwar von den Clubmitgliedern gut aufgenommen, von der grossen Mehrzahl der Redaktionen aber kaum oder gar nicht beachtet wurden» (Jubiläumsbroschüre '10 Jahre CFS 1973–82'). «Damit erreichten wir unser Clubziel nicht, aufklärend zu wirken.» Deshalb ging der *Club* ab 1981 dazu über, solche Dokumentationen und Leserbriefe nur noch im Namen einzelner Mitglieder zu verschicken. Und siehe da: Ohne die «offenbar allzu bekennerische Flagge *Freunde Südafrikas*» war der Abdruckerfolg fortan «erfreulich», wie die Jubiläumsbroschüre festhält.

Der *Club* ist 1972 auf die Initiative des Berners Rudolf Balsiger gegründet worden. Balsiger war auch erster Geschäftsführer. Das Präsidium übernahm Albert Wettstein aus Bern, der lange für die Firma Schindler und als Farmer in Südafrika gearbeitet hatte.

Wettstein blieb bis 1977 Präsident. Ihm folgte der Gründer Rudolf Balsiger, der bereits 1979 von Hans Wittwer aus Hünibach abgelöst wurde. Wittwer lässt sich dienstreglementswidrig ständig mit seinem militärischen Grad Oberstbrigadier (= Brigadier) anführen. Die übrigen Vorstandsmitglieder (Stand 1984):
Heinrich Huber, Kaufmann, Neftenbach (Kassier)
Monika Keller, Kehrsatz
Ulrich Schlüer, Redaktor und Herausgeber der *Schweizerzeit*, Flaach ZH
Werner Kuhn, Saint Blaise NE
Johannes Deetlefs, Elsau
Ernst Wüest, Werkmeister, Suhr AG.
(Bezeichnenderweise ist auf der Vorstandsliste des *Clubs* gleich auch die Botschaft der Republik Südafrika samt Telefonnummer aufgeführt.) Vorstandsmitglied Schlüer, der im *Club* gelegentlich die Redaktion des Rund-

briefs an die Mitglieder übernimmt, hat eine Scharnierfunktion: Er ist auch Redaktor des Bulletins der *Arbeitsgruppe Südliches Afrika* (asa).

Vizepräsident des *Clubs* war während langen Jahren der Sekundarlehrer, NA-Aktivist und *Eidgenoss*-Autor Arthur Vogt aus Erlenbach, der 1982 demissionierte, weil er «genug von der Politik hatte», wie er am Telefon crklärt.

Laut Jubiläumsbroschüre spielen *Club*-intern auch Bundeshausredaktor Hans Rudolf Böckli sowie Josef Jäger, bis 1981 Direktor der *Schweizerischen Politischen Korrespondenz* (spk), eine wichtige Rolle.

Der *Club* ist Mitglied der *Europa-Union der Vereine südliches Afrika* (Eurosa), der zwölf Südafrika-Vereinigungen aus neun Ländern angehören. 1983 beispielsweise fuhren Deetlefs, Schlüer und Wittwer an die Eurosa-Jahrestagung in Bonn.

Die PR-Profis: Arbeitsgruppe Südliches Afrika (asa)

Der *Club der Freunde Südafrikas* funktioniert nach dem Milizprinzip: Seine Tätigkeit beruht auf der Initiative und der Bereitschaft seiner Mitglieder, mit Leserbriefen und persönlich an Veranstaltungen für Südafrika einzutreten. Auch die *Arbeitsgruppe Südliches Afrika* (asa) wirbt für das weisse Minderheitsregime Südafrikas. Nur tut sie es professionell und institutionalisiert, und die Aktivisten der asa sind an einer Hand abzuzählen. Die asa gibt ein Bulletin heraus, von dem in den ersten zwei Jahren seit der asa-Gründung im Sommer 1982 gut zwei Dutzend Ausgaben erschienen sind. Neben den Bulletins verschickt die asa bei Bedarf kurze, briefliche Stellungnahmen zu aktuellen Ereignissen.

Bulletin und Briefe werden in 1600facher Auflage (Stand Februar 1984) gratis an Politiker, Meinungsmacher, Presse und weitere Interessenten verschickt – lange Zeit völlig anonym, ohne Telefonnummer oder Namen, nur mit einer Postfachadresse in 8039 Zürich Selnau versehen. Nur ausnahmsweise sind einzelne, längere Artikel namentlich gezeichnet. Die Autoren: Ulrich Schlüer, Herausgeber der *Schweizerzeit*, Josef Jäger, ex-Direktor der *Schweizerischen Politischen Korrespondenz* (spk), Bundeshausjournalist Hans Rudolf Böckli (alle drei sind auch im *Club der Freunde Südafrikas* aktiv) sowie der Winterthurer Industrielle Peter Sulzer, Vorstandsmitglied der *Swiss-Southafrican Association.* (Sulzer ist auch Verfasser einer asa-Broschüre über die gescheiterten Vermittlungsbemühungen des Schweizerischen Evangelischen Kirchenbunds in Südafrika.)

Nach aussen tritt fast ausschliesslich asa-Präsident Christoph Blocher auf. Er unterzeichnet Bettelbriefe und Begleitbriefe zu den Bulletins. Das asa-Postfach in Zürich Selnau lautet auf Blocher. Die asa-Post wird automatisch ins Postfach von Blochers Ems Chemie AG gelegt, die ihren Direktionssitz in der Nähe hat.

Daneben hält sich die asa – wie der *Club* – einen ausgedienten General: Hans Wächter, Divisionär z.D., Stein am Rhein, der als Vizepräsident zeichnet. Wächter war bis 1982 sieben Jahre lang Zentralschul-Kommandant. 1983 kandidierte er in seiner Wohngemeinde erfolglos als dissidenter Freisinniger für das Amt des Stadtpräsidenten. Bei der asa-Gründung wurde auch ein Patronatskomitee vorgestellt (siehe Kasten). Zentrale Figur der asa ist freilich – neben Blocher – Ulrich Schlüer, der die Korrespondenz besorgt, das *Bulletin* redigiert und den Kontakt zum *Club* aufrecht erhält.

Schlüers *Schweizerzeit* druckt denn auch die asa-Berichte besonders fleissig ab. Daneben publizieren auch die ASMZ sowie der 'Zürcher Bote', das Parteiorgan der SVP des Kantons Zürich (der Blocher als Präsident vorsteht), häufig asa-Artikel.

Das Patronatskomitee der asa

Geneviève Aubry, Nationalrätin FDP BE, Präsidentin der *Fédération Romande des Téléspectateurs et Auditeurs* (FRTA), Tavannes
Felix Auer, Nationalrat FDP BL, Bottmingen
Hans Georg Bandi, Mitglied des Patronatskomitees der Schweizer Sektion der *Internationalen Gesellschaft für Menschenrechte* (IGFM), Bern
Heinrich Bernhard, Präsident der *Aktion Freiheit und Verantwortung,* Tenero
Josef M. Bochenski, Fribourg
Ulrich Bremi, Nationalrat FDP ZH, Zollikon
Norbert Geschwend, Titularprofessor für Orthopädie an der Uni Zürich, Zürich
Paul Gygli, Korpskommandant, Bern
Erwin Heimann, Verwaltungsratsmitglied *Schweizerisches Ost-Institut,* Schriftsteller, Heiligenschwendi
Ernst Jaberg, alt Regierungsrat SVP, Bern
Ernst Jaggi, alt Nationalrat, Spiez
Martin Isenegger, Direktor Buchdruckerei Hochdorf, Hochdorf
Ellen Keckeis, Küsnacht
Max Kummer, *Pro Libertate,* Münchenbuchsee
Fritz Moser, alt Regierungsrat SVP, Stettlen BE
Hans Munz, alt Ständerat FDP TG, Amriswil
Paolo Poma, Morcote
Hans Rüegg, alt Nationalrat FDP ZH, Rüti
Peter Sulzer, Industrieller, Vorstandsmitglied der *Schweizerisch-Südafrikanischen Gesellschaft*, Winterthur
Fritz Heinz Tschanz, Pfarrer, Wangen a. A.
Hans Ueltschi, alt Nationalrat SVP, Boltigen BE
Ernst Walder, *Libertas* Zürich, Rechtsanwalt, Kilchberg ZH
Hermann Wanner, Schaffhausen
Carl E. Weidenmann, Kilchberg ZH
Kurt Werner, seit 1983 Präsident der *Schweizerischen Arbeitsgemeinschaft für Demokratie* (SAD), Schwerzenbach

In einem Rundbrief schrieb die asa den *Bulletin*-Empfängern am 17. Oktober 1984, die Abdruckquote der asa-Artikel lasse «leider zu wünschen übrig», trotz ständig wachsendem Adressatenkreis. Die Empfänger wurden aufgefordert, «die in unseren Bulletins gegebenen Informationen gegebenenfalls auch als Grundlage für persönliche Leserbriefe zu verwenden».

Im Juni 1984 veranstaltete die asa erstmals zwei Vorträge mit südafrikanischen Tournee-Rednern. Einer davon war der schwarze Bischof Isaac

Mokoena, ein Vorzeige-Schwarzer der weissen Minderheit, der den Kurs der Regierung Botha stützt. Ein Anliegen Mokoenas war es, davor zu warnen, der (ebenfalls schwarze) Generalsekretär des Südafrikanischen Kirchenrats, Bischof Desmond Tutu, sei repräsentativ für die Schwarzen Südafrikas. (Tutu ist als konsequenter Apartheid-Gegner bekannt, die er mit gewaltfreien Mitteln bekämpft.) Doch Tutu sei «ein Produkt der Medien in Westeuropa und in den USA» und habe in Südafrika selbst nur ein geringes Gewicht, behauptet Ulrich Schlüer in seinem Mokoena-Artikel im asa-*Bulletin*. Bereits zuvor hatte die asa Tutu mehrmals angegriffen. Ob sie es sich auch in Zukunft noch getraut, nachdem Tutu im Oktober 1984 den Friedens-Nobelpreis erhalten hat?

Auf November 1984 wurde ein zweitägiges asa-Seminar über die «aktuelle Entwicklung im südlichen Afrika» angekündigt. Referenten: NZZ-Redaktor Jürg Dedial, Peter Byland (Konzernleitung Holderbank), Divisionär Richard Ochsner (Ex-Chef des Nachrichtendienstes der Schweizer Armee) sowie der Bundesdeutsche Heinz-Dietrich Ortlieb.

In einer Grundsatzerklärung, die jeweils im Kopf des asa-*Bulletins* wiederholt wird, steht, die asa sei «eine in jeder Beziehung unabhängige Organisation, deren Anliegen es ist, die oft einseitige, teils ideologisch motivierte Berichterstattung durch sachliche Hintergrundberichte zu korrigieren und die Vorgänge im südlichen Afrika in grössere Zusammenhänge zu bringen». Das südliche Afrika sei, seiner strategischen Lage (Kaproute) und seines Rohstoffreichtums wegen, von unschätzbarer Bedeutung für die ganze freie Welt.

Und in einer Pressemitteilung schrieb die asa bei ihrer Gründung, sie halte einen «politischen Wandel in der Republik Südafrika für unumgänglich». Sie unterstütze die «Anstrengungen der gemässigten Politiker aller Hautfarben nach einer friedlichen, schrittweisen Entwicklung».

Davon ist in den asa-Verlautbarungen freilich nichts festzustellen. Die «gemässigten Politiker» sind für die asa die südafrikanische Regierung, deren Politik konsequent unterstützt wird. In allen wichtigen Fragen hat die asa seit ihrer Gründung die offizielle Haltung der Regierung Botha verbreitet; eine Durchsicht aller bisherigen *Bulletins* brachte keinen einzigen Artikel zutage, der tatsächlich einen grundlegenden «politischen Wandel» angeregt hätte.

Statt dessen wird die asa nicht müde, den angeblichen «Reformweg» der südafrikanischen Regierung zu beschreiben. «Die Wende wird Wirklichkeit», jubelte beispielsweise am 20. August 1984 Josef Jäger im asa-*Bulletin*, weil eine neue Verfassung in Kraft trat, die den Asiaten und Mischlingen gewisse Rechte einräumt. Eine Woche später zeigten dann die Betroffenen selbst, was sie von der angeblichen Wende halten, indem sie die Wahlen boykottierten. Die Wahlbeteiligung betrug bei den Mischlingen bloss 18 und bei den Indern gar nur 10 Prozent.

Geschäfte mit den Rassisten: Schweizerisch-Südafrikanische Gesellschaft

Nach aussen gibt sich die *Swiss-Southafrican Association* (SSAA) streng apolitisch. Als eine Art Handelskammer, mit dem blossen Ziel, die gegenseitigen Handelskontakte zu fördern. «Wir verfolgen keine politischen Ziele», erklärt Urs Häberlin, Mitarbeiter im Sekretariat der Vereinigung, am Telefon. «Wir nehmen lediglich die gemeinsamen Interessen der in Südafrika tätigen Schweizer Firmen wahr (Industrie, Banken, Versicherungen) und enthalten uns jeder Stellungnahme in der Apartheid-Frage». Und weiter: «Unser Interesse ist es, dass unsere Mitglieder unter wirtschaftlich normalen Bedingungen arbeiten können.» Daneben pflege die Vereinigung den Informationsaustausch unter den Mitgleidern und organisiere pro Jahr drei bis vier Anlässe mit Persönlichkeiten aus der südafrikanischen Wirtschaft oder Politik.

Soweit die Ausführungen Häberlins. Wie gemässigt und apolitisch die *Schweizerisch-Südafrikanische Gesellschaft* in Wirklichkeit ist, zeigte sich im Mai 1984 in Zürich, als auf Einladung der *Vereinigung* der südafrikanische Premierminister Peter W. Botha (seit September 1984 Staatspräsident) im Grand Hotel Dolder referierte.

Per Expressbrief wurden hochgestellte Vertreter von Behörden, Wirtschaft und Armee dringend aufgefordert, als «persönliche Gäste» der *Vereinigung* an einem Empfang zu Ehren Bothas teilzunehmen. Südafrika sei für die Schweizerischen Banken und für die Maschinenindustrie einer der verlässlichsten Einzelkunden, weshalb «handfeste schweizerische Interessen» auf dem Spiel stünden.

Und zu den Boykott-Appellen und Anti-Apartheid-Protesten«militanter Linkskreise» meinte die SSAA im Einladungsbrief, der südafrikanische Premier habe in den «wenigen Jahren seit seinem Regierungsantritt unter grössten politischen und persönlichen Risiken unendlich viel mehr für die Lockerung und sukzessive Beseitigung der verpönten Apartheidpolitik getan als alle seine versammelten Kritiker zusammen».

Diesen gehe es offensichtlich auch gar nicht um die Besserstellung der Nicht-Weissen in Südafrika, sondern um politische Aktivitäten, die in erster Linie auf Systemveränderung im freien Westen abzielen. Deshalb wehre sich die *Vereinigung* dagegen, dass «militante Scharfmacher allein im Interesse fremder Grossmächte unser Land einmal mehr zum Tummelplatz für ihre schweizerischen Interessen höchst abträglichen Umtriebe» machen wollten.

Rund 200 Gäste folgten der Einladung ins Dolder – alles Männer wohlgemerkt, denn Frauen, auch Journalistinnen, blieben bei dem Anlass ausgesperrt («girls are not allowed»).

An der Vorstandsliste der *Vereinigung* fällt auf, dass viele Konzerninhaber und Top-Manager persönlich dabei sind und damit ihre Unterstützung mit den südafrikanischen Rassisten bekunden, die sich «in einer scheinbar übermächtigen Umwelt gegen unablässige Angriffe behaupten» (Botha-Einladung). Präsident ist Anton E. Schrafl (Konzernleitung Holderbank, Schmidheiny-Gruppe), Vizepräsident ist Willy Stähelin, Rechtsanwalt in Zürich (Ex-Verwaltungsratspräsident der Schauspielhaus AG). Weitere Mitglieder: Erwin Bielinski (Konzernleitung BBC), Dieter Bührle (Oerlikon-Bührle), A. Hartmann (Ex-Vizepräsident Hoffroche-Konzern), J.G. Hartmann (Konzernleitung Schindler-Konzern), Max Kühne (Generaldirektor Schweizerischer Bankverein), Rudolf Schneiter (Konzernleitung Ciba-Geigy) sowie Peter Sulzer (Generaldirektor Sulzer-Konzern). Geschäftsführer ist seit 1965 der Zürcher Anwalt Ernst Th. Meier, der schon seit 1956 als nebenamtlicher Sekretär gewirkt hatte.

Redaktor des drei bis vier mal jährlich erscheinenden Bulletins *Südafrika, wirtschaftliche und andere Mitteilungen* ist der Zürcher Wirtschaftsjournalist Hansjürg Saager. Saager ist auch ständiger Mitarbeiter der 'Schweizerischen Handels-Zeitung' (SHZ), deren regelmässige Südafrika-Beilage er jeweils redaktionell betreut. Dort interviewt dann zuweilen der Redaktor des SSAA-Bulletins Saager den SSAA-Geschäftsführer Ernst Th. Meier, ohne dass der Leser über das Versteckspiel aufgeklärt wird. Auf die Frage, ob seine Doppelrolle nicht zu Interessenskonflikten führe, antwortet Saager: «Nein, weil es keine Interessensgegensätze gibt.»

Die Reaktionäre

'Politische Reaktion in der Schweiz' heisst der Untertitel der 'Unheimlichen Patrioten'. Ganz besonders trifft dieser Begriff für die Organisationen zu, die wir in diesem Kapitel vorstellen. 1979 verwendeten wir noch die Klammer 'Die neue Rechte'. Das war zuviel der Ehre, wie die Entwicklung gezeigt hat. Von kreativen Zukunftskräften kann schwerlich gesprochen werden. 'Die Reaktionäre' scheint uns treffender.

Die Gruppierungen, die wir bereits 1979 vorstellten, lassen sich auch als bekennende Reaktionäre charakterisieren. Sie versuchen, ihr Gedankengut in Publikationen und Veranstaltungen unter die Leute zu bringen. Im Finden und Füllen einer Marktlücke tun sie sich allerdings ausgesprochen schwer: die *Stimme der schweigenden Mehrheit* ist eine kleine Minderheit geblieben, ebenso stagnieren die *Vereinigung Libertas* und die *Aargauische Vaterländische Vereinigung* seit Jahren. Einzig die Tessiner *Alleanza Liberi e Svizzeri* hat als Kampforganisation quer zu den bürgerlichen Parteien FDP und CVP einiges Gewicht. Zu den bekennenden Reaktionären zählen wir auch die *Vereinigung Pro Libertate,* die wieder häufiger an die Öffentlichkeit tritt, und die neugegründete Aktiengesellschaft *Athenäum Club,* eine Art rechtsbürgerlicher *Rotary Club* mit Kontakten zur CSU. Die meisten dieser Gruppierungen sind überaltert und haben Mühe, junge Leute zu mobilisieren.

Neu ist der Typus der praktizierenden Reaktionäre, die sich zu Zeitströmungen aggressiv quer legen und forciert für AKW's, Schwerverkehr usw. eintreten. Ein Generationenwechsel ist unübersehbar. Die neue junge Garde kopiert Aktionsformen der Linken wie Happenings und Demonstrationen. Ein Beispiel ist das *Basler Manifest,* das ein Aktionsbündnis zwischen unterschiedlichen Betroffenengruppen schaffen möchte: Lastwagenfahrer und AKW-Gegner sollen den gemeinsamen rotgrünen Gegner gemeinsam bekämpfen. Ähnliches versucht der *Schweizer Freiheits-Bund.* Wie weit sich diese forsch auftretenden Gruppen auf die Dauer in der schweizerischen Konkordanzlandschaft etablieren können, wird sich noch weisen müssen.

Bemerkenswert ist, wie stark bestimmte Volksinitiativen (Banken, Verkehrs- und Energiepolitik, Armeefragen) die reaktionären Gruppen verunsichern. Diese sind offensichtlich unfähig, in den Volksbegehren den Ausdruck drängender gesellschaftlicher Probleme zu erkennen. Noch immer wird die Realität mit dem Muster der 'nützlichen Idioten', die einer gesteuerten Agitation und Subversion auf den Leim gehen, erklärt.

Aargauische Vaterländische Vereinigung – tapfer im politischen Krieg

«Bedrängende Fragen fordern uns heraus», analysierte Rudolf Burger, Präsident der *Aargauischen Vaterländischen Vereinigung* (AVV), in seinem Jahresbericht 1982 die Weltlage: «Arbeitslosigkeit – wirtschaftliche Engpässe – Krise des Welthandels und des Weltwährungssystems – zunehmender Protektionismus – Verschiebung der militärischen Kräfteverhältnisse – Ökologische Krise im Weltmassstab – Untergrabung der moralischen, geistigen und kulturellen Grundlagen der christlich-abendländischen Welt.» Was Stumpenfabrikant Burger diagnostizierte, sind fast ausschliesslich innerwestliche, systemeigene Probleme. Doch die Therapie, die die AVV seit Jahrzehnten empfiehlt, zielt nach wie vor gegen Moskau, von wo alles Böse kommt: «Den politischen Kampf gegen die bürgerliche Gesellschaftsordnung in der Schweiz führen Hunderte von Agenten der Ostblockstaaten», unterstützt durch «PdA, KPS, POCH, RML, PSA, JUSO, Maoisten, Frauenbefreiungsbewegungen, 3.-Welt-Aktivisten, Schweiz. Friedensrat, Gesellschaften Schweiz-Sowjetunion, Schweiz-Kuba u.a., 'gewaltfreie' Aktionen (z.B. Gagak), Soldatenkomitees, Studentenorganisationen, Demokratisches Manifest, Anarchistengruppen» (AVV-Werbebroschüre 1980).

Vermutlich verfasst AVV-Präsident Burger seine Lageberichte bereits im Zivilschutzbunker. Denn die Situation ist ernst: «Der politische Krieg nimmt leider auch in unserem Lande immer härtere Formen an»; «es ist heute so wie zu Hitlers Zeiten» – mit dem Unterschied, «dass die Unterwanderung unserer Institutionen und im besonderen Masse unserer Medien viel weiter gediehen ist als damals». Der «Angriff auf die innere Front der westlichen Welt» sei im vollen Gang, mit den gegenwärtigen Hauptangriffspunkten «Abwürgung unserer Energie-Versorgung in der Zukunft», «Schwächung des Wehrwillens», «zunehmende Desinformation an unseren Monopolmedien Radio und Fernsehen».

In diesem «politischen Krieg» (ein stets wiederkehrender Begriff in AVV-Texten) wollen die vaterländischen Aargauer standhaft Widerstand leisten und den «Aufweichungstendenzen entschieden entgegen treten» – eine «undankbare Aufgabe», wie die AVV selbst seufzt. Das Reservoir von Aargauern, die mit dem AVV-Vorstand in diesen Krieg ziehen wollen, ist begrenzt. Trotz verschiedener «dringender Appelle», Adressen potentieller Mitglieder zu melden, wurden lediglich 28 Zettel mit 194 Adressen eingeschickt. «Daraus resultierten ca. 5 Neueintritte. Ein Erfolg, auch wenn er sehr bescheiden ist», schwindelte der Vorstand *(AVV-Bulletin,* 1/1982).

Der mangelnde Zustrom hat auch mit dem wenig vorteilhaften historischen Image der Vaterländischen zu tun, wie es in Willi Gautschis 1978 erschienen 'Geschichte des Kantons Aargau' ansatzweise ausgebreitet ist (vgl. S. 283f.). Die AVV versuchte, Gautschis Darstellung zu entkräften und wehrte sich auch gegen eine ähnliche Darstellung von Paul Schmid-Ammann in der NZZ vom 12. Dezember 1980. Im *AVV-Bulletin* 1/1981 schloss AVV-Vizepräsident Markus Herzig eine längliche Entgegnung mit einer Generalabsolution in eigener Sache: «Wir aber, als verantwortlicher Vorstand der heutigen AVV, sehen die Aufgabe unserer Generation nicht in historischer Vergangenheitsbewältigung, sondern in der politischen Gegenwart und Zukunft. Für uns ist die Gegenwartsbewältigung wichtiger als deren Verdrängung durch Geschichten.» Diese geschichtslose Haltung wird nicht verhindern, dass sich Historiker auch des *Schweizerischen Vaterländischen Verbandes* (SVV) samt seiner Aargauer Sektion annehmen werden. So hat Andreas Thürer 1978 in Basel die Lizentiatsarbeit 'Der Schweizerische Vaterländische Verband' vorgelegt. Die Haltung der Fröntler sowie der Vaterländischen und Bürgerwehrler im Aargau der 30er Jahre hat auch Eingang gefunden in Silvio Blatters Roman 'Kein schöner Land'.

Auch die neuen Statuten, die 1980 entstanden, weil die alten aus dem Jahre 1955 vergriffen waren, werden am leicht antiquierten Image der Vereinigung wenig ändern: «Die AVV erstrebt die Zusammenfassung aller vaterländisch gesinnten Schweizer Bürgerinnen und Bürger auf dem Boden der Volksgemeinschaft.» *(AVV-Bulletin,* 4/1980). Ausländer haben in der AVV offensichtlich nichts zu suchen. Auch ausserhalb der AVV nicht, wie Präsident Burger dem 'BürgerBlatt' im Oktober 1982 zur Asylfrage anvertraute: «Die Türken sind sowieso die traurigsten Leute. Qualität und Niveau dieser Leute sind untragbar.» Und weiter: «Die Polen sind Europäer, die Türken dagegen Asiaten.» Mit dieser rassistischen Betrachtungsweise hält Burger die unrühmliche ausländerfeindliche Tradition der Vaterländischen der dreissiger Jahre aufrecht.

«Vaterländisch schmeckt negativ»

Besonders Mühe haben die Vaterländischen, die Jugend für ihren politischen Krieg zu mobilisieren. Nicht zuletzt deshalb wurde aus dem bisherigen *AVV-Bulletin* (Untertitel «Offizielles Organ») Ende 1982 *Die Lupe* (Untertitel «Informationsbulletin für eine offene, demokratische Gesellschaft»). Den Grund verriet Burger im Jahresbericht 1982: «Unter der Flagge der *Lupe* hoffen wir, besseren Zugang vor allem zur jüngeren Generation zu finden. Als eine Folge der 'Bewusstseinsveränderung' muss heute in Rechnung gestellt werden, dass alles, was 'vaterländisch' daherkommt, für die junge Generation einen negativen Beigeschmack hat.» Diese Ein-

Vaterländischer Hilfsdienst Basel

Als der *Schweizerische Vaterländische Verband* (SVV) 1947 in einen Nachrichtenskandal von cinceristischen Ausmassen verwickelt war (vgl. S. 285f.), bedeutete dies das Ende dieser landesweit angelegten Bürgerwehr-Organisation. Einzig im Kanton Aargau vermochte sich die AVV wieder aufzurappeln. In Basel hingegen blieb von den Vaterländischen bloss ein formaler Mantel, der Verein *Vaterländischer Hilfsdienst,* übrig – und ein Vermögen von 200000 Franken. Am 29. Juli 1966 tauchten bei einem Basler Notar zwei Herren auf und errichteten im Namen des soeben aufgelösten Vereins die Stiftung *Vaterländischer Hilfsdienst:* Dr. Walther Bohny «als Chef» und Dr. Jules Düblin «als Kassier» des bisherigen Vereins. Als Stiftungszweck formulierten sie: «Unterstützung und Förderung vaterländischer Bestrebungen im Gebiet des Kantons Basel-Stadt sowie Hilfeleistung bei Katastrophenfällen im Kantonsgebiet». Diese Zwecke sollen gemäss Stiftungsurkunde «erreicht werden durch Beiträge an staatsbürgerliche Kurse, durch Zuwendungen an die Unkosten von Parteien, die auf vaterländischem Boden stehen, bei Wahlen und Abstimmungen, durch finanzielle Unterstützung von patriotischen Feiern und Veranstaltungen, sowie durch finanzielle Hilfeleistungen an die Opfer von Naturkatastrophen und kriegerischen Ereignissen auf dem Gebiet des Kantons Basel-Stadt». Zu verwenden seien «nur Erträgnisse» des Stiftungsvermögens von 200000 Franken.

Im Gründungsstiftungsrat sassen neben Präsident Bohny und Beisitzer Düblin Peter Dürrenmatt als Statthalter, Werner Fischer als Verwalter und Arthur Hediger als weiterer Beisitzer. Ab 1978 hatte die Stiftung ihr Domizil beim Basler Bankverein, ab 1981 bei der Danzas AG. Ende 1980 schieden Peter Dürrenmatt, inzwischen Stiftungspräsident, und Düblin aus; Bohny war bereits gestorben. Damit beschlossen ab 1981 vier Herren, wem die Erträgnisse der 200000 Franken zufliessen: der Liberale David Linder (Präsident), der freisinnige Handelskammer-Direktor Paul Wyss (Statthalter), Werner Fischer (wie bisher Verwalter) und Arthur Hediger (wie bisher Beisitzer). Nach dem Tod von Fischer wurde im Januar 1984 Paul Schreiber-Stolz, Riehen, als Kassier und Stiftungsratsmitglied gewählt.

Wer von diesem bürgerlichen Geheimfonds profitiert, wollen die Verantwortlichen nicht verraten. Laut Wyss sind seit 1981 lediglich ein paar hundert Franken an den Aargauer Verein Basel-Stadt ausbezahlt worden. Abgesehen davon sei der Fonds weiter geäufnet worden.

sicht war zwei Jahre zuvor bei der Statutenrevision noch nicht eingekehrt.

Die vierteljährlich erscheinende *Lupe* wird hauptsächlich von Vorstandsmitglied Reto Kind redigiert, der die AVV-Mediengruppe leitet und seit Herzigs Wegzug nach Zuzwil BE de facto Vizepräsident ist. Präsident Burger steuert ab und zu Mitgliederbriefe bei.

Das vierteljährliche Erscheinen reicht gerade aus, all die Volksbegehren abzuwehren, die das Vaterland gefährden: Zivildienst, Bankeninitiative, Atom- und Energieinitiative, Rothenthurm-Initiative. Zu Rothenthurm verfasste Kind eine ausführliche Extranummer der *Lupe,* die dem 'Schulblatt für die Kantone Aargau und Solothurn' beigelegt wurde und so ungefragt an alle Lehrer ging. Die 'Schulblatt'-Redaktion wusste von der famosen Beilage nichts, die die AVV direkt durch den Verlag beilegen liess. Die Lehrer wurden von der AVV auch bei anderer Gelegenheit umworben. Die *Lupe*-Leser wurden aufgefordert, Adressen von Geschichtslehrern zu melden, damit diesen Publikationen des *Kuratoriums Geistige Freiheit* (Postfach 227, 3601 Thun) zugestellt werden könnten. Propagiert werden auch andere befreundete Organisationen, etwa die *Aktion Kirche wohin?* oder die inzwischen wieder eingeschlafenen *Wehrhaften Berner Studenten* (WBS), und einschlägige Publikationen werden häufig als Beilage mitgeliefert *(Abendland, Schweizerzeit, ZeitBild).*

Patriotische Volkshochschule

In den Wintermonaten organisiert die AVV regelmässig Vorträge, zu denen mitunter einige Hundert der rund 1000 AVV-Mitglieder strömen:

- 1979 sprach Ulrich La Roche vom BBC-Konzernstab über 'Konzepte der Informationsvermittlung im politischen Krieg'.
- 1980 referierte Prof. P. Simonius über das 'Eherecht im Umbruch' und Prof. Georges Grosjean über 'Agitation und politischer Krieg'. Und an der Generalversammlung durften die WBS-Offiziere über 'Unser Kampf an der Uni Bern' berichten.
- 1981 stoppte der CSU-Aussenpolitiker Hans Graf Huyn einmal mehr den 'Vormarsch Moskaus zur Weltherrschaft', während Max Keller, Bern, den AVV-Mitgliedern die 'Resistenz gegen Agitation' beibrachte.
- 1982 fragte sich Schachgrossmeister Ludek Pachmann 'Ist der Pazifismus der Weg zum Frieden?', und Friedrich W. Schlomann stellte die 'DDR-Spionage' bloss.
- 1983 bot die AVV zwei Medienkanonen auf. Hermann (Mäni) Weber erzählte unter dem Titel 'Information – Manipulation?' allerhand Anekdoten («Weber verblüffte seine Zuhörer weiter mit der Mitteilung, er habe mit Ex-Präsident Nixon über dessen 'Fernseh-Niederlage' 1960 gegen Kennedy diskutiert; Nixon habe ihm gegenüber behauptet, Kennedy habe seinerzeit

das Schminkmädchen im Studio bestochen, damit es ihm, Nixon, ein unvorteilhaftes Erscheinungsbild anschminke»; Aargauer Tagblatt, 16.3.83). Gerhard Löwenthal vom ZDF charakterisierte in einem Vortrag über 'Moskaus Friedensstrategie' die Sowjetunion als «die letzte imperialistische Macht dieses Jahrhunderts».

– 1984 sprach Prof. Walter Wittmann über 'Unsere Landesverteidigung im Sog des Wohlfahrtstaates'.

Neben diesen öffentlichen Vorträgen organisiert die AVV auch geschlossene Schulungskurse. So klärte Ernst R. Borer 1982 ein Dutzend Jugendliche über Kommunismus, revolutionären Krieg und Spionage auf.

1980 gab es in der AVV zwei Arbeitsgruppen, «Kirche und Gesellschaft» sowie «Medien». Diese Mediengruppe ist immer wieder mit Beschwerden gegen SRG-Sendungen angetreten, mitunter auch unter der Bezeichnung «Kirchliche Arbeitsgruppe Aargau der AVV» (bei der Beschwerde gegen den Bettags-'Faktenordner' vom 19. September 1979). Gutgeheissen wurden zwei Beschwerden gegen 'CH'-Sendungen (Thema Wehrsteuer und Jugendunruhen). Als 1982 die Beschwerde gegen die 'CH'-Sendung «Jugend und Staatsmacht» gutgeheissen wurde, feierte dies die AVV als «herausragendes Ereignis». Sonst ist sich die Mediengruppe vor allem an Niederlagen gewohnt. Als 1980 die Radio- und Fernsehgesellschaft Aargau-Solothurn (RFGAS) aus der Taufe gehoben wurde, versuchte die AVV ihre Mitglieder zu mobilisieren. Doch zu einer Vorbesprechung kamen «magere» zwei Dutzend, und in der entscheidenden Gründungsversammlung «erwies sich die bürgerliche Präsenz als enttäuschend bescheiden» *(AVV-Bulletin, 2/1980).* AVV-Vize Markus Herzig kandidierte, wurde aber nicht gewählt. Was die AVV 1980 nicht schaffte, gelang 1984 den bürgerlichen Parteien. Sie mobilisierten erfolgreich und setzten in der RFGAS einen Rechtsrutsch durch, unter anderem mit dem *Panoptikum*-Redaktor Hans Rudolf Keller.

Wenig Erfolg hatte 1983 auch Burgers Appell an die AVV-Mitglieder, gegen die geplante Friedensdemonstration in Aktion zu treten: «Es geht darum, eine geistige Abwehrfront aufzubauen. Nicht die Zahl, sondern die Entschlossenheit klardenkender Bürger wird entscheidend sein.» *(Die Lupe,* August 1983) «Nicht die Zahl...» – das ist eine klassische Formulierung bei Gruppen, die nur noch von ein paar wenigen aktiv getragen werden.

Um die zahlenmässige Schwäche wettzumachen, suchte die AVV in den 80er Jahren vermehrt Kontakt mit befreundeten Organisationen: «Unter anderem fanden mit der *Konservativen Aktion Deutschlands* Kontakte statt, die für uns wertvoll und anspornend sind.» (Jahresbericht 1982) Exponenten der *Konservativen Aktion* sind Ludek Pachmann und Gerhard Löwenthal. Mit dabei waren die Vaterländischen am 16. Oktober 1982 auch beim *Athenäum Club* auf Schloss Lenzburg, wo unter anderem «Herr Jürg Vollmar und Frau von der AVV» (Lenzburg) begrüsst wurden.

Stimme der schweigenden Mehrheit – eine schrumpfende Minderheit

«Über 1000 Mitglieder und Sympathisanten» stünden hinter der *Stimme der schweigenden Mehrheit,* brüstete sich Albert Lunte, Redaktor der regelmässigen *Stimme*-Beilage im *Abendland* (Thurgauer Volksfreund, 3.10.80). Lunte muss die Adressen gemeint haben, die er bei sich am Neumarkt 27 in Zürich im Laufe der Jahre gehortet hat. Denn zur angeblichen Basis stehen die mageren Aktivitäten im krassen Widerspruch. Der Verein, der sich vorschnell das Mehrheits-Mäntelchen umgehängt hat, wird wohl bloss noch von einer Handvoll Aktivisten knapp am Leben erhalten.

Im Januar 1980, nach einer heftigen Leserbrief-Kontroverse in Thurgauer Blättern über die *Stimme* und deren Exponenten Lorenz Peisl (*14.9.30), beschloss der Vereinsvorstand, den Eintrag im Handelsregister zu löschen. Die Aktivitäten würden ohne Peisl weitergeführt, betonte Präsident Paul Zöllig. Peisl jedoch verkündete munter, seiner Meinung nach befinde sich die Geschäftsstelle der *Stimme* weiterhin bei ihm. So handelte er auch. Im Hinblick auf das Jahrestreffen der rechtsextremistischen *World Anti-Communist League* (WACL) vom 25.–27. Juli 1980 in Genf stellte Peisl für die *Stimme* ein Aufnahmegesuch (gleiche Gesuche stellten Gerd Zikeli für die neonazistische *Nationale Basis Schweiz* und Renate Peisl für den Südafrika-Club *Grüne Welle).* Weil sich jedoch in den WACL-Reihen Widerstand gegen die zunehmende Faschisierung der Vereinigung regte, wurden alle drei Gruppen abgelehnt. Der WACL-Kontakt wurde publik (TA, 28.7.80) und damit peinlich. Die *Stimme*-Verantwortlichen distanzierten sich umgehend von Peisl.

Distanzieren war damals in den *Stimme*-Kreisen ohnehin im Schwang. J. Alexander Baumann tat nach dem Erscheinen der 'Unheimlichen Patrioten' per Presseerklärung kund: «Es trifft nicht zu, dass ich Mitglied dieser Vereinigung bin, oder es je war.» Von einer *Stimme*-Mitgliedschaft war im Buch auch nie die Rede. Aber davon, dass SVP-Mitglied Baumann bei der geschlossenen Gründungsversammlung dabei war und bei der Wirtschaft für die *Stimme* um Geld bettelte.

Das Distanzierungsbedürfnis von Baumann hatte zu einem schönen Teil mit Peisl zu tun, der sich für SVP-Massstäbe doch etwas zu ungeniert im braunen Milieu bewegte. In Peisls Wohngemeinde Müllheim fragte ein anonymes Flugblatt: «Können Sie es akzeptieren, dass ein offensichtlicher Neo-Nazi weiterhin in der Sekundarschulvorsteherschaft sitzt?« (In der Sekundarschulbehörde sass zwar Peisl zu diesem Zeitpunkt bereits nicht mehr.) Peisl klagte gegen die Verfasser, die jedoch unbekannt blieben. Hingegen war der Drucker so freundlich, die umstrittene Druckplatte bis zur polizeilichen Hausdurchsuchung aufzubewahren. Im Prozess gegen den Drucker ging es um die Preisfrage, ob einer, der sich im Neonazi-Milieu tummelt (diese Fakten liessen sich nicht wegleugnen), als Neonazi bezeichnet werden darf. Im Mittelpunkt stand ein Leserbrief, den Peisl an den Herausgeber der neonazistischen *Bauernschaft,* Thies Christophersen, geschickt hatte. Darin mokierte sich Peisl offen über die Vernichtungsanlagen in Auschwitz: «Ein Freund war tief beeindruckt von den zwei Doppelöfen, die dort noch stehen, voll im Blickfeld der Blöcke, wo laut Postkarte 4 Mill. arme Opfer verbrannt wurden. Man macht sich nicht einmal die Mühe den Schein zu wahren.» *(Bauernschaft,* Dezember 1978) Gleichzeitig propagierte Peisl das Neonazi-Machwerk 'Sieg der Vernunft' von Juan Maler.

Das Bezirksgericht Bischofszell sprach den Drucker am 2. Februar 1981 vom Vorwurf der üblen Nachrede frei. Die Fakten des umstrittenen Flugblattes seien wahr. «Schon der private Brief des Anzeigers (Peisl) an Christophersen, welchen dieser in der *Bauernschaft* abdruckte, war für sich allein geeignet, die beanstandeten Äusserungen gerechtfertigterweise zu verbreiten. Der Brief dokumentiert – gelinde ausgedrückt – eine gewisse Verharmlosungstendenz (möglicherweise auch grenzenlose Naivität). Hieraus zu schliessen, man mache sich über die KZ-Opfer lustig, bzw. man stelle die KZ-Verbrechen als Schauermärchen dar, ist durchaus naheliegend. Damit soll indessen nicht gesagt sein, der Angeklagte dürfe fortan als Neonazi o.ä. bezeichnet werden. Er hat indessen durch sein weiteres Wirken klarzustellen, dass ehrenrührige Verdächtigungen nicht weiter aufkommen.»

Peisl, der damals auch Obmann der Thurgauer *Republikaner* war und von James Schwarzenbach gar als möglicher Nachfolger an der Spitze der *Schweizerischen Republikanischen Bewegung* kontaktiert wurde, zog sich von der öffentlichen Politik zurück. Für die *Stimme* zeichneten gegen aussen nur noch Paul Zöllig und Albert Lunte.

Abgesehen von der regelmässigen *Abendland*-Beilage ist die *Stimme* nur mit einer einzigen grösseren Aktion an die Öffentlichkeit getreten, im Dezember 1981 mit der Aktion *SOS Polen,* die mit Schokolade- und Seifenpäckli «den Anfang vom Ende der roten Tyrannei» unterstützen wollte. Als Verantwortliche der Aktion zeichneten die beiden Zürcher Albert Lunte und Felix Stemmle. Als Erstunterzeichner des Patronatskomitees traten in Erscheinung *(Abendland,* Dezember 1981): als Präsident Dr. Max Keller aus Bern, von 1958–63 Schweizer Militärattaché in Polen und seit Jahren einer der fleissigsten Leserbriefschreiber der Schweiz; Edelmetallprüfer Hans Huldi aus Kreuzlingen; *Abendland*-Verleger Herbert Meier aus Baden; Fabrikant Kurt Müller aus Schaffhausen; Hausfrau Ursula Scherer aus Wetzwil; Sekretärin Halska Vincenz-Poniatowska aus Zürich; SVP-Grossrat und Mowag-Direktor Hansueli Weingart aus Landschlacht TG; Dr.med.dent Othmar Wili aus Zürich; ex Banquier Dr.iur. Jan von der Mühll aus Zürich.

Vereinigung Libertas Schweiz – «ein kleiner Kreis geblieben»

Entstanden und gewachsen ist die *Vereinigung Libertas Schweiz* in der zweiten Hälfte der 70er Jahre. Seither stagniert der elitäre Klub zur Verteidigung traditioneller Werte. 1980 wurde eine zwölfte (und letzte) Sektion aufgenommen, La Côte als dritte Waadtländer Sektion. Insgesamt haben sich bisher rund 500 Personen zu *Libertas* bekannt, von aktiven Mitgliedern kann allerdings schwerlich gesprochen werden. Während einzelne Sektionen Mühe haben, auch nur eine minimale Aktivität aufrechtzuerhalten, veranstalten andere regelmässige Treffen und Schulungsveranstaltungen. *Libertas* funktioniert in erster Linie als Debattierklub, der seine Mitglieder in weltanschaulichen Fragen festigt, der auch versucht, via seine Mitglieder in die bürgerlichen Parteien hineinzuwirken im Sinne einer grundsätzlicheren, wertorientierten Politik. Mit öffentlichen Interventionen, etwa zur Unterstützung von bestimmten Kandidaten bei Wahlen, ist *Libertas* nicht mehr aufgefallen.

Eine öffentliche Spur hinterliess *Libertas* mit den regelmässigen Beilagen-Seiten in der Genfer Monatszeitschrift *Impact,* auf die alle *Libertas*-Mitglieder automatisch abonniert waren. Die Mitgliederversammlung beschloss indessen, diese Zusammenarbeit auf Ende 1983 aufzukündigen, was *Libertas*-Präsident François Chaudet damit begründete, dass einer Vereinigung, die in drei Sprachregionen verankert sei, auf die Dauer mit einem französischsprachigen Organ nicht gedient sei. *Libertas* wollte künftig die Mitglieder selbst informieren. Dazu kam wohl, dass sich *Impact* als Publikation profiliert, die gegen rechtsaussen ausserordentlich offen ist. Dies gilt allerdings auch für jene zwei *Libertas*-Mitglieder, die im Juli 1980 als Beobachter am Genfer Kongress der rechtsextremen *World Anti-Communist League* dabei waren.

Die *Libertas*-Seiten im *Impact* machten zunehmend den Eindruck, willkürlich und zufällig gefüllt zu werden. Ohne die eifrig-rührige Sektion Biel-Jura mit ihrer Geneviève Aubry und anderen Autoren wäre die Beilage wohl schon lange vor 1983 eingeschlafen. Der Stoffmangel war mitunter derart prekär, dass ein länglicher Artikel von Salcia Landmann über die Wehrdienstfrage im Alten und im Neuen Testament innert eines halben Jahres gleich zweimal abgedruckt wurde. Die Beiträge, im Stil zwischen Mittelschulaufsatz und Leitartikel gelegen, befassten sich sowohl mit allgemeinen gesellschaftlichen Entwicklungen wie mit tagespolitischen Fragen. Wie profund die Analysen gerieten, zeigen etwa die Einschätzungen sozialer Protestbewegungen. Die Zürcher Jugendbewegung erinnere an die Nazizeit, schrieb die Sektion Zürich im Februar 1981: «Dass Organisationen der extremen Linken diese 'Bewegung' nach Kräften unterstützen, erstaunt kaum:

Vieles deutet darauf hin, dass sich die Kommandozentrale der Krawalle in Zürich und einer ganzen Anzahl anderer Städte in der DDR befindet.» Im Oktober 1981 kam *Libertas* Solothurn zu ähnlichen Erkenntnissen: «Man muss wissen, dass bei der grossen Demonstration (gegen das AKW Gösgen) im Jahre 1977 nicht Solothurner primär führend waren, sondern dass bezahlte Provokateure am Werk agierten.»

Ausnahmsweise meldete sich im *Impact* auch *Libertas Schweiz* zu Wort, etwa mit einer Schelte an den Verband Schweizer Journalisten wegen eines Zürcher Landfriedensbruch-Urteil: «Wir meinen daher, anständige, ihrer Bürgerpflicht bewusste Publizisten seien von diesem Urteil gar nicht betroffen.» *Libertas* vermisse bei den Journalisten «die vorbehaltlose demokratische, einsatzbereite Solidarität mit dem durch solche Terroranschläge schwer betroffenen Rechtsstaat» (August 1982).

In der Regel schrieben die einzelnen Sektionen, Mitglieder im Namen der Sektionen oder weitere Autoren. Für die betreffenden Sektionen zeichneten von 1980–83:

- Biel-Jura: FDP-Nationalrätin Geneviève Aubry; Dr. Raymond Brukkert, Plagne BE; Victor Dubois, Biel; Henri Estoppey, Biel; Klaus Woodtli, Biel; Rechtsanwältin Marie-Ange Zellweger.
- Lausanne: Francis Aerny, Lausanne; Advokat Thierry de Haller, Lausanne; F. Strittmatter.
- Bern: Charles von Wattenwyl, René von Wattenwyl, M. Studer.
- Solothurn: Dr.med. Gaudenz Miller, Solothurn/Feldbrunnen.
- Genf: Louis Berger.

Verschiedene Sektionen steuerten nie Texte bei oder zeichneten diese nicht namentlich.

Daneben schrieben zahlreiche weitere Autoren, ohne im Namen einer *Libertas*-Sektion aufzutreten, etwa Michel Girardin, Moutier; Rechtsanwalt Renato Guidicelli, Lugano; P. Kiefer, Colombier; Prof. Walter Rüegg, Bern; Prof. Hugo Sieber, Bern; Marianne Thibaud; Dr.med. Romano Torriani, Biel; E. Truffer, Sierre; Jean-Pierre Weibel; Egon Zehnder; Unternehmensberater Ulrich Zellweger. Ursprünglich hatte *Libertas* ausdrücklich betont, auf den *Impact*-Seiten kämen ausschliesslich Mitglieder zu Wort. Nach dem Erscheinen der 'Unheimlichen Patrioten' beeilte sich *Libertas* mitzuteilen, dieser Vorsatz habe nicht ganz realisiert werden können. So seien beispielsweise Martin Raeber und Gustav Däniker nicht Mitglied der Vereinigung.

Im *Libertas*-eigenen Verlag erschienen weitere kleinere Broschüren, so 1979 in vereinnahmender Absicht Willi Ritschards 'Rede über die Atomenergiepolitik', von Peter Schmid 'Gemeinschaft und Freiheit', von Etienne Oppliger 'Presse et économie' und vom *Libertas*-Aktivisten Francis Aerny (*1917) 'Le service public, une raison de vivre'. Seit 1968 ist der Lausanner Lehrer Mitarbeiter der 'Gazette de Lausanne', wo er unverdrossen gegen die Schulreform Stellung nimmt. 1980 gab *Libertas* in allen Landessprachen 'Gedanken zur Freiheit' heraus – Texte schweizerischer Autoren, die der Journalist Roberto Bernhard in Zusammenarbeit mit Egidio Bernasconi, Eugène P. Dénéréaz und Andri Peer auswählte. 1983 erschien dann im *Libertas*-Verlag die Abhandlung 'La Justice en question', worin sich Philibert Muret, Jakob R. Biedermann und Venerio Quadri mit dem Verhalten von Anwälten in Terroristen- und Jugendkrawallprozessen auseinandersetzen.

Die Vereinsaktivitäten von *Libertas* erschöpfen sich gesamtschweizerisch im wesentlichen in jährlichen Generalversammlungen, gegen aussen mit einem schlecht beachteten Communiqué signalisiert. In Puidoux-Chexbres VD wandte sich *Libertas* im April 1982 gegen die «pazifistische Welle», in Biel klagte die Vereinigung 1983 über die «lückenhafte staatsbürgerliche Bildung». Sie beschloss besondere Anstrengungen, um bei der Jugend das Verständnis zu wecken, «dass eine schrankenlose Freiheit zur Anarchie führt und dass Rechte ohne Pflichten einen Quell der Korruption bilden». Die staatsbürgerliche Gleichgültigkeit und die Unkenntnis unserer demokratischen Einrichtungen müssten bekämpft werden.

Einzelne Sektionen organisieren regelmässige Schulungsveranstaltungen, etwa die Sektion Biel-Jura, wo der liberale Waadtländer Nationalrat Claude Bonnard (1981) und Pfarrer Kurt Mahnig (12.3.83) referierten. Die Sektion Bern versuchte es mit einem öffentlichen Vortrag von Peter Sager, über den die NZZ so berichtete (23.3.82): «Da eine Bombendrohung erfolgt war, hielt sich die Polizei bereit. Vor 21 Uhr wurde der Vortrag von einer Schar junger Leute, die im Vortragsraum Einsitz genommen hatten, derart gestört, dass Vortragsteilnehmer versuchten, sie aus dem Saal hinauszubefördern. Einer der Ruhestörer wurde am Kopf verletzt. Hierauf griff eine Gruppe uniformierter Polizei ein und wies die Ruhestörer aus dem (Bahnhof-)Buffet.»

Das Hauptproblem von *Libertas* sind allerdings nicht Attacken von aussen, sondern die Lethargie des angepeilten Zielpublikums, das nicht durchwegs überzeugt ist, *Libertas* sei nötig. Aufschlussreich ist dazu eine resignative Betrachtung des Solothurner Arztes Gaudenz Miller über 'Die Idee Libertas' (Juni 1981). *Libertas* habe «etwas Mühe», «Mitglieder und Mitläufer für zusätzliche Aktivitäten zu motivieren». Miller weiter: «*Libertas* ist aber auch den Politikern, z.T. durch ihre Existenz als solche, etwas unangenehm. Sie macht darauf aufmerksam, dass die historischen Parteien zur Bewahrung der Freiheit ein Mehr tun könnten. Andererseits ist *Libertas,* nicht nur im Kanton, sondern wahrscheinlich in der ganzen Schweiz, zu sehr die Angelegenheit eines kleinen Kreises geblieben, um wirklich aktiv für unsere Freiheit und ihrer Erhaltung in unserem Staate eintreten zu können. Wie klein dieser aktive Kreis ist, wurde offenbar durch die kleinen Besucherzahlen eines wirklich hervorragenden Vortrages über ein aktuelles Thema wie

Terrorismus in Italien. Wie wichtig aber *Libertas,* auch in einer verschlafenen heilen Welt wie Solothurn ist, zeigten uns letzthin die brandroten Schmierereien an den Häusern und Wänden der Stadt, zeigen die 'wackeren' SP-Frauen mit ihrer Petition für einen armeefreien Geburtstag unseres Kantons, zeigen aber auch Berichte unserer Kinder über die in der Schule eingeflüsterten Ideen. Die Idee *Libertas,* will sie mehr als überleben, sondern als liberale, die Freiheit verteidigende überparteiliche Organisation, die Geschicke in unserem Lande beeinflussen, bedarf einer breiten Verwurzelung in unserem Volke. Hauptanliegen muss es sein, die junge, kommende Generation für unsere Ziele zu gewinnen und sie zur Mitarbeit anzufeuern.»

Was Miller als Appell zu neuem Aufbruch formulierte, kann auch als Nachruf gelesen werden auf eine Organisation, die im patriotischen Milieu keine genügend grosse Marktlücke gefunden hat.

Alleanza Liberi e Svizzeri

Die Tessiner *Alleanza Liberi e Svizzeri* (ALS) mit ihren rund 1000 Anhängern widersetzt sich militant allem, was in ihren Augen der «philomarxistischen, sozialkommunistischen Unterwanderung» zuzurechnen ist – in den bürgerlichen Parteien, in der Verwaltung, in Medien und Schulen. Hauptanliegen der ALS war und ist es darüberhinaus, die rechten Flügel in CVP und FDP zu stärken und zu laue Bürgerliche öffentlich an den Pranger zu stellen. Mit ihren Meno-Stato-Parolen liegt die ALS in Zeiten der knappen öffentlichen Finanzen im allgemeinen Trend.

Masoni gegen Righetti

Vor allem im Tessiner Freisinn hat die ALS jahrelange heftigste Flügelkämpfe provoziert. Exponenten waren auf der Seite der ALS-Rechtsextremisten (die unter der Etikette 'Gemässigte' antreten) der ehemalige und erneute Ständerat Franco Masoni mit der *Gazzetta Ticinese*, auf der Seite der Liberalen der ehemalige Staatsrat Argante Righetti mit dem FDP-Organ 'Il Dovere'. 1981 rief die FDP eigens einen Parteitag ein, um das Gemeinsame der sich öffentlich bekämpfenden Lager wieder zu betonen. Die Flügelkämpfe hätten, analysierte ein Parteitagsredner, auch mit den rasanten soziologischen Veränderungen im Tessin zu tun. Der Kanton habe innert 15 Jahren vom Pflug zum Bankschalter gewechselt, von der Bauernkultur zur Dienstleistungsgesellschaft, zum aufgeblähten Finanzplatz.

Öffentlich ausgetragen wurden die Flügelkämpfe vor allem bei Wahlen. Bei den Nationalratswahlen 1979 gelang es der ALS, mit dem Slogan «Rigate Righetti» (Streicht Righetti) die Wahl ihres Widersachers knapp zu vereiteln; vor allem im Raum Lugano war die ALS-Streichparole stark

ALS-Mitbegründer Lionello Torti, bis Frühjahr 1980 auch Vizepräsident des *Redressement*, sass 1981 und 1982 wegen Geldflucht-Hilfe längere Zeit in Rom in U-Haft. Am 11. Februar 1982 wurde der Direktor der Banca del Gottardo (in deren Verwaltungsrat auch *Redressement*-Präsident Carletto Mumenthaler sitzt) wegen «Mittäterschaft bei illegaler Kontoführung italienischer Bürger im Ausland» zu 14 Monaten bedingt verurteilt, zusammen mit einem Komplizen des berüchtigten Banco Ambrosiano. Torti wurde umgehend aus dem Römer Gefängnis Rebibbia entlassen und konnte heim zu den Liberi e Svizzeri. (Karikatur über den Untersuchungshäftling Torti im PSA-Organ 'Politica nuova')

beachtet worden. Vier Jahre später blieben allerdings die beiden von der ALS favorisierten freisinnigen Kandidaten auf dem ersten und zweiten Ersatzplatz sitzen: der Handelskammer-Direktor Adriano Cavadini und der frühere Finanzdirektor Ugo Sadis. Allerdings war auch der neugewählte FDP-Nationalrat, Rechtsanwalt Luciano Giudici aus Locarno, von der ALS unterstützt worden, doch gilt er als vergleichsweise unabhängig. (Ebenfalls unterstützt hatte die ALS die beiden gewählten CVP-Nationalräte Gianfranco Cotti und Mario Grassi sowie den glücklosen SVP-Kandidaten Pio Caimi, dem die ALS-Empfehlung offensichtlich nichts nützte.)

Öffentlicher Ausdruck der FDP-Flügelkämpfe war anfangs 1980 auch eine wochenlange, ausserordentlich heftige Attacke der *Gazzetta* gegen Staatsanwalt Paolo Bernasconi, der sich mit einer unbestechlichen Untersuchung des Chiasso-Skandals einen Namen gemacht hatte. Bernasconi war seinerzeit von den Freisinnigen portiert worden, ohne selbst FDP-Mitglied zu sein. Die *Gazzetta* warf ihm vor, einen ehemaligen Mitarbeiter, der inzwischen PSA-Mitglied geworden war, in der Chiasso-Untersuchung gedeckt zu haben – für die ALS ein Fall von subversiver Klüngelei. Die beispiellose Hetz- und Einschüchterungskampagne, die jeder sachlichen Grundlage entbehrte, wurde von Masoni angeführt, der seinen nicht ganz freiwilligen Abgang aus dem Ständerat schlecht verkraftet hatte. Im FDP-Parteivorstand blieb er indessen völlig isoliert, die Partei stellte sich geschlossen hinter den angeschossenen Staatsanwalt. Drei Jahre später konnte Masoni befriedigt konstatieren: «Noch vor einigen Jahren war ich in der Parteileitung isoliert, jetzt hat sich das geändert, denn die Partei hat sich stark gewandelt.» Heute sei eher die Righetti-Richtung isoliert (TA, 14. 4. 83). Ausdruck dieses Umschwungs ist auch Masonis Rückkehr in den Ständerat.

Die *Gazzetta*, die Masoni als Instrument benutzt hatte, ist nach wie vor *das* Sprachrohr der ALS. Direktor (gleich Chefredaktor) ist der Sarde Gianfranco Montù, der allabendlich in Indro Montanellis Campione-TV-Station 'Tric' Nachrichten der *Gazzetta* verliest. Chefredaktor (gleich Chef vom Dienst) ist Elio Bernasconi, der sich selbst als «Gründer und erster Sekretär der ALS» bezeichnet.

Hofer-Klub des Tessin

Die spektakulärsten Schaukämpfe inszenierte die ALS indessen an der Medienfront. Die *Alleanza* spielt sich als *Hofer-Klub* des Tessins auf und schiesst bei jeder Gelegenheit auf angeblich subversive Medienschaffende. Zu den Mitgliederversammlungen der Corsi, der Tessiner SRG-Trägerorganisation, fährt die ALS im wörtlichen Sinn ein – mit organisierten Carfahrten. «Die Anhänger des überparteilichen, extrem rechts stehenden Tessiner Bundes ALS, der während des Jahres manchmal an Rufmord grenzenden Gesinnungsterror gegen gewisse 'linke' Programmschaffende ausübt, blockierten mit einem starken Harst sämtliche Reformvorschläge», berichtete der 'Tages-Anzeiger' (7. 5. 80) über die Corsi-Versammlung vom 3. Mai 1980. Ihren grössten Erfolg feierte die ALS am 28. Februar 1981, als sie verhinderte, dass in der Corsi in Übereinstimmung mit den SRG-Statuten auch niedergelassene Ausländer das Stimmrecht erhielten. Die *Gazzetta* hatte im Vorfeld das Schlimmste prophezeit. «Niemand kann bestreiten», hatte sie dramatisiert, dass das Ausländerstimmrecht «eine kommode Bresche für jene ausländischen Staaten schlägt, die davon profitieren möchten – zur politischen und militärischen Destabilisierung.»

Die erfolgreichen Corsi-Auftritte der ALS mobilisierten in der Folge auch liberale und linke Mitglieder, nicht zuletzt die Programmschaffenden selber. Als es am 31. Oktober 1981 um die Wahl von drei neuen Mitgliedern der Corsi-Programmkommission ging, blieben die drei ALS-Kandidaten auf der Strecke: Luciano Macconi (†), Giacomo Viglezio (SVP) und Renato Giudicelli (der gleichzeitig Exponent der *Libertas*-Sektion Lugano ist, die sich als Scharnier zwischen ALS und *Libertas Schweiz* versteht). Stattdessen wurden Kandidaten der grossen Tessiner Parteien gewählt. Mitglied der Corsi-Programmkommission war damals auch *Alleanza*-Mitbegründer und *Redressement*-Vizepräsident Lionello Torti, der in Rom als Vizedirektor der Banca del Gottardo wegen Geldflucht-Mithilfe in Untersuchungshaft sass und zu 14 Monaten bedingt verurteilt wurde.

Später hielt die ALS dennoch Einzug in die Corsi-Programmkommission, nämlich mit Mauro Gandolla (Bioggio) und Adriano Censi (Lugano). Gandolla vertritt die Corsi auch in der SRG-Generalversammlung, ebenfalls ALS-Präsident Alexander von Wyttenbach (bei insgesamt 20 Delegierten).

Der freisinnige Wyttenbach war am 2. Februar 1980 ALS-Präsident geworden, als Nachfolger des CVP-Mannes Alessandro Lepori. Die abwechselnde Berücksichtigung der beiden grossen bürgerlichen Parteien sollte signalisieren, dass sich die ALS als Organisation quer zu den Parteien versteht. Von 1969–78 war Wyttenbach Chefarzt in Locarno. Seither ist er freipraktizierender Radiologe in Bellinzona, wohnt jedoch weiterhin in Locarno-Minusio. Im April 1983 wurde er als Alessandro von Wyttenbach auf der FDP-Liste in den Grossen Rat gewählt, wo er beispielsweise in der Frage des Misoxer Atommüll-Lagers als Minderheitensprecher auftrat (die Mehrheit sprach sich gegen das Projekt aus). Wyttenbach gehört auch dem *Athenäum Club* an, wie die ALS-Mitglieder Elio Bernasconi, Stephan Nussbaumer und Friedrich Günther. Wyttenbachs Präsidentschaft bedeutete den Versuch der ALS, über das Luganeser Stammland hinaus auch im Sopraceneri (Locarno, Bellinzona) Fuss zu fassen.

Zusammen mit Wyttenbach trat ein neuer, erweiterter ALS-Vorstand an die Öffentlichkeit: Umberto Banfi, Antonio Bariffi, Riccardo Cattaneo, Rechtsanwalt Emilio Censi, Ingenieur Augusto Cotti, Mauro Gandolla, Prof. Alessandro Lepori, Rosita Genardini, Architekt Armando Giani, Elio Indumi, Ingenieur Lorenzo Medici (Sekretär), Dr. Giorgio Mornirolí, Francesco Poma, Ugo Primavesi (SKA), Renzo Quadri, Gianmarco Valsangiacomo, Ingenieur Giacomo Viglezio (Vizepräsident), Luigi Moranda, Renato Guidicelli, Lidia Solari und Renata Simona.

Einen propagandistischen Pluspunkt konnte die ALS am 19. Februar 1983 buchen, als sich Bundesrat Leon Schlumpf gewinnen liess, vor der rechtsextremem Kampforganisation seinen Energieartikel zu verkaufen. Während Schlumpfs Rede lauschten die ALS-Anhänger andächtig. Ohne Bundesrat ging es dann anschliessend wieder hemdsärmelig-handfest um den rechten Kurs in der Tessiner Kantonalpolitik. Ein Jahr später, an der Generalversammlung vom 19. Mai 1984, referierte Parteikollege Peter Sager über den politischen Krieg.

Unterm Jahr werden die Anhänger der *Alleanza* mit dem Vierteljahresblatt *Cronache dell'ALS* versorgt. Vor Wahlen dürfen sich die Favoriten der ALS mit Artikeln profilieren. Immer wieder befassen sich Beiträge mit der angeblichen Unterwanderung von Schulen und Medien. Als verantwortlicher Redaktor zeichnet ALS-Präsident Wyttenbach.

Karikatur von Max Mössinger, *Cronache dell'ALS* vom Oktober 1983.

Vereinigung Pro Libertate – Einmannunternehmen Max Mössinger

Weil es in Bern-Liebefeld und Gelterfingen Max Mössinger (*10.8.18) gibt, gibt es die *Vereinigung Pro Libertate* (PL). «Der Jubilar gehört heute zu jenen unentwegten Miteidgenossen, die eh und je gegen die Feinde der Demokratie auf dem Posten stehen, um für Humanismus und Rechtsstaat zu kämpfen», schrieb der 'Schweizer Soldat' zum 65. Geburtstag: «Max Mössinger ist gleichsam der starke Steuermann der schweizerischen *Vereinigung Pro Libertate.* Diese sich immer wieder neu profilierende Vereinigung, 1956 nach der Niederknüppelung der Freiheit in Ungarn ins Leben gerufen, ist Max Mössinger gleichsam zur Lebensaufgabe geworden. Er, der freie Unternehmer, opfert seit der Gründung – also 27 Jahre schon – kostbare Zeit und Geld für diese mehr denn je notwendige Vereinigung.» Etwas weniger pathetisch: ohne Mössinger gäbe es PL nicht. Ähnlich und schon fast etwas verbittert sieht es der Steuermann selbst: «Es wäre mir ein Leichtes, einen Katalog über meine persönliche, freiwillige Engagierung für unsere Demokratie, reich gepflastert mit persönlichen, saftigen Opfern (ohne politische Ambitionen) aufzuführen.»

Mössinger persönlich ist die PL, ein Vorstand tritt nicht in Erscheinung. Nach einem drastischen Mitgliederschwund zählt die Vereinigung heute nach eigenen Angaben wieder rund 500 Mitglieder (bei einem Jahresbeitrag von 30 Franken). Sie veranstaltet jährlich eine Versammlung, verfasst Communiqués (wider die Rothenthurm-Initiative, für den Schweizer Psalm in Radio DRS) und veröffentlicht Broschüren: gegen die POCH und ähnliche Greuel, für eine starke, waffenplatzreiche Armee. Schon jetzt ist abzusehen, dass das Volksbegehren für eine Schweiz ohne Armee Mössingers Lebensabend ausfüllen wird. Unterstützt wird er in Armeefragen von Oberst Max Kummer (*12.8.15), Professor in Bern.

Mössinger, der sich schon als Heer-und-Haus-Referent «auf ein sinnvolles Soldatentum stützte» (Schweizer Soldat), ist ein Anhänger einfacher Weltbilder, eine Politik à la SAD ist ihm ein Greuel und löst beinahe physische Reaktionen aus. Unverständlich sind ihm auch Medienleute, die sein Weltbild nicht teilen. «Es gäbe wohl sinnvolleres Tun für Euch Journalisten, als saubere Vorhaben in den Dreck einer fragwürdigen Journalistik zu ziehen», schrieb er den LNN ins Stammbuch. Und dem 'Nebelspalter' las er so die Leviten: «Was muss dieser Pseudo-Künstler für eine unter- und hintergründige Motivation zu solchem Tun haben? Mit der Veröffentlichung dieses himmellausigen Beitrages gehen Sie als verantwortliche Redaktion gesinnungsmässig wirklich in die unterste Gosse.»

Besonders eifrig verfolgen Mössinger und PL die Berichterstattung über Armeefragen. Diesem Thema war am 28. Januar 1984 in Bern ein «Medien-Symposium» gewidmet, wo unter der Leitung des Bundeshausjournalisten Hans Rudolf Böckli unter anderem Nationalrat Christoph Blocher, EMD-Sprecher Hans-Rudolf Strasser, cand.iur. Franz Müller aus Thun (Präsident des *Forums Jugend und Armee)* journalistischen Fehlleistungen nachspürten und Ernst Cincera zu einem träfen Votum reizten: «Es darf keine vierte Gewalt geben! Das bedeutete die Gefahr einer fünften Kolonne.» (Bund, 31.1.84)

Aufwendig beging PL am 7. November 1981 das 25jährige Jubiläum. Im Berner Rathaus referierten alt Bundesrat Rudolf Gnägi, der Berner Polizeidirektor Hans Krähenbühl und der Schriftsteller Erwin Heimann. Der PL-Beauftragte Beat Jäggi ehrte mit den Publizisten Georg Thürer und Major Karl Gautschi (*1939), Chef des Truppeninformationsdienstes des Feldarmeekorps 2, das gesunde Schaffen: «Grosse Kreise unserer Bevölkerung haben langsam jene politischen Satiriker satt, die in ihrem krankhaften Antimilitarismus und Klassenkampfjargon nicht mehr über ihren marxistischen Schatten zu springen vermögen.» Zum Jubiläum kamen runde 20000 Spendenfranken zusammen, die PL unter anderem in einen Plakataushang in Bern investierte: «Unsere Armee – das schützende Dach – bedeutet Schutz und Sicherheit für alle!»

Spätere PL-Versammlungen mussten dann wieder mit jenen Rednern vorlieb nehmen, die bei solchen Gelegenheiten halt herumgereicht werden: Otto Fischer, Ernst Cincera, Werner Kägi.

Stolz ist Mössinger, dass er und PL-Ehrenmitglied Hans Keller aus St. Gallen in die leitenden Gremien bedeutender Organisationen berufen wurden: «In dieser Vereinigung *(Kirche wohin?)* sind wir massgeblich durch ein PL-Mitglied im Zentralvorstand vertreten.» Und: «Auch hier *(Hofer-Klub)* ist die PL im Zentral-Vorstand vertreten. Damit sei dargelegt, dass es uns an nützlichen Querverbindungen nicht so restlos fehlt.» Vertreten ist die PL mit Mössinger und Keller auch in der *Athenäum Club AG.* Zudem sitzt Mössinger in der Militärkommission der SVP (bis 1984 auch in der aussenpolitischen Kommission der SVP).

Die «nützlichen Querverbindungen» äussern sich für PL-Mitglieder in allerlei Zugeschicktem: zum 25jährigen Jubiläum beispielsweise Texte der *Aktion Kirche wohin?,* des *Hofer-Klub* und des 'Südafrikanischen Digest' (herausgegeben von der südafrikanischen Botschaft).

Athenäum Club – eine Aktiengesellschaft sucht Führungskräfte

«Dieses Schreiben richtet sich nur an einen enger begrenzten und ausgesuchten Kreis von Personen und Persönlichkeiten, die uns bekannt sind oder uns durch unsere Freunde empfohlen wurden.» So beginnen -zig Tausend praktisch gleichlautende Werbeschreiben der *Athenäum Club AG – Club für Führungskräfte und Kaderleute.* Die Briefe werden seit 1982 derart inflationär an Ärzte, Rechtsanwälte, Wirtschaftsleute und andere Zielgruppen geschickt, dass sich allein auf den WoZ-Pulten Dutzende solcher Werbeversände stapelten: «Es ist unser Bestreben, unsere Clubmitgliederzahl im In- wie im Ausland vermehrt auszuweiten.»

Die beigelegten Einzahlungsscheine («Teilnehmerbeitrag Fr. 475.– per Jahr, einmalige Aufnahmegebühr Fr. 100.–») richten sich an verunsicherte Bürgerinnen und Bürger, die – so die AC-Satzungen – «besorgt sind über
– die zunehmende Verstaatlichung im eigenen Land und in den Ländern der freien Welt (...)
– die vermehrte Unterwanderung öffentlicher Institutionen, insbesondere der Massenmedien, durch extremistische Kreise
– die sich ausweitende Übernahme der Kontrolle über die Kultur, das Erziehungs- und Bildungswesen durch linksorientierte und -gesteuerte Kräfte (...)
– die Diskreditierung und Verketzerung der Freien Marktwirtschaft
– die systematischen Verdächtigungen gegenüber dem Unternehmertum (...)
– das Streben der Linksparteien, unter Verdrehung der Begriffe Freiheit und Demokratie, nach der alleinigen Macht im Staat, die schlussendlich auf eine Staatsdiktatur nach dem Vorbild der sogenannten 'Volksdemokratien' und auf die Bevormundung des Bürgers hinausführen muss, wenn unsere Gesellschaft sich nicht wachsam dagegen wehrt» – und sieben Sorgenpunkte mehr.

Entsprechend lauten die Anreden, je nach Zielgruppe: «Dieser Brief richtet sich an die Ärzte, die mit uns der Meinung sind, dass gegen die zunehmende Kollektivierung der Medizin...»

Wer für 475 Franken im Jahr «Teilnehmer» wird (ohne damit Mitgliederrechte im Sinne eines Vereins zu erwerben), erhält von der AG mit «Gerichtsstand Lugano» eine Anstecknadel mit dem von Ernst Cincera gestalteten AC-Emblem, ab und zu Einladungen zu Vorträgen und gesellschaftlichen Anlässen sowie zweimal im Monat «vertraulich aktuelle Hintergrund-Informationen», redigiert von *Abendland*-Redaktor Herbert Meier. Diese bieten Artikel von Meier über Stephan Nussbaumer bis zu Franz Josef

PRESSEDIENST

ATHENAEUM CLUB AG

CLUB FÜR FÜHRUNGSKRÄFTE UND KADERLEUTE

VIA MIRAVALLE 23
CH-6900 LUGANO-MASSAGNO
TEL. 091-57 15 36

V E R T R A U L I C H !

Nachrichten ausgewertet

- Weltwirtschaft: Grössere Krise in Sicht? Immer mehr Oekonomen und Politiker befürchten den Zusammenbruch des internationalen Bankensystems oder rechnen sogar damit.

  = Der ehemalige britische Schatzkanzler Denis Healy glaubt, die Zahlungsunfähigkeit zahlreicher Schuldner in der Dritten Welt und im Osten führe fast unweigerlich zum Zusammenbruch des Währungssystems. Ein westdeutscher Wirtschaftsexperte erklärt, die Situation sei gefährlicher als zur Zeit der Weltwirtschaftskrise 1930, da heute das internationale Bankensy-

Strauss, dazu viel Kurzfutter und mitunter ein Gedicht von Beat Jäggi oder Heinrich Stelzer. Zu den versprochenen Leistungen gehört auch der «Ausbau eines Informationsdienstes für persönliche Anfragen» (Cincera lässt grüssen).

Aktiengesellschaft mit zwielichtigen Aushängeschildern

Der «aktive Service-Club», als Aktiengesellschaft am 5. Februar 1982 formell gegründet, gehört zwei Männern:
- VR-Präsident ist der Verleger Stephan (eigentlich Jean Etienne) Nussbaumer-Locher (*1931), der 48% der Aktien im eigenen Namen und 2% im Namen des ihm gehörenden, 1972 gegründeten Athenäum-Verlags zeichnete.
- VR-Vize ist der «erfolgreiche Jung-Unternehmer» (Eigenbezeichnung) Christian Krüger (*1950) aus Degersheim SG, dem die andere Hälfte der Aktien gehört.

Nach aussen wird indessen weniger mit der AG als mit einem mittlerweilen 27köpfigen Patronatskomitee hausiert. Auffallend ist der Schulterschluss mit rechtsbürgerlichen Kräften der BRD, was in patriotischen Kreisen noch vor wenigen Jahren undenkbar gewesen wäre – erst recht nicht mit Leuten dieses Schlags:
- Alt Geheimdienstler Ferdinand Otto Miksche hat im Zentralverlag der italienischen Faschistenpartei MSI publiziert. Auch im Neonazi-Blatt *Nation Europa* erschien im Juni 1984 ein Artikel von Miksche.

– Alt Generalmajor Rudolf Grüner hat sich in der BRD noch 1974 als Geschäftsführer des *Deutschen Kulturwerks Europäischen Geistes,* einer wichtigen neonazistischen Kulturorganisation, einen zweifelhaften Ruf erworben *(national-politische Studien,* 8–9/1974).
– Als Leiter des AC in der BRD zeichnet Dieter Schmidt von der CSU-nahen Hanns-Seidel-Stiftung, die dank Franz Josef Strauss immer wieder Schlagzeilen wegen Kontakten mit faschistischen Kreisen des Auslands machte.
– Auf besondere Weise «verantwortungsbewusst und Verantwortung tragend» (AC-Satzungen) ist der CDU-Überläufer Klaus-Peter Schulz. Der frühere SPD-Bundestagsabgeordnete ist 1978 von einem Berliner Gericht wegen fortgesetzter Misshandlung und Vernachlässigung seiner Pflege- und Adoptivtöchter zu zehn Monaten Gefängnis ohne Bewährung verurteilt worden. Schulz hatte zuhause ein eigenes Familiengesetz mit Prügelstrafe in Kraft gesetzt. Eine seiner Pflegtöchter beschrieb die Strafaktionen so: «Ich musste mich bis aufs Unterhemd ausziehen, und dann streichelte er mein nacktes Gesäss und sagte traurig: 'Jetzt muss das arme Pöchen wieder leiden, weil du im Kopf nicht schlauer geworden bist!' Dann schlug mein Pflegevater auf mich ein.»

Ganz besonders stolz war AC-Verwaltungsratspräsident Nussbaumer, dass Cincera den ZDF-Rechtsaussen Gerhard Löwenthal als AC-Aushängeschild gewinnen konnte. Am 5. Januar 1982 schrieb er Löwenthal an die ZDF-Adresse: «Einerseits sind Sie ja uns Schweizern durch das ZDF bestens und als Gesinnungsfreund positiv bekannt und andererseits habe ich durch unseren gemeinsamen Freund, Herrn Ernst Cincera, schon sehr oft von Ihnen gehört. So habe ich durch Herrn Cincera auch Ihre grundsätzliche Bereitschaft zur Mitarbeit am *Athenäum-Club* erfahren.» Und weiter: «Ihr persönliches Dabeisein im Patronatskomitee (selbstverständlich ohne materielle Verpflichtungen) wäre für alle Beteiligten eine grosse Ehre und ein ebensolcher Gewinn.» Wieviel Gewinn die AG bisher abgeworfen hat, wird nicht einmal den zahlenden «Teilnehmern» offenbart.

Schweizerischerseits fallen (nebst der taktischen Abwesenheit der Reizfigur Cincera) drei Brigadiers auf, die ungeniert in voller Uniform für die Aktiengesellschaft werben – inzwischen mit dem Segen des Bundesrates: Die Vorschriften des Dienstreglementes (Art. 219) würden für die drei Brigadiers nicht gelten, da diese altershalber keine Funktionen mehr ausüben. Einer der drei, der als Präsident der *Aktion Freiheit und Verantwortung* bekannte Heinrich Bernhard, war übrigens in der ersten Auflage des AC-Prospektes noch nicht im «Gründungs- und Patronatskomitee».

Neben militärischem findet sich auch finanzielles Gewicht im Komitee, etwa Nina Gräfin von Faber-Castell-von Sprecher (gemäss Einwohnerkontrolle allerdings ohne Gräfin und nur Sprecher), die mit ihrem Neun-Millionen-Vermögen im steuergünstigen Küsnacht ZH sitzt.

Gründer und Präsident des AC international

Stephan Nussbaumer
Verleger (SBVV)
Verfasser zahlreicher Publikationen
Mitgl. ALS, INFO-CH und RN

Mitgründer und Vizepräsident des AC international

Christian Krüger
Unternehmer, Mitverfasser des aktuellen Buches «Indien — Wirtschaftsmacht der Zukunft»

Ehrenmitglied

Nationalrat Dr. Otto Fischer
Generalsekretär der Internationalen Gewerbeunion
Mitgl. zahlreicher ausserparlamentarischer Kommissionen

Leiter für den AC in der Bundesrepublik Deutschland

Dieter Schmidt, Direktor des Instituts für politische Zusammenarbeit, Hanns-Seidel-Stiftg. Stellv. Landesvorsitzender des wehrpolitischen AK der CSU

Redaktion des AC Pressedienstes

lic. iur. Herbert Meier
Verleger
Herausgeber «Abendland», Grossrat und Präsident der Justiz-Kommission des Kantons Aargau

Elio Bernasconi
Chefredaktor der «Gazzetta Ticinese»
Gründer und erster Sekretär der Alleanza Liberi e Svizzeri

Dr. Dr. Heinrich Bernhard
Verw.-Präs. und VR versch. Ind., Revisor SBG, Brigadier zbV des Generalstabschefs. Präs. Aktion Freiheit und Verantwortung

Dr. iur. Hans-Rudolf Böckli
1963—69 Pressekorresp. in London, 1969—70 Stellv. Delegationschef neutr. Überw.-Komm. in Korea. Seit 1972 Bundeshausredaktor

Margarete Buber-Neumann
die Gefangene Hitlers und Stalins, Schriftstellerin, Trägerin des Bundes-Verdienstkreuzes

Gründungs- und Patronatskomitee der *Athenäum Club AG*, zweite Auflage. In der ersten Auflage waren zusätzlich die Prokuristin Irma Wüst-Wolfensberger aus Lugano für «Sekretariat» und der Berner Vizedirektor Kurt Barth für «Koordination» aufgeführt. An anderer Stelle wurde auch Heinrich Wiemann aus Montagnola TI als Mitglied des Patronatskomitees erwähnt.

Peter Bühler
Unternehmer

Nina Gräfin von Faber-Castell-
von Sprecher

Rudolf Grüner
Generalmajor im BGS a. D.

Dr. iur. Friedrich Günther
Brigadier z. D., zahlreiche
Publikationen und Vorträge
Mitgl. ALS, Mitarbeiter ASA
u.a.

Beat Jäggi
Schweizer Mundart-
Schriftsteller
War bereits als Gymnasiast
mit 18 Jahren auf der
schwarzen Liste der Nazis

lic. iur. Roman Jann
Gründer Schweizer Jugend-
Sinfonie-Orchester

Silvia Kaiser
Verw. Präsidentin einer
Finanz-Gesellschaft
Ehrenbürgerin von Texas

Hans Keller
Kaufmann
Ehrenmitglied Pro Libertate

Kraft-Alexander Prinz zu
Hohenlohe-Oehringen
Direktor Theater Fürth,
1. Vorsitzender der Deutsch-
Polnischen Gesellschaft
Franken

Gerhard Löwenthal
Leiter des ZDF-Magazins, Konrad-Adenauer-Preis für Publizistik, Europ. Literaturpreis, Träger des Bundes-Verdienstkreuzes

Col. Ferdinand Otto Miksche
Offizier der Ehrenlegion
Autor von 17 Büchern
Mitgl. des amerik. Ordens «Legion of Freedom» u.a.
Kommandeur des Ordens des Portug. Imperiums
pers. Mitarbeiter im Stabe General de Gaulles

Max Mössinger
Immobilien-Treuhänder (SVIT), Präsident der Schweiz. Vereinigung Pro Libertate, Mitglied des Zentralvorstandes SFRV

Peter Schläpfer
Verleger
Herausgeber der «Appenzeller Zeitung»

Dr. med. Klaus-Peter Schulz
Arzt und bek. Publizist
Presse/Rundfunk
1965–77 Mitgl. des Deutschen Bundestages, des Europarates und Europ. Parlaments
1970/71 deutscher Vizepräs. der Beratenden Versammlung

lic. rer. publ. Peter Wieser
Gemeindeammann
Präs. Zivilschutzverband St.Gallen/Appenzell

Hans Wittwer
Brigadier
Gründer ASA
und Präsident CFS

Dr. med. Alexander von Wyttenbach, 1969–78 Chefarzt am Ospedale di Locarno «La Carità», seit 1978 frei prakt. Radiologe in Bellinzona, Präs. Alleanza Liberi e Svizzeri

Jean-Jacques Zoelly
Vice-Président «La Suisse»/Sonor SA., Prominform SA., Präs. «Schweiz. Armbrust-Woche», Präs. CIPR SA Centre d'information, Past Directeur Lions Clubs Internat.

Athenäum Verlag Lugano

Verleger Stephan Nussbaumer war in der Branche lange Zeit als Lexikonverkäufer ein Begriff. Erst mit der Cincera-Affäre profilierte sich der Luganeser Verlag als rechtsbürgerliches Unternehmen (nicht zu verwechseln mit dem gleichnamigen deutschen Verlag). Mitunter liessen sich die beiden Sparten auch verbinden. So bot Nussbaumer in der *Schweizerzeit* den Grossen Brockhaus für 1296 Franken mit einer Dreingabe an: «Wir schenken Ihnen, ob Sie dann bestellen oder nicht, das Buch: Ernst Cincera 'Unser Widerstand gegen die Subversion in der Schweiz'...»

Auch die weiteren Cincera-Bücher erschienen bei Athenäum, so 1981 die Broschüre 'Zeugin des Jahrhunderts – Zum achtzigsten Geburtstag von Margarete Buber-Neumann' und 1983 das hingepfuschte 'Deutsch nach Marx' (von Friedrich Günther lektoriert, von Fritz Schäuffele korrigiert). Nicht erschienen ist hingegen ein Cincera-Titel, der 1980 vorabdrucksweise bereits in der *Schweizerzeit* zu lesen war.

Aus dem übrigen Athenäum-Programm ist der 1982 erschienene Tatsachenroman 'Jeanmaire' des Zürcher Zivilschutz-Chefs Heinrich Stelzer erwähnenswert. Der Verlag hatte seine liebe Mühe, in Erwiderungen darzutun, das Buch bedeute keineswegs eine Verharmlosung der Jeanmaire-Spionageaffäre.

Auch Liechtenstein ist angemessen vertreten, mit Silvia Kaiser, «Ehrenbürgerin von Texas», oder etwas bodennaher, gemäss Telefonbuch, im Treuhand-Geschäft tätig.

Aus der Taufe gehoben wurde der AC am 27. November 1981 im Zürcher Hotel Sonnenberg, allerdings ohne den angekündigten Referenten Hans Rudolf Böckli (*1924), der als Ewiggestriger einen Tag zu spät nach Zürich fuhr (WoZ, 19.2.82). Voll da war hingegen Ernst Cincera, der 'Die Notwendigkeit eines Schulterschlusses' propagierte. Der St. Galler HSG-Professor Heinz Hauser referierte über 'Grundthemen einer konservativen Ökonomie'. Alt Brigadier Friedrich Günther fragte, nicht zum ersten Mal, 'Tun wir endlich etwas Mutiges?' «Seien wir ehrlich, die Angst beherrscht uns», rief Günther in die Runde. «Die Angst (...) vor der extremen Linken.» Ähnlich formulierte es ein Jahr später der Degersheimer Gemeindeammann Peter Wieser an einem AC-Anlass: «Ganz im Sinne von Jeanne Hersch sind auch wir überzeugt, dass der grösste Feind unseres Fortschrittes die seit 1968 Mode gewordene Tendenz ist, alles Erreichte in Frage zu stellen. Der AC steht dazu, dass es uns gut geht und tritt dafür ein, dass das Erreichte bewahrt wird.» Dies ist exakt Programm und Motiv: Leute, denen es gut geht, haben Angst, dass ihnen etwas weggenommen wird.

Übrigens: Nach der Gründungskonferenz erklärte HSG-Professor Heinz Hauser, er sei dem «zweifellos rechts» stehenden AC nicht beigetreten, da er den Eindruck bekommen habe, die «AC-Initianten könnten die Realität nicht richtig wahrnehmen» (Ostschweizer AZ, 22. 2. 82).

Jährliche Preise an Gleichgesinnte

Wieviele Personen inzwischen AC-Teilnehmer geworden (und angesichts des horrenden Jahresbeitrags auch geblieben) sind, gibt die Aktiengesellschaft nicht bekannt. Das wenige, das nach aussen dringt, hinterlässt einen ausgesprochenen Inzucht-Eindruck. Gleichgesinnte bestätigen sich im Kreis herum.

Bezeichnend ist die Geschichte des AC-Preises, der jährlich «für besondere Leistungen in der Publizistik bzw. für die Freiheit» vergeben wird. Als ersten Preisträger fragte der AC Heiner Gautschy an, doch der lehnte ab, weil er sich als Liberaler nicht von einem solchen Club vereinnahmen lassen wollte. Als Lückenbüsser kam schliesslich alt FDP-Nationalrat Otto Fischer zum Zug, der die 10000 Franken kassierte. Zur Feier auf Schloss Lenzburg waren am 16. Oktober 1982 übrigens Ernst Cincera, Mäni Weber und ähnliche Nummern erschienen, indessen weder der eingeladene Aargauer Regierungsrat noch die Lenzburger Stadtbehörden. Ein Jahr später war dann die Inzucht mit dem Preisträger Cincera augenfälliger. Und am 13. Oktober 1984 wurden in Zürich der «erdverbundene» Mundartdichter Beat Jäggi sowie der Berner Schriftsteller Erwin Heimann geehrt. Wenn das so weitergeht, wird der Preis 1985 gleich an AC-Besitzer Nussbaumer und an AC-Redaktor Meier ausbezahlt. Übrigens: Die Preisverleihung 1984 wurde der Presse grossspurig von einer Salvatore Public Relations SA mitgeteilt, die die gleiche Adresse und Telefonnummer hat wie der Athenäum Verlag.

Ebenso eng ist das Spektrum von Referenten, das den AC-Teilnehmern angeboten wird: immer wieder Cincera, mal Otto Fischer, mal Nussbaumer. Und ein Projekt eines Symposiums über die Kollektivierung der Medizin, von Alexander von Wyttenbach, Norbert Poltera und Nussbaumer 1983 grossspurig angekündigt, verlief im Sande.

Offensichtlich ist es dem AC nicht gelungen (und vielleicht ist es auch nicht seine Absicht), die Isolierung zu durchbrechen. Bisher mit einer einzigen Ausnahme. Im April 1984 referierte im Zürcher Hotel Atlantis-Sheraton Generalstabschef Jörg Zumstein vor AC-Leuten. Aber wo hat Zumstein noch nicht referiert?

Schweizer Freiheits-Bund – für freien Schwer- und Geschlechtsverkehr

Verärgert über den Niedergang der guten alten Eidgenossenschaft gründeten im Dezember 1983 einige Unternehmer, Kaufleute und Freiberufliche aus dem Raum Winterthur den Verein *Schweizer Freiheits-Bund zur Wahrung bürgerlicher Rechte* (SFB). Seither kämpfen sie gegen Beamtentum, Gesetzesflut, Sexrepression und rotgrüne Subversion. Geschäftsführer des *Bundes* ist der Kaufmann Ernst Dünnenberger (*1939) aus Buch am Irchel ZH, ein ehemaliger *Republikaner*.

Der *Bund* ist ein buntgescheckter Haufen von Leuten, die eine geradezu irrationale Ablehnung und Wut gegen Beamte und Staat entwickelt haben, weil ihnen irgendeine Behörde einmal auf die Füsse getrampelt ist. Die Verlautbarungen des *Bunds* zeichnen sich auch durch sprachliche Originalität aus: «In den letzten 10, 15 Jahren hat sich gleichermassen Wut wie Enttäuschung und Resignation angesammelt», steht in einem Grundsatztext «Niedergang der Demokratie?». Dorn im freiheitlichen Auge sind der «Verwaltungsapparat» und die «rotgrüne Subversion»: «Während die sich unaufhaltsam steigernde Macht des Beamtentums durch deren zahlenmässige Grösse wie durch deren Positionen an den Schalthebeln unseres Landes gegeben ist, so stehen wir bei den 'Rotgrünen' deren unerhörter Raffinesse und Taktik im stetigen Aushöhlen unserer Wirtschaft und Wehrhaftigkeit gegenüber.» Nach Ansicht des *Bundes* verketzern die «Blutroten und Blutgrünen» die «westliche Wirtschaft, hetzen zu Verstaatlichungen, zum Hochschrauben der Sozialleistungen und gleichzeitigem Abbau persönlicher Arbeitsleistungen auf. Im naturgrün tarnenden Mäntelchen wiegeln Sie auf zur Auto-, Transport- und Strassenfeindlichkeit. Mit Streiks und Tempolimitierungen, mit Abgasforderungen und Sonntagsfahrverboten suchen sie diese wichtigste, westliche Industrie zu lähmen.» Was den *Bund* am meisten ärgert, hat indessen wenig mit Subversion zu tun: «So wurden Gurtenzwang, Sommerzeit, Schwerverkehrabgaben, Autovignette, Tempolimitierung oder der Verkehrsriegel in der Stadt Zürich als traurigstes Symbol vergewaltigter Demokratie.» Der SFB wolle sich sowohl gegen «kapital-juristische wie gewerkschaftlich-verstaatlichende Einschränkungsbegehren» zur Wehr setzen.

Zum «Konzept Opposition» gehören nach SFB-Ansicht drei Punkte:
«1. Wahrnehmung der bürgerlichen Rechte (...) gegen Parteien und Politiker, die dem Gesetzeswildwuchs, der Verstaatlichung und der Verbeamtung Vorschub leisten.
2. Punktuell gezielter Widerstand gegen jedes weitere Aufblähen der Verwaltungen und jede Machterweiterung des Beamtentums.

3. Front gegen die unsere Wehrhaftigkeit, Wirtschaft und das Gewerbe aushöhlenden Rotgrünen.»

Eine knapp einjährige Bilanz des *Bundes* sah im Herbst 1984 so aus: «Wir haben die 'Friedensbewegung', die Zivildienst- wie die ebenso hinterhältig-lügnerischen Atom-/Energie-Initiativen mit unzähligen Presseartikeln bekämpft. Und ebenso widersetzten wir uns dem bevogtenden 'Neuen Polizeigesetz' des Kantons Zürich, mit welchem am 3. Dezember 1983 jener Busipo des Herrn Kurt Furgler Tür und Tor hätte geöffnet werden sollen, die das Schweizervolk schon 1977 verworfen hat.»

In der Öffentlichkeit ist der SFB vor allem bekanntgeworden durch den Widerstand gegen «die Sexrepression» (die SFB-Anwälte führten die Prozesse für jene Dirnen, denen Massage-Inserate untersagt werden sollten) und gegen die Bundesratskandidatur von Elisabeth Kopp. Der SFB verschickte Dokumentationen über das Vorleben von Ehemann Hans W. Kopp. Nach der Wahl war SFB-Geschäftsleiter Dünnenberger überzeugt: «Es war einzig mein Fehler, dass Frau Kopp gewählt wurde.» Der *Bund* sei in der Westschweiz falsch vorgegangen und habe die Stimmen der welschen Parlamentarier verscherzt. Dünnenberger ist offenbar überzeugt, dass die Wahl oder Nichtwahl von Elisabeth Kopp eigentlich nur an seinem Verhalten hing. «Unser Anliegen war die Wahl von Vreni Spoerry, die leider zum Verzicht gezwungen wurde», erklärt Dünnenberger.

Dünnenberger ist der eigentliche Motor des SFB. Von 1974–77 sass er für die *Republikanische Bewegung* im Winterthurer Gemeinderat, kandidierte aber 1975 und 1979 zusammen mit Max Wahl auf der Liste der *Eidgenössisch-demokratischen Union* (EDU) für den Nationalrat. «Das war ausserehelicher Geschlechtsverkehr», wimmelt Dünnenberger ab. Dass dieser mindestens vier Jahre dauerte, kommt ihm nur zögernd und ungern in den Sinn. Schliesslich erinnert er sich aber doch daran, dass sogar der Name EDU und deren Statuten eigentlich von ihm stammten. Inzwischen ist Dünnenberger Mitglied der SVP geworden – «bis die mich ausschliessen.»

SFB-Präsident ist der Unternehmer Peter Knuchel aus Volketswil, der 1981 im Militär seines Kompaniekommandos enthoben wurde, weil er am Kompanieabend zwei Striptease-Damen hatte auftreten lassen. Die Empörung über diese Affäre war der eigentliche Anstoss für die Aktivitäten der Freiheitlichen, was dann gut zwei Jahre später in der formellen Vereinsgründung gipfelte.

Weiter im Vorstand sitzen Alois Schranzhofer, Unternehmer, Winterthur; Heinz Gretler, Instruktor, Embrach; Konrad Zeller, Kaufmann, Winterthur; Anton C. Moser, Direktor, Bichelsee; Gaston Dinkel, Lehrmeister und ehemaliges SP-Mitglied, Zürich; Rolf Burgstaller, Architekt, Zürich; Dr.iur. Hanspeter M. Sigg (*2.2.39), Zürich; Prof. Francis Heidrich, Mittelschullehrer, Montreux (als Vertreter der welschen Sektion *Fédération suisse* *pour les libertés).* Präsident der Sektion Innerschweiz ist der Luzerner Privatdetektiv Marcel Witschi.

Ein Jahr nach der Gründung zählte der SFB nach eigenen Angaben rund 400 zahlende Mitglieder, darunter verschiedene Aktivisten des *Forum Jugend und Armee.* Besonders stark sei der Mitgliederzuwachs in der welschen Schweiz. Sympathisant sei auch der ehemalige Berner Sozialdemokrat Gerhard Jakob, der in seinem 1008seitigen Wälzer über den 'Niedergang von Rechtsstaat und Armee' (1983) auch das Schicksal von SFB-Präsident Knuchel ausbreitet.

Im Jahresbeitrag von 100 Franken ist das Abonnement für das SFB-Organ *Zeitkritik* eingeschlossen, das im November 1984 als Monatszeitschrift mit 15 000 Auflage starten soll. Die hohe Auflage kommt dank einem Schulterschluss zustande, der am 6./7. Oktober 1984 an einem internationalen Trucker-Festival in Flüelen beschlossen wurde: die Bildung einer *IG Helvetia.* In dieser Interessengemeinschaft möchte der SFB am 17. November 1984 in Urdorf folgende Organisationen zusammenfassen: SFB, *Basler Manifest,* Trucker-Team Schweiz, Aktionsgemeinschaft Strassenverkehr, wenn möglich auch Ultraleichtflieger, Motorradfahrer, Hobbyfunker, Dressurhundehalter usw. – eine heterogene Sammlung von Gruppen, die nur eines gemeinsam haben: Sie sind in den letzten Jahren durch staatliche Vorschriften oder Verbote eingeschränkt worden. Wer schliesslich dabei sein wird, ist offen. «Mit Dünnenberger spannen wir nicht zusammen», erklärt beispielsweise Markus Wyser vom *Basler Manifest.*

Der SFB-Geschäftsleiter gerät angesichts der erhofften Bündnispartner ins Schwärmen: «Wir könnten die Schweiz blockieren. Innert kürzester Zeit könnten wir 1200 der schwersten Lastwagen mobilisieren.» Sollte es den Rotgrünen in den Sinn kommen, beispielsweise das Kaiseraugst-Gelände zu besetzen, so würde das die *IG Helvetia* «nicht dulden». «Wir würden mit 10000 bis 12000 Leuten aufmarschieren, mit Lastwagen, Druckfässern, Hunden, Turnern und Schwingern.» Mit Druckfässern sind Jauchewagen gemeint. Das Abspritzen von Rotgrünen mit brauner Jauche werde auch ins Auge gefasst, falls weiter gegen Defilees und Wehrvorführungen agitiert werde. Weshalb ausgerechnet Lastwagenbesitzer den Bau des AKW Kaiseraugst schützen sollen, kann Dünnenberger auf Anhieb nicht sagen. Doch dann fällt es ihm ein: Es gehe gegen den gleichen rotgrünen Gegner wie bei Verkehrsfragen.

An weiteren Aktionen plante der SFB im Herbst 1984

- ein Volksbegehren zur Wiederabschaffung der Autobahnvignette
- einen Vorstoss zur Demokratisierung des Selektionssystems in der Armee (im Sinne einer Wahl)
- das «Aussieben» jener Parlamentarier, die sich zu wenig gegen die «Gesetzesflut» und die «Schaffung neuer Beamtenstellen» wehren («eine Höllenarbeit», seufzt Dünnenberger).

Die Teilnahme an Wahlen stehe hingegen nicht zur Diskussion.

Dünnenberger hat seinen Anhang selbst schon als «Nestbeschmutzer» charakterisiert. Dazu kontrastiert das forcierte Bekenntnis zur Eidgenossenschaft und zum Volksganzen – in einer Sprache, die an James Schwarzenbach und an die Erneuerungsbewegungen der 30er Jahre erinnert: «Deshalb empfinden wir SFB-Mitglieder uns allen Parteien übergeordnet schlicht als *Eidgenossen:* um alles Positive von links bis rechts tatkräftig unterstützen oder aber alles Negative mit demselben Einsatz bekämpfen zu können.» Denn: «In dieser wiederkeimenden Zuversicht (oder nennen wir es ruhig Liebe) zur Schweiz und zur Eidgenossenschaft, ist auch die geistige Kraft zur Abwehr des Unterwandertwerdens enthalten.» Nach einem einstündigen Gespräch über den *Bund* fällt Dünnenberger als Schlusswort bloss ein Satz ein: «Wir brauchen Eidgenossen.»

Dünnenberger vor einem Auftritt im Lokalfernsehen 'Zürivision' zum Thema Sex-Business.

Basler Manifest – elitär und überdreht

Das *Basler Manifest,* das im Juni 1984 an die Öffentlichkeit trat, pflegt einen neuen Stil in der schweizerischen Rechtsszene: elitär-aggressiv, überdreht-aufwendig, mitunter schlicht gaga, auf jeden Fall aber anti-trendy. Wo die ganze Region Nordwestschweiz gegen Kaiseraugst ist, propagiert das *Manifest* munter-locker AKW's. Wo sich die halbe Schweiz Gedanken zum Waldsterben und zur Verkehrspolitik macht, profiliert sich das *Manifest* als Anwalt des Schwerverkehrs.

«Die Mannschaft des *Basler Manifests* besteht zur Zeit aus rund 100 sehr aktiven Mitgliedern und aus ca. 1000 eher passiven Sympathisanten», stand auf einem Plakat, mit dem die Manifestler im Oktober 1984 am Trucker-Festival in Flüelen vertreten waren. «Den selbständigen Unternehmern, den Kaderleuten und den vorwärtsstrebenden Arbeitnehmern will das *Basler Manifest* eine neue überparteiliche Heimat bieten, in der bürgerliche Ideale wie z.B. Familie, Wohlstand, Karriere und Freiheit wieder gefragt sind. Das *Basler Manifest* will endlich eine Gegenkraft zur immer wirtschaftsfeindlicheren Politik gewisser Gruppierungen bilden.»

Als Untergruppen des *Manifests* treten *Juwel* (gleich Junge Wirtschafts-Elite) und *Workpeace* (eine Umdrehung von Greenpeace) auf. Initiant des *Manifests* ist der Basler Unternehmensberater Markus Wyser, Sohn des früheren Solothurner Erziehungsdirektors Alfred Wyser, Direktor der Zentralstelle für Gesamtverteidigung. Als Vater Wyser mit der bankrotten *Stiftung Dialog* in Schwierigkeiten steckte, profilierte sich Sohn Markus als Sanierer der angeschlagenen Stiftung. Der redselige Wyser war auch bei der Gestaltung seines Firmen-Briefkopfes nicht zurückhaltend: «WYpromot, Agentur für Unternehmensberatung und Publizistik, Power-Management in Brainpower, Business-Management+Sales-Management+Crisis-Management, Strategische Unternehmensberatung in Belastungsphasen» (Ende des Briefkopfs).

Das von Wyser teilweise wirr formulierte *Manifest* umreisst in 30 Punkten, was mit den bürgerlichen Kräften in der Nordwestschweiz anders werden soll. In der Kurzform liest sich das so: «Wir setzen uns ein für eine Erstarkung der bürgerlichen Ideale und Zielsetzungen im öffentlichen Bewusstsein der Region.» Das *Manifest* sei gegen «die linkspolitische Dominanz des öffentlichen Lebens durch die Anti-A-Bewegung», auch gegen die «psychische und physische Bedrohung und Einschüchterung der Andersdenkenden durch extremistische Atomkraftwerkgegner». Im vollen *Manifest*-Text fragt Wyser beschwörend: «Wo sind die Basler, die ihre bürgerlichen Ideale mit Idealismus und ohne wenn und aber noch vertreten wollen?» 945 unterschrieben, allerdings mit wenn und aber: Sie stehen nicht öffentlich dazu, sondern deponierten ihre Unterschrift unüberprüfbar beim

Anwalt Paul Holliger. Einige wenige bekannten sich als Anhänger, etwa der Baselbieter FDP-Landrat Rudolf Andreatta oder der Baselbieter FDP-Nationalrat Felix Auer.

Am «Bürger-Zmorge» vom 23. Juni 1984, dem ersten öffentlichen Auftreten der neuen Gruppierung, sprachen neben Wyser für die «Schwerpunktgruppe Medien» der liberale Bürgerrat Bernard Voellmy, für die «Schwerpunktgruppe Tierversuche» Karl Scheibli und für die «Schwerpunktgruppe Privatverkehr und Motorsport» Albert Kaufmann. Gegenüber den Medien tritt Wysers Mitarbeiter Peter Delpechitra auf.

Die Presse sprach von einem «offensichtlichen Misserfolg» (Berner Zeitung), von einem «Pamphlet, das sehr viel Schlagwortartiges und noch dazu viele Unklarheiten enthält» (NZZ), und die 'Basler Zeitung' vermisste «weniger, wie das *Basler Manifest* glaubt, eine bürgerliche Politik aus dem Bauch, sondern eine aus dem Kopf» (25. 6. 84).

Am 2. September 1984 versuchte sich ein gutes Dutzend *Juwel*-Mitglieder als Gegendemonstranten auf dem Kaiseraugst-Gelände. Sie hatten dort in Zelten übernachtet und liessen sich am Sonntagmorgen von einem Helikopter, der eigens aus dem Tessin angeflogen kam, auf dem ehemaligen Informationspavillon absetzen, wo sie Transparente für die Atomenergie aufspannten und Flugblätter auf die weit zahlreicher aufmarschierten AKW-Gegner streuten. Kostenpunkt: rund 7500 Franken, laut Wyser von der Wirtschaft gedeckt.

Am Samstag darauf, dem 8. September, liess das *Manifest* auf dem Barfüsserplatz eine Lastwagenburg und einen Tag lang Pro-AKW-Referenten auffahren. Die prominenteste der angekündigten Rednerinnen, Elisabeth Kopp, hatte sich allerdings rechtzeitig mit einer wenig überzeugenden Ausrede abgesetzt. «Was hat ein LKW mit einem Atomkraftwerk zu tun?», begann das *Manifest*-Flugblatt. Auflösung der Preisfrage: Hinter dem «Kampf um die Schwerverkehrsabgabe, die Bankeninitiative, die Atom- und Energieinitiative» stecke «eine politische Strategie, die sich vordergründig die sterbenden Wälder zu nutze macht, in Wahrheit aber den Lebensnerv unserer freiheitlichen Wirtschaft treffen will.»

Am 6./7. Oktober 1984 waren dann umgekehrt die Lastwagenfahrer, die Truckers, an der Reihe. Die *Manifest*-Truppe liess es sich nicht nehmen, am Internationalen Trucker-Festival in Flüelen für sich zu werben: «Du LKW im grünen Griff – steig um auf unser rettend Schiff!» Das *Manifest* wehre sich «gegen vermehrte Eingriffe des Staates in die Energieverteilung».

Wysers Multipack-Strategie lässt sich getrost so zusammenfassen: den gemeinsamen Gegner gemeinsam bekämpfen. Statt getrennter PR-Kampagnen für Tierversuche, für den Schwerverkehr, für die Atomkraftwerke usw. eine einzige gebündelte «Strategie in Belastungsphasen» (siehe Briefkopf). Solange das *Manifest* seine Buchhaltung nicht offen auf den Tisch legt, darf vermutet werden: ein *Manifest*, mehrere interessierte Geldgeber?

Den gemeinsamen grünen Gegner gemeinsam bekämpfen: Mit diesem Plakat umwarben die AKW-Befürworter des *Basler Manifestes* am Trucker-Festival 1984 in Flüelen die Lastwagenfahrer.

Die Cinceristen

Informationsgruppe Schweiz – politische Polizisten beerben Cincera

Ironie der Geschichte? Dem Mann, der über Jahre die Gefahr des langen linken Marsches durch die Institutionen beschwor und dabei die integrierende, disziplinierende Kraft dieser Institutionen völlig übersah, erlebt's nun am eigenen Leib. Der lange Marsch durch die politische Karriere hat Ernst Cincera müde und angepasster gemacht. Seit er auch einer Nationalratsfraktion Rechenschaft schuldet, konzentriert er sich darauf, seine Gemeinde von Gläubigen schreibend und referierend bei Laune zu halten. Die eigentliche Dokumentationstätigkeit hingegen, das 'Cinceristische', hat die *Informationsgruppe Schweiz* Ende 1983 an die neugegründete *Presdok AG* delegiert, die neu auch das *Bulletin* verantwortet. Offiziell gehört diese AG den beiden ehemaligen politischen Polizisten Hans-Ulrich Helfer und Urs Graf.

Das mit etlicher Mühe herausgegebene *Bulletin* der *Informationsgruppe*, gedacht vor allem für die Pflege der eigenen Gönner, wird nach aussen von einem seit Jahren praktisch unveränderten Patronatskomitee getragen. Nicht mehr dabei ist Albert Niggli, neu seit der *Eidgenössischen Landsgemeinde für Ruhe und Ordnung* im Herbst 1980 der Chemiker Dr. Werner Kolb.

Thematisch befassten sich die von Cincera redigierten *Bulletins* weiterhin mit allem, was dieser für subversiv und letztlich von Moskau gesteuert hält. Alibi-Nummern über rechtsextreme Erscheinungen finden sich äusserst selten, auch wenn Cincera immer wieder behauptet, er sei «ein Gegner von Extremen, kommen diese von links oder rechts.»

Neben allgemein zugänglichem, wenn auch höchst eingleisig ausgewertetem Material, tauchten im *Bulletin* 1983 auch wieder vereinzelt Informationen auf, die öffentlich nicht zugänglich waren. Es ist nicht bekannt, ob die *Informationsgruppe* erneut auf Informationszuträger und Spitzel zählen kann oder ob sie sich, was weit einfacher wäre, solche Informationen unter der Hand bei der politischen Polizei besorgen kann.

Konstant ist die Qualität der *Bulletins,* die immer wieder Anschauungsmaterial für Desinformation und Manipulation bieten. Jedem Journalisten hätten solche Fehlleistungen längst den Kopf gekostet, hier jedoch erhebt sich der Verantwortliche mit Vorliebe in die Rolle des Schiedsrichters über Medienschaffende. Ein krasses Beispiel bot das letzte von Cincera redigierte *Bulletin* im Dezember 1983 über das Zürcher Blatt 'Aussersihler Zeitung' («Als Quartierzeitung will man versuchen, einzelne revolutionäre Ideen und Aktionen zu popularisieren»). Beim Entschlüsseln des Impressums, das die Vornamen lediglich mit Initialen anführte, griff Cincera beim Nachschlagen in seiner Kartei mehrfach auf völlig falsche Leute (nach dem Muster Cince-

Marxistisch/ Leninistische Parteien PdA, POCH, (SAP teilweise)	Linke Studentenorg. Schülerorg. Schüler-gewerkschaft	Einzelne Anwälte versch. linker Gruppen und Parteien	Linke Verlage Linke Buchhandlungen	Kulturelle Organisationen Kultur+Volk GKEW, Produga, Werkstatt schreib.Arb.
Verein betroffener Eltern Amnestie-Gruppen	Verein unabhängiger Aerzte der Schweiz "Bewegung"	Demokratische Juristen der Schweiz Anwaltskollektive	Linke Zeitschriften (WoZ, tell) IVK	Linke Mediengewerkschaften SJU, SSM, Arbeiterfotografen
Selbstverwaltete Betriebe "Netzwerk"	Kommunen Polit. Wohngemeinschaft. Konspirative Kommunen	**RAF Rev. Zellen Anarchisten Terroristen Bewaffn.Kampf**	Rote Hilfe Linke Druckereien ropress	Alternative Organe
ad hoc Aktionsgemeinschaften	eco-libro Studienbibliothek z. Gesch. d. Arbeiterbeweg.	Justizgruppe Demokratisches Manifest Demokratisches Manifest	KGI Div. Komitees gegen Strafvollzug	ad hoc-Komitees zur Unterstützung Inseratenkampagnen
3.Welt-Läden einzelne kirchliche Gruppen + Dritte Welt-Gruppen	Einzelpersonen aus dem linken Flügel der SP	Verschiedene sog.alternative Gruppen "Grüne" (Theorie der Verweigerung)	Unterschriftensammlungen Appelle Petitionen	Appelle von Personen aus Politik, Wissenschaft + Kultur

Einzelpersonen · Einzel-Fälle · Lehrlingsgewerksch. · Kirche · Schulen · Medien · Parlamentarier

Alles klar? Alles klar! Oben: Cinceras Raster im *Bulletin* Dezember 1982 über 'Das internationale Terrornetz: Umfeld und gesellschaftliche Auswirkungen in der Schweiz'. Rechts: «Der Zeitplan» von Moskaus Vormarsch gemäss Cinceras Broschüre 'Moskaus Friedensstrategie oder das andere Gesicht der Friedenstaube' *(Schweizerzeit,* 1983).

Der Zeitplan

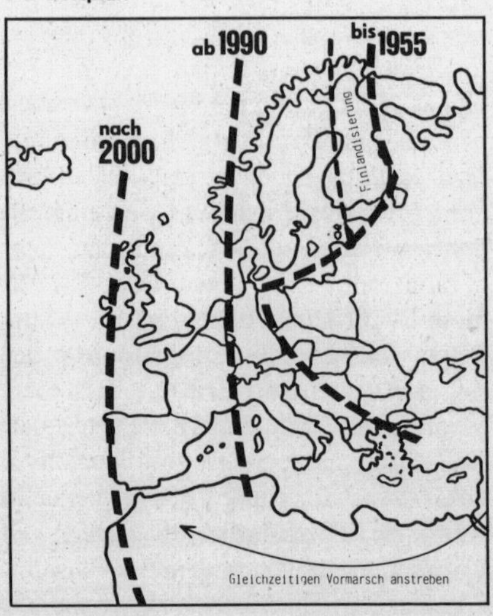

ra E. wie Erich), von denen er archivgestützte, detailreiche Lebensläufe publizierte – nur eben von den Falschen.

In Gerichtsverfahren gegen Cincera ist übrigens wiederholt festgehalten worden, die eingeklagten Behauptungen seien «falsch», «ungenau», «Beweis nicht erbracht» usw. Cincera entging einer Verurteilung dennoch, weil nach neuerer Praxis des Bundesgerichts «journalistische Ungenauigkeiten» nur dann persönlichkeitsverletzend sind, wenn sie Betroffene «in einem falschen Licht erscheinen lassen». Im Klartext: Über bereits als Linke Abgestempelte darf auch Falsches verbreitet werden.

Die *Bulletins* erscheinen praktisch unter Ausschluss der Öffentlichkeit. Ohne grosses Echo blieben auch Cinceras nach 1977 erschienene Bücher, so 1981 das Geburtstagsbändchen 'Zeugin des Jahrhunderts' für Margarete Buber-Neumann und 1983 (im Vorfeld der Nationalratswahlen angekündigt, aber zu spät erscheinend) 'Deutsch nach Marx – Ein kleines Handbuch über die missbrauchte Sprache', das offensichtlich in wenigen Tagen hingepfuscht wurde. Mehr Leser erreicht Cincera mit seinen Leitartikeln in der *Schweizerzeit,* mit dessen Herausgeber Ulrich Schlüer er eng zusammenarbeitet, und im *Abendland.* Doch auch hier sind die Stammleser eine eher geschlossene Gesellschaft. Wenn es beispielsweise darum ging, Abweichler in den eigenen Reihen zu attackieren, etwa die linksunterwanderte 'Thurgauer Zeitung' oder die friedensengagierte Parteikollegin Ursula Brunner, dann wurden diese Sprachrohre von Rechtsgruppen in Grossauflage ungefragt in alle Briefkästen einer Region gestreut.

Publizistische Attacken

«Wie man eine Zeitung unterwandert» hiess im August 1980 die *Abendland*-Schlagzeile, mit der Cincera die Inlandkorrespondenten der 'Thurgauer Zeitung' als zu wenig bürgerlich angriff. In der Folge erhielten vier ein Schreibverbot, die übrigen mochten von sich aus nicht mehr bei einer solchen Zeitung arbeiten, und schliesslich wurde auch Chefredaktor Daniel Witzig (FDP) aufgrund der Kampagne seines Parteifreundes entlassen. Bemerkenswert waren die Reaktionen aus den eigenen bürgerlichen Reihen (TA, 5. 9. 80). CVP-Rechtsaussen Edgar Oehler qualifizierte die Attacke als «hinterhältig und verantwortungslos», FDP-Pressechef Christian Beusch als «absolut absurd» und Hans Seelhofer vom Jounalistenverband als «politische Verteufelung». Der Zeitungsverlegerverband wies «Cinceras Versuch, die demokratische Presse unseres Landes als unterwandert darzustellen und damit die Zeitungsleser zu verunsichern, aufs Schärfste zurück». Und Oskar Reck urteilte über die «Zürcher Säuberungs- und Entlarvungs-Koriphäe» (Weltwoche, 10. 9. 80): «Die Methoden des Demokratieretters Cincera stehen auch diesmal im vollkommenen Kontrast zum erklärten Ziel, die freiheitliche Gesellschaft zu schützen.»

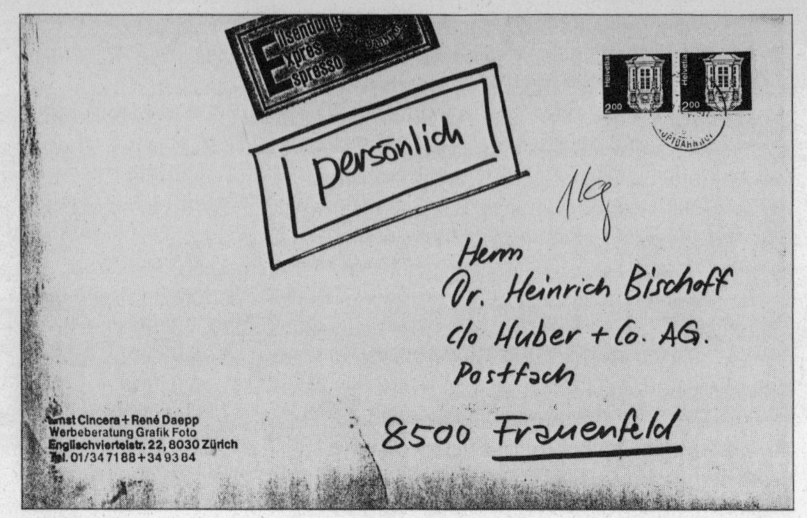

1 kg Abschussmunition gegen FDP-Kollege Daniel Witzig samt Inlandkorrespondenten (Poststempel: 17. 10. 80 -17)

Zwei Jahre später attackierten Cincera und Schlüer mit einer *Schweizerzeit*-Grossauflage die Freisinnige Ursula Brunner, die sich in der Friedensbewegung engagiert. Die NZZ bilanzierte: «Diesmal ist es dem zum Teil ja auch – vor allem publizistisch – über den Rand seiner Partei hinaus operierenden Ernst Cincera nicht gelungen, den Hinauswurf einer umstrittenen Thurgauer Persönlichkeit zu bewerkstelligen.» (30. 10 82)

Welche gesellschaftlichen Entwicklungen Cincera auch immer behandelt, er bringt sie stets spielend auf den simplifizierenden Nenner der letztlich ferngesteuerten Aktion. Selbst von den Zürcher Jugendunruhen, die sonst alle überraschten, hatte der Tausendsassa im voraus gewusst. Er habe «schon im März aus Berlin erfahren, dass es in diesem Jahr zu einem 'heissen Sommer' kommen werde und Zürich in der Planung mit dabei sei», bluffte er hinterher in der *Schweizerzeit* (10.7.80). Auch im Widerstand gegen den Waffenplatz Rothenthurm («Ein Ja zu Rothenthurm ist ein Ja zur Schweiz») ortete er den weltweiten «Kampf gegen die bestehende Ordnung im Sinne eines politischen und revolutionären Kampfes» *(Schweizerzeit,* 1. 8. 83). Besonders dankbar griff Cincera die bundesrätliche Schliessung des Nowosti-Büros auf. Auch wenn die Aktivitäten der dort beschäftigten Schweizer «strafrechtlich nicht erfassbar sind, sind sie in ihrer Gesinnung abzulehnen. Sie unterscheiden sich nicht wesentlich von der heute überall als landesverräterische Gesinnungstat bezeichneten seinerzeitigen 'Eingabe der 200'. Auch diese basierte auf der kritiklosen Bewunderung der Absichten und Taten eines Diktators.» *(Schweizerzeit,* 27. 5. 83)

Selbstverständlich frönt Cincera weiterhin seinem eigentlichen Hobby, der Vortragstätigkeit. Lange Zeit referierte er allerdings fast nur noch in geschlossenen Gesellschaften, etwa bei Offizieren, patriotischen Zirkeln, *Rotary Clubs,* bei der FDP und der *Nationalen Aktion* (so wiederholt 1980), aber auch häufig im Ausland, etwa bei CSU-Kreisen. Seit seiner Wahl in den Nationalrat tritt er wieder vermehrt öffentlich auf, allerdings nur ausnahmsweise kontradiktorisch. Analytisch sind seine Vorträge so unergiebig wie eh und je, was den Erfolg nicht schmälert, ist es doch ihre hauptsächliche Aufgabe, nachfragegerecht einen bestimmten Glauben zu stützen.

Wie dieser Glauben beschaffen ist, zeigt sich unter anderem in den Nachhutgefechten, von denen Cinceras Auftritte gelegentlich begleitet sind. So flegelte beispielsweise der Schulser Chefarzt Nino Enderlin einen Cincera-Kritiker nach einem Vortrag an, er spritze «Ihr Gift gegen Referent und Veranstalter aus Ihren moskaufreundlichen Drüssen» (sic). «Dieses Gift dürfen Sie wohl auch weiterhin verbreiten, weil Sie das Glück haben, in einer gesunden und toleranten Gesellschaft zu leben, welche sogar solche Pestbeulen ausbrüten lässt.» (Il chardun, April 1983)

Chevallaz: Datensammler als Oberst nicht gefragt

Zu ärgern haben sich indessen Cincera-Bewunderer nicht nur über moskaufreundliche Pestbeulen, sondern auch über den wankelmütigen Bundesrat, der aus Oberstleutnant Cincera keinen Obersten machen wollte. «Ein Triumph für die Extremisten», kommentierte Ernst Herzig im Schweizer Soldat (3/81): «Noch bitterer als diese betrübliche Feststellung ist allerdings die Tatsache, dass der Bundesrat vor dem publizistischen Terror von zu äusserst links und vor der beklagenswerten Lauheit bis rechts von der Mitte kapituliert hat.» Während noch 1978 Korpskommandant Rudolf Blocher keine Lust hatte, Cincera für die dritte Goldnudel zu empfehlen, unterstützten er und die Zürcher Regierung 1980 den Beförderungsvorschlag. Doch der Bundesrat blockte ab, zweifellos aus opportunistischen Gründen. Chevallaz eröffnete Cincera diesen Entscheid persönlich und verschwieg die Gründe auch gegenüber einem empörten Cincera-Freund nicht *(Abendland,* März 1981):

«Der Chef des Eidgenössischen Militärdepartementes
3003 Bern, 1. Februar 1981
Herrn Richard H., Bergstrasse, 8280 Kreuzlingen
Ihre 'ernsten Gedanken' in der Angelegenheit Cincera müssten doch wohl mit einigen Fakten angereichert werden, bevor Sie diese als solche anbieten können. Einmal ist es völlig falsch zu glauben, irgend eine 'linke Gesellschaft' habe in dieser Entscheidung etwas bewirkt. Es hat sich gar keine bei mir zu Wort gemeldet. Zu übersehen war allerdings die Umstrittenheit des Oberstlt Cincera auch ohne dies nicht. Er hat Daten gesammelt und solche

unaufgefordert weitergegeben und damit den Persönlichkeitsschutz verletzt. Er wurde als Spitzel, Subversivenjäger und Denunziant bezichtigt und fand keinen Richter, der ihn vor diesen Vorwürfen schützte, weil er sich freiwillig und ohne Auftrag zu einer Tätigkeit hinreissen liess, die nicht die Aufgabe Privater sein kann. Das musste Oberstlt Cincera wissen, und das müsste eigentlich auch Sie, als 'gradliniger Schweizer', stutzig machen. Ein hohes Kommando erfordert Autorität, Gelassenheit und Respekt. Oberstlt

Nachwehen der Cincera-Affäre

Cincera setzt auf die Vergesslichkeit. Seit Jahren tischt er zur Cincera-Affäre, die ab November 1976 Schlagzeilen machte, ungeniert Behauptungen auf, die Leser der einschlägigen Publikationen (siehe S. 260) leicht als Lügen erkennen. Doch wer hat schon ein so gutes Gedächtnis? Hier seien wenigstens ein paar der Cincera-Lügen kommentiert:

- «Was fälschlicherweise immer als 'Personenkartei' im Gespräch ist, war nichts anderes als eine Bibliografie der gesammelten, öffentlichen Schriften und Artikel.» (Cincera an Bundesrat Chevallaz, *Schweizerzeit*, 29. 5. 81) Oder: «Ich sammle keine Namen. Ich sammle Veröffentlichungen, Geschriebenes, Gesagtes. Meine angebliche Sammlung von Namen linker Zeitgenossen ist ein Hirngespinst meiner Gegner.» (*Blick*, 2. 6. 81). Richtig ist, dass Cinceras Kartei auf Hunderten von Personenkarten nichtöffentliche Angaben speicherte – aus gestohlenen privaten Unterlagen (etwa Adressbüchlein), aus entwendetem Spitzelmaterial (Mitgliederlisten, Protokolle), höchst Privates (verwandtschaftliche Beziehungen, Vermerk «Jude» u.ä.), aus Unterlagen, die nur durch Verletzung des Amtsgeheimnisses zu Cincera gelangten usw.
- Seit 1973 sei nichts mehr ins Personenregister eingetragen worden, und seit der Behändigung durch Mitglieder des Demokratischen Manifests (DM) habe er dieses Register ohnehin nicht mehr. Richtig ist, dass Hunderte von Eintragungen auch nach 1973 vorgenommen wurden. Richtig ist weiter, dass dem DM lediglich eine Kopie der Datei in die Hände fiel, das Original mit rund 3500 Karten also immer bei der *Informationsgruppe* blieb. Zudem offenbaren zahlreiche nach 1976 erschienene *Bulletins*, dass offensichtlich weiterhin personenbezogene nicht-öffentliche Informationen registriert werden.
- Er habe alle Prozesse, die im Zusammenhang mit der Affäre gegen ihn angestrengt wurden, gewonnen. Richtig ist, dass Cincera zwei Verfahren verlor, die er gegen einen Bezirksanwalt und gegen zehn DM-Mitglieder anstrengte, was ihn ohne den eigenen Anwalt über 5000 Franken Gerichtskosten und Parteientschädigung kostete (Urteil des Zürcher Bezirksgerichts vom 17. Februar 1982).

Cincera hat diese Eigenschaften durch seine Datensammlerei verspielt.
Mit freundlichen Grüssen G.-A. Chevallaz»

Ähnlich die Antwort von Chevallaz an einen Zürcher FDP-Gemeinderat (publiziert in der *Schweizerzeit*, 29. 5. 81): «Wie stellen Sie sich einen höheren Truppenkommandanten vor, der in jeder Diskussion, in jeder Versammlung, in der Presse, Radio und Fernsehen stets Anlass zu heftigsten Auseinandersetzungen gegeben hat? Wie soll einer Autorität, Gelassenheit

– Die Durchsuchung seines lange Zeit versiegelten Archivs habe nichts Belastendes zutage gefördert. Richtig ist, dass Amtsgeheimnisverletzungen, die erst bei der Entsiegelung sichergestellt wurden, zum Verfahren gegen den EMD-Beamten Oberstleutnant René Schmid führten, zusammen mit Material, das bereits das DM zu Tage befördert hatte (vgl. S. 273).

Am 12. Februar 1980 ermächtigte Bundesrat Kurt Furgler die Berner Justiz, gegen Schmid vorzugehen: «Durch sein Verhalten dürfte sich René Schmid der mehrfachen Verletzung des Amtsgeheimnisses im Sinne von Art. 320 Zif. 1 StGB schuldig gemacht haben.» Anfangs 1981 erfuhr Schmid vom zuständigen Berner Untersuchungsrichter, dass sein Fall an den Strafeinzelrichter überwiesen sei. Schmid, der stets überzeugt war, zum Wohle des Vaterlandes gehandelt zu haben, fühlte sich von Vorgesetzten und politischen Freunden im Stich gelassen und erschoss sich am 6. Februar. «Nach der Überweisung an den Strafrichter wurde die Last für den sich verlassen Fühlenden zu gross. Aus Isolationsangst nahm er sich das Leben. Er wusste nicht, wieviele auf seiner Seite standen, weil sie es ihm nicht gezeigt hatten», schrieb die *Schweizerzeit* (12. 6. 81).

Schmid hatte nach anfänglichem Leugnen ein Geständnis abgelegt: Ja, er habe mit Cincera über längere Zeit einen gegenseitigen nachrichtendienstlichen Austausch gepflegt. Cincera hingegen verleugnete in Einvernahmen alle Kontakte solcher Art. «Die Divergenzen zwischen den Aussagen des Beschuldigten René Schmid und des als Zeuge einvernommenen Ernst Cincera» fielen auch der Bundesanwaltschaft auf, die schliesslich «ein gerichtspolizeiliches Ermittlungsverfahren zur Abklärung des Sachverhaltes eröffnete». Die Untersuchung wurde im Herbst 1981 eingestellt. (Für falsches Zeugnis sind sowohl formale Voraussetzungen wie auch ein subjektiver Vorsatz nötig, was praktisch nie nachgewiesen werden kann, selbst wenn die Lügen offensichtlich sind.)

Schon einmal hatte Cincera von diesem Umstand profitiert. Bereits am 30. Oktober 1978 meldete ein Berner Untersuchungsrichter nach Zürich: «Somit besteht der dringende Verdacht, Ernst Cincera habe sich in Zürich des falschen Zeugnisses schuldig gemacht.» Fazit: Cincera log zwar wiederholt, aber nicht im strafgesetzlichen Sinne.

und Respekt vermitteln, wenn ihn jedermann ungestraft als Spitzel, Schnüffler, Subversivenjäger bezeichnen kann, ohne dabei strafrechtliche Konsequenzen befürchten zu müssen? Was halten Sie eigentlich von einer liberalen Demokratie, in der sich Private anschicken, die Persönlichkeitsrechte zu verletzen, Daten zu sammeln und solche unaufgefordert weiter zu geben? Das erinnert an eine Tätigkeit, die vom Schweizer zu Recht als verwerflich und unangebracht betrachtet wird. Wir haben legitime Mittel und legitimierte Instanzen, die notwendigen Informationen zu beschaffen.»

Zu diesen Briefen des EMD-Chefs sind zwei Präzisierungen anzubringen. Dass Cincera Persönlichkeitsrechte verletzt hat, ist in einem juristischen Sinn nicht festgestellt worden – allerdings auch das Gegenteil nicht, hat sich doch Cincera nie um einen diesbezüglichen richterlichen Persilschein bemüht. Zweitens: Seit dem Platzen seiner Denunziokratie hat Cincera keinen Richter mehr gesucht. Während er früher wegen vergleichsweise vager Lappalien zum Kadi rannte («Apostel der Volksverdummung», «Eiterbeule»), liess er sich ab November 1976 plötzlich weit härtere Qualifizierungen gefallen (Denunziant, Lügner, Spitzelmanager) – weil er selbst am besten weiss, dass die Wahrheitsbeweise jederzeit erdrückend zu liefern wären.

Auch in der Nicht-Beförderungs-Frage fand Cincera bei der NZZ keine Unterstützung – im Gegenteil: «Diesem Entscheid des Chefs des Militärdepartements lassen sich schlüssige Erwägungen nicht absprechen, und Achtung erheischt ebenso das militärisch wie menschlich korrekte Verfahren der persönlichen Unterredung. Wer sich wie Cincera in solcher Weise exponiert, muss auch zu fassen wissen, dass die Übertragung eines militärischen Kommandos nicht unbekümmert um Rücksicht auf mögliche Auswirkungen bei Untergebenen und bei den auf Zusammenarbeit angewiesenen Stellen erfolgen kann.» (31. 12. 80)

Erst später ist bekanntgeworden, dass sich Cinceras Freunde zu unrecht auf EMD-Chef Chevallaz eingeschossen haben. Dieser vertrat in dieser Sache lediglich einen Mehrheitsbeschluss des Bundesrates, der übrigens seine Haltung bei der Beantwortung einer Kleinen Anfrage von Silvio de Capitani am 13. Mai 1981 bekräftigte.

Am Rande sei vermerkt, dass die Kontroverse zwischen Cincera und EMD auch ein interessantes Zeugnis zur heruntergespielten Midonas-Liaison (vgl. S. 273 f.) produzierte: «Ein Beauftragter für die Einrichtung des neuen Informationssystem des EMD (gemeint Midonas) stand mit Herrn Cincera während Monaten in Kontakt, um abzuklären, wie weit dessen Archiv an dieses Informationssystem angeschlossen werden könnte.» (*Abendland,* März 1981) Also just das, was früher EMD und Cincera zu leugnen suchten.

Nationalrat dank Fremdstimmen

Glücklicher verlief Cinceras politische Karriere. Nach mehreren Anläufen, Nationalrat zu werden (1971 reichte es für den 14., 1975 für den dritten und 1979 für den ersten Ersatzplatz), drückte Cincera 1983 seinen politischen Freund Silvio de Capitani aus dem Nationalrat (und nicht Regie-

Mann mit Mut

Ernst Cincera setzt sich seit vielen Jahren für einen demokratischen Rechtsstaat in Freiheit ein.
Sein mutiges Engagement hat ihm die politische Gegnerschaft der extremen Linken wie der extremen Rechten eingetragen.
In Bern brauchen wir mutige Männer.

Wir wählen
Ernst Cincera in den Nationalrat

FDP Liste 11

Schreiben Sie Ernst Cincera auch 2 x auf Ihre Liste!

Komitee Ernst Cincera in den Nationalrat
(Postfach 159, 8049 Zürich).
Co-Präsidenten: Erwin Grimm, Wallisellen/KR Walter Meierhofer, Regensberg/Ursula Scherer, Zürich ● Mitglieder: Jakob Bär, Zürich/Felix Büeler, Winterthur/Denise Grandjean, Stallikon/KR Ester Kohler-Wernli, Uster/Urs Meier, Oberrieden/GR Werner Meyer, Küsnacht/Hans Rosenberger, Opfikon/Karl F. Schneider, Zürich/a. KR Fritz Störi, Wädenswil/GPräs. Dr. Paul Vock, Birchwil/Dr. Egon P.S. Zehnder, Küsnacht.

1

Schreiben Sie Ernst Cincera auch 2 x auf Ihre Liste!

Komitee Ernst Cincera in den Nationalrat OV798
(Postfach 159, 8049 Zürich).
Co-Präsidenten: Erwin Grimm, Wallisellen/KR Walter Meierhofer, Regensberg/Ursula Scherer, Zürich ● Mitglieder: Dialma J. Bänziger, Richterswil/Werner Biedermann, Zürich/Fredi Eichholzer, Feldbach/GR Konrad Jung, Zürich/a. KR Dr. Virginio Mazzolini/Alfons E. Meyer, Zürich/ Werner Ringger, Zürich/Hans G. Scharpf, Zürich/Margret Stöcklin, Dietikon/GR Edi Unger, Oberengstringen/Ruth Wissmann, Zürich.

2

Schreiben Sie Ernst Cincera auch 2 x auf Ihre Liste!

Komitee Ernst Cincera in den Nationalrat
(Postfach 159, 8049 Zürich).
Co-Präsidenten: Erwin Grimm, Wallisellen/KR Walter Meierhofer, Regensberg/Ursula Scherer, Zürich ● Mitglieder: a. KR Walter Beyeler, Zürich/Raymond A. Cornaz, Bülach/Dr. Max Homberger, Zollikon/Urs Lenzlinger, Uster/Rosmarie Meierhofer, Regensberg/Dr. Felix Pfenninger, Kilchberg/a. KR Dr. Theodor Rüegg/Anton Steiner, Zürich/Isabelle Vassella-Goetz, Zürich/Dr. Ernst Walder, Kilchberg.

3

65'000 gut investierte Inseratfranken: 1983 stammten 55 Prozent der Cincera-Stimmen von andern als FDP-Wählern.

Komitee für Recht und Ordnung

Die Zürcher Jugend brachte 1980 selbst die Rechtsszene in Bewegung. Mit einem ganzseitigen Inserat rief am 12. September 1980 im 'Züri Leu' ein anonymes *Komitee für Recht und Ordnung* zu einer *Eidgenössischen Landsgemeinde für Recht und Ordnung* auf. «Jetz isch gnueg!» hiess die Schlagzeile: «Das *Komitee* erwartet einen Grossaufmarsch aller Stadtzürcher und vieler weiterer Mitbürger aus allen Teilen unseres Landes. Wir sind darauf vorbereitet, Tausende von Teilnehmern zu begrüssen.»

In weiteren Inseraten, die auch ausserhalb des Kantons Zürich erschienen, wurde auf den 20. September 1980 zur *Landsgemeinde* auf der Landiwiese in Zürich-Wollishofen aufgerufen. Das Ganze war jedoch «von Anfang an so improvisiert und unüberlegt in Szene gesetzt worden» (NZZ, 20. 9. 80), dass die Bürgerdemo um eine Woche und vom Stadtrand ins Zentrum verschoben wurde. Im zweiten Anlauf hörten sich auf den Münsterhof am 27. September 1980 rund 1000 Personen eine Rede von Christoph Blocher (SVP) und eine Grussbotschaft von Nationalratspräsident Hanspeter Fischer (SVP) an – allerdings mehr als die Hälfte davon bewegte Jugendliche. Ein vom *Komitee* ins Leben gerufener *Verein Mehr Lebensraum für die Jugend* (von dem später nichts mehr zu hören war) forderte per Resolution vom Regierungsrat mehr – Kinderspielplätze! Selbst das rechtsbürgerliche *Aargauer Tagblatt* kommentierte bissig: «Man gibt sich doch, deutsch und deutlich gesagt, ganz einfach der Lächerlichkeit preis, wenn man in einer so heissen Situation mit Forderungen nach mehr Spielplätzen und Kindergärten daherkommt.» (1. 10. 80)

Unter dem Druck der Öffentlichkeit trat das vorerst anonym gebliebene *Komitee* mit einer Pressekonferenz in Erscheinung, vertreten durch die Hauptinitianten Ernst Cincera, Ulrich Schlüer *(Schweizerzeit)* und Dr. chem. Werner Kolb, ein Politisierter der 80er Bewegung. (1982 wurde er für die SVP in den Gemeinderat Unterengstringen gewählt.) Als Komiteemitglieder wurden namentlich vorgestellt:
Ausschuss:
Dr. chem. Werner Kolb, Unternehmer, Zunft zur Letzi, Unterengstringen/Hedingen
Ernst Cincera
Ansgar Gmür, jungfreisinniger Student
Adolf Kurz
Dr. Ulrich Schlüer, *Schweizerzeit*, Flaach ZH
Mitglieder:
Otto Baumer, Landwirt

Dr. med. Andreas Hedri, Psychiater, Zürich
Beda Küng, Junge SVP
Dr. David Meili, Junge SVP
Fritz Schäuffele, pensionierter SRG-Mitarbeiter
Rudolf Schweizer, Bauingenieur, Zürich
Dr. E. Steinfels
Walter Wiggenhauser
Dr. Egon Zehnder, Unternehmensberater, Zürich
Fritz König, Brigadier, Zürich
Dr. iur. Rudolf Hegetschweiler, Zunft zum Kämbel
Dr. iur. Hansjakob Schmid, Zunft zur Schneidern
Dr. Hans Syz, Zunft zur Saffran
Jürg Türler, Zunft zur Weggen, Uitikon
Konrad Stücheli junior, Baumeister, Zürich
Prof. Hans Honegger, Mittelschullehrer
Dr. Peter Welti, Zunft zur Waag
Theo Huggenberger, Zunft Wollishofen
Dr. med. Eugen Kull, Zunft Hottingen, Zürich
Werner Ringger, Zunft Hard
Alfons F. Meyer, Zunft zu Wiedikon
Dr. iur. Rudolf Farner (†), Zunft zur Schiffleuten, Stäfa
sowie einige Schüler, Studenten und Lehrlinge

Initianten der dilettantisch aufgezogenen *Eidgenössischen Landsgemeinde für Recht und Ordnung:* Ernst Cincera, Werner Kolb, Ulrich Schlüer.

Der missratene Versuch, die bürgerliche Jugend zu mobilisieren

Ähnlich wie Ernst Cincera mit seiner *Landsgemeinde für Recht und Ordnung* versuchten 1980/81 eine handvoll Zürcher Jung-Bürgerliche, die «Schweigende Mehrheit» der Zürcher Jugend zu mobilisieren. Der Versuch geriet wie die *Landsgemeinde* zum Flop, trotz bereitwilliger Publizität der Medien.

Der bürgerliche Jugendverein Zürich (BJvZ) wurde am 27. November 1980 gegründet, also ein gutes halbes Jahr nach dem ersten Opernhaus-Krawall, der die sogenannten Jugendunruhen auslöste. Präsident war damals der 24jährige Hochbauzeichner Urs Naegeli aus Zürich. Der Jugendverein sollte «als Zusammenschluss der positiven Kräfte der Jugend» ein Gegengewicht zu den ordnungsfeindlichen Organisationen bilden», steht in dem einzigen Flugblatt, das der Verein zeitlebens hervorgebracht hat. Auch wollte der BJvZ «die auf Desinformation aufgebaute Informationspolitik extremistischer Kreise» bekämpfen.

Die Massenmedien stürzten sich damals auf dieses Flugblatt, erfreut darüber, im Sinne des Ausgewogenheitsgebots auch über nicht-rebellierende Jugendliche berichten zu können.

Gleich bei der Gründung gab sich der Verein ein Wappen, Vereinsfarben (blau/weiss/rot) sowie als Statuten ein siebenseitiges Papier mit 34 Artikeln, die – neben viel bürokratischem Leerlauf – bereits auch die Gründung von Sektionen vorsahen. Gleichzeitig wurde ein Postcheckkonto eröffnet und ein Bettelbrief verschickt.

Damit waren die Kräfte der positiven Jugend dann vorerst aufgebraucht. In einem Interview im 'Tages Anzeiger' erklärte der Pressesprecher der BJvZ, Michael Jäggi (Zürich), im März 1981, der Verein habe sich seit Nobember 1980 mit der Frage beschäftigt, was er eigentlich wolle. Das wisse man jetzt: Die Jugend müsse vermehrt für Politik interessiert werden. Deshalb werde der Verein fortan Abstimmungs- und Wahlparolen sowie Pressecommuniqués herausgeben.

Daraus wurde wieder nichts. Der Bürgerliche Jugendverein trat später nur noch zweimal öffentlich in Erscheinung: Am Sechseläuten 1982 verteilten Vereinsmitglieder Blumen an Polizeibeamte. Und am 17. Juni 1983 nahm eine BJvZ-Delegation an einer Sternfahrt nach Berlin teil.

Zu dieser Sternfahrt hatte – zum 30. Jahrestag der Ostberliner Arbeiterunruhen vom 17. Juni 1953 – eine deutsche *Jugend- und Bürgerinitiative 17. Juni* aufgerufen. Ein Flugblatt im Hinblick auf die Demo erwähnt die BJvZ als Mitglied der *Jugendinitiative*, der daneben vor allem Ortssektionen der Jungen Union (CDU-Nachwuchs) sowie die

Hilfsaktion Märtyrerkirche (HMK) und die *Internationale Gesellschaft für Menschenrechte* (IGFM) angehören. Das Frankfurter Sekretariat der IGFM besorgte auch die Organisation der Sternfahrt. Erstunterzeichnender des Demo-Aufrufs waren unter anderen Peter Sager (Ost-Institut) und Vladimir Skutina (beide im Ehrenpräsidium der IGFM). Der Schweizer IGFM-Sekretär Marcel Aeschbacher rief befreundete Organisationen auf, «ebenfalls mit mindestens einem Auto voll an die Spree zu fahren»; die «Unterkunft in Berlin werde kostenlos sein».

Für den gleichen 17. Juni mobilisierte auch die *Konservative Aktion* (Initianten: der Exil-Tscheche Ludek Pachmann und ZDF-Moderator Gerhard Löwenthal) nach Berlin, und es war vorgesehen, dass sich die beiden Kundgebungen vereinen sollten. Auf dem Programm der *Konservativen Aktion* standen unter anderem eine Kundgebung vor einem besetzten Haus sowie ein Aufmarsch im Türken-Viertel Kreuzberg (Motto: «Türken raus»). Es folgten dann aber nur wenige hundert Teilnehmer den beiden Aufrufen von rechtsaussen. Dafür mobilisierten Alternative Liste, Gewerkschaften und Ausländerorganisationen 20'000 Teilnehmer zu einer Gegendemonstration...

Als Vertreter der Zürcher Jugend reisten Michael Jäggi, inzwischen als Präsident der BJvZ, Ex-Präsident Urs Nägeli sowie – ja, wer wohl – Ernst R. Borer, damals genau 60 Jahre alt, nach Berlin. Borer hatte dem BJvZ nach Auskunft Naegelis auch bei der internen Schulung stark geholfen.

In jener Zeit hatte der BJvZ auch mehrere Autocar-Reisen an die deutsche «Zonengrenze» (wie Nägeli sagt) organisiert, die jeweils von deutschen Behörden finanziert wurden. Und Nägeli besuchte nach einigen Angaben ebenfalls in der Bundesrepublik Kaderschulungskurse der IGFM.

Seit Berlin sind die Aktivitäten eingeschlafen, «wie die Jugendbewegung auch», sagt Nägeli. «Aber wir stehen auf Abruf bereit, falls wir gebraucht werden».

Parallel zum Bürgerlichen Jungendverein gründeteten im Februar 1981 Jean Marc Hochstrasser, Christian Scharpf (Sohn von Cincera-Intimus Hans Scharpf) und Ursula Walder (Tochter von Ernst Walder, *Libertas*) an der Stadtzürcher Kantonsschule Wiedikon die Gruppe SOS-Bühl als Gegengewicht zur Jugendbewegung. Ebenfalls im Februar 1981 streute eine Gruppe «Jungbürgerliches Aktionskommitee Kai Schpiil ohni Gränze» (Exponentin Barbara Frei) 10'000 Exemplare einer Flugblattzeitung namens «s'Sprochrohr», ebenfalls ein Versuch, «gemässigte» Jugendliche zu mobilisieren. Beide Initiativen versandeten umgehend.

rungsrat Hans Künzi, wie von den FDP-Rechten beabsichtigt). Mit 55,2 Prozent erreichte Cincera den höchsten Anteil an Fremdstimmen aller FDP-Kandidaten. Wie seinerzeit ein Eibel hat auch Cincera vor allem dank der Schützenhilfe aus anderen Parteien (übrigens auch von SP-Wählern) das Rennen gemacht. Entsprechend säuerlich reagierte das FDP-Sprachrohr NZZ: «Der grosse Bekanntheitsgrad hat dem umstrittenen Ernst Cincera zum Mandat verholfen; ob damit die freisinnige Deputation an politischer Substanz gewonnen hat, wird sich erst noch weisen müssen.» (26. 10. 83)

Der Substanzlose rächte sich umgehend. In der *Schweizerzeit* vom 11. November 1983, die wegen einer Südafrikareise des Redaktors «vollumfänglich von Herrn Ernst Cincera redigiert» wurde, war, passend zum Fasnachtsbeginn, Folgendes zu lesen: «Jean Ziegler ist nicht mehr im Parlament, auch Crevoisier nicht. Cincera dagegen wurde glanzvoll gewählt. – Und die Folgen: 24 Stunden nach der Wahl erklärte der Chefredaktor der Neuen Zürcher Zeitung seinen Rücktritt. Während er federführend war, geschah Merkwürdiges bei der NZZ. Beispiele: Am Tag, als Sadat den Friedensnobelpreis erhielt, erschien auf der Titelseite der NZZ das Bild Arafats. In den letzten 15 Jahren war das Bild des sowjetischen Parteichefs auf der Titelseite der NZZ häufiger zu sehen als jenes des US-Präsidenten (...) Die Abdankung des Chefredaktors gibt Hoffnung, dass die NZZ wieder eine freiheitliche Zeitung wird». Zwei Nummern später versuchte sich die *Schweizerzeit* mit einer faulen Ausrede von der peinlichen Kolumne zu distanzieren.

In seiner Parlamentstätigkeit will sich Cincera, dessen liederliche jounalistische Methoden gerichtsnotorisch sind, insbesondere mit Medienfragen beschäftigen. Wie Peter Sager liess sich Cincera in Medienkommissionen des Nationalrats delegieren.

Polit-Polizisten als Cinceras Nachfolger

Die Wahl in den Nationalrat löste bei der *Informationsgruppe* eine längst fällige Reorganisation aus. Seit langem war Cincera beruflich wie politisch überfordert und auch frustriert; sowohl in seiner Grafiker-Minifirma wie in der *Informationsgruppe* setzten zu viele darauf, dass der ewige Krampfer Cincera den Karren schon weiterziehen werde. Die Wahl gab Cincera eine willkommene Rechtfertigung für die längst ersehnte, aber nie gegönnte Entlastung.

Ende Januar 1984 erhielten die Abonnenten des *Bulletins* vom *Informationsgruppe*-Präsidenten Theo Hügi ein Rundschreiben: «In den letzen Monaten haben wir eine neue Organisations-Struktur geschaffen, welche in Zukunft das regelmässige Erscheinen unseres *Bulletins* sicherstellen soll. Die

«Kreuz und quer»

Kreuz und Quer Nr. 1

durch die Zürcher Krawall-Szene

Who is who?

Herausgeber: Ornithologischer Verein zur Erforschung, Identifikation und Publikation linker Vögel und ihrer Brutgewohnheiten

---

Unter diesem Kopf wurden Ende 1981 und 1982 in Zürich anonyme Hetzschriften verschickt, und zwar durchwegs in Form von (mitunter abgeänderten) Fotokopien. Die unzähligen präzisen, nicht zugänglichen Personalinformationen lassen kaum einen anderen Schluss zu, als dass die Verfasser aus Polizei- oder Justizkreisen zumindest unterstützt wurden. Verteilt wurden die insgesamt sieben *Kreuz und quer* durch gezielten Versand an Personen und Firmen. Der Präsident der Schweizerischen Verkehrskadetten, Anton H. Rindlisbacher, verschickte die Pamphlete in seinem Verband, ebenso Heinz Manz in der *Arminia*. Walter Latscha von der *Informationsgruppe Schweiz* verteilte Exemplare kreuz und quer durch ein Feinschmeckerlokal an der Zürcher Stampfenbachstrasse.

Als verspäteter Ausläufer befasste sich eine Nr. 8, offensichtlich von anderen verfasst, mit der Zürcher Neonazi-Szene. In Bern zirkulierte im Frühjahr 1983 mit dem gleichen Kopf eine Adressliste einiger hundert Bewegter.

Informationsgruppe Schweiz übertrug die treuhänderische Verwaltung ihrer zeitgeschichtlichen Dokumentation der *Presdok AG* in Zürich und erteilte ihr gleichzeitig den Redaktionsauftrag. Die *Presdok AG* befasst sich mit der Beschaffung, Auswertung und dem Verkauf von Informationen und verfügt über die für diesen Zweck geeigneten Fachleute. Verwaltung und Administration laufen weiterhin über die *Informationsgruppe Schweiz*.»

Die *Presdok AG*, am 22. Dezember 1983 im Handelsregister eingetragen, umschreibt ihre Geschäftstätigkeit wie folgt: «Dokumentationsjournalismus. Beschaffung und Verarbeitung von Informationen aus dem Bereich der 'Neuen Politik' (ausserhalb der traditionellen Institutionen, Ideologien und Strategien liegende, 'alternative' politische Theorien und Praxen). Verkauf von Analysen und Dokumentationen an interessierte Personen, Institutionen und Firmen.»

INFORMATIONSGRUPPE SCHWEIZ

Bulletin Nr. 54/55 Dezember 1983

Herausgeber:
Informationsgruppe Schweiz, Postfach 325, 8030 Zürich
PC 80 - 16915

Für das Patronatskomitee der Informationsgruppe Schweiz: M. Arnold, Dr. J. A. Baumann, P. Blattmann, Dr. E. Brauchli, R. Burger-Nefflen, E. Cincera, H. P. Egger, E. Fabel, R. R. Faes, H. Hellmüller, A. Huber, R. Känzig, Dr. W. Kolb, M. Kunz, U. Lenzlinger, Frau L. Salathé, H. Scharpf, J. Schelbert, H. Setz, J. Teuscher, K. Woodtli, Dr. E. Zehnder. Verantwortlich: Presdok AG, Zürich.

infoch
Informationen zur Neuen Politik
Gegründet von Ernst Cincera
Herausgeber: Informationsgruppe Schweiz, Postfach 325, 8030 Zürich
Redaktion/Versand/Administration: Presdok AG, Postfach, 8050 Zürich, Tel.01 312 10 50
Druck: Bodan AG Kreuzlingen
Erscheint monatlich. Abonnementspreis: Fr. 100.– pro Jahr (Mehrfachabonnement gem. Vereinbarung)
Nachdruck mit Quellenangabe gestattet

Bulletin Nr. 65 Oktober 1984

infoch
Informationen zur Neuen Politik

Seit Dezember 1983 wird das *Bulletin* nicht mehr von Cincera, sondern neu von der *Presdok AG* der beiden ehemaligen Polit-Polizisten Hans-Ulrich Helfer und Urs Graf redigiert. Das Patronatskomitee, anfänglich weiterhin im Zeitungskopf aufgeführt, verschwand im Oktober 1984. Offensichtlich soll die Publikation in mehreren Schritten von der *Informationsgruppe* gelöst und in die Verantwortung der *Presdok AG* überführt werden.

Was Cincera jahrzehntelang idealistisch und mit finanziellem Verlust betrieben hatte, soll künftig professionell und kommerziell funktionieren. Aktionäre der *Presdok AG* sind:
– mit 50% Aktien der Zürcher Hans-Ulrich Helfer (*21. 4. 51), Absolvent der Zürcher Polizeirekrutenschule 72/73, vom Oktober 1976 bis 15. Oktober 1983 beim KK III (Kriminalkommissariat III, stadtzürcherische politische Polizei), zuletzt als Detektiv, als FDP-Mitglied in der Kreissportkommission der Schulpflege Zürich 10;
– mit 48% der Aktien der Winterthurer Urs Graf (*23. 3. 42), Absolvent der gleichen Polizeirekrutenschule, 78/79 als Gefreiter beim KK III, dann Gelegenheitsjober bei der Securitas und Kunstmaler;
– mit 2% der Aktien Verena Helfer-Zaugg (*17. 9. 51), Helfers Frau.

Helfer, der also über die Aktienmehrheit verfügt, arbeitete bei der politischen Polizei als Anti-Terror-Spezialist, Graf in der Spionageabwehr. Beide nahmen als gutbezahlte städtische Beamte an unzähligen Demonstrationen und Versammlungen teil – verkleidet als Linke. Nun wollen sie aus ihren Kenntnissen ein Geschäft machen. Über lange Jahre hinweg wird es ihnen nicht schwerfallen, bei ehemaligen Kollegen der Polit-Polizei bequem an gewünschte Informationen heranzukommen. Oder aber (eine Gegenthese): Die Zürcher Polit-Polizei hat sich nach ausländischem Vorbild eine private, vorgelagerte Filiale eingerichtet, die in manchem mehr Spielraum hat als eine staatliche Stelle.

Presdok-Inhaber Helfer und Graf als Polizeirekruten 1972/73 (Stapo Information, Oktober 1973)

Um die Jahreswende 83/84 zügelten Helfer und Graf das Archiv der *Informationsgruppe* von der Englischviertelstrasse an ihr Geschäftsdomizil an der Schaffhauserstrasse 347 in Zürich-Oerlikon. An Arbeitsproben der *Presdok AG* liegen einige *Bulletins* vor, zu denen Cincera weiterhin ein Schlusswort beisteuert. Gegenüber der WoZ (23. 3. 84) versicherte Helfer, der mit Cincera seit Jahren Kontakt hält, die *Presdok AG* werde ausschliesslich öffentlich zugängliches Material verarbeiten, selbstverständlich auch über Personen, die sich im linken Lager engagierten. Das Weiterexistieren von Verbindungen zur politischen Polizei wird von beiden Seiten dementiert.

Communauté du drapeau suisse – gescheiterter Koordinationsversuch

In der Geschichte der antisubversiven Zirkel gab es immer wieder Versuche, die Zersplitterung und gegenseitige Konkurrenzierung verschiedener Abwehr-Gruppierungen zu überwinden. Einen dieser erfolglosen Versuche unternahmen 1980–82 die beiden Bieler René Blank und Theo Locher. Sie wollten jene Personen und Gruppen koordinieren, «die entschlossen sind, sich in irgendeiner Form gegen das weitere Vordringen des LEX in unserem Land anzukämpfen» (mit LEX war der Linksextremismus gemeint). Die Bieler Kampfgruppe trat sowohl als *Büro Locher + Blank* wie als *Communauté du drapeau suisse* (Vereinigung der Schweizer Fahne) auf.

In Biel und Olten trafen sich Vertreter vaterländischer Aktionen auf Einladung der *Communauté* wiederholt zu Aussprachen. Zudem verschickte das *Büro Locher + Blank* fleissig vertrauliche Rundschreiben. Die dabei verwendete Mitglieder- und Sympathisantenliste gibt ein aufschlussreiches Bild vom Wunschpotential für einen gesamtschweizerischen Anti-LEX-Verbund. Parteipolitisch dominieren SVP, FDP und NA. Leute mit politischem und wirtschaftlichem Gewicht finden sich kaum. Es sind nicht Klassenkämpfer von oben, sondern von Rechtsaussen: der Cincera-Kreis und weitere Abwehrgruppen. Hingegen fehlen Organisationen à la SAD, die auf Burgfrieden und Integration aller 'Demokraten' setzen.

Als die geheimgehaltene *Communauté* durch einen WoZ-Artikel publik wurde (29. 4. 83), betonten einige der Aufgeführten, sie seien ohne ihr Wissen oder Dazutun auf die Liste gerutscht (Rumpf, Graf, Sager, Schlegel, Hilfiker). «Das war mir ein bisschen zu rechtsextrem», kommentierte SUOV-Zentralsekretär Rudolf Graf. Was Mitinitiant Blank bestätigte: «Die extremen Ansichten von Herrn Locher wurden jeweils nicht von allen Anwesenden gutgeheissen»; die Gruppe habe sich «zu stark Richtung Geheimbund» entwickelt.

Die Herren, die im Nachhinein voneinander abrückten, hatten das Ganze in politischer Eintracht begonnen. «Locher + Blank – Biel-Bienne» hiess der Stempel, den das Duo 1980 anfertigen liess. Dr. phil. II Theo Locher (*26. 10. 21) aus Brügg bei Biel ist Gymnasiallehrer, Aktivist der *Nationalen Aktion* und Präsident der Schweizerischen Vereinigung für Parapsychologie. René Blank (* 1932) war schon vielerlei: Matrose, Grenzwächter, Gefängnisaufseher in Witzwil (er prahlte ungeniert mit den berüchtigten Wolldekkenwickeln), Polizist, Sozialdemokrat, dann umstrittener Verwalter der gemeinnützigen Stiftung Battenberg in Biel, die behinderte Lehrlinge ausbildet, Bieler SVP-Stadtrat und nach seinem Ausscheiden aus der Stiftung Battenberg (Ende Juni 1984) Mitinhaber der Domfe-Blank AG in Lyss BE, einer Firma für Mikrofilm, Text- und Adressverarbeitung.

PROJEKT VERBINDUNGSSTELLE GEGEN LEX ZUR VERNEHMLASSUNG

Wer soll diese Verbindungsstelle, dieses Büro leiten?

Eine in Fragen des LEX einerseits, in der Dokumentation und Verarbeitung von Material anderseits erfahrene Nationalökonomin würde uns für eine Halbtagesstelle zur Verfügung stehen.
Interessierte Personen und Institutionen, welche für eine objektive Information unserer Bevölkerung und gegen die Desinformation durch die LEX-Gruppen, arbeiten, könnten die Dienste des vorgesehenen Büros in Anspruch nehmen.

Kosten:

Mit einem angemessenen Jahresbeitrag der interessierten Personen und Institutionen (Gesellschaften, Vereine, Zeitungsredaktionen) müssten die jährlichen Kosten dieses Büros gedeckt werden, ca. Fr. 30'000.--.

Welches wäre der Nutzen dieses Büros?

1.) Herstellung und Aufrechterhaltung der Kontakte und Förderung des Erfahrungsaustauschs unter den interessierten Institutionen und einzelnen Persönlichkeiten, die gegen den LEX kämpfen, sowie Koordination von gemeinsamen Aktionen.

2.) Entgegennahme und Sammlung von Informationsmaterial, Ordnen und Verarbeiten desselben, Erstellen von Kurzinformation über den Inhalt dieses Materials und Belieferung aller angeschlossenen Interessenten damit. Auf Wunsch sind die einzelnen Dokumente diesen Interessenten zugänglich (als Original oder Fotokopie).

3.) Schriftliche, telefonische und mündliche Auskunft und Beratung aufgrund des studierten Materials.

4.) Organisation und Koordination von Veranstaltungen: Zusammenkünfte der Interessierten, halböffentliche und öffentliche Vorträge.

5.) Verarbeiten von Material für die Bedienung der Tagespresse mit Stellungnahmen und Leserbriefen durch die einzelnen Interessierten.

6.) Alarmstelle:

- für Aktivitäten extremer Elemente, die ein rasches Reagieren erfordern;
- für die Ingangsetzung von juristischer und psychologisch-politischer Beratung, Hilfe und Verteidigung von Personen, die durch Extremisten angegriffen werden.

Die vorgesehene, durch eigene Erfahrung motivierte Nationalökonomin ist bereit, mit jedem einzelnen Interessenten zwecks näherer Information persönlich Kontakt aufzunehmen. Deren Adresse kann schriftlich oder telefonisch bei Dr. Locher, 2555 Brügg, erhalten werden.

Wir hoffen, dass Sie die Vorteile und die allgemeine Nützlichkeit eines solchen verbindenden Büros erkennen und ebenfalls bereit sind, dieses Projekt zu unterstützen.

Mit freundlichen Grüssen

Stellungnahme bitte bis 24.12.81 (Poststempel) an T. Locher, Industriestr.5

T. Locher R. Blank

Biel, 16.11.1981

Die beiden Bieler René Blank und Theo Locher planten 1981 einen Verbund aller Abwehr-Gruppen gegen den Linksextremismus (LEX).

Was *Drapeau suisse* werden sollte, umriss im November 1981 unmissverständlich das Projektpapier «Verbindungsstelle gegen LEX»: eine cinceristische Auskunftei im Verbundsystem. Als weitere Aktionsschwerpunkte wurden in internen Papieren genannt:
- «Verarbeiten von Material für die Bedienung der Tagespresse mit Stellungnahmen und Leserbriefen durch die einzelnen Interessierten.» Blank werde «in Zusammenarbeit mit Herbert Meier und andern» entsprechende Unterlagen verfassen.
- «Dr. Stalder wird Empfehlungen ausarbeiten», nämlich gegen SRG-Sendungen. (Der Berner Fürsprecher Stalder war beim *Medien-Panoptikum* aktiv und hat für die *Aargauische Vaterländische Vereinigung* eine erfolglose Beschwerde verfasst, nämlich gegen Dietmar Schönherrs Bettags-'Faktenordner' vom September 1979.)

Das Projekt der Bieler Fähnriche verlief 1982 oder 1983 im Sande. «Eingeladen wurde alles, aber es kamen immer weniger», kommentierte *Abendland*-Redaktor Herbert Meier die Pleite. Das Koordinieren der einschlägigen Gruppierungen sei schon in früheren Jahrzehnten misslungen. Aktionsbündnisse funktionierten höchstens im Einzelfall, beispielsweise 1979 anlässlich der umstrittenen Zürcher Wehrvorführung. Die Anti-LEX-Leute lassen sich zwar ab und zu an den gleichen Tisch bringen, aber offensichtlich auf die Dauer nicht unter das selbe Dach. Oder wie es Mitinitiant Locher zu Beginn der *Drapeau*-Bemühungen formulierte: «Dr. Locher warnte angesichts der fortschreitenden Infiltration vor gegenseitigen Kontaktmängeln wegen Ressentiments, Neid und Prestigedenken.»

Mitglieder und Sympathisanten

Das *Büro Locher + Blank* verwendete 1980–82 folgende Mitglieder- und Sympathisantenliste der *Communauté du drapeau suisse*. Diese Leute erhielten über längere Zeit vertrauliche Rundschreiben und Einladungen des Geheimclubs.
Biel und Umgebung:
René Blank, SVP-Stadtrat, Biel
Walter Christen, Drogerie-Parfümerie, SVP, Lyss
Henri Estoppey, *Libertas*, Biel
Hans Gmünder, LdU-Stadtrat, Biel
Rudolf Graf, Zentralsekretär SUOV, Biel
Dr. pharm. Michel Hilfiker, Biel
Hans Rudolf Hofmann, Sektionschef, ex-Präsident der Offiziersgesellschaft, SVP, Biel
Dr. phil. Theo Locher, *Nationale Aktion*, Brügg
Peter Ritter, Redaktor 'Bieler Tagblatt', Biel
Monique Schlegel, ex-FHD-Präsidentin, SVP, Nidau

Gottfried Schwarz, Architekt, SVP-Grossrat, Präsident Bernischer Gewerbeverband, Pieterlen
Hans Teuscher, Oberst, Patronatskomitee *Informationsgruppe Schweiz,* Biel
Dr. med. Ernst Weber, Biel
Klaus Woodtli, Notar, Patronatskomitee *Informationsgruppe Schweiz, Libertas,* FDP, Biel
Übrige Schweiz:
Ernst Borer, Präsident *Schweizerische Aktion für das Selbstbestimmungsrecht aller Völker,* Zürich
Rudolf Burger, Präsident *Aargauische Vaterländische Vereinigung,* Burg AG
Dr. iur. Rudolf Farner (†), Public Relations AG, Zürich
Karl Hofer, Kaufmann, Bern
Hans Keller, *Pro Libertate,* St. Gallen
Dr. Max Keller, Bern
Frau Kopp-Hürlimann, Mitarbeiterin *Informationsgruppe Schweiz,* Zürich/Regensdorf
Karel Kukal, Zürich
Heinz Küng, Kaufmann, *Vereinigung Freie Schweiz,* Belp
Albert Lunte, Fotograf, *Stimme der Schweigenden Mehrheit,* Zürich
Herbert Meier, Redaktor *Abendland*, SVP-Grossrat, Baden
Max Mössinger, Präsident *Pro Libertate,* Liebefeld/Bern
Marcel Paratte, Bern
Dr. med. vet. Antonin Rajmon, Zürich
Dr. med. Erich Reinisch, Zürich
Soldanella Rey, NA-Gemeinderätin, Niederwangen BE
Rudolf Rohr, *Redressement National,* Zürich/Würenlos
Robert Rumpf, Pfarrer, Bern
Dr. Peter Sager, *Schweizerisches Ost-Institut*, Bern
Ueli Schlüer, Redaktor *Schweizerzeit,* Flaach ZH
Werner Schorno, Untersuchungsrichter, Uettlingen BE
Hansjörg Seiler, Präsident *Forum Jugend und Armee,* Bern
Kurt Sieber, Architekt, *Kirche wohin?,* Oberhofen BE
Walter Siegmann, Kaufmann, Zürich
Dr. iur. Fritz Stalder, Bern
Dr. med. Alfred Stucki, Spezialarzt für Psychiatrie, Zentralvorstand *Hofer-Klub,* Thun
Dr. Robert Vögeli, *Institut für politologische Zeitfragen,* Zürich
lic. iur. Barbara Weber, Zürich

Institut für politologische Zeitfragen – gegen Spionage und Desinformation

Das *Institut für politologische Zeitfragen* (IPZ) beziehungsweise der Trägerverein *Aktion für freie Demokratie* (AFD), der seinerzeit von Ernst Cincera mitgegründet wurde, gehören nach wie vor zu den Institutionen der privaten Abwehr, auch wenn sie in der Öffentlichkeit kaum in Erscheinung treten und laute Auftritte vermeiden. Besonders gilt dies für den hauptamtlichen IPZ-Leiter Robert Vögeli, etwas weniger für IPZ-Mitarbeiter Jürg L. Steinacher, der in verschiedenen patriotischen Zirkeln jobt und damit zu einer Scharnierfigur geworden ist.

Die auffallendste Aktivität des IPZ ist weiterhin die Herausgabe der periodisch erscheinenden und oft bloss Nachdrucke bietenden *IPZ Information.* Diese handeln von Spionage und nochmals Spionage (sofern sie aus dem Osten kommt) sowie von Desinformation, Subversion, Terrorismus usw. So schrieben seit 1979

- Prof. Walter Schaufelberger und sein Schüler Hans-Rudolf Fuhrer über Spionage im Ersten und Zweiten Weltkrieg;
- Jürg L. Steinacher und M. H. Engeli über Desinformation und andere sowjetische Kampagnen;
- Hans Peter Preisig (Zürich) und Werner Smoydzin (BRD) über innerbetriebliche Spionageabwehr;
- der Gymnasiallehrer Iso Baumer (früher Bern, heute Fribourg) über philosophische Grundbegriffe;
- der Hamburger Staatsschutz-Chef Hans Josef Horchem, der Münchner Polizeipräsident Manfred Schreiber und Rolf Tophoven (BRD) über Staatsschutz und Terrorismus;
- Kurt Klein vom Bonner Verteidigungsministerium, ehedem Referent beim IPZ-Konkurrenten Karl Friedrich Grau, über 'Sicherheit in unserer Zeit'.

Ganz besonders stolz war Vögeli über die Nummer 'Ungewöhnliche Spionagemethoden', wo die Besorgnis des damaligen Nationalrates Rudolf Friedrich über Landkartenkäufe der DDR in allem Ernst breitgeschlagen wurde.

Spionage ist für das IPZ schlecht, wenn sie von den bösen Russen kommt, andernfalls aber durchaus willkommen. Reagans Wahlsieg liess das IPZ im Oktober 1980 «eine Kehrtwende in der gegen Null gesunkenen Entwicklung der US-Geheimdienste erhoffen!» Die Hoffnung ist, wie ein Blick ins zentralamerikanische CIA-Entwicklungsgebiet zeigt, nicht unerfüllt geblieben. Gleichzeitig plädierte das IPZ (der Fall Bachmann machte damals Schlagzeilen) für einen schweizerischen Nachrichtendienst, der von parlamentarischen Kontrollen möglichst unbehelligt bleibt: «Unsere Sicherheitspolitik und unser Staatsschutz dürfen nicht durch auch noch so gut gemeinte ('Mehr Demokratie' – 'mehr Transparenz'!), in diesem Fall aber verheerend wirkende, ausserordentliche parlamentarische Kontrollen ausgerechnet heute in Frage gestellt werden.» Der «Verfall der US-Geheimdienste» dürfe sich «bei uns nicht – wie in anderen Staaten – wiederholen». Nach diesen einleitenden IPZ-Worten holte Hans Josef Horchem zu einem Plädoyer für die Unterstützung privater Staatsschützer aus.

Dass Horchem zu den regelmässigen IPZ-Autoren gehört, ist bezeichnend. Horchem profilierte sich schon vor Jahrzehnten als ausgesprochener Spionagepfadi, dem Schnüffeln zum Lebenselixier geworden ist. Ausgelebt hat er seine Gelüste beispielsweise 1964 im Buch 'Die roten Maulwürfe – Tatsachenbericht aus der Arbeit des Verfassungsschutzes gegen die kommunistische Untergrundtätigkeit', wo er unter dem Pseudonym Karl Merten in Kleiderschränken von kommunistischen Wohnungen schwitzt, auf Waldlichtungen rote Betriebsräte beim Liebemachen observiert, in Bahn-Toiletten kommunistische Schriften aufstöbert und überhaupt viel auf sich nimmt, um den Staat zu schützen. Als Hamburger Verfassungsschutzpräsident konnte Horchem ab 1969 diese Neigungen voll ausleben. Sein Amt bespitzelte systematisch oppositionelle Studenten und registrierte in über hundert Betrieben zehntausend Arbeiter, etwa, weil sie gegen die NPD demonstriert hatten (eine Schilderung von Horchems Übergriffen findet sich in: 'Titanic', Januar 1980). Stets war Horchem auch für einen starken Verfassungsschutz. Es dürfe nicht so weit kommen wie in den USA, wo «CIA und FBI durch kastrationsähnliche Vorgänge weitgehend paralysiert» seien.

Im Medienbereich gab das IPZ in zwei Fällen die sonst geübte Zurückhaltung auf und riskierte direkte Attacken, nämlich 1980 gegen den 'Tages-Anzeiger' (TA) und 1984 gegen 'Radio LoRa'. Die *IPZ Information* 'Der anwaltschaftliche Jounalismus' warf dem TA eine manipulierende Berichterstattung über die Jugendunruhen vor. TA-Chefredaktor Peter Studer reagierte ausgesprochen deutlich: «Eine fiese, miese, unter wissenschaftlichem Deckmantel einherstolzierende Diffamierungsschrift brauchen wir nicht.» Nicht der TA, sondern das IPZ leiste sich «eine besonders sublime Desinformation» (TA, 11. 9. 80). Immerhin kann sich das IPZ als Verdienst anrechnen, dass aus dem einst positiven Begriff des anwaltschaftlichen Journalismus ein Schimpfwort geworden ist.

Völlig abgeblitzt ist das IPZ 1984 mit der telefonisch beim EVED deponierten, frei erfundenen Denunziation, 'Radio LoRa' habe «zum Scheibeneinschlagen aufgerufen und es sei ein Sachschaden von 100000 Franken entstanden». Das EVED wies die Verwaltungsbeschwerde am 30. März 1984 vollumfänglich ab.

Während Vögeli, in der Armee mittlerweile Oberst im Truppeninformationsdienst, vergleichsweise wenig in Erscheinung tritt, profiliert sich sein Intimus Jürg L. Steinacher immer öffentlicher. Ende 1980 schied er abrupt aus dem Jean-Frey-Konzern aus, wo er Photopress-Direktor war. Nacheinander, zum Teil gleichzeitig, schrieb er im Bundesamt für Justiz am Kopp-Bericht über die 'Medien-Gesamtkonzeption' mit, beschäftigte sich im Radio- und Fernsehdienst des EVED mit Radiogesuchen und Satellitenfernsehen (bis er auch dort, nicht ohne Denunziation eines Arbeitskollegen bei der Bundespolizei, ausschied), war dazwischen im Büro von Gustav Däniker (Stabschef Operative Schulung) zu finden und jobte im Auftragsverhältnis für Ringier. Seit 1983 nennt er sich in aller Bescheidenheit «Berater im In- und Ausland u.a. für Fragen der politischen Strategien und Massnahmen, der Medien- und Kulturpolitik». Oder etwas bodennaher, Stand 1984: Montags jobt JLS bei der Küsnachter PR-Firma apr, dienstags und mittwochs beim *Schweizerischen Ost-Institut* (SOI), den Rest der Woche beim IPZ und beim *Hofer-Club,* wo er seit dem 1. Februar 1984 als verantwortlicher Redaktor des SFRV-Bulletin die fixe Idee vom linken Medienverbund repetiert.

Was Steinacher auch immer analysiert, er findet stets linke Drahtzieher. Was andere terribles simplificateurs bloss am Biertisch äussern, tischt Steinacher ungeniert in aller Öffentlichkeit auf. Typisch dafür waren Artikel über die angebliche Linkssteuerung der schweizerischen Entwicklungshilfe-Organisationen (Weltwoche, 6. 8. 80) und über die «sowjetisch initiierte Friedensbewegung» (ASMZ, 7–8/83). Dort brachte Steinacher einige bemerkenswerte Bekenntnisse zu Papier: «Sie (die demokratischen Gesellschaften) können und dürfen nur mit aller Zurückhaltung zur freien Meinungsbildung ihrer Bürger beitragen. Geboten wären aber nach Lage der Dinge konzentrierte Abwehrmassnahmen und Aufklärungskampagnen durch den Staat – zum Preis der Entmündigung der Bürger.» Und weiter: «Diesem Angriff hat unsere Sicherheitspolitik nichts entgegenzusetzen. Ja, sie verzichtet sogar darauf, konsequent darüber zu informieren, dass und wie ein solcher Krieg stattfindet, weil sie nicht das Sakrileg (Vergehen) der 'Geistigen Landesverteidigung' begehen will. Genau das ist aber notwendig, wenn das Konzept der Gesamtverteidigung auch im Informationszeitalter seinen Sinn behalten will.»

Ab und zu wird wenigstens Steinacher Gelegenheit für einige Lektionen 'Geistiger Landesverteidigung' geboten. Vom 30. April bis 2. Mai 1984 durfte er anstelle des verhinderten Peter Sager den offiziellen Luzerner Lehrerfortbildungskurs 'Die Friedensbewegung' bestreiten. Das völlig einseitige Angebot ohne einen Vertreter der als moskaugesteuert hingestellten Friedensbewegung stiess allerdings auf heftige Kritik von Lehrerinnen und Lehrern (LNN, 3. 5. 84).

Die Rechtsgläubigen

Mit dem Recht auf Leben gegen die Fristenlösung

Die Fronten für den Abstimmungssonntag vom 9. Juni 1985 sind klar. Regierung und Parlament lehnen das Volksbegehren *Recht auf Leben* ab, National- und Ständerat auch den chancenlosen Gegenvorschlag des Bundesrates. «Das Leben des Menschen beginnt mit dessen Zeugung und endet mit seinem natürlichen Tode», heisst der Kernsatz der Initiative, die jede Liberalisierung des Schwangerschaftsabbruchs verhindern beziehungsweise rückgängig machen will. Vor allem soll der Fristenlösung ein- für allemal der Riegel geschoben werden.

Die Fristenlösungs-Initiative hatte am 25. September 1977 immerhin 48,3 Prozent Ja-Stimmen erzielt – für ein Volksbegehren ein geradezu sensationelles Resultat. Dieser Fast-Hälfte wollen die Initianten von *Recht auf Leben* ihre lebensfeindliche Moral aufzwingen. Für die Initiative, also für ein staatliches Verbot der in manchen Kantonen de facto praktizierten Fristenlösung, sind die christlichen Parteien CVP und EVP sowie Teile der NA und SVP. Auch die Schweizer Bischöfe, Chef Wojtyla freut's, stehen wie ein Mann hinter der Initiative.

Der Abstimmungskampf wird jene Organisationen neu beleben, die sich in den 70er Jahren gegen die Fristenlösung oder die Sexualerziehung formiert haben: auf eher katholischer Seite *Ja zum Leben,* auf protestantischer *Helfen statt töten* (hervorgegangen aus dem *Weisskreuz,* das Christa Meves' Schweizer Vorträge koordiniert), aber auch der *Verein besorgter Eltern* samt den angeschlossenen *Betern für die Schweiz* und ähnliche Sektierer.

Auffallend an diesen Organisationen ist, dass sie auf der einen Seite beachtliche Mobilisierungserfolge vorweisen können: 1972 immerhin 182000 Unterschriften für die Petition *Ja zum Leben,* 1980 dann 227472 gültige Unterschriften für das *Recht auf Leben* (100000 hätten genügt). Auf der anderen Seite klagen just diese Gruppierungen, die Basis schlafe und lasse sich schwer zu Aktivitäten aufrütteln (mal abgesehen von den reichlich fliessenden Spendengeldern).

Bevor wir diese Gruppierungen auf dem aktuellen Stand vorstellen, soll die Geschichte von *Recht auf Leben* kurz in Erinnerung gerufen werden. Seit das Volksbegehren am 30. Juli 1980 eingereicht wurde, steht es zuoberst auf der einschlägigen Traktandenliste und hat andere Vorstösse verdrängt. So stellte das Parlament 1981/82 die vorerst debattierte Idee einer 'föderalistischen Lösung' via Strafgesetzbuch-Revision zurück, bis das Volk über *Recht auf Leben* entschieden habe. Und die Fristenlösungs-Befürworter, die eine neue Initiative im Prinzip beschlossen haben, wollen sich vorerst ganz auf die Bekämpfung von *Recht auf Leben* konzentrieren und erst später mit der Unterschriftensammlung beginnen.

Der Bundesrat hat in seiner Botschaft vom 28. Februar 1983 die Initiative *Recht auf Leben* zwar abgelehnt, sich aber erstmals in dieser Schärfe gegen die Fristenlösung ausgesprochen: «Wir erachten die Fristenlösung, die den Entscheid über den Schwangerschaftsabbruch ausschliesslich der schwangeren Frau überlässt, als mit dem Grundrecht auf Leben unvereinbar. Sie ist (...) mit der Bundesverfassung nicht in Einklang zu bringen.» Diesen Passus, ein klarer Rückschritt, hat Bundesrat Kurt Furgler in die Botschaft gedrückt. Der damals neugewählte Bundesrat Alphons Egli hätte am liebsten gleich die Initiative unterstützt. Er wird denn auch von den Initianten im persönlichen Gespräch stolz als ihre Speerspitze in der Regierung bezeichnet – der 17. Mann im Initiativkomitee (vgl. S. 383).

Das Parlament lehnte *Recht auf Leben* deutlich ab, der Ständerat am 13. Dezember 1983 mit 21 zu 17 Stimmen, der Nationalrat am 5. Juni 1984 mit 110 zu 67 Stimmen bei 12 Enthaltungen. (Der Gegenvorschlag wurde in beiden Räten massiv verworfen, nämlich mit 29 zu 3 und 143 zu 42 Stimmen.) Pikant ist, dass Ernst Cincera gegen die Initiative stimmte, obschon er im Herbst 1983 von den Initianten zur Wahl empfohlen worden war (aufgrund einer Umfrage: «Sind Sie bereit, *Recht auf Leben* zu unterstützen?»).

Verein pro Volksinitiative Recht auf Leben, c/o Wichser

Die Initianten sind bisher mit vier unterschiedlichen Gremien an die Öffentlichkeit getreten:

- das 16köpfige Initiativkomitee, das über den Rückzug hätte entscheiden können (s. S. 383);
- rund 90 Personen, die die Lancierung in einem Patronatskomitee unterstützten;
- das inzwischen aufgelöste Aktionskomitee, das 1979/80 die Unterschriftensammlung organisierte (Präsident war der Berner Verleger Josef Grübel, Vizepräsidentin Marlies Näf, damals Zürcher Bezirksrichterin, Sekretär der Aargauer EVP-Grossrat Heiner Studer);
- der im Dezember 1983 gegründete *Verein pro Volksinitiative Recht auf Leben,* der die Arbeit der Abstimmungskampagne tragen wird.

Kopräsidenten des Vereins sind die St.Galler alt Nationalrätin Hanny Thalmann, Rechtsanwältin Marlies Näf von *Helfen statt töten* und der Walliser Staatsanwalt Pierre Roger Lovey von *Ja zum Leben*. Das Sekretariat besorgt an der Tödistrasse 15 in Zürich Dr. iur. Werner Wichser, Kassier ist Hans Rudolf Dudle, Solothurn. Weiter gehören dem Vorstand an: Carlo Luigi Caimi, Rechtsanwalt, Lugano und Zürich; Pfarrer Charles Corthay, Genthod/Genf; Dr. med. Adelheid Grüniger, Stans; Paul Herren, Clarens sur Montreux; alt Bundesrichter Hans Korner, Luzern; Dr. med. Bernhard König, alt *Republikaner*-Nationalrat, Jegenstorf BE; Rudolf Kunz, kantonaler Beamter, Boniswil AG; Dr. med. Jean-Jacques Pitteloud, Sion VS;

Lore Rohner, Journalistin und CVP-Grossrätin, Altstätten SG; Pfarrer Werner Schatz, Basel; Dr. Jakob Streuli, Redaktor, Kempten/Wetzikon; alt Pfarrer Rolf Sturzenegger, Steg im Tösstal. Im Hinblick auf den 9. Juni 1985 sollen in zahlreichen Kantonen regionale Abstimmungskomitees gebildet werden.

Wichser ist offensichtlich ein Anwalt mit freien Kapazitäten. Er betreut nicht nur das Sekretariat von *Recht auf Leben*, sondern liess sich 1983 vom Zürcher Hauseigentümerverband auch zum Mieter-Ombudsmann bestel-

Wir sind für eine kinderfreundliche Welt, für eine wirksame Mütterhilfe und für die Unterstützung der Verfassungsinitiative «Recht auf Leben» zum unbedingten Schutz des menschlichen Lebens von der Zeugung an bis zum natürlichen Tod und empfehlen Ihnen daher, die folgenden Nationalratskandidaten zweimal auf Ihrer Liste aufzuführen:

1206 Welti Erika, Dr. phil. I, Mittelschullehrerin, EVP
0108 Baumberger Peter, Dr. iur., Rechtsanwalt, CVP
1101 Bremi Ulrich, Ingenieur, Unternehmensleiter, FDP
1104 Cincera Ernst, Graphiker, FDP
0604 Graf Hans Ulrich, Dr. iur., Zeitungsverleger, SVP
0502 Hegg Jean-Jacques, Dr. med., Spezialarzt FMH, NA
0104 Hüngerbühler Hugo, Dr. phil., Stadtarchivar, CVP
1304 Hux Robert, Dr. phil. I, Professor, LdU
1231 Kübler Karl, Friedensrichter, EVP
0102 Landolt Josef, Dr. pharm., Apotheker, CVP
0107 Müller Johannes, Dr. iur., Rechtsanwalt, CVP
1214 Neukom Fritz, Bezirksratsschreiber, EVP
1201 Oester Hans, Prof. Dr. oec. publ., Handelslehrer, EVP
1117 Petermann Albert, Geschäftsleiter, FDP
0103 Seiler Rolf, Verbandspräsident, CVP
0503 Steffen Hannes, Reallehrer, NA
1604 Tanner Willy, Techn. Kaufmann, EDU
1133 Walther Rolf, Betriebsökonom HWV, FDP
1605 Wäfler Markus, Agro-Techniker, EDU
1606 Wethli Erwin, Beamter, EDU

Ja zum Leben
Sektion Zürich

«Sind Sie bereit, die Volksinitiative *Recht auf Leben* zu unterstützen?», fragte ein *Komitee für eine verantwortungsvolle Politik* (getragen von *Ja zum Leben, Helfen statt Töten, Verein besorgter Eltern*) die Kandidaten im Vorfeld der Nationalratswahlen 1983. Gestützt auf die Antworten wurde auch Ernst Cincera zur Wahl empfohlen, der jedoch im Nationalrat gegen die Initiative stimmte. (Inserat der Zürcher Sektion von *Ja zum Leben)* len. Der Mieterverband kritisierte sowohl Institution wie Person, da Wichser «als kompromissloser Exponent von Hauseigentümer- und Vermieterinteressen» bekannt sei (Volksrecht, 13.6.83). Im November 1984 leitete der Zürcher Mieterverband gegen Wichser strafrechtliche Schritte sowie ein Aufsichtsverfahren ein, weil sich Wichser im Telefonbuch irreführend «Ombudsmann im Mietwesen» nennt, und weil er in einzelnen Fällen nicht nur als Ombudsmann Mieter ‹beraten›, sondern als Anwalt gleichzeitig versucht hatte, Rechtsvertreter der Mieter zu werden – eine Mandatsfängerei, die der Mieterverband als «krass standeswidrig» kritisierte. Übrigens hat sich Rechtsanwalt François A. Bernath, der Nachfolger des verstorbenen Walter Guex, von seinem Büropartner Wichser getrennt.

Als Hauptreferenten für die Initiative *Recht auf Leben* haben sich Prof. Werner Kägi (bis November 1984 Präsident des Initiativkomitees) und

JES sucht Abstimmungshelfer

JES-Slogan:
«Konservativ aus Freude»

«Für die Abstimmung über *Recht auf Leben* ist es unbedingt nötig, dass wir uns als Jugendliche zusammenfinden und die Anliegen der Initiative mittragen helfen», stand in Inseraten der *Jungen Europäischen Schüler- und Studenteninitiative der Schweiz* (JES), die im Organ von *Ja zum Leben* (September 1984) und im *Abendland* (Oktober 1984) erschienen. In vier Wochenendseminaren wolle sich die JES im Winter 1984/85 mit den gegnerischen Argumenten vertraut machen und Ideen für die Abstimmungskampagne sammeln.

«Die JES ist eine überkonfessionelle, christlich-konservative Jugendbewegung», basierend auf den «Wertbegriffen des christlich-abendländischen Denkens», formulierte eine Selbstdarstellung im *Abendland* vom Dezember 1982. Unter der Schlagzeile «Konservativ aus Freude am Leben» hiess es: «Als junge, dynamische Bewegung treten wir den Feinden des freiheitlichen Rechtsstaates mit einer offenen Strategie entgegen und zeigen für die Gegenwart und Zukunft konkrete Alternativen auf.»

JES-Organisationen gibt es gemäss Selbstdarstellung auch in Österreich, Italien und Deutschland. In der Schweiz ist JES in Zürich, Bern, Freiburg, Aarau und St. Gallen aktiv. Als Präsident von JES-Schweiz zeichnete zuerst der Berner Student Vinzenz F. Bartlome (*1956) aus Köniz, Redaktor bei der *Schweizerischen Studenten- und Akademiker-*

Marlies Näf profiliert. Dr. iur. Marlies Näf-Hofmann (*1926) wurde 1972 als erste Frau in das Bezirksgericht Zürich gewählt, nominiert von der SVP. 1979 verliess sie die SVP, «weil diese Partei den Frauen praktisch keine Chance bietet und durch das neue Programm, das von fast allen Parteien von links bis rechts Anleihen aufgenommen hat, das Profil vollständig verloren hat». Die 'Evangelische Woche' (1/1979) meldete gleichzeitig, Marlies Näf sei der EVP beigetreten – was die Bezirksrichterin dann doch nicht vollzog. Im Frühjahr 1984 schied sie als Vizepräsidentin aus dem Bezirksgericht aus, weil sie von keiner Partei mehr nominiert wurde. Seither führt sie zusammen mit ihrem Mann Heinz Näf ein Anwaltsbüro in Zürich und Arbon; sie ist unter anderem als Rechtsvertreterin der NA Schweiz tätig. Die NA nominierte sie 1984 erfolglos als Kandidatin für einen von 15 Ersatzrichterposten am Bundesgericht.

zeitung (SSZ), später der Jus-Student Richard C. Ritter aus Freiburg, als Kassier der ETH-Student Thomas Felix Meier (*1959) und als Sekretär der Jus-Student Beat Kaufmann (*1958) aus Stäfa. Präsident von JES-Zürich war zuerst der Phil.-Ier Thomas Binkert und ab 1984 Max-Peter Stüssi, Aktuar der Jus-Student Christian Meier. Für JES-Aarau zeichnete Dieter Schmutz.

Zur ideologischen Stärkung veranstaltet JES regelmässig Seminare. Am 8./9. Januar 1983 sprachen auf dem Appenberg in der Nähe von Bern zum Thema «Marxismus + Sowjetunion» Prof. Joseph Bochenski (*30. 8. 02), Prof. Laszlo Revesz (*9. 12. 29) und Dr. B. Gorski. Am 5./6. Mai 1984 rüsteten sich rund 75 JES-Anhänger auf Rigi-Klösterli gegen die Argumente der Friedensbewegung auf – zusammen mit den Referenten Korpskommandant Josef Feldmann, Nationalrat Ernst Cincera und Martin Zach.

Eine Arbeitsgruppe Nicaragua von JES-Zürich verbreitete 1983 gratis eine umfangreiche Broschüre mit Material der *Internationalen Gesellschaft für Menschenrechte* (IGFM). Im Herbst 1984 kündigte die Arbeitsgruppe neue Aktionen gegen die «übliche Sandinistenlobby» in der Schweiz an (mosquito, November 1984).

Das forcierte Engagement für *Recht auf Leben* stiess innerhalb der JES gelegentlich auf Skepsis. «Sollen wir auch auf universitärer Ebene für die Initiative werben?» fragte der Zürcher Präsident Stüssi in einer Vorschau auf das Wintersemester 1984/85 eher unsicher: «Müssten wir aber nicht auch gleichzeitig für die Freigabe von Verhütungsmitteln oder zumindest für den Mutterschaftsschutz eintreten, um Glaubwürdigkeit zu bewahren?»

Ja zum Leben: Rückkehr der Dissidenten

Die *Vereinigung Ja zum Leben* hatte sich 1977 gespalten (vgl. S. 378f.). Die Mehrheit lehnte es ab, das Referendum gegen das Schwangerschaftsgesetz (modifizierte Indikationenlösung) zu bekämpfen, weil auch die Linke das Referendum beschlossen hatte. Eine Minderheit von *Ja-zum-Leben*-Aktivisten liess sich nicht vom Referendum abhalten. Diese Dissidenten-Gruppierung gab ab 1978 ebenfalls unter dem Titel *Ja zum Leben* ein eigenes Informationsblatt heraus. Die Redaktion des Dissidentenblattes besorgten Herbert Meier, Alois Holenstein, Elisabeth Granges und Margrit Reck.

Parallel dazu erschien weiterhin *Ja zum Leben* als «Offizielles Organ der Schweizerischen Vereinigung», redigiert vom Berner Verleger Josef Grübel, der das unregelmässig erscheinende Blatt zusammen mit dem Muttenzer Gymnasiallehrer Benjamin Egli zu einem grossen Teil mit eigenen Artikeln füllte. Die beiden Unentwegten klagten über «gewisse Ermüdungserscheinungen» (Dezember 1979) und über «Stimmungssituationen des Verzagens und des Sich-allein-Fühlens» (Juli / August 1981): «Man muss dagegen ankämpfen, dass man nicht müde wird im jahrelangen Ringen für das Leben, im Kampf gegen die Abtreibung. Ein Ende dieses Ringens ist nicht abzusehen.»

Das Ende kam für Grübel im Frühjahr 1983, als die Dissidenten in die schweizerische Vereinigung zurückkehrten und de facto die Macht übernahmen. Grübel zog sich völlig zurück, auch Egli verliess den schweizerischen Vorstand. Im Juni 1983 zeichnete die frühere Dissidenten-Gruppe neu als verantwortliche Redaktion: Elisabeth Granges, Alois Holenstein, Herbert Meier, Dr. med. Max Schreier (Kriegstetten), Pius Stössel, Werner Wichser. Ab Herbst 1983 zeichneten nur noch Holenstein und Granges.

Am 3. Dezember 1983 übernahm der Walliser CVP-Nationalrat Pierre de Chastonay (Sierre) das Präsidium von *Ja zum Leben*, das seit Roger Bonvins Rücktritt im Jahre 1977 verwaist war. In dieser Zeit hatte Vizepräsident Carlo Luigi Caimi, Rechtsanwalt in Lugano und Zürich, die Vereinigung de facto präsidiert. Weiter im Zentralvorstand sitzen (Stand 1984): als Sekretärin Marie-Thérese Hofstetter, Bern; als Kassier Hans Rudolf Dudle, Solothurn; Elisabeth Granges, Liebefeld BE; Staatsanwalt Pierre Roger Lovey, Fully VS; Lore Rohner, Journalistin und CVP-Grossrätin, Altstätten SG; Werner Wichser, Rechtsanwalt, Zürich. Die 1984 zurückgetretene Walliserin Edmée Buclin-Favre soll wenn möglich durch einen protestantischen Waadtländer ersetzt werden (nach dem Motto: weniger Wallis und weniger Katholizismus).

Seit 1980 ist *Ja zum Leben* wenig in Erscheinung getreten. Das schweizerische Sekretariat kommt denn auch mit wöchentlich drei Präsenzstunden aus. Sektionen gibt es unter anderem in der Ostschweiz (Lore Rohner), in Bern (Präsidentin Elisabeth Granges, Sekretärin Lizi Salvisberg) und in Zürich (Präsident Werner Wichser, Pressebeauftragter NA-Nationalrat Jean-Jacques Hegg).

Ja zum Leben konzentriert sich seit Jahren vor allem auf die Initiative *Recht auf Leben.* Daneben hat sich die Vereinigung gegen die vorgeschlagene Revision des Sexualstrafrechts (Senkung des Schutzalters usw.) ausgesprochen. Auch gibt *Ja zum Leben* in ihrer Publikation Telefonnummern von Hilfs- und Beratungsstellen an, doch ist vergleichsweise wenig über diese praktische Tätigkeit zu lesen.

Helfen statt töten: ein Stosstrupp feiert Jubiläum

«Kaum jemand von den Gründern hat geahnt, dass die *Aktion* länger bestehen würde als über die (Fristenlösungs-) Initiative hinaus», schrieb das Organ der *Aktion Helfen statt töten* anfangs 1984. «Die *Aktion* ist ein Kind des *Weissen Kreuzes,* gedacht als Stosstrupp im Kampf gegen die immer mehr um sich greifende Abtreibungswelle», formulierte Vizepräsidentin Marlies Näf im Herbst 1984 anlässlich des zehnjährigen Jubiläums. «Der Kampf gegen die Liberalisierung des Schwangerschaftsabbruchs ist sicher das wichtigste Ziel der *Aktion»,* auch wenn der Arbeitsbereich inzwischen weiter gesteckt sei. Der am 17. August 1974 gegründete Verein hat sich zum Ziel gesetzt, insbesondere Schwangerschaftsabbrüche durch geeignete Information vermeiden zu helfen, welche auch die biblisch-sittliche Lebensführung in Jugend, Ehe, Familie und Ledigenstand bewusst macht und eine entsprechende Gesinnung fördert.»

Das Präsidium der in Dürrenäsch AG im *Weisskreuz*-Zentrum beheimateten *Aktion* wechselte 1981 von Heiner Studer zu Pfarrer Theo Bertschi (*1921), Rothrist AG. Dem Vorstand gehören weiter an (Stand 1984): Vizepräsidentin Dr. iur. Marlies Näf, Zürich; als Kassier Hans Jürg Münger (* 1944), Hinterkappelen BE; als Sekretär Ernst Gollub, Dürrenäsch; Ella Haberstich, Suhr AG; Rudolf Kunz, Boniswil AG; Werner Lüscher, Oftringen AG; Emil Rahm, Hallau SH, Joachim Sommerhalder, Wintherthur.

Helfen statt töten erreicht fast eine halbe Million Jahresumsatz, rund 200'000 Franken sind Spenden. Die *Aktion,* die auch politische Aktivitäten wie *Recht auf Leben* finanziell unterstützte, wurde 1982 von der Aargauer Steuerbehörde als gemeinnütziges Werk anerkannt. Neben der politischen und publizistischen Arbeit unterstützt die *Aktion* werdende Mütter mit Beratung, Geld und Naturalien. Im Gegensatz zu *Ja zum Leben* legt *Helfen statt töten* in Jahresberichten öffentlich Rechenschaft ab.

An den Jahrestagungen referiert in der Regel Vizepräsidentin Näf, mitunter auch andere Referenten wie Dr. med. Jörg Nef aus Flawil SG, Inspektor Paul Graf aus Bettingen BS oder Christa Meves. Ab und zu werden für die Sympathisanten Kurse veranstaltet, etwa «Unsere Arbeit in der Tagespresse»: «Eingeladen sind Mitarbeiter von Freikirchen, Gemeinschaften

Emil Rahms Ringen mit Luzifers 5. Kolonne

Vorstandsmitglied Emil Rahm betreut seit Jahren mit grossem Einsatz die Pressestelle von *Helfen statt töten*, was einen miserablen Wirkungsgrad schon fast garantiert, gilt Rahm doch bei Redaktionen weitherum als Polit-Sektierer, der zwar ab und zu ein Plätzchen auf der Leserbriefseite erhält, der aber im übrigen nicht ganz ernst genommen wird. Eine ähnliche Erfahrung machte Rahm am SVP-Parteitag vom 15. Januar 1983, wo der Parteispitze die Auftritte des Hallauer Delegierten offensichtlich peinlich wurden.

In seinem Blättchen *Memopress*, das er an Zehntausende von Adressen gratis verschickt, denunziert Rahm immer wieder «Geld, Freimaurerei, Okkultismus, Kommunismus», die «treibende Kraft» einer Weltverschwörung seien. Die dazupassende Literatur (etwa 'Die Herrscher – Luzifers 5. Kolonne') preist er in Zeitungsinseraten an – nicht ohne zu versuchen, in Schreiben an die Inserateverwaltung auch ein redaktionelles Plätzchen zu ergattern: «Wären Sie bereit, das Doppelte des Inseratenraumes oder vielleicht sogar mehr redaktionellen Raum zur Verfügung zu stellen, der für Buchbesprechungen und Zitate, die zum Thema passen, genutzt werden könnte?»

Mitunter werden die Verschwörungstheorien des Rimuss-Unternehmers auch bürgerlichen Kreisen zu bunt. Als Rahm in der *Memopress* 1/1981 unter dem Titel «Ist auch die Schweiz reif für eine starke Hand?» selbst hinter den Vorschlägen für ein neues Sexualstrafrecht den «Generalplan zur Welteroberung» witterte, vermerkten dies die *Berichte zur Lage* der SAD unter der Rubrik «Rechtsgerichtete Gruppierungen» (2/1981) – was deshalb pikant ist, weil im SAD-Ausschuss auch Marlies Näf sitzt, Vorstandskollegin von Rahm bei *Helfen statt töten*. Marlies Näf leiht ihren Namen auch für Rahms *Aktion Volk+Parlament*, die in Pressetexten ebenfalls obskure Weltverschwörungsliteratur (etwa 'Die Absteiger – Planet der Sklaven') propagierte. Für diese *Aktion* zeichneten im Dezember 1983:

Emil Rahm, Hallau; K. Aeberli, Zürich; Kurt und Urs Berger, Augst; Josef Böhler, Rehetobel; A. Blaser, Henggart; Elsy von Dach, Bern; Markus Döbeli, Thalwil; S. Fischler, Buckten; Ernst Gollub, Dürrenäsch; Dr. A. Kaelin, Basel; Martin Klingenberg, Gossau; Johann Krayenbühl, Wattenwil; Dr. Rolf Kugler, alt Stadtrat, Oberwil-Zug; Richard Lehmann, Steffisburg; Hannah und Jürg Münger, Hinterkappelen; Beat Muffler, Brittnau; Dr. iur. Marlies Näf, Bezirksrichterin, Zürich; Hermine Reithaar, Zürich; Soldanella Rey, Heubach; R. Rothen, Elm; R. Spitzli, Gossau; Dr. A. Stückelberger, alt Kantonsrat, Basel; Debora und Werner Sidler, Hünibach; Thomas Steiner, Freiburg; Max R. Suter, Zürich; Arthur Vogt, Erlenbach; Emanuel Waldvogel, Staufen; H. Wildi, Reinach; Berthy Wyler, Zürich; A. Xandry, Zürich.

und christlichen Körperschaften aller Art, die Interesse daran haben, die 'beste Nachricht der Welt' durch die Tageszeitungen bekanntzumachen.»

Gelegentlich tritt *Helfen statt töten* mit Communiques an die Öffentlichkeit, etwa 1981 gegen die vom Volk dann deutlich angenommene Vorlage 'Gleiche Rechte für Mann und Frau': «Die Konsequenzen wären ein zunehmend schöpfungswidriges, gleichgeschaltetes Kollektivmenschentum, in welchem die Frau in ihrer Wesensart überfordert, die Familie weiter vernachlässigt und die Jugendprobleme gesteigert würden.» (NZZ, 29.5.81)

Der Kontakt mit den Mitgliedern und Sympathisanten wird durch das fünfmal jährlich erscheinende Organ *Helfen statt töten* gewährleistet. Zusätzlich lancierte die *Aktion* 1978 als Massenblatt *rede mitenand*, das vierteljährlich eine 'schöpfungswidrige', allzu befreite Sexualität an den Pranger stellt. Da werden Schwule als Kranke und Sünder hingestellt: «Gott verurteilt nicht die Neigungen, wohl aber die Handlungen.» Und: «Der Homosexuelle ist in einem gewissen Bereich Behinderter und bedarf als solcher der helfenden Zuwendung.» (1/83) Und Christa Meves verkürzte medizinische Erkenntnisse zu angstmachenden, lustfeindlichen Botschaften: «Vieler und häufig wechselnder Geschlechtsverkehr vom Jugendalter ab erhöht das Krebsrisiko.» (2/84) Herausgegeben wird *rede mitenand* von einer Arbeitsgruppe unter dem Vorsitz von Marlies Näf. Als verantwortliche Redaktion zeichnen Margrit und Ernst Gollub vom *Weissen Kreuz*.

Weisses Kreuz: Bücher und Vorträge von Christa Meves

Das *Schweizerische Weisse Kreuz* feierte 1982 sein 90jähriges Bestehen als Verein für Sexualethik und Seelsorge. Im *Weisskreuz*-Verlag in Dürrenäsch AG erscheinen auch Bücher von der deutschen Psychagogin Christa Meves, die vor allem in der Herderbücherei publiziert und dort eine Gesamtauflage von über zwei Millionen realisiert hat. Christa Meves (*4. 3. 25) ist auch in der Schweiz die wichtigste Propagandistin einer reaktionären, konservativen Sexual- und Familienmoral. Immer wieder durchzieht sie referierend die Schweiz, predigt selbst von Kirchenkanzeln: «gegen die Emanzipationsideologie, gegen die Sexualisierung der Gesellschaft, für die Familie, für das Ja zum Kind und sogar für die 'Nur-Hausfrau'» *(Abendland,* März 1983).

Meves' Theorien sind auch in neonazistischen, rassistischen Kreisen gefragt, und Frau Meves war auch bereit, in diesen Kreisen aufzutreten:

– Am 13. September 1975 referierte sie an der Jahrestagung der rassistischen *Gesellschaft für biologische Anthropologie, Eugenik und Verhaltensforschung* in Goslar BRD über den «Geburtenschwund aus biologischer Sicht». Weitere Referenten waren die bekannten Neonazis Jürgen Rieger und Rolf Kosiek (NPD-Vorstandsmitglied).

– Ein Jahr später trat Meves mit praktisch den selben Referenten nochmals

Christa Meves, die auch Luzerner Lehrer weiterbildete, im Gespräch mit Bernhard C. Wintzek, dem Herausgeber des Neonazi-Magazins *Mut* (Mai 1977).

im *Arbeitskreis Südwest* auf, der mit der *Gesellschaft für Anthropologie* eng verbunden ist. Das Programm war unter anderem im Neonazi-Magazin *Mut* ausgeschrieben, mit den Referenten Rolf Kosiek («Das Volk als echte Lebensgemeinschaft»), ex-Terrorist Dr. Norbert Burger («Volkstumskampf im Südtirol»), ex NPD-Vorsitzender Adolf von Thadden («Gefahren und Chancen eines gesichterten Fortlebens des deutschen Volkes»), anschliessend Meves («Wir werden immer weniger – Gedanken zum Geburtenschwund in Westdeutschland»). In der neonazistischen *Deutschen Wochen-Zeitung* wurde breit über die Tagung berichtet.

1977 gewährte Meves dem *Mut*-Herausgeber Bernhard C. Wintzek ein Interview – also einer der bekanntesten deutschen Neonazi-Figuren. Wintzek hatte beispielsweise 1972 zusammen mit dem Zürcher Psychiater Heinz Manz ein Manifest lanciert, das mit folgendem Bekenntnis begann: «Die Menschen sind nicht gleich. Jeder Zwang zu unnatürlicher 'Gleichheit' ist unmenschlich und freiheitsfeindlich. Unsere Humanität heisst: Achtung der Eigenart jedes Menschen, jedes Volkes, jeder Rasse.» Diesem Rassisten vertraute Meves an, woher ihre Bildung stamme. Dank «Ableistungen für Führer, Volk und Vaterland in Form von Kindergartenleistungen, Schulhelferdiensten und Betreuungen von Kinderlandverschickungslagern» habe sie in den letzten Kriegsjahren als noch nicht ganz Zwanzigjährige «mehr praktische Psychologie und Pädagogik» gelernt als später an der Universität. Allerdings seien diese «Ableistungen für Führer, Volk und Vaterland» unterbrochen worden durch Fliegerabwehrdienst («Deutschlands grösstes Benzinwerk wurde trotz unseres infernalischen Höllenspektakels durch pausenlose angelsächsische Bombardements völlig zerstört»). *Mut*-Interviewer Wintzek zeigte sich beeindruckt von Meves' Wortwahl: «Sie sprechen vom

Volk. Das ist heute ein bemerkenswerter Begriff.» Ja, sie verwende diesen strapazierten Begriff bewusst – als «gebranntes Kind des Dritten Reiches», «als ein völlig unabhängiger Mensch der Mitte». Und fügte gleich hinzu, mit welchen taktischen Überlegungen sie diese Mitte so betone: «Man wird sehr schnell in die Kiste des Faschismus hineingebracht, und das wäre ja nicht sonderlich sinnvoll.» (*Mut*, Mai 1977)

Die Faschisten werfen Christa Meves Inkonsequenz vor. Das Vorarlberger Neonazi-Blatt *Sieg* brachte im Februar 1983 eine ausführliche Zusammenfassung eines Meves-Vortrags: «Soweit so gut. Ihr Kritikansatz ist auch der unsrige. Wir könnten dies alles unterschreiben! Alles, alles richtig» usw. Nur: Völlig inkonsequent sei Meves' Kritik am Nationalsozialismus. Unter Hitler hätten doch genau die Zustände geherrscht, die sie in bewegten Worten fordere.

Die Kritik von rechts trifft den Kern. Meves' Theorien sind in manchen Punkten der nationalsozialistischen Familienpolitik ähnlich. Dieser Tatsache weicht Meves aus, indem sie bei Bedarf reihenweise kritische Zitate gegen die Hitler-Zeit vorweist. Bloss: Zur Ähnlichkeit ihrer Theorien mit jenen des Dritten Reichs ist damit noch nichts gesagt.

Pirmin Meier schrieb im *Abendland* von einem «echten Abgrenzungsproblem» (Mai 1983): «Programmatisch bildet das Eintreten für die Familie auf den ersten Blick eine auffällige Gemeinsamkeit zwischen Christlich-Konservativen und Nationalisten. Diese Gemeinsamkeit, die in zum Teil gleichlautenden tagespolitischen Stellungnahmen zum Ausdruck kommt – so kämpft z.B. die NPD kompromisslos gegen die Abtreibung – beruht jedoch nicht im geringsten auf gemeinsamen Grundsätzen. Nationalisten und Faschisten treten ein für die Familie als Mittel zum Zweck, nämlich Volk und Nation als höchste Werte im Spiel der Macht. Für die christliche Soziallehre hingegen stellt die Familie seit eh und je einen Wert an sich und in sich dar. Der Staat ist viel eher für die Familie da als umgekehrt.» Der Unterschied, den Meier so betont, besteht zweifellos. Nur: Sind damit die Gemeinsamkeiten kein Thema mehr? Es wäre eine lohnende Arbeit für Psychologen, die Familientheorien der Nationalsozialisten und von Christa Meves einem eingehenden Vergleich zu unterziehen, Gemeinsamkeiten und Unterschiede herauszuarbeiten.

Der Umstand, dass Frau Meves nicht nur vor privaten Vereinigungen, sondern auch in der offiziellen Luzerner Lehrerfortbildung auftrat, führte in der Innerschweiz 1983 zu einer heftigen öffentlichen Kontroverse (LNN, 12.2.83 bis 2.4.83; *Abendland*, April 1983 und Mai 1983).

Verein besorgter Eltern – wenigstens finanziell gesichert

Zu den Organisationen, die sich für *Recht auf Leben* engagieren werden, gehört auch der *Verein besorgter Eltern* (VbE), der seit 1977 gegen einen

Sexualunterricht an öffentlichen Schulen, gegen das neue Sexualstrafrecht und gegen Pornographie kämpft. «Christliche Geschlechtserziehung ist eine Erziehung zu Schamhaftigkeit, Keuschheit und Opferbereitschaft», predigt das Vereinsorgan *Aufblick* (Postfach 109, 8172 Niederglatt). Kristallisationspunkt der Vereinsaktivitäten war jahrelang das Pilotprojekt für einen Sexualunterricht in der Zürcher Gemeinde Urdorf. Am 14. Juli 1983 deponierte der VbE, unterstützt von der EDU, bei Erziehungsdirektor Alfred Gilgen 6237 Petitionsunterschriften: «Wir bitten den Regierungsrat des Kantons Zürich, auf die Einführung des Sexualkundeunterrichts zu verzichten.» Die Bitte wurde von der Zürcher Regierung nicht erhört, sie sprach sich 1984 für die allgemeine Einführung des Sexualunterrichts aus. Der VbE tröstete sich mit einer «Siegesbotschaft» aus dem Kanton Nidwalden: «Im September 1984 beschloss die Erziehungsdirektion, den Sexualkunde-Unterricht wieder vom Lehrplan zu streichen.» (*Aufblick*, Oktober 1984)

Die Polemiken gegen das Urdorfer Experiment haben die VbE-Spitze vor Gericht gebracht. Wegen übler Nachrede wurden Niklaus Oertly, Andrea-Giorgio Xandry und Nelly Fröhlich vom Zürcher Obergericht zu Geldbussen verurteilt (TA, 27.8.82).

Oertly (Neerach) war bis 1982 VbE-Präsident, bis zu seinem Wegzug nach Neuseeland. «Wir beteten und fragten den Herrn, wer die idealen Nachfolger für den VbE sein würden und kamen auf die Namen von Roland und Evelyn Oetiker. Als wir dieses Ehepaar darauf ansprachen, hat Gott ihnen seinen Willen in diesem Sinne offenbart.» Endlich mal ein Verein nicht nach ZGB. Als angehender Jurist sei Oetiker (Männedorf) der geeignete Präsident, hörte Oertly von Gott: «Das ideologische Fundament haben wir weitgehend entwickelt – jetzt ist es Zeit, den praktisch-juristischen Überbau zu machen» (*Aufblick*, Dezember 1982).

Nelly Fröhlich aus Frauenfeld engagiert sich stark in der *Vereinigung europäischer Bürgerinitiativen zum Schutz der Menschenwürde* (*union civium europae,* UCE), einer Arbeitsgemeinschaft, die sich «gegen die Zerstörung christlicher Werte und der abendländischen Kultur zur Wehr setzt». UCE veranstaltet regelmässig Tagungen auch in Zürich. In den 70er Jahren waren die Flugblätter von *Pro Veritate* mit dem Emblem von UCE geschmückt. Die «Zentrale Schweiz» der UCE ist bei Nelly Fröhlich domiziliert.

Der VbE ist vor allem in freikirchlichen Kreisen verankert. So gehört Vorstandsmitglied Xandry zur schweizerischen Missionsgemeinde. Der Evangelist Xandry lancierte parrallel zum VbE die Organisation *Beter für die Schweiz* (Postfach 148, 8053 Zürich), die auf der letzten Seite des *Aufblick* regelmässig Gastrecht hat. «Oh Gott, bewahre uns vor meinungsmanipulierender Einheitskost durch unser SRG-Monopol», betete dort Xandry (Juli 1981). Neuabonnenten wurden aufgefordert, «täglich einige Minuten» «christlichen Sendern den Weg freizubeten». Xandry, der im 'Tages-

Anzeiger-Magazin' vom 9. Januar 1982 vorgestellt wurde, findet neben dem vielen Beten aber auch Zeit zum Schreiben. «Gottes Segen für Ihre Arbeit», schrieb er dem Neonazi-Magazin *Mut* (Oktober 1984), dem er bereits im April 1983 per Leserbrief zugerufen hatte: «Nur Mut von *Mut*! 1000 Dank für Eurc Recherchen.»

Mut müssen sich die VbE-Aktivisten auch selbst zusprechen. «Was würden Sie sagen, wenn sie 1300 Menschen einladen an ein sehr wichtiges Seminar und schlussendlich erscheinen knapp zehn (vom VbE)», klagte Präsident Oetiker im Oktober 1984. Manchmal sehe er «einfach keine Resonanz. Mit Mühe haben wir es letztes Jahr geschafft, ein paar Tausend Unterschriften gegen den Sexualkunde-Unterricht zu sammeln. Ich frage mich, wie wir dastehen, wenn es wirklich einmal darauf ankommt, z.B. im kommenden Referendum gegen das neue Eherecht.» Ein Trost bleibt immerhin: «Finanziell haben Sie uns immer gesegnet. Der Herr segne Sie dafür.»

Opus-Dei:
Die heilige Mafia expandiert weiter

Das «Werk Gottes» ist seit 1979 nicht aus den Schlagzeilen verschwunden, auch nachdem in Zürich die dem *Opus Dei* angehörenden Religionslehrer, die katholische Mittelschüler indoktriniert hatten, entlassen worden sind. Weltweit fliegt kaum ein grösserer Skandal auf, ohne dass nachträglich verbreitet wird, dass Mitglieder des *Opus Dei* darin verwickelt waren. Als der italienische Chef der verbotenen Freimaurerloge P2, Licio Gelli, im August 1983 aus dem Genfer Gefängnis Champ-Dollon flüchten konnte, fand er in Madrid während einigen Tagen bei *Opus-Dei*-Leuten Unterschlupf, die ihm wahrscheinlich zur Ausreise aus der Schweiz auch einen gefälschten spanischen Pass verschafft hatten (NZZ 22.10.83). Bei der Untersuchung des Schwindels um die französischen Erdöl-Schnüffelflugzeuge stiess der französische Rechnungshof bald auf das *Opus Dei,* das – als Teil einer «rechtsgerichteten, konservativen und katholischen Glaubens-, Geschäfts- und Politlobby» – den Schwindel mit ermöglichte (TA 10.1.84). Jürgen Roth schildert in seinem Buch 'Dunkelmänner der Macht' (Lamuv-Verlag 1984) das internationale Beziehungsnetz des *Opus Dei* und zählt auf zwanzig Seiten die Affären auf, in die das *Opus Dei* in den letzten 30 Jahren seiner Ansicht nach weltweit verstrickt war. Da wird ein schauerliches Bild gezeichnet – auch wenn die Angaben Roths nicht alle überprüfbar sind.

Mal als «Geheimdienst Gottes», mal als «katholische Freimauererei» oder als «heilige Mafia» apostrophiert – in verschiedenen Ländern Westeuropas geriet das *Opus Dei* wegen seiner elitären, anti-humanistischen Ideologie und wegen seiner Praktiken, Jugendliche in Beschlag zu nehmen, ins Zwielicht. Dabei waren sich die Presse-Kommentatoren einig, dass sich die Methoden des *Opus Dei* kaum von denen der Jugendsekten (Scientology, Moon, Krishna etc.) unterscheiden.

Liegenschaften-Imperium zielstrebig ausgebaut

In der Schweiz ist das *Opus Dei* vor allem in Genf, Fribourg und Zürich aktiv. In Zürich, dem mit Abstand wichtigsten Stützpunkt in der Deutschschweiz, hat das *Opus Dei* sein Netz von Heimen, Clubs und Zentren zielstrebig ausgebaut. Der Stand im Herbst 1984:

– Die Leitung des Zürcher *Opus Dei* residiert an der Restelbergstrasse 10 im Kreis 7. Hauseigentümer ist Antonio Zweifel; ihren Wohnsitz haben in dem Haus laut Einwohnerkontrolle Benito Francisco, Hansruedi Freitag,

KULTURGEMEINSCHAFT ARBOR
SOCIETE CULTURELLE ARBOR
8044 ZÜRICH

Studentinnenheim
Sonnegg

VEREIN FÜR DIE FÖRDERUNG
DER TECHNISCHEN UND
HUMANISTISCHEN BILDUNG
8044 ZÜRICH

Studentinnenheim
Oberstrass

JUGENDCLUB ALLENMOOS

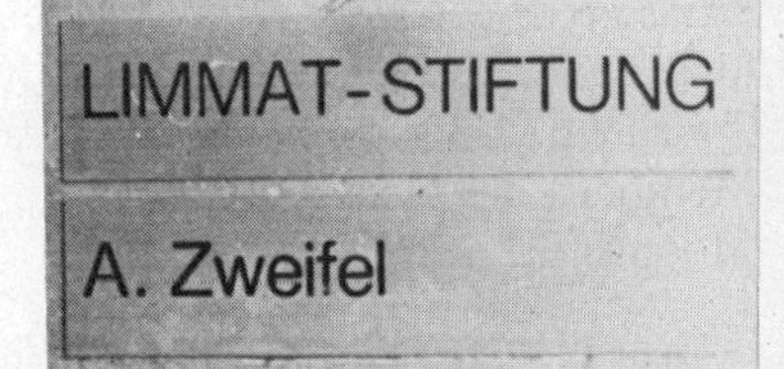

Ein Teil des Opus Dei-Imperiums in Zürich.

Peter Rutz, Carlos Schick, Antonio Suarez und Antonio Zweifel. Laut Hausglocke wohnt auch August Lopez Kindler an dieser Adresse.

– Das direkt angrenzende Haus Restelbergstrasse 10 hat 1983 eine weitere, neugegründete Tarnorganisation des *Opus Dei* gekauft, der *Verein für die Förderung der technischen und humanistischen Bildung*. Das Haus wurde im Sommer und Herbst 1984 umgebaut, wozu ist nicht bekannt.

– Die *Kulturgemeinschaft Arbor,* der ausser beiden Häusern an der Restelbergstrasse alle Zürcher *Opus-Dei*-Liegenschaften gehören, hat ihren Sitz an der Ackermannstrasse 25, im *Studentenheim Fluntern.* Hier wohnt das männliche, mittlere Kader des Zürcher *Opus Dei,* laut Adressbuch unter anderem José Bonnemain, Luis Cardona, Peter Kopa (früherer Leiter des *Jugendclub Allenmoos)* und Pedro Turull.

– An der Landoltstrasse 23 (oberhalb des Rigiplatz) hat das *Opus Dei* 1981 für 1,2 Millionen eine weitere Liegenschaft gekauft und für nochmals 1,2 Millionen zum *Studentinnenheim Oberstrass,* auch *Zentrum für kulturelle Bildung* genannt, umgebaut. Dabei wurde unter anderem im Garten ein unterirdischer Andachtsraum eingebaut. Hier hat die weibliche Zürcher *Opus-Dei*-Prominenz ihren Wohnsitz, unter anderem Isabella Dominguez und Barbara Schibli (frühere Leiterin des *Jugendclub Goldbrunnen).*

– Daneben besteht an der Scheuchzerstrasse 27 weiterhin das *Studentinnenheim Sonnegg.*

– Der *Jugendclub Goldbrunnen* an der Birmensdorferstrasse 190 (für Mädchen) besteht in seiner bisherigen Form nicht mehr. In einem Bettelbrief für eine Geldsammlung für das *Studentinnenheim Oberstrass* (Landoltstrasse) schwindelte das *Opus Dei* 1983 den Adressaten vor, das neue Studentinnenheim sei nötig, weil der Besitzer der Birmensdorferstrasse 190 für sein Haus «eine neue Nutzung vorgesehen» habe. Damit wurde der Eindruck erweckt, der *Jugendclub Goldbrunnen* sei vom Hausbesitzer auf die Strasse gestellt worden. Tatsächlich war der *Jugendclub* an der Birmensdorferstrasse lange Zeit nur zur Miete – bis 1982. Dann kaufte, ja wer wohl, die *Kulturgemeinschaft Arbor* das Haus. Heute betreibt das Opus Dei dort das *Bildungszentrum Goldbrunnen.*

– An der Allenmoosstrasse 80 betreibt das *Opus Dei* den *Jugendclub Allenmoos,* der von Dr.med. Flavio Keller geleitet wird. Das 80jährige Haus wird demnächst abgerissen, weil das *Opus Dei* hier ein neues Zentrum bauen will. Dieses Bauprojekt war 1982/83 Anlass einer lokalen Kontroverse. Offiziell ist der Neubau als Studentenwohnheim mit 30 Zimmern deklariert. Doch deuten mehrere grosse Versammlungsräume und eine entsprechend ausgerichtete Infrastruktur darauf hin, dass hier auch Tagungen durchgeführt werden sollen (freilich in kleinerem Rahmen als im einst geplanten *Internationalen Tagungszentrum* im luzernischen Schongau).

Im Allenmoos-Quartier entstand 1982 Widerstand gegen das Bauprojekt, weil sich die Nachbarn einerseits über den geplanten Betonklotz ärgerten (einen schönen, alten Baumbestand hatte das *Opus Dei* bereits vorsorglich abgeholzt), andererseits weil sie befürchteten, dass sich «die Agitation des *Opus Dei* in der näheren Umgebung weiter verstärken wird» (so eine Pe-

Opus-Dei Mitglieder empfangen den Papst im Juni 1984 in Einsiedeln.

tition an den Zürcher Stadtrat). Dieser bewilligte freilich im März 1983 das Bauprojekt, weil es den baurechtlichen Bestimmungen genüge. Falls das *Opus Dei* aber, so der Stadtrat in einer Interpellationsantwort an den Gemeinderat vom 23. März 1983, «die befürchtete Indoktrination auf Schüler der umliegenden städtischen Schulen ausdehnen sollte, würde die zuständige Kreisschulpflege solche Versuche sofort verbieten». Ohne Erlaubnis hätten *Opus-Dei*-Mitglieder ohnehin keinen Zutritt zu den Schulhäusern.

660 000 Franken Steuergelder für Opus-Dei-Häuser

Immerhin hat die Zürcher Stadtverwaltung seit 1979 Subventionsgesuchen des *Opus Dei* nicht mehr stattgegeben. Weil an der Landoltstrasse 23 ein Dutzend Schlafplätze für Studentinnen entstehen sollten (tatsächlich wohnen jetzt viel weniger Personen dort), beantragte die *Kulturgemeinschaft Arbor* 1982 von der Stadt eine Subvention von 230 000 Franken aus dem Fonds «für die Erstellung von Wohnungen und Zimmern für in Ausbildung stehende Jugendliche». Beim Kanton machte die *Kulturgemeinschaft* gleich noch weitere 300 000 Franken anheischig. Doch Stadtrat Willy Küng erklärte am 1. Juni 1983 vor dem Gemeinderat, das *Opus Dei* erhalte in Zürich keine öffentlichen Gelder mehr, und auch der Kanton lehnte das an ihn gerichtete Gesuch ab.

Diese Ablehnung ist neu. Bis anhin hatte die öffentliche Hand verschiedene Projekte mitfinanziert, freilich ohne zu wissen, dass sich hinter der *Kulturgemeinschaft Arbor* das *Opus Dei* versteckt. In den sechziger Jahren hatten Stadt und Kanton das *Studentinnenheim Sonnegg* und das *Studentenheim Fluntern* mit insgesamt 665 000 Franken unterstützt.

Was ist eine Personalprälatur?

1979 war noch keine deutschsprachige, kritische Darstellung über das *Opus Dei* greifbar. Seither sind mehrere solche Publikationen erschienen. Die 'Weltwoche' publizierte 1983 einen mehrteiligen, gut dokumentierten Report (Nr. 3 bis 5/83, Reaktionen in 8/83 und 11/83). Im (katholischen) Benziger-Verlag ist der sehr lesenswerte Erfahrungsbericht eines ausgestiegenen *Opus-Dei*-Mitglieds aus der Bundesrepublik erschienen (Klaus Steigleder, 'Das Opus Dei, eine Innenansicht'; vom 'Spiegel' auszugsweise als Serie veröffentlicht). Wir verweisen auf diese Werke und gehen nur verkürzt auf die allgemeine Entwicklung des weltweit tätigen Ordens ein.

Das *Opus Dei* wurde im November 1982 vom Papst zu einer «Personalprälatur» ernannt, obschon sich fortschrittliche Kreise innerhalb der katholischen Kirche seit Jahren – unter den bisherigen Päpsten erfolgreich – gegen einen solchen Sonderstatus für den elitären Orden ausgesprochen hatten.

Auch die schweizerische Bischofskonferenz hatte eine Aufwertung des *Opus Dei* abgelehnt. Vor allem aus nationalen kirchenpolitischen Gründen: Die Bischofskonferenz will in der Schweiz die Diözesen neu aufteilen und in den reformierten Hochburgen Zürich und Genf neue Bischofssitze errichten. Damit die Katholiken dieses Ziel erreichen können, darf der religiöse Friede nicht gestört werden. Religiöser Streit oder anti-katholische Emotionen, wie sie das *Opus Dei* mit seinen Methoden allenthalben provoziert, sind genau das, was die Bischofskonferenz vermeiden möchte.

Doch das *Opus Dei* geniesst die erklärte Sympathie von Papst Johannes Paul II. Im Februar 1981 leitete der Polen-Papst ein Verfahren für die Heiligsprechung des *Opus-Dei*-Gründers José Maria Escriva de Balaguer y Albas ein.

Was der neue Status des Opus Dei nun konkret bedeutet, weiss niemand. Eine Personalprälatur ist ein absolutes Unikum, das auch belesene Kirchenrechtler nicht definieren können. Dem *Opus Dei* selbst kommt diese Ungewissheit gelegen, und der Orden trägt nichts dazu bei, sie zu beseitigen. Martin Rhonheimer vom «Informationsbüro des *Opus Dei*» bei einer solchen Vernebelungsübung: «Eine Personalprälatur als weltliche Jurisdiktionsstruktur untersteht gemäss den kirchenrechtlichen Ausführungsbestimmungen der Bischofskongregation und nicht, wie Ordensinstitute, der Kongregation für die Ordensleute und Säkularinstitute» ('Weltwoche' 11/83). Alles klar?

Domherr Franz Stampfli, Informationsbeauftragter des Bistums Chur, unterstreicht, dass das *Opus Dei* auch als Personalprälatur der Kontrolle des gebietsmässig zuständigen Bischofs untersteht. Daran habe der neue Status nichts geändert. Falls das *Opus Dei* als *Opus Dei* zum Beispiel eine Kapelle oder Kirche betreiben möchte, wäre dazu die Einwilligung des Bischofs nötig.

Bei Aktivitäten allerdings, so Stampfli weiter, die nicht im Namen des *Opus Dei* erfolgen, ist diese Einwilligung nicht nötig, da die Mitglieder in diesem Fall nicht im Auftrag der Kirche handeln, sondern in eigener Verantwortung.

Mit andern Worten: Der Status Personalprälatur ist faktisch ein Freibrief für die *Opus-Dei*-Mitglieder. Da sie ja nie als *Opus Dei* auftreten, sondern immer nur als Einzelpersonen, sind sie der regulären örtlichen Kirche gegenüber für ihr Tun nicht verantwortlich, sondern einzig ihren internen Vorgesetzten im *Opus Dei*. Das *Opus Dei* ist also quasi ein rechtsfreier Raum innerhalb der katholischen Kirche.

«Wir dachten, das sei sicher etwas Rechtes, solange es katholisch ist»

Im Januar 1980 wandte sich die Familie H. aus einer Zürcher Vorortsgemeinde via 'Tages Anzeiger' an die Öffentlichkeit, um vor dem *Opus Dei* zu warnen. Im 'Tages Anzeiger' (11.1.80) schilderten sie, wie sie die Entfremdung ihrer Tochter Doris (die ein paar Monate zuvor ins *Opus-Dei*-Studentinnenheim Sonnegg gezogen war) erlebt hatten. Seit bereits acht Jahren stand die damals 20jährige Doris (Name geändert) unter dem Einfluss des *Opus Dei* und war mit 17 – ohne Wissen der Eltern – Numerarierin geworden. Das heisst, sie hatte dem Laienorden auf Lebzeiten absoluten Gehorsam, absolute Keuschheit und absolute Armut geschworen.

«Es hat alles damit angefangen, dass Doris im Frühling 1972 ins Gymnasium Bühl in Zürich eintrat. Schon bald verkehrte sie im nahegelegenen *Jugendclub Goldbrunnen.* Wir erkundigten uns damals und erfuhren, dass eine katholische Jugendorganisation hinter dem Klub stekke. So waren wir froh, immer zu wissen, wo Doris ist, und dachten, das sei sicher etwas Rechtes, solange es katholisch ist. Das ging so bis 1975. Doris verbrachte ihre Ferien in der Zeit häufig in Urio am Comer See oder im Ferienheim Tschudiwiese in Flums. Dass wir anfangs nie erfuhren, wer diese Lager jeweils organisierte und auch sonst kaum Unterlagen bekamen, beunruhigte uns zunächst nicht, weil wir ja wussten, dass Maria Casal, die Religionslehrerin, dabei war. Dass Doris nach jedem Ferienaufenthalt irgendwie verändert oder gar verstört nach Hause kam, schrieben wir ihrer damaligen Pubertät zu.

Heimlich und gegen den Willen der Eltern getauft

1975 tauchte erstmals der Name des *Opus Dei* auf. An einem Sonntag wollte Doris zur Tauffeier einer Mitschülerin, die unter dem Einfluss ihrer Freundinnen zum katholischen Glauben konvertierte. Ihre protestantischen Eltern durften dies aber nicht erfahren. Wir waren damals entsetzt, dass ein katholischer Pfarrer – es war *Opus-Dei*-Priester *Hansruedi Freitag* – heimlich und gegen den Willen der Eltern eine Minderjährige tauft. Doch wir haben uns – leider – nur geärgert und nichts unternommen.

Doris veränderte sich damals völlig. Sie gab ihre ehemaligen Hobbies auf, verkehrte nicht mehr mit ihren alten Freundinnen und verbrachte statt dessen jede freie Minute im *Opus Dei*. Sie schrieb und telefonierte unzähligen jungen Mädchen und fragte sie, ob sie nicht an diesem oder jenem Lager oder Kurs teilnehmen wollten. Täglich besuchte sie die Messe, betete stundenlang, besuchte die sogenannten Einkehrtage, die mindestens einmal im Monat am Wochenende stattfanden, und ging von der 3. Gymi-Klasse an einmal pro Woche in den «Kreis». Da werde aus der Bibel vorgelesen und danach diskutiert.

Mit Geisseln Abtötung betrieben

Immer wieder stellten wir fest, dass Doris bis spät in die Nacht und wieder frühmorgens Licht hatte in ihrem Zimmer. Sie wurde bleich und abgespannt. Beim Arbeiten hatte sie immer einen Rosenkranz und ein Bild des *Opus-Dei*-Gründers Balaguer neben sich. Wir spürten, dass Doris unter grossem Fremdeinfluss stand und sich immer mehr von uns abwandte. Wenn wir sie darauf ansprachen, sagte sie, man solle sie in Ruhe lassen, sie wolle nur ihr eigenes Leben leben. Und überhaupt: Der Papst und der Bischof liebten das *Opus Dei*.

Erst im Frühling 1979 erfuhren wir, dass Doris schon damals Numerarierin war. Dabei hatte sie uns zuvor mehrmals versprochen, sie werde sich zu nichts verpflichten. Mit 17 Jahren hatte sie schriftlich um Aufnahme ins Werk gebeten. Schon damals wusste sie, dass sie mit 20 Jahren ins Studentinnenheim Sonnegg ziehen würde. Nun bestätigte sie uns auch, dass sie mit dem Bussband und mit Geisseln Abtötung betreibe, dass sie nie heiraten werde und immer in Armut leben wolle. Ja, sie versuche auch andere für das *Opus Dei* zu gewinnen. Sie wisse genau, was sie tue.

Wir verurteilen die Manipulation Minderjähriger

Wir sind nicht prinzipiell gegen das *Opus Dei* und sprechen diesen Leuten auch nicht das Recht ab, ihre Religion so zu praktizieren, wie sie das für richtig halten. Was wir verurteilen, ist die systematische Manipulation Minderjähriger, die sich quasi für den Rest des Lebens zu etwas verpflichten, was sie in dem Alter noch gar nicht abschätzen können. Und von dem sie sich wegen der seelischen Abhängigkeit, aber auch wegen der eingeimpften Schuldgefühle kaum mehr lösen können.

Auch geschieht alles hinter dem Rücken der Eltern. Wir fühlen uns von der Leitung des *Opus Dei* regelrecht hintergangen. Doris hat zuerst bei den Einkehrwochenenden, dann immer häufiger im Sonnegg übernachtet. Im April 1979 vereinbarten wir, dass Doris dort vorläufig nicht mehr verkehren soll, um Distanz zu gewinnen. Wir holten dort ihre Sachen ab. Dabei gab es auch eine Szene mit der Leiterin des Sonnegg, Isabella Dominguez, die uns eröffnete, wir, die Eltern, versündigten uns, wenn wir versuchten, unsere Tochter von der Berufung zur Heiligkeit abzuhalten.

Wir wollten den Kontakt abbrechen

Unser Wunsch war, wenigstens vorübergehend die Kontakte ganz abzubrechen. Doch die geistige Leiterin von Doris, Emilia, traf sich weiterhin wöchentlich mit Doris, und die beiden besprachen alles. Nach jedem Zusammentreffen spürten wir erneut den fremden Einfluss. Wir kannten unsere Tochter kaum mehr. Was sie sagte, sagte sie wie unter einem Bann.

Anlässlich eines längeren Gesprächs mit unserer Tochter und uns machte Bischof Vonderach im letzten Frühjahr in Chur den Vorschlag, Doris solle sich zwei Jahre komplett vom *Opus Dei* trennen. Er billige die *Opus-Dei*-Methoden auch nicht, könne aber nicht mehr für uns tun. Doch unsere Tochter lehnte nach drei Wochen Bedenkfrist ab. Sie spüre, dass Gott wolle, dass sie diesen Weg gehe.

Als sie volljährig war, besuchte Doris den Kreis, das Sonnegg, den Goldbrunnen und die Einkehrtage wieder regelmässig. Und letzten Herbst ging sie eine Woche ins Ferienlager nach Urio und eine weitere Woche zu einem Einkehrkurs in den Goldbrunnen. Nach dieser erneuten völligen Beeinflussung kam sie nach Hause und erklärte uns, sie werde am nächsten Tag endgültig ins Sonnegg ziehen. Das Leben sei zu kurz, um nur einen Tag zu warten und untätig zu sein.

Wir sagten Doris dann, wenn sie wirklich gehen wolle, solle sie dies sofort tun. Sie telefonierte mit dem Studentinnenheim und wurde eine halbe Stunde später abgeholt.»

Bezirksgericht Zürich: «Eine Geheimorganisation»

1980 hatte – neben zahlreichen anderen Zeitungen – der 'Tages Anzeiger' über ein Projekt der *Opus-Dei*-Organisation *Verein Internationales Tagungszentrum* (VIT) berichtet. Der VIT wollte im luzernischen Schongau ein Studien- und Tagungszentrum errichten (siehe Seite 353f. Das Projekt ist inzwischen gescheitert, weil die Schongauer Stimmbürger am 2. März 1980 die für die Baubewilligung nötige Zonenplanänderung abgelehnt haben).

Zutreffend stand in einem TA-Bericht, dass der VIT «ein blosser Tarnname» sei; der Verein sei «mit dem *Opus Dei* gleichzusetzen». Und an einer andern Stelle schrieb der TA, der Verein habe in Schongau versucht, «in planmässigem Vorgehen die Bevölkerung in die Irre zu führen.»

Dagegen hat der VIT Ende 1980 wegen Verletzung in den persönlichen Verhältnissen (Artikel 28 ZGB) geklagt. Am 21. August 1984 hat das Bezirksgericht Zürich die Klage vollumfänglich abgewiesen, und der VIT muss neben den Gerichtskosten dem TA eine hohe Prozessentschädigung zahlen. Der VIT hat die Klage ans Zürcher Obergericht weitergezogen.

In der sehr ausführlichen Urteilsbegründung zitiert das Bezirksgericht aus den sonst schwer zugänglichen, 479 Punkte umfassenden Satzungen des *Opus Dei* ('Las Constitutiones del *Opus Dei'*). Auszüge:

«182. Selbst wenn sich die Mitglieder des Opus Dei ganz der Ausübung der evangelischen Vollkommenheit widmen, zeigt das Institut nach aussen in seinen Häusern keine Zeichen, die auf ein religiöses Haus hinweisen könnten.

189. Das Institut als solches will verborgen bleiben, um sein eigentliches Ziel leichter zu erreichen: Deshalb verzichtet es auf gemeinsame Handlungen und hat auch keine Namen oder allgemeine Bezeichnungen für seine Mitglieder. Aus dem Charakter des Instituts, das nach aussen hin als Gesellschaft nicht auftreten sollte, ergibt sich, dass seine Mitglieder nicht an gewissen Kultausübungen wie Prozessionen teilnehmen.

191. Die Mitglieder müssen sich gut merken, dass sie immer die Namen der anderen Mitglieder verschweigen sollten; und dass sie niemandem ihre eigene Zugehörigkeit zum Opus Dei verraten dürfen, nicht einmal mit dem Ziel, dieses Institut bekanntzumachen – es sei denn mit der Erlaubnis des lokalen Direktors.

193. Diese Satzungen, die veröffentlichten Vorschriften und solche, die noch veröffentlicht werden sollten, sowie alle weiteren Dokumente, dürfen nicht verbreitet werden; überdies dürfen jene Dokumente, die in lateinischer Sprache verfasst sind, nicht in gewöhnliche Sprachen übersetzt werden, es sei denn mit der Erlaubnis des «Vaters».

197. Unser Institut ist zweifellos eine Familie, aber ausserdem ist es auch eine Miliz. Eine Familie ohne die Unannehmlichkeiten der körperlichen Liebe; und eine Miliz mit der besten Kampfkraft und mit der stärksten Disziplin.

202. Mittel unseres Apostolats sind die öffentlichen Ämter, insbesondere leitende Positionen.

232. Die Handlungen und Gründe unserer Berufung sollten wir Fremden nur sehr vorsichtig und selten mitteilen; denn wie könnten jene, die unsere Institutionen nicht kennen oder ihr feindlich gegenüberstehen, uns Ratschläge geben?»

Diese Satzungsbestimmungen, so das Bezirksgericht, bedürften kaum einer Erläuterung. «Das *Opus Dei* bringt damit selbst zum Ausdruck, dass es sich als eine Geheimorganisation versteht, welche im Verborgenen bleiben will, um seine Ziele besser zu erreichen, weshalb sie nach aussen nicht als Gesellschaft auftritt und nicht unter seinem eigenen Namen, sondern durch seine Mitglieder wirkt.» Wenn der VIT Wert darauf lege, es sei zu unterscheiden zwischen dem was das *Opus Dei* und dem was seine Mitglieder tun, so sei dem entgegenzuhalten, dass das *Opus Dei* ja gerade überhaupt nie als Vereinigung, sondern immer nur durch seine Mitglieder handle.

Das Gericht kommt - auch weil alle VIT-Mitglieder dem *Opus Dei* angehören - zum Schluss, dass es sich beim VIT um eine «faktisch mit dem *Opus Dei* identische zivilrechtliche Trägerschaft handelt, derer sich das *Opus Dei* bedient, um zur besseren Erreichung seiner Ziele selbst im Verborgenen bleiben zu können». Der Ausdruck «Tarnname» wird deshalb geschützt, wie auch aufgrund weiterer Ausführung die Behauptung der «planmässigen Irreführung».

Späte Genugtuung für Erzbischof Lefebvre

Im Oktober 1984 erlebte der traditionalistische Erzbischof Marcel Lefebvre, unterdessen 79jährig, einen späten Triumph. Der Papst erlaubte es den reformfeindlichen Katholiken, die Messe wieder in ihrer alten, vorkonziliären Form zu feiern. «Sehr freudig» reagierte Lefebvre (*1905) auf den Papst-Entscheid, der für ihn freilich erst ein Teilerfolg ist: Traditionalistische Priester, die wieder die lateinische Messe lesen wollen, müssen eine Erlaubnis beim zuständigen Ortsbischof einholen – Lefebvre hat keine Chance, eine solche Erlaubnis zu erhalten – und der gesuchstellende Priester muss ausdrücklich «die Rechtsgültigkeit und die Richtigkeit des nachkonziliären Messbuchs akzeptieren» – Lefebvre wird nie bereit sein, die Richtigkeit irgenwelcher Entscheide des 2. vatikanischen Konzils zu anerkennen.

Trotzdem ist der Papst-Entscheid für die Traditionalisten ein erster Schritt in Richtung auf weitere Konzessionen. Papst Wojtyla hatte den Entscheid erst nach jahrelangen Auseinandersetzungen mit der für Liturgiefragen zuständigen vatikanischen Bischofskongregation (die zögerte, den Konzilsbeschluss zu verwässern) durchsetzen können. Freilich: Das im Juli 1976 von Wojtylas Vor-Vorgänger Papst Paul VI. gegen Lefebvre verhängte Verbot jeglicher priesterlicher Tätigkeit («suspensio a divinis») wurde (noch) nicht aufgehoben. Doch da Lefebvre das Verbot ohnehin konsequent und vorsätzlich missachtet, ist er dadurch kaum eingeschränkt.

Jedes Jahr spielt sich das gleiche Ritual ab: Trotz öffentlicher Warnung der schweizerischen Bischofskonferenz, Lefebvre sei nach wie vor suspendiert und dürfe seine Vollmachten als Bischof und Priester nicht ausüben, weiht Lefebvre jeweils am 29. Juni am Festtag von St. Peter und Paul rund zwei Dutzend Priester, die das Seminar in Ecône absolviet haben (siehe Seite 321f.). Rund 150 Priester haben in den letzten Jahren das Ecône-Seminar absolviert und wirken jetzt in aller Welt im Sinn der Traditionalisten.

Priesterweihen dürfen nach kanonischem Recht nur von einem Bischof vorgenommen werden. Deshalb weiht immer noch Lefebvre die fertig ausgebildeten Ecône-Seminaristen, obschon er Mitte September 1982 seinen Rücktritt als Leiter des Seminars von Ecône und der *Priesterbruderschaft des Heiligen Pius X.* ankündigte und sich auf Ende Juni 1983 dann auch tatsächlich zurückzog. Sein Nachfolger als Generalvikar der *Priesterbruderschaft* wurde der Deutsche Franz Schmidberger aus Saarbrücken (*1946).

Im Dezember 1983 hat sich der abtretende Bischof der brasilianischen Diözese Campos, Antonio de Castro Mayer, der integristischen Bewegung Lefebvres angeschlossen. Ein Ecône-Geistlicher sprach am welschen Fernsehen von einer «Verstärkung der Bewegung»; jetzt sei Lefebvre als Bischof

Das Sonne-Säli in Rickenbach wurde zur Kapelle umfunktioniert. Zur Frühmesse kommen jeweils Angehörige zweier Bauernfamilien aus der Umgebung (Bild Baggenstos).

nicht mehr allein. «Solche Erklärungen verraten Wunschdenken und Zweckoptimismus», kommentierte die NZZ: Mayer ist ein Jahr älter als Lefebvre...

Lefebvre selbst hat seinen Wohnsitz 1982 nach Rickenbach im Kanton Solothurn verlegt. Dort residiert er im ehemaligen Hotel Sonne, direkt an der Hauptstrasse Olten-Solothurn, das in *Priorat Sankt Niklaus von Flüe* umbenannt wurde. Das ehemalige Säli der Sonne wurde in eine Hauskapelle umgebaut. Neben Lefebvre zogen unter anderem auch sein Sekretär Patrice Laroche sowie Denis Roch, ein zum Katholizismus konvertierter Sohn eines Genfer Pfarrers, nach Rickenbach. Die Liegenschaft ist via die Lefebvre-Anhängerin Silvia Peier aus Trimbach in den Besitz der *Priesterbruderschaft* geraten. Silvia Peier hatte das Haus von ihrem 1980 verstorbenen Vater geerbt, sehr zum Missfallen der übrigen Geschwister Peier.

Nachdem Lefebvre seine Angriffe gegen Rom im Hinblick auf eine mögliche Rehabilitation vorübergehend gemässigt hatte, steigerte er sich spätestens seit 1982 wieder. Seine Abschiedspredigt in Ecône am 29. Juni 1983 war eine fulminante Attacke gegen die römische Kurie und gegen das Zweite Vatikanische Konzil. Die Hauptfeinde der katholischen Kirche seien «der Protestantismus, der Liberalismus, der Progressismus und der Modernismus». Der «Ökumenismus» fresse die katholische Kirche an und wolle aus Katholiken Protestanten machen. Schärfstens griff Lefebvre Bischöfe in Europa, Süd- und Nordamerika an, die sich für die sozial Schwachen einsetzen und für ein politisches Engagement der Kirche eintreten: Sie begünstigen laut Lefebvre Sozialismus und Kommunismus. Ein Jahr zuvor hatte Lefebvre den frischgewählten französischen Staatspräsidenten François Mitterand mit dem «lebendigen Teufel» verglichen, ohne dass die Behörden strafrechtliche Schritte einleiteten.

Im Dezember 1983 publizierten Lefebvre und Mayer einen offenen Brief an den Papst, in dem sie alte Vorwürfe wiederholten. Markus Hossli aus Oberriet SG liess den Brief am 30. März 1984 als Inserat in verschiedenen Schweizer Zeitungen publizieren.

Lefebvre vermied es freilich in jüngster Zeit, den Papst persönlich anzugreifen. Im Juli 1982 war Lefebvre zu Gesprächen mit Vertretern der Kurie nach Rom gereist. Schon damals erklärte er, er glaube, der Papst sei ihm freundlich gesinnt. Die Wiederzulassung der lateinischen Liturgie hat Lefebvre Recht gegeben.

Christliche Ost-Missionare: Religiöser Antikommunismus lockert Spendermillionen

1975 hatten es die verschiedenen kirchlichen und freikirchlichen Organisationen, die sich um die Lage der Christen in den kommunistisch beherrschten Staaten kümmern, geschafft, gemeinsam eine Reihe von Schweigemärschen («Solidarität mit den verfolgten Christen») zu organisieren. Diese Zusammenarbeit hat sich nicht fortgesetzt: Die verschiedenen Organisationen marschieren auch 1984 noch getrennt. Mit ihrem religiös verbrämten Anti-Kommunismus gelingt es ihnen nach wie vor, beim Schweizer Publikum Spenden in Millionenhöhe lockerzumachen – dank Reagan und der Neuauflage des Kalten Krieges offenbar erfolgreicher denn je. Während die offiziellen Schweizerischen Landeskirchen erfolgreich und konstruktiv mit ihren Partnerkirchen in den Ostblockländern zusammenarbeiten (und diese zum Teil auch finanziell unterstützen), publizieren die Ostwärts-Missionen in ihren Traktaten dramatische Schilderungern über Christen-Verfolgungen, über die Verhaftung von Bibel-Kurieren oder allgemein über die Unterdrückung der Kirchen.

Christliche Ostmission: «Wir haben unsere Spender angelogen»

Grösste Organisation mit einem Jahresumsatz von 4,169 Mio. Franken (1983) ist die *Christliche Ostmission* (COM) mit Sekretariat in Worb bei Bern. Sie gibt ein monatliches Bulletin *Christus dem Osten* heraus, das bis September 1984 von Christa Stückelberger-Haarbeck (Zürich), redigiert wurde. Sie ist Ehefrau von Pfarrer Hansjürg Stückelberger, der die COM gegründet hatte und bis Ende 1981 auch als Präsident fungierte.

Neuer Präsident ist seit 1982 Pfarrer Hans W. Maurer aus Zürich. Die weiteren Vorstandsmitglieder (September 1984): Rudolf Staub, Moudon (Vizepräsident), Christa Stückelberger-Haarbeck, Zürich (Aktuarin), Ernst Michel, Stettlen (Kassier), Wilfried Heintze, Thierrens VD, sowie Rolf Eugen Holstein, Basel.

Einem beratenden Komitee gehören der Zürcher Theologieprofessor Hans Dietrich Altendorf, Pfarrer Hans Langenegger aus Zürich und Giacumin Saluz, Kirchenpflegepräsident in Buchs SG, an. Das Sekretariat der COM in Worb wird von Benjamin Wittwer geleitet.

Ursprünglich war die COM lediglich die Schweizer Filiale der amerikanischen Missionsgesellschaft *Underground Evangelism*, auch *Evangelism Center International* (ECI) genannt, mit Sitz in Los Angeles, USA (siehe Seite 384 f.). ECI-Boss Joe Bass sass auch im Vorstand der COM. Das ging so bis 1981, als die COM wie auch die bundesdeutsche Schwesterorganisation Deutsches Missionszentrum realisierte, dass nur ein Teil der seit 1979 nach den USA überwiesenen Spendengelder tatsächlich für Hilfszwecke verwendet wurden.

Denn anfangs 1979 hatte das ECI endeckt, dass mit Sammlungen gegen den Hunger in der Dritten Welt viel mehr Geld zu holen war als für den Bibelschmuggel in die Ostblock-Staaten. Das ECI richtete einen *Internationalen Hilfsfonds* ein, der auch mit COM-Geldern aus der Schweiz gespiesen wurde. Der 'Spiegel' publizierte am 24. August 1981 einen gutdokumentierten Report über das ECI («dubiose Finanztricks, schludrige Verwendung von Spendengeldern und Kontakte zur CIA»). Den Schweizer COM-Präsidenten Stückelberger zitierte der 'Spiegel' so: «Wir haben festgestellt, dass das ECI unkorrekte Informationen weitergibt. Wir haben eigentlich unsere Schweizer Spender in grobem Umfange angelogen.» Stückelberger ist in der Folge Ende 1981 als COM-Präsident zurückgetreten.

Geschwindelt hatte das ECI insbesondere bei einer Sammlung für Somalia, für die die COM in der Schweiz 750'000 Franken sammelte und an den *Internationalen Hilfsfonds* überwies, wobei der grösste Teil dieses Geldes nie bei den angegebenen Empfängern eintraf. Im Spendeaufruf hatte die COM 1980 geschrieben, der *Hilfsfonds* sei «eine Abteilung der COM». Gefragt war nur Bargeld; obschon die Not in Somalia «unbeschreiblich» war, wurden die Spender angewiesen, ja keine Kleider oder andere Waren zu spenden.

Die COM trennte sich damals von Joe Bass; seit Juni 1981 wird er in *Christus dem Osten* nicht mehr in der Liste der COM-Vorstandsmitglieder angeführt.

Unterstützt wird die COM vor allem aus freikirchlichen Kreisen, und ihre Hilfe kommt ebenfalls vor allem reformierten Freikirchen im Osten zugute.

Die COM hat 40'000 regelmäsige Spender registriert. Neben dem traditionellen Bibelvertrieb finanziert sie nach eigenen Angaben «Liebesgabenpakete», Patenschaften, Stipendien für Theologiestudenten im Ostblock sowie Hilfsaktionen für Flüchtlinge aus kommunistischen Ländern (in Thailand, in Somalia und für portugiesische Afrika-Rückwanderer).

Christian Solidarity International

Aus dem COM hervorgegangen ist 1977 die Organisation *Christian Solidarity International* (CSI), die von COM-Gründer Hansjürg Stückelberger geleitet wird. Geschäftsführer ist Marc Hauser.

CSI versteht sich als (ökumenische) Propaganda- und Proteststelle zugunsten verfolgter Christen. Ihre Arbeitsmittel sind ähnlich wie die von Amnesty International: Sie macht Aufrufe, Petitionen, organisiert Protest-Kar-

ten und -Briefe, verschickt Resolutionen an UNO, Weltkirchenrat, Vatikan oder ausländische Regierungen, und so weiter.

Hauptaktionsfeld ist die Schweiz: Vom Jahresbudget von 1,4 Mio. Franken werden nur 60000 Franken für eigentliche Unterstützungsaktionen ausgegeben. Der Löwenanteil wird für die Administration (550000) sowie für publizistische Aktionen in der Schweiz (450000) gebraucht. 280000

Franken gehen an einen internationalen Dachverband, dem CSI-Organisationen in verschiedenen Ländern angehören.

CSI gibt ein monatliches Bulletin *(Christen in Not)* heraus, das an 30'000 Empfänger in der Schweiz und 20'000 in Österreich verschickt wird. Zudem wird monatlich an einen begrenzten Kreis eine *CSI-Mappe für aktive Freunde* verschickt, die unter anderem auch Musterbriefe für Protest-Briefe an ausländische Regierungen enthält.

Hilfsaktion Märtyrerkirche

Wenig verändert hat sich seit 1979 bei der *Hilfsaktion Märtyrerkirche* mit Sitz in Thun. Die offenbar konstante Gemeinde von Gläubigen Richard Wurmbrands wird mit Horror-Stories im monatlichen Bulletin *Stimme der Märtyrer* bei Laune gehalten. Dazu organisiert die HMK weiter jeden Monat ein gutes halbes Dutzend Vortrags- und Filmabende, vor allem auf dem Land. 1983 hatte die HMK ein Spendenaufkommen von 2 Mio. Franken.

Sekretär und Redaktor der *Stimme* ist Hans Zürcher, Inhaber eines Treuhandbüros in Thun. Als Präsident amtierte bis 1983 Adrian Studer aus Wabern bei Bern. Studer war auch (als Nachfolger des damaligen COM-Präsidenten Hansjürg Stückelberger) Vorsitzender des Vereins Internationaler evangelischer Radiosender, besser bekannt als EPI, Emetteur Protestant International.

Studer ist 1983 gestorben. Sein Nachfolger als HMK-Präsident ist Gerhard Zaugg aus Biel.

Glaube in der 2. Welt

Während die Publikationen von COM, CSI und vor allem der HMK in Inhalt und Aufmachung an Stündeler-Traktätchen erinnern, kann das Zolliker Institut *Glaube in der 2. Welt* (G2W) auf gute Kontakte zu den Landeskirchen verweisen. Zahllose reformierte und katholische Kirchengemeinden und auch mehrere kantonale Landeskirchen sind Kollektivmitglieder von G2W. Das Institut hat jährlich rund 1 Million Franken zur Verfügung, die vor allem aus kirchlichen Subventionen (katholische und reformierte Kirchen total 280'000 Franken) und aus Spenden (600'000 Franken) stammen.

Das Institut, das sich als «ökumenische Informationsstelle über die Situation der Gläubigen in kommunistisch-atheistisch regierten Ländern» versteht, wird von seinem Gründer, Eugen Voss, geleitet. Rudolf Bohren ist für den Instituts-Verlag zuständig; Voss, Bohren und Ursula Subramanian-Möseneder bilden die Redaktion der monatlich erscheinenden Instituts-Zeitschrift *Glaube in der 2. Welt, Zeitschrift für Religionsfreiheit und Menschenrechte.* Die Dokumentation besorgt Sergiusz Bankowski.

Präsident des ökumenisch zusammengesetzten Trägervereins ist der Zürcher Kirchenrats-Schreiber Johannes Westermann. Vizepräsident ist Franz Herger, Zürich; die weiteren Mitglieder des Vorstands sind Urs Korner, Luzern, Hans Frei, Bern, sowie Hans Sturzenegger, Bern.

Die Monatszeitschrift von G2W, in den siebziger Jehren noch ein paar primitiv zusammengeleimte, hektografierte Blätter, die *Zeitschrift für Fragen von Religion, Atheismus und Menschenrecht* genannt wurden, kommt neuerdings als gepflegtes Magazin auf Hochglanzpapier daher. Daneben gibt G2W einen 14täglichen Informationsdienst sowie Bücher und Broschüren heraus. Zum Beispiel ein Traktätchen 'Russische Jugend im Aufbruch' (über religiöse Jugendliche), von der sogar die 'NZZ' meinte, der Titel sei wohl «etwas zu breitspurig».

Die Neonazis

Zürcher Jungnazis: Zwischen Adlerhorst und Edelweiss

Erstaunlich lange sind in Zürich Jungnazis nicht organisiert als Gruppe aufgetreten, anders als etwa in Basel oder Genf. Das sollte sich mit den 80er Jahren ändern. Ab 1981 trat in Zürich Peter Saunders' *Kameradschaft Adlerhorst* auf, die sich inzwischen NEO nennt (abgeleitet von Neue Europäische Ordnung). Aus dem *Adlerhorst* Ausgeschlossene oder Abgespaltene haben später weitere Gruppen gegründet, so auch das *Kommando Edelweiss*.

Der harte Kern der Zürcher Jungnazis besteht aus einem runden Dutzend Männern, die meisten zwischen 20 und 35 Jahre alt. Ihre politische Identität holen sie sich eher auf internationalen Kameradschaftstreffen als bei Heimaktivitäten (vorzugsweise Saufabende und Marschwanderungen).

Die Mitläufer werden auf der Gasse und an Punk-Konzerten unter Jugendlichen rekrutiert, die wegen einer schwarzen Kluft oder Nazi-Emblemen auffallen (Neonazismus als Mode: «die Leute sind so schön geschockt, wenn man Hakenkreuz trägt»). Nur sind derart Rekrutierte eine etwas unsichere Basis, lediglich Mitläufer auf Zeit. Entsprechend häufig wechselt die Zusammensetzung der Gruppen. Sie hinterlassen den Eindruck, ein Häufchen verkrachter Existenzen verkrache sich laufend.

Wenig einheitlich ist auch die Ideologie. Autoritäre Strukturen und Männerbündelei sind allen gemein, auch eine nostalgisch-unkritische Bewunderung für Hitlers Drittes Reich. In andern Fragen hingegen sind die Positionen konträr: US-Fans kontra Ami-Hasser, Linkenfresser kontra Leute, die den Feind in erster Linie bei der «Plutokratie» und nicht bei den Systemkritikern orten.

Initiant, mitunter fast einziges Mitglied der *Adlerhorst*-Gruppe ist der britische Staatsangehörige Peter (genannt Pit) Saunders (*22. 3. 50), der in der Schweiz die Niederlassungsbewilligung besitzt. Looser (so seinerzeit Saunders Name bei der Rockergruppe Hells Angels) lässt sich inzwischen als *Adlerhorst*-Führer für die 'Schweizer Illustrierte' ablichten, mit Hitlergruss vor einer Wohnwand voll Dritt-Reich-Kitsch. Als Patiententransporter hat Saunders im Kantonsspital Zürich schon Schwierigkeiten gehabt wegen rüder Bemerkungen gegenüber jüdischen Patienten. Auf Saunders Name lautet auch das Postfach 3273 in 8049 Zürich, die Anlaufstelle für *Adlerhorst* beziehungsweise NEO.

Für ein Europa «unserer Rasse»

1981 ergriff Saunders die Initiative, aus einem losen Haufen von Gelegenheits-Nazis eine Organisation zu schmieden. Mit Statuten und Pro-

Peter 'Pit' Saunders posiert für die 'Schweizer Illustrierte': bei den Hells Angels noch Looser genannt, bei *Adlerhorst* und NEO bereits der Führer eines Häufleins Orientierungsloser. (Schweizer Illustrierte, 1/81)

gramm wurde die *Kameradschaft Adlerhorst* am 30. September 1981 gegründet. «Es geht der *Kameradschaft Adlerhorst* vor allem um die Sicherung der europäischen Freiheit, sei es auf friedlichem Wege, oder wenn nötig durch eine militärische Intervention», beginnen die fünfseitigen Statuten. «Europa den Europäern» lautet die Devise. Sowohl der «american way of life» wie «die russische Art des Lebens» hätten in der Schweiz keinen Platz. Vor allem aber die Roten nicht: «Wir sind ausgesprochene Antikommunisten. Wir werden uns mit allen Mitteln, die uns zur Verfügung stehen, gegen diese in Europa zunehmende kommunistische Unterwanderung wehren.»

Die Stossrichtung ist militant rassistisch und ausländerfeindlich: «Wir wehren uns gegen den multinationalen Grosskapitalismus, der aussereuropäische, ethnisch und moralisch anders erzogene Fremde, als billige Arbeitskräfte in unsere Länder holt. Diese 'Leute' machen uns unsere Arbeitsplätze streitig, belegen unsere billigen Wohnungen, vermehren sich häufiger als unsere erziehungsbewusstere Rasse und bringen unsere alte, abendländische Kultur durcheinander und somit in Gefahr.» Abgelehnt werden «Mischehen mit andersrassigen Menschen», unterstützt «Ehen unserer Rasse mit Kinderreichtum». «Deshalb lehnen wir die liberale Handhabung des Schwangerschaftsabbruchs grundsätzlich ab», ebenso die «Versexung und Verpornografierung unserer Welt». Die Todesstrafe soll wieder eingeführt werden: «Mörder, Entführer, Räuber, Rauschgifthändler und Unholde sollen vor dem hohen Gericht keine Gnade finden.»

In der *Kameradschaft Adlerhorst* gilt ein Führertum mit starken disziplinarischen Kompetenzen (Ausschluss): «Der Gruppenführer hat absolute Autorität. Befehle müssen auch entgegen einer anders denkenden Mehrheit befolgt werden.» Gemäss verbindlicher Anweisung treten die *Adlerhorst*-Mitglieder «stets mit kurzem Haarschnitt und sauberem Tenue auf». Die Statuten umschreiben diese Uniform wie folgt: «1 schwarzes Hemd mit 2 Brusttaschen und Schulterstücken, 1 schwarze Krawatte, 1 Paar schwarze Hosen, 1 Paar schwarze Stiefel oder schwarze Kampfschuhe».

Bemerkenswert ist, dass auch der folgende Statuten-Passus für notwendig erachtet wurde: «Wir verbieten sämtliche illegalen oder terroristischen Tätigkeiten, die mit unserem Namen in Verbindung gebracht werden können.» Keine Vorschriften finden sich bezüglich terroristischer Aktivitäten, die nicht mit *Adlerhorst* in Verbindung gebracht werden können.

Die *Adlerhorst*-Flugblätter, die in Zürich ab und zu geklebt werden, trugen folgende Schlagzeilen:

- «Rauschgift ist asozial», denn es führe auch «zu Arbeitsunfähigkeit»
- «Kampf dem Lädelisterben! Kaufe nicht bei Juden ein!»
- Zum Brandanschlag auf McDonalds Hamburgerlokal am Stauffacher schrieb Sauders am 14. Juli 1982: «Wenn gewisse Individuen darin die einzige Möglichkeit sehen, indem sie Brandanschläge verüben, dem Amerikanismus Einhalt zu gebieten, so sollen sie es tun. Ich meinerseits würde soetwas nicht machen.» Und: «Eine Schweizerküche ist doch immer noch 1000 mal besser als so eine Verköstigungsanlage, welche mit der nationalen Esskultur nicht im entferntesten etwas gemeinsam hat.»

Solche Flugblätter, Rundschreiben usw. spielen bei den Zürcher Jungnazis allerdings eine nebensächliche Rolle. Die Aktivitäten der ein bis zwei Dutzend *Adlerhorst*-Leute ist bemerkenswert papierlos. Wichtiger sind wöchentliche Saufabende, das Feiern von Hitlers Geburtstag am 20. April, gelegentliche Wochenend-Ausmärsche (etwa zum Soldatendenkmal auf der Forch) mit Würstchenbraten, Mutproben und Campieren sowie anderes männerbündlerisches Tun, das eine Studie für sich wert wäre. Eine der Disziplinarstrafen war beispielsweise, das ein Fehlbarer vom Gruppenjüngsten mit einem Ledergurt auf den nackten Oberkörper ausgepeitscht wurde – eine Zeremonie, die auf offener Strasse mitten in Zürich in der Nähe des Treffpunkts Restaurant Zeughauskeller ausgeführt 1982 die Polizei auf den Plan rief. Verschiedentlich traten *Adlerhorst*-Leute als Schläger auf, so gegen eine Frauengruppe am Stauffacher in Zürich und in der Roten Fabrik. Auch antijüdische Aktionen gehörten zum *Adlerhorst*-Repertoire.

Horst Adlerauge im Adlerhorst

Eine aufschlussreiche Innenansicht dieses Jungmännerbundes publizierte in der WoZ (6.8.83) Horst Adlerauge (ein Pseudonym); dieser war versehentlich zu den *Adlerhorst*-Aktivitäten eingeladen worden und machte im Zürcher Restaurant Wehntalerhof vier Abende beobachtend mit. Bei diesen Saufabenden wurden Heldentaten geplant, für die nachher allerdings der Schnauf fehlte: eine Störaktion gegen ein Theaterstück des schwulen Autors Alexander Ziegler, Telefonterror gegen die Linke, um diese zu spalten. Aber auch über die weitere Bewaffnung wurde debattiert, so über eine amerikani-

Radio Schmetterling

«Bewegung tut gut», sagte sich im Sommer 1980 auch Roland Probst aus Langnau am Albis. An Sonntagen schleppte er mitunter einen Piratensender auf den Gottschalkenberg ob Zug oder den Grossaubrig, oft zusammen mit seinem Kameraden Marcel Beerli. Von dort verbreitete er auf 101 Megahertz Countrymusic samt Ruhe-und-Ordnung-Sprüchen: für die Polizei, die USA und Hitler-Deutschland, gegen Chaoten, Juden und den Osten: «Während dem zweiten Weltkrieg im Nationalsozialismus sind solche Leute mit einer Klaviersaite aufgehängt worden. Ich hoffe, dass es in der Schweiz langsam aber sicher auch soweit kommt...» Begleitet waren solche Plädoyers für Lynchjustiz und Todesstrafe und ein Durchgreifen gegen alles Unordentliche vom Deutschlandlied und anderer Nazimusik. Am 31. Mai 1981 wurde Probst zusammen mit zwei Helfern erwischt und verhaftet, was ihn gut 2000 Franken Busse kostete. Bis im Herbst 1982 strahlte er weitere Sendungen ungestört aus.

Im Sommer 1982 besuchte Probst wiederholt den wöchentlichen *Adlerhorst*-Stamm und wurde umgehend Mitglied. Gleichzeitig nahm er mit Ernst Cincera Kontakt auf, wo er für seine Piratensendungen ausgiebig Unterlagen erhielt. «Cincera finde die Idee mit dem Piratenradio gut und werde ihn künftig gratis und regelmässig mit allen wichtigen Informationen beliefern», berichtete Probst am *Adlerhorst*-Stamm stolz. «Cincera habe ihm auch versprochen, den Sender zu ersetzen, falls er einmal gezwungen wäre, ihn den Häschern zurückzulassen» (dokumentiert in der WoZ vom 6. August 1982 in einem ausführlichen Porträt von *Adlerhorst* und *Schmetterling*).

Im Herbst 1982 wurde Probst im Schauspielhaus Zürich als Bühnenarbeiter entlassen, weil er mit seiner schwarzen Kluft samt Hakenkreuz-Emblem, mit seiner Bewaffnung und antisemitischen Agitation unmöglich geworden war. Bis zu seinem Tod im Frühjahr 1984 arbeitete er als Taxichauffeur.

sche Feuerwaffe: «Ideal zum Nahkampf. Das stoppt die linken Schweine sofort.»

In den Wochen, die WoZ-Berichterstatter Adlerauge aus nächster Nähe verfolgte, stiess auch Horst (eigentlich Manuel) Matthey de l'Etang (* 24. 7. 59) zum *Adlerhorst*, wo der Student sofort als Vize-Führer eine wichtige Rolle spielte. Als Genfer verfügte Horst auch über Beziehungen zu Amaudruz und kandidierte am 24. April 1983 auf der Liste der *Nationalen Aktion* für den Zürcher Kantonsrat. Inzwischen ist er wieder aus den NA ausgetreten.

Die Blossstellung in der WoZ löste eine der regelmässigen Gruppenkrisen aus. «Es hat sich gezeigt, wer von unserer Gruppe mit Herz und Seele dabei ist. Es sind nicht viele übriggeblieben», bilanzierte Saunders, der indessen nicht aufgeben mochte. «Ich hatte eigentlich im Sinn, nicht mehr diese Pamphlete zu veröffentlichen, sondern mich mehr meiner Tätigkeit bei der N.A.D. *(Nachrichten-Austausch-Dienst)* zu widmen», schrieb er am 9. März 1983 an Leute, die auf ein NEO-Inserat in der *Bauernschaft* reagiert hatten. Aber es gehe halt «doch nicht ganz ohne diese NEO-Rundschreiben». Diese bestanden dann hauptsächlich aus einem Adress-Sammelsurium all der Neonazi-Gruppen, die es auf dieser Welt halt gibt, übernommenen Artikeln aus Neonazi-Blättern sowie einem Rundbrief des ehemaligen Pfarrers Gerd Zikeli, der am 31. Januar 1983 zu einer Solidaritätsaktion zugunsten einer Neonazi-Familie aufrief.

Künftig heisse seine Gruppe nur noch NEO, schrieb Saunders am 13. Juli 1983. Mit Rücksicht auf Amaudruz' gleichnamige *Europäische Neu-Ordnung* lasse er diese eine zeitlang verwendete Bezeichnung zugunsten der Abkürzung fallen: «Wir wollen nicht, dass Verwechslungen zwischen den verschiedenen Organisationen entstehen, obwohl wir im Grunde genommen alle für das ein und dasselbe kämpfen, für ein neues Europa der freien Völker, in Unabhängigkeit, mit Selbstbestimmungsrecht, in Unabhängigkeit von Ost und West, von dem Kommunismus aus dem Osten und der Kaugummiwelt der U.S.A., mit ihrer jüdischen Weltfinanz-Hochburg an der Wallstreet. Wir kämpfen für ein geeintes Deutschland, die Zurückführung aller geraubten germanischen Gebiete in ein Grossdeutsches Reich, für die Aufhebung aller künstlichen Staatsgebilde und für die Abschaffung aller aus purem wirtschaftlichem Interesse geschaffenen Volksvermischungen, die schlussendlich nur eines mit sich führen, die Überschwemmung Europas mit aussereuropäischen, ethisch und rassistisch (sic) fremder Völker.»

Der Kampf für ein grossdeutsches Reich wurde auch mit Plakaten geführt, die in Zürich, zum Beispiel ab 17. Juni 1983 beim Berlinstein am Central, monatelang klebten: «Vorwärts im Kampf für ein geeintes, unabhängiges Deutschland» usw. Ähnliche Plakate hingen längere Zeit bei der Missione Catolica und in der städtischen Berufsschule.

Reisen bindet

In den Neo-Rundschreiben tauchen regelmässig Reiseberichte auf (Saunders ist u. a. beim deutschen *Stahlhelm*, bei der *Arminia* in Zürich und zahlreichen weiteren Neonazi-Gruppen Mitglied). Reisen bindet. Nicht zuletzt nach diesem Prinzip funktioniert die Zürcher Jungnazi-Szene. Zum harten Kern gehört, wer öfters an die einschlägigen internationalen Treffen pilgert und dort seine Sammlung von Abzeichen und Nazi-Devotionalien ergänzen kann. Einige wenige Beispiele solcher Reisen:

– Am 11. April 1981 reisten Saunders, Guy Aversano und der Taxifahrer Walter Koch (*12. 12. 51) uniformiert an ein NPD-Treffen in Lustenau, wurden jedoch von der Grenzpolizei zurückgewiesen. Nachdem sie ihre Uniformen im Schliessfach deponiert hatten, konnten sie einreisen und den Vortrag von Norbert Burger verfolgen.

– Am 6. März 1982 reisten Saunders, Guy Aversano, Roberto Ferretto und Frederic Wenker zu Walter Ochensberger ins Vorarlbergische. In der Folge tauchte in Ochensbergers *Nachrichten-Austausch-Dienst* (NAD), der Nachfolgepublikation von *Aktuell* und *Sieg*, auch eine «Züricher Redaktion» auf: «Peter Saunders, Roberto Ferretto, Guy Aversano». Später zeichneten Saunders, Manz' *Arminia*, Amaudruz' *Courrier du Continent* und Max Wahls *Eidgenoss* als Schweizer Kontaktstellen des *NAD*.

– «Für den 20. April 1982 – 'Führers Geburtstag' – ist ein Ausflug nach Antwerpen (Belgien) geplant.»

– Kurz vor Weihnachten 1982, der deutsche Jungnazi Michael Kühnen war gerade seit ein paar Tagen aus dem Gefängnis entlassen, reisten auch vier Zürcher zum ersten Treffen von Kühnens *Aktionsfront Nationaler Sozialisten* (ANS) nach Frankfurt: Roberto Ferretto, Guy Aversano, Frederic Wenker und Fredi Schad.

– «Am Samstag abend trafen sich etwa 400 meist Jugendliche im grossen Festsaal. Es dauerte nicht lange, bis die uns allen wohlbekannten Lieder angestimmt wurden, mit Begeisterungsstürmen und 'Sieg-Heil'-Ovationen begleitet.» (Saunders über das jährliche Treffen im flämischen Diksmuide am 3. Juli 1983).

Mitunter verliefen solche Reisen dramatisch. Über die Diksmuide-Wallfahrt 1982 berichtete Saunders: «Freitagabend Abfahrt nach Belgien, in Begleitung von Roberto Ferretto. Samstagmittag Ankunft in Antwerpen, wo wir bei Ernesto Peyer wohnen dürfen. Samstagnachmittag Abfahrt nach Diksmuide an das Gedächtnistreffen der Gefallenen vom I. und II. Weltkrieg. Dort angekommen schlagen wir unser Zelt auf. Verhaftung Ferrettos, wegen unerlaubtem Uniformtragen... Sonntag 6.00 Uhr morgens, Freilassung Ferrettos, mit dem Befehl, das Land innerhalb von 4 Stunden zu verlassen.» Saunders benutzte diese Episode als Vorwand, Ferretto «aus unserer Gemeinschaft auszustossen». Begründung: «Ferretto fällt auf 1. durch

Signete der Zürcher Jungnazis: *Kameradschaft Adlerhorst* (links), Nachfolge-Organisation NEO (Mitte), Splittergruppe *Neue Front* (rechts).

egoistisches Benehmen resp. Unkameradschaftlichkeit, 2. überdurchschnittliche Ängstlichkeit, 3. Ungehorsam und 4. Unbelehrbarkeit.»

Michael Kühnens Zürcher Ableger

Ferretto (*8.7.57), in Glattbrugg wohnhafter Italiener (Südtiroler), machte auf eigene Faust weiter. Der Chauffeur versuchte sich als Ableger verschiedener deutscher Gruppierungen zu profilieren. So verteilte er Propagandamaterial der *Wiking-Jugend*, die sich als «nordländische Elite» versteht, mit Lagern für Jugendliche und einem paramilitärischen «Technischen Dienst». Wie germanisch es bei der *Wiking-Jugend* zu und her geht, verrät ihr *Odalbrief* vom Ostermond 1983, den Ferretto verteilte: «Die Männer erlernten den Stocktanz, einen alten germanischen Friedenstanz zur Erweckung der Natur, die Frauen lernten schwierige Techniken zum Verzieren von Ostereiern kennen.»

Schlagzeilen machte Ferretto mit seiner Beziehung zum ANS-Führer Michael Kühnen, der wichtigsten Integrationsfigur der deutschen Jungnazi-Szene. Als sich Kühnen am 19. März 1984 in die Schweiz absetzte, reiste er sofort nach Glattbrugg ZH, wo er einige Tage bei Ferretto wohnte.

Ferretto-Freund Kühnen (*21. 5. 55) gründete am 26. November 1977 seine *Aktionsfront Nationaler Sozialisten* (ANS). Im August 1978 wurde der ehemalige Bundeswehr-Offizier mit Gesinnungsfreunden verhaftet und vor Gericht gestellt. Kühnen erhielt am 12. September 1979 eine vierjährige Haftstrafe wegen nationalsozialistischer Propagandatätigkeit, wurde indessen im Gegensatz zu den fünf Mitangeklagten vom Vorwurf der Bildung einer terroristischen und kriminellen Vereinigung freigesprochen. Als Folge dieses Urteils wurde Kühnen von der Schweiz im Februar 1980 mit einer

Einreisesperre belegt, was ihm jedoch nicht eröffnet wurde. Im Gefängnis schrieb Kühnen nach Hitlers Vorbild ein Buch, nämlich 'Die zweite Revolution'. Nach seiner Haftentlassung Ende November 1982 führte Kühnen sofort wieder seine ANS, die am 15. Januar 1983 mit den ähnlich gelagerten *Nationalen Aktivisten* fusionierte (deshalb der volle Name ANS/NA). Kühnen rekrutierte seine Anhänger auch unter rechtsgerichteten Skinheads und reaktionär-rassistischen Fussballvereinen. Die zunehmende Aggressivität der Kühnen-Truppe führte am 7. Dezember 1983 zum bundesweiten Verbot der Organisation, was Kühnen nicht hinderte, die Aufbauarbeit zielstrebig fortzuführen (u. a. mit dem neuen Organ *Die neue Front*). Im März 1984 entschloss er sich, seine Aktivitäten auf Europa auszuweiten. Obschon er wegen seines nationalsozialistischen Propagandamaterials (darunter Hitlers 'Mein Kampf') bei der Grenzkontrolle auffiel, konnte er trotz Einreisesperre problemlos in die Schweiz einreisen, nachdem er das Propagandamaterial in der BRD deponiert hatte.

Am 29. Mai 1984 bluffte Kühnen im ARD-Magazin 'Monitor' mit einem schweizerischen ANS-Ableger, den er gegründet habe – und meinte damit Ferretto. Der fühlte sich von Kühnen unnötig blossgestellt. «Im Moment besteht die ANS Schweiz nicht, aber vielleicht in Zukunft», erklärte Ferretto in einem Interview mit 'Radio Lora'. Er sei seit bald 10 Jahren politisch aktiv und betrachte sich als Nationalsozialist («Demokratie lehnen wir strikte ab»), als Rassist und Grossdeutscher, der einmal «heim ins Reich» möchte (inklusive Österreich und Südtiol). Er sympathisiere auch mit der *Nationalen Aktion*, obschon diese nicht nationalsozialistisch, sondern bloss nationaldemokratisch sei. Positiv sei an der NA, dass sie begriffen habe, «mit den Mitteln zu arbeiten, mit denen man in der Schweiz eben arbeiten kann». Damit erreiche die NA das Volk – anders als Kühnen, der mit seiner Losung «SA auf die Strasse» vor allem «Uniformfetischisten und Komplexhäuser» anspreche. Als Nationalsozialist grenzte sich Ferretto auch ab von den Neonazis: «Neonazi – das ist für uns ein Schimpfwort, das sind die Verbrecher unter uns.»

Kommando Edelweiss im Gau Schweiz

Schon bei früheren Gelegenheiten hatte Kühnen mit einem Schweizer Ableger geblufft. In einer Pressemitteilung vom 4. März 1983 freute er sich über den «stürmischen Aufschwung» der ANS und zählte nach elf deutschen Gauen auch den «Gau Ostmark mit Stützpunkt Wien» auf sowie: «Schweiz: Schweizer Kameraden haben einen Stützpunkt der ANS/NA gebildet. Ausserdem fühlen wir uns weltanschaulich dem *Kommando Edelweiss* eng verbunden.» Ein Jahr später steckte der «stürmische Aufschwung» allerdings noch gleich weit in den Anfängen. In einem internen Rundbrief *Die innere Front* heisst es: «Auch in der Schweiz befindet sich ein

Stützpunkt, doch muss für die Arbeit dort erst noch eine politische Konzeption erarbeitet werden. Eine kameradschaftliche Verbindung besteht auch zum *Kommando Edelweiss* in Zürich, dem wir uns weltanschaulich eng verbunden fühlen.»

In der Schweiz ist das *Kommando Edelweiss* nie öffentlich in Erscheinung getreten. Gegründet wurde es von lic. oec. Guy Aversano (*20. 2.54), der wegen seiner politischen Aktivität auch schon eine Hausdurchsuchung hatte, und von seinem Freund Frederic Wenker (*18. 11. 55), einem kaufmännischen Angestellten. Aversano war ein häufiger Besucher des Zürcher AJZ und später in der Roten Fabrik. Mit dabei war eine Handvoll weiterer Aktivisten. Der Gruppenname entstand aus Bewunderung für das anonyme Kommando Grober Ernst, das die Verantwortung für verschiedene Anschläge am Stauffacher übernahm – dazu Edelweiss als schweizerisch klingendes Etikett. Nach eigenen Angaben löste sich das *Kommando* am 20. Mai 1984 auf. Es habe sich «um einen Sportverein ohne Führertum, nicht um eine Neonazi-Gruppe» gehandelt, erklärte Aversano, der nichts mehr mit dieser Szene zu tun haben will.

1984 tauchte in Zürich ein weiteres Neonazi-Grüppchen auf. Der Verkäufer Eugen Fauquez (*24.11.63) aus Bäretswil ZH, der seit August 1982 in Zürich wohnt, suchte für seine *Neue Front* Mitglieder und Mitläufer. Als Signet seiner Organisation liess cr Postkarten mit einem Hakenkreuz, darunter verschränkt Bajonett und Handgranate, drucken. In 8057 errichtete Fauquez das Postfach 295. Diese Adresse tauchte im Sommer 1984 als Schweizer Verbindungsstelle im Vorarlberger Neonazi-Blatt *Sieg* auf.

Gau Ostmark: Es besteht ein Stützpunkt Wien.
Schweiz: Schweizer Kameraden haben einen Stützpunkt der ANS/NA gebildet. Außerdem fühlen + uns weltanschaulich dem "Kommando Edelweiß" eng verbunden. + wir

Das ist das Ergebnis einer dreimonatigen Aufbauarbeit! Mit nunmehr etwa 200 Nationalen Aktivisten und vielen tausend Sympathisanten und Helfern ist die ANS/NA die stärkste Bewegung im Lager des Nationalen Sozialismus.

Der Kampf geht weiter!

Für die AKTIONSFRONT NATIONALER SOZIALISTEN/NATIONALE AKTIVISTEN:

(Michael Kühnen)
ANS-Organisationsleiter

Pressemitteilung von Michael Kühnen (4. 3. 83)

Manz' Europa-Burschenschaft Arminia

Der Zürcher Psychiater Heinz Manz, Erster Sprecher der Neonazi-Altherrenschaft *Arminia,* scheut die schweizerische Öffentlichkeit. Umso eifriger pflegen die Arminen ihre nostalgischen Bedürfnisse im trauten Kreis und daheim im grossdeutschen Reich. «Verkünden Sie unbeirrt die Wahrheit, die wir Europäer so dringend nötig haben», schrieb beispielsweise der Armine Herbert Hingsamer aus Zürich im neonazistischen Magazin *Mut* (Januar 1983).

Zur «Sommer-Sonnenwendfeier», die die *Arminia* seit 1979 gemeinsam mit der ähnlich gelagerten österreichischen 'Verbindung' der *Falkensteiner* in der Gegend von Salzburg feiert, rief Manz 1981 mit «Heil Dir Europa» auf: «Lasst uns zusammen das völkische Brauchtum ehren und pflegen.» Und zur «Winter-Sonnenwende» vom 20. Dezember 1979 in der internen «Jul-Kneipe» an der Zürcher Wilfriedstrasse 12 lud Manz wie folgt ein: «Das Fest der Hohen Nacht der Klaren Sterne soll ein Bekenntnis werden zu unserer unverbrüchlichen Freundschaft, die alle Stürme und Anfechtungen seitens der ewiggestrigen Feinde unserer europaburschenschaftlichen Bewegung überdauern wird» (die erste Auflage der 'Unheimlichen Patrioten' hatte damals die *Arminia* gerade ins öffentliche Gerede gebracht).

Armine Hans-Rudolf Rinderknecht: Klage am Hals

Die Einladung zu dieser Arminen-Weihnachtsfeier war von Hans-Rudolf Rinderknecht (*24.12.29) vulgo Janos aus Bottmingen, *Arminia*-Mitglied seit 1969 und Chef der Nordwestschweizer Verkehrskadetten, auch an einige seiner Kadetten weitergegeben worden – nicht der erste politische Beeinflussungsversuch von Rinderknecht, wie ehemalige Kadetten gegenüber dem 'Beobachter' (30.4.82) erklärten: «Mehrmals versuchte Herr Rinderknecht, uns zu Anlässen der Verbindung *Arminia* einzuladen. Er zeigte zu diesem Zweck immer wieder Fotos von solchen Anlässen und Texte, in denen von der jüdischen Gefahr und dem Kampf gegen linksextreme Ideen die Rede war. Diese Texte durften wir aber nie mitnehmen.» Diese Beeinflussungsversuche und ein eigenmächtiger, unkontrollierter Umgang mit Vereinsgeldern beendeten 1981 die Kadettenchef-Laufbahn von Rinderknecht. Im März 1983 beschloss der neu formierte Verein Verkehrskadetten Nordwestschweiz, Rinderknecht wegen Veruntreuung und Unterschlagung einzuklagen. Seither ist die Einforderungsklage über 50000 Franken bei den Baselbieter Gerichten hängig.

Armine Manfred Roeder: 13 Jahre Gefängnis

Ein anderes *Arminia*-Mitglied ist inzwischen verhindert, in der Manz-Kneipe den Geburtstag des Führers und anderer mitzufeiern: Manfred Roeder (vgl. S. 449f.). Was der Armine Roeder anpackt, tut er konsequent. 1945 verteidigte er noch im letzten Freiwilligenaufgebot als 16jähriger Berlin (in das er 1966 als juristischer Berater der US-Army zurückkehrte). Nach 1954 missionierte er sieben Jahre lang vollamtlich für die *Moralische Aufrüstung*. Ab 1970 machte er mit spektakulären Anti-Porno- und bald einmal mit Neonazi-Aktionen von sich reden. Wegen neonazistischer Aktivitäten wurde er 1976 und 1977 zu mehrmonatigen Gefängnisstrafen verurteilt. 1978 entzog er sich dem Haftantritt durch Flucht.

Obschon seit dem 1. Mai 1978 mit einer Einreisesperre belegt, besuchte Roeder auf seiner Flucht wiederholt die Schweiz. Erst am 10. Oktober 1979 wurde er bei einem dieser Besuche in Richenthal bei Reiden LU von der Polizei angehalten, jedoch trotz internationalem Haftbefehl nach wenigen Stunden wieder laufengelassen. Bundesrat Kurt Furgler verteidigte dies am 3. Dezember 1979 vor dem Nationalrat: «Die geltend gemachten Strafbestände sind dem schweizerischen Recht unbekannt, weshalb die Anordnung der Auslieferungshaft ausgeschlossen war.» Als man dann aufgrund zusätzlicher Auskünfte aus Karlsruhe doch eine provisorische Auslieferungshaft verfügt habe, sei Roeder bereits nach Österreich weitergereist.

«Sehr aufschlussreich war das einstündige Gespräch mit dem Bundesanwalt der Schweiz, der extra aus Bern zu meiner Vernehmung angereist war», berichtete Roeder über sein Erlebnis in Richenthal (Neue, 6.9.1980). «Der Mann war wirklich ahnungslos über die Zustände in der BRD und beteuerte immer wieder, dass eine Verhaftung oder Auslieferung nicht in Frage komme... In meinem Fall, wo es um politische Meinungen ginge, sei so etwas völlig ausgeschlossen.» Nicht der Bundesanwalt, sondern ein Beamter sei nach Reiden gereist, nämlich um Roeder die Einreisesperre zu eröffnen, widerspricht die Bundesanwaltschaft.

Die nachsichtige Behandlung Roeders durch die Schweizer Polizei sollte folgenreich sein. Die von Roeder kurz darnach gegründeten terroristischen *Deutschen Aktionsgruppen* verübten vom 21. Februar bis 22. August 1980 in der BRD sieben Brand- und Sprengstoffanschläge: gegen eine Auschwitz-Ausstellung, eine jüdische Schule und gegen Ausländerheime. Am 22. August 1980 starben in Hamburg zwei junge Vietnamer. «Das sind keine Menschen, das sind Halbaffen», beschwichtigte Rassist Roeder gegenüber den Tätern: «Heute hat die Befreiung Deutschlands begonnen.» (WoZ, 2.4.82)

Am 1. September 1980 wurde Roeder in München verhaftet und am 28. Juni 1982 in Stammheim/Stuttgart als Rädelsführer der *Aktionsgruppen* zu 13 Jahren Haft verurteilt. Die Mitangeklagten, die medizinisch-technische

Assistentin Sybille Vorderbrügge (Roeders Geliebte) und der Werkmeister Raymund Hörnle erhielten lebenslänglich, der Arzt Heinz Colditz sechs Jahre. Seither erscheinen im Lausanner *Courrier du Continent* regelmässig Roeders Briefe aus dem Gefängnis. In einem Nachfolgeprozess wurde der 24jährige Schüler Peter Glaser, der in der Schweiz Sprengstoff für die Anschläge beschafft hatte, am 23. März 1983 zu vier Jahren und zehn Monaten Haft verurteilt.

Über den Stammheimer Prozess gegen Roeders *Aktionsgruppen* war in der Schweizer Presse praktisch nichts zu lesen. Obschon während des wochenlangen Prozesses interessante Einzelheiten bekannt wurden (vgl. Jürgen Strohmaier, Manfred Roeder – ein Brandstifter, Stuttgart 1982). Als wichtigste Schweizer Anlaufstelle von Roeder wurde wiederholt der Kaufmann Hugo von Senger (*14.9.20) aus Richenthal bei Reiden LU genannt. Dort hätten sich Roeder-Vertraute mehrfach getroffen, um eine «Exilregierung» zu bilden. Der Roeder-Mitstreiter Raymund Hörnle habe den Auftrag gehabt, eine Wehrsportgruppe aufzubauen, aber nicht nach dem Vorbild von Karl-Heinz Hoffmann, sondern nach dem Modell Hugo von Sengers. Weiter habe von Senger die Aufgabe gehabt, Roeder-Material über die Grenzen zu schmuggeln.

Er sei «ein apolitischer Mensch mit einem offenen Haus», verharmloste von Senger. Ja, er kenne Gerd Zikeli, und auch die Roeder-Mitstreiter Hörnle und Vorderbrügge hätten bei ihm verkehrt. Und Roeder selbst: «Der war ab und zu hier, einmal auch ein paar Tage. Roeder hat Waldläufe gemacht, gelesen und geschrieben. Die Kinder hatten ihn gern, er war ein guter Vater.» Von einer Wehrsportgruppe und Kurierdiensten will von Senger, der in seinem Haus am Waldrand die Paralec-Werkstätte betreibt, nichts wissen.

Zikelis Nationale Basis Schweiz

Die Geschichte der *Nationalen Basis Schweiz* (NBS) endete Ende September 1979 mit dem Erscheinen der 'Unheimlichen Patrioten', das die Aktivitäten der NBS und ihres eigentlichen Motors, des St. Galler Pfarrers Gerd Zikeli, publik machte. Zikeli, der jahrelang mit zwei Gesichtern lebte (und zwei Schreibmaschinen, eine für die Predigt, eine fürs NBS-Organ *Visier),* wurde umgehend in seinem Amt suspendiert, das er jedoch nicht freiwillig verlassen wollte. Am 10. Februar 1980 wählte ihn seine Kirchgemeinde mit 1072 zu 39 Stimmen ab. Diese 96,5%-Mehrheit spiegelt die Haltung der Schweizer gegenüber Gruppierungen, die den Fehler machen, eindeutig neonazistisch aufzutreten. Die ganze Kontroverse bis zur Abwahl ist belegt in einer 134seitigen, von Zikeli im Februar 1980 herausgegebenen Dokumentation «'Unheimlicher Patriot' oder unheimliches Kesseltreiben». Aufschlussreich ist sein Versuch, sich zu entlasten mit dem Hinweis auf ehemalige prominente Fröntler, die später angesehene Posten bekleideten (Anzeiger, 21.12.79).

In der langwierigen juristischen Auseinandersetzung um die Abgangsmodalitäten mit den Kirchenbehörden vertrat zuerst ein Münchner Anwaltsbüro (Michael von Sprenger und Hans Viktor Lavergne) Zikelis Interessen, später das Zürcher Büro von Vater Eduard und Sohn Hans-Rudolf Rüegsegger (der Vater war 1933–40 als Gauführer Aargau der *Nationalen Front* einer der prominentesten hiesigen Nazis). Im Verlauf von Ehrverletzungsverfahren gegen Journalisten, Leserbriefschreiber und einen Amtskollegen, die Zikeli alle verlor, wurde es Hans-Rudolf Rüegsegger zuviel; er zog sich zurück.

In der Öffentlichkeit war Zikeli völlig isoliert, von wenigen Ausnahmen abgesehen. Von Gewicht waren lediglich Äusserungen zweier Berufskollegen. Alt Pfarrer Martin Klingenberg aus Gossau SG lästerte im NA-Organ *Volk+Heimat* (Mai 1980) über die St. Galler Kirchenbehörden: «Kommunistische Propaganda und den russischen Imperialisten zugedient, 'nützliche Idioten'.» Und Pfarrer Rolf Sturzenegger (damals Wald ZH, heute Steg ZH), bis September 1984 Präsident des *Schweizerischen Reformierten Pfarrvereins,* Mitglied des Initiativkomitees *Recht auf Leben* sowie inzwischen auch im Zentralvorstand von *Kirche wohin?,* zeigte sich «zutiefst beunruhigt, ja bestürzt» über Zikelis Absetzung – nachzulesen im rassistischen *Courrier du Continent* (Juli 1980).

1981 zog Zikeli nach Deutschland und wurde von der Schweiz umgehend mit einer Einreisesperre belegt. Die gleiche Sanktion verfügten die österreichischen Behörden, um einen angekündigten Zikeli-Auftritt an einem Vorarlberger Neonazi-Treffen vom 11. April 1981 zu verhindern.

Inzwischen betreibt Zikeli in Ebersberg bei München ein kleines Buch-

An die Kirchenvorsteherschaft
der Evangelisch-reformierten Kirchgemeinde Straubenzell St.Gallen-West
Fähnernstrasse 25, 9000 St.Gallen

Sehr geehrte Damen und Herren!
Mit dem Schreiben vom 30. Nov. 1979 wurden Sie von meinem Anwalt zu einer einstweiligen Richtig- bzw. Klarstellung Ihrer bisherigen Verlautbarungen gegenüber der Kirchgemeinde und der breiten Öffentlichkeit aufgefordert. Die Ihnen gesetzte Frist haben Sie unbenützt verstreichen lassen, woraus der Schluss zu ziehen ist, dass Sie nicht in der Lage sind, den Feststellungen im Schreiben meines Anwaltes auch nur das Geringste entgegenzusetzen. Dies ist allerdings angesichts der wahren Sachlage nicht erstaunlich.
Die in der Presse aufgetauchte Verunglimpfung meines Anwaltes muss ich leider auch auf Ihre tendenziösen Informationen zurückführen. Ich bitte Sie daher zur Kenntnis zu nehmen, dass ich einen Anwalt konsultierte, dessen Vater (1909) in den Dreissigerjahren Gauführer (nicht Gauleiter, wie es in verschiedenen Presseorganen aus durchsichtigen Gründen wohl absichtlich verfälschend gedruckt wurde) der Nationalen Front gewesen war, bis er 1939, noch nicht dreissig Jahre alt, in den bekanntlich mehrjährigen Aktivdienst einrückte, womit seine politische Tätigkeit vor nun bald vierzig Jahren zu Ende ging. Ein weiterer Gauführer (Ostschweiz) der Nationalen Front und zugleich Mitglied von deren Landesleitung war Herr **Prof. Dr. Hans Bachmann.** Anlässlich seines 80. Geburtstages wurden seine grossen Verdienste als langjähriger Dozent für Wirtschaftswissenschaften an der **Hochschule St.Gallen** auch in der Presse besonders gewürdigt. Gauführer im Kanton Zürich und ebenfalls Mitglied der Landesleitung der Nationalen Front war auch der ehemalige Professor an der ETH, Dr. Ernst Brandenberger. Später bekleidete er die Stelle des Direktionspräsidenten der EMPA und war im Militär Oberstbrigadier und Kommandant einer Grenzbrigade. Als er vor Jahren verstarb, war beispielsweise in der «Neuen Zürcher Zeitung» (und nicht nur dort) ein Nachruf zu lesen, in welchem die ausserordentlichen Qualitäten und Verdienste dieses Mannes, auch um die Landesverteidigung, gewürdigt wurden. In beiden genannten Fällen war kein Wort über die frühere politische Tätigkeit dieser offenbar bedeutenden und angesehenen Männer zu finden. Man wird es daher wohl begreifen, dass ich es für sehr seltsam halte, von der Presse verdächtigt und mit Schmutz beworfen zu werden, weil ich den Sohn (1942) eines früheren Mitstreiters dieser Männer zur Abwehr der gegen mich eingeleiteten Verleumdungskampagne zu Rate zog. Das dürfte ebenfalls aufzeigen, mit welch niedrigen und haltlosen «Argumenten» man gegen mich zu Felde zieht. Auch Herr Prof. Dr. Werner Kägi, Staats- und Kirchenrechtslehrer an der Universität Zürich, gehörte zum Kreis der erwähnten Männer und publizierte in der «Front».

Als dem St. Galler Neonazi-Pfarrer die Abwahl drohte, versuchte sich Gerd Zikeli mit dem Hinweis auf die Karriere ehemaliger Fröntler zu retten (abgedruckt im St. Galler Gratisblatt 'Anzeiger', 21. 12. 79). Zikeli erwähnt u. a. den Zürcher Staatsrechtler Werner Kägi, der bereits 1970 in der Marburger Dissertation von Klaus-Dieter Zöberlein ('Die Anfänge des deutsch schweizerischen Frontismus', S. 109) als Mitglied der *Nationalen Front* erwähnt ist. Zöberlein beruft sich auf das 'Volksrecht' vom 6. Juni 1934, wo ein Artikel 'Christozentrik der Bombenfront-Studenten' so beginnt: «Kamerad Kägi, Hofphilosoph der frontistischen Studentengruppe und Student der Rechtswissenschaft, ist so überaus gebildet, dass er neulich an einem Vortrag durchschnittlich 40 Fremdwörter in der Minute zum besten gab. Vor allem liebt er es, von der 'Christozentrik' der *Nationalen Front* zu sprechen. Auf Deutsch soll das heissen, den Mittelpunkt frontistischer Weltanschauung bilde das Christentum.»

antiquariat, dessen Angebot er auch im Naziblatt *Bauernschaft* (März 1983) anpries. Inmitten einer reichhaltigen Nazi-Literatur fand sich auch Gutschweizerisches: «EJPD, Zivilverteidigung. Das rote Büchlein, über das sich die Roten in der Schweiz furchtbar empörten! 4 DM». Ebenfalls in der *Bauernschaft* klagte Zikeli im März 1984: «Wir werden verfolgt wie die ersten Christen.»

Waffenschmuggel über den Rhein

24. Dezember 1980, an der schweizerisch-deutschen Grenze in der Nähe von Waldshut/Koblenz. Der 23jährige deutsche Neonazi Frank Schubert (*28.1.57), der von einem schweizerischen Grenzbeamten überrascht wird, erschiesst diesen, eine Stunde später einen Aargauer Polizeibeamten und schliesslich sich selbst. Schubert hatte falsche Ausweise, Einbrecherwerkzeug und Munition zuhauf bei sich. Er war im Begriff, mit einem tags zuvor gekauften Schlauchboot Waffen und Munition heim ins Reich zu schaffen. Das Material, das er aus einem Zwischenversteck behändigt hatte, stammte aus illegalen Käufen in der Schweiz.

Bei der Aargauer Polizei meldete sich umgehend Friedhelm Busse, Chef der *Volkssozialistischen Bewegung,* um die Leiche Schuberts, seines Stellvertreters in Frankfurt, abzuholen. Am 12. Januar 1981 wurde Schubert in Frankfurt-Oberrad mit allen Neonazi-Ehren beigesetzt. Busses Organisation pflegte seit Jahren Kontakt mit Schweizer Kameraden, insbesondere mit der *Nationalen Basis Schweiz* (NBS). Am 27./28. September 1975 gründeten Busses *Volkssozialisten* in Frankfurt zusammen mit Schweizern und Österreichern eine gemeinsame «Ständige Politische Kommission» (s.S. 466). Kommissionsmitglied wurde auch NBS-Mitgründer Bruno Meier, der in Kaiserstuhl wohnt, rund 15 Kilometer rheinaufwärts vom Ort, wo Schubert schoss.

Schubert war am 21. Dezember 1980 in die Schweiz eingereist, um Schweizer Kontaktadressen abzuklopfen und Waffen zu beschaffen. Als erstes war er zusammen mit einem Begleiter ins Zürcher Weinland nach Ossingen ZH gereist, um dort den 16jährigen Waffen- und Neonazifan Marcel Ryter (*23.6.64) zu treffen. Doch der war seit vierzehn Tagen in Marseille in einem Auffanglager der Fremdenlegion, um rechtzeitig das Soldatenhandwerk zu erlernen. Nach ein paar Wochen realisierten die Franzosen, wie jung Ryter war, und schoben ihn in die Schweiz zurück. Er wurde kurz nach Weihnachten verhaftet, als er in Basel wieder in die Schweiz einreisen wollte. In der Einvernahme zeigte er sich beeindruckt, dass Kamerad Schubert «den Offizierstod gestorben» sei. Angesichts seines Alters kam er mit einer Erziehungsverfügung davon. Ryter versuchte sich in Effretikon vorübergehend in einer Kochlehre und reiste weiterhin an alle möglichen Neonazi-Treffen. Er wird von Kameraden als einer der entschlossensten Aktivisten geschildert: «Ryter ist bewaffnet, träumt von einem Ostschweizer Bauernhof als Ausbildungszentrum für den bewaffneten Kampf und hat als Mohammedaner intensive Kontakte zu den *Grauen Wölfen.»* Im Juni 1984 zog er nach Zürich.

Amaudruz' Europäische Neu-Ordnung

Der Lausanner Gaston-Armand Amaudruz, der mit seiner *Europäischen Neu-Ordnung* (NEO) seit Jahrzehnten als wichtige Scharnierfigur der verschiedenen schwarzen Internationalen fungiert, taucht als einziger Schweizer in den Jahresberichten des BRD-Verfassungsschutzes regelmässig als Neonazi auf. Diese Beachtung verdient sich Amaudruz durch den Vertrieb von Schriften, die (wie etwa 'Die Auschwitz-Lüge') in der BRD verboten sind, und durch Solidaritätsaktionen. Im November 1981 startete er mit farbigen Postkarten von Adolf Hitler, Hermann Göring und weiteren Nazi-Grössen eine Spendenaktion für den untergetauchten *Bauernschaft*-Herausgeber Thies Christophersen, einem ehemaligen SS-Wächter von Auschwitz. Spenden waren einzuzahlen auf das «Gebietsfremden-Konto» 4614-591333-92 bei der Schweizerischen Kreditanstalt in Basel. Am 26. August 1983 wurde Christophersen an der belgisch-deutschen Grenze verhaftet.

Die NEO veranstaltet alle zwei Jahre internationale Treffen, so am 18./19. April 1981 in Barcelona und am 2./3. April 1983 in Hagenau (BRD). In den Zwischenjahren tagt jeweils die «Technische Kommission» der NEO, so am 11. April 1982 in Antwerpen (*Bauernschaft,* Juni 1982). Die Treffen münden jeweils in Erklärungen, die das aktuelle Aktionsprogramm dieser Rassisten formulieren. Die Hagenauer Erklärung, abgedruckt in der *Bauernschaft* vom Juni 1983, verurteilt u.a. «die Abtreibung, die harmlos 'Schwangerschaftsunterbrechung' genannt wird und gesunde Kinder vernichtet. Wirklicher Naturschutz hat zuerst den Menschen als Aufgabe.» Verwerflich sei, «das Los der Robbenjungen und das Aussterben der Bären zu bedauern und gleichzeitig vor der Vernichtung ganzer Völker durch Rassenvermischung gleichgültig zu bleiben». Der Weg zum «unvermeidlichen Zusammenbruch der Plutokratie mit ihrem Gelddenken» führe über «eine europäische Autarkie», «die sobald wie möglich auch die weissen Völker des heutigen sowjetischen Reichs umfasst». Unterzeichnet ist die mehrseitige Erklärung mit «Zentralsekretariat: G.-A. Amaudruz, Aubépines 9, CH-1004 Lausanne».

Dort publiziert und vervielfältigt Amaudruz regelmässig die Zeitschrift *Courrier du Continent,* wo neue confrères wie der *Eidgenoss* oder die *Kameradschaft Adlerhorst* umgehend begrüsst werden, wo ein Roeder und ein Christophersen ihre Lettres de prison publizieren können. Eine umfangreiche Zeitschriftenschau bietet jeweils einen kommentierten Spiegel der internationalen Neonazi-Szene. Während Michael Kühnen bislang auf ein deutschnationales Ziel fixiert gewesen sei, trete er heute für eine europäische Revolution ein, freute sich Amaudruz beispielsweise in der Mai-Juni-Nummer 1984. Kühnen habe erkannt, dass eine Revolution in einem einzel-

AWMM, Postfach 10, Buchs SG

Nicht nur Amaudruz hinterlässt in der *Bauernschaft* eine Schweizer Spur. Wiederholt berichtete das Blatt auch über Buchpreise, die von einer *Arbeitsgemeinschaft für Werbung, Markt- und Meinungsforschung* mit Sitz in Buchs SG vergeben werden – mitunter auch an Publikationen, die nach deutschem Recht «jugendgefährdend», weil nationalsozialistisch, sind. «Die gleiche Arbeitsgemeinschaft machte im Jahre 1972 eine Umfrage bei Bauern über landwirtschaftliche Zeitschriften. Dabei schnitt unsere *Bauernschaft* in der Beurteilung am besten ab», erinnerte sich Christophersen im Juni 1978 stolz.

Die AWMM wurde 1972 in Luxemburg gegründet und zählt zahlreiche Mitglieder in verschiedenen Ländern. Am 1. August 1977 liess sie sich als Verein im Handelsregister St.Gallen eintragen. Als Präsident zeichnete Dr. Hans Fielitz (Bertrange/Luxemburg), als Vorstandsmitglieder Rechtsanwalt Jürgen Rieger (Hamburg) und der Kaufmann Kurt Ruckstuhl (Buchs). Ruckstuhl hatte 1977 auf ein AWMM-Inserat in der Lokalpresse reagiert, das einen passiven Statthalter und Briefkasten suchte. Seither erhält er 650 Franken im Jahr, damit er seine Adresse weiterhin zur Verfügung stellt und ab und zu einen Brief nach Luxemburg weiterleitet.Das Postfach hingegen wird laut Ruckstuhl von Rieger oder einem Beauftragten geleert. Dass dieser Rechtsanwalt eine der bekanntesten Neonazi-Figuren in der BRD ist, will der Buchser Strohmann nicht wissen. Rieger ist unter anderem als Anwalt von Christophersen aufgetreten und präsidiert die rassistische *Gesellschaft für biologische Anthropologie, Eugenik und Verhaltensforschung,* deren Zeitschrift *Neue Anthropologie* er redigiert.

Gelegentlich muss die AWMM, die prominente Rechtsradikale zu ihren Ehrenmitgliedern zählt, eine Absage einstecken. So lehnte 1981 ein Münchner Pfarrer den offerierten Buchpreis dankend ab, denn «gerade als volksbewusster Deutscher und bekennender Christ» sei er der Meinung, «dass jenen Bewegungen entgegengetreten werden muss, die unser Volk schon einmal ins Verderben geführt haben und die auch heute einen solchen Weg der Zerstörung und Verunglimpfung unserer kulturellen und geistigen Tradition gehen» (PDI-Blick nach rechts, 1.3.81).

nen Land heute unmöglich sei. Allerdings, so der kritische Ratschlag des Lausanner Agitators, erwarte Kühnen zu viel von der Organisationsform einer Partei.

Für seine Kommentare hat Amaudruz seit 1982 reichlich Zeit. Nach 25jähriger Tätigkeit bei der Migros-Klubschule wurde er am 18. Januar 1982 fristlos entlassen. Auslöser war ein Artikel in der 'Schweizer Illustrier-

Wir versenden gegen Vorkasse auf das Postscheckkonto 1253-707 Stuttgart

„Ist Rassenbewußtsein verwerflich." von G. Amaudruz DM 15,00

„Die Auschwitz-Lüge." Ein Erlebnisbericht von Ties Christophersen mit einem Vorwort von Dr. Stäglich Broschüre DM 10,00

COURRIER DU CONTINENT
Case Ville 2428 Lausanne (Schweiz)

NEUE EUROPÄISCHE ORDNUNG
POSTFACH 3273, 8049 ZÜRICH
POSTSCHECKKONTO 80-66214

BÜCHER

Hptm H. von Dach

Der totale Widerstand

Kleinkriegsanleitung für jedermann
184 Seiten, Broschüre **DM 20,–**

Es ist im Jahre 1958 in der Schweiz erschienen und verstößt eindeutig gegen die Grundsätze des Völkerrechtes (Haager Abkommen über die Gesetze und Gebräuche des Landkrieges und die Vier Genfer Abkommen von 1949). Ein Terror- und Partisanenbuch.
Dieses Buch steht nicht auf dem Index für jugendgefährdende Schriften. Da gehört es hin!

SONDERANGEBOT

Von der ersten Auflage der Schrift **„Ist Rassebewußtsein verwerflich?"** von G. A. Amaudruz (als Manuskript gedruckt), hat noch zum Preis von 10,00 DM abzugeben
Versandbuchhandlung Het Noorderlicht
Postbus 53, NL-6300 AB Valkenburg

Amerikanische Universität sucht geeignete Personen zur Übernahme ehrenamtlicher Repräsentationsaufgaben in der Bundesrepublik. Die Position ist mit einem Titel ausgestattet.

Studienhilfe Schweiz
CH 3800 Matten, Postfach 32

Informationsblatt zur eidgenössischen Besinnung

Auch in der Schweiz ist die Pressefreiheit nun in Gefahr. In der Ausgabe 10/81 wird ein Brief der Präsidenten der Israelischen Kultusgemeinde, Sigi Feigl, veröffentlicht. Den müssen Sie lesen!
Fordern Sie sich ein Probeexemplar an!

Eidgenoss, Postfach
CH 8401 Winterthus

Sagen Sie es Ihren Freunden!
Empfehlen Sie den «Eidgenoss» weiter!

Aus der Schweiz in französischer Sprache

COURRIER DU CONTINENT
Case Ville 2428
Lausanne (Schweiz)

Ein Buch aus dem Pfeiffer-Verlag
Kurt A. Brüderlin
Freiheit ohne Geldherrschaft
Gerechtigkeit ohne Staatswirtschaft
Begründung und Darstellung einer gesunden Wirtschaftsordnung
304 Seiten Ln. DM 20,00
Bestelungen an den Kritik-Verlag oder den Autoren: Kurt A. Brüderlin CH-4125 Riehen, Rud.-Wackernagel-Str. 45

Inserate im deutschen Neonazi-Blatt *Bauernschaft,* Jahrgänge 1982–84 (Inserat der *Studienhilfe Schweiz* aus dem Jahr 1979).

ten' über die Schweizer Neonazi-Szene und eine erstaunte Nachfrage Adele Duttweilers, der Witwe des Migros-Gründers. In der *Bauernschaft,* wo Amaudruz regelmässig inseriert und schreibt, teilte er seinen Anhängern umgehend mit: «Sie können jetzt kommen, wann sie wollen. Ich bin nämlich seit 5 Tagen arbeitslos.» (März 1982)

Der nunmehr hauptamtliche Agitator Amaudruz unterlässt keine Gelegenheit, um Kontakte mit einschlägigen Gruppen zu knüpfen. So schrieb er beispielsweise am 12. Oktober 1982 an die «Lieben Freunde» von der *Volkssozialistischen Partei* in Basel, die zu diesem Zeitpunkt ihre Aktivitäten allerdings bereits eingestellt hatte: «Wir waren uns über die Notwendigkeit einig, den letzten Rest Meinungsfreiheit in der Schweiz zu verteidigen. Alle haben wir festgestellt, dass die Unterdrückungsmachenschaften in unserem Land zunehmen.» Da «Kontakte für ein Treffen Ende Oktober nichts ergeben» hätten, sei nun ein neues Treffen anfangs 1983 in Bern oder Olten geplant.

Zwischen NA und Nazis – zum Beispiel Jean-Jacques Hegg

Dieses Handbuch beschränkt sich auf politische Organisationen ausserhalb der Parteien, weshalb Porträts der *Nationalen Aktion* (NA) und weiterer Überfremdungsparteien fehlen. Zu dokumentieren sind in unserem Zusammenhang neonazistische Kontakte führender NA-Exponenten und die zunehmend rassistischen Tendenzen der NA, gerade auch bei der nachrükkenden jüngeren Generation. Nachdem sich die NA längere Zeit mit einer grünen Politik zu profilieren suchte, entdeckte sie in den 80er Jahren das alte Überfremdungsthema neu; die ausländerpolitischen Scharfmacher innerhalb der Partei überflügelten bei Wahlen gemässigtere Kandidaten.

Bisher bekannt gewordene Kontakte führender NA-Leute zur Neonazi-Szene wurden innerhalb der Partei ohne jede erkennbare Distanzierung zur Kenntnis genommen, etwa die Abstecher des Parteipräsidenten Valentin Oehen zur *Arminia* (S. 450f.) oder die Tatsache, dass Rudolf Keller und Adrian Stieger die *Nationale Basis Schweiz* mitgründeten (S. 456).

Gemeinsam auf Listen, gemeinsame Treffen

Es braucht schon ein offenes Bekenntnis zum Nationalsozialismus, bis sich die NA bemüssigt fühlt, auf Distanz zu gehen. Im Frühling 1983 forderte der Elektroingenieur Ernst Meister (*1945) aus Uster, immerhin Vizepräsident der kantonalzürcherischen NA, im Vorfeld der Kantonsratswahlen in einem «Persönlichen Politischen Programm» als erstes die «Verbesserung des Ansehens des Nationalsozialismus», der die Aufgabe habe, «die Nation beziehungsweise eine kleinere oder grössere Gemeinschaft gegen die Schädigung durch die Wirtschaft zu schützen». «Solange der Nationalsozialismus ein so schlechtes Ansehehen hat, ist es immer schwierig, etwas in dieser Richtung zu tun. Dies hat auch sehr nachteilige Auswirkungen für die *Nationale Aktion.*» Weil ein Parteiausschluss drohte, trat Meister selbst aus der NA aus.

Während die Medien diese Absonderung vermeldeten, blieb in der Öffentlichkeit völlig unbeachtet, dass bei der selben Kantonsratswahl im Stadtzürcher Wahlkreis IV zusammen mit NA-Kantonalpräsident Peter Frei auch der Student Manuel (Horst) Matthey de l'Etang (*24.7.59) kandidierte, der zu dieser Zeit Aktivist der Neonazi-Gruppe *Adlerhorst* war. Inzwischen ist auch er aus der NA ausgetreten.

Wenig zimperlich war 1983 auch die Basler NA bei der Auswahl ihrer Grossratskandidaten. Sie portierte den Schüler und Gelegenheitsjournalisten Eric Weber (*24.6.64), der als Sohn des ehemaligen NA-Zentralpräsi-

Der Basler Jungnazi Eric Weber 1982 an einem Neonazi-Treffen in Schönau (BRD) mit Kühnen-Stellvertreter Thomas Brehl (links, Foto Dominik Labhardt) und als Schweizer Korrespondent des neonazistischen Wochenblattes *Deutscher Anzeiger* zusammen mit Franz Josef Strauss *(Deutscher Anzeiger,* 5. 8. 83).

denten Rudolf Weber bereits als Sechsjähriger Flugblätter für die Schwarzenbach-Initiative verteilt hatte. Sohn Eric sorgte wiederholt für Schlagzeilen, weil er im Neonazi-Milieu in Erscheinung trat. So war er am 30. Mai 1982 und am 22. Mai 1983 bei den Schlageter-Gedenkfeiern der NPD in Schönau (BRD) dabei. Als Schweizer Korrespondent des *Deutschen Anzeigers,* Organ der *Deutschen Volksunion,* liess sich Weber zusammen mit Franz Josef und Marianne Strauss auf einer Bootsfahrt ablichten. In der Türkei suchte er Kontakt mit Exponenten der Militärdiktatur. Andersgesinnte Nachbarn ärgerte er, so stellte das Basler Strafgericht am 3. September 1984 fest, mit «Heil-Hitler»-Rufen und dem Führergruss. Nach einem aggressiv mit Ausländerhetze betriebenen Wahlkampf erzielte Weber am 29. Januar 1984 das Spitzenresultat auf der NA-Liste seines Wahlkreises und liess sich als Europas jüngster Parlamentarier feiern. Seine publizistischen Rundschläge führten indessen rasch zum Zerwürfnis mit der Partei, aus der Weber am 22. Juni 1984 austrat (nicht aber aus dem Grossen Rat). Er denke linksnational, verkündete er, die NA hingegen sei eine «rechtsextreme, faschistoide, braune Partei», die er entlarven und bekämpfen wolle.

Diese Vorwürfe zielten in erster Linie auf den Magaziner Elie Berset, Ehrenmitglied des Boxrings Basel, der wie Weber für den Grossen Rat kandidiert hatte, allerdings erfolglos. Berset profiliere sich immer wieder mit anti-

Rassist Amaudruz und NA-Exponent Berset im Sommer 1983 in Lausanne.

semitischen Sprüchen, leugne Konzentrationslager und vertreibe Schriften wie die 'Auschwitz-Lüge', warf ihm Weber vor. Berset unterhalte ausgezeichnete Kontakte zum Rassisten Amaudruz. Die beiden organisierten regelmässig Treffen von Neonazis mit NA-Mitgliedern, so am 5. Februar und am 5. November 1983 in Olten. Am Februar-Treffen sei unter rassistischen Gesichtspunkten «über Negerprobleme» diskutiert worden. Anwesend waren laut Weber neben Amaudruz und Berset Max Wahl vom *Eidgenoss*, Emanuel Matthey de l'Etang *(Adlerhorst)*, das NA-Geschäftsleitungsmitglied Mary Meissmer aus Genf und einige Zürcher NA-Mitglieder. «Wir kennen Berset als militanten, ergebenen Aktivisten», notierte Amaudruz im *Courrier du Continent* vom Oktober 1982 anerkennend. NA-Exponent Berset war auch aktiv in der Basler *Volkssozialistischen Partei* (s.S.483ff.) und einem *Komitee Pro Schweiz*, das 1981 Flugblätter gegen die Mitenand-Initiative verbreitete. Zum *Komitee* bekannten sich öffentlich der damalige NA-Grossrat Felix Stebler sowie die Volkssozialisten Jürgen Künzli, Marcel Handschin und eben Berset.

NA-Chefredaktor Jean-Jacques Hegg als Rassist

Der NA wird es schwerfallen, solche Parteimitglieder als atypische Einzelgänger hinzustellen, solange Jean-Jacques Hegg (* 1930) aus Dübendorf Chefredaktor des Parteiorgans *Volk+Heimat* ist – ein Mann, der sich wohl gefallen lassen muss, als Rassist zu gelten, ein Mann, der auch zu einer *Arminia* Kontakt hielt.

Von Hegg, der seit 1983 Zürcher Nationalrat ist, erschienen im deutschen Neonazi-Monatsblatt *Nation Europa* wiederholt Texte. Im Januar 1980 druckte *Nation Europa* unter dem Titel «Bevölkerungspolitische Fragen der Republik Südafrika» die Zusammenfassung eines Vortrags, den Hegg am 15. September 1979 in Coburg am 4. Südafrika-Seminar des mit *Nation Europa* eng liierten *Hilfskomitees Südliches Afrika* hielt. Für Hegg war es offenbar eine Empfehlung, dass dieses *Hilfskomitee* im deutschen Verfassungsschutzbericht 1976 unter «rechtsextremistischen Aktivitäten» aufgelistet war und dass am 2. Südafrika-Seminar 1977 auch der ehemalige NPD-Vorsitzende Adolf von Thadden referiert hatte. Das neonazistische Jugendmagazin *Mut* (Oktober 1979) führte denn auch stolz die «ausländischen Sachverständigen» des 4. Südafrika-Seminars auf: «...der Schweizer Arzt und Parlamentarier Dr. Jean-Jacques Hegg; der international renommierte französische Militärsachverständige Oberst a. D. Ferdinand Otto Miksche» (der im Patronatskomitee der *Athenäum Club AG* sitzt).

Heggs Vortrag mündete in «Forderungen einer vernünftigen Bevölkerungspolitik»: «Unter dem Begriff 'Vernunft' sei hier vorausgesetzt, dass das Überleben einer genügend grossen 'weissen', europäischstämmigen, europiden Elite gesichert werden sollte. Nur dann können in der Republik Südafrika Lebensverhältnisse bewahrt werden, wie wir sie in Europa und Nordamerika als menschenwürdig betrachten. Eine Politik hingegen, die in Verhältnisse ausmündet, wie wir sie heute in den Entwicklungsländern antreffen, ist in diesem Sinne nicht 'vernünftig'.» Der Psychiater Hegg, der bis im März 1984 als Adjunkt im Fliegerärztlichen Institut Dübendorf arbeitete, also bei der Armee, verlangte wörtlich: «Medizin darf den farbigen Völkerschaften nur als Ganzes angeboten werden. Sie dürfen sie als Ganzes übernehmen, oder sie sollen sie als Ganzes lassen. Wird durch modernste wissenschaftliche Erkenntnisse die Sterblichkeit, insbesondere die Kleinkindersterblichkeit, in kurzer Zeit gesenkt, so ist gleichzeitig die Geburtenkontrolle einzuführen, für welche die moderne Medizin ja ebenfalls die Mittel bereitstellt. Das eine geht nicht ohne das andere. Weigern sich einflussreiche Kreise aber mit politischen Hintergedanken, die Geburtenkontrolle einzuführen, so soll ihnen auch die übrige medizinische Hilfe verweigert werden.» Oder etwas direkter ausgedrückt: Dann lassen wir halt eure schwarzen Babies verrecken.

Hegg kritisierte an der Apartheid-Politik, dass sie «mit der internationa-

Der braune Eidgenoss

Jahrelang focht Dr.iur. Max Wahl (*1923) an der Seite von James Schwarzenbach gegen die Überfremdung der Schweiz. 1975 gründete er mit anderen Republikaner-Dissidenten die *Eidgenössisch-demokratische Union* (EDU) und redigierte deren Sprachrohr, den *Eidgenoss*. Seit 1980 segelt diese Publikation, die Wahl gehört, offen im neonazistischen Fahrwasser, beteiligt sich an der publizistischen Kampagne gegen die 'Sechs-Millionen-Lüge' und an Solidaritätsaktionen zugunsten inhaftierter Nazis. Prompt wurde der *Eidgenoss* in die Familie neonazistischer Publikationen aufgenommen, die sich mit Inseraten, empfehlenden Hinweisen und Nachdrucken gegenseitig stützen. In der Schweiz findet der *Eidgenoss* inzwischen kaum noch Resonanz.

Seinen Lebenslauf formuliert Wahl so *(Eidgenoss,* 2.10.79): «Selbständiger Versicherungs- und Rechtsberater. Studien in Göttingen und Zürich. Ehemaliger Rennreiter und Eishockeyspieler. Achtzehn Jahre Generalagent in Zürich und Winterthur. Verlor 1974 seine Existenz, weil er den Kampf gegen die Überfremdung unterstützte. Gründete 1975 die EDU und wurde Kantonalpräsident des Schweizerischen AHV-Rentner-Verbandes. Vier Jahre Gemeinderat von Illnau-Effretikon und Vizepräsident des WWF Kanton Zürich. Seit 1979 Zentralpräsident des Schweizerischen AHV-Rentner-Verbandes. Engagiert in Fragen der Raumplanung, Bevölkerungspolitik und Sozialversicherung. Verfechter einer starken Eidgenossenschaft in einem freien Europa.»

1981 wurde Wahl aus der EDU ausgeschlossen, was die Splitterpartei öffentlich festhielt: «Wahl musste wegen seiner krass antiisraelischen und Neonazi-, PLO- und Gaddhafi-Haltung aus der EDU ausgeschlossen werden.» (Die Woche, 23.10.81)

Für Wahl wurde es schwierig, einen Drucker für sein Neonazi-Blatt zu finden. Der 'Tages-Anzeiger' kündigte den Druckauftrag anfangs 1981 – allerdings erst nach einer öffentlichen Kontroverse über den Inhalt des *Eidgenoss*. Für ein Jahr sprang der 'March-Anzeiger' in Lachen SZ ein, und ab Mai 1983 zeichnet die Firma Zürcher in Tägerwilen TG als Drukker. Während der 'Tages-Anzeiger' noch 20000 Exemplare druckte, dürfte die abonnierte Auflage seither massiv gesunken sein.

Völlig isoliert ist Wahl auch im AHV-Rentnerverband, wo er nur deshalb immer noch formell Zentralpräsident ist, weil er mit allen gerichtlichen Mitteln die Einberufung einer Versammlung zu verhindern sucht, die ihn zweifellos abwählen würde. Diese Versammlung würde auch gerne wissen, wie Wahl insgesamt 120000 Franken verwendete, die die Firma Denner dem Verband über Jahre hinweg spendete. Wahls Rechtsvertreter in den zahllosen Verfahren mit seinen Herausforderern im AHV-Verband ist Eduard Rüegsegger, von 1933–40 Aargauer Gauführer der *Nationalen Front.*

Ab 1980 tauchten im *Eidgenoss* seitenlange Loblieder auf den «libyschen Revolutionsführer Muammar al Gaddhafi» auf, Nachdrucke aus dessen Grünem Büchlein und prolibysche Pressestimmen. Im August 1981 reiste Wahl in einer bunt zusammengewürfelten Schweizer Gruppe nach Tripolis und brüstete sich damit, der *Eidgenoss* werde von Libyen mitfinanziert (Die Woche, 9.10.81). Zurück in der Schweiz mochte er das allerdings nicht bestätigen. Übrigens: Nie war der *Eidgenoss* so dick wie im Libyen-Reisejahr 1981.

Der *Eidgenoss* wird vorwiegend von Wahl selbst gefüllt, mit Artikeln gegen AKW's, Tierversuche und für Waffenplätze, vor allem aber zur deutschen Geschichte («Propagandalügen über jüdische Menschenverluste») und über das Schicksal verhafteter Neonazis wie Thies Christophersen oder Michael Kühnen. Angeboten wird auch einschlägige Neonazi-Literatur, mitunter gar «einige wunderschöne Aquarelle von Adolf Hitler (um 1913) an gutbietende, seriöse Interessenten». Unter anderem erschienen im *Eidgenoss* Artikel von E.F. Treichler, Berlingen TG; Karl Wagner, Zürich; Hans Kaufmann; Arthur Vogt, Erlenbach. Zu den wenigen Inserenten, die Wahl noch lange die Treue hielten, gehörte Emil Rahms Rimuss-Kellerei.

Ab 1983 hatte Wahl zunehmend Mühe, den *Eidgenoss* regelmässig herauszubringen, was er mit dem «anhaltenden Kampf gegen eine Rufmordkampagne» begründete. Im September 1984 rief er zu Spenden auf: «Wir brauchen mehr Mittel als früher.» Bereits am 24. März 1984 hatte er dargelegt, weshalb deutsche Themen so wichtig seien: «Unser Augenmerk gilt in eidgenössischem Interesse dem Herzen Europas (gemeint Deutschland), wo die Entscheidungen fallen, die dann auch für unser Land massgebend und für seinen Bestand entscheidend sein werden.»

Das Eigeninserat in der gleichen Nummer hat Wahl voll auf deutsche Kundschaft ausgelegt. Der BRD drohe ein «Vollbankrott»: «Möglicherweise bieten durch schweizerische Gesetze und hohe schweizerische Sachwerte gesicherte Kapitalanlagen einen Ausweg. Dazu gehören Renten- und Kapitalversicherungen. Wir beraten Sie gerne.»

len Hochfinanz faule Kompromisse» schliesse, fand aber sonst die «Politik der getrennten Entwicklung, namentlich die Siedlungspolitik», richtig. Diese müsse mit der nötigen Härte durchgesetzt werden: «Grenzkontrollen, Absperrungen, auch 'Pässe', das heisst Personalausweise, welche die Aufenthaltserlaubnis bescheinigen.» Bemerkenswert ist, dass Hegg diese Gedanken lediglich in der BRD von sich gab und den Lesern von *Volk+Heimat* vorenthielt.

Das sollte sich bald ändern. Ab 1983 liess Hegg auch in *Volk+Heimat* ungeniert Rassistisches einrücken, so im Februar 1983 einen ganzseitigen Artikel über «Die Tragödie der Europiden», Obertitel: «Stirbt der weisse Mensch aus?» Verfasser war der deutsche Arzt Dr. med. habil. August Vogl (*17.1.09), früher Mitarbeiter am Anthropologischen Institut der Universität Hamburg, seit dem 21. März 1974 in Goldach SG wohnhaft. Erschienen war Vogls Artikel ursprünglich in der *Neuen Anthropologie*, die von der *Gesellschaft für biologische Anthropologie, Eugenik und Verhaltensforschung* herausgegeben wird und vierteljährlich die Tradition der Rassentheorie pflegt. Von Vogl finden sich fast in jeder Nummer Beiträge («Die Weltgeschichte lehrt, das Hochkulturen nur dort entstehen, wo Europide mitwirken»). Im Heft 2/1981 befasste er sich mit der «rassischen Substanz des jüdischen Volkes»: «Bis heute ist diese bewusst und religionsgebundene Züchtung einer Menschengruppe über 2½ Jahrtausende einzigartig und einmalig in der Menschheitsgeschichte.» Vogl weiss auch, wer an den Judenverfolgungen schuld ist: «Ihre (der Juden) Fähigkeiten und Erfolge haben immer wieder den Neid ihrer Wirtsvölker hervorgerufen und sie selbst ihre Gaben missbrauchen lassen. Daraus (!) erklären sich die wiederholten Verfolgungen und Vertreibungen.» Dieser Vogl und diese *Neue Anthropologie* sind es in Heggs Augen offenbar würdig, via *Volk+Heimat* auch dem Schweizer Publikum nahegebracht zu werden. (In der *Neuen Anthropologie* publizierte auch Jakob Emanuel Bollier aus Adliswil ZH und Konstanz «Über den Nutzen der Rassenwissenschaft» und die «Hochwüchsige südwesteuropäische Eiszeitrasse».)

Nach seiner Wahl in den Nationalrat hielt Hegg den Zeitpunkt für gekommen, seine eigene Gesinnung auch in der Schweiz offensiver vorzutragen. Im November/Dezember 1983 prangte schon auf der Titelseite von *Volk+Heimat* fast viertelseitig das Foto eines lachenden blonden deutschen Mädels: «Gesicht Germaniens, Gesicht Europas, wie lange noch?» Im Innern der Nummer dann zwei volle Seiten unter den Schlagzeilen «Gegen den Antigermanismus – Verschwinden die Germanen von der Erdoberfläche?» Hegg registrierte an verschiedenen Beispielen einen weitverbreiteten «Hass auf alles Deutsche und Wesensverwandte»; dieser Antigermanismus habe nach 1919 die Voraussetzung und den Nährboden für den Nationalsozialismus erst geschaffen. Eifrig relativiert Hegg die deutschen Kriegsverbrechen und schildert in bewegten Worten das «Martyrium des Deutsch-

Alle germanischen Völker bedroht!

Nationalrat Dr. Jean-Jacques Hegg macht eine Bestandesaufnahme der bevölkerungs-, geo-, öko-, kultur- und siedlungspolitischen Lage der europäischen Völker und kommt zu alarmierenden Schlüssen. Lesen Sie auf Seite 2.

Gesicht Germaniens, Gesicht Europas, wie lange noch?

Gegen den Antigermanismus

Verschwinden die Germanen von der Erdoberfläche?

Von Nationalrat Dr. Jean-Jacques Hegg (Dübendorf)

Kollektiver Hass gegen ganze Menschengruppen, nur weil sie einer bestimmten religiösen Gemeinschaft anhängen, eine bestimmte Sprache sprechen oder eine bestimmte Volks- oder Rassenzugehörigkeit oder Abstammung haben, also religiöser Hass, Völkerhass oder Rassenhass, ist verabscheuungswürdig. Es ist verhältnismäßig leicht, über diesen Grundsatz eine übereinstimmende Meinung herzustellen. Der heikle Punkt ist allerdings der, daß in solchen Dingen eine ausgesprochene "Betriebsblindheit" vorherrscht, indem fremder Völker- und Rassenhass, derjenige "der andern", zwar leicht erkannt und an den Pranger gestellt wird, die Selbsterkenntnis in den eigenen aber nur sehr schwer oder überhaupt nicht zustandekommt. Diese "Betriebsblindheit" gilt nicht zuletzt auch in Bezug auf ganze geschichtliche Epochen.

● ... Ich stelle die These auf, daß ein wichtiger, heute verbreiteter Kollektivhass, den die zeitgenössische öffentliche Meinung aus "Betriebsblindheit" nicht erkannt und anerkennt, der Haß auf alles Deutsche und Wesensverwandte ist.

Was nicht gemeint ist

Unsere Postanschrift: A-6911 Lochau, Postfach 14

13

Unmittelbar nach der Wahl in den Nationalrat profilierte sich Jean-Jacques Hegg im NA-Organ *Volk+Heimat* mit dem Bekenntnis-Artikel 'Gegen den Antigermanismus', der umgehend von verschiedenen Neonazi-Blättern nachgedruckt wurde. Links: Ankündigung des Artikels auf der Titelseite von *Volk + Heimat*. Rechts: Nachdruck im Vorarlberger Neonazi-Blatt *Sieg*, wo die Schweiz in der Sprachkarte bereits Grossgermanien zugeordnet ist. Unten: Von progermanischen Artikeln allein lässt sich nicht leben (Hegg-Inserat in der NZZ, 11. 8. 84).

Eidgenössischer Parlamentarier, Akademiker (Doktortitel) mit breitgefächerter Bildung und vielfältigem, auch journalistischem Leistungsausweis, sucht

Nebenerwerb

auf dem Gebiete der Öffentlichkeitsarbeit, Public Relations, Interessenvertretung unter Wahrung zum voraus festzulegender ethischer Normen, redaktionelle Textbearbeitung. Im Raum Zürich.

Offerten unter Chiffre X 410837 H, NZZ, Inseratenabteilung, Postfach, 8021 Zürich. Diskretion wird beansprucht, aber auch zugesichert.

DLX410837H

tums in Osteuropa»: «Am schlimmsten erwischt hat es allerdings das Kernvolk der Germanen, die Deutschen», die nach 1945 «aus ihren Heimstätten» vertrieben worden seien, zurück ins heutige «übervölkerte Rumpfsiedlungsgebiet» (gemeint BRD/DDR). Hegg beklagt, dass die Gebärfreudigkeit deutscher Mütter zur «Erhaltung der Volkssubstanz» nicht mehr ausreiche, dass auch in andern europäischen Ländern «der germanische Blutanteil» schwinde: «Soll dereinst kein blaues Auge mehr die Sonne erblicken, kein naturblondes Haar vom Wind gestreichelt werden? Man versucht die Wale, die Robben, die Pandas vor dem Aussterben zu retten. Wer rettet die Germanen?» Im aufgeführten «Schrifttum» fehlen auch die beiden Lieblingshistoriker der deutschen Neonazi-Szene, David L. Hoggan und David Irving, nicht, ebensowenig der «weisse Südafrikaner» Willy Breytenbach mit seinem 'Rassismus heute'.

Damit hatte der ehemalige Schweizer Meister über 400 Meter den Bogen doch überspannt. Ein Leserbrief in *Volk+Heimat* bezeichnete «JJHs quasi Reinwaschung der Nazis» als «mehr als peinlich». Er distanziere sich, entgegnete Hegg, «vom deutschen Nationalsozialismus als Ideologie sowie von tatsächlich (!) verübten Verbrechen im Namen dieser Ideologie».

Heggs Bekenntnisartikel «Gegen den Antigermanismus» wurde im Neonazi-Blatt *Nation Europa* im Februar 1984 prompt in voller Länge nachgedruckt – wie vorher und nachher auch andere Hegg-Texte aus *Volk+Heimat* (gelegentlich mit der Einleitung «mit freundlicher Genehmigung der Schriftleitung»), so im August 1984 «Afro-asiatische Invasion: Wird Europa überrannt». Auch die militante Vorarlberger Zeitschrift *Sieg* druckte Heggs Germanismus-Loblied nach (1–2/1984).

In der theoretischen Zeitschrift 'Widerspruch' vom Juli 1984 hat sich Konrad Tobler intensiv mit der «Nationalökologie» eines Hegg und anderer NA-Ideologen auseinandergesetzt: «So harmlos: so neonazistisch ist Nationalökologie.»

Nationale Aktion – rassistischer und zugleich salonfähiger

Rassismus ist in der NA immer weniger ein isoliertes Phänomen. Als der Zürcher NA-Gemeinderat Christoph Spiess (*1959) per Motion eine Einbürgerungspolitik verlangte, die klar zwischen Europäern und Nicht-Europäern unterscheide, antwortete der Zürcher Stadtrat am 14. März 1984, das Begehren sei «von offenkundigem Rassismus geprägt, ein Motiv, das grundsätzlich und kategorisch abzulehnen ist».

Der Berner NA-Jungpolitiker Markus Ruf (*1959), der sich bereits bei den *Wehrhaften Berner Studenten* ohne grossen Erfolg politisch engagierte, schaffte 1983 mit einer aggressiven, hetzerischen Ausländerpolitik den Sprung in den Nationalrat. Und der Berner NA-Sprecher Edgar Zaugg (*1925) machte 1984 mit einem Inserat Schlagzeilen, das im Namen der

NA «die Verwässerung und Vergiftung unserer Rasse und Kultur» beklagte (Berner Bär, 19.7.84). Die Partei bezeichnete das Inserat hinterher als «missverständlich», während sich Zaugg ausführlich als Rassist und Apartheid-Anhänger bekannte (WoZ, 24.8.84).

Trotz der hier dokumentierten Entwicklung der *Nationalen Aktion* (zunehmende rassistische Tendenzen, Duldung neonazistischer Figuren) kann die NA insgesamt sicher nicht als Neonazi- oder faschistische Partei bezeichnet werden. Aber es wäre an der Zeit, dass sich nicht nur die Gegner der NA, sondern auch die NA-Mitglieder mit dieser Entwicklung auseinandersetzen würden.

Erstaunlich und bedenklich ist, dass die zunehmend rassistische NA für bürgerliche Parteien koalitionsfähiger geworden ist, dass taktische Bündnisse eingegangen werden, die in den 70er Jahren schlecht vorstellbar gewesen wären. Bezeichnend sind in diesem Zusammenhang die Wahlaufrufe patriotischer Vereinigungen im Vorfeld der Nationalratswahlen 1983. So empfahl der *Hofer-Klub* neben Dutzenden von bürgerlichen Kandidaten auch Jean-Jacques Hegg sowie zwei weitere NA-Kandidaten zur Wahl. Die Zürcher Sektion von *Ja zum Leben* propagierte in Inseraten eine rechts-bunte Liste, unter anderem mit Hegg und zwei EDU-Mitgliedern. Und die Zürcher SVP ging eine Listenverbindung ein mit einer Gruppierung *Energie und Umwelt,* die sich durch eine atemberaubende Streuung auszeichnete: vom SAD-Präsidenten Kurt Werner über SVP-Mitglieder (etwa Bezirksrichter Alfred Schütz, Sohn des Kopf-ab-Oberrichters Alfred Schütz) bis zu ehemaligen *Republikanern* (etwa Walter Wiggenhauser) und langjährigen Aktivisten der *Nationalen Aktion* (etwa alt Sekundarlehrer Arthur Vogt, der im Neonazi-Organ *Visier* 1975 als «unser Freund, Herr Arthur Vogt, Erlenbach» vorgestellt worden war).

Korrekturen gegenüber der 1. bis 4. Auflage

Die meisten dieser Stellen wurden bereits in der 2. Auflage korrigiert, einige wenige erst in den folgenden Auflagen.

Inhaltlich gehen diese Korrekturen nicht über den ursprünglichen Redaktionsschluss (Herbst 1979) hinaus.

S. 53 Der sozialdemokratische Bundesstadtredaktor Theo Chopard (nicht freisinnig)

S. 107 Baltensperger (nicht Baltensberger)

S. 139 Die II. Zivilkammer des Zürcher Obergerichts hat die Weiterverbreitung der eingeschwärzten Stelle am 17. April 1984 verboten; das Urteil war bei Drucklegung dieser Auflage allerdings noch nicht rechtskräftig (vgl. Vorwort).

S. 152 Namensverwechslung: Der im RN aktive Heinrich Spoerry lebt noch und hat mit der Schmidheiny-Gruppe nichts zu tun. Umgekehrt hat der verstorbene Heinrich Spoerry, ex-Verwaltungsrat der Zürcher Ziegeleien, nichts mit dem RN zu tun.

S. 164 Einige Auflagezahlen sind wie folgt zu korrigieren: Appenzeller Zeitung 13'700, Bündner Post 3000, Courrier de la Vallée de Tavannes 3000, Davoser Zeitung 2600, Journal d'Yverdon 8000. Die Thurgauer Zeitung ist zu streichen. Der Corriere degli Italiani erscheint in Luzern.

S. 166 Paul Keller ist laut spk-Direktion nicht einziger spk-Korrespondent im Ausland (was zuvor ein spk-Redaktor versichert hatte).

S. 170 neuer Zwischentitel: Was sich die Multis unter unabhängigem Journalismus vorstellen

S. 177 Rudolf Meier war in der BGB, nicht in der FDP

S. 182 Gemäss Urteil des Zürcher Bezirksgerichts war die Formulierung, Eibel sei mit der Sofid AG in einen Finanzskandal verwickelt gewesen, widerrechtlich (seit 1973 sitzt Eibel im Verwaltungsrat dieser Firma, der 1974 wegen eines Finanz-Skandals in den Jahren 1971 und 1972 vorübergehend die Bewilligung zur Verwaltung eines Immobilienfonds entzogen wurde).

S. 192 und 193 vgl. Korrektur zu S. 139

S. 209 Gustav Däniker wurde mit seiner Beförderung zum Divisionär per 1. 7. 80 nicht ranghöchster Milizoffizier, da er zu diesem Zeitpunkt in den Bundesdienst übertrat.

S. 214 In der ersten Auflage fehlen die Zeilen 2–6: Franken offene Türen einrennt, ist auch Niggli nicht entgangen. «Wir sind jetzt vielleicht etwas weniger aktiv, weil das EMD ohnehin unsere Politik vertritt. Aber das kann sich ja wieder ändern. Deshalb wollen wir dem EMD weiterhin den Rücken stärken.»

Und so schreiben die beiden Farner-'Militärpublizisten' Däniker und

S. 237 *Libertas* dementiert, dass Raeber bei ihr Mitglied war oder ist (hingegen erschienen Raeber-Artikel auf Seiten, die laut *Libertas* nur den eigenen Mitgliedern offenstanden).

S. 238 Missverständliche Formulierung: Es sollte nicht suggeriert werden, C.V. Zimmermann habe den TA-Leserbrief in Raebers Auftrag geschrieben.

S. 245 Balz Hatt ist nicht lic. iur. (hingegen verwendete die AfD diesen Titel in ihrem Betttelbrief).

S. 246 «ist» war ın der 'Weltwoche' nicht Steinachers Zeichen.

S. 253 Die *Aktion Wahret die Freiheit* entstand erst nach 1956.

S. 259 Känzig wohnt nicht mehr in Basel, sondern als KVZ-Handelsschullehrer in Zürich. Zehnder ist nicht RN-Vorstandsmitglied (hingegen unterzeichnete er einen Wahlaufruf des *Redressement*).

S. 273 Schorno wurde am 29. 8. 79 verurteilt, nicht am 30. August.

S. 295 Walser gehörte damals der FDP an, erst später trat er der SVP bei.

S. 302 Dénéréaz ist alt Divisionär, nicht alt Brigadier.

S. 307 Elvezio Minotti, nicht Elvetio.

S. 310 Indro Montanelli kaufte die *Gazzetta Ticinese* (nicht Gazetta) nicht mit Aktiven und Passiven auf, sondern stellte für die Rettungsaktion Geld zur Verfügung.

S. 403 und 410 Herbert Meier und Pirmin Meier sind keine leiblichen, sondern lediglich politische Brüder.

S. 404 Das Sekretariat der *Schweizerischen Aktion für Menschenrechte* wird nicht von Herbert Meier betreut, sondern ist Untermieter in Meiers Zürcher Büro.

S. 409 *Aktion der Jungen zur Erhaltung der natürlichen Ordnung* (nicht nationalen Ordnung)

S. 423 Der deutsche Dienst *Inside* wird nicht von S.P. Lenhausen, sondern von Heinrich Scholl, D–5350 Euskirchen, herausgegeben. Es handelt sich nicht um eine Kurzfassung von Investment Index, sondern ist diesem nur ideologisch verwandt.

S. 453 Nicht Hans Oehler, sondern Wilhelm Frick gab die *Neue Politik* heraus.

S. 463–466 Ochensberger, nicht Ochsenberger.

Register

Personen

Organisationen

Abkürzungen

AHV — Alters- und Hinterlassenenvorsorge
BA — Bundesarchiv
BaZ — Basler Zeitung
BGB — Bauern-, Gewerbe- und Bürgerpartei
CVP — Christliche Volkspartei der Schweiz
EJPD — Eidgen. Justiz- und Polizeidepartement
EMD — Eidgen. Militärdepartement
EPD — Eidgen. Politisches Departement
EVD — Eidgen. Volkswirtschaftsdepartement
FDP — Freisinnig-Demokratische Partei
LdU — Landesring der Unabhängigen
LNN — Luzerner Neueste Nachrichten
NZ — Nationalzeitung
NZZ — Neue Zürcher Zeitung
PdA — Partei der Arbeit
SPS — Sozialdemokratische Partei der Schweiz
SVP — Schweizerische Volkspartei
TA — Tages-Anzeiger